Anne Susann Rohn

Multikulturelle Arbeitsgruppen

Betriebswirtschaftliche Aspekte lose gekoppelter Systeme und Electronic Business

Herausgegeben von
Prof. Dr. Dr. h.c. Sönke Albers,
Prof. Dr. Birgit Friedl,
Prof. Dr. Daniel Klapper,
Prof. Dr. Achim Walter,
Prof. Dr. Joachim Wolf,
Institut für Betriebswirtschaftslehre,
Christian-Albrechts-Universität zu Kiel

Prof. Dr. Udo Konradt,
Institut für Psychologie,
Christian-Albrechts-Universität zu Kiel

In der Schriftenreihe werden Ergebnisse von Forschungsarbeiten veröffentlicht, die sich in herausragender Weise mit Fragen des Managements lose gekoppelter Systeme, virtueller Unternehmen und elektronischer Geschäftsprozesse beschäftigen. Die Reihe richtet sich an Leser in Wissenschaft und Praxis, die Anregungen für die eigene Arbeit und Problemlösungen suchen. Sie ist nicht auf Veröffentlichungen aus den Instituten der Herausgeber beschränkt.

Anne Susann Rohn

Multikulturelle Arbeitsgruppen

Erklärungsgrößen
und Gestaltungsformen

Mit einem Geleitwort von Prof. Dr. Joachim Wolf

Deutscher Universitäts-Verlag

Bibliografische Information Der Deutschen Bibliothek
Die Deutsche Bibliothek verzeichnet diese Publikation in der Deutschen Nationalbibliografie;
detaillierte bibliografische Daten sind im Internet über <http://dnb.ddb.de> abrufbar.

Dissertation Universität zu Kiel, 2006

1. Auflage Juli 2006

Alle Rechte vorbehalten
© Deutscher Universitäts-Verlag | GWV Fachverlage GmbH, Wiesbaden 2006

Lektorat: Brigitte Siegel / Britta Göhrisch-Radmacher

Der Deutsche Universitäts-Verlag ist ein Unternehmen von Springer Science+Business Media.
www.duv.de

Das Werk einschließlich aller seiner Teile ist urheberrechtlich geschützt. Jede Verwertung außerhalb der engen Grenzen des Urheberrechtsgesetzes ist ohne Zustimmung des Verlags unzulässig und strafbar. Das gilt insbesondere für Vervielfältigungen, Übersetzungen, Mikroverfilmungen und die Einspeicherung und Verarbeitung in elektronischen Systemen.

Die Wiedergabe von Gebrauchsnamen, Handelsnamen, Warenbezeichnungen usw. in diesem Werk berechtigt auch ohne besondere Kennzeichnung nicht zu der Annahme, dass solche Namen im Sinne der Warenzeichen- und Markenschutz-Gesetzgebung als frei zu betrachten wären und daher von jedermann benutzt werden dürften.

Umschlaggestaltung: Regine Zimmer, Dipl.-Designerin, Frankfurt/Main
Druck und Buchbinder: Rosch-Buch, Scheßlitz
Gedruckt auf säurefreiem und chlorfrei gebleichtem Papier
Printed in Germany

ISBN-10 3-8350-0467-0
ISBN-13 978-3-8350-0467-2

Geleitwort

Multikulturalität ist in den vergangenen Jahren zu einem Realphänomen geworden, das viele Bereiche unseres Lebens durchdringt. Auch in Unternehmen hat sie zwischenzeitlich eine hohe faktische Bedeutung gewonnen. Dies gilt insbesondere für grenzüberschreitend tätige Unternehmen, deren Kernherausforderung im Überbrücken unterschiedlicher Kulturkreise besteht. Diese Unternehmen setzen zunehmend multikulturelle Arbeitsgruppen ein mit dem Ziel, die in der Internationalität ihrer Geschäftstätigkeit begründeten und zunehmend komplexer werdenden Gestaltungsprobleme zielführend zu handhaben. Dementsprechend ist dieser Typ von Arbeitsgruppen in den vergangenen Jahren immer mehr in das Blickfeld der Forschung gerückt. Untersucht werden dabei vor allem deskriptive Aspekte multikultureller Arbeitsgruppen sowie die Frage, ob das in einer Arbeitsgruppe vorliegende Ausmaß an Multikulturalität mit dem ökonomischen und sozialen Erfolg der Arbeitsgruppe zusammenhängt. Deutlich seltener sind dagegen Untersuchungen, die herausfinden wollen, bei welchen kontextuellen Bedingungen, insbesondere bei welcher Art von Aufgabenstellung sich der Einsatz multikultureller Arbeitsgruppen lohnt. Und erst recht finden sich sehr wenige Studien, welche das Management, hier verstanden als Führung, Planung und Organisation derartiger Arbeitsgruppen, zum Thema haben. Aus betriebswirtschaftlicher Sicht ist der letztgenannte Tatbestand besonders bedauernswert, weil in dieser Disziplin grundsätzlicher Konsens darüber besteht, dass mit einer adäquaten kulturellen Zusammensetzung von Arbeitsgruppen lediglich eine notwendige, nicht jedoch eine hinreichende Bedingung ihres Erfolges gegeben ist. Nach dieser Sichtweise muss die notwendige Bedingung "Gruppenstruktur" stets um ein angemessenes Management ergänzt werden, wenn multikulturelle Arbeitsgruppen erfolgreich eingesetzt werden sollen.

Die vorliegende Schrift ist auf dieses Defizit ausgerichtet und behandelt somit nicht nur die kulturelle Komposition multikultureller Arbeitsgruppen, sondern vorrangig auch deren Führung, Planung und Organisation. Es wird untersucht, wie das in multikulturellen Arbeitsgruppen inhärente Potenzial durch geeignete Maßnahmen besser ausgeschöpft werden kann. Zur Bestimmung geeigneter Führungs-, Planungs- und Organisationsformen für multikulturelle Arbeitsgruppen wird ein mehrdimensionales Untersuchungsmodell gewählt, das von der Grundannahme getragen ist, dass die Führungs-, Planungs- und Organisationsformen situationsgerecht zu gestalten sind. Basierend auf dieser Ausgangsannahme werden zahlreiche, praktisch umsetzbare Gestaltungsempfehlungen entwickelt und auf empirischem Wege getestet.

Die vorliegende Schrift hat es aus vielen Gründen verdient, sowohl in der Wissenschaft als auch in der Praxis ein hohes Maß an Beachtung zu finden. Hier sollen nur wenige erwähnt werden. Erstens ruht die vorliegende Untersuchung auf einer äußerst sorgfältigen Auswertung der von der internationalen Gruppen- und Kulturforschung erarbeiteten Befunde. Im vorderen Teil der Schrift wird ein ebenso umfassender wie strukturierter Überblick über den Stand der Forschung zu multikulturellen Arbeitsgruppen geboten. Zweitens wurde das für die Sozialwissenschaften äußerst bedeutungsvolle Konzept der lose gekoppelten Systeme in einer sehr konsequenten und gewinnbringenden Weise in die Untersuchung eingearbeitet. Drittens ist der bereitgestellte Modellentwurf vollständiger und schlüssiger als die bislang verfügbaren. Viertens sind die entfalteten Hypothesen innovativ und geistreich. Fünftens erfolgt die zielgerichtete empirische Überprüfung auf der Basis robuster Testverfahren. Und schließlich verweist die Untersuchung auf eine Menge von Implikationen, die sowohl für die Wissenschaft als auch für die Praxis wegweisend sind.

Die Schrift muss, was Literaturverarbeitung, theoretisch-modellmäßige Stützung und Methodenkompetenz in der empirischen Datenerhebung, statistischen Auswertung sowie Befundinterpretation angeht, als herausragend gelten. Ich wünsche ihr eine starke Verbreitung bei sämtlichen angesprochenen Zielgruppen.

Prof. Dr. Joachim Wolf

Vorwort

Begegnungen zwischen kulturell verschiedenartigen Menschen faszinieren mich seit jeher. Ebenso bin ich dem Erleben, Empfinden und Arbeiten von Menschen in Organisationen zugetan. Beide Leidenschaften bewirkten schon vor einigen Jahren eine tiefer gehende wissenschaftliche Auseinandersetzung mit den Themen, und als mir Prof. Dr. Joachim Wolf, der mir sogar schon für meine Diplomarbeit in der Psychologie entscheidende Literaturtipps gab, vor knapp fünfeinhalb Jahren vorschlug, mich in meiner Dissertation multikulturellen Arbeitsgruppen in Unternehmen zu widmen, konnte ich nicht nein sagen. Nun ist diese Arbeit abgeschlossen und es ist mir eine Ehre und Freude zugleich, an dieser Stelle meinen aufrichtigen Dank all jenen auszusprechen, die entscheidend zum Erfolg dieses Projekts beigetragen haben.

Zuerst und vor allem gilt mein Dank Prof. Dr. Joachim Wolf für die intensive Betreuung meiner Arbeit hier am Lehrstuhl für Organisation des Instituts für Betriebswirtschaftslehre der Universität zu Kiel. Die kontinuierliche und kompetente Unterstützung, die hilfreichen Tipps, unsere lebhaften Diskussionen und die durch Prof. Wolfs kritisches Hinterfragen ständig ausgelösten neuen Auseinandersetzungen mit den Inhalten haben ganz wesentlich zum Gelingen dieser Arbeit beigetragen. Ebenso danke ich Prof. Dr. Dr. h.c. Jürgen Hauschildt sehr dafür, dass er die Mühe auf sich nahm, diese doch recht umfangreiche Schrift durchzuarbeiten, zu begutachten und mir eine ganze Reihe wertvoller Hinweise und Anregungen zu geben, wie ich im weiteren Umgang mit dem gesamten Material verfahren könnte.

Das Graduiertenkolleg des Kieler Instituts für Betriebswirtschaftslehre „Betriebswirtschaftliche Aspekte lose gekoppelter Systeme und Electronic Business", dem ich zuerst als Stipendiatin und später als Graduierte angehören durfte, stellt einen weiteren sehr wesentlichen Erfolgsfaktor dieser Arbeit dar. Nicht nur, dass wir in regelmäßigen Doktorandenseminaren und Veranstaltungen des Graduiertenstudiums unser Denken, unsere Methodik und unsere sozialen Fähigkeiten schulen und schleifen konnten; nicht nur, dass das Rahmenthema der „lose gekoppelten Systeme" mir für meine Arbeit entscheidende Impulse gab, sondern auch und vor allem dem Sprecher des Graduiertenkollegs, Prof. Dr. Dr. h.c. Sönke Albers, verdanke ich ein hohes Maß der Qualität meiner Arbeit. Das Credo von Professor Albers lautete und lautet „Fordern und Fördern", und ich kenne wenige, die konsequenter in der Umsetzung dieses Credos sind. Meinen herzlichen Dank für dieses Training!

Im Rahmen der Förderung meiner Arbeit durch das Graduiertenkolleg konnte ich sowohl Konferenzen besuchen, einen Forschungsaufenthalt am International Institute for Management Development (IMD) in Lausanne, Schweiz, verbringen und Vorträge von vielen, international renommierten Wissenschaftlern hier bei uns besuchen. In diesem Zusammenhang möchte ich drei Personen besonders danken, die mich in meiner Arbeit unterstützt, mir Mut gemacht und Zuversicht gegeben haben und mit denen ich interessante und hilfreiche Diskussionen führen konnte. Zum einen ist Martha Maznevski zu nennen, die mir bis heute mit Tipps, Anregungen und anderen wertvollen Hinweisen wohlwollend zur Seite steht. Zum zweiten gilt mein Dank Jorma Larimo, dem ich erstmals auf einer Konferenz in seiner Heimatuniversität in Vaasa, Finnland, begegnete und der mich durch die Aufnahme in die Wissenschaftsgemeinde mit einem Preis in meiner Arbeit sehr bestärkte. Und zum dritten gilt mein herzlicher Dank William Egelhoff, der sich ebenfalls mehrmals die Mühe machte, Arbeitspapiere von mir zu lesen, sie konstruktiv zu beurteilen und mir immer wieder durch anregende und nützliche Diskussionen wertvolle Hilfestellungen für meine Arbeit zu geben.

Trotz all der Unterstützung durch die Wissenschaft wäre meine Arbeit ohne die Mitarbeiter der Unternehmen, die an der Untersuchung teilgenommen haben, nicht möglich gewesen. Deshalb möchte ich an dieser Stelle ganz besonders all jenen Personen danken, die als Befürworter und natürlich als Teilnehmer an der Untersuchung mitgewirkt haben und damit zum Gelingen der Arbeit entscheidend beitrugen. Vielen herzlichen Dank!

Selbstverständlich ist keine Arbeit in einem sozialen Vakuum möglich, daher bedanke ich mich ganz herzlich bei meinen Kollegen und Freunden, vor allem Mihael Adzic, Christian Rohrlack, Kai Teichmann, Martin Haberstroh, Torsten Biemann, Bert Greving, Oliver Rack, Gregor Panten, Thomas Andreßen, Silvia Thies, Susanne Geister, Heike Jochims, und Maria Kaya, die den Werdensprozess dieser Arbeit hautnah erleben mussten und mich kontinuierlich zum Überdenken und kritischen Hinterfragen der Arbeit brachten, dabei aber nie den Spaß und die Freude am Miteinander vergaßen.

Ebenfalls zu großem Dank bin ich den guten Seelen in diesem Haus, Doris Harder und Annette Hinz, verpflichtet. In allen administrativen, sprachlichen und sonstigen Anliegen und Fragen konnte ich immer zu ihnen hingehen und mich darauf verlassen, wertvolle Auskünfte oder kompetente Hilfestellungen zu bekommen. Das ist nicht selbstverständlich und daher bedanke ich mich hierfür auf das herzlichste.

Last but definitely not least einen lieben Dank an meine Familie – meine Eltern, meine Schwester und meine Großeltern. Selbst auf dem interkulturellen Gebiet bewandert und ständig neuen Herausforderungen ausgesetzt, haben sie es dennoch nie versäumt, auf liebevolle Weise und mit viel Geduld mir gut zuzureden, mich aufzufangen, wenn etwas schief lief, mich zu unterstützen, zu begleiten, mir mit Rat und Tat zur Seite zu stehen und mich immer wieder zurück auf Kurs zu bringen, so dass ich dafür gar nicht genug danken kann. Auch meinem lieben Partner Jan Bachmann gebührt solcher Dank. Ohne seinen Humor, seine Kraft und seinen Glauben an mich hätte ich diese Arbeit kaum fertig bringen können. Was ich bin und was ich erreicht habe, verdanke ich meiner Familie, und ich bin stolz darauf.

Diese Arbeit widme ich in Liebe und Dankbarkeit meinen Eltern, Doris und Andreas Rohn.

Anne Susann Rohn

Inhaltsverzeichnis

1   Ausgangslage und Problemstellung 1

1.1   Multikulturelle Arbeitsgruppen als bedeutungsvolles Phänomen der
Unternehmenspraxis 1

1.2   Das Dilemma multikultureller Arbeitsgruppen 5

1.3   Zielsetzung der Untersuchung 6

1.4   Innovative Elemente der Untersuchung 9

1.5   Gang der Untersuchung 11

2   Forschungsgegenstand: Multikulturelle Arbeitsgruppen 13

2.1   Arbeitsgruppen in Unternehmen: Begriffsbestimmung und -abgrenzung 13

2.2   Arten von Arbeitsgruppen in Unternehmen 18

3   Kultur: Begriff, Konzeptualisierungen und Erkenntnisse 21

3.1   Inhaltliche Bestimmung des Kulturbegriffs 21

3.2   Alternative Konzeptualisierungen des Kulturphänomens 25

   3.2.1   Kulturelle Werteorientierungen von Kluckhohn und Strodtbeck 26

      3.2.1.1   Menschliche Natur 28

      3.2.1.2   Beziehungen des Menschen zu seiner Umwelt 30

      3.2.1.3   Zeitorientierung 31

      3.2.1.4   Aktivitätsorientierung 34

      3.2.1.5   Relationale Orientierung 36

      3.2.1.6   Zusammenfassung: Variationen in den Werteorientierungen 39

      3.2.1.7   Kritische Würdigung der Theorie der kulturellen Werteorientierungen 40

   3.2.2   Theorie der kulturellen Werte von Schwartz 41

      3.2.2.1   Problem 1: Beziehungen zwischen dem Individuum und der Gruppe 42

      3.2.2.2   Problem 2: Bewahrung der sozialen Struktur 42

      3.2.2.3   Problem 3: Beziehungen zur natürlichen und sozialen Umwelt 43

      3.2.2.4   Zur Struktur der Wertebeziehungen 44

3.2.2.5	Validierung der Theorie der kulturellen Werte	44
3.2.3	Kulturkonzept von Hofstede	46
3.2.3.1	Machtdistanz	46
3.2.3.2	Unsicherheitsvermeidung	47
3.2.3.3	Individualismus – Kollektivismus	48
3.2.3.4	Maskulinität – Femininität	49
3.2.3.5	Zusammenfassung und kritische Würdigung der Studie Hofstedes	49
3.2.4	Kulturkonzept von Trompenaars	51
3.2.4.1	Trompenaars' Kulturdimensionen	52
3.2.4.2	Kritische Würdigung der Studie Trompenaars'	55
3.2.5	Zusammenfassende Betrachtung der Kulturkonzepte	56
3.2.5.1	Kriterien zum Vergleich der Kulturkonzepte	56
3.2.5.2	Die kulturellen Werteorientierungen von Kluckhohn und Strodtbeck als Grundlage der vorliegenden Untersuchung	59

4 Gruppenarbeit: Konzeptualisierungen und Erkenntnisse 61

4.1	Effektivitätsmodelle der Gruppenarbeit	61
4.1.1	Modell der Gruppeneffektivität nach McGrath	61
4.1.2	Normatives Modell der Arbeitsgruppeneffektivität nach Hackman	66
4.1.3	Modell der Arbeitsgruppeneffektivität nach Gladstein	69
4.1.4	Zusammenfassende Würdigung der Gruppeneffektivitätsmodelle und Fazit	72
4.2	Überblick über die einzelnen Teilbereiche der Gruppenforschung	73
4.2.1	Fundamentale Gruppendynamiken	74
4.2.1.1	Soziale Identitätstheorie	74
4.2.1.2	Gemeinsame soziale Realität in Arbeitsgruppen	77
4.2.2	Der Interaktionskontext von Arbeitsgruppen	78
4.2.2.1	Gruppenaufgaben	78
4.2.2.2	Technologie, Struktur und Umwelt von Arbeitsgruppen	80
4.2.2.3	Gruppengröße und Gruppenzusammensetzung	81
4.2.3	Dysfunktionale Gruppenphänomene	82
4.2.3.1	Das Phänomen des „Social Loafing"	83
4.2.3.2	Das Phänomen des Gruppendenkens: „Groupthink"	84
4.2.4	Gruppenprozesse	86

Inhaltsverzeichnis   XI

4.2.5   Gruppenergebnisse 89

4.3   Übergeordnete Implikationen der Forschung zur Gruppenarbeit für die vorliegende
      Untersuchung 91

5   Vielfalt: Begriff, Konzeptualisierungen und Erkenntnisse **93**

5.1   Begriff und Arten von Vielfalt 93

5.2   Theoretische Erklärungsansätze in der Vielfaltsforschung 97

5.2.1   Soziale Kategorisierungstheorie 97

5.2.2   Ähnlichkeits-Attraktions-Paradigma 98

5.2.3   Kognitiver Informationsverarbeitungsansatz 100

5.2.4   Zusammenfassende Würdigung der Erklärungsansätze 102

5.3   Auswirkungen von Vielfalt in Arbeitsgruppen 103

5.3.1   Vielfalt in demographischen Attributen 105

   5.3.1.1   Vielfalt in der ethnischen Zugehörigkeit/Rasse 106

   5.3.1.2   Vielfalt in der nationalen Herkunft 107

   5.3.1.3   Vielfalt in der geschlechtlichen Zusammensetzung 108

   5.3.1.4   Vielfalt in der Alterszusammensetzung 109

5.3.2   Vielfalt in Persönlichkeitsattributen 110

   5.3.2.1   Vielfalt in Persönlichkeitsmerkmalen und Einstellungen 110

   5.3.2.2   Vielfalt in den Werten im Allgemeinen 111

   5.3.2.3   Vielfalt in den kulturellen Werten 112

      5.3.2.3.1   Kulturelle Wertevielfalt in Arbeitsgruppen 112

      5.3.2.3.2   Empirische Befunde zur kulturellen Wertevielfalt in Arbeitsgruppen 115

      5.3.2.3.3   Zusammenfassende Betrachtung der Befunde 120

      5.3.2.3.4   Schlussfolgerungen und Implikationen aus der Forschung zur kulturellen
                   Wertevielfalt in Arbeitsgruppen 122

5.3.3   Vielfalt in Wissen und Fertigkeiten 126

   5.3.3.1   Funktionale Vielfalt 127

   5.3.3.2   Vielfalt im Bildungshintergrund 129

5.3.4   Vielfalt in der Kohortenmitgliedschaft 130

   5.3.4.1   Vielfalt in der Dauer der Organisationszugehörigkeit 132

   5.3.4.2   Vielfalt in der Dauer der Gruppenzugehörigkeit 133

5.3.5   Kritische Würdigung der Vielfaltsforschung 133

5.3.5.1	Zusammenfassung des Wissenstandes in der Vielfaltsforschung	136
5.3.5.2	Implikationen der Vielfaltsforschung	138

6 Die Systemtheorie und das Konzept der lose gekoppelten Systeme als theoretische Grundlage der Untersuchung ... **141**

6.1 Die Systemtheorie und ihre Relevanz für multikulturelle Arbeitsgruppen ... 141

6.2 Zum Konzept der lose gekoppelten Systeme ... 148

    6.2.1 Entstehungsbedingungen lose gekoppelter Systeme ... 149

    6.2.2 Bedeutungen lose gekoppelter Systeme ... 151

6.3 Multikulturelle Arbeitsgruppen und lose gekoppelte Systeme ... 155

    6.3.1 Kopplungskomponenten und multikulturelle Arbeitsgruppen ... 155

    6.3.2 Multikulturelle Arbeitsgruppen aus der Perspektive lose gekoppelter Systeme: Leithypothesen der Untersuchung ... 159

7 Konzeptioneller Bezugsrahmen als ordnungsstiftendes Untersuchungsgerüst ... **165**

7.1 Variablenblöcke des Untersuchungsmodells ... 167

    7.1.1 Gruppenkontext ... 167

    7.1.2 Gruppenmanagement ... 172

    7.1.3 Gruppenstruktur ... 176

    7.1.4 Gruppenprozesse ... 179

    7.1.5 Gruppenerfolg ... 182

    7.1.6 Grundlegende Annahmen zum Untersuchungsgegenstand ... 185

7.2 Hypothesenkomplexe der Untersuchung ... 187

    7.2.1 Hypothesenkomplex 1: Kontext-Erfolgs-Zusammenhänge ... 187

        7.2.1.1 Zusammenhang zwischen Aufgabenunsicherheit und Erfolg ... 187

        7.2.1.2 Zusammenhänge zwischen Arbeitsgestaltung und Erfolg ... 188

        7.2.1.3 Zusammenhänge zwischen den Interdependenzen und dem Erfolg ... 189

    7.2.2 Hypothesenkomplex 2: Moderation der Kontext-Erfolgs-Zusammenhänge durch die Gruppenstruktur ... 193

        7.2.2.1 Moderation der Aufgabenunsicherheits-Erfolgs-Zusammenhänge durch kulturelle Wertevielfalt in Arbeitsgruppen ... 195

        7.2.2.2 Moderation der Arbeitsgestaltungs-Erfolgs-Zusammenhänge durch kulturelle Wertevielfalt in Arbeitsgruppen ... 197

Inhaltsverzeichnis XIII

7.2.2.3 Moderation der Interdependenz-Erfolgs-Zusammenhänge durch kulturelle Wertevielfalt in Arbeitsgruppen 199

7.2.3 Hypothesenkomplex 3: Kontext-Prozess-Zusammenhänge 206

7.2.3.1 Zusammenhänge zwischen Aufgabenunsicherheit und Gruppenprozessen ... 206

7.2.3.2 Zusammenhänge zwischen Arbeitsgestaltungsmerkmalen und Gruppenprozessen 208

7.2.3.3 Zusammenhänge zwischen Interdependenzen und Gruppenprozessen 210

7.2.4 Hypothesenkomplex 4: Gruppenstruktur-Prozess-Zusammenhänge 214

7.2.4.1 Zusammenhänge zwischen kultureller Wertevielfalt in Arbeitsgruppen und kognitionsbezogenen Gruppenprozessen 215

7.2.4.2 Zusammenhänge zwischen kultureller Wertevielfalt in Arbeitsgruppen und affektbezogenen Gruppenprozessen 218

7.2.5 Hypothesenkomplex 5: Gruppenmanagement-Prozess-Zusammenhänge 221

7.2.5.1 Zusammenhänge zwischen aufgabenorientierter Führung und Gruppenprozessen 221

7.2.5.2 Zusammenhänge zwischen mitarbeiterorientierter Führung und Gruppenprozessen 223

7.2.5.3 Zusammenhänge zwischen externer Führung und Gruppenprozessen 225

7.2.5.4 Zusammenhänge zwischen Organisation/organisationaler Kontext/Planung multikultureller Gruppenarbeit und Gruppenprozessen 226

7.2.6 Hypothesenkomplex 6: Moderation der Gruppenstruktur-Prozess-Zusammenhänge durch das Gruppenmanagement 229

7.2.6.1 Moderation der Zusammenhänge zwischen kultureller Wertevielfalt in Arbeitsgruppen und den kognitionsbezogenen Gruppenprozessen durch aufgabenorientierte Führung 230

7.2.6.2 Moderation der Zusammenhänge zwischen kultureller Wertevielfalt in Arbeitsgruppen und den kognitionsbezogenen Gruppenprozessen durch die Planung multikultureller Gruppenarbeit 232

7.2.6.3 Moderation der Zusammenhänge zwischen kultureller Wertevielfalt in Arbeitsgruppen und den affektbezogenen Gruppenprozessen durch personenorientierte Führung 234

7.2.6.4 Moderation der Zusammenhänge zwischen kultureller Wertevielfalt in Arbeitsgruppen und den affektbezogenen Gruppenprozessen durch externe Führung 238

7.2.7 Hypothesenkomplex 7: Prozess-Erfolgs-Zusammenhänge 239

7.2.7.1 Zusammenhänge zwischen kognitionsbezogenen Gruppenprozessen und Gruppenerfolg 240

7.2.7.1.1 Zusammenhänge zwischen aufgabenbezogenen Gruppenprozessen und Gruppenerfolg 240

XIV Inhaltsverzeichnis

7.2.7.1.2 Zusammenhänge zwischen Aufgabenkonflikten und Gruppenerfolg 242

7.2.7.1.3 Zusammenhänge zwischen externer Gruppenkommunikation und
Gruppenerfolg 244

7.2.7.2 Zusammenhänge zwischen affektbezogenen Gruppenprozessen und
Gruppenerfolg 245

7.2.7.2.1 Zusammenhänge zwischen beziehungsbezogenen Gruppenprozessen und
Gruppenerfolg 245

7.2.7.2.2 Zusammenhänge zwischen Beziehungskonflikten und Gruppenerfolg 248

7.2.7.2.3 Zusammenhänge zwischen Formalitätsgrad der Kommunikation in
Arbeitsgruppen und Gruppenerfolg 249

7.2.7.2.4 Zusammenhänge zwischen Konfliktlösung und Gruppenerfolg 252

8   Methoden 255

8.1   Forschungsdesign und allgemeine Vorgehensweise 255

8.1.1   Methodik der Datenerhebung 255

8.1.1.1   Gestaltung des Fragebogens 257

8.1.1.2   Übersetzung des Fragebogens 258

8.1.1.3   Aufbau des Fragebogens 259

8.1.1.4   Administration des Fragebogens 261

8.1.2   Modus der Datenerhebung 261

8.2   Stichprobe 264

8.3   Maße 265

8.3.1   Datenaufbereitung 265

8.3.2   Operationalisierungen der Gruppenkontextmerkmale 269

8.3.3   Operationalisierungen der Gruppenmanagementvariablen 272

8.3.4   Operationalisierungen der Gruppenstrukturmerkmale 275

8.3.5   Operationalisierungen der Gruppenprozesse 280

8.3.6   Operationalisierungen der Gruppenerfolgsvariablen 283

8.4   Statistische Vorgehensweise 286

9   Ergebnisse der Untersuchung 291

9.1   Deskriptive Statistik 291

9.2   Überprüfung der Hypothesen 298

9.2.1   Zum Hypothesenkomplex 1: Kontext-Erfolgs-Zusammenhänge 298

Inhaltsverzeichnis XV

9.2.1.1 Aufgabenunsicherheit und Gruppenerfolg 298

9.2.1.2 Partizipationsmöglichkeiten und Gruppenerfolg 300

9.2.1.3 Interne Interdependenzen und Gruppenerfolg 301

9.2.1.4 Externe Abhängigkeiten und Gruppenerfolg 303

9.2.1.5 Zusammenfassung der Ergebnisse zum Hypothesenkomplex 1 305

9.2.2 Zum Hypothesenkomplex 2: Moderation der Kontext-Erfolgs-Zusammenhänge durch die Gruppenstruktur 306

9.2.2.1 Moderation der Kontext-Erfolgs-Zusammenhänge durch die kulturelle Vielfalt 307

9.2.2.1.1 Moderation der Aufgabenunsicherheits-Erfolgszusammenhänge durch die kulturelle Vielfalt in Arbeitsgruppen 310

9.2.2.1.2 Moderation der Partizipations-Erfolgszusammenhänge durch die kulturelle Vielfalt in Arbeitsgruppen 311

9.2.2.1.3 Moderation der Aufgabeninterdependenz-Erfolgszusammenhänge durch die kulturelle Vielfalt in Arbeitsgruppen 315

9.2.2.1.4 Moderation der Zielinterdependenz-Erfolgszusammenhänge durch die kulturelle Vielfalt in Arbeitsgruppen 317

9.2.2.1.5 Moderation der Ergebnisinterdependenz-Erfolgszusammenhänge durch die kulturelle Vielfalt in Arbeitsgruppen 318

9.2.2.1.6 Moderation der Zusammenhänge zwischen externen Abhängigkeiten und Gruppenerfolg durch die kulturelle Vielfalt in Arbeitsgruppen 322

9.2.2.2 Moderation der Kontext-Erfolgs-Zusammenhänge durch die anderen Merkmale der Gruppenstruktur 327

9.2.2.3 Zusammenfassung der Ergebnisse zum Hypothesenkomplex 2 332

9.2.3 Zum Hypothesenkomplex 3: Kontext-Prozess-Zusammenhänge 337

9.2.3.1 Aufgabenunsicherheit und Gruppenprozesse 337

9.2.3.2 Partizipationsmöglichkeiten und Gruppenprozesse 339

9.2.3.3 Interne Interdependenzen und Gruppenprozesse 340

9.2.3.4 Externe Abhängigkeiten und Gruppenprozesse 342

9.2.3.5 Zusammenfassung der Ergebnisse zum Hypothesenkomplex 3 343

9.2.4 Zum Hypothesenkomplex 4: Gruppenstruktur-Prozess-Zusammenhänge 345

9.2.4.1 Kulturelle Wertevielfalt in Arbeitsgruppen und Gruppenprozesse 345

9.2.4.1.1 Kulturelle Wertevielfalt und kognitionsbezogene Gruppenprozesse 346

9.2.4.1.2 Kulturelle Wertevielfalt und affektbezogene Gruppenprozesse 349

9.2.4.2 Andere Gruppenstrukturmerkmale und Gruppenprozesse 353

9.2.4.2.1 Gruppenstrukturmerkmale und kognitionsbezogene Gruppenprozesse 354

9.2.4.2.2 Gruppenstrukturmerkmale und affektbezogene Gruppenprozesse 355

XVI Inhaltsverzeichnis

9.2.4.3 Zusammenfassung der Ergebnisse zum Hypothesenkomplex 4 356

9.2.5 Zum Hypothesenkomplex 5: Gruppenmanagement-Prozess-Zusammenhänge 357

9.2.5.1 Führung und Gruppenprozesse.. 358

9.2.5.2 Planung und Gruppenprozesse 362

9.2.5.3 Organisationsmerkmale und Gruppenprozesse... 363

9.2.5.4 Zusammenfassung der Ergebnisse zum Hypothesenkomplex 5 365

9.2.6 Zum Hypothesenkomplex 6: Moderation der Gruppenstruktur-Prozess-
Zusammenhänge durch das Gruppenmanagement..................................... 367

9.2.6.1 Moderation der Zusammenhänge zwischen der kulturellen Vielfalt und den
Gruppenprozessen durch das Gruppenmanagement...................................... 368

9.2.6.1.1 Moderation der Zusammenhänge zwischen der kulturellen Vielfalt und
den Gruppenprozessen durch Führung.. 371

9.2.6.1.1.1 Moderation der Zusammenhänge zwischen der kulturellen Vielfalt
und den Gruppenprozessen durch aufgabenorientierte Führung 372

9.2.6.1.1.2 Moderation der Zusammenhänge zwischen der kulturellen Vielfalt
und den Gruppenprozessen durch mitarbeiterorientierte Führung....... 376

9.2.6.1.1.3 Moderation der Zusammenhänge zwischen der kulturellen Vielfalt
und den Gruppenprozessen durch externe Führung............................ 383

9.2.6.1.2 Moderation der Zusammenhänge zwischen der kulturellen Vielfalt und
den Gruppenprozessen durch Planung 384

9.2.6.1.3 Moderation der Zusammenhänge zwischen der kulturellen Vielfalt und
den Gruppenprozessen durch die Organisationsmerkmale 387

9.2.6.2 Moderation der Zusammenhänge zwischen den anderen Gruppenstrukturmerkmalen und den Gruppenprozessen durch das Gruppenmanagement...... 398

9.2.6.2.1 Moderation der Zusammenhänge zwischen den anderen Gruppenstrukturmerkmalen und den Gruppenprozessen durch die Führung...................... 401

9.2.6.2.1.1 Moderation der Zusammenhänge zwischen den anderen Gruppenstrukturmerkmalen und den Gruppenprozessen durch die
aufgabenorientierte Führung 401

9.2.6.2.1.2 Moderation der Zusammenhänge zwischen den anderen Gruppenstrukturmerkmalen und den Gruppenprozessen durch die
mitarbeiterorientierte Führung 402

9.2.6.2.1.3 Moderation der Zusammenhänge zwischen den anderen Gruppenstrukturmerkmalen und den Gruppenprozessen durch die externe
Führung 403

9.2.6.2.2 Moderation der Zusammenhänge zwischen den anderen Gruppenstrukturmerkmalen und den Gruppenprozessen durch die Planung.......... 404

9.2.6.2.3 Moderation der Zusammenhänge zwischen den anderen Gruppenstrukturmerkmalen und den Gruppenprozessen durch die
Organisationsmerkmale... 405

9.2.6.3 Zusammenfassung der Ergebnisse zum Hypothesenkomplex 6 413

Inhaltsverzeichnis XVII

9.2.7 Zum Hypothesenkomplex 7: Prozess-Erfolgs-Zusammenhänge 424

   9.2.7.1 Kognitionsbezogene Gruppenprozesse und Gruppenerfolg 424

   9.2.7.2 Affektiv-Soziale Gruppenprozesse und Gruppenerfolg 427

   9.2.7.3 Zusammenfassung der Ergebnisse zum Hypothesenkomplex 7 430

10 Diskussion der Ergebnisse und Implikationen der Untersuchung 433

10.1 Erklärungsgrößen multikultureller Arbeitsgruppen 434

   10.1.1 Zum Potenzial multikultureller Arbeitsgruppen 434

   10.1.2 Zentrale Erkenntnisse zum Potenzial multikultureller Arbeitsgruppen 434

10.2 Gestaltungsformen multikultureller Arbeitsgruppen 442

   10.2.1 Die Gruppenprozesse als Bühne der Transformation 442

   10.2.2 Zentrale Erkenntnisse zur Gestaltung erfolgreicher multikultureller Arbeitsgruppen 444

10.3 Multikulturelle Arbeitsgruppen aus der Perspektive lose gekoppelter Systeme 455

10.4 Kritische Anmerkungen und Überlegungen zum methodischen Vorgehen 460

10.5 Implikationen 462

   10.5.1 Implikationen für die Forschung 462

   10.5.2 Implikationen für die Praxis 465

Literaturverzeichnis 469

Anhang 491

Anhang 1: Untersuchungsfragebögen 491

Anhang 2: Deskriptive Statistik – Interkorrelationsmatrix 519

Anhang 3: Ergänzungen zu den Ergebnissen der Hypothesenprüfungen 530

Ergänzungen zum Hypothesenkomplex 2 530

Ergänzungen zum Hypothesenkomplex 4 536

Ergänzungen zum Hypothesenkomplex 6 539

Tabellenverzeichnis

Tabelle 9-1: Regressionen des ökonomischen Gruppenerfolgs auf die Aufgabenunsicherheit 299

Tabelle 9-2: Regressionen des sozialen Gruppenerfolgs auf die Aufgabenunsicherheit 299

Tabelle 9-3: Regressionen des ökonomischen Gruppenerfolgs auf die Partizipationsmöglichkeiten 300

Tabelle 9-4: Regressionen des sozialen Gruppenerfolgs auf die Partizipationsmöglichkeiten 301

Tabelle 9-5: Regressionen des ökonomischen Erfolgs auf die internen Interdependenzen 301

Tabelle 9-6: Regressionen des sozialen Erfolgs auf die internen Interdependenzen 302

Tabelle 9-7: Regressionen des ökonomischen Erfolgs auf die externen Abhängigkeiten .. 303

Tabelle 9-8: Regressionen des Gruppenerfolgs auf die externen Abhängigkeiten 304

Tabelle 9-9: Überblick über die Moderationswirkungen der Vielfalt in den kulturellen Werteorientierungen hinsichtlich der Kontext-Erfolgs-Zusammenhänge 308

Tabelle 9-10: Regression der Erfolgsmaße auf die Interaktion von Aufgabenunsicherheit und Vielfalt in der kulturellen Variation ‚Denken' 311

Tabelle 9-11: Regressionen der Gruppenerfolgsmaße auf die Interaktion von Partizipationsmöglichkeiten und Vielfalt in der kulturellen Variation ‚Gut/Böse' der Menschlichen-Natur-Orientierung 312

Tabelle 9-12: Regression der Kommunikationseffektivität auf die Interaktion von Partizipationsmöglichkeiten und kultureller Vielfalt in der Mensch-Umwelt-Orientierung 313

Tabelle 9-13: Regression der Kommunikationseffektivität und Gruppenzufriedenheit auf die Interaktionen von Partizipationsmöglichkeiten und kultureller Vielfalt in der Aktivitätsorientierung 314

Tabelle 9-14: Regression der Gesamtgruppenleistung (FK) und Gruppenzufriedenheit auf die Interaktionen von Aufgabeninterdependenz und kultureller Vielfalt in der Zeitorientierung 316

Tabelle 9-15: Regression der Strategieeffektivität und Gesamtgruppenleistung (Gruppen-mitglieder) auf die Interaktion von Zielinterdependenz und Vielfalt in den Menschliche-Natur-Variationen 317

Tabelle 9-16: Regression der Gruppenbindung auf die Interaktion von Ergebnisinterdependenz und Vielfalt in der kulturellen Variation ‚Denken' der Aktivitäts-orientierung 319

XX Tabellenverzeichnis

Tabelle 9-17: Regressionen der Gruppenerfolgsmaße auf die Interaktion von Ergebnisinterdependenz und Vielfalt in der kulturellen Variation ‚Hierarchie' der relationalen Orientierung 320

Tabelle 9-18: Regressionen der Gruppenerfolgsmaße auf die Interaktion von Ergebnisinterdependenz und Vielfalt in der kulturellen Variation ‚Veränderbarkeit/Nicht-Veränderbarkeit' 321

Tabelle 9-19: Regressionen der Gruppenbindung und der Gruppenzuversicht auf die Interaktion von externer Abhängigkeit (A) und Vielfalt in der Variation ‚Hierarchie' der relationalen Orientierung 323

Tabelle 9-20: Regression der Gruppenerfolgsmaße auf die Interaktion von externer Abhängigkeit (A) und Vielfalt in der kulturellen Variation ‚Denken' der Aktivitätsorientierung 324

Tabelle 9-21: Regression der Gruppenerfolgsmaße auf die Interaktion von externer Abhängigkeit (A) und Vielfalt in der kulturellen Variation ‚Veränderbarkeit/Nicht-Veränderbarkeit' 325

Tabelle 9-22: Regressionen der Gruppenbindung und Gruppenzuversicht auf die Interaktionen von externer Abhängigkeit (B) und Vielfalt in der kulturellen Variation ‚Denken' 326

Tabelle 9-23: Regression der Gruppenbindung auf die Interaktion von externer Abhängigkeit (B) und Vielfalt in den kulturellen Variationen ‚Kollektivismus' und ‚Hierarchie' der relationalen Orientierung 327

Tabelle 9-24: Überblick über die Moderationswirkungen der anderen Strukturmerkmale hinsichtlich der Kontext-Erfolgszusammenhänge 328

Tabelle 9-25: Regressionen der kognitionsbezogenen Prozesse auf die Aufgabenunsicherheit 338

Tabelle 9-26: Regressionen der sozialen Prozesse auf die Aufgabenunsicherheit 338

Tabelle 9-27: Regressionen der kognitionsbezogenen Prozesse auf die Partizipationsmöglichkeiten 339

Tabelle 9-28: Regressionen der sozialen Prozesse auf die Partizipationsmöglichkeiten 340

Tabelle 9-29: Regressionen der kognitionsbezogenen Prozesse auf die internen Interdependenzen 341

Tabelle 9-30: Regressionen der sozialen Prozesse auf die internen Interdependenzen 341

Tabelle 9-31: Regressionen der kognitionsbezogenen Prozesse auf die externen Abhängigkeiten 343

Tabelle 9-32: Regressionen der kognitionsbezogenen Prozesse auf die kulturelle Vielfalt in der relationalen Orientierung 347

Tabelle 9-33: Regressionen der kognitionsbezogenen Prozesse auf die kulturelle Vielfalt in der Menschlichen-Natur-Orientierung 348

Tabelle 9-34: Regressionen der sozialen Prozesse auf die kulturelle Vielfalt in der Aktivitätsorientierung 349

Tabelle 9-35:	Regressionen der sozialen Prozesse auf die kulturelle Vielfalt in der Zeitorientierung	350
Tabelle 9-36:	Regressionen der sozialen Prozesse auf kulturelle Vielfalt in der relationalen Orientierung	350
Tabelle 9-37:	Regressionen der sozialen Prozesse auf die kulturelle Vielfalt in der Mensch-Umwelt-Orientierung	351
Tabelle 9-38:	Regressionen der kognitionsbezogenen Prozesse auf die Gruppenstruktur	354
Tabelle 9-39:	Regressionen der sozialen Prozesse auf die Gruppenstruktur	355
Tabelle 9-40:	Regressionen der kognitionsbezogenen Gruppenprozesse auf die Führung	360
Tabelle 9-41:	Regressionen der sozialen Prozesse auf die Führung	361
Tabelle 9-42:	Regressionen der kognitionsbezogenen Prozesse auf die Planung	362
Tabelle 9-43:	Überblick über die Moderationswirkungen des Gruppenmanagements im Hinblick auf die Zusammenhänge zwischen der kulturellen Vielfalt und den kognitionsbezogenen Gruppenprozessen	369
Tabelle 9-44:	Überblick über die Moderationswirkungen des Gruppenmanagements im Hinblick auf die Zusammenhänge zwischen der kulturellen Vielfalt und den sozialen Gruppenprozessen	370
Tabelle 9-45:	Regression der Aufgabenkonflikte auf die Interaktion von Vielfalt in der Mensch-Umwelt-Orientierung und der aufgabenorientierten Führung	373
Tabelle 9-46:	Regression der Aufgabenkonflikte auf die Interaktion von aufgabenorientierter Führung und Vielfalt in der kulturellen Variation ‚Unterwerfung' der Mensch-Umwelt-Orientierung	374
Tabelle 9-47:	Regression der Beziehungsprozesse auf die Interaktion von Vielfalt in der Menschlichen-Natur-Orientierung und der mitarbeiterorientierten Führung	377
Tabelle 9-48:	Regression der Beziehungsprozesse auf die Interaktion von mitarbeiterorientierter Führung und Vielfalt in der kulturellen Variation ‚Gut/Böse' der Menschlichen-Natur-Orientierung	378
Tabelle 9-49:	Regression der Beziehungskonflikte auf die Interaktion von Vielfalt in der relationalen Orientierung und der mitarbeiterorientierten Führung	379
Tabelle 9-50:	Regression der Beziehungskonflikte auf die Interaktion von mitarbeiterorientierter Führung und Vielfalt in der kulturellen Variation ‚Kollektivismus' der relationalen Orientierung	380
Tabelle 9-51:	Regression der Beziehungskonflikte auf die Interaktion von mitarbeiterorientierter Führung und Vielfalt in der kulturellen Variation ‚Hierarchie' der relationalen Orientierung	381
Tabelle 9-52:	Regression der Kommunikationsinformalität auf die Interaktion von Vielfalt in der Zeitorientierung und der mitarbeiterorientierten Führung	382

Tabelle 9-53:	Regression der Kommunikationsinformalität auf die Interaktion von mitarbeiterorientierter Führung und Vielfalt in der kulturellen Variation ,Zukunft' der Zeitorientierung 382
Tabelle 9-54:	Regression der aufgabenbezogenen Gruppenprozesse auf die Interaktion von Vielfalt in der Aktivitätsorientierung und der Planung multikultureller Gruppenarbeit 385
Tabelle 9-55:	Regression der aufgabenbezogenen Gruppenprozesse auf die Interaktion von Planung und Vielfalt in der kulturellen Variation ,Handeln' der Aktivitätsorientierung 386
Tabelle 9-56:	Regression der Kommunikationsinformalität auf die Interaktionen von Vielfalt in der Aktivitätsorientierung und Vielfalt in der Menschlichen-Natur-Orientierung mit der Verfügbarkeit von Gruppentrainings 387
Tabelle 9-57:	Regression der Konfliktlösung auf die Interaktion in der Mensch-Umwelt-Orientierung und der Verfügbarkeit von Gruppentrainings 388
Tabelle 9-58:	Regression der Kommunikationsinformalität auf die Interaktion von Vielfalt in der Zeitorientierung und der Art der Leistungserstellung 389
Tabelle 9-59:	Regression der Beziehungskonflikte auf die Interaktionen von Vielfalt in der Mensch-Umwelt-Orientierung und der herrschenden Lohnstruktur 390
Tabelle 9-60:	Regression der aufgabenbezogenen Gruppenprozesse auf die Interaktionen von Vielfalt in der relationalen und der Mensch-Umwelt-Orientierung mit der PC-Verfügbarkeit 391
Tabelle 9-61:	Regression der Beziehungsprozesse auf die Interaktionen von Vielfalt in der relationalen und der Menschlichen-Natur-Orientierung mit der PC-Verfügbarkeit 393
Tabelle 9-62:	Regression der Beziehungskonflikte auf die Interaktion von Vielfalt in der Mensch-Umwelt-Orientierung und der Institutionalisiertheit von direkten Kommunikationsmöglichkeiten 395
Tabelle 9-63:	Regression der externen Kommunikation (C) auf die Interaktion von Vielfalt in der Aktivitätsorientierung und dem Formalisierungsgrad der Gruppenkommunikation 396
Tabelle 9-64:	Regressionen der Gruppenprozesse auf die Interaktion von kultureller Vielfalt in der Mensch-Umwelt-Orientierung und dem Formalisierungsgrad der Gruppenkommunikation 397
Tabelle 9-65:	Überblick über die Moderationswirkungen des Gruppenmanagements im Hinblick auf die Zusammenhänge zwischen den Gruppenstruktur-merkmalen und den kognitionsbezogenen Gruppenprozessen 399
Tabelle 9-66:	Überblick über die Moderationswirkungen des Gruppenmanagements im Hinblick auf die Zusammenhänge zwischen der kulturellen Vielfalt und den sozialen Gruppenprozessen 400
Tabelle 9-67:	Regressionen des ökonomischen Gruppenerfolgs auf die kognitions-bezogenen Gruppenprozesse 425

Tabellenverzeichnis   XXIII

Tabelle 9-68: Regressionen des sozialen Gruppenerfolgs auf die kognitionsbezogenen Gruppenprozesse 426

Tabelle 9-69: Regressionen des ökonomischen Gruppenerfolgs auf die affektiv-sozialen Gruppenprozesse 427

Tabelle 9-70: Regressionen des sozialen Gruppenerfolgs auf die affektiv-sozialen Gruppenprozesse 428

Tabelle A1: Interkorrelationen der verwendeten Variablen auf Gruppenebene 520

Tabelle A2: Regression der Gruppenbindung auf die Interaktion von Aufgabenunsicherheit und kultureller Vielfalt in der Aktivitätsorientierung 530

Tabelle A3: Regression der Kommunikationseffektivität auf die Interaktion von Partizipationsmöglichkeiten und kultureller Vielfalt in der Menschlichen-Natur-Orientierung 530

Tabelle A4: Regression der Kommunikationseffektivität auf die Interaktion von Partizipationsmöglichkeiten und kultureller Vielfalt in der Mensch-Umwelt-Orientierung 531

Tabelle A5: Regression der Gruppenbindung auf die Interaktion von Partizipationsmöglichkeiten und kultureller Vielfalt in der Aktivitätsorientierung 531

Tabelle A6: Regression der Gesamtleistung (Führungskräfte) auf die Interaktion von Aufgabeninterdependenz und kultureller Vielfalt in der Zeitorientierung 531

Tabelle A7: Regression der Gruppenzuversicht auf die Interaktion von Zielinterdependenz und Vielfalt in der Menschlichen-Natur-Orientierung 532

Tabelle A8: Regression der Aufgabenstrategieeffektivität auf die Interaktion von Zielinterdependenz und Vielfalt in der Menschlichen-Natur-Orientierung 532

Tabelle A9: Regression der Gruppenbindung auf die Interaktion von Ergebnisinterdependenz und kultureller Vielfalt in der Aktivitätsorientierung 532

Tabelle A10: Regression der Gruppenbindung auf die Interaktion von Ergebnisinterdependenz und kultureller Vielfalt in der relationalen Orientierung 533

Tabelle A11: Regressionen des Gruppenerfolgs auf die Interaktion von Ergebnisinterdependenz und Vielfalt in der Menschlichen-Natur-Orientierung 533

Tabelle A12: Regression der Gesamtleistung (Mitglieder) auf die Interaktion von externer Abhängigkeit (A) und Vielfalt in der relationalen Orientierung 534

Tabelle A13: Regression der Gruppenbindung auf die Interaktion von externer Abhängigkeit (A) und Vielfalt in der relationalen Orientierung 534

Tabelle A14: Regressionen der Gruppenbindung und -zuversicht auf die Interaktion von externer Abhängigkeit (A) und kultureller Vielfalt in der Aktivitätsorientierung 534

Tabelle A15: Regressionen der Gruppenbindung und -zuversicht auf die Interaktion von externer Abhängigkeit (A) und kultureller Vielfalt in der Menschlichen-Natur-Orientierung 535

XXIV   Tabellenverzeichnis

Tabelle A16: Regression der Gruppenbindung auf die Interaktion von externer
              Abhängigkeit (B) und Vielfalt in der Aktivitätsorientierung 535

Tabelle A17: Regression der Gruppenbindung auf die Interaktion von externer
              Abhängigkeit (B) und Vielfalt in der Aktivitätsorientierung 535

Tabelle A18: Regression der Gruppenbindung auf die Interaktion von externer
              Abhängigkeit (B) und Vielfalt in der relationalen Orientierung 536

Tabelle A19: Regression der Gruppenzuversicht auf die Interaktion von externer
              Abhängigkeit (B) und Vielfalt in der relationalen Orientierung 536

Tabelle A20: Regressionen der kognitionsbezogenen Prozesse auf die kulturelle
              Vielfalt in der Aktivitätsorientierung 537

Tabelle A21: Regressionen der kognitionsbezogenen Prozesse auf die kulturelle
              Vielfalt in der Zeitorientierung 537

Tabelle A22: Regressionen der kognitionsbezogenen Prozesse auf die kulturelle
              Vielfalt in der Mensch-Umwelt-Orientierung 538

Tabelle A23: Regressionen der sozialen Prozesse auf die kulturelle Vielfalt in der
              Menschlichen-Natur-Orientierung 538

Tabelle A24: Regressionen der externen Kommunikation (A) auf die Interaktion von
              aufgabenorientierter Führung und kultureller Vielfalt in der Aktivitäts-
              orientierung 539

Tabelle A25: Regressionen der externen Kommunikation (B) auf die Interaktion von
              aufgabenorientierter Führung und kultureller Vielfalt in der Aktivitäts-
              orientierung 539

Tabelle A26: Regression der Externen Kommunikation (A) auf die Interaktion von
              aufgabenorientierter Führung und Vielfalt in der kulturellen Variation
              ,Denken' der Aktivitätsorientierung 539

Tabelle A27: Regression der Externen Kommunikation (B) auf die Interaktion von
              aufgabenorientierter Führung und Vielfalt in der kulturellen Variation
              ,Denken' der Aktivitätsorientierung 540

Tabelle A28: Regression der Konfliktlösung auf die Interaktion von aufgaben-
              orientierter Führung und Vielfalt der Menschlichen-Natur-Orientierung 540

Tabelle A29: Regression der Konfliktlösung auf die Interaktion von aufgabenorientierter
              Führung und Vielfalt in der kulturellen Variation ,Gut/Böse' der
              Menschlichen-Natur-Orientierung 540

Tabelle A30: Regression der Konfliktlösung auf die Interaktion von aufgaben-
              orientierter Führung und Vielfalt in der kulturellen Variation
              ,Veränderbarkeit/Nicht-Veränderbarkeit' der Menschlichen-Natur-
              Orientierung 541

Tabelle A31: Regression der Konfliktlösung auf die Interaktion von aufgaben-
              orientierter Führung und Vielfalt in der Mensch-Umwelt-Orientierung 541

Tabellenverzeichnis XXV

Tabelle A32: Regression der Konfliktlösung auf die Interaktion von aufgabenorientierter Führung und Vielfalt in der kulturellen Variation ‚Harmonie' der Mensch-Umwelt-Orientierung 542

Tabelle A33: Regression der Konfliktlösung auf die Interaktion von aufgabenorientierter Führung und Vielfalt in der kulturellen Variation ‚Unterwerfung' der Mensch-Umwelt-Orientierung 542

Tabelle A34: Regression der Beziehungsprozesse auf die Interaktion von aufgabenorientierter Führung und Vielfalt in der Menschlichen-Natur-Orientierung .. 542

Tabelle A35: Regression der Beziehungsprozesse auf die Interaktion von aufgabenorientierter Führung und Vielfalt in der kulturellen Variation ‚Gut/Böse' der Menschlichen-Natur-Orientierung 543

Tabelle A36: Regression der externen Kommunikation (A) auf die Interaktion von mitarbeiterorientierter Führung und Vielfalt in der Zeitorientierung 543

Tabelle A37: Regression der externen Kommunikation (A) auf die Interaktion von mitarbeiterorientierter Führung und Vielfalt in der kulturellen Variation ‚Zukunft' der Zeitorientierung 543

Tabelle A38: Regression der externen Kommunikation (A) auf die Interaktion von mitarbeiterorientierter Führung und Vielfalt in der Menschlichen-Natur-Orientierung 544

Tabelle A39: Regression der externen Kommunikation (A) auf die Interaktion von mitarbeiterorientierter Führung und Vielfalt in der kulturellen Variation ‚Gut/Böse' der Menschlichen-Natur-Orientierung 544

Tabelle A40: Regression der externen Kommunikation (B) auf die Interaktion von externer Führung und Vielfalt in der Aktivitätsorientierung 544

Tabelle A41: Regression der externen Kommunikation (B) auf die Interaktion von externer Führung und Vielfalt in der kulturellen Variation ‚Denken' der Aktivitätsorientierung 545

Tabelle A42: Regression der externen Kommunikation (A) auf die Interaktion von Planung und Vielfalt der Zeitorientierung 545

Tabelle A43: Regression der externen Kommunikation (A) auf die Interaktion von Planung und Vielfalt in der kulturellen Variation ‚Zukunft' der Zeitorientierung 545

Tabelle A44: Regression der externen Kommunikation (B) auf die Interaktion von Planung und Vielfalt der Zeitorientierung 546

Tabelle A45: Regression der externen Kommunikation (B) auf die Interaktion von Planung und Vielfalt in der kulturellen Variation ‚Vergangenheit' der Zeitorientierung 546

Tabelle A46: Regression der Kommunikationsinformalität auf die Interaktion von Trainingsverfügbarkeit und Vielfalt in der kulturellen Variation ‚Handeln' der Aktivitätsorientierung 546

Tabelle A47:	Regression der Kommunikationsinformalität auf die Interaktion von Trainings-verfügbarkeit und Vielfalt in der kulturellen Variation ‚Veränderbar-keit/ Nicht-Veränderbarkeit' der Menschlichen-Natur-Orientierung 547
Tabelle A48:	Regression der Konfliktlösung auf die Interaktion von Trainings-verfügbarkeit und Vielfalt in der kulturellen Variation ‚Unterwerfung' der Mensch-Umwelt-Orientierung 547
Tabelle A49:	Regression der Kommunikationsinformalität auf die Interaktion von Leistungserstellung und Vielfalt in der kulturellen Variation ‚Zukunft' der Zeitorientierung 548
Tabelle A50:	Regression der Beziehungskonflikte auf die Interaktion von Lohnstruktur und Vielfalt in der kulturellen Variation ‚Unterwerfung' der Mensch-Umwelt-Orientierung 548
Tabelle A51:	Regression der Aufgabenprozesse auf die Interaktion von PC-Verfügbarkeit und Vielfalt in der kulturellen Variation ‚Kollektivismus' der relationalen Orientierung 548
Tabelle A52:	Regression der Aufgabenprozesse auf die Interaktion von PC-Verfügbarkeit und Vielfalt in der kulturellen Variation ‚Hierarchie' der relationalen Orientierung 549
Tabelle A53:	Regression der Aufgabenprozesse auf die Interaktion von PC-Verfügbarkeit und Vielfalt in der kulturellen Variation ‚Beherrschung' der Mensch-Umwelt-Orientierung 549
Tabelle A54:	Regression der Aufgabenprozesse auf die Interaktion von PC-Verfügbarkeit und Vielfalt in der kulturellen Variation ‚Unterwerfung' der Mensch-Umwelt-Orientierung 549
Tabelle A55:	Regression der Beziehungsprozesse auf die Interaktion von PC-Verfügbarkeit und Vielfalt in der kulturellen Variation ‚Kollektivismus' der relationalen Orientierung 550
Tabelle A56:	Regression der Beziehungsprozesse auf die Interaktion von PC-Verfügbarkeit und Vielfalt in der kulturellen Variation ‚Hierarchie' der relationalen Orientierung 550
Tabelle A57:	Regression der Beziehungsprozesse auf die Interaktion von PC-Verfügbarkeit und Vielfalt in der kulturellen Variation ‚Veränderbarkeit/Nicht-Veränderbarkeit' der Menschlichen-Natur-Orientierung 550
Tabelle A58:	Regression der Beziehungskonflikte auf die Interaktion von der Institutionalisiertheit der direkten Kommunikationsmöglichkeiten und Vielfalt in der kulturellen Variation ‚Harmonie' der Mensch-Umwelt-Orientierung 551
Tabelle A59:	Regression der externen Kommunikation (C) auf die Interaktion vom Formalisierungsgrad der Gruppenkommunikation und Vielfalt in der kulturellen Variation ‚Denken' der Aktivitätsorientierung 551

Tabellenverzeichnis   XXVII

Tabelle A60: Regression der Aufgabenkonflikte auf die Interaktion vom
Formalisierungsgrad der Gruppenkommunikation und Vielfalt in der
kulturellen Variation ‚Beherrschung' der Mensch-Umwelt-Orientierung 552

Tabelle A61: Regression der Beziehungsprozesse auf die Interaktion vom
Formalisierungsgrad der Gruppenkommunikation und Vielfalt in der
kulturellen Variation ‚Harmonie' der Mensch-Umwelt-Orientierung 552

Tabelle A62: Regression der Konfliktlösung auf die Interaktion vom Formalisierungsgrad
der Gruppenkommunikation und Vielfalt in der kulturellen Variation
‚Harmonie' der Mensch-Umwelt-Orientierung 553

Abbildungsverzeichnis

Abbildung 4-1:	Modell der Arbeitsgruppeneffektivität nach McGrath	62
Abbildung 4-2:	Mögliche Input-Prozess-Output-Beziehungen nach Hackman	64
Abbildung 4-3:	Normatives Modell der Arbeitsgruppeneffektivität nach Hackman	68
Abbildung 4-4:	Modell der Arbeitsgruppeneffektivität nach Gladstein	70
Abbildung 4-5:	Darstellung des "Task Circumplex" mit den jeweiligen Aufgabenprozessen	88
Abbildung 5-1:	Vielfalt in organisationalen Gruppen	96
Abbildung 5-2:	Zusammenfassung der Befunde zu den Auswirkungen von Vielfalt	104
Abbildung 5-3:	Kulturelle Wertevielfalt in Arbeitsgruppen: Vor- und Nachteile	114
Abbildung 5-4:	Zusammenfassende Darstellung der Befunde zu den Auswirkungen kultureller Wertevielfalt in Arbeitsgruppen	121
Abbildung 6-1:	Multikulturelle Arbeitsgruppen aus der Perspektive lose gekoppelter Systeme	161
Abbildung 7-1:	Untersuchungsmodell zur multikulturellen Gruppenarbeit	167
Abbildung 7-2:	Kulturelle Werteorientierungen und ihre Variationen	177

1 Ausgangslage und Problemstellung

1.1 Multikulturelle Arbeitsgruppen als bedeutungsvolles Phänomen der Unternehmenspraxis

Im gerade begonnenen einundzwanzigsten Jahrhundert stellen *multikulturell* zusammengesetzte *Arbeitsgruppen* bereits einen festen Bestandteil vieler Unternehmen dar.[1] Vergangene und noch andauernde wirtschaftliche und gesellschaftliche Entwicklungen haben maßgeblich dazu beigetragen, von denen zwei besonders hervorzuheben sind: Zum einen zeichnete sich in Unternehmen vor allem im letzten Jahrzehnt eine starke Entwicklung hin zum Einsatz von Arbeitsgruppen im Allgemeinen ab[2] und zum anderen führt die zunehmende Internationalisierung der Unternehmenstätigkeit zu einer verstärkten unternehmensinternen aber auch unternehmensexternen Heterogenisierung in der personellen Zusammensetzung.[3] Auf diese beiden Trends soll nachfolgend näher eingegangen werden.

(1) Vor allem durch den schnellen technologischen Fortschritt und die Öffnung bzw. Liberalisierung ehemals geschlossener Märkte unterliegen die ökonomischen Grundbedingungen für Unternehmen anhaltenden Veränderungen. In der Konsequenz besteht für Unternehmen die Notwendigkeit einer kontinuierlichen strukturellen Anpassung oder gar Neustrukturierung der jeweiligen Unternehmensorganisation. Ein Ziel dieser Umstrukturierungen besteht im Allgemeinen in der Erhöhung der Effizienz und der Flexibilität in den Geschäftsprozessen, um schneller und angemessen auf vielfältige Kundenanforderungen reagieren zu können. Dabei stellen zentrale Ergebnisse dieser Umstrukturierungen Organisationsformen dar, die durch flachere Hierarchien, dezentralisiertere und autonomere Teileinheiten gekennzeichnet und insgesamt eher prozess- als funktionsorientiert ausgerichtet sind.[4] Diese Schaffung neuer Organisationsformen bedingte gleichzeitig eine funktionale Notwendigkeit von Gruppenarbeit in den verschiedenen Varianten, da nur über derartige Konzepte zum einen eine bereichs- und hierarchieebenenüberbrückende Koordination gelingen und zum anderen von der reichhaltigen und synchronen Kommunikation, wie sie hauptsächlich in der zielgerichteten und engen Kooperation verschiedener Experten auftritt, profitiert werden kann.[5] Mit der Einrichtung von Arbeitsgruppen sollten daher schnellere und verbesserte Kommunikationsstrukturen etabliert, Innovativität durch Bündelung verschiedener Kompetenzen und Perspektiven inner-

---

[1] Vgl. Adler (2002), S. 135; Earley & Gibson (2002), S. 1; Gibson, Zellmer-Bruhn & Schwab (2003), S. 445.
[2] Vgl. Perry, Peers & Sims (1999), S. 35; Ilgen (1999), S. 129; Gemünden & Högl (2001), S. 4; Stock (2004), S. 274.
[3] Vgl. Boyacigiller & Adler (1991), S. 262; Kirkman & Shapiro (1997), S. 730; Van Oudenhoven, Mechelse & de Dreu (1998), S. 440; Kim (1999), S. 227; Annavarjula (2000), S. 48; Sackmann, Bissels & Bissels (2002), S. 44; Richard (2000), S. 164; Girndt (1997), S. 227.
[4] Vgl. Kauffeld (2001), S. 7 f.; Podsiadlowski (2002), S. 69.
[5] Vgl. Ghoshal, Korine & Szulanski (1994), S. 96; Bungard & Antoni (1995), S. 378 f.; Milliken & Martins (1996), S. 402; Yukl (1998), S. 351; Jehn, Northcraft & Neale (1999), S. 741; Wurst (2001), S. 11; Hauschildt (2004), S. 142 ff.

halb von Arbeitsgruppen gesteigert sowie die allgemeine Reaktionsfähigkeit auf dynamische und komplexe Umweltanforderungen verbessert werden.[6]

Tatsächlich weisen neuere Daten darauf hin, dass Gruppenarbeit sowohl in der Wissenschaft als auch in der unternehmerischen Praxis von wachsender Bedeutung und Wichtigkeit ist.[7] Nach einer bereits zu Beginn der neunziger Jahre durchgeführten Erhebung von Gordon setzen in den USA 82% der Unternehmen mit 100 oder mehr Mitarbeitern Arbeitsgruppen ein.[8] 1993 berichteten 51% der Fortune 1000 Unternehmen in den USA, dass sie einen erheblichen Teil ihrer Aufgaben teilautonomen Arbeitsgruppen übertragen hätten, wobei bereits 68% ihrer Mitarbeiter in Arbeitsgruppen tätig sind. Außerdem unterstrichen sie, dass sie über die nächste Dekade vermehrt auf den Einsatz von Arbeitsgruppen zurückgreifen würden.[9] Eine Umfrage im selben Jahr in Deutschland ergab, dass 91% der 100 umsatzgrößten deutschen Industrieunternehmen mit Projektgruppen arbeiten.[10] Im Jahr 2003 berichteten ca. 51% der befragten deutschen Unternehmen, dass sie einen Großteil der Geschäftsaktivitäten generell in Gruppenarbeit ausführen lassen.[11]

Es kann also festgehalten werden, dass Gruppenarbeit bereits zu einem wesentlichen Element von Unternehmen und damit zum Teil eines Paradigmenwechsels geworden ist, der die Gestaltung von Unternehmen und die Eigenschaften leistungsorientierter Systeme im Allgemeinen betrifft.[12]

> *„Today more and more companies are turning towards teams as a way of managing increasingly complex and dynamic environments. Teams are now seen as solutions to problems of external adaptation, responding to complexity by bringing together a variety of perspectives while responding to dynamic changes by encouraging teams to make decisions at the front line, where the action is."*
> (Schneider & Barsoux, 2003, S. 217)

(2) Ein zweiter grundlegender Trend in der wirtschaftlichen und gesellschaftlichen Entwicklung der letzten Jahr(zehnt)e stellt die zunehmende Internationalisierung der Unternehmenstätigkeit durch die sich immer stärker differenzierende, nationale Grenzen überschreitende Arbeitsteilung dar.[13] Verstanden als internationale ökonomische Integration wurde die Globalisierung insbesondere durch die Liberalisierung des weltweiten Handels, die Vereinheitlichung von Rechnungslegungsvorschriften, die generelle Verringerung von Transaktionskosten und durch die mit diesen Entwicklungen einhergehende Erosion von Grenzen ermöglicht.[14] Die UNO schätzt, dass 61.000 transnationale Unternehmen existieren (verstanden als Unternehmen, die versuchen, globale Effizienz, lokale Anpassungsfähigkeit und

---

[6]   Vgl. Gemünden (1990), S. 80; Schmidt (1994), S. 107; Brown & Eisenhardt (1995), S. 367; Gemünden & Högl (2001), S. 9; West (2002), S. 356; Podsiadlowski (2002), S. 69.

[7]   Vgl. Cohen & Bailey (1997), S. 239 f.; Stock (2004), S. 275.

[8]   Vgl. Gordon (1992), S. 60.

[9]   Vgl. Lawler, Mohrman & Ledford (1995).

[10] Vgl. Antoni (1995a), S. 23 ff.

[11] Vgl. Ohly (2004), S. 32.

[12] Vgl. Katzenbach & Smith (1993), S. 15; Jackson (1996), S. 53; Podsiadlowski (2002), S. 70; Wiendieck (2004), S. 389.

[13] Vgl. Adler (2002), S. 4; Macharzina & Fisch (2004), S. 360.

[14] Vgl. Macharzina & Fisch (2004), S. 361; Lane, Maznevski & Mendenhall (2004), S. 6.

Multikulturelle Arbeitsgruppen als bedeutungsvolles Phänomen | 3

weltweite Lerntätigkeit miteinander zu verbinden[15]) und dass diese Unternehmen 900.000 Auslandsgesellschaften haben, die „nahezu alle Länder und ökonomische Aktivitäten" umspannen. Die Auslandsgesellschaften der Top 100 dieser Unternehmen beschäftigen über 6,2 Millionen Menschen weltweit.[16] Beschleunigt wird der Globalisierungsprozess noch zusätzlich durch das Aufkommen von Informationsdienstleistungen und neue Technologien wie das Internet.

Unternehmen reagieren auf diese Trends mit einer Ausweitung ihrer Geschäftsprozesse in die gesamte Welt, um ihre Profitabilität und ihre Marktanteile sicher zu stellen. Im Zuge dieser Prozesse müssen sie sich umorientieren, neue Arten der Kooperation und der Erstellung von Gütern und Dienstleistungen in Betracht ziehen und sich so positionieren, dass sie in einem internationalen Markt ihre Stellung behaupten können.[17] Dabei streben die Unternehmen danach, nicht nur durch die Optimierung ihrer diversen Auslandsengagements, sondern vor allem auch durch die integrative Gesamtbehandlung ihrer weltweiten Aktivitäten Wettbewerbsvorteile zu erzielen und auf den Weltmärkten zu bestehen. Sie befinden sich in einem Spannungsfeld zweier ebenso grund- wie gegensätzlicher Wirkkräfte:[18] Zum einen besteht für international tätige Unternehmen die Notwendigkeit, globale operative Effizienz zu erreichen und zu bewahren. Dies kann z.B. durch eine globale Koordination bzw. Integration von Operationen und Designs erfolgen.[19] Die zweite grundsätzliche Notwendigkeit besteht darin, die jeweilige lokale Reaktions- oder Anpassungsfähigkeit der Unternehmensteileinheiten zu erhöhen und auszubauen. Dies kann z.B. durch Differenzierung der Unternehmensaufgaben erfolgen, wobei die Anforderungen der verschiedenen regionalen Marktstrukturen, Kundenpräferenzen und der jeweiligen politischen und legalen Systeme registriert, auf Handlungsmöglichkeiten des Unternehmens hin analysiert und gegebenenfalls implementiert werden.[20] International tätige Unternehmen stehen also in einem Spannungsfeld zwischen Globalisierungs- und Lokalisierungsnotwendigkeiten, wobei nach Bartlett und Ghoshal (1989) noch eine dritte Anforderung zu erfüllen ist. Für international tätige Unternehmen ist es ebenfalls von großer Notwendigkeit, weltweit Innovationen zu generieren und das in den lokalen Einheiten gewonnene Wissen miteinander zu verbinden, zu transferieren und wirksam einzusetzen. Nur wenn international tätige Unternehmen allen drei Anforderungen Rechnung tragen, können sie sich behaupten und auf den Märkten bestehen.[21]

Generell kann demnach festgehalten werden, dass sich die Anforderungen an international tätige Unternehmen als sehr komplex erweisen, da diese weltweite Markt-, politische und soziale Dynamiken rechtzeitig, flexibel und differenziert antizipieren und aktiv angehen müssen. Hierzu sind Ressourcen mit Blick auf die sich verschiebenden Größendegressions- und Verbundvorteile umzuverteilen und potenzielle Koordinations- und Kommunikationsprobleme kontinuierlich zu überwachen und zu bewältigen.[22] Der Erfolg oder Misserfolg

---

[15] Vgl. Kutschker & Schmid (2002), S. 282.
[16] Vgl. UNCTAD (2004), World Investment Report, S. XVII.
[17] Vgl. Kirkman & Shapiro (1997), S. 730; Kim (1999), S. 227; Lane, Maznevski & Mendenhall (2004), S. 6.
[18] Vgl. Welge (2004), S. 531 f.
[19] Vgl. Ghoshal (1987), S. 438; Bartlett & Ghoshal (1989), S. 5 f.; Kutschker & Schmid (2002), S. 281 ff.
[20] Vgl. Bartlett & Ghoshal (1989), S. 8 f.
[21] Vgl. Bartlett & Ghoshal (1989), S. 25.
[22] Vgl. Bartlett & Ghoshal (1989), S. 197 ff.

4 Ausgangslage und Problemstellung

einer derartig mehrdimensional ausgerichteten internationalen Unternehmenstätigkeit hängt dabei aber nicht nur von der Handhabung ökonomischer und rechtlicher Faktoren ab, sondern in gleichem Maße vom effektiven Umgang mit kulturellen Unterschieden.[23]

Die gegebene erhöhte Komplexität der Arbeitsanforderungen erfordert eine hohes Ausmaß an Interaktion zwischen den aus unterschiedlichen Ländern und Kulturkreisen stammenden Mitarbeitern international tätiger Unternehmen, wobei, wie bereits genannt, diese Interaktionen häufig auf Arbeitsgruppen übertragen werden.[24] Tatsächlich sind in vielen international tätigen Unternehmen Arbeitsgruppen als grundlegende Organisationseinheiten etabliert worden, um die Anforderungen einer globalen Geschäftsumwelt zu erfüllen. Diese Arbeitsgruppen werden häufig so zusammengesetzt, dass sich die Mitglieder in relevanten Dimensionen voneinander unterscheiden, um hiermit die Komplexität und Vielfalt der Umwelt einerseits widerzuspiegeln und andererseits Lösungen zu generieren, die genau den Anforderungen dieser Komplexität gerecht werden.[25] Da ein weltweit operierendes Unternehmen zwangsläufig einer großen Bandbreite an kulturellen Einflüssen unterliegt, reflektiert entsprechend die Zusammensetzung von Arbeitsgruppen zunehmend die globale kulturelle Heterogenität. Kulturell geprägte, sich voneinander unterscheidende Perspektiven, Interpretationen und Arbeitsansätze sollen und müssen innerhalb der Arbeitsgruppen integriert werden, um internationale Geschäftsprozesse so effizient wie möglich zu gestalten, auf lokale Kundenbedürfnisse so schnell und angemessen wie möglich zu reagieren und schließlich um durch die Bündelung von kulturell geprägtem Wissen und den verschiedenen Erfahrungen innovative Lösungen für internationale Geschäftsprobleme zu entwickeln.[26]

Neben der durch die globale Ausweitung von Geschäftsprozessen zunehmenden Komplexität und Veränderungsgeschwindigkeit der Unternehmensumwelt und dem allgemeinen Trend, dieser Komplexität durch den Einsatz von interdependenten, multikulturellen Arbeitsgruppen zu begegnen, trug und trägt noch eine weitere wirtschaftlich-gesellschaftliche Entwicklung zur Entstehung multikulturell zusammengesetzter Arbeitsgruppen bei, die jedoch als Folge der vorher genannten betrachtet werden kann.

Zusätzlich zur wirtschaftlichen Entwicklung und auch als Folge politischer Veränderungen (z.B. der Entwicklung der Europäischen Union) hat sich das dominierende Bild einer ehemals männlichen, weißen, monokulturellen Mitarbeiterschaft in den letzten Jahren stark verändert. Es ist nicht nur so, dass Frauen und nationale ethnische Minderheiten vermehrt in die Arbeitswelt vorgedrungen sind[27], sondern es hat vor allem auch eine unternehmensinterne „Internationalisierung" stattgefunden, so dass heute generell Menschen aus den unterschiedlichsten Ländern und Kulturen zusammen arbeiten, wobei sie in der Regel das gemeinsame

---

[23] Vgl. Bittner & Reisch (1994), S. 23; Podsiadlowski (2002), S. 23.

[24] Vgl. Govindarajan & Gupta (2001), S. 63; Earley & Gibson (2002), S. 1.

[25] Vgl. Weick & Van Orden (1990), S. 53; Webber & Donahue (2001), S. 141; Gibson, Zellmer-Bruhn & Schwab (2003), S. 445; Gluesing & Gibson (2004), S. 199; Jehn & Bezrukova (2004), S. 703.

[26] Vgl. Snow et al. (1996), S. 51; Iles & Hayers (1996), S. 96; Janssens & Brett (1997), S. 154; Hambrick et al. (1998), S. 181; Ashkanasy, Härtel & Daus (2002), S. 308 f.

[27] Vgl. Fine, Johnson & Ryan (1990), S. 305; Cox (1991), S. 34; Ely & Thomas (2001), S. 232; Adler (2002), S. 137.

Multikulturelle Arbeitsgruppen als bedeutungsvolles Phänomen 5

Ziel haben, durch kooperatives Handeln den unternehmensseitigen und den eigenen beruflichen Anforderungen gerecht zu werden.[28]

Insgesamt kann festgehalten werden, dass heutzutage insbesondere in international tätigen Unternehmen multikulturelle Arbeitsgruppen zu einem integralen Bestandteil des organisatorischen Gefüges geworden sind. Einerseits ist mit den gegenwärtigen demographischen Veränderungen auch im Kreis der Mitarbeiter von Unternehmen das Vorkommen multikultureller Arbeitsgruppen beinahe unvermeidbar geworden, andererseits und noch viel wichtiger, können es sich die Unternehmen in der heutigen globalen Wettbewerbssituation nicht mehr leisten, auf den potenziellen Wert solcher Arbeitsgruppen zu verzichten.[29]

1.2 Das Dilemma multikultureller Arbeitsgruppen

Der Einsatz kulturell homogen zusammengesetzter Arbeitsgruppen wird vor allem mit der Hoffnung und Annahme begründet, dass aufgrund der verschiedenen kulturellen Prägungen der Gruppenmitglieder eine größere Auswahl an Fähigkeiten, Glaubensvorstellungen, Werten, Denkweisen und Arbeitsmethoden existiert, die durch die direkte Interaktion und den unmittelbaren Austausch innerhalb von Arbeitsgruppen zu einer stärkeren Innovativität, höheren Entscheidungsqualität und insgesamt zu gesteigerten, Unternehmenserfolg begünstigenden Leistungen führt. Diese Annahme eines kompetetiven Vorteils durch kulturelle Vielfalt, die besser als „Value-in-Diversity-Hypothese"[30] bekannt ist, konnte jedoch bisher in der Praxis und in der Wissenschaft nur selten bestätigt werden. Die von kulturell heterogen zusammengesetzten Arbeitsgruppen erhoffte Wertschöpfung zeigte sich in der Praxis meist nicht, statt dessen wird davon berichtet, dass die Gruppenmitglieder mit ihren verschiedenen kulturellen Hintergründen aufeinander prallen und die Arbeitsgruppen entweder bis zur Handlungsunfähigkeit gelähmt sind oder schlimmer noch, sie auf allen Ebenen scheitern und letztendlich auseinander brechen.[31] Ein solches Scheitern ist jedoch sowohl für die Unternehmen als auch für die beteiligten Individuen mit hohen Kosten verbunden.[32]

Unternehmen, die multikulturell zusammengesetzte Arbeitsgruppen einsetzen, sind also mit einem tief greifenden und grundsätzlichen Dilemma konfrontiert.[33] Einerseits birgt die Vielfalt in den kulturellen Hintergründen der Gruppenmitglieder ein großes innovatives Potenzial.

---

[28] Vgl. Thomas, A. (1996), S. 15; Milliken & Martins (1996), S. 402; Maznevski & Peterson (1997), S. 61 f.; Scase (1997), S. 171; Ashkanasy, Härtel & Daus (2002), S. 309.

[29] Vgl. Snow et al. (1996), S. 50; Hambrick et al. (1998), S. 200; DiStefano & Maznevski (2000), S. 47; Earley & Mosakowski (2000), S. 47.

[30] Vgl. Cox, Lobel & McLeod (1991), S. 827; Watson, Kumar & Michaelsen (1993), S. 591; Ely & Thomas (2001), S. 232; Polzer, Milton & Swann (2002), S. 296.

[31] Vgl. Snow et al. (1996), S. 50; DiStefano & Maznevski (2000), S. 47; Govindarajan & Gupta (2001), S. 63.

[32] Vgl. Maznevski (1994), S. 536 f.; Adler (2002), S. 148; Shapiro et al. (2002), S. 460.

[33] Vgl. Weick (1987a), S. 23; Argote & McGrath (1993), S. 336; Gebert (2004), S. 416.

Der Begriff „Potenzial" stammt von dem lateinischen Wort ‚potentialis', das sich von ‚potentia' im Sinne von Macht, Kraft oder Leistung ableitet. Das Potenzial kennzeichnet die einem System oder einer Person innewohnende Fähigkeit, Macht oder Kraft zur Verrichtung einer Aufgabe zu entwickeln[34]. Aufgrund der Vielzahl an Perspektiven, Ideen, Erfahrungen und Handlungsweisen besteht für multikulturelle Arbeitsgruppen die Möglichkeit, Probleme reichhaltiger und umfassender zu definieren, qualitativ hochwertigere Entscheidungen und Lösungen zu generieren und entsprechend kreativere Wege zur Implementierung von Entscheidungen oder Lösungsansätzen zu gehen. Dies sind die vorrangigen Gründe, multikulturell zusammengesetzte Arbeitsgruppen überhaupt zu nutzen.[35] Andererseits birgt genau diese Vielfalt das Risiko, ebenfalls aufgrund verschiedener Ansichten und Erwartungen bezüglich des „Was" der Gruppenaufgabe und des „Wie" der Zusammenarbeit, dass die Gruppenmitglieder nicht in der Lage sind, ihre verschiedenen Perspektiven und Handlungsweisen zu integrieren. Dies liegt zum einen daran, dass kulturelle Werte tief in einer Person verwurzelt sind, meist unbewusst impliziert und als selbstverständlich angenommen werden und damit auf selbst den Beteiligten verborgene Weise ihr Verhalten beeinflussen. Und zum anderen gesellen sich zu der Wahrnehmung der Andersartigkeit und auch bedingt durch diese häufig zwischenmenschliche Probleme hinzu, die durch Abneigung und Misstrauen, Stereotypisierungen und Misskommunikation gekennzeichnet sind. Aber gerade kulturell divers zusammengesetzte Arbeitsgruppen bedürfen eines gewissen Mindestmaßes an Konsensfähigkeit und Zusammenhalt, damit sie überhaupt die Chance haben, aus ihrer inhärenten Vielfalt Kapital zu schlagen. Genau dies ist also ihr Dilemma.[36]

1.3 Zielsetzung der Untersuchung

Die Erkenntnis, dass kulturelle Vielfalt zwar ein Wert an sich sein kann, damit jedoch noch kein inhärentes Merkmal erfolgreicher Arbeitsgruppen darstellt[37], ist der Ausgangspunkt der vorliegenden Untersuchung. Aufgrund der faktischen Notwendigkeit multikulturell zusammengesetzter Arbeitsgruppen in Unternehmen, der Tatsache ihrer Unvermeidbarkeit sowie ihrem häufigen, mit hohen Kosten verbundenen Scheitern scheint es dringender denn je zu sein, genau zu analysieren, wie multikulturelle Arbeitsgruppen operieren, d.h. auf welche Weise die kulturell vielfältige Zusammensetzung der Arbeitsgruppen die Gruppenarbeit beeinflusst.[38] Außerdem scheint es geboten zu untersuchen, wie multikulturelle Arbeitsgruppen gestaltet und geführt werden sollten, damit ein Scheitern an der kulturellen Vielfalt abgewendet und in eine erfolgreiche Nutzung des durch kulturelle Vielfalt potenziell möglichen Mehrwerts umgewandelt werden kann.

---

[34] Aus der freien Enzyklopädie Wikipedia (URL: http://de.wikipedia.org, 14.12.2004)
[35] Vgl. Maznevski (1994), S. 536 f.; Maznevski & Peterson (1997), S. 61; Williams & O'Reilly (1998), S. 121; Hambrick et al. (1998), S. 188; Adler (2002), S. 143; Gebert (2004), S. 413.
[36] Vgl. Ilgen, LePine & Hollenbeck (1997), S. 386; Jansens & Brett (1997), S. 154; Maznevski & Peterson (1997), S. 61; Ely & Thomas (2001), S. 234; Harrison et al. (2002), S. 1036.
[37] Vgl. Earley & Mosakowski (2000), S. 47.
[38] Vgl. Smith (1999), S. 357.

Zielsetzung der Untersuchung 7

Sowohl in der Praxis als auch in der Wissenschaft fehlt es jedoch an Wissen und Verständnis bezüglich der Auswirkungen von kultureller Vielfalt in Arbeitsgruppen auf die interne Gruppenzusammenarbeit und den Gruppenerfolg.[39] Es dominieren anekdotische Berichte und es besteht ein erheblicher Mangel an systematischen theoretischen und empirischen Evaluationen multikultureller Gruppenarbeit.[40] Genau hier jedoch soll die vorliegende Arbeit ansetzen. Um sich den umfassenden Fragen nach der Erklärung und Gestaltung multikultureller Gruppenarbeit in Unternehmen zu nähern, sollen Ansätze, Erkenntnisse und Befunde aus denjenigen Forschungsbereichen herangezogen werden, die bereits Teilantworten zu liefern vermögen. Drei Forschungsbereiche sind hierbei besonders hervorzuheben:

- Die Kulturforschung mit ihren Wurzeln in der Anthropologie und Kultursoziologie widmet sich dem Phänomen „Kultur" und zeigt auf, was unter dem Begriff zu verstehen ist, wie sich Kultur in individuellem Denken, Handeln und Fühlen niederschlägt und auf welche Weise wechselseitiges Handeln von Menschen durch ihren jeweiligen kulturellen Hintergrund geprägt und beeinflusst sein kann.

- Die organisationale Gruppenforschung als Teildisziplin sowohl der Sozialpsychologie als auch der betriebswirtschaftlichen Organisationswissenschaft beschäftigt sich mit denjenigen Einflussgrößen und ihren Wirkungszusammenhängen, mit Hilfe derer in Hinblick auf Gruppenarbeit in Unternehmen zu beschreiben und zu erklären versucht wird, wie und wann solche Arbeitsgruppen effizient und effektiv operieren. Trotz schon langjähriger wissenschaftlicher Auseinandersetzungen mit Gruppenarbeit in Unternehmen weist die Forschung noch einige Lücken auf, da häufig nur Teilaspekte der Zusammenarbeit in Arbeitsgruppen betrachtet werden, umfassende und empirisch fundierte Gruppenarbeitsmodelle sehr rar sind und damit noch kein einheitliches und abschließendes Fazit zur Effizienz und Effektivität von Arbeitsgruppen in Unternehmen gewonnen werden konnte.

- Der dritte Forschungsbereich schließlich, der bereits einen reichhaltigen Fundus an für diese Arbeit relevanten Erkenntnissen generiert hat, stellt die organisationale Vielfaltsforschung dar. Diese beschäftigt sich mit den Auswirkungen von Vielfalt in der personellen Zusammensetzung von Unternehmen und Arbeitsgruppen auf die Prozesse und Ergebnisse gemeinsamen arbeitsteiligen Handelns und versucht anhand verschiedener Erklärungsansätze zu einem einheitlichen Erklärungszusammenhang der Wirkungsweisen von Vielfalt zu gelangen. Allerdings besteht auch innerhalb dieser Forschungsrichtung noch erheblicher Untersuchungsbedarf, da die generierten Befunde häufig inkonsistent und vielfach widersprüchlicher Natur sind.

Ausgangspunkte für die vorliegende Untersuchung stellen also zum einen die Gegebenheit multikultureller Arbeitsgruppen in Unternehmen und zum anderen die Erkenntnisse, Befunde und Implikationen der drei Forschungsbereiche dar. Dabei werden zwei grundlegende Ziele mit der vorliegenden Untersuchung verfolgt. Erstens soll aus der vorhandenen konzeptionellen und empirischen Literatur ein Aussagensystem entwickelt werden, das mittels einer

---

[39] Vgl. Guzzo & Dickson (1996), S. 331; Shaw & Barrett-Power (1998), S. 1309.
[40] Vgl. Sessa & Jackson (1995), S. 133; Larkey (1996), S. 463; Hambrick et al. (1998), S. 200; Williams & O'Reilly (1998), S. 114; Earley & Mosakowski (2000), S. 47; Earley & Gibson (2002), S. 5.

übergeordneten theoretischen Perspektive zu einem umfassenden Modell multikultureller Gruppenarbeit integriert werden kann. Zweitens soll dieses Modell anhand real existierender, multikulturell zusammengesetzter Arbeitsgruppen in deutschen, multinationalen Unternehmen empirisch überprüft werden. Es gilt, die potenzielle Erfolgswirksamkeit kultureller Vielfalt in Arbeitsgruppen durch die Analyse eines differenzierten Settings von Einflussgrößen und ihrer Wechselwirkungen zu beurteilen und hieraus Gestaltungsempfehlungen für die Handhabung multikultureller Arbeitsgruppen abzuleiten. Konkret sollen die folgenden Forschungsfragen beantwortet werden:

1. Worin genau besteht das Potenzial multikultureller Arbeitsgruppen bzw. welchen Einfluss hat die kulturelle Vielfalt tatsächlich auf die Gruppenprozesse und entsprechend auf den Gruppenerfolg?

2. Durch welche Merkmale von Arbeitsgruppen selbst und ihres mittelbaren und unmittelbaren Kontextes kann kulturelle Vielfalt in Arbeitsgruppen überhaupt ihr Potenzial entfalten, d.h. einen für Unternehmen prinzipiell nutzbaren Mehrwert stiften? (= Erklärungsgrößen multikultureller Gruppenarbeit)

3. Wie kann das Potenzial multikultureller Arbeitsgruppen realisiert werden, d.h. wie sollen solche Gruppen geführt, geplant und organisiert werden, damit sie einerseits die an sie gestellten Anforderungen erfüllen können, andererseits aber nicht an ihrer internen kulturellen Komplexität scheitern? Welcher organisationalen Instrumente bzw. Mechanismen bedürfen multikulturelle Arbeitsgruppen, um ihre Anstrengungen zu unterstützen? (= Gestaltungsformen multikultureller Gruppenarbeit)

Die zentralen Anliegen der vorliegenden Untersuchung sind also erstens, diejenigen Einflussgrößen und Wirkungszusammenhänge multikultureller Gruppenarbeit zu identifizieren und zu testen, die maßgeblich zum Erfolg solcher Arbeitsgruppen beitragen. Und zweitens sollen auf der Basis von durch eine empirische Hypothesenüberprüfung gewonnenen Ergebnissen Implikationen zur Gestaltung und Führung multikultureller Arbeitsgruppen abgeleitet werden, welche Möglichkeiten aufzeigen, wie die Wirksamkeit und Leistungsfähigkeit kulturell vielfältig zusammengesetzter Arbeitsgruppen gefördert und optimiert werden kann. Die vorliegende Arbeit versucht damit, sowohl für die Wissenschaft als auch für die Praxis einen Beitrag zu leisten, indem einerseits Erklärungsgrößen multikultureller Arbeitsgruppen generiert und andererseits Gestaltungsformen für ihren Erfolg abgeleitet werden.

1.4 Innovative Elemente der Untersuchung

Die vorliegende Untersuchung greift Defizite vergangener Forschungsbemühungen mit dem Ziel auf, ein tiefer gehendes Verständnis multikultureller Gruppenarbeit in Unternehmen zu erlangen und bedeutsam zur multikulturellen Arbeitsgruppenforschung beizutragen. Die folgenden Punkte sind dabei besonders hervorzuheben.

1. Viele Berichte über multikulturell zusammengesetzte Arbeitsgruppen haben einen anekdotisch-narrativen Charakter und entbehren einer soliden empirischen Grundlage.

   In der vorliegenden Untersuchung wird ein durch die Forschungsliteratur gestütztes Untersuchungsmodell zu multikulturellen Arbeitsgruppen entwickelt, das mit Hilfe gesicherter Erhebungsverfahren empirisch überprüft wird.

2. Empirische Untersuchungen zu den Auswirkungen von Vielfalt in der Zusammensetzung von Arbeitsgruppen werden häufig im Labor mit eigens zu Zwecken der Untersuchung eingerichteten Arbeitsgruppen und meist anhand studentischer Stichproben durchgeführt, wobei die Gruppenprozesse und Ergebnisse vor allem aus der sozialpsychologischen Perspektive betrachtet werden.

   In der vorliegenden Untersuchung werden real existierende, multikulturell zusammengesetzte Arbeitsgruppen in deutschen multinationalen Unternehmen untersucht, wobei der Fokus stark managementbezogen ist, d.h. der gestalterische Aspekt steht im Vordergrund und es gilt, erfolgstiftende Dimensionen multikultureller Gruppenarbeit zu identifizieren.

3. Die theoretischen Ansätze zur Erklärung der Auswirkungen von Vielfalt in der Zusammensetzung von Arbeitsgruppen generieren verschiedene und zum Teil widersprüchliche Vorhersagen, die sogar differenziell bestätigt werden konnten. Es fehlt eine übergeordnete, theoretische Perspektive, welche die widersprüchlichen Befunde zu den Konsequenzen von Vielfalt erklären und integrieren kann.

   In der vorliegenden Untersuchung wird aus der systemischen Perspektive vor dem Hintergrund des Konzeptes der lose gekoppelten Systeme ein Modell multikultureller Gruppenarbeit entwickelt, das die zum Teil gegenläufigen Aussagen der etablierten theoretischen Erklärungsansätze zu integrieren und die Widersprüche aufzulösen versucht. Das Konzept der lose gekoppelten Systeme erweist sich dabei als das noch fehlende, konzeptuelle Bindeglied zwischen den theoretischen Erklärungsansätzen.

4. Bisherige Untersuchungen zu divers zusammengesetzten Arbeitsgruppen fokussieren spezielle, ausgewählte Teilzusammenhänge, vernachlässigen jedoch den Gesamtzusammenhang. Ein umfassendes, empirisch geprüftes Modell von Gruppenarbeit vielfältig zusammengesetzter Arbeitsgruppen, das alle wesentlichen Bestimmungsfaktoren der Gruppenarbeit enthielte, liegt für eben solche Arbeitsgruppen nicht vor.

   In der vorliegenden Untersuchung wird ein Modell multikultureller Gruppenarbeit entwickelt, das basierend auf einer Kontingenzperspektive die verschiedenen Forschungsbedarfe integriert. Dabei werden die Forderungen aus der Forschung aufgegriffen und neben den Kontextfaktoren auf der Unternehmensebene ebenfalls strukturelle Merkmale der Gruppenaufgabe und der Arbeitsorganisation, Kommunikationsmodi, Konfliktformen und Führungsverhaltensweisen in das Modell mit aufgenommen und ihre jeweiligen direkten oder potenziell moderierenden Einflüsse spezifiziert. Und obwohl der Schwerpunkt auf den Aus- und Wechselwirkungen der kulturellen Wertevielfalt in Arbeitsgruppen liegt, wird aus jeder genannten Vielfaltskategorie noch mindestens ein weiteres Merkmal in die Untersuchung mit einbezogen, um ebenfalls zu differenzierteren Aussagen bezüglich der Wichtigkeit einzelner Vielfaltsarten im Arbeitsgruppenkontext zu gelangen.

5. In den vergleichsweise wenigen empirischen Untersuchungen zur kulturellen Wertevielfalt in Arbeitsgruppen wird der Vielschichtigkeit und Differenziertheit des Phänomens ,Kultur' durch Einzeldimensionsbetrachtung, Zusammenfassung der Kulturdimensionen oder simple Klassifikation in homogen versus heterogen nicht ausreichend Rechnung getragen, so dass hierin ein Grund für die widersprüchlichen Befunde liegen kann.

   In der vorliegenden Untersuchung wird die kulturelle Wertevielfalt in Arbeitsgruppen anhand der fünf von Kluckhohn und Strodtbeck (1961) identifizierten kulturellen Werteorientierungen mit ihren jeweiligen Variationen erhoben und separat ausgewertet. Die Anwendung der Konzeption der kulturellen Werteorientierungen von Kluckhohn und Strodtbeck bietet im Gegensatz zu den anderen Kulturkonzeptionen die Möglichkeit, individuelles Verhalten in interkulturellen Situationen zu verstehen und über die Erfassung von kulturellen Variationen zwischen den Mitgliedern einer Arbeitsgruppe die differenziellen Aus- und Wechselwirkungen dieser Verschiedenheit, also der kulturellen Vielfalt, genauer zu erkennen und zu interpretieren. Die Forderung nach einer differenzierteren Betrachtung von kultureller Wertevielfalt wird damit erfüllt.

6. Der Großteil der vorhandenen Fachliteratur zu Vielfalt in Arbeitsgruppen im Allgemeinen und zu kultureller Vielfalt in Gruppen im Besonderen stammt aus dem anglo-amerikanischen Sprach- und Kulturraum. Auch wenn die vorliegende Problematik dort bereits intensiver empirisch bearbeitet worden ist, muss kritisch hinterfragt werden, inwieweit Erklärungen und Befunde, die in einer Welt der ethnischen Konflikte gewonnen wurden, auf unseren Kulturkreis als Erklärungsgrundlage übertragen werden können.

   Mit der vorliegenden Untersuchung wird somit auch der Frage der Übertragbarkeit anglo-amerikanischer Erkenntnisse auf den deutschsprachigen Kulturraum nachgegangen, da die Untersuchung multikultureller Arbeitsgruppen in deutschen multinationalen Unternehmen vorgenommen wird.

Insgesamt versucht also die vorliegende Untersuchung, durch die systematische Integration und Weiterentwicklung vergangener Forschungsbemühungen und ihrer empirischen Überprüfung dazu beizutragen, ein verbessertes Verständnis der Implikationen kulturell divers zusammengesetzter Arbeitsgruppen in Unternehmen zu erlangen.

Aufgrund der faktischen Gegebenheit und der Tatsache der Unvermeidbarkeit von organisationalen, multikulturell zusammengesetzten Arbeitsgruppen einerseits und dem häufigen, mit hohen Kosten verbundenen Scheitern solcher Arbeitsgruppen andererseits scheint es für Unternehmen dringender denn je zu sein, genau zu wissen, wie multikulturelle Arbeitsgruppen gehandhabt werden müssen, damit ein Scheitern abgewendet und in Erfolg umgewandelt werden kann.[41] Die vorliegende Arbeit widmet sich daher auch diesem Ziel und

---

[41] Vgl. Hambrick et al. (1998), S. 200.

Innovative Elemente der Untersuchung   11

versucht, einen Beitrag für die Praxis zu leisten, indem organisationale Gestaltungsfelder systematisch hinsichtlich ihrer Wirkungsweise im Zusammenhang mit multikultureller Gruppenarbeit untersucht und hieraus konkrete Handlungsempfehlungen für den Erfolg multikultureller Arbeitsgruppen abgeleitet werden.

1.5 Gang der Untersuchung

Um den genannten Forschungsfragen der vorliegenden Untersuchung nachzugehen, wurde die folgende Struktur gewählt.

Im direkt anschließenden *Kapitel 2* wird zunächst der Untersuchungsgegenstand, die multikulturelle Arbeitsgruppe, näher betrachtet und als Hauptanalyseeinheit der Untersuchung inhaltlich bestimmt.

Im *Kapitel 3* folgt eine Auseinandersetzung mit dem Konstrukt der ,Kultur'. Nach der Begriffsbestimmung und -erläuterung werden die in der Wissenschaft und Praxis prominentesten Kulturkonzepte beschrieben. Insbesondere werden das Konzept der kulturellen Werteorientierungen von Kluckhohn und Strodtbeck, die Theorie der kulturellen Werte von Schwartz, das Kulturkonzept Hofstedes und schließlich das Kulturkonzept Trompenaars' dargestellt und kritisch gewürdigt. Nach einem kriteriengeleiteten Vergleich der Kulturkonzepte schließt dieses Kapitel mit der Begründung für die Wahl des Konzeptes der kulturellen Werteorientierungen von Kluckhohn und Strodtbeck als Grundlage der vorliegenden Untersuchung.

Kapitel 4 setzt sich mit den theoretischen Erkenntnissen und empirischen Befunden der organisationalen Gruppenforschung auseinander. Nach einer kurzen Einführung werden in einem ersten Schritt drei der in der Literatur prominentesten ganzheitlichen Erklärungsmodelle organisationaler Gruppenarbeit dargestellt und erläutert. Im Anschluss daran werden die bisherigen Erkenntnisse und Befunde zu den einzelnen Komponenten der Modelle überblicksartig aufgearbeitet und zusammengefasst, wobei dieses Kapitel insgesamt mit einer kritischen Würdigung und einer Herausarbeitung von Implikationen für die vorliegende Untersuchung schließt.

Kapitel 5 widmet sich dem Phänomen der Vielfalt in Organisationen. Dabei erfolgt zunächst eine Erklärung des Begriffes und der Arten von Vielfalt und es werden die hauptsächlichen theoretischen Erklärungsansätze zu den Wirkungsweisen von Vielfalt diskutiert. Hierauf aufbauend wird eine Bestandsaufnahme der empirischen Forschung zu den Auswirkungen von Vielfalt in Arbeitsgruppen entlang von vorher spezifizierten Vielfaltskategorien geleistet. Da die kulturelle Vielfalt in Arbeitsgruppen das zentrale Thema der vorliegenden Untersuchung ist und eine besondere Form von Vielfalt der Kategorie ,Wertevielfalt' darstellt, wird an dieser Stelle eine fokussierte Aufarbeitung des gegenwärtigen Wissensstandes zu multikulturellen Arbeitsgruppen vorgenommen, die mit konkreten Schlussfolgerungen und Implikationen für die vorliegende Arbeit endet. Abgeschlossen wird Kapitel 5 insgesamt mit einer kritischen Würdigung der Vielfaltsforschung, wobei ebenfalls generelle Implikationen für die vorliegende Untersuchung abgeleitet werden.

Auf der Basis der bisher elaborierten Wissensstände in den drei Forschungsbereichen und der gesammelten Erkenntnis, dass hiermit das Dilemma multikultureller Arbeitsgruppen immer noch nicht vollständig geklärt und aufgelöst werden kann, erfolgt im *Kapitel 6* der Versuch einer theoretischen Integration in eine übergeordnete, umfassendere Perspektive, die das „Sowohl-als-Auch" der Vielfalt in seiner Ganzheit eventuell zu erfassen und zu erklären vermag. Unter einem systemtheoretischen Blickwinkel wird das Konzept der lose gekoppelten Systeme herangezogen und systematisch auf seine Anwendbarkeit auf die Thematik multikultureller Arbeitsgruppen in Unternehmen geprüft. Potenziell Erfolg versprechend mündet diese Prüfung in Leithypothesen zur Auflösung des Dilemmas multikultureller Arbeitsgruppen, welche die anschließende Entwicklung des Untersuchungsmodells und entsprechend die Ableitung konkreter Einzelhypothesen prägen.

Die Ableitung des Untersuchungsmodells auf der Basis der vorher geleisteten Aufarbeitung und Diskussion der Forschungsliteratur ist Inhalt des *Kapitels 7*. Nach der Begründung für die Wahl eines kontingenztheoretischen Forschungsplans erfolgt zunächst die Beschreibung und Diskussion der einzelnen verwendeten Variablenblöcke und ihrer dazugehörigen Konstrukte. Weiterhin erfolgt im Anschluss an die Erläuterung des groben Wirkungsgefüges des Modells die Ableitung und Konkretisierung der untersuchungsleitenden Hypothesen.

Der empirische Teil der Arbeit beginnt mit *Kapitel 8*, in dem die methodischen Grundlagen der Untersuchung erläutert werden. Beginnend mit dem Forschungsdesign und der allgemeinen Vorgehensweise zur Methodik folgt eine Beschreibung der realisierten Stichprobe. Weiterhin werden das verwendete Erhebungsinstrument und die Operationalisierungen der Konstrukte erläutert. Abgeschlossen wird das Kapitel mit einer Darlegung der primären statistischen Datenanalyseverfahren, die zur Überprüfung der Hypothesen herangezogen werden.

Im darauf folgenden *Kapitel 9* werden die empirischen Befunde zu den untersuchten Hypothesen vorgestellt. Insbesondere werden die Ergebnisse der multiplen Regressionen dokumentiert und jeweils pro Hypothesenkomplex noch einmal abschließend zusammengefasst.

Die Arbeit schließt mit *Kapitel 10*, in dem die zentralen Erkenntnisse dieser Untersuchung zum Potenzial und zur Gestaltung multikultureller Arbeitsgruppen diskutiert werden. Außerdem wird ein übergeordnetes Resümee zur Integrations- und Auflösefähigkeit des Dilemmas multikultureller Arbeitsgruppen mit Hilfe des Konzepts der lose gekoppelten Systeme gezogen und der Wert dieses Konzepts für die vorliegenden Problemstellungen diskutiert. Neben einer Ausführung von generellen kritischen Anmerkungen zur Arbeit und weiterführenden Überlegungen zum methodischen Vorgehen werden abschließend sowohl Perspektiven und zukünftige Forschungsfragen zur Erklärung multikultureller Gruppenarbeit als auch Empfehlungen für die Praxis zur erfolgreichen Gestaltung multikultureller Arbeitsgruppen erörtert.

2 Forschungsgegenstand: Multikulturelle Arbeitsgruppen

Im nachfolgenden Abschnitt soll zunächst die multikulturelle Arbeitsgruppe als Hauptanalyseeinheit der vorliegenden Untersuchung eingeführt werden. Nach einer allgemeinen Begriffsbestimmung und -abgrenzung des Konzeptes „Arbeitsgruppe" werden die verschiedenen Auftretensarten von Arbeitsgruppen in Unternehmen kurz dargestellt und Kriterien zur Kategorisierung derselben benannt. Dieses Kapitel schließt mit der Festlegung der Merkmale der für die vorliegende Untersuchung verwendeten Analyseeinheit, nämlich dessen, was genau unter dem Begriff „multikulturelle Arbeitsgruppe" im Verlauf der weiteren Untersuchung verstanden wird.

2.1 Arbeitsgruppen in Unternehmen: Begriffsbestimmung und -abgrenzung

In Anlehnung an die eher sozialpsychologisch orientierte Literatur zur Kleingruppen-Forschung[42] seien Arbeitsgruppen in Unternehmen definiert als Gruppen, die

1. zwei oder mehr Mitglieder haben,

2. intakte, soziale Systeme darstellen, deren Mitglieder sich selbst als Gruppe wahrnehmen und von anderen als Gruppe wahrgenommen werden,

3. in unmittelbarer Zusammenarbeit eine oder mehrere gemeinsame Aufgaben erledigen und in der Aufgabenerledigung wechselseitig voneinander abhängen und die

4. innerhalb eines unternehmerischen Kontextes operieren.

Zu 1: Dieses definierende Merkmal einer Arbeitsgruppe impliziert eine Untergrenze der jeweiligen Gruppengröße. Häufig werden auch Dyaden nicht mehr als Gruppen bezeichnet, da nach sozialpsychologischen Gesichtspunkten erst ab einer Anzahl von drei Personen in einer Arbeitsgruppe spezifischere gruppendynamische Phänomene wie beispielsweise Koalitionsbildungen, soziale Vermittlung oder komplexere Kommunikationsstrukturen auftreten und beobachtbar werden.[43] Da aber in der vorliegenden Untersuchung vorrangig Basisinteraktionen wie beispielsweise Kommunikation und Kooperation von zentralem Interesse sind, sollen schon soziale Einheiten mit zwei Mitgliedern – wenn sie denn die anderen definierenden Merkmale auch erfüllen – als Arbeitsgruppe verstanden werden. Die Festlegung einer Obergrenze der Gruppengröße dagegen gestaltet sich noch problematischer. Generell anerkannt ist die Tatsache, dass die Gruppengröße in erheblichem Ausmaß von dem allgemeinen Zweck der Arbeitsgruppe, ihren spezifischen Aufgaben und weiteren kontextuellen

---

[42] Vgl. Alderfer (1987), S. 202; Hackman (1987), S. 322; McGrath (1991), S. 51; Tjosvold (1991), S. 21; McGrath et al. (1993), S. 407; Arrow & McGrath (1995), S. 376 f.; Guzzo & Dickson (1996), S. 308; Janz, Colquitt & Noe (1997), S. 877; Devine et al. (1999), S. 681.

[43] Vgl. Guzzo & Shea (1992), S. 272; Ilgen et al. (1995), S. 115; Rosenstiel (1995), S. 329; Gemünden & Högl (2001), S. 8.

Faktoren wie beispielsweise der verwendeten Informationstechnologie abhängt.[44] Dennoch ist mit dem Definitionszusatz der unmittelbaren Zusammenarbeit zumindest indirekt eine Begrenzung der Gruppengröße gegeben. Eine steigende Gruppengröße konfrontiert Arbeitsgruppen außer mit den logistischen Problemen, ausreichend Raum und Zeit für die Zusammenarbeit zu finden, ebenfalls mit Problemen der Einigung auf und Integration von verschiedenen Funktionen, Zielen oder Arbeitsweisen, um die gemeinsamen Gruppenaufgaben zu erledigen. Zusätzlich sinken mit zunehmender Gruppengröße häufig auch der Gruppenzusammenhalt und die Zufriedenheit der Mitglieder mit der Gruppenzugehörigkeit. Nimmt die Gruppengröße also zu, sinken einerseits die Wahrscheinlichkeit und die Möglichkeit zur unmittelbaren Zusammenarbeit und es steigt andererseits die Wahrscheinlichkeit, dass sich Untergruppen bilden und/oder die Arbeitsgruppe ganz auseinander bricht.[45] Dennoch lässt sich formal keine Obergrenze der Gruppengröße festlegen. Aus Erkenntnissen der Organisationspsychologie wird eine Gruppengröße von fünf Mitgliedern als optimal angesehen, da mit einer Erhöhung der Mitgliederzahl die Leistungen trotzdem meist nicht weiter steigen und bei fünf Personen das Verhältnis aus eingebrachten verschiedenen Perspektiven und Wissen einerseits und der Koordination der Beiträge andererseits am günstigsten ausfällt.[46]

Zu 2: Das Merkmal der sozialen Einheit von Arbeitsgruppen weist darauf hin, dass Grenzen existieren, die nicht nur eine Arbeitsgruppe sich selbst als solche wahrnehmen lassen, sondern die ebenfalls für andere die Arbeitsgruppe als zusammengehörende Einheit wahrnehmbar machen.[47] Diese Abgrenzung kann sich durch die organisatorische Zuordnung von Personen zu einer Gruppe ergeben, viel deutlicher jedoch etabliert sich die soziale Einheit Arbeitsgruppe durch gemeinsame Ziele, Interessen oder Aufgaben. Die Wichtigkeit gemeinsamer Ziele bzw. relative Zielhomogenität wird ebenfalls in der ökonomischen Teamtheorie (siehe auch weiter unten) als konstituierendes Merkmal hervorgehoben. Eine gemeinsame soziale und aufgabenbezogenen Identität einer Arbeitsgruppe wird insgesamt häufig als eine der wichtigsten Bedingungen angesehen, um im Kontext interagierender Personen überhaupt von Gruppenarbeit sprechen zu können.[48]

Zu 3: Die zwei Aspekte der unmittelbaren Zusammenarbeit und der Interdependenz von Gruppenmitgliedern stellen die Kernmerkmale dar, anhand derer sich Arbeitsgruppen von anderen Arten sozialer Gruppierungen differenzieren lassen. Unmittelbare Zusammenarbeit bedeutet, dass die Kontakte zwischen Gruppenmitgliedern sehr viel häufiger sind als die der Gruppenmitglieder zu anderen Personen.[49] Die Notwendigkeit und die Möglichkeit zur unmittelbaren Kommunikation gelten dabei als erfolgsentscheidend, da bei unmittelbarer kommunikativer Interaktion Informationen schneller und reichhaltiger übermittelt werden können. Allerdings wird zunehmend vorgeschlagen, das Merkmal der unmittelbaren Zusammenarbeit eher als Unterscheidungskriterium für verschiedene Gruppenarten heranzuziehen, da durch

---

[44]   Vgl. Cohen & Bailey (1997), S. 273; Lau & Murnighan (1998), S. 328; Helfert & Gmünden (2001), S. 134; Weinkauf & Woywode (2004), S. 419.
[45]   Vgl. Katzenbach & Smith (1993), S. 45 f.; Rosenstiel (1995), S. 329; Högl (1998), S. 10 f.; Helfert & Gemünden (2001), S. 134.
[46]   Vgl. Bühner & Pharao (1993), S. 49; Rosenstiel (1995), S. 330.
[47]   Vgl. Alderfer (1987), S. 202.
[48]   Vgl. Rosenstiel (1995), S. 335; Högl (1998), S. 11; Antoni (2004), S. 380.
[49]   Vgl. Rosenstiel (1995), S. 330.

Arbeitsgruppen in Unternehmen 15

die kontinuierliche Weiterentwicklung der Kommunikationstechnologien und die zunehmende Internationalisierung von Geschäftsaktivitäten solche Arten von Arbeitsgruppen zahlreicher werden, deren Mitglieder virtuell zusammenarbeiten und sich nur noch selten tatsächlich von Angesicht zu Angesicht begegnen.[50] Daneben wird die wechselseitige Abhängigkeit von Gruppenmitgliedern in der Aufgabenerledigung vor allem durch das gemeinsame Arbeitsziel, nämlich die Gruppenaufgabe, und den durch diese begründeten Kooperationsbedarf impliziert.[51] Interdependenz zwischen Gruppenmitgliedern bedeutet, dass zur Bearbeitung einer gemeinsamen Aufgabe die Gruppenmitglieder nicht nur kooperativ miteinander interagieren, sondern darüber hinaus in der Aufgabenerledigung aufeinander angewiesen sind. Je komplexer, d.h. je unsicherer und konflikthaltiger die Gruppenaufgaben dabei sind, desto zwingender wird es, dass die Gruppenmitglieder enger miteinander zusammenarbeiten, ihre Arbeitshandlungen miteinander abstimmen und sich stärker koordinieren.[52] Das Merkmal der wechselseitigen, aufgabenbezogenen Abhängigkeit von Gruppenmitgliedern unterscheidet dabei die interagierende Zusammenarbeit in Unternehmen in Form von Arbeitsgruppen von der ko-agierenden Zusammenarbeit, bei der ebenfalls mehrere Personen nebeneinander an einem übergeordneten Ziel arbeiten, ohne dass jedoch hierfür koordinierende Kommunikation erforderlich wäre.[53]

Zu 4: Als viertes definitorisches Merkmal grenzt schließlich die Eingebettetheit von Arbeitsgruppen in ein Unternehmen oder einen unternehmerischen Kontext[54] Arbeitsgruppen in Unternehmen (im Verlauf der weiteren Ausführungen dieser Arbeit auch häufig als organisationale Arbeitsgruppen bezeichnet) von weiteren Arten von Kollektiven oder Gruppierungen ab. Dieses Merkmal impliziert zum einen, dass Arbeitsgruppen in das ihnen übergeordnete Zielsystem ihres Unternehmens in dem Sinne eingebunden sind, dass ihre spezifischen Gruppenleistungen vor allem der Gesamtzielsetzung des Unternehmens dienen und die Mitglieder entsprechend nicht nur gemeinsame Gruppenziele verfolgen, sondern insgesamt mit ihren Leistungen zur Erreichung der gesamtunternehmensbezogenen Ziele beitragen. Und zum zweiten impliziert es, dass in Unternehmen angesiedelte Arbeitsgruppen nicht nur für sich alleine existieren, sondern dass sich ihr arbeitsteiliges Handeln auch auf andere Arbeitsgruppen im Unternehmen bezieht. Sie stehen in wechselseitigem Zusammenhang mit anderen Personen oder Gruppen innerhalb ihres Unternehmens.[55]

Trotz der scheinbar recht einschränkenden Definition von Arbeitsgruppen ist diese immer noch relativ umfassend. Beispielsweise werden eine Gruppe von leitenden Angestellten, die über den Standort eines neuen Werks entscheiden müssen, ein Produkt-Fertigungsteam, aber auch Planungskomitees oder so genannte Top-Management-Teams von der Definition eingeschlossen. Dennoch können auch eine ganze Reihe von Kollektiven, die häufig ebenfalls als Gruppen bezeichnet werden, bereits ausgeschlossen werden. Beispielsweise erfüllen soziale Gruppen wie Familien, freundschaftliche oder Kartenspielgruppen weder das Merkmal der

---

[50] Vgl. Podsiadlowski (2002), S. 71; Weinkauf & Woywode (2004), S. 394.
[51] Vgl. McGrath (1991), S. 151; Brannick et al. (1995), S. 641; Gemünden & Högl (2001), S. 8.
[52] Vgl. Hackman (1987), S. 322; Guzzo & Shea (1992), S. 272; Mankin, Cohen & Bikson (1996), S. 24.
[53] Vgl. Hackman (1987), S. 322; Wiendieck (1992), S. 2379; Rosenstiel (1995), S. 327 ff.
[54] Vgl. Hackman (1987), S. 322; McGrath (1991), S. 151; Ilgen (1999), S. 130.
[55] Vgl. Gresov (1989), S. 452.

16 Forschungsgegenstand: Multikulturelle Arbeitsgruppen

gemeinsamen Aufgabe, noch das der Eingebettetheit in einen unternehmerischen Kontext. Ebenso gelten auch ko-agierende Gruppen (keine gemeinsame Aufgabe und daher keine Koordinationsnotwendigkeit) nicht als Arbeitsgruppen im Sinne der Definition.[56]

Die Organisationswissenschaft ist über eine rein begriffliche Analyse des Teamphänomens hinausgegangen und hat mit der Teamtheorie einen ökonomisch orientierten Ansatz zur Analyse des Zusammenwirkens einer Mehrzahl von Akteuren vorgelegt.[57] Diese Theorie geht auf Arbeiten von Marschak in den fünfziger Jahren des vergangenen Jahrhunderts zurück und stellt einen der ersten Versuche dar, entscheidungstheoretische Konzepte auf organisationstheoretische Fragestellungen anzuwenden.[58] Die Teamtheorie von Marschak wird der präskriptiven Entscheidungstheorie zugeordnet, welche idealtypisches Verhalten von Entscheidungsträgern in den Fokus der Betrachtung stellt.[59] Dabei thematisiert die Teamtheorie die formale ökonomische Problematik optimaler multipersonaler Entscheidungs-, Informationsgewinnungs- und Kommunikationsprozesse in zielkonformen Gruppen. Es ist das zentrale Anliegen der Teamtheorie, unter Berücksichtigung gegebener Entscheidungskompetenzenverteilung, Kommunikationsmöglichkeiten und Informationsstrukturen Entscheidungsregeln abzuleiten, deren Anwendung in einem bestmöglichen Gesamterfolg des Teams resultiert.[60]

Die Analyseeinheit bildet das Team, das nach Marschak als „a group of persons each of whom takes decisions about something different but who receive a common reward as the joint result of all those decisions" definiert wird.[61] Konstituierendes Merkmal stellt die weitgehende Zielkonformität oder Zielhomogenität zwischen individuellen und Gruppenzielen dar. Es wird ein maximaler oder befriedigender Gesamterfolg des Teams angestrebt.[62]

Nach Marschak besteht das „team problem" darin, bei gegebenen Entscheidungskompetenzen und externen Variablen, gegebenen Situationswahrscheinlichkeiten und Kommunikationskosten das beste Kommunikationssystem und die besten Entscheidungsregeln zu finden.[63] Auf der Basis komplexer mathematischer Modelle versucht die Teamtheorie damit zu erklären, welche Organisationsform ein Team idealer Weise annehmen soll, damit es den bestmöglichen Gesamterfolg erzielt.[64] Aus solchen Analysen völlig ausgeklammert werden jedoch sozialpsychologische und verhaltensorientierte Aspekte der multipersonalen Zusammenarbeit; die Teamtheorie beschränkt sich auf die ökonomisch/mathematische Problematik der Gestaltung optimaler Teamprozesse.

Da im Sinne der Teamtheorie prinzipiell auch ganze Unternehmen als Team begriffen werden können und da die für die vorliegende Untersuchung wichtigen sozialpsychologischen und verhaltensorientierten Aspekte der Zusammenarbeit in Gruppen in der Teamtheorie nicht

---

[56] Vgl. McGrath (1984), S. 8; Hackman (1987), S. 322; Cannon-Bowers, Oser & Flanagan (1992), S. 356; Guzzo (1996), S. 8.
[57] Vgl. Wolf (2005), S. 111.
[58] Vgl. Marschak (1954), (1955).
[59] Vgl. Wolf (2005), S. 99.
[60] Vgl. Hoffmann (1973), S. 148; Wolf (2005), S. 113 f.
[61] Marschak (1955), S. 128.
[62] Vgl. Hoffmann (1973), S. 149; Wolf (2005), S. 112.
[63] Vgl. Marschak (1955), S. 129.
[64] Vgl. Wolf (2005), S. 113 f.

Arbeitsgruppen in Unternehmen 17

thematisiert sind, werden im weiteren Verlauf der vorliegenden Untersuchung Arbeitsgruppen im Sinne der erstgenannte Definition verstanden.

An dieser Stelle ist noch zu klären, ob in der vorliegenden Untersuchung der Begriff „Arbeitsgruppe" oder derjenige des „Teams" bevorzugt werden soll. Bisher wurde ohne explizite Begründung der Begriff der Arbeitsgruppe bevorzugt; häufig werden auch beide Begriffe synonym verwendet. In der Literatur werden jedoch zum Teil Unterscheidungen getroffen. Einer solchen Unterscheidung liegt zumeist die Annahme zu Grunde, dass Teams „mehr" seien als Arbeitsgruppen, wobei sich dieses „Mehr" auf Merkmale wie Kohäsion, Interdependenz, Interaktion und/oder Verantwortung bezieht.[65] Nach Guzzo ist jedes Team eine Gruppe, aber nicht jede Gruppe ein Team: „Not all groups are teams because the term group has been indeed used very expansively in general social science, i.e. to describe social aggregates in which there is no interdependence of members. But this has not been the case in the organizational science. The definition of a work group easily accommodates the term team."[66] Doch trotz dieser Unterscheidung weisen beispielsweise Antoni und Kollegen darauf hin, dass hier wenig greifbare Assoziationen geschaffen wurden, die weder im Alltag noch in der Wissenschaft zu einem konsistenten Sprachgebrauch führten.[67] Verschiedene Autoren bemerken, dass in den meisten Fällen die Unterscheidung zwischen Arbeitsgruppen und Teams eine künstliche ist und die Begriffsverwendung häufig vom Kontext des Betrachters bestimmt wird.[68] So wird in der praxisbezogenen Managementliteratur eher der Begriff „Team" verwendet[69], die akademische, forschungsbezogene Literatur dagegen greift häufiger auf den Begriff „Arbeitsgruppe" zurück.[70] Daher werden in der vorliegenden Untersuchung die Begriffe ebenfalls synonym verwendet, wobei jedoch der Begriff der „Arbeitsgruppe" im Vordergrund steht.

---

[65] Vgl. Katzenbach & Smith (1993), S. 45; Guzzo (1996), S. 8; Antoni, Hofmann & Bungard (1996), S. 490; Kauffeld (2001), S. 14
[66] Guzzo (1996), S. 4.
[67] Vgl. Antoni, Hofmann & Bungard (1996), S. 490; Antoni (2004), S. 381.
[68] Vgl. Cohen & Bailey (1997), S. 241; Högl (1998), S. 13.
[69] Vgl. Katzenbach & Smith (1993).
[70] Vgl. Earley & Gibson (2002); Podsiadlowski (2002).

18 Forschungsgegenstand: Multikulturelle Arbeitsgruppen

2.2 Arten von Arbeitsgruppen in Unternehmen

Wie bereits dargestellt umfasst die Definition von Arbeitsgruppen trotz allem ein weites Spektrum verschiedener möglicher Auftretensformen. Dabei war und ist gerade beim Thema „Gruppenarbeit in Unternehmen" ein Wildwuchs der Konzepte zu beobachten, der mit zum Teil erheblichen konzeptionellen und begrifflichen Unklarheiten einhergeht und daher besonderer Aufmerksamkeit bedarf.[71] Im Unternehmenskontext werden Schlagworte wie Gruppenfertigung, (teil-)autonome Arbeitsgruppen, Qualitätszirkel, Innovationsteams, Projektteams, Lernstattgruppen oder Forschungs- und Entwicklungsteams hoch gehandelt, jedoch ist weniger eindeutig geklärt, was genau darunter zu verstehen ist.[72] Beispielsweise differenzieren Mankin, Cohen und Bikson Arbeitsgruppen in fünf Kategorien: 1) Arbeitsteams, 2) Parallele Teams, 3) Projekt- und Entwicklungsteams, 4) Management Teams und 5) Ad-hoc-Netzwerke, wobei diese Arten von Gruppen ein Kontinuum abbilden, das von formalen, kontinuierlichen Arbeitsgruppen mit gleich bleibender Gruppenmitgliedschaft (Arbeitsteams) bis hin zu relativ losen und informellen Gruppen (Ad-hoc-Netzwerke) reicht, in denen weder Dauer noch Mitgliedschaft präzise festgelegt sind.[73] Yukl dagegen unterscheidet nur zwischen drei Arten von Arbeitsgruppen, nämlich zwischen bereichsübergreifenden oder multifunktionalen (cross-functional), selbstbestimmten (self-defined) und selbststeuernden (self-managed) Arbeitsgruppen, wobei sich Letztere durch eine komplexe Gruppenaufgabe, eine hohe arbeitsbezogene Interdependenz, klare und messbare Zielsetzungen und eine längere Zeitdauer auszeichnen.[74] Weitere Einteilungen finden sich bei einer ganzen Reihe von Autoren, wobei diese Kategorisierungen häufig Überschneidungen aufweisen.[75] Insgesamt hat sich in den Bemühungen, ein explizites Klassifikationsschema der Arten von Gruppenarbeit zu erarbeiten, zumindest die Erkenntnis durchgesetzt, dass Arbeitsgruppen nicht unabhängig von ihrem unmittelbaren Kontext verstanden werden können und dass generiertes Wissen, das sich auf eine bestimmte Art von Arbeitsgruppe in einem bestimmten Kontext bezieht, nicht notwendigerweise auf andere Arbeitsgruppen in anderen Kontexten übertragbar ist.[76]

Doch trotz der verstärkten Nutzung von Arbeitsgruppen in Unternehmen existiert bisher keine umfassende und weitestgehend akzeptierte Typologie zu ihrer Kategorisierung. Während sich einige Forschungsbemühungen auf eine Klassifikation von Arbeitsgruppen konzentrieren, die auf den Schlüsseldimensionen der zu erledigenden Gruppenaufgaben basieren (z.B. Produktions- oder Fertigungsgruppen = körperliche oder Handarbeit versus Innovations- oder Problemlösegruppen = geistige oder Kopf-Arbeit)[77], beziehen sich andere schwerpunktmäßig auf die Identifikation von Bündeln miteinander verwandter Arbeitsgruppen, die in Unternehmen zu finden sind, und versehen sie mit einer angemessenen Be-

---

[71] Vgl. Bungard & Antoni (1995), S. 383; Högl (1998), S. 12; Podsiadlowski (2002), S. 71.
[72] Vgl. Guzzo & Dickson (1996), S. 315; Cohen & Bailey (1997), S. 241; Devine et al. (1999), S. 681.
[73] Vgl. Mankin, Cohen & Bikson (1996), S. 24 ff.
[74] Vgl. Yukl (1998), S. 359.
[75] Vgl. Katzenbach & Smith (1993), S. 45 ff.; Guzzo & Dickson (1996), S. 315 ff.; Antoni, Hofmann & Bungard (1996), S. 490 ff.; Cohen & Bailey (1997), S. 241.
[76] Vgl. Guzzo & Dickson (1996), S. 315; Högl (1998), S. 12; Devine et al. (1999), S. 681; Wiendieck (2004), S. 390.
[77] Vgl. Guzzo & Dickson (1996), S. 315 ff.; Hyatt & Ruddy (1997), S. 557; Janz, Colquitt & Noe (1997), S. 877; Devine et al. (1999), S. 682.

Arten von Arbeitsgruppen 19

zeichnung (z.B. Projektgruppen oder Managementteams).[78] Eine andere Klassifikationsart betrifft die Unterscheidung von Arbeitsgruppen danach, ob sie integrierter Bestandteil der regulären Arbeitsorganisation sind und eine kontinuierliche Mitarbeit voraussetzen oder ob sie quasi parallel zur regulären Arbeitsorganisation geführt werden und die Gruppenmitglieder nur von Zeit zu Zeit zusammen arbeiten (z.B. parallele Gruppen wie Qualitätszirkel).[79] Eine wieder andere Variante der Kategorisierung betrifft die zeitliche Dauer der Zusammenarbeit in Gruppen. Es wird zwischen zeitlich befristeten, Ad-hoc-Arbeitsgruppen, die nur einen einzigen Aufgabenzyklus durchlaufen, und unbefristeten, dauerhaften Arbeitsgruppen, denen kontinuierlich neue Aufgaben zugewiesen werden oder die die gleiche Aufgabe zyklisch neu bearbeiten, unterschieden.[80] Eine letzte Kategorisierungsmöglichkeit als direkte Folge der rasanten Entwicklung der Kommunikationstechnologie betrifft – wie bereits dargestellt – das Kriterium der räumlichen Nähe in der Zusammenarbeit. Immer häufiger sind in den Unternehmen Arbeitsgruppen zu finden, deren Mitglieder sich nur noch ganz selten persönlich begegnen und die beinahe ausschließlich über technische Medien miteinander kommunizieren.[81] Diese virtuellen Arbeitsgruppen setzen sich aus Mitarbeitern zusammen, die geographisch und organisational durch Telekommunikations- und Informationstechnologien miteinander verbunden sind, um eine organisationale Aufgabe gemeinsam zu erledigen.[82]

Es lässt sich also abschließend festhalten, dass Arbeitsgruppen anhand von mindestens vier Kriterien kategorisiert werden können:

1. Art und Inhalt der zu erledigenden Aufgabe (Kopf- oder Handarbeit),
2. Bestandteil der regulären Arbeitsorganisation (integriert oder parallel),
3. zeitliche Dauer der Gruppenzusammenarbeit (befristet oder unbefristet) und
4. räumliche Nähe in der Zusammenarbeit (räumlich konzentriert oder virtuell).

Analysegegenstand der vorliegenden Untersuchung sind Arbeitsgruppen, deren Aufgaben Kopfarbeit verlangen und deren Mitarbeiter vorrangig als Wissensarbeiter betrachtet werden können. Wissensarbeiter, als Angehörige des am schnellsten wachsenden Segments der Arbeiterschaft in Unternehmen, sind als auf höheren Unternehmensebenen angesiedelte Angestellte definiert, die ihr durch formale Bildung erworbenes, theoretisches und analytisches Wissen zur Entwicklung neuer Produkte oder Dienstleistungen anwenden.[83] Damit können die in dieser Arbeit betrachteten Arbeitsgruppen vorrangig zu der oben benannten Art der Projekt- und Entwicklungsteams zugeordnet werden. Darüber hinaus sind die hier betrachteten Arbeitsgruppen Bestandteile der regulären Arbeitsorganisation, deren Mitglieder weitgehend räumlich konzentriert sind und kontinuierlich zusammenarbeiten. Bezüglich der Befristung der Gruppenarbeit soll keine Unterscheidung getroffen werden, um etwaige

---

[78] Vgl. Bungard & Antoni (1995), S. 390; Mankin, Cohen & Bikson (1996), S. 24 ff.; Cohen & Bailey (1997), S. 241.

[79] Vgl. Bungard & Antoni (1995), S. 383; Guzzo & Dickson (1996), S. 323 f.

[80] Vgl. Devine et al. (1999), S. 683.

[81] Vgl. Maznevski & Chudoba (2000), S. 473; Kayworth & Leidner (2002), S. 8.

[82] Vgl. Townsend, de Marie & Hendrickson (1998), S. 17; Jarvenpaa & Leidner (1999), S. 791; Weinkauf & Woywode (2004), S. 393 f.

[83] Vgl. Janz, Colquitt & Noe (1997), S. 878.

20 Forschungsgegenstand: Multikulturelle Arbeitsgruppen

Arbeitsgruppen, die ebenfalls alle anderen definierenden Merkmale erfüllen, nicht auszuschließen. Lediglich die bisherige Dauer der Gruppenzusammenarbeit soll in Betracht gezogen werden.

In der vorliegenden Untersuchung werden unter multikulturellen Arbeitsgruppen solche verstanden, welche die definierenden Merkmale von Arbeitsgruppen erfüllen und deren Mitglieder verschiedenen Kulturen angehören.[84] Kultur wird hier als Muster tief liegender Werte und Annahmen bezüglich des gesellschaftlichen Funktionierens verstanden, das von einer interagierender Gruppe von Personen geteilt wird.[85] Da tief verwurzelte, persönliche Werte nach Hofstede eine „broad tendency to prefer certain states of affairs over other" darstellt[86], beeinflussen Werte, die auf verschiedenen kulturellen Hintergründen von Gruppenmitgliedern basieren, nicht nur die Wahrnehmung, Verarbeitung und Interpretation von Informationen, sondern sie formen auch das individuelle Verhalten jedes Gruppenmitglieds in Reaktion auf Arbeits- und Aufgabenmerkmale.[87] Dieser Zusatz der Multikulturalität oder kultureller Vielfalt in Arbeitsgruppen bedeutet eine Besonderheit, da zum einen typische Gruppenarbeitsphänomene durch kulturelle Vielfalt verstärkt werden und zum anderen zusätzliche Dynamiken eine möglicherweise gruppenprozess- und damit erfolgsbeeinflussende Rolle spielen.[88]

Bevor jedoch die Determinanten erfolgreicher multikultureller Gruppenarbeit näher beleuchtet werden können, muss geklärt werden, was genau unter ‚Kultur' zu verstehen ist und auf welche Art und Weise diese ihren Niederschlag im Verhalten und in der Zusammenarbeit von Personen unterschiedlicher kultureller Herkunft findet. Im folgenden Kapitel sollen diese Fragen beantwortet werden.

---

[84] In der Literatur wird manchmal die Ausprägung der (kulturellen) Vielfalt als wichtiger, die Gruppendynamik differenziell beeinflussender Faktor diskutiert, wobei üblicherweise drei mögliche Ebenen unterschieden werden.[84] In so genannten *token* Arbeitsgruppen teilen bis auf ein Mitglied alle anderen Mitglieder denselben kulturellen Hintergrund oder es besteht eine kleine kulturelle Minderheit in einer ansonsten kulturell homogenen Arbeitsgruppe. In *bikulturellen* Arbeitsgruppen repräsentieren die Mitglieder zwei distinkte Kulturen zu ungefähr gleichen Proportionen. Und in genuin *multikulturellen* Arbeitsgruppen repräsentieren die Mitglieder entweder mindestens drei verschiedene Kulturen oder es gibt keine zwei Gruppenmitglieder, die denselben kulturellen Hintergrund teilen.[84] In der vorliegenden Untersuchung werden daher im Sinne der genannten Unterscheidung unter multikulturellen Arbeitsgruppen solche verstanden, in denen die Mitglieder mindestens drei verschiedene Kulturen repräsentieren.

[85] Vgl. Adler (2002), S. 16; Maznevski et al. (2002), S. 275; Earley & Gibson (2002), S. 6.

[86] Hofstede (1980), S. 19.

[87] Vgl. Janssens & Brett (1997), S. 155; Hambrick et al. (1998), S. 195; Earley & Mosakowski (2000), S. 26; Ely & Thomas (2001), S. 230 f.; Gibson & Zellmer-Bruhn (2001), S. 275.

[88] Vgl. Larkey (1996), S. 466; Thomas (1999), S. 243 f.; Polzer, Milton & Swann (2002), S. 297 f.; Earley & Peterson (2004), S. 111.

3 Kultur: Begriff, Konzeptualisierungen und Erkenntnisse

3.1 Inhaltliche Bestimmung des Kulturbegriffs

Vom Begriff ‚Kultur' existiert eine Vielzahl an Definitionen. Schon zu Beginn der fünfziger Jahre bot die Anthropologie eine Menge an verschiedenen Begriffsdeutungen an, wobei nach einer Katalogisierung von mehr als 100 verschiedener Kulturdefinitionen Kroeber und Kluckhohn zu einer der umfassendsten und auch heute noch am weitesten akzeptierten Definition gelangten:

> *„Culture consists of patterns, explicit and implicit, of and for behavior acquired and transmitted by symbols, constituting the distinctive achievement of human groups, including their embodiment in artifacts; the essential core of culture consists of traditional (i.e., historically derived and selected) ideas and especially their attached values; culture systems may, on the one hand, be considered as products of action, on the other, as conditioning elements of future action."*
> (Kroeber & Kluckhohn, 1952, S. 181)

Ausgehend von dieser Definition lässt sich also festhalten, dass es zwei Schlüsselelemente zum Verständnis von Kultur gibt. Zum einen stellt Kultur ein Bedeutungssystem dar, etwas, das von allen oder fast allen Mitgliedern einer sozialen Gruppe oder Kategorie geteilt wird, die mentale Software.[89] Und zum anderen prägen und beeinflussen die kulturellen Werte individuelles und kollektives Verhalten und strukturieren die Wahrnehmung der Welt.[90]

Den Kern der mentalen Software bilden Werte, die für ein Individuum oder eine Gruppe explizit oder implizit erwünschte Zustände darstellen und die Auswahl von verfügbaren Handlungsmodi, -mitteln und -zwecken beeinflussen.[91] Werte können sowohl bewusst oder unbewusst sein und sie reflektieren die relativ allgemeinen Sollvorstellungen bezüglich dessen, was richtig oder falsch ist. Sie spezifizieren also generelle Präferenzen.[92]

Die Werte einer Person als Programm in der individuellen mentalen Software sind zum Teil einzigartig und zum Teil mit denen anderer Personen geteilt. Es werden drei Ebenen mentaler Programmierung unterschieden.

- Erstens existiert die universelle Ebene mentaler Programmierung, die das biologische „operierende" System des menschlichen Körpers umfasst. Hierzu gehören Ausdrucks-

---

[89] Vgl. Hofstede (2001a), S. 5 f.; Schneider & Barsoux (2003), S. 10; Trompenaars & Hampden-Turner (1997), S. 20 f.; Ting-Toomey (1999), S. 58; Earley & Gibson (2002), S. 6.

[90] Vgl. Brown (1976), S. 19; Podsiadlowski (2002), S. 33; Schwartz (1994), S. 93; Nyambegera, Daniels & Sparrow (2001), S. 112.

[91] Vgl. Kluckhohn & Strodtbeck (1961), S. 4 f.

[92] Vgl. Adler (2002), S. 18; Schwartz (1999), S. 25.

22 Kultur: Begriff, Konzeptualisierungen und Erkenntnisse

verhalten wie Lachen oder Weinen, bindendes oder aggressives Verhalten. Diese Ebene mentaler Programmierung wird von allen Menschen geteilt.

• Die zweite Ebene ist die kollektive Ebene mentaler Programmierung. Sie wird von einigen, aber nicht von allen Menschen geteilt. Diese Programmierung ist jenen Menschen gemein, die zu einer bestimmten Kategorie oder Gruppe gehören, aber verschieden von denen der Menschen, die zu anderen Kategorien oder Gruppen gehören. Die kollektive Ebene mentaler Programmierung beschreibt die subjektive menschliche Kultur[93], wobei das geteilte kulturelle System einer Gruppe, die gemeinsame kulturelle Werteorientierung, mehrere Funktionen erfüllt. Hierzu gehören Identitätsfunktionen, Gruppensolidaritätsfunktionen, Bewertungsfunktionen, Anpassungsfunktionen und Erklärungsfunktionen.[94] Innerhalb der Grenzen der eigenen Kultur leitet ein klares Set von Werteorientierungen den Inhalt der eigenen Identität und moralischen Entwicklung. Die sozialen und persönlichen Identitäten werden durch intensive und häufige Interaktionen mit kulturell ähnlichen Anderen gebildet und verstärkt (Identitätsfunktion). In diesem Sinne stellt Kultur für die ihr angehörigen Menschen eine Bezugsquelle der eigenen Identität dar, die immer dann wichtiger wird, wenn sie bedroht ist und die Kultur dabei eine Grenze markiert, die Insider um ihre geteilten Werte zusammenschließt und sie gegen Außenseiter abschirmt.[95] Zusätzlich bereiten gemeinsame kulturelle Werteorientierungen den Weg zur Innergruppensolidarität und zum Zugehörigkeitsgefühl (Solidaritätsfunktion). Werteorientierungen regulieren den Innergruppenkonsens und setzen Bewertungsstandards innerhalb einer Kultur bezüglich dessen, was wertgeschätzt und was nicht wertgeschätzt wird (Bewertungsfunktion). Sie bieten ein Set von Prinzipien an, nach denen es möglich ist, sich an verändernde kulturelle Milieus anzupassen (Anpassungsfunktion). Als Letztes helfen gemeinsame kulturelle Werteorientierungen den Menschen dabei, Ereignisse oder das Verhalten Anderer in der Außenwelt zu deuten und zu erklären, ohne dass zu viel Informationsverarbeitung notwendig wäre (Erklärungsfunktion), und was den Menschen gleichzeitig erlaubt, effizient miteinander umzugehen, ohne gleich jedes Motiv oder jede Handlung in Frage stellen zu müssen. Kultur enthält also eine Art Drehbuch für Verhalten[96], so dass die Mitglieder eines geteilten kulturellen Systems wissen, was sie voneinander erwarten können und wie sie Verhalten erwidern sollen.

• Nur die dritte, individuelle Ebene ist der wahrhaft einzigartige Teil menschlicher Programmierung, die individuelle Persönlichkeit, welche eine große Bandbreite alternativer Verhalten innerhalb der gleichen kollektiven Kultur ermöglicht.[97]

Es ist die mittlere, kollektive Ebene der mentalen Programmierung, die beinahe ausschließlich und durch Sozialisation gelernt wird, die „Kultur" konstituiert. Wertesysteme, die aus Glauben, Annahmen und Normen bestehen, bilden das Kernelement von Kultur,[98] wobei in diesem

---

[93] Vgl. Hofstede (2001a), S. 11; Podsiadlowski (2002), S. 36.
[94] Vgl. Ting-Toomey (1999), S. 58 f.
[95] Vgl. DiStefano & Maznevski (2003), S. 1; Hofstede (2001a), S. 11 f.
[96] Vgl. DiStefano & Maznevski (2003), S. 1.
[97] Vgl. Hofstede (2001a), S. 2.
[98] Vgl. Kluckhohn & Strodtbeck (1961), S. 2.

Inhaltliche Bestimmung des Kulturbegriffs

23

Sinne Kultur ebenso als interaktives Aggregat von gemeinsamen Merkmalen beschrieben werden kann, das die Reaktionen einer menschlichen Gruppe auf ihre Umwelt beeinflusst.[99] Nun gibt es mindestens zwei gute Gründe, warum ein Verständnis von „Kultur" oder kultureller Zugehörigkeit im interkulturellen Arbeitskontext besonders relevant ist. Zum einen liefert Kultur, unter der Bedingung, dass keine oder nur wenig Informationen über die Werte und Verhalten einer anderen Person vorliegen, eine gute erste Interpretation dieser Person. Ein Verständnis des kulturellen Hintergrundes einer anderen Person erlaubt demnach realistischere Erwartungen über Art und Ausmaß von Ähnlichkeiten, wobei diese Erwartungen dann die Interaktionen mit der anderen Person leiten. Und zum anderen beschreiben kulturelle Annahmen und Werte das Wesen der Beziehungen zwischen den Menschen selbst und zwischen ihnen und ihrer Umwelt. Und da im Kontext interkultureller Zusammenarbeit die einzelnen Personen immer mit anderen Personen und mit der Umwelt interagieren, beeinflussen die jeweiligen kulturellen Prägungen alle Aspekte der aufgabenbezogenen Zusammenarbeit.[100] Kultur beeinflusst, welche Ereignisse wahrgenommen und in welche Handlungskategorien sie eingeordnet werden. Kultur beeinflusst die Prozesse individueller Überlegungen und sozialer Diskussionen, mittels derer die Ereignisse ganzheitlicher interpretiert werden. Darüber hinaus beeinflusst Kultur nicht nur die Reaktionspräferenzen, sondern auch die Kriterien, anhand derer die verschiedenen Reaktionsmöglichkeiten abgewogen werden. Ein Verständnis von Kultur und ihrer inhaltlichen Ausprägungen ist also für eine erfolgreiche interkulturelle Zusammenarbeit unabdingbar.[101]

Die Erforschung von Kultur forderte die Wissenschaftler in der Vergangenheit heraus, zuerst einmal grundlegende Entscheidungen bezüglich der Herangehensweise zu treffen. Sollten die einzigartigen Aspekte einer Kultur hervorgehoben oder sollte eher auf die vergleichbaren Aspekte fokussiert werden? Nach Hofstede wurde die Unterscheidung zwischen dem Spezifischen und dem Generellen erstmals von einem deutschen Wissenschaftler namens Wilhelm Windelband gegen Ende des neunzehnten Jahrhunderts getroffen, der den „idiographischen" mit dem „nomothetischen" Forschungsstil kontrastierte.[102] Der idiographische Stil war dabei mehrheitlich in den historischen Disziplinen zu finden, die nach Ganzheiten oder Gestalten suchten, einzigartigen Konfigurationen von Ereignissen, Bedingungen oder Entwicklungen, während der nomothetische Stil, hauptsächlich in den Naturwissenschaften bevorzugt, nach generellen, allgemeingültigen Gesetzen suchte.[103] Eine im Kontext der Erforschung von Kultur gebräuchlichere Bezeichnung der beiden Herangehensweisen ist die Unterscheidung von emischer versus etischer Forschung. Diese Termini wurden Mitte des vergangenen Jahrhunderts von dem Linguisten Kenneth L. Pike in die Anthropologie eingeführt.[104] In der Linguistik wird zwischen phonemischen und phonetischen Klassifikationen unterschieden, wobei die phonetische Klassifikation universell ist und die Charakterisierung jeden Lauts in

---

[99] Vgl. Wolf (1997a), S. 158; Hofstede (2001a), S. 10.
[100] Vgl. Wolf (1997a), S. 160 f.; Adler (2002), S. 18; Schneider & Barsoux (2003), S. 10; Maznevski & Peterson (1997), S. 66.
[101] Vgl. Maznevski & Peterson (1997), S. 66; Mezias, Chen & Murphy (1999), S. 326; Sully de Luque & Sommer (2000), S. 830.
[102] Vgl. Hofstede (2001a), S. 24.
[103] Vgl. Adler (1983), S. 35 f.; Weick (1995), S. 196; Hofstede (2001a), S. 25.
[104] Vgl. Pike (1954).

jeder Sprache erlaubt. In einer bestimmten Sprache werden jedoch nur gewisse Lauteinheiten tatsächlich benutzt und diese heißen Phoneme. In Kombination mit anderen Phonemen sind sie die Bedeutungsträger in einer Sprache. Also bezeichnet das Phonemische das Spezifische, das Phonetische dagegen das Generelle.[105] Die Suffixe „emisch" und „etisch" avancierten in der Anthropologie zu unabhängigen Termini, die heute zur Unterscheidung von Untersuchungen spezifischer, einzigartiger Ganzheiten und den Anwendungen genereller, polykultureller Klassifikationsschemata verwendet werden. „The etic view is cross-cultural in that its units are derived by comparing many systems and by abstracting from them units which are synthesized into a single scheme which is then analytically applied as a single system. The emic view is mono-cultural with its units derived from the internal functional relations of only one individual or culture at a time."[106] Das ideale Studium von Kultur würde also sowohl ideographische (emische) als auch nomothetische (etische) Elemente enthalten, da beide zwei Seiten ein und derselben Sache darstellen, zwei Wege, dieselbe Realität zu erforschen.[107] Da in der vorliegenden Untersuchung Zusammenarbeit in Gruppen unter Betrachtung der jeweiligen individuellen, spezifischen Ausprägungen in kulturgenerellen Werten oder Wertedimensionen untersucht werden, enthält die Arbeit die geforderte Kombination etisch und emisch orientierter Forschungselemente, wobei ein solcher Ansatz auch häufig als kultureller Kontingenzansatz bezeichnet wird.[108]

Der beste Weg, um zu verstehen, wie sich eine Kultur als sozial determiniertes Ordnungs- und Orientierungskonzept mit wahrnehmungs- und verhaltensprägender Wirkung[109] von einer anderen unterscheidet, ist mittels eines Rasters oder Dimensionen kultureller Werteorientierungen, anhand derer dann ein Vergleich von Kulturen möglich wird.[110] Einem solchen Verständnis liegt demnach die nomothetische oder emische Perspektive zugrunde. Die Identifikation von Dimensionen kultureller Werteorientierungen stellte dabei in der Vergangenheit eines der Hauptziele in den verschiedenen Wissenschaften (der Anthropologie, der interkulturellen Psychologie, der Soziologie, des Internationalen Managements, der Linguistik und der interkulturellen Kommunikation) dar,[111] da nur durch die Identifikation von verlässlichen Dimensionen kultureller Variation ein nomologischer Bezugsrahmen etabliert werden kann, der sowohl einstellungs- und verhaltensbezogene empirische Phänomene integriert als auch eine Basis zur Hypothesengenerierung bietet.[112]

Zur Identifikation dieser Kulturdimensionen wurden generell zwei verschiedene Strategien verfolgt, zum einen wurden sie in deduktiver Weise aus bestehenden Theorien abgeleitet und zum anderen wurden sie mittels eines induktiven Vorgehens empirisch generiert. Allen diesen multidimensionalen Konzepten von Kultur ist jedoch gemein, dass sie universelle Kategorien

---

[105] Vgl. Hofstede (2001a), S. 25; Schmid (1996), S. 288.
[106] Pike (1962), S. 32.
[107] Vgl. Hofstede (2001a), S. 25 f.; Earley & Singh (1995), S. 330; Podsiadlowski (2002), S. 37.
[108] Vgl. Negandhi (1983), S. 20; Earley (1994), S. 114; Den Hartog et al. (1999), S. 230 f.; Weber & Dean (2003), S. 5
[109] Vgl. Wilpert (1995), S. 501.
[110] Vgl. Schneider & Barsoux (2003), S. 34.
[111] Vgl. Macharzina & Wolf (1994a), S. 1242; Macharzina & Wolf (1994b), S. 13; Wolf (1997a), S. 156; Ting-Toomey (1999), S. 58.
[112] Vgl. Smith, Dugan & Trompenaars (1996), S. 232.

Inhaltliche Bestimmung des Kulturbegriffs

von Kultur annehmen, Themen, Probleme, die aus der menschlichen Situation heraus gegeben sind, demnach alle Menschen betreffen und von ihnen auf irgendeine Art und Weise gelöst werden müssen:

> *„In principle ... there is a generalized framework that underlies the more apparent and striking facts of cultural relativity. All cultures constitute so many somewhat distinct answers to essentially the same questions posed by human biology and by the generalities of the human situation. ... Every society's pattern for living must provide approved and sanctioned ways for dealing with such circumstances as the existence of two sexes; the helplessness of infants; the needs for satisfaction of the elementary biological requirements such as food, warmth, and sex; the presence of individuals of different ages and of differing physical and other capacities."* (C. Kluckhohn, 1952, S. 317)[113]

3.2 Alternative Konzeptualisierungen des Kulturphänomens

Ausgehend von dieser allgemein anerkannten Prämisse grundlegender menschlicher oder gesellschaftlicher Probleme wurden also verschiedene dimensionale Konzeptionen kultureller Werteorientierungen theoretisch und empirisch abgleitet, deren prominenteste Vertreter in den folgenden Abschnitten exemplarisch dargestellt und kritisch gewürdigt werden. Im Einzelnen wird zunächst als Beispiel für eine theoretische Ableitung von Kulturdimensionen und als das am weitesten akzeptierte, beinahe allen späteren Kulturkonzeptionen zu Grunde gelegte Konzept der kulturellen Werteorientierungen von Kluckhohn und Strodtbeck eingehend erläutert.[114] Es folgt kurz eine ähnliche Konzeption von Kultur von Schwartz, die sich ebenfalls auf die ursprüngliche anthropologische Forschung stützt und darüber hinaus jedoch auch die allgemeine Werteforschung heranzieht, Werte bzw. Wertetypen theoretisch ableitet, die jedoch noch zusätzlich in einer groß angelegten empirischen Untersuchung zumindest für einen Kulturvergleich auf nationaler Ebene validiert wurden. Im Anschluss wird dann die empirische Untersuchung von Hofstede diskutiert, welche wertebasierte Unterschiede in nationalen Kulturen von aufeinander abgestimmten Stichproben von Angestellten in der Wirtschaft – genauer bei der IBM Corp. – feststellte und für einen nationalen Kulturvergleich arbeitsbezogener Werte die am häufigsten zitierte Untersuchung überhaupt darstellt.[115] Schließlich folgt noch kurz die Darstellung der Kulturdimensionen von Trompenaars, die sich allerdings aus den vorher genannten zusammensetzen, jedoch ebenfalls anhand groß angelegter Untersuchungen bestätigt wurden. Während Kluckhohn und Strodtbeck in ihrer Konzeption vorrangig „Kultur" an sich zu erklären suchten, zielten die Untersuchungen von Schwartz, Hofstede und Trompenaars auf die Möglichkeit eines Kulturenvergleichs ab.

---

[113] Zitiert in Hofstede (2001a), S. 28 f.
[114] Vgl. Hofstede (2001a), S. 30; Adler (2002), S. 19; Schwartz (1999), S. 26; Podsiadlowski (2002), S. 36; Schneider & Barsoux (2003), S. 34.
[115] Vgl. Sondergaard (1994), S. 448 ff.; Smith, Dugan & Trompenaars (1996), S. 233.

26 Kultur: Begriff, Konzeptualisierungen und Erkenntnisse

Den Abschluss dieser Darstellungen soll eine Zusammenfassung der Konzepte und die begründete Auswahl desjenigen Kulturkonzeptes beinhalten, das als Grundlage der in dieser Schrift vorgestellten Untersuchung multikultureller Arbeitsgruppen dient.

3.2.1 Kulturelle Werteorientierungen von Kluckhohn und Strodtbeck

Die Theorie der kulturellen Werteorientierungen wurde von den Anthropologen Kluckhohn und Strodtbeck erstmals 1961 in ihrem Buch „Variations in Value Orientations" präsentiert. Die Entwicklung dieser Theorie, die auch von Parsons und Shils' genereller Handlungstheorie[116] inspiriert war, nahm über zehn Jahre rigoroser Inhaltsanalysen von Feldstudien in verschiedenen kulturellen Gemeinden in Anspruch.

Bereits zu Beginn der fünfziger Jahre veröffentlichte die Anthropologin Florence Kluckhohn eine erste Version der Theorie der Variationen in kulturellen Werteorientierungen[117], die auf der schon damals umfangreichen anthropologischen Forschung zur kulturellen Relativität und eigener langjähriger Feldforschung basierte[118] und die sie in den folgenden Jahren kontinuierlich revidierte. Im Rahmen eines groß angelegten Forschungsprojektes des Harvard University Laboratory of Social Relations mit dem Namen „The Comparative Study of Values in Five Cultures" sollte unter anderem die von Kluckhohn entwickelte Theorie empirisch geprüft werden. Zielregion der Untersuchungen war der Südwesten der USA, auch Rimrock-Gebiet genannt, in dem innerhalb eines Radius' von ca. 70 Kilometern fünf Gemeinschaften angesiedelt waren, die sich kulturell zum Teil sehr voneinander unterschieden. Am wenigsten verschieden waren dabei eine Gemeinde texanischer Farmer und ein Mormonendorf. Die anderen drei – ein spanisch-amerikanisches Dorf, eine dezentralisierte Gruppe, d.h. von nicht in Reservaten lebenden Navaho-Indianern, und eine stark zentralisierte Gruppe von Pueblo-Indianern des Zuni Stammes – unterschieden sich hingegen sehr sowohl von den zwei englischsprachigen Gruppen als auch untereinander.[119] Unter Rückgriff auf Daten aus den knapp zwanzig Jahren vor dieser Untersuchung, die von Clyde und Florence Kluckhohn bereits erhoben wurden, und weiterer Datensammlungen durch Interviews und teilnehmender Beobachtung in den fünfziger Jahren durch eine ganze Gruppe von Wissenschaftlern in den genannten kulturellen Gemeinschaften konnte eine umfassende Datenbasis erstellt werden[120], anhand derer die Theorie der kulturellen Werteorientierungen sukzessive geprüft und schließlich in der Form des Buches erstmals überarbeitet und vollständig aufgeführt und erläutert wurde.

Die Autoren lehnten dabei die in der Anthropologie traditionelle Betonung auf ganze Kulturen als statische und vereinfachte Betrachtung ab und wiesen darauf hin, dass nur durch

---

[116] Vgl. Parsons & Shils (1951).

[117] Vgl. Kluckhohn (1950).

[118] Zur ausführlicheren Beschreibung des Erkenntnisstandes der anthropologischen Forschung sei an dieser Stelle auf den Eingangstext von Kluckhohn und Strodtbeck (1961) sowie die dort aufgeführten Literaturhinweise und ebenfalls auf das von Parsons und Shils 1951 herausgegebene Buch „Toward a General Theory of Action" verwiesen. Die Darstellung der zum damaligen Zeitpunkt aktuellen Diskussion um ‚Kultur' würde den hier angemessenen Rahmen bei weitem sprengen.

[119] Vgl. Kluckhohn & Strodtbeck (1961), S. viii.

[120] Vgl. Kluckhohn & Strodtbeck (1961), S. x f.

Alternative Konzeptualisierungen des Kulturphänomens 27

die Untersuchung der Varianz innerhalb von Kulturen kulturelle Veränderungen und kulturelle Komplexität verstanden werden können. Ihre Grundannahme lautete, dass es eine systematische Variation im Bereich kultureller Phänomene gibt, die so definitiv und essentiell ist wie die systematische Variation in physischen und biologischen Phänomenen.[121] Um sich den Problemen kultureller Variationen zu nähern, meinten die Autoren, müsse man sich mit der Variabilität in den stark generalisierten Elementen von Kultur – den Werteorientierungen – auseinandersetzen.

„Value orientations are complex but definitely patterned (rank-ordered) principles, resulting from the transactional interplay of three analytically distinguishable elements of the evaluative process – the cognitive, the affective, and the directive elements – which give order and direction to the ever-flowing stream of human acts and thoughts as these relate to the solution of 'common human' problems. These principles are variable from culture to culture but are, we maintain, variable only in the ranking patterns of component parts which are themselves cultural universals. " (Kluckhohn & Strodtbeck, 1961, S. 4)

Basierend auf eigenen Beobachtungen, der in den fünfziger Jahren verfügbaren anthropologischen Literatur und der von Florence Kluckhohn entwickelten Theorie gelangten die Autoren zu ihrer Hauptannahme, dass es eine geordnete Variation innerhalb der Werteorientierungssysteme gibt. Spezifischer formuliert ergeben sich drei Annahmen, auf denen die Klassifikation der Werteorientierungen basiert:[122]

1. *Es existiert eine begrenzte Anzahl gemeinsamer menschlicher Probleme, für die alle Völker zu allen Zeiten eine Lösung finden müssen.* Dies kennzeichnet den universellen Aspekt der Werteorientierungen, da sich die zu lösenden gemeinsamen menschlichen Probleme, wie z.B. Ernährung, Lebensraum oder soziale Ordnung, unausweichlich aus der kollektiven menschlichen Situation ergeben.

2. *Während es Variabilität in den Lösungen all der Probleme gibt, ist diese weder unbegrenzt noch zufällig, sondern vollzieht sich innerhalb einer Bandbreite möglicher Lösungen.* Beispielsweise kann die Ernährung der Gemeinschaft durch Jagen und Sammeln oder durch Ackerbau und Viehzucht ermöglicht werden; eine Gemeinschaft kann sesshaft oder als Gruppe von Nomaden räumlich beweglich sein und sie kann starke Familien- oder Klanstrukturen oder eher lockerere Verbindungen zwischen einzelnen Individuen aufweisen.

3. *Alle Alternativen aller Lösungen sind in allen Gesellschaften zu allen Zeiten gegenwärtig, sie werden aber differenziell bevorzugt.* Diese Annahme konstituiert die Schlüsselannahme zur Analyse der Variationen in den Werteorientierungen.

---

[121] Vgl. Kluckhohn & Strodtbeck (1961), S. 3; Maznevski et al. (2002), S. 276.
[122] Vgl. Parson & Shils (1951), Kluckhohn (1951), (1953); Redfield (1953); Kluckhohn & Strodtbeck (1961), S. 3.

28 Kultur: Begriff, Konzeptualisierungen und Erkenntnisse

Die Werteorientierungen komprimieren fünf Probleme oder Fragen[123] als die für alle menschlichen Gruppen entscheidendsten, die jede Gesellschaft[124] oder Gruppe lösen oder beantworten muss, um effektiv und kooperativ zu operieren:

1. Wie ist der Charakter oder das Wesen der menschlichen Natur? (Menschliche-Natur-Orientierung)
2. Wie ist die Beziehung des Menschen zu seiner externen Umwelt? (Mensch-Umwelt-Orientierung)[125]
3. Welches ist der Zeitfokus menschlichen Lebens? (Zeitorientierung)
4. Was ist die Modalität menschlicher Aktivität? (Aktivitätsorientierung)
5. Wie ist die Beziehung zu anderen Menschen? (relationale Orientierung)

Die Antworten zu diesen Fragen konstituieren die Alternativen oder Variationen, die innerhalb jeder Gruppe oder Gesellschaft eine bestimmte Rangreihenfolge einnehmen und damit das kulturelle dominante Profil der Wertorientierungen ergeben.

3.2.1.1 Menschliche Natur

Gesellschaften oder Gruppen unterscheiden sich hinsichtlich ihrer Tendenz in der Annahme, dass das grundlegende menschliche Wesen von Natur aus *gut*, *böse*, neutral oder gemischt ist. Zusätzlich kann die menschliche Natur als *veränderlich* oder *unveränderlich* angesehen werden, was bedeutet, dass obwohl der Mensch als essenziell böse (oder essentiell gut) geboren wurde, manche Kulturen glauben, dass diese sich zum Guten hin verbessern können (und vice versa), während andere Kulturen das nicht glauben.[126]

Betrachtet eine Gesellschaft oder kulturelle Gruppe den Menschen an sich als grundsätzlich gut, dann wird ihm in dieser Gesellschaft solange Vertrauen entgegen gebracht, bis spezifische Beweise vorliegen, die das Gegenteil suggerieren. Handlungen, die andere schädigen, werden als Anomalien betrachtet, die durch bestimmte Situationen, Erfahrungen

---

[123] Kluckhohn und Strodtbeck verweisen hier außerdem auf ein sechstes Problem: die Konzeption von ‚Raum' und den Umgang bzw. den Platz der Menschen darin. Dieses Problem, das ebenfalls in vorangegangener Forschung bereits identifiziert wurde, ist in das Schema der Werteorientierungen einzuordnen. Die dazugehörigen Variationen waren jedoch zu dem damaligen Zeitpunkt noch nicht ausreichend spezifiziert und konnten noch nicht modelliert werden (Kluckhohn & Strodtbeck, 1961, S. 10 f.). Da dieses Problem auch heute noch besteht, wird auf die Werteorientierung ‚Raum' nicht weiter eingegangen.

[124] Im Kontext der Werteorientierungen nach Kluckhohn und Strodtbeck wird abwechselnd von Kultur, Gesellschaft oder kulturellen Gruppen gesprochen, wobei diese Begriffe synonym verwendet werden. Es handelt sich jeweils um Gruppen, die im obigen Sinne bestimmte kulturelle Werte teilen und aufgrund dessen von anderen Gruppen abgrenzbar sind.

[125] Im Original bezieht sich diese Frage „nur" auf die Natur und bezieht das Übernatürliche mit ein, das in späteren Auseinandersetzungen mit diesem Thema häufig ausgelassen wird. Auch der Begriff Natur wird später in den der externen Umwelt geändert, der umfassender ist. In der vorliegenden Untersuchung wird ebenfalls in Anlehnung an neuere Aufarbeitungen von der Umwelt gesprochen, wobei sich dadurch die ursprüngliche Fassung des Konzeptes im Wesen nicht ändert. Konkret lautet die Frage nach Kluckhohn & Strodtbeck (1961), S. 11: What is the relation of man to nature (and supernature)?

[126] Vgl. Kluckhohn & Strodtbeck (1961), S. 11 f.; Maznevski & Peterson (1997), S. 71; Adler (2002), S. 22.

Alternative Konzeptualisierungen des Kulturphänomens 29

oder die Umwelt hervorgerufen werden, aber nicht als der Person innewohnend. In solchen Kulturen werden jene streng bestraft, die gegen ihre Natur handeln und andere schädigen.[127]

Wird der Mensch in einer Gesellschaft dagegen als grundsätzlich böse betrachtet, dann tendieren die Mitglieder solange zu Skepsis und Misstrauen, bis sie sich ihre Vertrauenswürdigkeit bewiesen und verdient haben. In solchen Kulturen wird angenommen, dass der Mensch eine angeborene Neigung zur Zerstörung oder Schädigung hat und sich permanent gegen seine Tendenz, dem Bösen nachzugeben, schützen muss. Es wird dabei jedoch anerkannt, dass die Menschen mittels einer korrigierenden Sozialisierung und starker gesellschaftlicher Kontrolle diese Tendenz im aktuellen Verhalten überwinden können.[128]

Kulturen, die annehmen, dass das menschliche Wesen neutral ist, glauben, dass der Mensch als ungeschriebenes Blatt geboren wird und seine spezifische Umwelt bestimmt, ob aus ihm ein guter oder ein böser Mensch wird. In diesen Kulturen herrscht ein starker Fokus auf Training und Sozialisation beziehungsweise auf eine Rehabilitation derer vor, die sich schlecht benommen haben.[129]

Schließlich gibt es noch Kulturen, die glauben, dass die menschliche Natur sowohl gut als auch böse ist. Hier herrscht die Ansicht vor, dass gesellschaftliches Bemühen um Güte und Kontrolle sicherlich nötig sind, „Ausrutscher" jedoch verstanden und toleriert werden können und nicht immer notwendigerweise auch verurteilt und bestraft werden müssen.[130]

Die individuellen Grundannahmen bezüglich der menschlichen Natur beeinflussen im Arbeitskontext stark, welche Ereignisse sowohl hinsichtlich der Aufgabenerfüllung als auch hinsichtlich der Arbeitsprozesse wahrgenommen werden. Individuen mit dem Glauben, dass der Mensch von Natur aus böse sei, tendieren dazu, das Verhalten anderer konstant zu überwachen, um böswillige Handlungen so früh wie möglich zu erkennen. Außerdem tendieren sie dazu, die gegebenen Situationen kontinuierlich zu prüfen, um sicherzustellen, dass es nur wenige verführerische Aspekte oder Möglichkeiten für andere gibt, schädigende Handlungen auszuführen. Mitglieder von Kulturen dagegen, die davon ausgehen, dass der Mensch von Natur aus gut sei, tendieren weniger zu solch überwachenden Aktivitäten.[131]

Personen mit verschiedenen Auffassungen über die menschliche Natur ziehen ebenso verschiedene Quellen zur Interpretation dessen, was sie wahrnehmen, heran und sie interpretieren die Ereignisse auch verschieden. Außerdem ziehen sie am wahrscheinlichsten auch nur solche Informationsquellen zu Rate, die ihre Annahmen bestätigen. Weiterhin reagieren Mitglieder verschiedener Kulturen auch unterschiedlich auf Ereignisse, je nachdem, welche Auffassung sie von der menschlichen Natur haben. Jene, die annehmen, der Mensch sei von Natur aus böse, setzen wahrscheinlich verstärkt Überwachungs- und Kontrollsysteme ein, dagegen versuchen Mitglieder der Kulturen, die annehmen, der Mensch sei grundsätzlich gut, die Situationen zu ändern, die das schädigende Verhalten ausgelöst haben.[132]

---

[127] Vgl. Kluckhohn & Strodtbeck (1961), S. 11; DiStefano & Maznevski (2003), S. 3.
[128] Vgl. Kluckhohn & Strodtbeck (1961), S. 11 f.; Maznevski & Peterson (1997), S. 71; Schneider & Barsoux (2003), S. 39 f.
[129] Vgl. Kluckhohn & Strodtbeck (1961), S. 11; DiStefano & Maznevski (2003), S. 3.
[130] Vgl. Kluckhohn & Strodtbeck (1961), S. 11; Ting-Toomey (1999), S. 63.
[131] Vgl. Kluckhohn & Strodtbeck (1961), S. 12; Maznevski & Peterson (1997), S. 71 f.
[132] Vgl. Kluckhohn & Strodtbeck (1961), S. 12; Maznevski & Peterson (1997), S. 72 f.

30 Kultur: Begriff, Konzeptualisierungen und Erkenntnisse

3.2.1.2 Beziehungen des Menschen zu seiner Umwelt

Diese Dimension der Werteorientierungen erfasst die Fragen, in welcher Beziehung der Mensch zu der Welt um ihn herum steht, wie er sich selbst in Relation zu dieser sieht und welches seine Rolle hinsichtlich der Umwelt ist.[133]

Menschliche Gesellschaften bevorzugen üblicherweise eine von drei grundlegenden Beziehungen oder Orientierungen zur externen Umwelt: *Beherrschungsorientierung*, *Unterwerfungsorientierung* und *Harmonieorientierung*.[134]

In beherrschungsorientierten Kulturen wird es als normal und sogar erwünscht angesehen, dass der Mensch die Umwelt kontrolliert. Natürliche Kräfte oder Mächte jeder Art müssen bezwungen und zur Nutzung des Menschen bereitgestellt werden. Die Entwicklung von Werkzeugen und Technologien besitzt eine hohe Priorität, wobei diese zur Veränderung und Kontrolle der Umwelt eingesetzt werden.[135]

In unterwerfungsorientierten Kulturen dagegen tendieren die Menschen dazu, einen vorherbestimmten Gesamtplan, der entweder von der Natur bzw. der Umwelt selbst oder durch übernatürliche Mächte diktiert ist, zu akzeptieren. Die Ereignisse des Lebens und ihre Konsequenzen sind vorherbestimmt, ohne dass daran durch den Menschen etwas zu ändern wäre. Die Herausforderung für jedes Individuum besteht in diesen Kulturen darin, innerhalb dieses großen Plans seinen Platz zu finden und den „Willen" des Plans zu erfüllen. Dennoch können die Menschen auch die Tatsache akzeptieren, dass der Plan vielleicht von ihnen nicht immer ganz verstanden wird oder die Ereignisse nicht so fortschreiten, wie es erwartet war. Trotzdem lässt sich sagen, dass eine ergebene, beinahe fatalistische Einstellung gegenüber der Umwelt den Mitgliedern dieser Gesellschaften eigen ist.[136]

In harmonieorientierten Kulturen gibt es für die Mitglieder keine wirkliche Trennung von Menschen, Natur und Übernatürlichem. Der Einzelne ist einfach eine Erweiterung des Anderen und aus dieser Einheit leitet sich ein Gefühl von Ganzheit ab. Mitglieder solcher Kulturen nehmen an, dass die Menschen nur ein Element eines viel größeren, auf vielfache Weise miteinander verbundenen Systems sind und dass es die Pflicht eines jeden ist, innerhalb dieses Systems zu leben und zu arbeiten und die Balance des Systems zu erhalten.[137]

Die verschiedenen Mensch-Umwelt-Orientierungen beeinflussen stark, welche Ereignisse in der Umwelt von den Mitgliedern der verschiedenen Kulturen überhaupt bemerkt werden und wie mit ihnen umgegangen werden soll. Zum Beispiel würde eine Person mit beherrschungsorientierter Werthaltung einen Rückgang in Verkaufszahlen vermutlich schnell wahrnehmen und als Beweis dafür ansehen, dass die gegenwärtigen Verfahren und Prozesse zur Verkaufssteigerung ihre Zwecke nicht angemessen erfüllen. Eine Person mit unter-

---

[133] Vgl. Kluckhohn & Strodtbeck (1961), S. 13; Maznevski & Peterson (1997), S. 67; Adler (2002), S. 25; Schneider & Barsoux (2003), S. 36; Ting-Toomey (1999), S. 60 f.

[134] Vgl. Kluckhohn & Strodtbeck (1961), S. 13: Im Original wird von „Mastery-over-Nature"-, „Subjugation-to-Nature"- und „Harmony"-Orientierungen gesprochen.

[135] Vgl. Kluckhohn & Strodtbeck (1961), S. 13; Maznevksi & Peterson (1997), S. 67 f.; DiStefano & Maznevski (2003), S. 2.

[136] Vgl. Kluckhohn & Strodtbeck (1961), S. 13; Maznevski & Peterson (1997), S. 67 f.; Schneider & Barsoux (2003), S. 36.

[137] Vgl. Kluckhohn & Strodtbeck (1961), S. 13; Ting-Toomey (1999), S. 61.

Alternative Konzeptualisierungen des Kulturphänomens 31

werfungsorientierter Werthaltung dagegen würde den Verkaufsrückgang vielleicht gar nicht als besonderes Ereignis wahrnehmen, sondern statt dessen eher bei den Arten der Einschränkungen und Zwängen aufmerken, die den Verkauf behindern. Eine harmonieorientierte Person nimmt den Verkaufsrückgang selbst vielleicht auch nicht wahr, bemerkt aber dafür die Unausgewogenheit oder Balancestörung zwischen dem ökonomischen und dem sozialen System, die zu Schwierigkeiten für das Unternehmen führen könnten.[138]

In gleicher Weise beeinflusst die Mensch-Umwelt-Orientierung, wo auftretende Ereignisse mit prozessbezogenen Handlungsschemata verbunden sind. Mitglieder von beherrschungsorientierten Kulturen bemerken wahrscheinlich, ob Prozesse oder Situationen angemessen kontrolliert werden, während Mitglieder harmonieorientierter Kulturen eher bemerken, wenn die Balance von Kräften und Prozessen innerhalb einer Gruppe gestört wird. Mitglieder von unterwerfungsorientierten Kulturen tendieren hingegen dazu aufzumerken, wenn das Schicksal durch zu viel Planung und Kontrolle herausgefordert wird.[139]

Um Ereignisse vollständiger zu interpretieren oder mit Sinn belegen zu können, ziehen auch hier die Mitglieder verschiedener Kulturen unterschiedliche Informationsquellen zu Rate. Mitglieder beherrschungsorientierter Kulturen verlassen sich am ehesten auf Quellen wie Standardkontrollprozeduren oder Experten zur Diagnose und Lösung von Problemen. Mitglieder unterwerfungsorientierter Kulturen berufen sich auf kulturelle Normen, die durch weitläufige Geschichten unterstützt sind, um darauf hinzuweisen, dass Handlungen nicht bis zur letzten Konsequenz vorhersehbar sind und dass das Risiko, Ressourcen bei dem Versuch, Unveränderliches zu verändern, zu verschwenden hoch ist. Mitglieder harmonieorientierter Kulturen wenden sich wahrscheinlich am ehesten an solche Personen, die sich auf ein Verständnis der Verbindungen zwischen Teilen des Systems und deren Zusammenspiel zu einem großen Ganzen spezialisiert haben, um eine Interpretation des wahrgenommenen Ereignisses zu entwickeln.[140]

Und schließlich unterscheiden sich auch die bevorzugten Kriterien zur Bewertung von Handlungsalternativen, die die Mitglieder der drei Kulturen anlegen. Mitglieder von beherrschungsorientierten Kulturen bestehen vermutlich auf aktiven Interventionen, um unmittelbare Probleme zu lösen. Mitglieder unterwerfungsorientierter Kulturen versuchen dagegen eher, jene Elemente der Situation zu identifizieren, die unvorhersehbar sind oder nichtveränderbare Zwänge darstellen. Außerdem werden sie vermutlich jeder Bestrebung, diese Situationselemente zu verändern, widerstehen. Mitglieder harmonieorientierter Kulturen werden nach Wegen suchen, wie man die Balance des Systems wieder herstellen und erhalten kann.[141]

3.2.1.3 Zeitorientierung

Die möglichen Interpretationen des zeitlichen Fokus menschlichen Lebens lassen sich leicht in drei Orientierungen aufteilen: *Vergangenheit*, *Gegenwart* und *Zukunft*. Ein besonderer

---

[138] Vgl. Maznevski & Peterson (1997), S. 68.
[139] Vgl. Maznevski & Peterson (1997), S. 68 f.
[140] Vgl. Maznevski & Peterson (1997), S. 68 f.; Adler (2002), S. 27.
[141] Vgl. Maznevski & Peterson (1997), S. 69.

32 Kultur: Begriff, Konzeptualisierungen und Erkenntnisse

Schwerpunkt muss jedoch auf die ganze Bandbreite möglicher Variationen in der Zeitorientierung gelegt werden, da sich jede Gesellschaft oder Kultur mit allen drei Zeitproblemen auseinander setzen muss, die Kulturen sich aber hinsichtlich der bevorzugten Rangreihenfolge der Alternativen unterscheiden und diese unterschiedlichen Präferenzen in der Zeitorientierung starken Einfluss auf das Verhalten der Kultur als Ganzes ausüben. Zum Beispiel kann viel über die Richtung von Veränderungen innerhalb einer Kultur vorhergesagt werden, wenn die Rangreihenfolge in den Zeitorientierungen bekannt ist.[142] Wie können also die Beziehungen einer Kultur zur Zeit aussehen?

Vergangenheitsorientierte Kulturen beziehen sich auf Traditionen und vorausgegangene Zeiten, um Ereignissen Bedeutung zu geben. Sie bemerken, ob gegenwärtige Situationen von vergangenen abweichen oder ihnen ähneln und nutzen die Vergangenheit als eine Art Richtlinie zur Antizipation der Zukunft. Ahnenkult und starke familiäre Traditionen sind ebenso Ausdruck der Vergangenheitsorientierung wie die Einstellung, dass in der Gegenwart nie etwas Neues passieren kann oder in der Zukunft passieren würde, da in der entfernten Vergangenheit alles schon mal da gewesen ist.[143] Vergangenheitsorientierte Kulturen glauben, dass Pläne oder Vorhaben hinsichtlich ihrer Passung mit den Bräuchen, Traditionen und der Weisheit der Gesellschaft geprüft werden müssen und dass Innovationen und Veränderungen nur dann gerechtfertigt sind, wenn sie im Einklang mit Erfahrungen der Vergangenheit stehen. In diesen Kulturen wird in der Vergangenheit nach Lösungen und Ratschlägen für gegenwärtige Probleme gesucht.[144]

Gegenwartsorientierte Kulturen kümmern sich wenig um Ereignisse der Vergangenheit und betrachten die Zukunft sowohl als vage als auch als unvorhersehbar. Planung für die Zukunft oder Hoffen, dass die Zukunft besser als die Gegenwart oder die Vergangenheit sein wird, „.... simply is not their way of life".[145] Auseinandersetzungen mit Ereignissen betreffen das Hier und Jetzt und vielleicht auch noch die unmittelbare Zukunft. Die gegenwärtigen, direkten Bedürfnisse und Probleme stehen im Vordergrund und es wird versucht, mit den modernen Zeiten Schritt zu halten. Probleme werden in kurzer Zeit gelöst, ohne dass die längerfristigen Konsequenzen stark in Betracht gezogen werden. Zeit an sich gilt in gegenwartsorientierten Kulturen als knappe Ressource.[146]

Zukunftsorientierte Kulturen zeigen einen starken Fokus auf zukünftige Ereignisse mit der Erwartung, dass alles größer und besser und schöner wird. Das bedeutet nicht, dass die Vergangenheit oder die Gegenwart überhaupt keine Rolle spielen, aber zum Beispiel werden Problemlösungen, Verfahren, Weltanschauungen oder Geisteshaltungen der Vergangenheit nicht als gut oder erhaltungswürdig betrachtet, nur weil sie aus der Vergangenheit stammen und gleichermaßen interessiert meist auch die Gegenwart nicht sehr. Diese Zeitorientierung resultiert in einer starken Wertschätzung von Veränderungen, vorausgesetzt, dass die existierende Werteordnung nicht bedroht wird.[147] Zukunftsorientierte Kulturen glauben, dass

---

[142] Vgl. Kluckhohn & Strodtbeck (1961), S. 13 f.; Ting-Toomey (1999), S. 61.
[143] Vgl. Kluckhohn & Strodtbeck (1961), S. 14; Maznevski & Peterson (1997), S. 69.
[144] Vgl. Adler (2002), S. 31; DiStefano & Maznevski (2003), S. 3.
[145] Vgl. Kluckhohn & Strodtbeck (1961), S. 14.
[146] Vgl. Maznevski & Peterson (1997), S. 69; DiStefano & Maznevski (2003), S. 3.
[147] Vgl. Kluckhohn & Strodtbeck (1961), S. 15; Ting-Toomey (1999), S. 61.

Alternative Konzeptualisierungen des Kulturphänomens 33

Pläne und Vorhaben hinsichtlich möglicher zukünftiger Gewinne geprüft werden müssen, wobei Innovationen und Veränderungen mit dem möglichen zukünftigen Erfolg gerechtfertigt werden und vergangene soziale oder kulturelle Bräuche und Traditionen nur eine geringe oder gar keine Rolle spielen.[148] In zukunftsorientierten Kulturen sind die Menschen im Grunde immer gewillt, mögliche Vorteile oder Zuwendungen der Gegenwart für potenziellen zukünftigen Erfolg oder zukünftige Sicherheit zu opfern.[149]

Wie auch die anderen Werteorientierungen beeinflusst die Zeitorientierung, welche Dinge Personen wahrnehmen und darüber hinaus, ob die wahrgenommenen Ereignisse im Arbeitskontext als aufgaben- und/oder prozessrelevant betrachtet werden. Zur Verdeutlichung kann ein Bericht eines Teams in einer Fertigungsanlage dienen, der darauf hinweist, dass nach Herstellerhinweisen eine wichtige Produktionsmaschine zu diesem Zeitpunkt gewartet werden muss. Eine vergangenheitsorientierte Person würde den Bericht vermutlich dann wahrnehmen, wenn auch in der Vergangenheit die Wartung immer nach festgelegtem Zeitplan durchgeführt wurde. Eine gegenwartsorientierte Person würde dem Bericht vermutlich nur wenig oder gar keine Aufmerksamkeit schenken und die Notwendigkeit der Maschinenwartung so lange ignorieren, bis die Maschine Anzeichen von Störungen zeigt. Eine zukunftsorientierte Person dagegen nimmt den Bericht vermutlich schon allein wegen der potenziellen Konsequenzen einer Wartung bzw. Nichtwartung für die zukünftige Leistung der Maschine wahr.[150]

Gleichermaßen beeinflusst die Zeitorientierung, ob prozessrelevante Informationen von Ereignissen wahrgenommen werden. Wird zum Beispiel einer Arbeitsgruppe eine neue Führungskraft zugewiesen, bemerken vergangenheitsorientierte Personen wahrscheinlich, ob sie Methoden oder Verfahren anwendet, welche die Gruppe auch in der Vergangenheit schon angewendet hat. Eine gegenwartsorientierte Person dagegen bemerkt vielleicht nicht, ob vergangene Verfahren angewendet werden, dafür aber, ob die Agenda unmittelbare Themen rechtzeitig anspricht. Zukunftsorientierte Personen fokussieren ihre Aufmerksamkeit jedoch darauf, ob in Gruppenmeetings zukünftige Implikationen von gegenwärtigen Themen diskutiert werden.[151]

Um die Bedeutung von wahrgenommenen Ereignissen zu interpretieren, wenden sich Personen mit den verschiedenen Zeitorientierungen auch unterschiedlichen Informationsquellen zu. Vergangenheitsorientierte Personen suchen in Traditionen, Geschichten, Dokumenten und kodifizierten Prozeduren nach Deutungen, die in der Vergangenheit erfolgswirksam waren. Gegenwartsorientierte Personen überprüfen gegenwärtige Daten und Informationen, wohingegen zukunftsorientierte Personen historische Trends betrachten, um daraus die Trends der Zukunft abzuleiten. Auch die Reaktionen von Personen auf wahrgenommene Ereignisse unterscheiden sich analog in Abhängigkeit von ihrer jeweiligen Zeitorientierung.[152]

---

[148] Vgl. Adler (2002), S. 31.
[149] Vgl. Maznevski & Peterson (1997), S. 69.
[150] Vgl. Maznevski & Peterson (1997), S. 69.
[151] Vgl. Maznevski & Peterson (1997), S. 69.
[152] Vgl. Maznevski & Peterson (1997), S. 69; DiStefano & Maznevski (2003), S. 3.

34 Kultur: Begriff, Konzeptualisierungen und Erkenntnisse

3.2.1.4 Aktivitätsorientierung

Die Modalität menschlicher Aktivität konstituiert das vierte der gemeinsamen menschlichen Probleme, die zu dem Werteorientierungssystem führen. Die Bandbreite der Variationen in den Lösungen weist auf eine Dreiteilung hin: *Sein, Denken* und *Handeln*.[153] Diese Werteorientierung beantwortet die Fragen, welcher Aktivitätsmodus sich am besten für die Interaktionen in einer Kultur eignet, wie man sich am besten auf bestimmte Aktivitäten in ihr einlässt und wie man sich am besten auf Handlungen von anderen verlassen kann.[154] Die Aktivitätsorientierung stellt dabei die Art und Weise in den Vordergrund, wie der Mensch sich selbst in und durch Aktivitäten ausdrückt. Und da jeder Ausdrucksmodus nach Kluckhohn und Strodtbeck definitiv einen Aktivitätstypus darstellt, sind die Unterschiede zwischen ihnen nicht dieselben, wie jene, die man mittels einer Aktiv-Passiv-Dichotomie unterscheiden könnte.[155]

In der Sein-Orientierung werden nun solche Aktivitäten bevorzugt, die einen spontanen Ausdruck der menschlichen Persönlichkeit beinhalten, wobei dies im Gegensatz zu den anderen beiden Orientierungen eine nicht entwicklungsbezogene Konzeption von Aktivität darstellt. Personen, Ereignisse und Ideen fließen spontan und die Menschen heben eine bewusste Durchdringung von Wünschen und Sehnsüchten hervor, denen man sich hingeben soll. Die Betonung liegt auf Spontaneität und darauf, jeden Moment des Lebens voll auszukosten.[156] Es wird gearbeitet, um zu leben und nicht gelebt, um zu arbeiten. Notwendige Arbeit wird getan, aber die Arbeit selbst wird nicht über andere Dinge gestellt und hat einen viel arbeitet, tut dies nicht, weil er muss, sondern weil er es möchte. Das bedeutet jedoch nicht, dass in Kulturen der Sein-Orientierung nur wenig Arbeit geleistet wird, in der Tat wird auf nichts anderes eine höhere Priorität gesetzt, als auf Arbeit, wenn denn die Zeit „reif" dafür ist. Darüber hinaus wird es in Kulturen der Sein-Orientierung akzeptiert und auch erwartet, dass die Menschen ihre Emotionen frei ausdrücken.[157]

Die Denken-Orientierung teilt mit der Sein-Orientierung das große Interesse daran, was den Menschen ausmacht im Gegensatz zu dem, was er erreichen kann. Da endet die Ähnlichkeit aber auch schon. Die Idee der Entwicklung steht in der Denken-Orientierung im Vordergrund, wobei all jene Aktivitäten betont werden, deren Ziel die Entwicklung sämtlicher Aspekte des Daseins zu einem integrierten Ganzen darstellt. Eine rationale, entwicklungsbezogene Annäherung an Probleme kennzeichnet die Denken-Orientierung. Alle Seiten eines Problems werden so sorgfältig und gründlich durchdacht wie nur möglich und

---

[153] Vgl. Kluckhohn & Strodtbeck (1961), S. 15. Im Original nennen die Autoren die drei Aktivitätsorientierungen „Being", „Being-in-becoming" und „Doing". In späteren Auseinandersetzungen mit dieser Werteorientierung wurde jedoch darauf hingewiesen, dass die Being-in-Becoming-Orientierung vor allem kognitive Prozesse beschreibt, die das Ziel einer Durchdringung und Integration aller wichtigen Aspekte eines Ereignisses oder Problems haben und die deshalb als „Denken"- oder auch „Reflektieren"-Orientierung beschrieben werden kann (vgl. Ting-Toomey 1999, S. 64; Maznevski et al. 2002, S. 278). Zur leichteren Unterscheidung werden deshalb in der vorliegenden Untersuchung die drei Bezeichnungen „Sein", „Denken" und „Handeln" verwendet.

[154] Vgl. DiStefano & Maznevski (2003), S. 3.

[155] Vgl. Kluckhohn & Strodtbeck (1961), S. 16.

[156] Vgl. Adler (2002), S. 29; Kluckhohn & Strodtbeck (1961), S. 16.

[157] Vgl. DiStefano & Maznevski (2003), S. 3; Ting-Toomey (1999), S. 64.

Alternative Konzeptualisierungen des Kulturphänomens 35

die Menschen mit dieser Orientierung widerstehen im Allgemeinen überstürzten Aktivitäten, deren Konsequenzen noch nicht zur Gänze bedacht wurden. Sie handeln weder impulsiv oder emotionsgetrieben, noch gezwungenermaßen durch Forderungen von Notwendigkeiten. Mit einer starken Denken-Orientierung werden Aktivitäten von vornherein eingegrenzt und kontrolliert.[158]

Das auffälligste Merkmal der Handeln-Orientierung dagegen ist die Forderung nach solchen Aktivitäten, die in Ergebnissen resultieren, welche an außerhalb der handelnden Person liegenden Standards gemessen werden können. Die Standards müssen außerdem konsistent auf andere Situationen und Ergebnisse anwendbar sein. Der Aspekt der Selbstbewertung oder der Bewertung von Anderen, der sich auf die Natur der Aktivität bezieht, basiert hauptsächlich auf messbaren Resultaten, die durch Einwirkung auf Personen, Dinge oder Situationen erreicht werden können. Was kann der Einzelne tun? Was kann oder möchte sie oder er erreichen? Dies sind Fragen, welche die Personen mit einer starken Handeln-Orientierung besonders kennzeichnen, wobei Aufgaben und arbeitsbezogene Aktivitäten zentrale Bestandteile ihres Lebens und darüber hinaus vermutlich einen Teil ihrer Selbstidentität darstellen.[159]

Die Aktivitätsorientierungen haben die stärkste Relevanz dafür, wie Menschen an Arbeitsprozesse und Aufgabenstrategien herangehen. Personen der verschiedenen Kulturen werden solche Ereignisse als besonders auffällig wahrnehmen, die ihrer Aktivitätsorientierung entsprechen. Betrachtet man im Arbeitskontext zum Beispiel eine Halbjahresbilanz, die von der erwarteten negativ abweicht, dann würden in einem solchen Falle Mitglieder handlungsorientierter Kulturen diese Diskrepanz sofort bemerken und sich schnell in eine Interpretation und entsprechend in eine Reaktion darauf stürzen. Personen der Sein-Orientierung dagegen nehmen dieses Ereignis vielleicht gar nicht wahr, aber selbst wenn sie es tun, verspüren sie dennoch nicht unbedingt das Bedürfnis, es zu verstehen und sofort darauf zu reagieren. Mitglieder Denken-orientierter Kulturen nehmen das Ereignis vermutlich wahr, suchen aber dann die Umwelt nach anderen, ebenfalls bemerkenswerten Ereignissen ab, bevor sie sich der Interpretation des ersten Ereignisses zuwenden.[160]

Auch an die Interpretationen von Ereignissen gehen die Mitglieder der verschiedenen Kulturen unterschiedlich heran. Personen handlungsorientierter Kulturen wenden sich Informationsquellen zu, die zufrieden stellende, wenn auch nicht optimale, sofortige Interpretationen liefern, um sich dann unmittelbar mit einer Reaktion auf das Ereignis zu befassen. Sie können sogar einen expliziten Interpretationsversuch unterlassen und sich stattdessen auf gut erprobte Skripte zur Reaktion auf Kategorien von Ereignissen verlassen. Mitglieder der sein-orientierten Kulturen ziehen dagegen Informationsquellen zu Rate, von denen sie intuitiv das Gefühl haben, dass diese ihnen in der Interpretation eines Ereignisses helfen können. Diesen Informationsquellen muss tief vertraut werden und sie beziehen sich genauso viel auf affektive Interpretation wie auf kognitive. Personen der denken-orientierten Kulturen werden sich wiederum in weitschweifigen Interpretationen von Ereignissen ergehen und dabei eine Vielzahl von Informationsquellen zu Rate ziehen, die rational gerechtfertigt werden können.

---

[158] Vgl. Kluckhohn & Strodtbeck (1961), S. 16; DiStefano & Maznevski (2003), S. 3.
[159] Vgl. Kluckhohn & Strodtbeck (1961), S. 16; Adler (2002), S. 29; DiStefano & Maznevski (2003), S. 3.
[160] Vgl. Maznevski & Peterson (1997), S. 76.

36 Kultur: Begriff, Konzeptualisierungen und Erkenntnisse

Es werden viele verschiedene Erklärungen für ein Ereignis gesucht und es besteht letztendlich die Gefahr, dass der Interpretationsprozess unendlich lange andauert.[161]

Die Reaktionen schließlich, die auf bestimmte Ereignisse folgen, unterscheiden sich ebenfalls in Abhängigkeit der jeweiligen Aktivitätsorientierung. Mitglieder der handlungsorientierten Kulturen reagieren meist mit sofortigen Interventionen, um spezifische Ziele zu erreichen, während jene der sein-orientierten Kulturen dann reagieren, wenn für sie die „richtige" Zeit dafür gekommen ist. Personen der denken-orientierten Kulturen werden nur nach einem ausgedehnten Interpretationsprozess und dann aber in einer sorgfältigen, kontrollierten Art und Weise reagieren. In dem oben erwähnten Bilanzbeispiel, in dem die tatsächliche Bilanz nicht der erwarteten entsprach, würden Mitglieder handlungsorientierter Kulturen vermutlich sofort kostensenkende und/oder ertragssteigernde Maßnahmen ergreifen. Mitglieder sein-orientierter Kulturen würden dagegen eher versuchen, ein Gesamtbild der größeren Situation zu erlangen und nur dann aktiv reagieren, wenn ihre Intuition und ihre Erfahrungen ihnen suggerieren, dass spezifische Veränderungen vorgenommen werden sollten. Und schließlich würden Mitglieder denken-orientierter Kulturen sowohl alle Möglichkeiten in Bezug auf Kosten und Erträge gründlich abwägen, als auch die weitere ökonomische Situation, ihre Vergangenheit und erwartete situative Veränderungen in Betracht ziehen, bevor sie eine Entscheidung treffen, ob interveniert werden soll oder nicht, und wenn ja, welche Art von Intervention dann am günstigsten wäre.[162]

3.2.1.5 Relationale Orientierung

Die fünfte und letzte der Fragen, die eine Gesellschaft beantworten muss, um effektiv und kooperativ zu operieren, betrifft die Beziehungsorientierung des Menschen zu seinen Mitmenschen. Es müssen die Fragen beantwortet werden, welche Art von zwischenmenschlichen Beziehungen als am natürlichsten und am effektivsten angesehen werden, um wen sich gekümmert, wem gehorcht und wem gegenüber Verantwortung getragen werden muss. Auch hier lässt sich eine Dreiteilung feststellen: Die Beziehungen zwischen Menschen können *linear* (gradlinig), *kollateral* (mittelbar, begleitend) oder *individualistisch* geprägt sein.[163]

Anstelle einer Generalisierung von Konzepten zur Spezifikation grober Unterschiede zwischen Systemen (z.B. kulturelle Gruppen oder Gesellschaften) sollen im Gegensatz dazu diese drei relationalen Alternativen nach Kluckhohn und Strodtbeck analytische Konzepte darstellen, die den Zweck einer genaueren und feingliedrigeren Unterscheidungen mensch-

---

[161] Vgl. Maznevksi & Peterson (1997), S. 76.

[162] Vgl. DiStefano & Maznevski (2003), S. 2; Adler (2002), S. 27; Maznevski & Peterson (1997), S. 77.

[163] Vgl. Kluckohn & Strodtbeck (1961), S. 17. Im Original sprechen die Autoren von „lineal", „collateral" und „individualistic". In späteren Auseinandersetzungen mit dieser Werteorientierung wurden für die beiden Orientierungen „lineal" und „collateral" die Begriffe „hierarchisch" und „kollektiv" bzw. „kollektivistisch" in Anlehnung an empirisch generierte Kulturkonzeptionen (z.B. Hofstede 1980, 2001) verwendet, da inhaltlich ähnliche Prinzipien beschrieben werden und eine konsensbasierte Vereinheitlichung und Festlegung der Bezeichnungen im Forschungskontext erstrebenswert schien (vgl. Maznevski et al. 2002, S. 276 f.; Schneider & Barsoux 2003, S. 41 f.). Im weiteren Verlauf dieser Arbeit werden daher nach der Erklärung der ursprünglichen Begriffe und dahinterstehenden Konzeptionen die neueren Bezeichnungen „hierarchisch" und „kollektivistisch" verwendet.

Alternative Konzeptualisierungen des Kulturphänomens 37

licher Beziehungen sowohl innerhalb von Systemen als auch zwischen diesen erfüllen können.[164] Was genau bedeuten nun die drei Beziehungsprinzipien?

Wenn in einer Kultur das individualistische Prinzip dominiert, haben die individuellen Ziele gegenüber den Zielen der spezifischen kollateralen oder linearen Gruppen Vorrang. Das bedeutet jedoch keinen Freibrief für das Individuum, seine eigenen Interessen selbstsüchtig zu verfolgen und dadurch die Interessen Anderer gering zu schätzen. Es bedeutet nur, dass die Verantwortung des Einzelnen der gesamten Gesellschaft gegenüber und sein Platz in der Gesellschaft hinsichtlich der Ziele und Rollen definiert ist, wobei die Ziele und Rollen als autonom, im Sinne einer Unabhängigkeit von bestimmten linearen oder kollateralen Gruppierungen, strukturiert sind. Beziehungen, die auf dem individualistischem Prinzip basieren, betonen Autonomie, Differenzierung und die einzigartigen Qualitäten der Menschen in der Beziehung. Das Selbst wird über persönliche Merkmale und Errungenschaften definiert. Eine emotionale Abhängigkeit von der größeren umgebenden Gruppe wird abgelehnt.[165]

Eine dominante kollaterale Orientierung[166] stellt die Ziele und Wohlfahrt der lateral erweiterten Gruppe in den Vordergrund. In diesem Fall ist die Gruppe immer moderat unabhängig von anderen ähnlichen Gruppen und das Problem einer gut regulierten Kontinuität von Gruppenbeziehungen über die Zeit hinweg ist weniger entscheidend. Beziehungen, die auf

---

[164] Vgl. Kluckhohn & Strodtbeck (1961), S. 17 f. So werden zum Beispiel nach Kluckhohn und Strodtbeck *individuelle Autonomie und Individualismus* häufig beinahe synonym verwendet und in einen Gegensatz zu den eher gemeinschaftsorientierten, weniger auf das einzelne Individuum bezogenen Kulturen gestellt. Dabei, so die Autoren, gibt es individuelle Autonomie in allen kulturellen Gruppen, selbst in den extremsten Typen von gemeinschaftsbezogenen Gesellschaften und gewöhnlich, wenn nicht sogar immer, wird der Individualität des Einzelnen Spielraum gegeben. Dies geschieht dann allerdings innerhalb der Grenzen definitiv festgelegter Bräuche, die stark gemeinschaftlich orientierte Gruppen zur Ordnung ihrer menschlichen Beziehungen brauchen. Individualität und Individualismus sind beides Resultate der Aufmerksamkeit, die der Autonomie des Individuums gewidmet wird, dennoch bestehen nach Meinung der Autoren erhebliche Unterschiede in den Konzepten und es gehen wesentlich Nuancen in der Bedeutung verloren, wenn sie gleichgesetzt oder durcheinander gebracht werden. „*Kollateralität*" findet sich nach Kluckhohn & Strodtbeck ebenfalls in allen Kulturen. Sie stellen fest, dass das Individuum erst als Teil einer sozialen Ordnung zum Menschen wird, wobei ein Typ unausweichlicher sozialer Gruppierung jener ist, der aus lateral erweiterten Beziehungen resultiert. Diese konstituieren die eher unmittelbareren Beziehungen in Raum und Zeit, so dass zum Beispiel in biologischer Hinsicht Geschwisterbeziehungen als Prototyp einer kollateralen Gruppe gelten könnten. Weiterhin muss nach Meinung der Autoren in allen Gesellschaften die Tatsache in Betracht gezogen werden, dass Individuen durch die Zeit biologisch und kulturell miteinander verbunden sind. Es herrscht also immer ein *lineares Prinzip* in den Beziehungen, das sich sowohl von den biologischen Gegebenheiten des Alters und von Generationenunterschieden als auch von der Tatsache der kulturellen Kontinuität herleitet. Kluckhohn und Strodtbeck weisen nun darauf hin, dass in den Wissenschaften – hauptsächlich jedoch der Soziologie – üblicherweise nur die Zweiteilung in individualistische und kollektivistische Systeme vorgenommen wurde, in den meisten Fällen der Untersuchung sozialer Beziehungen es jedoch von großer Wichtigkeit ist zu wissen, welches beiden kollektivistischen Prinzipien im Kontext besonders hervorgehoben wird oder werden soll. Die Autoren kritisieren ebenfalls, dass die meisten der bipolaren Klassifikationen zu generell beschreibend und zu statisch in der Konzeption seien, um viele Anhaltspunkte für die Untersuchung von Dynamiken relationaler Ordnungen erhalten zu können. Erst mit der Betrachtung des relationalen Systems als ein System, welches immer alle drei relationalen Prinzipien in variierenden Rangordnungsmustern enthält, so Kluckhohn und Strodtbeck, wird es möglich, Variabilität und Veränderungen umfassender und erschöpfender zu behandeln.

[165] Vgl. Kluckhohn & Strodtbeck (1961), S. 18; Maznevski & Peterson (1997), S. 73; Adler (2002), S. 27; Ting-Toomey (1999), S. 65; Schneider & Barsoux (2003), S. 42.

[166] Im weiteren Verlauf der Arbeit wird im Zusammenhang mit der kollateralen Beziehungsorientierung dann nur noch vom Kollektivismus oder der kollektivistischen Orientierung gesprochen.

38   Kultur: Begriff, Konzeptualisierungen und Erkenntnisse

dem kollektivistischen Prinzip basieren, betonen Rollenverpflichtungen, wechselseitige Abhängigkeiten innerhalb der Gruppe, Verwandtschafts- und Familienbindungen. Personen mit dieser Orientierung definieren ihre Identität durch ihre Beziehung zu anderen und durch ihre Gruppenzugehörigkeit, wobei sie insgesamt nach dem Gefühl der Zugehörigkeit streben.[167]

Dominiert dagegen in einer Kultur das lineare Beziehungsprinzip[168], dann haben zwar ebenfalls die Gruppenziele vor den individuellen Zielen Vorrang, aber es kommt noch ein zusätzlicher Faktor ins Spiel, der die Rangreihe der Gruppenziele genau bestimmt. In hierarchisch orientierten Kulturen stellt das wichtigste der Gruppenziele den Fortbestand der Gruppe über die Zeit hinweg dar. Sowohl die Kontinuität der Gruppe als auch eine geordnete positionale Abfolge innerhalb der Gruppe gehören zu den beiden kritischsten Sachverhalten in den Beziehungssystemen, in denen Linearität (also die Frage nach der hierarchischen Ordnung) dominiert. Obwohl andere Muster denkbar sind, scheinen die erfolgreichsten Wege, eine hierarchische Dominanz im Beziehungssystem aufrecht zu erhalten, solche zu sein, die entweder direkt mit Vererbungsfaktoren wie z.B. dem Erstgeburtsrecht oder solche, die mit Verwandtschaftsstrukturen zusammenhängen. In hierarchisch beziehungsorientierten Kulturen werden also zwischenmenschliche Verbindungen betont, die anhand einer historisch festgelegten Richtlinie, wie zum Beispiel über soziale Klassen, durch und in Kastensystemen oder per Geburt durch den eigenen Familienhintergrund, festgelegt sind und von einer Generation zur nächsten weitergegeben werden. Wann immer das hierarchische Prinzip dominiert, sind die Rollen repräsentativ, diese unterscheiden sich aber von den kollektivistisch definierten darin, dass sie sich immer auf eine genau bestimmte Position in einer Hierarchie von geordneten Positionen beziehen. Die hierarchische Beziehungsorientierung, die in einer ungleichen Machtverteilung innerhalb der Gesellschaft resultiert, wird von allen Mitgliedern solcher Kulturen als natürlich akzeptiert, es wird jedoch von jenen, die im oberen Bereich der Hierarchie angesiedelt sind, erwartet, dass sie Verantwortung und Sorge für die ihnen untergeordneten Menschen tragen, während jene, die in den unteren Bereichen der hierarchischen Ordnung angesiedelt sind, die Pflicht haben, denjenigen, die in der Hierarchie über ihnen stehen, zu gehorchen.[169]

Die relationalen oder Beziehungs-Orientierungen haben im Arbeitskontext den größten Einfluss auf die Arbeitsprozesse. Nimmt man das Beispiel einer Gruppendiskussion, erwarten z.B. Mitglieder individualistischer Kulturen, dass jedes Gruppenmitglied selbst dafür verantwortlich ist, seine Ideen einzubringen und sie werden vermutlich nicht bemerken, wenn andere Gruppenmitglieder still bleiben oder offenen Konflikt zu vermeiden suchen. Personen kollektivistischer Kulturen tendieren zur Gesichtswahrung oder sie stellen sicher, dass andere im Rahmen der Gruppe nicht angegriffen werden. Das heißt, dass sie viel wahrscheinlicher wahrnehmen, wenn andere Gruppenmitglieder einander offensiv oder konfrontativ begegnen. Dagegen werden Personen hierarchisch beziehungsorientierter Kulturen gegenüber der

---

[167] Vgl. Kluckhohn & Strodtbeck (1961), S. 19; Schneider & Barsoux (2003), S. 42; Ting-Toomey (1999), S. 65; Maznevski & Peterson (1997), S. 73.

[168] Im weiteren Verlauf der Arbeit wird im Zusammenhang mit der linearen Beziehungsorientierung jetzt nur noch von Hierarchie oder von einer hierarchischen Orientierung gesprochen.

[169] Vgl. Kluckhohn & Strodtbeck (1961), S. 19; Schneider & Barsoux (2003), S. 42; Maznevski et al. (2002), S. 277; Ting-Toomey (1999), S. 65; Maznevski & Peterson (1997), S. 73.

Alternative Konzeptualisierungen des Kulturphänomens   39

Hierarchie in der Gruppe feinfühlig sein und bemerken, ob den Seniormitgliedern der Gruppe angemessene Ehrerbietung dargeboten wird.[170]

Die jeweiligen Beziehungsorientierungen beeinflussen ebenfalls, welche relationalen Aspekte einer Arbeitsaufgabe wahrgenommen werden. Bei der Zuweisung der Verantwortung für z.B. einen Produktdesignfehler, fokussieren Mitglieder individualistischer Kulturen auf die Fähigkeiten, Fertigkeiten und Handlungen der Designer selbst, während Mitglieder kollektivistischer Kulturen eher die Dynamiken innerhalb der Design-Gruppe inspizieren. Mitglieder hierarchisch orientierter Kulturen hingegen werden die Beziehung der Design-Gruppe zu seinen Seniormitgliedern und den leitenden Managern betrachten.[171]

Darüber hinaus beeinflusst die Beziehungsorientierung ebenfalls, welche Informationsquellen die Mitglieder verschiedener kultureller Gruppen zur Interpretation von Ereignissen zu Rate ziehen und auf welche Art und Weise sie auf die jeweiligen Ereignisse reagieren. Im obigen Beispiel der Gruppendiskussion kann man etwa von Mitgliedern individualistischer Kulturen erwarten, dass sie in solcher Weise auf ihr Verständnis der Dynamiken reagieren, die ihre Eigeninteressen wahrt. Sie werden ihre eigenen Argumente weiterhin präsentieren und diejenigen anderer direkt kontern. Mitglieder kollektivistischer Kulturen werden dagegen freiwillig keine Informationen oder Ideen äußern, welche den Interessen anderer Gruppenmitglieder oder der Gruppe selbst zuwiderlaufen. Mitglieder hierarchischer Kulturen hingegen, wenn sie sich selbst als Gruppenmitglieder niedrigen Status' wahrnehmen, werden mit einer Reaktion so lange warten, bis sie nach ihrer Meinung gefragt werden. Nehmen sie sich dagegen als Gruppenmitglieder hohen Status wahr, werden sie versuchen, das Gruppenmeeting oder die Diskussion zu kontrollieren. Bei einer solchen kulturell gemischten Konstellation innerhalb einer Gruppe besteht die Möglichkeit, dass sich die Reaktionsmuster selbst verstärken. Die individualistischen Gruppenmitglieder präsentieren offen ihre Ansichten, ohne dass ihnen von den kollektivistischen Gruppenmitgliedern, die sich jedoch durch diese Präsentation angegriffen und verletzt fühlen können, oder von den Niedrig-Status-Mitgliedern hierarchischer Beziehungsorientierung widersprochen wird. Solche Reaktionsmuster können sehr schnell zu einem Teufelskreis avancieren, der vor allem im Arbeitskontext überwunden werden muss.[172]

3.2.1.6 Zusammenfassung: Variationen in den Werteorientierungen

Kluckhohn und Strodtbeck wiesen in ihrer Arbeit selbst darauf hin, dass die ausgewählten Probleme, als die für alle menschlichen Gruppen entscheidendsten, oder auch die Bandbreite möglicher Lösungen zu diesen Problemen, zusammengefasst also ihre Konzeption der kulturellen Werteorientierungen, ein vorläufiges Modell darstellt. Und obwohl es sein kann, dass sich eine oder zwei der Werteorientierungen für die Strukturierung von Verhalten als wichtiger herausstellen können als andere, so machen die Autoren auf ihre bisherigen Befunde aufmerksam, deuten diese eher darauf hin, dass sich in variierenden Ausmaßen die

---

[170] Vgl. Adler (2002), S. 27 f.; Maznevski & Peterson (1997), S. 74.
[171] Vgl. Maznevski & Peterson (1997), S. 74.
[172] Vgl. Maznevski & Peterson (1997), S. 75.

konkreten Verhaltensmuster in allen der bevorzugten Rangreihen aller Werteorientierungen äußern.[173]

Kluckhohn und Strodtbeck prüften im Rahmen des oben erwähnten Forschungsprojekts die Annahmen der kulturellen Werteorientierungstheorie in den eingangs genannten fünf Kulturen im Südwesten der USA. Die Stichprobe war so gewählt, dass sich die Kulturen hinsichtlich ihrer sozialen Organisation unterschieden, der physische Kontext jedoch und in einem hohen Ausmaß auch der institutionelle Kontext sich annähernd glichen. Der von Kluckhohn und Strodtbeck entwickelte Fragebogen, der als Interviewleitfaden verwendet wurde, beinhaltete sieben Fallbeschreibungen hinsichtlich der relationalen Orientierung, jeweils fünf Fallbeschreibungen zur Aktivitäts-, Zeit- und Mensch-Umwelt-Orientierung. Aus Zeitgründen blieb die Menschliche-Natur-Orientierung vorerst ungetestet. Die insgesamt 22 Fälle beschrieben Lebenssituationen, die einer jeweiligen Werteorientierung entsprachen und stellten jeweils drei mögliche Antwortalternativen zur Auswahl, wobei jede Alternative eine der dazugehörigen kulturellen Variationen repräsentierte. Die Fallbeschreibungen bezogen sich universell auf die jeweiligen Werteorientierungen und sind somit bezüglich ihres Typus für alle Kulturen homogen; inhaltlich variierten sie jedoch entsprechend kritischer Faktoren für die jeweilige kulturelle Gruppe.[174]

Bei der Auswertung der Daten differenzierten Kluckhohn und Strodtbeck zwischen drei Analyseschwerpunkten der intrakulturellen Variabilität. Zum einen untersuchten sie die intrakulturellen Rangordnungen innerhalb der Werteorientierungen, zum zweiten die relative Popularität zwischen zwei Alternativen innerhalb einer Werteorientierung und zum dritten die Dominanz bestimmter Variationen innerhalb einer Kultur. Darüber hinaus analysierten sie ebenfalls die interkulturelle Variabilität der Werteorientierungen.[175] Insgesamt konnten die Autoren nachweisen, dass die postulierten Orientierungen und Variationen sowohl zwischen den Kulturen diskriminierten, als auch wichtige Muster individuellen Verhaltens und andere kulturelle Befunde innerhalb der Kulturen erklären konnten.[176] Diese Kombination sorgfältig entwickelter und kontinuierlich revidierter Theorie und rigoroser Untersuchung im Feld resultierte schließlich in der oben beschriebenen Konzeption von Kultur als Variationen in Werteorientierungen.[177]

3.2.1.7 Kritische Würdigung der Theorie der kulturellen Werteorientierungen

Die Theorie kultureller Werteorientierungen von Kluckhohn und Strodtbeck stellt einen frühen Ansatzpunkt zur Erfassung von Gemeinsamkeiten und Unterschieden zwischen Kulturen dar und das grundlegende Prinzip universeller, von allen menschlichen Gruppen geteilter Probleme findet sich in fast allen folgenden Auseinandersetzungen mit dem Thema

---

[173] Vgl. Kluckhohn & Strodtbeck (1961), S. 19.
[174] Vgl. Kluckhohn & Strodtbeck (1961), S. 77 ff. Während beispielsweise bei der Befragung der kulturellen Gruppen aus Gebieten, die generell unter Wasserarmut leiden, von der Realisierung eines Wasserversorgungsprojektes gesprochen wurde, handelte die Befragung von kulturellen Gruppen aus Gebieten, die nicht unter Wassermangel litten, von einem gemeinsamen Brückenbauprojekt.
[175] Vgl. Kluckhohn und Strodtbeck (1961), S. 121 ff.
[176] Vgl. Kluckhohn & Strodtbeck (1961), S. 350 ff.
[177] Vgl. Maznevski et al. (2002), S. 278; Hofstede (2001a), S. 29 f.; Ting-Toomey (1999), S. 59.

Alternative Konzeptualisierungen des Kulturphänomens 41

,Kultur' wieder. Dennoch weisen auch Kluckhohn und Strodtbeck selbst auf Schwächen der Untersuchung und auf notwendige Weiterentwicklungen hin. Die geringe Stichprobengröße, die geringe Anzahl unterschiedlicher kultureller Gruppen sowie die geographische Nähe der untersuchten Kulturen sind ihnen ebenso gewahr wie die verwendeten, wenig eleganten und eher einfacheren statistischen Analysetechniken.[178] Dabei betonen die Autoren jedoch die Erstmaligkeit und somit den explorativen Charakter der Feldstudie und weisen auf mögliche weitere methodische und konzeptionelle Entwicklungsansätze hin.[179]

Außerdem ist zu berücksichtigen, dass die Werteorientierungen nicht auf einen speziellen Arbeitskontext ausgerichtet waren. Primär ging es Kluckhohn und Strodtbeck um eine Erklärung von ,Kultur' an sich und daraus folgend um Möglichkeiten, Kulturen vergleichen zu können. Da jedoch auch in der Organisationswissenschaft die Bedeutung grundlegender Orientierungen für das Verhalten in und von Unternehmen zunehmend in den Betrachtungsfokus rückt, wurde damit begonnen, die kulturellen Werteorientierungen von Kluckhohn und Strodtbeck mit organisationsbezogenen Fragestellungen in Verbindung zu bringen und die Übertragung der Orientierungen auf den unternehmerischen Kontext vorzunehmen.[180]

3.2.2 Theorie der kulturellen Werte von Schwartz

Das Hauptanliegen der Untersuchungen von Schwartz betraf die Frage, wie die Bedeutung von Arbeit im Leben des Einzelnen durch vorherrschende kulturelle Werteprioritäten beeinflusst wird. Um diese Frage zu beantworten, entwickelte er eine übergeordnete Theorie von Wertedimensionen, mittels derer nationale Kulturen verglichen werden können. Schwartz betont dabei, dass für eine solche Untersuchung des Verständnisses, welchen Einfluss kulturelle Werte auf die Bedeutungen haben, die Mitglieder verschiedener Gesellschaften der Arbeit an sich zuweisen, die Wertedimensionen auf der Kultur-, also Gesellschaftsebene konzeptualisiert werden müssen, da zur Erfassung der Validität von Kulturdimensionen zum Ländervergleich nur die Gesellschaft oder die kulturelle Gruppe, nicht aber das Individuum die angemessene Analyseeinheit sei.[181]

In Anlehnung an Kluckhohn und Strodtbeck postulierte Schwartz, dass die kulturellen Wertedimensionen die grundlegenden Themen oder Probleme reflektieren, mit denen sich Gesellschaften auseinandersetzen müssen, um die menschlichen Aktivitäten zu regulieren. Die Werte stellen dabei das Vokabular sozial anerkannter Ziele dar, die zur Motivation von Handlungen und zur Äußerung und Rechtfertigung gewählter Lösungen genutzt werden.[182]

Schwartz' Theorie leitet durch Berücksichtigung von drei grundlegenden Problemen oder Angelegenheiten, mit denen alle Gesellschaften konfrontiert sind, sieben Wertetypen ab,

---

[178] Vgl. Kluckhohn & Strodtbeck (1961), S. 77 ff.
[179] Beispielsweise nennen die Autoren die konzeptionelle Entwicklung der sechsten Werteorientierung, deren Variationen noch nicht hergeleitet wurden und sie verweisen auf die Anwendung anderer statistischer Methoden zur Überprüfung der Theorieannahmen (vgl. Kluckhohn & Strodtbeck (1961), S. 10 und S. 137).
[180] Vgl. Mead (1994), S. 50 ff.; Adler (2002), S. 16 ff.; Lane, DiStefano & Maznevski (2000), S. 32 ff.; Kutschker & Schmid (2002), S. 688 ff.
[181] Vgl. Schwartz (1999), S. 24.
[182] Vgl. Schwartz (1999), S. 26.

42 Kultur: Begriff, Konzeptualisierungen und Erkenntnisse

anhand derer die Kulturen miteinander verglichen werden können. Außerdem spezifiziert die Theorie die dimensionale Struktur der Beziehungen unter den Wertetypen.[183]

3.2.2.1 Problem 1: Beziehungen zwischen dem Individuum und der Gruppe

Der erste grundlegende Sachverhalt, mit dem sich alle Gesellschaften auseinandersetzen müssen, betrifft die Natur der Beziehungen zwischen dem Individuum und der Gruppe. Zwei Hauptfragen müssen beantwortet werden: 1) Wessen Interessen haben Vorrang, die des Individuums oder die der Gruppe? 2) Bis zu welchem Grad sind Personen autonom versus in ihre Gruppen eingebettet?

Der eine Pol dieser Dimension beschreibt nach Schwartz Kulturen, in denen die einzelne Person als Entität betrachtet wird, die in ein Kollektiv eingebettet ist und den Sinn im Leben zum großen Teil durch soziale Beziehungen, durch Identifikation mit der Gruppe und durch Teilnahme an der gemeinsamen Lebensart findet. Diese Anschauung wird durch ein Set von Werten geäußert, erhalten und gerechtfertigt, das Schwartz *„Konservatismus"* (Conservatism) nennt. Dies bedeutet, dass die kulturelle Betonung auf der Erhaltung des Status Quo, auf Anstand und auf einer Einschränkung von Handlungen oder Neigungen liegt, welche die solidarische Gruppe oder traditionelle Ordnungen stören.[184]

Der gegensätzliche Pol dieser Dimension beschreibt Kulturen, in denen die Person als autonome, eingegrenzte Entität betrachtet wird, die Sinn und Bedeutung in der eigenen Einzigartigkeit findet, die danach strebt, ihre eigenen, internen Attribute (z.B. Präferenzen, Eigenschaften, Gefühle, Motive) auszudrücken und auch von der Gesellschaft dazu ermutigt wird. Schwartz nennt diesen Wertetyp *„Autonomie"*, wobei er konzeptuell zwischen zwei Typen von Autonomie unterscheidet. „Intellektuelle Autonomie" als der erste Wertetyp, bei dem die kulturelle Betonung auf der gesellschaftlichen Erwünschtheit von unabhängigem Verfolgen der eigenen Ideen und intellektuellen Richtungen einer Person liegt (z.B. Erwünschtheit von Neugier, Großzügigkeit und Kreativität). „Affektive Autonomie" als der zweite Wertetyp beschreibt die kulturelle Betonung auf der gesellschaftlichen Erwünschtheit des unabhängigen Verfolgens eigener affektiv positiver Erfahrungen (z.B. Spaß, vielfältiges und aufregendes Leben).[185]

3.2.2.2 Problem 2: Bewahrung der sozialen Struktur

Der zweite grundlegende Sachverhalt, mit dem sich alle Gesellschaften auseinandersetzen müssen, betrifft die Notwendigkeit einer Garantie verantwortungsvollen Verhaltens für den Erhalt der sozialen Struktur. Die Menschen müssen dazu veranlasst werden, das Wohlergehen Anderer zu berücksichtigen, sich mit ihnen zu koordinieren und damit die unvermeidbaren sozialen Interdependenzen zu managen. Auf der einen Seite besteht nach Schwartz die Lösung dieses Problems in der Nutzung von Machtunterschieden, wobei sich auf hierarchische Systeme zugeschriebener Rollen verlassen wird, um sozial verantwortungsvolles Ver-

---

[183] Vgl. Schwartz (1999), S. 26; Podsiadlowski (2002), S. 36; Smith, Dugan & Trompenaars (1996), S. 36.
[184] Vgl. Schwartz (1999), S. 27; Podsiadlowski (2002), S. 36.
[185] Vgl. Schwartz (1999), S. 27; Podsiadlowski (2002), S. 36.

Alternative Konzeptualisierungen des Kulturphänomens 43

halten sicher zu stellen. Hier werden die Menschen so sozialisiert und sanktioniert, dass sie ihre rollenbezogenen Verpflichtungen und Regeln einhalten und erfüllen. Der Wertetyp, der diese Anschauung ausdrückt, ist „Hierarchie". Die kulturelle Betonung liegt auf der Legitimität ungleicher Macht-, Rollen- und Ressourcenverteilung innerhalb der Gesellschaft (z.B. soziale Macht, Autorität, Bescheidenheit, Wohlstand).[186]

Die alternative Lösung des Problems verantwortungsvollen sozialen Verhaltens besteht nach Schwartz darin, die Mitglieder einer Gesellschaft dazu zu bewegen, sich gegenseitig als moralisch Gleichgestellte zu betrachten, die von einer natürlichen Warte aus gesehen dieselben grundlegenden Interessen und Ziele verfolgen. Menschen in diesen Gesellschaften werden dazu angehalten und so sozialisiert, dass sie sich ein Engagement zur freiwilligen Kooperation mit anderen zu eigen machen und sich um das Allgemeinwohl sorgen. Den Wertetyp, der hinter dieser Lösung steht, bezeichnet Schwartz als „Egalitarismus" (Egalitarianism). Diesem Wert liegt die kulturelle Betonung auf einer Transzendenz der Eigeninteressen zugunsten eines freiwilligen Einsatzes zur Förderung des Wohlergehens von anderen, also dem Allgemeinwohl, zu Grunde (z.B. Gleichheit, soziale Gerechtigkeit, Freiheit, Verantwortung, Ehrlichkeit).[187]

3.2.2.3 Problem 3: Beziehungen zur natürlichen und sozialen Umwelt

Der dritte grundlegende Sachverhalt, mit dem sich alle Gesellschaften auseinandersetzen müssen, betrifft die Beziehung des Menschen zu seiner natürlichen und sozialen Umwelt. Eine Möglichkeit der Beziehungsgestaltung besteht nach Schwartz in der aktiven Beherrschung und Veränderung der Welt. Die Umwelt wird kontrolliert und so weit es geht, dem eigenen Willen gebeugt. Sie wird zur Unterstützung der eigenen oder der Gruppeninteressen ausgebeutet. Der Wertetyp, der diese Orientierung erfasst, ist „Beherrschung" (Mastery), wobei die kulturelle Betonung auf Fortschritt durch Selbstbehauptung liegt (z.B. auf Ehrgeiz, Erfolg, Wagemut, Kompetenz).

Eine gegensätzliche Lösung des Beziehungsgestaltungsproblems bezieht sich nach Schwartz auf eine Akzeptanz der Welt, wie sie ist. Es wird versucht, in die Umwelt hinein zu passen und sich mit ihr zu arrangieren, anstatt sie zu verändern oder gar auszubeuten. Der Wertetyp, der diese Lösung repräsentiert, ist „Harmonie". In einer solchen Kultur wird eine harmonische Passung mit der Umwelt betont (z.B. Einheit mit der Natur, Schutz der Umwelt).[188]

---

[186] Vgl. Schwartz (1999), S. 27.
[187] Vgl. Schwartz (1999), S. 28.
[188] Vgl. Schwartz (1999), S. 28. Schwartz weist in seiner Theorie der kulturellen Werte zusätzlich noch darauf hin, dass die oben genannte Definition von Harmonie sich eher auf die natürliche Umwelt bezieht und es daher besser wäre, diesen Wertetyp in Bezug auf die soziale Umwelt als „Zurückhaltung" (non-assertiveness) zu bezeichnen. Weiterhin weist er auf Kluckhohn und Strodtbecks dritte Lösung dieses Problems hin, nämlich die Unterwerfung, und behauptet aber im gleichen Satz, dass Unterwerfung in gegenwärtigen nationalen Kulturen eher selten vorkomme und relativ ungewöhnlich sei. Ohne weitere Begründung scheint diese Annahme jedoch sehr fraglich. Da Schwartz in seiner Erhebung der Wertetypen diesen (Unterwerfung) wegen scheinbarer Nichtigkeit ausgelassen hat, konnte er ihn demnach in den einzelnen Kulturen auch nicht entdecken, was jedoch nicht als gleichbedeutend mit einer Nichtexistenz dieses Wertetyps in heutigen Kulturen gelten kann.

3.2.2.4 Zur Struktur der Wertebeziehungen

Schwartz postuliert, dass die sieben Wertetypen (Konservatismus und intellektuelle/affektive Autonomie, Hierarchie und Egalitarismus, Beherrschung und Harmonie) drei bipolare Dimensionen bilden, welche die Widersprüche zwischen den alternativen Problemlösungen zu den drei Grundsachverhalten ausdrücken. Aufgrund dieser Widersprüche ist es daher notwendigerweise so, dass eine starke Gewichtung eines Wertetyps in einer Kultur immer gleichzeitig von einer geringen Gewichtung des jeweiligen Gegensatzwertetyps begleitet wird. Außerdem sind die Wertetypen auf der Basis untereinander bestehender Kompatibilitäten wechselseitig miteinander verbunden, da manche Wertetypen ähnliche Annahmen teilen, die dann eine simultane starke Gewichtung in einer bestimmten Kultur erlauben.[189]

So stehen zum Beispiel nach Schwartz Hierarchie und Konservatismus in einem positiven Zusammenhang, da die Betrachtung eines sozialen Akteurs (sei es ein Individuum oder eine Gruppe) als eingebettet in ein Kollektiv von interdependenten, sich gegenseitig verpflichteten Personen oder Gruppen beiden Wertetypen gleichzeitig unterliegt. Egalitarismus und Autonomie stehen ebenfalls in einem positiven Zusammenhang, da auch hier die Betrachtung des sozialen Akteurs als autonome Einheit beiden unterliegt. Die Werte des Wertetyps Beherrschung (mastery) stehen in positivem Zusammenhang mit denen der Autonomie, da beide Typen die Legitimität von Veränderungen des Status Quo befürworten und beide dazu stimulierende Aktivitäten stark betonen. Jedoch sind Interessen, die, legitimiert durch die geltenden Beherrschungswerte, ausbeuterisch und mit Nachdruck verfolgt werden, nicht notwendigerweise jene des autonomen Selbst oder anderer individueller Akteure. Sie können ebenso die geteilten Interessen der Kollektive, in die der Einzelne eingebettet ist, darstellen. Also opponieren die Beherrschungswerte nicht unbedingt die Konservatismuswerte. Weiterhin sind die Beherrschungswerte mit den Hierarchiewerten verbunden. Anstrengungen, um Fortschritt zu erreichen, werden oft auf Kosten Dritter unternommen und resultieren damit in einer ungleichen Verteilung von Rollen und Ressourcen, die in jenen Gesellschaften gerechtfertigt ist, in denen hierarchische Unterschiede als legitim angesehen werden. Die Beherrschungswerte stehen aber im Gegensatz zu den Egalitarismuswerten, da eine Selbstbehauptung hinsichtlich individueller oder Gruppeninteressen, die auf Ausnutzung Anderer basiert, im Konflikt mit der Auffassung von anderen als moralisch Gleichgestellte steht. Die Harmoniewerte wiederum sind mit den Konservatismuswerten kompatibel, da beide besonderes Gewicht auf eine Vermeidung von Veränderungen legen, außerdem sind sie kompatibel mit den Egalitarismuswerten, mit denen die Harmoniewerte den Schwerpunkt auf kooperativen Beziehungen teilen.[190]

3.2.2.5 Validierung der Theorie der kulturellen Werte

Zu Beginn der neunziger Jahre führte Schwartz eine weltweite Untersuchung zu allgemeinen Werten durch, wobei die Respondenten (mehr als 25.000 Schullehrer und Universitätsstudenten aus 25 Ländern) die Wichtigkeit von 56 Werten als Leitprinzipien ihres Lebens

---

[189] Vgl. Schwartz (1999), S. 29.
[190] Vgl. Schwartz (1999), S. 30.

Alternative Konzeptualisierungen des Kulturphänomens 45

einschätzen sollten.[191] Die ausgewählten Werte waren aufgrund theoretischer Überlegungen über Wertetypen und vorhergehender theoretischer und empirischer Studien einbezogen worden. Auf der individuellen Ebene konnte Schwartz zeigen, dass sich die Werte in zehn Kategorien bündelten, die in zwei bipolare Dimensionen zusammengefasst werden konnten: Offenheit für Veränderungen (openness to change) versus Erhaltung (conservation) und Selbsterhebung (self-enhancement) versus Selbsttranszendenz (self-transcendence).[192] Für die Auswertung der Befunde auf der Ebene nationaler Kulturen blieben „nur" 45 Werte übrig, die jedoch auf Inhalts- und Bedeutungsäquivalenz über die Länder hinweg geprüft und bestätigt waren. Nur diese wurden in die Analyse der Untersuchung von Kulturdimensionen mit einbezogen. Zur Validierung des Inhalts und der Struktur der Wertetypen auf Kulturebene wurden darauf folgend die Daten von mehr als 35.000 Personen in 122 Stichproben aus 49 Ländern herangezogen. Die Stichproben zielten dabei auf die jeweilige dominante kulturelle Gruppe und bestanden hier primär aus städtischen Schullehrern. Schwartz weist selbst darauf hin, dass zwar eine einzelne Berufsgruppe noch keine Kultur repräsentieren kann, die Auswahl von Lehrern aber in der Hinsicht viele Vorteile verspricht. Zum Beispiel spielen Lehrer als Gruppe eine explizite Rolle in der Wertesozialisation, sie gehören wahrscheinlich zu den wichtigsten Trägern von Kultur und sie reflektieren mutmaßlich den Hauptbereich der vorherrschenden Werteprioritäten in den meisten Kulturen. Durch eine Fokussierung auf diese einzelne Gruppe konnten relativ reine Repräsentationen nationaler Unterschiede in Werteprioritäten, die um die Einflüsse anderer nationaler Unterschiede bereinigt waren, gewonnen werden.[193] Das Gesamtset der Kulturprofile wies schließlich auf die Existenz weit gefasster kultureller Gruppierungen von Nationen hin, wobei diese Gruppierungen zwar eng mit der geographischen Nähe verbunden sind, jedoch hauptsächlich auf gemeinsamen geschichtlichen Hintergründen, Religionen, Entwicklungsständen, Kulturkontakten und anderen Faktoren beruhen.[194]

Basierend auf einer theoretischen Ableitung von Werten zur Identifikation von Kulturdimensionen, anhand derer sich Landeskulturen voneinander unterscheiden lassen, konnte Schwartz mit dieser groß angelegten Untersuchung sowohl die Struktur der Wertetypen bestätigen, die sich mit zwei verschiedenen Stichprobentypen (als Vertreter dominanter kultureller Gruppen) auf gleiche Art und Weise herausbildeten, als auch den Nachweis erbringen, dass die Struktur der sieben Wertetypen die Beziehungen zwischen nationalen Kulturen umfassend zu beschreiben vermag. Mit der Untersuchung der Wertetypen auf kultureller (oder Landes-) Ebene konnten zusammenfassend also erstens die Welt der verschiedenen Kulturen abgebildet und zweitens wichtige Aspekte kultureller Unterschiede unter den Ländern und weiteren Regionen festgehalten werden.[195] Allerdings lassen sich die identifizierten Wertetypen nicht auf einzelne Individuen als Analyseeinheit übertragen. Während die Theorie von Schwartz also sehr wertvoll für einen Kulturvergleich verschiedener Länder ist, kann hiermit jedoch kein Kulturvergleich zwischen verschiedenen Individuen vorgenommen werden. Im Abschnitt

---

[191] Vgl. Schwartz (1999), S. 30.
[192] Vgl. Schwartz (1992, 1994); Smith, Dugan & Trompenaars (1996), S. 235; Hofstede (2001a), S. 8.
[193] Vgl. Schwartz (1999), S. 34.
[194] Vgl. Schwartz (1999), S. 31 ff.; Weber & Dean (2003), S. 9; Hofstede (2001a), S. 8 und S. 33.
[195] Vgl. Schwartz (1999), S. 38; Smith, Dugan & Trompenaars (1996), S. 236; Hofstede (2001a), S. 33.

46 Kultur: Begriff, Konzeptualisierungen und Erkenntnisse

3.2.5.1 der vorliegenden Schrift wird auf die Problematik der Analyseebenen jedoch noch gesondert eingegangen.

3.2.3 Kulturkonzept von Hofstede

Die bislang umfangreichste und am häufigsten in der Literatur zum interkulturellen Management zitierte Untersuchung von Hofstede stellte einen Meilenstein in der vergleichenden Landeskulturforschung dar.[196] Sie basiert ebenfalls auf Werteorientierungen, diese wurden aber im Gegensatz zu den Kulturkonzeptionen von Kluckhohn und Strodtbeck bzw. Schwartz empirisch generiert.

Hofstede befragte zweimal im Abstand von vier Jahren, einmal 1967 und einmal 1973, 116.000 Mitarbeiter eines U.S.-amerikanischen multinationalen Unternehmens (den Computerhersteller IBM) in 72 Auslandsniederlassungen anhand von Fragebögen, die in 20 Sprachen übersetzt waren, bezüglich ihrer arbeitsbezogenen Wertevorstellungen. Im besonderen wurde nach der Zufriedenheit mit den verschiedenen Arbeitsaspekten, nach der Wahrnehmung und Bewertung der Arbeitsanforderungen, nach arbeitsbezogenen persönlichen Zielen und nach der allgemeinen Einstellung zu arbeitsbezogenen Aspekten gefragt. Die Analyse sollte Länderunterschiede in den arbeitsbezogenen Werten der IBM-Mitarbeiter aufdecken.[197]

Auf der Basis von Faktorenanalysen der mittleren Werte von Mitarbeitern aus ursprünglich 40 Ländern zu 14 Items, die die Wichtigkeit verschiedener Arbeitsziele betrafen, identifizierte Hofstede zwei Faktoren, die er „Individualismus" und „Maskulinität" nannte. Zwei weitere Dimensionen nationaler Kulturen, „Machtdistanz" und „Unsicherheitsvermeidung", ergaben sich aus eklektischen Analysen, innerhalb derer Items auf der Basis theoretischer Erwartungen und Korrelationsanalysen kombiniert werden. Eine Faktorenanalyse auf Länderebene mit den kombinierten gesamten Daten integrierte das Bild der vier Dimensionen, wobei die statistische Unabhängigkeit der Dimensionen für verschiedene Ländergruppen geprüft wurde. Insgesamt, so die Schlussfolgerung Hofstedes, konnten also unabhängige Dimensionen von nationalen Kulturunterschieden identifiziert werden, wobei jede auf einem Grundproblem basiert, mit dem sich alle Gesellschaften auseinandersetzen müssen, auf das sich aber die Antworten der Gesellschaften voneinander unterscheiden können.[198]

3.2.3.1 Machtdistanz

Nach Hofstede bezieht sich die Dimension der Machtdistanz auf die verschiedenen Lösungen zu dem grundlegenden Problem menschlicher Ungleichheit. Sie ist definiert als das Ausmaß, bis zu welchem die Mitglieder einer Gesellschaft, vor allen Dingen die weniger mächtigen, erwarten und akzeptieren, dass Macht in Institutionen und Organisationen ungleich verteilt

---

[196] Vgl. Sondergaard (1994), S. 448; Schmid (1996), S. 254 f.; Smith, Dugan & Trompenaars (1996), S. 234; Triandis (1996), S. 1; Podsiadlowski (2002), S. 42.

[197] Vgl. Hofstede (2001a), S. 29 ff.; Thomas, A. (1993), S. 389; Schmid (1996), S. 255.

[198] Vgl. Hofstede (2001a), S. 41; Thomas, A. (1993), S. 389; Schmid (1996), S. 256; Ting-Toomey (1999), S. 66; Hofstede (2001a), S. 29; Podsiadlowski (2002), S. 42.

Alternative Konzeptualisierungen des Kulturphänomens 47

ist. Eine hohe Machtdistanz bedeutet damit eine starke Akzeptanz der Ungleichverteilung von Macht in der Gesellschaft.[199]

Eine gesellschaftsspezifische Machtdistanznorm ist in den Werten von sowohl Führern wie auch Geführten repräsentiert und schlägt sich ebenfalls in den Strukturen und Funktionen sozialer Institutionen nieder. Mit dieser Dimension können Gesellschaften mit ungleicher Machtverteilung gegenüber mehr egalitären Gesellschaften kontrastiert werden. Während also die Mitglieder von Kulturen, die sich durch eine geringe Machtdistanz auszeichnen, dazu tendieren, gleiche Machtverteilung, gleiche Rechte und Beziehungen und gerechte, leistungsabhängige Belohnungen und Bestrafungen wert zu schätzen, akzeptieren die Mitglieder von Kulturen, die sich durch eine hohe Machtdistanz auszeichnen, ungleiche Machtverteilungen, hierarchische Rechte, asymmetrische Rollenbeziehungen, und Belohnungen und Bestrafungen, die auf Alter, Rang, Status, Titel und Dienstalter beruhen. Für Kulturen mit geringer Machtdistanz repräsentiert die Gleichheit persönlicher Rechte ein Ideal, auf das man innerhalb des Systems zu strebt, während für Kulturen mit hoher Machtdistanz der Respekt für Machthierarchien in jedem System eine fundamentale Lebenseinstellung ist.[200]

3.2.3.2 Unsicherheitsvermeidung

Nach Hofstede bezieht sich Unsicherheitsvermeidung auf das Ausmaß an Anspannung und Stress in einer Gesellschaft angesichts einer unbekannten Zukunft, also auf den Grad, bis zu dem sich die Mitglieder einer Gesellschaft durch ungewisse, unstrukturierte oder widersprüchliche Situationen bedroht fühlen und solche Situationen zu vermeiden suchen. Diese Ängstlichkeit drückt sich vor allem in Aggressivität und Emotionalität aus, in einer Wertschätzung von Institutionen, die Konformität fördern, und in Überzeugungen, die Sicherheit versprechen. Anhand der Dimension der Unsicherheitsvermeidung lassen sich rigide von flexibleren Gesellschaften unterscheiden. Während in Kulturen mit schwacher Unsicherheitsvermeidung die Übernahme von Risiken unterstützt wird, bevorzugen Kulturen mit starker Unsicherheitsvermeidung klare Prozeduren und Verhaltensrichtlinien für ihre Mitglieder.[201]

In Arbeitssituationen schwacher Unsicherheitsvermeidung herrscht eine größere Toleranz gegenüber innovativen Ideen und abweichendem Verhalten vor. Konflikt wird als natürlicher Bestandteil organisationaler Produktivität angesehen und die Karrieremobilität ist hoch. In Arbeitssituationen starker Unsicherheitsvermeidung hingegen herrscht eine größere Resistenz gegen abweichende und innovative Ideen vor, Konflikte werden als Bedrohungen der organisationalen Effektivität angesehen, die es zu vermeiden gilt und Karrierestabilität bildet ein erwünschtes Endziel. Eine hohe Unsicherheitsvermeidung äußert sich außerdem in einer

---

[199] Vgl. Hofstede & Bond (1984), S. 419; Hofstede (1980a), S. 45; Hofstede (1991), S. 39; Hofstede (2001a), S. 29; Thomas, A. (1993), S. 389; Smith, Dugan & Trompenaars (1996), S. 233; Schmid (1996), S. 257; Ting-Toomey (1999), S. 70 f.; Podsiadlowski (2002), S. 42.

[200] Vgl. Hofstede (1991), S. 42; Thomas, A. (1993), S. 389; Triandis (1996), S. 2; Ting-Toomey (1999), S. 71; Podsiadlowski (2002), S. 42.

[201] Vgl. Hofstede (1980a), S. 45; Hofstede (2001a), S. 29; Thomas, A. (1993), S. 390; Smith, Dugan & Trompenaars (1996), S. 233; Schmid (1996), S. 258; Ting-Toomey (1999), S. 71; Podsiadlowski (2002), S. 42.

48 Kultur: Begriff, Konzeptualisierungen und Erkenntnisse

starken Formalisierung und Standardisierung von Prozessen und Strukturen und in einer Präferenz für eindeutige und präzise Entscheidungen.[202]

3.2.3.3 Individualismus – Kollektivismus

Nach Hofstede bezieht sich die Dimension Individualismus-Kollektivismus auf den Grad der Integration von Individuen in primäre Gruppen. Hauptsächlich bezieht sich Individualismus als der eine extreme Pol einer kontinuierlichen Dimension auf die generellen Wertetendenzen einer Kultur, in der die Wichtigkeit der individuellen Identität gegen die Gruppenidentität hervorgehoben wird, in der individuelle Rechte über den Gruppenrechten stehen und individuelle Bedürfnisse stärker gewichtet werden als die Bedürfnisse der Gruppe. Individualismus fördert Eigenleistung, individuelle Verantwortungen und persönliche Autonomie. Es wird ein relativ lose zusammengehaltenes soziales Netzwerk bevorzugt, in dem die Individuen zunächst einmal nur für sich selbst und ihre nächsten Familienangehörigen sorgen. Kollektivismus dagegen, als der andere extreme Pol dieser Dimension, bezieht sich auf die generellen Wertetendenzen einer Kultur, in der die Wichtigkeit des „Wir" beziehungsweise der Gruppenidentität über der der individuellen Identität, Gruppenrechte über individuelle Rechte und Innergruppenbedürfnisse über die individuellen Wünsche und Bedürfnisse gestellt werden. Kollektivismus fördert relationale Interdependenzen, Innergruppenharmonie und ein Gruppenzusammengehörigkeitsgefühl. Es wird ein eng geknüpftes soziales Netzwerk bevorzugt, in dem die Individuen emotional in Großfamilien, Clans oder anderen Mitgliedsgruppen integriert sind, die ihnen im Austausch für unbedingte Loyalität Schutz und meist lebenslange Fürsorge gewähren.[203]

Die Individualismus-Kollektivismus-Dimension gilt heute als die Kerndimension von Kultur, da unzählige interkulturelle Studien den theoretischen und empirischen Nachweis brachten, dass diese Werteorientierung das gesamte Verhalten von Menschen und damit von Kulturen durchdringt.[204] Nach Triandis stellt sie die möglicherweise wichtigste Dimension kultureller Unterschiede im (sozialen) Verhalten zwischen den verschiedenen Kulturen der Welt dar.[205] Da diese Dimension in der Literatur eine bereits sehr ausführliche Auseinandersetzung erfahren hat[206], soll jedoch an dieser Stelle auf eine elaboriertere Darstellung der Erkenntnisse im Zusammenhang mit der Individualismus-Kollektivismus-Dimension verzichtet werden.

---

[202] Vgl. Hofstede (1993), S. 141 ff.; Schmid (1996), S. 259; Ting-Toomey (1999), S. 71 f.

[203] Vgl. Hofstede (1980a), S. 45 f.; Hofstede (1991), S. 51; Hofstede (1993), S. 67 f.; Hofstede (2001a), S. 29; Thomas, A. (1993), S. 390; Smith, Dugan & Trompenaars (1996), S. 233; Schmid (1996), S. 258; Ting-Toomey (1999), S. 66 f.; Podsiadlowski (2002), S. 42; Schneider & Barsoux (2003), S. 42.

[204] Vgl. Thomas, A. (1993), S. 393; Schwartz (1999), S. 24; Ting-Toomey (1999), S. 66; Triandis (2000), S. 147; Schaubroek, Lam & Xie (2000), S. 513; Podsiadlowski (2002), S. 43.

[205] Vgl. Triandis (1988), S. 60.

[206] Es sei zum Beispiel auf die Arbeiten von Triandis (1990, 1995) und Earley (1989,1993) verwiesen. Siehe außerdem Cox, Lobel & MecLeod (1991), S. 839 ff.; Earley (1994), S. 112; Erez & Somech (1996), S. 1532; Gibson (1999), S. 149 f.; Hui & Yee (1999), S. 182.

Alternative Konzeptualisierungen des Kulturphänomens 49

3.2.3.4 Maskulinität – Femininität

Nach Hofstede bezieht sich diese Dimension auf die in einer Gesellschaft übliche Aufteilung emotionaler Rollen zwischen Männern und Frauen. Maskulinität bezeichnet dabei Gesellschaften, in denen eine klare geschlechtsspezifische Rollendifferenzierung vorherrscht und die männliche Rolle durch Leistungsstreben, Durchsetzungsvermögen, Sympathie für Stärke und materielle Orientierung gekennzeichnet ist. Die weibliche Rolle hingegen zeichnet sich in maskulinen Gesellschaften durch eine Betonung von Bescheidenheit, Feinfühligkeit und einer immateriellen, an hoher Lebensqualität orientierten Lebensweise aus. Im Unterschied dazu bezeichnet Femininität solche Gesellschaften, in denen sich die geschlechtsspezifischen Rollen in vielen Bereichen überlappen und in denen sowohl die maskulinen wie auch femininen Rollen durch ein Bedürfnis nach warmherzigen Beziehungen, Bescheidenheit und der Sorge für Schwächere gekennzeichnet ist und in denen die soziale Bedeutsamkeit einer Person immer auch mit immateriellen Lebensqualitäten verbunden ist. Diese Dimension trennt „harte" von „weichen" Gesellschaften; während feminine Kulturen flexibles Geschlechtsrollenverhalten bevorzugen, werden die Geschlechtsrollendomänen in maskulinen Kulturen als komplementär betrachtet.[207]

In maskulinen Kulturen hat generell die Arbeit gegenüber der Freizeit einen höheren Stellenwert; Ehrgeiz, Selbstdisziplin und Karriereorientierung stellen dominante Werte dar. Die Rollen zwischen Männern und Frauen sind deutlich voneinander abgegrenzt. Während für komplexe, schwierige Aufgaben und Führungspositionen Männer zuständig sind, stehen Frauen eher einfache und ausführende Aufgaben zu. Außerdem hat Partizipation in maskulinen Kulturen eine traditionell geringere Bedeutung als in femininen Kulturen und Konflikte werden häufig eher durch Ausüben von Positionsmacht denn durch sachliche Auseinandersetzung gelöst.[208]

3.2.3.5 Zusammenfassung und kritische Würdigung der Studie Hofstedes

Aus den Befragungsergebnissen wurde zunächst auf der Basis von 40 Ländern für jede Dimension ein länderspezifischer Wert zwischen Null und Hundert ermittelt, so dass sich alle Länder entsprechend ihren Ausprägungen auf den vier Dimensionen gruppieren ließen. Die Daten erlaubten, sowohl aufgrund der festgestellten Werte in den Dimensionen als auch durch ihre Kombination, die Länder in verschiedene Kulturkreise einzuordnen, aus denen sich dann wichtige Schlussfolgerungen für die Führung von Unternehmen in ihnen ableiten ließen. Es war jedoch das erklärte Hauptziel Hofstedes, kulturelle Unterschiede und Gemeinsamkeiten von Ländern herauszuarbeiten und nicht, Unterschiede und Gemeinsamkeiten im Management von Unternehmen verschiedener Kulturen aufzuzeigen. Dennoch bleibt festzustellen, dass die Dimensionen Hofstedes den Anspruch universeller Gültigkeit weitgehend erfüllen, damit als Basis zur Einordnung kulturspezifischer Verhaltensdeterminanten in allen Lebens-

---

[207] Vgl. Hofstede (1980a), S. 45 f.; Hofstede (1991), S. 82; Hofstede (1993), S. 67 f.; Hofstede (2001a), S. 29; Thomas, A. (1993), S. 390; Schmid (1996), S. 258 f.; Smith, Dugan & Trompenaars (1996), S. 233; Ting-Toomey (1999), S. 72 f.; Podsiadlowski (2002), S. 42; Schneider & Barsoux (2003), S. 41.

[208] Vgl. Kutschker & Schmid (2002), S. 710; Müller & Gelbrich (2004), S. 145 ff.

50 Kultur: Begriff, Konzeptualisierungen und Erkenntnisse

bereichen dienen können und durch die Zuordnung zu länderspezifischen Werten tatsächlich Messgrößen für kulturelle Wertorientierungen darstellen.[209]

Als bis dato umfangreichste Untersuchung in der vergleichenden Kulturforschung hat die Studie von Hofstede nicht nur eine immense akademische und praktische Bedeutung erlangt, sondern darüber hinaus auch den akademischen Diskurs hinsichtlich der Konsequenzen eines Managements kultureller Unterschiede stark polarisiert.[210] Auf der positiven Seite der Kommentare stehen immer wieder die Relevanz und die Rigorosität der Untersuchung im Vordergrund. Die erste Darstellung der Studie 1980 erschien genau zur rechten Zeit, da sich aufgrund des verstärkten Wachstums internationaler Unternehmungen in den sechziger und siebziger Jahren der Wissensbedarf bezüglich eines effektiven interkulturellen Managements stark erhöht hatte. Die nomothetische Natur des Hofstede'schen Kulturkonzeptes erschien daher besonders relevant für den Fokus auf interkulturelle Interaktionen, ein Feld, in dem Unterschiede wesentliche Bedeutungen und Konsequenzen haben. Neben der Relevanz der Studie erfüllten das rigorose Forschungsdesign und die systematische Datenerhebung zur Erklärung nationaler Variationen die damaligen methodischen Ansprüche der vergleichenden Kulturforschung.[211]

Dennoch blieb Hofstedes Studie trotz ihrer Bedeutung, oder vielleicht auch deswegen, nicht ohne Kritik. Abgesehen jedoch von dem größten Einwand, dass die Untersuchung nicht auf einem theoretischen Konzept basiert, sind die meisten Kritiken der Hofstede'schen Studie methodischer Natur. Zum Beispiel wurde immer wieder die Zulässigkeit einer Ableitung von kulturellen Werten aus einer standardisierten Befragung nach Arbeitseinstellungen in Frage gestellt.[212] Hofstede wies jedoch darauf hin, dass sich in der Auswertung der erhobenen Daten Problembereiche ergaben, die allen untersuchten Ländern gemein sind, wofür jedoch länderspezifisch unterschiedliche Lösungen entwickelt wurden.[213] Dieser generelle Befund deckt sich mit den Annahmen und Theorien der anthropologischen Kulturforschung, weshalb Hofstede die Zulässigkeit seiner Ableitung von kulturellen Werten bestätigt sieht.[214] Weiterhin wurde darauf aufmerksam gemacht, dass die aus den Daten von 1968 und 1973 abgeleiteten Dimensionen möglicherweise Zeitartefakte der Untersuchungsperiode darstellen und heute in dieser Form keine Gültigkeit mehr besitzen.[215] Hofstede entgegnet hier, dass kulturelle Werte und damit auch kulturelle Unterschiede in der Geschichte verwurzelt seien und sich somit kaum schnell ändern. Außerdem unterliegen die Länder denselben geschichtlichen Einflüssen, so dass sich kaum Veränderungen in den relativen Unterschieden zwischen ihnen ergeben würden. Heutige Wiederholungsstudien bestätigen Hofstedes Ergebnisse.[216] Als

---

[209] Hofstede (2001a), S. 41; Thomas, A. (1993), S. 390; Sondergaard (1994), S. 449; Schmid (1996), S. 260; Smith, Dugan & Trompenaars (1996), S. 233; Podsiadlowski (2002), S. 44.

[210] Für einen guten Überblick über die Häufigkeit der Gutachten, Replikationen und Zitate hinsichtlich Hofstedes Studie siehe auch Sondergaard (1994).

[211] Vgl. Sondergaard (1994), S. 449.

[212] Vgl. Sondergaard (1994), S. 449; Schmid (1996), S. 260 ff.; Smith, Dugan & Trompenaars (1996), S. 234; Podsiadlowski (2002), S. 44.

[213] Vgl. Hofstede (1980a), S. 47; Hofstede (2001b), S. 16 ff.

[214] Vgl. Hofstede (2001a), S. 28 ff.

[215] Vgl. Sondergaard (1994), S. 449; Schmid (1996), S. 260 ff.; Smith, Dugan & Trompenaars (1996), S. 234; Podsiadlowski (2002), S. 44.

[216] Vgl. Harzing & Hofstede (1996), S. 308 f.; Hofstede (2001a), S. 34 ff. und S. 73; Hofstede (2002), S. 1358.

Alternative Konzeptualisierungen des Kulturphänomens 51

letzter wesentlicher Kritikpunkt soll noch die Beschaffenheit der Stichprobe genannt werden. Immer wieder wurde darauf hingewiesen, dass die Forschungspopulation aus Mitarbeitern nur eines einzigen Unternehmens bestand, eines Unternehmens, das für seine starke Unternehmenskultur bekannt ist, und daher eine Konfundierung der ermittelten Landeskulturen mit der Unternehmenskultur sowie anderen IBM-typischen Verhaltensweisen nicht ausgeschlossen werden kann.[217] Hofstede versuchte, diese Kritik von Anfang an zu entkräften, indem er auch Teilnehmer internationaler Managementseminare befragte, die nicht IBM-Mitarbeiter waren. Diese Untersuchungen bestätigten seine Ergebnisse. Darüber hinaus setzte Hofstede seine IBM-Daten mit länderspezifischen, externen Indikatoren, wie beispielsweise der Bevölkerungsdichte oder dem Bruttosozialprodukt in Verbindung und konnte über hohe Korrelationen zwischen diesen Indikatoren und seinen Dimensionen wiederum die Gültigkeit der auf den IBM-Daten basierenden Befunde bestätigen.[218]

Trotz aller Kritik bleibt festzuhalten, dass Hofstedes Untersuchung sowohl als Kulturuntersuchung im eigentlichen Sinne als auch hinsichtlich ihrer Bedeutung für das internationale Management einen wesentlichen Meilenstein in der Entdeckung der Bedeutung von Kultur und ihren Konsequenzen bildete und daher aus heutiger Sicht nicht mehr wegzudenken ist.

3.2.4 Kulturkonzept von Trompenaars

An dieser Stelle soll nun abschließend die Studie von Trompenaars diskutiert werden, die erstmals 1993 veröffentlicht wurde und erst mit einer Verzögerung von knapp 20 Jahren eine im Ansatz mit Hofstede vergleichbare Untersuchung von Kultur darstellt. Wie Hofstede versuchte auch Trompenaars, Unterschiede und Gemeinsamkeiten von Kulturen anhand mehrerer Dimensionen aufzuzeigen, wobei die Verbindung zwischen Kultur und Unternehmen im Vordergrund stand. Es handelt sich also um eine Studie, die explizit die Relevanz von Kultur für das Management zum Gegenstand hat.[219]

Wie auch Hofstede stützt Trompenaars seine Ergebnisse auf eine Befragung von Managern aus 50 Ländern, wobei er ebenfalls die schriftliche Befragung als Methode wählte. Seine Stichprobe umfasste bis zur ersten Veröffentlichung 1993 15.000 Mitarbeiter aus diversen Unternehmen, die sich bis zur zweiten Veröffentlichung 1997 auf 30.000 Mitarbeiter erhöht hatte. Während Hofstede seine Daten ausschließlich bei Mitarbeitern (unterschiedlicher Berufsgruppen und Hierarchieebenen) von IBM erhoben hatte, basierte die Untersuchung Trompenaars' jedoch auf Befragungen von Managern aus schließlich 30 Unternehmen.[220] Aber genauso wie bei Hofstede bestimmte auch bei Trompenaars der berufliche Hintergrund die Probandenauswahl. Er befragte Teilnehmer, meistens Manager, die bei ihm Kurse in interkul-

---

[217] Vgl. Sondergaard (1994), S. 449; Schmid (1996), S. 260 ff.; Smith, Dugan & Trompenaars (1996), S. 234; Podsiadlowski (2002), S. 44.

[218] Vgl. Hofstede (1980b), S. 44; Hofstede (2001a), S. 41 ff.

[219] Vgl. Trompenaars (1993), S. 1; Trompenaars & Hampden-Turner (1997), S. 1. Der Bezug von Kultur zum Management wird bei Trompenaars schon im Untertitel der Veröffentlichungen deutlich: „Understanding Cultural Diversity in Business".

[220] Vgl. Trompenaars & Hampden-Turner (1997), S. 1. Trompenaars erwähnt dabei, dass z.B. Unternehmen wie AT&T, Eastman Kodak, Glaxo, Motorola, Volvo und Wellcome zu der Untersuchung beigetragen haben.

52 Kultur: Begriff, Konzeptualisierungen und Erkenntnisse

turellem Training besuchten, womit seine gewählte Population deutlich „managementlastiger" als diejenige Hofstedes ist. Trompenaars gibt an, dass ca. 75% der Befragten zum Management gehören, während die verbliebenen 25% dem generellen Verwaltungspersonal zuzuordnen sind. Der Untersuchungszeitraum umfasste nach Trompenaars ungefähr 15 Jahre, in denen mehr als 1000 interkulturelle Trainingsseminare in 20 Ländern durchgeführt wurden.[221]

Wie auch die vorher genannten Autoren versteht Trompenaars Kultur als ein Bedeutungssystem, eine von einer Gruppe von Menschen geteilte Art und Weise, die Welt zu verstehen und zu interpretieren. Es sind die Normen und Werte, welche die Kultur einer bestimmten Gruppe konstituieren, wobei der grundlegendste Wert das Überleben darstellt. Jede kulturelle Gruppe hat sich geschichtlich so organisiert, dass sie bei gegebenen Ressourcen dieses Überleben am effektivsten bewerkstelligen kann, wobei die Essenz des Problemlösungsprozesses die jeweilige Kultur darstellt. Und da sich verschiedene Gruppen in den unterschiedlichen Regionen entwickelt haben, unterscheiden sie sich somit in ihren Problemlösungsprozessen.[222]

3.2.4.1 Trompenaars' Kulturdimensionen

Trompenaars entwickelte, obwohl man eher ‚übernahm' sagen müsste, aufgrund dieser Überlegungen sieben Dimensionen, nach denen sich Kulturen voneinander unterscheiden lassen und die sich in drei Kategorien aufteilen: 1) Beziehungen zu anderen Menschen, 2) Umgang mit der Zeit und 3) Beziehung zur Umwelt. Fünf der entwickelten Dimensionen gehören nach Trompenaars zur ersten Kategorie und orientieren sich sehr stark an den Beziehungsorientierungen von Parsons und Shils.[223] Die verbliebenen zwei Dimensionen entstammen der Konzeption von Kluckhohn und Strodtbeck.[224] Der von Trompenaars zu diesen Dimensionen entwickelte Fragebogen enthält 57 Items, obwohl unklar bleibt, woher diese Items stammen und auf welcher Basis sie den sieben Dimensionen zugeordnet wurden.[225] Die sieben Dimensionen sollen im Folgenden kurz beschrieben werden:

- *Universalismus versus Partikularismus*

  Nach Trompenaars spiegelt diese Dimension den Primat des Generellen gegenüber dem Primat des Spezifischen wider. Während der universalistische Ansatz eher der Aussage entspricht: „What is good and right can be defined and always applies", wird in partikularistischen Kulturen weit größere Aufmerksamkeit auf relationale Verpflichtungen und einzigartige Umstände gelegt. Universalisten legen großen Wert auf die Einhaltung von Regeln und stellen diese über zwischenmenschliche Beziehungen. Partikularisten hin-

---

[221] Vgl. Trompenaars (1993), S. 1; Trompenaars & Hampden-Turner (1997), S. 1 f.

[222] Vgl. Trompenaars (1993), S. 3 f.; Trompenaars & Hampden-Turner (1997), S. 3 ff.

[223] Vgl. Trompenaars & Hampden-Turner (1997), S. 8; Parsons & Shils (1951), S. 77 ff.. Die fünf „Mustervariablen", die nach Parsons und Shils alle menschlichen Aktivitäten bestimmen lauten: Affektivität versus affektive Neutralität (affectivity vs. affective neutrality), Selbstorientierung versus Kollektivitätsorientierung (self-orientation vs. collectivity-orientation), Universalismus versus Partikularismus (universalism vs. particularism), Zuschreibung versus Errungenschaft (ascription vs. achievment) und Spezifität versus Weitschweifigkeit (specifity vs. diffuseness).

[224] Vgl. Trompenaars & Hampden-Turner (1997), S. 26; Schmid (1996), S. 265.

[225] Vgl. Trompenaars (1993), S. 180. Das ursprünglich 79 Fragen umfassende Instrument wurde auf 57 Fragen reduziert.

Alternative Konzeptualisierungen des Kulturphänomens 53

gegen bewerten die spezifischen Umstände oder persönliche Hintergründe bei Entscheidungen aller Art höher als abstrakte soziale Codes oder Regeln. Folglich geht es ihnen weniger um allgemeine Gesetzmäßigkeiten als vielmehr um die Bedeutung einer spezifischen Situation vor dem Hintergrund spezifischer Beziehungen.[226]

- *Individualismus versus Kollektivismus*
  Diese Dimension ist im Grunde identisch mit der gleichnamigen Dimension von Hofstede. Hier ist die Frage zentral, ob sich Individuen bei ihren Entscheidungen an den eigenen Interessen ausrichten oder sich den Interessen eines Kollektivs unterordnen. Trompenaars betont jedoch, dass jeweils abhängig von den gegebenen Umständen in einer Situation individualistische und kollektivistische Tendenzen gleichzeitig auftreten können.[227]

- *Affektivität versus Neutralität*
  Diese Dimension bezieht sich nach Trompenaars auf das Wesen von Interaktionen, vor allem jedoch auf die Bedeutung von Gefühlen und Beziehungen in den Interaktionen. In „neutralen" Kulturen sind Geschäftsbeziehungen instrumenteller Natur und konzentrieren sich vor allem auf das Erreichen von Zielen. Rationales Handeln und diszipliniertes Verhalten steht im Vordergrund, wobei jedwede Emotionen absichtlich ausgeschlossen werden, da diese nur Verwirrung stiften. In „affektiven" Kulturen hingegen werden alle Beziehungen, auch die geschäftlichen, als menschliche Angelegenheiten gesehen und der freie Ausdruck sämtlicher möglicher Emotionen als angemessen betrachtet. In diesen Kulturen gehören nach Trompenaars zum Beispiel auch lautes Lachen, mit der Faust auf den Tisch hauen oder ein verärgertes Verlassen eines Konferenzraumes während Verhandlungen genauso mit zum Geschäft.[228]

- *Spezifität versus Diffusität*
  Diese Dimension betrifft nach Trompenaars das Maß der Betroffenheit eines Individuums durch eine bestimmte Situation oder Handlung, also den Grad, bis zu dem andere Personen sowohl in spezifischen Lebensbereichen als auch auf einzelne Persönlichkeitsmerkmale bezogen in Anspruch genommen werden, im Gegensatz zur diffusen Inanspruchnahme anderer Personen, die sich auf multiple Lebensbereiche und auf verschiedene Persönlichkeitsebenen gleichzeitig bezieht. In „spezifischen" Kulturen sind die verschiedenen Lebensbereiche wie Arbeit und Familie klar voneinander abgegrenzt, während sich in „diffusen" Kulturen die unterschiedlichen Lebensbereiche nicht voneinander trennen

---

[226] Vgl. Trompenaars (1993), S. 29 ff.; Smith, Dugan & Trompenaars (1996), S. 238; Schmid (1996), S. 265; Trompenaars & Hampden-Turner (1997), S. 8 und S. 29 ff.; Adler (2002), S. 64 f.

[227] Vgl. Trompenaars (1993), S. 47 ff.; Smith, Dugan & Trompenaars (1996), S. 238; Schmid (1996), S. 266; Trompenaars & Hampden-Turner (1997), S. 8 und S. 50 ff.; Schneider & Barsoux (2003), S. 42.

[228] Vgl. Trompenaars (1993), S. 63 ff.; Smith, Dugan & Trompenaars (1996), S. 238; Schmid (1996), S. 266; Trompenaars & Hampden-Turner (1997), S. 9 und S. 69 ff.

54 Kultur: Begriff, Konzeptualisierungen und Erkenntnisse

lassen. Hier wird die ganze Person in eine (Geschäfts-)Beziehung eingebracht, häufig ist dies in „diffusen" Kulturen sogar notwendige Vorraussetzung zum weiteren Verkehr.[229]

- *Zuschreibung versus Errungenschaft*

  Diese Dimension betrifft nach Trompenaars die Frage, ob eine Gesellschaft einem Individuum Status zuschreibt oder es sich diesen erwerben muss. Errungener Status basiert auf vorherigen eigenen Leistungen, während zugeschriebener Status sowohl auf Geburt, Verwandtschaft, Geschlecht, Alter, Religion u.v.m., als auch auf persönlichen Beziehungen und dem Bildungshintergrund basiert. Und obwohl in allen Gesellschaften Status erworben und zugeschrieben wird, so bevorzugen sie doch unterschiedliche Ausgangspunkte.[230]

- *Zeitverständnis*

  Gesellschaften unterscheiden sich nach Trompenaars, in starker Anlehnung an Kluckhohn und Strodtbeck, auch hinsichtlich ihres Verständnisses von Zeit. Nach Trompenaars verstehen manche Kulturen Zeit als Sequenz unterscheidbarer Ereignisse, die in der Vergangenheit, Gegenwart und Zukunft linear aufeinander folgen. In anderen Kulturen jedoch herrscht ein synchrones Zeitverständnis vor, in dem die Zeit zirkulär fließt und vor allem die Interdependenz der Zeitabschnitte im Vordergrund steht. Vergangenheit, Gegenwart und Zukunft werden nicht voneinander unterschieden.[231]

- *Beziehung zur Umwelt*

  Auch diese Dimension scheint mehr oder weniger bei Kluckhohn und Strodtbeck entnommen und drückt die Beziehung des Menschen zu seiner Umwelt aus bzw. beschreibt die Rolle, welche die Menschen ihrer natürlichen Umwelt zuweisen. Die verschiedenen Gesellschaften haben zwei Hauptorientierungen hinsichtlich ihrer Umwelt entwickelt, wobei sie entweder glauben, dass sie diese durch Aufzwingen ihres Willens kontrollieren können und sollten, oder jedoch davon ausgehen, dass die Menschheit ein Teil der Natur ist und sich ihren Gesetzen, Richtungen und Kräften fügen muss. Die erste Orientierung bezeichnet Trompenaars als nach innen gerichtet. In solchen Kulturen herrscht die Tendenz vor, sich mit Mechanismen zu identifizieren. Die Umwelt wird als „Maschine" betrachtet, die dem Willen ihres Bedieners unterworfen ist. Die zweite Orientierung bezeichnet Trompenaars dagegen als nach außen gerichtet. In diesen Kulturen wird die Umwelt als ein Teil und auch ein Produkt der Natur selbst angesehen, die ihre Entwicklung dem Nährboden der Natur verdankt und daher eine günstige ökologische Balance anstreben sollte. Hier stellt die Natur etwas dar, das gefürchtet oder zumindest nachgeahmt wird. Diese beiden Orientierungen reflektieren sehr stark die Beherrschungs- und Unterwerfungsorientierung von Kluckhohn und Strodtbeck.[232]

---

[229] Vgl. Trompenaars (1993), S. 73 ff.; Smith, Dugan & Trompnenaars (1996), S. 238; Trompenaars & Hampden-Turner (1997), S. 9 und S. 81 ff.; Schneider & Barsoux (2003), S. 40.

[230] Vgl. Trompenaars (1993), S. 92 ff.; Smith, Dugan & Trompenaars (1996), S. 238; Schmid (1996), S. 266 f.; Trompenaars & Hampden-Turner (1997), S. 9 und S. 102 ff.

[231] Vgl. Trompenaars (1993), S. 114 ff.; Schmid (1996), S. 267; Trompenaars & Hampden-Turner (1997), S. 120 ff.

[232] Vgl. Trompenaars (1993), S. 125 ff.; Trompenaars & Hampden-Turner (1997), S. 141. Es sei an dieser Stelle noch anzumerken, dass Trompenaars' Unterwerfungsorientierung ebenfalls Elemente der Harmonie-

Alternative Konzeptualisierungen des Kulturphänomens 55

In Trompenaars' Untersuchung konnten diese sieben Dimensionen tatsächlich unterschieden und faktorenanalytisch bestätigt werden. Im Unterschied zu Hofstede weist Trompenaars jedoch darauf hin, dass seine Dimensionen nicht bipolar konzipiert sind, so dass sich die verschiedenen kulturellen Standpunkte nicht gegenseitig ausschließen: „...we believe that cultures dance from one preferred end to the opposite and back." Trompenaars und Hampden-Turner gehen eher davon aus, dass eine Kulturkategorie immer bestrebt ist, auch ihr Gegenteil zu handhaben und dass die Wertedimensionen sich selbst zu Systemen organisieren, die neue Bedeutungen generieren. Aufgrund dieser angenommenen Oszillation zwischen den Dimensionspolen und der dynamischen Natur der Wertesysteme führt das Buch auch den Titel „Riding the Waves of Culture". Außerdem stimmen nach Trompenaars zwar die Dilemmata, mit denen alle Kulturen konfrontiert sind, miteinander überein, aber die Lösungen, die die Kulturen dazu finden, unterscheiden sich und zeichnen sich durch ein kreatives Integrieren auch von Gegensätzlichkeiten aus.[233]

3.2.4.2 Kritische Würdigung der Studie Trompenaars'

Ähnlich wie bei Hofstede kann auch die Untersuchung Trompenaars' nicht kritiklos hingenommen werden, da sie bei genauerer Betrachtung viele Fragen aufwirft. Zunächst einmal ist auch hier die Auswahl der Stichprobe problematisch, da die große Gefahr einer Selektionsverzerrung besteht. Es sind ja „nur" Personen befragt worden, die in den Seminaren zum interkulturellen Training von Trompenaars teilgenommen hatten. Weiterhin bleibt in beiden Veröffentlichungen offen, warum und wie Trompenaars zu gerade sieben Dimensionen gelangt, anhand derer sich Kulturen unterscheiden können. Ebenso bleibt unklar, warum Trompenaars mit seinen Dimensionen von den Dimensionen Kluckhohn und Strodtbecks oder Hofstedes abweicht. Auch gibt er keine Erklärungen, wie man die Ergebnisse über die Einordnung spezifischer Kulturen innerhalb der einzelnen Dimensionen interpretieren kann. Trompenaars verdeutlicht zwar, welche Zusammenhänge zwischen der kulturellen Ausprägung in einer Dimension und dem Management bestehen könnten, es handelt sich dennoch bei diesen, wie auch bei denjenigen von Hofstede, eher um Plausibilitätsüberlegungen. Auch wenn Trompenaars darzulegen versucht, dass die Kultur eines Landes zu Unterschieden im managementrelevanten Verhalten führt, kann er dennoch (natürlich) nicht nachweisen, in welchem Ausmaß es letztendlich die Kultur ist, welche die Unterschiede begründet. Insgesamt tragen die Arbeiten von Trompenaars weniger den Stempel des um gesicherte Erkenntnisse bemühten Wissenschaftlers, als den des um Anregungen und Impulse zum Verständnis von Kultur im Management besorgten Praktikers, diese sind die vorrangigen Adressaten der Veröffentlichungen Trompenaars'. Das muss zwar an sich kein Nachteil sein, sollte aber bei einer Verwendung der Dimensionen im wissenschaftlichen Kontext schließlich immer mit bedacht werden.

---

orientierung von Kluckhohn und Strodtbeck beinhaltet. Interessanterweise konnte er diese Dimension datentechnisch bestätigen, was die Bemerkung von Schwartz, dass es heutzutage im Grunde keine Kulturen mit einer Unterwerfungsorientierung in Bezug auf die Umwelt gäbe, weiterhin aushebelt.

[233] Vgl. Trompenaars & Hampden-Turner (1997), S. 27.

3.2.5 Zusammenfassende Betrachtung der Kulturkonzepte

Ausgehend von der Definition von Kultur als von einer Gruppe von Menschen geteilte Lösungen der Probleme externer Anpassung und interner Integration wurden in der Vergangenheit die verschiedenen Kulturdimensionen entwickelt, die eine facettenreiche inhaltliche Beschreibung von Kultur ermöglichten und anhand derer sich die verschiedenen kulturellen Gruppen unterscheiden lassen. Obwohl eine Vielzahl an Studien zu Kultur und kulturellen Unterschieden existiert, stellen die erwähnten die bekanntesten und einflussreichsten dar. Vor allem die Konzeptionen von Kluckhohn und Strodtbeck und Hofstede haben die Wissenschaft und die Praxis am nachhaltigsten geprägt. Es fällt auf, dass Kluckhohn und Strodtbecks Arbeit und ihre Wurzeln die Auswahl und Bestimmung der Dimensionen anderer Kulturkonzepte stark beeinflusst hat und daher Überschneidungen auftreten. Zum Beispiel finden sich Elemente der relationalen Orientierung von Kluckhohn und Strodtbeck sowohl in Hofstedes Individualismus-Kollektivismus-Konzept und der Machtdistanzdimension als auch in Trompenaars' Individualismus-Kommunitarismus- und Errungenschaft-Zuschreibungs-Dimension wieder. Ebenso spiegeln sich Elemente der Aktivitätsorientierung von Kluckhohn und Strodtbeck in Hofstedes Maskulinitäts-Femininitäts-Dimension wider. Auch in den Schwartz'schen Kulturdimensionen mit den zugehörigen Wertetypen lassen sich einige Orientierungen von Kluckhohn und Strodtbeck wieder finden, so beinhaltet zum Beispiel die Hierarchie-Egalitarismus-Dimension ähnliche Konzeptionen wie die relationale Orientierung und die Beherrschung-Harmonie-Dimension ist beinahe mit der Umweltorientierung von Kluckhohn und Strodtbeck identisch.

3.2.5.1 Kriterien zum Vergleich der Kulturkonzepte

Wollte man nun jedoch die Kulturkonzepte hinsichtlich ihrer Verwendbarkeit im wissenschaftlichen Kontext miteinander vergleichen, so fallen drei wesentliche Punkte ins Auge, die bei einer Auswahlentscheidung unbedingt in Betracht gezogen werden müssen.

Zum einen stellt sich die Frage nach der Basis oder Fundierung einer Konzeption von Kultur. Während Kluckhohn und Strodtbecks Arbeit auf Theorien und Erkenntnissen der anthropologischen Kulturforschung aufbauen, aus denen dann die kulturellen Orientierungen theoretisch hergeleitet wurden, und Schwartz seine Dimensionen ebenfalls auf die Kulturanthropologie stützte, aber auch aus den Theorien und Erkenntnissen der Werteforschung ableitete, wurden Hofstedes Dimensionen empirisch hergeleitet, ohne dass eine theoretische Vorabkonzeptualisierung stattgefunden hat. Aus den erhobenen Daten kristallisierten sich die Dimensionen heraus, anhand derer sich Kulturen voneinander unterscheiden lassen. Trompenaars schließlich bediente sich vorhandener Kulturdimensionen, die empirisch bestätigt wurden, ohne jedoch deren theoretische oder konzeptionelle Herkunft differenziert zu thematisieren.

Zum zweiten ist die Konzeptualisierung der Kulturdimensionen für Analyse- und Interpretationszwecke von großer Bedeutung. Während die Dimensionen von Schwartz und Hofstede als Kontinua mit entgegen gesetzten, sich gegenseitig ausschließenden Polen konzipiert sind, macht Trompenaars darauf aufmerksam, dass dies bei seinen Dimensionen nicht der Fall ist und zur Generierung von Sinn und Bedeutung die kulturellen Standpunkte zwischen den Polen oszillieren können. Die kulturellen Werteorientierungen von Kluckhohn und Strodtbeck dagegen sind als voneinander unabhängige einzelne Dimensionen oder Variationen konzipiert, die sich in ihren Ausprägungen voneinander unterscheiden können, aber immer alle gleichzeitig Geltung besitzen und sich nicht gegenseitig ausschließen. Auch wenn bezweifelt werden kann, dass die Variationen der Werteorientierungen Kluckhohn und Strodtbecks tatsächlich unabhängig voneinander sind, so sind sie doch per Konzeption so aufgestellt, dass sie sich nicht gegenseitig ausschließen. Damit wird eine genauere Analyse von Kultur möglich.

Und zum dritten spielt bei der Verwendung von Kulturkonzepten die Betrachtungs- oder Analyseebene eine wichtige Rolle. „Kultur" ist zwar ein Gruppenebenen-Phänomen, beeinflusst aber individuelle Wahrnehmungen, Werte und Verhalten besonders in Hinblick auf soziale Interaktionen. In der interkulturellen Forschung stellt genau dies ein grundlegendes Dilemma dar. Welche Analyseebene ist nun zum Verständnis von kulturellen Einflüssen auf (Arbeits-)Verhalten angemessen?[234] In Untersuchungen kultureller Werte werden Individuen miteinander verglichen, in Untersuchungen von Kulturen dagegen werden ganze Gesellschaften miteinander verglichen. Und wenn Kulturstudien auf quantifizierten Daten basieren, die statistisch behandelt werden müssen, entsteht ein Problem, das bei einer Untersuchung von Werten auf Individualebene nicht auftritt, nämlich die simultane Analyse von Daten sowohl auf der individuellen als auch auf der gesellschaftlichen oder Gruppenebene.[235] Einige Daten werden auf Gesellschaftsebene erhoben, wie z.B. die Bevölkerungsdichte oder das Bruttosozialprodukt. Die meisten Kultur vergleichenden Studien verwenden jedoch darüber hinaus Daten von Individuen innerhalb der Kulturen, zum Beispiel in Form von Fragebogenantworten. Wollte man jetzt die Beziehung zwischen zwei Variablen, die von einzelnen Individuen innerhalb verschiedener Gesellschaften stammen, zum Beispiel mittels eines Korrelationskoeffizienten messen, könnte man zwischen verschiedenen Alternativen wählen. Zum einen könnte man eine globale Korrelation über alle Individuen hinweg errechnen, egal aus welcher Gesellschaft sie stammen. Zum zweiten könnten diverse „Within-System"-Korrelationen (also innerhalb der Gesellschaften) über jene Individuen hinweg errechnet werden, die zur jeweiligen Gesellschaft gehören. Und zum dritten können „Between-System"-Korrelationen (also zwischen den Gesellschaften) errechnet werden, die auf den Mittelwerten der Variablen für jede einzelne Gesellschaft basieren. Diese Art von Zusammenhängen werden auch ökologische Korrelationen genannt.[236] Für Daten, die nur auf der Gesellschaftsebene erhoben werden, können offensichtlich auch nur die ökologischen Korrelationen errechnet werden. Das Problem individueller Daten innerhalb verschiedener Gesellschaften besteht nun darin, dass die verschiedenen Typen von Korrelationen in den meisten Fällen ungleich sind und damit eine erhebliche Interpretations- und Schlussfolgerungsschwierigkeit entsteht. Die Verwirrung von ökologischen und „Within-System"-Korrelationen wird gemeinhin auch der „ökologische Fehler" genannt und bezeichnet den Fall, dass die ökologische Korrelation so interpretiert wird, als wäre sie eins zu eins auf Individuen übertrag- und

---

[234] Vgl. Maznevski et al. (2002), S. 275; Earley & Gibson (2002), S. 8.
[235] Vgl. Hofstede (2001a), S. 15; Earley & Gibson (2002), S. 10.
[236] Vgl. Hofstede (2001a), S. 16.

58 Kultur: Begriff, Konzeptualisierungen und Erkenntnisse

anwendbar.[237] Im Kontext kultureller Untersuchungen bedeutet dies einen Versuch, Phänomene auf der individuellen Ebene, wie Einstellungen oder Verhalten, mit dem Gruppenebenenphänomen der Kultur zu erklären. Eine Erklärung dieser Art ist jedoch nicht zulässig, da Kultur eine Eigenschaft von Gruppen oder Gesellschaften ist und ihre Effekte auf individuelle Merkmale höchst indirekt und zusätzlich mit anderen gesellschaftlichen Attributen, wie zum Beispiel dem ökonomischen System, konfundiert ist.[238] Zum anderen tritt in Kultur vergleichenden Studien jedoch auch häufig der „umgekehrte ökologische Fehler" auf, der den Fall charakterisiert, in dem von Variablen, die auf individueller Ebene erhoben wurden, auf ökologische Indizes geschlossen wird. Dies ist zum Beispiel immer dann der Fall, wenn ganze Kulturen anhand von Indizes, die auf individueller Ebene konstruiert wurden, miteinander verglichen werden.[239] Aber auch ein solcher Schluss ist nicht zulässig. Hier liegt ein Forschungsparadigma zugrunde, in dem Kulturen kategorisiert und behandelt werden, als wären sie Individuen. Aber Kulturen sind eben keine überdimensionierten Individuen. Sie sind Ganzheiten, deren interne Logik nicht auf die gleiche Art und Weise wie die Dynamiken der Persönlichkeit von Individuen verstanden werden kann. Öko-Logik unterscheidet sich von individueller Logik.[240] Es lässt sich also insgesamt festhalten, dass die Kulturforschung im Allgemeinen und die internationale oder interkulturelle Managementforschung im Besonderen mit einem Dilemma konfrontiert ist. Zum einen müssen die Muster individueller Merkmale oder Ergebnisse, die aus der Zugehörigkeit zu den verschiedenen Kulturen in der Welt resultieren, verstanden werden, so dass interkulturelle Begegnungen effektiv und mit größtmöglichem Nutzen gestaltbar sind. Zum anderen jedoch hat die Forschung hinsichtlich des Einflusses von Kultur auf die Gesamtmuster gesellschaftlichen Funktionierens bisher noch nicht genügend Varianz einfangen können, um daraus wiederum in der Lage zu sein, verlässliche Empfehlungen für den jeweiligen Umgang mit Kultur abzugeben. Für die Verwendung von Kulturkonzepten im wissenschaftlichen Kontext sollte also der Fokus der Betrachtung genau eingegrenzt sein, damit die Analyseebenen nicht gemischt werden. Sollen ganze Kulturen identifiziert und miteinander verglichen werden, können dafür nur Daten auf der Gruppen- oder Kulturebene verwendet werden oder aber es werden großzahlige, viele Regionen und Gesellschaften umspannende Erhebungen individueller Daten vorgenommen, deren Stichprobenumfänge pro Region oder Kultur groß genug sind, um die Daten so zu aggregieren, dass Schlussfolgerungen auf Kulturebene wieder zulässig werden. Da Hofstede, Trompenaars und Schwartz ihre Kulturdimensionen auf diese Art und Weise hergeleitet haben, bietet sich eine Verwendung ihrer Kulturkonzeptionen also vor allem für eine Behandlung von Kultur auf Länder- oder Gesellschaftsebene an. Hofstede und Schwartz weisen sogar explizit auf das Problem der Analyseebenen hin und machen jeden Anwender schon von vornherein darauf aufmerksam, dass sich ihre identifizierten Kulturdimensionen „nur" auf die Ebene ganzer Gesellschaften übertragen lassen.[241] Sollen jedoch umgekehrt individuelle Verhalten, Einstellungen oder sonstige Attribute mit der Zugehörigkeit zu bestimmten Kulturen erklärt werden, muss Kultur auf individueller Ebene operationalisiert

---

[237] Vgl. Hofstede (2001a), S. 16; Earley & Gibson (2002), S. 10.
[238] Vgl. Earley & Gibson (2002), S. 10; Maznevski, Gibson & Kirkman (1998), S. 3.
[239] Vgl. Hofstede (2001a), S. 16; Earley & Gibson (2002), S. 11.
[240] Vgl. Hofstede (2001a), S. 17; Maznevski, Gibson & Kirkman (2003), S. 3.
[241] Vgl. Hofstede (2001a), S. 463; Schwartz (1999), S. 24.

Alternative Konzeptualisierungen des Kulturphänomens 59

und erhoben werden, um nicht den ökologischen Fehler zu begehen. Hier bietet sich vor allem das Konzept der kulturellen Werteorientierungen von Kluckhohn und Strodtbeck an, da Werte oder Werthaltungen, zwar als Kernelemente von Kultur, jedoch als individuelle Merkmale in den Fokus der Betrachtung gestellt werden.

3.2.5.2 Die kulturellen Werteorientierungen von Kluckhohn und Strodtbeck als Grundlage der vorliegenden Untersuchung

Kluckhohn und Strodtbecks Konzept der kulturellen Werteorientierungen soll in der vorliegenden Untersuchung als Grundlage für die Untersuchung multikultureller Gruppenarbeit dienen. Es bietet sich besonders an, da erstens die Individuen eindeutig als „Halter" von Präferenzen für die kulturellen Variationen identifiziert werden und kulturelle Muster ja definiert sind als Muster zwischen den Präferenzen von Individuen.[242] Dies erlaubt, dass Annahmen und Hypothesen auf einer individuellen Analyseebene überprüft werden können, um dann für Aussagen auf Gruppenebene die Maße zur Beschreibung von Kulturen zu aggregieren und Variationen sowohl innerhalb als auch zwischen den Gruppen zu untersuchen. Für das vorliegende Projekt sind die Variationen oder auch die Vielfalt innerhalb einer Arbeitsgruppe von vorrangigem Interesse.

Zweitens sind die Dimensionen, selbst innerhalb der Orientierungen, als voneinander unabhängig konzipiert.[243] Dies erlaubt eine Analyse von Kultur auf eine differenziertere Art und Weise, als es ein weniger komplexes, bipolar konzeptualisiertes Kulturkonzept ermöglichte. Zum Beispiel wird hier nicht von vornherein ausgeschlossen, dass Individuen zwei Variationen innerhalb einer Orientierung zustimmen, was ein Verständnis kultureller Unterschiede fördern kann. Es wird damit die Möglichkeit offen gelassen, dass vielleicht zwischen Individuen, die zwei Variationen zustimmen, und jenen, die nur einer Variation zustimmen, systematische Verhaltensunterschiede bestehen. Das Aufdecken solcher Verhaltensunterschiede ist bei Verwendung einer bipolaren Kulturkonzeption schlicht unmöglich.

Und drittens fokussiert das Konzept der kulturellen Werteorientierungen sowohl darauf, wie Individuen glauben, auf welche Art und Weise die Welt funktionieren sollte (normativer Aspekt, z.B. welche Rolle die Menschen in ihrer kulturellen Gemeinschaft zu erfüllen haben), als auch auf die individuellen Annahmen darüber, wie die Welt tatsächlich funktioniert (deskriptiver Aspekt, z.B. welche Merkmale erfolgreiche Mitglieder der kulturellen Gemeinschaft aufweisen).[244] Solche Annahmen oder Werte sind natürlicherweise eine Reflexion der Kultur, der diese Personen angehören; und als solche berichten sie ihre Kultur. Die kulturellen Werteorientierungen fassen darüber hinaus ebenso die individuellen Annahmen über die soziale Organisation und über Elemente außerhalb des einzelnen Individuums zusammen, wobei sie als Wahrnehmungsfilter dienen, die Informationen und potenzielle Verhaltensoptionen überprüfen und Skripte für soziale Interaktionen bereithalten.[245]

---

[242] Vgl. Kluckhohn & Strodtbeck (1961), S. 5; Maznevski et al. (2002), S. 278.
[243] Vgl. Kluckhohn & Strodtbeck (1961), S. 10 und S. 31.
[244] Vgl. Maznevski et al. (2002), S. 278.
[245] Vgl. Maznevski & Peterson (1997), S. 63; Maznevski et al. (2002), S. 279.

Die Anwendung des Konzeptes der kulturellen Werteorientierungen bietet also eher als die drei anderen Kulturkonzepte die Möglichkeit, individuelles Verhalten in interkulturellen Situationen zu verstehen und über die Erfassung von kulturellen Variationen zwischen den Mitgliedern einer Arbeitsgruppe die differentiellen Aus- und Wechselwirkungen dieser Verschiedenheit, also der kulturellen Vielfalt, genauer zu erkennen und zu interpretieren.

Nachdem nun geklärt wurde, was sich genau unter dem Begriff „Kultur" verstehen lässt und auf welche Art und Weise diese ihren Niederschlag im Verhalten und in der Zusammenarbeit von Personen unterschiedlicher kultureller Herkunft finden kann, sollen im folgenden Kapitel zunächst die allgemeinen Grundlagen der Gruppenforschung näher betrachtet werden. Denn auch wenn multikulturelle Arbeitsgruppen eine Sonderform von Arbeitsgruppen mit spezifischen Eigenheiten darstellen, so darf nicht angenommen werden, dass kulturelle Unterschiede in einer Arbeitsgruppe die primäre Problemquelle darstellen. Die einer multikulturellen Arbeitsgruppe zu Grunde liegenden Unterschiede sind „usually a secondary rather than primary area of analysis, since the majority of problems multicultural teams face are similar to any other team."[246] Deshalb sollen im Folgenden erst einmal die generellen Mechanismen der Gruppenarbeit elaboriert und erst im Anschluss daran die Besonderheiten, die sich durch Vielfalt in der Gruppenzusammensetzung ergeben, aufgezeigt werden.

---

[246] Rhinesmith (1993), zitiert in Werner (1995), S. 16.

4 Gruppenarbeit: Konzeptualisierungen und Erkenntnisse

Als das für die vorliegende Untersuchung relevante zweite große Forschungsfeld werden im Folgenden die wesentlichen Erkenntnisse der Gruppenforschung dargestellt, wobei der Fokus der Betrachtung zunächst auf den Effektivitätsmodellen der Gruppenarbeit liegt. Von zentralem Interesse sind dabei die erfolgsbestimmenden Merkmale der Zusammenarbeit in Arbeitsgruppen, woraus später Hinweise zur Konzeption der vorliegenden Untersuchung abgeleitet werden sollen.

4.1 Effektivitätsmodelle der Gruppenarbeit

Im folgenden Abschnitt werden die in Anlehnung an die Literatur prominentesten ganzheitlichen Erklärungsmodelle der Teameffektivität[247] vorgestellt und im Anschluss daran die bisherigen Befunde zu den Komponenten der Modelle überblicksartig zusammengefasst. Die Effektivitätsmodelle zielen darauf ab, Wissen darüber zu generieren, was tatsächlich in Arbeitsgruppen passiert und dann konsequenter Weise auch darauf, Generalisierungen über die Verbindungen zwischen den verschiedenen Merkmalen von Arbeitsgruppen und ihrem Kontext zu entwickeln, die zu Prognosezwecken der Effektivität gegenwärtiger und zukünftiger Arbeitsgruppen genutzt werden können.[248]

4.1.1 Modell der Gruppeneffektivität nach McGrath

Als das in der Gruppenforschung grundlegendste Modell zur Organisation und Systematisierung von Gruppenphänomenen gilt das auf der folgenden Seite graphisch veranschaulichte Input-Prozess-Output-Modell von McGrath zur Analyse von Gruppenverhalten und Gruppenleistung.[249]

---

[247] Es sei an dieser Stelle anzumerken, dass bei der Beschreibung der Teammodelle der Begriff der Effektivität nicht im strengen betriebswirtschaftlichen Sinne verwendet wird (als Grad der Zielerreichung), sondern in Anlehnung an die englische Terminologie im Zusammenhang mit Gruppenerfolg. Hier spricht man überwiegend von „team" oder „group effectiveness". Bei der Erarbeitung des Bezugsrahmens für die vorliegende Untersuchung werden jedoch die Erfolgsmaße im Einzelnen elaboriert und von da an einheitlich wieder verwendet.

[248] Vgl. Hackman (1987), S. 316; Högl (1998), S. 22; Podsiadlowski (2002), S. 75.

[249] Vgl. Hackman (1987), S. 316; Högl (1998), S. 23; Campion, Medsker & Higgs (1993), S. 829; Podsiadlowski (2002), S. 75.

Abbildung 4-1: Modell der Arbeitsgruppeneffektivität nach McGrath

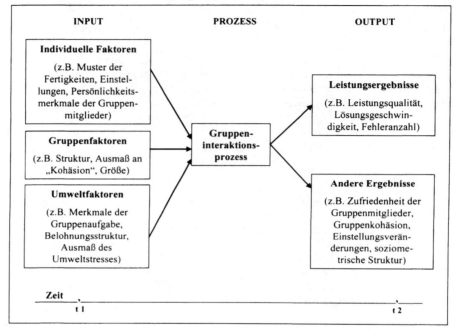

Es klassifiziert sowohl Input- als auch Output-Variablen, wobei die Input-Variablen explizit auf drei, aber auch die Outputvariablen auf verschiedenen Analyseebenen betrachtet werden: Zum einen werden Merkmale auf individueller Ebene betrachtet, solche, die die einzelnen Gruppenmitglieder beschreiben. Zum zweiten werden Merkmale auf Gruppenebene in Betracht gezogen, dies sind solche, die die Gruppe als Ganzes beschreiben und schließlich wird zum dritten auch die Umweltebene mit einbezogen. Hier werden solche Merkmale untersucht, die die Umwelt beschreiben, in der die Arbeitsgruppe operiert. Das Schlüsselmerkmal des Modells betrifft die Grundannahme, dass Input-Merkmale die Gruppenoutputs über die Interaktionen zwischen den Gruppenmitgliedern beeinflussen. Diese Richtungsbestimmung ist als ausschließliche konzeptualisiert, die Interaktionsprozesse in der Gruppe mediieren den Zusammenhang zwischen den Input- und den Output-Variablen vollständig. Dabei besteht der Interaktionsprozess aus allen beobachtbaren interpersonellen Verhaltensweisen innerhalb der Arbeitsgruppe zwischen zwei definierten Zeitpunkten t_1 und t_2. Im Prinzip ist es damit möglich, alle relevanten Variablen zu jedem Zeitpunkt zu erheben, was Veränderungen im Zustand des Systems über eine spezifizierte Zeitperiode zu erkennen erlaubt. Außerdem können damit ergebnisbeeinflussende Variablen durch Gruppenvergleiche genauer identifiziert werden.[250] Wenn zum Beispiel eine hoch kohäsive Gruppe in einer

---
[250] Vgl. McGrath (1964), S. 69 ff.

Effektivitätsmodelle der Gruppenarbeit   63

bestimmten Aufgabe (Input zu t_1) eine bessere Leistung erzielt (Output zu t_2) als eine gering kohäsive Gruppe, dann sollte es möglich sein, die Leistungsunterschiede durch einen Vergleich der Interaktionsprozesse beider Gruppen zu erklären. Es wird außerdem ersichtlich, dass mit zunehmender Zeit, die zwischen t_1 und t_2 vergeht, die Analyse des Interaktionsprozesses als Mediator zwischen Input und Output an Komplexität ebenfalls zunimmt.[251] Ein wesentlicher Punkt in der Konzeption von McGrath ist außerdem, dass sich der Input-Prozess-Output-Zyklus ständig wiederholt. Die durch einen vorhergehenden Interaktionsprozess bewirkten Outputs beeinflussen ihrerseits die neuen Inputs, die auf den nächsten Interaktionsprozess einwirken, der wiederum die nächsten Outputs bestimmt. Die Einbeziehung des Faktors Zeit bringt eine starke dynamische Komponente in das Modell hinein, so dass die auf den ersten Blick so eindeutige Flussrichtung des Modells damit ebenfalls wesentlich komplexer wird.[252]

Nach Hackman teilen die meisten der in diesem Bereich arbeitenden Wissenschaftler die Annahme McGraths, dass Prozesse die Beziehungen zwischen Input und Output mediieren. Zum Beispiel sei man anhand dieses Modells zu einem verbesserten Verständnis der Struktur von typischen Gruppenprozessen gelangt, ebenso konnten Zusammenhänge zwischen Input und Prozessen, mit besonderer Aufmerksamkeit auf den Variablen der Gruppenzusammensetzung, empirisch gut nachgewiesen werden. Weitere Forschungsbemühungen, die den Zusammenhang zwischen Prozessen und Ergebnissen untersuchten, fokussierten dabei besonders den Einfluss von Gruppeninteraktionen auf Einstellungen, Glauben und Verhalten der einzelnen Gruppenmitglieder und auf die Art und Weise, wie die Interaktionen die Ergebnisse von Entscheidungsfindungen und Problemlösungen beeinflussten.[253] Und auch in Bezug auf die direkten Beziehungen zwischen Input und Output wurde viel Forschungsarbeit geleistet, jedoch konnten laut Hackman bei diesen Untersuchungen nicht so viele Erkenntnisse gewonnen werden wie bei den vorherigen. Allerdings kristallisierten sich bei der Erforschung der Input-Output-Beziehungen zwei Merkmale heraus, die für die Entwicklung eines handlungsorientierten Modells der Gruppeneffektivität wichtige Implikationen bereithalten, nämlich zum einen die Erkenntnis, dass die festgestellten Beziehungen zwischen Input und Output substanziell von den Eigenschaften der von der Gruppe zu erledigenden Aufgabe abhängen und zum anderen, dass auf die Interaktionsprozesse, welche die Beziehung zwischen Input und Output mediieren sollten, hauptsächlich geschlussfolgert, die gesamte Kette jedoch kaum getestet wurde. Nach Hackman hat die empirische Erfassung der mediierenden Rolle von Gruppenprozessen bis zu dem Zeitpunkt so gut wie nicht stattgefunden.[254] Es stellte sich also immer noch die Frage, welche Rolle genau die Gruppeninteraktionsprozesse bei der Transformation von Inputzuständen in Ergebniszustände, nämlich die Leistung der Gruppe, spielen.[255]

Eine grundlegende Prämisse der traditionellen Input-Prozess-Output Modelle betrifft den Einfluss der Inputvariablen auf die Gruppenleistung durch ihre Effekte auf die dazwischen

---

[251] Vgl. Hackman (1987), S. 317; Högl (1998), S. 23.
[252] Vgl. McGrath (1964), S. 69 ff.
[253] Vgl. Hackman (1987), S. 317. Hackman fasst hier überblicksartig einzelne Studien zusammen.
[254] Vgl. Hackman (1987), S. 318.
[255] Vgl. Hackman (1987), S. 320.

liegenden Interaktionen der Gruppenmitglieder. Und obwohl Alternativen nach Hackman nur schwer denkbar sind, bezweifelt er dennoch, dass die Interaktionsprozesse die alleinige Determinante für die Vielzahl verschiedener Ergebnisse der Gruppenzusammenarbeit darstellen.[256] Hackman weist darauf hin, dass es noch mindestens zwei Alternativen gibt, die zu einem verbesserten Verständnis der Rolle des Gruppeninteraktionsprozesses führen können.[257]

Abbildung 4-2: Mögliche Input-Prozess-Output-Beziehungen nach Hackman

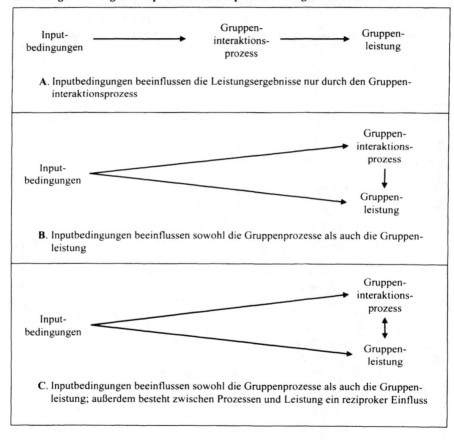

Teil A der Abbildung 4-2 zeigt das traditionelle Modell. Anstelle dessen propagiert Hackman das in Teil B dargestellte Modell, in dem sowohl die Gruppenprozesse als auch die

---

[256] Vgl. Hackman (1987), S. 320.
[257] Vgl. Hackman (1987), S. 321.

Effektivitätsmodelle der Gruppenarbeit 65

Gruppenleistung Konsequenzen davon sind, wie die Gruppe eingerichtet ist und wie sie geleitet wird. Bei dieser Betrachtung haben Gruppen, die vernünftig gestaltet und gut unterstützt werden, eine höhere Chance, sowohl in den Prozessen als auch in den Ergebnissen Hervorragendes zu leisten, als schlecht eingerichtete Gruppen mit einem weniger unterstützenden organisationalen Kontext. Die Qualität der Gruppenprozesse ist in diesem Modell wohl mit der Gruppenleistung korreliert, jedoch stellt sie nicht deren alleinige Bestimmungsgröße dar.

Eine dritte Alternative möglicher Input-Prozess-Output-Beziehungen ist in Teil C der Abbildung 4-2 dargestellt. Hier beeinflussen Inputbedingungen ebenfalls sowohl Gruppenprozesse als auch Gruppenleistung, jedoch wird eine reziproke Beeinflussung beider zusätzlich in Betracht gezogen. Das Modell suggeriert, dass die Gruppeninteraktionen den Einfluss der Inputbedingungen auf die Gruppenleistung tatsächlich mediieren, dass aber ebenso auch die Gruppenergebnisse die Gruppeninteraktionen beeinflussen. Hackman begründet diese letztgenannte Vermutung damit, dass Arbeitsgruppen in Unternehmen typischerweise viele Leistungsepisoden oder Aufgabenzyklen durchlaufen, wobei sich für die Gruppeninteraktionen viele Gelegenheiten ergeben, sich davon beeinflussen zu lassen, wie gut die Gruppe ihre Arbeit erledigt.[258] In der Konsequenz deckt sich diese Annahme zum Teil mit den sich wiederholenden Input-Prozess-Output-Zyklen der Konzeption von McGrath, lässt aber darüber hinaus eine direkte Beziehung zwischen Input und Output zu, die vom Gruppenprozess unberührt bleibt. Allerdings wird eine Rückwirkung der Gruppenleistung und des Gruppeninteraktionsprozesses auf die Inputbedingungen von Hackman der Einfachheit halber nicht konzeptualisiert.

Aus der Erkenntnis, dass die Gruppeninteraktionen die Bühne für den Erfolg oder Misserfolg von Gruppenarbeit darstellen, lassen sich nach Hackman zwei Schlussfolgerungen ziehen. Zum einen wird ersichtlich, dass der Gruppeninteraktionsprozess als Indikator dafür dienen kann, wie eine Gruppe ihre Aufgaben erledigt und auch dafür, mit welcher Güte sie ihre Arbeit erledigt. Der Gruppeninteraktionsprozess fungiert quasi als Fenster, durch welches die Gruppe bei ihrer Arbeit beobachtbar ist. Und zum zweiten wird deutlich, dass die Gruppeninteraktion eine potenzielle Quelle von „Gruppensynergie" darstellt, wobei die Synergie aus den Interaktionen zwischen den Gruppenmitgliedern in Gruppenergebnissen resultieren kann, die sich deutlich von solchen unterscheiden, die durch reines Aufaddieren der Beiträge der individuellen Gruppenmitglieder erreicht werden können.[259]

Obwohl nach Hackman die deskriptiv-erklärende Forschung zum Gruppenverhalten ein gutes generelles Verständnis der Dynamik in Arbeitsgruppen erzielen konnte und auch sichere Befunde über die empirischen Assoziationen zwischen den verschiedenen Input-, Prozess- und Outputvariablen gewonnen wurden, so waren die Forschungsbemühungen dennoch weniger erfolgreich in der Generierung von Wissen, das zum Management von erfolgreichen Arbeitsgruppen nützliche Hinweise hätte liefern können. Um diesen Mangel zu

---

[258] Vgl. Hackman (1987), S. 321.

[259] Vgl. Hackman (1987), S. 322. Der Begriff Synergie stammt ursprünglich aus dem Griechischen – synergein – und steht dort für „zusammenwirken". In den verschiedenen Wissenschaften spricht man von Synergie, wenn beim Zusammenwirken mehrerer Elemente die resultierende Wirkung größer ist als die Summe der Einzelwirkungen.

66 Gruppenarbeit: Konzeptualisierungen und Erkenntnisse

beheben entwickelte Hackman seinerseits ein alternatives, handlungsorientiertes Modell der Gruppeneffektivität, dessen Ansatz ein normativer ist, wobei jene Faktoren besonders betont werden, die anstelle einer bloßen Beschreibung von Gruppenverhalten in bestimmten Situationen zur Verbesserung der Gruppenleistung und ihrer Effektivität dienen können.[260]

4.1.2 Normatives Modell der Arbeitsgruppeneffektivität nach Hackman

Das Modell der Arbeitsgruppeneffektivität von Hackman stellt einen Versuch der Verbindung zwischen dem Verständnis von Gruppenverhalten einerseits und den möglichen Handlungsimplikationen zur Verbesserung der Gruppenleistung andererseits dar. Ziel ist die Identifikation von Faktoren, die am stärksten die Aufgabeneffektivität einer Gruppe erhöhen oder senken, wobei die Faktorenidentifikation auf eine Art und Weise geschehen soll, welche die Chancen für konstruktive Veränderungen erhöht. Der Geltungsbereich des Modells umfasst Arbeitsgruppen in Unternehmen, welche die in Abschnitt 2.1 genannten Definitionskriterien erfüllen.

Zur Bestimmung der Effektivität von Arbeitsgruppen nimmt Hackman die Perspektive der Organisation ein, die Arbeitsgruppen einsetzt, um Aufgaben, die eine einzelne Person nicht mehr alleine bewältigen kann, zu erledigen. Dabei weist er darauf hin, dass es bei den meisten organisationalen Aufgaben keine richtigen oder falschen Ergebnisse gibt und dass bei einer Bewertung der Effektivität von Gruppen ebenso die Tatsache in Betracht gezogen werden muss, dass die Gruppenmitglieder oft weit über ihr Gruppenarbeitsengagement hinaus miteinander in Beziehung stehen, so dass Geschehnisse innerhalb der Gruppenarbeit einen substanziellen Einfluss auf ihre Bereitschaft und ihre Fähigkeit haben können, weiterhin miteinander in einer Gruppe zu arbeiten.[261]

Vor dem Hintergrund dieser Überlegungen entwickelt Hackman drei Kriterien zur Erfassung der Gruppeneffektivität, ein ökonomisches, ein soziales und ein persönliches. Das erste bezieht sich auf die tatsächlichen Ergebnisse der Gruppenarbeit (ökonomisch), das zweite auf den Zustand der Gruppe als Arbeitseinheit (sozial) und das dritte betrifft den Einfluss der Gruppenarbeitserfahrung auf die individuellen Gruppenmitglieder (persönlich). Im Einzelnen beinhalten die Kriterien folgende Aussagen:

1. Das produktive Ergebnis der Arbeitsgruppe soll die Leistungsstandards der Personen in der Organisation, die die Ergebnisse erhalten und/oder bewerten müssen, erfüllen oder übertreffen (= ökonomisches Kriterium).

2. Die sozialen Prozesse, die zur Aufgabenerledigung verwendet werden, sollen die Fähigkeit der Gruppenmitglieder in folgenden Gruppenaufgaben miteinander zu arbeiten, aufrechterhalten oder verbessern (= soziales Kriterium).

3. Die Gruppenarbeitserfahrung sollte insgesamt gesehen die persönlichen Bedürfnisse der Gruppenmitglieder eher zufrieden stellen als frustrieren (= persönliches Kriterium).[262]

---

[260] Vgl. Hackman (1987), S. 322; Högl (1998), S. 26.
[261] Vgl. Hackman (1987), S. 323.
[262] Vgl. Hackman (1987), S. 323.

Effektivitätsmodelle der Gruppenarbeit

Ausgehend von diesen Kriterien entwickelt Hackman nun die Grundsatzhypothese, dass die Gesamtleistung von Arbeitsgruppen in Unternehmen eine gemeinsame Funktion ist von:

1. der Stärke der *kollektiven Bemühungen* der Gruppenmitglieder in der Aufgabenerledigung,

2. dem Umfang an *Wissen und Fertigkeiten*, das die Gruppenmitglieder in die Aufgabenerledigung einbringen und

3. der *Angemessenheit der Leistungsstrategien*, die eine Gruppe zur Aufgabenerledigung wählt.[263]

Diese Anforderungen nennt Hackman die Prozesskriterien der Effektivität. Es sind Hürden, die eine Gruppe nehmen muss, um im obigen Sinne effektiv zu sein. Er geht davon aus, dass die Prozesskriterien die Gruppeneffektivität maßgeblich beeinflussen und daher den wichtigsten Ansatzpunkt zur Gestaltung effektiver Gruppenarbeit darstellen. Hackman zeigt drei Kategorien von Input-Variablen auf, die aus Sicht der Organisation einen besonderen Einfluss auf die Prozesskriterien ausüben können und daher so gestaltet sein sollten, dass sich aufgabeneffektive Gruppenprozesse ganz natürlich entwickeln können.[264]

Zum einen nennt Hackman das Design von Arbeitsgruppen als Leistungseinheiten, wobei hier vor allem die Struktur der Gruppenaufgabe, die personelle Zusammensetzung der Gruppe und Gruppennormen, die das Mitgliederverhalten regulieren, als potenzielle Förderer effektiver Aufgabenerledigungsprozesse besonders hervorgehoben werden. Im Bereich der zweiten Kategorie, dem organisationalen Kontext der Gruppe, verweist Hackman auf das Entlohnungs, Bildungs- und Informationssystem der Organisation und auf die materiellen Ressourcen, die einer Gruppe zur Aufgabenerledigung zur Verfügung gestellt werden, die sämtlich so zu gestalten seien, dass sie die Aufgabenprozesse der Arbeitsgruppe unterstützen und die Gruppendesignmerkmale verstärken. Als dritte wichtige Variablenkategorie nennt Hackman die Gruppensynergie, die aus den Mitgliederinteraktionen während der Aufgabenerledigung resultiert. Die Gruppensynergie stimmt den Einfluss des Gruppendesigns und der Kontextfaktoren aufeinander ab. Positive Synergie, wenn die synergetischen Gewinne aus der Gruppeninteraktion die Prozessverluste übersteigen, kann der Arbeitsgruppe helfen, die Einschränkungen einer ungünstigen Leistungssituation zu überwinden oder bei günstigen Leistungsbedingungen das Potenzial dieser Gelegenheiten voll auszunutzen. Negative Synergie dagegen, wenn die Prozessverluste die synergetischen Gewinne übersteigen, hat genau den gegenteiligen Effekt. Sie verstärkt den negativen Einfluss einer ungünstigen Leistungssituation noch und kann darüber hinaus auch verhindern, dass die Arbeitsgruppe aus günstigen Umständen Vorteile zieht. Aus Sicht des Unternehmens ist es Hackmans Meinung nach also notwendig, die Arbeitsgruppe dahingehend zu unterstützen, dass sie in der Lage ist, durch möglichst strukturierte und zielgerichtete Interaktionen Prozessverluste zu minimieren und Synergien aus der Zusammenarbeit zu maximieren.[265] Abbildung 4-3 veranschaulicht das gesamte Modell.

---

[263] Vgl. Hackman (1987), S. 323.
[264] Für eine detaillierte Beschreibung der einzelnen Variablen und ihren Aus- und Wechselwirkungen sei auf Hackman (1987), S. 324 ff. verwiesen.
[265] Vgl. Hackman (1987), S. 324 und S. 332 f.

Abbildung 4-3: Normatives Modell der Arbeitsgruppeneffektivität nach Hackman

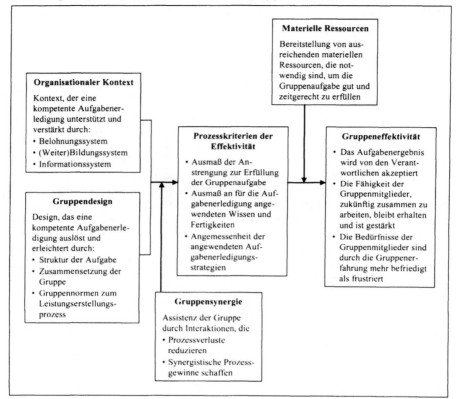

Im Wesentlichen stellt das Modell von Hackman ebenfalls ein Input-Prozess-Output Modell dar. Drei Arten von Input-Variablen beeinflussen die so genannten Prozesskriterien der Effektivität, die sich ihrerseits durch die Verfügbarkeit materieller Ressourcen beeinflusst auf die Effektivität einer Arbeitsgruppe auswirken. Jedoch ist der Fokus dieses Modells ein normativer, d.h. es identifiziert potenziell beeinflussbare Aspekte von Arbeitsgruppen und ihrem Kontext, die für eine Förderung der Gruppeneffektivität besonders viel versprechend scheinen und schafft damit eine Basis zur Diagnose der Stärken und Schwächen von Arbeitsgruppen als Leistungseinheiten. Hackman versteht sein Modell als einen theoretischen Aussagensatz, innerhalb dessen existierendes Wissen so rekonfiguriert wurde, dass es für eine Verbesserung von Arbeitsgruppeneffektivität nutzbar gemacht werden konnte.[266]

---

[266] Vgl. Hackman (1987), S. 316.

Effektivitätsmodelle der Gruppenarbeit 69

Aufbauend auf McGraths und Hackmans Modellen soll nun abschließend die Arbeit zur Arbeitsgruppeneffektivität von Gladstein kurz vorgestellt werden, da die Autorin bei Hackman normativ formulierte Grundaussagen zur Effektivität von Arbeitsgruppen in Unternehmen in einer empirischen Untersuchung zu überprüfen suchte.[267]

4.1.3 Modell der Arbeitsgruppeneffektivität nach Gladstein

Der große Beitrag der Arbeit von Gladstein liegt bis heute in der Integration vorheriger Forschung zur Gruppenarbeit in ein sehr umfassendes Modell der Arbeitsgruppeneffektivität und der Überprüfung des Modells auf sein Vermögen hin, andauernde organisationale Gruppeneffektivität vorherzusagen.[268] Außerdem war die Autorin die erste, die die von Hackman schon vorgeschlagene direkte Beziehung zwischen dem Input einer Arbeitsgruppe und ihrem Output explizit formulierte und empirisch überprüfte. In Überblicksaufsätzen zur Gruppenforschung in den neunziger Jahren wurde wiederholt auf die Notwendigkeit des Einbeziehens dieser Beziehungen, also auf das Studium von Gruppen unter Beachtung ihres spezifischen Kontextes, hingewiesen, da in der empirischen Forschung dazu offenbar ein Mangel bestünde.[269] Gladstein hat also mit ihrer Arbeit einen Grundstein in der „neueren" Gruppenforschung gelegt und darf daher in einer Betrachtung der Modelle der Gruppeneffektivität auf keinen Fall fehlen.

Gladstein gründete ihr Modell auf der Überlegung, dass Unterschiede in der Effektivität von Arbeitsgruppen nicht ausschließlich auf den Verhaltensweisen der Gruppenmitglieder, die zur Erledigung der Gruppenaufgabe eingesetzt werden, basieren können. Die Gruppenmitglieder bringen ja ihre verschiedenen Erfahrungen in die Aufgabenerledigung ein und sie stammen aus verschiedenen organisationalen Bereichen. Es stellte sich also die Frage, ob das Prozessverhalten die Varianz in der Gruppeneffektivität immer noch erklären könne, wenn auch die Gruppenzusammensetzung, ihre Struktur und Variablen auf der Organisationsebene ebenfalls mit in Betracht gezogen werden.[270]

Vor diesem Hintergrund entwickelte Gladstein ein auf der folgenden Seite abgebildetes Modell der Gruppeneffektivität, das in seiner Struktur an das Input-Prozess-Output-Modell McGraths anbindet, in dem Inputgrößen auf Gruppen- und Organisationsebene unterschieden werden. Auf der Output-Seite steht die Gruppeneffektivität, wobei unter Bezugnahme auf die Effektivitätskriterien Hackmans zwischen der Leistung der Gruppe und ihrer Zufriedenheit unterschieden wird. Unter dem Gruppenprozess versteht Gladstein sowohl Intra- als auch Intergruppenaktivitäten, die Ressourcen in ein Produkt transformieren, wobei die Prozessverhalten sich einerseits in Aufgabenverhalten, die eine Gruppe dazu befähigt, die Probleme zu lösen, die der Gruppe aufgetragen werden, und andererseits in so genannte „maintenance behaviors", also Verhaltensweisen aufteilt, die den Gruppenzusammenhalt aufbauen, stärken

---

[267] Vgl. Gladstein (1984), S. 499. Es sei an dieser Stelle darauf verwiesen, dass der Autorin das Modell von Hackman bereits als unveröffentlichtes Arbeitspapier aus dem Jahre 1983 vorlag (vgl. Högl 1998, S. 28).
[268] Vgl. Gladstein (1984), S. 499.
[269] Vgl. Bettenhausen (1991), S. 371; Guzzo & Dickson (1996), S. 333; Hyatt & Ruddy (1997), S. 577 f.; Cohen & Bailey (1997), S. 280.
[270] Vgl. Gladstein (1984), S. 500.

und regulieren. Als wichtige Komponente des Aufgabenverhaltens nennt Gladstein außerdem das „Grenz-Management" (boundary management), innerhalb dessen Beziehungen mit anderen Gruppen oder Individuen aufgebaut und gepflegt werden, um neue Inputs zu erhalten oder die Ergebnisse der Gruppe nach außen zu tragen.[271]

Abbildung 4-4: Modell der Arbeitsgruppeneffektivität nach Gladstein

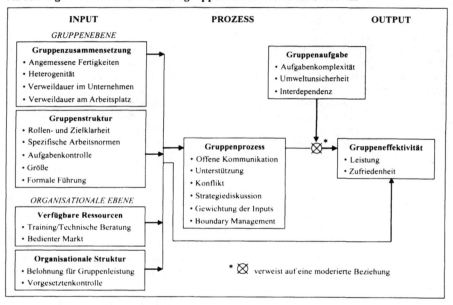

Gladstein geht weiter davon aus, dass die Beziehung zwischen Gruppenprozessen und Effektivität nicht konstant ist, sondern mit der Natur der zu erledigenden Aufgabe variiert. Dabei kategorisiert sie die Gruppenaufgaben unter Rückgriff auf den Informationsverarbeitungsansatz anhand von drei Dimensionen: Aufgabenkomplexität, Aufgabeninterdependenz und Umweltunsicherheit, wobei diese Dimensionen den Informationsverarbeitungsbedarf der Aufgabe charakterisieren.[272] Die Gruppenstruktur, als eines der Konstrukte auf der Gruppenebene, spielt in dem Modell eine Doppelrolle, da sie die Effektivität der Arbeitsgruppe sowohl direkt als auch indirekt beeinflusst. In der indirekten Beziehung wird der Einfluss der

---

[271] Vgl. Gladstein (1984), S. 500.
[272] Vgl. Gladstein (1984), S. 501. Im Zusammenhang mit dem Informationsverarbeitungsansatz verweist Gladstein auf die Autoren Lawrence und Lorsch 1967, Thompson 1976, Galbraith 1973 und Tushman und Nadler 1976. Sie geht davon aus, dass eine effektive Arbeitsgruppe eine Informationsverarbeitungskapazität haben muss, die dem Informationsverarbeitungsbedarf der Aufgabe entspricht. Es gilt die Überlegung, dass jene Prozessvariablen, die die Informationsverarbeitungskapazität erhöhen, nur dann die Gruppeneffektivität auch vorhersagen können, wenn die Gruppe komplexe Aufgaben, die einen hohen Grad an Interdependenz unter den Gruppenmitgliedern erfordern, in einer unsicheren Umwelt zu erfüllen haben.

Effektivitätsmodelle der Gruppenarbeit 71

Gruppenstruktur auf die Effektivität durch die Gruppenprozesse mediiert. Für Gladstein galt die Frage, ob die Gruppenstruktur in der dargestellten Weise einen stärkeren direkten Einfluss oder eher einen stärkeren, durch Mediation des Gruppenprozesses, indirekten Effekt auf die Gruppeneffektivität hat. Um schließlich das Modell noch genauer zu spezifizieren, führte Gladstein noch exogene Variablen ein, nämlich die Gruppenzusammensetzung und den organisationalen Kontext, da hiermit sowohl individuelle als auch kontextuelle Merkmale als Vorläufer des Gruppenverhaltens in Organisationen geprüft werden konnten.[273]

Im Gegensatz zu McGrath enthält das Modell von Gladstein keine Inputfaktoren auf Individualebene, sämtliche individuellen Merkmale werden auf die Gruppenebene aggregiert, da die Gruppe als Ganzes als Analyseeinheit betrachtet wird. Auf einer Datenbasis von 100 Verkaufsteams (326 Personen) überprüfte die Autorin ihre Hypothesen und ermittelte anhand von Pfadanalysen ein empirisches Modell der endogenen Variablen. Insgesamt ergaben sich aus dieser Studie folgende wesentliche Erkenntnisse:

1. Aus den erhobenen Daten lässt sich die moderierende Wirkung der Aufgabenvariablen auf die Beziehung zwischen den Gruppenprozessen und ihrer Effektivität nicht nachweisen. Die Autorin erklärt dies mit der möglicherweise fehlenden Varianz in den Aufgaben-merkmalen der erhobenen Arbeitsgruppen, sie weist aber darauf hin, dass trotzdem die Aufgabenmerkmale als wichtige Einflussfaktoren zum Verständnis von Gruppenarbeit nicht ausgeschlossen werden dürfen.[274]

2. Die von den Gruppenmitgliedern selbst berichteten, subjektiven Einschätzungen der Gruppeneffektivität wiesen einen starken positiven Zusammenhang zwischen den personen- oder beziehungsbezogenen Gruppenprozessen auf, jedoch konnten dieselben Prozesse die tatsächliche (objektive) Leistung nicht vorhersagen. Die Autorin erklärt diesen Befund mit möglichen impliziten mentalen Modellen der Gruppenmitglieder darüber, wie bestimmte Modi des Gruppenprozesses der Gruppenleistung zuträglich sein sollten, so dass sie gute Ergebnisse auf die Gruppe attribuieren, wenn ihren impliziten Modellen angemessene Prozesse installiert wurden.[275]

3. Anstatt der erwarteten Zweiteilung der Gruppenprozesse in Aufgaben- und Gruppenerhaltungsprozesse zeigte sich eine Zweiteilung der Prozesse in Intra- und Intergruppenprozesse („boundary management"). Offenbar sahen die Gruppenmitglieder die zur Interaktion mit der organisationalen Umwelt notwendigen Verhalten als gesondert und deutlich verschieden von den internen Gruppenaktivitäten an.[276]

4. Die Autorin konnte zeigen, dass obwohl die Effektivität der Arbeitsgruppen sehr durch ihre internen Prozesse beeinflusst wurde, externe organisationale Variablen die Effektivität dennoch direkt und indirekt beeinflussten. Dieser Befund ist für die Autorin ein deutliches Signal, dass in der Forschung mehr Aufmerksamkeit auf die Wechselwir-

---

[273] Vgl. Gladstein (1984), S. 502 f. Für eine detailliertere Beschreibung der einzelnen Variablen in dem Modell und ihren Wirkungsweisen sei auf Gladstein (1984), S. 503 ff. verwiesen.
[274] Vgl. Gladstein (1984), S. 508.
[275] Vgl. Gladstein (1984), S. 511.
[276] Vgl. Gladstein (1984), S. 513.

72 Gruppenarbeit: Konzeptualisierungen und Erkenntnisse

kungen zwischen den einzelnen Arbeitsgruppen und ihren bestimmten organisationalen Umwelten gerichtet werden muss.[277]

Insgesamt macht die Studie von Gladstein deutlich, dass bei einer Untersuchung von Arbeitsgruppen immer ihr jeweiliger Kontext mit in Betracht gezogen werden muss. Werden Gruppen von außen betrachtet, dann können interne Gruppenverhalten als komplementär zu den nach außen gerichteten Verhalten gesehen werden, die den Gruppen helfen, den Anforderungen ihrer Umwelt gerecht zu werden. Die Organisation wird als mächtiger Einflussfaktor der internen Gruppenverhalten angesehen, in dem sie Möglichkeiten bietet, aber auch Einschränkungen auferlegt. Da ein solcher Untersuchungsfokus eine sehr weit gefasste Konzeption der Gruppenarbeit enthalten muss, blieb Gladstein lange Zeit die einzige, die empirisch den Zusammenhang zwischen Gruppen und ihrem Kontext nachwies.

4.1.4 Zusammenfassende Würdigung der Gruppeneffektivitätsmodelle und Fazit

Die beschriebenen drei Modelle der Arbeitsgruppeneffektivität stellen Meilensteine der Gruppenforschung dar. Das Modell McGraths, das Gruppenarbeit in die drei aufeinander folgenden Komponenten des Inputs, der Prozesse und des Outputs aufteilt und die Beziehungen zwischen diesen genauer spezifiziert, gilt bis heute unangefochten als eines der grundlegendsten Modelle zur Organisation und Systematisierung von Gruppenphänomenen. Die große Mehrzahl von Konzeptualisierungen und empirischen Untersuchungen zur Gruppenarbeit lehnten sich in der Folge an diese Input-Prozess-Output-Konzeptualisierung von McGrath an, modifizierten und entwickelten sie weiter, ohne jedoch die grundsätzliche Kategorisierung zu ändern. Der einzige Kritikpunkt am Modell McGraths ist die ausschließliche Konzeptualisierung der Beziehung zwischen Input und Output über den Gruppeninteraktionsprozess. Diese Kritik wurde jedoch später aufgenommen und in folgenden Modellen dergestalt umgesetzt, dass die neueren Modelle häufig ebenfalls eine direkte Beziehung zwischen Input und Output zulassen. Hackman diskutiert die direkten und indirekten Beziehungen zwischen Input und Output der Gruppenarbeit, konzeptualisiert in seinem normativen Modell der Arbeitsgruppeneffektivität jedoch keine direkten Beziehungen zum Output. Das vorrangige Ziel von Hackmans Modell besteht nicht in der Deskription sondern in seiner Funktion als Analyseinstrument, mittels dessen jene Faktoren identifiziert werden können, welche die Aufgabeneffektivität einer Arbeitsgruppe erhöhen und/oder senken. Im Unterschied zu McGrath fügt Hackman jedoch dem Gruppeninteraktionsprozess, den McGrath lediglich als die Summe aller beobachtbaren Verhaltensweisen der Gruppenmitglieder beschrieb, eine inhaltliche Komponente hinzu, die die Frage nach der Güte der produktiven Interaktionen stellt. Besonders die beiden Prozesskriterien ‚angewendetes Wissen und Fertigkeiten' und ‚Angemessenheit der Aufgabenerledigungsstrategien' machen dies deutlich. Allerdings wird aus Hackmans Modell nicht ersichtlich, warum die Gruppeninteraktionen der Inputkategorie ‚Gruppensynergien' nicht ebenfalls zu den Prozesskriterien gehören oder warum Hackman beide Kategorien voneinander trennt. Gladstein wiederum basiert ihr Modell wieder eindeutiger auf die Grundkategorisierung McGraths in Input-Prozess-

---

[277] Vgl. Gladstein (1984), S. 514.

Effektivitätsmodelle der Gruppenarbeit   73

Output, formuliert aber darüber hinaus explizit die möglichen direkten Beziehungen zwischen Input und Output, ohne dies jedoch theoretisch näher zu begründen. Außerdem, und das ist der große Verdienst ihrer Arbeit, bezieht Gladstein den mittelbaren Kontext der Gruppenarbeit, die Unternehmensumwelt, in ihr Modell und die nachfolgende empirische Überprüfung mit ein. Hierbei zeigt sie, dass die die Arbeitsgruppen umgebende Organisation einen starken Einfluss auf die Gruppeneffektivität haben kann und dass deshalb jede Prüfung von Gruppeneffektivität Variablen des Kontextes mit einschließen muss, um zu realitätsnäheren und damit auch ‚richtigeren' Schlussfolgerungen zu gelangen.

In der vorliegenden Untersuchung multikultureller Arbeitsgruppen wird ein Modell der Gruppenarbeit entwickelt und später empirisch überprüft, das in seiner Konzeption der klassischen Input-Prozess-Output-Kategorisierung folgt. Im Modell werden sowohl Variablen auf der Gruppenebene als auch auf der organisationalen Ebene spezifiziert. Gruppengestaltungsvariablen, Gruppenprozesse und auch Gruppenmanagementvariablen werden in Beziehung zueinander gesetzt und ihre erfolgsbestimmenden Wechselwirkungen empirisch analysiert. Im Kapitel 7 zur Darstellung des Bezugsrahmens und der Ableitung der Hypothesen wird hierauf noch gesondert eingegangen.

Abschließend sollen im nächsten Abschnitt wesentliche Erkenntnisse und Befunde zu einzelnen Teilbereichen aus der Gruppenforschung dargestellt werden, um den Überblick zu diesem Forschungsfeld zu vervollständigen und aufzuzeigen, auf welche Weise die genannte Forschung in die vorliegende Untersuchung einfließt.

4.2 Überblick über die einzelnen Teilbereiche der Gruppenforschung

Trotz der in der Wissenschaft und Praxis immer noch wachsenden Bedeutung von Gruppenarbeit im Allgemeinen und Gruppenarbeit in Unternehmen im Speziellen, sind generelle Überblicksarbeiten über die Gruppenforschung als Ganzes relativ selten. Eine Ausnahme stellt die Überblicksreihe im Journal of Management dar, in der dreimal, 1987, 1991 und 1997, die jeweilige Literatur zur Gruppenarbeit und die wesentlichen Befunde aus den vorangegangenen Jahren inhaltlich zusammengefasst wurden.[278] Dennoch kann festgehalten werden, dass das Gros der wissenschaftlichen Beschäftigung mit diesem Thema einzelne, ausgewählte Aspekte des Gruppenprozesses oder ihres Inputs behandelt und diese in Relation zu spezifischen Ergebnissen setzt. An dieser Stelle soll daher eine kurze Darstellung der wichtigsten Teilbereiche der Befunde zur Gruppenarbeit folgen, um von der aggregierten, abstrakteren Ebene der Betrachtung von Arbeitsgruppen auf spezifischere inhaltliche Mechanismen derselben zu fokussieren.

---

[278] Vgl. Gist, Locke & Taylor (1987), S. 237; Bettenhausen (1991), S. 346; Cohen & Bailey (1997), S. 240.

74   Gruppenarbeit: Konzeptualisierungen und Erkenntnisse

Die einzelnen Teilbereiche folgen dem Schema der Input-Prozess-Output-Modellierung und lassen sich grob aufteilen in den Bereich der essenziellen Gruppendynamiken, den Interaktionskontext, in Gruppenphänomene, die durch die Gruppe selbst entstehen und auf diese zurückwirken, in die Gruppenprozesse und in die Ergebnisse der Gruppenarbeit.[279]

4.2.1 Fundamentale Gruppendynamiken

Ein relativ großer Bereich der Forschung beschäftigte sich mit bestimmten Schlüsseldynamiken, die für das Bestehen von Gruppen essenziell sind. So wurde hier zum Beispiel solchen Fragen nachgegangen, wie Menschen mit der grundlegenden Spannung umgehen, einerseits zu einer Gruppe dazugehören, andererseits aber ihre unabhängige Identität wahren zu wollen oder auch, wie Gruppenmitglieder ihre Welten definieren und wie sich Gruppen über die Zeit hinweg verändern oder entwickeln.[280]

4.2.1.1 Soziale Identitätstheorie

Eine der prominentesten und noch immer angewendeten Theorien zum Verständnis der Gruppenbildung und auch der Selbstdefinitionen von Gruppenmitgliedern stellt die Soziale Identitätstheorie von Tajfel (1978) und Tajfel und Turner (1986) dar.[281] Die Grundannahme der Theorie lautet, dass Individuen danach streben, ein zufrieden stellendes Konzept oder Image des Selbst zu erreichen und zu erhalten und dass dieser Prozess der Herstellung und Aufrechterhaltung eines positiven Selbstbildes immer in Relation zu der die Individuen umgebenden sozialen Umwelt geschieht.[282] Alle Individuen leben in einem bestimmten sozialen Kontext, wobei unter dem sozialen Kontext von den Autoren eine Vielzahl unterscheidbarer sozialer Gruppen verstanden wird, die in definierten Beziehungen zueinander stehen. Den Prozess des Herstellens und Aufrechterhaltens eines positiven Selbstbildes in Relation zu bestimmten sozialen Gruppen nennen die Autoren „soziale Kategorisierung". Er wird verstanden als ein Ordnen der sozialen Umwelt in Gruppierungen von Personen (einschließlich der Einordnung der eigenen Person in eine Gruppe) anhand genereller kognitiver Prinzipien, wobei diese sich fast immer auf Wertedifferentiale beziehen. Die individuellen Werte und Einstellungen stellen dabei die Kriterien der sozialen Kategorisierung dar.[283] Die Interaktion aus den Werteunterschieden auf der einen Seite und den kognitiven Prozessen der Kategorisierung auf der anderen Seite ist besonders in all jenen sozialen Kategorisierungen wichtig, in denen Unterscheidungen zwischen der eigenen Gruppe (Ingroup) und anderen Gruppen (Out-groups) getroffen werden, die mit der eigenen Gruppe verglichen oder kontrastiert werden. Dabei wird die Zugehörigkeit zu einer Gruppe als

---

[279] Vgl. Bettenhausen (1991), S. 347; Campion, Medsker & Higgs (1993), S. 824; Guzzo & Dickson (1996), S. 309 f.; Devine et al. (1999), S. 680; Stewart & Barrick (2000), S. 135.

[280] Vgl. Bettenhausen (1991), S. 347; McGrath (1991), S. 147.

[281] Vgl. Bettenhausen (1991), S. 347; Riordan & McFarlane Shore (1997), S. 343; Chatman & Flynn (2001), S. 957; Polzer, Milton & Swann (2002), S. 297; Hopkins & Hopkins (2002), S. 542; Podsiadlowski (2002), S. 98 f.

[282] Vgl. Tajfel (1978), S. 61; Turner & Brown (1978), S. 203; Tajfel & Turner (1986), S. 16.

[283] Vgl. Tajfel (1978), S. 61 f.; Tajfel & Turner (1986), S. 15 f.

Teilbereiche der Gruppenforschung

75

„soziale Identität" einer Person bezeichnet. Diese ist Teil des individuellen Selbstkonzeptes und basiert auf dem Wissen der Mitgliedschaft in einer oder mehreren sozialen Gruppe(n), der emotionalen Bedeutsamkeit und dem Wert, welche der Mitgliedschaft in der Gruppe beigemessen werden. In diesem Sinne sind soziale Gruppen also konzeptualisiert als eine Ansammlung von Individuen, die sich als Mitglieder derselben sozialen Kategorie wahrnehmen, in dieser gemeinsamen Definition eine gewisse emotionale Betroffenheit teilen und einen gewissen Grad an sozialem Konsens über die Bewertung ihrer Gruppe und der eigenen Mitgliedschaft darin erreicht haben. Der Prozess der sozialen Kategorisierung wird als ein Orientierungssystem betrachtet, das dem Individuum hilft, seinen Platz in der Gesellschaft zu finden und zu erhalten.[284] Zusammenfassend lauten die drei grundlegenden Aussagen der sozialen Identitätstheorie wie folgt:

1. Individuen sind kontinuierlich bestrebt, ein positives Selbstkonzept zu erlangen und zu erhalten und sie definieren und bewerten sich selbst hinsichtlich ihrer Zugehörigkeit zu sozialen Gruppen, wobei diese sozialen Gruppen ihren Mitgliedern eine soziale Identität bieten.

2. Soziale Kategorien oder Gruppen und die Mitgliedschaft in diesen werden mit positiven oder negativen Werten belegt, d.h. die soziale Identität eines Individuums - die sich durch die Mitgliedschaft in der Gruppe ergibt - kann positiv oder negativ (zufriedenstellend oder unbefriedigend) sein, je nachdem, wie die Gruppen oder sozialen Kategorien von dem Individuum bewertet werden.

3. Andere Gruppen in der sozialen Umwelt stellen den Bezugspunkt für die Bewertung der eigenen Gruppe dar. Die Bewertung geschieht anhand eines sozialen Vergleichs hinsichtlich werteorientierter Merkmale und Verhalten. Das Prestige oder Ansehen der eigenen Gruppe (In-group) ist dabei abhängig von dem Ergebnis dieses Vergleichs. Positive Vergleiche, d.h. wenn Unterschiede zwischen der In- und der Out-group als die In-group begünstigend wahrgenommen werden, bieten eine zufriedenstellende soziale Identität, während negative Vergleiche eine unbefriedigende soziale Identität stiften.[285]

Nun impliziert die Annahme, dass Individuen konstant danach streben, sich selbst positiv zu definieren, für soziale Gruppen, dass sie sich, um das positive Selbstwertgefühl ihrer Mitglieder zu erhalten, positiv bewertete, von relevanten Vergleichsgruppen klar unterscheidbare Besonderheiten bewahren müssen. Gelingt dies nicht, so kann die resultierende unbefriedigende soziale Identität drei verschiedene Verhaltensweisen motivieren, die spezielle Gruppenphänomene verständlicher machen. Zum einen kann das Individuum die jeweilige soziale Gruppe verlassen oder sich von ihr distanzieren. Solche Reaktionen implizieren eine Des-Identifikation mit der In-group und schaden dem Gruppenzusammenhalt erheblich. Eine zweite Reaktion auf eine unbefriedigende soziale Identität besteht in sozialen Kreativitätsprozessen, die den Versuch der Gruppenmitglieder darstellen eine positive Unterscheidbarkeit ihrer In-group zu erreichen, indem sie Elemente oder Dimensionen der Vergleichssituation verändern oder redefinieren. Diese Prozesse stellen dabei nicht unbedingt eine Veränderung

---

[284] Vgl. Tajfel (1978), S. 62 f.; Tajfel & Turner (1986), S. 15 f.
[285] Vgl. Tajfel (1978), S. 64; Turner & Brown (1978), S. 203 f.; Turner (1978), S. 236; Tajfel & Turner (1986), S. 16.

der objektiven sozialen Position der In-group dar. Bei den Kreativitätsprozessen kann es sich beispielsweise um einen Vergleich mit relevanten anderen Gruppen anhand neuer Kriterien handeln, welche die In-group in ein besseres Licht stellen. Die eigene Gruppe kann weiterhin ihre Werte, Evaluationen und Einstellungen so verändern, dass vorherige negative Vergleiche jetzt als positiv wahrgenommen werden und drittens kann eine Gruppe auch ihre relevante Out-group ändern und sich eine andere als Vergleichsgruppe wählen. Die dritte Reaktionsweise auf eine unbefriedigende soziale Reaktion stellt schließlich der soziale Wettbewerb dar. Eine soziale Gruppe kann eine positive Unterscheidbarkeit durch direkten Wettbewerb mit der Fremdgruppe zu erreichen versuchen – eine Strategie, die potenzielle Intergruppenkonflikte fördert. Eine grundlegende Hypothese der sozialen Identitätstheorie ist nun, dass der Druck, die In-group durch Vergleiche mit relevanten Out-groups positiv gegen diese abzuheben, soziale Gruppen dazu bringt, sich wechselseitig immer mehr voneinander zu differenzieren versuchen. Dabei ist das Ziel dieser Differenzierung das Erreichen und Erhalten von Überlegenheit gegenüber der relevanten Fremdgruppe und beinhaltet damit beinahe immer kompetetive Handlungen. Je ähnlicher sich Gruppen dabei wahrnehmen, desto stärker ist ihr Differenzierungswunsch und damit ihr Wettbewerbsverhalten ausgeprägt.[286]

Die Arbeiten von Tajfel und Turner bieten wichtige konzeptionelle Grundlagen zum Verständnis von Gruppenprozessen, die sowohl innerhalb als auch zwischen Gruppen stattfinden. Die Konzepte der sozialen Kategorisierung, der sozialen Identität und des sozialen Vergleichs vermitteln Erklärungsmöglichkeiten darüber, warum Menschen die Mitgliedschaft in Gruppen suchen, Gruppen verlassen und innerhalb und zwischen Gruppen Konflikte auftreten. Mittels der sozialen Identitätstheorie können zum Beispiel organisationale Phänomene des Absentismus oder hohe Fluktuationsraten, das Ausüben von Macht, aber auch Konkurrenzkämpfe zwischen relevanten Gruppen erklärt werden.

Es kann also insgesamt festgehalten werden, dass die bloße Tatsache der Mitgliedschaft in einer Gruppe einen bedeutsamen Einfluss darauf hat, wie Menschen sich selbst sehen, wie sie sich mit diesem Selbstkonzept fühlen und wie sie in der Gruppe handeln. Gruppen können einen tröstenden Zufluchtsort für Menschen in feindlichen oder bedrohenden Welten darstellen, wobei die Gruppenriten und sozialen Rollen Kontinuität und Ordnung bieten. Das gemeinsame Ziel einer Gruppe stiftet einen zweckgebundenen Sinn und die Selbstselektion homogenisiert die Mitgliedschaft entlang kritischer Kerndimensionen. Dennoch haben Menschen trotz ihrer natürlichen Tendenz, sich durch Konformität mit Gruppenerwartungen in diesen aufgehoben zu fühlen ein ebenso starkes Bedürfnis, ein Gefühl der individuellen Identität zu bewahren.[287] Dies ist ein tief verwurzelter Konflikt, der in der Erforschung und Nutzung von Gruppen nicht unbeachtet bleiben darf.

Die soziale Kategorisierungstheorie wird sehr häufig zur Erklärung der Auswirkungen von Vielfalt in Arbeitsgruppen auf ihre Prozesse und ihren Erfolg verwendet (Genaueres hierzu wird in Abschnitt 5.2.1 des folgenden Kapitels beschrieben). In der vorliegenden Untersuchung wird in Übereinstimmung mit der Literatur ebenfalls davon ausgegangen, dass die Gruppenmitglieder aufgrund ihrer verschiedenen kulturellen Werteorientierungen besondere

---

[286] Vgl. Tajfel (1978), S. 64; Turner & Brown (1978), S. 204; Turner (1978), S. 236; Tajfel & Turner (1986), S. 17.
[287] Vgl. Bettenhausen (1991), S. 348.

Teilbereiche der Gruppenforschung 77

Schwierigkeiten damit haben, sich selbst und ihre Gruppenmitglieder in dieselben sozialen Kategorien einzuordnen und eine positive soziale Identität aus der Arbeitsgruppenzugehörigkeit zu konstruieren.

4.2.1.2 Gemeinsame soziale Realität in Arbeitsgruppen

Eine weitere Schlüsseldynamik, die für das erfolgreiche Bestehen von Gruppen essenziell ist, liegt im Prozess des Schaffens einer gemeinsamen sozialen Realität. Einer Gruppe muss es gelingen, ein gemeinsames Verständnis davon zu etablieren, welche Informationen für sie wichtig und welche Reaktionsweisen den verschiedenen Situationen angemessen sind. Menschen lernen durch soziale Interaktion, wie sie ihre Welt sehen und interpretieren sollen und besonders in Gruppen werden mehrdeutige Ereignisse, Führungsdirektiven oder Veränderungen in der Geschäftsumwelt geklärt und „real" gemacht.[288] Zum Beispiel wurde in diesem Zusammenhang häufig untersucht, wie neu geformte Gruppen ein geteiltes Verständnis ihrer relevanten Umwelt entwickeln und wie solche Prozesse die Gruppenleistung beeinflussen. Die Autoren Bettenhausen und Murnighan konnten empirisch nachweisen, dass Mitglieder neu gebildeter Arbeitsgruppen sowohl ihre eigenen Handlungen, als auch die Interpretation der Handlungen anderer Gruppenmitglieder auf situationsbezogene Handlungsnormen basieren, welche sie als Mitglieder anderer Gruppen in ähnlichen Situationen entwickelt haben. Abhängig von der Ähnlichkeit der Interpretationen der Handlungsweisen der anderen Gruppenmitglieder und in Abhängigkeit von der Ähnlichkeit der kognitiven Schemata und Skripte, die den Interpretationen Bedeutung verleihen, stimmen die Gruppenmitglieder entweder implizit mit dem Verständnis angemessenen Verhaltens in bestimmten Situationen überein oder sie müssen dieses über Verhandlungen erreichen und damit die impliziten Normen herausfordern.[289]

Des Weiteren wird im engen Zusammenhang mit der Bildung eines gemeinsamen Verständnisses angemessener Gruppenverhaltensweisen häufig der Begriff mentaler Teammodelle verwendet. Das Konzept geteilter mentaler Modelle unter Gruppenmitgliedern als ein effektiven Gruppenprozessen und Gruppenleistung zu Grunde liegender Mechanismus geht auf die Forschung zu individuellen mentalen Modellen zurück, welche organisierte Wissensstrukturen darstellen, die Individuen erlauben, ein System zu verstehen und Erwartungen darüber zu bilden, wie das System operiert.[290] Ein mentales Modell stellt eine psychologische Repräsentation der Umwelt und ihres erwarteten Verhaltens dar. Mentale Gruppenmodelle bieten Arbeitsgruppen einen gemeinsamen Verständnis- oder Bezugsrahmen, der wie eine Schablone die Möglichkeit für eine bestimmte Wahrnehmung, Interpretation und Reaktion auf die Umwelt bietet. Es konnte in der Forschung gezeigt werden, dass geteilte, also zwischen Gruppenmitgliedern übereinstimmende mentale Modelle bezüglich der Aufgabendomänen, der Interaktionsprozesse und ähnlichen organisationsrelevanten Inhalten positive Konsequenzen für die Kommunikation und Koordination in Arbeitsgruppen, darüber

---

[288] Vgl. Bettenhausen (1991), S. 350.
[289] Vgl. Bettenhausen & Murnighan (1985), S. 354 ff. und (1991), S. 20 f.
[290] Vgl. Marks, Zaccaro & Mathieu (2002), S. 973.

78 Gruppenarbeit: Konzeptualisierungen und Erkenntnisse

hinaus für angemessenes Konfliktverhalten und für die Gesamtleistung der Gruppen haben.[291] Besonderes Augenmerk muss daher auf Möglichkeiten der Entwicklung bzw. Beeinflussung der mentalen Gruppenmodelle gerichtet werden.[292]

In der vorliegenden Untersuchung wird der Thematik der gemeinsamen sozialen Realität in Arbeitsgruppen besondere Aufmerksamkeit zu Teil. Es wird davon ausgegangen, dass im Hinblick auf die Erfüllung der Gruppenaufgabe ein von allen Gruppenmitgliedern geteiltes mentales Modell bei gleichzeitiger Beibehaltung der individuellen idiosynkratischen Realitäten – in diesem Falle individuelle kulturell geprägte mentale Modelle, die nicht die unmittelbare Aufgabenarbeit betreffen – die für den Gruppenerfolg günstigste Gestaltungsvariante darstellt, um einerseits das in der kulturellen Vielfalt vermutete Potenzial ausschöpfen zu können und andererseits die Gruppe an ihrer kulturellen Vielfalt nicht scheitern zu lassen. Im sechsten Kapitel zur systemischen Perspektive wird hierauf noch gesondert eingegangen.

4.2.2 Der Interaktionskontext von Arbeitsgruppen

Nach der Definition in Kapitel 2 operieren Arbeitsgruppen innerhalb eines unternehmerischen Kontextes, wobei die früheren Forschungen diesen häufig ausblendeten. Erst durch Arbeiten wie beispielsweise von Gladstein und Hackman wurde der Betrachtungsrahmen von Arbeitsgruppen um den Aspekt des größeren, die Gruppen umgebenden Kontextes langsam erweitert, obwohl die Bedeutung und die Mechanismen der „Gruppen-im-organisationalen-Kontext"-Perspektive komplex und vor allem empirisch schwer zu erfassen sind. Eine solche Perspektive erschwert meist genaue Zuschreibungsmöglichkeiten von Ursache-Wirkungs-Zusammenhängen, die in experimentellen Studien dagegen, in denen Gruppen quasi kontextlos untersucht werden, relativ leicht zu etablieren sind. Außerdem impliziert eine solche Perspektive, dass Auswirkungen von Interventionen, die auf einer bestimmten Ebene vorgenommen werden (individuelle, Gruppen- oder Unternehmensebene) sich auch auf andere Ebenen erstrecken können. Dennoch oder gerade deswegen ist und bleibt es ein Imperativ in der Arbeitsgruppenforschung, die Wirkungszusammenhänge zwischen den Gruppen und ihrem Kontext zu erkennen und zu verstehen.[293] Und obwohl bisher nicht eindeutig geklärt wurde, welche Faktoren oder Bedingungen nun zum Kontext von Arbeitsgruppen gehören, so lassen sich doch Untersuchungen finden, die diesen explizit zumindest erwähnen. In der Literatur zur Gruppenarbeit tauchen dabei die folgenden Merkmale im Zusammenhang mit dem (unternehmerischen) Kontext von Gruppenarbeit auf.

4.2.2.1 Gruppenaufgaben

Als erste und bedeutsamste kontextuelle Input-Größe gilt die *Gruppenaufgabe.*

---

[291] Vgl. Klimoski & Mohammed (1994), S. 425; Weick & Roberts (1993), S. 368; Marks, Zaccaro & Mathieu (2000), S. 982; Earley & Mosakowski (2000), S. 27.

[292] Vgl. Weick & Roberts (1993), S. 377; Marks, Zaccaro & Mathieu (2000), S. 982 f.

[293] Vgl. Bettenhausen (1991), S. 371; Guzzo & Dickson (1996), S. 327; Hyatt & Ruddy (1997), S. 582; Janz, Colquitt & Noe (1997), S. 901.

Teilbereiche der Gruppenforschung 79

„The task a group performs is a fundamental influence on the work group, defining its structural, process, and functional requirements – who is in the group, what their roles are, how they should work together, and the nature and processes of the tasks they individually and collectively perform." (West, 2002, S. 359)

Bei der Durchsicht der Gruppenliteratur wird deutlich, dass sich die Gruppenaufgaben anhand von drei Dimensionen beschreiben lassen. Zum einen können die Aufgaben anhand ihres Inhalts kategorisiert werden. In dieser Dimension wird zwischen Hand- und Kopfarbeit, Verhaltens- und konzeptionellen Aufgaben oder Produktions- und Projektaufgaben unterschieden, wobei mit dieser Kategorisierung vor allem auf die von den Gruppenmitgliedern benötigten Fähigkeiten und Fertigkeiten abgezielt wird.[294] Je nach inhaltlicher Art der Aufgabe variiert entsprechend der Typ oder die Art der Gruppe und auch die Kriterien der Effektivität einer Arbeitsgruppe müssen sich vorrangig an dem Inhalt der Gruppenaufgabe orientieren und feststellen lassen.[295]

Die zweite Dimension, anhand derer sich Gruppenaufgaben kategorisieren lassen, bezieht sich auf die motivationalen Aspekte der Aufgabe und wird meist unter dem Begriff „Aufgabendesign" geführt. Bezeichnung und Inhalt leiten sich aus dem „Job Characteristics Model" von Hackman und Oldham ab, das sich den motivationsfördernden Bedingungen der Arbeitssituation und deren Auswirkungen auf Erleben und Verhalten der Beschäftigten widmet.[296] Es werden fünf motivationale Merkmale von Aufgaben unterschieden, die sich auch auf Gruppenaufgaben übertragen lassen und in diesem Kontext ebenfalls verwendet werden. Da ist zum einen die Anforderungs- oder Aufgabenvielfalt, die den Grad bezeichnet, bis zu dem Gruppenmitgliedern die Möglichkeit gegeben wird, eine Vielzahl der Gruppenaufgaben zu erfüllen. Es gilt die Annahme, dass Vielfalt in den Anforderungen der Aufgabe die Gruppenmitglieder durch ein Erlauben der Anwendung verschiedener Fertigkeiten stärker intrinsisch motiviert. Das zweite Merkmal ist die Bedeutsamkeit der Aufgabe. Die Gruppenmitglieder sollen glauben, dass die Gruppenarbeit bedeutsame Konsequenzen entweder für ihr Unternehmen oder für dessen Kunden hat. Auch hier wird davon ausgegangen, dass eine hohe Aufgabenbedeutsamkeit die intrinsische Arbeitsmotivation der Gruppenmitglieder verstärkt. Das dritte Merkmal, das in diesem Zusammenhang genannt und auch untersucht wurde, stellt die Aufgabenidentität dar, die den Grad bezeichnet, bis zu dem eine Gruppe eine ganzheitliche und von anderen abgrenzbare Aufgabe erledigt. Die Aufgabenidentität kann die Motivation ebenfalls erhöhen, indem das Verantwortungsgefühl für eine sinnvolle Arbeit gestärkt wird. Die beiden letzten Merkmale der Gruppenaufgabe in dieser Motivations-Dimension betreffen erstens das Ausmaß an Autonomie, das die Aufgabe den Gruppenmitgliedern erlaubt und zweitens den Grad, bis zu dem aus der Aufgabenerledigung regelmäßiges und vertrauenswürdiges Feedback resultiert.[297] Zusammenfassend betont Hackman „... a group task with these properties should result in high built-in motivation for a group to try hard to do well."[298]

---

[294] Vgl. Hackman (1990), S. 487 f.; Devine et al. (1999), S. 683; Stewart & Barrick (2000), S. 137.
[295] Vgl. Guzzo & Dickson (1996), S. 315; Cohen & Bailey (1997), S. 281; Hyatt & Ruddy (1997), S. 557.
[296] Vgl. Hackman & Oldham (1976).
[297] Vgl. Hackman (1987), S. 324, Campion, Medsker & Higgs (1993), S. 826; Cohen & Bailey (1997), S. 244.
[298] Hackman (1987), S. 324.

80 Gruppenarbeit: Konzeptualisierungen und Erkenntnisse

Die dritte Dimension schließlich, anhand derer die Gruppenaufgaben beschrieben werden, betrifft ihre Struktur.[299] Die Struktur oder der Strukturierungsgrad von Aufgaben bezieht sich dabei auf die Analysierbarkeit der einzelnen Arbeit und den Grad, bis zu dem bekannte Prozeduren vorliegen, die die Abfolge von Arbeitsschritten in der Aufgabenerledigung spezifizieren. Damit einher geht das Merkmal der Aufgabenvariabilität oder -neuheit, das sich auf die Anzahl von Ausnahmefällen bei der Aufgabenbearbeitung bezieht, die jeweils den Einsatz verschiedener oder neuer Methoden und Verfahren zur Aufgabenerledigung erfordern. Zusammengenommen impliziert der Grad der Strukturiertheit einer Gruppenaufgabe das Ausmaß ihrer Unsicherheit, die wiederum den Grad bezeichnet, bis zu dem bekannt ist, dass wenn eine Aufgabe ‚X' erledigt wird, ein bestimmtes Ergebnis resultiert.[300] Ein letztes wichtiges strukturelles Merkmal von Gruppenaufgaben stellt die Interdependenz der Teilaufgaben dar, die den Grad bezeichnet, bis zu dem die Erledigung verschiedener Teilaufgaben von der Erledigung anderer Teilaufgaben abhängig ist.[301] Insgesamt lässt sich festhalten, dass die Aus- und Wechselwirkungen der Struktur von Gruppenaufgaben hinsichtlich der Prozesse und der Ergebnisse von Gruppenarbeit sehr vielfältig und facettenreich sind, so dass bisher zwar punktuell Erkenntnisse gewonnen werden konnten, dennoch die Rolle der Aufgabenstruktur und ihre Konsequenzen für die Gruppenarbeit noch nicht zur Gänze erfasst wurden. Bis heute gilt in der Gruppenforschung die Aufforderung, sich in Untersuchungen zur Gruppenarbeit der Aufgabenstruktur mit besonderer Aufmerksamkeit anzunehmen.[302]

4.2.2.2 Technologie, Struktur und Umwelt von Arbeitsgruppen

Als eine weitere kontextuelle Einflussgröße, welche die Gruppenaktivitäten maßgeblich strukturiert und einschränkt, gilt die verfügbare und von ihnen genutzte *Technologie*, wobei darunter die Ausstattung, die Materialien, die physische Umwelt und die Programme verstanden werden, die bei der Behandlung oder Änderung eines Objektes von einem Zustand in den anderen direkt involviert sind, also Werkzeuge, Regeln, Prozeduren und Ressourcen, die Gruppenmitglieder zur Erledigung ihrer Aufgaben verwenden.[303] Es wird zum Beispiel angenommen, dass der Einfluss der Technologie auf die Aufgabenerledigung von der Entsprechung zwischen der Technologie und der Gruppe, ihrer Aufgabe und dem unmittelbaren Kontext, in dem die Handlungen stattfinden, abhängig ist.[304]

Die *Struktur* einer Arbeitsgruppe und ihre externe *Umwelt* sind dabei zwei weitere Merkmale, die den unmittelbaren Kontext einer Arbeitsgruppe bestimmen. Unter Struktur werden die organisierten Beziehungen zwischen den Gruppenmitgliedern verstanden, welche die Allokation von Aufgaben, Verantwortlichkeiten und Autorität bestimmen.[305] Zur externen

---

[299] Vgl. Gladstein (1984), S. 501.
[300] Vgl. Van de Ven & Delbecq (1974), S. 183; Gresov (1989), S. 432 und S. 452; Jehn (1995), S. 259 f.; Gibson (1999), S. 140.
[301] Vgl. Saavedra, Earley & Van Dyne (1993), S. 63; Van Vijfeijken et al. (2002), S. 364.
[302] Vgl. Gist, Locke & Taylor (1987), S. 250; Bettenhausen (1991), S. 371; Cohen & Bailey (1997), S. 281; Stewart & Barrick (2000), S. 144 f.
[303] Vgl. Goodman, Ravlin & Schminke (1987), S. 130; Bettenhausen (1991), S. 352; McGrath et al. (1993), S. 406; Zigurs & Buckland (1998), S. 318 f.
[304] Vgl. McGrath et al. (1993), S. 408.
[305] Vgl. McGrath et al. (1993), S. 407; Stewart & Barrick (2000), S. 135.

Teilbereiche der Gruppenforschung | 81

Umwelt von Arbeitsgruppen gehören zum Beispiel die jeweiligen Industrie- oder Branchenmerkmale, die strategische Ausrichtung und die Struktur ihrer Unternehmen, der Grad an Umweltturbulenzen, Klientenklima oder Markteffekte.[306]

4.2.2.3 Gruppengröße und Gruppenzusammensetzung

Als weitere sehr wichtige, die Gruppenprozesse und -leistungen beeinflussende Kontextfaktoren, die prinzipiell ebenfalls zu den strukturellen Merkmalen von Arbeitsgruppen zählen, wurden die *Gruppengröße* und die *Gruppenzusammensetzung* identifiziert.[307] Die Gruppengröße gestaltet sich dabei als zweischneidiges Schwert.[308] Während eine für die erfolgreiche Erledigung der Gruppenaufgabe zu geringe Anzahl an Mitgliedern diese auf längere Sicht überlastet und ein chronischer Misserfolg aufgrund personellen Mangels beinahe vorprogrammiert ist, besteht bei einer zu großen Arbeitsgruppe ebenfalls die Gefahr des Misserfolgs.[309] Große Arbeitsgruppen zeigen die Tendenz, kleinere Untergruppen zu bilden, die jedoch durch den unmittelbaren Kontext auf dieselben Ressourcen und auf Zusammenarbeit angewiesen sind. Solche Konstellationen bergen ein großes Konfliktpotenzial, außerdem leiden aufgrund des erhöhten Kommunikations- und Koordinationsbedarfs auch die sozialen Gruppenprozesse unter der Konkurrenz zwischen Untergruppen. Häufig sind ein Absinken des Gruppenzusammenhalts und der Zufriedenheit mit der Mitgliedschaft in einer Arbeitsgruppe die Folge.[310] Als Fazit in der Gruppenforschung kann daher heute als gesichert gelten, dass die Gruppengröße immer in Abhängigkeit der zu erledigenden Aufgaben festgelegt werden sollte, wenn es gilt, die dysfunktionalen Effekte einer zu großen oder zu kleinen Arbeitsgruppe zu vermeiden.[311]

Neben der Größe einer Arbeitsgruppe spielt auch die Zusammensetzung der Gruppe eine entscheidende prozess- und leistungsbezogene Rolle und stellt eine der am häufigsten untersuchten Gruppengestaltungsvariablen dar. Die Gruppenzusammensetzung bezieht sich dabei auf die Merkmale und Attribute der Gruppenmitglieder und erfasst den Grad, bis zu dem sich die Mitglieder darin ähnlich sind oder einzigartige Qualitäten in die Gruppe mit einbringen.[312] Die Gruppenzusammensetzung wird in der Literatur anhand einer Vielzahl von Dimensionen berücksichtigt, wobei häufig nicht allein die Ausprägung in einer Dimension im Fokus der Betrachtung steht, sondern vielmehr die Unterschiedlichkeit oder Vielfalt der Gruppenmitglieder in den Dimensionen. Die Dimensionen lassen sich dabei grob in vier Kategorien aufteilen, einmal in die Kategorie der demographischen Merkmale, dann in die Kategorie der Persönlichkeitsmerkmale, zum dritten in die Kategorie der Fertigkeits- und Wissensmerkmale

---

[306] Vgl. Cohen & Bailey (1997), S. 243 f.; Holland, Gaston & Gomes (2000), S. 241.
[307] Vgl. Bettenhausen (1991), S. 354; Campion, Medsker & Higgs (1993), S. 828; Rosenstiel (1995), S. 329; Guzzo & Dickson (1996), S. 310; Cohen & Bailey (1997), S. 244 f.
[308] Vgl. Rosenstiel (1995), S. 329.
[309] Vgl. Gladstein (1984), S. 511; Campion, Medsker & Higgs (1993), S. 828.
[310] Vgl. Smith et al. (1994), S. 416; Rosenstiel (1995), S. 330; Lau & Murnighan (1998), S. 328; Helfert & Gemünden (2001), S. 134; Weinkauf & Woywode (2004), S. 394
[311] Vgl. Cohen & Bailey (1997), S. 273.
[312] Vgl. Bettenhausen (1991), S. 354; Guzzo & Dickson (1996), S. 310; Gruenfeld et al. (1996), S. 3.

und zum vierten in die der Kohortenmitgliedschaft.[313] [314] Zur Kategorie der demographischen Merkmale gehören Variablen der Zusammensetzung von Gruppen hinsichtlich ihrer Alters- und Geschlechtsstruktur, ethnischer Zugehörigkeit oder Nationalität. In die Kategorie der Persönlichkeitsmerkmale fallen Variablen wie zum Beispiel Werte, Normen, Motivationen, Einstellungen oder Glauben. Hinsichtlich der Wissens- und Fertigkeitskategorie werden Konstellationen in der Gruppenzusammensetzung nach dem jeweiligen Bildungshintergrund, dem funktionalen Hintergrund, dem gegenwärtigen Positionshintergrund und der Branchenerfahrung unterschieden. Und schließlich stellen Dauer der Zugehörigkeit zum Unternehmen und zur Gruppe die zentralen Merkmale der Kategorie Kohortenmitgliedschaft dar.[315]

Hinsichtlich der Auswirkungen der verschiedenen möglichen Gruppenzusammensetzungen auf die Prozesse und die Leistung von Arbeitsgruppen wurden bis heute sehr viele und häufig auch sehr widersprüchliche Befunde generiert. Während beispielsweise nachgewiesen werden konnte, dass Arbeitsgruppen, deren Mitglieder eine hohe fachliche und soziale Kompetenz aufweisen, ihre Gruppenprozesse leichter ausführen beziehungsweise die interne Zusammenarbeit reibungsloser gestalten können[316], wurden unterschiedliche Befunde zu den Auswirkungen der Kompetenzenvielfalt auf die Prozesse und Ergebnisse von Arbeitsgruppen festgestellt.[317] Da jedoch an dieser Stelle eine Darstellung der Forschung zu den Dimensionen der Vielfalt in der Gruppenzusammensetzung und ihren Auswirkungen den Rahmen dieses Abschnitts sprengen würde, sei auf die ausführliche Beschreibung und Diskussion der Thematik der Vielfalt im nächsten Kapitel dieser Arbeit verwiesen.

In der vorliegenden Untersuchung multikultureller Arbeitsgruppen werden Merkmale des Gruppeninteraktionskontextes explizit aufgegriffen und ihr Einfluss auf die Gruppenprozesse und den Gruppenerfolg zielgerichtet überprüft. Vor allem der Gruppenaufgabe, der technologischen Ausstattung der Arbeitsgruppen, der Gruppenstruktur, ihrer Größe und ihrer Zusammensetzung wird besondere Aufmerksamkeit gewidmet. Im Kapitel 7 zur Darstellung des Bezugsrahmens und der Ableitung der Hypothesen wird hierauf noch spezifisch eingegangen.

4.2.3 Dysfunktionale Gruppenphänomene

Im Folgenden sollen nun zwei weit beachtete Phänomene genauer betrachtet werden, die durch die Gruppensituation selbst entstehen und auf diese als Ganzes meist negativ zurückwirken. Im Einzelnen handelt es sich dabei um das Phänomen des *„Social Loafing"* (soziales

---

[313] Das Konzept der Kohorten im sozialen Kontext stammt ursprünglich von Ryder (1965, S. 845) und wurde vor allem von den Autoren Jeffrey Pfeffer und Charles O'Reilly auf die organisationale Demographieforschung übertragen. Eine Kohorte stellt eine Gruppe von Individuen dar, die zur gleichen Zeit in eine Organisation eintreten oder andere bedeutsame Ereignisse zur gleichen Zeit erfahren. Mittlerweile gelten Kohorteneffekte als wichtige, ernst zu nehmende Faktoren in der Vielfaltsforschung. Siehe dazu auch: Wagner, Pfeffer & O'Reilly (1984), S. 76; Pfeffer & O'Reilly (1987), S. 161; O'Reilly, Caldwell & Barnett (1989), S. 24; Ancona & Caldwell (1992b), S. 322.

[314] Vgl. Bettenhausen (1991), S. 354; Milliken & Martins (1996), S. 403 f.; Schruijer & Vansina (1997), S. 131.

[315] Vgl. O'Reilly, Caldwell & Barnett (1989), S. 23; Bettenhausen (1991), S. 355; Campion, Medsker & Higgs (1993), S. 827 f.; Guzzo & Dickson (1996), S. 310 f.; Milliken & Martins (1996), S. 404 ff.

[316] Vgl. Högl & Gemünden (2001), S. 56 f.; Helfert & Gemünden (2001), S. 147.

[317] Vgl. Högl & Gemünden (2001), S. 58; Weinkauf & Woywode (2004), S. 405.

Teilbereiche der Gruppenforschung   83

Bummeln oder Herumhängen) und um das Phänomen des „*Groupthink*" (Gruppendenken), wobei hier Störungen des Gruppenentscheidungsprozesses gemeint sind.

4.2.3.1 Das Phänomen des „Social Loafing"

Der Begriff des „*Social Loafing*" wurde von den Autoren Latané, Williams und Harkins geprägt[318] und hat seitdem viel Forschung stimuliert, die der Frage nachgeht, warum die individuellen Anstrengungen in einer Gruppe abnehmen, wenn sich die Anzahl der Gruppenmitglieder erhöht.[319] Diese Beobachtung geht auf die Ergebnisse des Psychologen Ringelmann zurück, der zu Beginn des letzten Jahrhunderts Laborversuche zum Tauziehen mit Kleingruppen und Individuen durchführte.[320] Die so genannte „erste Beobachtung" des Phänomens basierte auf der Feststellung Ringelmanns, dass beim Tauziehen Dyaden nur 93%, Triaden 85% und Gruppen von acht Personen nur noch 49% ihrer potenziell möglichen Zugleistung, gemessen an der individuellen Zugleistung, erbrachten. Während sich die Gesamtleistung aufgrund der gestiegenen Mitgliederzahl der Gruppe erhöhte, nahm die individuelle Zugleistung graduell ab. Kravitz und Martin beschrieben und diskutierten die Studie von Ringelmann ausführlich und merkten an, dass, obwohl Ringelmann hauptsächlich Koordinationsverluste als Ursache des Leistungsabfalls vermutete, er sich mögliche Motivationsverluste ebenfalls vorstellen konnte.[321] Latané et al. sahen das Phänomen des Social Loafing vor allem darin begründet, dass die Beiträge des Einzelnen zur Gesamtleistung der Gruppe nur schwer identifizierbar waren und die Gruppenmitglieder daher keine sich hervorhebenden Konsequenzen ihrer eigenen Anstrengungen erwarten konnten. Die Autoren betrachteten daher das Social Loafing als eine der Gruppenarbeit inhärente soziale Krankheit (social disease), die in jeder Form von Gruppenarbeit auftritt, in der die individuellen Beiträge im Einzelnen nicht aus der Gesamtleistung heraus identifizierbar seien.[322] Jedoch konnten Harkins und Petty zeigen, dass diesem Verlust an Motivation, seine ganze Arbeitskraft für eine Gruppenaufgabe einzusetzen, wenn die eigene Anstrengung nicht gesondert honoriert und bewertet wird, und dem damit einhergehenden Social Loafing begegnet werden kann, wenn die Gruppenaufgabe als herausfordernd und anspornend empfunden wird.[323] In einer Meta-Analyse von 78 Untersuchungen zum Social Loafing konnten Karau und Williams dennoch feststellen, dass, obwohl eine Vielzahl von Variablen, wie z.B. freundschaftliche Verbundenheit unter Gruppenmitgliedern oder klare Leistungsstandards die Tendenz zum Social Loafing in einer Arbeitsgruppe moderieren[324], dieses Phänomen robust ist und über Aufgaben und Arbeitspopulationen hinweg auftritt.[325]

---

[318] Vgl. Latané, Williams & Harkins (1979).
[319] Vgl. Bettenhausen (1991), S. 360.
[320] Ringelmann selbst konnte seine Studie nie veröffentlichen, jedoch findet sich eine erste Erwähnung des Experiments bei Möde (1927). Die Zusammenfassung Mödes wurde in den folgenden Jahren immer wieder zitiert und ‚Social Loafing' von beispielsweise Zajonc (1966) und Steiner (1966, 1972) weiter analysiert und verfeinert (vgl. Latané, Williams & Harkins 1979, S. 822; Kravitz & Martin 1986, S. 936).
[321] Vgl. Latané, Williams & Harkins (1979), S. 822; Kravitz & Martin (1986), S. 937 ff.
[322] Vgl. Latané, Williams & Harkins (1979), S. 830 ff.
[323] Vgl. Harkins & Petty (1982), S. 1228 f.
[324] Vgl. Erez & Somech (1996), S. 1513 und S. 1533.
[325] Vgl. Karau & Williams (1993), S. 700 f.

Für die vorliegende Untersuchung ist das Phänomen des Social Loafing insofern von Bedeutung, da ja auch der Erfolg multikultureller Arbeitsgruppen in Abhängigkeit von Input- und Prozessvariablen untersucht werden soll. Offenbar ist Social Loafing ein Gruppenphänomen, das vergleichsweise häufig und stabil auftritt und das daher jegliche Befunde zum Erfolg multikultureller Arbeitsgruppen verzerren kann. Außerdem könnte vermutet werden, dass bei bestimmten Ausprägungen von kulturellen Werteorientierungen eine größere Neigung zum Social Loafing vorhanden ist. Daher sollte dieses Phänomen bei der Interpretation der Befunde der Untersuchung im Kopf behalten werden. Besonders in der Diskussion der empirischen Ergebnisse der vorliegenden Untersuchung wird daher auf die Möglichkeit, unbeabsichtigt Effekte des Social Loafings abgebildet zu haben, noch weiter eingegangen.

4.2.3.2 Das Phänomen des Gruppendenkens: „Groupthink"

Das zweite Gruppenphänomen dysfunktionalen Charakters, das an dieser Stelle kurz vorgestellt werden soll, ist das des „Groupthink", des sogenannten Gruppendenkens. Hierbei handelt es sich um eine mögliche Konsequenz bestimmter Gruppendynamiken, die während Entscheidungsprozessen auftreten und zu gravierenden Fehlentscheidungen von Arbeitsgruppen führen können. Der Begriff „Groupthink" geht auf den Sozialpsychologen Janis und seine Mitarbeiter zurück, die mittels Dokumentenanalysen politische Gruppenentscheidungsprozesse der Kennedy-Ära untersuchten, die – aus der historischen Perspektive betrachtet – zu Fiaskos geführt haben, wie z.B. in der sogenannten „Schweinebuchtaffäre" die Entscheidung der U.S.-Administration, mit Hilfe der Exilkubaner das Castro-Regime Kubas zu stürzen.[326] Nach Janis ist Groupthink ein „mode of thinking that people engage in when the members' strivings for unanimity override their motivation to realistically appraise alternative courses of action."[327] Aufgrund von Rekonstruktionen der Sitzungsabläufe auf der Basis von Protokollanalysen konnte Janis zeigen, dass in den entscheidenden Gremien häufig eine angespannte Atmosphäre herrschte, dass das Gefühl, zusammenhalten zu müssen, sehr stark ausgeprägt war und dass die Personen, die kritische oder abweichende Meinungen vertraten, negativ sanktioniert und zur Loyalität aufgerufen wurden. Nach Janis sind die Symptome des Groupthinks in Gruppenentscheidungsprozessen wie folgt charakterisiert:

1. Illusion der Unverwundbarkeit, die zu einem unrealistischen Optimismus und zum Eingehen auch extremer Risiken führt,
2. kollektive Rationalisierungen (Scheinbegründungen),
3. ein oft nicht hinterfragter Glaube an die moralische Rechtfertigung der gemeinsamen Handlungsweisen,
4. negative Stereotypisierung Außenstehender,
5. Gruppendruck gegen Argumente von Gruppenmitgliedern, die gemeinsame Illusionen in Frage stellen,
6. Selbstzensur beim Abweichen vom Gruppenkonsens,

---

[326] Vgl. Janis (1972), zitiert in Rosenstiel (1995), S. 326.
[327] Janis (1982), S. 9.

Teilbereiche der Gruppenforschung 85

7. Überschätzung der Einmütigkeit der eigenen Gruppe sowie

8. Abwehr von zuwiderlaufenden, externen Informationen durch selbsternannte Gesinnungswächter.[328]

Nach Janis ist eine der notwendigen Vorbedingungen für das Entstehen von Groupthink in Arbeitsgruppen eine stark ausgeprägte Kohäsion der Mitglieder, also der Grad, bis zu dem sich die Mitglieder einer Gruppe zueinander hingezogen fühlen und motiviert sind, in der Gruppe zu verbleiben. Außerdem nennt er die Isolation der Gruppe, einen autokratisch führenden Gruppenleiter, der auf offene oder subtile Weise seinen Willen durchzusetzen versucht, und einen Mangel an methodischen Verfahren zur Informationsbeschaffung und -bewertung als weitere Vorbedingungen, die das Entstehen von Groupthink begünstigen.[329] Insgesamt zeichnen sich die fehlerhaften Entscheidungsprozesse besonders dadurch aus, dass Ergebnisalternativen nicht ausreichend bedacht und die Risiken der bevorzugten Alternative nicht richtig eingeschätzt werden. Weiterhin kann es zu einer selektiven Verzerrung in der Verarbeitung der verfügbaren Informationen kommen und dazu, einen Alternativ- oder Notfallplan ebenfalls aufgrund der Selbstüberschätzung der Gruppe nicht zu erstellen.[330] Nach Janis kann den Konsequenzen des Groupthinks nur begegnet werden, wenn Gruppenmitglieder vor und während ihrer Zusammenarbeit auf die Gefahren des Gruppendenkens aufmerksam gemacht werden, wenn sie außerdem dazu ermutigt werden, bei Zweifel an den Gruppenentscheidungen ihre Einwände zu äußern, wenn gelegentlich Untergruppen zur alternativen Bearbeitung eines Teilproblems oder sogar zur parallelen Bearbeitung desselben Problems gebildet werden, wenn externe Beobachter oder Kollegen zur besten Lösungsfindung zu Rate gezogen werden und schließlich, wenn die formale Führungskraft der Gruppe zur Zurückhaltung in den eigenen Stellungnahmen überzeugt werden kann.[331]

Insgesamt lässt sich festhalten, dass die Arbeiten von Janis zum Phänomen des Groupthink einen wertvollen Beitrag zur Erklärung dysfunktionaler Entscheidungsprozesse in Arbeitsgruppen und den damit verbundenen negativen Konsequenzen für ihre Leistung liefern.

In der vorliegenden Untersuchung wird davon ausgegangen, dass multikulturelle Arbeitsgruppen der Gefahr des Groupthinks weniger ausgesetzt sind, als kulturell homogene Gruppen. Die Vielzahl an kulturell geprägten Erfahrungen und Perspektiven kann eine zu frühe Einmütigkeit bezüglich Gruppenentscheidungen verhindern; es bestehen von vornherein mehr Ergebnisalternativen und der Grad der Kohäsion zwischen den Gruppenmitgliedern ist aufgrund der erlebten Unähnlichkeit in kulturellen Werten eher geringer ausgeprägt. In der Tat wird ein Vorteil vielfältig zusammengesetzter Arbeitsgruppen darin gesehen, dass Groupthink weniger wahrscheinlich auftritt. Dennoch wird in der vorliegenden Untersuchung explizit argumentiert und später auch empirisch geprüft, dass die Vielfalt in den kulturellen Werteorientierungen der Gruppenmitglieder aufrechtzuerhalten sei, um Groupthink zu vermeiden. Im sechsten Kapitel zur systemischen Perspektive und im Kapitel 7 zur Darstellung des Bezugsrahmens und der Ableitung der Hypothesen wird hierauf noch näher eingegangen.

---

[328] Vgl. Janis (1982), S. 174 f.
[329] Vgl. Janis & Mann (1977), S. 132; Janis (1982), S. 176 ff.
[330] Vgl. Janis & Mann (1977), S. 132.
[331] Vgl. Janis (1982), S. 176 ff.; siehe auch Tjosvold & Field (1985), S. 361 f.

4.2.4 Gruppenprozesse

Wie oben schon beschrieben, gründen sich beinahe alle Modelle effektiver Gruppenarbeit in McGraths Input-Prozess-Output-Modell, wobei immer die mediierende Rolle der Gruppenprozesse in der Transformation von Inputvariablen in Outputvariablen unterstellt und teilweise auch empirisch untersucht wurde. Die Gruppenprozesse beinhalten dabei jene Verhaltensweisen, die in einer Arbeitsgruppe auftreten und die Effektivität der Gruppenarbeit beeinflussen.[332] Sie werden definiert als interdependente Handlungen der Gruppenmitglieder, welche auf das Organisieren des Aufgabenvollzugs zur Erreichung der kollektiven Gruppenziele gerichtet sind und entsprechend die Gruppen-Inputs durch kognitive, verbale und verhaltensmäßige Aktivitäten in Gruppenergebnisse umwandeln.[333] Dieser Definition zentral sind jene Gruppenprozesse, welche die wechselseitigen Interaktionen der Mitglieder untereinander und ihre Interaktionen mit der Aufgabenumwelt enthalten. Gruppenprozesse werden als die Mittel angesehen, mit denen die Gruppenmitglieder zur Nutzung der verschiedenen Ressourcen interdependent miteinander arbeiten, um bedeutsame Ergebnisse zu generieren.[334]

Bei einer Durchsicht der Literatur zu Gruppenprozessen fällt auf, dass sich diese anhand von zwei Dimensionen charakterisieren lassen. Die Interaktionen innerhalb einer Gruppe können zum einen ein Kontinuum zwischen aufgabebezogenen und sozioemotionalen oder affektbezogenen Verhaltensweisen aufspannen.[335] Nach Hackman sind die aufgabenbezogenen Gruppenprozesse definiert als „those aspects of interaction that relate directly to a group's work on its task", wobei er darauf hinweist, dass "it should be possible, for example, to assess whether a group is using the energy and talents of its members well (rather than wasting or misapplying them), and to determine whether the group interaction develops and expands (rather than diminishes) members' performance capabilities".[336] Die sozioemotionalen oder beziehungsbezogenen Gruppeninteraktionsprozesse stellen dagegen nach Hackman die zwischenmenschlichen Transaktionen innerhalb der Gruppe dar: „... who is talking with whom (or not doing so), who is fighting with whom, who is pairing up with whom, and so on."[337]

Und zum zweiten können die Interaktionen in einer Arbeitsgruppe ein Kontinuum zwischen Prozessen aufspannen, die innerhalb der Gruppe stattfinden, also nach innen gerichtet sind, und solchen, die mit anderen Personen oder Einheiten außerhalb der Gruppe erfolgen, also nach außen gerichtet sind.[338] Vor allem die Aktivitäten des Boundary Managements haben durch die Arbeiten Gladsteins (später Anconas[339]) das Betrachtungsspektrum auf Gruppenprozesse erheblich erweitert und viele neue Einsichten generiert.

---

[332] Vgl. Campion, Medsker & Higgs (1993), S. 829; Stewart & Barrick (2000), S. 136.

[333] Vgl. Marks, Mathieu & Zaccaro (2001), S. 357.

[334] Vgl. Marks, Mathieu & Zaccaro (2001), S. 357.

[335] Vgl. Gladstein (1984), S. 502; Hackman (1987), S. 323; Guzzo & Dickson (1996), S. 334; Marks, Mathieu & Zaccaro (2001), S. 357.

[336] Hackman (1987), S. 321.

[337] Hackman (1987), S. 321.

[338] Vgl. Gladstein (1984), S. 514; Ancona (1990), S. 336; Ancona & Caldwell (1992a), S. 635 f.; Ancona & Caldwell (1992b), S. 324; Cohen & Bailey (1997), S. 244.

[339] Deborah Gladstein, die in ihrer Veröffentlichung von 1984 feststellte, dass sich die Gruppenprozesse besser anhand ihrer Gerichtetheit anstatt anhand ihres Bezugs unterscheiden lassen, beschäftigte sich in späteren

Teilbereiche der Gruppenforschung 87

Ein Großteil der Forschung zu Gruppenprozessen beschäftigte sich jedoch vorrangig mit den Verhaltensweisen der erstgenannten Dimension, also mit aufgaben- und beziehungsbezogenen Gruppenprozessen. Eine nützliche Typologie der aufgabenbezogenen Gruppenprozesse stammt von McGrath, die sich aus seinem Klassifikationsschema der Gruppenaufgaben ableitet. Dieses Klassifikationsschema nennt er selbst „task circumplex", welches acht Aufgabenkategorien umfasst, die jeweils verschiedene Prozesse oder Handlungsmodi erfordern (vgl. Abbildung 4-5).[340]

Da sich die Mehrzahl der Untersuchungen zu Arbeitsgruppen mit solchen Gruppenprozessen befasste, die einen klaren Leistungs- bzw. Ergebnisbezug aufweisen, also aufgabenbezogenen Gruppenprozessen, existiert leider keine ähnliche Typologie zur Kategorisierung der beziehungsbezogenen Prozesse in Arbeitsgruppen. Dennoch lässt sich insgesamt feststellen, dass die beziehungsrelevanten Gruppenprozesse vor allem auf die Schaffung und den Erhalt eines motivationsfördernden und zufriedenheitsstiftenden Gruppenarbeitsklimas abzielen, wobei besonders die sozialen Kompetenzen der Gruppenmitglieder gefragt sind. Während also die Aktivitäten zur Planung, Koordination und Ausführung der Gruppenaufgaben einer Sachfunktion dienen, haben die Prozesse des Kooperierens, des Teilens der Arbeitsbelastung, der sozialen Integration und der sozialen Kommunikation eine ganz klare, soziale und Gruppenerhaltungsfunktion und sind zudem für eine erfolgreiche Erfüllung der Sachfunktion absolut notwendig.[341]

Arbeiten sehr intensiv mit den Arten und dem Einfluss externer Gruppenprozesse auf deren Erfolg und veröffentlichte darüber eine Reihe von Studien, diese allerdings unter einem neuen Namen: Ancona.

[340] Vgl. McGrath & Kravitz (1982), S. 201 f.; McGrath (1991), S. 152 f.; Stewart & Barrick (2000), S. 137.
[341] Vgl. O'Reilly, Caldwell & Barnett (1989), S. 22; Campion, Medsker & Higgs (1993), S. 830; Smith et al. (1994), S. 414.

88 Gruppenarbeit: Konzeptualisierungen und Erkenntnisse

Abbildung 4-5: Darstellung des "Task Circumplex" mit den jeweiligen Aufgabenprozessen[342]

Prozess I: „Generieren" - Planungsaufgaben - Kreativitätsaufgaben **Aktivitätsmodus I:** Akzeptanz und Beginn des Projekts **=> Wahl des Ziels**	**Prozess II: „Wählen"** - Problemlösungsaufgaben - Entscheidungsaufgaben **Aktivitätsmodus II:** Lösung von (technischen) Problemen **=> Wahl der Mittel**
Prozess IV: „Ausführen" - Wettbewerbliche physische Aufgaben - Nichtwettbewerbliche physische Aufgaben **Aktivitätsmodus VI:** Erfüllen der Leistungsanforderungen des Projekts **=> Zielerreichung**	**Prozess III: „Klären"** - Kognitive Konflikt-Aufgaben - Interessenkonflikt-Aufgaben **Aktivitätsmodus III:** Lösung von Konflikten taktischer Natur **=> Wahl der Strategie**

Eine etwas anders angelegte Konzeption von der Zusammenarbeit in Gruppen stammt von Högl.[343] Er versteht Gruppenarbeit als Qualität der Interaktionen in einer Arbeitsgruppe, wobei er den theoretischen Ansatz von Homan[344] zu den Elementen sozialen Verhaltens zu Grunde legt. Nach Högl muss zwischen der inhaltlichen und der interaktionalen Güte der Gruppenarbeit unterschieden werden, wobei sich die interaktionale Qualität auf die Häufigkeit und die Intensität der Interaktionen in Arbeitsgruppen bezieht und damit prinzipiell die Qualität der Gruppenprozesse betrifft.[345] Er unterscheidet dabei sechs Komponenten, die zusammengenommen ein Maß für Qualität der Gruppenprozesse ergeben:[346] 1) Kommunikation und Information als elementarste Bestandteile der Gruppenprozesse, die beschreiben, mit welcher Intensität und auf welche Art und Weise Informationen in einer Arbeitsgruppe ausgetauscht werden; 2) Aufgabenkoordination, die auf die kollektive Aufgabenbearbeitung hinweist und Aktivitäten der zielgerichteten Koordination der Einzelbeiträge zur Aufgabenerfüllung beinhaltet; 3) Ausgewogenheit der Mitgliederbeiträge, welche sich auf eine balancierte Integration der von verschiedenen Fähigkeiten und Potenzialen der Mitglieder geprägten, in die Aufgabenerfüllung eingebrachten Beiträge bezieht; 4) Gegenseitiges Unter-

---

[342] In Anlehnung an McGrath & Kravitz (1982), S. 202 ff.; McGrath (1991), S. 152 f.
[343] Vgl. Högl (1998), S. 19 f.
[344] Vgl. Homan (1960), S. 58 ff.
[345] Vgl. Högl (1998), S. 20; Gemünden & Högl (2001), S. 37.
[346] In Helfert & Gemünden (2001), S. 135 f. werden die Komponenten explizit als Gruppenprozesse aufgeführt, Högl selbst hat dies in seinen Arbeiten nicht gesondert herausgestellt.

Teilbereiche der Gruppenforschung

stützen, das die Kooperation der Gruppenmitglieder untereinander im Gegensatz zum Wettbewerb zwischen ihnen in den Vordergrund stellt; 5) Arbeitsnormen (Engagement), die von den Gruppenmitgliedern geteilte Erwartungen bezüglich des notwendigen Arbeitseinsatzes betreffen und schließlich 5) Kohäsion (Zusammenhalt), welche das Ausmaß des Zusammengehörigkeitsgefühls der Gruppenmitglieder beschreibt.[347]

In seiner Studie zur Teamarbeit von innovativen Projekten konnte Högl nachweisen, dass die Qualität der Gruppenprozesse, gemessen anhand der sechs Komponenten, sowohl den ökonomischen als auch den sozialen Gruppenerfolg signifikant positiv vorhersagen konnte.[348]

Generell lassen sich die sechs Komponenten ebenfalls in die Kategorien der ‚aufgabenbezogenen' und ‚beziehungsorientierten' Gruppenprozesse einordnen: „The six teamwork quality facets (...) embrace elements of both task-related and social interactions within teams."[349] Während Aufgabenkoordination, Arbeitsnormen und Ausgewogenheit der Mitgliederbeiträge eher der Sachfunktion von Gruppenarbeit dienen, erfüllen gegenseitiges Unterstützen und Kohäsion eher sozioemotionale Bedürfnisse und dienen damit mehr der sozialen bzw. Gruppenerhaltungsfunktion. Kommunikation und Information dagegen sind für beide Funktionen von großer Bedeutung.[350]

In der vorliegenden Untersuchung werden sowohl Gruppenprozesse erhoben und analysiert, die der Sach- bzw. Zielerreichungsfunktion der multikulturellen Gruppenarbeit dienen, als auch solche, die der sozialen bzw. Gruppenerhaltungsfunktion dienen.

4.2.5 Gruppenergebnisse

Der folgende Abschnitt soll diesen Überblick über die einzelnen Teilbereiche der Gruppenforschung abschließen. Wie eingangs erwähnt, beschäftigt sich die meiste Forschung mit ausgewählten Input- und Prozessfaktoren und setzt sie in Zusammenhang mit den Ergebnissen der Gruppenarbeit. Zentrales Thema dieses Zusammenhangs ist der Erfolg der Arbeitsgruppe, wobei die Frage im Vordergrund steht, woran der Erfolg einer Arbeitsgruppe gemessen wird.

Beinahe sämtliche Studien zum Erfolg von Arbeitsgruppen orientieren sich an den Effektivitätskriterien von Hackman, der, wie in Abschnitt 4.1.2 schon erwähnt, die drei Dimensionen des ökonomischen, des sozialen und des persönlichen Erfolgs der Gruppenarbeit als essenziell identifizierte. Diese Dimensionen überschneiden sich mit den von McGrath in seiner späteren Time-Interaction-Performance (TIP)-Theorie der Gruppenarbeit postulierten Funktionen, die Arbeitsgruppen grundsätzlich immer zu erfüllen haben und anhand derer sich der Erfolg von Arbeitsgruppen bemessen lässt.[351] McGraths Gruppenfunktionen unterteilen sich in die Produktionsfunktion, die Gruppenwohlbefinden-Funktion

---

[347] Vgl. Högl (1998), S. 77 ff.; Gemünden & Högl (2001), S. 38 ff.
[348] Vgl. Högl (1998), S. 154 ff.; Gemünden & Högl (2001), S. 56.
[349] Högl, Weinkauf & Gemünden (2004), S. 41.
[350] Vgl. Högl & Proserpio (2004), S. A1 ff.
[351] Vgl. McGrath (1991).

und die Mitgliederunterstützungsfunktion, wobei diese den ökonomischen, sozialen und persönlichen Effektivitätskriterien Hackmans inhaltlich entsprechen.[352]

Das ökonomische Kriterium der Gruppeneffektivität respektive die Produktionsfunktion beinhaltet, dass das produktive Ergebnis der Arbeitsgruppe die organisationalen Leistungsstandards für Qualität und Quantität erfüllen soll. Bei einer Durchsicht der Literatur fällt auf, dass zu den am häufigsten in dieser Dimension untersuchten Variablen die Produktivität der Gruppenarbeit, die Profitabilität von Arbeitsgruppen, ihre Arbeitsexzellenz, Innovativität und ihre Kosten-, Zeit-, Strategie- und Kommunikationseffizienz gehören.[353]

Das soziale Kriterium der Gruppeneffektivität, das Gruppenwohlbefinden, betrifft den Grad, bis zu dem die sozialen Prozesse innerhalb einer Arbeitsgruppe die Fähigkeiten der Gruppenmitglieder aufrechterhält und verbessert, auch in folgenden Gruppenaufgaben erfolgreich miteinander zu arbeiten. Diese Funktion beinhaltet Aktivitäten, die mit der Entwicklung und Pflege der Gruppe als Ganzes zu tun haben und spiegelt demnach die Beziehungsqualität zwischen den Gruppenmitgliedern wider.[354] Dieses Verhalten schlägt sich in der Zufriedenheit mit der Gruppenarbeit, in der Erfolgszuversicht der Gruppe, im Gruppenzusammenhalt, in der Gruppenidentität und in der Bindung an die Arbeitsgruppe nieder, sämtlich Faktoren, die den generellen Erfolg von Arbeitsgruppen maßgeblich mitverantworten.[355]

Schließlich stellt das persönliche Kriterium der Gruppeneffektivität, die Mitgliederunterstützungsfunktion, den Grad dar, bis zu dem die Gruppenerfahrung die persönlichen Bedürfnisse der Gruppenmitglieder erfüllt.[356] Dieses Kriterium ist eng mit dem sozialen Kriterium verknüpft und resultiert vor allem in der individuellen Arbeitszufriedenheit und der individuellen Arbeitsmotivation, in dem Wunsch, in der Gruppe zu verbleiben und in positiven Einstellungen den anderen Gruppenmitgliedern gegenüber.[357]

Während die Art der Gruppenaufgabe den wohl stärksten Einfluss auf die Gruppenergebnisse hat, so sind die Output-Größen dennoch insgesamt ein Ergebnis sämtlicher Inputmaße und Prozesse, also der spezifischen Gruppenkonfigurationen und den ihr innewohnenden Interaktionsdynamiken. Abschließend lässt sich also festhalten, dass sich die Determinanten der Gruppeneffektivität ebenso multidimensional wie die Effektivität von Arbeitsgruppen selbst präsentieren.

Da ein Ziel der vorliegenden Untersuchung die Bestimmung erfolgsstiftender Dimensionen der multikulturellen Gruppenarbeit darstellt, werden sowohl ökonomische als auch soziale Gruppenerfolgsvariablen erhoben und im Zusammenhang mit den Input- und Prozessva-

---

[352] Vgl. McGrath (1991), S. 151.
[353] Vgl. Gist, Locke & Taylor (1987), S. 238; Ancona & Caldwell (1992a), S. 655; Ancona & Caldwell (1992b), S. 329; Campion, Medsker & Higgs (1993), S. 825; Cohen & Bailey (1997), S. 243; Stewart & Barrick (2000), S. 140; Podsiadlowski (2002), S. 75.
[354] Vgl. Hackman (1987), S. 323; McGrath (1991), S. 156.
[355] Vgl. Gist, Locke & Taylor (1987), S. 238; Bettenhausen (1991), S. 361 ff.; Campion, Medsker & Higgs (1993), S. 825; Guzzo & Dickson (1996), S. 310 ff.; Cohen & Bailey (1997), S. 244; Earley & Mosakowski (2000), S. 35; Van der Vegt, Emans & van de Vliert (2000), S. 636 f.; Podsiadlowski (2002), S. 82.
[356] Vgl. Hackman (1987), S. 323; McGrath (1991), S. 157.
[357] Vgl. Gist, Locke & Taylor (1987), S. 238; Campion, Medsker & Higgs (1993), S. 825; Jehn (1995), S. 257; Guzzo & Dickson (1996), S. 313; Cohen & Bailey (1997), S. 244; Shaw, Duffy & Stark (2000), S. 260; Van der Vegt, Emans & Van de Vliert (2001), S. 54.

Teilbereiche der Gruppenforschung 91

riablen analysiert. Auf eine explizite Untersuchung der persönlichen Erfolgsvariablen wird hingegen verzichtet, da diese zum einen sehr eng mit den sozialen verknüpft sind und zum anderen davon ausgegangen wird, dass sich bei gegebenem sozialen Erfolg auch der persönliche Erfolg der Gruppenarbeit einstellt.

4.3 Übergeordnete Implikationen der Forschung zur Gruppenarbeit für die vorliegende Untersuchung

Aus der Betrachtung der einzelnen Bereiche der Gruppenforschung und den bis dato gewonnenen Erkenntnissen lassen sich drei Forschungsfelder identifizieren, innerhalb derer noch viele Untersuchungen zu leisten sind, bis die genauen Wirkungsweisen und Zusammenhänge geklärt werden können.

Zum ersten betrifft dies die Notwendigkeit des Studiums von Arbeitsgruppen in ihrem weiteren organisationalen Kontext. Seit der Arbeit Gladsteins wurde immer wieder darauf hingewiesen, dass die Gruppenforschung aus dem Labor in die reale Welt übertragen werden muss. Da Arbeitsgruppen in Unternehmen außer den in der Laborforschung mittlerweile sicher festgestellten Einflussgrößen, deren Wirkung durch gezielte Manipulationen und Kontrolle geklärt werden konnte, noch einer Vielzahl anderer systemischer Einflussfaktoren unterliegen, können deren Auswirkungen auf die Gruppenarbeit in Unternehmen nur durch Feldforschung und unter Hereinnahme möglicher Kontextmerkmale festgestellt werden.[358]

In der vorliegenden Untersuchung werden daher echte Arbeitsgruppen in Unternehmen untersucht, wobei der unternehmerische Kontext in die Analyse mit einbezogen wird.

Das zweite noch nicht vollständig erschlossene Forschungsfeld betrifft die Aus- und Wechselwirkungen der Art der Gruppenaufgabe auf die Gruppenprozesse und ihre Leistung. Inhalt, Struktur und motivationale Aspekte haben je unterschiedliche Konsequenzen für die Gruppenprozesse und entsprechend für die Leistung, aber in der Literatur herrscht noch keine Einigkeit darüber, an welcher Stelle die Gruppenaufgabe eigentlich ihre Wirkung entfaltet. Häufig wurde darüber nachgedacht, ob die Aufgabe möglicherweise die Zusammenhänge zwischen den Prozessen und den Gruppenergebnissen moderiert, viele Studien untersuchen jedoch Gruppenprozesse als Folge bestimmter Aufgabenmerkmale. In dieser Fassung wird dann der Einfluss der Aufgabe durch die Gruppenprozesse mediiert.[359] Da es weder ein allgemein akzeptiertes Klassifikationsschema – bis auf den „task circumplex" McGraths, welcher allerdings nur die Abfolge von Teilaufgaben in Abhängigkeit des Bearbeitungsstadiums inhaltlich spezifiziert und damit prinzipiell eher die zur Aufgabenerledigung nötigen Prozesse voneinander abgrenzt und beschreibt – noch ein klares Konzept dazu gibt, an welcher Stelle genau sich die Gruppenaufgabe hinsichtlich der Gruppenleistung eigentlich niederschlägt, ist weiterhin ein dringender Forschungsbedarf vorhanden.

---

[358] Vgl. Gladstein (1984), S. 515; Bettenhausen (1991), S. 371; Guzzo & Dickson (1996), S. 333; Cohen & Bailey (1997), S. 280; Hyatt & Ruddy (1997), S. 583; Devine et al. (1999), S. 682; Stock (2004), S. 56.

[359] Vgl. Gist, Locke & Taylor (1987), S. 250; Bettenhausen (1991), S. 371; Guzzo & Dickson (1996), S. 320.

Dies ist bei der Untersuchung von Arbeitsgruppeneffektivität besonders deshalb wichtig, da erstens die Gruppenaufgabe zumindest teilweise bestimmt, welche Elemente die Definition der Gruppeneffektivität enthält. Zweitens bestimmt die Gruppenaufgabe die Kriterien, anhand derer die Gruppeneffektivität gemessen wird und drittens kann die Gruppenaufgabe auch die Wichtigkeit einiger Merkmale effektiver Arbeitsgruppen beeinflussen und verändern.[360]

In der vorliegenden Untersuchung kommt der Gruppenaufgabe eine zentrale Bedeutung zu, da davon ausgegangen wird, dass sie in Abhängigkeit bestimmter Gruppenzusammensetzungen den Gruppenerfolg maßgeblich beeinflusst. Bei der Darstellung des Bezugsrahmens und der Ableitung der Hypothesen wird hierauf noch besonders eingegangen.

Das dritte Forschungsfeld schließlich, auf dem noch erheblicher Mehrbedarf an intensiver Forschung besteht, betrifft die Zusammensetzung von Arbeitsgruppen, vor allem hinsichtlich der Aus- und Wechselwirkungen von Vielfalt jeglicher Art auf die Gruppenprozesse und ihre Leistung. Wie bereits in Abschnitt 4.2.2.3 dargestellt, wird die Gruppenzusammensetzung anhand von vier Dimensionen beschrieben. Einmal wird die Gruppenzusammensetzung anhand demographischer Merkmale, zum zweiten anhand bestimmter Persönlichkeitsmerkmale, zum dritten anhand von Wissen und Fertigkeiten und zum vierten anhand der Kohortenmitgliedschaft charakterisiert. Diese vier Dimensionen sind nicht überschneidungsfrei, zum Teil bedingen sie einander und die aus den möglichen Kombinationen resultierenden Konsequenzen für die Zusammenarbeit in Gruppen wurden bisher zwar häufig, jedoch insgesamt betrachtet mit vielfach widersprüchlichen Ergebnissen untersucht. Gerade aber im Zusammenhang mit der Heterogenisierung der Mitarbeiterschaft in vielerlei Hinsichten steigt das Maß an Vielfalt insgesamt stark an und es gilt der Imperativ in der Forschung, herauszufinden, wie innerhalb von Arbeitsgruppen divergente Perspektiven integriert und die Hauptquellen des mit Heterogenität assoziierten Prozessverlustes überwunden werden können.[361]

In der vorliegenden Untersuchung stellen Vielfalt in der Gruppenzusammensetzung und ihre Aus- und Wechselwirkungen im Hinblick auf die Input-, Prozess- und Ergebnisvariablen der Gruppenarbeit die zentralen Untersuchungsanliegen dar. Es werden Merkmale jeder der genannten vier Vielfaltsdimensionen erhoben und genauer analysiert, wobei Vielfalt in den kulturellen Werteorientierungen der Gruppenmitglieder im besonderen Fokus der Betrachtung steht. Sowohl der Stand der Forschung hinsichtlich organisationaler Vielfalt als auch die Spezifikation von Zusammenhängen zwischen Vielfalt in der Gruppenzusammensetzung und den anderen Gruppenvariablen werden im folgenden fünften Kapitel zur Vielfaltsforschung und im siebten Kapitel zum Bezugsrahmen und den Hypothesenableitungen noch eingehender dargestellt.

---

[360] Vgl. Hackman (1987), S. 324; Hyatt & Ruddy (1997), S. 557; Janz, Colquitt & Noe (1997), S. 878.
[361] Vgl. Sivakumar & Nakata (2003), S. 400.

5 Vielfalt: Begriff, Konzeptualisierungen und Erkenntnisse

Die Untersuchung von kultureller Vielfalt in Arbeitsgruppen stellt das zentrale Anliegen der vorliegenden Untersuchung dar. Vielfalt im Allgemeinen und kulturelle Vielfalt im Besonderen sind multidimensionale Konstrukte, die sehr differenzierte Konsequenzen haben. Daher sollen im folgenden Kapitel die bisher gewonnenen Erkenntnisse aus der Vielfaltsforschung dargestellt und im Hinblick auf die in dieser Untersuchung relevante Problematik diskutiert werden. Die wissenschaftliche Beschäftigung mit dem Thema der Vielfalt stellt somit das dritte große Forschungsfeld dar, auf dessen Grundlage die theoretische Konzeption des in dieser Arbeit aufgestellten Untersuchungsmodells basiert.

5.1 Begriff und Arten von Vielfalt

Trotz der großen Popularität des Konzeptes der Vielfalt in Organisationen und Arbeitsgruppen konnte lange kein Konsens darüber hergestellt werden, was unter Vielfalt genau zu verstehen ist und wie diese die Leistung von Organisationen und Arbeitsgruppen tatsächlich beeinflusst.[362] Eine exakte Definition und vor allem ein genaues Verständnis dessen, was Vielfalt ausmacht, ist aber dringend notwendig, sollen die Konsequenzen von Vielfalt für die Prozesse und vor allem für die Leistung von Organisationen und Arbeitsgruppen identifiziert und gehandhabt werden.

Ausgangspunkt für die Etablierung einer Definition von Vielfalt stellte in der Forschung meist die umgangssprachliche Bedeutung des Begriffes dar und bezeichnet nach dem Wörterbuch die Bedingung oder Qualität der Unterschiedlich-, Andersartig- oder Vielseitigkeit. Relevant ist auch das Wort „Diversität" (Vielfalt[363]); dieses ist aus dem lateinischen „diversitas" abgeleitet und bedeutet so viel wie Verschiedenheit, Unterschied oder Widerspruch.[364] Diese Definition impliziert, dass Vielfalt ein relatives Konzept darstellt. Ein Objekt oder ein Individuum kann also nur divers in Beziehung zu anderen Objekten oder Individuen sein.[365] Vielfalt wird demnach als ein Merkmal verstanden, hinsichtlich dessen sich Dinge voneinander unterscheiden, wobei hier deutlich wird, dass viele Dimensionen oder Aspekte von Vielfalt denkbar sind. Übertragen auf den Kontext sozialer Gruppen bedeutet

---

[362] Vgl. Guzzo & Dickson (1996), S. 331; Milliken & Martins (1996), S. 402; Fine (1996), S. 485 f.; Williams & O'Reilly (1998), S. 80; Dose & Klimoski (1999), S. 83 f.; Jackson, Joshi & Erhardt (2003), S. 802 f.; Mohammed & Angell (2003), S. 651 f.

[363] Da die Begriffe Vielfalt, Diversität, Varietät oder Heterogenität denselben Bedeutungshintergrund haben, werden sie in dieser Arbeit synonym verwendet, obwohl der Begriff der Vielfalt im Vordergrund steht.

[364] Vgl. Duden (2003).

[365] Vgl. Austin (1997), S. 347.

94 Vielfalt: Begriff, Konzeptualisierungen und Erkenntnisse

Vielfalt Unterschiedlichkeit von Personen in bestimmten Merkmalen, Eigenschaften oder Attributen.[366]

Um sich der Bedeutung von Vielfalt und ihren Wirkungsweisen anzunähern, wird diese häufig aus der sozialpsychologischen Perspektive vor allem unter Rückgriff auf die soziale Identitätstheorie von Tajfel und Turner bzw. Turner betrachtet, da Vielfalt in einem Merkmal zuerst einmal wahrgenommen werden muss und sobald dies geschehen ist, der Prozess der sozialen Kategorisierung in In-group/Out-group-Unterscheidungen beinahe unweigerlich folgt.[367] Wie Triandis, Kurowski und Gelfand in ihrem umfassenden Überblick über das Phänomen der Vielfalt bemerkten, tendieren alle Menschen zu einer ethnozentrischen Sichtweise, so dass „in intergroup relations people tend to use any attributes that happen to be available to make these categorizations, even if these attributes are trivial or explicitly random."[368] Die Auswirkungen von Vielfalt können also aus jedem Attribut resultieren, anhand dessen die Menschen sich selber verdeutlichen, dass andere Menschen von ihnen verschieden sind. Auslöser dieser Verdeutlichung von Verschiedenheit sind jeweils bestimmte Situationen, deren Beschaffenheiten bewirken, dass gewisse Attribute der beteiligten Personen zu hervorstechenden Merkmalen werden, welche dann die Grundlage der Kategorisierung bilden. Diese Qualität des Hervorstechens (salience) von Merkmalen bezieht sich dabei auf „conditions under which some specific group membership becomes cognitively prepotent in self-perception to act as the immediate influence on perception and behavior."[369] Einmal heraufbeschworen wird es wahrscheinlich, dass aufgrund der wahrgenommenen Unterschiede in diesem Attribut oder diesen Attributen Stereotype oder Vorurteile gebildet werden, die letztlich zu verschlechterten Prozessen und Leistungen von Gruppen führen können.[370]

Die augenscheinlichste Möglichkeit, die Attribute einzuordnen, anhand derer Vielfalt oder Unterschiedlichkeit zwischen Personen festgestellt werden kann, basiert folglich auf der Beobachtbarkeit der Attribute. In der Tat wird in der Forschung am häufigsten die Unterscheidung zwischen Vielfalt in beobachtbaren, leicht feststellbaren Attributen wie Alter, Geschlecht oder ethnischer Zugehörigkeit und Vielfalt in weniger sichtbaren, zugrundeliegenden Attributen wie Bildungshintergrund, Dauer der Organisationszugehörigkeit oder auch individuelle Werte und Annahmen getroffen.[371] Eine ähnliche Einteilung nehmen Harrison et al. vor, die unter Rückgriff auf die bekannte Unterscheidung zwischen Vielfalt in „Oberflächen"-Merkmalen (surface-level-diversity) und Vielfalt in „tiefliegenden" Merkmalen (deep-level-diversity) unterscheiden. Unter Oberflächenvielfalt verstehen sie Unterschiede zwischen Gruppenmitgliedern in offenkundigen, biologischen Merkmalen, die sich typischerweise in

---

[366] Vgl. Jackson, May & Whitney (1995), S. 217; Milliken & Martins (1996), S. 402; Lau & Murnighan (1998), S. 326; Ely & Thomas, D.C. (2001), S. 230; Wolf & Haberstroh (2002), S. 139.

[367] Vgl. Tsui, Egan & O'Reilly (1992), S. 551 f.; Williams & O'Reilly (1998), S. 81; Pelled, Eisenhardt & Xin (1999), S. 5.

[368] Triandis, Kurowski & Gelfand (1994), S. 790.

[369] Turner (1987), S. 54.

[370] Vgl. Williams & O'Reilly (1998), S. 82.

[371] Vgl. Tsui, Egan & O'Reilly (1992), S. 557; Pelled (1996), S. 615; Milliken & Martins (1996), S. 403 f.; Jackson (1996), S. 56; Williams & O'Reilly (1998), S. 81 f.; Bowers, Pharmer & Salas (2000), S. 306.; Rijamampianina & Carmichael (2005), S. 109.

Begriff und Arten von Vielfalt 95

physischen Eigenschaften widerspiegeln. Diese Merkmale werden dabei als prinzipiell unveränderlich, beinahe unverzüglich beobachtbar und auf einfache und valide Weise messbar betrachtet.[372] Diese Vielfalt in Oberflächenmerkmalen wird auch häufig „soziale Kategorien-Vielfalt[373]" oder einfach „demographische Vielfalt[374]" genannt, wobei die letztgenannte Bezeichnung für Oberflächenmerkmale ein wenig irreführend ist, da streng genommen auch Merkmale wie beispielsweise der funktionale oder Bildungshintergrund einer Person demographische Merkmale sind. Unter Vielfalt in „tief liegenden" Merkmalen werden dagegen Unterschiede zwischen den Einstellungen, Glauben und Werten, Wissen und Fertigkeiten von Gruppenmitgliedern verstanden. Informationen hierüber werden durch verbale und nonverbale Verhaltensmuster kommuniziert und können nur durch ausgedehnte, individualisierte Interaktionen und Informationssammlungen erfahren werden.[375]

Diese Grundeinteilung in beobachtbare versus nicht beobachtbare Attribute lässt sich, wie schon beschrieben, auch nach ihrem Inhalt weiter in vier Kategorien auffächern. Es fällt auf, dass nur die Attribute der ersten Kategorie, nämlich die der demographischen Vielfalt, zu den beobachtbaren gehören. Zu den nicht beobachtbaren gehören dagegen die Attribute der Kategorie der Persönlichkeit, der Kategorie des Wissens und der Fertigkeiten sowie der Kategorie der Kohortenmitgliedschaft. Insgesamt lassen sich damit grob drei Arten von Vielfalt unterscheiden und obwohl sich diese nur ausschließlich zu analytischen Zwecken trennen lassen, ist eine solche Trennung vor allem zur Interpretation der Konsequenzen von Vielfalt sinnvoll und notwendig. Die drei grundsätzlichen Arten von Vielfalt, die in der Literatur unterschieden werden, sind zum einen die kognitive Vielfalt, zum zweiten die affektive Vielfalt und zum dritten schließlich die soziale Vielfalt..[376] Abbildung 5-1 veranschaulicht die Einordnung noch einmal.

---

[372] Vgl. Harrison, Price & Bell (1998), S. 97; Riordan (2000), S. 162; Harrison et al. (2002), S. 1030.
[373] Vgl. Jehn, Northcraft & Neale (1999), S. 744 f.; Podsiadlowski (2002), S. 100.
[374] Vgl. O'Reilly, Caldwell & Barnett (1989), S. 21; Smith et al. (1994), S. 412; Riordan & Shore (1997), S. 342; Knight et al. (1999), S. 447.
[375] Vgl. Harrison, Price & Bell (1998), S. 98; Harrison et al. (2002), S. 1031.
[376] Vgl. Maznevski (1994), S. 532 f.; Jackson (1996), S. 56; Milliken & Martins (1996), S. 414 ff.; Elron (1997), S. 395 ff.; Kilduff, Angelmar & Mehra (2000), S. 22 f.; Harrison et al. (2002), S. 1030 ff.; Garcia-Prieto, Bellard & Schneider (2003). S. 415 ff.

96 Vielfalt: Begriff, Konzeptualisierungen und Erkenntnisse

Abbildung 5-1: Vielfalt in organisationalen Gruppen[377]

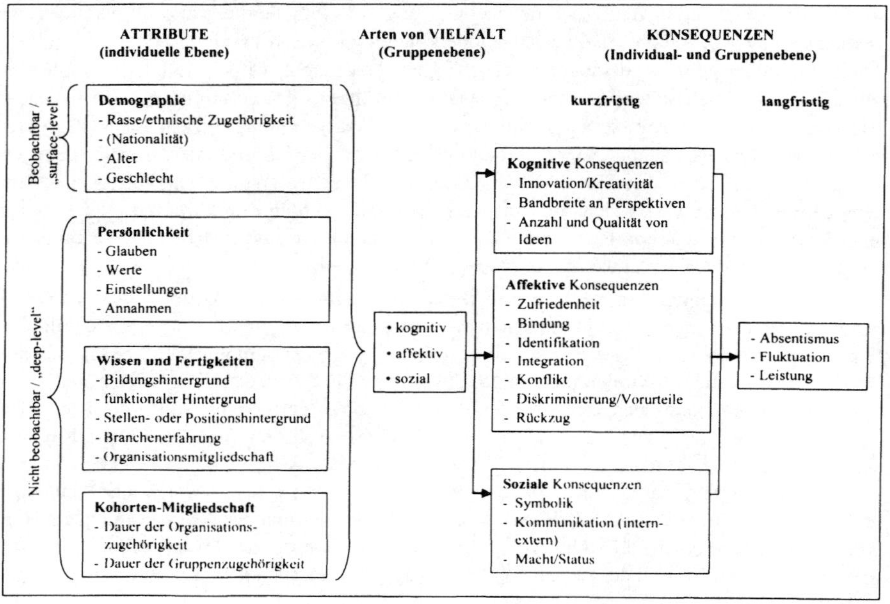

---

[377] In Anlehnung an Milliken & Martins (1996), S. 418.

Theoretische Erklärungsansätze in der Vielfaltsforschung 97

5.2 Theoretische Erklärungsansätze in der Vielfaltsforschung

Um die Konsequenzen von Vielfalt auf organisationale Prozesse und Leistungen zu erklären, wurden in der Forschung eine ganze Reihe verschiedener Theorien gewählt, die eine gute Aufklärung versprachen. Und obwohl jede Theorie für sich genommen plausible Erklärungen für die Auswirkungen von Vielfalt lieferte, treffen sie jedoch alle gemeinsam betrachtet teilweise widersprüchliche Vorhersagen.[378] Der folgende Abschnitt soll die prominentesten Erklärungsansätze für die Auswirkungen von Vielfalt in organisationalen Gruppen kurz darstellen, um darauffolgend die Forschung zu den einzelnen Vielfaltskategorien im Lichte der jeweiligen Erklärungsansätze aufzuzeigen. Im Einzelnen werden die Theorie der sozialen Kategorisierung, das Ähnlichkeits-Attraktions-Paradigma (similarity-attraction paradigm) und der kognitive Informationsverarbeitungsansatz dargestellt.[379] Es sei jedoch an dieser Stelle darauf hingewiesen, dass keine vollständige Liste aller theoretischen Erklärungsansätze geliefert wird, sondern nur jene Theorien und ihre Varianten dargestellt werden, die in der Mehrzahl der Untersuchungen zu organisationaler Vielfalt verwendet wurden und vor allen Dingen zur Interpretation der empirischen Befunde wichtig und notwendig sind.[380]

5.2.1 Soziale Kategorisierungstheorie

Die hauptsächliche theoretische Grundannahme in der Vielfaltsforschung beinhaltet, dass Variationen in der demographischen Zusammensetzung von Arbeitsgruppen die Gruppenprozesse beeinflussen und dass die Gruppenprozesse wiederum einen entscheidenden Einfluss auf die Gruppenleistung ausüben.[381] Diese Annahme gründet sich mehrheitlich auf die Logik der sozialen Kategorisierungstheorie und in der Tat bildet die *soziale Kategorie* in der Vielfaltsforschung die am meisten verwendete Untersuchungsgrundlage.[382] Im Prozess der Kategorisierung wird die Umwelt eines Individuums nach Kategorien (z.B. Personen, Objekte, Ereignisse) hinsichtlich ihrer Ähnlichkeit oder Äquivalenz in ihrer Relevanz für die eigenen Handlungen, Absichten oder Einstellungen geordnet. Zu den Hauptelementen der Theorie[383] gehört erstens die Annahme, dass Individuen den Wunsch und das Ziel haben, ein hohes Selbstwertgefühl aufrechtzuerhalten. Dies geschieht häufig durch einen sozialen Vergleich mit anderen Personen. Zweitens müssen sich die Individuen für diesen Vergleichsprozess erst einmal selbst definieren, was sie durch den Prozess der Selbst-Kategorisierung erreichen, indem sie sich selbst und andere anhand auffälliger Merkmale wie z.B. Alter, Ethnizität, organisationale Mitgliedschaft, Status oder Religion in soziale Kategorien einordnen. Dieser Prozess des Einordnens wiederum erlaubt einer Person, sich selbst im Sinne

---

[378] Vgl. Fine (1996), S. 488 f.; Williams & O'Reilly (1998), S. 83.
[379] Vor allem die beiden erstgenannten Theorien (soziale Kategorisierung und Ähnlichkeit-Attraktion) sind eng miteinander verwandt, so können zum Beispiel die Prozesse der Kategorisierung die Attraktion zwischen Individuen aufgrund wahrgenommener Ähnlichkeit zum Teil erklären. Trotzdem sollen an dieser Stelle die beiden Theorien zum besseren Verständnis getrennt voneinander dargestellt werden.
[380] Vgl. Williams & O'Reilly (1998), S. 83.
[381] Vgl. Chatman et al. (1998), S. 749; Jehn, Northcraft & Neale (1999), S. 742; Chatman & Flynn (2001), S. 956; Keller (2001), S. 549.
[382] Vgl. Williams & O'Reilly (1998), S. 83; Podsiadlowski (2002), S. 100.
[383] Siehe auch die Beschreibung der Sozialen Identitätstheorie in Abschnitt 4.2.1.1.

98 Vielfalt: Begriff, Konzeptualisierungen und Erkenntnisse

einer sozialen Identität zu definieren, entweder als ein Individuum in einer bestimmten sozialen Kategorie oder als Mitglied einer Gruppe im Vergleich zu Mitgliedern anderer Gruppen.[384] Es konnte gezeigt werden, dass die Kategorisierung von Personen in Gruppen, selbst unter Bezugnahme auf triviale, allgemeine Merkmale die Mitglieder einer In-Group dazu bringt, die Out-Group Mitglieder als weniger vertrauenswürdig, ehrlich und kooperativ anzusehen als die Mitglieder der eigenen Gruppe.[385] Der Prozess der sozialen Kategorisierung, der mit der Wahrnehmung des „Andersseins" so eng verbunden ist, führt in demographisch vielfältigen Gruppen oft zu verstärkter Stereotypisierung, Polarisierung und Ängstlichkeit, wobei diese Effekte schließlich zu verminderter Zufriedenheit mit der Gruppenzugehörigkeit, verstärkter personeller Fluktuation, geringerem Grad an Gruppenzusammenhalt, reduzierter Kommunikation, gesenkter Kooperation und intensiveren Konflikten führen.[386]

Obwohl die soziale Kategorisierung traditionellerweise als Theorie der Intergruppenbeziehungen angesehen wurde, hat sich aufgrund des Augenmerks auf die möglichen Unterschiede zwischen Individuen innerhalb von Gruppen die Mehrzahl der empirischen Untersuchungen zu Demographie und Vielfalt auf die Intragruppenbeziehungen konzentriert, häufig wird in diesem Zusammenhang auch von „relationaler" Demographie gesprochen.[387] Insgesamt gesehen bestätigen die Ergebnisse dieser Untersuchungen jedoch in typischer Weise die negativen Effekte von Vielfalt auf Gruppenprozesse und Gruppenergebnisse.

5.2.2 Ähnlichkeits-Attraktions-Paradigma

In seiner ursprünglichen Arbeit zur organisationalen Demographie wies Pfeffer darauf hin, dass die Verteilung demographischer Unterschiede in Gruppen und Unternehmen deren Prozesse und Leistungen beeinflussen kann. Er machte darauf aufmerksam, dass die demographische Zusammensetzung von Gruppen in Veränderungen der Kommunikation, der Kohäsion und der Integration resultieren kann, wobei er diese Effekte mit dem Ausmaß an wahrgenommener Ähnlichkeit zwischen den Gruppenmitgliedern erklärte.[388] Damit griff Pfeffer auf einen theoretischen Erklärungsansatz zurück, der schon in den sechziger Jahren etabliert und seither intensiv beforscht wurde, nämlich das Ähnlichkeits-Attraktions-Paradigma.[389]

Ursprünglich aufgestellt von Byrne besagt das Ähnlichkeit-Attraktions-Paradigma, dass Ähnlichkeit in Attributen, die von Einstellungen und Werten bis hin zu demographischen Merkmalen reichen können, die zwischenmenschliche Attraktion erhöht und konsequenterweise dazu führt, dass sich die betroffenen Personen mehr zueinander hingezogen fühlen.[390] Individuen, die sich in ihren Hintergründen ähneln, könnten ähnliche Lebenserfahrungen und Werte teilen und daher die Interaktion miteinander als einfacher, sich gegenseitig positiver verstärkend und erwünschter erfahren. Die Ähnlichkeit bietet also eine positive Verstärkung

---

[384] Vgl. Tajfel & Turner (1986), S. 15 f.
[385] Vgl. Williams & O'Reilly (1998), S. 84.
[386] Vgl. Moreland (1985), S. 1185; Riordan & Shore (1997), S. 352; Polzer, Milton & Swann (2002), S. 316.
[387] Vgl. Tsui & O'Reilly (1989), S. 403; Tsui, Egan & O'Reilly (1992), S. 550; Smith et al. (1994), S. 431 ff.; Riordan & Shore (1997), S. 342; Sanchez-Burks, Nisbett & Ybarra (2000), S. 175.
[388] Vgl. Pfeffer (1983), S. 335 ff.
[389] Vgl. Williams & O'Reilly (1998), S. 85.
[390] Vgl. Byrne, Clore & Worchel (1966), S. 222.

Theoretische Erklärungsansätze in der Vielfaltsforschung 99

für die eigenen Einstellungen und Glauben, während Unähnlichkeit dagegen eher als Abstrafung empfunden wird.[391] Zunächst nur auf Ähnlichkeit bzw. Unähnlichkeit in Einstellungen im weitesten Sinne bezogen, wurde die Bandbreite der Attribute, hinsichtlich derer Ähnlichkeit bestehen kann, in der Forschung mit der Zeit stark ausgeweitet, so dass auch Persönlichkeitsmerkmale, Verhaltensweisen und eben demographische Attribute in die Überlegungen miteinbezogen wurden. Dabei wurde der anfangs angenommene Zusammenhang zwischen Ähnlichkeit und Sympathie beibehalten und weitgehend bestätigt.[392] Unter Verwendung der Ähnlichkeits-Attraktions-Erklärung fanden zum Beispiel McCain, O'Reilly und Pfeffer heraus, dass Mitglieder akademischer Fachbereiche, die entscheidend jünger oder älter als die Mehrheit ihrer Kollegen waren, die stärkste Disposition zum Austreten aus dem Fachbereich zeigten.[393] Allerdings muss gesagt werden, dass dies auch durch andere Faktoren hätte verursacht werden können. Ebenfalls mit Hilfe des Ähnlichkeits-Attraktions-Paradigmas erklärten Tsui und O'Reilly die Auswirkungen demographischer Unterschiede zwischen Vorgesetzen und ihren Mitarbeitern hinsichtlich Leistungsbewertungen und freundschaftlicher Verbundenheit. Je größer die Unterschiede in demographischen Merkmalen wie Ethnizität, Geschlecht, Alter, Ausbildung und Organisationszugehörigkeit waren, desto schlechter wurden die Leistungen bewertet und desto weniger Sympathie wurde empfunden.[394]

Insgesamt lässt sich feststellen, dass in der Forschung eine große Menge an Untersuchungen zu demographischer Vielfalt unter Verwendung des Ähnlichkeits-Attraktions-Paradigmas durchgeführt wurde.[395]

Das Ähnlichkeits-Attraktions-Paradigma trifft Vorhersagen, die mit denen der sozialen Identitäts- bzw. Kategorisierungstheorie weitgehend übereinstimmen. Die empirischen Befunde zu diesen Theorien zeigen konsistent, dass Unähnlichkeit zwischen Gruppenmitgliedern in Gruppenprozess- und -leistungsverlusten, wie zum Beispiel weniger positive Einstellungen, seltenere Kommunikation und eine höhere Wahrscheinlichkeit des Ausscheidens aus der Gruppe, resultieren, vor allem unter jenen Personen, die sich am meisten von den anderen unterscheiden.[396] Beinahe als Gegenpol zu den beiden genannten theoretischen Ansätzen trifft der kognitive Informationsverarbeitungsansatz positive Vorhersagen zu den Konsequenzen von Vielfalt. Mittels dieses theoretischen Ansatzes wird versucht herauszufinden, wie die Informationsverarbeitung und Entscheidungsfindungen innerhalb von Arbeitsgruppen durch Variationen in ihrer Zusammensetzung beeinflusst werden.[397]

---

[391] Vgl. Williams & O'Reilly (1998), S. 85.
[392] Vgl. Williams & O'Reilly (1998), S. 86; Podsiadlowski (2002), S. 102.
[393] Vgl. McCain, O'Reilly & Pfeffer (1983), S. 638.
[394] Vgl. Tsui & O'Reilly (1989), S. 417 ff.
[395] Vgl. Pfeffer & O'Reilly (1987), S. 161; Zenger & Lawrence (1989), S. 354 ff.; Tsui & Ashford (1991), S. 240; Thomas, D.C. (1999), S. 246 f.; Chatman & O'Reilly (2004), S. 4.
[396] Vgl. Jehn, Northcraft & Neale (1997), S. 758 f.; Riordan & Shore (1997), S. 352 f.
[397] Vgl. Gruenfeld et al. (1996), S. 2 f.

5.2.3 Kognitiver Informationsverarbeitungsansatz

Der kognitive Informationsverarbeitungsansatz liefert Erklärungen dafür, wie Individuen Informationen aufnehmen, verarbeiten und speichern, wobei der kognitive Modus des Individuums bestimmt, wie die Umwelt wahrgenommen und auf sie reagiert wird.[398]

Besonders wichtig ist in diesem Zusammenhang das Konzept mentaler Bezugsrahmen oder Schemata, welche die Verarbeitung von Informationen unterstützen. Situationale Hinweise aktivieren spezifische Schemata, wobei Skripte die internen Wissensstrukturen mit tatsächlichem Verhalten verknüpfen. Beim automatischen Verarbeiten werden die Skripte unbewusst verwendet und der größte Teil individuellen Verhaltens wird hierdurch reguliert. Aktives Verarbeiten dagegen stellt einen bewussten Vergleich von Schema und Kontext dar und führt häufig zur Bildung neuer Skripte.[399]

Kognitive Schemata sind definiert als informationsfilternde Linsen, die einem Akteur dabei helfen, seine Welt zu organisieren und hereinkommender Information Bedeutung und Struktur zu verleihen. Schemata entstehen durch eine Akkumulation vergangener Erfahrungen und stellvertretendem Lernen, die in der Bildung organisierten Wissens resultieren. Ein Skript dagegen ist definiert als ein spezialisierter Schematyp, der für bestimmte Situationen angemessenes Wissen und Verhalten enthält. Skripte überbrücken den Raum zwischen Kognition und Handlung durch Etablierung eines Bezugsrahmens, der die Situation verständlich macht und einen Leitfaden für Handlungen in dieser Situation bereithält.[400]

Der Vorteil des kognitiven Modus automatisierter Informationsverarbeitung liegt in der großen Menge an Informationen, die in relativ kurzer Zeit verarbeitet werden können. Jedoch liegen die Kosten dieser Verarbeitungsart in den Versuchen der Individuen, die Umwelt ihren Schemata anzupassen und dabei häufig wichtige Umwelthinweise zu übersehen. Dies impliziert die Nutzung eines geschlossenen kognitiven Systems zur Generierung von Wahrnehmungen. Sobald ein Individuum ein Schema abruft, könnte es neue Informationen aus der Umwelt außer Acht lassen. Situationen, die nicht in existierende Skripte passen, könnten ignoriert werden, so dass Entscheidungen getroffen werden, ohne weitere relevante Informationen mit einzubeziehen. In einem solchen automatischen Modus werden nicht nur weniger Informationen verarbeitet, sondern die Verarbeitung geschieht zudem häufig unbewusst. Das Verhalten ist regelbestimmt und kontextinsensitiv. Automatisches Verarbeiten wird daher als der „Versäumnis-Modus" der individuellen Kognition betrachtet.[401]

Der zweite Typ kognitiver Informationsverarbeitung stellt das aktive Verarbeiten dar, welches immer dann auftritt, wenn ein Individuum nicht in der Lage ist, die gegenwärtige Situation in eines seiner existierenden Schemata einzuordnen. Dann wird die Beobachtung der Situation verstärkt um entweder die existierenden Schemata zu modifizieren oder um neue Schemata zu generieren. Das Ausmaß der Diskrepanz zwischen dem zum Verständnis der Situation genutzten individuellen Schema und den Umwelthinweisen bzw. -informationen bestimmt den Prozess, automatisch oder aktiv, der dann tatsächlich in einer gegebenen

---

[398] Vgl. Austin (1997), S. 350.
[399] Vgl. Louis & Sutton (1991), S. 58 ff.
[400] Vgl. Mitchel & Beach (1990), S. 7 f.; Austin (1997), S. 343.
[401] Vgl. Austin (1997), S. 344.

Theoretische Erklärungsansätze in der Vielfaltsforschung 101

Situation verwendet wird. Bleibt das Ausmaß der Diskrepanz innerhalb des individuellen Annehmlichkeitsgrades und sieht das Individuum keine Notwendigkeit für eine Anpassung, verbleibt es im automatischen Verarbeitungsmodus. Ist jedoch das Ausmaß der Diskrepanz über dem Annehmlichkeitsgrad des Individuums, wechselt es in den aktiven Modus. Innerhalb des aktiven Verarbeitungsmodus weist eine Person eine größere kontextuelle Bewusstheit auf, um die unmittelbare Situation zu erfassen. Aktives Informationsverarbeiten erlaubt dem Individuum neue Schemata durch aktive Hereinnahme neuer kontextueller Informationen zu formulieren. Diese Informationen verbinden sich mit verschiedenen existierenden Schemata oder mit Teilen davon, so dass die Situation verstanden werden kann. Neue Schemata werden vom Individuum getestet, bevor es sie in existierende Wissensstrukturen integriert. Aktives Verarbeiten erlaubt dem Individuum, sich zu Grunde liegende Schemata wieder bewusst zu machen und sie mit anderen Schemata zu vergleichen.[402]

Personen wechseln in den aktiven Modus der Informationsverarbeitung, wenn sie auf ein Ereignis treffen, dem sie mit keinem kompatiblen Schema begegnen können. Es wurden drei Bedingungen identifiziert, die einen solchen Wechsel initiieren können. Erstens wechselt ein Individuum in den aktiven Verarbeitungsmodus, wenn es etwas bis dahin Unbekanntes oder Fremdartiges erfährt. Diese Bedingung macht deutlich, dass es sich hier um ein individuelles und nicht um ein situatives Merkmal handelt, das zur Hauptdeterminanten eines Wechsels wird. Die Person muss die Situation als diskrepant erkennen und offen für das Bedürfnis nach einem Moduswechsel sein. Zweitens kann ein Moduswechsel initiiert werden, wenn das Individuum eine große Diskrepanz zwischen Erwartungen und Realität erfährt und drittens kann ein Individuum in den aktiven Informationsverarbeitungsmodus aufgrund einer absichtlichen Initiative oder der Aufforderung nach einer erhöhten Situationsbewusstheit wechseln.[403] Dieser kognitive Moduswechsel, verursacht durch Neuheit und Überraschung, kann also schließlich Gruppenvielfaltsphänomene erklären helfen und Hinweise darauf liefern, wie Vielfalt in der Gruppenzusammensetzung die Gruppenprozesse und -ergebnisse beeinflusst.[404]

Zum Teil auf den Aussagen des Ähnlichkeits-Attraktions-Paradigmas gegründet, wurden Untersuchungen angestellt, wie anhand der theoretischen Perspektive des kognitiven Informationsverarbeitungsansatzes die Gruppeninformationsverarbeitung durch Vielfalt in ihren Zusammensetzungen beeinflusst wird. Beispielsweise legt das Ähnlichkeits-Attraktions-Paradigma nahe, dass Personen aufgrund des Wunsches, die eigenen Schemata positiv zu verstärken, dazu neigen, eher mit ähnlichen anderen zu kommunizieren. Wenn diese Personen außerdem Mitglieder divers zusammengesetzter Arbeitsgruppen sind, könnte das Bedürfnis nach Kommunikation mit als ähnlich empfundenen Anderen dazu führen, dass sie einen größeren Zugang zu Informationsnetzwerken außerhalb ihrer Gruppen haben. Und diese zusätzlichen Informationen wiederum, so die Annahme, können die Gruppenleistung selbst bei negativem

---

[402] Vgl. Louis & Sutton (1991), S. 60; Austin (1997), S. 344.
[403] Vgl. Louis & Sutton (1991), S. 60.
[404] Vgl. Austin (1997), S. 347.

102 Vielfalt: Begriff, Konzeptualisierungen und Erkenntnisse

Einfluss der Vielfalt auf die Gruppenprozesse steigern. In empirischen Untersuchungen konnte diese Annahme bestätigt werden.[405]

Insgesamt postuliert die Perspektive der kognitiven Informationsverarbeitung, dass Heterogenität in der Gruppenzusammensetzung einen direkten positiven Einfluss durch die Erhöhung der Menge an Fähigkeiten und Fertigkeiten und durch vielfältigere Informationen und Wissensstrukturen auf die Ergebnisse der Gruppenarbeit hat. Aufgrund der Vielzahl an diversen kognitiven Skripten und Schemata in heterogenen Gruppen ist die Wahrscheinlichkeit aktiver Informationsverarbeitung erheblich höher, was gleichzeitig einen Aufbau komplexerer und vielfältigerer Schemata bewirken kann und somit die Bandbreite an Perspektiven, Ideen, Problemlösungen und konsequenterweise auch an Handlungsalternativen erhöht. Es wird angenommen, dass die Qualität der Gruppenergebnisse maßgeblich davon profitiert und zumindest in Laboruntersuchungen konnte diese Annahme bestätigt werden.[406]

5.2.4 Zusammenfassende Würdigung der Erklärungsansätze

Alle drei theoretischen Perspektiven versuchen, die Auswirkungen von Vielfalt in der Gruppenzusammensetzung auf die Gruppenprozesse und Gruppenleistungen zu erklären.

Aus der Perspektive des kognitiven Informationsverarbeitungsansatzes wird angenommen, dass Vielfalt in der Gruppenzusammensetzung die Menge an für Problemlösungen verfügbaren Informationen erhöht und damit die Fähigkeit der Gruppe erweitert, richtige oder kreative Lösungen zu finden. Die Betonung dieser Perspektive liegt also auf einer erheblich verbesserten Problemlösungsfähigkeit.

Die Theorie der sozialen Kategorisierung und das Ähnlichkeits-Attraktions-Paradigma heben dagegen die potenziell entzweienden Auswirkungen erhöhter kognitiver Verzerrungen und gesenkter Sympathien als Resultat des „Andersseins" auf das Gruppenfunktionieren hervor. Es wird angenommen, dass Vielfalt in verstärktem Konflikt, in Untergruppenbildungen und Kommunikationsschwierigkeiten resultiert. Oft wird hypothetisiert, dass diese Prozesse trotz möglicher Zugewinne an wertvollen Informationen in eine verminderte Leistungsfähigkeit der Gruppe, geringerer Zufriedenheit und gesenkter Bindung der Mitglieder an die Gruppe münden, da eine entzweite Gruppe vermutlich weniger in der Lage ist, die sozialen und persönlichen Bedürfnisse ihrer Mitglieder zu erfüllen.

Insgesamt kann festgehalten werden, dass die Erklärungsansätze zu widersprüchlichen Vorhersagen tendieren. Da die soziale Kategorisierungstheorie und das Ähnlichkeits-Attraktions-Paradigma für die positiven Auswirkungen von Homogenität auf die Gruppenprozesse argumentieren und da ein effektiver Gruppenprozess von vielen Wissenschaftlern als Einflussgröße hoher Gruppenleistung angesehen wird, treffen die genannten Erklärungsansätze also die Vorhersage, dass Vielfalt einen negativen Einfluss sowohl auf die Gruppenprozesse als auch auf die Gruppenleistung hat, wenn sie nicht durch andere Prozesse entschärft oder abgemildert wird. Dagegen treffen die kognitiven Informationsverarbeitungs-

---

[405] Vgl. Zenger & Lawrence (1989), S. 368; Ancona & Caldwell (1992b), S. 337; Jehn, Northcraft & Neale (1997), S. 753.

[406] Vgl. Cox, Lobel & McLeod (1991), S. 828; Kirchmeyer & Cohen (1992), S. 154; Watson, Kumar & Michaelsen (1993), S. 592.

Theoretische Erklärungsansätze in der Vielfaltsforschung 103

ansätze die gegenteilige Vorhersage und argumentieren für die positiven Auswirkungen, welche die Vielfalt durch vergrößerte Informations- und Fertigkeitsanlagen bietet. Innerhalb dieses theoretischen Ansatzes wird weiterhin vorhergesagt, dass Ähnlichkeit zwischen Gruppenmitgliedern die Gruppenleistung sogar senkt, da dann nicht alle verfügbaren Informationen erlangt und genutzt werden können.

Im nächsten Abschnitt sollen nun die empirischen Befunde zu den Auswirkungen der einzelnen Arten von Vielfalt auf die Gruppenprozesse und die Gruppenleistungen überblicksartig dargestellt und im Lichte der jeweiligen Erklärungsansätze mit dem Ziel der Feststellung diskutiert werden, wie genau sich Vielfalt in der Gruppenzusammensetzung auf die ergebnisbezogene Zusammenarbeit in einer Gruppe nun eigentlich auswirkt. Damit sollen weiße Flecken auf der Landkarte der Vielfalt identifiziert werden, die noch weiterer Erforschung bedürfen, damit das in Zukunft aus der Arbeitswelt nicht mehr wegdenkbare Phänomen der Vielfalt handhabbar gemacht werden kann.

5.3 Auswirkungen von Vielfalt in Arbeitsgruppen

In ihrem umfassenden Überblicksartikel befinden Milliken und Martins, dass „diversity appears to be a double-edged sword, increasing the opportunity for creativity as well as the likelihood that group members will be dissatisfied and fail to identify with the group."[407] Offenbar hat nicht jede Art von Vielfalt dieselben Auswirkungen auf Gruppenprozesse und Gruppenleistung, daher wurde in der Forschung vor allem in den letzten Jahren der Ruf nach einem balancierten Management von Heterogenitäten und Homogenitäten immer lauter.[408] Die Erkenntnis, dass die Auswirkungen von Vielfalt durch die Situationen, in denen sie auftritt, immer mit beeinflusst werden und daher ein Vielfaltsmanagement unbedingt kontextsensitiv sein muss, setzt sich immer mehr durch. Kontextuelle Einflüsse können z.B. als Aufmerksamkeitslenker fungieren, so dass die Interpretationen von Gruppenmitgliedern auf Ähnlichkeiten oder Unterschiede fokussieren. Als solche können sie somit unabsichtlich die Gruppenprozesse und -leistungen behindern oder unterstützen.[409] Um jedoch zu den Möglichkeiten eines gut balancierten Heterogenitätsmanagement zu gelangen, müssen die einzelnen, direkten Auswirkungen von Vielfalt erst einmal genau verstanden werden. Im Folgenden wird die Forschung zu den einzelnen Attributen von Vielfalt und hinsichtlich ihrer nachgewiesenen Einflüsse auf die Gruppenprozesse und die Gruppenleistung dargestellt. Es sollte jedoch beachtet werden, dass der Kontext der Vielfalt selbst ein primärer bestimmender Faktor dafür ist, welche Unterschiede als auffallend und aufgabenbezogen wahrgenommen werden, so dass jede Interpretation nur mit dieser Einschränkung Geltung erlangen kann.

In Abbildung 5-2 sind die Befunde zu den Auswirkungen von Vielfalt aus empirischen Studien einmal überblicksartig zusammengefasst.

---

[407] Milliken & Martins (1996), S. 403.
[408] Vgl. Tsui, Egan & O'Reilly (1992), S. 575; Thomas, D.C. (1999), S. 126; Jehn, Northcraft & Neale (1999), S. 758, Gebert (2004), S. 425.
[409] Vgl. Nemetz & Christensen (1996), S. 453; Chatman et al. (1998), S. 777; Williams & O'Reilly (1998), S. 88; Richard (2000), S. 171; Richard et al. (2004), S. 21.

104 Vielfalt: Begriff, Konzeptualisierungen und Erkenntnisse

Abbildung 5-2: Zusammenfassung der Befunde zu den Auswirkungen von Vielfalt[410]

Auswirkungen auf: / Vielfalt in:	GRUPPENPROZESSE	GRUPPENERGEBNISSE
ETHNIZITÄT (häufig asymmetrische Effekte)	• mehr emotionale Konflikte • größere Kooperativität • mehr Unsicherheit und Stress • mehr Verständnisprobleme • weniger Vertrauen • größere Schwierigkeiten beim Problemlösen • höherer Zeitbedarf	• geringere Gruppenbindung • geringeres Entscheidungsrisiko • mehr Perspektiven und Problemlösungen • höhere Ideenqualität • geringere Zufriedenheit • höhere Fluktuation • mehr Absentismus
NATIONALITÄT	• schwierigere Kommunikation	• mehr Entscheidungsoptionen • geringere Leistung • schlechtere Planung • geringere Gruppenidentität • geringere Gruppenzuversicht
GESCHLECHT (asymmetrische Effekte)	• mehr Rollenkonflikte	• größere Rollenambiguität • schlechtere Leistungsbeurteilungen • geringere Gruppenbindung • größere Austrittsneigung • mehr Absentismus
ALTER	• weniger Kommunikation • geringere Konsensfähigkeit • weniger emotionale Konflikte • geringere soziale Integration • progressiveres Entscheiden	• größere Innovativität • höhere ökonomische Leistung • höhere Fluktuation • mehr Absentismus
PERSÖNLICHKEIT/ EINSTELLUNGEN	• geringere soziale Integration • geringere Kooperation • mehr Konflikte	• geringere Zufriedenheit • geringere Wahrnehmung eigener Einflussmöglichkeiten • geringere Gruppenkohäsion
KULTUR	Siehe Darstellung in Abschnitt 5.3.2.3.3 dieser Arbeit	

---

[410] Grundlage dieser Tabelle sind folgende Arbeiten: McCain, O'Reilly & Pfeffer (1983); Wagner, Pfeffer & O'Reilly (1984); Brewer & Kramer (1985); Pfeffer & O'Reilly (1987); O'Reilly, Caldwell & Barnett (1989); Tsui & O'Reilly (1989); Zenger & Lawrence (1989); Cox, Lobel & McLeod (1991); O'Reilly, Chatman & Caldwell (1991); Ancona & Caldwell (1992b); Michel & Hambrick (1992); Tsui, Egan & O'Reilly (1992); Watson & Kumar (1992); Wiersema & Bantel (1992); O'Reilly, Snyder & Boothe (1993); Watson, Kumar & Michaelsen (1993); Wiersema & Bird (1993); Ely (1994); Hambrick (1994); Smith et al. (1994); Schneider, Goldstein & Smith (1995); Hambrick, Cho & Chen (1996); McLeod, Lobel & Cox (1996); Riordan & Shore (1997); Chatman et al. (1998); Harrison, Price & Bell (1998); Jehn, Northcraft & Neale (1999); Keller (1999); Knight et al. (1999); Pelled, Eisenhardt & Xin (1999); Punnett & Clemens (1999); Simons, Pelled & Smith (1999); Barsade et al. (2000); Earley & Mosakowski (2000); Kilduff, Angelmar & Mehra (2000); Sanchez-Burks, Nisbett & Ybarra (2000); Chatman & Flynn (2001); Goll, Sambharya & Tucci (2001); Jehn & Mannix (2001); Lovelace, Shapiro & Weingart (2001); Harrison et al. (2002); Martins et al. (2003); Mohammed & Angell (2003); Schippers et al. (2003); Chatman & O'Reilly (2004); Richard et al. (2004).

Auswirkungen von Vielfalt in Arbeitsgruppen 105

Abbildung 5-2 (fortgesetzt)

Auswirkungen auf: Vielfalt in:	GRUPPENPROZESSE	GRUPPENERGEBNISSE
WERTE	• mehr Konflikte	• geringere Zufriedenheit • geringere Gruppenbindung • größere Austrittsneigung • geringere Gruppenleistung
FUNKTIONEN	• erhöhte externe Kommunikation • mehr Konflikte • geringere Konsensfähigkeit • höherer Zeitbedarf	• bessere Einschätzung der Gruppenleistung • geringere Gruppenkohäsion • geringere Budgetsicherheit • bessere Wettbewerbsstrategien • größere strategische Reaktionsneigung
BILDUNGSHINTER-GRUND	• negative affektive Einstellungen • größere Proaktivität und Reaktionsneigung • geringere Konsensfähigkeit	• geringere Rollenambiguität • größere Veränderungsneigung • bessere Leistung • größerer Entscheidungsumfang
DAUER DER ORGANISATIONS-ZUGEHÖRIGKEIT	• negativer Affekt • schlechtere Kommunikation • weniger progressives Entscheiden • mehr emotionale Konflikte • mehr politisches Taktieren • bessere Aufgabenprozesse • größere Proaktivität und Reaktionsneigung • größere Konsensfähigkeit • höherer Zeitbedarf	• größere Rollenambiguität • schlechtere Leistungseinschätzung • höhere Fluktuation • stärkere Gruppenbindung • weniger Absentismus • geringere Austrittsneigung • geringere Innovativität • geringere Termin- und Budgetsicherheit
DAUER DER GRUPPEN-ZUGEHÖRIGKEIT	• geringere soziale Integration	• höhere Fluktuation

5.3.1 Vielfalt in demographischen Attributen

Wie oben schon erwähnt, wird in der Vielfaltsforschung vor allem in Bezug auf die beobachtbaren Merkmale, anhand derer sich Individuen voneinander unterscheiden können, von demographischer Vielfalt gesprochen. Und obwohl zu demographischer Vielfalt streng genommen auch Vielfalt in den nicht beobachtbaren Merkmalen wie Bildungs- oder funktionaler Hintergrund gehört, soll an dieser Stelle der Konvention gefolgt und unter demographischer Vielfalt Vielfalt in ethnischer Zugehörigkeit oder Rasse, in der Nationalität, im Geschlecht und im Alter verstanden werden.

106 Vielfalt: Begriff, Konzeptualisierungen und Erkenntnisse

5.3.1.1 Vielfalt in der ethnischen Zugehörigkeit/Rasse

In den meisten englischsprachigen Untersuchungen zu Vielfalt in der ethnischen Zugehörigkeit/Rasse werden beide Begriffe synonym oder als „racioethnicity"[411] verwendet, obwohl sie prinzipiell unterscheidbar sind. Während sich „Rasse" – im Deutschen behaftet mit einer negativen Konnotation – auf „a group of people who have biological features that come to signify group membership and the social meaning such membership has for the society at large"[412] bezieht, bedeutet „Ethnizität" eher die „ethnic quality or affiliation of a group, which is normally characterized in terms of culture".[413] Da jedoch die Trennlinie zwischen beiden Bedeutungen relativ unscharf ist, soll an dieser Stelle der Konvention gefolgt und vorrangig von ethnischer Vielfalt gesprochen werden.

Der Großteil der Studien zu Vielfalt in der ethnischen Zugehörigkeit in Gruppen stammt aus den USA und untersucht primär die Erfahrungen von Individuen, die sich ethnisch von der Mehrheit ihrer Gruppe oder von ihren Vorgesetzten unterscheiden.[414] Jedoch wurde die Mehrzahl dieser Studien im Labor durchgeführt, was ihre Generalisierbarkeit auf ethnisch diverse Gruppen in Unternehmen erheblich erschwert, vergleichsweise selten nämlich wurden solche Gruppen in Organisationen untersucht. Dennoch weist die bisherige Feldforschung darauf hin, dass ethnische Vielfalt negative Effekte auf Gruppen und individuelle Ergebnisse hat, während Laboruntersuchungen andeuten, dass aus ethnischer Vielfalt substanzielle Vorteile resultieren können.[415]

Die Forschung zusammenfassend lässt sich festhalten, dass ethnische Vielfalt zwar ein wichtiges Thema für die Unternehmen und die Gesellschaft darstellt, die Forschung zu ihrem Einfluss jedoch größtenteils ohne eindeutige Ergebnisse bleibt. Einerseits wird auf der Grundlage des kognitiven Informationsverarbeitungsansatzes argumentiert, dass ethnische Vielfalt Kreativität fördern und Entscheidungsfindungen verbessern kann, aber im Widerspruch zu diesem Ansatz treten die Ergebnisse nur auf, wenn für die Gruppenprozesse kontrolliert wird. Andererseits wird auf der Basis des Ähnlichkeits-Attraktions-Paradigmas und der sozialen Kategorisierungstheorie argumentiert, dass ethnische Vielfalt, wenn sie nicht erfolgreich gehandhabt wird, negative Auswirkungen auf die Gruppenprozesse hat. Konsistente Befunde zeigen, dass Individuen, die sich von der Ethnizität der Mehrheit in einer Organisation unterscheiden, diese wahrscheinlicher verlassen, weniger zufrieden sind, sich weniger an die Organisation gebunden fühlen und schlechtere Leistungsevaluationen erhalten. Allerdings gelten diese Befunde wohl eher für Weiße als für Minderheiten; die nichtsymmetrischen Effekte ethnischer Vielfalt weisen darauf hin.[416] Insgesamt scheinen die Befunde zur ethnischen Vielfalt dennoch eher den Vorhersagen des Ähnlichkeits-Attraktions-Paradigmas und der sozialen Kategorisierungstheorie zu entsprechen als denen des kognitiven Informationsverarbeitungsansatzes.[417]

---

[411] Vgl. Cox (1993); Elsass & Graves (1997), S. 947.

[412] Jones (1991), S. 9.

[413] Betancourt & López (1993), S. 631.

[414] Vgl. Milliken & Martins (1996), S. 405; Williams & O'Reilly (1998), S. 108 f.

[415] Vgl. Williams & O'Reilly (1998), S. 109.

[416] Vgl. Tsui, Egan & O'Reilly (1992), S. 571; Riordan & Shore (1997), S. 352.

[417] Vgl. Williams & O'Reilly (1998), S. 114.

Auswirkungen von Vielfalt in Arbeitsgruppen 107

5.3.1.2 Vielfalt in der nationalen Herkunft

Eng verwandt mit dem Merkmal der Ethnizität von Gruppenmitgliedern ist das Merkmal der Nationalität oder nationalen Herkunft. Die nationale Herkunft einer Person betrifft das Land, in dem sie den Großteil ihrer prägenden Jahre verbracht hat.[418] Allerdings ist Nationalität auch wieder sehr verwandt mit den Grundwerten, Annahmen und dem Glauben von Personen. Menschen aus verschiedenen Ländern haben meist sehr verschiedene Sets kultureller Werte oder Glauben darüber, was angemessenes Verhalten darstellt. Diese kulturellen Werte selbst sind wiederum stark durch die Gesetze, ökonomischen Bedingungen, Religionen und/oder lokalen Normen der jeweiligen Länder beeinflusst. Das Konstrukt der Nationalität, manchmal auch der Ethnizität[419], wird daher oft mit Kultur gleichgesetzt, wobei Nationalität in diesen Fällen als eine Art Hilfskonstrukt verwendet wird, das Kultur indizieren soll.[420] Wie Hambrick et al. bemerken, ist über die kulturellen Werteorientierungen von Menschen schon mehr berichtet worden als über jedes andere psychologische Korrelat der Nationalität.[421] Studien, die sich mit Vielfalt in der nationalen Herkunft – als Kategorie der Zuordnung – von Gruppenmitgliedern beschäftigt haben, sind daher vergleichsweise selten. Meist wird unter Vielfalt in der Nationalität auf die Länderwerte in den Kulturdimensionen abgezielt, die jedoch wiederum eher Werte und Annahmen von Menschen präsentieren als nur nominale Kategorien[422], in die jemand eingeordnet werden kann. Aber auch in den Studien, die anhand der verschiedenen nationalen Herkünfte von Gruppenmitgliedern die Auswirkungen nationaler Vielfalt in Arbeitsgruppen untersuchten, galt implizit die Annahme, dass Nationalität als ein Indikator für verschiedene Werthaltungen, Denk- und Handlungsweisen von Personen anzusehen ist.[423] Aufgrund dessen soll an dieser Stelle auf eine Beschreibung der Forschungsergebnisse zu den Auswirkungen nationaler Vielfalt in Arbeitsgruppen verzichtet und auf den Abschnitt zu den Untersuchungen von Vielfalt in Werten, Glauben und Annahmen von Personen verwiesen werden, der sich genauer mit diesem Thema auseinandersetzt.

Zusammenfassend kann dennoch festgehalten werden, dass die negativen Effekte von (nationaler) Vielfalt, die durch das Ähnlichkeits-Attraktions-Paradigma und die soziale Kategorisierungstheorie vorhergesagt werden, möglicherweise nur zu Beginn von Gruppenarbeit auftreten, dass jedoch mit verstreichender Zeit die Gruppenmitglieder Gelegenheit haben, ihre Interaktionsprozesse aufeinander abzustimmen, so dass sie zu späteren Zeitpunkten in der Lage sind, aus ihren vielfältigen Hintergründen die Vorteile zu ziehen, die gemeinhin mit Vielfalt assoziiert werden und die durch den kognitiven Informationsverarbeitungsansatz vorhergesagt werden.

---

[418] Vgl. Hambrick et al. (1998), S. 183.
[419] Vgl. Kirchmeyer & Cohen (1992), S. 158 f.
[420] Vgl. Janssens & Brett (1997), S. 155; Earley & Mosakowski (2000), S. 29; Oetzel (2001), S. 21; Shapiro et al. (2002), S. 459 f.
[421] Vgl. Hambrick et al. (1998), S. 185.
[422] Vgl. Garcia-Prieto, Bellard & Schneider (2003), S. 414 f.
[423] Vgl. Zeutschel (1999), S. 140 f.; Salk & Brannon (2000), S. 192; Krentzel (2001), S. 13 ff.; Randel (2003), S. 38 f.

108 Vielfalt: Begriff, Konzeptualisierungen und Erkenntnisse

5.3.1.3 Vielfalt in der geschlechtlichen Zusammensetzung

Die Forschung zu organisationaler Demographie beschäftigt sich schon längere Zeit mit den Auswirkungen unterschiedlicher geschlechtlicher Zusammensetzungen von Gruppen auf Prozesse und Leistungen. Frühe Laborstudien untersuchten die Effekte von Geschlechtsvielfalt in Gruppenzusammensetzungen auf die Leistungen von Kleingruppen, wobei diese vor dem Hintergrund des Ähnlichkeits-Attraktions-Paradigmas vorhergesagt wurden.[424] Auch die soziale Kategorisierungstheorie wurde und wird immer noch häufig herangezogen, um Auswirkungen von Vielfalt in der geschlechtlichen Zusammensetzung zu erklären.[425] Spätestens jedoch seit Kanter wird erstens in der Forschung den Auswirkungen der Geschlechtsvielfalt auf die Organisationsleistungen mehr Aufmerksamkeit gewidmet und zweitens, noch viel wichtiger, ihrer Idee und Argumentation gefolgt, dass nicht das reine Ausmaß an Geschlechtsvielfalt in Unternehmen, sondern vielmehr die Proportionen der Geschlechtsrepräsentation einen sehr wichtigen Einfluss auf die Prozesse haben und konsequenterweise auch auf das, was mit jenen geschieht, die in der Minderheit sind, und somit zusammengenommen die Gesamtleistung ebenfalls stark bestimmen.[426] Kanter postulierte eine generelle Theorie der proportionalen Repräsentation, in der Männer und Frauen auf die gleiche Weise darauf reagieren, im Arbeitskontext ein „Token" (Merkmal, Zeichen) oder Teil einer Gruppe mit einer ausgewogenen Anzahl an Männern und Frauen zu sein. Sie argumentierte, dass wenn Mitglieder jeden Geschlechts einen geringeren Anteil als eine kritische Proportion (weniger als 20%) in einer Gruppe stellen, jene im Token-Status erhöhter Sichtbarkeit und damit dem forschenden Blick und dem Druck genauerer Überprüfung durch die anderen Gruppenmitglieder ausgesetzt sind. Die Wahrnehmung der anderen Gruppenmitglieder würde durch den Token-Status einzelner Mitglieder verzerrt, was in Polarisierung und Konvergenz mit dem Stereotyp der Minderheit resultiert. Die Token-Mitglieder erlebten erhöhten psychologischen Stress und leisteten konsequenterweise weniger.[427]

In den meisten Untersuchungen zur organisationalen Demographie wurde Geschlecht als ein Merkmal in einem Set von demographischen Variablen mit einbezogen[428], einige Studien jedoch fokussierten explizit auf Geschlecht in der Untersuchung von Vielfaltseffekten. Diese Studien erlauben somit eine genauere Untersuchung der Auswirkungen von Geschlechtsvielfalt auf Gruppenprozesse und Gruppenleistung.

Die Forschung zu den Effekten von Geschlechtsvielfalt in Arbeitsgruppen weist auf ähnliche Einflüsse auf die Gruppenprozesse und die Gruppenergebnisse hin, wie jene der ethnischen Vielfalt in Gruppen. Auf der Basis des Ähnlichkeits-Attraktions-Paradigmas und der sozialen Kategorisierungstheorie wird zumeist angenommen, dass Geschlechtsvielfalt die Gruppenprozesse negativ beeinflusst. Aus der Ähnlichkeits-Attraktions-Perspektive bietet eine diverse Gruppe weniger Gelegenheiten zur interpersonellen Attraktion, die auf Ähnlichkeit basieren könnte. Gleichzeitig kann die Gegenwart Anderer, die vom Betrachter

---

[424] Vgl. Williams & O'Reilly (1998), S. 104.
[425] Vgl. Elsass & Graves (1997), S. 948 ff.
[426] Vgl. Pfeffer (1983), S. 303; Milliken & Martins (1996), S. 408; Williams & O'Reilly (1998), S. 105.
[427] Vgl. Kanter (1977a), S. 967 ff.; Kanter (1977b); Ely (1994), S. 207; Chatman & O'Reilly (2004), S. 5.
[428] Vgl. Chatman et al. (1998), S. 759; Chatman & Flynn (2001), S. 961; Oetzel (2001), S. 40; Harrison et al. (2002), S. 1036.

Auswirkungen von Vielfalt in Arbeitsgruppen

„verschieden" sind, zu erhöhter sozialer Kategorisierung in In- und Outgroups führen, was wiederum die Wahrscheinlichkeit kognitiver Verzerrungen erhöht. Für diese Annahmen bestehen substanzielle Bestätigungen aus der empirischen Forschung.

Zusammenfassend lässt sich festhalten, dass hinsichtlich der Auswirkungen von Geschlechtsvielfalt in Arbeitsgruppen situationale Faktoren und Proportionseffekte wichtige Prädiktoren der Prozesse und Ergebnisse darstellen. Generell zeigt sich, dass Geschlechtsvielfalt negative Effekte sowohl auf die Gruppenprozesse als auch auf die Gruppenergebnisse hat. Dies gilt besonders für Männer und ist mit geringerer psychologischer Bindung und höheren Fluktuationsraten assoziiert. Außerdem machen die Untersuchungen deutlich, dass Männer und Frauen auf Geschlechtsvielfalt verschieden reagieren und verschiedene Erfahrungen mit dem Minderheitenstatus haben.[429] Auf der anderen Seite spielen situationale Einflüsse eine wesentliche Rolle, die die Auswirkungen geschlechtlicher Vielfalt in Gruppen modellieren können. Insgesamt muss zu dem Schluss gelangt werden, dass keine einfachen, geradlinigen Aussagen zu den Effekten von Geschlechtsvielfalt in Arbeitsgruppen möglich sind.

5.3.1.4 Vielfalt in der Alterszusammensetzung

Das Alter einer Person ist ein sichtbares demographisches Merkmal mit einem sehr geringen Ausmaß an Aufgaben- oder Arbeitsbezogenheit[430], das aus der Sicht des Ähnlichkeits-Attraktions-Paradigmas und der sozialen Kategorisierungstheorie leicht nachvollziehbar Einfluss auf Gruppenprozesse und damit auf die Gruppenleistung ausüben kann.[431] Beispielsweise könnten Personen, die zur selben Zeit geboren wurden, dieselben Lebensansichten teilen und gemeinsame Erfahrungen haben. Aus der Sicht der beiden genannten Theorien sollten diese Ähnlichkeiten die Wahrscheinlichkeit für gegenseitige Sympathie oder geteilte Werte erhöhen, was wiederum die Gruppenprozesse erleichtern und verbessern könnte. Auf der anderen Seite könnten Gruppen, die heterogen in ihrer Alterszusammensetzung sind, die Kommunikation untereinander als schwieriger empfinden, Konflikte für wahrscheinlicher halten und eine Integration in die Gruppe als schwerer zu erreichen einschätzen. Heterogenität in der Alterszusammensetzung kann aber auch einen positiven Einfluss auf die Kreativität und Leistung einer Gruppe haben.[432] Die Auswirkungen der Altersvielfalt in einer Gruppe sind dabei jedoch häufig mit den Effekten von Vielfalt in der Dauer der Organisations- und Gruppenzugehörigkeit, also mit Kohorteneffekten konfundiert, was es zum Teil schwierig macht, die Ergebnisse der beiden Vielfaltsarten voneinander zu trennen. Dennoch sind laut Pfeffer Alter und Dauer der Mitgliedschaft nicht hundertprozentig miteinander korreliert. Beide Konzepte haben ihre eigenen Ursachen und Effekte. „There is enough variance not in common among the concepts to argue that they are conceptually distinct and should be kept so in both theoretical and empirical analysis."[433]

---

[429] Vgl. Williams & O'Reilly (1998), S. 108.
[430] Vgl. Milliken & Martins (1996), S. 408; Harrison, Price & Bell (1998), S. 97; Pelled, Eisenhardt & Xin (1999), S. 4; Harrison et al. (2002), S. 1031.
[431] Vgl. Williams & O'Reilly (1998), S. 102.
[432] Vgl. Williams & O'Reilly (1998), S. 102.
[433] Pfeffer (1983), S. 305.

110 Vielfalt: Begriff, Konzeptualisierungen und Erkenntnisse

Insgesamt weist die Forschung zu Vielfalt in der Alterszusammensetzung von Gruppen darauf hin, dass in den meisten Fällen auf der individuellen, vorrangig emotionalen Ebene negative Auswirkungen auf die Gruppenprozesse und die Ergebnisse zu erwarten sind. Die Befunde stimmen mit den Vorhersagen des Ähnlichkeits-Attraktions-Paradigmas und der sozialen Kategorisierungstheorie weitgehend überein. Die Erwartungen dagegen, die aus dem kognitiven Informationsverarbeitungsansatz abgeleitet sind, dass Altersunterschiede in Arbeitsgruppen entsprechend Unterschiede in Perspektiven und Werten indizieren und damit für die kognitiven Leistungen von Vorteil sind, konnten nur zum Teil bestätigt werden. Vielfalt in der Alterszusammensetzung ist häufig mit Kohorteneffekten konfundiert und wird überdies oft von anderen Arten von Vielfalt überlagert[434], so dass die Bedeutung der Altersvielfalt vermutlich insgesamt als relativ gering einzuschätzen ist.

5.3.2 Vielfalt in Persönlichkeitsattributen

Zu der ersten Kategorie nicht beobachtbarer, tief liegender Attribute, anhand derer sich Gruppenmitglieder voneinander unterscheiden können, gehören Merkmale der Persönlichkeit, wie Eigenschaften, Werte, Einstellungen oder Annahmen von Menschen. Und obwohl eine Vielzahl von Studien existiert, die den Fragen nachgehen, wie Einstellungen, Persönlichkeitsmerkmale oder kulturelle Werte mit verschiedenen Verhaltensmustern assoziiert sein können[435], fokussieren nur sehr wenige organisationale Untersuchungen, wie diesbezügliche Vielfalt in der Zusammensetzung von Arbeitsgruppen sowohl die Prozesse als auch die individuellen und Gruppenergebnisse beeinflusst.[436]

Basierend auf dem Ähnlichkeits-Attraktions-Paradigma und der sozialen Kategorisierungstheorie wird argumentiert, dass Unterschiede, also Vielfalt in Persönlichkeitsmerkmalen, Einstellungen oder Werten negative Einflüsse auf die Gruppenprozesse und die Gruppenergebnisse hat. Personen finden es angenehmer, mit solchen anderen zu interagieren, bei denen sie ähnliche Einstellungen und Werte wahrnehmen, da diese Interaktionen ihre eigenen Glauben, Emotionen und ausgedrückte Verhaltensweisen verifizieren und verstärken. Dagegen werden Personen weniger positive Einstellungen gegenüber denen haben, die sie als unähnlich zu sich selbst empfinden und auch weniger soziale Bindungen mit ihnen eingehen.[437]

5.3.2.1 Vielfalt in Persönlichkeitsmerkmalen und Einstellungen

Empirische Befunde aus anderen Forschungsfeldern weisen darauf hin, dass Persönlichkeitsunterschiede in Arbeitsgruppen starken Einfluss auf diese ausüben.[438] Dabei gibt es viele Dimensionen der Persönlichkeit, entlang derer Vielfalt festgestellt werden kann; es wurde jedoch darauf aufmerksam gemacht, tatsächlich nur jene in Betracht zu ziehen, die einen klaren Arbeitsbezug aufweisen, da vermutlich nur diese im Kontext der Gruppenarbeit zum

---

[434] Vgl. Milliken & Martins (1996), S. 408 f.; Williams & O'Reilly (1998), S. 103.
[435] Vgl. Earley (1994), S. 89; Erez & Somech (1996), S. 1517; Zeutschel (1999), S. 140 f.; Gibson (1999), S. 140; Kirkman & Shapiro (2001), S. 557 ff.
[436] Vgl. Milliken & Martins (1996), S. 409; Williams & O'Reilly (1998), S. 114.
[437] Vgl. Harrison et al. (2002), S. 1031.
[438] Vgl. Schneider, Goldstein & Smith (1995), S. 749.

Auswirkungen von Vielfalt in Arbeitsgruppen 111

Tragen kommen.[439] Insgesamt lässt sich aber festhalten, dass es kaum empirische Untersuchungen zu Vielfalt in Persönlichkeitsmerkmalen gibt, die gleichzeitig im Gruppenkontext vorgenommen wurden, so dass substanzielle Schlussfolgerungen diesbezüglich vorerst nicht möglich sind.

Eine ganz ähnliche Situation ergibt sich bei der Betrachtung von Vielfalt in den Einstellungen von Gruppenmitgliedern. Es ist zwar allgemein anerkannt, dass Ähnlichkeit in den Einstellungen ein wichtiger Prädiktor von zwischenmenschlicher Anziehung und freundschaftlicher Verbundenheit ist (dies ist die Grundannahme des Ähnlichkeits-Attraktions-Paradigmas), die Überprüfung der Auswirkungen von Vielfalt in den Einstellungen von Gruppenmitgliedern im Gruppenarbeitszusammenhang jedoch bisher empirisch relativ wenig vorgenommen wurde. Der Fokus der meisten Untersuchungen lag eher auf den Auswirkungen von Vielfalt auf die Einstellungen der Gruppenmitglieder, anstatt auf den Auswirkungen von Vielfalt in den Einstellungen der beteiligten Personen.[440] Insgesamt lässt sich aber auch zu den Auswirkungen von Einstellungsvielfalt in Arbeitsgruppen festhalten, dass es kaum empirische Untersuchungen dazu gibt, so dass auch hier Schlussfolgerungen und Implikationen nicht einfach zu treffen sind.

5.3.2.2 Vielfalt in den Werten im Allgemeinen

Ein geringfügig anderes Bild ergibt sich bei der Betrachtung von Vielfalt in der Gruppenzusammensetzung hinsichtlich der Werte der Gruppenmitglieder. Wie schon in Kapitel 3 zur Bedeutung von Kultur beschrieben, sind Werte definiert als Elemente eines geteilten symbolischen Systems, die als Selektionskriterium für die Orientierungsalternativen dienen, die in einer Situation intrinsisch möglich sind. Ein Wert ist also ein beständiger Glaube, dass ein bestimmter Verhaltensmodus oder Endzustand persönlich oder sozial einem gegenteiligen oder anderem Verhaltensmodus oder Endzustand gegenüber zu bevorzugen und wünschenswerter sei.[441]

Im Kontext von Gruppenprozessen stellen Werte besonders relevante Zusammensetzungsvariablen dar. Allerdings gibt es sehr wenige Untersuchungen, die sich mit den zu Grunde liegenden Werten von Gruppenmitgliedern und ihren Konsequenzen beschäftigen, obwohl schon lange darauf hingewiesen wird, dass Werte einen fundamentalen Einfluss auf das Arbeitshandeln haben.[442] In den Untersuchungen jedoch, die Wertevielfalt in Arbeitsgruppen betrachteten, werden zur Erklärung ihrer Effekte ebenfalls das Ähnlichkeits-Attraktions-Paradigma und die soziale Kategorisierungstheorie herangezogen, die beide negative Auswirkungen postulieren. Und mit diesen Untersuchungen wurde nicht nur der Einfluss von Werten auf die Zusammenarbeit in Gruppen und deren Ergebnisse bestätigt, sondern außerdem nachgewiesen, dass Wertevielfalt, die nicht bearbeitet wird, einen negativen Einfluss auf die Gruppenprozesse und damit auf die Gruppenleistungen hat: „It is the diversity associated with

---

[439] Vgl. Harrison, Price & Bell (1998), S. 98.
[440] Vgl. Milliken & Martins (1996), S. 409; Riordan & Shore (1997), S. 344; Williams & O'Reilly (1998), S. 114; Chatman & Flynn (2001), S. 958.
[441] Vgl. Parsons (1951), S. 11 f.; Rokeach (1973), S. 5; Klimoski & Dose (1999), S. 85.
[442] Vgl. Connor & Becker (1975), S. 558; Klimoski & Dose (1999), S. 85.

112 Vielfalt: Begriff, Konzeptualisierungen und Erkenntnisse

values, ..., that causes the biggest problems in and has the greatest potential for enhancing both workgroup performance and morale."[443]

5.3.2.3 Vielfalt in den kulturellen Werten

Nach einer weithin anerkannten Definition von Cox bedeutet kulturelle Vielfalt eines sozialen Systems, wie beispielsweise einer Arbeitsgruppe, die Repräsentation von Personen mit deutlich verschiedenen Gruppenzugehörigkeiten kultureller Bedeutsamkeit.[444] Allerdings lässt der Begriff der kulturellen Bedeutsamkeit offen, was genau sich dahinter eigentlich verbirgt. Häufig wird der Begriff der kulturellen Vielfalt auf den Sachverhalt ethnischer oder nationaler Vielfalt angewendet; in den meisten Fällen jedoch bezeichnet kulturelle Vielfalt Vielfalt in den kulturellen Werteorientierungen von Personen. Kulturell bedeutsam sind also die wahrnehmungs- und verhaltensleitenden, bewussten und unbewussten Werthaltungen von Menschen, anhand derer sie sich voneinander unterscheiden können und die sie mit Menschen aus denselben Kulturkreisen teilen. Auch in der vorliegenden Untersuchung bezieht sich der Begriff der kulturellen Vielfalt ausschließlich auf die Vielfalt in den kulturellen Werten von Personen, womit die kulturelle Vielfalt ein Sonder- oder Spezialfall der generellen Wertevielfalt darstellt. Da der zentrale Forschungsgegenstand der vorliegenden Untersuchung multikulturelle Arbeitsgruppen in Unternehmen sind, deren wesentliches Bestimmungsmerkmal die in ihnen inhärente kulturelle Vielfalt, also Wertevielfalt, darstellt, soll an dieser Stelle auf die Problematik der kulturellen Vielfalt in Arbeitsgruppen besonders aufmerksam gemacht und die bisherigen Befunde dazu diskutiert werden, um mit den Schlussfolgerungen und Implikationen aus der bisherigen Forschung zu schließen und den weiteren Forschungsbedarf hinsichtlich der Aus- und Wechselwirkungen kultureller Vielfalt im Gruppenarbeitskontext genauer zu begründen.

5.3.2.3.1 Kulturelle Wertevielfalt in Arbeitsgruppen

Multikulturelle Arbeitsgruppen bestehen aus Personen, deren kulturelle Werte oder Werteorientierungen sich voneinander unterscheiden. Da diese Werte wahrnehmungs- und verhaltensleitende Funktionen ausüben, finden sich solche Arbeitsgruppen in einer paradoxen Situation wieder. Auf der einen Seite enthalten multikulturelle Arbeitsgruppen das Potenzial für innovativere und qualitativ hochwertigere Lösungen für globale Geschäftsprobleme durch eine erhöhte Anzahl möglicher Perspektiven. Sie bestehen aus Personen, die Informationen über die verschiedenen Teilbereiche der Welt multinationaler Unternehmen besitzen und sie sind mit verschiedenen Referenzrahmen zur Projektion potenzieller Zukunftsszenarien für ihre Unternehmen ausgestattet. Die verschiedenen kulturellen (Werte-)Hintergründe der Gruppenmitglieder beeinflussen, was sie aus ihrer Umgebung wahrnehmen, wie sie diese Wahrnehmungen interpretieren, für welche Handlungsalternativen sie sich entscheiden und wie sie Ideen umsetzen. Außerdem erzwingt die Dynamik multikultureller Gruppenprozesse eine unmittelbare Aufmerksamkeit auf die verschiedenen Standpunkte, womit der Notwen-

---

[443] Jehn, Northcraft & Neale (1999), S. 758.
[444] Vgl. Cox (1993), S. 6.

Auswirkungen von Vielfalt in Arbeitsgruppen 113

digkeit, ansonsten latente Unterschiede in Standpunkten und Werten miteinander in Einklang zu bringen, mit denen sich schlussendlich in jedem multinationalen Unternehmen befasst werden muss, zusätzlich noch eine gewisse Dringlichkeit und Unmittelbarkeit gegeben wird. Mit der kulturellen Vielfalt in Arbeitsgruppen wird somit gleichzeitig die nicht zu unterschätzende Gefahr des „Groupthinks" – die Gefahr von Fehlentscheidungen aufgrund konformen Verhaltens und Gruppenzwangs (siehe auch Abschnitt 4.2.3.2) – weitgehend gebannt. Insgesamt bedeutet dies, dass multikulturelle Arbeitsgruppen mit einem enormen Reichtum an Material ausgestattet sind, mittels dessen sie innovative Ansätze für komplexe organisationale Herausforderungen generieren können, und sie sind ebenfalls mit einer großen Menge an möglichen Operationsmodi ausgestattet, mit denen sie neue Wege der Implementierung von Lösungen zu entwickeln in der Lage sind.[445] Paradoxerweise sehen sich multikulturelle Arbeitsgruppen auf der anderen Seite jedoch mit Problemen der Multikulturalität konfrontiert, die für effektive Gruppeninteraktionen schwerwiegende Herausforderungen darstellen und die mit der Multikulturalität assoziierten potenziellen Vorteile wieder zunichte machen können. Dieselben kulturellen (Werte-)Unterschiede, die das Potenzial für hohe Leistung bieten, können gleichzeitig verschiedene Erwartungen bezüglich der Gruppenarbeit bergen. Gruppenmitglieder aus den unterschiedlichen Kulturen kommen häufig in eine Arbeitsgruppe mit sehr verschiedenen feststehenden Ansichten darüber, wie eine Gruppe miteinander arbeiten soll und da kulturelle Werte tief in einer Person verwurzelt sind, meist unbewusst impliziert und als selbstverständlich angenommen werden, damit auf versteckte Weise das Verhalten beeinflussen, ist es sehr schwierig, die Konsequenzen der kulturellen Werte und der Vielfalt hierin zu identifizieren und entsprechend zu behandeln. Gruppenmitglieder aus verschiedenen Kulturen nehmen unterschiedliche Teile des globalen Bildes wahr, was zu Unstimmigkeiten darüber führen kann, was den unmittelbaren Unternehmenskontext tatsächlich konstituiert. Die Fähigkeit von Gruppenmitgliedern diverser kultureller Hintergründe, verschiedene mögliche Geschäftsszenarien auf eine unbekannte Zukunft zu projizieren, bedeutet gleichzeitig, dass alternative Entscheidungen auf radikal konfligierende Weisen evaluiert werden können. Ein Mangel an notwendigem Konsens jedoch, um von der Analyse zur Handlung überzugehen, kann die Analyse bis zu dem Punkt ausweiten, an dem keine Handlung mehr stattfindet. Eher häufiger als seltener schöpfen multikulturelle Arbeitsgruppen ihr Potenzial aufgrund der geschilderten Integrationsschwierigkeiten nicht aus. Zu den Problemen der Integration der verschiedenen Standpunkte und Handlungsalternativen gesellen sich dazu noch oft, zum Teil auch bedingt durch diese, zwischenmenschliche Probleme. Abneigung und Misstrauen, Stereotypisierung, Misskommunikation und mit diesen Problemen assoziierter Stress können den Gruppenzusammenhalt stark gefährden und in der Konsequenz die Gruppe sowohl ökonomisch als auch sozial und persönlich scheitern lassen.[446]

Nach Argote und McGrath wird dieses Paradox auch „Diversitäts-Konsens-Dilemma" (diversity/consensus dilemma) genannt, das gleichzeitig den Kern der Argumentation bei

---

[445] Vgl. Maznevski (1994), S. 536 f.; Maznevski & Peterson (1997), S. 61; Janssens & Brett (1997), S. 154; Hambrick et al. (1998), S. 188; DiStefano & Maznevski (2000), S. 46; Ely & Thomas (2001), S. 234; Polzer, Milton & Swann (2002), S. 296; Adler (2002), S. 145 ff.

[446] Vgl. Maznevski (1994), S. 536 f.; Maznevski & Peterson (1997), S. 61; Janssens & Brett (1997), S. 154; Hambrick et al. (1998), S. 189; DiStefano & Maznevski (2000), S. 46; Ely & Thomas (2001), S. 234; Polzer, Milton & Swann (2002), S. 296; Adler (2002), S. 141 ff.

114 Vielfalt: Begriff, Konzeptualisierungen und Erkenntnisse

Ilgen, LePine und Hollenbeck bildet.[447] Dieses Dilemma tritt immer dann auf, wenn Arbeitsgruppen, die mit schwierigen Aufgaben oder kritischen Entscheidungen betraut sind, Mitglieder brauchen, die sowohl eine Vielzahl an Fähigkeiten, Fertigkeiten, Perspektiven und Erfahrungen mitbringen sollen, gleichzeitig aber auch gemeinsame Lösungen entwickeln, verschiedene Standpunkte integrieren und einen gemeinsamen Handlungsplan ausführen müssen. Dabei gehen jedoch die Vorteile der Vielfalt häufig auf Kosten des Konsenses verloren oder umgekehrt.

Abbildung 5-3: Kulturelle Wertevielfalt in Arbeitsgruppen: Vor- und Nachteile[448]

VORTEILE kultureller VIELFALT	NACHTEILE kultureller VIELFALT
***Kulturelle Vielfalt ermöglicht erhöhte* Kreativität *durch*:** • größere Bandbreite an Perspektiven • mehr und bessere Ideen • weniger „Groupthink"	***Kulturelle Vielfalt verursacht einen* Mangel an Gruppenzusammenhalt *durch:*** **Misstrauen** • geringere zwischenmenschliche Anziehung • inakkurate Stereotypisierungen • mehr Konversationen innerhalb einer Kultur
***Kulturelle Vielfalt erzwingt eine verstärkte Konzentration auf das* Verständnis *der anderen*:** • Ideen • Perspektiven • Meinungen • Argumente	**Misskommunikation** • langsamere Rede: Nicht-Muttersprachler- und Übersetzungsprobleme • geringere Genauigkeit **Stress** • kontraproduktiverem Verhalten • weniger inhaltliche Übereinstimmungen • Spannungen
Erhöhte Kreativität ermöglicht die* Generierung *von: • besseren Problemdefinitionen • mehr Alternativen • besseren Problemlösungen • hochwertigeren Entscheidungen	***Der Mangel an Gruppenzusammenhalt verursacht* Unfähigkeit *zur :*** • Validierung der anderen Ideen und Mitglieder • Übereinkunft, wenn diese nötig ist • Etablierung eines Konsenses zu Entscheidungen • zu aufeinander abgestimmtem Verhalten

Adler brachte dieses Dilemma auf eine einfache Formel: Die tatsächliche Produktivität einer multikulturellen Arbeitsgruppe ergibt sich aus der potenziellen Produktivität abzüglich der Verluste durch gestörte Gruppenprozesse. Das heißt, eine solche Arbeitsgruppe kann nur so viel leisten, wie durch Integrations-, Kommunikations- und zwischenmenschliche Prob-

---

[447] Vgl. Argote & McGrath (1993), S. 336; Ilgen, LePine & Hollenbeck (1997), S. 386.
[448] In Anlehnung an Adler (2002), S. 143.

Auswirkungen von Vielfalt in Arbeitsgruppen 115

leme nicht be- oder gar verhindert wird.[449] Abbildung 5-3 verdeutlicht nocheinmal die Vor- und Nachteile von kultureller Vielfalt in Arbeitsgruppen.

Diese Doppelgesichtigkeit von kultureller (Werte-)Vielfalt in Arbeitsgruppen findet sich auch in den theoretischen Erklärungsansätzen wieder. Wie schon bei den anderen Arten von Vielfalt dargestellt, gilt hier ebenso, dass das Ähnlichkeits-Attraktions-Paradigma und die soziale Kategorisierungstheorie die negativen, eher affektiven, mit der kulturellen Vielfalt assoziierten Störgrößen des Gruppenprozesses vorhersagen, erklären und konsequenterweise für eine Homogenisierung plädieren. Auf der anderen Seite sagt der kognitive Informationsverarbeitungsansatz die positiven und natürlicherweise eher kognitiven, mit der kulturellen Vielfalt assoziierten Erfolgsgrößen vorher, erklären diese und plädieren damit für eine Heterogenisierung oder zumindest für ein größeres Ausmaß an Vielfalt in Arbeitsgruppen. Was jedoch in empirischen Untersuchungen zu den Auswirkungen kultureller Wertevielfalt auf die Zusammenarbeit in Arbeitsgruppen und ihren Ergebnissen tatsächlich nachgewiesen werden konnte, soll im Folgenden kurz dargestellt werden.

5.3.2.3.2 Empirische Befunde zur kulturellen Wertevielfalt in Arbeitsgruppen

In den zwei wohl umfassendsten Überblicksartikeln zu organisationaler Vielfalt, von Milliken und Martins sowie von Williams und O'Reilly verfasst, wurden nur eine, im späteren Überblick noch eine weitere empirische Untersuchung aus der Literatur identifiziert, die sich direkt mit der kulturellen Wertevielfalt in Arbeitsgruppen befassten. Und obwohl in der Forschung schon lange die Notwendigkeit der Untersuchung dieser Art von Vielfalt in Arbeitsgruppen hervorgehoben wird, so scheinen solche doch mit einer Vielzahl von Problemen verbunden zu sein, so dass es kaum empirische Nachweise der vielfach theoretisierten Effekte von kultureller Wertevielfalt in Arbeitsgruppen gibt. So schließen Williams und O'Reilly ihren Überblick zu den beforschten Arten von Vielfalt mit dem beinahe verwundert und enttäuscht klingenden Satz: „Although the evidence for cultural diversity is intriguing, organizational demographers have seldom focused on this type of diversity as it affects group process and performance."[450] Leider hat sich in den letzten sechs Jahren nicht sehr viel an diesem Sachverhalt verändert. Der Verfasserin dieser Schrift liegen außer den zwei von Milliken und Martins und Williams und O'Reilly ermittelten noch vier weitere empirische Studien zur kulturellen Wertevielfalt in Arbeitsgruppen vor, von denen sämtlich an dieser Stelle berichtet werden soll.

Die erste dieser Studien stammt von Bochner und Hesketh, die anhand einer Stichprobe australischer Bankangestellter herausfanden, dass Personen, die sich in den Hofstedeschen Kulturdimensionen der Machtdistanz und des Individualismus/Kollektivismus von ihren anderen Gruppenmitgliedern unterschieden, sich von ihnen zwar häufiger diskriminiert fühlten, jedoch die kulturellen Werteunterschiede mehr wertschätzten. Die Autoren werteten diesen Befund als wichtiges Indiz dafür, dass Vielfalt in den kulturellen Werten unter Gruppenmitgliedern bedeutsame Effekte auf individuelle Ergebnisse haben kann.[451]

---

[449] Vgl. Adler (2002), S. 141.
[450] Williams & O'Reilly (1998), S. 114.
[451] Vgl. Bochner & Hesketh (1994), S. 254.

In einer Untersuchung des Zusammenhangs zwischen der kulturellen Wertevielfalt in 22 Top-Management-Teams, gemessen an den aggregierten und gemittelten Unterschieden in jeder der vier Hofstedeschen Kulturdimensionen zwischen den beteiligten Personen, der Gruppenleistung, erfasst anhand selbsteingeschätzter Effektivitätsmerkmale und der jeweiligen Unternehmensleistung, ebenfalls anhand der von den Gruppenmitgliedern eingeschätzten Tragweite bestimmter Leistungsmerkmale gemessen, konnte Elron die Wichtigkeit kultureller Wertevielfalt für die Zusammenarbeit in Gruppen und ihre Leistungen nachweisen. Im Besonderen fand die Autorin, dass kulturelle Wertevielfalt innerhalb der Top-Management-Teams sowohl Sachkonflikte förderte als auch die Gruppenleistung steigerte. Und obwohl die durch die kulturelle Wertevielfalt stimulierten Sachkonflikte mit der unmittelbaren Gruppenleistung negativ assoziiert waren, standen sie gleichzeitig in einem positiven Zusammenhang mit der Unternehmensleistung. Allerdings konnte Elron ihre Hypothese, dass kulturelle Wertevielfalt im negativen Zusammenhang mit dem Gruppenzusammenhalt stehen würde, nicht bestätigen. Die Autorin versuchte, diesen Befund damit zu erklären, dass sich die negativen Auswirkungen von Werteunterschieden auf die Kohäsion von Arbeitsgruppen möglicherweise mit der Zeit abschwächen und in solch permanenten Arbeitsgruppen wie Top-Management-Teams unbedeutsam würden.[452] Ihr Befund widerspricht also der gängigen Annahme, dass kulturelle Wertevielfalt den Gruppenzusammenhalt zwangsläufig schwächt.

In Bezug auf Prozessergebnisse wie den Gruppenzusammenhalt, Gruppenzuversicht oder Zufriedenheit von multikultureller Gruppenarbeit kam Thomas auf ein ganz ähnliches Ergebnis.[453] In einer experimentellen Untersuchung von 24 studentischen multikulturellen Arbeitsgruppen, die über einen Zeitraum von zehn Wochen in Zwei-Wochen-Intervallen jeweils eine Fallstudie bearbeiten sollten, wurden die Auswirkungen des kulturellen Wertes des Kollektivismus und der Vielfalt darin auf die Gruppenprozesse und die Gruppenleistung geprüft. Ein generelles Ergebnis dieser Untersuchung war die Feststellung, dass hinsichtlich der kollektivistischen Werthaltung homogene Arbeitsgruppen signifikant bessere Ergebnisse erzielten als die kollektivistisch heterogenen Arbeitsgruppen. Auch über die Zeit hinweg blieb dieser Befund stabil, was der Autor darauf zurückführt, dass die heterogenen Arbeitsgruppen ihre Prozessverluste nicht überwinden konnten. Allerdings war die kollektivistische Werthaltung in den Arbeitsgruppen positiv mit den Prozessergebnissen wie Zufriedenheit oder Gruppenkohäsion assoziiert, die Vielfalt in diesem Wert jedoch zeigte keine Effekte. Dagegen war die Vielfalt in der kollektivistischen Wertedimension signifikant negativ mit der Wahrnehmung von sozialer Beeinträchtigung in den Gruppen assoziiert, d.h. in kollektivistisch heterogenen Arbeitsgruppen wurden mehr Konflikte und eine geringere Aufnahmebereitschaft bzw. Empfänglichkeit für individuelle Beiträge wahrgenommen. Thomas vermutet, dass diese wahrgenommene soziale Beeinträchtigung aufgrund der Vielfalt für die geringere Leistung der kollektivistisch heterogenen Arbeitsgruppen verantwortlich war. Aber er macht auch darauf aufmerksam, dass es offenbar verschiedene Arten kultureller Einflüsse gibt, die sich auf ver-

---

[452] Vgl. Elron (1997), S. 405 ff.
[453] Vgl. Thomas, D.C. (1999), S. 255 f.

schiedene Art und Weise in unterschiedlichen Elementen des Gruppenprozesses nieder-schlagen.[454]

In Einklang mit den Forschungsannahmen zu den Auswirkungen kultureller Vielfalt in Arbeitsgruppen konnten Ruigrok und Wagner anhand einer Untersuchung von Top-Manage-ment-Teams aus 94 deutschen multinationalen Unternehmen zeigen, dass kulturelle Vielfalt, gemessen anhand der jeweiligen Ausprägungen in den vier Hofstedeschen Kulturdimen-sionen, zum einen über eine Erhöhung der kognitiven Kapazität die Qualität der von diesen Gruppen getroffenen Entscheidungen signifikant verbesserte und zum anderen über die Verursachung emotionaler Konflikte die Rechtzeitigkeit der getroffenen Entscheidungen und die Bindung an diese signifikant senkte.[455] Unerwartet dagegen war der Befund, dass kulturelle Vielfalt in den Top-Management-Teams die Kommunikationsflüssigkeit derselben verbesserte und darüber die Rechtzeitigkeit der Entscheidungen wiederum positiv beein-flusste. Die Autoren erklären diesen Befund damit, dass die Mitglieder von Arbeitsgruppen auf der Ebene des Top-Managements möglicherweise über eine sehr hohe Professionalität in der jeweiligen Arbeitssprache verfügen oder aber effektive Übersetzungssysteme einsetzen, so dass Zeitverluste aufgrund von Sprachbarrieren minimiert sind. Was sich für die Kommunikation innerhalb der Top-Management-Teams positiv auswirkte, schien für die direkte externe Interaktion mit den weltweiten Stakeholdern negative Konsequenzen zu haben. Ruigrok und Wagner fanden entgegen ihren Erwartungen, dass die Mitglieder der multikulturellen Top-Management-Teams in der direkten Interaktion mit unternehmens-internen und -externen Stakeholderkreisen große Schwierigkeiten hatten. Die Autoren spekulieren hier, dass verschiedene kulturelle Wertesysteme und/oder Verhaltensregeln ähnlich zu den Intragruppenkonflikten in Intergruppenkonflikten resultieren könnten, da die Aussagen oder Verhalten von Mitgliedern der multikulturellen Top-Management-Teams von ebenfalls kulturell diversen Stakeholdern leicht missverstanden oder missinterpretiert werden können. Insgesamt schließen die Autoren mit der Aufforderung, der kulturellen Vielfalt in Arbeitsgruppen stets besondere Aufmerksamkeit zu widmen, da diese über die Generierung von sowohl internen als auch externen emotionalen Konflikten nicht nur die Gruppenleistung gefährdet, sondern über diese die Unternehmensleistung ebenfalls beeinträchtigen kann.[456]

Wieder eher gegenteilige Befunde wurden in einer relativ umfassenden Untersuchung multikultureller Arbeitsgruppen deutscher multinationaler Unternehmen von Podsiadlowski gewonnen. Die Autorin, die ebenfalls kulturelle Vielfalt anhand der vier Hofstedeschen Kulturdimensionen ermittelte, konnte nur für Vielfalt in der Individualismus-Kollektivismus-Dimension Auswirkungen auf die Gruppenergebnisse identifizieren. Sie fand entgegen den gängigen Erwartungen negativer Effekte von Vielfalt auf die affektiven Komponenten von Gruppenarbeit, dass Vielfalt in dieser Dimension sowohl mit der individuellen Arbeitszu-friedenheit als auch mit der Gruppenzufriedenheit positiv assoziiert war. Podsiadlowski geht hier aber davon aus, dass für dieses Ergebnis die Kontakthäufigkeit der Gruppenmitglieder maßgeblich verantwortlich war. Die Gruppenmitglieder ihrer Stichprobe hatten nicht nur einen häufigen persönlichen Kontakt miteinander, sondern sie bezeichneten ihre Kommunika-

---

[454] Vgl. Thomas, D.C. (1999), S. 257.
[455] Vgl. Ruigrok & Wagner (2001), S. 14.
[456] Vgl. Ruigrok & Wagner (2001), S. 15 ff.

tionsstruktur sogar als positiv und eng vernetzt. Wenn jedoch die Kommunikation als positiv empfunden wird, dann ist es nicht mehr verwunderlich, dass die Gruppenmitglieder mit ihrer Situation generell eher zufrieden sind. Einen negativen Zusammenhang konnte die Autorin dagegen zwischen der Vielfalt und der Effizienz der Arbeitsgruppen feststellen. Dieser zweite gefundene Zusammenhang steht wieder im Einklang mit anderen Forschungsergebnissen, die unter anderem ebenfalls zeigen konnten, dass kulturelle Vielfalt in Arbeitsgruppen mit einem Verlust an Problemlösungsgeschwindigkeit einhergeht.[457]

Es soll an dieser Stelle noch die Beschreibung einer empirischen Untersuchung zu den Auswirkungen kultureller Vielfalt in Arbeitsgruppen folgen, die sich jedoch thematisch-konzeptionell auf eine andere Art und Weise mit dem Thema auseinandersetzt und daher nicht ganz in die vorgenommene thematische Einordnung hineinpasst. Dennoch sind die Ergebnisse dieser Studie zum einen aufgrund der durchgeführten empirischen Überprüfung und zum anderen hinsichtlich des Verständnisses der Effekte von kultureller Vielfalt nicht nur höchst interessant, sondern darüber hinaus für die vorliegende Arbeit auch sehr relevant. Bei der bezeichneten Studie handelt es sich um eine Untersuchung der Auffälligkeit oder auch des „Ins-Auge-Fallens" (Salience) von kultureller Identität im Kontext multinationaler Arbeitsgruppen in Hinblick auf das sogenannte „team citizenship behavior" (Gruppenbürgerschafts-verhalten).[458] Dieses Verhalten bezeichnet individuelles Engagement in freiwilligen, die anderen Gruppenmitglieder unterstützenden und assistierenden Handlungen. Randel, die Urheberin dieser Studie, versteht unter kultureller Identitätsauffälligkeit das Ausmaß, bis zu dem die Mitglieder einer multinationalen Arbeitsgruppe den kulturellen Hintergrund ihrer anderen Gruppenmitglieder als auffälliges Merkmal ansehen, wobei die kulturelle Identitätsauffälligkeit ein Maß darstellt, wie sich Kultur psychologisch in den Köpfen jener manifestiert, die sich diesbezüglich in der Beobachterposition befinden. Randel spricht sich dabei hinsichtlich der Möglichkeiten zur Erfassung kultureller Vielfalt sowohl gegen eine Einordnung von Personen in nationale Kategorien als auch gegen eine Erhebung von individuellen kulturellen Werten aus. Sie argumentiert zum einen, dass Individuen aufgrund anderer internationaler Erfahrung, bestimmter persönlicher Erfahrungen oder gewisser Unternehmenssozialisationen in Bezug auf ihre Nationalität nicht repräsentativ sein müssen. Aber auch eine Erfassung anhand der kulturellen Werte, die zum Beispiel mit Hofstedes Kulturdimensionen abgebildet werden könnten, sind der Meinung Randel zufolge nicht angemessen, da hierbei erstens der ökologische Fehler begangen würde und zweitens individuelles Verhalten nicht notwendigerweise eine Widerspiegelung der gehaltenen Werte darstellen muss oder sich die individuellen Werte durch häufige Zusammenarbeit auch angleichen können. Diese Einwände sind zwar berechtigt, aber vor allem in Bezug auf die Werte diskussionsfähig. Randel geht jedoch davon aus, dass nicht die verschiedenen kulturellen Werte oder die jeweiligen Nationalitäten der Gruppenmitgliedern für das Maß kultureller Vielfalt verantwortlich sind, sondern die Tatsache, inwieweit Kultur oder kulturelle Hintergründe im Arbeitsgruppenkontext für die Mitglieder von Wichtigkeit oder Auffälligkeit sind. Die Auffälligkeit einer kulturellen Identität fungiert laut Randel wie eine Linse, durch die anschließende individuelle Wahrnehmungen, Beurteilungen und Verhalten gefiltert werden. Sie vermutet, dass eine Streuung (und

---

[457] Vgl. Podsiadlowski (2002), S. 234.
[458] Vgl. Randel (2003), S. 28 ff.

Auswirkungen von Vielfalt in Arbeitsgruppen 119

damit die Vielfalt) in der Einschätzung der kulturellen Identitätsauffälligkeit durch die Gruppenmitglieder einen hauptsächlichen Einfluss auf individuelles Verhalten und darüber auf die Gruppenprozesse hat, vor allem hinsichtlich des Gruppenbürgerschaftsverhaltens. Randel geht dabei davon aus, dass relationale Unterschiede in den nationalen Herkünften der Gruppenmitglieder einen U-förmigen Zusammenhang mit der Identitätsauffälligkeit bilden, was bedeutet, dass die kulturelle Identität für jene Gruppenmitglieder am auffälligsten ist, die ihren national-kulturellen Hintergrund entweder mit nur wenigen oder aber mit den meisten der anderen Gruppenmitglieder teilen. Randel untersuchte nun die Auswirkungen der Streuung in den Wahrnehmungen der Gruppenmitglieder, inwieweit für diese kulturelle Identitäten auffällig waren, auf das Gruppenbürgerschaftsverhalten, wobei sie vermutete, dass eine größere Streuung in den Wahrnehmungen mit geringerem Gruppenbürgerschaftsverhalten einher geht. Sie begründete diese Annahme mit den Erkenntnissen des Ähnlichkeits-Attraktions-Paradigmas und der sozialen Kategorisierungstheorie insofern, dass eine Innergruppenvariabilität hinsichtlich der Wahrnehmungen der kulturellen Hintergründe der Gruppenmitglieder in geringerem Vertrauen und geringerem Gruppenzusammenhalt münden und darüber das Gruppenbürgerschaftsverhalten der Mitglieder beeinträchtigen würde.[459] Randel konnte nun zwar feststellen, dass die kulturelle Identität für jene Gruppenmitglieder am auffälligsten war, die ihren national-kulturellen Hintergrund mit entweder nur wenigen oder den meisten der anderen Gruppenmitglieder teilten, jedoch bedeutete in der von ihr untersuchten Stichprobe von 15 multinationalen Arbeitsgruppen (98 Personen) eine große Streuung in den Wahrnehmungen der Auffälligkeit kultureller Identitäten ein stärkeres Gruppenbürgerschaftsverhalten als bei geringer Wahrnehmungsstreuung. Die Autorin erklärt diesen Befund damit, dass möglicherweise die Unterschiedlichkeit in den Wahrnehmungen in mehr unterstützendem Gruppenverhalten resultierte, das durch den Wunsch motiviert war, einen Ausgleich zu dem mit der Verschiedenheit assoziierten Unbehagen zu schaffen. Allerdings verweist sie bei dieser Erklärung auf die spekulative Natur derselben.[460] Insgesamt gesehen widerspricht das Ergebnis jedoch den Vorhersagen des Ähnlichkeits-Attraktions-Paradigmas und der sozialen Kategorisierungstheorie und ähnelt eher den Befunden von Podsiadlowski, die ebenfalls positive Auswirkungen von kultureller Vielfalt, allerdings auf die Zufriedenheit der Gruppenmitglieder feststellte. Außerdem wird auch hier wieder ersichtlich, dass es andere beeinflussende oder intervenierende Faktoren geben muss, von denen abhängt, ob die kulturelle Vielfalt in Arbeitsgruppen positive oder negative Auswirkungen auf die Gruppenprozesse und die Gruppenleistungen hat.

Die letzte Studie, die sich ebenfalls mit den Auswirkungen kultureller Wertevielfalt in Arbeitsgruppen auseinandersetzt, stellt die Untersuchung von Martins et al. dar. In ihrer Untersuchung des Einflusses der ethnischen Zusammensetzung des organisationalen Kontexts auf die Auswirkungen ethnischer Vielfalt in der Zusammensetzung von Arbeitsgruppen auf das Empfinden der Gruppenmitglieder stellten sie zusätzlich fest, dass bei einem ethnisch divers zusammengesetzten organisationalen Kontext die ethnische Vielfalt in der Zusammensetzung der Arbeitsgruppe, also eine wahrnehmbare „Surface-level-Vielfalt", zwar keine Auswirkungen auf das Empfinden der Gruppenmitglieder hatte, dafür aber Unterschiede in

---

[459] Vgl. Randel (2003), S. 31 ff.
[460] Vgl. Randel (2003), S. 38 f.

dem kulturellen Wert des Kollektivismus innerhalb der Arbeitsgruppen wahrgenommen wurden und zu den bereits beschriebenen negativen Konsequenzen führten.[461] In jenen ethnisch divers zusammengesetzten Arbeitsgruppen also, die innerhalb eines ethnisch homogenen Kontexts operierten, resultierten negative Effekte aus der ethnischen Vielfalt in den Arbeitsgruppen, wobei diese aufgrund sozialer Kategorisierungsprozesse nicht über eine Wahrnehmung von beobachtbaren Vielfaltsmerkmalen hinauskamen. In jenen ethnisch diversen Arbeitsgruppen hingegen, die innerhalb eines ethnisch heterogenen Kontextes operierten, spielte zwar die wahrnehmbare Vielfalt keine Rolle mehr, dafür aber bemerkten die Gruppenmitglieder untereinander mit der Zeit Unterschiede in ihren kollektivistischen Werthaltungen, so dass jetzt die nicht wahrnehmbare „Deep-level-Vielfalt" im kulturellen Wert des Kollektivismus zum Tragen kam und dazu führte, dass die Gruppenmitglieder mehr Konflikte, Unsicherheit und Stress erlebten, größere Schwierigkeiten hatten, einander zu verstehen, weniger gegenseitiges Vertrauen empfanden und insgesamt mit der Arbeitsgruppe weniger zufrieden waren und sie weniger positiv evaluierten. Insgesamt bestätigen diese Befunde, dass mit der Zeit Unterschiede in tief liegenden, nicht beobachtbaren Vielfaltsmerkmalen wie Einstellungen oder Werte eine stärkere Rolle als die wahrnehmbaren Vielfaltsattribute spielen. Und zweitens bestätigen sie wiederum die Annahmen der sozialen Kategorisierungstheorie und des Ähnlichkeits-Attraktions-Paradigmas hinsichtlich der Auswirkungen von Werteunterschieden zwischen Gruppenmitgliedern, indem sie negative Konsequenzen der Vielfalt im Wert des Kollektivismus auf das Empfinden der Gruppenmitglieder demonstrieren.

5.3.2.3.3 *Zusammenfassende Betrachtung der Befunde*

Zusammenfassend sind in Abbildung 5-4 auf der folgenden Seite die Ergebnisse aus den benannten empirischen Studien dargestellt. Bei der Betrachtung der Befunde darf jedoch nicht vergessen werden, dass hinsichtlich der kulturellen Vielfalt vorrangig Unterschiede zwischen den Gruppenmitgliedern in der kulturellen Wertedimension des Individualismus-Kollektivismus betrachtet wurden und dass aus diesem Grunde die Ergebnisse nicht ohne Einschränkungen auf die anderen kulturellen Wertedimensionen übertragen werden dürfen. Als generelles Fazit lässt sich trotzdem festhalten, dass die Befunde nicht in eine einheitliche Richtung weisen.

Bei diesen Forschungsergebnissen fällt auf, dass sie sich inhaltlich zumindest teilweise mit denen zur ethnischen und nationalen Vielfalt in Arbeitsgruppen ähneln. Dies ist nicht weiter verwunderlich, da diese Arten von Vielfalt, wie oben schon dargestellt, eng miteinander verwandt sind. Allerdings ähneln sich die Befunde auch in ihrer Widersprüchlichkeit. So ist beispielsweise festzustellen, dass, während sowohl Pelled, Eisenhardt und Xin als auch Jehn, Northcraft und Neale aufzeigten, dass ethnische und Wertevielfalt zu emotionalen bzw. Beziehungskonflikten führte, bei Pelled et al. diese keinerlei Auswirkungen auf die Gruppenleistungen zu haben schien, dagegen Jehn et al. nachweisen konnten, dass gerade die durch die Wertevielfalt verursachten Beziehungskonflikte beinahe vollständig für die geringere

---

[461] Vgl. Martins et al. (2003), S. 96.

Auswirkungen von Vielfalt in Arbeitsgruppen 121

Zufriedenheit der Gruppenmitglieder, die geringere Bindung derselben an ihre Gruppe und für eine geringere wahrgenommene und tatsächliche Gruppenleistung verantwortlich waren.[462]

Abbildung 5-4: Zusammenfassende Darstellung der Befunde zu den Auswirkungen kultureller Wertevielfalt in Arbeitsgruppen

	GRUPPENPROZESSE	GRUPPENERGEBNISSE
Kognitiv	• Sachkonflikte • Wertschätzung der Vielfalt • Größere Schwierigkeiten, einander zu verstehen	• Erhöhung der Entscheidungsqualität • Weniger Ideengenerierung • Geringere Effizienz und Problemlösegeschwindigkeit • Schlechtere Bewertung der Gruppe
Affektiv	• Emotionale Konflikte • Gefühl der Diskriminierung • Soziale Beeinträchtigung • Unsicherheit • Stress	• Hohe selbsteingeschätzte Wichtigkeit und Zufriedenheit mit der Gruppenleistung • Höhere Arbeits- und Gruppenzufriedenheit • Geringere Gruppenzufriedenheit • Geringere Bindung an Entscheidungen • Geringeres gegenseitiges Vertrauen
Verhaltensmäßig	• Bessere Kommunikationsflüssigkeit • Geringere Interaktionsfähigkeit • Stärkeres Gruppenbürgerschaftsverhalten	• Geringere Rechtzeitigkeit von Entscheidungen

Ein ähnlicher Widerspruch ergibt sich bei der Betrachtung des kooperativen Verhaltens in vielfältig zusammengesetzten Arbeitsgruppen. Während sowohl Cox et al. als auch Randel zeigten, dass ethnisch oder hinsichtlich der Wahrnehmung kultureller Identitätsauffälligkeit diverse Arbeitsgruppen innerhalb der Gruppe kooperativeres Arbeitsverhalten demonstrierten als nicht diverse Gruppen, trat der umgekehrte Fall in den Untersuchungen von Watson und Kumar, Ruigrok und Wagner sowie Martins et al. auf.[463] In sämtlichen dieser Studien wurde von Problemen im Interaktionsverhalten berichtet. Die ethnisch diversen Gruppen in der Studie von Watson und Kumar wiesen ein weniger unterstützendes Interaktionsverhalten vor allem im Hinblick auf das Lösen von Problemen auf und die kulturell vielfältigen Top-Management-Teams der Studie von Ruigrok und Wagner zeigten eine generell geringer ausgeprägte Fähigkeit zur direkten Interaktion mit internen und externen Anspruchsgruppen.

---

[462] Vgl. Jehn, Northcraft & Neale (1999); Pelled, Eisenhardt & Xin (1999).
[463] Vgl. Watson & Kumar (1992); Ruikgrok & Wagner (2001); Randel. (2003); Martins et al. (2003).

122 Vielfalt: Begriff, Konzeptualisierungen und Erkenntnisse

Auch in Hinblick auf die kognitiven Ergebnisse von Vielfalt in Arbeitsgruppen zeigen sich nicht vollständig konsistente Befunde. Während weitgehend Übereinstimmung darin herrscht, dass vielfältig zusammengesetzte Arbeitsgruppen qualitativ hochwertigere Ideen und Entscheidungen hervorbringen[464], kommen die verschiedenen Studien zu unterschiedlichen Befunden hinsichtlich der Menge an generierten Ideen und Perspektiven. Sowohl Watson, Kumar und Michaelsen als auch Punnett und Clemens stellten fest, dass die diversen Arbeitsgruppen mehr Perspektiven, Problemlösungen und Entscheidungsoptionen generierten als die nicht diversen Gruppen. Dagegen erzeugten die heterogenen Arbeitsgruppen bei McLeod, Lobel und Cox nicht mehr Ideen als die homogenen Gruppen und bei Thomas brachten sie sogar noch weniger Ideen hervor als die eher homogenen Gruppen.[465] Allerdings stimmen die Ergebnisse zur Effizienz und zur Problemlösungs- bzw. Entscheidungsgeschwindigkeit in vielfältig zusammengesetzten Arbeitsgruppen wieder miteinander überein. Heterogene Arbeitsgruppen benötigen mehr Zeit, um Probleme zu lösen oder um Entscheidungen zu treffen als homogene Gruppen.[466]

Den größten Widerspruch jedoch weisen die Forschungsergebnisse zu den affektiven Konsequenzen von Vielfalt in Arbeitsgruppen auf. Hier ist in den empirischen Studien das gesamte Spektrum an möglichen Ergebnissen vertreten. Sowohl O'Reilly, Chatman und Caldwell, Tsui, Egan und O'Reilly, Riordan und Shore, Jehn, Northcraft und Neale als auch Martins et al. wiesen eindrucksvoll die negativen Konsequenzen von Vielfalt nach.[467] Die Gruppenmitglieder diverser Arbeitsgruppen in ihren Untersuchungen zeigten nicht nur eine geringere Zufriedenheit und Bindung an ihre Gruppen, sondern auch mehr Stress, weniger gegenseitiges Vertrauen, größere Unsicherheit im Umgang miteinander, höhere Fehlzeiten und eine größere Neigung, das Unternehmen und die Gruppen wieder zu verlassen. Dem gegenüber stehen die Ergebnisse von Elron und Thomas, die beide in ihren Untersuchungen einen negativen Einfluss der Vielfalt auf den Gruppenzusammenhalt erwarteten, aber keinen feststellen konnten. Elron fand jedoch heraus, dass die kulturelle Vielfalt in den von ihr untersuchten Top-Management-Teams zu einer von den Gruppenmitgliedern selbst eingeschätzten höheren Zufriedenheit mit den Gruppenergebnissen führte. Und Podsiadlowski wartete mit dem auf der anderen Seite des Kontinuums liegenden Befund auf, dass die kulturelle Vielfalt in den von ihr untersuchten Arbeitsgruppen mit einer höheren individuellen Arbeitszufriedenheit und einer höheren Gruppenzufriedenheit assoziiert war.[468]

5.3.2.3.4 Schlussfolgerungen und Implikationen aus der Forschung zur kulturellen Wertevielfalt in Arbeitsgruppen

Offenbar sind die theoretischen Erklärungsansätze, die im Allgemeinen zur Vorhersage und Interpretation der Auswirkungen von kultureller Vielfalt herangezogen werden, nicht in der

---

[464] Vgl. McLeod, Lobel & Cox (1991); Ruigrok & Wagner (2001).
[465] Vgl. Watson, Kumar & Michaelsen (1993); McLeod, Lobel & Cox (1996); Punnett & Clemens (1999); Thomas, D.C. (1999).
[466] Vgl. Punnett & Clemens (1999); Ruigrok & Wagner (2001); Podsiadlowski (2002).
[467] Vgl. O'Reilly, Chatman & Caldwell (1991); Tsui, Egan & O'Reilly (1992); Riordan & Shore (1997); Jehn, Northcraft & Neale (1999); Martins et al. (2003).
[468] Vgl. Elron (1997), Thomas, D.C. (1999); Podsiadlowski (2002).

Auswirkungen von Vielfalt in Arbeitsgruppen

Lage, die widersprüchlichen Befunde zu erklären und zu integrieren. Weder das Ähnlichkeits-Attraktions-Paradigma, die soziale Kategorisierungstheorie noch der kognitive Informations-verarbeitungsansatz können aufzeigen, warum in manchen kulturell diversen Arbeitsgruppen positive Effekte von Vielfalt zu beobachten sind, in anderen dagegen negative, in manchen gar keine und in wieder anderen sowohl positive als auch negative Effekte auftreten.

Mittlerweile wird in der Forschung jedoch das Paradoxon multikultureller Arbeitsgruppen oder das Diversitäts-Konsens-Dilemma insofern anerkannt, als dass nicht mehr so sehr die Frage im Vordergrund steht, ob kulturelle Vielfalt der Gruppenarbeit zuträglich oder abträglich ist, sondern vielmehr, wie eben diese Theorie(n) verbessert oder gar geändert werden müssen, um eine größere Feinheit und Genauigkeit in der Erklärung und Beurteilung der Auswirkungen von kultureller Vielfalt in Arbeitsgruppen zu erreichen. Die Erkenntnis, dass kulturelle Vielfalt in Arbeitsgruppen immer mit Kosten und Nutzen gleichzeitig verbunden ist, gilt heute trotz eines gewissen Mangels an empirischen Studien zu genau dieser Art von Vielfalt als nachgewiesenermaßen unumstößliche Tatsache.[469]

Die vorliegende Arbeit hat das Ziel, mittels der theoretischen Perspektive des Konzeptes der lose gekoppelten Systeme, das sich als das noch fehlende Bindeglied in den genannten theoretischen Erklärungsansätzen erweisen könnte, die inkonsistenten Befunde hinsichtlich der Effekte von kultureller Vielfalt in Arbeitsgruppen zu erklären und zu integrieren. Das Konzept der lose gekoppelten Systeme scheint dabei zur Herstellung der gesuchten konzeptionellen Verbindung besonders nützlich zu sein, da es eher als eine Art systemischer Metatheorie fungiert, unter der sich zum einen die beschriebenen Erklärungsansätze einordnen lassen und mit Hilfe derer zum anderen konkrete strukturelle Hinweise gewonnen werden können, wie schon allein durch die Gestaltung multikultureller Gruppenarbeit die Verluste multikultureller Zusammenarbeit soweit minimiert werden können, so dass die potenziellen Gewinne dieser Zusammenarbeit auch die Chance haben, zum Tragen zu kommen. Zur genaueren Beschreibung dieser theoretischen Perspektive und der Diskussion ihres Beitrages hinsichtlich multikultureller Gruppenarbeit sei an dieser Stelle jedoch auf den nächsten großen Abschnitt dieser Schrift verwiesen.

Bei der Durchsicht der Literatur werden noch zwei weitere weit reichende forschungs-bezogene Implikationen ersichtlich, die bei ihrer Umsetzung zu einem verbesserten Verständnis der Auswirkungen von kultureller Wertevielfalt in Arbeitsgruppen führen könnten. Zum einen wird wiederholt darauf hingewiesen, dass das Phänomen Kultur komplex und vielschichtig ist und daher eine differenziertere Erfassung individueller kultureller Werte absolut notwendig sei. Viele der Forschungsarbeiten zu kultureller Vielfalt in Arbeitsgruppen verwendeten entweder nur eine Dimension kultureller Wertorientierungen, fassten mehrere Kulturdimensionen zusammen oder klassifizierten Arbeitsgruppen einfach in kulturell hetero-gen oder homogen. In der Zwischenzeit ist man jedoch zu der Erkenntnis gelangt, dass dies eine zu grobe Vereinfachung des Sachverhaltes darstellt oder auch das interessierende Merkmal zu eng interpretiert, so dass dies mit ein Grund für die teilweise widersprüchlichen Befunde gewesen sein könnte. Außerdem wurde im selben Zusammenhang erkannt, dass die

---

[469] Vgl. Maznevski (1994), S. 536 f.; Thomas, D.C. (1999), S. 258; Hambrick et al. (1998), S. 189; Maznevski, Gibson & Kirkman (1998), S. 4; Adler (2002), S. 148.

124 Vielfalt: Begriff, Konzeptualisierungen und Erkenntnisse

relativen Kosten und Nutzen kultureller Vielfalt in Arbeitsgruppen jeweils von den spezifischen Vielfaltsdimensionen, die gerade betrachtet werden, abhängen, so dass zum einen eine Übertragung der Ergebnisse auf andere Arten von Vielfalt nur sehr bedingt möglich ist. Zum anderen jedoch, und dies ist noch wichtiger, sind die Wahrnehmungen, Werte und Verhalten von Menschen von mehr als einem Aspekt von Kultur beeinflusst, so dass es hoch wahrscheinlich ist, dass die verschiedenen kulturellen Werte miteinander interagieren und damit eine dynamischere und komplexere Erklärung von individuellem und Gruppenverhalten bilden, die mit einer singulären Kulturdimensionsbetrachtung schlichtweg nicht zu etablieren ist. Es herrscht mittlerweile in der Forschungsgemeinschaft Übereinstimmung darüber, dass nur durch die Hereinnahme mehrerer, idealerweise aller kultureller Werteausprägungen in Untersuchungen zur kulturellen Vielfalt ein vollständigeres und relevantes Verständnis der Komplexität von Kultur und ihren Auswirkungen zum Beispiel in der multikulturellen Gruppenarbeit zu erreichen ist.[470]

In der vorliegenden Untersuchung wird die kulturelle Vielfalt in Arbeitsgruppen anhand der fünf von Kluckhohn und Strodtbeck identifizierten kulturellen Werteorientierungen mit ihren jeweiligen Variationen erhoben und separat ausgewertet, so dass die Auswertung schließlich mit 14 verschiedenen Variationen der kulturellen Vielfalt vorgenommen werden kann. Die Forderung nach einer differenzierteren Erfassung von kultureller Vielfalt wird damit erfüllt und der oben beschriebene Mangel behoben.

Die zweite wichtige Implikation, die aus der Forschung zur kulturellen Vielfalt in Arbeitsgruppen abgeleitet werden kann, bezieht sich auf die Forderung, wie auch schon aus der Kleingruppenforschung abgeleitet, den mittelbaren und unmittelbaren Kontext multikultureller Gruppenarbeit in die Analysen mit aufzunehmen und mögliche Moderations- und Mediationsbeziehungen empirisch zu überprüfen. Mit der Zunahme an Befunden, die sich inhaltlich widersprachen, erhärtete sich nämlich der Verdacht, dass nicht beachtete Kontextmerkmale für die Widersprüche verantwortlich waren und es wurde der Bedarf an kontingenztheoretischen Forschungsplänen, welche die als immer wesentlicher anerkannten Kontext- und Kontingenzfaktoren integrierten, zunehmend deutlicher.[471] Wichtige Kontextfaktoren auf der Unternehmensebene betreffen zum Beispiel die strategische Ausrichtung des Unternehmens, die Anzahl der Hierarchieebenen oder die Unternehmenskultur. Es wird angenommen, dass diese die multikulturelle Zusammenarbeit in Gruppen maßgeblich beeinflussen.[472] Als weiterer, immer wieder als äußerst wichtig angesehener Kontingenzfaktor gilt die Gruppenaufgabe beziehungsweise die Art derselben. Es ist die Gruppenaufgabe, die das Ausmaß der Zusammenarbeit in einer Gruppe bestimmt, die festlegt, inwieweit die Gruppenmitglieder voneinander abhängig sind und die nach ganz bestimmten Fähigkeiten und Fertigkeiten der Gruppenmitglieder verlangt. Es bestehen zwar argumentativ gehaltvolle Vermutungen darüber, dass vor allem vom Grad der Strukturiertheit der Gruppenaufgabe in er-

---

[470] Vgl. Hambrick et al. (1998), S. 189; Jehn, Northcraft & Neale (1999), S. 759; Maznevski, Gibson & Kirkman (1998), S. 29; Thomas, D.C. (1999), S. 258 f.; Earley & Mosakowski (2000), S. 47.

[471] Vgl. Pelled (1996), S. 619; Pelled, Eisenhardt & Xin (1999), S. 2; Hambrick et al. (1998), S. 201; Jehn, Northcraft & Neale (1999), S. 742; Gibson (1999), S. 140; Richard (2000), S. 171; Gibson & Zellmer-Bruhn (2001), S. 298; Schippers et al. (2003), S. 799; Richard et al. (2004), S. 263.

[472] Vgl. Pelled (1996), S. 627; Hambrick et al. (1998), S. 201; Richard (2000), S. 171.

Auswirkungen von Vielfalt in Arbeitsgruppen   125

heblichem Maße abhängt, ob eine multikulturelle Arbeitsgruppe ihr Potenzial ausschöpfen kann oder das Gegenteil auftritt[473], jedoch wurde im Kontext multikultureller Gruppenarbeit ein empirischer Nachweis dieser Vermutungen noch nicht erbracht. Selbst Jackson, die 1992 einen detaillierten Überblick darüber gab, wie Gruppenvielfalt die Gruppenergebnisse beeinflussen kann und vor allem eine Typologie von Aufgaben entwickelte, anhand derer nützliche Vorhersagen bezüglich des Erfolges von vielfältig zusammengesetzten Arbeitsgruppen ableitbar sind, konstatiert vier Jahre später: „For most types of tasks, there is simply too little evidence to draw any conclusions about the effects of diversity on team performance."[474] Wie schon in den Schlussfolgerungen zur allgemeinen Gruppenforschung in Bezug auf die Gruppenaufgabe beschrieben, werden auch hinsichtlich des Einflusses der Gruppenaufgabe auf die Gruppenergebnisse im Zusammenhang mit einer kulturell vielfältig zusammengesetzten Arbeitsgruppe vielfach Vermutungen geäußert, empirische Überprüfungen dieses Einflusses gelten jedoch nach wie vor als Imperativ, dessen Erfüllung die Forschung bislang schuldig geblieben ist.

Weitere Faktoren, von denen angenommen wird, dass sie die Beziehung zwischen kultureller Vielfalt in Arbeitsgruppen und den Gruppenergebnissen beeinflussen, sind zum Beispiel die gruppeninterne und -externe Kommunikation und verwandt damit Konflikte in Arbeitsgruppen. Bei beiden wird von einer Mediation ausgegangen, insofern, als dass sich die Auswirkungen von kultureller Vielfalt nur über die Kommunikation in Arbeitsgruppen oder über die Art von Konflikten, die in der Zusammenarbeit auftreten, in den Ergebnissen der Gruppenarbeit niederschlagen.[475] Je nachdem, wie die Kommunikation in solchen Gruppen gelingt oder auch wie mit welcher Art von Konflikten umgegangen wird, kann die kulturelle Vielfalt positive oder negative Auswirkungen zeigen. Die Überprüfung derartiger Mediationszusammenhänge bietet die Möglichkeit, ein wenig mehr Licht in die scheinbar widersprüchlichen Befunde zu kultureller Vielfalt in Arbeitsgruppen zu bringen oder diese sogar aufzuklären.

Ein weiterer, als sehr wichtig angenommener Kontingenzfaktor, der wahrscheinlich ein großes Potenzial besitzt, multikulturelle Gruppenarbeit in ihrem Erfolg maßgeblich zu beeinflussen, ist schließlich die Gruppenführung.[476] Obwohl im Kontext multikultureller Arbeitsgruppen noch überhaupt nicht empirisch untersucht, gilt implizit die Annahme, dass die Führung solcher Gruppen ganz bestimmte Merkmale aufweisen sollte, um mit der komplexen Situation multikultureller Gruppenarbeit erfolgswirksam umzugehen. Zu diesen Merkmalen gehört beispielsweise ein visionärer Führungsstil, wobei die Gruppenführungskräfte außerdem über ein hohes Maß an sozialer und interkultureller Kompetenz verfügen, pragmatischfunktionelle, aufgabenbezogene Verhaltensweisen ausüben und zusätzlich noch ein hoch effizientes Boundary Management betreiben sollen. Es wird angenommen, dass multikulturelle Arbeitsgruppen unter einer derartigen, beinahe idealen Führung, die sich nicht nur ihren in-

---

[473] Vgl. Pelled (1996), S. 628; Maznevski & Peterson (1997), S. 82; Hambrick et al. (1998), S. 193 ff.; Gibson (1999), S. 140.

[474] Jackson (1992), S. 155; Jackson (1996), S. 67.

[475] Vgl. Maznevski (1994), S. 537; Pelled, Eisenhardt & Xin (1999), S. 20 f.; Harrison, Price & Bell (1998), S. 104; Maznevski & Peterson (1997), S. 81; Kirchmeyer & Cohen (1992), S. 167; DiStefano & Maznevski (2000), S. 51; Podsiadlowski (2002), S. 228; Adler (2002), S. 144.

[476] Vgl. Hambrick et al. (1998), S. 201; Staehle (1999), S. 256; Berthel (2000), S. 365; Adler (2002), S. 152 f.

126 Vielfalt: Begriff, Konzeptualisierungen und Erkenntnisse

ternen Problemen widmet, die Gruppe in ihrer Aufgabenerledigung fachlich unterstützt oder diese nach außen erfolgreich vertritt und gegen unnötige Belastungen abschirmt, sondern die auch noch die notwendige kulturelle Sensibilität und Aufmerksamkeit in die Gruppe mit einbringt, dass unter diesen Umständen also die Auswirkungen der kulturellen Vielfalt eigentlich nur in eine positive Richtung weisen können.[477] Leider existieren keine der Verfasserin dieser Schrift bekannten empirischen Untersuchungen, die diese Annahmen bestätigen würden. Es lässt sich also festhalten, dass gerade auf dem Gebiet der Führung multikultureller Arbeitsgruppen ebenfalls noch ein erheblicher Forschungsbedarf besteht.

In der vorliegenden Untersuchung wird vor dem Hintergrund des Konzeptes der lose gekoppelten Systeme ein Modell multikultureller Gruppenarbeit entwickelt, das, basierend auf einer Kontingenzperspektive, die eben beschriebenen Forschungsbedarfe integriert. Es werden neben Kontextfaktoren auf der Unternehmensebene ebenfalls strukturelle Merkmale der Gruppenaufgabe, Kommunikations- und Konfliktformen und Führungsverhalten aufgenommen und auf ihre jeweiligen moderierenden, mediierenden oder direkten Einflüsse empirisch überprüft. Zur genaueren Ableitung und Beschreibung der Hypothesen sei jedoch an dieser Stelle auf den noch folgenden Abschnitt zum Bezugsrahmen der Untersuchung verwiesen.

5.3.3 Vielfalt in Wissen und Fertigkeiten

Zu der zweiten Kategorie nicht beobachtbarer, tief liegender Attribute, anhand derer sich Gruppenmitglieder voneinander unterscheiden können, gehören die verschiedenen Basen an Wissen und Fertigkeiten, die die Mitglieder in die Gruppenarbeit einbringen. Vor allem mit der Einrichtung von interdisziplinären oder multifunktionalen Projektgruppen in Unternehmen wurde dieser Art von Vielfalt immer mehr Aufmerksamkeit geschenkt und ihre Konsequenzen für die Gruppenprozesse und die Gruppenergebnisse genauer untersucht.[478]

Von der Vielfalt im Stellen- oder Positionshintergrund als auch von der Vielfalt in der Branchenerfahrung von Gruppenmitgliedern werden ähnliche Effekte wie bei der funktionalen bzw. Bildungsvielfalt erwartet, diese sollten aber nicht so stark hervortreten, da sie alle im Grunde Variationen der funktionalen Vielfalt darstellen. Personen mit verschiedenen funktionalen Hintergründen dagegen wurden explizit dazu ausgebildet, verschiedene Perspektiven, Wissen und Fertigkeiten zu haben.[479] Vielfalt im Bildungshintergrund steht ein wenig heraus, da diese Art von Vielfalt zwei Elemente enthält, die nicht ohne weiteres voneinander zu trennen sind. Zum einen können sich Personen hinsichtlich der Art ihres Bildungshintergrundes unterscheiden (Schulabschluss, Lehre, Universitätsstudium), zum anderen kann aber auch zwischen den verschiedenen Bildungsinhalten (z.B. kaufmännische vs. Ingenieursausbildung) von Personen differenziert werden, wobei in der Literatur jedoch am häufigsten das erstere, also Dauer der formalen Bildung, als Indiz für den Bildungshintergrund untersucht wurde.[480] Dennoch sollten sich diese Effekte mit denen der funktionalen Vielfalt überschneiden.

---

[477] Vgl. Hambrick et al. (1998), S. 201 f.; Adler (2002), S. 153; Den Hartog (2004), S. 185.
[478] Vgl. Bungard & Antoni (1995), S. 380; Jackson (1996), S. 53; Ulich (1998), S. 233.
[479] Vgl. Williams & O'Reilly (1998), S. 100.
[480] Vgl. Hambrick & Mason (1984), S. 200 f.; Goll, Sambharya & Tucci (2001), S. 114.

Auswirkungen von Vielfalt in Arbeitsgruppen 127

5.3.3.1 Funktionale Vielfalt

Gerade vor dem Hintergrund des kognitiven Informationsverarbeitungsansatzes wird angenommen, dass beispielsweise Entscheidungen in multifunktionalen Gruppen, deren Mitglieder über die verschiedensten Informationen und Wissen verfügen, von höherer Qualität sind als jene in Gruppen mit gleichen Wissens- und Informationsbasen. Über eine größere Bandbreite an Erfahrungen und Expertisen, die einer funktional vielfältig zusammengesetzten Arbeitsgruppe zur Verfügung stehen, kann die funktionale Vielfalt die Gruppenergebnisse positiv fördern. Aus diesem Blickwinkel betrachtet ermöglicht Vielfalt in Wissen und Fertigkeiten also klare theoretische Vorhersagen: Sie sollte mit verbesserter Gruppenleistung assoziiert sein. Auf der anderen Seite jedoch können die informationalen Vorteile, die durch funktionale Vielfalt ermöglicht werden, durch Störungen des Gruppenprozesses, die mit den verschiedenen Meinungen und Perspektiven assoziiert sind, wieder zunichte gemacht werden.[481] Vor dem Hintergrund des Ähnlichkeits-Attraktions-Paradigmas und der sozialen Kategorisierungstheorie ist es beispielsweise denkbar, dass den Gruppenmitgliedern aufgrund einer wahrgenommenen und/oder tatsächlichen Unähnlichkeit in ihren Wissens- und Fertigkeitsbasen nichts oder nur wenig daran liegt, einzigartige oder wertvolle Informationen und Wissen mit der Gruppe zu teilen. Außerdem könnten sich durch verschiedene „thought worlds"[482] Kommunikationsprobleme einstellen. Konflikte und verlangsamte Reaktionen können die Folge sein. Auf diese Art und Weise können solche Gruppen ihre eigene Leistung durch Ignoranz oder Unterschätzung des Wertes des Beitrages anderer Gruppenmitglieder unterminieren.[483] Ironischerweise konnte in Laboruntersuchungen demonstriert werden, dass Arbeitsgruppen eher in der Lage waren, einzigartige Informationen zu verwerten, wenn die Gruppenmitglieder einander vertraut als wenn sie einander fremd waren.[484] Dies kann bedeuten, dass funktionale Vielfalt nur dann positive Leistungseffekte aufweist, wenn die Mitglieder einer Arbeitsgruppe sich ähnlicher sind. Das gut bekannte Dilemma der zu findenden Balance zwischen Heterogenitäten und Homogenitäten gilt daher wohl auch in Bezug auf die Konsequenzen von funktionaler Vielfalt. Die Forschungsgemeinschaft ist sich einig, dass wie die anderen Arten von Vielfalt ebenso die funktionale Vielfalt ein zweischneidiges Schwert ist, das in manchen Kontexten und hinsichtlich bestimmter Prozess- und Leistungsmerkmale positive Implikationen hat, in anderen Kontexten und hinsichtlich anderer Prozess- und Leistungsmerkmalen dagegen auf negative Implikationen hinweist.[485] In einer hier besonders hervorzuhebenden Studie weisen die Autoren Bunderson und Sutcliffe darauf hin, dass die inkonsistenten Effekte funktionaler Vielfalt möglicherweise nicht nur eine Funktion der untersuchten abhängigen Variablen oder des Kontextes sind, sondern dass sie ebenfalls eine Funktion der Konzeptualisierung und Messung von funktionaler Vielfalt darstellen könnten. Nach Literaturrecherchen identifizierten die Autoren drei verschiedene

---

[481] Vgl. Williams & O'Reilly (1998), S. 99; Bunderson & Sutcliffe (2002), S. 875.
[482] Vgl. Ancona & Caldwell (1992b), S. 322.
[483] Vgl. Milliken & Martins (1996), S. 410; Williams & O'Reilly (1998), S. 100; Bunderson & Sutcliffe (2002), S. 875.
[484] Vgl. Gruenfeld et al. (1996), S. 12.
[485] Vgl. Milliken & Martins (1996), S. 410; Williams & O'Reilly (1998), S. 100; Bunderson & Sutcliffe (2002), S. 875

128 Vielfalt: Begriff, Konzeptualisierungen und Erkenntnisse

Konzeptualisierungen funktionaler Vielfalt, die jeweils verschiedene Effekte implizieren. Die erste Konzeptualisierung nennen Bunderson und Sutcliffe die dominante Funktionsvielfalt, die das Ausmaß darstellt, bis zu dem sich Gruppenmitglieder in jenen funktionalen Bereichen unterscheiden, in denen sie den größten Teil ihrer Karriere verbracht haben. Der Fokus bei dieser Art der Vielfalt liegt auf der Verteilung der dominanten Funktionen innerhalb einer Gruppe über eine Reihe von funktionalen Kategorien. Die Implikation hier liegt auf dem Umfang und der Balance von Wissen und Expertisen innerhalb einer Arbeitsgruppe.[486] Die zweite Konzeptualisierung funktionaler Vielfalt bezeichnen die Autoren als Vielfalt im funktionalen Hintergrund der Gruppenmitglieder. Diese Vielfalt ist konzeptualisiert als der Grad der Verschiedenheit in den vollständigen funktionalen Hintergründen der Gruppenmitglieder. Hier liegt der Fokus ausschließlich auf der Verschiedenheit der funktionalen Hintergründe, wobei die zu Grunde liegende Annahme die ist, dass verschiedene funktionale Hintergründe nicht überlappende Wissen und Expertisen implizieren, was für die Gruppenmitglieder bedeutet, über einen größeren Pool an Ressourcen für Entscheidungen und Handlungen zu verfügen. Diese beiden Arten funktionaler Vielfalt stellen dabei die am häufigsten in der empirischen Forschung verwendeten Konzeptualisierungen dar. Die dritte Konzeptualisierung funktionaler Vielfalt entspricht der Vielfalt im Stellen- oder Positionshintergrund der Gruppenmitglieder. Hauptfokus ist hier nicht, ob die Gruppenmitglieder Erfahrung in verschiedenen funktionalen Bereichen haben, sondern ob ihre gegenwärtige (funktionale) Stelle die relevante Bandbreite an funktionalen Kategorien abdeckt.[487] Die Autoren weisen nun darauf hin, dass in der Forschung eine weitere, vierte Konzeptualisierung von funktionaler Vielfalt bisher weitgehend übersehen wurde, die aber potenziell zur Erklärung inkonsistenter Befunde von funktionaler Vielfalt sehr wichtig sein kann. Sie bezeichnen diese als intrapersönliche funktionale Vielfalt. Sie fokussiert auf das Ausmaß, bis zu dem die Mitglieder in einer Arbeitsgruppe eng eingegrenzte funktionale Spezialisten sind, die nur in einer beschränkten Anzahl von Funktionen Erfahrungen haben, oder ob sie breite Generalisten sind, deren Arbeitserfahrungen eine große Bandbreite funktionaler Domänen überspannen. In einer ersten Untersuchung, ob diese Unterscheidungen in der funktionalen Vielfalt sinnvoll sind, überprüften Bunderson und Sutcliffe die verschiedenen Effekte der dominanten Funktionsvielfalt und der intrapersönlichen funktionalen Vielfalt auf das Teilen von Informationen innerhalb einer Arbeitsgruppe und der Gruppenleistung insgesamt. Sie konnten feststellen, dass die intrapersönliche funktionale Vielfalt positiv mit dem Teilen von Informationen assoziiert war und dass das Teilen von Informationen den positiven Zusammenhang zwischen der intrapersönlichen funktionalen Vielfalt und der Gesamtgruppenleistung beinahe vollständig mediierte. Dies entsprach nicht ganz den Erwartungen der Autoren, die davon ausgegangen waren, dass die positiven Implikationen von intrapersönlicher funktionaler Vielfalt über das bloße Teilen von Informationen hinausgehen und sich zum Beispiel auch in qualitativ hochwertigeren Entscheidungen niederschlagen würden. In ihrer Untersuchung war dies offenbar nicht der Fall. Dennoch konnten die Autoren mit dem Befund demonstrieren, dass diese Art funktionaler Vielfalt positive Konsequenzen zumindest

---

[486] Vgl. Bunderson & Sutcliffe (2002), S. 879.
[487] Vgl. Bunderson & Sutcliffe (2002), S. 879.

Auswirkungen von Vielfalt in Arbeitsgruppen 129

auf das Teilen von Informationen hat.[488] Im Gegensatz zu den Effekten der intrapersönlichen funktionalen Vielfalt fanden Bunderson und Sutcliffe jedoch ein gänzlich anderes Ergebnismuster für die dominante Funktionsvielfalt. Diese war in den untersuchten Arbeitsgruppen negativ mit dem Teilen von Informationen assoziiert, was die Autoren als Indiz dafür ansahen, dass Personen mit sehr verschiedenen Hintergründen und Erfahrungen Schwierigkeiten haben, miteinander bedeutsam zu kommunizieren. Außerdem konnten Bunderson und Sutcliffe feststellen, dass das Teilen von Informationen den negativen Zusammenhang zwischen der dominanten funktionalen Vielfalt und der Gesamtleistung der Arbeitsgruppe partiell mediierte, wobei sie diesen Befund als mögliche Konsequenz von erhöhtem Konflikt und Dissens, langsamerer Entscheidungsfindung und eingeschränkter Fähigkeit, ausschlaggebende und koordinierte Handlungen auszuführen, werteten. Dieser Befund deckt sich dabei mit den oben beschriebenen Vorhersagen des Ähnlichkeits-Attraktions-Paradigmas, dass Unähnlichkeit im funktionalen Hintergrund negative Konsequenzen zur Folge hat. Insgesamt weist diese Untersuchung systematische Unterschiede in den Auswirkungen verschiedener Arten von funktionaler Vielfalt nach und macht sehr deutlich, dass auch bei den Effekten von funktionaler Vielfalt genauer hingeschaut werden muss, um die scheinbar widersprüchlichen Auswirkungen funktionaler Vielfalt besser zu verstehen.[489]

Zusammenfassend lässt sich festhalten, dass auch bei der funktionalen Vielfalt die Auswirkungen durch den Einfluss anderer Variablen so verändert werden, dass sich klare eindeutige Aussagen nicht ohne weiteres treffen lassen. Funktionale Vielfalt kann als ein Indikator für die Informationen, Wissen, Fertigkeiten und Expertisen angesehen werden, die Individuen in eine Arbeitsgruppe einbringen, wobei diese Vielfalt an Informationen zwar das Potenzial für kreativere Gruppenleistungen erhöht, nicht notwendigerweise jedoch das Potenzial für eine Implementierung kreativerer Lösungen. Funktional diverse Arbeitsgruppen sind langsamer in den Umsetzungen ihrer Ideen und weisen oft einen geringeren Gruppenzusammenhalt auf.[490] Andererseits weist die Forschung darauf hin, dass funktionale Vielfalt in Arbeitsgruppen Aufgabenkonflikte fördert und darüber die Gruppenleistung wieder positiv beeinflussen kann.[491] Unter dem gegebenen Umstand, dass funktionale Vielfalt in Arbeitsgruppen ein auffälliges Merkmal darstellt und somit die Basis für Ähnlichkeits- bzw. Unähnlichkeitswahrnehmungen und für soziale Kategorisierungen bietet, herrscht also auch hier ein starker Bedarf vor, sorgfältig die Bedingungen zu betrachten, unter denen funktionale Vielfalt zu verbesserter Leistung oder zu vermindertem Gruppenfunktionieren führen kann. Ohne eine solche Aufmerksamkeit könnten die Vorteile funktionaler Vielfalt untergraben werden.

5.3.3.2 Vielfalt im Bildungshintergrund

Sowohl die theoretischen Erklärungsansätze als auch die empirisch untersuchten Zusammenhänge zwischen der Vielfalt im Bildungshintergrund von Gruppenmitgliedern und den

---

[488] Vgl. Bunderson & Sutcliffe (2002), S. 889.
[489] Vgl. Bunderson & Sutcliffe (2002), S. 890.
[490] Vgl. Ancona & Caldwell (1992b), S. 338; Hambrick, Cho & Chen (1996), S. 676.
[491] Vgl. Jehn, Northcraft & Neale (1999), S. 752; Pelled, Eisenhardt & Xin (1999), S. 20; Lovelace, Shapiro & Weingart (2001), S. 790.

130 Vielfalt: Begriff, Konzeptualisierungen und Erkenntnisse

Gruppenprozessen bzw. Gruppenergebnissen stimmen mit denen zur funktionalen Vielfalt in Arbeitsgruppen weitgehend überein. Es wird angenommen, dass Personen, die ein ähnliches Ausmaß an formaler Bildung erhalten haben, unabhängig vom Inhalt ähnliche kognitive Stile und Persönlichkeiten aufweisen und dass die Länge des formalen Bildungsweges die Perspektiven und Aussichten von Individuen maßgeblich beeinflusst.[492] Des Weiteren wird davon ausgegangen, dass Personen mit ähnlichem Bildungshintergrund auch ähnliche Glauben und Arbeitseinstellungen haben und aufgrund einer gewissen „Sprachkompatibilität"[493] häufiger miteinander kommunizieren.[494]

Insgesamt betrachtet lassen jedoch auch die Befunde zu den Auswirkungen von Bildungsvielfalt in Arbeitsgruppen auf die Gruppenprozesse und die Gruppenleistungen keine eindeutigen Aussagen zu. Auf der Unternehmensebene scheint eine hohe Vielfalt im Bildungshintergrund von Top-Management-Teams positive Auswirkungen zu zeigen, auf der Gruppenebene scheint diese Vielfalt jedoch nur wenige oder keine Konsequenzen zu haben. Auch hier sind intervenierende Variablen denkbar, die schlussendlich die gesamte Richtung der Wirkungsweise von Vielfalt im Bildungshintergrund beeinflussen können.

Im Gegensatz zur Literatur zu den beobachtbaren Arten von Vielfalt, die sich meist auf niedrigere Hierarchieebenen in Unternehmen bezieht, ist das Gros der Forschung zur wissens- oder fertigkeitsbasierten Vielfalt auf der obersten Hierarchieebene, nämlich der des Vorstandes oder der Top-Management-Teams, angesiedelt.

Die wissens- und fertigkeitsbasierte Vielfalt scheint dabei positive kognitive Ergebnisse für Top Management- und Produktentwicklungs-Teams aufzuweisen. Ein Grund dafür kann darin liegen, dass sich diese Vielfalt in eine größere Bandbreite an Perspektiven, die in Entscheidungsfindungen integriert werden können, übersetzen lässt und damit die Wahrscheinlichkeit für kreativere und innovativere Problemlösungen erhöht. Außerdem bedürfen die Probleme, mit denen sich Top-Management-Teams befassen müssen, häufig Informationsinputs aus den verschiedenen funktionalen Bereichen innerhalb der Unternehmen. Dennoch gibt die Forschung auch Hinweise darauf, dass Gruppen, die sich hinsichtlich ihrer Wissens- und Fertigkeitsbasen divers zusammensetzen, mit Integrationsproblemen ähnlich derer konfrontiert sind, die auf andere Arten vielfältig zusammengesetzt sind und dass die Wahrscheinlichkeit negativer Konsequenzen auch bei dieser Vielfalt nicht unterschätzt werden darf.

5.3.4 Vielfalt in der Kohortenmitgliedschaft

Die vierte und letzte Vielfaltskategorie, die an dieser Stelle erörtert werden soll, betrifft die Mitgliedschaft in bestimmten organisationalen Kohorten. Ursprünglich auf Ryder zurückgehend stellt eine Kohorte eine Gruppe von Individuen dar, die zur gleichen Zeit in eine Organisation eintreten oder andere bedeutsame Ereignisse zur gleichen Zeit erfahren.[495] Es sind die gesellschaftlichen Erfahrungen, die sich den Mitgliedern einer Kohorte eingeprägt

---

[492] Vgl. Wiersema & Bantel (1992), S. 99.
[493] Vgl. March & Simon (1958), S. 167.
[494] Vgl. Tsui & O'Reilly (1989), S. 406.
[495] Vgl. Ryder (1965), S. 845.

Auswirkungen von Vielfalt in Arbeitsgruppen 131

und damit ihre Werte und Wahrnehmungen maßgeblich mitgeformt haben[496], wobei es als anerkannt gilt, dass Kohorten eine soziale Realität darstellen, die das Verhalten, die Ansichten und auch die Kognitionen ihrer Mitglieder wesentlich bestimmen.[497] Die beiden Attribute dieser Kategorie, anhand derer sich Personen in Gruppen und Unternehmen daher voneinander unterscheiden können, bilden demnach die Dauer der Organisations- und die Dauer der Gruppenzugehörigkeit; beides Attribute, die nicht beobachtbar sind und damit zu den „Deeplevel-Vielfaltsmerkmalen" gehören.

Das Interesse an der Variation in der Organisations- und Gruppenzugehörigkeitsdauer wurde zu Beginn der achtziger Jahre durch Pfeffers wegweisende Arbeit zur organisationalen Demographie maßgeblich angeregt. Unter Rückgriff auf frühere demographische Forschungsarbeiten argumentierte er, dass Ähnlichkeit im Zeitpunkt des Eintritts in eine Organisation oder ein Unternehmen zu erhöhter Kommunikation unter den Neuzugängen führt und damit sowohl deren Integration und Zusammenhalt fördert, als auch zu einer erhöhten wahrgenommenen Ähnlichkeit zwischen den neu ins Unternehmen gekommenen Mitarbeitern führt.[498] Seitdem wurde in den meisten Untersuchungen zur Vielfalt in Organisationen Vielfalt in Bezug auf die Kohortenmitgliedschaft als Variable mit aufgenommen und gehört heute faktisch zu den am meisten empirisch untersuchten Vielfaltsmerkmalen schlechthin.[499]

Argumente für die positiven Effekte von Homogenität in der Unternehmens- oder Gruppenzugehörigkeitsdauer stehen im Einklang mit den Aussagen der sozialen Kategorisierungstheorie und des Ähnlichkeits-Attraktions-Paradigmas. Es herrscht die Annahme vor, dass die Personen sich mit jenen identifizieren, die zur selben Zeit in das Unternehmen oder die Gruppe eintreten, wobei die Identifikation mit den Personen derselben Zugehörigkeitsdauer die Gruppenprozesse positiv beeinflussen und darüber die Gesamtleistung verbessern kann.[500]

Der Großteil der Forschung zu den Effekten der Vielfalt in der Kohortenmitgliedschaft wurde mithilfe tatsächlicher Arbeitsgruppen in Unternehmen durchgeführt, wobei starke Hinweise dafür vorliegen, dass Zugehörigkeitsvielfalt mit weniger effektiven Gruppenprozessen assoziiert ist, die durch Integration, Kommunikation und Konflikt indiziert wurden. Hinsichtlich der Auswirkungen von Zugehörigkeitsvielfalt auf die Gruppenleistungen herrscht mehr Unsicherheit vor, da sowohl negative als auch positive Effekte nachgewiesen werden konnten.[501] Die positiven Ergebnisse können von der Vielfalt an Perspektiven und Informationen herrühren, die Mitglieder verschiedener Kohorten in die Gruppenarbeit mit einbringen.[502] Dies stünde im Einklang mit dem kognitiven Informationsverarbeitungsansatz. Auf der anderen Seite wird Homogenität in der Zugehörigkeitsdauer mit einer erhöhten Kommunikationsfrequenz, besserer sozialer Integration und gesenktem Ausmaß an schäd-

---

[496]   Vgl. Hambrick & Mason (1984), S. 202.
[497]   Vgl. McCain, O'Reilly & Pfeffer (1983), S. 629; Pfeffer & O'Reilly (1987), S. 162.
[498]   Vgl. Pfeffer (1983), S. 335 ff.
[499]   Vgl. Milliken & Martins (1996), S. 413 f.; Williams & O'Reilly (1998), S. 93.
[500]   Vgl. Tsui, Egan & O'Reilly (1992), S. 553; Williams & O'Reilly (1998), S. 93.
[501]   Vgl. Smith et al. (1994), S. 416; Hambrick, Cho & Chen (1996), S. 679.
[502]   Vgl. Bantel & Jackson (1989), S. 120; Amason (1996), S. 126; Eisenhardt, Kahwajy & Bourgeois (1997), S. 46.

132 Vielfalt: Begriff, Konzeptualisierungen und Erkenntnisse

lichem Konflikt assoziiert.[503] Dies wiederum würde die Annahmen der sozialen Kategorisierungstheorie und des Ähnlichkeits-Attraktions-Paradigmas unterstützen. Bei einer genaueren Prüfung können diese Unterschiede in den Befunden jedoch teilweise durch Variationen in den erhobenen Gruppenstichproben, in den gemessenen Ergebnissen und durch die Hereinnahme bzw. das Auslassen von Kontrollvariablen erklärt werden.

5.3.4.1 Vielfalt in der Dauer der Organisationszugehörigkeit

Die Dauer der Organisationszugehörigkeit gilt als ein Merkmal mit hoher Arbeitsbezogenheit, was bedeutet, dass sich dieses Merkmal direkt in Aufgabenperspektiven und technischen Fertigkeiten niederschlägt. Es wird davon ausgegangen, dass je länger jemand Mitglied einer Organisation ist, desto größer ist auch die Übereinstimmung zwischen den Anforderungen, die die Organisation in Bezug auf die Aufgaben und die benötigten Fertigkeiten an die Organisationsmitglieder stellt und dem, was die Betroffenen bereitzustellen in der Lage und ebenfalls motiviert dazu sind. Generell herrscht die Annahme vor, dass eine lange Organisationszugehörigkeitsdauer zu verbesserten Ergebnissen führt, was sowohl einen Vorteil für die Organisation bereit hält als auch positive motivationale und affektive Konsequenzen für ihre Mitglieder bietet.[504]

Die Forschung zusammenfassend lässt sich feststellen, dass sowohl aus den Befunden von Vielfalt in der Organisationszugehörigkeitsdauer in Bezug auf die Gruppenprozesse als auch hinsichtlich der Gruppenergebnisse ein Plädoyer für Homogenität mitschwingt. Generell weist die Forschung darauf hin, dass Vielfalt in der Organisationszugehörigkeitsdauer mit einem niedrigeren Gruppenzusammenhalt, schlechterer Kommunikation und erhöhter personeller Fluktuation assoziiert ist. Und obwohl unter bestimmten Umständen sogar die personelle Fluktuation positive Auswirkungen haben kann, werden die Effekte von Vielfalt in der Organisationszugehörigkeitsdauer eindeutig als negativ betrachtet, d.h. jene, die sich am meisten von ihren Gruppenmitgliedern hinsichtlich der Organisationszugehörigkeitsdauer unterscheiden, verlassen auch das Unternehmen oder die Gruppe am wahrscheinlichsten. Dieser Befund steht dabei im Einklang mit der sozialen Kategorisierungstheorie und dem Ähnlichkeits-Attraktions-Paradigma, die gezeigt haben, dass Neuzugänge in einer Gruppe durch In-group/Out-group-Kategorisierungen beeinflusst werden. Die Personen, die zu der Mehrheit ihrer Arbeitsgruppe die größten Unähnlichkeiten aufweisen und die divergierende Perspektiven anbieten können, sind gleichzeitig jene, die am wahrscheinlichsten isoliert und ausgeschlossen werden. Das heißt, sowohl die relativen Neulinge, die neue Ideen einbringen, als auch die „alten Hasen", die wertvolles unternehmensspezifisches Wissen und Informationen besitzen, verlassen am wahrscheinlichsten die Gruppe oder das Unternehmen. Und obwohl die Forschung zur kognitiven Informationsverarbeitung das Phänomen der Zugehörigkeitsdauer bisher noch nicht tiefer gehend beachtet hat, ist es auch hier denkbar, dass die schlechtere Kommunikation und der geringere Gruppenzusammenhalt mit weniger effektiver

---

[503] Vgl. Zenger & Lawrence (1989), S. 368; Kirchmeyer & Cohen (1992), S. 166; Chatman et al. (1998), S. 774; Pelled, Eisenhardt & Xin (1999), S. 20.

[504] Vgl. Pelled (1996), S. 618 f.; Williams & O'Reilly (1998), S. 93.

Auswirkungen von Vielfalt in Arbeitsgruppen 133

Informationsverfügbarkeit und -verarbeitung assoziiert ist und darüber mit verringerter Entscheidungsfähigkeit.[505]

Die Auswirkungen der Vielfalt in der Organisationszugehörigkeitsdauer auf die Leistung werden generell als indirekte Effekte erklärt, die durch die Gruppenprozesse wie Kommunikation oder Konflikt operieren. Einige Forschungsarbeiten berichten jedoch von direkten Auswirkungen, nachdem für die Gruppenprozesse kontrolliert wurde.[506] Diese Befunde weisen darauf hin, dass die intervenierenden Prozessvariablen offenbar nicht alle Effekte der Vielfalt erfassen können. Im Gegensatz zu den konsistenten affektiven Auswirkungen der Vielfalt in der Organisationszugehörigkeitsdauer sind die Befunde zu den Vielfaltseffekten auf die kognitive Gruppenleistung trotzdem nur bestenfalls gemischt.

5.3.4.2 Vielfalt in der Dauer der Gruppenzugehörigkeit

Das Merkmal der Gruppenzugehörigkeitsdauer ist eng mit dem der Organisationszugehörigkeitsdauer verwandt. Nach der Kategorisierung von Pelled ist es ebenfalls ein Merkmal mit starkem Aufgabenbezug; aber im Unterschied zur Organisationszugehörigkeitsdauer stuft die Autorin dieses als sichtbares Merkmal ein. „Until all members have belonged to the group for a period of time, differences in individuals' group tenure (length of time in the group) are apt to be as visible as differences in physiological attributes, for the novelty of more recent members increases their salience."[507] Obwohl sich die Auswirkungen von Vielfalt in der Gruppenzugehörigkeitsdauer hinsichtlich der Richtung (positiv oder negativ) nicht von denen der Vielfalt in der Organisationszugehörigkeitsdauer unterscheiden dürften, so sollte doch die Sichtbarkeit, also das Ins-Auge-Fallen oder Hervorspringen dieses Merkmals, eine Verstärkung der vorher schon beobachteten Effekte bewirken, da die Sichtbarkeit gleichzeitig den Kategorisierungsprozess initiiert, der nach der sozialen Kategorisierungstheorie und dem Ähnlichkeits-Attraktions-Paradigma bei wahrgenommener Ähnlichkeit positive und bei wahrgenommener Unähnlichkeit negative affektive Konsequenzen mit sich bringt.

5.3.5 Kritische Würdigung der Vielfaltsforschung

Bevor die Schlussfolgerungen und Implikationen aus der Vielfaltsforschung zusammenfassend dargelegt werden, darf an dieser Stelle eine Erwähnung der Kritik an der gängigen Forschung nicht fehlen. Auch wenn die Tradition der organisationalen Vielfaltsforschung in ihrem Umfang überwältigende und nützliche Ergebnisse hervorgebracht hat, so wurde vor allem zu Beginn aufgrund Pfeffers Arbeit die Forschung in eine bestimmte Richtung gelenkt, die erst ein Jahrzehnt später aufgebrochen und korrigiert wurde. Die massivste Kritik stammt dabei von Lawrence, deren Arbeit in der Konsequenz ein gewisses Umdenken in der Vielfaltsforschung bewirkte.[508]

---

[505] Vgl. Williams & O'Reilly (1998), S. 98.
[506] Vgl. Ancona & Caldwell (1992b), S. 338.
[507] Pelled (1996), S. 619.
[508] Vgl. Williams & O'Reilly (1998), S. 98.

134 Vielfalt: Begriff, Konzeptualisierungen und Erkenntnisse

Lawrence argumentiert, dass die empirisch gewonnenen Vielfaltseffekte von einer „Black-Box-Logik" herstammen, d.h. die Interpretationen der Zusammenhänge zwischen Vielfalts-variablen und Ergebnissen zwar subjektive, psychologische Konzepte enthalten, diese aber nie gemessen oder aus ihnen hergeleitete Rückschlüsse getestet wurden. Was die Autorin nun kritisiert, betrifft nicht das Auslassen an sich, sondern die allgegenwärtige Annahme, dass eine empirische Überprüfung der subjektiven, psychologischen Konzepte unnötig sei.[509] Sie weist darauf hin, dass sämtliche Forscher implizit oder explizit eine „Übereinstimmungs-annahme" (congruence assumption) treffen, die auf Pfeffers Vielfaltsdiskussion basiert. Dieser argumentierte nämlich, dass demographische Vielfaltsmerkmale den subjektiven Kon-zepten überlegen wären, da sie zum einen direkt beobachtbar seien und daher eine reliablere und validere Erfassung ermöglichten und zum zweiten, dass durch eine Verdrängung der subjektiven Variablen die demographischen Vielfaltsvariablen ein schlankeres, sparsameres Modell menschlichen Verhaltens erzeugen könnten.[510] Allerdings, so Lawrence, bleibt bei dieser Diskussion die Begründung für die Ersetzbarkeit der subjektiven Konzepte durch demographische Vielfaltsmerkmale im Dunkeln. Die Autorin kommt zu dem Schluss, dass mindestens drei Gründe gegen diese „Übereinstimmungsannahme" sprechen. Der erste und wichtigste Grund ist, dass die Befunde aus der Vielfaltsforschung diese Annahme nicht unter-stützen. In Anbetracht der Widersprüchlichkeit der Forschungsergebnisse zu den generellen Auswirkungen von Vielfalt muss der Autorin darin zugestimmt werden, die Ergebnisse sprechen einfach nicht für die Übereinstimmungsannahme. Zum zweiten weist Lawrence da-rauf hin, dass diese Annahme ein sorgfältiges Nachdenken darüber, wie demographische und andere Vielfaltsmerkmale tatsächlich wirken, verdrängt, wenn nicht sogar verhindert. Auch dieser Kritik kann prinzipiell zugestimmt werden. Das Nachsinnen über die Auswirkungen demographischer und anderer Vielfalt läuft Gefahr, einmal angestoßen in eingleisiger Rich-tung fortzufahren. Und als dritten Grund nennt die Autorin das hohe Risiko gefälschter Er-klärungen, dass Studien, die die Übereinstimmungsannahme zugrunde legen, eingehen. Diese Annahme führe die Wissenschaftler theoretisch und empirisch immer weiter von den tatsäch-lichen, den beobachteten Zusammenhängen und zu Grunde liegenden Mechanismen weg, wo-bei diese Distanz in den Sozialwissenschaften und vor allem in quantitativen Studien, in denen notwendigerweise die deskriptive Vollständigkeit gegen eine Wiederhol- und Genera-lisierbarkeit eingetauscht wird, als sehr problematisch gilt.[511]

Was war passiert?

Wie bereits eingangs erwähnt, wurde in der Mehrzahl der empirischen Untersuchungen zu den Auswirkungen von Vielfalt einer der drei theoretischen Erklärungsansätze, die soziale Kategorisierungstheorie, das Ähnlichkeits-Attraktionsparadigma oder der kognitive Informa-tionsverarbeitungsansatz, herangezogen, um mögliche Effekte von Vielfalt zu erklären. Diese Ansätze sind durch jeweils verschiedene Annahmen über die Rolle und die Auswirkungen von Vielfalt charakterisiert und sie bestimmen auch die Vorgehensweise der Untersuchungen. Die Wissenschaftler in den drei Traditionen akzeptierten dabei implizit oder explizit ein Modell, das davon ausgeht, dass organisationale oder Gruppenvielfalt Gruppenprozesse wie

---

[509] Vgl. Lawrence (1997), S. 3.
[510] Vgl. Pfeffer (1983), S. 351.
[511] Vgl. Lawrence (1997), S. 16.

Auswirkungen von Vielfalt in Arbeitsgruppen 135

die soziale Integration, Kommunikation und Konflikte beeinflussen kann, wobei darauf folgend angenommen wurde, dass das Gruppenfunktionieren die Gruppenergebnisse beeinflusst, inklusive der Leistung und der Fähigkeit der Gruppen, auch in Zukunft erfolgreich miteinander zu arbeiten. Viele der ursprünglichen Studien zur Vielfalt begannen also mit der Untersuchung der direkten Beziehungen zwischen Maßen der Vielfalt und Gruppenergebnissen.[512] Spätestens jedoch nachdem demonstriert werden konnte, dass Vielfalt mit wichtigen Gruppenergebnissen zusammenhing, begannen die Wissenschaftler mit der Öffnung der „black box" organisationaler Vielfalt, indem sie explizit die Untersuchung der Prozesse, durch die Vielfalt die Gruppenergebnisse beeinflussen könnte, in ihre Forschungsbemühungen mit aufnahmen.[513] Es bedurfte also erst einer generellen Feststellung, dass organisationale Vielfalt tatsächlich Auswirkungen auf Unternehmens- und Gruppenebene hat, bevor mit der genaueren Untersuchung der intervenierenden Prozesse begonnen werden konnte. Aus diesem Blickwinkel betrachtet wirkt die Kritik von Lawrence ein wenig forciert, da doch im ersten Schritt zunächst die Erkenntnis etabliert werden musste, dass Vielfalt überhaupt Konsequenzen für Gruppenergebnisse zeitigt.

Dennoch bleibt ein weiterer wesentlicher Kritikpunkt an der Vielfaltsforschung bestehen. Es existieren bis heute kaum Studien, die sich mit dem konkreten inhaltlichen Beitrag von Vielfaltattributen im Hinblick auf Prozesse und Ergebnisse von Gruppenarbeit beschäftigen. In den meisten Fällen wird lediglich an der Oberfläche argumentiert, dass unabhängig von der betrachteten Vielfaltvariable eine wahrgenommene Ähnlichkeit oder die Einordnung in dieselbe soziale Kategorie zu positiven Effekten und Unterschiedlichkeit zu negativen Effekten führt. Auch der kognitive Informationsverarbeitungsansatz leistet nicht viel mehr. Hier wird ebenfalls in einer hoch aggregierten Form argumentiert, dass ein ‚Mehr' an Informationen durch vielfältige Ausprägungen bestimmter Attribute eine qualitativ höhere Leistung bewirken kann. Studien, die sich damit auseinander setzen würden, was z.B. ältere im Gegensatz zu jüngeren Menschen leisten können und vice versa oder welchen Beitrag Frauen liefern können und welchen Männer, wie genau die Denkweisen eines Ingenieurs sich von denen eines Psychologen oder eines Mathematikers unterscheiden und was bei einer gemischten Gruppenzusammensetzung in diesem Falle zu erwarten wäre, solche Studien sind kaum zu finden. Lediglich im Hinblick auf persönlichkeitsbezogene Merkmale von Vielfalt wie Eigenschaften oder kulturelle Werte gibt es ein paar wenige Studien, wie beispielsweise die auf den Hofstedeschen Daten basierende Identifikation spezifischer kulturorientierter europäischer Managementstile.[514] Dies scheint jedoch nicht weiter verwunderlich, denn im Hinblick auf Persönlichkeitsmerkmale wie beispielsweise Extraversion oder kulturelle Werte wie Kollektivismus ist der Inhalt schon recht spezifiziert. Hier lässt es sich viel einfacher auch inhaltlich argumentieren. Neben der oben integrierten Studie von Mohammed und Angell sind der Verfasserin dieser Schrift noch exakt eine empirische und eine konzeptionelle Studie bekannt, die sich mit der inhaltlichen Problematik von Vielfalt in der Zusammensetzung von Gruppen befassen.

---

[512] Vgl. Wagner, Pfeffer & O'Reilly (1984).
[513] Vgl. Ancona & Caldwell (1992b), Jehn, Northcraft & Neale (1999), Pelled, Eisenhardt & Xin (1999).
[514] Vgl. Macharzina, Oesterle & Wolf (1998), S. 143 ff.

136 Vielfalt: Begriff, Konzeptualisierungen und Erkenntnisse

Die auf Fallanalysen basierte Studie von Bouncken untersuchte kulturelle Vielfalt in Unternehmensgründungsteams mit der Annahme, dass die verschiedenen Phasen der Unternehmensgründung nach verschiedenen kulturellen Profilen der Gruppenmitglieder verlangen und dass jedes kulturelle Profil besondere Eigenschaften und Fähigkeiten aufweist, die für bestimmte Aufgaben wichtig und erfolgsfördernd sind.[515] Unter Anwendung der kulturellen Dimensionen von Hall und Reed Hall[516] konnte Bouncken feststellen, dass jene Gruppenmitglieder mit einem monochronen Zeitverständnis, geringer Kontextsensitivität und geringer Raumtoleranz dazu tendierten, Verantwortung für die ablaufenden Operationen zu übernehmen, die Aufgaben stark zu strukturieren und positive Effekte kultureller Vielfalt abzulehnen. Damit leisteten diese Mitglieder vor allem in den Anfangsphasen der Gruppenarbeit einen wertvollen Beitrag zur Unternehmensgründung. Die Gruppenmitglieder mit einem polychronen Zeitverständnis, hoher Kontextsensitivität und hoher Raumtoleranz hingegen brachten in ihre Arbeitsgruppen viele externe Kontakte ein und zeigten eine größere Neigung, Kommunikationsprozesse zu stimulieren und zu festigen. Diese Gruppenmitglieder waren vor allem in den späteren Phasen der Unternehmensgründung von großer Bedeutung für den Gesamterfolg. Anhand dieser Studie kann also demonstriert werden, dass es sich durchaus danach zu suchen lohnt, welchen konkreten Beitrag die Ausprägungen einer Vielfaltsvariable für die zu erfüllenden Aufgaben leisten. Mit derselben Annahme, dass spezifische kulturelle Werte ganz bestimmte Beiträge in der Neuproduktentwicklung leisten können, gingen auch Sivakumar und Nakata an ihre Arbeit heran. Die Autoren entwickelten mit Hilfe mathematischer Modelle eine Lösung, solche Arbeitsgruppenzusammensetzungen zu identifizieren, die die Effekte spezifischer kultureller Werte auf Neuproduktentwicklungen optimieren.[517]

Diese mangelnde Auseinandersetzung mit den Inhalten von Vielfaltsattributen und ihren Konsequenzen für die Zusammenarbeit in Gruppen und Organisationen muss als ein schwerwiegendes Manko der Forschung aufgefasst werden. Die bisherigen Erkenntnisse zeigen je nach betrachteter Art der Vielfalt mehr oder weniger konsistente Befunde. Da in den Studien jedoch zunehmend Bekanntes repliziert wird, ohne dass neue Einsichten gewonnen werden, ist es vielleicht an der Zeit, sich von den bekannten Paradigmen abzuwenden und entweder neue Erklärungen zu finden, oder aber, sich den konkreten Inhalten von Merkmalen, anhand derer sich Personen voneinander unterscheiden können, zu widmen. Auch in praktischer Hinsicht wäre dieser zweite Ansatz nützlich, da bei der Zusammensetzung von Arbeitsgruppen vom Inhalt her begründbare Auswahlentscheidungen getroffen werden könnten.

Welche genauen Erkenntnisse jedoch bis heute aus der Vielfaltsforschung gewonnen werden konnten, soll nun im Folgenden zusammenfassend dargestellt werden.

5.3.5.1 Zusammenfassung des Wissenstandes in der Vielfaltsforschung

Aus der beschriebenen Forschung zu den Auswirkungen von Vielfalt in Arbeitsprozessen und -ergebnissen lassen sich zwei Kernerkenntnisse extrahieren: Zum einen liegen substanzielle Forschungsergebnisse vor, die nachdrücklich darauf hinweisen, dass Vielfalt in der Gruppen-

---

[515] Vgl. Bouncken (2004), S. 241.
[516] Vgl. Hall & Reed Hall (1990).
[517] Vgl. Sivakumar & Nakata (2003), S. 403 ff.

Auswirkungen von Vielfalt in Arbeitsgruppen 137

zusammensetzung wichtige Einflüsse auf das Funktionieren von Gruppen hat. So trivial diese Erkenntnis auch anmutet, so wenig etabliert war sie zu Beginn der Erforschung organisationaler Vielfalt. Die kontinuierlichen empirischen Forschungsbemühungen konnten am Ende jedoch zeigen, dass eine erhöhte Vielfalt, vor allem in der Ethnizität, Organisations- und Gruppenzugehörigkeitsdauer und im Alter typischerweise zu negativen Auswirkungen auf die soziale Integration, auf die Kommunikation und auf das Konfliktverhalten führte. Divers zusammengesetzte Gruppen sind wahrscheinlich weniger sozial integriert, kommunizieren in geringerem Ausmaß und erfahren mehr Konflikte als homogene Gruppen.[518] Die einzige Ausnahme in diesem Muster betrifft die funktionale Vielfalt oder die Vielfalt im Bildungshintergrund. Für diese Variable konnte gezeigt werden, dass eine erhöhte Vielfalt mit verstärkter Kommunikation einherging.[519] Zusätzlich zu den Effekten hinsichtlich der sozialen Integration, der Kommunikation und den Konflikten verband die Forschung Vielfalt in der Gruppenzusammensetzung auch mit einigen anderen Prozessvariablen wie vermehrten In-Group/Out-Group-Kategorisierungen, Stereotypisierungen und anderen kognitiven Verzerrungen, die das Gruppenfunktionieren negativ beeinflussen können.[520]

Aus diesen Studien wurde ebenfalls deutlich, dass nicht alle der untersuchten Gruppenprozessvariablen unabhängig voneinander operieren. Zum Beispiel fanden Smith et al. heraus, dass soziale Integration und informelle Kommunikation miteinander zusammenhängen.[521] Auch Chatman et al. konnten in den Unternehmensplanspielen mit MBA-Studenten feststellen, dass die organisationale Kultur die Vielfaltseffekte moderierte, so dass die durch Unähnlichkeit verstärkten Konflikte für jene Gruppen als vorteilhaft angesehen wurden, die eine kollektivistische Kultur pflegten.[522] Auch andere Studien zeigten, dass unter verschiedenen Bedingungen Konflikte positive und negative Effekte haben können.

Die zweite Kernerkenntnis, die aus der Vielfaltsforschung gewonnen werden konnte, betrifft die Mikroebene: Eine hohe Vielfalt in Arbeitsgruppen wirkt sich typischerweise negativ auf die Fähigkeit der Gruppen aus, zum einen die Bedürfnisse ihrer Gruppenmitglieder zu erfüllen und zum anderen, über die Zeit hinweg erfolgreich miteinander zusammenzuarbeiten. Die Literatur zeigt deutlich, dass Individuen durch die Zusammensetzung ihrer Arbeitsgruppen beeinflusst werden, wobei die Mehrheit der empirischen Untersuchungen nachweist, dass eine erhöhte Vielfalt in Arbeitsgruppen mit geringerer Zufriedenheit und Bindung an die Gruppe einhergeht[523], mit geringeren Leistungseinschätzungen derer assoziiert ist, die sich am meisten von ihren Gruppenmitgliedern unterscheiden[524] und schließlich in höheren Fehlzeiten und stärkerer personeller Fluktuation mündet.[525] Generell

---

[518] Vgl. O'Reilly, Caldwell & Barnett (1989); Smith et al. (1994); Chatman et al. (1998); Jehn, Northcraft & Neale (1999); Pelled, Eisenhardt & Xin (1999); Wolf & Haberstroh (2002), S. 140.
[519] Vgl. Ancona & Caldwell (1992b); Jehn, Northcraft & Neale (1999).
[520] Vgl. Williams & O'Reilly (1998), S. 116.
[521] Vgl. Smith et al. (1994), S. 428.
[522] Vgl. Chatman et al. (1998), S. 773.
[523] Vgl. Tsui, Egan & O'Reilly (1992); Riordan & Shore (1997).
[524] Vgl. Tsui & O'Reilly (1989).
[525] Vgl. McCain, O'Reilly & Pfeffer (1983); Wagner, Pfeffer & O'Reilly (1984); Pfeffer & O'Reilly (1987); O'Reilly, Caldwell & Barnett (1989); Wiersema & Bird (1993).

138 Vielfalt: Begriff, Konzeptualisierungen und Erkenntnisse

sind es die sichtbareren Vielfaltsmerkmale wie Geschlecht oder Ethnizität, die stärkere negative Auswirkungen haben als weniger sichtbare wie Werte oder Wissen.[526]

Die Befunde zu den Auswirkungen von Vielfalt hinsichtlich der Gruppenleistung sind weniger konsistent. Es gibt einige Hinweise darauf, dass Vielfalt in Gruppen, vor allem in Top-Management-Teams, positiv mit der Leistung assoziiert ist[527], viele Untersuchungen jedoch konnten ähnliche Ergebnisse für Homogenität finden.[528] Die scheinbar kritischste Determinante der Qualität der Gruppenergebnisse betrifft also die Konsequenz, ob Vielfalt in Arbeitsgruppen konstruktive oder destruktive Effekte auf die Gruppenprozesse hat, was wiederum davon abhängt, ob eine Gruppe ihre Differenzen erkennen und auflösen kann, um den Mehrwert der Informationsvielfalt schließlich zu realisieren. Vielfalt in Arbeitsgruppen scheint auf den ersten Blick eine triviale Begleiterscheinung der heutigen Zeit zu sein, entpuppt sich jedoch bei genauerer Betrachtung zu einem komplexen, vielschichtigen Phänomen, das in seinem Umfang und in seinen Konsequenzen noch lange nicht vollständig überblickt wird.[529]

5.3.5.2 Implikationen der Vielfaltsforschung

Zusätzlich zu den Implikationen aus der Forschung zur kulturellen Wertevielfalt in Arbeitsgruppen (siehe auch Abschnitt 5.3.2.3.4) lassen sich noch mindestens zwei weitere wesentliche, jedoch übergeordnete Bereiche identifizieren, die einer vertieften Forschung bedürfen. Zum einen betrifft dies die Notwendigkeit, noch detaillierter zu erfassen, wie verschiedene Arten von Vielfalt die Gruppenprozesse und die Gruppenleistungen beeinflussen. Es können zum Beispiel die Fragen aufgeworfen werden, ob Vielfalt, wie so oft angenommen, tatsächlich einen informationellen Mehrwert in sich birgt oder ob alle Arten von Vielfalt auf dieselbe Weise und durch dieselben Mechanismen wirken. Um diese Fragen zu beantworten, bedarf es entweder mehr expliziter Überprüfungen der zu Grunde liegenden Theorien, um zu verstehen, wie und wann Vielfalt mit verschiedenen Ergebnissen assoziiert ist, oder es muss eine andere, neue, übergeordnete oder verbesserte theoretische Konzeptualisierung hergeleitet werden, die es erlaubt, sowohl die verschiedenen Konsequenzen unterschiedlicher Arten von Vielfalt als auch die theoretischen Erklärungsansätze, die bisher zur Erklärung der Auswirkungen von Vielfalt herangezogen wurden, zu integrieren. Da die Variationen in der Zusammensetzung von Arbeitsgruppen komplex sind, muss die Forschung Einsichten in die Interaktionen zwischen verschiedenen Arten von Vielfalt, Informationsgewinnen und situationalen Moderatoren wie Mediatoren gewinnen, eine Forderung, die sowohl schon in der Gruppenforschung als auch in der Erforschung kultureller Wertevielfalt in Arbeitsgruppen wiederholt gestellt wurde.

Der zweite Bereich, innerhalb dessen noch erheblicher Forschungsbedarf besteht, folgt direkt aus dem ersten. Wenn erst das Potenzial von Vielfalt in seiner Komplexität verstanden wird, folgt als nächstes die Frage, wie Arbeitsgruppen ihre Vielfalt in der Zusammensetzung nutzbringend einsetzen können, um dem trotz allem ungebrochenen Glauben in das Potenzial

---

[526] Vgl. Milliken & Martins (1996), S. 415; Williams & O'Reilly (1998), S. 116.
[527] Vgl. Bantel & Jackson (1989); Hambrick, Cho & Chen (1996).
[528] Vgl. Michel & Hambrick (1992); O'Reilly, Snyder & Boothe (1993).
[529] Vgl. Webber & Donahue (2001), S. 159; Wolf & Haberstroh (2002), S. 140.

und die Nützlichkeit von Vielfalt endlich gerecht werden zu können. Obwohl diese Fragen in dieselbe Richtung weisen wie oben beschrieben, geht es hier um die Möglichkeiten, Vielfalt zu handhaben. Erst nachdem verstanden wird, wie genau die verschiedenen Arten von Vielfalt Einfluss haben und durch welche Mechanismen sie wirken, kann die Forschung zur Beantwortung der folgenden Fragen übergehen: Wie viel Vielfalt verträgt eine Arbeitsgruppe? Welche Arbeitsstrukturen sollten etabliert werden, um die Vielfalt aufzufangen und in Gewinne umzuwandeln? Über welche Fertigkeiten müssen die Gruppen als Ganzes und die Gruppenmitglieder individuell verfügen, um aus der sie konstituierenden Vielfalt Nutzen zu ziehen und welcher organisationalen Mechanismen bedürfen sie, die ihre Anstrengungen zu unterstützen vermögen?

Die vorliegende Untersuchung versucht, an einer zwar noch wenig erforschten, dennoch in der Zwischenzeit sehr wichtig gewordenen Art der Vielfalt, nämlich kultureller Wertevielfalt, in Arbeitsgruppen beiden Forschungsforderungen gerecht zu werden. Zunächst wird die Möglichkeit eines theoretischen Überbaus, der sowohl die etablierten Erklärungsansätze als auch die bisherigen Befunde der Vielfaltsforschung integriert, ausgelotet und eine Konzeption entwickelt, die basierend auf dem Konzept der lose gekoppelten Systeme und der strukturellen Kontingenztheorie in ein Untersuchungsmodell mündet, das die bestehenden Inkonsistenzen eventuell aufzulösen vermag. Alsdann wird dieses Modell empirisch überprüft und es sollen Implikationen zur Handhabung von kultureller Wertevielfalt in Arbeitsgruppen sowohl für die Managementpraxis als auch für weitere Forschungsbemühungen abgeleitet werden.

6 Die Systemtheorie und das Konzept der lose gekoppelten Systeme als theoretische Grundlage der Untersuchung

6.1 Die Systemtheorie und ihre Relevanz für multikulturelle Arbeitsgruppen

*„Diversity is the rule of human life, not simplicity: the human animal has succeeded precisely because it has been able to diversify, not specialize: to climb **and** swim, hunt **and** nurture, work alone **and** in packs. The same is true of human organizations. They are healthy and survive when they are diverse and differentiated, capable of many responses, they become brittle and unadaptable and prey to any changing conditions when they are uniform and specialized. It is when an individual is able to make many jobs, learn many skills, live many roles, that growth and fullness of character inhabit the soul. It is when a society complexifies and mixes, when it develops the multiplicity of ways of caring for itself, that it becomes textured and enriched."* (Sale 1980, S. 403)

Um das Dilemma oder das Paradoxon des Phänomens der Vielfalt in Arbeitsgruppen in Unternehmen zu verstehen, bedarf es einer übergeordneten, umfassenderen Perspektive, die das „Sowohl-als-auch" der Vielfalt, also das Potenzial höherer Qualität, Kreativität oder Innovativität einerseits bei gleichzeitiger Gefahr des Potenzialverlustes durch strukturelle, soziale und prozessuale Konsequenzen der Vielfalt andererseits abbilden und integrieren kann. Hieraus könnte eine Betrachtung resultieren, die das Phänomen in seiner Ganzheit zu erklären vermag. Eine solche Perspektive lässt sich nur erhalten, indem aus dem widersprüchlichen, multidimensionalen Beziehungsgeflecht innerhalb heterogener Arbeitsgruppen herausgetreten und dieses von einer Ebene höherer Ordnung, quasi aus der „Vogelperspektive" betrachtet wird.[530] Dies soll im Folgenden geschehen, wobei zunächst die generellen Merkmale sozialer Systeme[531] beschrieben und im Anschluss daran vor dem Hintergrund der Theorie der lose gekoppelten Systeme die Problematik multikultureller Arbeitsgruppen geklärt werden soll.

Per Definition sind Arbeitsgruppen soziale Systeme, wobei der Begriff System einen ganzheitlichen Zusammenhang von miteinander verbundenen Teilen bezeichnet, deren Beziehungen untereinander quantitativ intensiver und qualitativ produktiver als ihre Beziehungen zu anderen Elementen sind und das Attribut sozial darauf hinweist, dass die Systemteile Menschen, also soziale Wesen darstellen, so dass die Grenzen des Systems nicht physikalisch-räumlich festgelegt, sondern kontinuierlich symbolisch-sinnhaft konstituiert werden.[532]

---

[530] Zur Nützlichkeit einer solchen Perspektive, die von Einzelproblemen abstrahiert und stattdessen übergeordnete, fundamentale Fragen thematisiert vgl. auch Wolf (1997b, S. 623 f.).

[531] Als genereller Überblick über die Theorie sozialer Systeme sei an dieser Stelle auf Luhmann (1985) verwiesen, der als einer der Hauptvertreter der Systemtheorie gilt.

[532] Vgl. Luhmann (1985), S. 35 ff.; Argote & McGrath (1993), S. 334; Luhmann (2000), S. 62; Willke (2000), S. 250.

142 Die Systemtheorie und das Konzept der lose gekoppelten Systeme

Solche Arten von Systemen weisen nun vier Kernmerkmale auf, die nicht nur eng miteinander verwandt sind, sondern sich gegenseitig bedingen. Soziale Systeme sind komplex, weisen vielfältige Kontingenzen auf, erzeugen Konflikte und sind auf der Basis von Sinn organisiert. Was genau bedeutet das?

Komplexität bezeichnet in sozialen Systemen den Grad der Vielschichtigkeit, Vernetzung und Folgelastigkeit eines Entscheidungsfeldes, wobei Vielschichtigkeit den Grad der funktionalen Differenzierung des Systems und die Zahl der bedeutsamen Referenzebenen umfasst, Vernetzung die Art und den Grad wechselseitiger Abhängigkeiten zwischen Teilen sowie zwischen Teil und Ganzem beinhaltet und Folgelastigkeit die Zahl und das Gewicht der durch eine bestimmte Entscheidung in Gang gesetzten Kausalketten oder Folgeprozesse innerhalb des betrachteten Sozialsystems bedeutet. Die Bezeichnung „Entscheidungsfeld" weist darauf hin, dass es keine Komplexität an sich gibt, sondern nur in Hinblick auf ein bestimmtes Problem, welches für ein bestimmtes System in einer bestimmten Situation Selektion erfordert.[533] Die grundlegende Einsicht der systemischen Perspektive besteht nun darin, dass soziale Systeme nur dann sinnvoll und umfassend analysiert werden können, wenn ihre jeweiligen Umwelten mit einbezogen werden. Von einem komplexen System kann also nur dann gesprochen werden, wenn berücksichtigt wird, dass die Umwelt ein System vor Probleme stellt, die systemisches Handeln und Entscheiden bedürfen. Besitzt ein System vielfältige und interdependente Handlungs- und Entscheidungsmöglichkeiten gegenüber wahrgenommenen Umweltbedingungen, ist es ein komplexes System.[534] Die relationale Interdependenz zwischen den Systemteilen bestimmt die Folgelast einer Entscheidung für ursprünglich nicht betroffene Teile und die evolutionäre Variabilität der Systemteile ist auch nur in Hinblick auf veränderte Umweltbedingungen denkbar, welche dem System neue Entscheidungsprobleme stellen und neue Anpassungsstrategien erfordern.[535]

Zur Komplexität von sozialen Systemen gesellen sich des weiteren *Kontingenzen*. Diese beziehen sich auf die dem System in einer bestimmten Situation selbst zur Verfügung stehenden Handlungsalternativen. Die Kontingenz von Handlungsmöglichkeiten im Sinne prinzipiell gegebener Freiheitsgrade der Handlungssteuerung ist eine Systemeigenschaft, wobei diese Handlungsmöglichkeiten in der Perspektive eines externen Beobachters als ein Bereich der Unsicherheit erscheinen, da nicht ohne Weiteres abgeschätzt werden kann, welche Alternative vom System gewählt wird. Jedes komplexe System erfährt so die Kontingenz anderer Systeme als ein Problem mangelnder Erwartungssicherheit, die eigene Komplexität hingegen als Freiheitsgrade und Alternativspielraum. Somit ergibt sich die Umweltkomplexität eines bestimmten Systems aus dem Zusammenspiel und der Vernetzung der Kontingenzen der verschiedenen Bezugssysteme (die in der Umwelt eines Systems relevanten anderen Systeme). Will sich also ein System optimal auf seine Umwelt einstellen, erfordert

---

[533] Vgl. Luhmann (1985), S. 46 ff.; Willke (2000), S. 22.
[534] Vgl. Fisch & Wolf (1990), S. 13 f.; Wolf (1997b), S. 626.
[535] Vgl. Ashby (1960), S. 233; Glassman (1973), S. 83; Lawrence & Lorsch (1976a), S. 4; Weick (1982), S. 376; Luhmann (1985), S. 47; Weick (1985), S. 106 ff.; Gamoran & Dreeben (1986), S. 613; Perrow (1986), S. 146 f.; Weick (1987a), S. 17 ff.; Orton & Weick (1990), S. 207; Hauschildt (1990), S. 132 ff.; Tushman & O'Reilly (1996), S. 11; Willke (2000), S. 24; Lane, Maznevski & Mendenhall (2004), S. 8.

Die Systemtheorie und ihre Relevanz für multikulturelle Arbeitsgruppen 143

die Umweltkomplexität eine entsprechende angemessene Eigenkomplexität des Systems, eine Erkenntnis, die Ashby in seinem „law of requisite variety" zusammengefasst hat.[536]

Aufgrund überschüssiger Möglichkeiten der Umwelt, die unter dem Gesichtspunkt der Handlungsfähigkeit eines Systems reduziert werden müssen, erzeugt Komplexität *Konflikt-potenzial*, welches die Aggregation von Umweltdaten und die Ausfilterung des für das System nicht Wesentlichen erzwingt. Damit entstehen auf der Inputseite des Systems Konflikte.[537] Aufgrund von Handlungsalternativen, die in Hinblick auf bestimmte Umweltbedingungen vom System bewertet und entschieden werden müssen, erzeugt auf der Outputseite des Systems Kontingenz Konflikte, weil darüber entschieden werden muss, welche von den vielen Möglichkeiten unter Knappheitsbedingungen gewählt werden soll, da die Ressourcen eines Systems immer begrenzt sind. Die Inputkonflikte entsprechen dabei Konflikten über die Relevanzen von Umweltdaten, während die Outputkonflikte Konflikten über Strategien entsprechen. Beide Konflikttypen sind eng miteinander verwoben, wobei die ihnen zu Grunde liegenden Prozesse durch Rückkopplungsschleifen miteinander verbunden sind. In sozialen Systemen selegieren dabei die beobachtungsleitenden Kriterien des Systems aus einer komplexen Umwelt nur bestimmte Informationen und Ereignisse heraus, welche jedoch nicht unmittelbar zu einer Reaktion führen. Die selegierten Daten durchlaufen komplizierte und komplexe Prozesse der kognitiven Verarbeitung und Aufbereitung und werden nach systemspezifischen Gesichtspunkten aggregiert, symbolisch repräsentiert und manipuliert. In dem Maße, in dem komplexe Systeme aufgrund ihrer Binnendifferenzierung und der Fähigkeit zum Aufbau innerer Außenweltmodelle Eigenkomplexität entwickeln, sind sie in der Lage, die aus der Umwelt selegierten Daten mit systemeigenen Daten, Beziehungen und Möglichkeiten anzureichern und neu zu verknüpfen, also Komplexität zu verarbeiten.[538]

Soziale Systeme haben also aufgrund ihrer Eigenschaft der Eigenkomplexität sowohl die Funktion und die Fähigkeit Umweltkomplexität zu reduzieren, als auch die Funktion und die Fähigkeit, intern Komplexität zu produzieren. Unter dem Gesichtspunkt der Handlungsfähigkeit muss nun die intern erzeugte, systemspezifische Komplexität in einem zweiten Selektionsprozess auf die machbaren Handlungsoptionen reduziert werden, wobei der Mechanismus, der bei sozialen Systemen zwischen Input und Output vermittelt, *Sinn* oder *Sinnhaftigkeit* ist. Symbolische Sinnsysteme schaffen Ordnung, wobei die Systemgrenze als Zusammenhang selektiver Mechanismen verstanden wird, die auf einer ersten Stufe der Differenzierung von Umwelt und System die Kriterien setzen, nach denen zwischen dazu gehörigen und nicht dazugehörigen Interaktionen unterschieden wird. Soziale Systeme bestehen aus kommunikativen Prozessen und die gemeinsame sinnhafte Orientierung wechselseitig verstehbaren Handelns wird als Grundbedingung des systemischen Zusammenhangs von Interaktionen betrachtet. Sinn beinhaltet eine selektive Beziehung zwischen System und Umwelt, systemspezifisch grenzt intersubjektiv geteilter Sinn das ab, was als sinnvoll und

---

[536] Vgl. Ashby (1956), S. 202 ff.; Glassman (1973), S. 85; Weick (1976), S. 3; Weick (1982), S. 380; Zeleny (1986), S. 270; Luhmann (1985), S. 47; Weick (1987a), S. 18; Weick (1987b), S. 115; Orton & Weick (1990), S. 204; Weick & Van Orden (1990), S. 53; Willke (2004), S. 30.

[537] Vgl. Hauschildt (1986), S. 4 ff.

[538] Vgl. Weick (1976), S. 6; Weick (1982), S. 381; Weick (1985), S. 240 f.; Luhmann (1986), S. 488 ff.; Weick (1987a), S. 17; Weick (1987b), S. 116; Weick & Van Orden (1990), S. 53; Willke (2000), S. 37.

was als sinnlos zu gelten hat. Diese Abgrenzung geschieht nach Präferenzen, wobei die Präferenzordnung eines sozialen Systems den Zusammenhang sinnhaft-symbolisch konstituierter regulativer Mechanismen kennzeichnet, welche die Transaktionen zwischen System und Umwelt steuern. Die Informations- und Problemverarbeitungskapazität des Systems determiniert dabei dessen Selektionsbedarf. Soziale Systeme mit hoher Eigenkomplexität können nun den selegierten Input durch interne Transformationsprozesse mit gespeicherten und intern produzierten Informationen, Verknüpfungen, Bedeutungen und Eigenschaften aufbereiten. Auf diese Weise kann ein solches System im Laufe seiner Geschichte Erfahrungen, Wissen und andere Ressourcen speichern, welche dann gegenüber Umweltzwängen eine partielle Autonomie erlauben. Bis zu einem bestimmten Grade ist es dem sozialen System dadurch möglich, eigene Präferenzen durchzuhalten, subjektive Weltentwürfe gegenüber Kontingenzen der Umwelt aufrechtzuerhalten und auf diese Weise den sinnhaften Aufbau eines von seiner Umwelt abgrenzbaren und abhebbaren Sozialsystems mit eigener Identität und Handlungsfähigkeit zu leisten.[539]

Bei einer Betrachtung von (multikulturellen) Arbeitsgruppen als soziale Systeme einerseits stellen sich die Fragen, wie solche Systeme gesteuert werden können oder sollen, welche Rolle die Vielfalt in ihnen spielt und welchen Nutzen eine solche Betrachtung für das Verständnis von Vielfalt in Arbeitsgruppen hat. Andererseits sind multikulturelle Arbeitsgruppen komplexe soziale Systeme, deren Entscheidungen weit reichende Konsequenzen haben können, sie sind eingebettet in ihre jeweiligen Unternehmen, eingerichtet für bestimmte organisationale Zwecke und damit in vielfältige Kontingenzen eingebunden, was durchaus Konflikte sowohl innerhalb der Gruppen als auch zwischen der Gruppe und dem sie umgebenden unternehmerischen Kontext erzeugt. Und schließlich entwickeln Arbeitsgruppen sowohl eine eigene Identität, die sie von anderen Gruppen im Unternehmen abgrenzen und sie von anderen als Gruppe und damit als Ganzes wahrnehmen lässt, als auch eine eigene soziale Realität, die sich aus den kontinuierlichen Interaktionen und deren Konsequenzen für das Gruppenerleben ergibt.

Würde man nun unter der systemischen Perspektive die Sequenz aufrollen, mit der vielfältig zusammengesetzte Arbeitsgruppen Umweltprobleme, d.h. Aufgaben, die das Unternehmen ihnen stellt, lösen, können die Stellen identifiziert werden, an denen angesetzt werden muss, um das „Diversitäts-Konsens-Dilemma"[540] oder das „Akkuratheits-Kohäsions-Dilemma"[541], zu erklären und gegebenenfalls aufzulösen.

Einer multikulturellen Arbeitsgruppe wird von ihrem Unternehmen ein Problem von bestimmter Komplexität gestellt, das diese lösen muss. Aus sich heraus, also ihrer Zusammensetzung existiert innerhalb der Arbeitsgruppe ein bestimmtes Repertoire an Handlungs- und Entscheidungsmöglichkeiten, die in ihrer Vielfalt und Interdependenz gegenüber dem Problem variieren. Schon an dieser Stelle können Schwierigkeiten auftreten. Aufgrund der kulturell vielfältigen Zusammensetzung der Arbeitsgruppe ist es wahrscheinlich, dass die

---

[539] Vgl. Daft & Weick (1984), S. 285 f.; Weick (1982), S. 384; Weick (1985), S. 161; Weick (1987a), S. 22; Weick & Roberts (1993), S. 364 ff.; Orton & Weick (1990), S. 213; Weick & Van Orden (1990), S. 54; Weick (1995), S. 17 ff.; Willke (2004), S. 38 ff.

[540] Vgl. Argote & McGrath (1993), S. 336.

[541] Vgl. Weick (1987a), S. 23.

Die Systemtheorie und ihre Relevanz für multikulturelle Arbeitsgruppen 145

heterogenen Mitglieder möglicherweise unterschiedliche Facetten des gestellten Problems wahrnehmen oder den einzelnen Problemkomponenten verschiedene Relevanzen zuweisen. Auf der Inputseite des Sozialsystems ‚multikulturelle Arbeitsgruppe' entsteht ein Konflikt in der Problemdefinition. Andererseits hat die Gruppe aufgrund ihrer vielfältigen Zusammensetzung auch ein breites Repertoire an konkreten, direkt zur Verfügung stehenden Handlungsalternativen, aus dem unter Beachtung von Knappheitsbedingungen diejenigen ausgewählt werden müssen, die eine Lösung des Problems versprechen. Auch hier können Schwierigkeiten auftreten, denn die heterogenen Mitglieder einer solchen Arbeitsgruppe würden vermutlich auch verschiedene Handlungsalternativen wählen. Auf der Outputseite des Sozialsystems multikulturelle Arbeitsgruppe entsteht also ein Konflikt in der Strategiewahl. Wenn Sinn oder Sinnhaftigkeit als handlungsleitende Umweltdeutung die Steuerungsform des Systems darstellt, bestünde die Lösung der Konflikte in einer Homogenisierung dieser Umweltdeutungen. Wenn die Mitglieder der multikulturellen Arbeitsgruppe ihre Umweltinterpretationen, in diesem Falle die Interpretation des Problems, intersubjektiv als Basis gegenseitig verstehbaren Handelns teilen würden, also dieselben Probleminformationen aus der Vielzahl gegebener Informationen selegieren, gäbe es den Inputkonflikt der Problemdefinition nicht. Ebenso würden die gemeinsamen, geteilten Probleminterpretationen zur Wahl derselben oder zumindest sehr ähnlichen Handlungsalternativen führen, da die Strategiewahl durch dieselben Informationen geleitet wird. Ergo gäbe es auch den Outputkonflikt nicht. Wo also liegt das Problem?

Eine Homogenisierung der Umweltdeutungen reduziert die Komplexität des Entscheidungsfeldes aus der Perspektive des Sozialsystems. Als Folge davon reduzieren sich ebenfalls die Handlungs- und Entscheidungsmöglichkeiten der Arbeitsgruppe und die Auswahl unter den verbliebenen Alternativen fällt erheblich leichter. Der Ausschnitt des Problems, also des Entscheidungsfeldes, den die Gruppe als relevant wahrnimmt, wird kleiner und kann damit einfacher gelöst werden. Problematisch daran ist nun, dass sich die Komplexität des Problems zwar aus der Sicht der Arbeitsgruppe reduziert hat, die gesamte Komplexität des Problems und die sich daraus ergebenden Kontingenzen jedoch unverändert bleiben. Die verschiedenen Facetten und Kontingenzen des Problems werden nur nicht mehr in ihrer Gesamtheit von der Gruppe wahrgenommen. So kann es passieren, dass eine Arbeitsgruppe durch eine homogenisierte Wahrnehmung und Umweltinterpretation wichtige Aspekte des Problems gar nicht mehr erkennt und die ihr gestellte Aufgabe nur teilweise löst oder gar an dem tatsächlichen Problemfeld vorbei arbeitet. Die kurzfristige Konsequenz ist eine suboptimale oder „falsche" Lösung des Problems. Langfristig steht das Bestehen der Arbeitsgruppe in Frage.[542]

An dieser Stelle kommt das oben erwähnte „law of requisite variety" ins Spiel. Die Komplexität des Entscheidungsfeldes, also der Problemumwelt der multikulturellen Arbeitsgruppe, ergibt sich aus dem Zusammenspiel und der Vernetzung der Kontingenzen der verschiedenen betroffenen Bezugssysteme, in diesem Falle z.B. andere Arbeitsgruppen im Unternehmen, das Unternehmen selbst und die weitere Umwelt des Unternehmens. Will sich nun die Arbeitsgruppe optimal auf diese, seine Umwelt mit den von ihr gestellten Problemen

---

[542] Vgl. Weick (1987b), S. 116.

146   Die Systemtheorie und das Konzept der lose gekoppelten Systeme

einstellen, erfordert diese Umweltkomplexität eine entsprechende angemessene Eigenkomplexität der Arbeitsgruppe.[543] Das „law of requisite variety"[544] besagt nun, dass die interne Varietät eines Systems der Varietät der relevanten Umwelt entsprechen muss: Die Überlebensfähigkeit oder das Bestehen eines Systems ist dann gefährdet, wenn seine interne Komplexität nicht ausreicht, um genügend Varietät zur Lösung auftauchender Umweltprobleme zu erzeugen, d.h. wenn die Umweltprobleme komplexer sind als zur Verfügung stehende Lösungssysteme. Nur Varietät kann Varietät regulieren.[545]

> „The internal regulatory mechanisms of a system must be as diverse as the environment with which it is trying to deal. For only by incorporating required variety into internal controls can a system deal with the variety and challenge posed by its environment. Any system that insulates itself from diversity in the environment tends to atrophy and lose its complexity and distinctive nature."
> (Morgan, 1986, S. 47)

In der Konsequenz bedeutet dies, dass eine Homogenisierung der Umweltdeutungen von Mitgliedern multikultureller Arbeitsgruppen zwar den Problemlösungsprozess erleichtert, aber kurzfristig als auch langfristig für das System dysfunktional ist. Vor dem eben beschriebenen systemischen Hintergrund wird die Problematik des Diversitäts-Konsens-Dilemmas und des Akkuratheits-Kohäsions-Dilemma besonders deutlich. Zum einen muss die interne Vielfalt in Arbeitsgruppen aufrechterhalten werden, um erstens das von dem Unternehmen gestellte Problem in seiner Vielschichtigkeit und seinem Facettenreichtum wahrzunehmen und eine akkurate Situationsdiagnose stellen zu können und um zweitens ein ausreichend umfassendes Repertoire an Entscheidungs- und Handlungsalternativen anwendungsbereit zu haben, um auf die Umweltprobleme in ihrer Vielschichtigkeit reagieren zu können. Zum anderen muss eine Arbeitsgruppe konkrete Problemlösungen entwickeln, was bedeutet, dass sie einen Konsens über Relevanzen und Strategien etablieren muss, dessen Herstellung aber überhaupt nur gelingen kann, wenn die Gruppe nicht auseinander fällt. Es bedarf eines gewissen Gruppenzusammenhalts, auf dessen Basis die gemeinsamen Entscheidungen gefällt und ausgeführt werden können.

> „Emphasizing social cohesion risks establishing a biased, unreliable, misleading perception of the world. But to maintain perceptual accuracy is to run the risk of alienation and turnover when social cohesion is kept at a minimum." (Weick, 1987a, S. 23)

Betrachtet man nun die widersprüchlichen Befunde aus der Forschung zur kulturellen Wertevielfalt in Arbeitsgruppen (siehe Abschnitt 5.3.2.3.3), so lassen sie sich aus der systemischen Perspektive heraus erklären und die tatsächlichen Probleme lokalisieren. Sämtliche Ergebnisse lassen sich auf die Problematik der Komplexität (Varietät und Akkuratheit), die Problematik des Konsens und der Kohäsion oder auf eine Kombination aus beiden zurückführen. Beispielsweise wurde gefunden, dass kulturell diverse Gruppen in manchen Fällen mehr Perspektiven, Problemlösungen und Entscheidungsoptionen generierten als nicht

---

[543]   Vgl. Orton & Weick (1990), S. 210; Willke (2000), S. 30.
[544]   Vgl. Ashby (1956), S. 202 ff.
[545]   Vgl. Ashby (1956), S. 207; Weick (1985), S. 269; Zeleny (1986), S. 269.

Die Systemtheorie und ihre Relevanz für multikulturelle Arbeitsgruppen 147

diverse Gruppen, in anderen Fällen die diversen Gruppen jedoch weniger Ideen etc. generierten als die homogenen Gruppen.[546] Dies könnte so interpretiert werden, dass es die Arbeitsgruppen im ersteren Falle vermocht haben, ihre Eigenkomplexität aufrechtzuerhalten, mehr Facetten des ihnen gestellten Umweltproblems wahrzunehmen und entsprechend Entscheidungs- und Handlungsmöglichkeiten zu generieren, während im letzteren Falle die Arbeitsgruppen ihre interne Varietät oder Komplexität z.B. durch Etablierung von Konsens oder Konformitätsdruck soweit reduziert hatten, dass nur noch wenige Problemlösungen übrig blieben. Kulturell homogene Gruppen, denen ihre Eigenkomplexität nicht in dem Ausmaß bewusst ist wie kulturell diversen Gruppen und diese auch nicht auf irgendeine Weise handhaben oder gar reduzierten, brachten eine Menge an Perspektiven und Entscheidungsoptionen hervor, die zwischen den beiden vorherigen Fällen lag. Vor dem Hintergrund der systemischen Perspektive ließe sich also auch der immer wieder genannte Befund erklären, dass (kulturell) vielfältige Arbeitsgruppen entweder homogene Gruppen an Leistung weit übertreffen oder weit unter deren Leistungen liegen, ganz selten aber die durchschnittliche Leistung erbringen, die homogene Gruppen erbringen.[547]

> „... the complexity of group membership, the ambiguity of rules and rituals, and the coexistence of common and contrasting interests and identities are all reasons to expect unity and division to occur successively or simultaneously." (Ybema, 1996, S. 43)

Wie lässt sich jedoch das Dilemma oder Paradoxon vielfältig zusammengesetzter Arbeitsgruppen lösen? Wenn diese Arbeitsgruppen soziale Systeme sind, die aus kommunikativen Prozessen bestehen und die gemeinsame sinnhafte Orientierung wechselseitig verstehbaren Handelns in diesen Systemen als Grundbedingung eines systemischen Zusammenhangs von Interaktionen betrachtet wird, dann muss zwangsläufig der Fokus von der Gruppe als Entität auf die Interaktionen gerichtet werden, also die Relationen bzw. Verbindungen zwischen den Systemkomponenten, den Gruppenmitgliedern, die das System konstituieren, zusammenhalten und von anderen Systemen abgrenzen. Wird der Schwerpunkt der Betrachtung von der Arbeitsgruppe als Ganzheit auf die sie tragenden Verbindungen und vor allem auf die Qualität der Verbindungen zwischen den Gruppenmitgliedern verlagert, ergibt sich ein anderes Bild vom Gruppenhandeln und vielleicht die Lösung des Dilemmas multikultureller Arbeitsgruppen der notwendigen Gleichzeitigkeit von Vielfalt einerseits und Einheit andererseits.

Eine provokative theoretische Perspektive, die dies leisten kann, ist das Konzept der lose gekoppelten Systeme. Es fokussiert auf die Art und Weise, wie Systeme angesichts von Veränderungen in der Umwelt gleichzeitig stabil und flexibel bleiben; es hebt sowohl die Komplexität und Variabilität der einzelnen Systemkomponenten als auch die Lockerheit oder Ungenauigkeit der Verbindungen zwischen ihnen hervor und trägt damit der relativen Unbestimmtheit oder Unvorhersagbarkeit von Ergebnissen systemischen Handelns Rechnung. Die Idee des losen Koppelns erlaubt es, gegebene Widersprüche zu akzeptieren und mit ihnen umzugehen.

---

[546] Vgl. McLeod, Lobel & Cox (1991); Watson, Kumar & Michaelsen (1993); Thomas (1999).
[547] Vgl. Adler (2002), S. 148.

148 Die Systemtheorie und das Konzept der lose gekoppelten Systeme

6.2 Zum Konzept der lose gekoppelten Systeme

Schon die Begrifflichkeit „lose Kopplung" impliziert eine Spannung zwischen Bestimmtheit (Kopplung) und Unbestimmtheit (lose). Es soll das Bild vermittelt werden, dass gekoppelte Elemente reaktiv sind, jedes Element dennoch die eigene Identität und den Nachweis seiner physischen und/oder logischen Getrenntheit enthält.[548] Kopplung ist definiert als die Beziehung zwischen Elementen, während lose Kopplung auf ein generelles Merkmal dieser Beziehungen hinweist – nämlich den Grad, bis zu dem die Beziehungen eher lose als eng sind.[549] Ursprünglich auf Glassman zurückgehend ist der Grad der Kopplung oder Interaktion zwischen zwei Elementen von der Tätigkeit der Variablen abhängig, die beide Elemente miteinander teilen. Nach Glassman liegt lose Kopplung dann vor, wenn zwei Elemente entweder nur wenige Variablen gemeinsam haben oder wenn die gemeinsamen Variablen im Vergleich zu anderen Variablen, die das System beeinflussen, schwach sind.[550] Loses Koppeln bezieht sich auf alles, das miteinander entweder schwach oder selten oder langsam oder mit minimaler Interdependenz verknüpft werden kann und ist immer dann offensichtlich, wenn sich die Elemente gegenseitig plötzlich anstatt kontinuierlich, gelegentlich anstatt konstant, unerheblich anstatt bedeutsam, indirekt anstatt direkt und schließlich anstatt sofort beeinflussen.[551] Das Konzept der losen Kopplung weist darauf hin, dass jeder Ort innerhalb eines Systems interdependente Elemente enthält, die in der Anzahl und Stärke ihrer Interdependenzen variieren. Die Tatsache, dass diese Elemente miteinander verbunden sind, bedeutet das Aufrechterhalten einer gewissen Bestimmbarkeit oder Rationalität. Koppeln produziert Stabilität. Die Tatsache, dass diese Elemente außerdem Subjekt spontaner Veränderungen sind, bedeutet andererseits, dass sie sich einen bestimmten Grad an Unabhängigkeit und Unbestimmbarkeit erhalten. Das Losesein (looseness) produziert Flexibilität.[552] Es herrscht also eine Dialektik zwischen dem Ganzen und seinen Teilen vor: Wenn ein System weder Reaktionsfähigkeit als Ganzes noch Unterscheidbarkeit der Elemente aufweist, ist es kein System oder wenn überhaupt, ein nicht gekoppeltes System. Zeigt ein System Reaktionsfähigkeit als Ganzes, ohne dass seine Elemente für sich unterscheidbar sind, dann ist es ein eng gekoppeltes System. Sind die Elemente unterscheidbar, aber das System weist keine Reaktionsfähigkeit als Ganzes auf, dann ist es ein entkoppeltes System. Nur wenn ein System sowohl als Ganzes reaktionsfähig ist, als auch seine Elmente einzigartig und klar unterscheidbar sind, dann ist es ein lose gekoppeltes System.[553]

Wie aber entstehen nun solche lose gekoppelte Systeme und noch viel wichtiger, was genau bedeuten sie? Welche Konsequenzen und Implikationen ergeben sich aus dem Verständnis lose gekoppelter Systeme? Und lässt sich dieses Konzept auf den Sachverhalt multikultureller Systeme anwenden? Diesen Fragen soll im Folgenden genauer nachgegangen werden.

---

[548] Vgl. Weick (1976), S. 3.
[549] Vgl. Beekun & Glick (2001a), S. 229.
[550] Vgl. Glassman (1973), S. 84.
[551] Vgl. Weick (1982), S. 380; Weick (1987a), S. 19.
[552] Vgl. Weick (1982), S. 381; Orton & Weick (1990), S. 204.
[553] Vgl. Orton & Weick (1990), S. 205; Spender & Grinyer (1995), S. 914.

Zum Konzept der lose gekoppelten Systeme 149

6.2.1 Entstehungsbedingungen lose gekoppelter Systeme

In ihrem Überblicksartikel zum Konzept der lose gekoppelten Systeme weisen Orton und Weick darauf hin, dass es mindestens drei Quellen gibt, die zum Entstehen lose gekoppelter Systeme führen.

1. Die reichhaltigste und wichtigste Quelle stellt dabei die kausale Unbestimmtheit innerhalb von sozialen Systemen dar, die vor allem unklare Mittel-Zweck-Beziehungen betrifft. Diese kausale Unbestimmtheit ergibt sich aus einer steigenden Umweltkomplexität, die Unsicherheit und Ambiguität auf der Seite des jeweiligen fokalen Systems erzeugt und über selektive Wahrnehmung und Gestaltung der Umwelt mit begrenzter Rationalität zu losen Kopplungen führt.[554]

   Wenn die Elemente eines Systems, im Falle von Arbeitsgruppen also die Gruppenmitglieder, verschiedene Dinge in ihrer Umwelt sehen, werden sie ihre Anstrengungen vermutlich nur lose koordinieren und ebenfalls nur wenige Variablen in ihren individuellen Ursachenkarten über die Gruppe und ihre Umwelt teilen. Eine mangelnde Übereinstimmung bezüglich Mittel-Zweck-Beziehungen ist jedoch nicht nur eine Folge selektiver Wahrnehmungen, sondern auch eine Folge unterschiedlicher Reaktionen und Modifikationen der jeweils wahrgenommenen Umwelt. Menschen geraten in Settings, die sie verwirren. Sie gestalten diese um und wenn sie sich schließlich die Frage stellen, was eigentlich gerade passiert, dann haben sie die Antwort darauf bereits beeinflusst. Wenn Menschen Umwelten untersuchen, dann sehen sie oft schon die Effekte ihrer eigenen Handlungen während sie sich noch positionieren, um einen besseren Blick zu erhalten. Sie implantieren einen erheblichen Teil ihrer vergegenständlichten Wahrnehmungen in die externe Realität, unterschätzen aber das Ausmaß, bis zu dem verschiedene Personen verschiedene Wahrnehmungen implantieren. Aufgrund ihrer begrenzten Rationalität (z.B. begrenzte Informationsverarbeitungskapazitäten, selektive Erinnerungen und kurze Aufmerksamkeitsspannen) nehmen Menschen verschiedene Dinge in ihrer Umwelt wahr, grenzen verschiedene Wahrnehmungen zu verschiedenen Zeiten aus und verarbeiten verschiedene Inputs mit verschiedenen Geschwindigkeiten. Die multiplen idiosynkratischen Realitäten, die auf diese Art und Weise konstruiert werden, verursachen schließlich lose gekoppelte Systeme, da die Individuen nur wenige Variablen miteinander teilen, schwache Variablen teilen und sich zudem in ihren Wahrnehmungen der Kovariationen zwischen den Variablen unterscheiden.[555]

2. Die zweite Quelle, die zur Entstehung lose gekoppelter Systeme führt, liegt nach Orton und Weick in der Fragmentierung der externen Systemumwelt, die typischerweise zwei Formen annimmt. Zum einen nennen sie die Fragmentierung der Systemumwelt aufgrund multipler verteilter Reize, die sich zum Beispiel in Form geographischer Verteilungen, spezialisierter Marktnischen und/oder variierender Ansprüche an das System äußern. Es wird argumentiert, dass verteilte Reize und variierende Ansprüche an ein System zum Beispiel Informationsstrukturen erfordert, die gleichzeitig Umweltdaten sowohl ausfiltern

---

[554] Vgl. Simon (1956), S. 102; Glassman (1973), S. 85; Perrow (1986), S. 121; Weick (1985), S. 164; Orton & Weick (1990), S. 206

[555] Vgl. Weick (1982), S. 384; Weick (1985), S. 190 f.; Weick (1987a), S. 19; Orton & Weick (1990), S. 206.

150 Die Systemtheorie und das Konzept der lose gekoppelten Systeme

als auch auf wichtige Daten reagieren können.[556] Durch solche verteilten Reize entstehen lose gekoppelte Systeme, innerhalb derer die Elemente relativ autonom auf die jeweiligen Ansprüche reagieren können, die Systeme als Ganzes jedoch zurechnungsfähig bleiben. Als zweite Form der Fragmentierung der externen Systemumwelt werden inkompatible Erwartungen an das System genannt. Solche wurden vor allem in den institutionalistischen Organisationstheorien thematisiert.[557] Diese betonen, dass Organisationen simultan mit zwei Arten von Umwelten, technischen und institutionellen Umwelten, umgehen müssen, die auf den ersten Blick inkompatibel erscheinen. Innerhalb technischer Umwelten werden Produkte und Dienste am Markt getauscht und Organisationen aufgrund der effektiven und effizienten Koordination und Steuerung der Arbeitsprozesse entlohnt. In institutionellen Umwelten müssen die Organisationen Konformität mit institutionalisierten Regeln zeigen, um aus ihren Umwelten Unterstützung zu erhalten und Legitimität zugesprochen zu bekommen. Beide Umwelten existieren, die Trennung ist nur eine analytische und beide erzeugen Druck.[558] Innerhalb von Organisationen befinden sich die institutionellen und die Effizienzstandards häufig in Konflikt aufgrund praktischer Probleme in der Anwendung von vagen und inkonsistenten institutionellen Anforderungen an die tägliche Arbeit. Die Problematik besteht also in der Auflösung des Konflikts zwischen den normativen Anforderungen institutioneller Regeln und den technischen Anforderungen organisationaler Effizienz. Organisationen reagieren nun auf diesen Widerspruch durch Pufferung, Einbau von Lücken und losem Koppeln der formalen Strukturen von den tatsächlichen Arbeitsaktivitäten, um die „zeremonielle Konformität", d.h. Konformität mit institutionellen Anforderungen, aufrechtzuerhalten.[559] Die Erwartungen an eine Organisation, sowohl effizient zu funktionieren als auch gesellschaftliche Legitimation zu erlangen und aufrechtzuerhalten, verursacht also lose Kopplungen.

3. Die dritte Quelle, die schließlich zu lose gekoppelten Systemen führt, ist nach Orton und Weick ein Spiegel der zweiten, nämlich eine fragmentierte interne Systemumwelt.[560] Diese kann sehr viele verschiedene Formen annehmen, zum Beispiel weist bereits Pfeffer darauf hin, dass Organisationen intern schon allein deshalb lose gekoppelt sind, da nur sehr wenige Organisationsmitglieder tatsächlich konstant in jeder Dimension der Unternehmensoperationen involviert sind oder sich darum kümmern.[561] Weick selbst nennt Organisationen eher Orte von Chaos und Unvorhersehbarkeit, deren eigentliche Substanz die wechselseitigen Abhängigkeiten zwischen den Mitgliedern bilden, wobei diese Abhängigkeiten unstet und fließend sind.[562]

> *„Arrangements continually need to be renegotiated because of our inevitable uncertainty as to who will show up tomorrow, in what frame of mind, capable of doing what, and remembering which episodes from the past to use as precedents for and warnings about the future. Managers need to reassure themselves and*

---

[556] Vgl. Orton & Weick (1990), S. 207.
[557] Vgl. Orton & Weick (1990), S. 207.
[558] Vgl. Meyer & Rowan (1977), S. 353 f.; Scott & Meyer (1991), S. 122; Luhmann (2000), S. 77.
[559] Vgl. Meyer & Rowan (1977), S. 341; Meyer & Rowan (1983), S. 89 f.; Scheid-Cook (1990), S. 185.
[560] Vgl. Orton & Weick (1990), S. 207.
[561] Vgl. Pfeffer (1978), S. 37.
[562] Vgl. Weick (1985), S. 26.

Zum Konzept der lose gekoppelten Systeme 151

their colleagues that things today are basically the way they were yesterday, that past agreements and understandings are still in force, and that it is okay to act as if it were 'business as usual'. " (Weick, 1987a, S. 11)

Diese systeminhärente „Unordnung" produziert lose Koppelungen als den Mechanismus, mit der Vielzahl an Problemen, Entscheidungen und Operationen innerhalb eines Systems umgehen zu können, ohne einerseits auseinander zu fallen oder andererseits an der internen Komplexität zu scheitern.

6.2.2 Bedeutungen lose gekoppelter Systeme

Aus den vorangegangenen Beschreibungen wird schon im Ansatz deutlich, welche Funktionen lose gekoppelte Systeme erfüllen können und auf welche Art und Weise sie erlauben, mit widersprüchlichen Anforderungen umzugehen.

Das grundlegende und *erste* Argument der Theorie der losen Kopplung lautet, dass loses Koppeln Teilen eines Systems erlaubt, zu überdauern oder fortzubestehen. Lose Kopplungen zwischen den Elementen eines Systems senken die Wahrscheinlichkeit, dass das System auf jede kleine Veränderung, die in seiner Umwelt auftritt, reagieren muss oder kann. Schwache Bindungen zwischen den Elementen fördern die Dauerhaftigkeit von Verhalten und bringen eine gewisse Abkapselung gegenüber fortlaufenden minimalen Veränderungen in den Ereignissen zustande. *Andererseits* bedeutet dies aber auch, dass während loses Koppeln Dauerhaftigkeit fördert, es in keiner Weise eine Selektion hinsichtlich dessen zeigt, was konkret bewahrt wird.[563]

Eine *zweite* Funktion und wesentlicher Vorteil lose gekoppelter Systeme ist, dass diese einen hoch sensiblen Wahrnehmungsmechanismus darstellen. Dies gelingt dadurch, dass sie sich viele, relativ unabhängig voneinander wahrnehmende Elemente erhalten, die nur schwachen internen Zwängen unterliegen, sämtlich Eigenschaften, die mit einem guten Medium verbunden sind.[564] Lose Kopplungen verbessern dadurch die Akkuratheit der Wahrnehmungen und das System „(er)kennt" seine Umwelt besser. Kleine Abweichungen oder Veränderungen werden schneller erkannt und auf diese Abweichung gerichtete, korrigierende Handlungen eher ausgeführt. Resultat dieser rascheren Reaktion auf kleinere Abweichungen ist eine Antizipation und Lösung potenziell großer Probleme, bevor diese unbeherrschbar werden und die Aufmerksamkeit vieler anderer auf sich ziehen. Durch loses Koppeln wird die Situationsdiagnose akkurater. Mit dieser Funktion erfüllen lose gekoppelte Systeme außerdem das oben beschriebene „law of requisite variety". Indem die Elemente relativ unabhängig voneinander ihre Umwelt wahrnehmen und eigene Handlungsoptionen generieren, erhöht sich die Handlungsvielfalt und die Anzahl der zur Verfügung stehenden Lösungssysteme. Die durch die Umweltkomplexität erforderliche Eigenkomplexität des Systems wird durch loses Koppeln gewährleistet. Ein *Nachteil* dieser sensibleren und reichhaltigeren Wahrnehmung in lose gekoppelten Systemen besteht jedoch in der Möglichkeit, dass das System selbst in steigendem Ausmaß anfällig für wählerische Reaktionen und Interpretationen wird. Dies lässt

---

[563] Vgl. Weick (1976), S. 6, Weick (1982), S. 387; Weick (1985), S. 164.
[564] Vgl. Weick (1976), S. 6; Weick (1982), S. 388; Weick (1985), S. 271; Orton & Weick (1990), S. 210.

152 Die Systemtheorie und das Konzept der lose gekoppelten Systeme

sich am Beispiel eines Unternehmensvorstandes verdeutlichen, in dem die für unterschiedliche Ressorts zuständigen Mitglieder über ein hohes Maß an Unabhängigkeit verfügen. Durch diese Unabhängigkeit werden sie auftretende Ereignisse (z.b. „Der Umsatz unseres Unternehmens ist im Vergleich zum Vorjahr drastisch gesunken") verschieden interpretieren (z.b. Marketing-Vorstand: „Unser Werbebudget war zu gering"; F&E-Vorstand: „Wir bringen zu selten Neuprodukte auf den Markt").[565] Aufgrund des Zeitdrucks und der Sorge um eine Informationsüberlastung wird oft jedoch nur eine der möglichen Interpretationen intensiver behandelt.[566] Wenn die Umwelt in ihrer Mehrdeutigkeit besser erkannt wird, könnte dies zu umfänglicheren Reaktionen führen, die schließlich dysfunktional werden und das Handeln des Systems komplett lähmen. Wenn die Mehrdeutigkeit der Welt am vollständigsten empfunden und wahrgenommen wird, kann die Absurdität jeder Interpretation oder Handlung ebenfalls voll empfunden werden.[567]

Eine *dritte* Funktion lose gekoppelter Systeme besteht in ihrer Fähigkeit zur lokalisierten Anpassung. Wenn die Elemente in einem System nur lose aneinander gekoppelt sind, kann sich jedes einzelne Element seinen lokalen, einzigartigen Kontingenzen anpassen und diese modifizieren, ohne dass das gesamte System dadurch beeinflusst wird. Lose Kopplungen erlauben opportunistische Gewöhnungen an lokale Umstände und gleichzeitige Anpassung an konfligierende Ansprüche, womit sie dem Rest des Systems ermöglichen, mit größerer Stabilität zu funktionieren. Jedoch besteht laut Definition die *Antithese* lokalisierter Anpassung in der Standardisierung. Bis zu dem Grad, bis zu dem Standardisierung für ein System als erwünscht und notwendig gilt, kann ein lose gekoppeltes System nur wenige seiner angenommenen Nutzen zeigen.[568]

Die *vierte* und ebenfalls sehr wichtige Funktion oder Bedeutung lose gekoppelter Systeme, innerhalb derer die Identität, Einzigartigkeit und Getrenntheit der Elemente erhalten bleibt, besteht in dem Potenzial eines solchen Systems, eine größere Anzahl von neuen Lösungen, Innovationen und Improvisationen aufbewahren und beibehalten zu können. Wenn an vielen Orten des Systems die Elemente unabhängig voneinander Lösungen entwickeln, um mit ihren lokalen Kontingenzen umzugehen, dann ist das Gesamtrepertoire an Lösungen und Innovationen höher, als wenn die Elemente eng aneinander gekoppelt wären und weniger Möglichkeiten hätten, sowohl idiosynkratische Lösungen zu generieren als auch diese anzuwenden. Lose gekoppelte Systeme können also eine größere Vielfalt in ihren Reaktionen erhalten und sich dadurch an eine größere Bandbreite von Veränderungen in der Umwelt anpassen.[569] Ein Beispiel hierfür kann in einem multifunktionalen Forschungs- und Entwicklungsteam gesehen werden, das ein medizinisches Gerät zur Anwendung in der Herzchirurgie

---

[565] Vgl. Wolf & Rohn (2005), S. 229.
[566] Vgl. Macharzina (1984), S. 77 ff.
[567] Vgl. Weick (1976), S. 6; Weick (1982), S. 387; Weick (1985), S. 276; Orton & Weick (1990), S. 210.
[568] Vgl. Weick (1976), S. 7; Weick (1982), S. 387; Weick (1985), S. 165 und S. 265; Orton & Weick (1990), S. 214.
[569] Vor allem diese vierte Funktion von lose gekoppelten Systemen weist große Überschneidungen mit der Netzwerkperspektive auf Klein-Gruppen auf (Katz et al., 2004; Macharzina & Wolf, 2005, S. 503 ff.). Während geschlossene Netzwerke eher die Eigenschaften eng gekoppelter Systeme aufweisen, ähneln die offenen (häufig auch als heterogen oder divers bezeichneten) Netzwerke den lose gekoppelten Systemen (siehe auch Reagans & Zuckerman, 2001; Ng, 2004).

Zum Konzept der lose gekoppelten Systeme 153

entwickeln soll. Während die Biologen und Mediziner daran arbeiten, welche Funktionen das Gerät genau erfüllen, wie das zu verwendende Material beschaffen sein und für welchen genauen organischen Bereich das Gerät angewendet werden soll, tüfteln die Physiker und Ingenieure an der technischen Umsetzbarkeit. Alle Mitglieder dieser Arbeitsgruppe entwickeln vor dem Hintergrund ihrer speziellen funktionalen Ausbildung und mit dem ihnen einzigartigen Wissen und Fertigkeiten Lösungen, die an ihre Sichtweise des Problems angepasst sind, so dass schließlich die Gesamtmenge an erarbeiteten Lösungen um ein Vielfaches größer ist, als wenn die Arbeitsgruppe monofunktional zusammengesetzt wäre. Der *Nachteil* hieran liegt nun darin, dass wenn sich ein lokales Set von Elementen an lokale Idiosynkrasien anpassen kann, ohne das gesamte System darin zu involvieren, dann kann dieselbe lose Kopplung auch der Verteilung von vorteilhaften Lösungen und Innovationen, die irgendwo im System existieren, zuvorkommen, d.h. sie verhindern oder sehr verlangsamen. Während das System neue Lösungen für neue Anpassungsprobleme enthält, ist es dieselbe Struktur, die das Zustandekommen solcher Lösungen ermöglicht und fördert, die deren Diffusion durch das System verhindern kann.[570]

Aus den vorangegangenen Beschreibungen wird eine *fünfte* Implikation aus dem Konzept lose gekoppelter Systeme deutlich. Wenn ein Teil oder Element des lose gekoppelten Systems zusammenbricht, bedeutet dies eine lokal begrenzte Störung, die aufgrund der oben beschriebenen Diffusionshemmung quasi versiegelt wird und andere Elemente des Systems nicht beeinflusst. „... the system does not actively defend itself against the imposing variables, rather certain features of the system may be said to insulate it, giving these variables limited access."[571] Genau auf dieselbe Art, wie lose gekoppelte Systeme einen guten Mechanismus der raschen Anpassung an lokale Neuheiten und einzigartige Probleme darstellen, werden eine Störung oder ein Fehler eines Elementes schnell bemerkt. *Aber* obwohl ein lose gekoppeltes System seine Problemfelder isolieren und die Störungen am Verbreiten hindern kann, sollte es für das System schwierig sein, die Störung zu beheben. Im obigen Beispiel könnte eine solche Störung im Ausfall eines der Gruppenmitglieder bestehen. Sollte aufgrund von Krankheit oder anderen Umständen ein Mediziner oder ein Ingenieur ausfallen, würde der Gruppe die notwendige Kompetenz fehlen, die nicht ohne weiteres ersetzbar ist. Wenn von dem defekten Element nur schwache Einflüsse auf die funktionierenden Elemente übermittelt werden, dann wird der Rückeinfluss der funktionierenden Elemente ebenfalls nur schwach und wahrscheinlich zu gering oder zu spät sein.[572]

Aufgrund der Eigenschaft der losen Kopplungen lassen auf diese Art verbundene Systeme *sechstens* sehr viel Raum zur Selbstgestaltung und sie können bei den im lokalen Kontext wirkenden Akteuren das Gefühl der Wirksamkeit fördern. Der Grad der Kopplung gibt ja Aufschluss darüber, mit welcher Genauigkeit das Verhalten eines Elements B durch das Verhalten eines Elements A vorhergesagt werden kann. Lose Kopplung in diesem Sinne bedeutet, wenn A dann vielleicht B. Die Merkmale, dass die Elemente in einem lose gekoppelten System nur wenige Variablen miteinander teilen oder dass die gemeinsamen Variablen schwach sind, implizieren eine gewisse Autonomie der Elemente. Ist durch loses

---

[570] Vgl. Weick (1976), S. 7; Weick (1982), S. 390 f.; Weick (1985), S. 265 f.; Orton & Weick (1990), S. 213.
[571] Glassman (1973), S. 92.
[572] Vgl. Weick (1976), S. 7; Weick (1982), S. 387 ff.; Weick (1985), S. 163.

154 Die Systemtheorie und das Konzept der lose gekoppelten Systeme

Koppeln kognitive und Verhaltensdiskretion gegeben, sind die Elemente zum autonomen Handeln in der Lage. Diese Autonomie wiederum fördert das Gefühl der Selbstwirksamkeit, da die Ergebnisse autonomen Handelns auf den Handelnden zurückführbar sind und dieser die Wirkungen seiner Aktivitäten verfolgen kann. Der in dieser Funktion implizierte Trade-off ist bemerkenswert. Aufgrund des nur lose Aneinandergekoppeltseins der Elemente ist der Widerstand jedes einzelnen Elements gegenüber äußeren Einwirkungen erhöht, was durch die Autonomie impliziert wird. *Andererseits* geschieht dieser erhöhte Widerstand um den Preis einer verkürzten Kette von Konsequenzen, die aus den Anstrengungen jedes autonom handelnden Elements resultieren. Es ist leicht möglich, dass diese Konsequenzen in lose gekoppelten Systemen Anschlusshandlungen nicht erreichen, da die Informationen über die Konsequenzen aufgrund der verlangsamten Kommunikation in diesen Systemen verzögert, neutralisiert, konfundiert oder vergessen sind.[573]

Die *siebte* Funktion oder Konsequenz lose gekoppelter Systeme ist eine direkte Folge der vorher genannten. Lose gekoppelte Systeme reduzieren die Koordinationsnotwendigkeiten. Besonders in eng gekoppelten sozialen Systemen bedarf es vieler Ressourcen, Personen zu koordinieren. Da von diesen in lose gekoppelten Systemen nicht in einem so großen Ausmaß erwartet wird, dass sie miteinander übereinstimmen, interagieren oder sich aneinander anpassen, besteht weniger Koordinationsbedarf, es sind weniger Gelegenheiten für Konflikte gegeben und es können auch weniger Inkonsistenzen unter den Aktivitäten der Akteure auftreten. *Andererseits* ist ein lose gekoppeltes System auch ein System der Ressourcenallokation, dem eine übergeordnete, das Gesamtsystem betreffende, auf Eindeutigkeit abzielende Rationalität fehlt. In lose gekoppelten Systemen kann daher meist nicht vorhergesehen werden, an welcher Stelle welche Ressourcen benötigt werden.[574]

Zusammenfassend lässt sich festhalten, dass lose gekoppelte Systeme sowohl stabil und dauerhaft, als auch flexibel und innovationsfähig sind, dass sie einen sensiblen Wahrnehmungsmechanismus und ein gutes System zur lokalisierten Anpassung darstellen, gleichzeitig lose und eng gekoppelt, unbestimmbar und rational sind. Veränderungen in solchen Systemen treten kontinuierlich anstatt episodisch auf, haben einen eher kleinen als großen Umfang, sind improvisiert anstatt geplant und eher lokal anstatt global. Des Weiteren können lose gekoppelte Systeme Innovationen aufbewahren, die gegenwärtig unnützlich scheinen.[575]

Wie ein solches System mit seinen Gegensätzen über die Zeit hinweg gehandhabt wird, bestimmt, wie gut die Elemente des Systems sowohl die gegebenen Umstände nutzen als auch sich an Veränderungen in diesen Umständen anpassen können. Simultanes enges und loses Koppeln repräsentiert daher Ambivalenz als den optimalen Kompromiss[576], einen Zustand, der die gesamte folgende Argumentation tragen wird.

Die in dieser Systemauffassung inhärente Dialektik ist der Schlüssel zum Verständnis und zum Wert des Konzeptes der lose gekoppelten Systeme. Es erfasst die Gleichzeitigkeit von nur scheinbar widersprüchlichen oder paradoxen Zuständen und erlaubt damit eine neue

---

[573] Vgl. Weick (1976), S. 8; Weick (1982), S. 380 und S. 402; Orton & Weick (1990), S. 210.
[574] Vgl. Weick (1976), S. 8; Weick (1982), S. 391; Orton & Weick (1990), S. 215.
[575] Vgl. Weick (1976), Weick (1982), S. 390 f.; Weick (1985), S. 175; Orton & Weick (1990), S. 218; Luhmann (2000), S. 374 f.
[576] Vgl. Weick (1982), S. 391; Weick (1985), S. 175.

Zum Konzept der lose gekoppelten Systeme 155

Betrachtung des Dilemmas multikultureller Arbeitsgruppen. Die Übertragung des Konzeptes der lose gekoppelten Systeme auf multikulturelle Arbeitsgruppen soll im Folgenden geschehen, wobei gleichzeitig aufgezeigt wird, welche Gruppenzusammenhänge gegenüber Variationen in der Enge bzw. Lockerheit der Kopplungen sensitiv sind.

> *„To state that an organization is a loosely coupled system is the beginning of a discussion, not the end. What elements are loosely coupled? What domains are they coupled on? What domains are they decoupled on? What are the characteristics of the couplings and decouplings? ... To assert that a system is loosely coupled is to predicate specific properties and a specific history to the system, rather than an absence of properties.* "* (Orton & Weick, 1990, S. 219)

6.3 Multikulturelle Arbeitsgruppen und lose gekoppelte Systeme

Das Dilemma multikultureller Arbeitsgruppen kann mit Hilfe des Konzeptes der lose gekoppelten Systeme gelöst werden, wenn die dialektische Auffassung beibehalten und simultanes enges und loses Koppeln als Lösungsstrategie ernst genommen wird. Dies soll im Folgenden geschehen. Zunächst werden die Vorraussetzungen dargestellt, die multikulturelle Arbeitsgruppen zu potenziell lose gekoppelten Systemen machen könnten, wobei parallel dazu die Komponenten „gekoppelter" Systeme aufgeführt werden und jeweils gezeigt wird, welche Entsprechungen diese mit den Merkmalen multikultureller Arbeitsgruppen aufweisen. Diese Diskussion abschließend werden Argumentationen entwickelt, die basierend auf der eben dargestellten Auseinandersetzung mit den Implikationen lose gekoppelter Systeme in Leithypothesen münden, die darauf folgend im Rahmen der empirischen Überprüfung des Untersuchungsmodells multikultureller Arbeitsgruppen anhand konkreter Einzelhypothesen getestet werden.

6.3.1 Kopplungskomponenten und multikulturelle Arbeitsgruppen

Nach Weick können die Elemente in einem „gekoppelten" System alles darstellen, was sich miteinander verbinden lässt.[577] Zum Beispiel können folgende Elemente miteinander verkoppelt sein: Individuen, organisationale Untereinheiten, ganze Unternehmen, hierarchische Ebenen, Organisationen und Umwelten oder Absichten und Handlungen.[578] Für die hiesigen Zwecke sind die Elemente des betrachtenden Systems „Multikulturelle Arbeitsgruppe" die Mitglieder dieser Arbeitsgruppe, also Individuen. Laut der bereits erwähnten Definition von Glassman liegt eine lose Kopplung zwischen Elementen immer dann vor, wenn diese entweder nur wenige Variablen gemeinsam haben oder wenn die gemeinsamen Variablen im Vergleich zu anderen Variablen, die das System beeinflussen, schwach sind.[579]

---

[577] Vgl. Weick (1976), S. 5.
[578] Vgl. Orton & Weick (1990), S. 208; Luhmann (2000), S. 223; Beekun & Glick (2001a), S. 229; Beekun & Glick (2001b), S. 386.
[579] Vgl. Glassman (1973), S. 84.

156 Die Systemtheorie und das Konzept der lose gekoppelten Systeme

Bei einer Betrachtung der Merkmale oder Variablen der individuellen Elemente des Systems „Multikulturelle Arbeitsgruppe" lassen sich fünf Variablen identifizieren, die unabhängig vom konkreten Einzelfall für alle multikulturellen Arbeitsgruppen in Unternehmen gelten. Welche Variablen haben nun die Mitglieder einer multikulturellen Arbeitsgruppe miteinander gemein? Erstens gehören sie demselben Unternehmen an und unterliegen damit denselben unternehmensbezogenen Kontingenzen. Zweitens sind sie Mitglieder derselben Arbeitsgruppe und unterliegen auch mit dieser gemeinsamen Zugehörigkeit denselben gruppenbezogenen Kontingenzen wie ihre anderen Gruppenmitglieder. Drittens vereint die Mitglieder multikultureller Arbeitsgruppen die vom Unternehmen gestellte gemeinsam zu bearbeitenden Gruppenaufgabe und viertens, im Zusammenhang mit den vorher genannten Merkmalen stehend, greifen die Mitglieder solcher Arbeitsgruppen auf dieselbe Ressourcenbasis zurück. In einem Merkmal allerdings unterscheiden sich die Mitglieder multikultureller Arbeitsgruppen per Definition gravierend voneinander, nämlich in ihren individuellen kulturellen Werteorientierungen. Wenn nun der Grad der Kopplung zwischen den Gruppenmitgliedern von den Tätigkeiten oder Implikationen der Variablen abhängig ist, die sie miteinander teilen, dann wird hier sichtbar, dass hinsichtlich der vier erstgenannten Merkmale eine tendenziell engere Kopplung besteht, hinsichtlich der kulturellen Werteorientierungen der Gruppenmitglieder jedoch eine losere Kopplung.

Nach Glassman reicht aber die Betrachtung von Gemeinsamkeiten bzw. Unterschieden in Variablen noch nicht aus. Die Qualität der Verbindungen oder Interaktionen spielt zur Bestimmung des Lose- oder Eng-Seins der Kopplung eine ebenfalls sehr wichtige Rolle.[580] „Provision must be made for stronger and weaker variables. ... More generally, we would want to recognize that although two groups of subsystems may share the same number of variables, the group connected by weaker variables is more loosely coupled."[581] Für eine solche Prüfung werden am häufigsten drei Kopplungsdimensionen, die die Qualität der Verbindungen beschreiben, verwendet. Die erste und wichtigste Dimension bezieht sich auf die Stärke der Verbindung oder der Gemeinsamkeit. Nach Weick ist eine Verbindung zwischen den Elementen in einem System stark, wenn sie bewirkt, dass diese häufig, vorhersagbar, konstant und bedeutsam miteinander interagieren. Eine starke Kopplung ist eine enge Kopplung. Die zweite Kopplungsdimension beschreibt die Geradlinigkeit oder Direktheit der Verbindung zwischen den Elementen. Interagieren die Elemente direkt und ohne Umwege (zum Beispiel über Dritte oder die Hierarchie) miteinander, dann sind sie ebenfalls eng gekoppelt. Und die dritte Kopplungsdimension beschreibt schließlich den Grad der Abhängigkeit zwischen den Elementen. Sind diese in ihren Aktivitäten abhängig voneinander, dann sind sie auch in diesem Fall eng gekoppelt.[582] Betrachtet man nun die vier Merkmale, die Mitglieder multikultureller Arbeitsgruppen miteinander teilen, lässt sich der Grad der Kopplung in diesen Variablen leichter bestimmen. Sowohl die gemeinsame Unternehmens- und noch mehr die gemeinsame Gruppenzugehörigkeit bewirken schon auf einer formalen, strukturellen Ebene eine häufige, relativ vorhersagbare und auch konstante Interaktion der

---

[580] Vgl. Weick (1982), S. 380; Beekun & Glick (2001a), S. 231; Beekun & Glick (2001b), S. 387.
[581] Glassman (1973), S. 85.
[582] Vgl. Weick (1982), S. 380; Weick (1985), S. 129; Weick (1987a), S. 19; Orton & Weick (1990), S. 203 f.; Beekun & Glick (2001a), S. 231 f.; Beekun & Glick (2001b), S. 387.

Multikulturelle Arbeitsgruppen und lose gekoppelte Systeme 157

Gruppenmitglieder. Diese Verbindung ist stark und damit liegt eine enge Kopplung vor. Ebenfalls ist durch die Zugehörigkeit zur selben Arbeitsgruppe per Definition eine direkte Interaktion zwischen den Gruppenmitgliedern gegeben. Des Weiteren sind die Gruppenmitglieder ebenso laut Definition in der gemeinsamen Aufgabenerledigung wechselseitig voneinander abhängig, so dass auch hinsichtlich dieser Verbindung eine enge Kopplung vorliegt. Lediglich im Merkmal der gemeinsamen Ressourcenbasis, auf die die Mitglieder multikultureller Arbeitsgruppen zugreifen können, kann nicht ohne weiteres davon ausgegangen werden, dass diese häufige, konstante, vorhersagbare, direkte oder wechselseitig voneinander abhängende Interaktionen bewirkt oder erfordert, so dass in Bezug auf die gemeinsame Ressourcenbasis nicht sofort von einer engen Kopplung zwischen den Gruppenmitgliedern gesprochen werden kann. Zusammenfassend lässt sich also festhalten, dass zwischen den Mitgliedern multikultureller Arbeitsgruppen – wie auch zwischen Mitgliedern sämtlicher Arbeitsgruppen – in den vier Variablen, die sie miteinander teilen, tatsächlich eine eher enge Kopplung vorliegt, wohingegen in Bezug auf die kulturellen Werteorientierungen in multikulturellen Arbeitsgruppen schon von vornherein Unterschiede bestehen und diese bewirken, dass hinsichtlich dieses Merkmals die Mitglieder nur sehr lose aneinander gekoppelt sind. Die Gruppenmitglieder teilen aufgrund ihrer unterschiedlichen kulturellen Werteorientierungen nur einen sehr geringen Anteil ihrer Sozialisation und Lebenserfahrung, sowie ihrer Glauben und Verhaltensweisen miteinander, wobei mögliche Gemeinsamkeiten im Vergleich zu den oben genannten gemeinsamen Variablen vermutlich relativ schwach ausgeprägt sind. An dieser Stelle lässt sich also leichter von einer losen Kopplung sprechen.

Nach dem Plädoyer von Orton und Weick muss nun als nächstes beachtet werden, innerhalb welcher Domänen die Verbindungen zwischen Variablen betrachtet werden.[583] Eine Kopplungsdomäne beschreibt dabei den inhaltlichen Bereich der Beziehungen zwischen den gekoppelten Elementen. Üblicherweise werden zwei wesentliche organisationale Kopplungsdomänen unterschieden: Zum einen wird die strukturelle, aufgabenbezogene oder technische Domäne genannt, die vorgeschriebene, bewusst geplante Tätigkeiten wie arbeitsbezogene Kommunikationshandlungen, Arbeitsablauf-, Ressourcenaustausch- oder strukturierende Aktivitäten enthält. Und zum anderen wird die soziale, institutionelle oder kulturelle Domäne genannt, die spontane, zum Teil ungeplante und symbolische Tätigkeiten wie soziale Interaktionen, nichtaufgabenbezogene Kommunikationen und informelle Handlungen umfasst.[584] Hinsichtlich der oben genannten Merkmale, die für alle multikulturellen Arbeitsgruppen gelten, fällt auf, dass die ersten vier, nämlich die gemeinsame Unternehmens- und Gruppenzugehörigkeit, die Gruppenaufgabe und die gemeinsame Ressourcenbasis, *eher* der strukturellen oder aufgabenbezogenen Kopplungsdomäne zuzuordnen sind, wohingegen die verschiedenen kulturellen Werteorientierungen der Gruppenmitglieder *eher* in die soziale oder institutionelle Domäne gehören. Was jedoch bedeutet das?

Innerhalb jeder Kopplungsdomäne wirken spezifische Kopplungsmechanismen, wollte man die Kopplungen verändern. Kopplungsmechanismen repräsentieren die Praktiken (z.B.

---

[583] Vgl. Orton & Weick (1990), S. 219.
[584] Vgl. Weick (1982), S. 382; Weick (1985), S. 138; Beekun & Glick (2001a), S. 231; Beekun & Glick (2001b), S. 386 f.

158 Die Systemtheorie und das Konzept der lose gekoppelten Systeme

Regeln, Normen, Werte) oder Prozesse (z.B. Supervision, Koordination durch Pläne oder Standardisierung), die den Elementen ermöglichen, zusammen zu funktionieren. Diese Mechanismen betreffen dabei größere Analyseeinheiten als die individuellen Kopplungselemente, zum Beispiel beschreibt Zentralisation, als ein üblicher Kopplungsmechanismus, einen Systemprozess in Bezug auf eine ganze Arbeitseinheit oder eine Organisation, d.h. die Art und Weise, wie eine Anzahl von Elementen miteinander verbunden ist.[585] Während die Kopplungsdimensionen dyadische Beziehungen charakterisieren, beschreiben Kopplungsmechanismen also das Gesamtmuster der Beziehungen innerhalb eines Sets von Elementen. Ein zweites Merkmal von Kopplungsmechanismen ist, dass diese durch die Einführung von Rahmenbedingungen, durch welche Verhalten kohärent gemacht werden, Vorhersagbarkeit implizieren. Wird ein Kopplungsmechanismus installiert, gibt es für ein Element A eine gewisse Sicherheit, dass Element B sich wie erwartet verhalten wird. Und drittens verbinden Kopplungsmechanismen Kopplungselemente in identifizierbare Cluster auf der Basis von gemeinsamen Prozessen.[586]

Analog zur Unterscheidung der Kopplungsdomänen lassen sich die Kopplungsmechanismen in zwei Klassen aufteilen. In der strukturellen oder aufgabenbezogenen Domäne werden strukturelle Kopplungsmechanismen eingesetzt, in der sozialen oder institutionellen Kopplungsdomäne sind es demnach institutionelle oder kulturelle[587] Kopplungsmechanismen.[588]

Die strukturellen Kopplungsmechanismen repräsentieren die formalen, andauernden Arrangements innerhalb einer Organisation, die ihr erlauben zu funktionieren und die sowohl nur durch formale Entscheidungen modifiziert als auch nur in formalen, d.h. strukturellen Domänen anzutreffen sind. Nach Weick sind sämtliche strukturellen Kopplungsmechanismen aufgabeninduziert.[589] Beispiele struktureller Kopplungsmechanismen stellen Integration als übergeordneter Teilschritt der Organisationsgestaltung oder Zentralisation und Standardisierung als prozessuale Organisationsformen dar.[590]

Die institutionellen Kopplungsmechanismen reflektieren dagegen die subjektive Seite einer Organisation, sie können nur durch symbolische Interaktionen modifiziert werden und sind in Domänen lokalisiert, die informelle und symbolische Aktivitäten enthalten. Beispiele institutioneller Kopplungsmechanismen sind Rituale, Metaphern und Werte. Institutionelle Kopplungen sind in solchen Situationen eng, in denen die Systemmitglieder an denselben Ritualen

---

[585] Vgl. Macharzina & Wolf (2005), S. 508.
[586] Vgl. Beekun & Glick (2001a), S. 232 f.; Beekun & Glick (2001b), S. 387.
[587] Im Zusammenhang mit der institutionellen Kopplungsdomäne und ihren Mechanismen wird in der Literatur auch häufig von kultureller Kopplung gesprochen (siehe z.B. Beekun & Glick 2001a, S. 387). Auch wenn es sich dabei ebenfalls um Werte handelt, soll in der vorliegenden Untersuchung nicht von kultureller Kopplung gesprochen werden, da sich hier der Begriff der Kultur ausschließlich auf die kulturellen Werteorientierungen bezieht und „andere" Werte nicht in den Begriff eingeschlossen sind. Um Verwirrung zu vermeiden, wird im Zusammenhang mit der kulturellen Kopplung im weiteren Verlauf der Arbeit nur noch von institutioneller Kopplung gesprochen.
[588] Vgl. Weick (1976), S. 4.
[589] Vgl. Weick (1976), S. 4; Beekun & Glick (2001a), S. 233; Beekun & Glick (2001b), S. 387.
[590] Vgl. Lawrence & Lorsch (1976), S. 3 f.; Firestone & Wilson (1985), S. 2; Perrow (1986), S. 148 ff.; Beekun & Glick (2001a), S. 233; Beekun & Glick (2001b), S. 387; Macharzina & Wolf (2005), S. 481 f. und 508 f.

Multikulturelle Arbeitsgruppen und lose gekoppelte Systeme   159

teilnehmen und sich ihrem Denken und Handeln auf dieselben Werte stützen, während alternative Ideologien oder Wertesysteme nur selten oder gar nicht mehr bedacht werden.[591]

Nach einer Bestimmung möglicher Kopplungen zwischen Systemelementen ist es mit der Einordnung der Kopplungen in ihre jeweiligen Domänen mithilfe der zugehörigen Kopplungsmechanismen möglich, den Kopplungsgrad der Verbindungen zu verändern. Wollte man die oben beschriebenen engen Kopplungen zwischen den Gruppenmitgliedern multikultureller Arbeitsgruppen zum Beispiel in den Merkmalen Gruppenzugehörigkeit und Gruppenaufgabe verändern, so würden diese Veränderungen auf formalen Entscheidungen und umstrukturierenden Maßnahmen beruhen. Um die Kopplungen hier loser zu gestalten, könnten z.B. die Mitglieder verschiedenen Arbeitsgruppen zugeteilt oder die Gruppenaufgabe in voneinander unabhängige Unteraufgaben aufgeteilt werden. Wollte man im Gegenzug die lose Kopplung zwischen den Mitgliedern multikultureller Arbeitsgruppen enger gestalten, müsste auf einer institutionellen Ebene ein Kontext oder eine Kultur geschaffen werden, die mittels Zeremonien und Ritualen dieselben Werte mit den zugehörigen symbolischen Belohnungen bzw. Sanktionen für ihre Verinnerlichung und Einhaltung vermittelt, so dass diese Werte Grundlage des Handelns werden.

Die Frage, die sich stellt, lautet also: Innerhalb **welcher Domänen** sollen die Elemente **wie gekoppelt** sein, damit multikulturelle Arbeitsgruppen ihr durch die Vielfalt in den kulturellen Werteorientierungen gegebenes Potenzial voll ausschöpfen können, ohne dass dieses Potenzial durch Konsensdruck, Homogenisierung oder Integrationsprobleme zerstört wird?

6.3.2 Multikulturelle Arbeitsgruppen aus der Perspektive lose gekoppelter Systeme: Leithypothesen der Untersuchung

Aus der eben beschriebenen Ausdifferenzierung der Kopplungskomponenten ergeben sich gewisse Implikationen zur Auflösung des Diversitäts-Konsens-Dilemmas multikultureller Arbeitsgruppen. Zur Erinnerung: Dieses Dilemma tritt immer dann auf, wenn Arbeitsgruppen, die mit schwierigen Aufgaben oder kritischen Entscheidungen betraut sind, Mitglieder benötigen, die sowohl eine Vielzahl an Fähigkeiten, Fertigkeiten, Perspektiven und Ideen mitbringen sollen, gleichzeitig aber auch gemeinsame Lösungen entwickeln und gemeinsame Handlungspläne ausführen müssen. Bei einer genaueren Betrachtung dieses Dilemmas fällt auf, dass es exakt die Definition eines lose gekoppelten Systems erfüllt. Ein System ist dann lose gekoppelt, wenn seine Elemente einzigartig, klar voneinander unterscheidbar und mit einer eigenen Identität ausgestattet sind, das System jedoch als Ganzes reaktionsfähig ist. In dieser Definition steckt auch die vorher benannte Dialektik zwischen dem Ganzen und seinen Teilen, die Simultaneität von engem und losem Koppeln.

Generell wird von organisationalen Arbeitsgruppen erwartet, zuverlässig die gewünschten Ergebnisse zu produzieren. Wie bereits in Kapitel 4, Abschnitt 4.2.1.2 beschrieben, haben von den Gruppenmitgliedern geteilte mentale Modelle eine bindende und arbeitsunterstützende Funktion. Also stellt die Entwicklung eines geteilten strukturellen mentalen Modells, welches

---

[591] Vgl. Weick (1976), S. 4; Weick (1987a), S. 23; Orton & Weick (1990), S. 212; Beekun & Glick (2001b), S. 387.

160 Die Systemtheorie und das Konzept der lose gekoppelten Systeme

sich auf die aufgabenbezogene/strukturelle Domäne der Gruppenarbeit bezieht, einen Mechanismus dar, mittels dessen eine effektive Aufgabenarbeit der Gruppe erleichtert werden kann. Dies wiederum impliziert, dass die Mitglieder einer multikulturellen Arbeitsgruppe auf der aufgabenbezogenen Ebene eng aneinander gekoppelt sein sollten. Eine enge Kopplung der Gruppenmitglieder in der strukturellen Domäne kann als Mittel angesehen werden, um ein geteiltes mentales Modell der Aufgabenarbeit zu erlangen. Somit bieten geplante, strukturierte Arbeitsabläufe, die durch formale Entscheidungen und Regeln etabliert werden – als strukturelle Kopplungsmechanismen, deren Anwendung zu den gewünschten geteilten mentalen Modellen führen können – dem auftraggebenden Unternehmen eine Grundverlässlichkeit, dass sich die Arbeitsgruppe in ihrer Aufgabenerledigung mit einem gewissen Maß an Erwartungssicherheit verhalten wird. Hieraus folgt also die erste Teilleithypothese hinsichtlich des strukturellen Kopplungsgrades multikultureller Arbeitsgruppen:

LH1a: Multikulturelle Arbeitsgruppen, deren Mitglieder in der strukturellen Domäne untereinander enge Kopplungen aufweisen, sind besonders erfolgreich.

Auf der anderen Seite sollen sich die Mitglieder der Arbeitsgruppen ihre Einzigartigkeit und ihre eigenen Identitäten für ihre Wahrnehmungs- und Verhaltenssensibilität erhalten; sie sollen das ihnen innewohnende kulturelle Vielfaltspotenzial zur qualitativ hochwertigen Lösung komplexer Probleme ausschöpfen. Der Erhalt der Einzigartigkeit der kulturellen Identitäten der Gruppenmitglieder impliziert jedoch eher unterscheidbare, nicht überlappende mentale Modelle der Mitglieder hinsichtlich der institutionellen oder sozialen Domäne. Dies kann jedoch nur sichergestellt werden, wenn die Gruppenmitglieder auf der sozialen Ebene lose aneinander gekoppelt sind. Lose Kopplung innerhalb der institutionellen Domäne bedeutet im Kontext multikultureller Arbeitsgruppen weitgehende Beibehaltung der Vielfalt in den kulturellen Werteorientierungen der Gruppenmitglieder. Da die individuellen kulturellen Werteorientierungen individuelle Wahrnehmungen und Verhalten maßgeblich prägen, bedeutet diese kulturelle Vielfalt, dass die Gruppenmitglieder ihre jeweiligen Umwelten relativ unabhängig voneinander durch die jeweils eigenen kulturellen Linsen wahrnehmen und individuell darauf reagieren. Sie generieren unter der Bedingung der Aufrechterhaltung der kulturellen Vielfalt idiosynkratische soziale Realitäten und finden jeweils verschiedene Problemlösungen. Ist also eine Arbeitsgruppe auf der institutionellen Ebene lose gekoppelt, dann erhält sie sich die Fähigkeit zur reichhaltigen und akkuraten Wahrnehmung, zur lokalisierten Anpassung, zur Aufbewahrung einer größeren Anzahl von Innovationen und Lösungen, lässt Raum zur Selbstgestaltung und fördert darüber hinaus das Gefühl der eigenen Wirksamkeit der Gruppenmitglieder. Würden dagegen die Mitglieder solcher Arbeitsgruppen auf der institutionellen Ebene enger aneinander gekoppelt, bedeutete dies, dass sie sich mit der Zeit in ihren Werteorientierungen ähnlicher würden und ähnlichere, sich mehr und mehr überlappende mentale soziale und kulturelle Modelle entwickeln. Dies hätte wiederum zur Folge, dass durch die Wahrnehmungsprägung der kulturellen Werte ihre gesammelten Beobachtungen und Einschätzungen der Umwelt nicht mehr so gut von den individuellen Beobachtungen und Einschätzungen unterschieden werden könnten. Somit wüsste eine solche Arbeitsgruppe kollektiv nur noch wenn überhaupt geringfügig mehr bezüglich eines Problems oder einer Situation, als die Mitglieder individuell ohnehin schon wissen.[592] Das Potenzial der Vielfalt würde also durch institutionelle enge Kopplungen, welche die Umweltdeutungen der Gruppenmitglieder homogenisierte, schwinden. Hieraus ergibt sich der zweite Teil der ersten Leithypothese der vorliegenden Untersuchung.

LH1b: Multikulturelle Arbeitsgruppen, deren Mitglieder in der institutionellen Domäne untereinander lose Kopplungen aufweisen, sind besonders erfolgreich.

Die Grundgedanken der Leithypothese sind in Abbildung 6-1 noch einmal veranschaulicht.

Abbildung 6-1: Multikulturelle Arbeitsgruppen aus der Perspektive lose gekoppelter Systeme

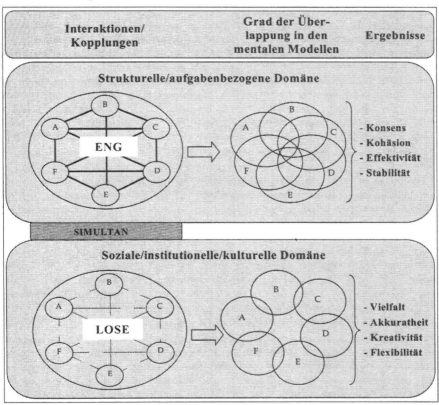

---

[592] Vgl. Weick (1987b), S. 116.

162 Die Systemtheorie und das Konzept der lose gekoppelten Systeme

Insgesamt lässt sich also festhalten, dass das Dilemma multikultureller Arbeitsgruppen durch simultanes strukturelles enges Koppeln und institutionelles loses Koppeln insofern aufgelöst werden könnte, dass einerseits die Arbeitsabläufe innerhalb der Arbeitsgruppen formal so strukturiert sind, dass diese mit bestimmter Erwartungssicherheit die gewünschten Ergebnisse erreichen, und dass andererseits jedoch institutionelle Zwänge und Einflüsse auf die Gruppenmitglieder bzw. die gesamten Arbeitsgruppen so gering wie möglich zu halten sind, damit das Potenzial der kulturellen Vielfalt überhaupt die Chance hat, zum Tragen zu kommen.

Sämtliche dargestellten Ausführungen zur Problematik multikultureller Arbeitsgruppen implizieren noch eine weitere Annahme, welche die Qualität der Gruppenaufgabe betrifft, also des unmittelbaren Umweltproblems, mit dem die Arbeitsgruppen konfrontiert sind. In den meisten Auseinandersetzungen mit vielfältig zusammengesetzten Arbeitsgruppen gilt die Prämisse, dass die Gruppen komplexe Aufgaben zu bewältigen haben, direkt thematisiert wird diese Annahme jedoch nur selten.[593] Die am häufigsten getroffene Unterscheidung von Gruppenaufgaben betrifft das Ausmaß an Routiniertheit, mit dem diese Aufgaben erledigt werden können, wobei vor dem Hintergrund des kognitiven Informationsverarbeitungsansatzes und hinsichtlich funktionaler Vielfalt in Arbeitsgruppen argumentiert wird, dass die qualitativ besten Lösungen dann von vielfältig zusammengesetzten Gruppen erwartet werden können, wenn die Aufgaben keine Routineaufgaben sind.[594] Ließe sich dieser Sachverhalt auf multikulturelle Arbeitsgruppen übertragen, könnte die Frage beantwortet werden, unter welchen Bedingungen das Potenzial der kulturellen Vielfalt überhaupt benötigt wird und wie es dazu beiträgt, den geforderten Bedarf an bestimmten Problemlösungen auch bereitzustellen.

Die Funktionen bzw. Aufgaben multikultureller Arbeitsgruppen in Unternehmen lassen sich grob in zwei wesentliche Bereiche aufteilen.[595] Erstens soll mit Hilfe solcher Arbeitsgruppen die jeweilige lokale Reaktionsfähigkeit der Teileinheiten des Unternehmens erhöht werden, wobei die Arbeitsgruppen hier als Sensoren des Unternehmens fungieren, welche die Ansprüche der verschiedenen regionalen Marktstrukturen, Konsumentenpräferenzen und der jeweiligen politischen und legalen Systeme registrieren und auf Handlungsmöglichkeiten des Unternehmens hin analysieren und implementieren. Die zweite Funktion multikultureller Arbeitsgruppen betrifft die Förderung unternehmensweiten Lernens, wobei hier von den Gruppen erwartet wird, Wissen aus den verschiedenen Bereichen zusammenzuführen, Technologien zu transferieren und Innovationen innerhalb des Unternehmens zu verteilen.[596]

Im Sinne der systemischen Definition von Komplexität ließe sich an dieser Stelle die Aussage treffen, dass die Aufgaben oder Funktionsbereiche multikultureller Arbeitsgruppen ein hohes Maß an Komplexität aufweisen, da sie vielschichtig, mit erheblicher Folgelast und untereinander hochgradig vernetzt sind. Die multikulturellen Arbeitsgruppen müssen weltweite Markt-, politische und soziale Dynamiken rechtzeitig, flexibel und differenziert antizipieren und an diese proaktiv herangehen, wobei einerseits Ressourcen in Reaktion auf

---

[593] Vgl. Jackson (1996), S. 60; Hambrick et al. (1998), S. 193 f.; Adler (2002), S. 149.
[594] Vgl. Jackson (1996), S. 60; Hambrick et al. (1998), S. 193 f.; Adler (2002), S. 149.
[595] Vgl. Bartlett & Ghoshal (1989), S. 16; Snow et al. (1996), S. 51 f.
[596] Vgl. Bartlett & Ghoshal (1989), S. 16; Snow et al. (1996), S. 51 f.

Multikulturelle Arbeitsgruppen und lose gekoppelte Systeme 163

sich verschiebende Skalen- und Scope-Vorteile umverteilt und andererseits potenzielle Koordinations- und Kommunikationsprobleme kontinuierlich überwacht und bewältigt werden müssen.[597] Will sich nun eine multikulturelle Arbeitsgruppe optimal auf ihre Umweltkomplexität, also die Komplexität ihrer unmittelbaren Aufgabe einstellen, ist eine entsprechende angemessene Eigenkomplexität der Arbeitsgruppe erforderlich, um ausreichend Varietät in den zur Verfügung stehenden Lösungssystemen zu besitzen, die es dann möglich macht, auf die komplexen Probleme entsprechend zu reagieren. Voraussetzung ist allerdings, dass schon im Vorfeld die Komplexität der Probleme wahrgenommen wird, d.h. die Arbeitsgruppe muss schon in ihrer Wahrnehmung genügend Varietät aufweisen, um überhaupt eine hohe Varietät an Lösungen zu aktivieren. Durch institutionelles loses Koppeln der Gruppenmitglieder kann in multikulturellen Arbeitsgruppen die kulturelle Vielfalt aufrechterhalten werden, was zur Folge hat, dass sie schon in ihrer Wahrnehmung, die nur minimal durch die Wahrnehmung der anderen Gruppenmitglieder beeinflusst wird, über ein hohes Maß an notwendiger Vielfalt verfügen. Dies hat wiederum eine größere Akkuratheit in der Wahrnehmung des Facettenreichtums der Umwelt zur Folge und außerdem wird durch die vielfältige Aufnahme von Umweltinformationen ein größerer Pool an Handlungsoptionen und Strategien verfügbar, die zur Lösung der komplexen Probleme notwendig sind. Aus dieser Argumentation folgt jedoch auch, dass wenn multikulturelle Arbeitsgruppen mit Aufgaben geringerer Komplexität betraut sind, als sie an Eigenkomplexität verfügen, sie an eben dieser Eigenkomplexität aufgrund von Integrationsproblemen und Problemen gemeinsamer Sinnstiftung scheitern können. Nur in einem angeglichenen Setting von Aufgaben- und Gruppenkomplexität können die positiven Auswirkungen kultureller Vielfalt realisiert werden. Es ergibt sich also für diese Untersuchung die folgende zweite Leithypothese:

LH2: Multikulturelle Arbeitsgruppen, innerhalb derer eine größere Übereinstimmung an gruppeninterner und Aufgabenkomplexität herrscht, sind besonders erfolgreich.

Die bisher vorgestellten theoretischen Erklärungsansätze und empirischen Befunde aus der Kultur-, der Gruppen- und der Vielfaltsforschung sowie die Integration in das übergeordnete theoretische Konzept der lose gekoppelten Systeme dienten der Hinleitung zu einem umfassenden Verständnis von multikultureller Gruppenarbeit in Unternehmen. Basierend auf den identifizierten Forschungsbedarfen hinsichtlich multikultureller Arbeitsgruppen und den aus dem Konzept der lose gekoppelten Systeme abgeleiteten Leithypothesen sollen nun im folgenden großen Abschnitt der Arbeit der konzeptionelle Bezugsrahmen und das konkrete Untersuchungsmodell entwickelt werden, welche die Grundlage der empirischen Überprüfung bilden. Es gilt die Fragen zu beantworten, worin genau das Potenzial multikultureller Arbeitsgruppen besteht und wie dieses Potenzial tatsächlich ausgeschöpft werden kann.

---

[597] Vgl. Ruigrok & Wagner (2001), S. 2; Lane, Maznevksi & Mendenhall (2004), S. 8.

7 Konzeptioneller Bezugsrahmen als ordnungsstiftendes Untersuchungsgerüst

Das übergeordnete Ziel der vorliegenden Untersuchung ist es, jene Einflussgrößen und Merkmale für eine erfolgreiche multikulturelle Gruppenarbeit in einen umfassenden konzeptionellen Bezugsrahmen zu integrieren, der zum einen bestehende Forschungsdefizite aufgreift und in einen sinnvollen Erklärungszusammenhang stellt und zum anderen eine Formulierung konkreter forschungsleitender Hypothesen ermöglicht, die in dem darauf folgenden empirischen Teil der Untersuchung überprüft werden sollen.

Aus der Analyse des Forschungsstandes zu multikultureller Gruppenarbeit lässt sich eine bedeutende Schlussfolgerung ziehen: Es ist immer noch weitgehend unbekannt, unter genau welchen kontextuellen und führungsbezogenen Bedingungen Arbeitsgruppen in Unternehmen, deren Mitglieder sich in Hinblick auf ihre kulturellen Werteorientierungen unterscheiden, ihre Ziele erreichen können. Sowohl in der Literatur zur Gruppenforschung als auch in der Literatur zur Vielfalt und vor allem zur kulturellen Vielfalt in Arbeitsgruppen ist immer wieder betont worden, dass es für ein besseres Verständnis solcher Gruppen notwendig sei, den Interaktionskontext der Gruppenarbeit in Analysen mit einzubeziehen und mögliche Kontingenzfaktoren auf ihre direkten Einflüsse und ihre Moderations- bzw. Mediationswirkungen hinsichtlich bestehender Zusammenhänge zu überprüfen. Daher empfiehlt sich also die Zugrundelegung eines kontingenztheoretischen Forschungsplanes, der zwischen Kontext-, Gestaltungs- und Erfolgsvariablen differenziert.

Die Grundaussage des situationstheoretischen Forschungsansatzes[598] lautet, dass bei der Gestaltung von zum Beispiel Strategien, Strukturen oder Prozessen in einer organisationalen Einheit die Gegebenheiten ihres Kontextes maßgeblich berücksichtigt werden sollten. Kontext und Gestaltung einer organisationalen Einheit müssen zusammenpassen, damit diese Einheit erfolgreich ist.[599] Ein wichtiger Ansatz, der dabei in der Kontingenztheorie verfolgt wird, ist der Interaktionsansatz, der besagt, dass der Erfolg einer organisationalen Einheit von der Entsprechung (Fit) zwischen ihrem Kontext und ihrer Gestaltung abhängig ist.[600] Tatsächlich werden Kontingenzen meist als Interaktionen verstanden, schon Schoonhoven machte darauf

---

[598] Im Zusammenhang mit der Situationstheorie wird auch häufig von der Kontingenztheorie gesprochen, wobei der Begriff der Kontingenz eher im englischen Schrifttum vorherrscht. Ursprünglich sollte mit dieser begrifflichen Unterscheidung zwischen Kontextoffenheit und Kontextdeterminismus differenziert werden, wobei diese klare Trennung in der Literatur jedoch nicht konsistent vorgenommen wird (vgl. Wolf 2005, S. 157). In der vorliegenden Untersuchung steht der Begriff der Kontingenz im Vordergrund, wird jedoch nicht im streng kontextdeterministischen Sinne verwendet, sondern vor allem in Hinblick auf die Bedingtheit von Strukturen oder Prozessen in Abhängigkeit von Kontextmerkmalen.

[599] Vgl. Gresov (1989), S. 34; Wolf (2005), S. 155 f.

[600] Vgl. Van de Ven & Delbecq (1983), S. 187 f.; Gresov, Drazin & Van de Ven (1989), S. 51; Hollenbeck et al. (2002), S. 600; Wolf (2005), S. 155 f. Nach Wolf (2005, S. 148) stellt die Interaktionstheorie eine konzeptionelle Weiterentwicklung der Situationstheorie dar, welche die Situationstheorie auf eine höhere Entwicklungsstufe des situationstheoretischen Denkens stellt und somit keine prinzipielle Modifikation derselben beinhaltet.

166 Konzeptioneller Bezugsrahmen der Untersuchung

aufmerksam, dass im Grunde jede kontingenzbezogene Argumentation zu Interaktionsaussagen führt.[601] Der Fit zwischen Kontext und Gestaltung wird also als Interaktion interpretiert, wobei hier der Fokus auf der Erklärung von Variationen im Erfolg liegt, die sich aufgrund von Interaktionen zwischen einzelnen Kontextfaktoren und Gestaltungsmerkmalen ergeben.[602]

Die für die vorliegende Untersuchung wichtige und auf dem Interaktionsansatz der Kontingenztheorie basierende Frage lautet also: Wie müssen Kontextfaktoren und Gestaltungsmerkmale multikultureller Arbeitsgruppen ausgeprägt sein, damit ihre Interaktionen zur erfolgreichen Zusammenarbeit führen?

Um diese Frage zu beantworten, müssen zunächst die für multikulturelle Gruppenarbeit relevanten Erklärungs- und Kontingenzfaktoren identifiziert werden. Als Wegweiser zur Entwicklung des Untersuchungsmodells dienen dabei sowohl Strukturierungen und Forschungsimplikationen aus den bisherigen Arbeiten zu multikulturell zusammengesetzten Arbeitsgruppen als auch jene aus der allgemeinen Gruppen- und Vielfaltsforschung. Ein generelles Fazit aller drei Forschungsbereiche bestand zum Beispiel in der Feststellung, dass die Gruppenaufgabe und die Gruppenzusammensetzung als Variablen, die den Interaktionskontext von Arbeitsgruppen bedeutend prägen, eine zentrale Rolle für erfolgreiche Gruppenarbeit spielen. Des Weiteren wurde auf den Einfluss des unternehmerischen Kontextes hingewiesen, der ebenfalls das Geschehen innerhalb (multikultureller) Arbeitsgruppen maßgeblich mitbestimmt. Auch die Rolle der Führung von multikulturellen Arbeitsgruppen gilt es noch genauer zu erhellen, da hier bisher wenig eindeutige Aussagen extrahiert werden konnten. Daher sollen in der vorliegenden Untersuchung Gruppenkontextmerkmale, Variablen des Gruppenmanagements, die Arbeitsgruppenstruktur, Gruppenprozesse und Merkmale des Gruppenerfolges ausdifferenziert und in einen Erklärungszusammenhang gebracht werden, um aus der Überprüfung konkreter Hypothesen Gestaltungsempfehlungen für multikulturelle Arbeitsgruppen ableiten zu können.

---

[601] Vgl. Schoonhoven (1981), S. 351; Pennings (1987), S. 225.
[602] Vgl. Drazin & Van de Ven (1985), S. 517.

7.1 Variablenblöcke des Untersuchungsmodells

Generell folgt das hier aufgestellte Untersuchungsmodell multikultureller Gruppenarbeit in der Konzeption den traditionellen Input-Prozess-Output-Modellen der Gruppenarbeit, die ja ebenfalls auf einer kontingenztheoretischen Perspektive basieren. Zu den Inputfaktoren gehören demnach die Kontextmerkmale, die Variablen des Gruppenmanagements und die Gruppenstruktur, wobei davon ausgegangen wird, dass diese sämtlich durch die Gruppenprozesse vermittelt werden. Als Output wird der Erfolg multikultureller Gruppenarbeit betrachtet. Das Untersuchungsmodell ist in der folgenden Abbildung veranschaulicht.

Abbildung 7-1: Untersuchungsmodell zur multikulturellen Gruppenarbeit

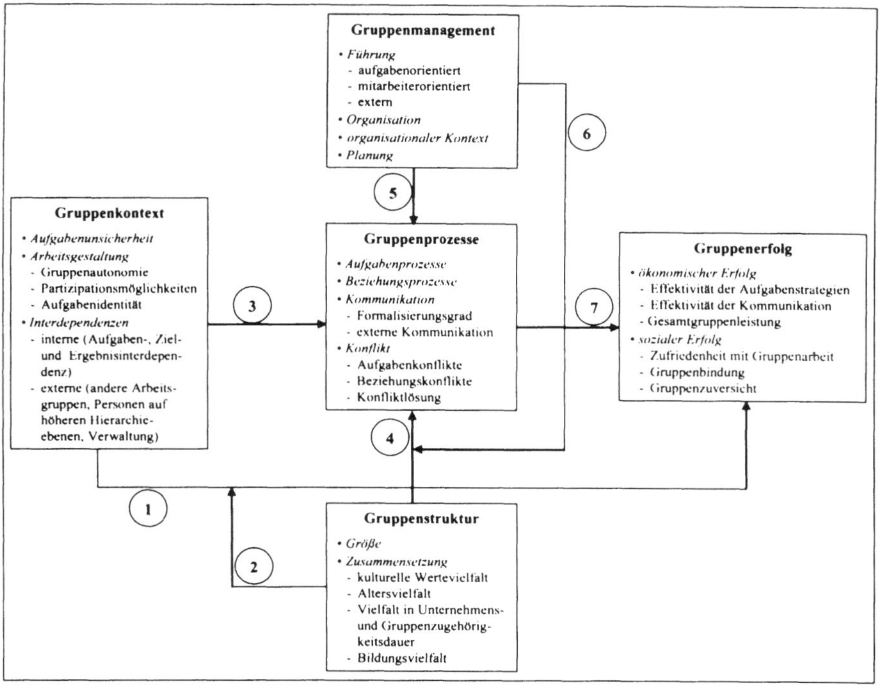

7.1.1 Gruppenkontext

In Anlehnung an die Literatur lautet die zentrale Prämisse der vorliegenden Untersuchung, dass der Kontext von Arbeitsgruppen, in den diese eingebettet sind, wichtige Implikationen für den Erfolg von Arbeitsgruppen enthält. Der Gruppenkontext wird dabei im Unterschied zum mittelbaren organisationalen Kontext als das unmittelbare Aufgabenumfeld angesehen,

168 Konzeptioneller Bezugsrahmen der Untersuchung

innerhalb dessen die Gruppenleistung erbracht wird und dessen Merkmale die Zusammenarbeit in Gruppen maßgeblich beeinflussen.[603] Daher werden in der vorliegenden Untersuchung die Aufgabenunsicherheit, Merkmale der Arbeitsgestaltung und das Ausmaß an Interdependenzen als Kontextfaktoren betrachtet, die für die Gruppenarbeit als gegeben gelten können.[604] Während Aufgabenunsicherheit, welche sich auf das Ausmaß der Strukturiertheit und der Komplexität der Gruppenaufgabe bezieht, ein der Gruppenarbeit inhärentes Strukturmerkmal darstellt und die Merkmale der Arbeitsgestaltung, welche motivationsfördernde Rahmenbedingungen der Gruppenarbeit beinhalten, außerhalb der direkten Gruppenarbeit gegeben sind, beziehen sich die Interdependenzen, denen eine Arbeitsgruppe unterliegt, sowohl auf die Aufgabenstruktur (in dieser Hinsicht sind sie nach innen gerichtet) als auch auf die Organisation der Arbeit selbst, welche die äußeren Rahmenbedingungen stellt.

Aufgrund der in der Forschung immer wieder genannten Forderung, in Untersuchungen über Gruppenarbeit die Gruppenaufgabe mit einzubeziehen und vor dem Hintergrund der zweiten Leithypothese der vorliegenden Untersuchung, welche besagt, dass die Aufgabenkomplexität einer multikulturellen Arbeitsgruppe ihrer internen Komplexität entsprechen sollte, wird **Aufgabenunsicherheit** in der vorliegenden Untersuchung als Maß der Aufgabenkomplexität in das Untersuchungsmodell aufgenommen. In Studien zur Aufgabenkomplexität wurde diese unter anderem als aus den drei Komponenten der koordinativen Komplexität (Anzahl nicht-linearer Sequenzen zwischen den Teilaufgaben und Aufgabenprodukten), der Komponentenkomplexität (Anzahl distinkter Handlungen und Informationshinweise, die bei der Aufgabenerledigung eine Rolle spielen) und der dynamischen Komplexität (Stabilität der Beziehungen zwischen Inputs und dem Produkt) bestehend definiert.[605] Ein anderes Verständnis von Aufgabenkomplexität, das allerdings auf den eben genannten Gedanken aufbaut, definiert diese hinsichtlich möglicher Aufgabenlösungswege und deren Beziehungen zum Ergebnis. In dieser Auffassung bezieht sich Aufgabenkomplexität direkt auf Aufgabenattribute, welche die Informationsmenge, die Informationsvielfalt oder die Veränderungsrate erhöhen.[606] In der vorliegenden Untersuchung soll jedoch ein Verständnis von Aufgabenkomplexität zu Grunde gelegt werden, das für den Arbeitsgruppenkontext bereits geprüft wurde und die genannten Komponenten ebenfalls abbildet. Dieses Verständnis geht zurück auf Perrow, der zwischen komplexen und Routine-Aufgaben bzw. -Technologien unterschied.[607] Komplexe Aufgaben zeichnen sich dabei durch einen hohen Grad an Aufgabenschwierigkeit und Aufgabenvariabilität aus. Aufgabenschwierigkeit bezieht sich auf die

---

[603] Vgl. Gladstein (1984), S. 500; Ancona & Caldwell (1992a), S. 634; Marks, Zaccaro & Mathieu (2000), S. 972.

[604] An dieser Stelle muss erwähnt werden, dass hier zwar von einer prinzipiellen Gegebenheit des Kontextes ausgegangen wird da für die vorliegende Untersuchung vor allem interessiert, bei welcher Kontextbeschaffenheit welche typischen multikulturellen Gruppendynamiken zu beobachten sind; es soll jedoch nicht automatisch impliziert werden, dass die Gestaltungsrichtung immer vom Kontext ausgeht und dieser selbst nicht veränderbar ist. Im Falle der vorliegenden Untersuchung wird für analytische und erkenntnisstrebende Zwecke lediglich davon ausgegangen, dass der Kontext in bestimmter Ausprägung existiert und somit bestimmte Wirkungen aufweist. Zur weiteren Auseinandersetzung mit der Kritik am Kontingenzansatz insbesondere mit der Determinismuskritik siehe auch die ausführliche Erörterung von Wolf (2005), S. 168 ff.

[605] Vgl. Wood (1986), S. 66 ff.; Van Vijfeijken et al. (2002), S. 366 f.

[606] Vgl. Campbell (1988), S. 43.

[607] Vgl. Whitey, Daft & Cooper (1983), S. 46; Keller (1994), S. 168.

Variablenblöcke des Untersuchungsmodells 169

Analysierbarkeit der Arbeit und den Grad, bis zu dem bekannte Verfahren vorliegen, welche die Sequenz der Arbeitsschritte zur Erledigung einer Aufgabe spezifizieren.[608] Es wird sowohl die Schwierigkeit des Informationssuchprozesses, die Zeit, die zum Nachdenken über ein bestimmtes zu lösendes Problem benötigt wird als auch das angesammelte Wissen, das Richtlinien zur Aufgabenerledigung bereithält, impliziert. Auf der anderen Seite bezieht sich Aufgabenvariabilität auf die Anzahl an Ausnahmefällen, die bei der Aufgabenerledigung auftreten und verschiedene Methoden oder Verfahren zur Bearbeitung der Aufgabe erfordern.[609] Eine hohe Aufgabenvariabilität bedeutet also, dass mögliche Probleme nicht vorhergesagt werden können und viele Teilaufgaben nur einmalig vorkommen. Zusammen implizieren beide Merkmale das Ausmaß an Unsicherheit, die einer Aufgabe innewohnt und den Grad bezeichnet, bis zu dem bekannt ist, dass wenn eine Aufgabe ‚X' erledigt wird, ein bestimmtes Ergebnis resultiert.[610]

Die Merkmale der **Arbeitsgestaltung** stellen motivationsbezogene Rahmenbedingungen der Gruppenarbeit dar. Das Thema der Arbeitsgruppengestaltung bezieht sich sehr stark auf die Arbeiten von Hackman, findet sich aber ebenso in dem Gruppeneffektivitätsmodell von Gladstein wieder. Drei Arbeitsgestaltungsmerkmale sollen in dieser Arbeit besonders hervorgehoben werden: *Gruppenautonomie*, als Gruppenebenenanalogie zur Autonomie auf der individuellen Ebene, ist ein in vielen Konzeptualisierungen erfolgreicher Arbeitsgruppen zentrales Konzept und wird entsprechend oft als Bestandteil von Gruppeninterventionen angesehen. Gruppenautonomie bezeichnet dabei den Grad, bis zu dem Gruppenmitglieder in ihrer Arbeit substanziellen Freiraum, Unabhängigkeit und Diskretion erfahren.[611] Eng verwandt mit diesem Merkmal ist das der *Partizipationsmöglichkeiten*. Unabhängig von der Beteiligung der Gruppenführung in Entscheidungsprozessen können Arbeitsgruppen nach dem Grad unterschieden werden, bis zu dem sich die Gruppenmitglieder an Entscheidungsprozessen, die ihre Arbeitsgruppe betreffen, beteiligen können.[612] Sowohl von der Gruppenautonomie als auch von den Partizipationsmöglichkeiten wird angenommen, dass sie zum Gruppenerfolg durch Erhöhung des individuellen Verantwortungsbewusstseins und einer Stärkung des Gefühls, tatsächlich Eigner der Gruppenarbeit zu sein, beitragen.[613] Das dritte Merkmal der Gruppenarbeitsgestaltung, von dem ebenfalls angenommen wird, dass es die Arbeitsmotivation der Gruppenmitglieder positiv beeinflussen kann, bezeichnet den Grad, bis zu dem eine Arbeitsgruppe eine für sich genommen ganzheitliche und von anderen Arbeiten klar abgrenzbare Aufgabe zu erfüllen hat. Dieses Merkmal bezeichnet also den Grad, bis zu dem eine Aufgabe identitätsstiftend wirkt. Eine hohe *Aufgabenidentität* kann die Arbeitsmotivation der Gruppenmitglieder erhöhen, da sie das Verantwortungsgefühl der Gruppe für eine von ihr als sinnvoll erachtete Aufgabe stärkt.[614]

---

[608] Vgl. Van de Ven & Delbecq (1974), S. 183; Whitey, Daft & Cooper (1983), S. 46; Keller (1994), S. 168.

[609] Vgl. Van de Ven & Delbecq (1974), S. 183 f.; Whitey, Daft & Cooper (1983), S. 46.

[610] Vgl. Gresov (1989), S. 452; Gibson (1999), S. 140.

[611] Vgl. Hackman (1987), S. 324; Cohen & Ledford, Jr. (1994), S. 14; Kirkman & Rosen (1999), S. 59.

[612] Vgl. Campion, Medsker & Higgs (1993), S. 826; Högl (1998), S. 104; Gemünden & Högl (2001), S. 51.

[613] Vgl. Cordery, Mueller & Smith (1991), S. 473; Campion, Medsker & Higgs (1993), S. 826; Stock (2004), S. 280.

[614] Vgl. Hackman (1987), S. 324; Campion, Medsker & Higgs (1993), S. 826.

170 Konzeptioneller Bezugsrahmen der Untersuchung

Die **Interdependenzen**, denen eine Arbeitsgruppe unterliegt, stellen schließlich den dritten großen Kontextbereich multikultureller Arbeitsgruppen dar. Ein wesentliches, definierendes Merkmal von Arbeitsgruppen stellt die wechselseitige Abhängigkeit der Gruppenmitglieder in der Erledigung der gemeinsamen Aufgabe dar. Tatsächlich wird die Interdependenz zwischen aufgabenerfüllenden Individuen als eine der häufigsten Ursachen zur Bildung von Arbeitsgruppen überhaupt angesehen.[615] Dabei wird Interdependenz zwischen Gruppenmitgliedern typischerweise recht allgemein als Situation definiert, in der „the outcomes of individuals are affected by each other's actions".[616] Generell lassen sich die Interdependenzen einer Arbeitsgruppe anhand ihres Bezugs in interne und externe Interdependenzen aufteilen. Während die internen Interdependenzen den Grad der Vernetztheit der Zusammenarbeit von Gruppenmitgliedern betreffen, beziehen sich die externen Interdependenzen auf den Grad der Vernetztheit oder Eingebettetheit der Arbeitsgruppe in die sie umgebende Gesamtorganisation.

Die **internen** Interdependenzen in Arbeitsgruppen können eine Vielzahl von Vorläufern haben. Dazu gehören beispielsweise spezifische Aufgabenanforderungen, Rollendifferenzierungen, die Verteilung von Fertigkeiten und Ressourcen innerhalb der Gruppe, die Art und Weise, wie Gruppenziele definiert und erreicht werden oder die Art und Weise, wie Leistung belohnt und Feedback gegeben wird.[617] Üblicherweise werden drei Arten gruppeninterner Interdependenzen unterschieden: *Aufgabeninterdependenz* im Kontext von Arbeitsgruppen als strukturelles Merkmal der Beziehung zwischen Gruppenmitgliedern wird durch die Gruppenaufgabe bestimmt und bezeichnet den Grad, bis zu dem Gruppenmitglieder Materialien, Informationen und Expertisen miteinander teilen müssen, um ihre gemeinsame Gruppenaufgabe erfolgreich zu erledigen. Aufgabeninterdependenz bestimmt demnach das Maß der Verflechtung von Arbeitsschritten im Aufgabenerledigungsprozess, also inwieweit die Erledigung einer Teilaufgabe von der Erledigung einer anderen Teilaufgabe abhängig ist. Das Ausmaß an Aufgabeninterdependenz hat damit erhebliche Konsequenzen für die interne Kooperation und Kommunikation.[618] *Zielinterdependenz*, als zweite gruppeninterne Interdependenzart, bezieht sich auf die Verbindungen zwischen Gruppenmitgliedern, die durch den Zieltyp (individuell oder gruppenbezogen) impliziert werden und das jeweilige Leistungsverhalten leiten. Zielinterdependenz bezeichnet dabei den Grad, bis zu dem die Zielerreichung eines individuellen Gruppenmitglieds durch die Zielerreichung der gesamten Gruppe beeinflusst wird, also inwieweit die Erreichung individueller Ziele an die Erreichung der Gruppenziele geknüpft ist. Ähnlich wie bei der Aufgabeninterdependenz hat das Ausmaß an Zielinterdependenz in einer Arbeitsgruppe erheblichen Einfluss auf die interne Kooperation

---

[615] Vgl. Cartwright & Zander (1968), S. 46; Campion, Medsker & Higgs (1993), S. 826; Guzzo & Dickson (1996), S. 308; Van der Vegt, Emans & Van de Vliert (2000), S. 634.

[616] Vgl. Johnson & Johnson (1989), S. 23.

[617] Vgl. Campion, Medsker & Higgs (1993), S. 826 f.; Wageman (1995), S. 146; Van der Vegt, Emans & Van de Vliert (1999), S. 203; Van der Vegt, Emans & Van de Vliert (2000), S. 634.

[618] Vgl. Saavedra, Earley & Van Dyne (1993), S. 61; Wageman (1995), S. 147; Van der Vegt, Emans & Van de Vliert (1999), S. 203; Van der Vegt, Emans & Van de Vliert (2000), S. 635; Shaw et al. (2000), S. 261; Van der Vegt, Emans & Van de Vliert (2001), S 52; Van Vijfeijken et al. (2002), S. 366; Van der Vegt & Janssen (2003), S. 731 f.

Variablenblöcke des Untersuchungsmodells

und Kommunikation.[619] Und schließlich die *Ergebnisinterdependenz* als dritte interne Interdependenzart; sie bezieht sich auf die Verbindungen zwischen Gruppenmitgliedern, die durch den Leistungsentlohnungs- und Leistungsfeedbacktyp (individuell oder gruppenbasiert) bestimmt wird. Ergebnisinterdependenz bezeichnet den Grad, bis zu dem individuelle Entlohnung und Feedback von der Leistung der anderen Gruppenmitglieder abhängt. Auch hier wird von erheblichen Konsequenzen für die Kooperation innerhalb von Arbeitsgruppen ausgegangen.[620]

Im Messzusammenhang werden Ziel- und Ergebnisinterdependenz (Entlohnungs- und Feedbackinterdependenz) häufig zu einem Interdependenzmaß integriert, wobei argumentiert wird, dass Zielinterdependenz und Ergebnisinterdependenz nicht voneinander unabhängig fungieren, da kontingente Entlohnungs- und Feedbacksysteme notwendigerweise Ziele voraussetzen und schaffen.[621] Dennoch werden verschiedene Zieltypen impliziert. Während vor allem Anreize oder Entlohnungen für Gruppenmitglieder eher als finanzielle oder ökonomische Ziele konzeptualisiert sind, werden in der Zielsetzungsliteratur Ziele als Aufgabenziele verstanden. Dies bedeutet, dass Zielinterdependenz und Anreiz- und Feedbackinterdependenz aus der Gestaltung zweier verschiedener Leistungsmanagementmethoden resultieren und ergo unabhängig voneinander gestaltet werden können.[622] Aus diesem Grunde wird in der vorliegenden Untersuchung zwischen den beiden Interdependenzmaßen ebenfalls unterschieden.

Der Grad der Vernetztheit einer Arbeitsgruppe mit der sie umgebenden Gesamtorganisation wird auch als **externe** Abhängigkeit bezeichnet. Eine externe Abhängigkeit ist dann gegeben, wenn sich die Aufgabenerledigung einer Arbeitsgruppe auf Handlungen oder Ergebnisse außerhalb der Gruppe bezieht oder von diesen direkt abhängt. Die externe Abhängigkeit einer Arbeitsgruppe bezieht sich also auf den Grad, bis zu dem Ressourcen oder Informationen von Quellen außerhalb der Arbeitsgruppe als notwendige Inputs zur erfolgreichen Erledigung der Gruppenaufgabe angesehen werden. Solche Quellen können andere Arbeitsgruppen oder auch Personen auf höheren Hierarchieebenen im Unternehmen darstellen. Das Ausmaß der externen Abhängigkeit ergibt sich in Verbindung mit der Stellung oder Position einer Arbeitsgruppe im organisationalen Arbeitsablauf und hat demnach erhebliche Konsequenzen auf die externen Aktivitäten einer Arbeitsgruppe.[623]

---

[619] Vgl. Campion, Mesker & Higgs (1993), S. 827; Saavedra, Earley & Van Dyne (1993), S. 63; Van der Vegt, Emans & Van de Vliert (2001), S. 52; Van Vijfeijken et al. (2002), S. 367; Van der Vegt & Janssen (2003), S. 732.

[620] Vgl. Campion et al. (1993), S. 827; Saavedra et al. (1993), S. 63; Van Vijfeijken et al. (2002), S. 367 f.; Shaw et al. (2000), S. 261 f.

[621] Vgl. Wageman (1995), S. 146; Van der Vegt, Emans & Van de Vliert (1999), S. 203; Van der Vegt, Emans & Van de Vliert (2000), S. 634.

[622] Vgl. Van Vijfeijken et al. (2002), S. 364.

[623] Vgl. Gresov (1989), S. 452 f. Verwandt mit dem Konzept der externen Abhängigkeit ist das Schnittstellenmanagement (vgl. Brockhoff & Hauschildt, 1993). Dieses bezeichnet vor allem die Gestaltung von Beziehungen zwischen organisatorischen Teilbereichen jenseits der Hierarchie, also ebenfalls der Intergruppenkoordination. Aus diesem Blickwinkel könnte daher das Schnittstellenmanagement auch zwischen das Gruppenmanagement und die Gruppenprozesse geordnet werden, soll aber in der vorliegenden Untersuchung nicht weiter ausgeführt werden, da vorrangig der Mikrokosmos multikultureller Arbeitsgruppen interessiert.

172 Konzeptioneller Bezugsrahmen der Untersuchung

Die genannten Merkmale beschreiben den Gruppenkontext bzw. das unmittelbare Aufgabenumfeld, mit dem multikulturelle Arbeitsgruppen konfrontiert sind, wobei vor allem zu untersuchen ist, ob und wie kulturelle Vielfalt in der Gruppenzusammensetzung die Auswirkungen der Kontextmerkmale auf den Gruppenerfolg beeinflusst.

7.1.2 Gruppenmanagement

Als weitere Inputfaktoren gelten die Variablen des Gruppenmanagements. An dieser Stelle soll angemerkt werden, dass der Begriff des Gruppenmanagements[624] im funktionalen bzw. instrumentellen Sinne verwendet wird, d.h. sowohl aus einer prozessual-tätigkeitsbezogenen als auch aus einer methodischen Sichtweise heraus. Im instrumentellen Organisationsverständnis wird Organisation bzw. Management als Mittel zur Erreichung von Unternehmenszielen angesehen.[625] Zu den hier betrachteten Gruppenmanagementvariablen gehören die Führung von Arbeitsgruppen, die Planung der Gruppenarbeit, Merkmale der Organisation von Arbeitsgruppen und Merkmale des Unternehmenskontextes, die auf Arbeitsgruppen einwirken. Dabei können alle Variablen sowohl als Kontext- als auch als Gestaltungsvariablen verstanden werden, je nachdem, welcher Untersuchungsfokus angelegt wird. In der vorliegenden Untersuchung wird der Schwerpunkt jedoch auf die Frage gerichtet, bei welcher Kombination von Gruppenmanagementvariablen und Gruppenstruktur die Gruppenprozesse so ausgeprägt sind, dass multikulturelle Arbeitsgruppen erfolgreich operieren.

Zur Erfassung der **Gruppenführung** werden die Forderungen aus der Literatur zu multikulturellen Arbeitsgruppen aufgegriffen, Führungsverhalten zu untersuchen, die auf die drei verschiedenen inhaltlichen Dimensionen bzw. Funktionen multikultureller Gruppenarbeit abzielen, nämlich auf die Aufgabenerledigung, die sozialen Gruppenprozesse und die externen Gruppenbeziehungen.[626]

Im Kontext von Arbeitsgruppen bedeutet Führung die Beeinflussung der Einstellungen und des Verhaltens von Einzelpersonen sowie der Interaktion in und zwischen Gruppen, mit dem Zweck, angestrebte Ziele zu erreichen.[627] Es ist die Aufgabe der Gruppenführung, diese zu befähigen, als eine ganzheitlich zusammenarbeitende, leistungsstarke Einheit zu fungieren und die Arbeitsgruppenintegration durch zielorientierte Aktivitäten und Motivation der Mitglieder zu vollziehen.[628] Die Führung von Arbeitsgruppen wird dabei als ein entscheidender Faktor für deren Erfolg angesehen.[629] Leider gibt es selbst in Bezug auf die Führung von nicht heterogen zusammengesetzten Arbeitsgruppen nur sehr wenig Erkenntnisse oder Befunde, auf die sich in der vorliegenden Untersuchung gestützt werden könnte. Noch im Jahre 2001 stellen Zaccaro, Rittman und Marks fest: „Despite the ubiquity of leadership influences on organizational team performance, and despite large literatures on both leadership and team/group dynamics, we know surprisingly little about how leaders create and manage

---

[624] Zu einer ausführlicheren Diskussion des Management-Begriffs siehe auch Steinmann & Schreyögg (1991), S. 5 f.
[625] Vgl. Macharzina & Wolf (2005), S. 469 f.
[626] Vgl. Hambrick et al. (1998), S. 201 f.; Den Hartog (2004), S. 185.
[627] Vgl. Staehle (1999), S. 328; Wurst & Högl (2000), S. 161.
[628] Vgl. Richter (1999), S. 109; Gluesing & Gibson (2004), S. 199.
[629] Vgl. Wurst & Högl (2000), S. 165; Kuo (2004), S. 270; Den Hartog (2004), S. 183; Stock (2005), S. 33.

Variablenblöcke des Untersuchungsmodells 173

effective teams."[630] Und obwohl die Autoren ein Modell der funktionalen Gruppenführung entwickeln, bleiben auch sie den empirischen Nachweis der Gültigkeit des Modells schuldig. Allerdings stützen sie sich ebenfalls erheblich auf vergangene Führungsforschungen, so dass sich auch in ihren für eine erfolgreiche Gruppenarbeit identifizierten Führungsverhaltensweisen die klassische Unterteilung in aufgabenbezogene und personenbezogene Führungsverhaltensweisen wieder findet, wobei sie zusätzlich auch die Verhaltensweisen der externen Führung mit aufgenommen haben.[631]

In der vorliegenden Untersuchung wird daher zum einen der zweidimensionale Ansatz aus der klassischen empirischen Führungsstilforschung zugrunde gelegt, der, gespeist aus den für die Theorie und Praxis der Führung richtungsweisenden „Ohio State Leadership Questionnaires", den Schwerpunkt auf konkretes Führungsverhalten legt und nachgewiesenermaßen sowohl mit ökonomischen als auch sozialen Erfolgskriterien zusammenhängt.[632] Unter Führungsstil bzw. Führungsform wird ein zeitlich überdauerndes und in Bezug auf bestimmte Situationen konsistentes Führungsverhalten von Vorgesetzten gegenüber Mitarbeitern verstanden, wobei zwischen Führungsstilen und Führungstechniken unterschieden wird. Führungstechniken stellen die Instrumente und Verfahren dar, die zur Realisierung eines Führungsstils verwendet werden.[633] Aus den Ohio-Studien, in denen unterstellte Mitarbeiter mittels Fragebögen das Führungsverhalten von Vorgesetzten einschätzten, kristallisierten sich deutlich zwei Dimensionen heraus, nämlich die Aufgabenorientierung („Initiating Structure") und die Mitarbeiterorientierung („Consideration"). Während *aufgabenorientierte Führung* Verhaltensweisen wie die Strukturierung der Arbeit, die Definition und Klärung der Ziele sowie die Wege zu diesen, die Aktivierung und Leistungsmotivation der Mitarbeiter und Kontrolle bzw. Beaufsichtigung der Mitarbeiter durch die Führungskraft enthält, beinhaltet die *mitarbeiterorientierte Führung* Verhaltensweisen der Führungskraft, welche eine allgemeine Wertschätzung und Achtung der Mitarbeiter zum Ausdruck bringen, Offenheit und Zugänglichkeit signalisieren, Bereitschaft zur zweiseitigen Kommunikation demonstrieren und Einsatz und Sorge für den Einzelnen zeigen.[634] Auch die von Zaccaro et al. identifizierten Führungsverhaltensweisen können den beiden Orientierungen zugeordnet werden. Sie nennen zum einen die Identifikation der Aufgabenanforderungen, die Entwicklung und Bewertung möglicher Problemlösungswege und die Implementierungsplanung schließlich ausgewählter Aufgabenstrategien als Führungsverhaltensweisen, die ganz klar der Aufgabenbearbeitungsfunktion von Arbeitsgruppen dienen. Und zum anderen nennen sie die Entwicklung, Unterstützung und Motivation von Gruppenmitgliedern durch die Führungskraft als Verhaltensweisen, die der personenorientierten, sozialen Funktion von Arbeitsgruppen dienen.[635]

Da beide Führungsdimensionen im Zusammenhang mit multikultureller Gruppenarbeit als wichtig angesehen werden, jedoch bisher noch nicht untersucht wurde, wie, ob und in welchem Ausmaß die Führungsdimensionen bei kultureller Wertevielfalt in Arbeitsgruppen

---

[630] Zaccaro, Rittman & Marks (2001), S. 452.
[631] Vgl. Zaccaro, Rittman & Marks (2001), S.455 ff.
[632] Vgl. Wunderer & Grunwald (1980), S. 247; Neuberger (1995), S. 116 und S. 141 ff.
[633] Vgl. Wunderer & Grunwald (1980), S. 221 f.
[634] Vgl. Fleishman & Harris (1962); Fleishman & Peters (1962); Wunderer & Grunwald (1980), S. 242; Neuberger (1995), S. 122.
[635] Vgl. Zaccaro, Rittman & Marks (2001), S. 455.

174 Konzeptioneller Bezugsrahmen der Untersuchung

angebracht sind, sollen sie in der vorliegenden Untersuchung explizit mit aufgenommen und überprüft werden. Und zum anderen soll zusätzlich zu diesen beiden eine dritte Führungsform erfasst werden, die nach außen gerichtete Führungsverhaltensweisen enthält. In der Gruppenforschung wurde wiederholt festgestellt, dass die Schaffung und Aufrechterhaltung von formalen und informellen Beziehungen mit relevanten Gruppen oder Personen außerhalb der Arbeitsgruppe eine erfolgsbeeinflussende Rolle spielt.[636] Auch in vielen anderen Arbeiten wurden nach außen gerichtete Führungsverhaltensweisen als wichtige Bestandteile erfolgreicher Gruppenarbeit genannt.[637] Daher wird die *externe Führung* in die vorliegende Arbeit mit aufgenommen und bezieht sich auf die Darstellung und Vertretung einer Arbeitsgruppe nach außen, vor allem hinsichtlich der Unternehmensspitze, und es gehören Verhaltensweisen wie beispielsweise das Boundary Management, kontinuierliche Überprüfung der Umwelt und externe Kommunikation, Beschaffung und Freistellung von Ressourcen für die Arbeitsgruppe, Pufferung unnötiger äußerer Zwänge und eine Abschirmung der Arbeitsgruppe von unternehmenspolitischen Machtauseinandersetzungen dazu.[638] Das Konzept der externen Führung ist überdies eng verwandt mit dem Konzept des Macht-Promotors im Promotoren-Modell[639], welches die Rollen von Individuen im Innovationsmanagement spezifiziert. Da die Durchsetzung von Innovationen in Unternehmen verlangt, dass sowohl Barrieren des Nicht-Wissens und des Nicht-Wollens, als auch administrative Widerstände überwunden werden müssen, sollten verschiedene Manager solche Rollen übernehmen und ausfüllen, die die Widerstände überwinden können.[640] Eine dieser Rollen im Innovationsmanagement erfüllt der Macht-Promotor, der sowohl über ausreichendes, hierarchisches Potenzial als auch über die notwendigen materiellen Ressourcen verfügt, um die Barrieren des Nicht-Wollens im Innovationsprozess überwinden zu können. Zu seinen typischen Aufgaben gehören die Zielbildung und das Blockieren von Opposition, Aufgaben, die ebenfalls als klassische Führungsaufgaben verstanden werden können.[641] Eine Gruppenführungskraft, die also für ihre multikulturelle Arbeitsgruppe ebenfalls die Rolle des Macht-Promotors übernimmt, führt die Gruppe extern. Eine intakte Beziehung von Arbeitsgruppen zu ihrer externen Unternehmensumwelt kann außerdem ihre Isolation verhindern und damit dem Groupthink-Phänomen vorbeugen. Aber auch für diese Führungsform gilt, dass sie als wichtig erachtet wird, jedoch bisher noch nicht im Zusammenhang mit multikultureller Gruppenarbeit überprüft wurde.

Neben der Führung sollen ebenfalls Merkmale der Organisation von Arbeitsgruppen und Merkmale des Unternehmenskontextes, die auf die Gruppenarbeit Einfluss nehmen können, erfasst werden. Unter Organisation wird eine auf Spezialisierung beruhende, zielgerichtete Strukturierung und Koordination von Personen, Sachmitteln und Information zum Zweck der Erreichung der Unternehmensziele verstanden.[642] Damit gehören zu den Merkmalen der

---

[636] Vgl. Ancona (1990), S. 336; Ancona & Caldwell (1992a), S. 660 f; Cohen & Ledford (1994), S. 14 ff.; Kirkman & Rosen (1999), S. 58; Weinkauf, Högl & Gemünden (2004), S. 428.

[637] Vgl. Katzenbach & Smith (1993); Mohrman, Cohen & Mohrman (1995); Zaccaro, Rittman & Marks (2001).

[638] Vgl. Ancona (1990), S. 345 f.; Ancona & Caldwell (1992a), S. 641; Katzenbach & Smith (1993), S. 142 f.; Mohrman, Cohen & Mohrman (1995), S. 163 ff., Lau & Murnighan (1998), S. 334 f.; Zaccaro, Rittman & Marks (2001), S. 454; Pietruschka (2003), S. 33.

[639] Vgl. zum Promotorenmodell: Hauschildt (2004), S. 191 ff; außerdem Hauschildt & Gemünden (1998).

[640] Vgl. Witte (1973), S. 15 f.; Hauschildt & Kirchmann (2001), S. 41; Hauschildt (2004), S. 199.

[641] Vgl. Hauschildt (2004), S. 208 und S. 212.

[642] Vgl. Macharzina & Wolf (2005), S. 472.

Variablenblöcke des Untersuchungsmodells 175

Organisation von Arbeitsgruppen streng genommen auch die bereits dargestellten Merkmale des Gruppenkontexts, da mit dem durch die Aufgabenart, die Arbeitsgestaltung und die Interdependenzen begründeten Kooperationsbedarf bereits die Kernaufgaben des Organisierens – Spezialisierung und Koordination[643] – umrissen sind. Neben diesen eher die Binnenorganisation der Arbeitsgruppen betreffenden Merkmalen sollen jedoch noch weitere Organisationsmerkmale erhoben werden, die sich auf die generelle Organisation der Gruppenarbeit in Unternehmen ziehen. Hierzu gehören beispielsweise die Verfügbarkeit von Trainings, die informations- und kommunikationstechnologische Ausstattung der Arbeitsgruppen und schließlich die Institutionalisiertheit und der Formalisierungsgrad der Kommunikation in Arbeitsgruppen. Damit werden Organisationsformen betrachtet, die von der Organisationslehre als prozessual bezeichnet werden.[644] Generell wird davon ausgegangen, dass bestimmte Konfigurationen dieser Organisationsmerkmale gruppenerfolgsfördernde Effekte aufweisen; leider existieren so gut wie keine empirischen Studien, die diese Annahme in Bezug auf den Erfolg von Arbeitsgruppen bereits geprüft hätten.

Neben den Organisationsmerkmalen werden auch die Merkmale des unternehmerischen oder **organisationalen Kontexts** der Gruppenarbeit erhoben. Diese beziehen sich auf den in der Literatur immer wieder geforderten Einbezug des unternehmerischen Umfeldes, wobei je nach Ausgestaltung verschiedene Konsequenzen für erfolgreiche Gruppenarbeit im Allgemeinen und für erfolgreiche multikulturelle Gruppenarbeit im Besonderen erwartet werden.[645] Da jedoch auch hier im Zusammenhang mit kulturell vielfältig zusammengesetzten Arbeitsgruppen so gut wie keine empirischen Untersuchungen existieren, sollen folgende organisationale Kontextmerkmale in die vorliegende Untersuchung mit einbezogen werden: die Art der generellen Leistungserstellung im Unternehmen und vorherrschende Lohnstrukturen (individuell, gruppenbasiert oder gemischt), Hierarchieebenen der Arbeitsgruppen, die räumliche Nähe der Gruppenmitglieder, die Erwünschtheit von Gruppenarbeit im Unternehmen und der Grad der Unterstützung der Gruppenarbeit durch das höhere Management.

Spätestens seit Hackman und Gladstein gilt in der Forschung zu organisationalen Arbeitsgruppen der Imperativ, Organisationsmerkmale und Charakteristika der umgebenden Gesamtorganisation der Arbeitsgruppen in diesbezügliche Untersuchungen unbedingt mit einzubeziehen. Während Hackman sowohl auf das unternehmerische Belohnungs-, Weiterbildungs- und Informationssystem als auch auf organisationale materielle Ressourcen verweist, integriert Gladstein unternehmensseitig verfügbare Ressourcen und die organisationale Struktur in ihr Modell effektiver Arbeitsgruppen.[646] Es wird darauf hingewiesen, dass diese organisationalen Rahmenbedingungen der Gruppenarbeit sowohl Freiräume schaffen als auch Einschränkungen auferlegen können und daher als Komplemente der Gruppenarbeit angesehen werden müssen. Ihre spezifische Ausgestaltung kann die internen Gruppendynamiken entweder unterstützen oder beeinträchtigen. Sind zum Beispiel Trainings oder Weiterbildungsmaßnahmen für Gruppenmitglieder nicht verfügbar, kann dies zu Lasten der gruppenin-

---

[643] Vgl. Macharzina & Wolf (2005), S. 471.
[644] Vgl. Macharzina & Wolf (2005), S. 472 f.
[645] Vgl. Pelled (1996), S. 627; Hambrick et al. (1998), S. 201; Richard et al. (2004), S. 263.
[646] Zur näheren Beschreibung der Arbeitsgruppenmodelle siehe auch Abschnitt 4.1 der vorliegenden Untersuchung.

176 Konzeptioneller Bezugsrahmen der Untersuchung

ternen Interaktionsfähigkeit gehen. Sind andererseits direkte Kommunikationsmöglichkeiten für die Gruppenmitglieder institutionalisiert und sind die Arbeitsgruppen mit ausreichenden Ressourcen für ihre Arbeit ausgestattet, dann sollten die Ergebnisse der Gruppenarbeit aufgrund eines schnelleren und reichhaltigeren Informationsaustauschs und geringerer Improvisationsnotwendigkeit eine höhere Qualität aufweisen. Und auch wenn die meisten der oben genannten organisationalen Merkmale von den Führungskräften der Arbeitsgruppen nicht direkt beeinflussbar sind, dürfen sie in einer Untersuchung wie dieser nicht fehlen. Ein Nachweis von gruppenerfolgsfördernden oder -erfolgsbeeinträchtigenden Auswirkungen bestimmter Merkmalskonfigurationen kann für Unternehmen zum Beispiel dann nützliche Gestaltungshinweise liefern, wenn zum Beispiel Gruppenarbeit generell eingeführt oder vollständig in das Unternehmenskonzept integriert werden soll.

Die **Planung** multikultureller Gruppenarbeit, als dritter Bereich des Arbeitsgruppenmanagements, betrifft schließlich zielgerichtete Maßnahmen und Techniken, die sich direkt auf die Steuerung der Gruppenarbeit beziehen. In der betriebswirtschaftlichen Organisationslehre werden als Planung alle zielbezogenen und in die Zukunft reichenden Koordinationsentscheidungen bezeichnet, also periodisch bestimmte Vorgaben, welche die Aktivitäten der ausführenden Stellen koordinieren.[647] Die Planung (multikultureller) Gruppenarbeit umfasst dabei Techniken wie beispielsweise die interne Formulierung von Zielen, die Erstellung von Kosten- und Zeitplänen, die Budgetverwaltung oder die Aufstellung verbindlicher Arbeitsrichtlinien. Von diesen Techniken wird ähnlich wie bei der Führung angenommen, dass sie vor allem die aufgabenbezogenen Gruppenprozesse aufgrund ihrer Steuerungswirkung zielgerichtet fördern und somit den ökonomischen Gruppenerfolg positiv beeinflussen.[648]

Die aufgeführten Merkmale beschreiben management- und unternehmensbezogene Einflussfaktoren auf multikulturelle Gruppenarbeit, wobei in der vorliegenden Untersuchung besonders die Wirkungen der Interaktionen zwischen diesen und der kulturellen Wertevielfalt in Arbeitsgruppen auf die Gruppenprozesse und darüber auf den Gruppenerfolg von Interesse sind. Da zu diesen Merkmalen (Führung, Organisation und Planung) im Hinblick auf multikulturelle Arbeitsgruppen keine der Verfasserin dieser Schrift bekannten empirischen Studien existieren, stellt ihre Hereinnahme eine wichtige Neuerung dar. Durch den Einbezug dieser Merkmale ist demnach endlich eine Überprüfung möglich, ob überhaupt und wenn, bei welchen Führungsstilen, Organisationsformen und Planungstechniken das vermutete Potenzial multikultureller Arbeitsgruppen ausgeschöpft werden kann.

7.1.3 Gruppenstruktur

Die für diese Arbeit relevanten Merkmale der Gruppenstruktur, die Gruppengröße und die Gruppenzusammensetzung, gelten ebenfalls als Inputfaktoren der Gruppenarbeit. Da die **Gruppengröße** ein Bestimmungsmerkmal der Gruppenstruktur darstellt und nachweislich erheblichen Einfluss auf die Gruppenprozesse nimmt, wird sie in diesen Variablenblock mit aufgenommen. Auch wenn die Gruppengröße als absolutes Maß gut dokumentierte Konse-

---

[647] Vgl. Kieser & Walgenbach (2003), S. 119 f.
[648] Vgl. Lechler (1997a), S. 107 ff.; Lechler (1997b), S. 231; Lechler & Gemünden (1998), S. 439; Shenhar et al. (2002), S. 113 f.

Variablenblöcke des Untersuchungsmodells 177

quenzen für die Gruppenprozesse und damit für den Gruppenerfolg aufweist[649], soll in dieser Arbeit jedoch die relative Gruppengröße betrachtet werden. Die relative Gruppengröße stellt ein Wahrnehmungsmaß der Gruppenmitglieder dar, und bezeichnet den Grad, inwieweit die Gruppengröße in Relation zur Gruppenaufgabe als ausreichend groß bzw. klein wahrgenommen wird.[650]

Die **Gruppenzusammensetzung** bezieht sich hingegen auf die Attribute der Gruppenmitglieder und erfasst den Grad, bis zu dem sich die Gruppenmitglieder darin ähnlich sind bzw. voneinander unterscheiden. Daher findet sich an dieser Stelle das Ausmaß der *kulturellen Wertevielfalt* (Vielfalt in Persönlichkeitsattributen) innerhalb einer Arbeitsgruppe wieder. Da das Konzept der kulturellen Werteorientierungen von Kluckhohn und Strodtbeck dieser Arbeit zu Grunde gelegt wird, soll die kulturelle Wertevielfalt innerhalb der dort ausdifferenzierten fünf kulturellen Werteorientierungen (menschliche Natur, Umweltorientierung, Zeitorientierung, Aktivitätsorientierung, relationale Orientierung) erfasst werden. Für eine differenziertere Analyse lässt sich die kulturelle Wertevielfalt aber auch in den jeweils dazugehörigen kulturellen Variationen betrachten. Zentrales Anliegen stellt die Überprüfung der Fragen dar, wie sich welche Art von kultureller Wertevielfalt in den Gruppenprozessen auswirkt und darüber auf den Erfolg multikultureller Arbeitsgruppen Einfluss nimmt, und unter welchen Kontingenzen positive Konsequenzen aus der kulturellen Vielfalt realisierbar sind. Abbildung 7-2 veranschaulicht noch einmal überblicksartig die kulturellen Werteorientierungen und die jeweiligen kulturellen Variationen nach Kluckhohn und Strodtbeck.

Abbildung 7-2: Kulturelle Werteorientierungen und ihre Variationen

Kulturelle Werteorientierung	Kulturelle Variation	Bedeutung
Menschliche-Natur-Orientierung	Gut/Böse	Der Mensch ist von Natur aus grundsätzlich gut (höherer Wert) oder grundsätzlich böse (niedrigerer Wert).
	Veränderbar/Nicht veränderbar	Die grundlegende Natur des Menschen ist veränderbar von Gut nach Böse oder vice versa (höherer Wert) oder nicht veränderbar (niedrigerer Wert).
Relationale Orientierung	Individualistisch	Unsere Hauptverantwortung gilt primär unserer selbst als Individuen und als nächstes unserer unmittelbaren Familie.
	Kollektivistisch	Unsere Hauptverantwortung gilt primär der größeren uns umgebenden Gruppe, wie unserer Großfamilie oder der Gesellschaft.
	Hierarchisch	Macht und Verantwortung sind in der Gesellschaft natürlicherweise ungleich verteilt. Jene, die höher in der Hierarchie angesiedelt sind, haben Macht über und Verantwortung für jene, die unter ihnen angesiedelt sind.

---

[649] Vgl. Gladstein (1984), S. 511; Campion, Medsker & Higgs (1993), S. 828; Smith et al. (1994), S. 416; Rosenstiel (1995), S. 330; Cohen & Bailey (1997), S. 273; Lau & Murnighan (1998), S. 328; Earley & Mosakowski (2000), S. 37; Helfert & Gemünden (2001), S. 134; Weinkauf & Woywode (2004), S. 394
[650] Vgl. Campion, Medsker & Higgs (1993), S. 828.

178 Konzeptioneller Bezugsrahmen der Untersuchung

Abbildung 7-2: fortgesetzt

Kulturelle Werteorientierung	Kulturelle Variation	Bedeutung
Mensch-Umwelt-Orientierung	Beherrschung	Wir sollten die uns umgebende Umwelt kontrollieren, anweisen und verändern, sie beherrschen.
	Unterwerfung	Wir sollten nicht versuchen, die grundlegende Richtung der weiteren uns umgebenden Umwelt zu verändern und wir sollten uns selbst erlauben, uns durch ein größeres oder übernatürliches Element beeinflussen zu lassen.
	Harmonie	Wir sollten nach dem Erhalt des Gleichgewichts zwischen den Elementen der Umwelt, inklusive unserer selbst, streben.
Aktivitäts-orientierung	Handeln	Die Menschen sollten kontinuierlich in Aktivitäten engagiert sein, um handfeste Aufgaben zu erledigen.
	Denken	Die Menschen sollten alle Aspekte einer Situation sorgfältig und rational bedenken, bevor sie handeln.
	Sein	Die Menschen sollten spontan sein und alles zu seiner Zeit tun.
Zeitorientierung	Vergangenheit	Unsere Entscheidungen sollten hauptsächlich von der Tradition geleitet werden.
	Gegenwart	Unsere Entscheidungen sollten hauptsächlich von unmittelbaren Bedürfnissen und Umständen geleitet werden.
	Zukunft	Unsere Entscheidungen sollten hauptsächlich von langfristigen Zukunftsbedürfnissen und Umständen geleitet werden.

Es gilt jedoch zu bedenken, dass kulturelle Vielfalt hier als analytisches Konstrukt verwendet wird, das separat erfasst und ausgewertet werden soll. Trotzdem ist sich die Verfasserin dieser Schrift im Klaren darüber, dass alle Angaben in Bezug auf die Gruppenarbeit, die von den Gruppenmitgliedern gemacht werden, schon von den jeweiligen individuellen kulturellen Werteorientierungen immer mit geprägt sind. Zum Zweck der differenzierten Analyse von Auswirkungen kultureller Vielfalt wird diese jedoch getrennt behandelt, um Aussagen darüber gewinnen zu können, welchen Erklärungsanteil Vielfalt in kulturellen Werteorientierungen der Gruppenmitglieder an den Gruppenprozessen und Ergebnissen besitzt. Darüber hinaus sollen, zum einen als Kontrollgrößen und zum anderen als Tribut an die Vielfaltsforschung, *weitere Arten von Vielfalt* in Arbeitsgruppen berücksichtigt werden. Hierzu gehören die Altersvielfalt (demographische Vielfalt), die Vielfalt in der Unternehmens- und Gruppenzugehörigkeitsdauer (Vielfalt in Kohortenmitgliedschaft) und die Vielfalt im Bildungshintergrund (Vielfalt in Wissen und Fertigkeiten) der Gruppenmitglieder.

Die Aus- und Wechselwirkungen dieser Gruppenstrukturmerkmale, vor allen Dingen des Ausmaßes der kulturellen Wertevielfalt in Arbeitsgruppen, sind in der vorliegenden Untersuchung zentraler Untersuchungsgegenstand. Es gilt, multikulturelle Zusammenarbeit in Ar-

Variablenblöcke des Untersuchungsmodells 179

beitsgruppen zu erklären und managementbezogene Gestaltungsmöglichkeiten für ihren Erfolg abzuleiten.

7.1.4 Gruppenprozesse

Die Gruppenprozesse als Verhaltensweisen, die in Arbeitsgruppen auftreten und den Input verarbeiten und in Output transformieren sollen, werden in der vorliegenden Untersuchung analog zu der in der Literatur getroffenen Unterscheidung in aufgaben- und beziehungsbezogene Prozesse unterteilt. **Aufgabenprozesse** in Arbeitsgruppen weisen einen klaren Leistungs- bzw. Ergebnisbezug auf, wobei die Aktivitäten zur Planung, Koordination und Ausführung der Gruppenaufgaben einer klaren Sachfunktion dienen. In Arbeitsgruppen stellen dabei die Definition eigener Ziele und Subziele, die Entwicklung praktikabler Arbeitspläne sowie das Setzen von Arbeitsprioritäten wichtige strukturierende Prozesse als Voraussetzung erfolgreicher Aufgabenerledigung dar. In der Literatur konnte gezeigt werden, dass Aufgabenprozesse auf die Erfüllung der geforderten organisationalen Standards hinsichtlich Qualität und Quantität von Ergebnissen, also der ökonomischen Erfolgsdimension von Arbeitsgruppen, positiven Einfluss nehmen. [651] **Beziehungsprozesse** auf der anderen Seite zielen auf die Schaffung und den Erhalt eines motivationsfördernden und zufriedenheitsstiftenden Gruppenarbeitsklimas. Hierzu gehören Prozesse des Kooperierens, des Teilens der Arbeitsbelastung und der sozialen Unterstützung. Die beziehungsrelevanten Prozesse sind dabei nachgewiesenermaßen eng mit der ökonomischen, sozialen und individuellen Erfolgsdimension von Gruppenarbeit verbunden. Ein gutes Arbeitsklima und gegenseitige Unterstützung fördern nicht nur die Fähigkeit einer Arbeitsgruppe, ihre gesetzten Ziele zu erreichen (ökonomische Erfolgsdimension) und auch in Zukunft zusammen arbeiten zu können (soziale Erfolgsdimension), sondern können ebenfalls individuelle Bedürfnisse erfüllen und Zufriedenheit stiften (individuelle Erfolgsdimension).[652] Über diese beiden Prozessarten hinaus wird in der vorliegenden Untersuchung weiterhin die Forderung aus der Vielfaltsforschung aufgegriffen, die zwischen der Vielfalt in Arbeitsgruppen und ihren Gruppenergebnissen mediierende Rolle von Kommunikation und Konflikten genauer zu spezifizieren. Hier gilt es, die Bedingtheit der Auswirkungen vor allem kultureller Vielfalt auf die Gruppenergebnisse durch Kommunikation und Konflikt zu überprüfen.

Kommunikation gilt als die Essenz sozialer Systeme und wurde in der Literatur zu Gruppen auch als Herzstück des Gruppenverhaltens beschrieben.[653] Sollen Arbeitsgruppen erfolgreich operieren, müssen ihre Mitglieder in der Lage sein, leicht und effizient miteinander zu kommunizieren.[654] Kommunikation in Arbeitsgruppen gilt dabei als das primäre Medium, durch welches Gruppenmitglieder Informationen transferieren und das ihnen erlaubt, komplexe Ideen schnell zu verarbeiten und einander sofortiges Feedback zu geben.[655] Kommunikation in Gruppen ist multidimensional und kann nach dem Grad ihrer Formalität

---

[651]   Vgl. Ancona & Caldwell (1992b), S. 323; Guzzo & Dickson (1996), S. 334.
[652]   Vgl. O'Reilly, Caldwell & Barnett (1989), S. 22; Ancona & Caldwell (1992b), S. 323; Campion, Medsker & Higgs (1993), S. 830; Smith et al. (1994), S. 414.
[653]   Vgl. Pinto & Pinto (1990), S. 201; Högl (1998), S. 78; Willke (2000), S. 37.
[654]   Vgl. Shaw (1981), S. 150; Willke (2000), S. 37.
[655]   Vgl. Zenger & Lawrence (1989), S. 354; Högl (1998), S. 78 f.

180 Konzeptioneller Bezugsrahmen der Untersuchung

bzw. Informalität und nach ihrem Fokus, intern vs. extern, unterschieden werden.[656] *Informelle Kommunikation* betrifft dabei den Grad, bis zu dem innerhalb Arbeitsgruppen weniger formale Kommunikationskanäle wie zum Beispiel spontane Konversationen oder unstrukturierte Meetings gegenüber eher formalen Kommunikationskanälen wie strukturierte Meetings oder schriftliche Kommunikation bevorzugt werden. Verwandt hiermit ist die Kommunikationshäufigkeit, die den Betrag der Kommunikation indiziert, sei sie nun von Angesicht zu Angesicht vermittelt, über Telefon, schriftliche Notizen oder über elektronische Medien. Da jedoch von einer informellen Kommunikation angenommen wird, dass sie die Ungezwungenheit und Häufigkeit des Kommunikationsflusses zwischen Gruppenmitgliedern entscheidend erleichtert und damit als Vorbedingung einer häufigen Kommunikation gelten kann,[657] soll in der vorliegenden Untersuchung der Fokus auf den Grad der Informalität der Kommunikation zwischen Gruppenmitgliedern gelegt werden. Auf der anderen Seite spielt die Richtung der Kommunikation, ob sie nun zwischen Gruppenmitgliedern, also intern, stattfindet, oder ob die Gruppenmitglieder mit Personen außerhalb ihrer Arbeitsgruppe, also extern, kommunizieren, eine ebenfalls wichtige Rolle bei der Analyse von Arbeitsgruppenprozessen. Allgemein wird angenommen, dass eine ausgeprägte *externe Kommunikation* die einer Arbeitsgruppe zur Verfügung stehende Informationsmenge und -vielfalt erhöht, was wiederum zu einer verbesserten Leistung der Gruppen insgesamt führt. Diese Vermutungen konnten in der Forschung auch bestätigt werden.[658] Daher sollen in der vorliegenden Untersuchung Ausmaß und Art der externen Kommunikation von multikulturellen Arbeitsgruppen mit aufgenommen werden, um zu überprüfen, ob die gefundenen Zusammenhänge auch für diese Gruppen gelten. Generell wird angenommen, dass die Kommunikation in multikulturell zusammengesetzten Arbeitsgruppen besonderen Herausforderungen ausgesetzt ist und ihr Gelingen einen entscheidenden Einfluss auf den Erfolg dieser Gruppen ausübt.

Aufgrund vielfältiger Interessen und Ziele, hochgradiger Vernetztheit der Abläufe und komplexer Interdependenzen in Unternehmen sind Konflikte generell und vor allen Dingen in Arbeitsgruppen unvermeidbar. **Konflikte** werden dabei als ein Bewusstsein der betroffenen Parteien bezüglich bestehender Diskrepanzen, inkompatibler Wünsche und unvereinbarer Anliegen zwischen ihnen beschrieben.[659] In der frühen Forschung zu Konflikten in Arbeitsgruppen wurden widersprüchliche Befunde generiert. Zum einen konnte gezeigt werden, dass Konflikte mit reduzierter Produktivität und Zufriedenheit in Gruppen assoziiert waren, andererseits wurden aber ebenso positive Konsequenzen von Konflikten, wie zum Beispiel die Verbesserung der Entscheidungsqualität oder gehaltvollere Problemlösungen, nachgewiesen.[660] Aufgrund dieser Widersprüchlichkeit kam man zurück auf eine schon in den fünfziger Jahren getroffene Unterscheidung zwischen Konflikten in Gruppen, die sich auf den Inhalt der Gruppenaufgabe bezogen, und Konflikten, die sich aus den zwischenmenschlichen Beziehungen zwischen Gruppenmitgliedern ergaben. Dementsprechend wurde nun Konflikt

---

[656] Vgl. Ancona & Caldwell (1992b), S. 324; Smith et al. (1994), S. 418.
[657] Vgl. Pinto & Pinto (1990), S. 208; Smith et al. (1994), S. 418; Högl (1998), S. 78 f.
[658] Vgl. Zenger & Lawrence (1989), S. 369; Ancona (1990), S. 337; Ancona & Caldwell (1992a), S. 660 f.; Ancona & Caldwell (1992b), S. 337.
[659] Vgl. Pelled (1996), S. 619; Amason (1996), S. 126; Jehn & Mannix (2001), S. 238.
[660] Vgl. McCain, O'Reilly & Pfeffer (1983), S. 628; Gladstein (1984), S. 512; Murray (1989), S. 127.

Variablenblöcke des Untersuchungsmodells 181

in Arbeitsgruppen als mehrdimensionales Konstrukt behandelt.[661] Typischerweise werden zwei Konflikttypen in Arbeitsgruppen betrachtet. Auf der einen Seite entstehen *Aufgaben-konflikte*, die definiert sind als die Wahrnehmung unter den Gruppenmitgliedern, dass in Bezug auf aufgabenbezogene Thematiken wie Wesen und Wichtigkeit der Aufgabenziele, Schlüsselentscheidungsfelder, Vorgehensweisen zur Aufgabenerledigung und Auswahl von Handlungsalternativen unterschiedliche Sichtweisen und Beurteilungen vorherrschen.[662] Es wird angenommen, dass Aufgabenkonflikte in Gruppen unvermeidbar sind, da verschiedene Gruppenmitglieder verschiedene Aspekte ihres Problemumfeldes wahrnehmen und sich daraus fast zwangsläufig Differenzen bezüglich der Handhabung der Probleme ergeben.[663] Dennoch wurden vor allem positive Konsequenzen von Aufgabenkonflikten für die Gruppen-ergebnisse festgestellt. Aufgabenkonflikte können sowohl Entscheidungen verbessern als auch die Gruppenproduktivität erhöhen, da die Ideensynthese, die sich aus dem Wettbewerb verschiedener Perspektiven innerhalb einer Arbeitsgruppe ergibt, den einzelnen, individuellen Perspektiven meist qualitativ überlegen ist.[664] Auf der anderen Seite können *Beziehungs-konflikte* in Arbeitsgruppen entstehen. Diese sind definiert als die Wahrnehmung von Gruppenmitgliedern, dass zwischenmenschliche Unstimmigkeiten vorliegen, die sich nicht auf die unmittelbare Aufgabenerledigung beziehen und durch Ärger, Misstrauen, Angst, Frustration und andere Formen negativen Affekts charakterisiert sind. Beziehungskonflikte in Arbeitsgruppen scheinen immer dann aufzutreten, wenn Meinungsverschiedenheiten bezüglich der Gruppenaufgabe als persönliche Kritik aufgefasst werden, dennoch können sie ebenso aufgabenunabhängig einfach als zwischenmenschliche Inkompatibilität empfunden werden.[665] Beinahe sämtliche Forschungsarbeiten zu Beziehungskonflikten in Arbeitsgruppen dokumentierten negative Auswirkungen sowohl auf die soziale und individuelle Erfolgs-dimension, also auf die Zufriedenheit und Bindung von Gruppenmitgliedern an die Arbeits-gruppe, als auch auf die ökonomische Erfolgsdimension, hier die Qualität von Gruppenent-scheidungen.[666] Dabei werden drei mögliche Arten beschrieben, wie sich Beziehungskonflikte auf die Gruppenleistung möglicherweise auswirken. Zum einen können Beziehungskonflikte die Informationsverarbeitungsfähigkeiten der Gruppe einschränken, da die Gruppenmitglieder ihre Zeit und Energie aufeinander fokussieren anstatt auf die Gruppenaufgabe. Zum zweiten können Beziehungskonflikte die kognitive Funktionsfähigkeit der Gruppe durch eine Er-höhung ihrer Stress- und Ängstlichkeitslevel behindern. Und zum dritten können Beziehungs-konflikte zu antagonistischen oder garstigen Attributionen des Verhaltens der anderen Grup-penmitglieder ermutigen, welche dann zu sich selbsterfüllenden Prophezeiungen gegen-seitiger Feindseligkeit und damit zur Konflikteskalation führen können.[667]

---

[661] Vgl. Guetzkow & Gyr (1954), S. 369; Amason (1996), S. 127; Jehn (1995), S. 258; Simons & Peterson (2000), S. 102.

[662] Vgl. Pelled (1996), S. 620; Amason (1996), S. 127; Jehn (1995), S. 259; Jehn (1997), S. 531.

[663] Vgl. Amason (1996), S. 127 f.; Jehn & Mannix (2001), S. 238.

[664] Vgl. Jehn (1995), S. 275; Jehn (1997), S. 532; Ayoko, Härtel & Callan (2001), S. A1.

[665] Vgl. Jehn (1995), S. 258 f.; (1997), S. 532; Pelled (1996), S. 620; Amason (1996), S. 129; Simons & Peterson (2000), S. 103; Von Glinow, Shapiro & Brett (2004), S. 578.

[666] Vgl. Jehn (1995), S. 258; Amason (1996), S. 129; Pelled (1996), S. 620.

[667] Vgl. Jehn (1995), S. 259; Simons & Peterson (2000), S. 103; Jehn & Mannix (2001), S. 240; Ayoko, Härtel & Callan (2001), S. A1.

182 Konzeptioneller Bezugsrahmen der Untersuchung

Obwohl beide Konfliktarten als voneinander unabhängig konzeptualisiert sind, treten häufig hohe Interkorrelationen zwischen diesen auf. Arbeitsgruppen, die von Aufgaben-konflikten berichten, berichten üblicherweise auch von Beziehungskonflikten, obwohl diese eher den Aufgabenkonflikten folgen als vice versa.[668] Dennoch ist es prinzipiell denkbar, dass beide Konfliktarten unabhängig voneinander auftreten können, daher sollen in der vorlie-genden Untersuchung beide Konfliktarten erhoben werden. Es gilt zu erfahren, ob kulturelle Vielfalt mit den Konflikten substanziell zusammenhängt und welche Konsequenzen sich daraus für den Gruppenerfolg ergeben. Im Zusammenhang damit soll außerdem betrachtet werden, ob die Konflikte innerhalb der Arbeitsgruppe gelöst werden können und vor allem, welchen Einfluss kulturelle Wertevielfalt auf das Ausmaß der *Konfliktlösung* in einer Arbeitsgruppe hat, was wiederum vermutlich mit dem Erfolg von multikulturellen Arbeits-gruppen zusammenhängt.

Insgesamt beschreiben die aufgeführten Merkmale wichtige Gruppenprozesse, die prinzi-piell in allen Arten von organisationalen Arbeitsgruppen auftreten. Es wird davon ausge-gangen, dass sämtliche Inputfaktoren die Prozesse maßgeblich formen, ja dass sich die Aus-wirkungen der Inputfaktoren auf den Gruppenoutput im Grunde nur über die Verarbeitung, d.h. die ablaufenden Prozesse in Arbeitsgruppen entfalten können. In der vorliegenden Unter-suchung sind aber auch hier die Aus- und Wechselwirkungen der kulturellen Wertevielfalt in Arbeitsgruppen mit den Prozessen in Hinblick auf den Gruppenerfolg von primärem Interesse. Es gilt, die neuralgischen Punkte multikultureller Gruppenarbeit aufzuzeigen, um Empfehlungen für spezifische Prozessinterventionen in multikulturellen Arbeitsgruppen ableiten zu können.

7.1.5 Gruppenerfolg

Die Outputvariablen schließlich, die den Erfolg multikultureller Gruppenarbeit beschreiben, stellen insgesamt ein Ergebnis sämtlicher Inputmaße und Prozesse dar, also der spezifischen Gruppenkonfigurationen und der ihr inne wohnenden Interaktionsdynamiken. In Anlehnung an die in der Gruppenforschung etablierten Erfolgskriterien wird hier zwischen dem ökono-mischen und dem sozialen Erfolg von Arbeitsgruppen unterschieden. Während der ökono-mische Gruppenerfolg das Ausmaß beschreibt, bis zu dem das produktive Ergebnis einer Arbeitsgruppe die organisationalen Leistungsstandards für Qualität und Quantität erfüllt, be-trifft der soziale Erfolg von Arbeitsgruppen den Grad, bis zu dem die sozialen Prozesse inner-halb einer Arbeitsgruppe die Fähigkeiten der Gruppenmitglieder aufrecht erhält und verbes-sert, auch in folgenden Gruppenaufgaben erfolgreich miteinander zu arbeiten. In der Literatur wurde noch eine dritte Erfolgsdimension von Gruppenarbeit genannt, die sich auf den Grad bezieht, bis zu dem die Gruppenarbeit auch persönliche Bedürfnisse der Gruppenmitglieder erfüllt.[669] Häufig jedoch wird nicht exakt zwischen den sozialen und den individuellen Erfolgskriterien unterschieden, da sie sehr eng zusammenhängen. Eine hohe Zufriedenheit mit der Gruppenarbeit oder ein stark empfundener Gruppenzusammenhalt ist meist schon ein Ausdruck dafür, dass mit der Gruppenarbeit auch persönliche Bedürfnisse wie z.B. ein Zuge-

---

[668] Vgl. Jehn (1995), S. 260; Pelled (1996), S. 620; Simons & Peterson (2000), S. 103.
[669] Vgl. Hackman (1987), S. 323; McGrath (1991), S. 156.

Variablenblöcke des Untersuchungsmodells 183

hörigkeitsbedürfnis oder der Wunsch nach sinnstiftender Identität erfüllt sind.[670] Aus diesem Grunde sollen in der vorliegenden Untersuchung nur die ökonomischen und sozialen, nicht aber die individuellen Erfolgskriterien der Gruppenarbeit mit aufgenommen werden, da die Ergebnisse multikultureller Zusammenarbeit auf Gruppenebene von primärem Interesse sind.

Um vergleichbare ökonomische Erfolgsmaße multikultureller Gruppenarbeit über alle Gruppen und Aufgaben hinweg zu gewinnen, muss in der vorliegenden Untersuchung auf subjektive Einschätzungen des ökonomischen Gruppenerfolgs durch die Beteiligten zurückgegriffen werden. Unter den Prämissen hoher Aufgabenkomplexität und multikultureller Gruppenzusammensetzung spielen dabei drei Facetten des **ökonomischen Gruppenerfolgs** eine besondere Rolle. Dies betrifft zum einen die wahrgenommene *Effektivität von gewählten Aufgabenstrategien*. Aufgabenstrategien beinhalten „the choices members make about how they will go about performing a given group task".[671] Eine Arbeitsgruppe kann sich dazu entscheiden, seine Anstrengungen auf Aufgabenaktivitäten zu richten, die sich auf die Qualität des Outputs beziehen. Die Gruppenmitglieder können sich aber auch Vorgehensweisen überlegen, mit denen sie ihre Anstrengungen effektiver koordinieren können, um arbeitsbezogene Energieverschwendung zu minimieren. Oder aber sie können sich dazu entschließen, Aspekte des Aufgabenumfeldes genauer zu prüfen, so dass sie ihre Aufgabenstrategien sich verändernden Aufgabeneinschränkungen bzw. -gelegenheiten besser anpassen können. Damit Arbeitsgruppen effektive Aufgabenstrategien überhaupt anwenden, müssen die Gruppenmitglieder die Anforderungen der Gruppenaufgabe und die ihnen zur Verfügung stehenden Ressourcen zunächst einmal wahrnehmen und dann basierend auf dieser Wahrnehmung ihre jeweiligen Aufgabenstrategien entwickeln.[672] Also werden Gruppenmitglieder die Effektivität der gewählten Aufgabenstrategien auf der Grundlage des Ausmaßes einschätzen, bis zu dem ihre Strategien den Anforderungen der Aufgabe und der kulturell vielfältigen Zusammensetzung gerecht werden. Auch aus diesem Grunde empfiehlt sich die Verwendung eines subjektiven Erfolgsmaßes. Die zweite Facette des ökonomischen Gruppenerfolgs bezieht sich direkt auf die Kommunikation zwischen Gruppenmitgliedern, die ja zwischen kulturell diversen Mitgliedern erheblich schwieriger sein kann. Hier soll die wahrgenommene *Effektivität der Kommunikation* zwischen Gruppenmitgliedern erfasst werden, die den Grad betrifft, inwieweit die Gruppenmitglieder frei und offen miteinander kommunizieren und sprachliche Missverständnisse überwinden können.[673] Von einer effektiven Kommunikation in Arbeitsgruppen wird angenommen, dass sie einen großen Anteil an dem Gruppenerfolg hat.[674] Aber auch hier müssen die Gruppenmitglieder als Experten gelten, weswegen sich die subjektive Einschätzung empfiehlt. Das dritte Maß für den ökonomischen Erfolg von Arbeitsgruppen betrifft schließlich die generelle *Einschätzung der Gruppenleistung* anhand konkreter Merkmale. Hierzu gehören die Einschätzung der Effizienz und der Qualität der Gruppenarbeit, die Einschätzung der Innovativität, der Terminsicherheit und der Einhaltung von Budgets und schließlich die Einschätzung der Arbeitsexzellenz. Die Gruppenleistung gilt also als multi-

---

[670] Vgl. Campion, Medsker & Higgs (1993), S. 825; Guzzo & Dickson (1996), S. 313; Shaw, Duffy & Stark (2000), S. 260; Van der Vegt, Emans & Van de Vliert (2001), S. 54.

[671] Hackman & Oldham (1980), S. 179.

[672] Vgl. Hackman (1987), S. 323; Saavedra, Earley & Van Dyne (1993), S. 64.

[673] Vgl. Earley & Mosakowski (2000), S. 34.

[674] Vgl. Ancona & Caldwell (1992b), S. 324; Earley & Mosakowski (2000), S. 40.

184 Konzeptioneller Bezugsrahmen der Untersuchung

dimensionales Konzept, obwohl sie in Arbeitsgruppen häufig als etwas Einheitliches empfunden wird.[675] Auch hier lassen sich Argumente finden, die für eine subjektive Einschätzung der Gruppenleistung durch die Beteiligten sprechen. Zum einen betrifft dies die Vergleichbarkeit und Übereinstimmung von Daten in Bezug auf die Gruppenleistung über verschiedene Arbeitsgruppen und Unternehmen hinweg. Es ist leicht denkbar, dass in verschiedenen Unternehmen verschiedene Kennzahlen und Systeme zur Prüfung der Wirtschaftlichkeit der Leistungsträger vorherrschen und dass darüber hinaus selbst von Arbeitsgruppe zu Arbeitsgruppe innerhalb eines Unternehmens verschiedene Prüfsysteme angewendet werden können.[676] Objektive Daten, die hier zu gewinnen wären, sind vermutlich über Unternehmen und Arbeitsgruppen hinweg nicht konsistent. Dies ist ein Grund für die Wahl subjektiver Leistungseinschätzungen. Das zweite Argument für eine subjektive Einschätzung der Gruppenleistung liegt darin begründet, dass solche Einschätzungen häufig für Budget- und Beförderungsentscheidungen herangezogen werden, dass sie in engem Zusammenhang mit der Bewertung der finanziellen Leistungsfähigkeit stehen und dass objektivere Leistungsdaten häufig aus den Ergebnissen subjektiver Einschätzungen folgen.[677] Die subjektive Beurteilung der Gruppenleistung stellt also ein adäquates Mittel zur Erfassung des ökonomischen Erfolgs von Arbeitsgruppen dar.

Der **soziale Erfolg** von Arbeitsgruppen betrifft dagegen das Gruppenwohlbefinden und das Ausmaß, bis zu dem für die Gruppenmitglieder aus der Gruppenarbeit affektiv positive Konsequenzen resultieren.[678] Die primäre Referenzdomäne für die affektiven Konsequenzen stellt dabei die Arbeitsgruppe als Ganzes dar, deshalb das Erfolgsattribut „sozial" im Gegensatz zum individuellen oder persönlichen Erfolg. Drei häufig genannte Facetten des sozialen Erfolges von Arbeitsgruppen sollen deshalb in der vorliegenden Untersuchung herangezogen werden. Dies betrifft zum einen die generelle *Zufriedenheit mit der Gruppenarbeit*. Tatsächlich ist Arbeitszufriedenheit eines der am häufigsten genannten und untersuchten Arbeitserfolgsmaße und nach Locke und Henne definiert als: „The achievement of one's job values in the work situation results in the pleasurable emotional state known as job satisfaction."[679] Auch im Kontext von Gruppenarbeit gilt die Gruppenzufriedenheit als eines der primären Erfolgsmaße.[680] Es wird argumentiert, dass die gemeinsame Arbeit an einer Aufgabe Kamerad- und Freundschaft fördern und darüber das Zugehörigkeitsgefühl der Gruppenmitglieder stärken kann, sämtlich Attribute, welche die Zufriedenheit mit der Gruppenarbeit potenziell erhöhen.[681] Eng verwandt mit der Gruppenarbeitszufriedenheit ist das Ausmaß der individuellen Bindung an die Arbeitsgruppe.[682] *Gruppenbindung* ist dabei definiert als die relative Stärke der Identifikation eines Individuums mit und seiner Beteiligung an eine(r)

---

[675] Vgl. Ancona & Caldwell (1992b), S. 329.
[676] Vgl. Henderson & Lee (1992), S. 768.
[677] Vgl. Caldwell & Ancona (1991), S. 164; Ancona & Caldwell (1992b), S. 324.
[678] Vgl. Hackman (1987), S. 323; McGrath (1991), S. 156; Kirkman & Rosen (1999), S. 63.
[679] Locke & Henne (1986), S. 21.
[680] Vgl. Gladstein (1984), S. 502; Gresov, Drazin & Van de Ven (1989), S. 46; Campion, Medsker & Higgs (1993), S. 825; Cohen & Bailey (1997), S. 244; Earley & Mosakowski (2000), S. 35.
[681] Vgl. Campion, Medsker & Higgs (1993), S. 836; Kirkman & Rosen (1999), S. 63; Van der Vegt, Emans & Van de Vliert (2000), S. 637.
[682] Vgl. Kirkman & Rosen (1999), S. 63; Van der Vegt, Emans & Van de Vliert (2000), S. 636; Pearce & Herbik (2004), S. 295.

Variablenblöcke des Untersuchungsmodells 185

Arbeitsgruppe. Inhaltlich wird das Konzept der Gruppenbindung durch die folgenden Faktoren charakterisiert: a) einen starken Glauben an und Akzeptanz von Ziele(n) und Werte(n) einer Arbeitsgruppe, b) die Bereitschaft, für die Arbeitsgruppe erhebliche Anstrengungen zu unternehmen und c) einen starken Wunsch, Mitglied der Arbeitsgruppe zu bleiben, was einer hohen emotionalen Bindung an die Arbeitsgruppe gleichkommt.[683] In der Literatur zur Gruppenarbeit konnte gezeigt werden, dass eine starke Gruppenbindung mit verstärktem prosozialem und der Arbeitsgruppe zuträglichem Verhalten einhergeht, was deutlich zu der Fähigkeit einer Gruppe beiträgt, auch zukünftig erfolgreich zusammen arbeiten zu können.[684] Aus diesem Grunde soll das Ausmaß der Gruppenbindung in die vorliegende Arbeit mit aufgenommen werden. Die dritte Facette des sozialen Erfolgs von Arbeitsgruppen betrifft schließlich die *Zuversicht* der Gruppenmitglieder, dass sie gemeinsam als Arbeitsgruppe ihre Aufgaben erfolgreich erledigen können. Diese Zuversicht wird auch häufig „Teamgeist" oder „Esprit de Corps" genannt[685] und stellt die Gruppenebenenanalogie zur individuellen Selbstwirksamkeit dar, die den Glauben an die eigene Wirksamkeit beschreibt.[686] Dennoch unterscheidet sich Gruppenzuversicht von Selbstwirksamkeit. Das Erleben von Selbstwirksamkeit stellt eine private, individuelle Erfahrung dar, während die Gruppenzuversicht eine sich kollektiv entwickelnde Erfahrung betrifft. Außerdem bezieht sich die individuelle Selbstwirksamkeit auf eine spezifische Aufgabenleistung, wohingegen sich die Gruppenzuversicht auf eine generalisierte Gruppeneffektivität bezieht.[687] In der vorliegenden Untersuchung soll die Gruppenzuversicht als soziales Erfolgskriterium aufgenommen werden, da plausibel argumentiert worden ist, dass Mitglieder in hinsichtlich ihrer Erfolgswirksamkeit zuversichtlichen Arbeitsgruppen mehr Anstrengungsbereitschaft und Hingabe an die Gruppe demonstrieren würden und damit der sozialen Erfolgsdimension Vorschub leisteten.[688]

Insgesamt beschreiben damit die aufgeführten Merkmale die hier verwendeten Erfolgsvariablen multikultureller Gruppenarbeit, wobei auch diese prinzipiell für alle Arten von organisationalen Arbeitsgruppen gelten können. Dennoch wird davon ausgegangen, dass durch die spezifische kulturell heterogene Gruppenkonfiguration und die ihr innewohnenden Interaktionsdynamiken jene Dimensionen multikultureller Gruppenarbeit identifiziert werden können, die besondere Erfolgswirksamkeit versprechen und auf die bei der Handhabung von multikultureller Gruppenarbeit in Unternehmen deshalb speziell geachtet werden sollte.

7.1.6 Grundlegende Annahmen zum Untersuchungsgegenstand

Grundsätzlich wird in der vorliegenden Untersuchung davon ausgegangen, dass die Kontextmerkmale sowohl die Gruppenprozesse beeinflussen als auch einen direkten Zusammenhang mit dem ökonomischen und sozialen Erfolg aufweisen. Es wird jedoch angenommen, dass dieser Zusammenhang von der Gruppenstruktur moderiert wird. Hintergrund der Annahme ist

---

[683] Vgl. Bishop, Scott & Burroughs (2000), S. 1114.
[684] Vgl. Kirkman & Rosen (1999), S. 69; Bishop, Scott & Burroughs (2000), S. 1128; Pearce & Herbik (2004), S. 304.
[685] Campion, Medsker & Higgs (1993), S. 830.
[686] Vgl. Gibson (1999), S. 138.
[687] Vgl. Kirkman & Rosen (1999), S. 59.
[688] Vgl. Hackman (1987), S. 323.

186 Konzeptioneller Bezugsrahmen der Untersuchung

die zentrale Aussage der strukturellen Kontingenztheorie, dass die Struktur einer Arbeitseinheit den Anforderungen ihres Kontextes entsprechen muss, damit sie erfolgreich operiert. An dieser Stelle interessiert die Interaktion der kulturellen Vielfalt mit den Kontextvariablen in Hinblick auf den Erfolg. In der Entwicklung der Hypothesen wird sich dabei auf eine spezielle Variante des Interaktionsansatzes, nämlich der „Supplies-Values-Fit-Perspektive" gestützt, die als ein Aspekt des Personen-Umwelt-Fits darauf verweist, dass eine Entsprechung (Fit) zwischen den Werten eines Individuums und den Merkmalen, die der Aufgabenkontext bereitstellt, in optimalen Ergebnissen resultieren kann.[689] Weiterhin wird angenommen, dass die Gruppenstruktur neben ihrer Moderation des Kontext-Erfolgszusammenhangs die Gruppenprozesse maßgeblich beeinflusst. Eine Zusammenhangsvermutung zwischen Gruppenstruktur und -erfolg scheint unangebracht, da die Auswirkungen oder Konsequenzen von Größe und Vielfalt in einer Arbeitsgruppe, vor allen Dingen von der nicht auf Anhieb erkennbaren kulturellen Wertevielfalt, erst über bestimmte Verhaltensweisen in der Interaktion mit den anderen Gruppenmitgliedern deutlich werden. Diese fehlende Verbindung zwischen Vielfalt und Gruppenergebnissen wurde in der Forschung auch schon häufiger festgestellt.[690] Außerdem wird ein besonderer Schwerpunkt der vorliegenden Untersuchung auf den Einfluss der Gruppenmanagementvariablen hinsichtlich multikultureller Gruppenarbeit gelegt. Es wird davon ausgegangen, dass die Merkmale des Gruppenmanagements neben ihrem direkten Einfluss auf die Gruppenprozesse die Effekte der Gruppenstruktur, vor allem die der kulturellen Vielfalt auf die Gruppenprozesse moderieren. Hier kommen die Annahmen zum Gestaltungspotenzial der Gruppenmanagementvariablen zum Tragen, denn es gilt herauszufinden, bei welchen Führungs-, Organisations- und Planungstechniken das Potenzial multikultureller Arbeitsgruppen tatsächlich ausgeschöpft werden kann. Außerdem sollen hieraus konkrete Handlungsempfehlungen für das Management multikultureller Gruppenarbeit abgeleitet werden, die vor allem für die Praxis von großer Bedeutung sein können.

---

[689] Vgl. Edwards (1996), S. 294; Shaw, Duffy & Stark (2000), S. 260.
[690] Vgl. Jehn, Northcraft & Neale (1999), S. 756 ff.; Knight et al. (1999), S. 459; Pelled, Eisenhardt & Xin (1999), S. 20 ff.; Ruigrok & Wagner (2001), S. 18 f.

7.2 Hypothesenkomplexe der Untersuchung

In dem oben dargestellten Untersuchungsmodell sind die vermuteten Hauptzusammenhangslinien nummeriert. Sie kennzeichnen die jeweils detailliert herzuleitenden Hypothesenkomplexe. Dies soll im folgenden Abschnitt dieser Schrift geschehen, wobei der Schwerpunkt der Hypothesenherleitung und -begründung auf den Aus- bzw. Wechselwirkungen der kulturellen Wertevielfalt in Arbeitsgruppen mit den für diese zentralen Variablenblöcke gelegt wird, da die Erkenntnisziele der vorliegenden Untersuchung in **Erklärungsgrößen** und möglichen **Gestaltungsformen** erfolgreicher multikultureller Arbeitsgruppen liegen. Also betrifft dies den Hypothesenkomplex 2, der die Moderation der Kontext-Erfolgs-Zusammenhänge durch die Gruppenstruktur beinhaltet, den Hypothesenkomplex 4, der die Zusammenhänge zwischen der Gruppenstruktur und den Gruppenprozessen enthält, die Hypothesenkomplexe 5 und 6, welche zum einen den Einfluss der Gruppenmanagements auf die Gruppenprozesse (Hypothesenkomplex 5) und zum anderen die Moderation der Struktur-Prozesszusammenhänge durch das Gruppenmanagement (Hypothesenkomplex 6) beschreiben und schließlich konsequenterweise den Hypothesenkomplex 7, der die zentralen Zusammenhänge zwischen den Gruppenprozessen und dem Erfolg multikultureller Arbeitsgruppen abbildet. Für die anderen Hypothesenkomplexe existieren in der Mehrzahl bereits ausreichend Studien, die gesicherte Befunde enthalten, so dass die Überprüfung dieser eher eine Wiederholung bzw. Einbettung in die gängige Gruppenforschung darstellt. Nichtsdestotrotz sollen sämtliche vermuteten Zusammenhänge aufgeführt werden.

7.2.1 Hypothesenkomplex 1: Kontext-Erfolgs-Zusammenhänge

Generell gilt die Annahme, dass die Ausgestaltung des Kontexts, in den multikulturelle Arbeitsgruppen eingebettet sind, wichtige Implikationen für den Gruppenerfolg enthält. Dabei wird vermutet, dass die einzelnen Kontextmerkmale differenzielle Zusammenhänge mit dem Gruppenerfolg aufweisen.

7.2.1.1 Zusammenhang zwischen Aufgabenunsicherheit und Erfolg

Aufgabenunsicherheit, als das erste und eines der wichtigsten Kontextmerkmale, die erheblichen Einfluss auf den Erfolg multikultureller Arbeitsgruppen nehmen, beschreibt den Grad der Aufgabenschwierigkeit und der Aufgabenvariabilität der Gruppenaufgabe. Eine Gruppenaufgabe ist dann unsicher, wenn ihre Teilaufgaben unklar sind oder nicht vollständig von den Gruppenmitgliedern verstanden werden können und/oder wenn die Bearbeitung der Teilaufgaben immer wieder Probleme erzeugt und diese Probleme nur mit einem erheblichen Mehraufwand an Zeit zu lösen sind. Darüber hinaus sind Gruppenaufgaben unsicher, wenn sich die Teilaufgaben von Tag zu Tag unterscheiden; wenn bei ihrer Bearbeitung oft Ausnahmen auftreten und zu ihrer Lösung verschiedene Methoden angewendet werden müssen.[691]

Eine unsichere Gruppenaufgabe kann also für die Gruppenmitglieder bedeuten, dass die Vorgehensweisen und Methoden zur Aufgabenerledigung ebenfalls unklar sind, was

---

[691] Vgl. Van de Ven & Delbecq (1974), S. 183 f.; Whitey, Daft & Cooper (1983), S. 46; Gresov (1989), S. 452.

188 Konzeptioneller Bezugsrahmen der Untersuchung

tendenziell dazu führen könnte, dass Zwischenschritte und Zwischenergebnisse in der Aufgabenerledigung mehrdeutig interpretierbar sind, woraus wiederum folgen könnte, dass die Gruppenmitglieder kein klares Feedback zu ihrer Arbeitsweise erhalten. Außerdem bietet eine hohe Unsicherheit der Gruppenaufgabe keine konkrete Handlungsanleitung und damit keine Korrekturmöglichkeit, so dass möglicherweise erst relativ spät festgestellt werden kann, ob die Aufgabe richtig bearbeitet wurde oder nicht. Es fehlt die Beurteilungsgrundlage, anhand derer festgestellt werden könnte, ob für die Bearbeitung der Aufgabe die richtige Strategie gewählt wurde. Wenn zudem bei der Aufgabenbearbeitung immer wieder Probleme auftauchen, deren Lösung viel Zeit und kognitive Ressourcen erfordert, könnten diese Unterbrechungen die Konzentration der Gruppenmitglieder stören und ihnen insgesamt ein Gefühl der Nichtkontrollierbarkeit von Ereignissen vermitteln. Eine hohe Aufgabenunsicherheit impliziert also nicht nur erschwerte Aufgabenbearbeitungsbedingungen, sondern führt ebenfalls zu einer unsichereren Einschätzung der generellen Erfolgwirksamkeit der Aufgabenbearbeitung durch die Arbeitsgruppe.[692] Diese Schwierigkeiten in der Erledigung einer unsicheren Gruppenaufgabe können weiterhin dazu führen, dass über die Nichteinschätzbarkeit des ökonomischen Erfolges das Gruppenklima leidet. Eine hohe Aufgabenunsicherheit kann dazu führen, dass die Gruppenmitglieder unzufriedener mit ihrer Arbeitssituation und mit ihrer Leistung sind, dass sie aufgrund der schwierigen Vorhersagbarkeit von Aufgabenergebnissen keine Zuversicht in die Gruppenfähigkeiten entwickeln und daher auch nur wenig Verbundenheit mit der Arbeitsgruppe empfinden.[693] Diese Überlegungen gelten prinzipiell für alle Arten von Arbeitsgruppen, sollten jedoch für multikulturell zusammengesetzte Gruppen besonders zutreffen, da aufgrund der kulturellen Wertevielfalt in ihrer Zusammensetzung noch ein zusätzliches Moment an Unsicherheit in die Aufgabenarbeit einfließt. Folgende Hypothese wird aufgestellt:

H-1-I: Aufgabenunsicherheit steht in einem negativen Zusammenhang mit dem ökonomischen und sozialen Erfolg einer multikulturellen Arbeitsgruppe.

7.2.1.2 Zusammenhänge zwischen Arbeitsgestaltung und Erfolg

Die vermuteten Zusammenhänge zwischen den drei Gruppenarbeitsgestaltungsmerkmalen Gruppenautonomie, Partizipationsmöglichkeiten und Aufgabenidentität gründen sich auf extensiver Forschung und stellen daher im Rahmen dieser Untersuchung eher eine Replikation relativ gesicherter Erkenntnisse für den besonderen Fall ,multikulturelle Arbeitsgruppe' dar. Die drei Merkmale beschreiben motivationsbezogene Rahmenbedingungen der Gruppenarbeit. Wie bereits dargestellt, gehören Gruppenautonomie und Partizipationsmöglichkeiten prinzipiell eher den organisationsbezogenen Variablen von Arbeitsgruppen an, da von dem Unternehmen bzw. den Führungskräften der Arbeitsgruppen das Ausmaß an Gruppenautonomie und zur Entscheidungspartizipation vermutlich vorgegeben wird. Dennoch sollen sie an dieser Stelle als strukturelle Merkmale des die Arbeitsgruppen unmittelbar umgebenden Kontexts behandelt werden, mit denen die Arbeitsgruppen konfrontiert sind und die sie handhaben müssen. Dabei wird davon ausgegangen, dass ein hoher Grad an Handlungs-

---

[692] Vgl. Whitey, Daft & Cooper (1983), S. 46; Gibson (1999), S. 140; Tschan et al. (2000), S. 368.
[693] Vgl. Hackman (1987), S. 324; Cohen & Bailey (1997), S. 244; Tesluk & Mathieu (1999), S. 203.

Hypothesenkomplexe der Untersuchung

189

autonomie auf der Gruppenebene, weit reichende Partizipationsmöglichkeiten und eine hohe Aufgabenidentität Vertrauen in die Aufgabenerledigungskompetenz der Arbeitsgruppe signalisiert und damit die Leistungsmotivation der Gruppenmitglieder erheblich steigert. Diese wiederum ist stark mit dem Erfolg von Gruppenarbeit assoziiert.[694] Ein höheres Ausmaß an Handlungsautonomie, explizite Möglichkeiten zur Entscheidungspartizipation und eine eigenständige, von anderen Arbeiten abgegrenzte Aufgabe ermöglichen es einer Arbeitsgruppe, sich uneingeschränkter zu koordinieren und abzusprechen, auftretende Probleme schneller zu lösen und an für die Arbeitsgruppe wichtigen Entscheidungen maßgeblich teilzuhaben. Aufgabenstrategien können besser umgesetzt, die Kommunikation kann zielführender ausgerichtet und die Gesamtleistung der Gruppe erheblich gesteigert werden.[695] Weiterhin kann ein hohes Maß an Gruppenautonomie, Partizipationsmöglichkeiten und Aufgabenidentität durch ihre Verstärkung des Verantwortungsgefühls der Arbeitsgruppe für ihre jeweiligen Aufgaben in einer erhöhten Zufriedenheit mit der Gruppenarbeitssituation, einer stärkeren Bindung an die Arbeitsgruppe und in einer größeren Zuversicht der Erfolgswirksamkeit der Gruppenarbeit resultieren.[696] Die folgende Hypothese soll daher überprüft werden.

H-1-II: Gruppenautonomie, Partizipationsmöglichkeiten und Aufgabenidentität stehen in einem positiven Zusammenhang mit dem ökonomischen und dem sozialen Erfolg einer multikulturellen Arbeitsgruppe.

7.2.1.3 Zusammenhänge zwischen den Interdependenzen und dem Erfolg

Die Interdependenzen, denen eine Arbeitsgruppe unterliegt, verbinden innere und äußere Bedingungen der Gruppenarbeit, wobei in der vorliegenden Untersuchung vier Arten von Interdependenzen unterschieden werden. Aufgaben-, Ziel- und Ergebnisinterdependenz betreffen den Grad der Vernetztheit der gruppeninternen Zusammenarbeit in Arbeitsgruppen, während sich die externe Abhängigkeit einer Arbeitsgruppe auf den Grad der Eingebundenheit der Arbeitsgruppe in die sie umgebende Gesamtorganisation bezieht.[697]

Die internen Interdependenzen wurden häufig gemeinsam und interaktiv im Zusammenhang mit Gruppenergebnissen untersucht, jedoch lassen sich einzelne, direkte Zusammenhänge extrahieren, welche die folgenden Hypothesenbildungen leiten.

Zum Beispiel konnte häufig ein positiver Zusammenhang zwischen der Aufgabeninterdependenz und ökonomischen als auch sozialen Erfolgsmaßen von Gruppenarbeit festgestellt werden. Da Aufgabeninterdependenz als der Grad definiert ist, bis zu dem Gruppenmitglieder Materialien, Informationen und Expertisen miteinander teilen müssen, um ihre Gruppenaufgabe erfolgreich zu erledigen, bedeutet eine hohe Aufgabeninterdependenz zwischen den Teilaufgaben einer Arbeitsgruppe eine notwendige gegenseitige Unterstützung und Koope-

---

[694] Vgl. Hackman (1987), S. 324; Campion, Medsker & Higgs (1993), S. 826; Kirkman & Rosen (1999), S. 59.

[695] Vgl. Hackman (1987), S. 324; Cohen & Ledford (1994), S. 14; Kirkman & Rosen (1999), S. 59; Högl (1998), S. 104; Gemünden & Högl (2001), S. 51.

[696] Vgl. Cordery, Mueller & Smith (1991), S. 473; Campion, Medsker & Higgs (1993), S. 826; Stock (2004), S. 280.

[697] Vgl. Guzzo & Dickson (1996), S. 308; Van der Vegt, Emans & Van de Vliert (2000), S. 634.

190 Konzeptioneller Bezugsrahmen der Untersuchung

ration.[698] Je mehr also die Erledigung der jeweiligen Teilaufgaben von der Erledigung der Teilaufgaben der anderen Gruppenmitglieder abhängt, desto eher müssen Gruppenmitglieder miteinander zusammen arbeiten. In der Literatur konnte gezeigt werden, dass eine hohe Aufgabeninterdependenz mit der Gruppenzufriedenheit und der Gruppenbindung, aber auch mit der Gruppenleistung positiv assoziiert ist.[699] Begründet wurden diese Befunde vor allem mit dem Effekt der sozialen Erleichterung ('social facilitation'). Im Gegensatz zum Effekt des sozialen Faulenzens ('social loafing', siehe auch Abschnitt 4.2.3.1 dieser Schrift) ist der Effekt der sozialen Erleichterung ein Resultat der Motivation von Personen, in der Gegenwart Anderer ein positives Selbstbild aufrechtzuerhalten. Dies besonders, wenn die Anderen als potenzielle Gutachter oder Beurteiler wahrgenommen werden. Die reine Gegenwart anderer Personen, die Möglichkeit, durch diese anderen Personen begutachtet zu werden und die Motivation, ein positives Selbstbild aufrechtzuerhalten, bedingen also den sozialen Erleichterungseffekt.[700] In einer Arbeitsgruppe sind die Mitglieder – wenn es keine virtuelle Arbeitsgruppe darstellt – unmittelbar präsent. Da die Gruppe eine gemeinsame Aufgabe hat, bei deren Gesamterledigung jedes Gruppenmitglied von seinen anderen Gruppenmitgliedern abhängt, kann jedes Gruppenmitglied potenziell zum Begutachter der Teilaufgabenerledigung der anderen Gruppenmitglieder werden. Da es zusätzlich den meisten Menschen ein starkes inneres Bedürfnis ist, ein positives Selbstbild zu entwickeln und aufrechtzuerhalten, kann also eine hohe Aufgabeninterdependenz den sozialen Erleichterungseffekt auslösen und die Gruppenmitglieder stark dazu anhalten, sich gegenseitig die Unterstützung zu gewähren, die notwendig für eine erfolgreiche Aufgabenerledigung ist.[701] Außerdem führt eine gegenseitige Unterstützung und Kooperation zu einem verbesserten Gruppenklima und kann die Zufriedenheit mit, die Bindung an und auch die Erfolgszuversicht eine(r) Arbeitsgruppe erheblich stärken. In der Tat konnte dies in der Forschung zu nicht vielfältig zusammengesetzten Arbeitsgruppen auch bestätigt werden[702], deshalb wird prinzipiell vom selben Zusammenhang auch für multikulturelle Arbeitsgruppen ausgegangen. Die folgende Hypothese lautet demnach:

H-1-IIIa: In multikulturellen Arbeitsgruppen steht Aufgabeninterdependenz in einem positiven Zusammenhang mit dem ökonomischen und sozialen Gruppenerfolg.

Weniger umfangreich dagegen ist die Literatur zur „reinen" Zielinterdependenz in Arbeitsgruppen als das zweite, interne Gruppeninterdependenzmaß. Die Zielinterdependenz bezieht sich dabei auf das Ausmaß der Verbindungen zwischen Gruppenmitgliedern, die durch den Zieltyp impliziert werden und bezeichnet den Grad, inwieweit die Erreichung der individuellen Ziele der Gruppenmitglieder an die Erreichung der Gruppenziele geknüpft ist. Aufgabenziele fungieren als Anleitung für das Leistungsverhalten, wobei ihr Einfluss auf die Leistung sowohl als motivationaler Einfluss als auch im Sinne von erhöhter Sensibilität in der

---

[698] Vgl. Campion, Medsker & Higgs (1993), S. 826 f.; Wageman (1995), S. 146; Van der Vegt, Emans & Van de Vliert (1999), S. 203; Van der Vegt, Emans & Van de Vliert (2000), S. 634.

[699] Vgl. Shaw, Duffy & Stark (2000), S. 269 ff.; Van der Vegt, Emans & Van de Vliert (2000), S. 649; Van der Vegt, Emans & Van de Vliert (2001), S. 63.

[700] Vgl. Erez & Somech (1996), S. 1514.

[701] Vgl. Shaw, Duffy & Stark (2000), S. 269 ff.; Van der Vegt, Emans & Van de Vliert (2000), S. 649; Tschan et al. (2000), S. 371; Van der Vegt, Emans & Van de Vliert (2001), S. 63.

[702] Vgl. Kirkman & Rosen (1999), S. 69; Bishop, Scott & Burroughs (2000), S. 1128; Pearce & Herbik (2004), S. 304.

Hypothesenkomplexe der Untersuchung 191

Wahrnehmung bestimmter Aufgabenstrategien verstanden werden kann. Ziele (individuelle oder gruppenbasierte) lenken Ressourcen in Richtung Arbeitsleistung (individuell oder gruppenbasiert). Die Strategie zur Nutzung mobilisierter Ressourcen hängt dabei davon ab, ob durch das Ziel individuelle oder kollektive Handlungen impliziert werden.[703] Arbeitsgruppen werden üblicherweise Aufgaben zugewiesen, die eine einzelne Person nicht alleine erledigen kann, was bedeutet, dass das Aufgabenziel ein Gruppenziel darstellt. In der Literatur konnte gezeigt werden, dass Gruppenziele mit Gruppenleistung positiv zusammenhängen.[704] Ein Gruppenmitglied kann jedoch andere, individuelle Ziele mit seiner Mitgliedschaft in der Gruppe verfolgen. Wenn aber die Erfüllung seiner individuellen Ziele von der Erfüllung der Gruppenziele abhängt, wird das Gruppenmitglied nicht nur motiviert sein, seine Aufgaben gut zu erledigen, sondern außerdem seine Anstrengungen mit denen der anderen Gruppenmitglieder so zu koordinieren, dass sie gemeinsam die Gruppenziele erfüllen können. Das bedeutet, dass eine hohe Zielinterdependenz innerhalb einer Arbeitsgruppe mit positiven Konsequenzen sowohl für den ökonomischen als auch für den sozialen Erfolg verbunden ist. Da dieser Zusammenhang für nicht vielfältig zusammengesetzte Arbeitsgruppen bereits bestätigt werden konnte,[705] soll hier überprüft werden, ob er auch für multikulturell zusammengesetzte Arbeitsgruppen gilt. Die folgende Hypothese lautet also:

H-1-IIIb: In multikulturellen Arbeitsgruppen steht die Zielinterdependenz in positivem Zusammenhang mit dem ökonomischen und sozialen Erfolg der Gruppe.

Ein wenig uneinheitlich stellt sich die Literatur zur Ergebnisinterdependenz dar. Diese bezieht sich auf die Verbindungen zwischen Gruppenmitgliedern, die durch den Leistungsentlohnungs- und Leistungsfeedbacktyp (individuell oder gruppenbasiert) bestimmt wird und bezeichnet den Grad, bis zu dem individuelle Entlohnung und Feedback von der Leistung der anderen Gruppenmitglieder abhängt.[706] Wie bereits erwähnt, wird die Ergebnisinterdependenz häufig mit der Zielinterdependenz zu einem Interdependenzmaß integriert. Dabei wird in den meisten Fällen jedoch entweder ausschließlich die Entlohnungsinterdependenz oder ausschließlich die Feedbackinterdependenz herangezogen. Die Entlohnungsinterdependenz ("reward interdependence") bezeichnet den Grad, bis zu dem die Entlohung eines einzelnen Gruppenmitglieds von der Gruppenleistung abhängt. Bei vollständiger Interdependenz resultiert also die Aufgabenerledigung in Konsequenzen, die von allen Gruppenmitgliedern als wichtig erachtet und geteilt werden.[707] Leistungsfeedbackinterdependenz hingegen basiert auf der Art des Leistungsfeedbacks, das die Mitglieder einer Gruppe erhalten und kann unterschieden werden in Feedback, das die individuelle Leistung eines Gruppenmitglieds betrifft und in Feedback, das die Gruppenleistung als Ganzes betrifft. Gruppenfeedback reflektiert eine Aggregation der Aktivitäten aller Gruppenmitglieder, wobei die individuellen Feedbacks sich nicht voneinander unterscheiden lassen. Gruppenfeedback liefert Informationen darüber, wie

---

[703] Vgl. Campion, Medsker & Higgs (1993), S. 827; Saavedra, Earley & Van Dyne (1993), S. 63; Van Vijfeijken et al. (2002), S. 367.
[704] Vgl. O'Leary-Kelly, Martocchio & Frink (1994), S. 1295.
[705] Vgl. Campion, Medsker & Higgs (1993), S. 837; Saavedra, Earley & Van Dyne (1993), S. 70.
[706] Vgl. Campion, Medsker & Higgs (1993), S. 827; Saavedra, Earley & Van Dyne (1993), S. 63.
[707] Vgl. Wageman (1995), S. 147; Van der Vegt, Emans & Van de Vliert (1999), S. 203; Shaw, Duffy & Stark (2000), S. 261-262; Van Vijfeiken et al. (2002), S. 367.

192 Konzeptioneller Bezugsrahmen der Untersuchung

gut die Mitglieder einer Arbeitsgruppe ihre Aufgabenstrategien umgesetzt haben und weist darauf hin, ob sie Veränderungen in der Koordination ihrer Tätigkeiten vornehmen sollten.[708] Typischerweise stellt Feedback den Wegbereiter zum Erhalt gewisser Ergebnisse in Zielsituationen dar. Dazu gehören vor allem die Bezahlung und Bewertung von Leistungen. Es wird jedoch impliziert, dass die Arten der Interdependenzen übereinstimmen sollten, um funktionale Wirkung zu haben. Individuelles Leistungsfeedback bei gruppenbasierter Leistungsentlohnung ist dysfunktional. Deshalb sollten Feedback- und Entlohnungsinterdependenz eine gemeinsame Ausrichtung haben und werden in dieser Untersuchung zusammen als Ergebnisinterdependenz betrachtet. Dass die Ergebnisinterdependenz häufig mit der Zielinterdependenz in ein Maß integriert wird, liegt nun daran, dass Feedback und Belohnungen nur im Hinblick auf die Erreichung von bestimmten Zielen überhaupt sinnvoll sind. Gruppenziele sind ja als Leistungsstandards definiert, die nur durch die Gruppenzusammenarbeit erreicht werden können und damit den Zweck und die Mission einer Arbeitsgruppe reflektieren. [709] Das heißt, Gruppenziele und Gruppenfeedback- bzw. Gruppenentlohnung schaffen ähnliche Bedingungen. Bei starken Interdependenzen können individuelle Motive nur erfüllt werden, wenn die Gruppe insgesamt hohe Leistung erbringt. Dennoch sollen Ziel- und Ergebnisinterdependenzen in dieser Untersuchung getrennt voneinander behandelt werden, da sie – wie oben bereits dargelegt – unabhängig voneinander gestaltbar sind. Die Konsequenzen einer hohen Ergebnisinterdependenz auf Gruppenergebnisse sollten denen der Zielinterdependenz jedoch ähneln. Je mehr individuelles Feedback und individuelle Entlohnung davon abhängt, wie gut die Arbeitsgruppe ihre Aufgaben erledigt, desto eher sollten die einzelnen Gruppenmitglieder zu einer hohen Leistung motiviert sein und desto eher sollten sie sich miteinander koordinieren und abstimmen, um die Gruppeneffektivität zu maximieren und synergistische Gewinne zu erzielen. Eine solche kooperative Zusammenarbeit könnte wiederum positiven Einfluss auf das Arbeitsklima haben und sowohl die Zufriedenheit mit der Arbeitsgruppe erhöhen, die Bindung an die Gruppe verstärken als auch die Mitglieder bezüglich ihrer Gruppenleistungsfähigkeit zuversichtlicher stimmen. Ergebnisse dieser Art sind in der Forschung zu nicht vielfältig zusammengesetzten Arbeitsgruppen bereits vorgelegt worden,[710] daher soll auch hier überprüft werden, ob die gefundenen Zusammenhänge ebenfalls für multikulturelle Arbeitsgruppen gelten. Die folgende Hypothese lautet also:

H-1-IIIc: In multikulturellen Arbeitsgruppen steht Ergebnisinterdependenz in einem positiven Zusammenhang mit dem ökonomischen und sozialen Gruppenerfolg.

Während die eben beschriebenen Interdependenzarten Verknüpfungen zwischen Gruppenmitgliedern darstellen, kann auch die Arbeitsgruppe selbst in ihrer Aufgabenerledigung mit der sie umgebenden Gesamtorganisation verbunden sein. Dieses Maß der Eingebundenheit stellt die externe Abhängigkeit einer Arbeitsgruppe dar und bezeichnet den Grad, bis zu dem die Aufgabenerledigung einer Arbeitsgruppe von Gegebenheiten wie Ressourcen und Infor-

---

[708] Vgl. Saavedra, Earley & Van Dyne (1993), S. 63; Van der Vegt, Emans & Van de Vliert (1999), S. 203; Van der Vegt, Emans & Van de Vliert (2000), S. 635 f.
[709] Vgl. Saavedra, Earley & Van Dyne (1993), S. 63; Van der Vegt, Emans & Van de Vliert (1999), S. 203; Van der Vegt, Emans & Van de Vliert (2000), S. 635 f.
[710] Vgl. Campion, Medsker & Higgs (1993), S. 838; Saavedra, Earley & Van Dyne (1993), S. 70; Shaw, Duffy & Stark (2000), S. 275; Van Vijfeijken et al. (2002), S. 380.

Hypothesenkomplexe der Untersuchung 193

mationen abhängen, die nur außerhalb der Arbeitsgruppe verfügbar sind.[711] Zu den Zusammenhängen zwischen externer Abhängigkeit von Arbeitsgruppen und ihrem Erfolg liegen keine der Verfasserin dieser Schrift bekannten Studien vor. Aus diesem Grunde sollen hier Gedanken entwickelt und im weiteren Verlauf explorativ überprüft werden.

Eine hohe externe Abhängigkeit einer Arbeitsgruppe bedeutet, dass diese für eine erfolgreiche Erledigung ihrer Aufgaben auf Ressourcen und Informationen etc. aus gruppenexternen Quellen angewiesen ist. Dabei kann die Notwendigkeit externer Materialien zu jedem Zeitpunkt im Prozess der Aufgabenerledigung auftreten, sei es nun zu Beginn der Aufgabenerledigung, mitten im Arbeitsprozess oder auch erst gegen Ende der Aufgabenerledigung. Ist eine Arbeitsgruppe nun stark auf externe Tätigkeiten oder Ereignisse angewiesen, könnte dies sowohl eine geringere Planbarkeit der gruppeninternen Tätigkeiten als auch eine geringere Vorhersehbarkeit möglicher Gruppenergebnisse bedeuten, da die Güte der notwendigen externen Informationen etc. nicht so gut abschätzbar ist. Unterbrechungen und Störungen im gruppeninternen Arbeitsfluss sind möglich, da nicht prinzipiell davon ausgegangen werden kann, dass die benötigten Materalen zeitgerecht verfügbar sind. Außerdem kann die Notwendigkeit, weitere Arbeitschritte im Aufgabenerledigungsprozess der Gruppe mit Externen abzusprechen oder sich gar darauf verlassen zu müssen, dass Externe bestimmte Handlungen ausführen oder Ergebnisse produzieren, zu einer Wahrnehmung von eingeschränkter Handlungsfähigkeit und darüber zu Frustration der Gruppenmitglieder führen. Eine hohe externe Abhängigkeit bedeutet einen permanent hohen Koordinationsaufwand, der zusätzlich zu den internen Koordinationserfordernissen auftritt. Dies könnte daher sowohl zu einer Wahrnehmung geringerer Effektivität der Gruppenarbeit aufgrund von Einschränkungen und zeitlichen Verzögerungen führen, als auch zu einem Motivationsverlust und zur Frustration der Gruppenmitglieder.[712] Die folgende Hypothese soll daher untersucht werden:

H-1-IIId: Die externe Abhängigkeit einer multikulturellen Arbeitsgruppe steht in negativem Zusammenhang mit dem ökonomischen und sozialen Erfolg der Gruppe.

Die genannten Hypothesen beschreiben den Hypothesenkomplex 1, dessen vermutete Zusammenhänge im Wesentlichen eine Replikation bestehender Forschungen ausdrücken. Da die meisten der erwähnten Studien jedoch nicht vielfältig zusammengesetzte Arbeitsgruppen in den Fokus der Betrachtung stellten, wird es sich hier als interessant erweisen, ob die gefundenen Zusammenhänge an einer Stichprobe multikultureller Arbeitsgruppen ebenfalls nachgewiesen werden können.

7.2.2 Hypothesenkomplex 2: Moderation der Kontext-Erfolgs-Zusammenhänge durch die Gruppenstruktur

Mit dem zweiten Hypothesenkomplex des Untersuchungsmodells wird die oft genannte Forderung aus der Forschung aufgegriffen, besonders im Zusammenhang mit Vielfalt in der Zusammensetzung von Arbeitsgruppen die Wechselwirkungen zwischen der Vielfalt und den

---

[711] Vgl. Gresov (1989), S. 452 f.
[712] Vgl. Gresov (1989), S. 452 f.

194 Konzeptioneller Bezugsrahmen der Untersuchung

Kontextmerkmalen in Hinblick auf den Erfolg solcher Gruppen in Betracht zu ziehen.[713] Dies soll im Folgenden geschehen, wobei die Hypothesenentwicklung und -überprüfung dieses Komplexes eine zentrale Stellung in der vorliegenden Untersuchung einnehmen. Das übergeordnete Ziel besteht ja in der Erklärung multikultureller Gruppenarbeit und in der Gewinnung hierauf bezogener Gestaltungshinweise.

Theoretischer Hintergrund der folgenden Hypothesen stellt die zentrale Aussage der strukturellen Kontingenztheorie dar, die lautet, dass die Struktur einer Arbeitseinheit den Anforderungen ihres Kontextes entsprechen muss, damit sie erfolgreich operieren kann. Im Besonderen wird die „Supplies-Values-Fit-(S-V–Fit-)Perspektive" zu Grunde gelegt, die als ein Aspekt der Personen-Umwelt-Entsprechung darauf verweist, dass zwischen dem Gruppenkontext und speziellen, wertebezogenen Merkmalen von Gruppenmitgliedern Übereinstimmung herrschen sollte, damit die Gruppe ökonomisch und sozial erfolgreich sein wird. Der S-V-Fit betrifft also die Übereinstimmung zwischen den Kontextmerkmalen, die bei der Gruppenarbeit gegeben sind (z.B. Aufgaben- und Arbeitsgestaltungsmerkmale), und den individuellen Werten der Gruppenmitglieder (z.B. Präferenzen, Interessen, Ziele). Bisher vor allem in Untersuchungen zu Arbeitsstress angewendet, konnte gezeigt werden, dass Inkongruenz von Kontext und Werten mit Unzufriedenheit, Fluktuation und geringerer Gruppenleistung assoziiert ist.[714] Die „Supplies-Values-Fit-Perspektive" des Kontingenzansatzes kann dennoch für die vorliegende Untersuchung nur als Ausgangspunkt dienen. Es werden in ihr zwar die Kontext-Werte-Übereinstimmungen hinsichtlich einzelner für die Gruppenarbeit relevanter Werte als erfolgswirksam propagiert, die auch tatsächlich empirische Bestätigungen erfahren haben[715], jedoch werden keine Aussagen getroffen, wie ein Kontext aussehen sollte, wenn innerhalb einer Arbeitsgruppe Vielfalt in den individuellen Werteorientierungen vorliegt.

Da bisher in der Forschung die Aus- und Wechselwirkungen von kultureller Wertevielfalt in Arbeitsgruppen nur marginal untersucht wurden, basieren die folgenden Hypothesen mehrheitlich auf Plausibilitätsüberlegungen. Jedoch werden, wann immer es angebracht ist, die Erkenntnisse aus der Gruppen- und der Vielfaltsforschung berücksichtigt. Der Schwerpunkt in der Hypothesenbildung liegt auf möglichen Wechselwirkungen der kulturellen Wertevielfalt in Arbeitsgruppen mit den Kontextfaktoren in Hinblick auf den Gruppenerfolg. Da zu den anderen Arten von Vielfalt, die in der vorliegenden Untersuchung ebenfalls mit aufgenommen sind, und zur Gruppengröße bereits umfangreiche Untersuchungen vorliegen – auch wenn diese nicht im Detail auf dieselbe Art und Weise untersucht wurden – sollen sie in dieser Untersuchung als Kontrollgrößen in die empirische Überprüfung mit einbezogen werden, wobei eine explizite Hypothesenbildung jedoch nicht erfolgt. Es ist das Hauptziel des vorliegenden Projekts, die differenziellen Auswirkungen kultureller Vielfalt im Gruppenarbeitskontext zu verdeutlichen, um zu einem besseren Verständnis multikultureller Gruppenarbeit zu gelangen und hieraus Gestaltungshinweise für erfolgreiche multikulturelle Arbeitsgruppen abzuleiten.

---

[713] Vgl. Pelled (1996), S. 619; Pelled, Eisenhardt & Xin (1999), S. 2; Hambrick et al. (1998), S. 201; Jehn, Northcraft & Neale (1999), S. 742; Gibson (1999), S. 140; Richard (2000), S. 171; Gibson & Zellmer-Bruhn (2001), S. 298; Schippers et al. (2003), S. 799; Richard et al. (2004), S. 263.

[714] Vgl. Edwards (1996), S. 294 und S. 333; Shaw, Duffy & Stark (2000), S. 264 und S. 275.

[715] Vgl. Earley (1994), S. 103; Wageman (1995), S. 153; Gibson (1999), S. 150.

7.2.2.1 Moderation der Aufgabenunsicherheits-Erfolgs-Zusammenhänge durch kulturelle Wertevielfalt in Arbeitsgruppen

Der direkte Zusammenhang zwischen dem Ausmaß an Aufgabenunsicherheit und dem ökonomischen und sozialen Erfolg einer multikulturellen Arbeitsgruppe wird – wie oben beschrieben – als negativ angenommen. Je schwieriger und variabler eine Gruppenaufgabe ist, desto geringer ist die Wahrscheinlichkeit für den Erfolg. Mit dem systemischen Vokabular ausgedrückt stellt die Gruppenaufgabe das zentrale Entscheidungsfeld dar, das ein bestimmtes Maß an Komplexität enthält, die wiederum von der Arbeitsgruppe selektive Tätigkeiten erfordert und den Umfang des möglichen Entscheidungs- und Handlungsspektrums bestimmt. Ist eine Aufgabe sowohl schwierig und bedarf erheblicher kognitiver und zeitlicher Ressourcen, als auch variabel, wenig vorhersehbar und bedarf einer erheblichen Handlungsflexibilität, dann ist sie komplex und erfordert nicht nur eine ebenfalls komplexe Wahrnehmung, sondern auch die Ausschöpfung eines umfangreichen Handlungsspektrums. Vor dem Hintergrund der zweiten Leithypothese dieser Untersuchung, die auf dem „law of requisite variety" basiert, und der „Supplies-Values-Fit–Perspektive" wird ersichtlich, dass solchen, durch eine unsichere Gruppenaufgabe bestimmten Erfordernissen durch kulturelle Wertevielfalt in Arbeitsgruppen begegnet werden kann.

Basierend auf dem Konzept der kulturellen Werteorientierungen nach Kluckhohn und Strodtbeck wird kulturelle Vielfalt in der vorliegenden Untersuchung anhand der fünf grundlegenden kulturellen Werteorientierungen ermittelt. Gruppenmitglieder können sich demnach darin unterscheiden, welches Menschenbild sie haben, in welcher Rolle sie sich hinsichtlich ihrer weiteren Umwelt sehen, welchen zeitlichen Fokus ihr Denken und Handeln nimmt, welchen Ausdruck im individuellen Handeln sie bevorzugen und auf welche Weise sie ihre zwischenmenschlichen Beziehungen gestalten. Die jeweiligen Ausprägungen in jeder dieser Werteorientierungen haben ganz bestimmte Konsequenzen für das individuelle Denken, Handeln und Fühlen, sie bestimmen nicht nur die individuellen Wahrnehmungen, sondern prägen auch das individuelle Verhalten in allen Bereichen des menschlichen Lebens. Arbeitsgruppen, deren Mitglieder sich in diesen Werteorientierungen unterschieden, verfügen also über eine enorme Fülle an Wahrnehmungen, Perspektiven, Verständnissen, Auffassungen, Anschauungen, Denk- und Verhaltensweisen, wobei sich diese Liste relativ lang fortsetzen ließe. Dieses, in multikulturell zusammengesetzten Arbeitsgruppen prinzipiell existierende, schon allein in sich komplexe Potenzial könnte also die Erfordernisse einer unsicheren, komplexen Aufgabe erfüllen.

Ist eine Aufgabe schwierig, d.h. sie erfordert erhebliche kognitive Kapazität zur Lösung auftauchender Probleme, und ist sie variabel, d.h. sie erfordert sich ständig verändernde Bearbeitungsverfahren, dann können Gruppenmitglieder mit unterschiedlichen kulturellen Werteorientierungen jeweils unterschiedliche Problemausschnitte wahrnehmen und die Probleme auch verschieden definieren. Sie können unterschiedliche Informationsquellen und Entscheidungshilfen zu Rate ziehen und verschiedene Problemlösungsstrategien und Handlungsalternativen entwickeln. Die Menge und die Qualität an möglichen und verfügbaren Problemlösungen und -strategien dürften sich erhöhen, womit ebenfalls die Wahrschein-

196   Konzeptioneller Bezugsrahmen der Untersuchung

lichkeit steigen dürfte, dass die unsichere Aufgabe erfolgreich gelöst wird.[716] Da ein konkreter Aufgabenbezug von kultureller Wertevielfalt in der relationalen Orientierung und in der Auffassung von der Natur des Menschen nur schwer zu konstruieren ist[717], sollten die eben genannten Annahmen besonders für Vielfalt in der Mensch-Umwelt-Orientierung, der Aktivitätsorientierung und der Zeitorientierung gelten. Zum Beispiel würde eine Person, die die Umwelt als etwas betrachtet, das beherrsch- und kontrollierbar ist, sofort nach potenziellen Eingriffsmöglichkeiten bei plötzlich auftauchenden Problemen suchen, während eine harmonieorientierte Person nach den Ursachen der Störung des Gleichgewichts suchen würde, um diese zu beheben.[718] Beide Personen zusammen können also zu einer umfassenderen Problemansicht und auch -lösung kommen. Ähnliches gilt für die Aktivitätsorientierung. Ein Gruppenmitglied hat vielleicht die Tendenz, angesichts eines Problems sehr schnell eine bestimmte Handlung zu initiieren, um das Problem zu beseitigen. Ein anderes Gruppenmitglied hingegen, das eher den Denken-Modus bevorzugt, sucht erst mal nach allen möglichen Informationen, die problemrelevant sein können, um dann sorgfältig darüber nachzudenken, welche Handlungsalternativen sich anbieten und mit welchen Vor- und Nachteilen eine jeweilige Wahl behaftet sein würde. Wieder gilt, dass wenn diese beiden Personen in der Aufgabenerledigung zusammen arbeiten, eine Problemlösung initiiert werden kann, die durch die Integration mehrerer bedachter Alternativen eine höhere Qualität aufweist. Auch bei Gruppenmitgliedern unterschiedlicher Zeitorientierungen können potenziell mehr Alternativen und Teillösungen generiert werden, die zu einer verbesserten Gesamtlösung führen. Personen mit Vergangenheitsfokus suchen nach Ähnlichkeiten mit Problemen, die in der Vergangenheit bereits erfolgreich gelöst wurden, während zukunftsorientierte Personen sich am zukünftigen Wert des schon gelösten Problems orientieren und in der Vorwegnahme dessen Lösungsmöglichkeiten generieren, an die vorher noch nicht gedacht wurde.[719]

Insgesamt ist es also durchaus denkbar, dass durch die kulturelle Wertevielfalt in einer Arbeitsgruppe die negativen Konsequenzen unsicherer Gruppenaufgaben auf den ökonomischen Erfolg abgeschwächt oder sogar ins Positive gewandelt werden können. Darüber hinaus kann es dann auch möglich sein, dass sich durch die Gruppenerfahrung, aufgrund ihrer Vielfalt an Ideen, Perspektiven und Verhaltensweisen unsichere Aufgaben doch bewältigen zu können, sowohl die Erfolgszuversicht der multikulturellen Arbeitsgruppe, als auch die Zufriedenheit der Gruppenmitglieder mit ihrer Arbeitssituation steigert. Dies wiederum kann zu einer verstärkten Bindung an die Gruppe resultieren. Insgesamt lässt sich also festhalten, dass der negative Zusammenhang zwischen Aufgabenunsicherheit und dem Erfolg multikultureller Arbeitsgruppen durch die kulturelle Wertevielfalt in der Gruppe verändert werden könnte. Daher lautet die folgende zu überprüfende Hypothese:

---

[716] Vgl. Maznevski (1994), S. 536 f.; Maznevski & Peterson (1997), S. 61; Janssens & Brett (1997), S. 154; Hambrick et al. (1998), S. 188; DiStefano & Maznevski (2000), S. 46; Ely & Thomas (2001), S. 234; Polzer, Milton & Swann (2002), S. 296; Adler (2002), S. 145 ff

[717] Nach der Klassifikation von Jackson, May & Whitey (1995, S. 217) sind Werte weder sichtbar noch aufgabenorientiert, sondern nicht beobachtbar und beziehungsorientiert.

[718] Vgl. Maznevski & Peterson (1997), S. 68 f.; Adler (2002), S. 20 ff.; Kutschker & Schmid (2002), S. 690 f.

[719] Vgl. Kluckhohn & Strodtbeck (1961), S. 13 f.; Maznevski & Peterson (1997), S. 69 ff.; Ting-Toomey (1999), S. 61; Adler (2002), S. 20 ff.; Kutschker & Schmid (2002), S. 692 ff.

H-2-I:	Unsichere Gruppenaufgaben können von einer Arbeitsgruppe dann ökonomisch und sozial erfolgreich bewältigt werden, wenn die Arbeitsgruppe kulturell vielfältig zusammengesetzt ist. Dies könnte vor allem für eine vielfältige Zusammensetzung hinsichtlich der Mensch-Umwelt-Orientierung, der Aktivitätsorientierung und der Zeitorientierung gelten.

7.2.2.2 Moderation der Arbeitsgestaltungs-Erfolgs-Zusammenhänge durch kulturelle Wertevielfalt in Arbeitsgruppen

Der direkte Zusammenhang zwischen den Arbeitsgestaltungsmerkmalen und dem Erfolg multikultureller Arbeitsgruppen wird in dieser Untersuchung als ein positiver angenommen. Es wird davon ausgegangen, dass die Rahmenbedingungen der Gruppenarbeit, nämlich ein hoher Grad an Handlungsautonomie, Partizipationsmöglichkeiten und eine identitätsstiftende Aufgabe, die Motivation der Gruppenmitglieder für eine erfolgreiche Zusammenarbeit steigern und über diese Motivation den ökonomischen und sozialen Erfolg der Gruppe ermöglichen. Diese Annahme kann aufgrund bisheriger Forschung für monokulturelle Arbeitsgruppen als hinreichend gesichert gelten. Wie aber werden Handlungsautonomie, Partizipationsmöglichkeiten und Aufgabenidentität wahrgenommen, wenn sich die Gruppenmitglieder hinsichtlich ihrer kulturellen Werteorientierungen voneinander unterscheiden? Auch an dieser Stelle sind „nur" Plausibilitätsüberlegungen möglich, da zur Beantwortung der Frage keine weiteren Forschungsbefunde vorliegen.

Unter Rückgriff auf die „Supplies-Values-Fit-Perspektive" könnte angenommen werden, dass eine gegebene Gruppenautonomie, Partizipationsmöglichkeiten und Aufgabenidentität in der Gruppenarbeit bei Gruppenmitgliedern mit einem eigenen Bedürfnis nach Autonomie und nach Möglichkeiten, arbeitsrelevante Themen mit zu bestimmen und zu gestalten, als auch mit einem Bedürfnis nach Sinnhaftigkeit des eigenen Arbeitshandelns gut übereinstimmen und deshalb zur erfolgreichen Arbeit führen. Die Rahmenbedingungen, die die Gruppenarbeit umfassen, stimmten mit den Werten der Gruppenmitglieder überein. Hierbei fällt auf, dass Werte wie individuelle Autonomie, aktive Mitbestimmung, Gestaltung seiner Umwelt und auch das Bedürfnis nach identitätsstiftendem Handeln sich in den kulturellen Werteorientierungen zwar wiederfinden, aber nur ganz bestimmte Variationen darstellen. An dieser Stelle ließe sich die Behauptung aufstellen, dass die individuellen Werte, auf die die Arbeitsgestaltungsmerkmale abzielen, westliche Prägung aufweisen und in anderen Kulturkreisen nicht unbedingt denselben Stellenwert haben müssen. Übertragen auf die kulturellen Werteorientierungen von Kluckhohn und Strodtbeck stellen die Werte der individuellen Autonomie und der individuellen Mitbestimmungsmöglichkeiten eine Kombination aus Variationen der Menschlichen-Natur-Orientierung und der Mensch-Umwelt-Orientierung dar. Bei hoher Wertschätzung individueller Autonomie und persönlicher Mitbestimmungsrechte aus der Sicht der Gruppenmitglieder wird implizit angenommen, dass der Mensch an sich gut sei oder zumindest in Richtung des Guten veränderbar; bei Einräumung von Autonomie und Mitbestimmungsmöglichkeiten wird ihm Vertrauen entgegengebracht und er kann beweisen, ob er dieses Vertrauens würdig ist. Wird dagegen von der Natur des Menschen angenommen, dass sie schlecht oder böse sei, dann wird persönlichen Freiheitsgraden eher Skepsis entgegengebracht und die Menschen eher kontinuierlich geprüft und überwacht. Insgesamt ist es

198 Konzeptioneller Bezugsrahmen der Untersuchung

hier weniger wahrscheinlich, dass Autonomie und Mitbestimmungsrechte gewährt und gewünscht werden.[720] Ähnliches ist in Hinblick auf Unterschiede in der Mensch-Umwelt-Orientierung denkbar. In beherrschungsorientierten Kulturen wird es als erwünscht und selbstverständlich angesehen, dass der Mensch auf seine Umwelt kontrollierend einwirkt. Die gestalterische Kraft des Menschen steht im Vordergrund und aus diesem Grunde scheint es nur natürlich, dass seine Mitwirkung an Gestaltungsprozessen erwünscht und unterstützt wird. Autonomie und Mitbestimmungsrechte stellen Mittel der Umweltbeherrschung dar. Anders dagegen in harmonie- oder gar unterwerfungsorientierten Kulturen. In harmonieorientierten Kulturen wird auf Balance zwischen allen Elementen der Welt gesetzt, der Mensch als ein Teil der Umwelt betrachtet und Autonomie und Mitbestimmungsmöglichkeiten werden eher als Mittel der Verschiebung des Gleichgewichts angesehen. In unterwerfungsorientierten Kulturen sind individuelle Autonomie und Mitbestimmungsrechte am wenigsten erwünscht und geschätzt, da davon ausgegangen wird, dass alles einem bestimmten großen göttlichen oder übernatürlichen Plan folgt, der von Menschen nicht beeinflussbar ist. Auch hinsichtlich der motivationsfördernden Wirkung einer hohen Aufgabenidentität kann angenommen werden, dass diese nur dann motivationsfördernd wirkt, wenn der Aufgabe an sich ein hoher Stellenwert beigemessen wird. In unterwerfungsorientierten Kulturen dürften Aufgaben als schicksalsgegeben angesehen werden, wobei es keine Rolle spielt, ob die Aufgabe ganzheitlich ist und die Identität des Handelnden mitbestimmt. Ebenso könnten Personen harmonieorientierter Kulturen der Abgrenzbarkeit von Aufgaben und ihrer identitätsstiftenden Wirkung wenig Beachtung schenken, da sowieso alles mit allem zusammenhängt und es nur von geringer Wichtigkeit ist, ob die gerade zu bearbeitende Aufgabe ein Glied in einer generellen Aufgabenkette darstellt oder für sich genommen ein ganzheitliches Handlungspaket umfasst. Lediglich in beherrschungsorientierten Kulturen sollte die Ganzheitlichkeit einer Aufgabe von Wichtigkeit sein, da über die Tendenz, seine Umwelt zu kontrollieren und zu beherrschen und diese auch als kontrollierbar zu betrachten, die Menschen ebenfalls festzustellen wünschen, ob ihre Anstrengungen erfolgreich waren. Aufgrund des Zuschreibungswunsches von Ergebnissen kann eine hohe Aufgabenidentität, d.h. Ganzheitlichkeit einer Aufgabe und klare Abgrenzungsmöglichkeiten von anderen Aufgaben, die beschriebene motivations- und damit leistungsfördernde Wirkung entfalten.[721]

Wenn sich also die Mitglieder einer Arbeitsgruppe in ihren kulturellen Werteorientierungen unterscheiden, ist es gut möglich, dass eine Arbeitsgestaltung, die von Gruppenautonomie, Mitbestimmungsrechten und Ganzheitlichkeit der Aufgaben gekennzeichnet ist, auf unterschiedliche Resonanz trifft. Einige Gruppenmitglieder mögen solche Arbeitsbedingungen begrüßen, anderen könnte es egal sein oder aber sie könnten sich daran stören. Generell ist denkbar, dass diese unterschiedlichen Auffassungen von der Richtigkeit und Erwünschtheit der Arbeitsbedingungen in der Zusammenarbeit eher zu Reibungen und Missverständnissen führen und damit den Arbeitsablauf beeinträchtigen. Vor allem bei hoher kultureller Vielfalt, ausgeprägter Gruppenautonomie und weit reichenden Mitbestim-

---

[720] Vgl. Kluckhohn & Strodtbeck (1961), S. 12; Maznevski & Peterson (1997), S. 72 f.; Adler (2002), S. 20 ff.; Kutschker & Schmid (2002), S. 689 f.

[721] Vgl. Kluckhohn & Strodtbeck (1961), S. 13; Maznevski & Peterson (1997), S. 67 ff.; Adler (2002), S. 25 ff.; Schneider & Barsoux (2003), S. 36; Ting-Toomey (1999), S. 60 f.

Hypothesenkomplexe der Untersuchung 199

mungsmöglichkeiten könnte es passieren, dass die Gruppenmitglieder ihr Vertrauen in die Arbeitsgruppe und ihre Motivation, in dieser Gruppe zu arbeiten, verlieren, da sie feststellen, dass sie an ihre Gruppenarbeitssituation sehr verschiedene und möglicherweise inkompatible Erwartungen haben. Dies alles könnte zu Leistungseinbußen führen und die Fähigkeit der Arbeitsgruppe, auch in Zukunft zusammen arbeiten zu können, sehr in Frage stellen. Unter dem Einfluss der kulturellen Wertevielfalt könnte also sowohl der ökonomische als auch der soziale Erfolg einer Arbeitsgruppe leiden. Auf diesen Gedanken basiert die folgende Hypothese:

H- 2-II: Die positiven Wirkungen des Gruppenautonomie, der Partizipationsmöglichkeiten und der Aufgabenidentität auf den Erfolg einer Arbeitsgruppe werden durch eine kulturell vielfältige Zusammensetzung der Arbeitsgruppe abgeschwächt oder sogar umgekehrt. Dies könnte vor allem für Vielfalt in der Menschlichen-Natur-Orientierung und der Mensch-Umwelt-Orientierung gelten.

7.2.2.3 Moderation der Interdependenz-Erfolgs-Zusammenhänge durch kulturelle Wertevielfalt in Arbeitsgruppen

In der vorliegenden Untersuchung wird prinzipiell davon ausgegangen, dass bei einer direkten Betrachtung Aufgabeninterdependenz mit positiven Konsequenzen für den Gruppenerfolg verbunden ist. Basierend auf der Annahme des sozialen Erleichterungseffektes wurde postuliert, dass die Notwendigkeit interdependenter Aufgabenerledigung diesen Effekt auslöst und die Gruppenmitglieder dazu bewegt, einander Unterstützung zu gewähren, die schließlich in den Erfolg der Gruppe mündet.

Eine hohe Aufgabeninterdependenz in Arbeitsgruppen bedeutet, dass Gruppenmitglieder Materialien, Informationen und Expertisen miteinander teilen müssen, um ihre Gruppenaufgabe erfolgreich zu erledigen. Die Bearbeitung der jeweiligen Teilaufgaben ist abhängig von der Bearbeitung der anderen Teilaufgaben.[722] Eine solche Arbeitsstruktur kann für Personen mit unterschiedlichen kulturellen Werteorientierungen ganz verschiedene Bedeutung haben und unterschiedlich erlebt werden. Zum Beispiel hat Wageman demonstrieren können, dass Personen mit einer individualistischen Werthaltung im Gegensatz zu kollektivistisch orientierten Personen eine interdependente Aufgabenerledigung als einschränkend und frustrierend erleben, was zu einer Senkung der Arbeitszufriedenheit führte.[723] In dieselbe Richtung weist der Befund von Shaw, Duffy und Stark, die zeigten, dass Personen, die Gruppenarbeit individueller Arbeit vorziehen, mit interdependenter Aufgabenarbeit zufriedener waren und größere Leistung erbrachten als Personen, die lieber autonom arbeiteten.[724] Ebenso konnten Jehn, Northcraft und Neale feststellen, dass Vielfalt in den Werten von Gruppenmitgliedern negative Konsequenzen für die Gruppenleistung hatte, wenn diese in der Aufgabenerledigung

---

[722] Vgl. Saavedra, Earley & Van Dyne (1993), S. 61; Wageman (1995), S. 147; Van der Vegt, Emans & Van de Vliert (1999), S. 203; Van der Vegt, Emans & Van de Vliert (2000), S. 635; Shaw et al. (2000), S. 261; Van der Vegt, Emans & Van de Vliert (2001), S 52; Van Vijfeijken et al. (2002), S. 366; Van der Vegt & Janssen (2003), S. 731 f.

[723] Vgl. Wageman (1995), S. 153.

[724] Vgl. Shaw, Duffy & Stark (2000), S. 272.

200 Konzeptioneller Bezugsrahmen der Untersuchung

stark aufeinander angewiesen waren.[725] Diese Befunde weisen darauf hin, dass Vielfalt in der relationalen Orientierung auf den prinzipiell positiven Zusammenhang zwischen Aufgabeninterdependenz und Gruppenerfolg negativ einwirken kann. Je größer die Wertevielfalt in der relationalen Orientierung ist, desto eher ist es denkbar, dass diejenigen Personen, die eine individualistische Werthaltung aufweisen, mit einer interdependenten Aufgabenerledigung unzufrieden sind, nicht so gerne mit ihren kollektivistisch orientierten Gruppenmitgliedern zusammen arbeiten und damit innerhalb der Gruppe latente Kooperationsprobleme auslösen, die letztendlich sowohl den ökonomischen als natürlich auch den sozialen Erfolg der Arbeitsgruppe gefährden können. Eine ähnliche Wirkung ist bei Vielfalt in der Menschlichen-Natur-Orientierung erwartbar. Wenn Gruppenmitglieder aufgrund einer hohen Aufgabeninterdependenz eng miteinander zusammen arbeiten müssen, dann ist für jene Gruppenmitglieder, die davon ausgehen, dass der Mensch grundsätzlich gut sei und niemanden schädigen wolle, eine interdependente Aufgabensituation ein Rahmen, der eine gute oder freundliche Zusammenarbeit verspricht. Bei Gruppenmitgliedern hingegen, die davon ausgehen, dass der Mensch grundsätzlich böse sei, könnte eine enge notwendige Zusammenarbeit Beklemmung und Stress auslösen, da sie ihren anderen Gruppenmitgliedern prinzipiell misstrauisch gegenüber stehen und erwarten, dass diese schädigende oder böswillige Handlungen ausführen.[726] Insgesamt ist es also vorstellbar, dass auch in Bezug auf die Menschliche-Natur-Orientierung verschiedene Werthaltungen in einer Arbeitsgruppe aufeinander prallen und sie schließlich in ihrem Erfolg behindern können. Diese Überlegungen führen zu der folgenden Hypothese:

H-2-IIIa: Der positive Zusammenhang zwischen Aufgabeninterdependenz und dem Erfolg einer Arbeitsgruppe wird durch eine kulturell vielfältige Zusammensetzung der Arbeitsgruppe abgeschwächt oder sogar umgekehrt. Dies könnte vor allem für Vielfalt in der relationalen und der Menschlichen-Natur-Orientierung gelten.

Allerdings ergeben sich aus der systemischen Perspektive und den Überlegungen im Zusammenhang mit multikulturellen Arbeitsgruppen als lose gekoppelte Systeme andere Implikationen für die Wechselwirkung von kultureller Vielfalt mit der Aufgabeninterdependenz in Hinblick auf den ökonomischen Erfolg solcher Arbeitsgruppen. In Abschnitt 6.3.2 wurde argumentiert, dass für eine Auflösung des Diversitäts-Konsens-Dilemmas multikultureller Arbeitsgruppen diese als lose gekoppelte Systeme zu begreifen wären, deren Elemente sich ihre Einzigartigkeit bewahren sollen, das System als Ganzes jedoch reaktionsfähig zu erhalten ist. Damit die Arbeitsgruppe als Ganzes reaktionsfähig ist und bleibt, sollten die Mitglieder innerhalb der strukturellen Domäne, also auf der aufgabenbezogenen Ebene eng aneinander gekoppelt sein. Enge Kopplungen, gekennzeichnet durch gut geplante und strukturierte Arbeitsabläufe, bieten eine Grundverlässlichkeit, dass sich die betrachteten Systeme, in diesem Falle also die multikulturellen Arbeitsgruppen, in ihrer Aufgabenerledigung mit einem gewissen Maß an Erwartungssicherheit verhalten werden. Da die jeweiligen Unternehmen multikulturelle Arbeitsgruppen einrichten, damit diese die ihnen gestellten Aufgaben erfolgreich bewältigen, könnten sie durch strukturelle enge Kopplung der Gruppenmitglieder ein

---

[725] Vgl. Jehn, Northcraft & Neale (1999), S. 754.
[726] Vgl. Kluckhohn & Strodtbeck (1961), S. 11; DiStefano & Maznevski (2003), S. 3; Maznevski & Peterson (1997), S. 71; Schneider & Barsoux (2003), S. 39 f.

Hypothesenkomplexe der Untersuchung

bestimmtes Maß an Erwartungssicherheit bezüglich des Gruppenerfolgs erreichen. In multikulturellen Arbeitsgruppen besteht ja permanent die Gefahr des Auseinanderbrechens aufgrund der Inkompatibilität der Mitglieder.[727] Durch strukturelle enge Kopplung sollte dies vermeidbar sein, wenn die Arbeitsgruppe gleichzeitig in der institutionellen Domäne nur lose gekoppelt ist. Zur strukturellen Domäne gehören Arbeitsfluss- und Ressourcenaustauschaktivitäten. Da die Kopplungsmechanismen dieser Domäne ebenfalls struktureller, aufgabenbezogener Natur sind, also formale Arrangements betreffen, folgt, dass in dieser Domäne die Aufgabenerledigung und der Arbeitsablauf vor allem strukturell formal geregelt werden sollten. Eine enge Kopplung innerhalb einer multikulturellen Arbeitsgruppe würde also auch durch eine strukturelle Festlegung hoher aufgabenbezogener Interdependenzen erfolgen.

Vor dem Hintergrund der ersten Teilleithypothese der vorliegenden Untersuchung wird an dieser Stelle eine Gegenhypothese zur eben genannten aufgestellt. Es wird angenommen, dass eine hohe Aufgabeninterdependenz die Mitglieder multikulturell zusammengesetzter Arbeitsgruppen strukturell enger aneinander koppelt, was wiederum der Tendenz einer solchen Arbeitsgruppe, auseinander zu brechen, entgegenwirkt. Bei einem hohen Ausmaß an kultureller Vielfalt in einer Arbeitsgruppe sollte demnach eine hohe Aufgabeninterdependenz zum ökonomischen Erfolg der Gruppe maßgeblich beitragen. Diese Gegenhypothese lautet also:

Contra-H-2-IIIa: Der positive Zusammenhang zwischen Aufgabeninterdependenz und dem ökonomischen Erfolg einer Arbeitsgruppe wird durch eine kulturell vielfältige Zusammensetzung der Arbeitsgruppe noch zusätzlich verstärkt.

Schwieriger dagegen gestalten sich die Vermutungen über den Zusammenhang zwischen Ziel- und Ergebnisinterdependenz mit kultureller Wertevielfalt in Hinblick auf den Erfolg. Zielinterdependenz bezeichnet ja den Grad, bis zu dem das Erreichen individueller Ziele, die mit einer Gruppenmitgliedschaft zu erfüllen gesucht werden, an das Erreichen der Gruppenziele geknüpft ist. Eine hohe Zielinterdependenz sollte also prinzipiell die Gruppenmitglieder dazu motivieren, ihre Anstrengungen so zu koordinieren, dass die Arbeitsgruppe ihre Ziele bestmöglich erreichen kann. Kann kulturelle Wertevielfalt in der Zusammensetzung der Gruppe einen Einfluss auf diesen Zusammenhang haben? Van der Vegt und Janssen konnten bereits zeigen, dass aufgabeninterdependente Arbeitsgruppen, die sowohl in kognitiver als auch in demographischer Hinsicht vielfältig zusammengesetzt waren, nur dann eine höhere Innovationsleistung erbrachten, wenn sie zudem einer hohen Zielinterdependenz unterlagen.[728]

Eine plausible Annahme für eine Moderation des Zusammenhangs betrifft Vielfalt in der Menschlichen-Natur-Orientierung. Herrschen Unterschiede darin vor, ob der Mensch an sich als grundsätzlich gut oder böse betrachtet wird, der sich vielleicht verändern kann, vielleicht aber auch nicht, dann könnte eine hohe Zielinterdependenz vor allem bei jenen Gruppenmitgliedern, die annehmen, der Mensch sei von Natur aus schlecht und hätte ein Bedürfnis, andere zu schädigen, die Bedingung, Gruppenziele und damit individuelle Ziele nur erreichen zu können, wenn mit diesen anderen Gruppenmitgliedern zusammengearbeitet wird,

---

[727] Vgl. Maznevski (1994), S. 536 f.; Maznevski & Peterson (1997), S. 61; Janssens & Brett (1997), S. 154; Hambrick et al. (1998), S. 189; DiStefano & Maznevski (2000), S. 46; Ely & Thomas (2001), S. 234; Polzer, Milton & Swann (2002), S. 296; Adler (2002), S. 141 ff.

[728] Vgl. Van der Vegt & Janssen (2003), S. 745 f.

202   Konzeptioneller Bezugsrahmen der Untersuchung

Beklemmung und Unwohlsein auslösen.[729] Diese Skepsis gegenüber den anderen Gruppenmitgliedern und die Sorge, Gruppenziele und damit individuelle Ziele eventuell nicht erreichen zu können, könnten dazu führen, dass die Gruppenmitglieder eher die Tendenz entwickeln, einander zu überwachen und zu kontrollieren und dabei die Erfüllung der Gruppenaufgabe ein wenig aus dem Blick verlieren. Insgesamt ist anzunehmen, dass bei hoher Zielinterdependenz Unterschiede hinsichtlich der Auffassung vom Wesen des Menschen einen kontraproduktiven Effekt haben. Das in die Gruppe gebrachte Misstrauen und die Kontrolltätigkeiten von den der Güte des Menschen eher skeptisch gegenüber stehenden Gruppenmitgliedern könnte die Kooperation der Gruppenmitglieder erheblich schwächen und darüber sowohl den ökonomischen als auch natürlich den sozialen Erfolg der Arbeitsgruppe gefährden. Aus diesen Überlegungen heraus wird also vermutet, dass kulturelle Wertevielfalt den positiven Zusammenhang zwischen Zielinterdependenz und dem Erfolg multikultureller Arbeitsgruppen moderiert. Die zu überprüfende Hypothese lautet:

H-2-IIIb: Der positive Zusammenhang zwischen Zielinterdependenz und dem Erfolg einer Arbeitsgruppe wird durch eine kulturell vielfältige Zusammensetzung der Arbeitsgruppe abgeschwächt oder sogar umgekehrt. Dies könnte vor allem für Vielfalt in der Menschlichen-Natur-Orientierung gelten.

Ein ähnliches Bild sollte sich für die Moderation der Ergebnisinterdependenz-Erfolgszusammenhänge durch kulturelle Wertevielfalt in einer Arbeitsgruppe ergeben. Ergebnisinterdependenz bezeichnet den Grad, inwieweit individuelles Feedback und individuelle Anreize wie Entlohnungen oder Beförderungen von der Gesamtgruppenleistung bestimmt werden.[730] Wenn das Feedback und die Anreize, die ein Gruppenmitglied erhält, auf der Gruppenleistung als Ganzes und nicht auf der individuellen Leistung basieren, ist eine hohe Ergebnisinterdependenz gegeben. Eine solche sollte also die Motivation der Gruppenmitglieder, die Gruppenaufgabe erfolgreich zu bewältigen, erhöhen und darüber die Gruppenanstrengungen in der Aufgabenerledigung intensivieren. Dies wiederum kann sowohl den ökonomischen als auch den sozialen Erfolg der Gruppe positiv beeinflussen. Vor dem Hintergrund der „Supplies-Values-Fit-Perspektive" ist es nun jedoch denkbar, dass die Arbeitssituation, Leistungsfeedback und Leistungsanreize nur in Bezug auf die Gruppenleistung zu erhalten, nicht den Werten eines jeden Gruppenmitglieds entspricht. Für Personen mit einer kollektivistischen Orientierung mag eine hohe Ergebnisinterdependenz eine beinahe natürliche Situation darstellen, da für diese prinzipiell immer das Wohl der Gruppe im Vordergrund steht, sie ihre Anstrengungen sowieso als Anstrengungen für die Gruppe verstehen und daher Resultate aus dieser Anstrengung auch eher nur in Bezug auf die Gesamtgruppe erwarten. Für Personen individualistischer Orientierung könnte jedoch eine hohe Ergebnisinterdependenz einen unbefriedigenden Zustand darstellen, da individualistisch orientierte Personen die eigene Leistungsfähigkeit im Blick haben und eher zu wissen wünschen, wie gut ihre individuelle Leistung ist. Es ist ihnen ebenfalls wichtig, auch eher nur für die eigene Leistung belohnt zu

---

[729] Vgl. Kluckhohn & Strodtbeck (1961), S. 11 f.; Maznevski & Peterson (1997), S. 72 f.; Kutschker & Schmid (2002), S. 689 f.; Adler (2002), S. 20 ff.; Schneider & Barsoux (2003), S. 39 f.

[730] Vgl. Campion et al. (1993), S. 827; Saavedra et al. (1993), S. 63; Van Vijfeijken et al. (2002), S. 367 f.; Shaw et al. (2000), S. 261 f.

Hypothesenkomplexe der Untersuchung 203

werden und darin nicht von der Leistung anderer abhängig zu sein.[731] Für solche Gruppenmitglieder könnte also eine hohe Ergebnisinterdependenz mit Motivationsverlust und Leistungssenkung verbunden sein. Dies wiederum könnte Kooperationsprobleme auslösen und den Gesamterfolg der Gruppe auch sozial gefährden. Eine ähnliche Argumentation kann für Unterschiede in der Menschlichen-Natur-Orientierung geführt werden. Nehmen Gruppenmitglieder an, der Mensch sei grundsätzlich gut und vertrauenswürdig, stellt eine hohe Ergebnisinterdependenz einen gut erträglichen Zustand dar, da davon ausgegangen wird, dass jedes Gruppenmitglied mit bestem Wissen und Gewissen zur Gruppenleistung beiträgt. Nehmen Gruppenmitglieder jedoch an, der Mensch sei grundsätzlich böse, könnte eine hohe Ergebnisinterdependenz durch gegenseitige Skepsis und verstärktem Kontrollverhalten negative Konsequenzen für den Erfolg der Arbeitsgruppe bedeuten.[732] Unterscheiden sich also Gruppenmitglieder hinsichtlich ihrer relationalen Orientierung und ihrer Auffassung vom Wesen des Menschen, könnten aufgrund von Ergebnisinterdependenzen Konfliktsituationen heraufbeschworen werden, welche eine gutwillige Zusammenarbeit beeinträchtigen und darüber den Erfolg der Arbeitsgruppe gefährden. Es gilt also, folgende Hypothese zu überprüfen:

H-2-IIIc: Der positive Zusammenhang zwischen der Ergebnisinterdependenz und dem Erfolg einer Arbeitsgruppe wird durch eine kulturell vielfältige Zusammensetzung der Arbeitsgruppe abgeschwächt oder sogar umgekehrt. Dies könnte vor allem für Vielfalt in der relationalen und der Menschlichen-Natur-Orientierung gelten.

Es muss zu derselben Schlussfolgerung, dass hohe Ergebnisinterdependenz bei gleichzeitigem hohen Ausmaß an kultureller Vielfalt in einer Arbeitsgruppe negative Konsequenzen auf den Erfolg haben kann, gelangt werden, wenn die systemische Perspektive und die Überlegungen im Zusammenhang mit multikulturellen Arbeitsgruppen als lose gekoppelte Systeme auf den eben dargestellten Sachverhalt angewendet werden. Es wurde ja argumentiert, dass zur Auflösung des Dilemmas multikultureller Arbeitsgruppen diese als lose gekoppelte Systeme zu begreifen wären, deren Elemente ihre Einzigartigkeit bewahren, das System als Ganzes jedoch reaktionsfähig bleibt. Damit eine Arbeitsgruppe als Ganzes reaktionsfähig bleibt, sollte sie in der strukturellen Domäne eng gekoppelt sein. Damit die Gruppenmitglieder als Elemente des Systems ihre einzigartigen Wahrnehmungen und Fähigkeiten erhalten, sollte die Gruppe in der institutionellen Ebene dagegen nur lose gekoppelt sein. Beide Kopplungen müssen gleichzeitig auftreten. Lose Kopplung im Kontext multikultureller Arbeitsgruppen bedeutet, dass die Gruppenmitglieder die Vielfalt in ihren kulturellen Werteorientierungen aufrechterhalten. Vielfalt in den kulturellen Werteorientierungen bedeutet schließlich, dass die Gruppenmitglieder ihre jeweiligen (Problem-)Umwelten relativ unabhängig voneinander wahrnehmen, idiosynkratische, soziale Realitäten konstruieren und auch von den Wahrnehmungen der anderen Gruppenmitglieder unbeeinflusste, verschiedene Problemlösungen generieren.[733] Ist also eine Arbeitsgruppe auf der institutionellen Ebene lose

---

[731] Vgl. Kluckhohn & Strodtbeck (1961), S. 19; Earley (1989), S. 577; Erez & Somech (1996), S. 1532; Maznevski & Peterson (1997), S. 73; Ting-Toomey (1999), S. 65; Schneider & Barsoux (2003), S. 42.

[732] Vgl. Kluckhohn & Strodtbeck (1961), S. 11 f.; Maznevski & Peterson (1997), S. 72 f.; Kutschker & Schmid (2002), S. 689 f.; Adler (2002), S. 20 ff.; Schneider & Barsoux (2003), S. 39 f.

[733] Vgl. Weick (1987b), S. 116; Lane, Maznevksi & Mendenhall (2004), S. 8.

204 Konzeptioneller Bezugsrahmen der Untersuchung

gekoppelt, dann erhält sie sich die Fähigkeit zur reichhaltigeren Wahrnehmung, zur lokalisierten Anpassung und zur Aufbewahrung einer größeren Anzahl von Innovationen und Problemlösungen.

Aber was hat das nun mit der Ergebnisinterdependenz in einer Arbeitsgruppe zu tun? Eine hohe Ergebnisinterdependenz bedeutet, dass das Feedback und die Be- und Entlohnung, welche die Gruppenmitglieder erhalten, von der Gesamtgruppenleistung bestimmt werden. Die individuellen Leistungsfeedbacks und Leistungsbelohnungen hängen in hohem Maße voneinander ab. Sowohl die Hinweise für die Aufgabenerledigung als auch die Ergebnisse der Aufgabenerledigung werden zusammengefasst und auch im Zusammenhang vermittelt. Die Informationen, die die Gruppenmitglieder also erhalten, sind homogen. In der Konsequenz bedeutet eine hohe Ergebnisinterdependenz demnach, dass die Gruppenmitglieder ihre Gruppenaufgaben und auch ihre Gruppenprozesse durch eine Schablone wahrnehmen, die für individuelle Wahrnehmungen und Aufgabenstrategien keinen Raum mehr lassen.[734] Im Prozess des Zusammenarbeitens werden die kulturell geprägten, verschiedenen Problemdeutungen, sozialen Realitäten und auch Problemlösungen durch hohe Ergebnisinterdependenz homogenisiert. Die Folge ist, dass sich die kollektiven Beobachtungen von den individuellen Beobachtungen immer weniger unterscheiden und die Arbeitsgruppe schließlich, wenn überhaupt, nur noch geringfügig mehr bezüglich eines Problems weiß, als die einzelnen Mitglieder ohnehin schon wissen.[735] Das Potenzial der Vielfalt verschwindet.

In dieser Argumentation wird die Ergebnisinterdependenz nicht als Kontextmerkmal, sondern als Gestaltungsinstrument begriffen. Soll die Möglichkeit der Wertschöpfung aus der kulturellen Vielfalt in Arbeitsgruppen aufrechterhalten bleiben, dann sollten Feedback und Belohnungen individuell basiert bleiben. Eine hohe Ergebnisinterdependenz koppelt nämlich die Gruppenmitglieder in der institutionellen Domäne eng aneinander. Genau dies kann sich jedoch für den Gruppenerfolg als schädlich erweisen. Die oben genannte Hypothese, obwohl inhaltlich gleich, müsste also umformuliert werden: Die positiven Konsequenzen von kultureller Vielfalt für den Erfolg einer Arbeitsgruppe werden durch eine hohe Ergebnisinterdependenz abgeschwächt oder sogar verhindert, d.h. je kulturell vielfältiger eine Arbeitsgruppe zusammengesetzt ist, desto geringer sollte die Ergebnisinterdependenz ausgeprägt sein, damit die Gruppe erfolgreich ist.

Da die kulturellen Werteorientierungen das Wesen der Beziehungen zwischen den Menschen selbst als auch zwischen ihnen und ihrer Umwelt bestimmen und leiten, scheint es nur folgerichtig, dass die Auswirkungen der gruppeninternen, arbeitsbezogenen, wechselseitigen Abhängigkeiten zwischen den Gruppenmitgliedern durch die jeweiligen kulturellen Werteorientierungen bzw. Unterschiede darin, geprägt werden. Lässt sich jedoch eine solche Prägung auch für die Abhängigkeit einer Arbeitsgruppe von der sie umgebenden Gesamtorganisation vermuten? In der vorliegenden Untersuchung wird von einem negativen Zusammenhang zwischen der externen Interdependenz einer Arbeitsgruppe und ihrem Erfolg ausgegangen. Je mehr eine Arbeitsgruppe auf Ressourcen, die nur außerhalb ihrer Arbeitsgruppe verfügbar sind, angewiesen ist, desto größer ist ihr Planungs- und Koordinations-

---

[734] Vgl. Wageman (1995), S. 146; Van der Vegt, Emans & Van de Vliert (1999), S. 203; Van der Vegt, Emans & Van de Vliert (2000), S. 634.
[735] Vgl. Weick (1987b), S. 116.

Hypothesenkomplexe der Untersuchung 205

aufwand, desto größer wird die Unsicherheit bezüglich der eigenen Aufgabenerfüllungs-fähigkeit, desto flexibler muss sich die Gruppe auf variierende Situationen einstellen können und desto mehr Flexibilität wird auch von ihren Mitgliedern verlangt. Mit zunehmender externer Abhängigkeit erhöht sich dadurch die Gefahr des Scheiterns der Arbeitsgruppe. Jetzt ist es eher wahrscheinlich, dass Gruppenmitglieder unterschiedlicher kultureller Werteorientierungen sich in ihrer Zusammenarbeit in ungleichem Maße von der externen Abhängigkeit ihrer Arbeitsgruppe beeinflussen lassen. Während zum Beispiel für generell kollektivistisch orientierte Personen eine hochgradige Vernetzung mit Personen außerhalb der Kerngruppe keine Besonderheit darstellen muss und auch die Abhängigkeit von Externen als Ausdruck einer hierarchischen und richtigen Ordnung angesehen werden könnte, kann dieselbe Abhängigkeit für Menschen mit ausgeprägter individualistischer Orientierung ähnlich wie bei der Aufgabeninterdependenz negative Reaktionen auslösen.[736] Auch Personen mit der starken Tendenz, alle Seiten eines Problems oder einer Aufgabe genauestens durchdringen zu wollen, könnten hohe externe Abhängigkeiten als Behinderung in ihrer Aufgabenerledigung wahrnehmen, da sie permanent das Gefühl haben könnten, noch nicht alle notwendigen Informationen zur Lösung bestimmter Aufgabenprobleme zu besitzen.[737] Es ist also möglich, dass die Auswirkungen externer Abhängigkeit von Arbeitsgruppen durch Unterschiede in den jeweiligen kulturellen Werteorientierungen der Gruppenmitglieder beeinflusst werden. Ob kulturelle Wertevielfalt die Effekte externer Gruppenabhängigkeit jedoch verstärken, abschwächen oder gar umkehren, kann an dieser Stelle nur schwer vermutet werden. Deshalb soll explorativ untersucht werden, ob die Zusammenhänge zwischen externer Abhängigkeit und dem sozialen und ökonomischen Erfolg einer Arbeitsgruppe durch die kulturelle Vielfalt in ihrer Zusammensetzung beeinflusst werden.

Die genannten Hypothesen setzen den Schwerpunkt auf die Wechselwirkungen zwischen der kulturellen Wertevielfalt in einer Arbeitsgruppe und ihren Kontextmerkmalen in Hinblick auf den Gruppenerfolg und beschreiben damit die zentralen Hypothesen des zweiten Hypothesenkomplexes. Da lediglich im Zusammenhang mit dem Einfluss von individuellen Werten und Aufgabeninterdependenz in Gruppen auf eine geringe Anzahl bestehender Forschungsarbeiten zur Entwicklung der Hypothesen zurückgegriffen werden konnte, basieren die anderen Hypothesen sämtlich auf den Implikationen aus der Kulturforschung, generellen Annahmen der „Supplies-Values-Fit-Perspektive" des Kontingenzansatzes und Plausibilitäts-überlegungen. Die Überprüfung der Hypothesen leistet damit einen Beitrag zur multikulturellen Arbeitsgruppenforschung, da hier die Forderungen nach Einbezug von Kontextmerkmalen aufgegriffen und diese in einen expliziten Zusammenhang mit kultureller Vielfalt gestellt werden.

---

[736] Vgl. Kluckhohn & Strodtbeck (1961), S. 19; Earley (1994), S. 112; Maznevski & Peterson (1997), S. 73; Ting-Toomey (1999), S. 65; Gibson (1999), S. 149 f.; Schneider & Barsoux (2003), S. 42.

[737] Vgl. Kluckhohn & Strodtbeck (1961), S. 16; Maznevski & Peterson (1997), S. 76; Adler (2002), S. 29 ff.; Kutschker & Schmid (2002), S. 693 f.; DiStefano & Maznevski (2003), S. 3.

206 Konzeptioneller Bezugsrahmen der Untersuchung

7.2.3 Hypothesenkomplex 3: Kontext-Prozess-Zusammenhänge

Generell gilt die Annahme, dass die Ausgestaltung des Kontextes, in den multikulturelle Arbeitsgruppen eingebettet sind, neben den direkten Effekten auf den Erfolg von Arbeitsgruppen ebenfalls indirekte Wirkungen, und zwar über eine Beeinflussung der Gruppenprozesse auf den Erfolg ausüben. Dies entspricht der klassischen Mediationshypothese, nach der ein Einfluss von Inputmerkmalen – im jetzigen Falle der Kontextmerkmale – auf den Erfolg ausschließlich über die Ausformung der Gruppenprozesse stattfindet. Daher sollen zunächst die Zusammenhänge zwischen den Kontextmerkmalen und den Gruppenprozessen geprüft werden. Die folgenden Hypothesen stützen sich auf Implikationen aus der allgemeinen Gruppenforschung, wobei ihre Überprüfung jedoch eher dazu dient, herauszufinden, ob die generellen Annahmen zur Gruppenarbeit auch für multikulturell zusammengesetzte Arbeitsgruppen Geltung finden können.

Als Gruppenprozesse gelten Interaktionen zwischen Gruppenmitgliedern, die den Input verarbeiten und in Output transformieren.[738] In der vorliegenden Untersuchung werden vier Kategorien von Gruppenprozessen unterschieden: aufgabenbezogene Prozesse, beziehungsbezogene Prozesse, Kommunikations- und Konfliktprozesse. Die Kommunikationsprozesse werden nach ihrem Formalisierungsgrad (Grad der Informalität) und ihrem Fokus (externe Ausrichtung) unterschieden, die Konfliktprozesse anhand des Ausmaßes an Aufgaben- und Beziehungskonflikten und des Ausmaßes der generellen Konfliktlösung erfasst.

7.2.3.1 Zusammenhänge zwischen Aufgabenunsicherheit und Gruppenprozessen

Wie bereits dargestellt, beschreibt Aufgabenunsicherheit den Grad, bis zu dem eine Gruppenaufgabe schwierig und variabel ist. Ist sie schwierig, d.h. sie erfordert erhebliche kognitive Kapazität zur Lösung auftauchender Probleme, und ist sie variabel, d.h. sie erfordert sich ständig ändernde Bearbeitungsverfahren, könnte dies den Prozess einer ansonsten störungsfreien Aufgabenerledigung beeinträchtigen. Das Setzen von Tätigkeitsprioritäten und die Entwicklung praktikabler Arbeitspläne könnten sich durch eine schon in sich unsichere Gruppenaufgabe als erheblich schwieriger erweisen und mit geringerer Durchführungssicherheit behaftet sein.[739] Prinzipiell ist davon auszugehen, dass die Aufgabenprozesse durch eine hohe Aufgabenunsicherheit beeinträchtigt werden. Wenn jedoch alle Mitglieder einer Arbeitsgruppe ihre Gruppenaufgabe als unsicher wahrnehmen, könnte diese gemeinsame Sichtweise auf ihre Gruppensituation andererseits zu einem verstärkten Gruppenzusammengehörigkeitsgefühl beitragen, das sich in gesteigerter, gegenseitiger Unterstützung und Kooperation widerspiegeln würde. Gruppenaufgabenunsicherheit könnte aber auch umgekehrt Kooperation und gegenseitige Unterstützung der Gruppenmitglieder bedingen, wenn die Gruppe insgesamt das übergeordnete Ziel verfolgt, ihre Aufgaben zu erledigen. Eine noch wieder andere Argumentation könnte anführen, dass Aufgabenunsicherheit keine Auswirkungen auf das Grup-

---

[738] Vgl. Campion, Medsker & Higgs (1993), S. 829; Stewart & Barrick (2000), S. 136; Marks, Mathieu & Zaccaro (2001), S. 357.

[739] Vgl. Whitey, Daft & Cooper (1983), S. 46; Hackman (1987), S. 321; Ancona & Caldwell (1992b), S. 323; Guzzo & Dickson (1996), S. 334; Gibson (1999), S. 140; Tschan et al. (2000), S. 368.

Hypothesenkomplexe der Untersuchung 207

penarbeitsklima haben kann, da prinzipiell aus den Gegebenheiten einer schwierigen und variablen Aufgabe der Arbeitsgruppe noch keine Rückschlüsse darüber gezogen werden können, ob eine Arbeitsgruppe eine motivations- und zufriedenheitsstiftende Arbeitsatmosphäre schaffen und erhalten kann. Die Herausbildung einer solchen könnte durch Aufgabenmerkmale zwar erleichtert oder erschwert werden, eine Arbeitsatmosphäre würde sich aber auch unabhängig von den Aufgabenmerkmalen entwickeln. Generell kann jedoch angenommen werden, dass, wenn die Unsicherheit der Gruppenaufgabe einen Zusammenhang mit den beziehungsbezogenen Prozessen aufweist, dieser eher positiv sein sollte:

H-3-Ia: Aufgabenunsicherheit steht in einem negativen Zusammenhang mit dem Ausführen der aufgabenbezogenen Gruppenprozesse in multikulturellen Arbeitsgruppen und, falls auch ein Zusammenhang mit dem Ausführen der beziehungsbezogene Gruppenprozesse besteht, wird dieser positiv ausfallen.

Das Kommunikationsverhalten der Gruppenmitglieder kann durch eine unsichere Gruppenaufgabe ebenfalls beeinflusst werden. Zwar lässt sich die Präferenz eines bestimmten Kommunikationsmodus (Bevorzugung eher formeller oder eher informeller Kommunikationskanäle) durch Aufgabenunsicherheit nicht erklären, wohl aber ist es denkbar, dass je schwieriger und variabler sich eine Gruppenaufgabe gestaltet, die Gruppenmitglieder nicht nur innerhalb ihrer Arbeitsgruppe nach Wissen und Fertigkeiten suchen, die ihnen dabei helfen können, die unsichere Aufgabe zu erledigen, sondern auch Personen und Bereiche außerhalb ihrer Arbeitsgruppe hinsichtlich weiterführender Informationen, Bearbeitungsverfahren oder Problemlösungen kontaktieren.[740] Prinzipiell kann davon ausgegangen werden, dass das Ausmaß der externen Kommunikation der Gruppenmitglieder mit zunehmender Aufgabenunsicherheit ebenfalls ansteigt.

H-3-Ib: Aufgabenunsicherheit steht in einem positiven Zusammenhang mit dem Ausmaß an externer Kommunikation einer multikulturellen Arbeitsgruppe.

Aufgabenunsicherheit kann ebenfalls im Zusammenhang mit dem Auftreten von Konflikten in einer Arbeitsgruppe stehen. Je unsicherer die Aufgabe dabei ist, desto wahrscheinlicher stimmen die Gruppenmitglieder nicht immer bezüglich der Bearbeitungsprozesse miteinander überein. Mit zunehmender Schwierigkeit und Variabilität der Aufgabe vergrößert sich der mögliche Handlungsrahmen und die Wahrscheinlichkeit, dass die Gruppenmitglieder ähnliche Entscheidungsfelder, Vorgehensweisen oder Handlungsalternativen als relevant erachten, wird immer geringer.[741] Deshalb kann davon ausgegangen werden, dass sich das Ausmaß an Aufgabenkonflikten mit zunehmender Aufgabenunsicherheit erhöht. Ob sich jedoch Aufgabenunsicherheit ebenfalls in Beziehungskonflikten niederschlägt, ist schwieriger zu beantworten. Möglich ist, dass durch die Wahrnehmung unterschiedlicher, postulierter oder vorgenommener Aufgabenerledigungsstrategien die Gruppenmitglieder das Gefühl haben, dass auch auf der zwischenmenschlichen, emotionalen Ebene Unstimmigkeiten herrschen, was zu Ärger oder Frustration führen kann. Eine solche Folge von Aufgaben-

---

[740] Vgl. Pinto & Pinto (1990), S. 208; Smith et al. (1994), S. 418; Högl (1998), S. 78 f.
[741] Pelled (1996), S. 619; Amason (1996), S. 126; Jehn (1995), S. 259; Jehn (1997), S. 531; Jehn & Mannix (2001), S. 238.

208 Konzeptioneller Bezugsrahmen der Untersuchung

konflikten wurde in der Forschung schon nachgewiesen.[742] Ob dagegen Beziehungskonflikte auftreten, die „nur" mit der Aufgabenunsicherheit zusammenhängen, bleibt hiermit unbeantwortet. Denkbar ist, dass die Gruppenmitglieder individuell unterschiedlich mit der Unsicherheit umgehen können und dass diejenigen, für die Unsicherheit mit Stress verbunden ist, sich gegen jene abgehoben fühlen, die sich durch eine unsichere Aufgabe zumindest äußerlich nicht aus der Ruhe bringen lassen. Diese Wahrnehmung der Unähnlichkeit auf einer so persönlichen Ebene kann wiederum Verärgerung oder Angst auslösen, welche sich schließlich in zwischenmenschlichen Reibungen und Spannungen zwischen den Gruppenmitgliedern äußern können. Deshalb wird in der vorliegenden Untersuchung davon ausgegangen, dass auch das Ausmaß an Beziehungskonflikten in einer multikulturellen Arbeitsgruppe mit Aufgabenunsicherheit zusammenhängt. Lediglich die Frage, ob die Arbeitsgruppen ihre Konflikte auch lösen können, kann eher nicht mit Aufgabenunsicherheit beantwortet werden, da sich das eine auf Fähigkeiten und Willen der Arbeitsgruppe bezieht, das andere jedoch auf externe Gegebenheiten, die prinzipiell keinen Rückschluss auf das Vorhandensein interner Strategien erlauben. Die Lösung von Konflikten scheint durch andere Faktoren bedingt zu sein als durch die Aufgabenunsicherheit.

H-3-Ic: Aufgabenunsicherheit steht in einem positiven Zusammenhang sowohl mit dem Auftreten von Aufgabenkonflikten als auch mit dem Auftreten von Beziehungskonflikten in multikulturellen Arbeitsgruppen.

7.2.3.2 Zusammenhänge zwischen Arbeitsgestaltungsmerkmalen und Gruppenprozessen

Die Merkmale der Arbeitsgestaltung stellen motivationsbezogene Rahmenbedingungen der Gruppenarbeit dar und haben somit direkten Einfluss auf die Ausgestaltung der Gruppenprozesse. Es wird davon ausgegangen, dass vor allem die affektive Ebene der Gruppenzusammenarbeit und das Kommunikationsverhalten sehr von motivationsfördernden Arbeitsbedingungen profitieren.

Ein hohes Maß an Handlungsautonomie auf der Gruppenebene, Partizipationsmöglichkeiten in Entscheidungssituationen und eine identitätsstiftende Aufgabe signalisieren einer Arbeitsgruppe Vertrauen in ihre Fähigkeiten, die Gruppenaufgaben erfolgreich erledigen zu können und motivieren darüber die Gruppenmitglieder, sich dieses Vertrauens als würdig zu erweisen und die in sie gestellten Leistungserwartungen auch zu erfüllen. Ausgeprägte Handlungsautonomie, Partizipationsmöglichkeiten und eine identitätsstiftende Aufgabe erleichtern die interne Arbeitskoordination, geben einer Arbeitsgruppe das Gefühl von Bedeutsamkeit und stärken ihre Verantwortungsbereitschaft.[743] Dies sollte sich auch positiv auf die Beziehungen zwischen den Gruppenmitgliedern auswirken und sich in einer stärkeren gegenseitigen Kooperation und sozialen Unterstützung niederschlagen. Es wird also von einem

---

[742] Vgl. Jehn (1995), S. 258 f.; (1997), S. 532; Pelled (1996), S. 620; Amason (1996), S. 129; Simons & Peterson (2000), S. 103; Von Glinow, Shapiro & Brett (2004), S. 578.

[743] Vgl. Hackman (1987), S. 324; Cordery, Mueller & Smith (1991), S. 473; Campion, Medsker & Higgs (1993), S. 826; Stock (2004), S. 280.

Hypothesenkomplexe der Untersuchung

positiven Zusammenhang zwischen Arbeitsgestaltungsmerkmalen und den aufgaben- und beziehungsbezogenen Prozessen ausgegangen.

H-3-IIa: Gruppenautonomie, Partizipationsmöglichkeiten und Aufgabenidentität stehen in einem positiven Zusammenhang mit dem Ausführen von aufgaben- und beziehungsbezogenen Gruppenprozessen in multikulturellen Arbeitsgruppen.

Ebenso könnten durch eine starke Ausprägung der motivationsfördernden Arbeitsbedingungen die Wahrscheinlichkeit für Konflikte vor allem auf der Beziehungsebene gesenkt werden. Werden Gruppenmitglieder schon allein durch ihre Arbeitssituation zu hoher Leistung angespornt, könnte dies die Wahrnehmung von eventuellen zwischenmenschlichen Unstimmigkeiten in den Hintergrund drängen. Wenn einer Arbeitsgruppe verdeutlicht wird, dass ihr zugetraut wird, eine Aufgabe erfolgreich zu erledigen, dann verlieren Beziehungskonflikte an Relevanz und die hierfür benötigte Energie wird eher in die Erfüllung der Aufgabe investiert, um das in die Gruppe gesetzte Vertrauen zu bestätigen und aufrechtzuerhalten.[744] Auf das Auftreten von Aufgabenkonflikten haben die Arbeitsgestaltungsmerkmale jedoch vermutlich keinen Einfluss, da diese Konflikte eine Art der inhaltlichen Auseinandersetzung mit der Aufgabe darstellen und also eher von Merkmalen der Aufgabe selbst abhängen als von den allgemeinen Rahmenbedingungen der Zusammenarbeit in der Gruppe. Es wird daher nur von einem negativen Zusammenhang zwischen den Arbeitsgestaltungsmerkmalen und den Beziehungskonflikten ausgegangen.

H-3-IIb: Gruppenautonomie, Partizipationsmöglichkeiten und Aufgabenidentität stehen in einem negativem Zusammenhang mit dem Auftreten von Beziehungskonflikten in einer multikulturellen Arbeitsgruppe.

Auch auf die gruppeninterne Kommunikation in einer Arbeitsgruppe können die Arbeitsgestaltungsmerkmale Gruppenautonomie, Partizipationsmöglichkeiten und Aufgabenidentität einen Einfluss haben. Wenn diese Merkmale den Rahmen für eine leistungsmotivationsfördernde und zufriedenheitsstiftende Arbeitsatmosphäre schaffen, dann ist es leicht vorstellbar, dass sich ebenfalls ein eher spontaner, informeller Kommunikationsmodus zwischen den Gruppenmitgliedern etabliert, da eine informelle Kommunikation die Rahmenbedingungen von der Art her komplementiert und ihre Effekte noch verstärkt.[745] Vor allem Gruppenautonomie und Partizipationsmöglichkeiten an gruppenrelevanten Entscheidungen geben einer Arbeitsgruppe Raum zur Selbstgestaltung ihrer Prozesse. Um diesen Raum jedoch vollständig ausnutzen zu können, müssen auch viele Informationen schnell, unkompliziert und in ihrer vollen Reichhaltigkeit ausgetauscht, also kommuniziert werden können. Informelle Kommunikation, die keine offiziellen Formen wahren und Regeln einhalten muss, kann dies am besten leisten. Daher steht zu vermuten, dass mit einem hohen Maß an Gruppenautonomie und Möglichkeiten, an Entscheidungen zu partizipieren, auch eine ausgeprägte informelle Kommunikation in Arbeitsgruppen einhergeht. Ein Zusammenhang mit der externen Kommunikation ist jedoch nicht zu vermuten, da diese unabhängig von den Merkmalen der Arbeitsgestaltung auftritt.

---

[744] Vgl. Hackman (1987), S. 324; Cordery, Mueller & Smith (1991), S. 473; Campion, Medsker & Higgs (1993), S. 826; Stock (2004), S. 280.

[745] Vgl. Pinto & Pinto (1990), S. 208; Smith et al. (1994), S. 418; Högl (1998), S. 78 f.

210 Konzeptioneller Bezugsrahmen der Untersuchung

H-3-IIc: Gruppenautonomie, Partizipationsmöglichkeiten und Aufgabenidentität stehen in einem positiven Zusammenhang mit Grad der Informalität der Kommunikation zwischen Gruppenmitgliedern einer multikulturellen Arbeitsgruppe.

7.2.3.3 Zusammenhänge zwischen Interdependenzen und Gruppenprozessen

Prinzipiell wird davon ausgegangen, dass der Grad der internen Vernetztheit der Gruppenmitglieder, aber auch der Grad der Einbindung der Arbeitsgruppe in das sie umgebende Gesamtunternehmen die Gruppenprozesse erheblich mitgestalten. Während jedoch die externen Interdependenzen einer Arbeitsgruppe hauptsächlich das Ausmaß ihrer Kommunikation mit gruppenexternen Quellen beeinflussen sollten, formen die internen Interdependenzen konsequenterweise vor allem die internen Gruppenprozesse.

Wie bereits dargestellt, wird angenommen, dass eine hohe Aufgabeninterdependenz innerhalb einer Arbeitsgruppe gegenseitige Unterstützung und Kooperation der Gruppenmitglieder funktional notwendig macht. Aufgabeninterdependenz ist ja als der Grad definiert, bis zu dem Gruppenmitglieder Ressourcen miteinander teilen müssen, um ihre jeweiligen Teilaufgaben erfolgreich zu erledigen. Daher ist davon auszugehen, dass unter der Bedingung einer aufgabenbezogenen Abhängigkeit jeden Gruppenmitglieds mit jedem anderen in der Arbeitsgruppe, die den sozialen Erleichterungseffekt auszulösen vermag, generell die Tendenz vorherrschen dürfte, Arbeitsbelastungen zu teilen, sich gegenseitig zu unterstützen und einander den sozialen Rückhalt zu bieten, der notwendig ist, damit jedes einzelne Gruppenmitglied nach seinen Möglichkeiten zur Gesamtgruppenleistung beitragen kann.[746] Während jedoch die beziehungsbezogenen Prozesse in einem positiven Zusammenhang mit der Aufgabeninterdependenz stehen können, lässt sich dasselbe in Bezug auf die Aufgabenprozesse weniger leicht vermuten. Je mehr die Gruppenmitglieder in ihrer Aufgabenerledigung voneinander abhängen, desto mehr müssen sie sich koordinieren, womit trotz aller nachgewiesenen positiven Konsequenzen für erfolgreiches Zusammenarbeiten auch ein gewisses Reibungspotenzial entsteht.[747] Mit zunehmender Aufgabeninterdependenz sollte es schwieriger für die Gruppenmitglieder werden, weil unüberschaubarer, Subziele zu definieren oder durchführbare Arbeitspläne zu erstellen. Auch hinsichtlich der Prioritätensetzung von aufgabenbezogenen Aktivitäten könnten Schwierigkeiten auftauchen, die durch die Unvorhersehbarkeit hinsichtlich Qualität und Quantität der von den anderen Gruppenmitgliedern zu liefernden Teilaufgabeninputs bestimmt sind. Die aufgabenbezogenen Gruppenprozesse könnten demnach durch eine hohe Aufgabeninterdependenz beeinträchtigt werden. Hieraus folgt die Hypothese:

H-3-IIIaa: Aufgabeninterdependenz steht in einem negativen Zusammenhang mit dem Ausführen aufgabenbezogener Gruppenprozesse und in einem positiven Zusammenhang mit dem Ausführen beziehungsbezogener Gruppenprozesse in multikulturellen Arbeitsgruppen.

---

[746] Vgl. Shaw, Duffy & Stark (2000), S. 269 ff.; Van der Vegt, Emans & Van de Vliert (2000), S. 649; Tschan et al. (2000), S. 371; Van der Vegt, Emans & Van de Vliert (2001), S. 63.

[747] Vgl. Campion, Medsker & Higgs (1993), S. 826 f.; Wageman (1995), S. 146; Van der Vegt, Emans & Van de Vliert (1999), S. 203; Van der Vegt, Emans & Van de Vliert (2000), S. 634.

Hypothesenkomplexe der Untersuchung

Eine hohe Aufgabeninterdependenz bedeutet also, dass die Gruppenmitglieder eng miteinander zusammen arbeiten müssen und dass vor allem aufgabenbezogene Gruppenprozesse darunter leiden können. Dies kann sich auch auf die Konflikthäufigkeit in der Arbeitsgruppe auswirken. Es ist nicht nur denkbar, dass die Koordination der Aufgabenaktivitäten durch Aufgabeninterdependenz erschwert wird, sondern es ist ebenfalls möglich, dass über die genaue Einsicht, die ein jedes Gruppenmitglied in die Aufgabenerledigung der anderen Gruppenmitglieder erhält, Unstimmigkeiten über den Inhalt der zu erledigenden Aufgabe entstehen.[748] Die Gruppenmitglieder könnten verschiedene Meinungen dazu haben, welche Ziele die Aufgabenerledigung erfüllen soll, wie die Aufgaben zu erledigen sind oder auch welche konkreten Handlungsalternativen gewählt werden sollten. Je mehr die Gruppenmitglieder in Bezug auf ihre jeweiligen Teilaufgaben miteinander verflochten sind, desto eher könnten aufgabenbezogene Konflikte auftreten. Darüber hinaus ist es auch denkbar, dass die aufgrund hoher Aufgabeninterdependenz notwendige enge Zusammenarbeit zwischen Gruppenmitgliedern ihre Wahrnehmung für persönliche Elemente in der Aufgabenerledigung schärft. Wenn nun von den Gruppenmitgliedern in der aufgabenbezogenen Dimension Unterschiede festgestellt werden, könnte es gut sein, dass ein Überstrahlungseffekt auftritt und die Gruppenmitglieder ein generelles Empfinden zwischenmenschlicher Inkompatibilität entwickeln.[749] Dies wiederum könnte auch in emotionalen Konflikten resultieren, da ein sich aufbauender negativer Affekt bei gleichzeitiger Notwendigkeit der Zusammenarbeit erhebliche Spannungen erzeugen kann. Aus diesem Grunde wird angenommen, dass Aufgabeninterdependenz ebenfalls mit Beziehungskonflikten im Zusammenhang steht. Die Konfliktlösungsfähigkeit einer Arbeitsgruppe sollte jedoch von der Aufgabeninterdependenz unberührt bleiben. Es gilt also, die folgende Hypothese zu prüfen:

H-3-11ab: Aufgabeninterdependenz steht sowohl mit dem Auftreten von Aufgabenkonflikten als auch mit dem Auftreten von Beziehungskonflikten innerhalb multikultureller Arbeitsgruppen in einem positiven Zusammenhang.

Es scheint plausibel, davon auszugehen, dass sich mit zunehmender Aufgabeninterdependenz auch die Kommunikation zwischen den Gruppenmitgliedern intensiviert. Eine starke wechselseitige Ressourcenabhängigkeit erfordert zwangsläufig ein gesteigertes Kommunikationsniveau innerhalb der Arbeitsgruppe.[750] Ob jedoch die Gruppenmitglieder für ihre Kommunikation eher informelle oder eher formelle Kommunikationskanäle bevorzugen, sollte anhand der Aufgabeninterdependenz nicht feststellbar sein, da diese keinen Bezug zur möglichen Präferenz eines bestimmten Kommunikationsmodus aufweist. Ebenfalls sollte das Ausmaß der externen Kommunikation von der aufgabenbezogenen, wechselseitigen Abhängigkeit der Gruppenmitglieder unbeeinflusst sein, da diese zwar die Beziehungen der Gruppenmitglieder untereinander festlegt, das Ausmaß externer Kommunikation jedoch von den Inhaltsanforderungen der jeweiligen (Teil)Aufgaben bestimmt wird.

---

[748] Vgl. Campion, Medsker & Higgs (1993), S. 826 f.; Wageman (1995), S. 146; Jehn (1995), S. 259; Amason (1996), S. 127; Pelled (1996), S. 620; Jehn (1997), S. 531; Van der Vegt, Emans & Van de Vliert (1999), S. 203; Van der Vegt, Emans & Van de Vliert (2000), S. 634.

[749] Vgl. Jehn (1995), S. 258 f.; (1997), S. 532; Pelled (1996), S. 620; Amason (1996), S. 129; Simons & Peterson (2000), S. 103; Von Glinow, Shapiro & Brett (2004), S. 578.

[750] Vgl. Lovelace, Shapiro & Weingart (2001), S. 780 f.

212 Konzeptioneller Bezugsrahmen der Untersuchung

Die grundlegenden Zusammenhänge bzw. Unabhängigkeiten zwischen der Aufgabeninterdependenz und den Gruppenprozessen sollten für die Ziel- und Ergebnisinterdependenz ähnliche Geltung haben. Lediglich die Richtung könnte sich ändern, da Ziel- und Ergebnisinterdependenz ihren Einfluss hauptsächlich über ihre Auswirkungen auf die Leistungsmotivation der Gruppenmitglieder ausüben. Die Richtung des Einflusses beider Interdependenzarten auf die Leistungsmotivation sollte dabei gleich sein, d.h. je mehr die individuellen Ziele mit den Gruppenzielen verbunden sind und je mehr die individuellen Leistungsfeedbacks und -belohnungen auf der Gesamtgruppenleistung basieren, desto mehr sollten sich die Gruppenmitglieder anstrengen, eine gute, zielerfüllende Gruppenleistung zu erbringen.[751] Aus dem Grunde derselben motivationseinwirkenden Richtungen wird davon ausgegangen, dass sich die Richtung der Zusammenhänge mit den Gruppenprozessen ebenfalls gleichen, daher sollen keine separaten Hypothesen aufgeführt werden.

Eine enge Verknüpfung der individuellen Ziele mit den Gruppenzielen und die Abhängigkeit individueller Feedbacks und Entlohnungen von der Gesamtgruppenleistung sollte die Gruppenmitglieder verstärkt dazu anhalten, miteinander zu kooperieren und sich gegenseitig zu unterstützen, da in der Konsequenz jeder Einzelne davon profitiert. Hier kann ohne weiteres von einem positiven Zusammenhang zwischen den Interdependenzen und den beziehungsbezogenen Prozessen ausgegangen werden. Darüber hinaus kann ebenfalls angenommen werden, dass eine Übereinstimmung zwischen individuellen und Gruppenzielen die Fähigkeit einer Arbeitsgruppe erheblich erleichtert, für ihre jeweiligen Aufgaben Subziele zu definieren oder Tätigkeitsprioritäten zu setzen. Ebenso kann davon ausgegangen werden, dass Ergebnisinterdependenz mit der Fähigkeit einer Arbeitsgruppe zusammenhängt, konkrete und durchführbare Gruppenarbeitspläne zu entwickeln, da vor allem gruppenbezogenes Feedback Hinweise zur verbesserten Koordination der Gruppenarbeit liefert. Ergo kann auch im Zusammenhang mit den aufgabenbezogenen Gruppenprozessen von einer positiven Beziehung zwischen diesen und einer hohen Ziel- und Ergebnisinterdependenz ausgegangen werden.

H-3-IIIba: Ziel- und Ergebnisinterdependenz stehen in einem positiven Zusammenhang mit dem Ausführen sowohl aufgabenbezogener als auch beziehungsbezogener Gruppenprozesse in einer multikulturellen Arbeitsgruppe.

Wenn für die Gruppenmitglieder die Erreichung der Gruppenziele stark mit der Erreichung individueller Ziele einhergeht und auch die Konsequenzen, die aus gemeinsamen Gruppenanstrengungen resultieren, die individuellen Bedürfnisse erfüllen, dann ist davon auszugehen, dass sowohl in der aufgabenbezogenen Dimension als auch in der sozialen Dimension weniger Konflikte auftreten. Die Gruppenmitglieder können sich leichter auf eine gemeinsame Aufgabendefinition und auf eine gemeinsame Vorgehensweise in der Aufgabenerledigung einigen, da sie eine gemeinsame Basis dafür haben und aus der Motivation heraus, eine hohe Gruppenleistung zu erbringen, ähnliche Kriterien an die Aufgabenerledigung anlegen. Bei hohen Interdependenzen sollten also weniger Aufgabenkonflikte auftreten. Darüber hinaus stärken die auf die Gesamtgruppenleistung bezogenen Wahrnehmungen, die sowohl

---

[751] Vgl. Campion, Mesker & Higgs (1993), S. 827; Saavedra, Earley & Van Dyne (1993), S. 63; Van der Vegt, Emans & Van de Vliert (2001), S. 52; Van Vijfeijken et al. (2002), S. 367; Van der Vegt & Janssen (2003), S. 732.

Hypothesenkomplexe der Untersuchung 213

aus der Ziel- als auch aus der Ergebnisinterdependenz herrühren, die individuellen Empfindungen der Ähnlichkeit und darüber der gegenseitigen Kompatibilität. Die Wahrscheinlichkeit, dass Beziehungskonflikte auftreten, die aus der Wahrnehmung zwischenmenschlicher Unstimmigkeiten entstehen, könnte durch hohe Interdependenzen erheblich gesenkt werden.[752] Aber auch hier bleibt festzuhalten, dass aufgrund gegebener Ziel- und Ergebnisinterdependenzen keine Aussage darüber getroffen werden kann, ob Arbeitsgruppen die Konflikte, die trotz allem auftreten mögen, auch lösen können. Daher soll primär die folgende Hypothese geprüft werden:

H-3-IIIbb: Ziel- und Ergebnisinterdependenz stehen in einem negativen Zusammenhang mit dem Auftreten von Aufgaben- und Beziehungskonflikten in einer multikulturellen Arbeitsgruppe.

In Bezug auf die Kommunikation müsste prinzipiell dieselbe Argumentation wie bei der Aufgabeninterdependenz greifen. Hohe Ziel- und Ergebnisinterdependenzen intensivieren zwar vermutlich die Kommunikation zwischen den Gruppenmitgliedern, ob diese jedoch formelle oder informelle Kommunikationskanäle bevorzugen, kann aus den Interdependenzen nicht schlüssig hergeleitet werden. Dasselbe gilt in Bezug auf die externe Kommunikation. Da Ziel- und Ergebnisinterdependenzen auf Inhalte und Prozesse innerhalb einer Arbeitsgruppe ausgerichtet sind, kann hieraus nicht geschlossen werden, ob und in welchem Ausmaß die Gruppenmitglieder mit gruppenexternen Personen oder Einheiten kommunizieren.

Ist jedoch eine Arbeitsgruppe stark in die sie umgebende Gesamtorganisation eingebunden bzw. weist sie in Bezug auf ihre Aufgabenerledigung eine große Ressourcenabhängigkeit von gruppenexternen Quellen auf, dann ist sehr wohl davon auszugehen, dass die Gruppenmitglieder in erheblichem Maße mit diesen externen Quellen kommunizieren. Kommunikation stellt die einfachste und schnellste Form des Ressourcenaustauschs dar und wird daher vermutlich als Instrument erster Wahl verwendet.[753] Es soll die folgende Hypothese geprüft werden:

H-3-IIIc: Die externe Abhängigkeit einer multikulturellen Arbeitsgruppe steht in einem engen und positiven Zusammenhang mit dem Ausmaß ihrer externen Kommunikation.

Die genannten Hypothesen beschreiben den Hypothesenkomplex 3, dessen vermutete Zusammenhänge sich im Wesentlichen auf Implikationen aus der Gruppenforschung stützen. Da jedoch kulturell vielfältig zusammengesetzte Arbeitgruppen bei der Betrachtung von Kontext-Prozess-Zusammenhängen bisher so gut wie gar nicht im Fokus der Betrachtung standen, wird sich hier zeigen, ob sich die für monokulturell als gültig anerkannten Zusammenhänge auch bei multikulturellen Arbeitsgruppen finden lassen.

---

[752] Vgl. Jehn (1995), S. 275; Pelled (1996), S. 620; Amason (1996), S. 129; Jehn (1997), S. 532; Simons & Peterson (2000), S. 103; Ayoko, Härtel & Callan (2001), S. A1; Von Glinow, Shapiro & Brett (2004), S. 578.
[753] Vgl. Zenger & Lawrence (1989), S. 369; Ancona (1990), S. 337; Ancona & Caldwell (1992a), S. 660 f.; Ancona & Caldwell (1992b), S. 337.

214   Konzeptioneller Bezugsrahmen der Untersuchung

7.2.4 Hypothesenkomplex 4: Gruppenstruktur-Prozess-Zusammenhänge

Ein weiterer Schwerpunkt der vorgestellten Untersuchung liegt auf der Identifikation möglicher Erklärungsfaktoren multikultureller Gruppenarbeit, wobei davon ausgegangen wird, dass die kulturell vielfältige Zusammensetzung einer Arbeitsgruppe die Gruppenprozesse ganz erheblich mitbestimmt und über den Erfolg oder Misserfolg solcher Arbeitsgruppen entscheiden kann. Wie zu Beginn dieses Abschnitts der Untersuchung dargestellt, wird generell davon ausgegangen, dass kulturelle Wertevielfalt eine Plattform benötigt, um Effekte zu zeigen. Nur in der Interaktion von Gruppenmitgliedern können Unterschiede, vor allem solche, die, wie die kulturellen Werteunterschiede, nicht auf Anhieb erkennbar sind, ihre Wirkung entfalten. Ebenfalls wird erst in der Interaktion der Gruppenmitglieder das Potenzial der Gruppe deutlich. Nur wenn die unterschiedlichen Wahrnehmungen, Problemdefinitionen, Verfahren und Problemlösungen geäußert werden und aufeinander treffen, kann eine Arbeitsgruppe ihre vielen Möglichkeiten überhaupt erst einmal wahrnehmen, was als Vorbedingung dafür gelten kann, auch tatsächlich in der Lage zu sein, Nutzen aus dieser Vielfalt zu ziehen. Die Vielfalt muss verarbeitet werden, wobei die Gruppenprozesse den zentralen Verarbeitungsmechanismus darstellen.[754] Aus diesem Grunde werden keine Annahmen bezüglich des direkten Einflusses kultureller Wertevielfalt auf die Erfolgsvariablen angenommen.

Im nächsten Schritt soll also geprüft werden, welche Zusammenhänge potenziell zwischen Vielfalt in den kulturellen Werteorientierungen von Gruppenmitgliedern und den Gruppenprozessen bestehen könnten. Auf eine explizite Hypothesenformulierung in Bezug auf die anderen Arten von Vielfalt und hinsichtlich des Zusammenhangs zwischen relativer Gruppengröße und Prozessen soll dabei jedoch verzichtet werden, da hierzu ausreichend Forschungsarbeiten vorliegen (siehe Abschnitt 5.3 zur Vielfaltsforschung). Diese werden jedoch empirisch überprüft, um weitere, die bisherigen Befunde möglicherweise validierende Erkenntnisse zu generieren. Die Hypothesenbildung hinsichtlich der Zusammenhänge zwischen Vielfalt in den kulturellen Werteorientierungen und den Gruppenprozessen wird von den wenigen Befunden zu kultureller Wertevielfalt in Arbeitsgruppen geleitet (siehe auch Abschnitt 5.3.2.3.2 dieser Untersuchung).

Um gehaltvolle Zusammenhangsvermutungen zwischen kultureller Wertevielfalt in Arbeitsgruppen und ihren jeweiligen Gruppenprozessen aufzustellen, scheint es im ersten Schritt sinnvoll, die Prozesse nach ihrem Bezug zu ordnen. Bei der Zusammenfassung der empirischen Befunde zu multikulturellen Arbeitsgruppen wurden die drei Kategorien ‚kognitiv', ‚affektiv' und ‚verhaltensmäßig' unterschieden. Diese Unterteilung scheint für gegenwärtige Zwecke jedoch nur bedingt angebracht, da essenziell alle Prozesse Verhalten darstellen und daher das Kriterium ‚verhaltensmäßig' prinzipiell für alle Prozesse gelten müsste. Daher sollen die Gruppenprozesse hier nach ihrem inhaltlichen Bezug in Prozesse, die sich inhaltlich auf die Gruppenaufgabe konzentrieren (= kognitiv) und in Prozesse, die sich auf die affektive bzw. soziale Ebene der Gruppenzusammenarbeit beziehen (= affektiv), unterteilt werden. Aus ökonomischer Perspektive wird das Potenzial multikultureller Arbeitsgruppen vor allem im Bereich der Aufgabenerledigung gesehen. Die verschiedenen Gruppenmitglieder

---

[754] Vgl. Campion, Medsker & Higgs (1993), S. 829; Stewart & Barrick (2000), S. 136; Marks, Mathieu & Zaccaro (2001), S. 357.

Hypothesenkomplexe der Untersuchung   215

bringen aufgrund ihrer kulturell verschiedenen Werteorientierungen verschiedene Ideen, Sichtweisen, Verfahren und Interpretationen in die Aufgabenerledigung ein, wodurch sich die Menge an verfügbaren Problemlösungsmöglichkeiten erhöht und über eine umfassendere Kombination oder auftretende Synergien unter den eingebrachten verschiedenen Problembetrachtungs- und -lösungswegen eine höhere Qualität der letztlich gewählten Problemlösungsalternative entstehen kann.[755]

Es bleibt jedoch zu beachten, dass diese Trennung der Prozesse primär nur eine analytische darstellt, die Möglichkeit der Überstrahlung beider Prozessebenen jedoch nicht kategorisch ausgeschlossen werden soll. Zu den kognitionsbezogenen Gruppenprozessen gehören demnach die Aufgabenprozesse, die Aufgabenkonflikte und auch die externe Kommunikation, da diese als Ausmaß der aufgabenbezogenen Kommunikation mit externen Quellen verstanden wird. Auf der anderen Seite gehören zu den affektbezogenen oder sozialen Gruppenprozessen die kooperations- oder beziehungsbezogenen Gruppenprozesse, die Beziehungskonflikte, Konfliktlösung und die informelle Kommunikation.

In einem zweiten Schritt zur sinnvollen Hypothesenbildung können auch die kulturellen Werteorientierungen danach unterschieden werden, auf welcher Ebene (kognitiv oder affektiv-sozial) sie ihren vorrangigen Einfluss ausüben. Während also die Menschliche-Natur-Orientierung und die relationale Orientierung ihr primäres Ausdrucksfeld im affektiven oder sozialen Miteinander von Menschen und damit Arbeitsgruppen finden, beeinflussen die Aktivitätsorientierung und die Zeitorientierung eher die Prozesse der aufgabenbezogenen Zusammenarbeit. Es soll jedoch nicht ausgeschlossen werden, dass sich die mit den beiden letztgenannten Orientierungen verbundenen Verhaltensweisen ebenfalls auf die affektive Ebene der Gruppenzusammenarbeit auswirken. Lediglich in Hinblick auf die Mensch-Umwelt-Orientierung kann davon ausgegangen werden, dass sie sich zu gleichen Teilen auf die kognitiven und die affektiven oder sozialen Prozesse auswirkt, da sowohl die jeweiligen Aufgaben als auch die anderen Gruppenmitglieder als zur Umwelt einer Person dazugehörend verstanden werden können.

Wenn nun die Auswirkungen von Vielfalt in kulturellen Werteorientierungen innerhalb einer Arbeitsgruppe auf ihre Prozesse thematisiert werden, so führt die eben vorgenommene Unterteilung sowohl der Prozesse als auch der Werteorientierungen in kognitiv-aufgaben- und affektiv- oder beziehungsbezogen zu differenzierteren Zusammenhangsvermutungen.

7.2.4.1 Zusammenhänge zwischen kultureller Wertevielfalt in Arbeitsgruppen und kognitionsbezogenen Gruppenprozessen

In der vorliegenden Untersuchung wird unter den reinen aufgabenbezogenen Gruppenprozessen die Fähigkeit einer Arbeitsgruppe verstanden, selbstständig für die gesamte Gruppe ihre Aufgabenziele und -subziele definieren, Tätigkeitsprioritäten setzen und durchführbare Arbeitspläne entwickeln zu können.[756] Wie gestalten sich nun diese Prozesse, wenn die Mit-

---

[755] Vgl. Maznevski (1994), S. 536 f.; Maznevski & Peterson (1997), S. 61; Janssens & Brett (1997), S. 154; Hambrick et al. (1998), S. 188; DiStefano & Maznevski (2000), S. 46; Ely & Thomas (2001), S. 234; Polzer, Milton & Swann (2002), S. 296; Adler (2002), S. 145 ff.

[756] Vgl. Ancona & Caldwell (1992b), S. 323; Guzzo & Dickson (1996), S. 334.

216 Konzeptioneller Bezugsrahmen der Untersuchung

glieder einer Arbeitsgruppe verschiedene kulturelle Werteorientierungen aufweisen? Vor allem die Aktivitäts- und die Zeitorientierung sollten dabei den größten Einfluss auf die Ausgestaltung der aufgabenbezogenen Gruppenprozesse aufweisen. Personen unterschiedlicher Aktivitätsorientierung unterscheiden sich sowohl hinsichtlich ihrer individuellen Ziel- und Prioritätensetzung als auch in ihrer Auffassung der Wichtigkeit von Plänen oder Terminen.[757] Vorrangig sein-orientierte Personen legen weniger Wert auf spezifische Geschäftsziele und ändern bedenkenlos Fristen und Termine, wenn ihnen andere, wichtig erscheinende Themen dazwischen kommen. Primär handlungsorientierte Personen legen dagegen großen Wert auf die Erreichung spezifischer Ziele, wobei sie sehr darauf bedacht sind, Termine und Pläne aufzustellen als auch einzuhalten. Personen vorrangig denken-orientierter Kulturen setzen dagegen ihre Prioritäten auf die Güte der gedanklichen Durchdringung von Problemen und der Vollständigkeit von Plänen, wobei sie bei Befinden, dass Pläne und Termine sehr detailliert und rational geplant sind, Fristen und Vorgaben dann auch sorgfältig einhalten. Nun ist es also gut denkbar, dass in einer Arbeitsgruppe, in der sich die Mitglieder in ihrer Aktivitätsorientierung sehr voneinander unterscheiden, die Ausübung der oben genannten aufgabenbezogenen Gruppenprozesse mit Schwierigkeiten einhergeht, da die Gruppenmitglieder mit unterschiedlichen Haltungen an das Strukturieren ihrer gemeinsamen Aufgabenarbeit herangehen. Ein glatter Ablauf der aufgabenbezogenen Gruppenprozesse könnte durch Vielfalt in der Aktivitätsorientierung gefährdet sein. Ein Teil der Gruppenmitglieder setzt sofort Ziele und Prioritäten und entwickelt einen Arbeitsplan, unabhängig davon, ob diese vollständig, allumfassend oder praktikabel sind. Mit diesem Zustand können die anderen Gruppenmitglieder nicht so gut umgehen, da für sie gilt, erst einmal alles genau zu durchdenken. Für die dritten spielen die aufgabenbezogenen Prozesse keine wichtige Rolle, sie sind weder an den Prozessen interessiert noch desinteressiert.

Eine ähnliche Auswirkung sollten Unterschiede in der Zeitorientierung mit sich bringen.[758] Während zukunftsorientierte Gruppenmitglieder sich in ihrer Ziel- und Prioritätensetzung von Möglichkeiten und Ergebnissen, die in der fernen Zukunft liegen, inspirieren und leiten lassen – und sich dabei möglicherweise vom Boden des momentan Wichtigen und Machbaren entfernen – suchen vergangenheitsorientierte Gruppenmitglieder nach bereits vollzogenen Plänen und Vorgehen, die sich bereits als erfolgreich erwiesen haben. Wenn diese mit den Ideen der zukunftsorientierten Mitglieder übereinstimmen, gibt es kein Problem. Wahrscheinlicher ist jedoch, dass sie nicht miteinander übereinstimmen, was zu problematischeren Interaktionen führen könnte. Auch hier muss also ein eher störender Einfluss der Vielfalt auf die aufgabenbezogenen Gruppenprozesse vermutet werden. Hinsichtlich unterschiedlicher Mensch-Umwelt-Orientierungen könnte ebenfalls von einem eher negativen Einfluss auf die aufgabenbezogenen Gruppenprozesse ausgegangen werden.[759] Während eher unterwerfungsorientierte Personen die Notwendigkeit von Prioritäten, Plänen und Fristen nicht so sehr sehen, da die Dinge sowieso kommen wie sie kommen, ohne dass der Mensch tatsächlich

---

[757] Vgl. Kluckhohn & Strodtbeck (1961), S. 16; DiStefano & Maznevski (2003), S. 3; Maznevski & Peterson (1997), S. 76; Ting-Toomey (1999), S. 64; Adler (2002), S. 29.

[758] Vgl. Kluckhohn & Strodtbeck (1961), S. 15; Ting-Toomey (1999), S. 61; Maznevski & Peterson (1997), S. 69; Adler (2002), S. 31; Kutschker & Schmid (2002), S. 692 f.; DiStefano & Maznevski (2003), S. 3.

[759] Vgl. Kluckhohn & Strodtbeck (1961), S. 13; Maznevski & Peterson (1997), S. 67; Adler (2002), S. 25; Schneider & Barsoux (2003), S. 36; Ting-Toomey (1999), S. 60 f.

Einfluss darauf nehmen kann, gilt für eher beherrschungsorientierte Personen genau das umgekehrte Prinzip. Für diese ist alles gestalt- und kontrollierbar, daher ist für sie die Behandlung von Problemen oder Aufgaben nicht nur wichtig, sondern sie begreifen es als ihre ureigenste Funktion, ihr Tätigkeitsfeld zu beherrschen. Also können auch bei Vielfalt in der Mensch-Umwelt-Orientierung Probleme in den aufgabenbezogenen Gruppenprozessen auftreten. Aus diesen Überlegungen resultiert die folgende zu überprüfende Hypothese:

H-4-Ia: Kulturelle Vielfalt in der Gruppenzusammensetzung steht in einem negativen Zusammenhang mit dem Ausführen aufgabenbezogener Gruppenprozesse. Dies könnte vor allem für Vielfalt in der Aktivitäts-, Zeit- und Mensch-Umwelt-Orientierung gelten.

Ein gänzlich anderes Bild ergibt sich, wenn das Auftreten von Aufgabenkonflikten im Fokus der Betrachtung steht. Aufgabenkonflikte werden in der vorliegenden Untersuchung als Wahrnehmungen der Gruppenmitglieder betrachtet, dass in Bezug auf aufgabenbezogene Thematiken wie Wesen und Wichtigkeit der Aufgabenziele, Kernentscheidungsfelder, Vorgehensweisen zur Aufgabenerledigung und Auswahl von Handlungsalternativen unterschiedliche Sichtweisen und Beurteilungen vorherrschen. Die eben beschriebenen Auffassungen und Verhaltensweisen von Personen verschiedener Aktivitäts-, Zeit- und Mensch-Umwelt-Orientierungen sollten genau diese Wahrnehmungen von Unterschieden auf der Ebene der aufgabenbezogenen Zusammenarbeit nicht nur auslösen sondern sogar verstärken. Je diverser die aufgabenbezogenen Auffassungen und Verhalten von Gruppenmitgliedern sind, desto mehr sollte diese Vielfalt wahrgenommen werden und in der Konsequenz zu Aufgabenkonflikten führen.[760] In der Forschung konnte ein solcher Zusammenhang zwischen kultureller Vielfalt und Sachkonflikten auch bereits nachgewiesen werden.[761] Die folgende Hypothese soll daher geprüft werden:

H-4-Ib: Kulturelle Vielfalt steht in einem positiven Zusammenhang mit dem Auftreten von Aufgabenkonflikten in der Arbeitsgruppe. Dies könnte vor allem für Vielfalt in der Aktivitäts-, Zeit- und Mensch-Umwelt-Orientierung gelten.

Der dritte Gruppenprozess aufgabenbezogenen Inhalts betrifft schließlich das Ausmaß der aufgabenbezogenen, externen Kommunikation. Da die Notwendigkeit und auch die Häufigkeit externer Kommunikation vor allem durch Merkmale der Gruppenaufgabe bestimmt wird, ist nicht von einer Auswirkung kultureller Vielfalt hierauf auszugehen. Personen unterschiedlicher kultureller Werteorientierungen ziehen bei Problemen zwar unterschiedliche Informationsquellen zu Rate, die sich auch im Falle externer Kommunikation vermutlich voneinander unterscheiden[762]; nichtsdestotrotz bestimmt vorrangig die Gruppenaufgabe, ob überhaupt andere Quellen zu Rate gezogen werden müssen. Aus diesem Grunde wird nicht von einem messbaren Zusammenhang zwischen kultureller Vielfalt in Arbeitsgruppen und dem Ausmaß ihrer externen Kommunikation ausgegangen.

---

[760] Vgl. Pelled (1996), S. 620; Amason (1996), S. 127; Jehn (1995), S. 259; Jehn (1997), S. 531.
[761] Vgl. Elron (1997), S. 405.
[762] Vgl. Reagans & Zuckerman (2001), S. 503.

218 Konzeptioneller Bezugsrahmen der Untersuchung

7.2.4.2 Zusammenhänge zwischen kultureller Wertevielfalt in Arbeitsgruppen und affektbezogenen Gruppenprozessen

In der vorliegenden Untersuchung wird als zentraler affektbezogener oder sozialer Gruppenprozess die Kooperation zwischen Gruppenmitgliedern betrachtet. Auch als beziehungsbezogene Verhaltensweisen beschrieben, zielen diese auf die Schaffung und den Erhalt eines zufriedenheitsstiftenden Gruppenarbeitsklimas ab und beinhalten Prozesse des Teilens der Arbeitsbelastung und der sich gegenseitig gewährenden sozialen Unterstützung.[763] Auf welche Weise können nun kulturelle Unterschiede zwischen Gruppenmitgliedern diese kooperativen Prozesse beeinflussen?

Die kulturellen Werteorientierungen, die ihr primäres Ausdrucksfeld im sozialen Miteinander von Menschen finden, sind die Menschliche-Natur- und die relationale Orientierung. Während die jeweilige Auffassung vom Wesen des Menschen eine Person dahingehend beeinflusst, wie viel Vertrauen sie anderen entgegenbringt bzw. wie viel Verhaltenskontrolle sie für notwendig hält, beeinflusst die relationale Orientierung einer Person, wem im sozialen Umfeld hauptsächlich Fürsorge und Verantwortung entgegen gebracht wird.[764] Unterscheiden sich Gruppenmitglieder in ihren Menschenbildern, so ist es gut denkbar, dass die Prozesse des Teilens von Arbeitsbelastung und der gegenseitigen, auch sozialen Unterstützung weniger vorbehaltlos ausgeführt werden. Vor allem Gruppenmitglieder, die davon ausgehen, dass der Mensch grundsätzlich böse sei, zeigen eher die Tendenz, ihre anderen Gruppenmitglieder zu kontrollieren und zu überwachen, anstatt sie zu unterstützen und sie bringen ihnen vermutlich weniger Vertrauen entgegen. Dies könnte jedoch dazu führen, dass auch die Gruppenmitglieder, die eigentlich vom Guten des Menschen ausgehen, weniger kooperative und unterstützende Verhaltensweisen zeigen als sie es gewohnt sind. In der Konsequenz könnten also bei ausgeprägten Unterschieden in der Menschlichen-Natur-Orientierung die beziehungsbezogenen Gruppenprozesse leiden. Ähnliches kann für eine Verschiedenheit in der relationalen Orientierung gelten. Individualistisch orientierte Personen neigen dazu, ihre eigenen Interessen und Bedürfnisse in den Vordergrund zu stellen; Fürsorge und Verantwortung gegenüber ihren anderen Gruppenmitgliedern haben keine hohe Priorität. Sie nehmen zwar vermutlich gerne die Unterstützung und Fürsorge eher kollektivistisch orientierter Gruppenmitglieder in Anspruch, zeigen jedoch weniger die Tendenz, auch im Gegenzug Unterstützung zu gewähren. Ein solches Verhalten jedoch kann die kollektivistisch orientierten Personen erheblich befremden und bei ihnen Frustration, möglicherweise auch Resignation auslösen, was beides dazu führen kann, dass sie ihre unterstützenden Verhaltensweisen vermindern oder gar einstellen. In der Forschung zu multikulturellen Arbeitsgruppen konnte bereits festgestellt werden, dass Unterschiede in der relationalen Orientierung zur Wahrnehmung sozialer Beeinträchtigung in den Arbeitsgruppen führte.[765] Deshalb wird auch hier von negativen Konsequenzen kultureller Vielfalt in der relationalen Orientierung auf die beziehungsbezogenen Gruppenprozesse ausgegangen. Es soll folgende Hypothese geprüft werden:

---

[763] Vgl. O'Reilly, Caldwell & Barnett (1989), S. 22; Ancona & Caldwell (1992b), S. 323; Campion, Medsker & Higgs (1993), S. 830; Smith et al. (1994), S. 414.

[764] Vgl. Kluckhohn & Strodtbeck (1961), S. 11 ff.; Maznevski & Peterson (1997), S. 71 ff.; Adler (2002), S. 22 ff.; Ting-Toomey (1999), S. 65; Schneider & Barsoux (2003), S. 42.

[765] Vgl. Thomas (1999), S. 257.

Hypothesenkomplexe der Untersuchung

H-4-IIa: Kulturelle Vielfalt in Arbeitsgruppen steht im negativen Zusammenhang mit dem Ausführen beziehungsbezogener Gruppenprozesse. Dies könnte vor allem für Vielfalt in der Menschlichen-Natur- und der relationalen Orientierung gelten.

Diese Auswirkungen von Vielfalt in den kulturellen Werteorientierungen beschränken sich vermutlich nicht auf die kooperativen Interaktionen in den Arbeitsgruppen. Über die Wahrnehmung und das Erleben der verschieden kulturell geprägten Verhaltensweisen könnten die Gruppenmitglieder recht schnell das Empfinden entwickeln, dass sie auf der menschlichen Ebene vermutlich nicht kompatibel sind und sich im Grunde nicht verstehen. Da sie aber zusammen arbeiten müssen, könnten die wahrgenommenen Unstimmigkeiten zu gegenseitigem Misstrauen, Frustration und auch Ärger führen. Diese negativen Affekte jedoch sind Ausdruck vorliegender Beziehungskonflikte.[766] Es könnte also die Annahme formuliert werden, dass kulturelle Vielfalt in Arbeitsgruppen mit verstärkten Beziehungskonflikten einhergeht. Allerdings können auch neben den Unterschieden in der Menschlichen-Natur und der relationalen Orientierung Unterschiede in der Aktivitätsorientierung zur verstärkten Wahrnehmung zwischenmenschlicher Unstimmigkeiten führen. Wenn die Gruppenmitglieder nämlich erleben, wie verschieden sie untereinander an Aufgaben und Probleme herangehen, dass die einen sich sofort auf die Arbeit stürzen, während die anderen erst einmal lange nachdenken müssen oder dass wiederum andere die Aufgaben insgesamt überhaupt nicht so wichtig nehmen, dann könnte dies bei den Gruppenmitgliedern Bestürzung und Unsicherheit auslösen, die zu Spannung und Reibung führen. Beziehungskonflikte sind wahrscheinlich. In der Forschung zu multikulturellen Top-Management-Teams konnte ein solcher Zusammenhang bereits gefunden werden.[767] Es soll also die folgende Hypothese geprüft werden:

H-4-IIb: Kulturelle Vielfalt in Arbeitsgruppen steht in einem positiven Zusammenhang mit dem Auftreten von Beziehungskonflikten in der Arbeitsgruppe. Dies könnte vor allem für Vielfalt in der Menschlichen-Natur-, der relationalen und der Aktivitätsorientierung gelten.

Die Frage danach, ob Vielfalt in den kulturellen Werteorientierungen auch die Fähigkeit einer Arbeitsgruppe beeinflusst, ihre auftretenden Konflikte zu lösen, ist nur schwer beantwortbar. Jede Variation in den kulturellen Werteorientierungen weist ihre eigene Präferenz für den Umgang mit Konflikten auf. Während beispielsweise in der Mensch-Umwelt-Orientierung beherrschungsorientierte Personen Konflikte vermutlich durch spezifische Anweisungen und Kontrollen zu beheben versuchen, gehen harmonieorientierte Personen den sanfteren Weg und suchen nach den Ursachen, die das System Arbeitsgruppe aus der Balance gebracht haben. Unterwerfungsorientierte Personen dagegen könnten Konflikte als schicksalsgegeben einfach hinnehmen und nur wenig Versuche unternehmen, etwas daran zu verändern. Dasselbe gilt für die Aktivitätsorientierung. Während handlungsorientierte Personen sofort nach einer Strategie zur Lösung des wahrgenommenen Konflikts suchen, kümmern sich die sein-orientierten Personen vermutlich erst um eine Konfliktlösung, wenn sie die Zeit als reif

---

[766] Vgl. Jehn (1995), S. 258 f.; (1997), S. 532; Pelled (1996), S. 620; Amason (1996), S. 129; Simons & Peterson (2000), S. 103; Von Glinow, Shapiro & Brett (2004), S. 578.
[767] Vgl. Ruigrok & Wagner (2001), S. 14.

220 Konzeptioneller Bezugsrahmen der Untersuchung

dafür erachten. Denken-orientierte Personen dagegen neigen vermutlich eher dazu, über mögliche Konfliktursachen und -lösungen so lange nachzudenken, dass sie den günstigsten Zeitpunkt für eine Konfliktlösung sogar verpassen können. Was aber eine solche Vielfalt hinsichtlich des tatsächlichen Ausmaßes an Konfliktlösung in einer Arbeitsgruppe aus- oder anrichten kann, lässt sich kaum beantworten. Die verschiedenen Strategien könnten einander aufheben oder zunichte machen, die Gruppe kann sich aber ebenso gut auf eine Vorgehensweise einigen. Das Resultat, die Konfliktlösung, scheint von anderen Faktoren abhängig zu sein, als von Unterschieden in den kulturellen Werteorientierungen.

Das letzte in Hinblick auf die sozialen Gruppenprozesse zu betrachtende Merkmal stellt die jeweilige Gruppenpräferenz für eine bestimmte Kommunikationsform zwischen den Gruppenmitgliedern dar. Der Formalitätsgrad der Kommunikation enthält eine wichtige soziale Komponente.[768] Hochgradig informelle Kommunikationen, d.h. zwanglose, lockere kommunikative Umgangsformen können in viel stärkerem Maße ein Zusammengehörigkeitsgefühl, Vertraulichkeit und Sympathie unter den Gruppenmitgliedern implizieren als dies eine formale Kommunikation vermag. Andererseits ist es denkbar, dass in manchen Kulturen gerade Umgangsformen, auch in Bezug auf die Kommunikation, sehr wichtig sind und wenn sie anderen Personen entgegengebracht werden, Mittel zum Ausdruck der Sympathie und Zuneigung darstellen können. Im Besonderen sollte dies für hierarchieorientierte Kulturen gelten. In multikulturell zusammengesetzten Arbeitsgruppen ist es möglich, dass sich die Gruppenmitglieder sehr in ihren Präferenzen für eine bestimmte Form der Kommunikation unterscheiden.[769] Sie könnten jedoch feststellen, dass eine gewisse Formalität in der Kommunikation gerade bei ausgeprägter Vielfalt den Modus darstellt, der eine Grundverlässlichkeit für den Informationsaustausch bietet und auch für eine bestimmte Sicherheit in der Kommunikation sorgt. Da die Gruppenmitglieder multikultureller Arbeitsgruppen zusammen arbeiten und entsprechend auch miteinander kommunizieren müssen, ist es wahrscheinlich, dass bedingt durch die kulturelle Vielfalt ein eher formaler Kommunikationsmodus gewählt wird, auch wenn dieser nicht den jeweiligen individuellen Präferenzen entsprechen muss. Es soll also die folgende Hypothese geprüft werden:

H-4-IIc: Kulturelle Vielfalt in Arbeitsgruppen steht in einem positiven Zusammenhang mit der Formalität der Kommunikation innerhalb der Gruppen.

Die genannten Hypothesen setzen den Schwerpunkt auf die potenziellen Einwirkungen kultureller Werteunterschiede auf die Prozesse der Zusammenarbeit in Arbeitsgruppen. Dies ist besonders wichtig, da davon ausgegangen wird, dass der Einfluss kultureller Vielfalt auf den Erfolg von multikulturellen Arbeitsgruppen nur über die aktive Verarbeitung der kulturellen Vielfalt, d.h. über die Gruppenprozesse überhaupt stattfinden kann. Da auch zu diesen vermuteten Zusammenhängen nur sehr wenige empirische Forschungsarbeiten vorliegen, leistet die Überprüfung der hier aufgestellten Hypothesen einen weiteren Beitrag zur multikulturellen Arbeitsgruppenforschung. Erst wenn bekannt ist, welche Prozesse besonders

---

[768] Vgl. Pinto & Pinto (1990), S. 208; Smith et al. (1994), S. 418; Högl (1998), S. 78 f.
[769] Vgl. Kluckhohn & Strodtbeck (1961), S. 19; Maznevski & Peterson (1997), S. 73; Ting-Toomey (1999), S. 65; DiStefano & Maznevski (2000), S. 48; Maznevski et al. (2002), S. 277; Schneider & Barsoux (2003), S. 42.

Hypothesenkomplexe der Untersuchung 221

durch kulturelle Wertevielfalt beeinflusst werden, können gezielte Handlungsempfehlungen für Prozessinterventionen generiert werden.

7.2.5 Hypothesenkomplex 5: Gruppenmanagement-Prozess-Zusammenhänge

Die folgenden Hypothesen legen den zentralen Schwerpunkt auf die möglichen Einflüsse der Führung, Organisation und Planung multikultureller Gruppenarbeit auf die in den Arbeitsgruppen stattfindenden Prozesse. Da sowohl ein Scheitern als auch der Erfolg von Arbeitsgruppen zu großen Teilen davon bestimmt wird, ob es einer Arbeitsgruppe in ihrem kollektiven Bemühen gelingt, die individuellen Beiträge zu koordinieren und zu synchronisieren, stellen die Gruppenprozesse eine der wichtigsten Determinanten der Gruppenleistung dar. Aus diesem Grunde wird angenommen, dass das Management von Arbeitsgruppen den wichtigsten Bezug ebenfalls in den Gruppenprozessen findet[770], wobei vermutlich die Führung von Arbeitsgruppen ein hauptsächlicher Faktor in der Bestimmung des Gruppenerfolgs ist.

In den folgenden Hypothesenformulierungen werden analog zu den beschriebenen Annahmen hinsichtlich des Einflusses der kulturellen Werteorientierungen auf die Gruppenprozesse diese in kognitions-aufgabenbezogene und affektiv-soziale Prozesse unterteilt. Dies erscheint deshalb auch in Hinblick auf die Gruppenmanagementvariablen angebracht, da sowohl die Führung und Planung von (multikultureller) Gruppenarbeit, als auch die Organisation derselben ihren vorrangigen Wirkungsraum auf den verschiedenen inhaltlichen Ebenen finden. Während demnach die aufgabenorientierte Führung, die Planung und die Organisation der Gruppenarbeit eher einen strukturellen, aufgabenzentrierten Bezug aufweisen, hat die personenorientierte Führung den vermutlich größten Einfluss auf die affektiv-sozialen Komponenten der Gruppenarbeit.[771] Lediglich die externe Führung betrifft beide Ebenen, dies jedoch nur indirekt. Nur, wenn sie nicht gut ausgeführt wird, ist die Gruppe intern mit zusätzlichen Problemen konfrontiert, die sich im Gelingen der Prozesse widerspiegeln sollten.

Auch im Falle des Gruppenmanagements wird eine Überstrahlung der einzelnen Auswirkungen auf beide inhaltliche Ebenen der Gruppenprozesse nicht ausgeschlossen, dennoch sollen diese in der vorliegenden Untersuchung zum Zwecke der Klarheit als getrennt und unabhängig voneinander betrachtet werden.

7.2.5.1 Zusammenhänge zwischen aufgabenorientierter Führung und Gruppenprozessen

Aufgabenorientierte Führung im Arbeitsgruppenkontext bedeutet, dass die Führungskraft die Gruppenarbeit zur Aufgabenerledigung strukturiert, die Aufgabenziele klärt, die Vorgehensweisen in der Aufgabenerledigung festlegt und die Gruppenmitglieder in ihren Arbeiten kontrolliert bzw. beaufsichtigt. Das vorrangige Ziel einer ausgeprägten aufgabenorientierten

---

[770] Vgl. Katzenbach & Smith (1993), S. 225 ff.; Richter (1999), S. 109; Zaccaro, Rittman & Marks (2001), S. 452; Lovelace, Shapiro & Weingart (2001), S. 782; Gluesing & Gibson (2004), S. 199, Stock (2005), S. 37 f.

[771] Vgl. Fleishman & Harris (1962); Fleishman & Peters (1962); Wunderer & Grunwald (1980), S. 242; Neuberger (1995), S. 122; Zaccaro, Rittman & Marks (2001), S. 455.

222 Konzeptioneller Bezugsrahmen der Untersuchung

Führung besteht also darin, der Arbeitsgruppe in der ökonomischen Dimension zum Erfolg zu verhelfen, d.h. sie darin zu unterstützen, ihre von dem Unternehmen gestellten Aufgaben erfolgreich zu erfüllen. Wenn die Führungskraft die Anforderungen der Gruppenaufgabe identifiziert und klärt, mögliche Problemlösungswege entwickelt und bewertet und die Umsetzung schließlich ausgewählter Aufgabenstrategien plant, dann bleiben in der aufgabenbezogenen Dimension von den Gruppenmitgliedern nur noch wenige selbstständig zu erbringende Leistungen übrig.[772] Die Arbeitsgruppe muss ihre Ziele und Subziele nicht mehr eigenständig definieren, nur noch wenige Tätigkeitsprioritäten setzen und auch die Entwicklung praktikabler Arbeitspläne wurde für sie schon geleistet. Die Gruppenmitglieder werden nur noch in ihrer Funktion als Ausführende benötigt, die Entwicklung eigenständiger Problemlösungen und Aufgabenstrategien wird nicht gefordert und damit auch nicht geübt. Die Fähigkeit einer Arbeitsgruppe, die aufgabenbezogenen Gruppenprozesse selbstständig festzulegen, zu entwickeln, anzupassen und auszuführen, wird vermutlich durch eine ausgeprägte aufgabenorientierte Führung abnehmen. Es soll also die folgende Hypothese geprüft werden:

H-5-Ia: Aufgabenorientierte Führung multikultureller Arbeitsgruppen steht in einem negativen Zusammenhang mit dem Ausführen aufgabenbezogener Gruppenprozesse.

Hand in Hand mit der Wirkungsweise aufgabenorientierter Führung auf die aufgabenbezogenen Gruppenprozesse geht das Auftreten von Aufgabenkonflikten in Arbeitsgruppen. Aufgabenkonflikte betreffen die Wahrnehmung der Gruppenmitglieder, dass sie sich in ihren Sichtweisen und Beurteilungen der Aufgabenziele, Schlüsselentscheidungsfelder oder auch der Vorgehensweisen zur Aufgabenerledigung voneinander unterscheiden. Wenn sie jedoch sowohl die Aufgabenziele als auch die Aufgabenstrategien von der Führungskraft vorgegeben bekommen, dann müssen sie untereinander ihre Aufgabenerledigungsprozesse nicht mehr ausgestalten, sondern können sich gleich der Aufgabenerledigung nach Maßgabe widmen.[773] Mit ausgeprägter aufgabenorientierter Führung der Arbeitsgruppe wird ein Auftreten von Aufgabenkonflikten unwahrscheinlicher, da aufgabebezogene Diskussionen, wenn der Prozess der Aufgabenerledigung nicht selbstständig gestaltet werden kann, tatsächlich nur die Verschwendung von Arbeitsenergie bedeutet. Es gilt, diese Annahme zu überprüfen:

H-5-Ib: Aufgabenorientierte Führung in multikulturellen Arbeitsgruppen steht in einem negativen Zusammenhang mit dem Auftreten von Aufgabenkonflikten.

Wenn in einer Arbeitsgruppe, bedingt durch starke aufgabenorientierte Führung weniger Aufgabenkonflikte auftreten, herrscht auch eine geringe Notwendigkeit vor, solche zu lösen. Denkbar ist, dass durch die aufgabenbezogenen Interventionen der Führungskraft die Aufgabenkonflikte, die dennoch auftreten können, auch ohne große Verzögerungen einfach nach Maßgabe der Führungskraft gelöst werden. Die Wahrnehmung der Gruppenmitglieder, dass in ihrer Arbeitsgruppe Aufgabenkonflikte ohne viel Aufhebens gelöst werden, sollte also durch eine aufgabenorientierte Führung stärkt werden. Diese Vermutung soll geprüft werden:

---

[772] Vgl. Neuberger (1995), S. 122; Zaccaro, Rittman & Marks (2002), S. 451; Den Hartog (2004), S. 183.
[773] Vgl. Lovelace, Shapiro & Weingart (2001), S. 782.

Hypothesenkomplexe der Untersuchung

H-5-Ic: Aufgabenorientierte Führung in multikulturellen Arbeitsgruppen steht in einem positiven Zusammenhang mit der Lösung von Aufgabenkonflikten.

Der letzte Gruppenprozess aufgabenbezogenen Inhalts betrifft schließlich das Ausmaß an externer aufgabenbezogener Kommunikation der Gruppenmitglieder. Da jedoch vermutet wird, dass die Notwendigkeit, aufgabenbezogen extern zu kommunizieren zum größten Teil von den Anforderungen der Gruppenaufgabe selbst abhängt, kann von einem Zusammenhang mit aufgabenorientierter Führung nur indirekt ausgegangen werden. Verlangt die Gruppenaufgabe extensiven Informationsaustausch mit Quellen außerhalb der Arbeitsgruppe, könnte eine Führungskraft, die die Aufgabenerledigung der Gruppe zielstrebig verfolgt, externe Kommunikation zum Beispiel in Form regelmäßiger Meetings mit Personen außerhalb der Arbeitsgruppe anregen. Sie könnte sich allerdings auch in der Funktion sehen, alle externen, notwendigen Informationen selbst zu sammeln und der Arbeitsgruppe zur Verfügung zu stellen, damit diese ihre Arbeitskraft nicht in externen Kommunikationsnotwendigkeiten binden müssen. Aus diesen Gründen soll auf eine explizite Zusammenhangsvermutung von aufgabenorientierter Führung und externer Kommunikation der Arbeitsgruppe verzichtet werden.

7.2.5.2 Zusammenhänge zwischen mitarbeiterorientierter Führung und Gruppenprozessen

Im Kontext von Gruppenarbeit bedeutet eine ausgeprägte mitarbeiter- oder personenorientierte Führung, dass die Führungskraft ihren Einfluss vorrangig auf die Beziehungsebene in der Arbeitsgruppe ausübt und als Hauptgestaltungsfeld das Gruppenarbeitsklima betrachtet. Eine Führungskraft, die personenorientiert führt, etabliert eine vertrauensvolle, offene Arbeitsatmosphäre, indem sie den Gruppenmitgliedern Wertschätzung und Achtung entgegenbringt, selber Offenheit und Zugänglichkeit signalisiert und durch die Bereitschaft, jederzeit ein offenes Ohr für die Belange der individuellen Gruppenmitglieder zu haben, Einsatz und Fürsorge für jeden Einzelnen zeigt.[774] Mit solchen unterstützenden Verhaltensweisen motiviert die Führungskraft die Gruppenmitglieder zu größerer Leistung und stärkt gleichzeitig ihr Vertrauen, alle möglichen Probleme bewältigen zu können. Kann die Führungskraft durch personenorientierte Führung ein motivations- und zufriedenheitsstiftendes Gruppenarbeitsklima etablieren, ist es möglich, dass die Gruppenmitglieder aufgrund des Gefühls der persönlichen Wertschätzung und der sicheren, sozialen Unterstützung durch die Führungskraft sich auch gegenseitig mehr unterstützen, Arbeitsbelastungen teilen und insgesamt ein kooperativeres Verhalten zeigen.[775] Die sozialen Prozesse innerhalb einer Arbeitsgruppe sollten bei ausgeprägter personenorientierter Führung glatter ablaufen und weniger Reibung zwischen den Gruppenmitgliedern verursachen. Es wird davon ausgegangen, dass sich eine starke personenorientierte Gruppenführung positiv auf die beziehungsbezogenen Prozesse innerhalb einer Arbeitsgruppe auswirkt.

---

[774] Vgl. Wunderer & Grunwald (1980), S. 242; Neuberger (1995), S. 122; Richter (1999), S. 109; Gluesing & Gibson (2004), S. 199.

[775] Vgl. Campion, Medsker & Higgs (1993), S. 830; Smith et al. (1994), S. 414; Stock (2005), S. 39.

224 Konzeptioneller Bezugsrahmen der Untersuchung

H-5-IIa: Personenorientierte Führung in multikulturellen Arbeitsgruppen steht in einem positiven Zusammenhang mit dem Ausführen beziehungsbezogener Gruppenprozesse.

Auch hier gilt, dass im Zusammenhang mit einer durch personenorientierte Führung etablierten vertrauensvollen und fürsorglichen Arbeitsatmosphäre vermutlich weniger zwischenmenschliche Spannungen auftreten. Wenn die Gruppenmitglieder wahrnehmen, dass ihre Führungskraft jedem einzelnen Respekt und Achtung entgegenbringt und damit demonstriert, dass jedes einzelne Gruppenmitglied auch für die Gruppe insgesamt wertvoll ist, dann scheint es zwar immer noch möglich, dass die Gruppenmitglieder persönliche Unstimmigkeiten mit ihren anderen Gruppenmitgliedern empfinden, diese jedoch nicht notwendigerweise in negativen Affekten resultieren müssen. Das positive Verhalten der Führungskraft kann als Vor- und auch als Leitbild für das soziale Miteinander fungieren und die Gruppenmitglieder gelöster und entspannter miteinander umgehen lassen.[776] Es wird also vermutet, dass zwischenmenschliche beziehungsbezogene Konflikte bei ausgeprägter personenorientierter Führung seltener auftreten.

H-5-IIb: Personenorientierte Führung in multikulturellen Arbeitsgruppen steht in einem negativen Zusammenhang mit dem Auftreten von Beziehungskonflikten.

Auch hier wird davon ausgegangen, dass selbst wenn Beziehungskonflikte zwischen den Gruppenmitgliedern auftreten, durch personenorientierte Interventionen der Führungskraft diese gut gelöst werden können. Ist für eine Führungskraft das Wohlbefinden ihrer Arbeitsgruppe ein wichtiges Anliegen, dann wird sie sich vermutlich die Zeit nehmen, um mit den in Beziehungskonflikte involvierten Gruppenmitgliedern zu sprechen, die Befindlichkeiten zu klären und nach Wegen zu suchen, die aufgetretenen Unstimmigkeiten zu glätten und die Gruppenmitglieder wieder zusammenzuführen.[777] Es steht zu vermuten, dass bei ausgeprägter personenorientierter Führung Beziehungskonflikte zwischen Gruppenmitgliedern besser gelöst werden können. Diese Annahme soll geprüft werden:

H-5-IIc: Personenorientierte Führung in multikulturellen Arbeitsgruppen steht in einem positiven Zusammenhang mit der Lösung von Beziehungskonflikten.

Die letzte in Hinblick auf die beziehungsbezogenen, sozialen Gruppenprozesse zu betrachtende Variable, die vermutlich durch eine personenorientierte Führung vorrangig mitgeprägt wird, stellt der Kommunikationsmodus der Arbeitsgruppe dar. Wenn eine Führungskraft ein vertrauensvolles, von gegenseitiger Achtung und Wertschätzung geprägtes Gruppenarbeitsklima schafft, indem sie sowohl Fürsorge für den Einzelnen zeigt aber auch Bereitschaft zu jederzeitiger Kommunikation signalisiert, ist es gut denkbar, dass auch die Gruppenmitglieder einander mehr Vertrauen und Sympathie entgegen bringen. Dies wiederum kann in einer insgesamt ungezwungeneren und lockereren Kommunikation zwischen den Gruppenmitgliedern resultieren, als es der Fall wäre, wenn den zwischenmenschlichen Belangen keine oder weniger Beachtung durch die Führungskraft geschenkt würde. Es erscheint also sinnvoll anzunehmen, dass bei ausgeprägter personenorientierter Führung der Formalitätsgrad der

---

[776] Vgl. Simons & Peterson (2000), S. 103; Von Glinow, Shapiro & Brett (2004), S. 578.
[777] Vgl. Jehn (1995), S. 260; Pelled (1996), S. 620; Simons & Peterson (2000), S. 103.

Hypothesenkomplexe der Untersuchung 225

Kommunikation zwischen den Gruppenmitgliedern eher gering ist. Die folgende Hypothese soll daher geprüft werden:

H-5-IId: Personenorientierte Führung in multikulturellen Arbeitsgruppen steht in einem positiven Zusammenhang mit der Informalität der Gruppenkommunikation.

7.2.5.3 Zusammenhänge zwischen externer Führung und Gruppenprozessen

Die externe Führung einer Arbeitsgruppe betrifft das Ausmaß, bis zu dem eine Führungskraft ihre Arbeitsgruppe nach außen hin – vor allem gegenüber dem höheren Management – vertritt, Unterstützung für ihre Arbeitsgruppe generiert, notwendige Ressourcen beschafft, verhindert, dass die Arbeitsgruppe mit zu vielen Informationen oder Anfragen überlastet wird und die Arbeitsgruppe von Bedrohungen oder machtpolitischen Auseinandersetzung im Unternehmen abschirmt. Die externe Führung hat demnach nicht nur Vertretungs- und Ressourcenbeschaffungsaufgaben, sondern soll darüber hinaus als Puffer äußerer Zwänge fungieren.[778] Wie bereits dargestellt, wird vermutet, dass der Einfluss externer Führung auf die Gruppenprozesse erst dann bemerkbar ist, wenn eine Führungskraft es versäumt, diese Tätigkeiten auszuführen. Wird eine Arbeitsgruppe nicht extern geführt, d.h. nicht nach außen vertreten und nicht übermäßig vor äußeren Einflüssen und Zwängen geschützt, könnte dies sehr negative Folgen für die Gruppenzusammenarbeit haben. Aufgabenprozesse werden aufgrund ablenkender, überflüssiger, heterogener oder auch einfach zu vieler Informationen, die für die Gruppenaufgaben relevant sein könnten, erheblich erschwert, weshalb nicht nur Aufgabenkonflikte in vermehrtem Ausmaß auftreten könnten, sondern darunter ebenfalls die sozialen Prozesse durch das Mehr an Belastung und den damit verbundenen Stress leiden.[779] Dies wiederum könnte zu verstärkten Beziehungskonflikten führen. Außerdem kann bei fehlender externer Führung die Notwendigkeit intensiverer externer Kommunikation erheblich ansteigen, was wiederum zu einer Verstärkung der negativen Konsequenzen einer zu großen Informationsmenge und entsprechend der Verarbeitung führen kann. Ebenfalls könnten sowohl die Prozesse zur Aufgabenerledigung als auch die sozialen Prozesse erheblich beeinträchtigt werden, wenn es die Führungskraft versäumt, Unterstützung und Ressourcen für ihre Arbeitsgruppe zu generieren. Die Gruppenmitglieder könnten mutlos werden, ihre Zuversicht verlieren und ihre Zugehörigkeit zu gerade dieser Arbeitsgruppe als frustrierend erleben.[780] Alles in allem ist es denkbar, dass externe Führung einen eher indirekten Einfluss auf die Gruppenprozesse ausübt, der hauptsächlich dann bemerkbar wird, wenn er fehlt. Es wird also davon ausgegangen, dass eine ausgeprägte externe Führung, wenn sie denn direkt mit den Gruppenprozessen zusammenhängt, dort Einfluss nimmt, wo die Mitglieder aus der Wahrnehmung heraus, dass sie extern unterstützt, mit Ressourcen ausgestattet und geschützt werden, eine Wertschätzung ihrer Gruppenzugehörigkeit und ihrer

---

[778] Vgl. Ancona (1990), S. 345 f.; Ancona & Caldwell (1992a), S. 641; Katzenbach & Smith (1993), S. 142 f.; Mohrman, Cohen & Mohrman (1995), S. 163 ff.; Lau & Murnighan (1998), S. 334 f.; Zaccaro, Rittman & Marks (2001), S. 454; Pietruschka (2003), S. 33.
[779] Vgl. Ancona (1990), S. 336; Ancona & Caldwell (1992a), S. 660 f.; Cohen & Ledford (1994), S. 14 ff.; Kirkman & Rosen (1999), S. 58; Tesluk & Mathieu (1999), S. 205; Weinkauf, Högl & Gemünden (2004), S. 428.
[780] Vgl. Ancona & Caldwell (1992a), S. 641; Katzenbach & Smith (1993), S. 142 f.

226 Konzeptioneller Bezugsrahmen der Untersuchung

gesamten Gruppenarbeit empfinden, also auf der sozialen Ebene. Ansonsten sollte sich ein Einfluss externer Führung auf die Gruppenprozesse nicht bemerkbar machen. Die folgende Hypothese soll daher überprüft werden.

H-5-III: Externe Führung einer multikulturellen Arbeitsgruppe steht in einem positiven Zusammenhang mit dem Ausführen der beziehungsbezogenen Gruppenprozesse.

7.2.5.4 Zusammenhänge zwischen Organisation/organisationaler Kontext/Planung multikultureller Gruppenarbeit und Gruppenprozessen

Neben den Merkmalen des Gruppenkontexts, die bereits auf die Binnenorganisation von Arbeitsgruppen abstellen, werden in die vorliegende Untersuchung ebenfalls weitere Organisationsmerkmale, die sich eher auf strukturelle Aspekte der Gruppenarbeit im Unternehmen beziehen, integriert. Hierzu gehören die Verfügbarkeit von Gruppentrainings, die Lokalisierung der Arbeitsgruppe im hierarchischen Gefüge des Unternehmens, die informations- und kommunikationstechnologische Ausstattung der Arbeitsgruppen und schließlich die Institutionalisiertheit und der Formalisierungsgrad der Arbeitsgruppenkommunikation. Außerdem werden Merkmale des organisationalen oder unternehmerischen Kontexts multikultureller Gruppenarbeit erhoben, die sich auf den in der Literatur immer wieder geforderten Einbezug des unternehmerischen Kontextes, von dem angenommen wird, dass er die Arbeit in multikulturell zusammengesetzten Arbeitsgruppen mitbestimmt, beziehen.[781] Hierzu gehören Merkmale wie die generelle Leistungserstellung im Unternehmen (klassische Einzelarbeit versus Gruppenarbeit oder Mischformen), Entlohungsstrukturen (individualbasiert, gruppenbasiert oder gemischt), die räumliche Konzentriertheit von Gruppenmitgliedern und die Erwünschtheit und Förderung von Gruppenarbeit generell. Generell wird angenommen, dass sämtliche der Merkmale einen Einfluss auf die Gruppenprozesse ausüben.[782] Insgesamt ist jedoch davon auszugehen, dass der Einfluss dieser generellen Organisations- und unternehmenskontextbezogenen Merkmale nur indirekt auf die Gruppenprozesse erfolgt, da diese nicht unmittelbar mit den Aufgaben, die eine Arbeitsgruppe zu erledigen hat, und auch nicht mit den unmittelbaren internen Prozessen zusammenhängen. Die Organisationsmerkmale stellen vielmehr den Rahmen dar, innerhalb dessen die konkreten Prozesse ablaufen. Wird Gruppenarbeit in einem Unternehmen geschätzt und werden die Unternehmensmitglieder danach entlohnt, wie gut ihre jeweiligen Arbeitsgruppen arbeiten, dann könnte dies eine positive Signalwirkung für die generelle Gruppenarbeit haben und besonders auf die sozialen Prozesse fördernden und unterstützenden Einfluss ausüben. Werden zudem Arbeitsgruppen informations- und kommunikationstechnologisch gut ausgestattet, ermöglicht man den Gruppenmitgliedern einer Arbeitsgruppe direkte Kommunikation, indem sie räumlich konzentriert werden. Sind Kommunikationsmöglichkeiten zum Beispiel in Form von Sozialräumen oder Teeküchen institutionalisiert, dann könnte ebenfalls erwartet werden, dass sich Gruppenmitglieder in dem Unternehmen und in ihrer Arbeitsgruppe gut betreut und aufgehoben fühlen,

---

[781] Vgl. Pelled (1996), S. 627; Hambrick et al. (1998), S. 201; Richard et al. (2004), S. 263; Jehn & Bezrukova (2004), S. 722 f.
[782] Vgl. Ilgen (1999), S. 133 ff.

Hypothesenkomplexe der Untersuchung

was sowohl die Gruppenprozesse positiv beeinflussen als auch darüber hinaus einen leistungssteigernden Effekt in Bezug auf die Gesamtgruppenleistung ausüben könnte.[783]

Die Überprüfung solcher Zusammenhänge stellt einen wesentlichen Schwerpunkt der vorliegenden Untersuchung dar. Da jedoch diese Merkmale bisher in der Forschung nur selten in Bezug auf Arbeitsgruppen im Allgemeinen und so gut wie gar nicht in Bezug auf multikulturell zusammengesetzte Arbeitsgruppen im Besonderen untersucht wurden, soll an dieser Stelle auf eine explizite Hypothesenformulierung verzichtet werden. Den Fragen nach den möglichen Einflüssen organisationsbezogener Merkmale auf die Zusammenarbeit in multikulturellen Arbeitsgruppen soll stattdessen explorativ nachgegangen werden, um zu prüfen, ob diese Merkmale überhaupt tatsächliche Auswirkungen auf die konkrete Gruppenarbeit haben und wenn ja, welche Form diese annehmen.

Die Planung multikultureller Gruppenarbeit dagegen, als dritter Bereich des Gruppenmanagements, betrifft direkt Techniken, die sich auf die geistige Vorwegnahme zukünftiger gruppeninterner Arbeitsprozesse beziehen und stellt damit ein möglicherweise starkes Steuerungsinstrument zur Gestaltung solcher Arbeitsgruppen dar.[784] Zu den Planungstechniken, die die Gruppenarbeit steuern, gehören bspw. die Aufstellung von Kosten- und Zeitplänen, die Budgetverwaltung, die Zerlegung der Gesamtgruppenaufgabe in überschaubare Arbeitspakete, die Aufstellung verbindlicher Arbeitsrichtlinien oder Planungsbesprechungen. Der Einsatz dieser Techniken bildet eine Richtschnur des zukünftigen Arbeitsablaufs und kann damit erheblichen Einfluss auf die Gruppenprozesse ausüben, vorrangig vermutlich jedoch auf die aufgabenrelevanten Gruppenprozesse.

Setzt eine Arbeitsgruppe diese Planungstechniken ein, kann davon ausgegangen werden, dass die konkreten aufgabenbezogenen Gruppenprozesse der jeweiligen Subzielklärung, des Setzens von Tätigkeitsprioritäten und der Entwicklung durchführbarer Arbeitspläne den Gruppenmitgliedern viel leichter von der Hand gehen, da sie die Strukturierung der Aufgabenarbeit schon erbracht haben. Die jeweiligen aufgabenbezogenen Gruppenprozesse stellen dabei eine Verfeinerung und Fortführung der generellen Gruppenarbeitsplanung dar. Daher wird davon ausgegangen, dass die Planung multikultureller Gruppenarbeit einen positiven Einfluss auf die konkreten aufgabenbezogenen Gruppenprozesse ausübt:

H-5-IVa: Die Planung multikultureller Gruppenarbeit steht in einem positiven Zusammenhang mit dem Ausführen aufgabenbezogener Gruppenprozesse.

Da der Einsatz der Planungstechniken zwar den Handlungsrahmen für die Aufgabenerledigung schafft, die inhaltliche Aufgabenarbeit der Gruppe jedoch nicht direkt beeinflusst, sollte folglich die Planung multikultureller Gruppenarbeit auch keinen Einfluss darauf nehmen, welche Auffassungen die Gruppenmitglieder hinsichtlich Natur und Wichtigkeit der Gruppenaufgabe und der Aufgabenziele haben, welches für sie die wesentlichen Entscheidungsfelder darstellen, mit welchen konkreten Tätigkeiten oder Verfahren sie die Aufgabe bearbeiten oder welche der möglichen Handlungsalternativen sie schließlich wählen würden.

---

[783] Zur umfassenden Thematik der Eingebettetheit von Arbeitsgruppen in Organisationen siehe auch Ilgen (1999).

[784] Vgl. Lechler (1997a), S. 107 ff.; Lechler (1997b), S. 231; Lechler & Gemünden (1998), S. 439; Shenhar et al. (2002), S. 113 f.

Die Wahrnehmung unterschiedlicher Sichtweisen und Beurteilungen der Gruppenaufgabe und der Aufgabenerledigung durch die Gruppenmitglieder sollte prinzipiell unbeeinflusst vom Einsatz der Planungstechniken sein, da diese eher eine Richtschnur für den Aufgabenerledigungsprozess bereithalten, die konkrete Ausgestaltung der Gruppenarbeit jedoch nur bedingt inhaltlich bestimmen. Es ist also nicht davon auszugehen, dass der Einsatz der Planungstechniken mit dem Auftreten von Aufgabenkonflikten zusammenhängt.

Da der Einsatz der Planungstechniken in der Gruppenarbeit, wie eben dargestellt, vorrangig in die Zukunft reichende Vorgaben zur Koordination der Gruppenmitglieder im Aufgabenerledigungsprozess spezifiziert, die konkreten inhaltlichen Ausgestaltungen der Arbeitsprozesse hiervon jedoch eher unberührt bleiben, kann ebenfalls nicht davon ausgegangen werden, dass das Ausmaß der externen Kommunikation der Arbeitsgruppe als dritter Gruppenprozess aufgabenbezogenen Inhalts vom Einsatz der Planungstechniken beeinflusst wird. Wie bereits an anderer Stelle argumentiert, ist die Notwendigkeit, aufgabenbezogen extern zu kommunizieren, zum größten Teil von den Anforderungen der Gruppenaufgabe selbst abhängig, nicht jedoch davon, wie der Prozess der Aufgabenerledigung geplant und gesteuert wird. Daher steht nicht zu vermuten, dass der Einsatz von Planungstechniken mit dem Ausmaß der externen Kommunikation von multikulturellen Arbeitsgruppen zusammenhängt.

Auch in Hinblick auf die beziehungsbezogenen, sozialen Prozesse, die in einer Arbeitsgruppe ablaufen, ist nicht davon auszugehen, dass der Einsatz von Planungstechniken, die vorrangig auf die erfolgreiche Erledigung der Gruppenaufgaben abzielen, einen direkten Einfluss auf die affektive Ebene des Gruppenmiteinanders aufweist. Ob die Gruppenmitglieder einer multikulturellen Arbeitsgruppe sich gegenseitig unterstützen, ob sie ihre zwischenmenschlichen Beziehungen pflegen oder miteinander auf der persönlichen Ebene in Konflikte geraten, ob sie lieber informell miteinander kommunizieren oder im Umgang miteinander eher formale Interaktionskanäle bevorzugen, lässt sich mit dem Einsatz von Planungstechniken nur schwerlich bestimmen. Denkbar ist, dass eine gute Arbeitsplanung, welche die aufgabenrelevanten Gruppenarbeitsprozesse effizienter und klarer gestaltet, hierdurch einen positiven Überstrahlungseffekt auf die beziehungsbezogenen Prozesse bewirkt. Andererseits ist es ebenfalls denkbar, dass die Gruppenmitglieder für sich Berufliches vom Persönlichen trennen, sich zwar über eine effiziente Zusammenarbeit freuen, die Qualität der persönlichen, sozialen Beziehungen untereinander davon jedoch völlig unberührt bleibt. Es wird also prinzipiell davon ausgegangen, dass der Einsatz von Planungstechniken in keinem direkten Zusammenhang mit den beziehungsbezogenen Prozessen in multikulturellen Arbeitsgruppen steht.

Die genannten Zusammenhangsvermutungen legen den Schwerpunkt auf die Einwirkung des Managements von Arbeitsgruppen auf die innerhalb der Gruppen stattfindenden Prozesse. Es wird angenommen, dass die Gruppenprozesse einen der wichtigsten Determinanten des Gruppenerfolges darstellen und dass daher das Management besonderen Einfluss auf diese nehmen sollte, damit einer Arbeitsgruppe zum Erfolg verholfen werden kann. Vor allen Dingen wird von der Führung von Arbeitsgruppen angenommen, dass sie die Gruppenprozesse maßgeblich mitgestaltet und darüber zum großen Teil über den Erfolg oder Misserfolg der Gruppenarbeit entscheidet. Da auch zu diesen vermuteten Zusammenhängen besonders im Kontext multikultureller Gruppenarbeit so gut wie keine empirischen Untersuchungen vor-

Hypothesenkomplexe der Untersuchung 229

liegen, leistet die Überprüfung der Hypothesen nicht nur einen Beitrag zur Gruppenführungsforschung, da die angenommenen Zusammenhänge für prinzipiell alle Arten von Arbeitsgruppen gelten sollten, sondern es kann darüber hinaus festgestellt werden, ob diese auch für den besonderen Fall multikultureller Arbeitsgruppen Geltung besitzen.

7.2.6 Hypothesenkomplex 6: Moderation der Gruppenstruktur-Prozess-Zusammenhänge durch das Gruppenmanagement

Allerdings liegt ein spezieller Fokus in dieser Untersuchung auf den besonderen Anforderungen an das Gruppenmanagement, die durch eine kulturell vielfältige Zusammensetzung von Arbeitsgruppen gegeben sind. Es gilt, explizit der Frage nachzugehen, welchen Einfluss die Gruppenmanagementvariablen auf die Zusammenhänge zwischen der kulturellen Vielfalt in einer Arbeitsgruppe und ihren Gruppenprozessen ausüben. Wie bereits an anderer Stelle beschrieben, äußert sich das Potenzial multikultureller Arbeitsgruppen in den Gruppenprozessen. Die Risiken und Chancen für den Gruppenerfolg, welche kulturell vielfältig zusammengesetzte Arbeitsgruppen in sich bergen, kommen vor allem in den Gruppenprozessen zum Tragen. Hier erfolgen entscheidende Transformationen, die festlegen, ob die Inputs, darunter eben die kulturelle Vielfalt, erfolgreich verarbeitet werden. Da ein erklärtes wesentliches Ziel der vorliegenden Untersuchung in der Bestimmung von Gestaltungsmöglichkeiten des Gruppenmanagements liegt, mittels derer das Potenzial multikultureller Arbeitsgruppen auch tatsächlich ausgeschöpft werden kann, müssen deshalb an dieser Stelle die Wechselwirkungen der kulturellen Vielfalt mit den Gruppenmanagementvariablen auf die Gruppenprozesse näher betrachtet werden. Auf eine explizite Hypothesenformulierung in Bezug auf die Wechselwirkungen der anderen Arten von Vielfalt und der relativen Gruppengröße mit dem Gruppenmanagement auf die Prozesse soll jedoch verzichtet werden, da der Schwerpunkt der Betrachtung auf den Aus- und Wechselwirkungen der kulturellen Vielfalt in Arbeitsgruppen liegt und mögliche Aus- und Wechselwirkungen der anderen Strukturvariablen, obschon interessant und wissenswert, eben nicht dem zentralen Untersuchungsanliegen der vorliegenden Untersuchung dienen. Nichtsdestotrotz werden sie empirisch überprüft, um vergleichende Aussagen zu ermöglichen.

Um zu sinnvollen Zusammenhangsvermutungen zu gelangen, sollen sowohl die in Hypothesenkomplex 4 und 5 vorgenommene Unterteilung der Prozesse in kognitions-aufgabenbezogen und affektiv-sozial als auch die bereits aufgestellten Hypothesen zu den Zusammenhängen zwischen kultureller Vielfalt und Gruppenprozessen einerseits und zwischen dem Gruppenmanagement und den Prozessen andererseits die Grundlage für die Annahmen der Wechselwirkungen zwischen kultureller Vielfalt mit den Gruppenmanagementvariablen auf die Gruppenprozesse bilden. Ein solches Vorgehen empfiehlt sich aus zweierlei Gründen. Zum einen bleiben die inhaltlichen Bezüge klar und die Bereiche werden nicht gemischt und zum anderen erscheint es auch nur dort sinnvoll, mögliche Moderationen der Vielfalts-Prozess-Zusammenhänge aufzuführen, für die bereits hypothetische Grundlagen geschaffen wurden. Dort, wo nicht von Zusammenhängen zwischen der kulturellen Wertevielfalt und den Gruppenprozessen ausgegangen wird, kann folglich auch nicht von einer Moderation dieser Zusammenhänge ausgegangen werden. In der Konsequenz bedeutet dies, dass einerseits von

230 Konzeptioneller Bezugsrahmen der Untersuchung

einer möglichen Moderation der Zusammenhänge zwischen kultureller Vielfalt und den kognitions-aufgabenbezogenen Gruppenprozessen nur durch die aufgabenorientierte Führung und den Einsatz von Planungstechniken und andererseits von einer möglichen Moderation der Zusammenhänge zwischen kultureller Vielfalt und den affektiv-sozialen Gruppenprozessen nur durch die personenorientierte Führung und die externe Führung ausgegangen werden kann. Ob darüber hinaus die Merkmale der Organisation einen moderierenden Einfluss auf die Zusammenhänge zwischen der kulturellen Vielfalt und den Gruppenprozessen ausüben, soll explorativ überprüft werden; auf eine explizite Hypothesenformulierung wird jedoch an dieser Stelle ebenfalls verzichtet.

7.2.6.1 Moderation der Zusammenhänge zwischen kultureller Wertevielfalt in Arbeitsgruppen und den kognitionsbezogenen Gruppenprozessen durch aufgabenorientierte Führung

In der vorliegenden Untersuchung wird angenommen, dass zwischen der kulturellen Wertevielfalt in einer Arbeitsgruppe und den aufgabenbezogenen Gruppenprozessen ein negativer Zusammenhang besteht. Es wird davon ausgegangen, dass Werteunterschiede, vor allem in der Aktivitäts-, der Zeit- und der Mensch-Umwelt-Orientierung das Vermögen einer Arbeitsgruppe senken, ihre Aufgabensubziele zu definieren, sich Tätigkeitsprioritäten zu setzen und durchführbare Arbeitspläne zu entwickeln. Die Gruppenprozesse sollten aufgrund der kulturell geprägten verschiedenen Aufgabeninterpretationen, Vorgehensweisen und Eigenprioritäten erschwert sein und in der Konsequenz weniger ausgeführt werden.

Ebenfalls wird angenommen, dass eine stark aufgabenorientierte Führung den Gruppenmitgliedern die aufgabenbezogenen Gruppenprozesse abnimmt, indem die Führungskraft schon die Anforderungen der Gruppenaufgaben identifiziert und klärt, Problemlösungsmöglichkeiten entwickelt und deren Umsetzung plant. Sie gibt also die aufgabenbezogenen Gruppenprozesse vor, so dass diese von den Gruppenmitgliedern im Prinzip nicht mehr selbstständig zu leisten sind und sie sie deshalb vermutlich auch nicht weiter ausführen.

Die beiden Einwirkungen auf die aufgabenbezogenen Gruppenprozesse, also kulturelle Wertevielfalt auf der einen und aufgabenorientierte Führung auf der anderen Seite, scheinen komplementär zu sein. Während kulturelle Wertevielfalt ein Ausführen der aufgabenbezogenen Gruppenprozesse schwieriger macht, entlastet aufgabenbezogene Führung die Arbeitsgruppe von der Ausführung der Prozesse.[785] Es ließe sich also die Vermutung aufstellen, dass sich die Auswirkungen der kulturellen Wertevielfalt und der aufgabenorientierten Führung auf die aufgabenbezogenen Gruppenprozesse gegenseitig verstärken. Je mehr Schwierigkeiten eine Arbeitsgruppe mit den aufgabenbezogenen Gruppenprozessen aufgrund ihrer kulturellen Wertevielfalt hat, desto mehr sollten sie sich durch eine ausgeprägte aufgabenorientierte Führung von den Aufgabenprozessen entbunden sehen und diese nicht mehr oder nur noch in sehr geringem Maße selbst ausführen. Es soll folgende Hypothese geprüft werden:

---

[785] Vgl. Neuberger (1995), S. 122; Janssens & Brett (1997), S. 154; Hambrick et al. (1998), S. 188; Miller et al. (2000), S. 21; Ely & Thomas (2001), S. 234; Polzer, Milton & Swann (2002), S. 296; Adler (2002), S. 145 ff; Zaccaro, Rittman & Marks (2002), S. 451; Den Hartog (2004), S. 183.

Hypothesenkomplexe der Untersuchung 231

H-6-Ia: Der negative Zusammenhang zwischen kultureller Wertevielfalt in Arbeitsgruppen und dem Ausführen aufgabenbezogener Gruppenprozesse wird durch eine ausgeprägte aufgabenorientierte Führung noch verstärkt.

Ein anderes Bild ergibt sich, wenn der Zusammenhang zwischen kultureller Wertevielfalt in Arbeitsgruppen und dem Ausmaß an Aufgabenkonflikten in der Gruppe betrachtet wird. Hier wurde davon ausgegangen, dass Werteunterschiede zwischen den Gruppenmitgliedern vor allem in der Aktivitäts-, Zeit- und Mensch-Umwelt-Orientierung zu einem vermehrten Ausmaß an Aufgabenkonflikten führen. Die Gruppenmitglieder nehmen Wesen und Wichtigkeit der Aufgabe selbst und der Aufgabenziele aufgrund ihrer verschiedenen kulturellen „Brillen" unterschiedlich wahr, haben verschiedene Ansichten darüber, welches die Schlüsselentscheidungsfelder für sie darstellen, würden die Aufgabenerledigung auf ganz verschiedene Weisen angehen und ergo auch ganz verschiedene Handlungsalternativen wählen. Aufgabenkonflikte sind also hoch wahrscheinlich.[786] Aber genau in diesen Unterschieden liegt ja auch das Potenzial multikultureller Arbeitsgruppen. Nur wenn die Gruppenmitglieder feststellen, dass sie ganz verschiedene Ideen bezüglich dessen haben, wie eine Aufgabe zu verstehen und zu erledigen ist, haben sie überhaupt erst die Möglichkeit, mit dieser entsprechenden Vielfalt an Informationen und Handlungsalternativen zu arbeiten und die Chancen zu realisieren, die darin enthalten sind. Daraus folgt, dass Aufgabenkonflikte in höchstem Maße gewünscht sein sollten, da diese den Gruppenmitgliedern ihr Potenzial verdeutlichen und erst damit die Tür zur Nutzung der Vielfalt aufschlagen.

Während also Aufgabenkonflikte auf der einen Seite durch kulturelle Wertevielfalt in einer Arbeitsgruppe als hoch wahrscheinlich angesehen werden können, wurde andersherum angenommen, dass eine starke aufgabenorientierte Führung das Ausmaß an Aufgabenkonflikten in der Gruppe senkt. Bekommt die Arbeitsgruppe sowohl Aufgabenziele als auch Aufgabenerledigungsstrategien von ihrer Führungskraft vorgegeben, müssen die Gruppenmitglieder keine eigenen Sichtweisen und Ideen entwickeln, sondern können die Gruppenaufgaben nach Maßgabe der Führungskraft erledigen.[787] Dies kann bedeuten, dass nur noch wenige oder keine Aufgabenkonflikte mehr auftreten mit der Konsequenz, dass das Potenzial der Arbeitsgruppe brach liegen bliebe. Es soll also die folgende Hypothese getestet werden:

H-6-1b: Der positive Zusammenhang zwischen kultureller Wertevielfalt in einer Arbeitsgruppe und dem Auftreten von Aufgabenkonflikten in der Gruppe wird durch eine ausgeprägte aufgabenorientierte Führung abgeschwächt oder sogar umgekehrt.

Da mit dem dritten Gruppenprozess aufgabebezogenen Inhalts, dem Ausmaß der externen Kommunikation, weder von der kulturellen Wertevielfalt in einer Arbeitsgruppe noch von der aufgabenorientierten Führung angenommen wird, dass sie miteinander zusammenhängen, kann folglich auch nicht von Moderationsbeziehungen ausgegangen werden.

---

[786] Vgl. Simons & Peterson (2000), S. 103; Jehn & Mannix (2001), S. 240; Ayoko, Härtel & Callan (2001), S. A1; Jackson, Joshi & Erhardt (2003), S. 809.

[787] Vgl. Neuberger (1995), S. 122; Zaccaro, Rittman & Marks (2002), S. 451; Den Hartog (2004), S. 183.

232 Konzeptioneller Bezugsrahmen der Untersuchung

7.2.6.2 Moderation der Zusammenhänge zwischen kultureller Wertevielfalt in Arbeitsgruppen und den kognitionsbezogenen Gruppenprozessen durch die Planung multikultureller Gruppenarbeit

Wie oben bereits dargestellt, wird in der vorliegenden Untersuchung angenommen, dass die kulturelle Wertevielfalt in einer Arbeitsgruppe in einem negativen Zusammenhang mit den aufgabenbezogenen Gruppenprozessen steht, da die Schwierigkeiten der Gruppe mit dem Definieren von Subzielen, dem Setzen von Tätigkeitsprioritäten und dem Entwickeln von durchführbaren Arbeitsplänen, bedingt durch die kulturellen Werteunterschiede der Gruppenmitglieder, die Ausführungswahrscheinlichkeit dieser Prozesse senken.

Auf der anderen Seite wird angenommen, dass eine formale Steuerung einer Arbeitsgruppe durch den Einsatz von Planungstechniken, wie beispielsweise die Zerlegung der Gruppenaufgabe in überschaubare Arbeitspakete und das Aufstellen verbindlicher Arbeitsrichtlinien, die Aufgabenarbeit einer Arbeitsgruppe vorstrukturiert, so dass die konkreten aufgabenbezogenen Gruppenprozesse viel einfacher auszuführen sind.

Wenn also eine Arbeitsgruppe diese Planungstechniken einsetzt, so dass die aufgabenbezogene Gruppenarbeit bereits eine gewisse formale Strukturierung erfahren hat, könnte erwartet werden, dass die Schwierigkeiten einer multikulturellen Arbeitsgruppe mit der Tätigkeitsprioritätensetzung oder dem Entwickeln von konkreten Arbeitsplänen schon verringert wurden.[788] Obwohl die Gruppenmitglieder aufgrund ihrer verschiedenen kulturellen Werteorientierungen mit unterschiedlichen Haltungen an das Strukturieren ihrer gemeinsamen Gruppenaufgaben herangehen, sollten sie besser in der Lage sein, die aufgabenbezogenen Gruppenprozesse auszuführen, wenn der strukturelle Rahmen zum Beispiel in Form von Kosten- und Zeitplänen oder der Zuweisung von Budgets bereits abgesteckt und geklärt ist. Die durch den Einsatz der Planungstechniken geleistete strukturelle Koordination liefert den Gruppenmitgliedern Anhaltspunkte dafür, in welche Richtung sie mit ihren aufgabenbezogenen Gruppenprozessen steuern sollen und verengt damit den Fokus auf die Aufgabenerledigung.[789] Und auch wenn die Gruppenmitglieder immer noch verschiedene Herangehensweisen an die Prozesse haben und auch die Notwendigkeit der Prozesse verschieden begreifen, so sollte ihnen dennoch die Ausführung derselben leichter fallen, da sie konkrete Parameter haben, nach denen sie sich sowohl bei der Zieldefinition, dem Setzen von Tätigkeitsprioritäten als auch bei der Entwicklung ganz konkreter Arbeitspäne richten können. Es gilt daher, die folgende Annahme zu prüfen:

H-6-II: Der negative Zusammenhang zwischen der kulturellen Wertevielfalt in Arbeitsgruppen und dem Ausführen aufgabenbezogener Gruppenprozesse wird von der Planung multikultureller Gruppenarbeit abgeschwächt oder sogar umgekehrt.

Zu derselben Annahme muss gelangt werden, wenn die systemische Perspektive und die Überlegungen im Zusammenhang mit multikulturellen Arbeitsgruppen als lose gekoppelte Systeme auf den eben dargestellten Sachverhalt übertragen werden. Es wurde argumentiert,

---

[788] Vgl. Lechler & Gemünden (1998), S. 439; Shenhar et al. (2002), S. 113 f.
[789] Vgl. Miller et al (2000), S. 21 f.

Hypothesenkomplexe der Untersuchung 233

dass multikulturelle Arbeitsgruppen dann erfolgreich operieren, wenn die Gruppenmitglieder innerhalb der strukturellen Domäne, also auf der aufgabenbezogenen Ebene, eng aneinander gekoppelt sind. Enge Kopplungen sind durch starke, häufige und direkte Interaktionen zwischen den Kopplungselementen gekennzeichnet, d.h. wenn Gruppenmitglieder multikultureller Arbeitsgruppen in der strukturellen Domäne eng aneinander gekoppelt werden sollen, kann dies durch den Einsatz der strukturellen Kopplungsmechanismen erreicht werden.[790] Ein struktureller Kopplungsmechanismus stellt die Koordination durch Pläne dar. Die Anwendung struktureller Koordination durch den Einsatz von Planungstechniken in multikulturellen Arbeitsgruppen koppelt also die Gruppenmitglieder in der strukturellen Domäne eng aneinander. Von einer strukturellen engen Kopplung innerhalb multikultureller Arbeitsgruppen wird wiederum angenommen, dass sie solchen Arbeitsgruppen generell zum Erfolg verhilft (siehe auch Leithypothese 1a) und im Zusammenhang mit dem eben dargestellten Sachverhalt, dass sie einen positiven Einfluss auf die aufgabenbezogenen Gruppenprozesse nimmt. Dies gilt vor allem, wenn eine Arbeitsgruppe multikulturell zusammengesetzt ist.

An dieser Stelle könnte ins Feld geführt werden, dass aufgabenorientierte Führung ebenfalls einen strukturierenden Einfluss auf die Gruppenarbeit nimmt und daher im Sinne der obigen Argumentation als struktureller Kopplungsmechanismus begriffen werden könnte. Prinzipiell muss dem zugestimmt werden, dennoch besteht ein ganz zentraler Unterschied zwischen dem Einsatz von Planungstechniken einerseits und der aufgabenorientierten Führung andererseits. Während nämlich die Planungstechniken tatsächlich nur periodisch bestimmte Vorgaben zur Koordination der Gruppenmitglieder im Aufgabenerledigungsprozess umfassen, die inhaltlichen Auseinandersetzungen der Gruppenmitglieder mit der Gruppenaufgabe jedoch weniger tangieren, geht die aufgabenorientierte Führung weit über eine reine Koordination der Gruppenarbeit hinaus. Sie setzt sich nämlich auch zu großen Teilen inhaltlich mit der Gruppenaufgabe auseinander, indem sie selbst die Aufgabenanforderungen klärt, selbst Problemlösungswege entwickelt und den Gruppenmitgliedern prinzipiell vorgibt, wie sie ihre Gruppenaufgabe zu erledigen haben. Die Gruppenmitglieder müssen sich gar nicht mehr so sehr inhaltlich mit der Aufgabe auseinandersetzen, ob wohl genau diese Auseinandersetzung bei kultureller Vielfalt in der Gruppe so ertragreich zu sein verspricht. Eine aufgabenorientierte Führung lässt also dem der kulturellen Wertevielfalt inhärenten Potenzial keinen Raum mehr, um sich zu entfalten. Aus dem Grunde des auch inhaltlichen Gestaltens der Gruppenauseinandersetzungen soll also die aufgabenorientierte Führung nicht als struktureller Kopplungsmechanismus aufgefasst werden.

Da mit den anderen beiden Gruppenprozessen aufgabebezogenen Inhalts, dem Auftreten von Aufgabenkonflikten und dem Ausmaß der externen Kommunikation, nicht von einem Zusammenhang mit dem Einsatz der Planungstechniken ausgegangen wird, sind folglich auch Überlegungen hinsichtlich möglicher Moderationswirkungen auf die Zusammenhänge zwischen der kulturellen Wertevielfalt und den Gruppenprozessen obsolet.

---

[790] Vgl. Lawrence & Lorsch (1976), S. 3 f.; Firestone & Wilson (1985), S. 2; Perrow (1986), S. 148 ff.; Beekun & Glick (2001a), S. 233; Beekun & Glick (2001b), S. 387; Macharzina & Wolf (2005), S. 481 f. und 508 f.

234 Konzeptioneller Bezugsrahmen der Untersuchung

7.2.6.3 Moderation der Zusammenhänge zwischen kultureller Wertevielfalt in Arbeitsgruppen und den affektbezogenen Gruppenprozessen durch personenorientierte Führung

In der vorliegenden Untersuchung wird angenommen, dass kulturelle Wertevielfalt in einem negativen Zusammenhang mit den beziehungsbezogenen Prozessen in einer Arbeitsgruppe steht. Vor allem Vielfalt in der Menschlichen-Natur und der relationalen Orientierung sollte bewirken, dass die Gruppenmitglieder weniger miteinander kooperieren und sich weniger gegenseitig unterstützen. Da die einzelnen Mitglieder ein unterschiedliches Verständnis davon haben, ob sie ihren anderen Gruppenmitgliedern vertrauen können oder diese eher kontrollieren sollen, ob sie Fürsorge und Verantwortung eher für sich selbst oder eher für ihre anderen Gruppenmitglieder wahrnehmen, sollte dies also Konsequenzen für das soziale Miteinander in der Arbeitsgruppe haben.

Ebenfalls wurde davon ausgegangen, dass eine Führungskraft, die eine vertrauensvolle, offene Atmosphäre schafft, indem sie den Gruppenmitgliedern Wertschätzung und Achtung entgegenbringt, Bereitschaft zur zweiseitigen Kommunikation signalisiert, selbst offen und zugänglich für die Belange der Gruppenmitglieder ist und Einsatz und Fürsorge für jeden Einzelnen zeigt, ein solches Gruppenarbeitsklima etabliert, innerhalb dessen sich die Gruppenmitglieder eher wohlfühlen und miteinander kooperieren. Personenorientierte Führung sollte positive Konsequenzen für die beziehungsbezogenen Gruppenprozesse aufweisen.

Wenn nun aufgrund der multikulturellen Zusammensetzung in einer Arbeitsgruppe die Mitglieder im Wechselspiel zwischen Vertrauen, Kontrolle, Selbstbezogenheit und Gruppenfürsorge gefangen sind, was ihre kooperativen Interaktionen beeinträchtigt, könnte eine Führungskraft durch personenorientierte Führungsverhaltensweisen genau hier intervenieren. Wenn sie für die Belange jeden einzelnen Gruppenmitglieds offen ist und sich Zeit nimmt, auf die konkreten Missverständnisse oder negativen Zwischentöne zu achten und diese aufzulösen versucht, jedem Gruppenmitglied persönliche Wertschätzung entgegenbringt und soziale Unterstützung zusichert und leistet, damit der Arbeitsgruppe insgesamt Vertrauen signalisiert, dass sie ihre Probleme bewältigen können, dann ist denkbar, dass damit selbst den Gruppenmitgliedern, die eher zu kontrollierendem Verhalten neigen, im konkreten Interaktionsprozess der Grund für ihre Sorge ein wenig entzogen wird.[791] Aufgrund ihrer grundlegenden Werteannahme vom Schlechten des Menschen bleibt zwar der Hang zur Kontrolle und Überwachung, aber da sie die Möglichkeit haben, mit ihrer Führungskraft dies zu besprechen und auch anzuzeigen, wann immer sie das Gefühl haben, jemand handelte gegen das ihm oder ihr entgegengebrachte Vertrauen, können sie ihre Sorge auf die Führungskraft übertragen und müssen sich nicht mehr selbst damit belasten. Ihre Interaktion mit den anderen Gruppenmitgliedern könnte sich entspannen. Gleiches gilt für Gruppenmitglieder, die zwar gerne die generelle Unterstützung ihrer eher kollektivistisch orientierten Gruppenmitglieder entgegennehmen, selber jedoch weniger die Tendenz zeigen, ihren anderen Gruppenmitgliedern zu helfen. Eine stark personenorientierte Führungskraft bemerkt solche Missstände, da ihre Aufmerksamkeit immer auch sehr auf die soziale Ebene der Gruppe fokussiert,

---

[791] Vgl. Higgs (1996), S. 40 f.; Miller et al. (2000), S. 22; Zaccaro, Rittman & Marks (2002), S. 452; Den Hartog (2004), S. 183.

Hypothesenkomplexe der Untersuchung 235

greift diese Gruppenmitglieder heraus und spricht mit ihnen. Sie regt sie zu mehr gruppenzentriertem Verhalten an und ermuntert sie zu stärkerer Kooperation mit den anderen Gruppenmitgliedern.[792] Auch wenn damit die grundlegenden Wertehaltungen der Gruppenmitglieder erhalten bleiben, so kann eine personenorientierte Führungskraft doch erreichen, dass die Gruppeninteraktionen auf der sozialen Ebene reibungsloser verlaufen. Insgesamt wird also davon ausgegangen, dass eine starke personenorientierte Führung besonders in multikulturell zusammengesetzten Arbeitsgruppen wichtig und notwendig ist, da sie die negativen Konsequenzen der kulturellen Wertevielfalt auf die beziehungsbezogenen Gruppenprozesse des Kooperierens und der gegenseitigen Unterstützung nicht nur abmildern, sondern eventuell sogar umkehren kann. Es soll also die folgende Hypothese geprüft werden:

H-6-IIIa: Der negative Zusammenhang zwischen der kultureller Wertevielfalt in einer Arbeitsgruppe und dem Ausführen beziehungsbezogener Gruppenprozesse wird durch eine ausgeprägte personenorientierte Führung abgeschwächt oder sogar umgekehrt.

Hand in Hand mit dieser Argumentation geht die Vermutung, dass eine starke personenorientierte Führung, die dafür sorgt, dass die Gruppenarbeitsatmosphäre respekt- und vertrauensvoll ist, ebenfalls hinsichtlich des Auftretens von Beziehungskonflikten intervenieren könnte. In der vorliegenden Untersuchung wurde davon ausgegangen, dass die Wahrnehmung und das Erleben verschiedener kulturell geprägter Verhaltensweisen zu dem Empfinden der Gruppenmitglieder führen könnten, dass sie nicht miteinander kompatibel sind oder sich einfach nicht verstehen. Kulturelle Wertevielfalt in Arbeitsgruppen macht Beziehungskonflikte wahrscheinlich. Eine personenorientierte Führungskraft sollte diese Spannungen und Missverständnisse auf sich ziehen und sammeln, die Gruppenmitglieder dazu ermutigen, ihre Sorgen der Führungskraft anzuvertrauen und ihnen verdeutlichen, dass selbst wenn sie sich gegenseitig nicht verstehen können und offenbar ganz unterschiedliche Weltanschauungen und Auffassungen haben, sie trotzdem miteinander erfolgreich zusammen arbeiten können. Indem die Führungskraft jedem einzelnen Gruppenmitglied in seiner Ganzheit, d.h. auch mit oder gerade wegen der jeweiligen kulturellen Hintergründe und der Bereicherung, die dadurch möglich wird, Achtung und Wertschätzung entgegenbringt und jedem Gruppenmitglied gleichfalls verdeutlicht, dass jedes andere Gruppenmitglied ebenso wertvoll ist, könnte dies dazu führen, dass die negativen Empfindungen der Gruppenmitglieder, die mit der Wahrnehmung der Verschiedenheit einher gehen, abgeschwächt werden. Wenn die Gruppenmitglieder von der Notwendigkeit entlastet werden, sich verstehen zu müssen oder miteinander unbedingt kompatibel zu sein, könnten sie entspannter miteinander umgehen und möglicherweise sogar ihre Vielfalt zu schätzen lernen. Genau dies sollte jedoch das Ziel der personenorientierten Führung sein. Es wird also davon ausgegangen, dass eine personenorientierte Führung das durch kulturelle Wertevielfalt in einer Arbeitsgruppe vermutlich häufigere Auftreten von Beziehungskonflikten senken kann. Die folgende Hypothese soll daher geprüft werden:

---

[792] Vgl. Wunderer & Grunwald (1980), S. 242; Neuberger (1995), S. 122; Zaccaro, Rittman & Marks (2001), S. 455.

236 Konzeptioneller Bezugsrahmen der Untersuchung

H-6-IIIb: Der positive Zusammenhang zwischen der kulturellen Wertevielfalt in einer Arbeitsgruppe und dem Auftreten von Beziehungskonflikten wird von einer ausgeprägten personenorientierten Führung abgeschwächt.

Ein etwas anderes Bild ergibt sich bei der Betrachtung einer möglichen Moderation des Zusammenhanges zwischen der kulturellen Wertevielfalt in einer Arbeitsgruppe und dem gewählten Kommunikationsmodus der Gruppe durch die personenorientierte Führung. Einerseits wurde argumentiert, dass eine ausgeprägte personenorientierte Führung, indem sie ein vertrauensvolles und von gegenseitiger Achtung und Wertschätzung geprägtes Gruppenarbeitsklima schafft, zu einem Kommunikationsmodus zwischen den Gruppenmitglieder führen kann, der von Lockerheit und Ungezwungenheit geprägt ist. Auf der anderen Seite wurde argumentiert, dass kulturelle Wertevielfalt in einer Arbeitsgruppe auch beinhaltet, dass sich die Gruppenmitglieder in ihrer Präferenz für bestimmte Kommunikationsformen unterscheiden können und dass ein informeller Modus der Kommunikation nicht von jedem Gruppenmitglied gleichermaßen erwünscht sein muss. Weiterhin wurde angenommen, dass die Gruppenmitglieder aufgrund ihrer unterschiedlichen Präferenzen vermutlich eher einen formaleren Kommunikationsmodus wählen, da dieser trotz aller Unterschiede eine gewisse Grundverlässlichkeit für den Informationsaustausch bietet und für eine bestimmte Sicherheit in der Kommunikation sorgt. Es könnte nun vermutet werden, dass eine ausgeprägte personenorientierte Führung vor allem den Gruppenmitgliedern die Sorgen und Unsicherheiten nimmt, die mit einem informellen Kommunikationsmodus verbunden sind. Allerdings könnten Gruppenmitglieder vor allem hierarchisch orientierter Kulturen eine hochgradig informelle Kommunikation trotzdem als unangemessen und unangebracht empfinden, so dass die Aufgabe der personenorientierten Führung dennoch darin bestehen bleibt, der Präferenz dieser Gruppenmitglieder, im kommunikativen Umgang miteinander bestimmte Formen zu wahren, entgegen zu kommen und diese zu respektieren. Nichtsdestotrotz sollte der Formalitätsgrad der Kommunikation in einer multikulturell zusammengesetzten Arbeitsgruppe insgesamt abnehmen, wenn die Führungskraft ein von Wertschätzung geprägtes Arbeitsklima schafft. Informelle Kommunikation bedeutet ja nicht, dass überhaupt keine Umgangsformen mehr gewahrt werden, sondern nur, dass ein wenig mehr Ungezwungenheit im Umgang miteinander vorherrscht. Insgesamt wird also angenommen, dass der von einer multikulturellen Arbeitsgruppe gewählte eher formale Kommunikationsmodus durch eine ausgeprägte personenorientierte Führung in Richtung informellerer Kommunikation verändert wird. Daher soll die folgende Hypothese geprüft werden:

H-6-IIIc: Der positive Zusammenhang zwischen kultureller Wertevielfalt in einer Arbeitsgruppe und dem gewählten Formalitätsgrad der Gruppenkommunikation wird durch eine ausgeprägte personenorientierte Führung abgeschwächt.

Dem Leser mag bereits aufgefallen sein, dass die personenorientierte Führung ein Kopplungsmechanismus der institutionellen oder sozialen Domäne darstellen kann. Eine Kopplungsdomäne beschreibt ja den inhaltlichen Bereich zwischen den gekoppelten Elementen in einem System. Die institutionelle oder soziale Domäne umfasst dabei spontane, ungeplante Aktivitäten wie soziale Interaktionen, nicht aufgabenbezogene Kommunikationen und informelle Handlungen. Kopplungsmechanismen der sozialen Kopplungsdomäne reflek-

Hypothesenkomplexe der Untersuchung 237

tieren entsprechend die subjektive Seite des Systems, wobei institutionelle Kopplungen nur durch symbolische Interaktionen, zum Beispiel durch Schaffung von Ritualen oder Etablierung von gemeinsamen Werten, modifiziert werden können.

In der vorliegenden Untersuchung wurden bereits vor allem Ansatzpunkte zur Modifikation der Kopplungen zwischen Gruppenmitgliedern multikultureller Arbeitsgruppen in der strukturellen, aufgabenbezogenen Domäne dargestellt. Basierend auf der ersten Leithypothese wurde argumentiert, dass multikulturelle Arbeitsgruppen als lose gekoppelte Systeme betrachtet werden können und unter diesem Aspekt dann erfolgreich operieren, wenn sie gleichzeitig in der strukturellen, aufgabenbezogenen Domäne der Zusammenarbeit eng und in der institutionellen, sozialen Domäne lose aneinander gekoppelt sind. Lose Kopplung in der institutionellen Domäne bedeutet, dass sich die Mitglieder des Systems, also der multikulturellen Arbeitsgruppe, in ihrem Denken, Fühlen und Handeln nur auf ganz wenige oder schwache gemeinsame Werte stützen oder nur sehr wenige oder unbedeutende gemeinsame Rituale ausführen. Lose institutionelle Kopplung in multikulturellen Arbeitsgruppen bedeutet demnach die Aufrechterhaltung der kulturellen Wertevielfalt, die sich verringert, wenn eine Arbeitsgruppe sich eine gemeinsame, soziale Realität oder Gruppenkultur schafft, die mittels Zeremonien dieselben Werte mit den zugehörigen symbolischen Belohnungen und Sanktionen für ihre Verinnerlichung und Einhaltung vermittelt, so dass diese gemeinsamen Werte Grundlage des Gruppenhandelns werden.[793] Wird in einer Arbeitsgruppe dagegen die gegebene kulturelle Wertevielfalt aufrechterhalten, dann behält die Gruppe ebenfalls ihre Fähigkeit zur reichhaltigeren und akkurateren Wahrnehmung der (Problem-)Umwelt, zur lokalisierten Anpassung, zur Aufbewahrung einer größeren Anzahl an Problemlösungen und Innovationen, lässt den einzelnen Gruppenmitgliedern Raum zur Selbstgestaltung und fördert das Gefühl der eigenen Wirksamkeit. Die Heterogenität der Wahrnehmungen, Umweltdeutungen und auch der Handlungen ergeben ja erst das Potenzial einer multikulturellen Arbeitsgruppe; ihre kulturelle Vielfalt ist ihr Kapital, das nicht gemindert werden darf.

> *„Although highly diverse teams are more challenging to work with, such teams are usually also more rewarding, since differing values and styles provide richer solutions and complementary skills. Consequently,* **culture is not something to be homogenized, even if this could be done.** *"* (Smith & Blanck, 2002, S. 302)[794]

Personenorientierte Führung kann dieser Beibehaltung der kulturellen Wertevielfalt in einer Arbeitsgruppe Vorschub leisten. Indem die Führungskraft ein Arbeitsklima des gegenseitigen Vertrauens und Respekts etabliert und die Gruppenmitglieder von der Notwendigkeit entlastet, sich gegenseitig immer verstehen zu müssen und sich aneinander anzupassen, soziale Kommunikationen zwischen den Gruppenmitgliedern über sich selbst zu leiten versucht und damit die Gruppenmitglieder sozial nur indirekt miteinander verbindet, verhindert sie zum einen eine Homogenisierung in den Wahrnehmungen und Umweltdeutungen der Gruppenmitglieder, zum anderen gleichzeitig aber auch, dass die Gruppe an ihrer Vielfalt in der sozialen Ebene scheitert. Die personenorientierten Interventionen der Führungskraft

---

[793] Vgl. Weick (1976), S. 4; Weick (1987a), S. 23; Orton & Weick (1990), S. 212; Beekun & Glick (2001b), S. 387.

[794] Hervorhebung nicht im Original.

238 Konzeptioneller Bezugsrahmen der Untersuchung

sollten darauf abzielen, dass die Gruppenmitglieder gegenseitig voneinander sagen können: ‚Ich verstehe zwar nicht, warum Du tust, was Du tust, und ich würde es vielleicht anders machen, aber ich bin überzeugt davon, dass es wertvoll und nützlich für uns ist.' Eine ausgeprägte personenorientierte Führung könnte damit ironischerweise eine Versachlichung der sozialen Interaktionen zwischen den Gruppenmitgliedern bewirken, da die Gemeinsamkeiten, die bleiben, und die entsprechend die Grundlage für Interaktionen bilden, in der Gruppenzugehörigkeit und der gemeinsamen Gruppenaufgabe liegen. Die Folge ist, dass die Gruppenmitglieder verstärkt aufgabenbezogen miteinander interagieren, was gewollt und durch strukturelle enge Kopplung unterstützt wird.

Wenn multikulturelle Arbeitsgruppen simultan durch geringe Ergebnisinterdependenz und stark personenorientierte Führung institutionell lose gekoppelt und durch hohe Aufgabeninterdependenz und ausgeprägte Planung strukturell eng gekoppelt werden, kann ihr Dilemma gelöst und ihr Potenzial realisiert werden.

*„To cope with complexity, (...) management does not have to give up completely nor does it have to settle for mere tactics. It does have to **attend closely to structural and personnel matters** and then walk away from them."* (Weick, 1987a, S. 20)[795]

7.2.6.4 Moderation der Zusammenhänge zwischen kultureller Wertevielfalt in Arbeitsgruppen und den affektbezogenen Gruppenprozessen durch externe Führung

Es erscheint problematisch, von einer Moderation der Zusammenhänge zwischen kultureller Wertevielfalt in Arbeitsgruppen und den sozialen Gruppenprozessen durch externe Führung auszugehen. Da die externe Führung das Ausmaß betrifft, bis zu dem eine Führungskraft ihre Arbeitsgruppe nach außen hin vertritt, Unterstützung für ihre Gruppe generiert, notwendige Ressourcen beschafft, Informationsüberlastung der Gruppe verhindert und sie von machtpolitischen Auseinandersetzungen im Unternehmen abschirmt, wurde argumentiert, dass die Wirkung externer Führung erst dann bemerkbar wird, wenn sie nicht ausgeführt wird.[796] Mangelnde externe Führung könnte zu einer erheblichen Beeinträchtigung der Gruppenprozesse führen. Weiterhin wurde angenommen, dass eine externe Führung, wenn sie denn tatsächlich eine Auswirkung auf die Gruppenprozesse hat, sich nur auf der sozialen Ebene der Gruppenprozesse, hier allerdings positiv, bemerkbar machen sollte. Da jedoch insgesamt der Fokus der externen Führung nicht auf den gruppeninternen Prozessen liegt, sollten sich durch externe Führung die Auswirkungen anderer möglicher Einflussfaktoren, darunter eben auch die kulturelle Wertevielfalt, auf die Gruppenprozesse prinzipiell nicht verändern. Wird eine Arbeitsgruppe extern geführt, werden sich die kulturellen Werteunterschiede immer noch und in der gleichen Richtung wie bereits beschrieben in den Gruppenprozessen niederschlagen. Wird dagegen eine Arbeitsgruppe nicht extern geführt, ändert sich vermutlich nichts in den möglichen Auswirkungen der kulturellen Wertevielfalt auf die Prozesse. Es kann nur sein,

---

[795] Hervorhebung nicht im Original.
[796] Vgl. Ancona (1990), S. 336; Ancona & Caldwell (1992a), S. 660 f.; Cohen & Ledford (1994), S. 14 ff.; Kirkman & Rosen (1999), S. 58; Weinkauf, Högl & Gemünden (2004), S. 428.

Hypothesenkomplexe der Untersuchung 239

dass sich die Effekte verstärken, da sich die Arbeitsgruppe insgesamt in einer gefährdeteren Situation befindet, was sowohl das allgemeine Maß an Spannung erheblich steigern, als auch Unterschiede und Unstimmigkeiten zwischen den Gruppenmitgliedern mehr in den Wahrnehmungsfokus rücken lassen kann. Eine mögliche Moderation der Zusammenhänge zwischen kultureller Wertevielfalt in einer Arbeitsgruppe und ihren Gruppenprozessen durch externe Führung lässt sich also nicht schlüssig herleiten, folglich wird in der vorliegenden Untersuchung auch nicht von einer solchen Moderation ausgegangen.

Die zum Hypothesenkomplex 6 genannten Hypothesen legen den Schwerpunkt auf mögliche Gestaltungsfelder für das Gruppenmanagement von multikulturell zusammengesetzten Arbeitsgruppen. Die Überprüfung der Hypothesen dient dem zentralen Anliegen der vorliegenden Untersuchung, mögliche Gruppenmanagementstrategien zu identifizieren, mittels derer das durch die kulturelle Wertevielfalt gegebene Potenzial solcher Arbeitsgruppen realisiert werden kann. Da bisher in der Forschung nur sehr wenige bis gar keine empirischen Untersuchungen zur Führung, Organisation und Planung von Gruppen im Allgemeinen und von multikulturellen Arbeitsgruppen im Besonderen vorliegen, stützen sich die beschriebenen Hypothesen vorrangig sowohl auf theoretische Überlegungen im Zusammenhang mit dem Konzept der lose gekoppelten Systeme, als auch auf Plausibilitätsüberlegungen. Insgesamt leistet dabei die Überprüfung der genannten Hypothesen einen weiteren Beitrag zur multikulturellen Arbeitsgruppenforschung, indem der Forderung nach explizitem Einbezug von Managementvariablen bei der Betrachtung von (multikulturellen) Arbeitsgruppen nachgekommen wird.

7.2.7 Hypothesenkomplex 7: Prozess-Erfolgs-Zusammenhänge

Während die vorangegangenen Hypothesen den Schwerpunkt hauptsächlich auf die möglichen Zusammenhänge zwischen den Kontext-, den Gruppenstruktur-, den Gruppenmanagementmerkmalen und den Gruppenprozessen legten, sollen schließlich die Zusammenhänge zwischen den Prozessen und dem Erfolg multikultureller Arbeitsgruppen betrachtet werden. Wie bereits beschrieben, wird der Erfolg oder Misserfolg von Arbeitsgruppen generell und von multikulturellen Arbeitsgruppen im Besonderen von dem kollektiven Bemühen der Gruppenmitglieder bestimmt, die individuellen Beiträge so zu koordinieren und zu synchronisieren, dass eine Arbeitsgruppe sowohl die von ihrem Unternehmen geforderten Standards der Qualität und Quantität erfüllt, als auch die Fähigkeit erhält und verbessert, auch in zukünftigen Aufgaben erfolgreich miteinander arbeiten zu können.[797] Die Gruppenprozesse stellen demnach eine der wichtigsten Determinanten des Gruppenerfolges dar, es soll also im Folgenden dezidiert geprüft werden, welche Zusammenhänge zwischen den Gruppenprozessen und dem Gruppenerfolg bestehen könnten. Die oben dargelegte Unterteilung in kognitionsbezogene und affektbezogene Gruppenprozesse soll dabei für eine größere Klarheit aufrechterhalten werden. Nichtsdestotrotz wird davon ausgegangen, dass die Gruppenprozesse insgesamt sowohl auf den ökonomischen als auch auf den sozialen Erfolg einer Arbeitsgruppe einen Einfluss ausüben können.

---

[797] Vgl. Campion, Medsker & Higgs (1993), S. 829; Stewart & Barrick (2000), S. 136; Marks, Mathieu & Zaccaro (2001), S. 357.

240 Konzeptioneller Bezugsrahmen der Untersuchung

7.2.7.1 Zusammenhänge zwischen kognitionsbezogenen Gruppenprozessen und Gruppenerfolg

Im folgenden Abschnitt werden entsprechend mögliche Zusammenhänge der aufgabenbezogenen Gruppenprozesse, der Aufgabenkonflikte und der aufgabenbezogenen externen Kommunikation mit dem Gruppenerfolg spezifiziert, wobei diese wieder generell für alle Arten von Arbeitsgruppen gelten könnten. Dennoch soll überprüft werden, ob diese generellen Zusammenhangsvermutungen auch im Falle multikultureller Arbeitsgruppen zutreffen.

7.2.7.1.1 Zusammenhänge zwischen aufgabenbezogenen Gruppenprozessen und Gruppenerfolg

Von allen Gruppenprozessen weisen die aufgabenbezogenen Gruppenprozesse, also die Definition von Aufgabenzielen und -subzielen, das Setzen von Tätigkeitsprioritäten und die Entwicklung praktikabler Arbeitspläne, den größten Leistungs- bzw. Ergebnisbezug auf. Die Aktivitäten der Feinplanung, der Koordination und der Ausführung der Gruppenaufgaben dienen einer klaren Sachfunktion und es konnte auch in der Gruppenforschung bereits nachgewiesen werden, dass diese Aufgabenprozesse auf die Erfüllung der geforderten organisationalen Standards einen positiven Einfluss nehmen.[798]

Da die aufgabenbezogenen Gruppenprozesse die Strategie(n) einer Arbeitsgruppe zu ihrer Aufgabenerledigung beschreiben, ist es also gut denkbar, dass das Ausüben der aufgabenbezogenen Prozesse die Wahrnehmung der Gruppenmitglieder sowohl für die Anforderungen der Gruppenaufgabe als auch für die der Arbeitsgruppe zur Verfügung stehenden Ressourcen, z.B. ihre kulturelle Wertevielfalt, schärft.[799] Der konkrete Prozess der Aufgabenerledigung stellt dabei die Ausführung der gewählten Aufgabenstrategien dar und sollte, wenn die Prozesse gut gelingen, zu einer positiven Einschätzung der Effektivität der gewählten Aufgabenstrategien durch die Mitglieder führen. Daher soll folgende Hypothese geprüft werden:

H-7-Iaa: In einer (multikulturellen) Arbeitsgruppe steht das Ausführen der aufgabenbezogenen Gruppenprozesse in einem positiven Zusammenhang mit der wahrgenommenen Effektivität der gewählten Aufgabenstrategien.

Wenn sich die Gruppenmitglieder intensiv mit den Aufgabenstrategien auseinandersetzen, beinhaltet dies logischerweise, dass sie miteinander über ihre Aufgabenprozesse kommunizieren müssen. Gelangt die Arbeitsgruppe schließlich zu gemeinsam ausgehandelten Aufgabenerledigungsprozessen, kann davon ausgegangen werden, dass ihre aufgabenbezogene Kommunikation zumindest in Bezug auf die konkreten aufgabenbezogenen Prozesse erfolgreich war. Es könnte also angenommen werden, dass die Gruppenmitglieder durch das Erleben, sich auf aufgabenbezogene Gruppenprozesse geeinigt zu haben und diese dann auch auszuführen, eine positive Wahrnehmung in Bezug auf ihre aufgabenbezogene Kommunikation entwickeln.[800] Um zu gemeinsamen Aufgabenprozessen zu gelangen, müssen die Gruppenmitglieder offen miteinander kommunizieren und Missverständnisse ausräumen. Es

---

[798] Vgl. Ancona & Caldwell (1992b), S. 323; Guzzo & Dickson (1996), S. 334.
[799] Vgl. Hackman (1987), S. 323; Saavedra, Earley & Van Dyne (1993), S. 64.
[800] Vgl. Ancona & Caldwell (1992b), S. 324; Earley & Mosakowski (2000), S. 40.

Hypothesenkomplexe der Untersuchung

wird also angenommen, dass die Ausführung der aufgabenbezogenen Gruppenprozesse auch zu der Wahrnehmung einer effektiven Kommunikation zwischen den Gruppenmitgliedern führen kann. Die folgende Hypothese soll daher geprüft werden:

H-7-Iab: In einer (multikulturellen) Arbeitsgruppe steht das Ausführen der aufgabenbezogenen Gruppenprozesse in einem positiven Zusammenhang mit der wahrgenommenen Effektivität der Gruppenkommunikation.

Wenn es einer Arbeitsgruppe des Weiteren gelingt, ihre Aufgabenerledigungsstrategien sorgsam zu wählen, anzupassen und auszuführen, kann schon allein dies dazu führen, dass die Gruppe gesamtleistungsbezogen erfolgreicher sein wird, als wenn sie diese Tätigkeiten nicht ausführen würde. Können die Mitglieder einer Arbeitsgruppe ihre Aufgabenziele und -subziele eigenständig definieren, konkrete darauf abgestimmte Arbeitspläne entwickeln und entsprechend ihr Arbeitshandeln prioretisieren, ist es wahrscheinlicher, dass sie effizienter und effektiver arbeiten, aufgrund der Planungsleistung Termine und Budgets besser einhalten und insgesamt eine höhere Qualität in ihrer Arbeit erreichen.[801] Dies sollte sich vor allem in der Einschätzung der Gruppenleistung widerspiegeln. Die folgende Vermutung soll daher geprüft werden:

H-7-Iac: In einer (multikulturellen) Arbeitsgruppe steht das Ausführen der aufgabenbezogenen Gruppenprozesse in einem positiven Zusammenhang mit der Einschätzung der Gruppenleistung.

Es kann außerdem davon ausgegangen werden, dass die Qualität des Miteinanders in der gemeinsamen Arbeit an einer Gruppenaufgabe den sozialen Gruppenerfolg maßgeblich bestimmt. Wenn eine Gruppe nun in der aufgabenbezogenen Interaktion feststellt, dass sie effektive Aufgabenstrategien wählt und diese auch effizient umsetzt, könnte sich das Gefühl des kollektiven Vermögens auch auf die soziale Ebene der Gruppenarbeit übertragen. Die Koordination und die Ausführung der aufgabenbezogenen Gruppenprozesse könnte eine gewisse Kameradschaftlichkeit unter den Gruppenmitgliedern etablieren, ihr Zugehörigkeitsgefühl zu dieser Arbeitsgruppe stärken und der gemeinsamen Gruppenarbeit generell positive Attribute zuweisen.[802] In der Konsequenz sollte die Zufriedenheit der Gruppenmitglieder mit ihrer Gruppenarbeit steigen. Diese Annahme soll überprüft werden:

H-7-Iad: In einer (multikulturellen) Arbeitsgruppe steht das Ausführen der aufgabenbezogenen Gruppenprozesse in einem positiven Zusammenhang mit der aus der Gruppenarbeit resultierenden Zufriedenheit der Gruppenmitglieder.

Darüber hinaus ist es ebenfalls denkbar, dass mit gelungenen aufgabenbezogenen Gruppenprozessen auch die Zuversicht der Gruppenmitglieder gestärkt wird, ihre Aufgaben gemeinsam als Arbeitsgruppe erfolgreich erledigen zu können. Die leistungsbezogene Zuversicht einer Arbeitsgruppe ist eine sich kollektiv entwickelnde Erfahrung, die natürlich positive Verstärkung erhält, wenn eine Arbeitsgruppe ihre aufgabenbezogenen Gruppenprozesse erfolgreich auszuführen vermag. Die Gruppenzuversicht ist damit ein besonderes Maß für die

---

[801] Vgl. Ancona & Caldwell (1992b), S. 329; Henderson & Lee (1992), S. 765.
[802] Vgl. Campion, Medsker & Higgs (1993), S. 836; Kirkman & Rosen (1999), S. 63; Van der Vegt, Emans & Van de Vliert (2000), S. 637.

242   Konzeptioneller Bezugsrahmen der Untersuchung

Fähigkeit einer Arbeitsgruppe, auch in Zukunft erfolgreich miteinander zusammen zu arbeiten.[803] Hier könnte also ein besonders starker Zusammenhang vermutet werden.

H-7-Iae: In einer (multikulturellen) Arbeitsgruppe steht das Ausführen der aufgabenbezogenen Gruppenprozesse in einem starken positiven Zusammenhang mit der Zuversicht einer Gruppe, ihre Aufgaben erfolgreich erledigen zu können.

Hand in Hand mit den beiden letztgenannten möglichen Konsequenzen gelungener aufgabenbezogener Gruppenprozesse geht die Bindung der Gruppenmitglieder an ihre Arbeitsgruppe. Macht jedes Gruppenmitglied die Erfahrung, dass in seiner Arbeitsgruppe Aufgabenziele gesetzt und Aufgabenstrategien entwickelt und umgesetzt werden, also dass die Gruppe gut zusammenarbeitet, könnte dies in einer stärkeren Akzeptanz der Gruppenziele, einer gesteigerten Anstrengungsbereitschaft für die Gruppe und dementsprechend einem stärkeren Verbleibenswunsch in der Arbeitsgruppe resultieren. Eine Konsequenz der aufgabenbezogenen Gruppenprozesse könnte demnach Freude der Gruppenmitglieder über die gute Zusammenarbeit und auch Stolz darauf bedeuten, was faktisch einer hohen emotionalen Bindung an die Gruppe gleichkommt.[804] Auch diese wird als guter Indikator für die Fähigkeit einer Arbeitsgruppe angesehen, ebenfalls in zukünftigen Projekten miteinander erfolgreich arbeiten zu können. Es gilt also, die folgende Vermutung zu überprüfen:

H-7-Iaf: In einer (multikulturellen) Arbeitsgruppe steht das Ausführen der aufgabenbezogenen Gruppenprozesse in einem starken positiven Zusammenhang mit der Bindung der Gruppenmitglieder an diese Arbeitsgruppe.

7.2.7.1.2 Zusammenhänge zwischen Aufgabenkonflikten und Gruppenerfolg

Ein anderes Bild ergibt sich, wenn die Zusammenhänge zwischen den Aufgabenkonflikten, die in einer Arbeitsgruppe auftreten, und dem Erfolg der Gruppe betrachtet werden. Aufgabenkonflikte sind definiert als die Wahrnehmung von Gruppenmitgliedern, dass sie sich in ihren Sichtweisen und Beurteilungen der speziellen Aufgabenziele, Kernentscheidungsfelder und/oder auch Vorgehensweisen zur Aufgabenerledigung erheblich unterscheiden. Inhaltlich betrachtet, enthalten Aufgabenkonflikte keine sozialen Komponenten, sie sind ausschließlich sachbezogen. Der Möglichkeit der Missattribution von Aufgabenkonflikten als Beziehungskonflikte und den daraus resultierenden Konsequenzen[805] für den Erfolg soll an dieser Stelle jedoch keine Rechnung getragen werden, da mögliche Konsequenzen von Beziehungskonflikten im weiteren Verlauf dieser Argumentation noch elaboriert werden. Aus diesem Grunde werden Aufgabenkonflikte im Folgenden als reine sachliche Unstimmigkeiten zwischen den Gruppenmitgliedern behandelt, die keinen Bezug zur sozialen Qualität der Gruppenarbeit aufweisen und daher prinzipiell auch keine Auswirkungen auf den sozialen Erfolg von Arbeitsgruppen haben sollten.

Es wurde argumentiert, dass Aufgabenkonflikte in Arbeitsgruppen immer dann auftreten, wenn sich die Gruppenmitglieder hinsichtlich wichtiger aufgabenbezogener Themen in ihren

---

[803]   Vgl. Kirkman & Rosen (1999), S. 59
[804]   Vgl. Kirkman & Rosen (1999), S. 69; Bishop, Scott & Burroughs (2000), S. 1128; Pearce & Herbik (2004), S. 304.
[805]   Vgl. Simons & Peterson (2000), S. 103.

Hypothesenkomplexe der Untersuchung 243

Sichtweisen unterscheiden. Es wurde weiterhin gesagt, dass gerade in diesen verschiedenen aufgabenbezogenen Betrachtungs- und Vorgehensweisen ein großes kreatives Potenzial enthalten ist, das zu einer Verbesserung der Qualität der Aufgabenerledigung führen kann.[806] Wenn also in einer Arbeitsgruppe Aufgabenkonflikte auftreten, kann dies als Indiz dafür gewertet werden, dass die Gruppenmitglieder primär verschiedene Aufgabenstrategien verfolgen würden. Bemerken sie, dass ihre Gruppenmitglieder andere Vorstellungen davon haben, wie die Gruppenaufgabe zu erledigen sei, vergrößert sich der für die gesamte Arbeitsgruppe verfügbare Alternativenspielraum an Aufgabenstrategien. Dies wiederum kann zur Folge haben, dass die Gruppenmitglieder gemeinsam eine Strategie entwickeln, die sich aus von der Gruppe als erfolgswirksam eingestuften Elementen der individuellen Strategien zusammensetzt, zu diesem Zeitpunkt jedoch schon eine Bereicherung erfahren hat, die nicht möglich gewesen wäre, wenn sich die Gruppenmitglieder nicht in ihren jeweiligen Betrachtungsweisen der Gruppenaufgabe unterschieden hätten. Die schließlich gewählte und entwickelte Aufgabenstrategie sollte demnach zumindest aus Sicht der Gruppenmitglieder alle Anforderungen, die die Gruppenaufgabe der Arbeitsgruppe stellen, erfüllen, woraus eine Einschätzung hoher Effektivität der Aufgabenstrategie resultieren sollte. Diese Vermutung gilt es zu überprüfen.

H-7-Iba: In einer (multikulturellen) Arbeitsgruppe steht das Auftreten von Aufgabenkonflikten in einem positiven Zusammenhang mit der eingeschätzten Effektivität der gewählten Aufgabenstrategien.

Damit in einer Arbeitsgruppe unterschiedliche aufgabenbezogene Sichtweisen und Beurteilungen überhaupt bemerkt werden, müssen die Gruppenmitglieder sich zu den von ihnen bevorzugten aufgabenrelevanten Strategien erst einmal äußern. Geschieht dies und herrschen Unterschiede vor, sind die Gruppenmitglieder durch die ihnen gestellte gemeinsame Gruppenaufgabe dazu angehalten, sich auf eine gemeinsame Aufgabenstrategie festzulegen. Die Gruppenmitglieder müssen sich also intensiv mit den aufgestellten Alternativen auseinandersetzen, um zu einer Einigung zu gelangen. Es kann daher davon ausgegangen werden, dass Aufgabenkonflikte die Kommunikation innerhalb einer Arbeitsgruppe erheblich intensivieren.[807] Wenn die Gruppenmitglieder darüber hinaus die erfolgreiche Erledigung der Gruppenaufgabe anstreben, sollten sie Aufgabenkonflikten generell positiv gegenüberstehen, da in diesen ja das Potenzial für eine erfolgreiche Aufgabenerledigung steckt. Aufgabenkonflikte könnten daher mit offener Kommunikation zwischen den Gruppenmitgliedern, die auf eine qualitativ hochwertige Problemlösung fokussiert ist und Missverständnisse zu vermeiden sucht, assoziiert sein. Die folgende Hypothese soll überprüft werden:

H-7-Ibb: In einer (multikulturellen) Arbeitsgruppe steht das Auftreten von Aufgabenkonflikten in einem positiven Zusammenhang mit der wahrgenommenen Effektivität der Gruppenkommunikation.

---

[806] Vgl. Maznevski (1994), S. 536 f.; Maznevski & Peterson (1997), S. 61; Janssens & Brett (1997), S. 154; Hambrick et al. (1998), S. 188; DiStefano & Maznevski (2000), S. 46; Ely & Thomas (2001), S. 234; Polzer, Milton & Swann (2002), S. 296; Adler (2002), S. 145 ff.

[807] Vgl. Ancona & Caldwell (1992b), S. 324; Smith et al. (1994), S. 418; Jehn (1995), S. 259; Jehn (1997), S. 531.

244 Konzeptioneller Bezugsrahmen der Untersuchung

Ob jedoch das Auftreten von Aufgabenkonflikten in Arbeitsgruppen auch in einer höheren Einschätzung der Gruppenleistung resultiert, lässt sich nicht ohne weiteres vermuten. Hinsichtlich der Arbeitsexzellenz, der Qualität und der Innovativität der Gruppenarbeit könnten Aufgabenkonflikte vermutlich zu einer höheren Einschätzung führen, da die Gruppenmitglieder aufgrund der Konflikte verschiedene Perspektiven und Vorgehensweisen in ihre Aufgabenstrategien einfließen lassen, die letztendlich in kreativeren oder qualitativ hochwertigeren Problemlösungen resultieren könnten. Auf der anderen Seite könnten Aufgabenkonflikte eine Arbeitsgruppe in ihrer Aufgabenerledigung aber auch verlangsamen, so dass die Einhaltung von Terminen durch die Konflikte gefährdet sein kann. Welcher Eindruck sich schließlich bei der Einschätzung der Gruppenleistung durchsetzt, lässt sich mit einer reinen Betrachtung der Aufgabenkonflikte jedoch nicht schlüssig herleiten, daher soll auf eine explizite Hypothesenformulierung verzichtet werden.

7.2.7.1.3 Zusammenhänge zwischen externer Gruppenkommunikation und Gruppenerfolg

In der Forschung konnte bereits gezeigt werden, dass der Informationsaustausch mit Personen außerhalb der Kernarbeitsgruppe zu einer verbesserten Leistung der Gruppe führte. Begründet wurde dieser Befund damit, dass sich die einer Arbeitsgruppe zur Verfügung stehende Informationsmenge und auch die Informationsvielfalt erhöhte.[808]

Wenn die Mitglieder einer Arbeitsgruppe häufig extern kommunizieren müssen, um ihre Aufgaben erledigen zu können, dann werden sie vermutlich sämtliche Informationen, die sie durch den Austausch mit Personen außerhalb der eigenen Arbeitsgruppe erhalten, in die gemeinsamen Aufgabenstrategien einfließen lassen. Obschon zu einem großen Teil abhängig von der inhaltlichen Qualität der externen Informationen, kann die reine mögliche Informationsvielfalt einen qualitativen Gewinn für die Aufgabenerledigung bedeuten, da mehr Aspekte und Problembereiche identifiziert und in konkrete Problembearbeitungsstrategien eingearbeitet werden können.[809] Dies wiederum könnte eine der Konsequenz von Aufgabenkonflikten ähnliche positive Folge für die Aufgabenstrategien haben. Sie könnten sich verbessern. Diese Vermutung soll überprüft werden:

H-7-Ica: In einer (multikulturellen) Arbeitsgruppe steht die externe Kommunikation in einem positiven Zusammenhang mit der wahrgenommenen Effektivität der Aufgabenstrategien.

Von der Notwendigkeit der externen Kommunikation kann jedoch nicht auf die gruppeninterne Kommunikationsweise geschlossen werden. Ob die Gruppenmitglieder in einer Arbeitsgruppe offen und frei miteinander kommunizieren und kommunikative Missverständnisse ausräumen können, scheint von anderen Faktoren abhängig zu sein und lässt sich nicht mit der externen Kommunikationen erklären.

---

[808] Vgl. Zenger & Lawrence (1989), S. 369; Ancona (1990), S. 337; Ancona & Caldwell (1992a), S. 660 f.; Ancona & Caldwell (1992b), S. 337.

[809] Vgl. Zenger & Lawrence (1989), S. 369; Ancona (1990), S. 337; Ancona & Caldwell (1992a), S. 660 f.; Ancona & Caldwell (1992b), S. 337; Reagans & Zuckerman (2001), S. 503.

Hypothesenkomplexe der Untersuchung 245

Anders liegt der Fall, wenn die Gesamtgruppenleistung betrachtet wird. Auch wenn die durch Informationsaustausch mit externen Personen gewonnenen Informationen vielleicht keinen Einfluss darauf haben, ob eine Arbeitsgruppe ihre Termine oder ihre Budgets einhalten kann, gilt dieselbe Vermutung wie oben bereits dargestellt. Die zur Verfügung stehende größere Menge und Vielfalt an Informationen kann die Gruppenarbeitsgüte erhöhen und den qualitativen Output der Arbeitsgruppe verbessern. Für nicht multikulturell zusammengesetzte Arbeitsgruppen bereits nachgewiesen[810], soll dieser Zusammenhang auch für multikulturell zusammengesetzte Arbeitsgruppen geprüft werden:

H-7-Icb: In einer (multikulturellen) Arbeitsgruppe steht die externe Kommunikation in einem positiven Zusammenhang mit der Einschätzung der Gruppenleistung.

Da durch die externe Kommunikation von Gruppenmitgliedern der Fokus entsprechend ebenfalls auf externe Gegebenheiten gelenkt wird, ist nicht davon auszugehen, dass hierdurch ein Einfluss auf die Fähigkeit der Arbeitsgruppe ausgeht, auch in der Zukunft erfolgreich miteinander arbeiten zu können. Daher werden keine Zusammenhänge zwischen der externen Kommunikation und dem sozialen Gruppenerfolg angenommen.

7.2.7.2 Zusammenhänge zwischen affektbezogenen Gruppenprozessen und Gruppenerfolg

Im folgenden Abschnitt werden die möglichen Zusammenhänge der beziehungsbezogenen Gruppenprozesse, der Beziehungskonflikte und dem Grad der Informalität in der Gruppenkommunikation mit dem Gruppenerfolg spezifiziert, wobei auch diese wieder generell für alle Arten von Arbeitsgruppen gelten könnten. Darüber hinaus sollen die Zusammenhänge zwischen dem Ausmaß an Konfliktlösung in einer Arbeitsgruppe und ihrem Erfolg elaboriert werden. Auch wenn sich die Konfliktlösung sowohl auf Aufgaben- als auch auf Beziehungskonflikte bezieht, so soll sie dennoch in diesem Abschnitt zu den affektbezogenen Gruppenprozessen behandelt werden, da das Lösen von Konflikten beinahe immer auch von affektiven Prozessen begleitet ist.

7.2.7.2.1 Zusammenhänge zwischen beziehungsbezogenen Gruppenprozessen und Gruppenerfolg

Die beziehungsbezogenen Prozesse in einer Arbeitsgruppe zielen auf die Schaffung und den Erhalt eines motivationsfördernden und zufriedenheitsstiftenden Arbeitsklimas und umfassen Prozesse des Kooperierens, des Teilens von Arbeitsbelastungen und der sozialen Unterstützung. Diese Prozesse dienen einer klaren sozialen Funktion und es konnte auch bereits nachgewiesen werden, dass sie eng mit der sozialen Erfolgsdimension der Gruppenarbeit verbunden sind.[811] Darüber hinaus kann ein gutes Arbeitsklima auch einen positiven Überstrahlungseffekt auf den ökonomischen Erfolg einer Arbeitsgruppe aufweisen, da unter der Be-

---

[810] Vgl. Zenger & Lawrence (1989), S. 369; Ancona (1990), S. 337; Ancona & Caldwell (1992a), S. 660 f.; Ancona & Caldwell (1992b), S. 337

[811] Vgl. O'Reilly, Caldwell & Barnett (1989), S. 22; Ancona & Caldwell (1992b), S. 323; Campion, Medsker & Higgs (1993), S. 830; Smith et al. (1994), S. 414.

246 Konzeptioneller Bezugsrahmen der Untersuchung

dingung des sozialen Funktionierens einer Gruppe die Aufgabenerledigung ebenfalls unterstützt wird.

Es wird also davon ausgegangen, dass die beziehungsbezogenen Gruppenprozesse dazu führen können, dass den Gruppenmitgliedern die Umsetzung gewählter Aufgabenstrategien erheblich leichter fällt, da sie kooperativ miteinander umgehen, bei Fragestellungen oder Engpässen sich gegenseitig unterstützen und gegebenenfalls Arbeitsbelastungen aufteilen, um den Fluss der Aufgabenerledigung nicht zu stören und die gemeinsamen Gruppenaufgaben erfolgreich zu erledigen. Eine solche kooperative Arbeitsweise sollte dazu führen, dass die Gruppenmitglieder insgesamt den Eindruck haben, ihre Aufgabenstrategien bestmöglich, durch flexibles Einspringen für seine anderen Gruppenmitglieder und das Aufteilen von Belastungen, ohne große Zeitverluste in konkrete Arbeitshandlungen umsetzen zu können.[812] Es wird daher angenommen, dass die Gruppenmitglieder ihre gewählten Aufgabenstrategien als hoch effektiv einschätzen, da sich in diesen auch das kooperative Miteinander in der Gruppe widerspiegelt. Es gilt, diese Annahme zu prüfen:

H-7-IIaa: In einer (multikulturellen) Arbeitsgruppe steht das Ausführen der beziehungsbezogenen Gruppenprozesse in einem positiven Zusammenhang mit der wahrgenommenen Effektivität der gewählten Aufgabenstrategien.

Ein ähnlicher Effekt kann hinsichtlich der wahrgenommenen Effektivität der Gruppenkommunikation erwartet werden. Wenn die Gruppenmitglieder miteinander kooperieren und sich gegenseitig sozial unterstützen, kann ebenfalls davon ausgegangen werden, dass die Mitglieder frei und offen miteinander kommunizieren und dass es ihnen gelingt, Missverständnisse auszuräumen. Ein motivationsförderndes und zufriedenheitsstiftendes Arbeitsklima impliziert, dass jeder mit jedem relativ gut auskommt, dass die Gruppenmitglieder miteinander reden und sich gegenseitig auch privatere Angelegenheiten prinzipiell anvertrauen können.[813] Es wird also vermutet, dass die beziehungsbezogenen Prozesse auch eine positive Wahrnehmung der Gruppenkommunikation unterstützen. Die folgende Hypothese soll daher geprüft werden:

H-7-IIab: In einer (multikulturellen) Arbeitsgruppe steht das Ausführen der beziehungsbezogenen Gruppenprozesse in einem positiven Zusammenhang mit der wahrgenommenen Effektivität der Kommunikation.

Und schließlich sollte von den beziehungsbezogenen Gruppenprozessen auch ein positiver Einfluss auf die Einschätzung der Gruppenleistung ausgehen. Kommen die Gruppenmitglieder gut miteinander zurecht, kooperieren sie und unterstützen sich gegenseitig, ist es wahrscheinlicher, dass sie Termine einhalten können, dass ihre Aufgabenarbeit eine qualitative Bereicherung erfährt und dass sie effizienter zusammen arbeiten. Es kann zwar von den beziehungsbezogenen Prozessen nicht auf die Innovativität der Gruppe geschlossen werden und auch nicht darauf, ob sie ihre Budgets einhalten kann, allerdings sollte die Güte der aufgabenbezogenen Zusammenarbeit bei unterstützendem Miteinander wieder als positiv betrachtet werden. Die folgen Hypothese soll daher geprüft werden:

---

[812] Vgl. Hackman (1987), S. 323; Saavedra, Earley & Van Dyne (1993), S. 64.
[813] Vgl. Earley & Mosakowski (2000), S. 34.

Hypothesenkomplexe der Untersuchung 247

H-7-IIac: In einer (multikulturellen) Arbeitsgruppe steht das Ausführen der beziehungsbezogenen Gruppenprozesse in einem positiven Zusammenhang mit der Einschätzung der Gesamtgruppenleistung.

Da die vorgenannten möglichen Auswirkungen auf die ökonomische Erfolgsdimension der Gruppenarbeit vermutlich eher Überstrahlungseffekte der sozialen Dimension darstellen, sollten hinsichtlich der Fähigkeit einer Arbeitsgruppe, auch zukünftig erfolgreich miteinander zu arbeiten, von den beziehungsbezogenen Prozessen erst recht direkte positive Effekte zu erwarten sein. Diese Vermutungen werden im Folgenden spezifiziert.

Da die sozialen Gruppenprozesse ganz erheblich den sozialen Erfolg einer Arbeitsgruppe bestimmen, sind die folgenden Hypothesen relativ geradeheraus zu formulieren.

Wenn die Mitglieder einer Arbeitsgruppe kooperative Verhaltensweisen an den Tag legen, sich gegenseitig unterstützen und auch manchmal füreinander einspringen, wenn es eng wird, dann sollte dies einen starken Effekt auf die Zufriedenheit der Gruppenmitglieder mit ihrer Gruppenarbeit haben. Da die Funktion der beziehungsbezogenen Prozesse ja in der Schaffung und dem Erhalt eines zufriedenheitsstiftenden Arbeitsklimas besteht, ist davon auszugehen, dass das Ausführen dieser Prozesse in eben jener Zufriedenheit resultiert.[814] Diese Annahme soll geprüft werden:

H-7-IIad: In einer (multikulturellen) Arbeitsgruppe steht das Ausführen der beziehungsbezogenen Gruppenprozesse in einem starken positiven Zusammenhang mit der Zufriedenheit der Gruppenmitglieder mit ihrer Gruppenarbeit.

Kann darüber hinaus eine Arbeitsgruppe durch die beziehungsbezogenen Prozesse ebenfalls ein motivationsförderndes Gruppenarbeitsklima schaffen, ist davon auszugehen, dass die Gruppenmitglieder sich auch stärker mit ihrer Arbeitsgruppe identifizieren und mehr Bereitschaft zeigen, weitere Anstrengungen für ihre Arbeitsgruppe zu unternehmen. Ebenfalls sollte aus den Prozessen des Kooperierens und sich gegenseitigen Unterstützens eine höhere emotionale Bindung der Gruppenmitglieder an ihre Arbeitsgruppe und damit verbunden der Wunsch, in der Gruppe zu verbleiben, resultieren.[815] Insgesamt also kann gut angenommen werden, dass die beziehungsbezogenen Gruppenprozesse einen starken Einfluss auf die Bindung der Mitglieder an ihre Gruppe aufweisen. Diese Vermutung soll geprüft werden:

H-7-IIae: In einer (multikulturellen) Arbeitsgruppe steht das Ausführen der beziehungsbezogenen Gruppenprozesse in einem starken positiven Zusammenhang mit der Gruppenbindung.

Aus der Erfahrung des kollektiven Bemühens, die Gruppenaufgaben erfolgreich zu meistern, die in großem Ausmaß durch die Prozesse des Teilens und Kooperierens unterstützt wird, kann ebenfalls eine starke Zuversicht der Gruppenmitglieder resultieren, gemeinsam alle möglichen Arten von Aufgaben erledigen zu können. Die beziehungsbezogenen Prozesse sollten erheblich zu der Entwicklung des so genannten „Esprit de Corps" oder Teamgeistes

---

[814] Vgl. O'Reilly, Caldwell & Barnett (1989), S. 22; Ancona & Caldwell (1992b), S. 323; Campion, Medsker & Higgs (1993), S. 830; Smith et al. (1994), S. 414.

[815] Vgl. Kirkman & Rosen (1999), S. 69; Bishop, Scott & Burroughs (2000), S. 1128; Pearce & Herbik (2004), S. 304.

248 Konzeptioneller Bezugsrahmen der Untersuchung

beitragen, da die Gruppenmitglieder das Gefühl haben, sich aufeinander verlassen zu können und sich der gegenseitigen Unterstützung sicher zu sein. Die Annahme soll überprüft werden:

H-7-IIaf: In einer (multikulturellen) Arbeitsgruppe steht das Ausführen der beziehungsbezogenen Gruppenprozesse in einem starken positiven Zusammenhang mit der Gruppenzuversicht.

7.2.7.2.2 Zusammenhänge zwischen Beziehungskonflikten und Gruppenerfolg

Ein gänzlich anderes Bild ergibt sich bei der Betrachtung der möglichen Zusammenhänge zwischen dem Ausmaß an Beziehungskonflikten in einer Arbeitsgruppe und dem Gruppenerfolg. Zwar wird auch hier ein Überstrahlungseffekt der sozialen Dimension auf die ökonomische Erfolgsdimension angenommen, doch sollten insgesamt die Zusammenhänge eher negativ ausfallen.

Beziehungskonflikte indizieren Unstimmigkeiten zwischen Gruppenmitgliedern hinsichtlich persönlicher Werte, Einstellungen und Verhaltensweisen, die durch die Wahrnehmung von Inkompatibilität und gegenseitigem Nicht-Verstehen in negativen Affekten wie Angst, Ärger, Misstrauen oder Frustration resultieren.[816]

Treten also in einer Arbeitsgruppe Beziehungskonflikte auf, ist von negativen Auswirkungen auf sämtliche Erfolgsmaße der Gruppenarbeit auszugehen. Beziehungskonflikte sind oft eine Folge von Missattributionen von Aufgabenkonflikten, die zum Beispiel dann auftreten, wenn Meinungsverschiedenheiten bezüglich der Gruppenaufgabe als persönliche Kritik aufgefasst werden.[817] Es könnte also gut sein, dass Meinungsverschiedenheiten in der Auswahl und Durchführung von Aufgabenstrategien als persönliche Angriffe empfunden werden, die die Gruppenmitglieder erheblich verärgern und auch frustrieren können. Darüber hinaus könnten solche konfliktären Begegnungen in einer Verminderung der Kommunikation bzw. in einer weniger offenen und freien Kommunikation resultieren, da sich die Gruppenmitglieder der vermeintlich persönlichen Kritik nicht weiter auszusetzen wünschen und daher nicht mehr so geradeheraus ihre Meinungen hinsichtlich der Aufgabenstrategien offen legen. Frustrierte, verärgerte oder misstrauisch gewordene Gruppenmitglieder können aufgrund der gegenseitigen vermeintlichen oder auch tatsächlichen Anfeindungen nicht mehr so gut miteinander zusammen arbeiten, da unter anderem die kognitive Funktionsfähigkeit der Arbeitsgruppe durch Stress oder Ängstlichkeit erheblich eingeschränkt ist.[818] Insgesamt kann daher davon ausgegangen werden, dass Beziehungskonflikte zu einer Verschlechterung der Aufgabenerledigungsprozesse und damit zu einer geringeren Einschätzung des ökonomischen Arbeitsgruppenerfolges führen. Die folgenden Hypothesen sollen also überprüft werden:

H-7-IIba: In einer (multikulturellen) Arbeitsgruppe steht das Auftreten von Beziehungskonflikten in einem negativen Zusammenhang mit der wahrgenommenen Effektivität der Aufgabenstrategien.

---

[816] Vgl. Jehn (1995), S. 258 f.; (1997), S. 532; Pelled (1996), S. 620; Amason (1996), S. 129; Simons & Peterson (2000), S. 103; von Glinow, Shapiro & Brett (2004), S. 578.

[817] Vgl. Simons & Peterson (2000), S. 103.

[818] Vgl. Jehn (1995), S. 259; Simons & Peterson (2000), S. 103; Jehn & Mannix (2001), S. 240; Ayoko, Härtel & Callan (2001), S. A1.

Hypothesenkomplexe der Untersuchung 249

H-7-IIbb: In einer (multikulturellen) Arbeitsgruppe steht das Auftreten von Beziehungskonflikten in einem negativen Zusammenhang mit der wahrgenommenen Effektivität der Gruppenkommunikation.

H-7-IIbc: In einer (multikulturellen) Arbeitsgruppe steht das Auftreten von Beziehungskonflikten in einem negativen Zusammenhang mit der Einschätzung der Gruppenleistung.

In noch viel stärkerem Maße sollten die Beziehungskonflikte auf die Fähigkeit einer Gruppe Einfluss nehmen, auch zukünftig erfolgreich miteinander arbeiten zu können. Beziehungskonflikte stören nicht nur eine positive und vertrauensvolle Zusammenarbeit, sie verhindern darüber hinaus, dass eine Arbeitsgruppe ein motivationsförderndes und zufriedenheitsstiftendes Gruppenarbeitsklima überhaupt erst etablieren kann.[819] Wenn die Beziehungen zwischen den Gruppenmitgliedern durch persönliche Unstimmigkeiten mit negativer Spannung aufgeladen sind und sie dadurch Probleme mit der Aufgabenerledigung haben, können sie keine Zufriedenheit mit ihrer Gruppenarbeit entwickeln. Im Gegenteil, Beziehungskonflikte frustrieren sie, so dass die Gruppenmitglieder vermutlich eher den Wunsch haben, ihre Arbeitsgruppe zu verlassen, anstatt sich weiter in die Gruppenarbeit zu investieren. Außerdem verhindern Beziehungskonflikte eine positive Erfahrung des kollektiven Bemühens um erfolgreiche Aufgabenerledigung und könnten so bewirken, dass die Gruppenmitglieder hinsichtlich möglichen zukünftigen Gruppenerfolgs mutlos werden und ihre Zuversicht in die Gruppenleistungsfähigkeit verlieren. Insgesamt kann also davon ausgegangen werden, dass auftretende Beziehungskonflikte in Arbeitsgruppen zu einer Verschlechterung der Beziehungsqualität zwischen den Gruppenmitgliedern führen und damit den sozialen Erfolg der Arbeitsgruppe stark beeinträchtigen, zumal auch beinahe sämtliche Forschungsarbeiten zu Beziehungskonflikten in Arbeitsgruppen negative Auswirkungen auf die soziale Erfolgsdimension der Gruppenarbeit dokumentieren.[820] Es sollen folgende Hypothesen geprüft werden:

H-7-IIbd: In einer (multikulturellen) Arbeitsgruppe steht das Auftreten von Beziehungskonflikten in einem starken negativen Zusammenhang mit Zufriedenheit der Gruppenmitglieder mit ihrer Gruppenarbeit.

H-7-IIbe: In einer (multikulturellen) Arbeitsgruppe steht das Auftreten von Beziehungskonflikten im starken negativen Zusammenhang mit der Gruppenbindung.

H-7-IIbf: In einer (multikulturellen) Arbeitsgruppe steht das Auftreten von Beziehungskonflikten im starken negativen Zusammenhang mit der Gruppenzuversicht.

7.2.7.2.3 Zusammenhänge zwischen Formalitätsgrad der Kommunikation in Arbeitsgruppen und Gruppenerfolg

---

[819] Vgl. Jehn (1995), S. 259; Simons & Peterson (2000), S. 103; Jehn & Mannix (2001), S. 240; Ayoko, Härtel & Callan (2001), S. A1.
[820] Vgl. Jehn (1995), S. 259; Simons & Peterson (2000), S. 103; Jehn & Mannix (2001), S. 240; Ayoko, Härtel & Callan (2001), S. A1.

250 Konzeptioneller Bezugsrahmen der Untersuchung

Die Kommunikation zwischen Gruppenmitgliedern, als Essenz des Gruppenverhaltens, kann formal und/oder informell erfolgen. Der Grad der Formalität bzw. Informalität der Kommunikation betrifft dabei das Ausmaß, bis zu dem von der Arbeitsgruppe für die Kommunikation zwischen Gruppenmitgliedern weniger formale Kommunikationskanäle wie beispielsweise spontane Konversationen oder unstrukturierte Meetings gegenüber eher formalen Kommunikationskanälen wie strukturierte Meetings oder schriftliche Kommunikation genutzt werden. Von einer informellen Kommunikation wird angenommen, dass die ausgetauschten Informationen gehaltvoller sind und der Austausch selbst schneller erfolgt. Informelle Kommunikation gilt als Vorbedingung einer häufigen Kommunikation.[821] Außerdem enthält die informelle Kommunikation eine soziale Komponente dergestalt, dass durch einen lockereren und ungezwungeneren kommunikativen Umgang miteinander ein stärkeres Maß an Vertraulichkeit und Zusammengehörigkeitsgefühl vermittelt wird, als dies bei rein formaler Kommunikation möglich wäre. Herrscht in einer Arbeitsgruppe ein informeller Kommunikationsmodus vor, so ist ebenfalls davon auszugehen, dass sich der dadurch mögliche schnellere und informativere Informationsaustausch nicht nur in den sozialen sondern auch in den ökonomischen Gruppenerfolgskriterien niederschlägt.

Wenn also die Mitglieder einer Arbeitsgruppe eher informell miteinander kommunizieren, Einfälle spontan vermitteln oder neue Informationen und Einsichten ohne Ankündigung und formlos in die Gruppenzusammenarbeit einbringen, können diese Informationen schneller beurteilt und gegebenenfalls für die Entwicklung oder Adaption der Aufgabenerledigungsstrategien genutzt werden.[822] Selbst wenn dies vielleicht von den Gruppenmitgliedern nicht bewusst wahrgenommen wird, so könnte doch eine eher informelle Kommunikation zu einer Verbesserung der Aufgabenstrategien führen, was sich in der Einschätzung der Effektivität derselben niederschlagen sollte. Diese Vermutung soll geprüft werden:

H-7-IIca: In einer (multikulturellen) Arbeitsgruppe steht die informelle Kommunikation in einem positiven Zusammenhang mit der wahrgenommenen Effektivität der Aufgabenstrategien.

Eine informelle Kommunikation sollte darüber hinaus durch die implizite Vertraulichkeit und Verstärkung eines positiven Gruppenzugehörigkeitsgefühls die Gruppenmitglieder dazu ermutigen, frei und offen miteinander zu kommunizieren. Außerdem kann angenommen werden, da Formen ja auch immer einschränken und abgrenzen, dass durch eine informelle Kommunikation Missverständnisse eher ausgeräumt werden können, als wenn die Gruppenmitglieder erst eine offizielle Sitzung einberufen müssen, um bestimmte Themen zu klären. Insgesamt wird also davon ausgegangen, dass ein eher informeller Kommunikationsmodus zwischen Gruppenmitgliedern zu der Wahrnehmung einer effektiveren Kommunikation innerhalb der Gruppe führt, da zum einen mehr und reichhaltigere Informationen ausgetauscht werden und zum anderen der Informationsaustausch schneller vonstatten geht.[823] Diese folgende Hypothese soll daher geprüft werden:

---

[821] Vgl. Pinto & Pinto (1990), S. 208; Smith et al. (1994), S. 418; Högl (1998), S. 78 f.
[822] Vgl. Pinto & Pinto (1990), S. 208; Smith et al. (1994), S. 418; Högl (1998), S. 78 f.; Tschan et al. (2000), S. 370 f.
[823] Vgl. Earley & Mosakowski (2000), S. 34.

Hypothesenkomplexe der Untersuchung

H-7-IIcb: In einer multikulturellen Arbeitsgruppe steht die informelle Kommunikation in einem positiven Zusammenhang mit der wahrgenommenen Effektivität der Gruppenkommunikation.

Analog zur obigen Argumentation könnte vermutet werden, dass selbst wenn die Gruppenmitglieder dies nicht voll bewusst wahrnehmen, die durch informelle Kommunikation mögliche schnellere Informationstransfergeschwindigkeit und auch der mögliche größere Gehalt der ausgetauschten Informationen die Gruppenarbeit effizienter macht und qualitativ bereichert. Auch das innovative Potenzial von Informationen, die bei einer eher formalen Kommunikation vielleicht gar nicht zutage getreten wären, bekommt durch eine informelle Kommunikation eher die Möglichkeit, erkannt und genutzt zu werden.[824] Insgesamt kann also angenommen werden, dass ein eher informeller Kommunikationsmodus zwischen Gruppenmitgliedern zur Gruppenleistung beiträgt, auch wenn die Gruppenmitglieder einen solchen Zusammenhang vielleicht nicht in dem Maße wahrnehmen. Diese Vermutung soll daher geprüft werden:

H-7-IIcc: In einer (multikulturellen) Arbeitsgruppe steht die informelle Kommunikation in einem positiven Zusammenhang mit der Einschätzung der Gruppenleistung.

Über die Signalisierung von Vertraulichkeit und positiver Gruppenzugehörigkeit kann eine informelle Kommunikation zwischen Gruppenmitgliedern auch mit dem Gruppenwohlbefinden und mit positiven affektiven Konsequenzen im Zusammenhang stehen.[825] Stärkt ein eher informeller Kommunikationsmodus zwischen Gruppenmitgliedern ihr Gruppenzugehörigkeitsgefühl, dann kann ebenfalls damit gerechnet werden, dass ein Zusammenhang mit der Zufriedenheit der Gruppenmitglieder mit ihrer Gruppenarbeit besteht. Dies soll jedoch geprüft werden:

H-7-IIcd: In einer (multikulturellen) Arbeitsgruppe steht die informelle Kommunikation in einem positiven Zusammenhang mit der Zufriedenheit der Gruppenmitglieder mit ihrer Gruppenarbeit.

Darüber hinaus ist es möglich, dass das durch eher informelle Kommunikation gestärkte Gruppenzugehörigkeitsgefühl auch in einer stärkeren emotionalen Bindung der Gruppenmitglieder an ihre Gruppe resultiert. Die Vertraulichkeit im kommunikativen Miteinander kann dazu führen, dass die Gruppenmitglieder sich mehr mit ihrer Arbeitsgruppe identifizieren und über diese motivationsfördernde Wirkung der informellen Kommunikation eher bereit sind, für die Arbeitsgruppe auch erhebliche Anstrengungen zu unternehmen.[826] Daher soll die folgende Hypothese geprüft werden:

H-7-IIce: In einer (multikulturellen) Arbeitsgruppe steht die informelle Kommunikation in einem positiven Zusammenhang mit der Gruppenbindung.

---

[824] Vgl. Lovelace, Shapiro & Weingart (2001), S. 781 f.
[825] Vgl. Campion, Medsker & Higgs (1993), S. 836; Kirkman & Rosen (1999), S. 63; Van der Vegt, Emans & Van de Vliert (2000), S. 637.
[826] Vgl. Kirkman & Rosen (1999), S. 69; Bishop, Scott & Burroughs (2000), S. 1128; Pearce & Herbik (2004), S. 304.

252 Konzeptioneller Bezugsrahmen der Untersuchung

Da eine informelle Kommunikation zwischen Gruppenmitgliedern die Geschwindigkeit, Menge und Qualität des Informationsaustausches erhöhen kann, lässt sich ebenfalls vermuten, dass selbst bei nichtbewusster Wahrnehmung über die effektivere und effizientere Aufgabenarbeit die Gruppe das kollektive Bemühen um die erfolgreiche Erledigung der Gruppenaufgaben wahrnimmt und positiv beurteilt. Der Glaube daran und die Zuversicht einer Arbeitsgruppe, dass die Gruppenmitglieder gemeinsam ihre Aufgaben erfolgreich erledigen und dies auch zukünftig vermögen, kann positiv mit der informellen Kommunikation zusammenhängen. Wiederum von den Gruppenmitgliedern eher nicht bewusst wahrgenommen, wird also ein Zusammenhang der informellen Kommunikation mit der Gruppenzuversicht vermutet, den es zu überprüfen gilt:

H-7-IIcf: In einer (multikulturellen) Arbeitsgruppe steht die informelle Kommunikation in einem positiven Zusammenhang mit der Gruppenzuversicht.

7.2.7.2.4 Zusammenhänge zwischen Konfliktlösung und Gruppenerfolg

Da die Konfliktlösung in einer Arbeitsgruppe das Ausmaß betrifft, inwieweit es den Gruppenmitgliedern gelingt, sowohl ihre Aufgaben- als auch ihre Beziehungskonflikte zu lösen, soll dieser Gruppenprozess abschließend an dieser Stelle behandelt werden. Obwohl davon ausgegangen werden kann, dass sich das Lösen von Beziehungskonflikten ungleich schwieriger als das Lösen von Aufgabenkonflikten gestaltet, so sollte dennoch die Tatsache, dass es einer Arbeitsgruppe gelingt, ihre Konflikte zu lösen, gänzlich positive Konsequenzen für den Erfolg von Arbeitsgruppen aufweisen.

Löst eine Arbeitsgruppe ihre Konflikte, dann sollte sie effektiver und effizienter arbeiten und das Gruppenklima sollte durch eine freiere und offenere Kommunikation gekennzeichnet sein. Darüber hinaus könnte das Erfolgserlebnis der Konfliktlösung ebenfalls die Zufriedenheit der Gruppenmitglieder, ihre Bindung an und ihre Zuversicht in die erfolgreiche Gruppenzusammenarbeit steigern. Es stellt sich schlicht als undenkbar dar, dass das Ausmaß der Konfliktlösung in einer Arbeitsgruppe keine oder negative Konsequenzen haben könnte. Allerdings sollen diese Vermutungen geprüft werden:

H-7-IIda: In einer (multikulturellen) Arbeitsgruppe steht das Ausmaß der Konfliktlösung in einem positiven Zusammenhang mit der wahrgenommenen Effektivität der Aufgabenstrategien.

H-7-IIdb: In einer (multikulturellen) Arbeitsgruppe steht das Ausmaß der Konfliktlösung in einem positiven Zusammenhang mit der wahrgenommenen Effektivität der Kommunikation.

H-7-IIdc: In einer (multikulturellen) Arbeitsgruppe steht das Ausmaß der Konfliktlösung in einem positiven Zusammenhang mit der Einschätzung der Gruppenleistung.

H-7-IIdd: In einer (multikulturellen) Arbeitsgruppe steht das Ausmaß der Konfliktlösung in einem positiven Zusammenhang mit der Zufriedenheit der Gruppenmitglieder mit ihrer Gruppenarbeit.

Hypothesenkomplexe der Untersuchung

H-7-IIde: In einer (multikulturellen) Arbeitsgruppe steht das Ausmaß der Konfliktlösung in einem positiven Zusammenhang mit der Gruppenbindung.

H-7-IIdf: In einer (multikulturellen) Arbeitsgruppe steht das Ausmaß der Konfliktlösung in einem positiven Zusammenhang mit der Gruppenzuversicht.

Sämtliche spezifizierten Hypothesen zu den Zusammenhängen zwischen den Gruppenprozessen und dem Gruppenerfolg ermöglichen nach Überprüfung eine Identifikation der neuralgischen Punkte multikultureller Gruppenarbeit, für die Empfehlungen für spezifische Prozessinterventionen abgeleitet werden können. Da die Gruppenprozesse darauf hinweisen, ob es einer Arbeitsgruppe gelingt, die individuellen Beiträge so zu koordinieren und zu synchronisieren, dass eine Arbeitsgruppe sowohl die von ihrem Unternehmen geforderten Standards für Qualität und Quantität erfüllt, als auch die Fähigkeit erhält und verbessert, in zukünftigen Aufgaben ebenfalls erfolgreich miteinander arbeiten zu können und damit über Erfolg oder Misserfolg einer Arbeitsgruppe entscheiden, wird sich weiterhin als interessant erweisen, ob die genannten Zusammenhangsvermutungen auch für multikulturelle Arbeitsgruppen gelten. Weiterhin werden sich vielleicht mögliche mediierende Wirkungen der Prozesse in Abhängigkeit der kulturellen Wertevielfalt, des Gruppenmanagements und der Kontextfaktoren als besonders interessant erweisen. Die Überprüfung der Hypothesen leistet also einen weiteren Beitrag für die multikulturelle Arbeitsgruppenforschung.

8 Methoden

Nachdem in den vorangegangenen Abschnitten der Untersuchungsgegenstand „Multikulturelle Arbeitsgruppen in Unternehmen" theoretisch aufgearbeitet und ein umfassendes Untersuchungsmodell zur Erklärung und Gestaltung erfolgreicher multikultureller Arbeitsgruppen entwickelt wurde, soll im folgenden Abschnitt die Methodik zur empirischen Überprüfung der theoretisch hergeleiteten Hypothesen dargestellt werden. Neben dem Forschungsdesign und der allgemeinen Vorgehensweise zur Untersuchung wird die erhobene Stichprobe beschrieben und die Operationalisierungen der interessierenden Konstrukte sowie notwendige Schritte in der Datenaufbereitung erläutert. Diesen Abschnitt abschließend wird auf das grundlegende Vorgehen bei der statistischen Datenauswertung eingegangen.

8.1 Forschungsdesign und allgemeine Vorgehensweise

Im vorliegenden Abschnitt sollen die Methodik und der Modus der Datenerhebung dargestellt werden, wobei das jeweilige Vorgehen mit speziellen Schwerpunktsetzungen erläutert wird.

8.1.1 Methodik der Datenerhebung

Zur Beantwortung der speziellen Fragestellungen bzw. zur Überprüfung der Hypothesen wurde eine Fragebogenuntersuchung multikultureller Arbeitsgruppen in deutschen multinationalen Unternehmen, also im Feld, mit Hilfe standardisierter Fragebögen durchgeführt. Bei der Fülle an interessierenden Daten für die vorliegende Untersuchung ist ein solches Vorgehen gegenüber der Datenerhebung zum Beispiel per Interview aus mehreren Gründen ratsam. Erstens können Fragebogenuntersuchungen den Untersuchungsteilnehmern Anonymität oder Vertraulichkeit gewährleisten, wobei hiermit zumindest die Möglichkeit besteht, dass die Teilnehmer eine gewisse Freimütigkeit im Bericht privater Auffassungen zeigen. Außerdem können durch Gewährleistung der Anonymität mittels Fragebögen zum einen kontroverse Themen behandelt werden, die sich normalerweise nicht in den Managementinformationssystemen und Protokollen wiederfinden. Und zum anderen bieten anonymisierte Fragebögen einen möglichen Zugang zu Informationen, die außer in den Köpfen der Teilnehmer nirgends festgehalten sind.[827] Auch dieser Vorteil erschien für die vorliegende Untersuchung besonders wichtig, da die Mitglieder multikultureller Arbeitsgruppen ihre persönlichen Einschätzungen der Arbeitssituation, der Führung durch ihre Vorgesetzten, des Gruppenarbeitsklimas und auch der Gruppenleistung darlegen sollten und hier bei Nicht-Anonymität besonders die Gefahr einer Verzerrung der Antworten bestanden hätte. Zweitens übt ein Fragebogen weniger Druck zur sofortigen Beantwortung der Fragen auf die Untersuchungsteilnehmer aus. Dies kann zu einer erhöhten Qualität der Antworten führen, da die Teilnehmer mehr Zeit zur in-

---

[827] Vgl. Seashore (1987), S. 142; Judd, Smith & Kidder (1991), S. 215 f.

haltlichen Auseinandersetzung mit den Fragen erhalten.[828] Und selbst wenn mit dieser Möglichkeit noch nicht gesagt ist, ob die Untersuchungsteilnehmer auch tatsächlich motiviert sind, sich mit den Fragen sorgfältig auseinander zu setzen, so ist ihnen trotzdem zumindest die Gelegenheit dazu gegeben und sozialer Antwortdruck, zum Beispiel durch einen direkten Interviewpartner, wird nicht ausgeübt. Auch dieser Vorteil einer Fragebogenerhebung wurde für die vorliegende Untersuchung als wichtig erachtet, da manche Fragen durchaus ein „In-sich-Gehen" der Mitglieder multikultureller Arbeitsgruppen verlangten und nur durch diese Vorgehensweise ein unnötiger sozialer Druck auf die Teilnehmer vermieden werden konnte. Weitere Vorteile der Fragebogenmethode liegen darin, dass zum einen mit ausreichend großen Stichproben an Respondenten statistische Analyseverfahren angewendet werden können und zum anderen, dass bei Verwendung standardisierter Fragebögen Wiederholungen der Untersuchung möglich werden, die Veränderungen über die Zeit entdecken oder die Fragestellungen an anderen Untergruppen oder Bereichen prüfen können. Außerdem erlaubt die Fragebogenmethode bei angemessener Stichprobenziehung eine gewisse Repräsentativität der Befunde.[829] Und schließlich ist die Datenerhebung mittels Fragebogen vergleichsweise kostengünstig. Mit Hilfe von Fragebögen können Informationen von einer großen Menge an Personen erfragt werden, die überdies eine große Bandbreite an Themen abdecken können.[830] Für die vorliegende Untersuchung war dies besonders wichtig, da zum einen eine möglichst große Anzahl von multikulturellen Arbeitsgruppen und zum anderen diese zu einer großen Menge an verschiedenen Themenbereichen befragt werden sollten.

Dem gegenüber stehen natürlich auch einige Nachteile der Fragebogenmethode, die in der vorliegenden Untersuchung zum Teil in Kauf genommen werden mussten, aber zum Teil auch durch die Gestaltung des Fragebogens minimiert werden konnten. Besonders in Hinblick auf die Qualität der mit Fragebögen erhobenen Daten bestehen die größten Nachteile dieser Methode. Dies betrifft zum einen die Rücklaufquote, die als der Anteil der Respondenten aus der initialen Stichprobe definiert ist, die den jeweiligen Fragebogen auch tatsächlich ausgefüllt haben. Die Rücklaufquote stellt dabei den Hauptindex für die Qualität von Fragebogendaten dar, da sie den Grad möglicher Verzerrung der Daten durch Nichtantworten widerspiegelt.[831] Dieses Problem lässt sich jedoch mit intensiver Nachfassarbeit minimieren, wobei jedoch zu beachten ist, dass auch durch Nachfassen Verzerrungen in den Daten entstehen können. Der zweite Aspekt hinsichtlich der Datenqualität von Fragebogendaten betrifft die Akkuratheit und Vollständigkeit der Antworten. Dieses Problem betrifft die Motivation der Respondenten, die in direkten Interviews leichter aufrechtzuerhalten ist als in Fragebogenuntersuchungen.[832] Eine Möglichkeit, dieses Problem gering zu halten, liegt in der Länge des Fragebogens. In der Methodenforschung wurde festgestellt, dass Fragebögen bis zu einer Länge von 12 Seiten oder 125 Fragen bzw. Items keine Auswirkung auf die Rücklaufquote aufwiesen, über diese Schwelle hinaus die Rücklaufquote jedoch sank.[833] Dieses Problem konnte in der vorliegenden Untersuchung aufgrund der Fülle an

---

[828] Vgl. Judd, Smith & Kidder (1991), S. 216.
[829] Vgl. Seashore (1987), S. 142.
[830] Vgl. Seashore (1987), S. 142; Judd, Smith & Kidder (1991), S. 215 f.
[831] Vgl. Judd, Smith & Kidder (1991), S. 216
[832] Vgl. Judd, Smith & Kidder (1991), S. 216 f.
[833] Vgl. Dillman (1978), zitiert in Judd, Smith & Kidder (1991), S. 217.

Forschungsdesign und allgemeine Vorgehensweise 257

interessierenden Informationen in der Fragebogengestaltung nicht berücksichtigt werden, da schon allein die Erfassung der kulturellen Werteorientierungen der Mitglieder multikultureller Arbeitsgruppen anhand 89 Items vorgenommen werden musste. Jedoch soll bei der Interpretation der Befunde das Problem der Selektivität der Untersuchungsteilnehmer immer mitgedacht und diskutiert werden.[834]

8.1.1.1 Gestaltung des Fragebogens

Zur Erfassung der Daten wurden zwei nahezu identische Fragebögen – einmal für die Gruppenmitglieder der multikultureller Arbeitsgruppen und einmal für ihre jeweiligen Führungskräfte – entwickelt, die sowohl die Skalen zu den einzelnen Merkmalen als auch Fragen zum demographischen Hintergrund der betreffenden Personen enthielten. Die Fragebögen unterscheiden sich zum einen in der Formulierung von Fragen, da einerseits die relevanten Daten aus Sicht der Führungskraft und andererseits aus Sicht der Gruppenmitglieder erhoben werden sollten, und zum anderen in dem Vorhandensein bzw. Nichtvorhandensein von für die jeweilige Zielgruppe spezifischen Frageblöcken. Zum Beispiel wurden einerseits beide, die Führungskräfte und die Gruppenmitglieder, mit inhaltlich identischen, jedoch verschieden formulierten Fragen um ihre Einschätzung der Gruppenleistung gebeten, andererseits wurden die Führungskräfte nach dem organisationalen Kontext befragt, dafür aber nicht nach der Gruppenzufriedenheit, die wiederum nur die Gruppenmitglieder angeben sollten.

Da die hier angewendete Fragebogenmethode ein Querschnittsdesign aufweist und auf den Selbstberichten der Teilnehmer basiert, ist das Problem der gemeinsamen Methodenvarianz gegeben. Dieses kann auftreten, wenn zusätzlich zu der „wahren" Beziehung zwischen zwei Merkmalen, die anhand eines Korrelationskoeffizienten beschrieben werden kann, ein gewisser Anteil an diesem Korrelationskoeffizienten tatsächlich eine „falsche" Beziehung misst. Gewisse Antworttendenzen, wie beispielsweise Antworten nach sozialer Erwünschtheit oder die Akquieszenz, können zu einer systematischen Verzerrung in den Daten und damit zu einer Inflation der Zusammenhänge führen.[835] Das Problem der gemeinsamen Methodenvarianz ist in Fragebogenuntersuchungen, die auf Selbstberichten basieren, immer gegeben, es kann jedoch durch ein sorgfältiges Forschungsdesign minimiert werden.[836] Eine Möglichkeit ist die Erhebung eines interessierenden Konstrukts aus verschiedenen Informationsquellen. Da in der vorliegenden Untersuchung zum Beispiel die Gruppenleistung eine sehr wichtige Rolle spielt und besonders hier Verzerrungen der Antworten der Gruppenmitglieder erwartbar sind, wurde dieses Konstrukt sowohl aus der Gruppenmitgliedsperspektive als auch aus der Führungskraftperspektive erhoben. Weitere Möglichkeiten, die gemeinsame Methodenvarianz zu mini-

---

[834] Unabhängig von dieser Diskussion um die Vor- und Nachteile von Fragebogenuntersuchungen im Feld muss an dieser Stelle darauf hingewiesen werden, dass gerade im Kontext der Untersuchung von Kultur mit jedem Forschungsdesign ein ganz bestimmtes kulturelles Verständnis von Wissenschaft und Wissenschaftlichkeit transportiert und propagiert wird. Außerdem liegen jeder Untersuchung die ‚eigenen' kulturellen Werte und Auffassungen zu Grunde und bestimmen daher die Forschung maßgeblich. Dies sollte bei den folgenden Ausführungen immer mitbedacht werden, da von einer objektiv oder kulturell neutral ‚richtigen' Vorgehensweise generell nicht ausgegangen werden kann. Zur Thematik der Kulturgebundenheit der (Management-)Forschung siehe auch Boyacigiller & Adler (1991).

[835] Vgl. Kline, Sulsky & Rever-Moriyama (2000), S. 402; Lindell & Whitney (2001), S. 114.

[836] Vgl. Spector & Brannick (1995), S. 268.

258 Methoden

mieren, liegen in der Gestaltung des Fragebogens selbst. Sorgfältige Formulierung der Items, d.h. keine Suggestivität, Sicherstellung eines gleichen Anstrengungsniveaus für jedes Item, Verwendung von klaren und eindeutigen Instruktionen zur Beantwortung der Fragen, Randomisierung der Reihenfolge von Items, die eine Skala bilden oder auch die Polung von Items gegen die Konzeptrichtung, stellen Möglichkeiten dar, die auf Selbstberichten beruhende gemeinsame Methodenvarianz zu minimieren.[837] Bei der Entwicklung der Fragebögen für die vorliegende Untersuchung wurden diese Gestaltungsmöglichkeiten umgesetzt, zur genaueren Beschreibung der verwendeten Skalen, Instruktionen etc. sei jedoch an dieser Stelle auf den noch folgenden Abschnitt zur Operationalisierung der Konstrukte verwiesen.

8.1.1.2 Übersetzung des Fragebogens

Beide Fragebogenversionen waren für die Untersuchungsteilnehmer in drei Sprachen (Deutsch, Englisch und Französisch) verfügbar. Bis auf die Skalen zum Führungsverhalten, zu den Planungstechniken und die Fragen zur Organisation und zum organisationalen Kontext, die auf Deutsch vorlagen, war die Originalsprache der verwendeten Skalen Englisch. Anhand der Methode der Rückübersetzung wurden die gesamten Fragebögen in die drei genannten Sprachen übersetzt. Bei der Methode der Rückübersetzung wird der zu übersetzende Text in einem ersten Schritt von der Ausgangssprache in die Zielsprache übersetzt. Im zweiten Schritt übersetzt ein bilingualer Muttersprachler der Zielsprache unabhängig vom ersten Übersetzer den bereits übersetzten Text zurück in die Ausgangssprache.[838] Damit hat der jeweilige Wissenschaftler zwei Versionen des Texts in der Ausgangs- oder Originalsprache und selbst wenn er oder sie die Zielsprache nicht beherrscht, kann eine tragfähige Beurteilung über die Qualität der Übersetzung abgegeben werden.[839] Weicht die originale Version von der rückübersetzten Version ab, muss im nächsten Schritt darüber befunden werden, ob die wörtlichen Unterschiede auch inhaltliche und semantische Unterschiedlichkeiten implizieren. Sollte dies der Fall sein, muss der Prozess solange fortgeführt werden, bis zwischen den beiden Versionen keine Unterschiede mehr bestehen.[840]

Zur Erstellung der drei Sprachversionen beider Fragebögen wurden diese nach der Methode der Rückübersetzung in die jeweiligen Zielsprachen übersetzt. Die Verfasserin der vorliegenden Untersuchung übersetzte zuerst die englischen Skalen ins Deutsche, woraufhin

---

[837] Vgl. Nunnally & Bernstein (1994), S. 391; Fisseni (1997), S. 304 ff.

[838] Vgl. Sinaiko & Brislin (1973), S. 328.

[839] Vgl. Brislin (1980), S. 431.

[840] Die Methode der Rückübersetzung hat gegenüber der direkten Übersetzung zwei entscheidende Vorteile. Zum einen kann die Übersetzungsqualität von allen möglichen Arten von Texten überprüft werden und zum zweiten muss der Beurteiler der Übersetzungsqualität selbst keine Kenntnisse der Zielsprache haben. Probleme können allerdings auftauchen, wenn Übersetzer und/oder Rückübersetzer Übersetzungsfehler machen (vgl. Brislin, 1980, S. 431; Bauer, 1989, S. 190 f.). Diese Probleme können allerdings durch den Einsatz professioneller Übersetzer und durch Erweiterung des Übersetzungsprozesses durch eine Zwischenstufe minimiert werden. In dieser Zwischenstufe werden einsprachige Personen um eine Prüfung der von den Übersetzern erstellten Textfassung auf ihre Verständlichkeit hin und um eine gegebenenfalls notwendige Umformulierung von Textteilen gebeten, wobei diese bestätigte oder neue Fassung dann wieder in die Ausgangssprache rückübersetzt und die Rückübersetzung wieder mit der Urform verglichen wird. Ist nun kein Unterschied mehr festzustellen, dann kann auf eine hohe Übersetzungsqualität, d.h. inhaltliche Äquivalenz der Versionen geschlossen werden (vgl. Brislin, 1986, S. 161 f.).

Forschungsdesign und allgemeine Vorgehensweise

ein professioneller Übersetzer und Englischmuttersprachler diese erste deutsche Version ins Englische zurückübersetzte. Ein anderer professioneller Englischübersetzer begutachtete beide Formen, wobei die rückübersetzte Form der ursprünglichen in Teilen nicht entsprach. Daraufhin formulierte die Verfasserin dieser Schrift die betreffenden Teile in der deutschen Version um, die dann korrigiert vom ersten Übersetzer wieder zurück ins Englische übersetzt wurde und darauf folgend die neue englische Version mit der ursprünglichen durch den zweiten Übersetzer nochmals geprüft wurde. Nach diesem zweiten Durchgang konnte der zweite Übersetzer keinen Unterschied zwischen den Versionen mehr feststellen, worauf hin die zweite deutsche Version der Fragebögen dann als Erhebungsinstrument gewählt wurde. Für die original deutschsprachigen Skalen wurde dasselbe Prozedere angewendet, nur dieses Mal in umgekehrter Position. Zur Erstellung der französischsprachigen Versionen der Fragebögen wurde ebenfalls die Methode der Rückübersetzung mithilfe von zwei bilingualen Personen (einmal deutsch-französisch und einmal englisch-französisch) angewendet, wobei die Begutachtung der ins Deutsche rückübersetzten Texte (Skalen, Instruktionen, Anschreiben etc.) von der Verfasserin dieser Untersuchung und die Begutachtung der ins Englische rückübersetzten Texte durch einen der professionellen Übersetzer vorgenommen wurde. Nach einigen Iterationen konnten auch hier keine Unterschiede zwischen den rückübersetzten und den originalen Texten mehr festgestellt werden, so dass insgesamt gesehen die inhaltliche Äquivalenz der drei Sprachversionen der Fragebögen weitgehend sichergestellt und die Fragebögen in dieser Form angewendet werden konnten.

8.1.1.3 Aufbau des Fragebogens

Der Fragebogen für die Mitglieder der multikulturellen Arbeitsgruppen stellt das hauptsächliche und umfangreichere Erhebungsinstrument dar. Da der Fragebogen für die Führungskräfte wesentlich kürzer ist, die meisten hierin enthaltenen Skalen Adaptionen der Skalen aus dem Mitgliederfragebogen darstellen und lediglich zwei Themenbereiche enthalten, die nicht im Mitgliederfragebogen abgefragt werden, soll an dieser Stelle auf eine genauere Beschreibung des Aufbaus des Führungskräftefragebogens verzichtet, die neu hinzugekommenen Fragen jedoch im Abschnitt zu den Operationalisierungen erläutert werden.

Zum Einstieg in die Beantwortung des Fragebogens für die Mitglieder multikultureller Arbeitsgruppen wurde auf der ersten Seite des Fragebogens den Teilnehmern zunächst gedankt, noch einmal kurz der Nutzen der Untersuchung sowohl für die Gruppenmitglieder als auch für die Forschung dargestellt, und neben den allgemeinen Hinweisen zur Bearbeitung vollkommene Anonymität und Vertraulichkeit in der Behandlung der Daten zugesichert. Außerdem wurden die Gruppenmitglieder um Angaben gebeten, die es im Nachhinein ermöglichten, sie den jeweiligen Arbeitsgruppen zuzuordnen. Im gesamten Fragebogen wird aufgrund der Häufigkeit der in Unternehmen gebräuchlichen Bezeichnung ‚Team' für Arbeitsgruppen ausschließlich dieser Terminus verwendet. Ein wichtiges Ziel dieser übergeordneten Instruktionen war, auch wenn in den jeweiligen Bearbeitungsinstruktionen noch einmal direkt darauf hingewiesen wurde, zu erreichen, dass die Untersuchungsteilnehmer bei der Beantwortung der Fragen immer genau die Arbeitsgruppe vor Augen hatten, in der sie gegenwärtig arbeiten.

Der Fragebogen enthält 11 Abschnitte, die folgendermaßen angeordnet waren:[841]

1. *Fragen zur Arbeitssituation.* Hier wurden nach den konkreten Arbeits- bzw. Aufgabenbedingungen der Gruppenarbeit gefragt. Es galt, die Aufgabenunsicherheit zu erfassen.

2. *Fragen zur Teamarbeit.* Diese bezogen sich auf gruppenarbeitsbezogene Verhaltensweisen und Arbeitsbedingungen. An dieser Stelle wurden die Fragen zur Arbeitsgestaltung und zu den aufgabenbezogenen Gruppenprozessen gestellt.

3. *Fragen zu den wechselseitigen Abhängigkeiten in der Teamarbeit.* Diese Fragen bezogen sich auf die strukturellen Bedingungen der Gruppenarbeit, die Interdependenzen.

4. *Fragen zu organisationalen Faktoren.* In diesem eher kurzen Abschnitt wurde nach dem unternehmerischen Angebot von Gruppentrainings bzw. Weiterbildungen gefragt.

5. *Fragen zum Führungsverhalten der Führungskräfte.* Hier wurden die Gruppenmitglieder gebeten, das Verhalten ihrer Führungskräfte zu beschreiben. Aufgaben- und mitarbeiterorientierte Führungsverhaltensweisen wurden auf diese Weise erhoben.

6. *Fragen zur Vertretung des Teams nach außen.* Mit diesen Fragen wurden die Gruppenmitglieder gebeten, das Ausmaß an abschirmenden und repräsentativen Tätigkeiten ihrer Führungskräfte anzugeben. Die externe Führung wurde hiermit erhoben.

7. *Fragen zur Zusammenarbeit im Team.* Mit diesem relativ großen Fragebogenabschnitt wurde vorrangig nach den zwischenmenschlichen Aspekten der Zusammenarbeit in einer Arbeitsgruppe gefragt. Darunter fielen Fragen nach den beziehungsbezogenen Gruppenprozessen, nach den Konflikten und der Konfliktlösung und schließlich nach dem Grad der Formalität in der Gruppenkommunikation.

8. *Fragen zur Teamkommunikation.* Dieser Fragebogenabschnitt erfasste das Ausmaß der externen Kommunikation der Gruppenmitglieder.

9. *Fragen zur Teamleistung.* In diesem Abschnitt wurden die Gruppenmitglieder gebeten, die Leistungs- und Zufriedenheitsaspekte der Zusammenarbeit in der Arbeitsgruppe zu beschreiben. Hier wurden also die Fragen nach der Effektivität der Aufgabenstrategien, nach der Effektivität der Gruppenkommunikation, der Gesamtleistung, nach der Zufriedenheit, der Gruppenbindung und der Gruppenzuversicht gestellt.

10. *Fragen zu den kulturellen Perspektiven.* Dieser große Fragebogenanteil erfasst die kulturellen Werteorientierungen der Gruppenmitglieder. Er ist in vier Abschnitte unterteilt. Im ersten, handlungsbezogenen Abschnitt wurden die Gruppenmitglieder gebeten, aus ihrer Sicht der Dinge darzustellen, was Menschen tun und wie sie es tun. Im zweiten, beziehungsbezogenen Abschnitt wurden sie gebeten anzugeben, was sie glauben, wie Menschen zueinander in Beziehung stehen. Im dritten, umweltbezogenen Abschnitt wurden die Gruppenmitglieder dazu angehalten darzustellen, was sie glauben, wie die Menschen über die Umwelt denken, in der sie handeln. Der vierte Teil schließlich enthält Fragen zur eigenen Kultur und stellt im Grunde Fragen zum demographischen Hintergrund der Gruppenmitglieder. Diese werden im Folgenden noch einmal genannt.

---

[841] Hierbei ist zu beachten, dass die jeweiligen Überschriften der Fragebogenabschnitte häufig nicht mit den Bezeichnungen der erfragten Variablen übereinstimmen, sondern eher eine Zusammenfassung und einen generellen inhaltlichen Verweis zur besseren Verständlichkeit darstellen.

Forschungsdesign und allgemeine Vorgehensweise 261

11. *Fragen zur eigenen Kultur (sozio-demographische Merkmale).* Die Fragen zur eigenen Kultur stellen Fragen zum sozio-demographischen Hintergrund der Gruppenmitglieder dar und erfassen das jeweilige Geburtsland der Gruppenmitglieder, Alter, Geschlecht, Dauer der formalen Bildung und darüber hinaus die Unternehmenszugehörigkeitsdauer, die Gruppenzugehörigkeitsdauer und die absolute und relative Gruppengröße.

Der Gruppenmitgliederfragebogen ist also dergestalt gegliedert, dass zu einem Themenbereich immer mehrere Fragen gestellt wurden, wobei innerhalb der einzelnen Themenbereiche die Fragenreihenfolge randomisiert wurde. Auf neue Themenbereiche wurde jeweils mit einer Überschrift und Einführungssätzen übergeleitet und die Instruktion zur Beantwortung neu und angepasst formuliert. Insgesamt wurde bei Format und Layout des Fragebogens versucht, Seriosität sowie Wichtig- und Nützlichkeit zu vermitteln.

8.1.1.4 Administration des Fragebogens

Die Administration des Fragebogens bzw. der Fragebögen war auf zwei verschiedenen Wegen möglich. Zum einen lagen die Fragebögen in einer gedruckten Version (paper & pencil) und zum anderen in virtueller, d.h. Dateiform vor, die entweder handschriftlich oder eben direkt am Rechner ausgefüllt werden konnten. Jedes versendete Fragebogenpaket enthielt den jeweiligen Fragebogen (für die Führungskraft bzw. das Gruppenmitglied) in den drei Sprachen, so dass die Untersuchungsteilnehmer für ihre Bearbeitung des Fragebogens diejenige Sprache wählen konnten, die sie am besten beherrschten oder in der sie sich am wohlsten fühlten. Bei Versendung der gedruckten Fragebögen enthielt das Fragebogenpaket außerdem einen frankierten Rückumschlag, der an die Anschrift der Verfasserin der vorliegenden Untersuchung in der Universität adressiert war. Alle Fragebogenpakete enthielten zusätzlich noch ein Anschreiben, in welchem den Teilnehmern für ihre Unterstützung gedankt, der Inhalt und das Ziel der Untersuchung dargestellt und in dem darüber hinaus um Verständnis für die Länge des Fragebogens gebeten wurde. Außerdem wurde in dem Anschreiben noch einmal Anonymität und Vertraulichkeit in der Behandlung der Angaben zugesichert. Die Teilnehmer wurden jeweils gebeten, den Fragebogen innerhalb von vier Wochen zu bearbeiten, wobei die Verfasserin der vorliegenden Schrift für Rückfragen und Anmerkungen permanent zur Verfügung stand. Für das Ausfüllen des Fragebogens wurden etwa 45 Minuten benötigt.

8.1.2 Modus der Datenerhebung

Zur Gewinnung von teilnehmenden, multikulturellen Arbeitsgruppen wurden große deutsche Unternehmen, deren Anschriften und zentrale Telefonnummern in den Kurzprofilen der Datenbank ‚Hoppenstedt Großunternehmen' (*www.hoppenstedt-grossunternehmen.de*) frei zugänglich aufgelistet sind, kontaktiert. Dabei erfolgte die Kontaktaufnahme schriftlich und/ oder telefonisch meist über die jeweiligen Verantwortlichen in den Personalabteilungen. In dieser Datenbank sind die 26.000 größten, deutschen Unternehmen aufgeführt, die einen Mindestumsatz von 20 Millionen Euro und/oder eine Mindestanzahl von 200 Beschäftigten aufweisen. Insgesamt wurden hieraus nach dem Zufallsprinzip 415 Unternehmen gezogen und kontaktiert. In der Kommunikation mit den Unternehmen wurden das wissenschaftliche

Anliegen und der praktische Nutzen der Untersuchung dargestellt und unternehmensrelevante beziehungsweise operative Fragen erörtert. Nach der ersten Kontaktaufnahme und bei unternehmensseitig vorsichtig bekundetem Interesse wurde den Unternehmen eine Projektskizze, die kurz Inhalt, Vorgehen, Dauer und Nutzen der Untersuchung darstellte, und die Fragebögen als Anschauungsmaterial zugesandt. Dieses Vorgehen hatte zum Ziel, den jeweiligen Verantwortlichen eine gewisse Bedenkenszeit zu geben, um erstens darüber zu befinden, ob eine solche Untersuchung im Unternehmen machbar, für das Unternehmen sinnvoll und generell interessant ist, zum anderen aber auch um Arbeitsgruppen zu eruieren, die eventuell teilnehmen könnten. Nach ein bis zwei Wochen wurde das erste Mal telefonisch und/oder per email direkt bei den jeweiligen Ansprechpartnern nachgefragt, ob das Unternehmen mit multikulturellen Arbeitsgruppen teilnehmen würde. Das Nachfragen fand so lange und meist im Abstand von einer Woche statt, bis eine definitive Antwort erhalten wurde. Daraufhin begann der Verteilungsprozess der Fragebögen, die innerhalb von vier Wochen ausgefüllt werden sollten. Hier wurde besonders häufig und intensiv nachgefasst, trotzdem sagten viele Unternehmen ihre Teilnahme wieder ab. Im Ergebnis nahmen 21 Unternehmen an der Untersuchung teil, darunter die Beiersdorf AG, die DaimlerChrysler Services AG, die Schenker AG, die Deutsche Telekom AG und die T-Systems International GmbH, die Schott AG, die Continental AG, die Degussa AG, die Robert Bosch GmbH und die Media Saturn Systemzentrale GmbH. Alle teilnehmenden Unternehmen erhielten im Anschluss an die Datenauswertung einen zusammenfassenden Projektbericht mit den Kernbefunden der Untersuchung.

Es wurde mit den Unternehmen vereinbart, die Fragebogenpakete an die jeweiligen multikulturellen Arbeitsgruppen weiterzuleiten und auszuteilen, wobei die ausgefüllten Fragebögen aus Gründen der Anonymität direkt an die Universität zurückgeschickt werden sollten. Ein Teil der Fragebögen wurde virtuell ausgefüllt und per email ebenfalls an die Verfasserin der vorliegenden Untersuchung zurückgesendet. Auf den Auswahlmodus, welche Arbeitsgruppen den Fragebogen erhielten, konnte kein Einfluss genommen werden. Es wurde jedoch vereinbart, dass die ausgewählten Gruppen zwischen zwei und zwanzig Mitgliedern haben, wobei mindestens ein Gruppenmitglied eine andere Nationalität als die übrigen Gruppenmitglieder aufweisen sollte. Darüber hinaus sollten die Arbeitsgruppen formal eine Führungskraft zugewiesen haben. Die Arbeitsgruppen konnten jedoch aus allen Fachbereichen, wie zum Beispiel dem Marketing oder der Forschung und Entwicklung stammen und es konnten Gruppen jeder Kategorie, wie zum Beispiel Problemlöse- oder Innovationsarbeitsgruppen befragt werden. Lediglich Arbeitsgruppen aus der Produktion wurden ausgeschlossen, da diese nicht der Zielkategorie der Wissens- oder Kopfarbeiter angehören, die als Arbeitsgruppen den zentralen Analysegegenstand der vorliegenden Untersuchung bilden (zur Unterscheidung von Arbeitsgruppen siehe auch Abschnitt 2.2 der vorliegenden Schrift). Alle befragten Arbeitsgruppen sollten jedoch schon mindestens zwei Monate bestehen, da erst nach dieser Zeit davon ausgegangen werden kann, dass sich inzwischen eine gewisse Vertrautheit miteinander entwickelt hat und die zu Beginn stattfindenden sozialen Kategorisierungen aufgrund hauptsächlich sichtbarer Attribute an Bedeutung verloren haben. Erst nach einer gewissen Zeit können Unterschiede in den tief liegenden, kulturellen Werteorientierungen überhaupt wahrgenommen werden. Da diese jedoch in der vorliegenden Untersuchung von zentralem Inte-

Forschungsdesign und allgemeine Vorgehensweise 263

resse sind, war es notwendig, keine neu gebildeten Arbeitsgruppen in die Untersuchung mit einzubeziehen, sondern nur solche Arbeitsgruppen zu untersuchen, in denen die Auswirkungen direkt sichtbarer Vielfalt sich schon merklich reduziert haben.[842]

Die meisten teilnehmenden Unternehmen haben zusätzlich zu jeder Verteilung der Fragebögen ein eigenes Schreiben beigefügt, in welchem sie ihr generelles Einverständnis zur Durchführung der Untersuchung gaben und die Teilnahme daran erbaten. In einem Falle musste außerdem erst noch der Betriebsrat zustimmen. Insgesamt nahmen an der Untersuchung 37 multikulturelle Arbeitsgruppen (n = 144; 107 Gruppenmitglieder und 37 Führungskräfte) teil. Der Erhebungsprozess erstreckte sich über einen Zeitraum von 10 Monaten.

Von den 393 Unternehmen, die eine Teilnahme an der Untersuchung ablehnten, gaben 128 (32,6%) an, keine multikulturell zusammengesetzte Arbeitsgruppen zu haben; 83 (21,1%) lehnten aus Zeit- und/oder Kapazitätsmangel eine Teilnahme ab; 54 (13,6%) lehnten eine Teilnahme aus mangelndem Interesse ab; 43 (10,9%) der kontaktierten Unternehmen befanden sich zum Zeitpunkt der Befragung in umfassenden Re- oder Umstrukturierungsphasen; 42 (10,7%) Unternehmen gaben an, an solcherlei ‚Umfragen' prinzipiell nicht teilzunehmen; 32 (8,1%) lehnten ohne eine Angabe von Gründen eine Teilnahme an der Untersuchung ab und schließlich 12 (3,0%) Unternehmen befanden sich zum Zeitpunkt der Erhebung in laufenden Insolvenzverfahren. Werden von der Gesamtmenge an kontaktierten Unternehmen diejenigen abgezogen, die keine multikulturellen Arbeitsgruppen haben, prinzipiell nicht an solchen Untersuchungen teilnehmen, sich in Re- oder Umstrukturierungsphasen befanden oder kurz vor oder mitten in der Insolvenz stecken, da diese die Merkmale der interessierenden Population von stabilen, erfolgreichen, an einer Zusammenarbeit mit der Wissenschaft interessierten und multikulturell zusammengesetzten Unternehmen nicht erfüllen, bleibt eine mögliche Stichprobengröße von 190 Unternehmen. 21 Unternehmen nahmen mit multikulturellen Arbeitsgruppen tatsächlich an der Untersuchung teil, was damit einer Rücklaufquote von 11,05% entspricht. Obwohl diese Quote auf den ersten Blick gering erscheint, muss sie in Anbetracht der Zielgruppe, des großen Umfangs des Fragebogens und einer möglichen Generalisierbarkeit der Befunde trotzdem noch als gut angesehen werden. Umfassende Untersuchungen von Arbeitsgruppen im Feld, welche dazu noch multikulturell zusammengesetzt sind, stellen für die Datenerhebung erhebliche Schwierigkeiten dar, ein Zustand, der von der Forschungsgemeinde anerkannt ist: „...gaining the research participants of a large sample of multinational teams is difficult, which is confirmed by the small number of published studies involving such teams."[843] Die meisten Studien, die divers zusammengesetzte Arbeitsgruppen in Unternehmen untersuchten, beschränkten sich auf ein bis fünf Unternehmen und erhoben sämtliche Arbeitsgruppen aus dieser geringen Unternehmensmenge.[844] In Untersuchungen dagegen, die eine möglichst große Anzahl an Unternehmen zur Teilnahme gewinnen wollten, liegen die Rücklaufquoten dagegen selten über 10%.[845] Daher kann die hier erzielte Rücklaufquote noch als gut bezeichnet werden, dennoch soll in der Interpretation der Befunde eine

---

[842] Vgl. Pelled (1996), S. 623; Harrison et al. (2002), S. 1042.
[843] Randel (2003), S. 39.
[844] Vgl. O'Reilly, Caldwell & Barnett (1989), S. 24; Ancona & Caldwell (1992b), S. 326; Pelled, Eisenhardt & Xin (1999), S. 10; Bunderson & Sutcliffe (2002), S. 884.
[845] Vgl. Simons (1995), S. 64; Simons, Pelled & Smith (1999), S. 665.

264 Methoden

mögliche Verzerrung durch Selbstselektion mitgedacht und erläutert werden, da dieses Problem vermutlich auch in der vorliegenden Untersuchung besteht.

8.2 Stichprobe

Insgesamt nahmen also 37 multikulturelle Arbeitsgruppen (n= 144; 107 Gruppenmitglieder und 37 Führungskräfte) aus 21 Unternehmen an der Untersuchung teil. Die Unternehmen haben im Mittel fünf Hierarchieebenen (M = 5,43; SD = 1,39), wobei die teilnehmenden Arbeitsgruppen im Durchschnitt auf der vierten Hierarchieebene der Unternehmen angesiedelt sind (M = 3,64; SD = 1,30). Die Gruppenmitglieder sind durchschnittlich ca. 36 Jahre alt (M = 35,9; SD = 9,4), die Führungskräfte ca. 40 Jahre alt (M = 39,7; SD = 7,9). Die Teilnehmer stammen aus insgesamt 27 Ländern, nämlich Argentinien, Australien, Belgien, Brasilien, Bulgarien, Ecuador, Großbritannien, Frankreich, Griechenland, Indien, Kolumbien, Kroatien, Luxemburg, Mexiko, den Niederlanden, Portugal, Rumänien, Schweden, der Schweiz, der Slowakei, Spanien, Tschechien, der Türkei, den USA, Ungarn und Österreich, 45% der Teilnehmer als größte Gruppe jedoch aus Deutschland. Etwa zwei Drittel der Gruppenmitglieder sind männlich (61,6%), die übrigen weiblich (38,4%). Unter den Führungskräften sind 77,8% männlich, 22,2% weiblich. Die Dauer der formalen Bildung, die die Teilnehmer genossen haben, beträgt für die Gruppenmitglieder durchschnittlich 17,27 Jahre (SD = 2,95) und für die Führungskräfte durchschnittlich 17,67 Jahre (SD = 2,79). Die Gruppenmitglieder arbeiten seit durchschnittlich 6,58 Jahren (SD= 7,27), die Führungskräfte seit durchschnittlich 10,69 Jahren (SD= 8,46) in ihrem jetzigen Unternehmen. In den jeweiligen Arbeitsgruppen arbeiten die Gruppenmitglieder seit durchschnittlich 14,7 Monaten (SD = 13,89), die Führungskräfte seit durchschnittlich 25,04 Monaten (SD = 31,05). Die Arbeitsgruppen haben durchschnittlich 6 Gruppenmitglieder (M = 5,84; SD = 2,32). Es wurden nur Arbeitsgruppen in die Stichprobe mit aufgenommen, von denen mindestens die Hälfte der Mitglieder den Fragebogen ausgefüllt hat. Die durchschnittliche Abdeckungsrate beträgt 3,89 Personen pro Arbeitsgruppe, was einem Anteil von ca. 66% entspricht.

8.3 Maße

Zur Messung der interessierenden Variablen wurden ausschließlich empirisch bereits getestete und validierte Fragebogenskalen aus der Literatur herangezogen, die eine gute Operationalisierung der Konstrukte versprachen. Die Erfassung der Gruppenkontextmerkmale beruht entsprechend auf Skalen zur Aufgabenunsicherheit, zur Gruppenautonomie, zu Partizipationsmöglichkeiten, zur Aufgabenidentität und zur Aufgaben-, Ziel-, Ergebnis- und externer Interdependenz. Die Erfassung der Gruppenmanagementvariablen wurde anhand von Skalen zur aufgaben- und mitarbeiterorientierten Führung, zur externen Führung und zur Trainingsverfügbarkeit vorgenommen. Zusätzlich enthielt der Führungskräftefragebogen noch eine Skala zur Gruppenarbeitsplanung sowie Fragen zur Organisation und zum unternehmerischen Kontext der Gruppenarbeit. Zur Erfassung der Gruppenstruktur wurden zur Messung der kulturellen Werteorientierungen die Skalen aus dem *Cultural Perspectives Questionnaire (CPQ4)*[846] verwendet und zur Erfassung der demographischen Hintergründe der Gruppenmitglieder wurden einzelne direkte Fragen gestellt. Die Gruppenprozesse wurden anhand von Skalen zu den aufgabenbezogenen Gruppenprozessen, zur Kooperation, zur Informalität der Gruppenkommunikation, zur externen Kommunikation, zu Aufgaben- und Beziehungskonflikten und zur Konfliktlösung gemessen. Und schließlich wurde die Erfassung des Gruppenerfolges anhand von Skalen zur wahrgenommenen Strategieeffektivität, zur Effektivität der Gruppenkommunikation, zur Gesamtgruppenleistung, zur Gruppenzufriedenheit, zur Gruppenbindung und zur Gruppenzuversicht vorgenommen. Der Führungskräftefragebogen enthielt eine von der Erfassung der Gesamtgruppenleistung durch die Gruppenmitglieder geringfügig verschiedene Skala zur Messung der Gruppenleistung.

8.3.1 Datenaufbereitung

Im ersten Schritt wurden die Daten der gesamten Stichprobe auf individueller Ebene betrachtet und jede Skala einer Reliabilitätsanalyse unterzogen, wobei zur Berechnung der internen Konsistenz als Maß der Reliabilität Cronbachs Alpha verwendet wurde. Dieses Maß gibt an, wie stark die einzelnen Items einer Skala mit der Gesamtheit der übrigen Items der Skala zusammenhängen und kann einen maximalen Wert von +1 erreichen. Ist die Reliabilität bzw. Cronbachs Alpha gering, weist dies darauf hin, dass die Skala das zu messende Konstrukt nicht genau misst.[847] Liegt dabei der Wert der Reliabilität unter einem Cronbachs Alpha von 0,6, so kann eine Verwendung der Skala nicht mehr gut akzeptiert werden. Neben der Objektivität und der Validität stellt die Reliabilität eines der wichtigsten Gütekriterien der verwendeten Skalen dar und soll daher in den folgenden konkreten Beschreibungen der Skalen jeweils vor dem Hintergrund der gesamten Stichprobe der Gruppenmitglieder und gegebenenfalls inklusive der Führungskräfte für jede Skala mit genannt werden.

In einem zweiten Schritt wurden die individuellen Antworten der Gruppenmitglieder pro Gruppe auf die Gruppenebene aggregiert, d.h., für sämtliche Skalen wurden pro Arbeitsgruppe aus den individuellen Mittelwerten Gruppenmittelwerte gebildet, die dann für die

---

[846] Vgl. Maznevski et al. (2002).
[847] Vgl. Fisseni (1997), S. 66 ff.; Backhaus et al. (2003), S. 371.

statistische Auswertung die Datengrundlage bildeten. Obwohl dieses Verfahren häufig angewendet wird[848], muss die Zulässigkeit der Aggregation geprüft werden, d.h., es muss ein empirischer Nachweis erbracht werden, dass die aggregrierten Daten auch tatsächlich Gruppenebenenattribute widerspiegeln.[849] Um die Eignung einer Aggregation zu überprüfen, muss die Übereinstimmung zwischen Personen innerhalb von Gruppen bestimmt werden, anstatt die Unterschiede zwischen Gruppen zur Überprüfung der Eignung einer Aggregation zu betrachten.[850] Nach Schneider und Bowen würde ein angemessener Test der Übereinstimmung innerhalb von Gruppen daher ein Maß der Homogenität darstellen, anstatt der Verwendung beispielsweise des Maßes des Intraklassenkorrelationskoeffizienten, der erheblich von Zwischengruppenunterschieden abhängt.[851] Darüber hinaus haben auch James, Demaree und Wolf darauf hingewiesen, dass Indices wie der Intraklassenkorrelationskoeffizient nur ungenaue oder zu niedrige Schätzwerte für eine Übereinstimmung erzielen könnten.[852] Entsprechend ist das am häufigsten genutzte Maß der Übereinstimmung innerhalb von Gruppen der von James, Demaree und Wolf entwickelte Index der Übereinstimmung zwischen Beurteilern (index of interrater agreement), häufig auch nur als $r_{wg(j)}$ dargestellt. Dieser Index erfasst das Ausmaß, bis zu dem die Mitglieder einer Arbeitsgruppe in ihrer Wahrnehmung bezüglich eines Gruppenattributs miteinander übereinstimmen, demnach also den Grad, bis zu dem die Beurteiler prinzipiell austauschbar sind. Der Terminus „Übereinstimmung" bzw. „agreement" soll darauf hinweisen, dass die Schätzung der Übereinstimmung sowohl gegenüber der Ähnlichkeit der Beurteiler hinsichtlich der Rangreihenfolge in der Beurteilung der jeweiligen Sachverhalte als auch gegenüber den Unterschieden in den Niveaus (z.B. Mittelwerten) der Einschätzungen jeden Beurteilers sensitiv ist.[853] Bei Multi-Item-Skalen werden sowohl die Anzahl der Items als auch die Stufen des Antwortformats in die Rechnung mit einbezogen, wobei die Annahme zugrunde liegt, dass die J Items (j = 1, ..., J) einer Skala essenziell parallele Indikatoren desselben Konstruktes darstellen, was impliziert, dass die Varianzen und Kovarianzen der Items in der zugrundeliegenden Itemdomäne ungefähr gleich sind.[854] Der $r_{wg(j)}$ bemisst sich nach folgender Formel:

$$r_{wg(j)} = \frac{J\left[1 - \left(\dfrac{S_{xj}^2}{\sigma_{EU}^2}\right)\right]}{J\left[1 - \left(\dfrac{S_{xj}^2}{\sigma_{EU}^2}\right) + \left(\dfrac{S_{xj}^2}{\sigma_{EU}^2}\right)\right]}$$

J = Anzahl der Items einer Skala (j = 1, ..., J)

$\overline{S_{xj}^2}$ = Mittelwert der beobachteten Varianzen in den J Items

---

[848] Vgl. O'Reilly, Caldwell & Barnett (1989), S. 26; Janz, Colquitt & Noe (1997), S. 889; Gibson (1999), S. 144; Polzer, Milton & Swann (2002), S. 308.
[849] Vgl. Florin et al. (1990), S. 882; Kirkman, Tesluk & Rosen (2001), S. 648.
[850] Vgl. George (1990), S. 110; George & Bettenhausen (1990), S. 703.
[851] Vgl. Schneider & Bowen (1985), S. 426.
[852] Vgl. James, Demaree & Wolf (1984), S. 88.
[853] Vgl. James, Demaree & Wolf (1984), S. 86 ff.; James, Demaree & Wolf (1993), S. 306 f.
[854] Vgl. James, Demaree & Wolf (1984), S. 86 ff.; James, Demaree & Wolf (1993), S. 306 f.

σ_{EU}^2 = Erwartete Fehlervarianz bei Gleichverteilung (Berücksichtigung der Stufen des Antwortformats)

Die Interpretation des entsprechenden Wertes ähnelt der Interpretation der Reliabilität, wobei ein Wert als 0,7 oder darüber als notwendig angesehen wird, um auf Übereinstimmung innerhalb einer Gruppe in diesem Merkmal schließen zu können.[855]

In der vorliegenden Untersuchung wurde für alle Skalen bis auf jene zu den kulturellen Werteorientierungen der $r_{wg(j)}$ berechnet, um die Zulässigkeit der Aggregation der individuellen Antworten auf die Gruppenebene zu überprüfen. Die jeweiligen $r_{wg(j)}$'s pro Gruppe und Skala wurden daraufhin über alle Arbeitsgruppen gemittelt, so dass schließlich ein genereller $r_{wg(j)}$ pro Skala errechnet werden konnte, der in den folgenden konkreten Beschreibungen der Skalen mit aufgeführt wird.

Da auf der anderen Seite für die Vielfalt in Arbeitsgruppen, vor allem für die kulturelle Vielfalt, Werte gefunden werden mussten, die eben genau die Vielfalt zum Ausdruck bringen sollten, war es notwendig, die Angaben aus den Skalen bzw. den einzelnen Fragen (Skalen zu den kulturellen Werteorientierungen, Fragen zum Alter, zur Dauer der Unternehmens- und Gruppenzugehörigkeit und zur Dauer der formalen Bildung) anders aufzubereiten. Zur Erfassung von Vielfalt im Allgemeinen wird dabei in der Forschung auf verschiedene Möglichkeiten zurückgegriffen,[856] wobei das generelle Ziel darin besteht, Vielfalt oder Heterogenität so zu erfassen, dass sowohl die kompositionalen als auch die distributionalen Effekte von Variationen enthalten sind.[857] In einem umfassenden Überblick über Maße von Ungleichheit zeigt Allison die Voraussetzungen und Besonderheiten einzelner Vielfaltsmaße, z.B. des Variationskoeffizienten, des Gini-Indexes[858] oder des Theilschen Maßes auf.[859] Weiterhin postulierte Teachman einen entropiebasierten Heterogenitätsindex, der ebenfalls in der Lage ist, Vielfalt auszudrücken.[860] Für die Erfassung der kulturellen Wertevielfalt bot sich jedoch keines dieser Maße an, da sie bis auf den Variationskoeffizienten nominal skalierte, in Kategorien aufteilbare Daten benötigen und darauf basierend die Verteilung von Personen oder Objekten über diese Kategorien ausdrücken.[861] Aber auch der Variationskoeffizient (Standardabweichung dividiert durch den Mittelwert) bot sich zumindest für die Erfassung der kulturellen Wertevielfalt nicht an, da dieser für intervallskalierte Daten keine validen Ergebnisse liefert. „The coefficients both (Variationskoeffizient und Gini-Index) suffer from the disadvantage of being very much affected by ... the value of the mean measured from some arbitrary origin, and are not usually employed unless there is a natural of measurement

---

[855] Vgl. George (1990), S. 110, aus persönlicher Kommunikation mit Lawrence James.
[856] Vgl. Williams & O'Reilly (1998), S. 92.
[857] Vgl. O'Reilly, Caldwell & Barnett (1989), S. 25.
[858] Die Behandlung des Gini-Indexes wurde maßgeblich von Blau (1977) geprägt, weshalb in vielen späteren Untersuchungen im Zusammenhang mit dem Gini-Index auch häufig vom Blau-Index der Vielfalt gesprochen wird (vgl. z.B. Wagner, Pfeffer & O'Reilly, 1984, S. 80; Pfeffer & O'Reilly, 1987, S. 165; Pelled, Eisenhardt & Xin, 1999, S. 16; Simons, Pelled & Smith, 1999, S. 666; Bunderson & Sutcliffe, 2002, S. 885.) Bunderson und Sutcliffe weisen jedoch darauf hin, dass dieser Index auch schon Hirschman (1964) und Herfindahl (1950) zugeordnet wurde, die prinzipiell dasselbe Maß entwickelten.
[859] Vgl. Allison (1978), S. 865 f.
[860] Vgl. Teachman (1980), S. 358 f.
[861] Vgl. Pfeffer & O'Reilly (1987), S. 166; Ancona & Caldwell (1992b), S. 327 f.; Williams & O'Reilly (1998), S. 92.

268 Methoden

or comparisons are being made between distributions with similar origins."[862] Dies bedeutet, dass es zur Berechnung des Variationskoeffizienten ratio- oder verhältnisskalierter Daten bedarf, die einen unveränderlichen fixen Nullpunkt aufweisen.[863] Für Zeitmessungen dagegen ist der Variationskoeffizient sehr geeignet, weshalb in der vorliegenden Untersuchung die Vielfalt im Alter, in der Dauer der Unternehmens- und Gruppenzugehörigkeit sowie in der Dauer des formalen Bildungshintergrundes anhand des Variationskoeffizienten bestimmt wurde. Dieses Vorgehen ist forschungskonform und wurde entsprechend auch sehr häufig angewendet.[864]

Eine weitere Möglichkeit zur Abbildung von Vielfalt bieten Distanzberechnungen.[865] Im interkulturellen Kontext wird häufig ein Maß der kultureller Distanz berechnet, welches jedoch beinahe ausschließlich auf dem Vorhandensein von Referenzgrößen, zum Beispiel den Länderwerten in den Hofstede'schen Kulturdimensionen, beruht.[866] Für die in der vorliegenden Untersuchung verwendeten Kulturskalen bietet sich jedoch auch diese Art der Berechnung nicht an, da zum einen keine Länderreferenzgrößen existieren und dies ja auch gar nicht der Sinn der Erfassung von Kultur auf der individuellen Ebene darstellt, und zum anderen einem Bezug auf Länderwerte der tatsächlichen Vielfalt vermutlich keine Rechnung getragen werden kann, da auch innerhalb von Ländern kulturelle Werteunterschiede zwischen deren Angehörigen nicht nur möglich, sondern sogar wahrscheinlich sind. Um dennoch ein Maß für die kulturelle Vielfalt in den einzelnen kulturellen Variationen zu erhalten, wurde auf die Berechnung der euklidischen Distanz zurückgegriffen. Das euklidische Abstandsmaß wird üblicherweise für die Berechnung der Distanz zwischen zwei Objekten oder Personen, die durch Messungen auf intervallskalierten Merkmalen beschrieben sind, verwendet, wenn für die Merkmale dieselben Maßstäbe gelten.[867] Die Formel für die euklidische Distanz zwischen zwei Personen bzw. Objekten sieht folgendermaßen aus:

$$d_{ii'} = \left[\sum_{j=1}^{p} \left(x_{ij} - x_{i'j} \right)^2 \right]^{\frac{1}{2}}$$

$d_{ii'}$ = die Distanz zwischen zwei Objekten e_i und $e_{i'}$

p = Anzahl der intervallskalierten Merkmale

$x_{ij} (x_{i'j})$ = Merkmalsausprägung des Objektes e_i ($e_{i'}$)

j = das Merkmal

In der vorliegenden Untersuchung stellen die kulturellen Variationen der Werteorientierungen die Merkmale (= 14) dar, anhand derer die Distanz zwischen Gruppenmitgliedern errechnet wurde. Diese sind als unabhängig voneinander konzeptualisiert und werden alle mit

---

[862] Kendall & Stuart (1977), S. 48; Hervorhebung durch Verf.
[863] Vgl. Allison (1978), S. 870.
[864] Vgl. z.B. Ancona & Caldwell (1992b), S. 327; Smith et al. (1994), S. 429.
[865] Vgl. Wagner, Pfeffer & O'Reilly (1984), S. 80 f.; Williams & O'Reilly (1998), S. 92 f.; Chatman & Flynn (2001), S. 961.
[866] Vgl. Kogut & Singh (1988), S. 422; Podsiadlowski (2002), S. 200 f.
[867] Vgl. Bortz (1999), S. 550 f.; Backhaus et al. (2003), S. 496 und S. 730.

Maße   269

einer siebenstufigen Antwortskala erhoben. Zur Berechnung der Distanz auf der Ebene der
kulturellen Variationen wurden also jeweils die euklidische Distanz zwischen den
individuellen Mittelwerten jeden Gruppenmitglieds mit jedem anderen Gruppenmitglied
berechnet und über die Gesamtzahl an Gruppenmitgliedern jeder Arbeitsgruppe gemittelt. Auf
diese Art und Weise lässt sich feststellen, wie groß in einer kulturellen Variation, beispielsweise der „Denken"-Variation in der Aktivitätsorientierung, der mittlere Abstand zwischen
den Gruppenmitgliedern ist. Da dieses Vorgehen in der Forschung zu kultureller Vielfalt
ebenfalls bereits angewendet wurde,[868] sollte es auch in der vorliegenden Untersuchung zur
Verwendung herangezogen werden. Die Berechnung der mittleren Distanzen wurde für alle
kulturellen Variationen in allen Arbeitsgruppen vorgenommen, zur Analyse auf der Ebene der
kulturellen Werteorientierungen jeweils zusammengefasst und über die Anzahl der zu einer
kulturellen Werteorientierung gehörenden Variationen gemittelt, zur Analyse auf der gesamt-
kulturellen Ebene ebenfalls zusammengefasst und über die Anzahl aller Variationen gemittelt,
wobei insgesamt das Ausmaß dieser Distanzen als das jeweilige Maß der kulturellen Vielfalt
behandelt wurde.[869]

8.3.2 Operationalisierungen der Gruppenkontextmerkmale

Zu den in der vorliegenden Untersuchung geprüften Kontextmerkmalen gehören die Aufgabenunsicherheit, die Merkmale der Arbeitsgestaltung und die Interdependenzen, wobei sich
die Merkmale der Arbeitsgestaltung in Gruppenautonomie, Partizipationsmöglichkeiten und
Aufgabenidentität unterteilen und die Interdependenzen in interne, also Aufgaben-, Ziel- und
Ergebnisinterdependenz und externe Abhängigkeiten unterteilen.

Aufgabenunsicherheit, in dieser Untersuchung als Maß für die Aufgabenkomplexität verwendet, betrifft den Grad, bis zu dem eine Aufgabe schwierig und/oder variabel ist. Die Skala
zur Erfassung der Aufgabenunsicherheit stammt in der hier verwendeten Fassung von Gresov
(1989) und enthält acht Items, von denen vier gegen die Konzeptrichtung gepolt sind (Items
TU1-TU8 des Fragebogens, siehe Anhang 1). Die Gruppenmitglieder wurden gebeten, mit der
Beantwortung der Fragen ihre Arbeitsbedingungen zu beschreiben, wobei in der Instruktion
jedoch darauf hingewiesen wurde, dass es nicht darum geht, wie gut oder schlecht die Gruppenmitglieder meinen, ihre Arbeit zu verrichten. Das Antwortformat ist fünfstufig, wobei mit
der Konzeptrichtung ein hoher Wert ein hohes Ausmaß an Aufgabenunsicherheit indiziert.
Zwei Beispiel-Items lauten: „Wie oft sind in den vergangenen drei Monaten im Rahmen ihrer
Arbeit schwierige Probleme aufgetreten, für die es keine sofortigen oder offensichtlichen Lösungen gab?" und „Wie oft ergeben sich während einer normalen Arbeitswoche Ausnahme-
fälle in ihrer Arbeit, die grundlegend andere Arbeitsmethoden oder -verfahren erfordern, als
es sonst der Fall ist?" In beiden Items reichte das Antwortformat von 1 = „nie" bis 5 = „sehr

---

[868] Vgl. Thomas, D.C. (1999), S. 250.
[869] Es muss an dieser Stelle jedoch angemerkt werden, dass durch die Mittelwertbildungen sowohl ein
erhebliches Maß an Informationen bezüglich der konkreten kulturellen Ausprägung als auch an Varianz
innerhalb der Antworten verloren gehen und der Analyse somit nicht mehr zur Verfügung stehen. Allerdings
gibt es nach dem Kenntnisstand der Verfasserin der vorliegenden Schrift keine alternative und/oder bereits
geprüfte Methode, die diese Nachteile in der Messung kultureller Vielfalt nicht aufweisen würde. Bei der
Interpretation der Befunde ist daher der Informationsverlust immer mitzubeachten.

oft". Die Berechnung der internen Konsistenz dieser Skala über alle Gruppenmitglieder (n = 107) ergab ein Cronbachs Alpha von 0,653, welches damit noch akzeptabel ist. Der mittlere r_{wg} über alle Arbeitsgruppen hat einen Wert von 0,939, der damit als sehr gut bezeichnet werden kann. Die Aggregation auf Gruppenebene war also zulässig.

Das erste Merkmal der **Arbeitsgestaltung** betrifft die *Gruppenautonomie* und bezeichnet den Grad, bis zu dem Gruppenmitglieder in ihrer Arbeit substanziellen Freiraum, Unabhängigkeit und Diskretion erfahren. Die Skala zur Erfassung der Gruppenautonomie stammt von Campion, Medsker und Higgs (1993) und enthält drei Items (Items SM1-SM3 des Fragebogens, siehe Anhang 1). Die Gruppenmitglieder wurden gebeten anzugeben, inwieweit sie den in den einzelnen Aussagen beschriebenen Arbeitsbedingungen zustimmen. Das Antwortformat ist fünfstufig und reicht von 1 = „stimme überhaupt nicht zu" bis 5 = „stimme vollkommen" zu. Ein Beispiel-Item lautet: „Die Mitglieder meines Teams sind für die Bestimmung der Methoden, Verfahren und Zeitpläne, mittels derer die Arbeit verrichtet wird, selbst verantwortlich." Die Berechnung der internen Konsistenz dieser Skala über alle Gruppenmitglieder ergab ein Cronbachs Alpha von 0,361. Da aufgrund der sehr geringen Reliabilität stark an der Genauigkeit der Erfassung der Gruppenebenenautonomie zu zweifeln ist, wurden die Ergebnisse dieser Skala in der statistischen Auswertung nicht weiter berücksichtigt.

Das zweite Merkmal der Gruppenarbeitsgestaltung betrifft die *Partizipationsmöglichkeiten* der Arbeitsgruppe, die nach dem Grad unterschieden werden, bis zu dem sich die Gruppenmitglieder an Entscheidungsprozessen, die ihre Arbeitsgruppe betreffen, beteiligen können. Auch diese Skala stammt von Campion, Medsker und Higgs (1993) und enthält drei Items (Items PP1-PP3 des Fragebogens, siehe Anhang 1). Die Gruppenmitglieder wurden gebeten anzugeben, inwieweit sie den in den einzelnen Aussagen beschriebenen Arbeitsbedingungen zustimmen. Das Antwortformat ist fünfstufig und reicht von 1 = „stimme überhaupt nicht zu" bis 5 = „stimme vollkommen zu". Ein Beispiel-Item lautet: „Mein Team ist so konzipiert, dass sich jeder an Entscheidungsfindungen beteiligen kann." Die Berechnung der internen Konsistenz dieser Skala über alle Gruppenmitglieder ergab ein Cronbachs Alpha von 0,821 und kann damit sehr gut akzeptiert werden. Der mittlere r_{wg} über alle Arbeitsgruppen hat einen Wert von 0,952, der ebenfalls als sehr gut bezeichnet werden kann. Die Aggregation auf Gruppenebene war also auch hier zulässig.

Und schließlich das dritte Merkmal der Gruppenarbeitsgestaltung betrifft die *Aufgabenidentität*, die den Grad bezeichnet, bis zu dem eine Arbeitsgruppe eine für sich genommen ganzheitliche und von anderen Arbeiten klar abgrenzbare Aufgabe zu erfüllen hat. Diese Skala stammt ebenfalls von Campion, Medsker und Higgs (1993) und enthält drei Items (Items TAI1-TAI3 des Fragebogens, siehe Anhang 1). Die Gruppenmitglieder wurden gebeten anzugeben, inwieweit sie den in den einzelnen Aussagen beschriebenen Arbeitsbedingungen zustimmen. Das Antwortformat ist fünfstufig und reicht von 1 = „stimme überhaupt nicht zu" bis 5 = „stimme vollkommen zu". Ein Beispiel-Item lautet: „Mein Team ist für die in seinen Bereich fallenden Aspekte von Produkten bzw. Dienstleistungen selbst verantwortlich." Die Berechnung der internen Konsistenz dieser Skala über alle Gruppenmitglieder ergab ein Cronbachs Alpha von 0,367. Da aufgrund dieser sehr geringen Reliabilität stark an der Genauigkeit der Erfassung der Gruppenebenenautonomie zu zweifeln ist, wurden die Ergebnisse dieser Skala in der statistischen Auswertung nicht weiter berücksichtigt.

Das erste Merkmal der **internen Interdependenzen** betrifft die *Aufgabeninterdependenz* als ein durch die Gruppenaufgabe bestimmtes, strukturelles Merkmal der Beziehungen zwischen den Gruppenmitgliedern. Die Aufgabeninterdependenz bezeichnet den Grad, bis zu dem die Gruppenmitglieder Materialien, Informationen und Expertisen miteinander teilen müssen, um ihre gemeinsame Gruppenaufgabe erfolgreich zu erledigen. Diese Skala stammt von Van der Vegt, Emans und Van de Vliert (1999) und enthält fünf Items (Items TID1-TID5 des Fragebogens, siehe Anhang 1). Die Gruppenmitglieder wurden gebeten anzugeben, inwieweit sie den in den jeweiligen Aussagen beschriebenen strukturellen Beziehungen und Bedingungen in ihrer Gruppenarbeit zustimmen. Das Antwortformat ist fünfstufig und reicht von 1 = „stimme überhaupt nicht zu" bis 5 = „stimme vollkommen zu". Ein Beispiel-Item lautet: „Für Materialien und/oder andere Dinge, die ich benötige, um meine Arbeit zu erledigen, bin ich auf die Arbeit meiner Kollegen angewiesen." Die Berechnung der internen Konsistenz der Skala über alle Gruppenmitglieder ergab ein Cronbachs Alpha von 0,848 und kann damit gut akzeptiert werden. Der mittlere r_{wg} über alle Arbeitsgruppen hat einen Wert von 0,918, der auch als sehr gut zu bezeichnen ist. Die Aggregation auf Gruppenebene war also zulässig.

Das zweite Merkmal der internen Interdependenzen in einer Arbeitsgruppe betrifft die *Zielinterdependenz*. Diese bezieht sich auf die Verbindungen zwischen Gruppenmitgliedern, die durch den Zieltyp (individuell oder gruppenbasiert) impliziert werden und das jeweilige Leistungsverhalten leiten. Die hier verwendete Skala zur Zielinterdependenz stammt von Campion, Medsker und Higgs (1993) und enthält drei Items (Items GID1-GID3 des Fragebogens, siehe Anhang 1). Die Gruppenmitglieder wurden gebeten anzugeben, inwieweit sie den in den jeweiligen Aussagen beschriebenen strukturellen Beziehungen und Bedingungen in ihrer Gruppenarbeit zustimmen. Das Antwortformat ist fünfstufig und reicht von 1 = „stimme überhaupt nicht zu" bis 5 = „stimme vollkommen zu". Ein Beispiel-Item lautet: „An jedem gegebenen Tag sind meine Arbeitsaktivitäten durch die Ziele meines Teams für diesen Tag bestimmt." Die Berechnung der internen Konsistenz dieser Skala über alle Gruppenmitglieder ergab ein Cronbachs Alpha von 0,640 und kann damit noch akzeptiert werden. Der mittlere r_{wg} über alle Arbeitsgruppen hat einen Wert von 0,846, der dagegen als gut bezeichnet werden kann. Die Aggregation auf Gruppenebene war damit ebenfalls zulässig.

Das dritte erhobene Merkmal der internen Interdependenzen in einer Arbeitsgruppe war die *Ergebnisinterdependenz*, die sich auf die Verbindungen zwischen Gruppenmitgliedern bezieht, die durch den Leistungsentlohnungs- und Leistungsfeedbacktyp (individuell oder gruppenbasiert) bestimmt wird. Auch diese Skala stammt von Campion, Medsker und Higgs (1993) und enthält drei Items (Items OID1-OID3 des Fragebogens, siehe Anhang 1). Die Gruppenmitglieder wurden gebeten anzugeben, inwieweit sie den in den jeweiligen Aussagen beschriebenen strukturellen Beziehungen und Bedingungen in ihrer Gruppenarbeit zustimmen. Das Antwortformat ist fünfstufig und reicht von 1 = „stimme überhaupt nicht zu" bis 5 = „stimme vollkommen zu". Ein Beispiel-Item lautet: „Rückmeldung darüber, wie gut ich meine Arbeit erledige, stammt hauptsächlich von Informationen darüber, wie gut das gesamte Team seinen Job erledigt." Die Berechnung der internen Konsistenz dieser Skala über alle Gruppenmitglieder ergab ein Cronbachs Alpha von 0,661 und kann damit akzeptiert werden. Der mittlere r_{wg} über alle Arbeitsgruppen hat einen Wert von 0,818, der als gut bezeichnet werden kann. Die Aggregation auf Gruppenebene war also zulässig.

272   Methoden

Die Erhebung der **externen Abhängigkeit** der Arbeitsgruppen sollte Auskunft über den Grad der Vernetztheit der Arbeitsgruppe mit der sie umgebenden Gesamtorganisation geben. Diese ist immer dann gegeben, wenn sich die Aufgabenerledigung einer Arbeitsgruppe auf Handlungen oder Ergebnisse außerhalb der Gruppe bezieht oder direkt von diesen abhängt. Die hier verwendete Skala stammt von Gresov (1989) und enthält drei mal drei Items (Items WUD1a,b,c-WUD3a,b,c des Fragebogens, siehe Anhang 1). Die Gruppenmitglieder wurden gebeten anzugeben, inwieweit sie den in den jeweiligen Aussagen beschriebenen strukturellen Beziehungen und Bedingungen in ihrer Gruppenarbeit zustimmen. Das Antwortformat ist fünfstufig und reicht von 1 = „sehr stark" bis 5 = „gar nicht". Hierbei ist zu bemerken, dass die Konzeptrichtung der Fragen zu den vorherigen und noch folgenden umgekehrt wurde, so dass ein niedriger Wert eine hohe externe Abhängigkeit ausdrückt. Ein Beispiel-Item lautet: „Wie stark sind Sie, nachdem Sie Ihren Teil der Arbeit erledigt haben, auf jede der folgenden Personengruppen angewiesen, um die nächsten Schritte im Prozess anzugehen, bevor die gesamte Aufgabe oder Dienstleistung ausgeführt ist? A) Personen in anderen Einheiten Ihres Geschäftsbereichs? B) Personen im Verwaltungsbereich? C) Personen in anderen Unternehmen oder Organisationen?" Die Berechnung der internen Konsistenz dieser Skala über alle Mitglieder ergab für „A" ein Cronbachs Alpha von 0,857; für „B" ein Cronbachs Alpha von 0,893 und für „C" ein Cronbachs Alpha von 0,843. Alle drei Werte können als gut bezeichnet werden. Der mittlere r_{wg} über alle Arbeitsgruppen hat für „A" einen Wert von 0,803; für „B" einen Wert von 0,921 und für „C" einen Wert von 0,778. Auch diese können als gut bezeichnet werden, womit die Aggregation auf Gruppenebene als zulässig angesehen wird.

8.3.3 Operationalisierungen der Gruppenmanagementvariablen

Zu den in der vorliegenden Untersuchung untersuchten Gruppenmanagementvariablen gehören die aufgaben- und personenorientierte Führung, die externe Führung, der Einsatz von Planungstechniken und Merkmale der Organisation und des organisationalen Kontexts. Sowohl die Erhebung der Führungsverhaltensweisen als auch die Fragen nach der Verfügbarkeit von Trainings wurden den Gruppenmitgliedern und den jeweiligen Führungskräften gestellt. Die Fragen nach dem Einsatz von Planungstechniken und der allgemeinen Organisation und dem organisationalen Kontext waren nur von den Führungskräften zu beantworten.

Zur Erhebung der *aufgaben- und mitarbeiterorientierten Führung* wurde auf den „Fragebogen zur Vorgesetzten-Verhaltens-Beschreibung (FVVB)" von Fittkau und Fittkau-Garthe (1971) zurückgegriffen,[870] da dieser eine deutsche Adaption der aus der Tradition der „Ohio State Leadership Questionnaires" stammenden Fragebögen darstellt und direkt das Führungsverhalten von Führungskräften beschreibt. Da in dieser Fassung die Führungskraft durchgehend als „Er" (der Vorgesetzte) beschrieben wird, wurden die Aussagen zur Verwendung in der vorliegenden Untersuchung angepasst. Im Gruppenmitgliederfragebogen wurden die Aussagen mit der Formulierung „unser Teamleiter" verwendet, im Führungskräftefragebogen wurden die Aussagen jeweils in der „ich"-Form formuliert. Die Aussagen zur aufgabenorientierten Führung beschreiben Führungsverhaltensweisen wie die Strukturierung und Instruktion

---

[870] Behandelt in und entnommen aus Neuberger (1995), S. 116 ff.

Maße

der Arbeit oder die Beaufsichtigung und Kontrolle der Gruppenmitglieder. Die Aussagen zur mitarbeiterorientierten Führung beschreiben Verhaltensweisen wie Offenheit und Zugänglichkeit der Führungskraft oder Einsatz und Sorge für die Mitarbeiter. Der gesamte Fragebogen enthält 32 Items, von denen vier sowohl eine aufgabenorientierte als auch eine mitarbeiterorientierte Komponente enthalten. Für eine größere Klarheit und Trennschärfe zwischen den beiden Führungsdimensionen wurden diese vier Items nicht verwendet. Insgesamt wurden sowohl die Gruppenmitglieder als auch die Führungskräfte gebeten anzugeben, inwieweit sie den Aussagen, die beschreiben, wie sich ihre bzw. eine Führungskraft verhalten kann, für ihre Führungskraft bzw. für sich selbst zustimmen. Das Antwortformat ist immer fünfstufig, jedoch wurden drei verschiedene Antwortskalen verwendet. Einmal reicht das Antwortformat von 1 = „fast immer" bis 5 = „fast nie", einmal von 1 = „oft" bis 5 = „sehr selten" und einmal von 1 = „überhaupt nicht" bis 5 = „sehr stark". Dennoch sind die jeweiligen Antwortwerte so konzeptualisiert, dass ein hoher Wert eine starke Ausprägung in dem betreffenden Führungsverhalten ausdrückt.

Die Skala zur Erfassung der aufgabenorientierten Führung enthält 12 Items, von denen drei gegen die Konzeptrichtung gepolt sind (Items AOF1-AOF12 des Fragebogens, siehe Anhang 1). Zwei Beispiel-Items lauten: „Unser Teamleiter weist seinen Mitarbeitern spezifische Arbeitsaufgaben zu." und „Unser Teamleiter passt die Arbeitsgebiete genau den Fähigkeiten und Leistungsmöglichkeiten seiner Mitarbeiter an." Die Berechnung der internen Konsistenz dieser Skala ergab über alle Gruppenmitglieder (n = 107) ein Cronbachs Alpha von 0,734 und über alle Führungskräfte (n = 37) ein Cronbachs Alpha von 0,642. Damit können beide akzeptiert werden. Der mittlere r_{wg} über alle Arbeitsgruppen hat für die aufgabenorientierte Führung einen Wert von 0,917 und bestätigt hiermit die Zulässigkeit der Aggregation der individuellen Gruppenmitgliederaussagen auf die Gruppenebene.

Die Skala zur Erfassung der mitarbeiterorientierten Führung enthält 16 Items, von denen sechs gegen die Konzeptrichtung gepolt sind (Items MOF1-MOF16 des Fragebogens, siehe Anhang 1). Zwei Beispiel-Items lauten: „In Gesprächen mit seinen Mitarbeitern schafft unser Teamleiter eine gelöste Stimmung, so dass sie sich frei und entspannt fühlen." und „Unser Teamleiter ist freundlich und man hat leicht Zugang zu ihm." Diese Skala enthält jedoch sechs Items, die für eine Verwendung im Führungskräftefragebogen nicht in Frage kamen, da sie vermutlich erhebliche Verärgerung und Reaktanz in den Führungskräften ausgelöst hätten. Beispielsweise die Aussagen „Ich ‚schikaniere' den Mitarbeiter, der einen Fehler macht" oder „Persönlichen Ärger oder Ärger mit der Geschäftsleitung lasse ich an meinen Mitarbeitern aus." erschienen in keiner Weise für die vorliegende Untersuchung als opportun, da zum einen keine ehrlichen Antworten zu erwarten waren, zum zweiten die Führungskräfte aus Verärgerung die Teilnahme an der Untersuchung vielleicht abgebrochen und verweigert hätten und sie sich zum dritten vermutlich betrogen gefühlt hätten, wodurch insgesamt ein negatives Bild auf die Wissenschaft hätte entstehen können. Da jedoch diese Skala eine Multi-Item-Skala darstellt, bei der die Grundannahme darin besteht, dass alle Items essenziell das Gleiche erfassen, konnte auf diese sechs Items im Führungskräftefragebogen verzichtet werden. Die Reliabilitätsanalyse der Skala hinsichtlich der Führungskräfte bestätigte dann auch die Angemessenheit dieses Vorgehens. Die Berechnung der internen Konsistenz der Skala ergab über alle Führungskräfte ein Cronbachs Alpha von 0,667 und über alle Gruppenmitglieder ein

274 Methoden

Cronbachs Alpha von 0,902, womit beide gut akzeptiert werden können. Der mittlere r_{wg} über alle Arbeitsgruppen hat für die mitarbeiterorientierte Führung einen Wert von 0,965, womit auch hier die Zulässigkeit der Aggregation der individuellen Gruppenmitgliederaussagen auf die Gruppenebene bestätigt ist.

Zur Erfassung der *externen Führung*, die das Ausmaß darstellt, bis zu dem eine Führungskraft ihre Arbeitsgruppe nach außen hin vertritt und darstellt, wurde eine Skala von Ancona und Caldwell (1992a) herangezogen. Die originale Skala war so konzipiert, dass die nach außen gerichteten Aktivitäten der Gruppenmitglieder erfasst wurden. Da in der vorliegenden Untersuchung jedoch vor allem interessierte, ob und in welchem Ausmaß die Führungskraft diese Tätigkeiten ausübt, wurden die Items der Skala umformuliert. Wie für die anderen beiden Skalen zur Erfassung des Führungsverhaltens wurden auch hier die Aussagen zur Verwendung in der vorliegenden Untersuchung entsprechend angepasst. Im Gruppenmitgliederfragebogen wurden die Aussagen mit der Formulierung „unser Teamleiter" verwendet, im Führungskräftefragebogen wurden die Aussagen jeweils in der „Ich"-Form formuliert. Die Skala enthält 12 Items (Items XFA1-XFA12 des Fragebogens, siehe Anhang 1), wobei die Gruppenmitglieder und -führungskräfte gebeten wurden anzugeben, inwieweit die Aussagen, die abschirmende, ressourcenbeschaffende und repräsentative Tätigkeiten der Führungskraft beschreiben, für ihre Arbeitsgruppe bzw. Führungskraft zutreffen. Das Antwortformat ist fünfstufig und reicht von 1 = „trifft überhaupt nicht zu" bis 5 = „trifft vollständig zu". Zwei Beispiel-Items lauten: „Unser Teamleiter schirmt das Team gegen Druck von außen ab, so dass es störungsfrei arbeiten kann." und „Unser Teamleiter beschafft Ressourcen (z.B. Geld, neue Mitglieder, Ausstattung) für das Team." Die Berechnung der internen Konsistenz dieser Skala ergab über alle Gruppenmitglieder ein Cronbachs Alpha von 0,891 und über alle Führungskräfte ein Cronbachs Alpha von 0,808. Damit können beide gut akzeptiert werden. Der mittlere r_{wg} über alle Arbeitsgruppen hat für die externe Führung einen Wert von 0,968 und bestätigt hiermit die Zulässigkeit der Aggregation der individuellen Gruppenmitgliederaussagen auf die Gruppenebene.

Als ein Merkmal der **Organisation** wurden ebenfalls von beiden Zielgruppen (den Gruppenmitgliedern als auch den Führungskräften) die *Verfügbarkeit von Gruppentrainings* im Unternehmen erhoben. Mit der hier verwendeten Skala sollte erfasst werden, in welchem Ausmaß Trainings, als wichtige Ressource für die Gruppenarbeit, von dem jeweiligen Unternehmen angeboten werden. Die Skala stammt von Campion, Medsker und Higgs (1993) und enthält drei Items (Items OT1-OT3 des Fragebogens, siehe Anhang 1), wobei sich der diesbezügliche Wortlaut in den beiden Fragebogenversionen nicht voneinander unterscheidet. Alle Untersuchungsteilnehmer wurden gebeten anzugeben, inwieweit sie den Aussagen zu dem Trainingsangebot des Unternehmens zustimmen. Das Antwortformat ist fünfstufig und reicht von 1 = „stimme überhaupt nicht zu" bis 5 = „stimme vollkommen zu". Ein Beispiel-Item lautet: „Unser Unternehmen bietet meinem Team in ausreichendem Maße Teamfertigkeitstrainings (z.B. Kommunikation, Organisation etc.) an." Die Berechnung der internen Konsistenz dieser Skala über alle Untersuchungsteilnehmer ergab ein Cronbachs Alpha von 0,888 und kann damit sehr gut akzeptiert werden. Der mittlere r_{wg} über alle Arbeitsgruppen hat einen Wert von 0,906, der ebenfalls als sehr gut bezeichnet werden kann. Die Aggregation auf Gruppenebene war also zulässig.

Maße   275

Die übrigen Organisations- und unternehmerischen Kontextmerkmale und die Fragen zum Einsatz von Planungstechniken wurden ausschließlich den Führungskräften gestellt, da diese zum einen eher als Experten für die generellen Unternehmensmerkmale angesehen werden können und zum zweiten der Einsatz von Planungstechniken eine Methode darstellt, die vor allem durch die Führungskräfte für das Gruppenmanagement genutzt werden kann.

Die weiteren Fragen zur *Organisation* und dem *unternehmerischen Kontext* der Gruppenarbeit stellen hauptsächlich Single-Item-Skalen dar, die aufgrund Plausibilitätsüberlegungen und Interesse gestellt wurden, um ihren Einfluss später explorativ zu untersuchen. Es wurden insgesamt 11 Fragen gestellt, die je nach Inhalt anhand verschiedener Antwortformate beantwortet werden konnten (Items OK1-OK11 des Fragebogens, siehe Anhang 1). Beispielsweise wurde nach der Anzahl der Hierarchieebenen und der Hierarchieebene gefragt, auf welcher sich die Arbeitsgruppe befindet. Außerdem wurde nach der informations- und kommunikationstechnologischen Ausstattung der Arbeitsgruppen und nach der Institutionalisiertheit von Möglichkeiten zur direkten Kommunikation zwischen Gruppenmitgliedern gefragt, weiterhin nach der generellen Erwünschtheit und Förderung der Gruppenarbeit im Unternehmen, nach der Leistungserstellung und den Lohnstrukturen als auch nach der räumlichen Nähe. Die vollständige Liste der Fragen befindet sich im Anhang 1 dieser Arbeit.

Die Fragen zum *Einsatz von Planungstechniken* in der Gruppenarbeit beziehen sich auf Techniken der Steuerung von Gruppenarbeit. Die hier verwendete Skala stammt von Lechler (1997a) und enthält neun Items (Items TT1-TT9 des Fragebogens, siehe Anhang 1). Die Führungskräfte wurden gebeten anzugeben, in welchem Maße die jeweiligen Techniken der Arbeitsplanung in ihrer Arbeitsgruppe vorkommen. Das Antwortformat ist fünfstufig und reicht von 1 = „überhaupt nicht" bis 5 = „in sehr hohem Maße". Zwei Beispiel-Items lauten: „In welchem Maße erstellt Ihr Team für die zu erledigenden Aufgaben explizite Kosten- und Zeitpläne?" und „In welchem Maße wird in Ihrem Team der Fortschritt bei der Aufgabenerledigung dokumentiert?" Die Berechnung der internen Konsistenz über alle Führungskräfte ergab ein Cronbachs Alpha von 0,705, womit die Skala gut akzeptiert werden kann.

8.3.4 Operationalisierungen der Gruppenstrukturmerkmale

Im Zusammenhang mit der **Gruppenstruktur** wurden die für die vorliegende Untersuchung zentralen Merkmale der Gruppenzusammensetzung und der Gruppengröße erhoben. Die Erhebung der Merkmale der Gruppenzusammensetzung konzentrierte sich dabei auf die individuellen kulturellen Werteorientierungen der Gruppenmitglieder, ihres Alters, der Dauer ihrer formalen Bildung und der Dauer ihrer Unternehmens- und Gruppenzugehörigkeit.

Zur Messung der individuellen *kulturellen Werteorientierungen* wurden sämtliche Skalen aus dem „Cultural Perspectives Questionnaire (CPQ)"[871] verwendet. Anhand dieses Fragebogens können alle Variationen der kulturellen Werteorientierungen auf der individuellen Ebene erhoben werden. Der CPQ ist so konzipiert, dass er vor allem in der unternehmerischen Praxis angewendet werden kann, d.h., die Items sind vor dem Hintergrund des unter-

---

[871] Vgl. CPQ4: Maznevski et al. (2002). Zur Konstruktion, Überprüfung und Validierung des Instrumentes sei ebenfalls auf diesen Artikel verwiesen.

276 Methoden

nehmerischen oder Geschäftskontextes formuliert. Da Kultur nicht ohne Kontext artikuliert werden kann, ist dieser Fragebogen also vor allem für Personen geeignet, die in der Wirtschaft arbeiten.[872] Da diese jedoch die Zielgruppe der vorliegenden Untersuchung bilden, stellte der CPQ eine gute Möglichkeit dar, die kulturellen Werteorientierungen von Mitgliedern multikultureller Arbeitsgruppen zu erheben. Das Instrument besteht aus 89 Einzel-Satz-Aussagen, wobei die Respondenten gebeten werden anzugeben, inwieweit sie dem Inhalt der Aussagen zustimmen. Das Antwortformat ist siebenstufig[873] und reicht von 1 = „stimme überhaupt nicht zu" bis 7 = „stimme vollständig zu". Der CPQ macht ein Drittel des gesamten in der vorliegenden Untersuchung verwendeten Fragebogens aus und wurde erst nach den Fragen zur Gruppenarbeit aufgeführt. Den Fragen zu den kulturellen Werteorientierungen wurden die folgenden Erklärungen und Hinweise vorangestellt:

„Verschiedene Menschen haben verschiedene Ansichten darüber, wie wir mit anderen Menschen und der Welt um uns herum in Beziehung stehen. Alle diese Perspektiven sind wertvoll. Unterschiede in den Perspektiven bergen das Potenzial, neue und bessere Lösungen für organisationale Probleme zu finden.

Im folgenden Fragebogenabschnitt finden Sie eine Reihe von Aussagen. Bitte geben Sie an, inwiefern Sie den einzelnen Aussagen zustimmen. Bitte beachten Sie, dass Sie hier sieben Antwortmöglichkeiten haben.

Es gibt keine falschen Reaktionen zu den einzelnen Aussagen. Und es ist von äußerster Wichtigkeit, dass Sie Ihre eigene Ansicht zu jeder Aussage angeben. Es hat sich gezeigt, dass bei jeder dieser Aussagen manche Menschen glauben, dass sie immer zutreffen und andere Menschen glauben, dass sie niemals stimmen. Wieder andere Menschen fallen zwischen beide Extreme. Aber alle Perspektiven leisten dem organisationalen Entscheidungsfinden wichtige und wertvolle Hilfestellung und ein Unternehmen kann seine Leistungsfähigkeit steigern, indem es diese Perspektiven genauer zu verstehen weiß."

Die Erfassung der kulturellen Werteorientierung hinsichtlich der *menschlichen Natur* beruht entsprechend der Anzahl der Variationen auf zwei Skalen. Die erste erfasst das grundlegende Menschenbild (gut/böse), das eine Person inne hält und besteht aus fünf Items, wobei zwei gegen die Konzeptrichtung gepolt sind (Items NG1-NG5 des Fragebogens, siehe Anhang 1). Ein hoher Wert in dieser Skala drückt ein „gutes" Menschenbild aus. Ein Beispiel-Item lautet: „Die Menschen tun nur dann schlechte Dinge, wenn sie keine andere Wahl haben." Die Berechnung der internen Konsistenz dieser Skala über alle Gruppenmitglieder ergab ein Cronbachs Alpha von 0,504. Die zweite Skala zu dieser Werteorientierung erfasst die grundlegende Ansicht von Menschen über die Veränderbarkeit der menschlichen Natur und enthält drei Items (Items NCh1-NCh3 des Fragebogens, siehe Anhang 1), wobei ein hoher Wert impliziert, dass die menschliche Güte oder Schlechtigkeit von situativen Einflüssen abhängig und die menschliche Natur somit veränderlich ist. Ein

---

[872] Vgl. Maznevski et al. (2002), S. 290.
[873] Da Kultur ein sehr weit gefasstes Konstrukt ist und auch die dazugehörigen Dimensionen bzw. Werteorientierungen relativ breit angelegt sind, empfahl sich hier ein siebenstufiges Antwortformat, um eine größere Genauigkeit bei der Erfassung der verschiedenen Nuancen in den kulturellen Werteorientierungen zu erhalten (Näheres hierzu auch in Maznevski et al., 2002).

Beispiel-Item lautet: „Ob Menschen gut oder schlecht sind, hängt von ihrer Umwelt und ihren Erfahrungen ab." Die Berechnung der internen Konsistenz über alle Gruppenmitglieder ergab ein Cronbachs Alpha von 0,503.

Die Erfassung der *Mensch-Umwelt-Orientierung* beruht entsprechend der Anzahl der Variationen auf drei Skalen. Die erste stellt die Harmonieorientierung von Personen fest und besteht aus fünf Items (Items RHa1-RHa5 des Fragebogens, siehe Anhang 1). Ein hoher Wert in dieser Skala drückt eine ausgeprägte Harmonieorientierung einer Person aus. Ein Beispiel-Item lautet: „Gute Leistung stammt von der perfekten Übereinstimmung zwischen einem Unternehmen und seiner Umwelt." Die Berechnung der internen Konsistenz dieser Skala über alle Gruppenmitglieder ergab ein Cronbachs Alpha von 0,580. Die zweite Skala bezüglich der Mensch-Umwelt-Beziehungen erfasst die Beherrschungsorientierung einer Person und enthält neun Items (Items RM1-RM9 des Fragebogens, siehe Anhang 1), wobei ein hoher Wert eine entsprechend ausgeprägte Beherrschungsorientierung darstellt. Zwei Beispiel-Items lauten: „Die erfolgreichsten Unternehmen kontrollieren ihre eigene Umwelt." und „Die Menschen können beinahe jedes Problem, dem sie begegnen lösen, wenn sie die richtigen Methoden anwenden." Die Berechnung der internen Konsistenz dieser Skala über alle Gruppenmitglieder ergab ein Cronbachs Alpha von 0,615. Und schließlich die dritte Skala zur Mensch-Umwelt-Orientierung erfasst die Unterwerfungsorientierung von Personen anhand von ebenfalls fünf Items (Items RS1-RS5 des Fragebogens, siehe Anhang 1), wobei ein hoher Wert eine starke Unterwerfungsorientierung ausdrückt. Ein Beispiel-Item lautet: „Die Menschen sollten die ihnen zugewiesene Rolle erfüllen, anstatt zu versuchen, ihr eigenes Schicksal zu bestimmen." Die Berechnung der internen Konsistenz dieser Skala über alle Gruppenmitglieder ergab ein Cronbachs Alpha von 0,692.

Die Erfassung der *Zeitorientierung* beruht entsprechend der Anzahl der Variationen auf drei Skalen. Die erste stellt die Vergangenheitsorientierung einer Person fest und besteht aus sechs Items (Items TPa1-TPa6 des Fragebogens, siehe Anhang 1), wobei ein hoher Wert eine starke Vergangenheitsorientierung ausdrückt. Zwei Beispiel-Items lauten: „Wenn die Menschen Entscheidungen über die Zukunft treffen, sollten sie immer die Vergangenheit berücksichtigen." und „Es ist wichtig, Traditionen zu achten." Die Berechnung der internen Konsistenz dieser Skala über alle Gruppenmitglieder ergab ein Cronbachs Alpha von 0,533. Die zweite Skala zur Zeitorientierung erfasst die Gegenwartsbezogenheit einer Person und besteht aus acht Items (Items TPr1-TPr8 des Fragebogens, siehe Anhang 1), wobei ein hoher Wert eine ausgeprägte Gegenwartsorientierung ausdrückt. Zwei Beispiel-Items lauten: „Für organisationale Planungen ist der realistischste Zeithorizont ein Jahresquartal." und „Bei Entscheidungen über die Verteilung von Ressourcen in einem Unternehmen ist es am wichtigsten, diese auf gegenwärtigen und kurzfristigen Bedarfen zu basieren." Die Berechnung der internen Konsistenz dieser Skala über alle Gruppenmitglieder ergab ein Cronbachs Alpha von 0,565. Und schließlich die dritte Skala zur Zeitorientierung erfasst die Zukunftsbezogenheit einer Person anhand von sechs Items (Items TF1-TF6 des Fragebogens, siehe Anhang 1), wobei ein hoher Wert auch hier eine starke Zukunftsorientierung ausdrückt. Zwei Beispiel-Items lauten: „Am meisten zählt, was die Zukunft bereithält." und „Die Menschen sollten immer nach vorne schauen, anstatt sich über das Heute oder Gestern zu

278   Methoden

sorgen." Die Berechnung der internen Konsistenz dieser Skala über alle Gruppenmitglieder ergab ein Cronbachs Alpha von 0,564.

Die Erfassung der *Aktivitätsorientierung* beruht entsprechend der Anzahl der Variationen auf drei Skalen. Die erste stellt das Ausmaß der Handlungsorientiertheit einer Person anhand von sieben Items fest (Items AD1-AD7 des Fragebogens, siehe Anhang 1), wobei ein hoher Wert eine ausgeprägte Handlungsorientiertheit ausdrückt. Zwei Beispiel-Items lauten: „Die Besten sind jene, die immer am härtesten arbeiten." und „Schnelles Handeln ist besser, als Zeit damit zu verbringen, die Dinge zu durchdenken." Die Berechnung der internen Konsistenz dieser Skala über alle Gruppenmitglieder ergab ein Cronbachs Alpha von 0,711. Die zweite Skala zur Aktivitätsorientierung stellt das Ausmaß der Sein-Orientierung einer Person anhand von zehn Items fest (Items AB1-AB10 des Fragebogens, siehe Anhang 1), wobei ein hoher Wert eine ausgeprägte Sein-Orientiertheit einer Person ausdrückt. Zwei Beispiel-Items lauten: „Die erfolgreichsten Menschen sind diejenigen, die das tun, was ihnen am meisten gefällt." und „Die emotionalen Aspekte von Problemen sind wichtiger als deren logische Dimensionen." Die Berechnung der internen Konsistenz dieser Skala über alle Gruppenmitglieder ergab ein Cronbachs Alpha von 0,500. Und schließlich die dritte Skala zur Erfassung der Aktivitätsorientierung stellt das Ausmaß der Denken-Orientierung einer Person mittels acht Items fest (Items AT1-AT8 des Fragebogens, siehe Anhang 1), wobei ein hoher Wert eine ausgeprägte Denken-Orientierung ausdrückt. Zwei Beispiel-Items lauten: „Die erfolgreichsten Menschen sind jene, die immer sorgfältig die Bedeutungen ihrer Handlungen durchdenken." und „Ungeachtet der Situation ist es die extra Zeit immer wert, die es bedarf, um einen umfassenden Plan zu entwickeln." Die Berechnung der internen Konsistenz dieser Skala über alle Gruppenmitglieder ergab ein Cronbachs Alpha von 0,816.

Und schließlich beruht die Erfassung der *relationalen Orientierung* entsprechend der Anzahl der Variationen auf drei Skalen. Die erste stellt das Ausmaß der individualistischen Werteorientierung einer Person anhand von acht Items fest (Items RI1-RI8 des Fragebogens, siehe Anhang 1), wobei ein hoher Wert eine starke individualistische Werthaltung einer Person ausdrückt. Zwei Beispiel-Items lauten: „Die Menschen, die sich auf sich selbst verlassen, werden erfolgreich sein." und „Jungen Leuten sollte beigebracht werden, unabhängig zu sein." Die Berechnung der internen Konsistenz dieser Skala über alle Gruppenmitglieder ergab ein Cronbachs Alpha von 0,541. Die zweite Skala zur relationalen Orientierung erfasst das Ausmaß der kollektivistischen Werteorientierung einer Person anhand von zehn Items (Items RC1-RC10 des Fragebogens, siehe Anhang 1), wobei ein hoher Wert eine starke kollektivistische Werthaltung einer Person ausdrückt. Zwei Beispiel-Items lauten: „Die Interessen der Gruppe haben gegenüber den Interessen des Einzelnen innerhalb der Gruppe Priorität." und „Es ist die Verantwortung eines jeden, das zu tun, was am besten für die Gesellschaft als Ganzes ist." Die Berechnung der internen Konsistenz dieser Skala über alle Gruppenmitglieder ergab ein Cronbachs Alpha von 0,649. Die dritte Skala zur relationalen Orientierung stellt das Ausmaß der Hierarchieorientierung einer Person anhand von sieben Items fest (Items RHi1-RHi7 des Fragebogens, siehe Anhang 1). Ein hoher Wert in dieser Skala drückt eine ausgeprägte hierarchische Orientierung in den zwischenmenschlichen Beziehungen einer Person aus. Zwei Beispiel-Items lauten: „Für Menschen ist es am besten, Machthierarchien zu bilden." und „Personen auf den höheren Ebenen einer Organisation

Maße   279

müssen für jene sorgen, die unter ihnen stehen." Die Berechnung der internen Konsistenz dieser Skala über alle Gruppenmitglieder ergab ein Cronbachs Alpha von 0,598.

Insgesamt fällt bei den Kulturskalen auf, dass die meisten der Reliabilitätswerte zwischen einem Cronbachs Alpha von 0,5 und 0,6 liegen und die Skalen damit eigentlich als zu ungenau messend von einer Verwertung ausgeschlossen werden müssten. Lediglich die Skalen zur Erfassung der Handeln- und Denken-Orientierung sowie die Skala zur Erfassung der kollektivistischen Werthaltung erlangten akzeptable Werte. Möglicherweise sind diese Skalen kulturinvariant, d.h., es könnte davon ausgegangen werden, dass sie von jedem Menschen unabhängig von seiner speziellen kulturellen Prägung als quasi „objektiv" aufgefasst und auch verstanden werden. Insgesamt betrachtet ist das Problem der Messung kultureller Werte ein fundamentales Problem, wobei bis heute keine zufriedenstellenden Ergebnisse, Instrumente oder Implikationen gewonnen werden konnten.[874] Es lässt sich natürlich an dieser Stelle die Frage stellen, ob Kultur überhaupt mit standardisierten Verfahren gemessen werden kann, aber das ist eine Frage beinahe philosophischer Qualität, die an dieser Stelle aus Kapazitätsgründen nicht diskutiert werden kann. Das größte Problem des CPQs und auch aller anderen standardisierten Instrumente zur Messung von Kultur auf Werteebene liegt in der Größe bzw. Breite des Konstruktes ‚Kultur'. In Hinblick auf die Reliabilitätswerte ist es anerkannt, dass je „kleiner" oder enger definiert ein Konstrukt ist, desto eher mit hoch akzeptablen Reliabilitätswerten gerechnet werden kann. Kultur dagegen, verstanden als spezifische Wertekonfiguration, ist etwas, das per Definition unterhalb der Bewusstseinsschwelle nicht nur von einzelnen Individuen, sondern auch von gesamten Gesellschaften oder kulturellen Gruppen liegt. Um diesen Umständen – der Konstruktgröße und der Unbewusstheit von Kultur – Rechnung zu tragen, enthält der CPQ relativ viele Items pro Skala, wobei zusätzlich sämtliche Items in der dritten Person in der Form generalisierter Erwartungen formuliert sind. Dies hat zum Ziel, intrapersönliche Konflikte zu vermeiden und den Respondenten nicht die implizite Frage aufzuerlegen, in welcher Rolle sie antworten sollen, zum Beispiel als Unternehmensangehörige(r) oder als Angehörige(r) einer bestimmten Nation oder Kultur. In Anbetracht der generellen Schwierigkeit, individuelle kulturelle Werte zu messen, scheinen die in der hier gezogenen Stichprobe erzielten Reliabilitätswerte der Skalen doch nicht so schlecht zu sein, da sie häufig nur knapp unterhalb der Akzeptanzgrenze eines Cronbachs Alpha von 0,6 liegen. Tatsache ist, dass der CPQ das bis dato einzige und damit beste verfügbare Instrument zur Messung von Kultur auf individueller Ebene darstellt. Da außerdem in der vorliegenden Untersuchung die kulturelle Wertevielfalt von Mitgliedern multikultureller Arbeitsgruppen den zentralen Betrachtungsschwerpunkt bilden, kann und soll auf keine der Skalen und Werte verzichtet werden, zumal in die Überprüfung der Hypothesen nicht die jeweiligen individuellen Ausprägungen in den Werteorientierungen an sich einfließen, sondern die Distanzen zwischen den Gruppenmitgliedern in den Werteorientierungen, die trotz möglicher Messungenauigkeit der Skalen ihre eigene Aussagekraft entfalten können.

Zur Erfassung der **anderen Arten von Vielfalt** wurden Einzelfragen im Rahmen der Fragen zum demographischen Hintergrund der Untersuchungsteilnehmer gestellt (Items D1-D14 des Fragebogens, siehe Anhang 1). Die Teilnehmer wurden entsprechend nach ihrem

---

[874] Vgl. Müller & Gelbrich (2004), S. 241 ff.

280   Methoden

Alter, nach der *Dauer ihrer formalen Bildung* und nach der *Dauer ihrer Unternehmens- und Gruppenzugehörigkeit* gefragt. Ebenfalls auf diesem Wege wurde die Frage nach der absoluten Gruppengröße gestellt, wobei die Frage nach der **relativen Gruppengröße** eine Single-Item-Skala darstellt, die zusätzlich gegen die Konzeptrichtung gepolt ist (Item GS1 des Fragebogens, siehe Anhang 1). Das Item stammt von Campion, Medsker und Higgs (1993) und lautet: „Die Anzahl der Personen in meinem Team ist für die zu erledigende Arbeit zu gering." Das Antwortformat ist fünfstufig und reicht von 1 = „stimme überhaupt nicht zu" bis 5 = „stimme vollkommen zu". Über alle teilnehmenden Arbeitsgruppen ergab sich ein mittlerer Antwortwert des in Konzeptrichtung umgepolten Items von 3,39 (SD = 1,15), wobei schon die Streuung darauf hinweist, dass die Ansichten bezüglich einer ausreichenden Personenmenge in Anbetracht der zu erledigenden Gruppenaufgaben zwischen den Gruppenmitgliedern auseinander gingen. Dies wurde dann auch in dem mittleren r_{wg} über alle Gruppen sichtbar, der für die relative Gruppengröße einen Wert von 0,660 annahm. Obwohl dieser Wert unterhalb der Akzeptanzschwelle von 0,7 liegt, sollen die Werte zur relativen Gruppengröße dennoch in die Überprüfung der Hypothesen mit einfließen, wobei bei der späteren Interpretation der Ergebnisse die geringe Übereinstimmung zwischen den Gruppenmitgliedern hinsichtlich ihrer Wahrnehmung einer ausreichenden Gruppengröße mit bedacht werden soll.

8.3.5 Operationalisierungen der Gruppenprozesse

Zu den in der vorliegenden Untersuchung untersuchten Gruppenprozessen gehören zum einen die aufgaben- bzw. **kognitionsbezogenen Gruppenprozesse** und zum anderen die beziehungs- bzw. affektbezogenen Gruppenprozesse. Im Rahmen der erstgenannten wurden entsprechend aufgabenbezogene Gruppenprozesse, das Ausmaß an Aufgabenkonflikten und das Ausmaß der externen Gruppenkommunikation erhoben, im Rahmen der Zweitgenannten die **beziehungsbezogenen Gruppenprozesse**, das Ausmaß an Beziehungskonflikten und das Ausmaß der Formalität bzw. Informalität der Gruppenkommunikation. Zusätzlich wurde außerdem das Ausmaß der Konfliktlösung, bezogen auf beide Konfliktarten, erhoben.

Als erstes gehören zu den **kognitionsbezogenen Gruppenprozessen** die *aufgabenbezogenen Gruppenprozesse*, die in dieser Untersuchung als Maß für die Prozesse der Strukturierung und Auswahl von Aufgabenerledigungsstrategien verwendet werden. Dieses Maß betrifft die Wahrnehmung der Gruppenmitglieder, inwieweit sie in der Lage sind, die jeweiligen Prozesse auszuführen. Die Skala zu den aufgabenbezogenen Gruppenprozessen stammt von Ancona und Caldwell (1992b) und enthält drei Items (Items GP1-GP3 des Fragebogens, siehe Anhang 1). Die Gruppenmitglieder wurden gebeten anzugeben, inwieweit sie den in den einzelnen Aussagen beschriebenen arbeitsbezogenen Verhaltensweisen zustimmen. Das Antwortformat ist fünfstufig und reicht von 1 = „stimme überhaupt nicht zu" bis 5 = „stimme vollkommen zu". Ein Beispiel-Item lautet: „Mein Team setzt Prioritäten innerhalb der zu erledigenden Arbeiten." Die Berechnung der internen Konsistenz dieser Skala über alle Gruppenmitglieder ergab ein Cronbachs Alpha von 0,669, welches damit akzeptiert werden kann, und der mittlere r_{wg} über alle Arbeitsgruppen hat einen Wert von 0,862, der ebenfalls als gut zu bezeichnen ist. Die Aggregation auf Gruppenebene war also zulässig.

Als zweites Maß der kognitionsbezogenen Gruppenprozesse wurde in der vorliegenden Untersuchung das Ausmaß an *Aufgabenkonflikten* in den multikulturellen Arbeitsgruppen erhoben. Aufgabenkonflikte sind definiert als Wahrnehmungen unter den Gruppenmitgliedern, dass sie sich hinsichtlich aufgabenbezogener Themen in ihren Sichtweisen und Beurteilungen voneinander unterscheiden. Die Skala zur Erfassung der Aufgabenkonflikte in Arbeitsgruppen stammt von Jehn (1995) und enthält vier Items (Items TaC1-TaC4 des Fragebogens, siehe Anhang 1). Die Gruppenmitglieder wurden gebeten anzugeben, in welchem Ausmaß die in den Fragen beschriebenen Konfliktsituationen in ihrer Arbeitsgruppe auftreten. Das Antwortformat ist fünfstufig und reicht von 1 = „nie/kein" bis 5 = „sehr oft/sehr viel". Ein Beispiel-Item lautet: „Wie oft herrschen in Ihrem Team Meinungsverschiedenheiten bezüglich der zu erledigenden Arbeit?" Die Berechnung der internen Konsistenz dieser Skala über alle Gruppenmitglieder ergab ein Cronbachs Alpha von 0,708, das gut akzeptabel ist, und der mittlere r_{wg} über alle Arbeitsgruppen erreicht einen Wert von 0,903, der als sehr gut bezeichnet werden kann. Damit ist auch hier die Aggregation auf Gruppenebene zulässig.

Die Erhebung der *externen Kommunikation* der Arbeitsgruppen, als drittes Maß der kognitionsbezogenen Gruppenprozesse, sollte Auskunft über den Grad des für die Gruppenarbeit notwendigen Informationsaustausches der Arbeitsgruppe mit Personen außerhalb der Kernarbeitsgruppe geben. Dieser ist immer dann gegeben, wenn sich die Aufgabenerledigung einer Arbeitsgruppe auf Informationen und/oder Expertisen außerhalb der Arbeitsgruppe beziehen muss. Die hier verwendete Skala stammt von Gresov (1989) und enthält drei mal drei Items (Items Co1a,b,c-Co3a,b,c des Fragebogens, siehe Anhang 1). Die Gruppenmitglieder wurden gebeten anzugeben, inwieweit sie in den beschriebenen Interaktionsformen für ihre Arbeit involviert sein müssen. Das Antwortformat ist fünfstufig und reicht von 1 = „nie" bis 5 = „sehr oft". Ein Beispiel-Item lautet: „Wie oft haben Sie in den vergangenen drei Monaten schriftliche Berichte oder Memos von oder an folgende(n) Personen erhalten oder versendet, um die Arbeit ihres Teams zu koordinieren? A) Personen in anderen Einheiten Ihres Geschäftsbereichs? B) Personen im Verwaltungsbereich? C) Personen in anderen Unternehmen oder Organisationen?" Die Berechnung der internen Konsistenz dieser Skala über alle Gruppenmitglieder ergab für „A" ein Cronbachs Alpha von 0,796; für „B" ein Cronbachs Alpha von 0,875 und für „C" ein Cronbachs Alpha von 0,858. Alle drei Werte können als gut bezeichnet werden. Der mittlere r_{wg} über alle Arbeitsgruppen hat für „A" einen Wert von 0,869; für „B" einen Wert von 0,908 und für „C" einen Wert von 0,799. Auch diese können als gut bezeichnet werden, womit die Aggregation auf Gruppenebene als zulässig angesehen wird.

Als erstes Maß der **affektbezogenen Gruppenprozesse** werden in der vorliegenden Untersuchung die *beziehungsbezogenen Gruppenprozesse* des Kooperierens und der gegenseitigen Unterstützung in einer Arbeitsgruppe erhoben. Diese Prozesse wurden anhand von zwei Skalen von Campion, Medsker und Higgs (1993) gemessen. Die erste Skala erfasst das Ausmaß, bis zu dem die Gruppenmitglieder die zur Erledigung der Gruppenaufgaben anfallenden Arbeitsbelastungen fair untereinander aufteilen (Items WS1-WS3 des Fragebogens, siehe Anhang 1), wohingegen die zweite Skala das Ausmaß der gegenseitigen sozialen Unterstützung in einer Arbeitsgruppe (Items SS1-SS3 des Fragebogens, siehe Anhang 1) erfasst. Die Gruppenmitglieder wurden gebeten anzugeben, inwieweit sie den in den einzelnen Aussagen beschriebenen zwischenmenschlichen Aspekten der Zusammenarbeit in einer Arbeitsgruppe in Bezug auf ihre eigene Arbeitsgruppe zustimmen. Das Antwortformat ist fünfstufig und reicht von 1 = „stimme überhaupt nicht zu" bis 5 = „stimme vollkommen zu". Ein Beispiel-Item der ersten Skala lautet: „In meinem Team leistet jeder seinen gerechten Anteil an der Arbeit." Ein Beispiel-Item der zweiten Skala lautet: „Wenn es notwendig ist, helfen sich die Mitglieder meines Teams bei der Arbeit gegenseitig aus." Die Berechnung der internen Konsistenz der Skala bezüglich des Teilens der Arbeitsbelastung über alle Gruppenmitglieder ergab ein Cronbachs Alpha von 0,500 und der Skala bezüglich der sozialen Unterstützung ein Cronbachs Alpha von 0,659, wobei die Reliabilitätsanalysen beider Skalen ergaben, dass jeweils ein Item pro Skala für die geringen Reliabilitäten verantwortlich waren. Da die beiden Skalen inhaltlich nahe beieinander liegen, wurde über alle sechs Items eine explorative Faktorenanalyse (Hauptkomponentenanalyse) durchgeführt. Diese Analyse der beiden Skalen ergab tatsächlich zwei Faktoren, die sich jedoch aus jeweils zwei bzw. einem Skalenitem(s) zusammensetzten. Die beiden einzelnen Items, die gemeinsam einen Faktor ergaben, waren dann auch diejenigen, die in der Reliabilitätsanalyse der Skalen als Verursacher der geringen Reliabilität identifiziert wurden (Items WS2 und SS2). Aus diesem Grunde wurden die vier Items des ersten Faktors (Eigenwert: 2,692), der 45% der Varianz in den Antworten erklärte, für die vorliegende Untersuchung zu einer Skala integriert und für die Hypothesenüberprüfung zu einem Maß der beziehungsbezogenen Gruppenprozesse zusammengefasst. Jedes Item in dieser Skala wies eine Faktorladung größer 0,7 auf. Die Berechnung der internen Konsistenz der neuen Skala über alle Gruppenmitglieder ergab ein Cronbachs Alpha von 0,783 und kann damit gut akzeptiert werden. Auch der mittlere r_{wg} in der neuen Skala über alle Arbeitsgruppen erreicht einen Wert von 0,942, der als sehr gut zu bezeichnen ist. Die Aggregation der individuellen Antworten zu der neuen Skala auf die Gruppenebene kann demnach auch hier als zulässig angesehen werden.

Als zweites Maß der affektbezogenen Gruppenprozesse wurde in der vorliegenden Untersuchung das Ausmaß an *Beziehungskonflikten* in den multikulturellen Arbeitsgruppen erhoben. Diese sind definiert als die Wahrnehmung von Gruppenmitgliedern, dass untereinander zwischenmenschliche Unstimmigkeiten vorliegen, die sich nicht auf die unmittelbare Aufgabenerledigung beziehen und durch negativen Affekt charakterisiert sind. Die Skala zur Erfassung des Ausmaßes an Beziehungskonflikten in Arbeitsgruppen stammt von Jehn (1995) und enthält vier Items (Items ReC1-ReC4 des Fragebogens, siehe Anhang 1). Die Gruppenmitglieder wurden gebeten anzugeben, in welchem Ausmaß die in den Fragen beschriebenen Konflikte in ihrer Arbeitsgruppe auftreten. Das Antwortformat ist fünfstufig und reicht von 1 = „keine/gar nicht" bis 5 = „sehr viel/sehr stark". Ein Beispiel-Item lautet: „Wie sehr sind Persönlichkeitskonflikte in Ihrem Team offensichtlich?" Die Berechnung der internen Konsistenz dieser Skala über alle Gruppenmitglieder ergab ein Cronbachs Alpha von 0,909, das als sehr gut akzeptiert werden kann, und der mittlere r_{wg} über alle Arbeitsgruppen erreicht einen Wert von 0,964, der ebenfalls als sehr gut zu bezeichnen ist. Die Aggregation der individuellen Antworten auf Gruppenebene kann damit als zulässig angesehen werden.

Und schließlich wird als drittes Maß der sozialen bzw. beziehungsbezogenen Gruppenprozesse der *Grad der Informalität der Gruppenkommunikation* erhoben. Dieser drückt den bevorzugten Kommunikationsmodus zwischen den Gruppenmitgliedern aus. Die in der vorliegenden Untersuchung zur Erfassung des Formalitätsgrades der Gruppenkommunikation verwendete Skala stammt von Smith et al. (1994) und enthält vier Items, von denen zwei gegen die Konzeptrichtung gepolt sind (Items CI1-CI4 des Fragebogens, siehe Anhang 1). Die Gruppenmitglieder wurden gebeten anzugeben, inwieweit sie den in den Aussagen beschriebenen kommunikativen Verhaltensweisen in Bezug auf ihre Arbeitsgruppe zustimmen. Das Antwortformat ist fünfstufig und reicht von 1 = „stimme überhaupt nicht zu" bis 5 = „stimme vollkommen zu", wobei ein hoher Wert ein hohes Maß an Informalität in der Gruppenkommunikation ausdrückt. Ein Beispiel-Item (gegen Konzeptrichtung gepolt) lautet: „Kommunikation zwischen den Mitgliedern meines Teams findet immer schriftlich statt." Die Berechnung der internen Konsistenz dieser Skala über alle Gruppenmitglieder ergab ein Cronbachs Alpha von 0,663, das damit akzeptiert werden kann, und der mittlere r_{wg} über alle Arbeitsgruppen erreicht einen Wert von 0,901, der als sehr gut zu bezeichnen ist. Die Aggregation der individuellen Antworten auf Gruppenebene kann damit als zulässig angesehen werden.

Das letzte Maß zur Erhebung der Gruppenprozesse stellt schließlich die *Konfliktlösung* dar und erfasst entsprechend die Fähigkeit einer Arbeitsgruppe, die in der Zusammenarbeit auftretenden Konflikte zu lösen. Die hierzu verwendete Skala stammt ebenfalls von Jehn (1995) und enthält drei Items (Items CoR1-CoR4 des Fragebogens, siehe Anhang 1). Die Gruppenmitglieder wurden gebeten anzugeben, inwieweit sie den in den jeweiligen Aussagen beschriebenen Verhaltensweisen der Gruppenzusammenarbeit zustimmen. Das Antwortformat ist fünfstufig und reicht von 1 = „stimme überhaupt nicht zu" bis 5 = „stimme vollkommen zu". Ein Beispiel-Item lautet: „Streitigkeiten über die spezifischen zu erledigenden Arbeiten werden in meinem Team üblicherweise beigelegt. Die Berechnung der internen Konsistenz dieser Skala über alle Gruppenmitglieder ergab ein Cronbachs Alpha von 0,762, das damit gut akzeptiert werden kann, und der mittlere r_{wg} über alle Arbeitsgruppen erreicht einen Wert von 0,932, der als sehr gut zu bezeichnen ist. Die Aggregation der individuellen Antworten auf Gruppenebene kann damit als zulässig gelten.

8.3.6 Operationalisierungen der Gruppenerfolgsvariablen

Zu den in der vorliegenden Untersuchung untersuchten Erfolgsmerkmalen der Gruppenarbeit gehören zum einen die Maße zur Erfassung des ökonomischen und zum anderen die Maße zur Erfassung des sozialen Gruppenerfolgs. Im Rahmen der Erstgenannten wurden die Einschätzungen der Effektivität gewählter Aufgabenstrategien, die Einschätzung der Effektivität der Gruppenkommunikation und die Einschätzung der Gesamtgruppenleistung erhoben. Im Rahmen der Zweitgenannten wurden die Zufriedenheit mit der Gruppenarbeit, die Gruppenbindung und die Gruppenzuversicht als Variablen des sozialen Gruppenerfolgs erhoben.

Die Einschätzung der *Effektivität gewählter Aufgabenstrategien*, in dieser Untersuchung als erstes Maß für den **ökonomischen Erfolg** der Arbeitsgruppen verwendet, betrifft die Einschätzung der Gruppenmitglieder bezüglich des Ausmaßes, bis zu dem die von der Arbeitsgruppe gewählten Aufgabenerledigungsstrategien den Anforderungen der Gruppenaufgabe und der generellen Gruppenarbeit gerecht werden. Die Skala zur Erfassung der Einschätzung der Effektivität gewählter Aufgabenstrategien stammt in der hier verwendeten Fassung von Saavedra, Earley und Van Dyne (1993) und enthält acht Items, von denen zwei gegen die

Konzeptrichtung gepolt sind (Items PSE1-PSE8 des Fragebogens, siehe Anhang 1). Die Gruppenmitglieder wurden gebeten anzugeben, inwieweit sie den in den jeweiligen Aussagen beschriebenen Leistungsaspekten der Gruppenzusammenarbeit zustimmen. Das Antwortformat ist fünfstufig und reicht von 1 = „stimme überhaupt nicht zu" bis 5 = „stimme vollkommen zu". Mit der Konzeptrichtung indiziert ein hoher Wert eine hohe Einschätzung der Effektivität gewählter Aufgabenstrategien. Zwei Beispiel-Items lauten: „Die Art und Weise, wie wir bei unserer Arbeit vorgehen, ist den Aufgaben, die wir zu erledigen haben, vollkommen angemessen." und „Wenn eine Nicht-Routine Angelegenheit in meinem Team auftritt, sind wir recht geschickt darin, neue Wege zu finden, wie wir mit der Situation umgehen können." Die Berechnung der internen Konsistenz dieser Skala über alle Gruppenmitglieder ergab ein Cronbachs Alpha von 0,858, welches sehr gut akzeptabel ist. Der mittlere r_{wg} über alle Arbeitsgruppen hat einen Wert von 0,959, der damit ebenfalls als sehr gut bezeichnet werden kann. Die Aggregation der individuellen Antworten auf Gruppenebene war also zulässig.

Die Einschätzung der *Effektivität der Gruppenkommunikation*, als zweites hier verwendetes Maß für den ökonomischen Erfolg der Arbeitsgruppen, betrifft den Grad, inwieweit die Gruppenmitglieder frei und offen miteinander kommunizieren und Missverständnisse vermeiden können. Die Skala zur Erfassung der Einschätzung der Effektivität der Gruppenkommunikation stammt von Earley und Mosakowski (2000) und enthält zwei Items, von denen eines gegen die Konzeptrichtung gepolt ist (Items ITC1-ITC2 des Fragebogens, siehe Anhang 1). Die Gruppenmitglieder wurden gebeten anzugeben, inwieweit sie den in den jeweiligen Aussagen beschriebenen Leistungsaspekten der Gruppenzusammenarbeit zustimmen. Das Antwortformat ist fünfstufig und reicht von 1 = „stimme überhaupt nicht zu" bis 5 = „stimme vollkommen zu", wobei ein hoher Wert ein hohes Ausmaß eingeschätzter Kommunikationseffektivität ausdrückt. Ein Beispiel-Item lautet: „Die Leute in unserem Team reden frei und offen miteinander." Die Berechnung der internen Konsistenz dieser Skala über alle Gruppenmitglieder ergab ein Cronbachs Alpha von 0,654, welches akzeptiert werden kann. Bei Zwei-Item-Skalen ist es jedoch üblich, anstatt der internen Konsistenz die Interitemkorrelation (r) anzugeben, die im vorliegenden Fall 0,468 (n = 107, p < 0,0001) beträgt. Der mittlere r_{wg} über alle Arbeitsgruppen hat einen Wert von 0,929, der als sehr gut bezeichnet werden kann. Die Aggregation der individuellen Antworten auf Gruppenebene war also zulässig.

Die *Einschätzung der Gesamtgruppenleistung* als drittes hier verwendetes Maß für den ökonomischen Erfolg der Arbeitsgruppen betrifft die Einschätzung der gesamten Gruppenleistung anhand konkreter Merkmale. Die Einschätzung der Gesamtgruppenleistung wurde sowohl von den Gruppenmitgliedern als auch von den Führungskräften erhoben. Die Skala zur Einschätzung der Gruppenleistung durch die Gruppenmitglieder stammt von Ancona und Caldwell (1992b) und enthält sechs Items (Items TTP1-TTP6 des Fragebogens, siehe Anhang 1), die Skala zur Einschätzung der Gruppenleistung durch die Führungskräfte stammt von Henderson und Lee (1992) und enthält essenziell dieselben Items wie die der Skala Ancona und Caldwells plus vier weitere (Items XTP1-XTP10 des Fragebogens, siehe Anhang 1). Die Gruppenmitglieder wurden gebeten anzugeben, wie sie die Leistung ihrer Arbeitsgruppen hinsichtlich der folgend genannten Dimensionen beurteilen. Das Antwortformat ist fünfstufig und reicht von 1 = „ungenügend" bis 5 = „sehr gut". Konkret wurde nach der Einschätzung der Effizienz, der Qualität, der Innovationen, der Terminsicherheit, der Budgetsicherheit und

Maße 285

der Arbeitsexzellenz gefragt. Obwohl Ancona und Caldwell für diese Items bereits eine Ein-Faktoren-Struktur feststellten[875], wurde hier ebenfalls eine Hauptkomponentenanalyse über die Items durchgeführt, welche die Ein-Faktoren-Struktur bestätigte (Eigenwert: 3,185; erklärte Varianz: 53,07%, alle Faktorladungen der Items über 0,75) und die Zusammenfassung der Items zu einer Skala nochmals rechtfertigte. Die Berechnung der internen Konsistenz dieser Skala über alle Gruppenmitglieder ergab ein Cronbachs Alpha von 0,806, welches sehr gut akzeptabel ist. Der mittlere r_{wg} über alle Arbeitsgruppen hat einen Wert von 0,960, der damit ebenfalls als sehr gut bezeichnet werden kann. Die Aggregation der individuellen Antworten auf Gruppenebene war also zulässig.

Den Fragen zur Einschätzung der Gesamtgruppenleistung durch die Führungskräfte wurde die folgende Instruktion vorangestellt: „In den folgenden Fragen werden Sie gebeten, Ihr Team mit anderen Teams zu vergleichen. In Beziehung zu anderen vergleichbaren Teams, mit denen Sie gearbeitet oder die Sie beobachtet haben, wie würden Sie ihr gegenwärtiges Team hinsichtlich der folgenden Sachverhalten einschätzen?" Das Antwortformat ist siebenstufig und reicht von 1 = „extrem niedrig/gering" bis 7 = „extrem hoch". Konkret wurde nach der Einschätzung der Effizienz der Teamoperationen, der bewältigten Arbeitsmenge, der Termin- und Budgetsicherheit, der Arbeitsqualität, der Interaktionseffektivität der Gruppenmitglieder mit Personen außerhalb des Teams und der Fähigkeit des Teams gefragt, seine Arbeitsziele zu erreichen. Die Berechnung der internen Konsistenz dieser Skala über die Führungskräfte ergab ein Cronbachs Alpha von 0,889, welches damit sehr gut akzeptiert werden kann.

In Bezug auf den **sozialen Gruppenerfolg** wurde als erstes Maß die *Zufriedenheit der Gruppenmitglieder mit ihrer Gruppenleistung* erhoben. Die hier verwendete Skala stammt von Earley und Mosakowski (2000) und enthält zwei Items (Items TSP1-TSP2 des Fragebogens, siehe Anhang 1). Die Gruppenmitglieder wurden gebeten anzugeben, wie glücklich und zufrieden sie mit der Leistung ihrer Arbeitsgruppe sind. Das Antwortformat ist fünfstufig und reicht von 1 = „überhaupt nicht zufrieden/glücklich" bis 5 = „sehr zufrieden/glücklich". Die Berechnung der internen Konsistenz dieser Skala über alle Gruppenmitglieder ergab ein Cronbachs Alpha von 0,943, welches als sehr gut akzeptiert werden kann. Die Interitemkorrelation ergab ein r von 0,893 (n= 107, p< 0,0001). Der mittlere r_{wg} über alle Arbeitsgruppen hat einen Wert von 0,972, der ebenfalls als sehr gut bezeichnet werden kann. Die Aggregation der individuellen Antworten auf Gruppenebene war also zulässig.

Das in der vorliegenden Untersuchung als zweites Maß für den sozialen Gruppenerfolg erhobene Merkmal betrifft die *Gruppenbindung*. Diese ist definiert als die relative Stärke der Identifikation und der Beteiligung eines Gruppenmitglieds an seine Arbeitsgruppe. Die hier verwendete Skala zur Messung der Gruppenbindung stammt von Van der Vegt, Emans und Van de Vliert (2000) und enthält vier Items (Items TCo1-TCo4 des Fragebogens, siehe Anhang 1). Die Gruppenmitglieder wurden gebeten anzugeben, inwieweit sie den in den jeweiligen Aussagen beschriebenen Aspekten der Gruppenzusammenarbeit zustimmen. Das Antwortformat ist fünfstufig und reicht von 1 = „stimme überhaupt nicht zu" bis 5 = „stimme vollkommen zu". Ein Beispiel-Item lautet: „Ich fühle mich diesem Team sehr zugeneigt und verpflichtet." Die Berechnung der internen Konsistenz dieser Skala über alle Mitglieder ergab

---

[875] Vgl. Ancona & Caldwell (1992b), S. 329.

ein Cronbachs Alpha von 0,831, welches sehr gut akzeptabel ist. Der mittlere r_{wg} über alle Arbeitsgruppen hat einen Wert von 0,951, der damit ebenfalls als sehr gut bezeichnet werden kann. Die Aggregation der individuellen Antworten auf Gruppenebene war also zulässig.

Und schließlich betrifft das dritte in der vorliegenden Untersuchung für den sozialen Gruppenerfolg erhobene Maß die *Gruppenzuversicht.* Diese beinhaltet den Glauben der Gruppenmitglieder, gemeinsam als Arbeitsgruppe die gestellten Aufgaben erfolgreich erledigen zu können. Die hier verwendete Skala stammt von Campion, Medsker und Higgs (1993) und enthält drei Items (Items GS1-GS3 des Fragebogens, siehe Anhang 1). Die Gruppenmitglieder wurden gebeten anzugeben, inwieweit sie den in den jeweiligen Aussagen beschriebenen Aspekten der Gruppenzusammenarbeit zustimmen. Das Antwortformat ist fünfstufig und reicht von 1 = „stimme überhaupt nicht zu" bis 5 = „stimme vollkommen zu". Ein Beispiel-Item lautet: „Mein Team kann beinahe jede Aufgabe annehmen und sie erledigen." Die Berechnung der internen Konsistenz dieser Skala über alle Gruppenmitglieder ergab ein Cronbachs Alpha von 0,744, welches gut akzeptabel ist. Der mittlere r_{wg} über alle Arbeitsgruppen hat einen Wert von 0,733, der damit ebenfalls als gut bezeichnet werden kann. Die Aggregation der individuellen Antworten auf Gruppenebene war zulässig.

Insgesamt betrachtet ist es also möglich, die Daten von beinahe sämtlichen erhobenen Skalen für die Hypothesenprüfung zu verwenden. Lediglich die Skalen zur Gruppenautonomie und zur Aufgabenidentität als Maße der Arbeitsgestaltung müssen von einer Verwendung ausgeschlossen werden. Außerdem ist bei der Anwendung der Kulturskalen zu beachten, dass diese aufgrund der Konstruktbreite nicht immer das geforderte Maß an Reliabilität erfüllen und daher die kulturellen Werteorientierungen teilweise ungenauer messen, als es wünschenswert gewesen wäre.

8.4 Statistische Vorgehensweise

Der methodische Schwerpunkt der Untersuchung liegt auf der statistischen Analyse der quantitativen Daten. Zur Untersuchung der explorativen Fragen werden Varianzanalysen bzw. t-Tests durchgeführt, wobei jedoch die differenzierte Erfassung der einzelnen Zusammenhänge unter den Kontext-, Gestaltungs-, Struktur-, Prozess- und Erfolgsvariablen hauptsächlich anhand bivariater und multipler Regressionsanalysen erfolgt. Die Regressionsanalyse stellt dabei eines der flexibelsten und in der sozialwissenschaftlichen Forschung am häufigsten eingesetzten statistischen Verfahren dar und dient der Analyse von Beziehungen zwischen einer oder mehreren unabhängigen bzw. Prädiktorvariablen und einer abhängigen oder Kriteriumsvariable.

Statistische Vorgehensweise 287

Das Ergebnis dieser Analyse besteht in einer Gleichung zur Vorhersage der abhängigen oder Kriteriumsvariablen.[876] Zur Überprüfung der Regressionsfunktion werden einmal globale Gütemaße (das R^2 [877] und die F-Statistik[878]) und Maße zur Prüfung der Regressionskoeffizienten (t- und Beta-Wert[879]) herangezogen. Bevor jedoch die Regressionsmethode zur Analyse von Beziehungen zwischen Variablen angewendet werden kann, müssen einige Annahmen berücksichtigt werden, die zur Verwendung des Verfahrens vorliegen sollten.eine globale Voraussetzung der Regressionsanalyse besteht darin, dass alle beteiligten, kontinuierlichen Variablen multivariat normal verteilt sind, es sei denn, der Stichprobenumfang ist im Verhältnis zur Anzahl der Variablen genügend groß.[880] Generelle Aussagen über dieses Verhältnis sind dabei nur schwer zu treffen, wobei jedoch darauf hingewiesen wurde, dass die Anzahl der Beobachtungen (Stichprobenumfang) mindestens fünfmal so groß sein sollte wie die Anzahl der in einer Regressionsanalyse verwendeten Prädiktorvariablen, um signifikante Zusammenhänge ermitteln zu können.[881] Da die gezogene Stichprobe der vorliegenden Untersuchung 37 Arbeitsgruppen umfasst, sollten sich also maximal sieben, besser weniger Prädiktoren in einer Gleichung befinden.

Die zweite, sehr wichtige Annahme zur Verwendung von Regressionsschätzungen bei Querschnittsuntersuchungen betrifft die lineare Unabhängigkeit zwischen den Prädiktoren bzw. Regressoren. Je größer nämlich die Interkorrelation zwischen den Prädiktorvariablen ist, desto weniger wird das Beta-Gewicht durch die Einzelkorrelation der Prädiktorvariablen mit der Kriteriumsvariablen bestimmt. Das bedeutet, dass sich die Regressoren nicht als lineare Funktion der übrigen Regressoren darstellen lassen dürfen. Ist dies der Fall, liegt Multikollinearität vor, die üblicherweise dazu führt, dass die Standardabweichungen der Regressions-

---

[876] Vgl. Albers & Skiera (1999), S. 205; Bortz (1999), S. 433; Backhaus et al. (2003), S. 46.

[877] Das R^2, auch Bestimmtheitsmaß genannt, misst die Güte der Anpassung der Regressionsfunktion an die empirischen Daten und ergibt sich aus dem Verhältnis von erklärter Streuung zur Gesamtstreuung. Da das R^2 in seiner Höhe durch die Anzahl der Regressoren (Prädiktorvariablen) in der Gleichung beeinflusst ist, wird häufig das angepasste R^2 zur Bestimmung der Güte herangezogen. Das angepasste R^2 vermindert das einfache Bestimmtheitsmaß um eine Korrekturgröße, die um so größer ist, je größer die Anzahl der Regressoren und je kleiner die Zahl der Freiheitsgrade ist (vgl. Albers & Skiera, 1999, S. 209 f.; Bortz, 1999, S. 435; Backhaus et al., 2003, S. 63 ff.). In der vorliegenden Untersuchung sollen zur besseren Interpretation daher immer beide Bestimmtheitsmaße angegeben werden.

[878] Die F-Statistik, als zweites globales Gütemaß der Regressionsgleichung, bildet ein geeignetes Prüfverfahren zu der Frage, ob das geschätzte Modell auch über die gezogene Stichprobe hinaus für die Grundgesamtheit Gültigkeit besitzt. In die Berechnung der F-Statistik geht daher zusätzlich der Umfang der Stichprobe mit ein (vgl. Albers & Skiera, 1999, S. 212; Bortz, 1999, S. 436; Backhaus et al., 2003, S. 68 f.). Die F-Werte mit der dazugehörigen Vertrauenswahrscheinlichkeit, dass der Test zu einer Annahme der Null-Hypothese (kein Zusammenhang) führt, werden also ebenfalls in der vorliegenden Untersuchung immer mit angegeben.

[879] Zur Überprüfung der Güte der einzelnen Regressionskoeffizienten wird üblicherweise die Signifikanz der Standardpartialregressionskoeffizienten, kurz Beta-Gewichte, anhand der t-Statistik geprüft. Diese gibt an, welchen Beitrag eine Prädiktorvariable zur Vorhersage der Kriteriumsvariable leistet (Signifikanz der Beta-Werte). Unter der Nullhypothese (kein Beitrag) folgt die t-Statistik einer t-Verteilung um den Mittelwert Null und es gilt wie oben, dass bei starker Abweichung des empirischen t-Werts vom theoretischen t-Wert die Nullhypothese und einer gewissen Irrtumswahrscheinlichkeit verworfen werden kann (vgl. Albers & Skiera, 1999, S. 212 f.; Bortz, 1999, S. 434; Backhaus et al., 2003, S. 73 ff.). Auch die Beta- und die entsprechenden t-Werte mit den dazugehörigen Vertrauenswahrscheinlichkeiten werden in der vorliegenden Untersuchung immer mit angegeben.

[880] Vgl. Bortz (1999), S. 435.

[881] Vgl. Albers & Skiera (1999), S. 217 ff.

288   Methoden

koeffizienten sehr hoch sind und dass die Regressionskoeffizienten selbst nur noch unzureichend, wenn überhaupt, interpretiert werden können. Infolge von Multikollinearität kann es vorkommen, dass das R^2 der Regressionsfunktion signifikant ist, obwohl keiner der Koeffizienten signifikant ist. Ebenso kann aufgrund von Multikollinearität zwischen den Prädiktorvariablen passieren, dass sich die Regressionskoeffizienten erheblich verändern, wenn eine weitere Variable in die Gleichung mit aufgenommen oder eine enthaltene weggelassen wird.[882]

Um eine mögliche Multikollinearität zwischen den Prädiktorvariablen aufzudecken, sollte jeweils eine Regression einer Prädiktorvariablen auf die übrigen Prädiktorvariablen durchgeführt und die jeweiligen Bestimmtheitsmaße errechnet werden. Ergibt das Bestimmtheitsmaß in einer solchen Regression Eins, bedeutet dies, dass eine vollständige Multikollinearität vorliegt und sich diese Prädiktorvariable durch eine Linearkombination der anderen Prädiktorvariablen erzeugen lässt und damit überflüssig ist. Die Differenz zwischen Eins und dem jeweiligen R^2 in den jeweiligen Regressionen wird als Toleranz der Variablen und der Kehrwert aus dieser Differenz als „Variance Inflation Factor (VIF-Wert)" bezeichnet. Der VIF ist umso größer, je größer das Bestimmtheitsmaß einer Prädiktorvariablen in Bezug auf die anderen Prädiktorvariablen ist, wobei der Name „Variance Inflation Factor" daraus resultiert, dass sich mit zunehmender Multikollinearität die Varianzen der Regressionskoeffizienten um genau diesen Faktor vergrößern.[883] Liegen also die VIF-Werte der Regressoren nahe Eins, liegt keine oder vernachlässigbare Multikollinearität vor, sind die Werte dagegen größer als 10, stellt Multikollinearität ein großes Problem dar und die Regressionskoeffizienten können nicht mehr sinnvoll interpretiert werden, wobei als Faustregel gilt, dass VIF-Werte größer Drei bereits auf eine problematische Multikollinearität hinweisen.[884] In der vorliegenden Untersuchung werden daher zu jeder multiplen Regression die VIF-Werte der einzelnen Regressoren genannt, um mögliche Multikollinearitäten zu erkennen und gegebenfalls Regressoren aus den Gleichungen auszuschließen. Im Zusammenhang mit Multikollinearität muss ebenfalls darauf hingewiesen werden, dass für die Regressionsgleichungen, die Interaktionsterme zwischen zwei in der Gleichung verwendeten Prädiktoren (die zur Überprüfung von Moderationen herangezogen werden) enthalten,[885] vorher ein sogenanntes „Mean-Centering" der Interaktionsvariablen vorzunehmen ist. Da ein Interaktionsterm eine Multiplikation zweier Prädiktoren darstellt, ist in besonderem Maße von Multikollinearität zwischen dem Interaktionsterm und den beiden einzelnen Prädiktoren auszugehen. Das „Mean-Centering" verhindert diese Multikollinearität, da die Multiplikation der beiden Prädiktoren auf transformierten Termen beruht, d.h. die Mittelwerte (= means) der Prädiktoren werden mit Null gleichgesetzt (= centering) und die ursprünglichen Werte entsprechend transformiert. Auf diese Weise kann der Interaktionsterm keine Linearkombination der anderen beiden Variablen mehr darstellen.[886] In der vorliegenden Untersuchung wurde daher für sämtliche verwendeten Interak-

---

[882] Vgl. Albers & Skiera (1999), S. 221; Bortz (1999), S. 438; Backhaus et al. (2003), S. 89.
[883] Vgl. Albers & Skiera (1999), S. 221 f.; Backhaus et al. (2003), S. 90.
[884] Vgl. Koutsoyannis (1977); Brosius (2002), S. 564; Albers & Skiera (1999), S. 222.
[885] Vgl. Jaccard, Turrisi & Wan (1990), S. 22.
[886] Vgl. Jaccard, Turrisi & Wan (1990), S. 28 ff.; Jaccard, Wan & Turrisi (1990), S. 472; Aiken & West (1991), S. 32.

Statistische Vorgehensweise 289

tionsterme ein „Mean-Centering" der Prädiktorvariablen vorgenommen, um Multikollinearitäten zu vermeiden.

Auf eine detailliertere Darstellung der weiteren Prämissen zur Anwendung von Regressionen (Linearität der Parameter, Heteroskedastizität und keine Autokorrelation) soll an dieser Stelle verzichtet werden, es sei jedoch vermerkt, dass diese Voraussetzungen vor der Anwendung der Regressionsanalyse geprüft wurden.[887]

---

[887] Sämtliche in der vorliegenden Untersuchung für die Hypothesenprüfung verwendeten statistischen Verfahren wurden mit Hilfe des Statistikprogramms JMP 4.0 durchgeführt (vgl. JMP 4.0/Copyright © 1989-2000, SAS Institute Inc.)

9 Ergebnisse der Untersuchung

Nachdem im vorangegangenen Abschnitt die Methodik zur empirischen Überprüfung der aufgestellten Hypothesen dargestellt wurde, sollen im Folgenden das Vorgehen und die Ergebnisse der einzelnen Berechnungen aufgezeigt werden. Es wird mit einer Beschreibung der deskriptiven Statistik begonnen, worauf im Anschluss die Resultate der Hypothesenüberprüfungen detailliert dargestellt werden. Zur Erinnerung sei noch einmal gesagt, dass die beiden Variablen der Arbeitsgestaltung ‚Gruppenautonomie' und ‚Aufgabenidentität' aufgrund unzureichender Skalengüte (vgl. Abschnitt 8.3.2) für die Berechnungen nicht verwendet werden konnten und daher auch nicht weiter berücksichtigt wurden.

9.1 Deskriptive Statistik

In der Tabelle A1 (siehe Anhang 2 dieser Schrift) sind die Mittelwerte, Standardabweichungen und Interkorrelationen sämtlicher für die nachfolgenden Berechnungen verwendeter Variablen bzw. Maße aufgeführt. Die Interkorrelationsmatrix, basierend auf den einzelnen Produkt-Moment-Korrelationen, bezieht sich auf eine Fallzahl von 37, d.h., es wurden jeweils die mittleren Werte je Arbeitsgruppe bzw. die Mittelwerte aus den Antworten der zu den jeweiligen Arbeitsgruppen gehörenden Führungskräfte einbezogen. Die in der Tabelle angegebenen Mittelwerte stellen jedoch nur einen groben Hinweis auf die jeweiligen Ausprägungen in den Variablen dar, da sie jeweils den Mittelwert der Gruppenmittelwerte in den Variablen ausweisen. Die ebenfalls in der Tabelle aufgeführten Vielfaltswerte beziehen sich auf die mittleren Ausprägungen der jeweiligen errechneten Vielfaltsmaße je Arbeitsgruppe (die mittleren Distanzen je kultureller Werteorientierung und die mittleren Variationskoeffizienten für die anderen Vielfaltsvariablen über alle Gruppen). Insgesamt liefert Tabelle A1 einen ersten Einblick in die Datenstruktur.

In Bezug auf die Kontextmerkmale sind die folgenden Interkorrelationen bemerkenswert. Die Aufgabenunsicherheit korreliert hoch signifikant ($p < 0{,}01$) positiv mit der Aufgabeninterdependenz ($r = 0{,}385$), der externen Kommunikation mit anderen Personen des Geschäftsbereichs ($r = 0{,}514$) und mit der Vielfalt in der kulturellen Werteorientierung hinsichtlich des Menschenbildes ($r = 0{,}411$). In Bezug auf die externe Abhängigkeit der Arbeitsgruppen von anderen Personen desselben Geschäftsbereiches wurde eine hoch signifikante, negative Korrelation mit der Aufgabenunsicherheit ($r = -0{,}480$, $p < 0{,}01$) festgestellt, jedoch ist hier zu beachten, dass die Konzeptrichtung des Merkmals der externen Abhängigkeit in Richtung einer Unabhängigkeit der Arbeitsgruppe weist, d.h., ein höherer Wert drückt eine größere externe Unabhängigkeit einer Arbeitsgruppe aus. Daher soll im Folgenden in Bezug auf die externe Abhängigkeit zur leichteren Interpretation der Vorzeichen der Korrelationskoeffizienten von externer Unabhängigkeit gesprochen werden. Insgesamt sind die hier gefundenen Zusammenhänge erwartungstreu, allerdings ist bemerkenswert, dass

292   Ergebnisse der Untersuchung

Aufgabenunsicherheit entgegen der Erwartung in keinem Zusammenhang mit den Gruppenerfolgsvariablen steht.

Die Partizipationsmöglichkeiten in einer Arbeitsgruppe weisen ebenfalls eine ganze Reihe signifikanter Korrelationen mit den anderen erhobenen Variablen auf. Bemerkenswert sind die durchweg signifikanten (p < 0,01) und positiven Korrelationen der Partizipationsmöglichkeiten mit den von den Gruppenmitgliedern wahrgenommenen Führungsverhaltensweisen ihrer Führungskräfte (mitarbeiterorientierte Führung: r = 0,625; aufgabenorientierte Führung: r = 0,553 und externe Führung   r = 0,489) und mit den Gruppenerfolgsvariablen (sämtliche r > 0,6). Darüber hinaus wurden ebenfalls signifikante Korrelationen zwischen den Partizipationsmöglichkeiten und den Gruppenprozessen festgestellt; signifikant positive mit den aufgaben- und beziehungsbezogenen Prozessen (aufgabenbezogen: r = 0,639 und beziehungsbezogen r = 0,435; beide p < 0,01), der Kommunikationsinformalität (r = 0,401; p < 0,05) und der Konfliktlösung (r = 0,553; p < 0,01), signifikant negative dagegen mit den Aufgaben- (r = -0,386, p < 0,05) und den Beziehungskonflikten (r = -0,572, p < 0,01). Hier entsprechen die gefundenen Zusammenhänge den theoretischen Erwartungen.

Die Aufgabeninterdependenz in Arbeitsgruppen steht in einem signifikanten und positiven Zusammenhang mit den anderen beiden Interdependenzarten (Zielinterdependenz: r = 0,398; p < 0,05 und Ergebnisinterdependenz: r = 0,497, p < 0,01) mit der externen Führung (r = 0,428, p < 0,01), der externen Kommunikation (alle drei r > 0,4; p < 0,01) und mit zweien der sozialen Erfolgsvariablen der Gruppenarbeit, nämlich der Gruppenzuversicht (r = 0,509, p < 0,01) und der Gruppenbindung (r = 0,365, p < 0,05). Darüber hinaus steht die Aufgabeninterdependenz in einem signifikant negativen Zusammenhang mit der relativen Gruppengröße (r = -0,475, p < 0,01), wobei diese Befunde sämtlich theoriekonform sind. Als sehr interessant erweisen sich die festgestellten signifikanten, negativen Korrelationen der Aufgabeninterdependenz mit den durch die Führungskräfte beschriebenen Führungsverhaltensweisen (alle drei r > 0,34; p < 0,05) und der durch diese eingeschätzten Gruppenleistung (r = -0,475; p < 0,01). Vor allem die letztgenannte Korrelation, der Befund, dass eine hohe Aufgabeninterdependenz mit einer von der Führungskraft eher als gering eingeschätzten Gruppenleistung einhergeht, scheint insofern bemerkenswert, als dass dieses in keiner Weise erwartet war.

Die Zielinterdependenz weist neben ihrer Korrelation mit der Ergebnisinterdependenz (r = 0,527; p < 0,01) ebenfalls einige signifikante Korrelationen mit anderen untersuchten Variablen auf. Dabei sind die signifikant positiven Zusammenhänge mit der von den Gruppenmitgliedern wahrgenommenen aufgabenorientierten (r = 0,395; p < 0,05) und externen Führung (r = 0,485; p < 0,01) und mit den Gruppenerfolgsvariablen: Effektivität der Aufgabenstrategien (r = 0,362; p < 0,05), Gruppenbindung (r = 0,463; p < 0,01), Gruppenzufriedenheit (r = 0,313; p < 0,05) und durch die Gruppenmitglieder eingeschätzte Gesamtgruppenleistung (r = 0,42; p < 0,01) besonders hervorzuheben, die sich allesamt wenig überraschend und theoriekonform darstellen.

Hinsichtlich der Ergebnisinterdependenz konnten wiederum teilweise andere signifikanten Korrelationen mit den untersuchten Variablen festgestellt werden. So scheint bemerkenswert, dass die Ergebnisinterdependenz signifikant negativ mit der externen Unabhängigkeit von der Verwaltung korreliert ist (r = -0,343; p < 0,05), wobei in diesem Zusammenhang die signi-

Deskriptive Statistik 293

fikant positive Korrelation mit der externen Kommunikation (mit der Verwaltung) im Unternehmen sehr schlüssig erscheint ($r = 0,422$; $p < 0,01$). Darüber hinaus besteht ein signifikant positiver Zusammenhang der Ergebnisinterdependenz mit der Verfügbarkeit von Trainings ($r = 0,352$; $p < 0,05$) und mit der von den Gruppenmitgliedern wahrgenommenen aufgabenorientierten ($r = 0,416$; $p < 0,01$) und externen Führung ($r = 0,452$; $p < 0,01$). Erwartungstreu sind ebenfalls die signifikant positiven Korrelationen der Ergebnisinterdependenz mit den sozialen Gruppenerfolgsvariablen der Gruppenzuversicht ($r = 0,521$; $p < 0,01$), der Gruppenbindung ($r = 0,448$; $p < 0,01$) und der Gruppenzufriedenheit ($r = 0,333$; $p < 0,05$), sowie mit der von den Gruppenmitgliedern eingeschätzten Gesamtgruppenleistung ($r = 0,3761$; $p < 0,05$). Auch der gefundene signifikant negative Zusammenhang zwischen der Ergebnisinterdependenz und der relativen Gruppengröße ($r = -0,342$; $p < 0,05$) überrascht nicht.

In Bezug auf die arbeitsbezogene externe Abhängigkeit bzw. Unabhängigkeit der Arbeitsgruppen von ihrem Arbeitsumfeld sticht vor allem die Abhängigkeit bzw. Unabhängigkeit einer Arbeitsgruppe von der Unternehmensverwaltung (B) mit signifikanten Korrelationen hervor. Dabei stellen sich die signifikant negativen Zusammenhänge der externen Unabhängigkeit mit der von den Gruppenmitgliedern wahrgenommenen aufgabenorientierten ($r = 0,425$; $p < 0,01$) und mitarbeiterorientierten Führung ($r = 0,521$; $p < 0,01$) als wenig überraschend dar, ebenso erwartungstreu sind die gefundenen signifikanten Zusammenhänge mit der externen Kommunikation (mit anderen Personen: $r = -0,342$; $p < 0,05$ und mit der Verwaltung: $r = -0,646$; $p < 0,01$) und der relativen Gruppengröße ($r = 0428$; $p < 0,01$). Dies bedeutet, dass eine starke Abhängigkeit der Arbeitsgruppen tendenziell mit einer ausgeprägteren externen Kommunikation einhergeht, wohingegen eine geringe externe Abhängigkeit mit der Wahrnehmung einer ausreichenden Gruppengröße assoziiert ist. Unerwartet dagegen sind die gefundenen signifikant negativen Korrelationen zwischen der externen Unabhängigkeit der Arbeitsgruppen und den Gruppenerfolgsvariablen ausschließlich der durch die Gruppenmitglieder eingeschätzten Gesamtgruppenleistung. Die Unabhängigkeit einer Arbeitsgruppe von der Verwaltung steht in negativem Zusammenhang mit der Effektivität der Aufgabenstrategien ($r = -0,469$; $p < 0,01$), der Effektivität der Kommunikation ($r = -0,406$; $p < 0,01$), der Gruppenzuversicht ($r = -0,569$; $p < 0,01$), der Gruppenbindung ($r = -0,436$; $p < 0,01$) und der Gruppenzufriedenheit ($r = -0,314$; $p < 0,05$), was faktisch bedeutet, dass in der vorliegenden Stichprobe eine größere Abhängigkeit der Gruppen von der Unternehmensverwaltung mit tendenziell stärkerem Gruppenerfolg einhergeht. Dieser Befund ist nicht erwartungskonform. Als sehr interessant erweisen sich die gefundenen signifikanten Zusammenhänge der externen Abhängigkeit von anderen Personen mit der Vielfalt in der Mensch-Umwelt-Orientierung innerhalb der Arbeitsgruppen ($r = -0,356$; $p < 0,05$), der externen Abhängigkeit von der Verwaltung mit der Vielfalt in der Dauer der Unternehmenszugehörigkeit ($r = -0,338$; $p < 0,05$) und im Bildungshintergrund innerhalb der Arbeitsgruppen ($r = -0,532$; $p < 0,01$) und der externen Abhängigkeit von anderen Organisationen oder Unternehmen mit der Vielfalt in der relationalen Orientierung innerhalb der Arbeitsgruppen ($r = 0,340$; $p < 0,01$). Dies bedeutet für die vorliegende Stichprobe, dass eine ausgeprägtere externe Abhängigkeit der Arbeitsgruppen tendenziell mit einer ausgeprägteren Vielfalt in der Mensch-Umwelt-Orientierung, in der Dauer der Unternehmenszugehörigkeit und im Bil-

294 Ergebnisse der Untersuchung

dungshintergrund sowie tendenziell mit einer geringeren Vielfalt in der relationalen Orientierung zwischen den Gruppenmitgliedern assoziiert ist.

In Bezug auf die Gruppenmanagementvariablen sind die folgenden, bisher noch nicht erwähnten Interkorrelationen bemerkenswert. Als erstes fällt stark auf, dass die von den Gruppenmitgliedern wahrgenommenen Führungsverhalten nicht mit den von den Führungskräften selbst beschriebenen Führungsverhalten korrelieren. Offenbar unterscheiden sich die Wahrnehmungen bezüglich des Führungsverhaltens erheblich. Als zweites fällt in diesem Zusammenhang auf, dass die durch die Führungskräfte selbst beschriebenen Führungsverhalten untereinander und hinsichtlich der von den Führungskräften eingeschätzte Gesamtgruppenleistung extrem hoch miteinander korrelieren (alle $r > 0,8$; $p < 0,0001$), jedoch keine signifikanten Korrelationen mit den Gruppenprozessen und dem von der Gruppe eingeschätzten Erfolg bilden. Ähnlich hohe Interkorrelationen, wenn auch nicht ganz so ausgeprägt signifikant ($p < 0,01$), bestehen zwischen den von den Gruppenmitgliedern wahrgenommenen Führungsverhalten. Diese hohen Interkorrelationen zwischen den Führungsverhalten sind jedoch nicht verwunderlich, da sie ja alle immer von denselben Personen gezeigt werden und damit eher auf konsistentes Verhalten hinweisen. Interessant ist jedoch im Zusammenhang mit den durch die Führungskräfte selbst eingeschätzten Führungsverhalten, dass alle drei signifikant negativ mit der in den Arbeitsgruppen vorherrschenden Bildungsvielfalt (mitarbeiterorientierte Führung: $r = -0,434$; $p < 0,01$, aufgabenorientierte Führung: $r = -0,359$; $p < 0,05$ und externe Führung: $r = -0,345$; $p < 0,05$) korreliert sind.

Hinsichtlich der von den Gruppenmitgliedern eingeschätzten mitarbeiterorientierten Führung ihrer Führungskraft bestehen signifikant positive Korrelationen mit den beziehungsbezogenen Gruppenprozessen ($r = 0,506$; $p < 0,01$), der Konfliktlösung ($r = 0,617$; $p < 0,01$) und sämtlichen Gruppenerfolgsvariablen (hinsichtlich der Gesamtgruppenleistung: $r = 0,356$; $p < 0,05$; hinsichtlich aller anderen mit einem $r > 0,5$; $p < 0,01$). Demgegenüber bestehen signifikant negative Korrelationen dieser Variable mit den Aufgaben- und Beziehungskonflikten (beide mit $r > 0,46$; $p < 0,01$). Diese Befunde entsprechen den Erwartungen.

Ein ganz ähnliches Bild ergibt sich bei der Betrachtung der von den Gruppenmitgliedern eingeschätzten aufgabenorientierten Führung ihrer Führungskraft. Überraschend ist hier, dass die aufgabenorientierte Führung nicht nur erwartungstreu signifikant mit den aufgabenbezogenen Gruppenprozessen ($r = 0,323$; $p < 0,05$), den Aufgabenkonflikten ($r = -0,349$; $p < 0,05$) und der Konfliktlösung ($r = 0,616$; $p < 0,01$) korreliert, sondern darüber hinaus ebenfalls mit der Kommunikationsinformalität ($r = 0,342$; $p < 0,05$) und der externen Kommunikation (Verwaltung: $r = 0,365$; $p < 0,05$) signifikant positiv korreliert. Hinsichtlich der Gruppenerfolgsvariablen bestehen durchweg hoch signifikante positive Korrelationen (alle $r > 0,42$; $p < 0,01$). Interessanterweise besteht außerdem zwischen der aufgabenorientierten Führung und der Altersvielfalt in den Arbeitsgruppen ein signifikant positiver Zusammenhang ($r = 0,377$; $p < 0,05$).

Ebenfalls erwartungskonform korreliert die von den Gruppenmitgliedern eingeschätzte externe Führung ihrer Führungskraft signifikant positiv mit den beziehungsbezogenen Gruppenprozessen ($r = 0,436$; $p < 0,01$) und der Konfliktlösung ($r = 0,450$; $p < 0,01$) und signifikant negativ mit den Beziehungskonflikten ($r = -0,442$; $p < 0,01$). Außerdem bestehen

Deskriptive Statistik 295

hoch signifikante, positive Korrelationen mit den Gruppenerfolgsvariablen (alle $r > 0,405$; $p < 0,01$).

Im Zusammenhang mit den Gruppenmanagementvariablen ebenfalls in der Tabelle enthaltenen Variablen der Verfügbarkeit von Trainings und dem Einsatz von Planungstechniken besteht eine erwartungsgemäße signifikant positive Korrelation zwischen der Trainingsverfügbarkeit und den aufgabenbezogenen Gruppenprozessen ($r = 0,354$; $p < 0,05$) und eine eher unerwartete, ebenfalls signifikant positive Korrelation der Trainingsverfügbarkeit mit der Altersvielfalt ($r = 0,335$; $p < 0,05$). Das von den Führungskräften selbst eingeschätzte Ausmaß des Einsatzes von Planungstechniken in den Arbeitsgruppen korreliert dagegen erwartungstreu signifikant positiv mit den aufgabenbezogenen Gruppenprozessen ($r = 0,363$; $p < 0,01$) und mit der relativen Gruppengröße ($r = 0,327$; $p < 0,05$). Darüber hinaus muss der signifikant positive Zusammenhang zwischen dem Einsatz von Planungstechniken und der Vielfalt in der relationalen Orientierung ($r = 0,345$; $p < 0,05$) sowie der hoch signifikant negative Zusammenhang mit der Bildungsvielfalt ($r = -0,495$; $p < 0,01$) als sehr interessant angesehen werden. Ebenfalls bemerkenswert sind die extrem hohen, signifikant positiven Zusammenhänge mit den anderen von den Führungskräften eingeschätzten Variablen (Führung und Gruppenleistung). Sämtliche dieser Korrelationen haben ein $r > 0,82$ mit $p < 0,0001$.

Über die bisher beschriebenen Interkorrelationen hinaus bestehen außerdem noch weitere, bemerkenswerte Korrelationen zwischen den Gruppenprozessen und anderen Variablen. Besonders die aufgabenbezogenen Gruppenprozesse weisen eine ganze Reihe an signifikanten Interkorrelationen auf. So bestehen zum Beispiel mit der Kommunikationsinformalität ($r = 0,312$; $p < 0,05$) und mit den beziehungsbezogenen Gruppenprozessen ($r = 0,357$; $p < 0,05$) signifikant positive Zusammenhänge, die jedoch nicht überraschen. Mit sämtlichen Gruppenerfolgsvariablen, bis auf die Gruppenzuversicht, bestehen ebenfalls hoch signifikante, positive und erwartungskonforme Interkorrelationen (alle $r > 0,419$; $p < 0,01$). Darüber hinaus erscheint der signifikant positive Zusammenhang der aufgabenbezogenen Gruppenprozesse mit der durch die Führungskräfte eingeschätzten Gesamtgruppenleistung ($r = 0,384$; $p < 0,05$) bemerkenswert, wie auch der entgegen der Erwartung festgestellte, signifikant positive Zusammenhang mit der Vielfalt in der relationalen Orientierung innerhalb der Arbeitsgruppen ($r = 0,434$; $p < 0,01$).

Ein ähnliches Bild ergibt sich bei der Betrachtung der weiteren Interkorrelationen der Kommunikationsinformalität. Diese ist nicht nur signifikant positiv mit der Konfliktlösung ($r = 0,317$; $p < 0,05$) assoziiert, sondern darüber hinaus ebenfalls signifikant positiv sowohl mit den Gruppenerfolgsvariablen bis auf die Gruppenzuversicht und die Gruppenbindung (alle $r > 0,323$, $p < 0,05$), als auch mit der Vielfalt in der relationalen Orientierung innerhalb von Arbeitsgruppen ($r = 0,373$; $p < 0,05$). Sämtliche gefundenen Zusammenhänge entsprechen der Erwartung.

Interessant, aber nicht überraschend stellen sich die gefundenen signifikanten Zusammenhänge zwischen den beziehungsbezogenen Gruppenprozessen und der Konfliktlösung ($r = 0,668$; $p < 0,01$) und den Aufgaben- ($r = -0,479$; $p < 0,01$) und Beziehungskonflikten ($r = 0,574$; $p < 0,01$) dar. Darüber hinaus korrelieren die beziehungsbezogenen Gruppenprozesse erwartungsgemäß signifikant positiv mit den sozialen Gruppenerfolgsvariablen (Gruppenzuversicht: $r = 0,341$; $p < 0,05$, Gruppenbindung: $r = 0,477$; $p < 0,01$, Gruppenzufriedenheit r = 0,520; p < 0,05) und ebenfalls signifikant positiv mit der durch die Gruppenmitglieder eingeschätzten Gesamtgruppenleistung (r = 0,325; p < 0,05). Hinsichtlich der Vielfaltsvariablen bestehen überraschenderweise keine Zusammenhänge.

Ebenfalls interessant, aber nicht überraschend sind die hoch signifikant negativen Zusammenhänge zwischen der Konfliktlösung und den Aufgaben- (r = -0,483; p < 0,01) und Beziehungskonflikten (r = -0,634; p < 0,01). Außerdem ist die Konfliktlösung erwartungskonform hoch signifikant positiv mit den Gruppenerfolgsvariablen korreliert (mit einem r der durch die Gruppenmitglieder eingeschätzten Gesamtgruppenleistung von 0,404; p < 0,05, alle anderen r > 0,433; p < 0,01). Unerwartet dagegen stellen sich die gefundenen, signifikant positiven Zusammenhänge zwischen der Konfliktlösung und der Vielfalt in der Zeitorientierung (r = 0,459; p < 0,01), der Alters- (r = 0,343; p < 0,05) und der Bildungsvielfalt (r = 0,413; p < 0,01) innerhalb der Arbeitsgruppen dar.

Die Aufgabenkonflikte in Arbeitsgruppen korrelieren erwartungsgemäß hoch signifikant positiv mit den Beziehungskonflikten (r = 0,676; p < 0,01) und darüber hinaus ebenfalls erwartungskonform signifikant negativ mit der Effektivität der Aufgabenstrategien (r = -0,427; p < 0,01) und der Effektivität der Kommunikation (r = 0,319; p < 0,05). Obwohl vermutet, konnten jedoch keine korrelativen Zusammenhänge zwischen den Aufgabenkonflikten und den Vielfaltsvariablen festgestellt werden.

Die Beziehungskonflikte dagegen stehen in signifikant negativen Zusammenhängen mit allen Gruppenerfolgsvariablen bis auf die durch die Gruppenmitglieder eingeschätzte Gesamtgruppenleistung (alle r > 0,400; p < 0,05). Allerdings weisen auch die Beziehungskonflikte entgegen der Erwartung keine korrelativen Zusammenhänge mit den Vielfaltsvariablen auf.

Hinsichtlich der externen Kommunikation mit anderen Personen im Geschäftsbereich (A) konnte ein signifikant positiver Zusammenhang mit der externen Kommunikation mit der Verwaltung (B) (r = 0,629; p < 0,01) festgestellt werden. Beide externen Kommunikationsarten weisen darüber hinaus entgegen der Erwartung signifikant positive Zusammenhänge mit der Gruppenzuversicht (A: r = 0,456; p < 0,01 und B: r = 0,495; p < 0,01) und der Gruppenbindung (A: r = 0,351; p < 0,05 und B: r = 0,340; p < 0,05) auf, keine jedoch mit den ökonomischen Gruppenerfolgsvariablen. Einen signifikanten, nicht aber überraschenden Zusammenhang weisen beide Kommunikationsarten mit der relativen Gruppengröße auf (A: r = -0,427; p < 0,01 und B: r = -0,590; p < 0,01), offenbar nehmen Gruppenmitglieder ihre Gruppengröße mit zunehmender externer Kommunikationsnotwendigkeit als unzureichend groß wahr. Interessant ist die signifikant positive Korrelation zwischen der Kommunikation mit der Verwaltung und der Bildungsvielfalt in den Arbeitsgruppen (r = 0,326; p < 0,05). Dasselbe gilt für die signifikant positive Korrelation zwischen der Kommunikation mit anderen Organisationen oder Unternehmen (C) und der Altersvielfalt (r = 0,317; p < 0,05).

In Bezug auf die Gruppenerfolgsvariablen fällt auf, dass bis auf den nicht festgestellten Zusammenhang zwischen der Gruppenzuversicht und der durch die Gruppenmitglieder eingeschätzten Gesamtgruppenleistung, alle anderen Zusammenhänge zwischen den einzelnen Erfolgsvariablen hoch signifikant sind (r > 0,449; p < 0,01). Interessant erscheint außerdem der signifikant positive Zusammenhang zwischen Vielfalt in der Zeitorientierung in Arbeitsgruppen und der wahrgenommenen Effektivität der Gruppenkommunikation. Als ebenfalls

Deskriptive Statistik

interessant können die signifikant positiven Zusammenhänge zwischen der Gruppenzuversicht und der Vielfalt in der Unternehmenszugehörigkeitsdauer ($r = 0,332$; $p < 0,05$) sowie der Bildungsvielfalt ($r = 0,349$; $p < 0,05$) in Arbeitsgruppen gelten, wobei die Gruppenzuversicht außerdem signifikant negativ mit der relativen Gruppengröße ($r = -0,664$; $p < 0,01$) korreliert. Eine ebenfalls signifikant negative Korrelation besteht interessanterweise zwischen der durch die Führungskräfte eingeschätzten Gesamtgruppenleistung und der Bildungsvielfalt in den Arbeitsgruppen ($r = -0,404$; $p < 0,05$). Erwartungsgemäß wurden jedoch keine Zusammenhänge zwischen der Vielfalt in den kulturellen Werteorientierungen und den Gruppenerfolgsvariablen festgestellt.

Bemerkenswerte, jedoch eher unerwartete Zusammenhänge konnten innerhalb der Gruppenstrukturmerkmale festgestellt werden. So korreliert beispielsweise die relative Gruppengröße signifikant negativ mit der Vielfalt in der Unternehmenszugehörigkeitsdauer ($r = -0,445$; $p < 0,01$), während Altersvielfalt, allerdings nicht überraschend, signifikant positiv mit der Vielfalt in der Unternehmenszugehörigkeitsdauer ($r = 0,485$; $p < 0,05$) und der Bildungsvielfalt ($r = 0,316$; $p < 0,05$) korreliert. Vielfalt in der Unternehmenszugehörigkeitsdauer ist wiederum signifikant positiv mit der Bildungsvielfalt ($r = 0,359$; $p < 0,05$) und signifikant negativ mit der Vielfalt in der Mensch-Umwelt-Orientierung ($r = -0,427$; $p < 0,01$) korreliert. Generell wurden in Bezug auf die Vielfalt in den kulturellen Werteorientierungen ebenfalls interessante Zusammenhänge gefunden. Vielfalt in der Aktivitätsorientierung korreliert signifikant positiv mit der Vielfalt in der relationalen Orientierung ($r = 0,402$; $p < 0,05$) und der Vielfalt in der Mensch-Umwelt-Orientierung ($r = 0,406$; $p < 0,01$), signifikant negativ dagegen mit der Altersvielfalt ($r = -0,355$; $p < 0,05$). Vielfalt in der Zeitorientierung ist signifikant positiv mit der Vielfalt im Menschenbild ($r = 0,332$; $p < 0,05$) und mit der Vielfalt in der Mensch-Umwelt-Orientierung ($r = 0,383$; $p < 0,05$) korreliert, wobei die Vielfalt im Menschenbild ebenfalls signifikant positiv mit der Vielfalt in der Mensch-Umwelt-Orientierung ($r = 0,404$; $p < 0,05$) und signifikant negativ mit der Altersvielfalt ($r = -0,349$; $p < 0,05$) assoziiert ist. Insgesamt weisen diese innerhalb der Vielfaltsmaße in den kulturellen Werteorientierungen gefundenen Zusammenhänge auf mögliche Profile bzw. auf eine Musterhaftigkeit in den jeweiligen Ausprägungen der kulturellen Werteorientierungen innerhalb von Personen und damit auch von Gruppen hin, womit jedoch der theoretischen Konzeption in keiner Weise widersprochen wird.

Insgesamt leistete die Betrachtung der Interkorrelationen zwischen den in der vorliegenden Untersuchung verwendeten Variablen einen ersten Einblick in die Datenstruktur. Da sich der Großteil der festgestellten Zusammenhänge theorie- bzw. erwartungskonform darstellt, kann davon ausgegangen werden, dass die folgenden hypothesenüberprüfenden Berechnungen auf einer qualitativ guten und die Realität weitgehend treffenden Datengrundlage basieren.

298   Ergebnisse der Untersuchung

9.2 Überprüfung der Hypothesen

Analog zur Gliederung der dargestellten Hypothesenentwicklung im Abschnitt 7.2 dieser Arbeit werden im Folgenden die Ergebnisse zu den Berechnungen der einzelnen Hypothesenkomplexe aufgeführt.

9.2.1 Zum Hypothesenkomplex 1: Kontext-Erfolgs-Zusammenhänge

Zur Überprüfung des Hypothesenkomplexes 1, der auf der Annahme beruht, dass die Ausgestaltung des unmittelbaren Kontextes, in den multikulturelle Arbeitsgruppen eingebettet sind, wichtige Implikationen für den Gruppenerfolg enthält[888], wurden bivariate und multiple Regressionsanalysen durchgeführt. Da eine wichtige Voraussetzung zur Anwendung der Regressionsstatistik darin besteht, dass der Stichprobenumfang im Verhältnis zur Anzahl der in der Regression verwendeten Prädiktorvariablen genügend groß sein muss[889], wurden für die folgenden Regressionen die Kontextmerkmale (insgesamt acht) inhaltlich sortiert, um die zulässige Anzahl an Prädiktoren bei einer Stichprobengröße von 37 multikulturellen Arbeitsgruppen nicht zu überschreiten. Daraus folgt, dass für den Hypothesenkomplex 1 vier verschiedene Regressionsmodelle (bivariat und multiple) getestet werden mussten. Die bivariaten Regressionen betreffen zum einen die Vorhersage des ökonomischen und sozialen Erfolges multikultureller Arbeitsgruppen durch die Aufgabenunsicherheit und zum anderen lediglich durch die in einer Arbeitsgruppe bestehenden Partizipationsmöglichkeiten. Auf der anderen Seite betreffen die multiplen Regressionsanalysen zum einen die Vorhersage des ökonomischen und sozialen Erfolges multikultureller Arbeitsgruppen durch die gruppeninternen Interdependenzen und zum anderen durch die externen Abhängigkeiten der Arbeitsgruppen.

9.2.1.1 Aufgabenunsicherheit und Gruppenerfolg

Die folgenden Tabellen 9-1 und 9-2 enthalten die bivariaten Regressionen der ökonomischen und sozialen Erfolgsmaße auf die Aufgabenunsicherheit in multikulturellen Arbeitsgruppen.

Diese Analyse macht sehr deutlich, dass die Hypothese 1-1 in Hinblick auf den ökonomischen Erfolg multikultureller Arbeitsgruppen nicht bestätigt werden konnte. Wie bereits festgestellt wurde, ist die Aufgabenunsicherheit mit den ökonomischen Gruppenerfolgsmaßen unkorreliert. Diese fehlenden Zusammenhänge zeigen sich auch in den Regressionen. In allen vier Rechnungen beträgt die durch Aufgabenunsicherheit erklärte Varianz in den ökonomischen Erfolgsmaßen nicht mehr als fünf Prozent und die F-Werte sind verschwindend gering. Und obwohl die t-Werte der Aufgabenunsicherheit hinsichtlich der Effektivität der Gruppenkommunikation und der sowohl durch die Gruppenmitglieder als auch durch die Führungskräfte eingeschätzten Gesamtgruppenleistung größer 1 sind, weisen sie lediglich auf eine mögliche Tendenz in den Daten hin. Allerdings sind die Vorzeichen negativ, was zumindest den Schluss zulässt, dass wenn Aufgabenunsicherheit eine Vorhersage der ökono-

---

[888] Zur Konzeptualisierung dieses Hypothesenkomplexes siehe auch Abschnitt 7.2.1, S. 187 ff. der vorliegenden Schrift.
[889] Vgl. Albers & Skiera (1999), S. 221; Bortz (1999), S. 435.

Überprüfung der Hypothesen 299

mischen Erfolgsmaße wie angenommen treffen würde, diese wie erwartet negativ ausfiele. Insgesamt lässt sich aber aufgrund der Daten lediglich aussagen, dass die Aufgabenunsicherheit in keiner Weise den ökonomischen Gruppenerfolg erklären könnte.

Tabelle 9-1: Regressionen des ökonomischen Gruppenerfolgs auf die Aufgabenunsicherheit

	Ökonomischer Gruppenerfolg						
	Effektivität der Aufgabenstrategien		Effektivität der Gruppenkommunikation		Gesamtgruppenleistung (Gruppenmitglieder)		Gesamtgruppenleistung (Führungskräfte)
	β	t	β	t	β	t	β	t
Aufgabenunsicherheit	-0,1847	-0,77	-0,4197	-1,25	-0,2757	-1,31	-1,1611	-1,43
R^2	0,0165		0,0427		0,0465		0,0552	
R^2 adj.	-0,0115		0,0154		0,0193		0,0281	
F-Wert	0,5875		1,5625		1,7103		2,0438	

* p < 0,1   ** p < 0,05   ***p < 0,01

Ein ganz ähnliches Bild ergibt sich bei der Betrachtung der Regressionen der sozialen Gruppenerfolgsmaße auf die Aufgabenunsicherheit.

Tabelle 9-2: Regressionen des sozialen Gruppenerfolgs auf die Aufgabenunsicherheit

	Sozialer Gruppenerfolg					
	Gruppenzufriedenheit		Gruppenbindung		Gruppenzuversicht	
	β	t	β	t	β	t
Aufgabenunsicherheit	-0,1600	-0,62	0,1554	0,58	0,2894	1,11
R^2	0,0109		0,0094		0,0341	
R^2 adj.	-0,0173		-0,0188		0,0065	
F-Wert	0,3879		0,3339		1,2382	

* p < 0,1   ** p < 0,05   ***p < 0,01

Auch der zweite Teil der Hypothese 1-I, dass Aufgabenunsicherheit in multikulturellen Arbeitsgruppen negativ mit dem sozialen Gruppenerfolg zusammenhängt, konnte damit nicht bestätigt werden. Hierauf wiesen ebenfalls bereits die fehlenden Korrelationen zwischen der Aufgabenunsicherheit und den sozialen Erfolgsmaßen hin. Es lässt sich also insgesamt festhalten, dass sich in der vorliegenden Stichprobe die Aufgabenunsicherheit in keiner Weise als Prädiktor des Gruppenerfolges erwies.

300 Ergebnisse der Untersuchung

9.2.1.2 Partizipationsmöglichkeiten und Gruppenerfolg

Die Tabellen 9-3 und 9-4 enthalten die bivariaten Regressionen der ökonomischen und sozialen Gruppenerfolgsmaße auf die Möglichkeiten zur Partizipation. Die Hypothese 1-II, dass die gegebenen Partizipationsmöglichkeiten in einer Arbeitsgruppe positiv mit dem Gruppenerfolg assoziiert sind, konnte durch die Regressionsanalysen bestätigt werden. Hierauf wiesen bereits die festgestellten hohen Interkorrelationen der Partizipationsmöglichkeiten mit den durch die Gruppenmitglieder eingeschätzten Erfolgsmaßen hin.

Tabelle 9-3: Regressionen des ökonomischen Gruppenerfolgs auf die Partizipationsmöglichkeiten

	Ökonomischer Gruppenerfolg							
	Effektivität der Aufgabenstrategien		Effektivität der Gruppen- kommunikation		Gesamtgruppen- leistung (Gruppenmitglieder)		Gesamtgruppen- leistung (Führungskräfte)	
	β	t	β	t	β	t	β	t
Partizipation	0,5074	6,81	0,5191	3,87	0,3000	3,44	0,0078	0,02
R²	0,5695		0,2992		0,2523		0,00001	
R² adj.	0,5572		0,2791		0,2309		-0,0285	
F-Wert	46,309****		14,944****		11,811***		0,0004	

* $p < 0,1$ ** $p < 0,05$ *** $p < 0,01$ **** $p < 0,001$

Die Partizipationsmöglichkeiten von Gruppenmitgliedern an arbeitsgruppenrelevanten Entscheidungen erweisen sich als hoch signifikanter Prädiktor des ökonomischen Gruppenerfolges. Die Partizipationsmöglichkeiten erklären 56% der Varianz in der Wahrnehmung der Effektivität der gewählten Aufgabenstrategien, 28% der Varianz in der Wahrnehmung der Effektivität der Gruppenkommunikation und noch 23% der Varianz in der durch die Gruppenmitglieder selbst eingeschätzten Gesamtgruppenleistung. Als interessant, jedoch durch die Korrelationen schon angedeutet, muss auffallen, dass Partizipationsmöglichkeiten in Arbeitsgruppen offenbar keinen Einfluss auf die Einschätzung der Gruppenleistung durch die Führungskräfte haben. Ausgeprägte Partizipationsmöglichkeiten können also nur den ökonomischen Erfolg, so wie er von den Gruppenmitgliedern selbst eingeschätzt wird, vorhersagen.

Ein sehr ähnliches Bild ergibt sich bei der Betrachtung der Regressionen der sozialen Gruppenerfolgsmaße auf die Partizipationsmöglichkeiten. Auch hinsichtlich des sozialen Gruppenerfolgs erweisen sich die Partizipationsmöglichkeiten der Gruppenmitglieder an für sie relevanten Entscheidungen als hoch signifikanter Prädiktor. So können diese 47% der Varianz in der Zufriedenheit der Arbeitsgruppen mit ihrer Gruppenarbeit, 43% der Varianz in der Bindung der Gruppenmitglieder an ihre Arbeitsgruppe und noch 24% der Varianz der Zuversicht der Arbeitsgruppe in ihre kollektiven Fähigkeiten erklären. Ausgeprägte Partizipationsmöglichkeiten sagen also auch den sozialen Gruppenerfolg vorher, womit insgesamt die Hypothese 1-II als bestätigt angesehen werden kann.

Überprüfung der Hypothesen 301

Tabelle 9-4: Regressionen des sozialen Gruppenerfolgs auf die Partizipationsmöglichkeiten

	Sozialer Gruppenerfolg					
	Gruppenzufriedenheit		Gruppenbindung		Gruppenzuversicht	
	β	t	β	t	β	t
Partizipation	0,4970	5,72	0,5008	5,34	0,3738	3,51
R²	0,4834		0,4490		0,2607	
R² adj.	0,4686		0,4333		0,2395	
F-Wert	32,755****		28,528****		12,343***	

* p < 0,1   ** p < 0,05   ***p < 0,01   ****p < 0,001

9.2.1.3 Interne Interdependenzen und Gruppenerfolg

Die Tabellen 9-5 und 9-6 enthalten die multiplen Regressionen des ökonomischen und sozialen Gruppenerfolgs auf die gruppeninternen Interdependenzen. Die Hypothesen 1-IIIa-c besagten, dass die internen Interdependenzen den Gruppenerfolg positiv vorhersagen. Diese Annahmen konnten zum Teil bestätigt werden.

Tabelle 9-5: Regressionen des ökonomischen Erfolgs auf die internen Interdependenzen

	Ökonomischer Gruppenerfolg								
	Effektivität der Aufgabenstrategien		Effektivität der Gruppen-kommunikation		Gesamtgruppen-leistung (Gruppenmitglieder)		Gesamtgruppen-leistung (Führungskräfte)		
	β	t	β	t	β	t	β	t	VIF
Aufgabeninter-dependenz	0,0397	0,20	-0,2978	-1,06	-0,1539	-0,93	-1,8794	- 2,84***	1,36
Zielinter-dependenz	0,3251	1,73*	0,1827	0,70	0,2942	1,90*	0,6845	1,10	1,50
Ergebnisinter-dependenz	0,0376	0,22	0,4421	1,87	0,2281	1,64	-0,0171	-0,03	1,66
R²	0,1481		0,1664		0,2715		0,2189		
R² adj.	0,0706		0,0906		0,2052		0,1479		
F-Wert	1,913		2,196		4,0995**		3,083**		

* p < 0,1   ** p < 0,05   ***p < 0,01   ****p < 0,001

Insgesamt fällt auf, dass die internen Interdependenzen vor allem die Gesamtgruppenleistung, sowohl durch die Gruppenmitglieder (F-Wert: 4,099; p = 0,014) als auch durch die Führungskräfte (F-Wert: 3,083; p = 0,040) eingeschätzt, signifikant vorhersagen. Die internen Interdependenzen erklären 20,5% der Varianz der durch die Gruppenmitglieder eingeschätzten Gruppenleistung und 14,8% der Varianz der durch die Führungskräfte eingeschätzten Gesamtgruppenleistung. Dabei erweist sich vor allem die Aufgabeninterdependenz (t-Wert: -2,84; p = 0,007) als signifikanter Prädiktor für die Leistungseinschätzung durch die Führungskräfte, interessanterweise und entgegen der Erwartung jedoch als negativer Prädiktor. Dieser Befund spiegelt auch die festgestellte signifikante Korrelation zwischen den beiden Merkmalen wider. Das heißt umso deutlicher, dass eine ausgeprägtere Aufgabeninterdependenz zwischen den Gruppenmitgliedern mit einer geringeren Gruppenleistungseinschätzung der Führungskräfte einhergeht. Dagegen stellt die Zielinterdependenz den einzigen, allerdings nur marginal signifikanten Prädiktor (t-Wert: 1,90; p = 0,066) für die durch die Gruppenmitglieder eingeschätzte Gesamtgruppenleistung dar. Auch dieser Befund deutete sich schon in den Korrelationen an. Er bedeutet, dass eine stärkere Verknüpfung der individuellen Ziele mit den Gruppenzielen mit einer höheren Leistungseinschätzung durch die Gruppenmitglieder selbst assoziiert ist. Die Zielinterdependenz korrelierte ebenfalls mit der Effektivität der Aufgabenstrategien und erreicht auch in der Regression marginale Prädiktorstärke, jedoch konnte das Gesamtmodell die wahrgenommene Effektivität der Aufgabenstrategien nicht erklären. Daher ist der Wert der Zielinterdependenz hier zu vernachlässigen. In Hinblick auf den ökonomischen Erfolg kann also festgehalten werden, dass „nur" die Aufgabeninterdependenz die durch die Führungskraft eingeschätzte Gruppenleistung negativ und „nur" die Zielinterdependenz die durch die Gruppenmitglieder eingeschätzte Gesamtleistung positiv vorhersagt.

Tabelle 9-6:   **Regressionen des sozialen Erfolgs auf die internen Interdependenzen**

| | Sozialer Gruppenerfolg | | | | | | |
| | Gruppenzufriedenheit | | Gruppenbindung | | Gruppenzuversicht | | |
	β	t	β	t	β	t	VIF
Aufgabeninterdependenz	-0,0566	-0,26	0,1658	0,82	0,4196	2,22**	1,36
Zielinterdependenz	0,2006	1,00	0,3109	1,63	-0,1241	-0,70	1,50
Ergebnisinterdependenz	0,2138	1,18	0,2097	1,23	0,3646	2,29**	1,66
R²	0,1362		0,2969		0,3649		
R² adj.	0,058		0,233		0,307		
F-Wert	1,735		4,645***		6,321***		

* p < 0,1   ** p < 0,05   ***p < 0,01   ****p < 0,001

Bei Betrachtung der multiplen Regressionen der sozialen Erfolgsmaße auf die internen Gruppeninterdependenzen in Tabelle 9-6 fallen zwei Dinge auf. Zum einen werden durch die internen Gruppeninterdependenzen 23,3% der Varianz in der Gruppenbindung (F-Wert: 4,645; p = 0,008) und 30,7% der Varianz in der Gruppenzuversicht (F-Wert: 6,321; p = 0,002) erklärt, die Gruppenzufriedenheit jedoch wird nicht vorhergesagt. Interessant ist hierbei, dass während zwischen der Ergebnisinterdependenz und den sozialen Erfolgsmaßen sämtlich signifikante Korrelationen bestehen, die Aufgabeninterdependenz nicht mit der Gruppenzufriedenheit und die Zielinterdependenz nicht mit der Gruppenzuversicht korrelieren. Und zum

Überprüfung der Hypothesen 303

zweiten fällt auf, dass, während in Bezug auf die Gruppenzuversicht vor allem die Aufgaben-(t-Wert: 2,22; p = 0,033) und die Ergebnisinterdependenz (t-Wert: 2,29; p = 0,028) signifikante Prädiktoren darstellen, hinsichtlich der Gruppenbindung keine der Koeffizienten in ihrer Funktion signifikant sind. Da jedoch zwischen den einzelnen Prädiktoren keine problematische Multikollinearität besteht (VIFs < 2), kann das Ergebnis nur so gedeutet werden, dass ohne sie voneinander differenzieren zu können, alle drei Interdependenzarten gemeinsam die Gruppenbindung erklären.

In Hinblick auf den sozialen Erfolg kann also festgehalten werden, dass Aufgaben- und Ergebnisinterdependenz mit der Zuversicht einer Arbeitsgruppe einhergehen, gemeinsam ihre Aufgaben auch zukünftig erledigen zu können und dass die internen Gruppeninterdependenzen insgesamt stark mit der emotionalen Bindung an eine Arbeitsgruppe zusammenhängen. Nur die Gruppenzufriedenheit hängt nicht von den internen Gruppeninterdependenzen ab.

9.2.1.4 Externe Abhängigkeiten und Gruppenerfolg

Im Zusammenhang mit den externen Abhängigkeiten einer Arbeitsgruppe wurde in der Hypothese 1-IIId vermutet, dass hohe externe Abhängigkeiten zu vermindertem ökonomischen und sozialen Erfolg der Arbeitsgruppen führen. In Tabellen 9-7 und 9-8 sind die Ergebnisse der Regressionsanalysen des Gruppenerfolges auf die externen Abhängigkeiten dargestellt. Von den Abhängigkeitsmaßen korrelieren nur die Abhängigkeit einer Arbeitsgruppe von anderen Personen desselben Geschäftsbereichs (A) signifikant mit der Gruppenzuversicht und die Abhängigkeit einer Arbeitsgruppe von der Unternehmensverwaltung (B) dagegen signifikant mit allen Erfolgsmaßen. Lediglich die Abhängigkeit einer Arbeitsgruppe von anderen Unternehmen oder Organisationen (C) ist mit den Erfolgsmaßen unkorreliert. Diese korrelativen Zusammenhänge spiegeln sich auch in den Regressionsergebnissen wider.

Tabelle 9-7: Regressionen des ökonomischen Erfolgs auf die externen Abhängigkeiten

	Ökonomischer Gruppenerfolg								
	Effektivität der Aufgabenstrategien		Effektivität der Gruppen-kommunikation		Gesamtgruppen-leistung (Gruppenmitglieder)		Gesamtgruppen-leistung (Führungskräfte)		
	β	t	β	t	β	t	β	t	VIF
Externe Abhängigkeit (A)	0,0408	0,46	-0,028	-0,22	0,1362	1,63	0,1858	0,56	1,24
Externe Abhängigkeit (B)	-0,2745	-2,78***	-0,2891	-1,98*	-0,1549	-1,67	0,3420	0,92	1,23
Externe Abhängigkeit (C)	-0,0342	-0,37	0,0522	0,38	0,0665	0,76	0,069	0,20	1,05
R^2	0,2139		0,1349		0,1200		0,0609		
R^2 adj.	0,1425		0,0563		0,0400		-0,0244		
F-Wert	2,995**		1,717		1,501		0,7136		

* p < 0,1   ** p < 0,05   ***p < 0,01   ****p < 0,001

304 Ergebnisse der Untersuchung

Das einzige ökonomische Erfolgsmerkmal, das durch die externe Abhängigkeit erklärt wird, stellt die Wahrnehmung der Gruppenmitglieder bezüglich der Effektivität ihrer gewählten Aufgabenstrategien dar (F-Wert: 2,995; $p = 0,044$; 14% Varianzaufklärung). Als starker und einziger Prädiktor für diesen Befund erweist sich die Abhängigkeit einer Arbeitsgruppe von der Unternehmensverwaltung. Allerdings steht dieses Ergebnis im Gegensatz zur Hypothese. Zur Erinnerung, die Konzeptrichtung der Abhängigkeitsskalen wies in Richtung externer Unabhängigkeit, so dass ein hierin hoher Wert das Ausmaß der Unabhängigkeit von externen Gegebenheiten ausdrückt. Die Ergebnisse der Regressionsanalyse verdeutlichen also, dass die Unabhängigkeit einer Arbeitsgruppe von der Unternehmensverwaltung mit einer geringeren wahrgenommenen Effektivität der von der Gruppe gewählten Aufgabenstrategien einhergeht oder umgekehrt ausgedrückt, mit steigender Abhängigkeit einer Arbeitsgruppe von der Unternehmensverwaltung nimmt auch die wahrgenommene Effektivität der gewählten Aufgabenstrategien zu. Die anderen ökonomischen Gruppenerfolgsmaße werden jedoch von den externen Abhängigkeiten nicht erklärt.

Ein ähnliches Bild ergibt sich bei der Betrachtung der Ergebnisse der Regressionsanalysen in Hinblick auf den sozialen Gruppenerfolg.

Tabelle 9-8: Regressionen des Gruppenerfolgs auf die externen Abhängigkeiten

	Sozialer Gruppenerfolg						
	Gruppenzufriedenheit		Gruppenbindung		Gruppenzuversicht		
	β	t	β	t	β	t	VIF
Externe Abhängigkeit (A)	0,1742	1,82*	-0,0605	-0,60	-0,0961	-1,11	1,24
Externe Abhängigkeit (B)	-0,2563	-2,40**	-0,2491	-2,24**	-0,2888	-2,99***	1,23
Externe Abhängigkeit (C)	-0,0819	-0,81	0,0413	0,39	-0,0961	-1,05	1,05
R^2	0,1853		0,1901		0,3659		
R^2 adj.	0,111		0,117		0,308		
F-Wert	2,503*		2,583*		6,347***		

* $p < 0,1$ ** $p < 0,05$ ***$p < 0,01$ ****$p < 0,001$

Auffällig ist, dass alle drei Erfolgsmaße, die Gruppenzufriedenheit (11% Varianzaufklärung, F-Wert: 2,503; $p = 0,076$), die Gruppenbindung (11,7% Varianzaufklärung, F-Wert: 2,583; $p = 0,069$) und die Gruppenzuversicht (30,8% Varianzaufklärung, F-Wert: 6,347, $p = 0,0016$) mit den externen Abhängigkeiten von Arbeitsgruppen erklärt werden, wobei die Gruppenbindung und die Gruppenzufriedenheit nur marginal, die Gruppenzuversicht jedoch am stärksten vorhergesagt wird. Alle drei Erfolgsmaße werden vorrangig durch die Abhängigkeit einer Arbeitsgruppe von der Unternehmensverwaltung und zwar entgegen der Hypothese erklärt. Mit steigender Abhängigkeit einer Arbeitsgruppe von der Verwaltung nehmen auch die Gruppenzufriedenheit mit der Gruppenarbeit, die emotionale Bindung der Gruppenmitglieder an ihre Gruppe und die Zuversicht der Gruppe, erfolgreich zusammenarbeiten zu

Überprüfung der Hypothesen   305

können, zu. Interessant ist hierbei jedoch, dass die Gruppenzufriedenheit, wenn auch nur marginal, ebenfalls durch die Abhängigkeit einer Arbeitsgruppe von anderen Personen im Geschäftsbereich, aber in erwarteter Richtung erklärt wird. Mit zunehmender Unabhängigkeit der Arbeitsgruppe von anderen Personen im Geschäftsbereich nimmt auch die Gruppenzufriedenheit zu. Insgesamt lässt sich also festhalten, dass der soziale Gruppenerfolg maßgeblich von den externen Abhängigkeiten einer Arbeitsgruppe bestimmt wird. Mit zunehmender Abhängigkeit von der Unternehmensverwaltung und mit zunehmender Unabhängigkeit von anderen Personen im selben Geschäftsbereich nimmt auch der soziale Gruppenerfolg zu.

9.2.1.5 Zusammenfassung der Ergebnisse zum Hypothesenkomplex 1

Die in Hypothesenkomplex 1 spezifizierten Hypothesen basierten auf der generellen Annahme, dass die Merkmale des unmittelbaren Kontextes multikultureller Arbeitsgruppen den Erfolg dieser Arbeitsgruppen bedeutsam beeinflussen. Konkreter wurde angenommen, dass Aufgabenunsicherheit negative Konsequenzen (Hypothese 1-I), Partizipationsmöglichkeiten (Hypothese 1-II) und die internen Interdependenzen positive (Hypothese 1-IIIa-c) und die externen Abhängigkeiten wieder negative Konsequenzen (Hypothese 1-IIId) für den ökonomischen und sozialen Gruppenerfolg aufweisen. Als Kernergebnisse der Hypothesenüberprüfung können für die vorliegende Stichprobe festgehalten werden:

⇨ Aufgabenunsicherheit steht in keinem Zusammenhang mit dem ökonomischen und sozialen Gruppenerfolg (Hypothese 1-I nicht bestätigt).

⇨ Die Partizipationsmöglichkeiten in einer multikulturellen Arbeitsgruppe sagen den durch die Gruppenmitglieder eingeschätzten ökonomischen und sozialen Gruppenerfolg signifikant positiv vorher, nicht jedoch die durch die Führungskräfte eingeschätzte Gruppenleistung (Hypothese 1-II voll bestätigt).

⇨ Das Ausmaß an Aufgabeninterdependenz in einer multikulturellen Arbeitsgruppe steht mit der durch die Führungskraft eingeschätzten Gruppenleistung in einem signifikant negativen und mit der Gruppenzuversicht in einem signifikant positiven Zusammenhang (Hypothese 1-IIIa teilweise bestätigt; erster Befund im Gegensatz zur Hypothese).

⇨ Das Ausmaß an Zielinterdependenz in einer multikulturellen Arbeitsgruppe steht mit der durch die Gruppenmitglieder selbst eingeschätzten Gruppenleistung in einem signifikant positiven Zusammenhang (Hypothese 1-IIIb nur teilweise bestätigt).

⇨ Das Ausmaß an Ergebnisinterdependenz in einer multikulturellen Arbeitsgruppe steht mit der Gruppenzuversicht in einem signifikant positiven Zusammenhang (Hypothese 1-IIIc nur teilweise bestätigt).

⇨ Die externe Abhängigkeit einer multikulturellen Arbeitsgruppe von anderen Personen desselben Geschäftsbereichs steht in einem signifikant negativen Zusammenhang mit der Gruppenzufriedenheit, während die externe Abhängigkeit einer multikulturellen Arbeitsgruppe von der Unternehmensverwaltung in signifikant positiven Zusammenhängen mit der wahrgenommenen Effektivität der gewählten Aufgabenstrategien und mit der Gruppenzufriedenheit, der Gruppenbindung und der Gruppenzuversicht steht (Hypothese 1-IIId nur teilweise bestätigt, zweiter Befund im Gegensatz zur Hypothese).

9.2.2 Zum Hypothesenkomplex 2: Moderation der Kontext-Erfolgs-Zusammenhänge durch die Gruppenstruktur

Die Überprüfung der im zweiten Hypothesenkomplex formulierten Hypothesen bildet einen der zentralen Schwerpunkte der vorliegenden Untersuchung. Hierbei wurde die Forderung aus der Forschung umgesetzt, besonders im Zusammenhang mit kultureller Wertevielfalt in der Zusammensetzung von Arbeitsgruppen, die Wechselwirkungen zwischen der Vielfalt und den Kontextmerkmalen in Hinblick auf den Erfolg solcher Arbeitsgruppen in Betracht zu ziehen, da im Besonderen vermutet wird, dass Gruppenmitglieder aufgrund ihrer verschiedenartigen Hintergründe auf die jeweiligen Ausgestaltungen des unmittelbaren Kontextes, also der konkreten Arbeitsbedingungen, unterschiedlich reagieren. Die zweite wesentliche Forderung aus der Forschung betraf den Differenziertheitsgrad des Phänomens ,Kultur', das nicht mehr nur durch bloße Einzeldimensionsbetrachtung, vergröbernde Dimensionszusammenfassungen oder simple Kategorisierungen abgebildet, sondern umfassend in seiner Vielschichtigkeit behandelt werden sollte.[890] Beiden Forderungen wurde versucht, mit den im Folgenden darzustellenden Prüfungen nachzukommen.

Um festzustellen, ob die Merkmale der Gruppenstruktur (kulturelle Wertevielfalt, andere Vielfalt und relative Gruppengröße) die Auswirkungen des unmittelbaren Kontextes von Arbeitsgruppen auf den Gruppenerfolg in irgend einer Art und Weise beeinflussen, wurde die potenzielle Moderationswirkung der Gruppenstrukturmerkmale auf die Kontext-Erfolgs-Zusammenhänge geprüft. Per Definition ist ein Moderator eine qualitative oder quantitative Variable, welche die Richtung und/oder Stärke der Beziehung zwischen einer unabhängigen oder Prädiktorvariable und der abhängigen oder Kriteriumsvariable beeinflusst.[891] In linearen Regressionsanalysen wird ein Moderatoreffekt als eine Interaktion zwischen der fokalen unabhängigen Variable und der Moderatorvariable repräsentiert, die üblicherweise ein Produkt der beiden Variablen darstellt und dann ebenfalls als eine unabhängige Variable in die Berechnung einfließt.[892] Eine Moderationshypothese wird dann unterstützt, wenn die Interaktion der Prädiktor- und Moderatorvariable die abhängige oder Kriteriumsvariable signifikant vorhersagt. Um jedoch eine Interaktion bzw. Moderation als tatsächlich signifikant anzuerkennen, muss die Differenz zwischen dem Anteil an erklärter Varianz in der abhängigen Variable, die durch die beiden Prädiktor- und Moderatorvariablen ohne Interaktion erklärt wurde, und der durch alle drei Variablen (Prädiktor, Moderator und Interaktion) erklärten Varianz auf statistische Signifikanz geprüft werden. Das ΔR^2 (R^2 des gesamten Modells minus das R^2 des Modells ohne Interaktionsterm) ergibt dabei den Zuwachs an erklärter Varianz in der abhängigen Variable, der durch die Interaktion erreicht werden konnte. Die Überprüfung der Signifikanz des ΔR^2 erfolgt dabei ebenfalls mit der F-Statistik.[893] Ergibt diese Überprüfung, dass durch die Interaktion ein signifikanter Zuwachs an erklärter Varianz erzielt wurde, kann die Moderationshypothese als bestätigt angesehen werden. Zur Vermeidung von Multikollinearität, die aufgrund der additiven Verwendung des

---

[890] Zur Konzeptualisierung dieses Hypothesenkomplexes siehe auch Abschnitt 7.2.2, S. 193 ff. der vorliegenden Schrift.

[891] Vgl. Baron & Kenny (1986), S. 1174.

[892] Vgl. Jaccard, Turrisi & Wan (1990), S. 22; Aiken & West (1991), S. 9.

[893] Vgl. Jaccard, Turrisi & Wan (1990), S. 24.

Überprüfung der Hypothesen 307

Prädiktors, des Moderators und ihres Produktes beinahe zwangsläufig auftreten muss, sollten, wie bereits beschrieben, die Werte des Prädiktors und des Moderators für die Interaktion mit der „Mean-Centering"-Methode transformiert werden. Die Interpretierbarkeit der Koeffizienten bleibt damit erhalten.[894]

Da der Hypothesenkomplex 2 ausschließlich Hypothesen zur Moderation der Kontext-Erfolgszusammenhänge in multikulturellen Arbeitsgruppen durch die Gruppenstruktur enthält, wurden also zu ihrer Überprüfung multiple Regressionen gerechnet, in denen die Kontextmerkmale die Prädiktoren, die Gruppenstrukturmerkmale die Moderatoren und die jeweiligen Produkte die Interaktionen zwischen den Kontext- und Strukturmerkmalen darstellen. Die Überprüfung der potenziellen Moderationswirkungen der kulturellen Vielfalt erfolgte jeweils in zwei Schritten:

1. Im ersten Schritt wurden multiple Regressionen mit den Vielfaltswerten auf der *Ebene der kulturellen Werteorientierungen* gerechnet. Dies dient zum einen als Überblick und zum anderen zur Identifikation derjenigen kulturellen Orientierungen, in denen die Vielfalt innerhalb der Arbeitsgruppen den stärksten Einfluss auf die Kontext-Erfolgszusammenhänge aufweist.

2. Wenn eine Moderationswirkung der Vielfalt in bestimmten kulturellen Orientierungen festgestellt werden konnte, folgt im zweiten Schritt eine tiefer gehende Analyse, bei der geprüft werden sollte, durch Vielfalt in welcher der *jeweiligen kulturellen Variationen* die festgestellte Moderationswirkung der kulturellen Vielfalt auftrat.

Der folgende Abschnitt gliedert sich in zwei Teile. Der erste und umfangreichere enthält die Überprüfung potenzieller Moderationswirkungen der Vielfalt in den kulturellen Werteorientierungen hinsichtlich der Kontext-Erfolgszusammenhänge und konzentriert sich damit auf die in Hypothesenkomplex 2 formulierten Hypothesen. Der zweite Teil enthält die Überprüfung potenzieller Moderationswirkungen der anderen erhobenen Arten von Vielfalt und der Gruppengröße und gewährleistet damit Anschluss an die bestehende Forschung.

9.2.2.1 Moderation der Kontext-Erfolgs-Zusammenhänge durch die kulturelle Vielfalt

Die folgende Tabelle gibt einen Überblick über die festgestellten Moderationswirkungen der Vielfalt in kulturellen Werteorientierungen auf die Kontext-Erfolgs-Zusammenhänge.

---

[894] Vgl. Jaccard, Turrisi & Wan (1990), S. 29.

308 Ergebnisse der Untersuchung

Tabelle 9-9: Überblick über die Moderationswirkungen der Vielfalt in den kulturellen Werteorientierungen hinsichtlich der Kontext-Erfolgs-Zusammenhänge

Gruppenerfolgsmaße

Kontextmerkmale	Effektivität der Aufgabenstrategien	Effektivität der Gruppenkommunikation	Gesamtleistung (Gruppenmitglieder)	Gesamtleistung (Führungskräfte)	Gruppenbindung	Gruppenzuversicht	Gruppenzufriedenheit
Aufgabenunsicherheit	Vielfalt in Aktivitätsorientierung (+)		Vielfalt in Aktivitätsorientierung (+)		Vielfalt in Aktivitätsorientierung (+)		Vielfalt in Aktivitätsorientierung (+)
Partizipationsmöglichkeiten		Vielfalt in Aktivitätsorientierung (+)					Vielfalt in Aktivitätsorientierung (−)
	Vielfalt im Menschenbild (−)	Vielfalt im Menschenbild (−)				Vielfalt im Menschenbild (−)	
		Vielfalt in Mensch-Umwelt-Orientierung (−)					
Aufgabeninterdependenz				Vielfalt in Zeitorientierung (+)			Vielfalt in Zeitorientierung (+)
Zielinterdependenz	Vielfalt im Menschenbild (−)		Vielfalt im Menschenbild ( )				
Ergebnisinterdependenz	Vielfalt im Menschenbild (−)	Vielfalt im Menschenbild ( )			Vielfalt in Aktivitätsorientierung (+)	Vielfalt im Menschenbild ( )	
	Vielfalt in relationaler Orientierung (+)	Vielfalt in relationaler Orientierung (+)			Vielfalt in relationaler Orientierung (+)	Vielfalt in relationaler Orientierung (+)	
Externe Abhängigkeit (A)	Vielfalt in Aktivitätsorientierung (−)		Vielfalt in Aktivitätsorientierung (−)		Vielfalt in Aktivitätsorientierung (−)		
			Vielfalt in relationaler Orientierung (−)		Vielfalt in relationaler Orientierung (−)	Vielfalt in relationaler Orientierung (−)	
	Vielfalt im Menschenbild (+)				Vielfalt im Menschenbild (+)	Vielfalt im Menschenbild (+)	

Überprüfung der Hypothesen 309

Tabelle 9-9 (fortgesetzt)

	Gruppenerfolgsmaße						
	Effektivität der Aufgaben-strategien	Effektivität der Gruppen-kommuni-kation	Gesamt-leistung (Gruppen-mitglieder)	Gesamt-leistung (Führungs-kräfte)	Gruppen-bindung	Gruppen-zuversicht	Gruppen-zufrieden-heit
Externe Ab-hängigkeit (B)					Vielfalt in Aktivitäts-orientierung (−) / Vielfalt in relationaler Orientierung (−)	Vielfalt in Aktivitäts-orientierung (−)	
Externe Ab-hängigkeit (C)							

Anhand dieser Tabelle wird bereits sichtbar, dass bis auf die externe Abhängigkeit einer Arbeitsgruppe von anderen Unternehmen oder Organisationen jeder Einfluss der Kontextmerkmale auf die Gruppenerfolgsvariablen ausschließlich der Gruppenzufriedenheit durch die Vielfalt in kulturellen Werteorientierungen moderiert wird. Dabei werden die Beziehungen nicht durch dieselben Arten von Vielfalt in den Werteorientierungen moderiert, sondern die Auswirkungen jedes Kontextmerkmals werden durch Vielfalt in verschiedenen Werteorientierungen beeinflusst. Das Plädoyer der Forschung, Kultur als differenziertes Phänomen zu behandeln, kann also schon an dieser Stelle unterstützt werden.

Bei Betrachtung der Tabelle 9-9 fallen außerdem noch zwei weitere Dinge auf. Zum einen betrifft dies die von den Gruppenmitgliedern wahrgenommene Effektivität ihrer Aufgabenstrategien und die emotionale Bindung der Mitglieder an ihre Arbeitsgruppe. Offenbar interagiert kulturelle Vielfalt in Arbeitsgruppen, vor allem in der Aktivitätsorientierung, der Menschlichen-Natur-Orientierung und der relationalen Orientierung mit den Kontextmerkmalen vorrangig hinsichtlich dieser Ergebnisvariablen. Und zum anderen betrifft dies die offensichtliche Moderationsstärke der Vielfalt im Menschenbild. Obwohl nicht völlig unerwartet, scheinen die unterschiedlichen Annahmen, welche die Gruppenmitglieder bezüglich der menschlichen Natur haben, ob sie Menschen als grundsätzlich gut oder böse, veränderbar oder nicht veränderbar ansehen, einen starken Einfluss darauf zu haben, wie sie die jeweiligen Ausgestaltungen ihrer Gruppenarbeitsbedingungen interpretieren und damit umgehen.

Die Tabelle 9-9 sollte jedoch nur einen vorläufigen Überblick über die Ergebnisse der Moderationsüberprüfungen liefern, um eine mögliche Struktur in den Zusammenhängen zu entdecken. Die konkreten Resultate der Hypothesentests werden jedoch im Folgenden aufgeführt. Generell basieren die Hypothesen auf der „Supplies-Values-Fit-Perspektive" des Kontingenzansatzes, welche grundlegend davon ausgeht, dass zwischen dem Gruppenkontext

310 Ergebnisse der Untersuchung

und den speziellen, wertebezogenen Merkmalen der Gruppenmitglieder Übereinstimmung herrschen sollte, damit eine Arbeitsgruppe ökonomisch und sozial erfolgreich operieren kann.

9.2.2.1.1 Moderation der Aufgabenunsicherheits-Erfolgszusammenhänge durch die kulturelle Vielfalt in Arbeitsgruppen

Obwohl in der Überprüfung der Aufgabenunsicherheits-Erfolgszusammenhänge keine Beziehungen zwischen beiden festgestellt werden konnten, ist es möglich, dass kulturelle Vielfalt solchermaßen auf die potenzielle Verbindung zwischen diesen einwirkt, dass sich Stärke und/oder Richtung der bislang nicht signifikant vorliegenden Beziehungen verändert. Vor dem Hintergrund der zweiten Leithypothese dieser Arbeit und basierend auf dem „law of requisite variety" wurde ja angenommen, dass zwischen dem Ausmaß an Aufgabenunsicherheit in einer Arbeitsgruppe und ihrer inhärenten Vielfalt in kulturellen Werteorientierungen Übereinstimmung herrschen sollte, damit die Gruppe erfolgreich operieren kann (Hypothese 2-I). Der vermutete und in den Daten auch angedeutete, jedoch nicht signifikante, negative Zusammenhang zwischen Aufgabenunsicherheit und dem Gruppenerfolg sollte durch kulturelle Wertevielfalt moderiert und ins Positive gekehrt werden. Um diese Hypothese zu prüfen, wurden jeweils multiple Regressionen der Erfolgsmaße auf die Aufgabenunsicherheit als Prädiktorvariable, der Vielfalt in den einzelnen Werteorientierungen als Moderatorvariablen und deren Interaktionen gerechnet, wobei wie bereits dargestellt, nur die Vielfalt in der Aktivitätsorientierung mit der Aufgabenunsicherheit signifikant hinsichtlich eines Gruppenerfolgsmaßes, nämlich der Gruppenbindung, interagierte (für die genauen Werte der Regression siehe Tabelle A2 im Anhang 3). Die Vermutung, dass auch Vielfalt in der Mensch-Umwelt-Orientierung und in der Zeitorientierung den Zusammenhang zwischen Aufgabenunsicherheit und dem Gruppenerfolg moderiert, konnte nicht erhärtet werden.

Um nun genauer zu überprüfen, welche der in den kulturellen Variationen der Aktivitätsorientierung liegenden Vielfaltsarten für die Moderation des Aufgabenunsicherheits-Erfolgszusammenhangs tatsächlich verantwortlich war, wurden im nächsten Schritt multiple Regressionen aller Gruppenerfolgsmaße auf die Aufgabenunsicherheit als Prädiktor, Vielfalt in den jeweiligen Variationen ‚Sein', ‚Denken' und ‚Handeln' der Aktivitätsorientierung als Moderatoren und ihren entsprechenden Interaktionen gerechnet, wobei sich nur für Vielfalt in der ‚Denken'-Variation signifikante Interaktionen und damit eine partielle Bestätigung der Moderationshypothesen ergaben. Tabelle 9-10 enthält die Ergebnisse.

Hier zeigt sich, dass ausschließlich durch kulturelle Vielfalt in der ‚Denken'-Variation der Aktivitätsorientierung der negative Zusammenhang zwischen der Aufgabenunsicherheit und dem Gruppenerfolg nicht nur abgeschwächt, sondern sogar umgekehrt wird. In allen vier Modellen erklären die Interaktionen 17% und mehr Varianz in den Erfolgsmaßen, woraus gefolgert werden kann, dass die kulturelle Vielfalt in der ‚Denken'-Variation der Aktivitätsorientierung ein sehr starker Moderator der Beziehung zwischen Aufgabenunsicherheit und dem Gruppenerfolg darstellt.

Überprüfung der Hypothesen

Tabelle 9-10: Regression der Erfolgsmaße auf die Interaktion von Aufgaben-unsicherheit und Vielfalt in der kulturellen Variation ‚Denken'

	Effektivität der Aufgabenstrategien		Gesamtgruppen leistung (Gruppen- mitglieder)		Gruppen- bindung		Gruppen- zufriedenheit		
	β	t	β	t	β	t	β	t	VIF
Aufgaben-unsicherheit	-0,3194	-1,52	-0,3976	-2,04**	-0,0068	-0,03	-0,2908	-1,19	1,04
Variationsvielfalt: ‚Denken'	-0,3223	-2,8***	-0,0702	-0,66	-0,3654	-2,9***	-0,1297	-0,97	1,02
(Aufgaben-unsicherheit) x (Variationsvielfalt: ‚Denken')	1,2973	2,95***	1,2638	3,11**	1,5718	3,29***	1,3342	2,62**	1,06
R^2	0,3201		0,2643		0,3492		0,1896		
R^2 adj.	0,2582		0,1974		0,2900		0,1159		
F-Wert	5,178***		3,953**		5,902***		2,573*		
ΔR^2	0,178		0,216		0,214		0,168		
F ($\Delta R^{2)}$)	8,723***		9,692***		10,828***		6,847**		

* $p < 0,1$ ** $p < 0,05$ ***$p < 0,01$ ****$p < 0,001$

Muss also eine Arbeitsgruppe unsichere, d.h. schwierige und/oder variable Aufgaben erledigen, wird sie dann ihre gewählten Aufgabenstrategien als effektiv wahrnehmen, ihre Gesamtgruppenleistung hoch schätzen, ein hohes Maß an Gruppenbindung zeigen und mit ihrer Gruppenarbeit zufrieden sein, wenn sich die Gruppenmitglieder in ihren individuellen Problemlösungsmodi unterscheiden. Herrscht also in einer Arbeitsgruppe zwischen den Gruppenmitgliedern eine große Vielfalt hinsichtlich der jeweiligen Informationsverarbeitung und -durchdringung vor, dann wird sie bei unsicheren Gruppenaufgaben ökonomisch und sozial erfolgreich sein. Die Hypothese 2-1 kann damit in Bezug auf Vielfalt in der Aktivitätsorientierung als bestätigt angesehen werden.

9.2.2.1.2 *Moderation der Partizipations-Erfolgszusammenhänge durch die kulturelle Vielfalt in Arbeitsgruppen*

Wie bereits dargestellt, haben sich für die vorliegende Stichprobe an Arbeitsgruppen die Partizipationsmöglichkeiten als starker positiver Prädiktor des Gruppenerfolgs erwiesen. Es wurde jedoch im weiteren Verlauf argumentiert, dass kulturelle Vielfalt innerhalb einer Arbeitsgruppe diesen positiven Effekt abschwächen oder gar umkehren könnte, da nicht in allen Kulturen Mitbestimmungsrechte von Individuen oder Gruppen geschätzt und als positiv erachtet werden. Diese Annahme wurde in Hypothese 2-II formuliert. Wie in Tabelle 9-9 dargestellt, moderiert Vielfalt in drei der fünf kulturellen Werteorientierungen, nämlich Vielfalt in der Menschlichen-Natur-, der Mensch-Umwelt- und der Aktivitätsorientierung die

312   Ergebnisse der Untersuchung

Zusammenhänge zwischen den Partizipationsmöglichkeiten und einzelnen Gruppenerfolgs-maßen. Für die genauen Werte siehe Tabellen A3-A5 im Anhang 3 dieser Arbeit.

Um nun genauer zu überprüfen, welche der in den kulturellen Variationen der drei kulturellen Werteorientierungen liegenden Vielfaltarten für die Moderation der Partizipations-Erfolgszusammenhänge konkret verantwortlich waren, wurden im nächsten Schritt multiple Regressionen der Gruppenerfolgsmaße auf die Partizipationsmöglichkeiten als Prädiktor, Vielfalt in den Variationen ‚Gut/Böse' und ‚Veränderbarkeit/Nicht-Veränderbarkeit der Menschlichen-Natur-Orientierung, Vielfalt in den Variationen ‚Beherrschung', ‚Harmonie' und ‚Unterwerfung' der Mensch-Umwelt-Orientierung und schließlich Vielfalt in den Varia-tionen ‚Sein', ‚Denken' und ‚Handeln' als jeweilige Moderatoren und den entsprechenden Interaktionen gerechnet. Es stellte sich dabei heraus, dass die Vielfalt in der kulturellen Variation ‚Gut/Böse' der Menschlichen-Natur-Orientierung, Vielfalt in den kulturellen Varia-tionen ‚Beherrschung' und ‚Harmonie' der Mensch-Umwelt-Orientierung und Vielfalt in den kulturellen Variationen ‚Denken' und ‚Handeln' für die jeweiligen Moderationswirkungen auf die Partizipations-Erfolgszusammenhänge verantwortlich waren. Die folgenden Tabellen zeigen die Ergebnisse.

Tabelle 9-11 enthält die Werte für die Regressionen der Effektivität der Aufgabenstra-tegien, der Effektivität der Gruppenkommunikation und der Gruppenzuversicht auf die Inter-aktion der Partizipationsmöglichkeiten mit der Vielfalt in der kulturellen Variation ‚Gut/Böse' der Menschlichen-Natur-Orientierung.

Tabelle 9-11: Regressionen der Gruppenerfolgsmaße auf die Interaktion von Partizi-pationsmöglichkeiten und Vielfalt in der kulturellen Variation ‚Gut/Böse' der Menschlichen-Natur-Orientierung

	Effektivität der Aufgabenstrategien		Effektivität der Gruppenkommunikation		Gruppenzuversicht		
	β	t	β	t	β	t	VIF
Partizipation	0,4506	6,02****	0,3595	3,01***	0,2953	2,73**	1,12
Variationsvielfalt Menschliche Natur: ‚Gut/Böse'	-0,0486	-0,57	-0,0157	-0,12	0,0691	0,56	1,00
(Partizipation) x (Vielfalt Mensch-liche Natur: ‚Gut/Böse')	-0,3402	-2,34**	-0,9454	-4,09****	-0,4579	-2,18**	1,12
R^2	0,6349		0,5353		0,3581		
R^2 adj.	0,6017		0,4931		0,2997		
F-Wert	19,131****		12,672****		6,136***		
ΔR^2	0,061		0,235		0,093		
F ($\Delta R^{2)}$)	5,485**		16,7****		4,767**		

* $p < 0,1$ ** $p < 0,05$ *** $p < 0,01$ **** $p < 0,001$

Überprüfung der Hypothesen 313

In allen drei Fällen leistet die Interaktion einen signifikanten Zuwachs an erklärter Varianz in den Erfolgsmaßen, hinsichtlich der Effektivität der Gruppenkommunikation beträgt dieser sogar 23%. In allen drei Fällen ist jedoch auch das Vorzeichen der Interaktionsterme negativ, was bedeutet, dass bei gegebenen Partizipationsmöglichkeiten von Arbeitsgruppen Unterschiede in den grundlegenden Annahmen der Gruppenmitglieder hinsichtlich der Güte oder Schlechtigkeit des Menschen zu einer Umkehrung der positiven Konsequenzen von Partizipationsmöglichkeiten für den Erfolg führen. Besonders leiden hierunter die Effektivität der gewählten Aufgabenstrategien, die Effektivität der Gruppenkommunikation und die Zuversicht der Gruppe, auch zukünftig erfolgreich miteinander zusammenarbeiten zu können.

Tabelle 9-12: Regression der Kommunikationseffektivität auf die Interaktion von Partizipationsmöglichkeiten und kultureller Vielfalt in der Mensch-Umwelt-Orientierung

	\beta	t	VIF		\beta	t	VIF
Effektivität der Gruppenkommunikation							
Partizipation	0,5802	4,93****	1,02	Partizipation	0,4416	3,56***	1,05
Variationsvielfalt: ‚Beherrschung'	0,3135	1,20	1,31	Variationsvielfalt: ‚Harmonie'	0,0040	0,03	1,02
(Partizipation) x (Variationsvielfalt: ‚Beherrschung')	-0,8938	-2,48**	1,34	(Partizipation) x (Variationsvielfalt: ‚Harmonie')	-0,6491	-3,18***	1,05
R^2	0,5045			R^2	0,4654		
R^2 adj.	0,4594			R^2 adj.	0,4168		
F-Wert	11,199****			F-Wert	9,578****		
ΔR^2	0,092			ΔR^2	0,164		
F ($\Delta R^{2)}$)	6,136**			F ($\Delta R^{2)}$)	10,130***		

* $p < 0,1$ ** $p < 0,05$ ***$p < 0,01$ ****$p < 0,001$

Tabelle 9-12 enthält die Werte für die Regressionen der Effektivität der Gruppenkommunikation auf die Interaktionen der Partizipationsmöglichkeiten mit der Vielfalt in den Variationen der Mensch-Umwelt-Orientierung ‚Beherrschung' und ‚Harmonie'. In beiden Fällen leistet die Interaktion einen signifikanten Zuwachs an erklärter Varianz in der Kommunikationseffektivität, aber auch hier ist das Vorzeichen der Interaktionsterme negativ. Konkret bedeutet dies, dass der positive Effekt der Partizipationsmöglichkeiten auf die wahrgenommene Effektivität der Kommunikation durch Unterschiede in den Grundauffassungen der Gruppenmitglieder hinsichtlich der Kontrollier- und Gestaltbarkeit der sie umgebenden Umwelt ins Gegenteil verkehrt wird und eine offene und Missverständnisse vermeidende Gruppenkommunikation erheblich beeinträchtigt.

In Tabelle 9-13 sind schließlich die Werte für die Regressionen der Effektivität der Gruppenkommunikation und der Gruppenzufriedenheit auf die Interaktionen der Partizipationsmöglichkeiten mit der Vielfalt in den Variationen ‚Denken' und ‚Handeln' der Aktivitätsorientierung dargestellt.

314 Ergebnisse der Untersuchung

Tabelle 9-13: Regression der Kommunikationseffektivität und Gruppenzufriedenheit auf die Interaktionen von Partizipationsmöglichkeiten und kultureller Vielfalt in der Aktivitätsorientierung

	Effektivität der Kommunikation				Gruppenzufriedenheit		
	β	t	VIF		β	t	VIF
Partizipation	0,4736	3,75****	1,04	Partizipation	0,4224	4,66****	1,19
Variationsvielfalt: ‚Denken'	-0,0716	-0,44	1,22	Variationsvielfalt: ‚Handeln'	0,0727	0,83	1,23
(Partizipation) x (Variationsvielfalt: ‚Denken')	0,5264	2,41**	1,19	(Partizipation) x (Variationsvielfalt: ‚Handeln')	-0,4825	-2,33**	1,28
R^2	0,4366			R^2	0,5564		
R^2 adj.	0,3854			R^2 adj.	0,5161		
F-Wert	8,525****			F-Wert	13,798****		
ΔR^2	0,099			ΔR^2	0,073		
$F (\Delta R^2)$	5,804**			$F (\Delta R^2)$	5,420**		

* $p < 0,1$ ** $p < 0,05$ ***$p < 0,01$ ****$p < 0,001$

Auch in diesen beiden Fällen leisten die Interaktionen signifikante Zuwächse an erklärter Varianz in den Erfolgsmaßen, jedoch zeigt sich hier im Gegensatz zur Umkehrung des positiven Effektes der Partizipationsmöglichkeiten auf die Gruppenzufriedenheit durch Unterschiede im Handlungsmodus eine positive Moderationswirkung von Unterschieden im ‚Denken'- oder Problemlösungsmodus der Aktivitätsorientierung. Unterscheiden sich die Gruppenmitglieder hinsichtlich ihrer individuellen Informationsverarbeitungsstrategien, dann werden die positiven Auswirkungen von Partizipationsmöglichkeiten in gruppenrelevanten Entscheidungen hinsichtlich der Offenheit und Unmissverständlichkeit der Gruppenkommunikation verstärkt. Allerdings ist Vielfalt im ‚Denken'-Modus der Aktivitätsorientierung der einzige positive Moderator der Partizipations-Erfolgszusammenhänge.

In der Hypothese 2-II wurde die grundlegende Annahme formuliert, dass die positiven Wirkungen der Arbeitsgestaltungsmerkmale, hier die Partizipationsmöglichkeiten, auf den Gruppenerfolg durch eine kulturell vielfältige Zusammensetzung der Arbeitsgruppe abgeschwächt oder sogar umgekehrt werden könnten. Die Überprüfung dieser Hypothese hat gezeigt, dass in der vorliegenden Stichprobe der positive Einfluss von Partizipationsmöglichkeiten besonders hinsichtlich einer offenen Gruppenkommunikation wie vermutet durch kulturelle Vielfalt in der Menschlichen-Natur-Orientierung und der Mensch-Umwelt-Orientierung in sein Gegenteil verkehrt wird. Unterscheiden sich die Gruppenmitglieder in ihren Annahmen über die grundlegende menschliche Natur und haben sie verschiedene Grundtendenzen, auf ihre Umwelt ein- oder mit ihr umzugehen, dann senken Entscheidungspartizipationsmöglichkeiten die Effektivität der Gruppenkommunikation. Lediglich Unterschiede im Denken-Modus der Aktivitätsorientierung vermögen den positiven Effekt der Partizipations-

Überprüfung der Hypothesen 315

möglichkeiten auf die Kommunikationseffektivität der Arbeitsgruppen zu verstärken. Hypothese 2-II kann damit als teilweise bestätigt angesehen werden.

9.2.2.1.3 Moderation der Aufgabeninterdependenz-Erfolgszusammenhänge durch die kulturelle Vielfalt in Arbeitsgruppen

Die Annahme, dass Aufgabeninterdependenz sowohl den ökonomischen als auch den sozialen Erfolg von Arbeitsgruppen positiv vorhersagen könnte, hat sich in der vorliegenden Stichprobe nur, wie bereits dargestellt, hinsichtlich der Gruppenzuversicht als richtig erwiesen. Außerdem zeigte sich, dass im Gegensatz zu der Annahme das Ausmaß an Aufgabeninterdependenz in Arbeitsgruppen signifikant negativ mit der Einschätzung der Gesamtgruppenleistung durch die Führungskräfte zusammenhing. In Hinblick auf eine potenzielle Moderationswirkung von kultureller Vielfalt auf diese Zusammenhänge wurde in Hypothese 2-IIIa die Überlegung geäußert, dass die vermuteten positiven Zusammenhänge zwischen Aufgabeninderdependenz und dem Gruppenerfolg durch kulturelle Vielfalt in der Arbeitsgruppe abgeschwächt oder sogar umgekehrt werden könnten. Aus Tabelle 9-9 ist ersichtlich, dass kulturelle Wertevielfalt den einzigen positiven Zusammenhang von Aufgabeninterdependenz und Gruppenzuversicht offenbar nicht beeinflusst. Allerdings wurde vor dem Hintergrund der systemischen Perspektive und der Konzeptualisierung von multikulturellen Arbeitsgruppen als lose gekoppelte Systeme ebenfalls eine Gegenhypothese formuliert (Contra-Hypothese 2-IIIa), die besagte, dass kulturell vielfältig zusammengesetzte Arbeitsgruppen nur dann erfolgreich sind, wenn sie ein hohes Ausmaß an Aufgabeninterdependenz aufweisen. Die Befunde scheinen auch eher in diese Richtung zu weisen. Wie in Tabelle 9-9 zu sehen ist, hat sich ausschließlich die kulturelle Vielfalt in der Zeitorientierung als Moderator eines Aufgabeninterdependenz-Erfolgszusammenhangs erwiesen. Die genauen Werte der Regression finden sich in Tabelle A6 im Anhang 3 der vorliegenden Schrift. Die vermutete Moderationswirkung von vor allem Vielfalt in der Menschlichen-Natur- und der relationalen Orientierung konnte nicht nachgewiesen werden.

Um nun festzustellen, welche der in den drei kulturellen Variationen der Zeitorientierung ,Vergangenheitsorientierung', ,Gegenwartsorientierung' oder ,Zukunftsorientierung' liegenden Vielfalt für die Moderation des Aufgabeninterdependenz-Erfolgszusammenhangs verantwortlich waren, wurden im nächsten Schritt multiple Regressionsanalysen der Gruppenerfolgsmaße auf die Aufgabeninterdependenz als Prädiktor, Vielfalt in den drei Variationen der Zeitorientierung als Moderatoren und den entsprechenden Interaktionen gerechnet. Es stellte sich heraus, dass sowohl Vielfalt in der Vergangenheits- als auch in der Zukunftsorientierung für die Moderation verantwortlich war, wobei hier auch ein Maß des sozialen Gruppenerfolges, die Gruppenzufriedenheit, ebenfalls wieder auftauchte. Tabelle 9-14 enthält die genauen Ergebnisse.

316   Ergebnisse der Untersuchung

Tabelle 9-14: Regression der Gesamtgruppenleistung (FK) und Gruppenzufriedenheit auf die Interaktionen von Aufgabeninterdependenz und kultureller Vielfalt in der Zeitorientierung

	Gesamtleistung (Führungskräfte)				Gruppen- zufriedenheit		
	β	t	VIF		β	t	VIF
Aufgabeninter- dependenz	-1,7241	-3,14***	1,02	Aufgabeninter- dependenz	0,2726	1,48	1,05
Variationsvielfalt: ,Zukunft'	0,7760	1,64	1,22	Variationsvielfalt: ,Vergangenheit'	0,0178	0,11	1,09
(Aufgabeninter- dependenz) x (Variationsvielfalt: ,Zukunft')	2,2066	1,97*	1,23	(Aufgabeninter- dependenz) x (Variationsvielfalt: ,Vergangenheit')	1,1784	2,54**	1,14
R^2	0,2846			R^2	0,1912		
R^2 adj.	0,2196			R^2 adj.	0,1177		
F-Wert	4,377**			F-Wert	2,60*		
ΔR^2	0,0837			ΔR^2	0,1586		
$F (\Delta R^{2)}$	3,862*			$F (\Delta R^{2)}$	6,473**		

* $p < 0,1$ ** $p < 0,05$ *** $p < 0,01$ **** $p < 0,001$

Beide Befunde gehen mit der Erwartungsrichtung der Contra-Hypothese konform. Hinsichtlich der Einschätzung der Gesamtgruppenleistung durch die Führungskräfte bleibt die Aufgabeninterdependenz alleine zwar ein negativer Prädiktor, dessen Vorhersagerichtung sich jedoch umkehrt, wenn die Zusammensetzung der Arbeitsgruppe in Hinblick auf die Zukunftsorientierung der Gruppenmitglieder vielfältig ist. Der Zuwachs an erklärter Varianz der durch die Führungskräfte eingeschätzten Gruppenleistung beträgt zwar nur marginal signifikante 8% (F von ΔR^2 = 3,86; p = 0,058), jedoch ist das Gesamtmodell hoch signifikant, so dass diese Interaktion nicht vernachlässigt werden soll. Wenn also die Mitglieder von Arbeitsgruppen in ihrer Aufgabenerledigung wechselseitig voneinander abhängen, dann wird die Führungskraft dieser Arbeitsgruppe die Gesamtgruppenleistung höher einschätzen, wenn in der Arbeitsgruppe Unterschiede zwischen den Gruppenmitgliedern hinsichtlich ihrer Wertschätzung von Veränderungen und Ansichten über zukünftige Gewinne und Möglichkeiten bestehen.

Auf der anderen Seite konnte festgestellt werden, dass der positive Zusammenhang zwischen Aufgabeninterdependenz und dem sozialen Gruppenerfolg hinsichtlich der Gruppenzufriedenheit durch kulturelle Vielfalt einer Arbeitsgruppe in der Vergangenheitsorientierung noch verstärkt wurde. Hier beträgt der Zuwachs an erklärter Varianz 15,8% (F von ΔR^2 = 6,47; p = 0,016) und trägt damit fast das gesamte Modell. Dieser Befund stimmt ebenfalls mit den Annahmen der Contra-Hypothese überein, dass aufgabeninterdependente Gruppenarbeit dann positive Konsequenzen für den Gruppenerfolg hat, wenn die Arbeitsgruppe kulturell vielfältig zusammengesetzt ist. Für die Aufgabeninterdependenz kann also die Contra-Hypothese 2-IIIa als teilweise bestätigt angesehen werden.

Überprüfung der Hypothesen 317

9.2.2.1.4 Moderation der Zielinterdependenz-Erfolgszusammenhänge durch die kulturelle Vielfalt in Arbeitsgruppen

In der vorliegenden Stichprobe hat sich das Ausmaß an Zielinterdependenz als positiver Prädiktor der durch die Gruppenmitglieder eingeschätzten Gesamtgruppenleistung erwiesen. Es wurde jedoch argumentiert, dass kulturelle Vielfalt in der Zusammensetzung einer Arbeitsgruppe diesen positiven Zusammenhang abschwächen oder umkehren könnte, da eine Bedingtheit, individuelle Ziele nur durch Erfüllung der Gruppenziele erreichen zu können, besonders bei jenen Gruppenmitgliedern auf Unmut und Sorge stoßen könnte, die von ihren Mitmenschen prinzipiell nichts Gutes erwarten. Wie in Tabelle 9-9 bereits zu sehen, konnte diese Vermutung, formuliert in Hypothese 2-IIIb, bestätigt werden. Der Zusammenhang zwischen Zielinterdependenz und Gruppenerfolg wird durch kulturelle Wertevielfalt in der Menschlichen-Natur-Orientierung moderiert. Die Ergebnisse auf Orientierungsebene sind in den Tabellen A7 und A8 im Anhang 3 dieser Schrift dargestellt.

Um zu überprüfen, welche der beiden Variationen der Menschlichen-Natur-Orientierung für die Moderationswirkung verantwortlich sind, wurden im nächsten Schritt multiple Regressionen der Gruppenerfolgsmaße auf die Zielinterdependenz als Prädiktor, Vielfalt in den beiden Variationen ‚Menschliche Natur: Gut/Böse' und ‚Menschliche Natur: Veränderbar/Nicht-Veränderbar' als Moderatoren und den entsprechenden Interaktionen gerechnet. Die Werte der konkreten Regressionsanalysen finden sich in Tabelle 9-15.

Tabelle 9-15: Regression der Strategieeffektivität und Gesamtgruppenleistung (Gruppenmitglieder) auf die Interaktion von Zielinterdependenz und Vielfalt in den Menschliche-Natur-Variationen

	Effektivität der Aufgabenstrategien				Gesamtgruppenleistung (Mitglieder)		
	β	t	VIF		β	t	VIF
Zielinterdependenz	0,4312	2,94***	1,05	Zielinterdependenz	0,5421	3,84****	1,32
Vielfalt Menschliche Natur: ‚Veränderbar/Nicht-Veränderbar'	0,0472	0,58	1,02	Vielfalt Menschliche Natur: ‚Gut/Böse'	-0,0843	-0,78	1,10
(Zielinterdependenz) x (Vielfalt Menschliche Natur: ‚Veränderbar/Nicht-Veränderbar')	-0,3377	-2,16**	1,04	(Zielinterdependenz) x (Vielfalt Menschliche Natur: ‚Gut/Böse')	-0,6273	-2,26**	1,27
R^2	0,2606			R^2	0,3166		
R^2 adj.	0,1934			R^2 adj.	0,2544		
F-Wert	3,878**			F-Wert	5,097***		
ΔR^2	0,104			ΔR^2	0,106		
F (ΔR^2)	4,656**			F (ΔR^2)	5,123**		

* p < 0,1   ** p < 0,05   ***p < 0,01   ****p < 0,001

318 Ergebnisse der Untersuchung

Es stellte sich heraus, dass das nur marginal signifikante Gesamtmodell in Hinblick auf die Gruppenzuversicht als Maß des sozialen Gruppenerfolgs (F = 2,809, p = 0,055) bei der tiefer gehenden Analyse nicht wieder auftrat, dafür jedoch der ursprüngliche Zusammenhang der Zielinterdependenz mit der durch die Gruppenmitglieder eingeschätzten Gesamtgruppen-leistung. Bei differenzierterer Betrachtung moderiert kulturelle Wertevielfalt in der Mensch-lichen-Natur-Orientierung offenbar ausschließlich den positiv vorhergesagten Zusammenhang zwischen der Zielinterdependenz und dem ökonomischen Gruppenerfolg. Aber auch hier weisen die Befunde in Richtung einer negativen Moderation des ursprünglich positiven Zusammenhangs.

Die Regressionen zeigen, dass Vielfalt in den Variationen der Menschlichen-Natur-Orien-tierung die für den ökonomischen Gruppenerfolg positiven Konsequenzen einer ausgeprägten Zielinterdependenz umkehren. Sowohl die Interaktion der Zielinterdependenz mit der kul-turellen Variation ‚Menschliche Natur: Gut/Böse' als auch mit der Variation ‚Menschliche Natur: ‚Veränderbar/Nicht-Veränderbar' weisen negative Vorzeichen auf, beide leisten einen signifikanten Zuwachs von 10% an der erklärten Varianz in den Maßen des ökonomischen Gruppenerfolgs. Dies bedeutet, dass mit zunehmender Verknüpfung der individuellen Ziele der Gruppenmitglieder mit den Gesamtgruppenzielen die eingeschätzte Effektivität der von der Gruppe gewählten Aufgabenstrategien sinkt, wenn sich die Gruppenmitglieder in der Annahme der Veränderbarkeit der grundlegenden menschlichen Natur unterscheiden und dass ebenfalls mit zunehmender Zielinterdependenz die durch die Gruppenmitglieder eingeschätzte Gesamtgruppenleistung abnimmt, wenn sich diese in ihren grundlegenden Ansichten bezüg-lich der Güte der menschlichen Natur unterscheiden. Die Hypothese 2-IIIb kann also als bestätigt angesehen werden.

9.2.2.1.5 *Moderation der Ergebnisinterdependenz-Erfolgszusammenhänge durch die kulturelle Vielfalt in Arbeitsgruppen*

In der vorliegenden Stichprobe hat sich das Ausmaß an Ergebnisinterdependenz als positiver Prädiktor der Gruppenzuversicht erwiesen. Es wurde jedoch, ebenfalls vor dem Hintergrund der „Supplies-Values-Fit-Perspektive" des Kontingenzansatzes und den systemischen Über-legungen zu multikulturellen Arbeitsgruppen als lose gekoppelte Systeme argumentiert, dass kulturelle Vielfalt in der Zusammensetzung einer Arbeitsgruppe diesen positiven Zusammen-hang mit dem Gruppenerfolg abschwächen oder umkehren könnte. Dies sollte vor allem im Hinblick auf kulturelle Vielfalt in der relationalen und der Menschlichen-Natur-Orientierung gelten. Die Arbeitssituation, Leistungsfeedback und Leistungsbe- oder -entlohnungen nur in Bezug auf die Gesamtgruppenleistung zu erhalten, könnte teilweise im Gegensatz zu grundlegenden Werthaltungen und Ansichten von einzelnen Gruppenmitgliedern stehen und daher einen für den Gruppenerfolg nachteiligen Effekt bewirken. Diese Annahme wurde in Hypothese 2-IIIc formuliert. Tabelle 9-9 zeigt, dass der Zusammenhang zwischen Ergebnis-interdependenz und dem Gruppenerfolg hinsichtlich der Effektivität gewählter Aufgabenstra-tegien, Effektivität der Gruppenkommunikation, Gruppenbindung und Gruppenzuversicht durch kulturelle Vielfalt in der Aktivitäts-, der relationalen und der Menschlichen-Natur-

Überprüfung der Hypothesen 319

Orientierung moderiert wird. Die genauen Ergebnisse dieser Regressionen sind in den Tabellen A9-A11 im Anhang 3 der vorliegenden Schrift enthalten.

Um nun genauer zu überprüfen, welche der in den kulturellen Variationen der drei kulturellen Werteorientierungen liegenden Vielfaltarten für die Moderation der Ergebnisinterdependenz-Erfolgszusammenhänge konkret verantwortlich waren, wurden im nächsten Schritt multiple Regressionen der Gruppenerfolgsmaße auf die Ergebnisinterdependenz als Prädiktor, Vielfalt in den Variationen ‚Sein', ‚Denken' und ‚Handeln' der Aktivitätsorientierung, Vielfalt in den Variationen ‚Individualismus', ‚Kollektivismus' und ‚Hierarchie' der relationalen Orientierung und schließlich Vielfalt in den beiden Variationen ‚Menschliche Natur: Gut/Böse' und ‚Menschliche Natur: Veränderbar/Nicht-veränderbar' der Menschlichen-Natur-Orientierung als jeweilige Moderatoren und den entsprechenden Interaktionen gerechnet. Es stellte sich dabei heraus, dass die Vielfalt in der kulturellen Variation ‚Denken' der Aktivitätsorientierung, Vielfalt in der kulturellen Variation ‚Hierarchie' der relationalen Orientierung und Vielfalt in der kulturellen Variation ‚Veränderbarkeit/Nicht-Veränderbarkeit' der Menschlichen-Natur-Orientierung für die jeweiligen Moderationswirkungen auf die Ergebnisinterdependenz-Erfolgszusammenhänge verantwortlich waren. Die folgenden Tabellen enthalten die genauen Ergebnisse.

Tabelle 9-16: Regression der Gruppenbindung auf die Interaktion von Ergebnisinterdependenz und Vielfalt in der kulturellen Variation ‚Denken' der Aktivitätsorientierung

	Gruppenbindung		
	β	t	VIF
Ergebnisinterdependenz	0,4661	3,99****	1,03
Variationsvielfalt: ‚Denken' der Aktivitätsorientierung	-0,3106	-2,60**	1,14
(Ergebnisinterdependenz) x (Variationsvielfalt: ‚Denken')	0,5291	2,09**	1,11
R^2	0,4722		
R^2 adj.	0,4242		
F-Wert	9,84****		
ΔR^2	0,070		
F ($\Delta R^{2)}$)	4,386**		

* $p < 0,1$ ** $p < 0,05$ *** $p < 0,01$ **** $p < 0,001$

Der Verstärkungseffekt verschiedener Informationsverarbeitungen des positiven Zusammenhangs der Ergebnisinterdependenz mit dem sozialen Gruppenerfolg wird in dieser Tabelle sehr deutlich. Konkret lässt sich festhalten, dass sich mit zunehmender Verknüpfung der individuellen Leistungsfeedbacks und Leistungsentlohnungen mit der Gesamtgruppenleistung die Gruppenmitglieder emotional stärker an ihre Gruppe gebunden fühlen und bereit sind, mehr Anstrengungen für die Gruppe zu unternehmen, je mehr sie sich in ihren individuellen Problemlösungsmodi voneinander unterscheiden.

320 Ergebnisse der Untersuchung

Einen ähnlich positiven, jedoch noch breiter gefächerten Verstärkungseffekt des positiven Ergebnisinterdependenz-Erfolgszusammenhangs konnte für die Vielfalt in der kulturellen Variation ‚Hierarchie' der relationalen Orientierung festgestellt werden. Tabelle 9-17 enthält die Werte der Regressionsanalysen.

Tabelle 9-17: Regressionen der Gruppenerfolgsmaße auf die Interaktion von Ergebnisinterdependenz und Vielfalt in der kulturellen Variation ‚Hierarchie' der relationalen Orientierung

	Effektivität der Aufgabenstrategien		Effektivität der Gruppenkommunikation		Gruppenbindung		Gruppenzuversicht		
	β	t	β	t	β	t	β	t	VIF
Ergebnisinterdependenz	0,2336	1,97*	0,4455	2,57**	0,4427	3,48***	0,4879	4,32***	1,00
Variationsvielfalt: ‚Hierarchie' der relationalen Orientierung	-0,1615	-1,32	-0,1365	-0,77	-0,0252	-0,19	-0,0608	-0,52	1,00
(Ergebnisinterdependenz) x (Variationsvielfalt: ‚Hierarchie' der relationalen Orientierung)	0,9078	3,21***	0,9602	2,33**	0,8264	2,73**	0,9585	3,56***	1,01
R^2	0,3084		0,2617		0,3581		0,4729		
R^2 adj.	0,2455		0,1946		0,2997		0,4249		
F-Wert	4,904***		3,899**		6,136***		9,869****		
ΔR^2	0,216		0,121		0,145		0,203		
F ($\Delta R^{2)}$	10,295***		5,413**		7,438**		12,699***		

* $p < 0,1$ ** $p < 0,05$ *** $p < 0,01$ **** $p < 0,001$

Diese Werte machen deutlich, dass Unterschiede zwischen Gruppenmitgliedern in der kulturellen Variation ‚Hierarchie' der relationalen Orientierung den positiven Einfluss der Ergebnisinterdependenz auf den Gruppenerfolg verstärken. Auch wenn der singuläre Einfluss dieser Variationsvielfalt ein negativer ist, so weisen doch alle Interaktionsterme ein positives Vorzeichen auf und erklären zum Teil hoch signifikante Anteile an der Varianz in den Gruppenerfolgsmaßen. Konkret bedeutet das, dass mit zunehmender Abhängigkeit der individuellen Leistungsfeedbacks und Leistungsentlohnungen von der Gesamtgruppenleistung eine Arbeitsgruppe dann ihre gewählten Aufgabenstrategien als effektiv und ihre Gruppenkommunikation als effektiv einschätzt, die Gruppenmitglieder dann eine hohe emotionale Bindung an ihre Gruppe und auch eine ausgeprägte Zuversicht, gemeinsam Aufgaben erfolgreich bearbeiten zu können, entwickeln, wenn sich die Gruppenmitglieder in ihren grundlegenden Werteannahmen über die Macht- und Verantwortungsstruktur menschlicher Beziehungen unterscheiden. Diese verstärkenden Moderationseffekte der Vielfalt in den kulturellen Variationen ‚Denken' und ‚Hierarchie' der Beziehung zwischen Ergebnisinterdependenz und

Überprüfung der Hypothesen 321

dem Gruppenerfolg widersprechen der Hypothese 2-IIIc, kulturelle Vielfalt ist also nicht per se schädlich bei gegebener Ergebnisinterdependenz.

Tabelle 9-18: Regressionen der Gruppenerfolgsmaße auf die Interaktion von Ergebnisinterdependenz und Vielfalt in der kulturellen Variation ‚Veränderbarkeit/Nicht-Veränderbarkeit'

	Effektivität der Aufgabenstrategien		Effektivität der Gruppenkommunikation		Gruppenzuversicht		
	β	t	β	t	β	t	VIF
Ergebnisinterdependenz	0,2781	2,15**	0,5233	3,09***	0,5259	4,20****	1,05
Variationsvielfalt: ‚Veränderbarkeit/Nicht-Veränderbarkeit'	0,0142	0,17	0,0934	0,86	0,0223	0,28	1,00
(Ergebnisinterdependenz) x (Variationsvielfalt: ‚Veränderbarkeit/Nicht-Veränderbarkeit')	-0,4469	-2,50**	-0,6722	-2,87***	-0,4107	-2,37**	1,06
R^2	0,2166		0,3256		0,3785		
R^2 adj.	0,1454		0,2642		0,3219		
F-Wert	3,042**		5,31***		6,699***		
ΔR^2	0,148		0,168		0,106		
F ($\Delta R^{2)}$	6,242**		8,232***		5,605**		

* $p < 0,1$ ** $p < 0,05$ ***$p < 0,01$ ****$p < 0,001$

Allerdings erweist sich in Bezug auf die Ergebnisinterdependenz, wie auch schon bei den Partizipationsmöglichkeiten und der Zielinterdependenz, kulturelle Vielfalt in der Menschlichen-Natur-Orientierung als Moderator, der den ursprünglich positiven Zusammenhang in sein Gegenteil kehrt. Jedoch sind hier nicht die unterschiedlichen Annahmen bezüglich des Wesens der menschlichen Natur ausschlaggebend, sondern die jeweils unterschiedlichen Annahmen der Gruppenmitglieder bezüglich der Veränderbarkeit des Wesens der menschlichen Natur. Tabelle 9-18 enthält die Ergebnisse.In allen drei Fällen bleibt zwar die Ergebnisinterdependenz ein starker positiver Prädiktor für die Effektivität der gewählten Aufgabenstrategien, die Effektivität der Gruppenkommunikation und der Gruppenzuversicht, jedoch weisen die jeweiligen Interaktionen mit der Vielfalt in der kulturellen Variation ‚Veränderbarkeit/Nicht-Veränderbarkeit' allesamt negative Vorzeichen auf und sie erklären damit in allen drei Modellen 10% und mehr signifikante Anteile an der erklärten Gesamtvarianz in den Erfolgsmaßen. Konkret bedeutet dies, dass je stärker die individuellen Leistungsfeedbacks und Leistungsentlohnungen der Gruppenmitglieder von der Gesamtgruppenleistung abhängen, desto ineffektiver werden sie ihre gewählten Aufgabenstrategien einschätzen, weniger frei und offen miteinander kommunizieren und weniger zuversichtlich sein, ihre Aufgaben auch zukünftig erfolgreich erledigen zu können, wenn sich die Gruppenmitglieder in ihren grundlegenden Annahmen darin unterscheiden, ob das Wesen der menschlichen Natur unabhängig von ihrer Güte oder Schlechtigkeit veränderbar ist oder nicht. Die Hypothese 2-IIIc kann nur für die Vielfalt in der kulturellen Variation ‚Veränderbarkeit /Nicht-Veränderbarkeit' der Menschlichen-Natur-Orientierung als bestätigt angesehen werden.

9.2.2.1.6 Moderation der Zusammenhänge zwischen externen Abhängigkeiten und Gruppenerfolg durch die kulturelle Vielfalt in Arbeitsgruppen

Für die vorliegende Stichprobe haben sich die externen Abhängigkeiten der multikulturellen Arbeitsgruppen, besonders von anderen Personen im selben Geschäftsbereich und von der Unternehmensverwaltung, als erfolgsrelevant herausgestellt, wobei die externe Abhängigkeit von anderen Personen des Geschäftsbereichs erwartungskonform im negativen Zusammenhang mit der Gruppenzufriedenheit, die Abhängigkeit einer Arbeitsgruppe von der Unternehmensverwaltung jedoch entgegen der Erwartung im positiven Zusammenhang mit dem Gruppenerfolg steht. Im weiteren Verlauf der Hypothesenentwicklung wurde vermutet, dass kulturelle Wertevielfalt diese Zusammenhänge moderieren könnte, da Gruppenmitglieder mit unterschiedlichen kulturellen Werteorientierungen ja denkbarer Weise auch unterschiedlich auf die externen Abhängigkeiten ihrer Arbeitsgruppen reagieren könnten. Begründete Vermutungen über die konkreten Moderationsrichtungen ließen sich jedoch nicht herleiten, daher ist die Überprüfung möglicher Moderationswirkungen der kulturellen Wertevielfalt auf die Zusammenhänge zwischen den externen Gruppenabhängigkeiten und dem Gruppenerfolg explorativer Natur.

Wie bereits in Tabelle 9-9 zu sehen ist, werden die Zusammenhänge zwischen der aufgabenbezogenen Abhängigkeit einer Arbeitsgruppe von anderen Personen im selben Geschäftsbereich (A) und Maßen des Gruppenerfolgs durch kulturelle Vielfalt in der relationalen Orientierung, der Aktivitätsorientierung und der Menschlichen-Natur-Orientierung moderiert. Für die genauen Werte der Regressionsanalysen sei auf die Tabellen A12-A15 im Anhang 3 dieser Schrift verwiesen.

Um nun genauer zu überprüfen, welche der in den kulturellen Variationen der drei kulturellen Werteorientierungen liegenden Vielfaltsarten für die Moderation der Zusammenhänge zwischen der externen Gruppenabhängigkeit von anderen Personen im selben Geschäftsbereich und dem Gruppenerfolg konkret verantwortlich waren, wurden im nächsten Schritt multiple Regressionen der Gruppenerfolgsmaße auf die externe Abhängigkeit (A) als Prädiktor, Vielfalt in den Variationen ‚Individualismus', ‚Kollektivismus' und ‚Hierarchie' der relationalen Orientierung, Vielfalt in den Variationen ‚Sein', ‚Denken' und ‚Handeln' der Aktivitätsorientierung, und schließlich Vielfalt in den beiden Variationen ‚Menschliche Natur: Gut/Böse' und ‚Menschliche Natur: Veränderbar/Nicht-veränderbar' der Menschlichen-Natur-Orientierung als jeweilige Moderatoren und den entsprechenden Interaktionen gerechnet. Es stellte sich dabei heraus, dass die Vielfalt in der kulturellen Variation ‚Hierarchie' der relationalen Orientierung, Vielfalt in der kulturellen Variation ‚Denken' der Aktivitätsorientierung und Vielfalt in der kulturellen Variation ‚Veränderbarkeit/Nicht-Veränderbarkeit' der Menschlichen-Natur-Orientierung für die jeweiligen Moderationswirkungen auf die Zusammenhänge zwischen der externen Abhängigkeit von anderen Personen des Geschäftsbereichs und dem Gruppenerfolg verantwortlich waren. Die folgenden Tabellen enthalten die genauen Ergebnisse.

Überprüfung der Hypothesen 323

Tabelle 9-19: **Regressionen der Gruppenbindung und der Gruppenzuversicht auf die Interaktion von externer Abhängigkeit (A) und Vielfalt in der Variation ,Hierarchie' der relationalen Orientierung**

	Gruppenbindung		Gruppenzuversicht		
	β	t	β	t	VIF
Externe Abhängigkeit (A)	-0,1369	-1,56	-0,2129	-2,52**	1,06
Variationsvielfalt: ,Hierarchie' der relationalen Orientierung	0,0939	0,65	0,081	0,59	1,06
(Externe Abhängigkeit A) x (Variationsvielfalt: ,Hierarchie' der relationalen Orientierung)	-0,4087	-3,00***	-0,3353	-2,56**	1,02
R^2	0,2688		0,2976		
R^2 adj.	0,2024		0,2338		
F-Wert	4,045**		4,661***		
ΔR^2	0,199		0,14		
$F(\Delta R^{2)}$	8,984***		6,559**		

* p < 0,1   ** p < 0,05   ***p < 0,01   ****p < 0,001

Die Werte machen deutlich, dass der negative Zusammenhang zwischen der aufgabenbezogenen Gruppenabhängigkeit von anderen Personen im Geschäftsbereich und dem sozialen Gruppenerfolg durch Vielfalt in der kulturellen Variation ,Hierarchie' noch verstärkt wird. Je mehr also eine Arbeitsgruppe in ihrer Aufgabenerledigung auf gruppenexterne Personen im selben Geschäftsbereich abhängt, desto weniger fühlen sie sich an ihre Arbeitsgruppe gebunden und sind weniger erfolgszuversichtlich, wenn sie sich zudem in ihren Annahmen über die natürlichen Macht- und Verantwortungsstrukturen und im entsprechenden Verhalten voneinander unterscheiden. Hinsichtlich des negativen Zusammenhangs zwischen externer Abhängigkeit von anderen Personen im selben Geschäftsbereich und dem Gruppenerfolg zeigte sich derselbe Verstärkungseffekt, allerdings in größerem Ausmaß, durch Vielfalt in der kulturellen Variation ,Denken'. Tabelle 9-20 zeigt die Ergebnisse.

Anhand dieser Werte wird sehr deutlich, dass Vielfalt in der kulturellen Variation ,Denken' der Aktivitätsorientierung den negativen Zusammenhang zwischen der Gruppenabhängigkeit von anderen Personen im selben Geschäftsbereich und dem Gruppenerfolg erheblich verstärkt. In allen drei Modellen leisten die Interaktionen hoch signifikante Zuwächse an erklärter Varianz in den Erfolgsmaßen, hinsichtlich der Gruppenbindung sogar 28%. Zusammenfassend lässt sich also sagen, dass eine Arbeitsgruppe, die in ihrer Aufgabenerledigung stark von gruppenexternen Personen im selben Geschäftsbereich abhängig ist, die Effektivität ihrer gewählten Aufgabenstrategien als geringer wahrnimmt, ihre gesamte Gruppenleistung als geringer einschätzt und die Gruppenmitglieder sich weniger emotional an ihre Arbeitsgruppe gebunden fühlen, wenn die Gruppenmitglieder sich zudem in ihren jeweiligen Informationsverarbeitungs- und Problemlösungsmodi voneinander unterscheiden.

324 Ergebnisse der Untersuchung

Tabelle 9-20: Regression der Gruppenerfolgsmaße auf die Interaktion von externer Abhängigkeit (A) und Vielfalt in der kulturellen Variation ‚Denken' der Aktivitätsorientierung

	Effektivität der Aufgabenstrategien		Gesamtgruppen-leistung (Gruppenmitglieder)		Gruppenbindung		
	β	t	β	t	β	t	VIF
Externe Abhängigkeit (A)	-0,0417	-0,53	0,0841	1,22	-0,1253	-1,63	1,05
Variationsvielfalt: ‚Denken'	-0,2646	-2,17**	-0,0557	-0,52	-0,2748	-2,33**	1,05
(Externe Abhängigkeit A) x (Variationsvielfalt: ‚Denken')	-0,3098	-2,52**	-0,3633	-3,38***	-0,4858	-4,08****	1,00
R^2	0,2663		0,2895		0,4422		
R^2 adj.	0,1996		0,2249		0,3915		
F-Wert	3,992**		4,482***		8,720****		
ΔR^2	0,1411		0,246		0,281		
$F(\Delta R^2)$	6,345**		11,41***		16,61****		

* $p < 0,1$ ** $p < 0,05$ *** $p < 0,01$ **** $p < 0,001$

Der scheinbar kontraintuitive Befund der Umkehrung des negativen Zusammenhangs zwischen externer Abhängigkeit von anderen Personen im selben Geschäftsbereichs und dem Gruppenerfolg durch Vielfalt in der Menschlichen-Natur-Orientierung wird ausschließlich durch Vielfalt in der kulturellen Variation ‚Veränderbarkeit/Nicht-Veränderbarkeit' der Menschlichen-Natur-Orientierung bestimmt. Tabelle 9-21 enthält die Ergebnisse.

Die Werte verdeutlichen, dass vor allem die wahrgenommene Effektivität der gewählten Aufgabenstrategien von den Gruppenmitgliedern umso höher eingeschätzt wird, die Gruppe aber auch umso erfolgszuversichtlicher ist und die Gruppenmitglieder sich umso mehr an ihre Arbeitsgruppe gebunden fühlen, je mehr eine Arbeitsgruppe in ihrer Aufgabenerledigung von anderen Personen im selben Geschäftsbereich abhängig ist und sich die Gruppenmitglieder zudem in ihren Annahmen bezüglich der Veränderbarkeit des Wesens der menschlichen Natur voneinander unterscheiden.

Insgesamt ließ sich mit den dargestellten Regressionsanalysen die Vermutung bestätigen, dass der Einfluss der aufgabenbezogenen Abhängigkeit einer Arbeitsgruppe von anderen Personen desselben Geschäftsbereichs auf den Gruppenerfolg durch kulturelle Vielfalt in der Zusammensetzung der Arbeitsgruppe moderiert wird. Während jedoch der prinzipiell negative Zusammenhang zwischen der externen Abhängigkeit und dem Gruppenerfolg durch Vielfalt in der relationalen und der Aktivitätsorientierung, nämlich Vielfalt in den Variationen ‚Hierarchie' und ‚Denken' verstärkt wird, wirkt Vielfalt in der kulturellen Variation ‚Veränderbarkeit/Nicht-Veränderbarkeit' der Menschlichen-Natur-Orientierung als Moderator, der den negativen Zusammenhang in einen positiven umkehrt. Dieser Befund ist überraschend.

Überprüfung der Hypothesen

325

Tabelle 9-21: Regression der Gruppenerfolgsmaße auf die Interaktion von externer Abhängigkeit (A) und Vielfalt in der kulturellen Variation ,Veränderbarkeit/Nicht-Veränderbarkeit'

	Effektivität der Aufgabenstrategien		Gruppenbindung		Gruppenzuversicht		
	β	t	β	t	β	t	VIF
Externe Abhängigkeit (A)	-0,0464	-0,61	-0,1187	-1,31	-0,2023	-2,34**	1,05
Variationsvielfalt: ,Veränderbarkeit/Nicht-Veränderbarkeit'	-0,0712	-0,61	0,0493	0,35	0,0023	0,02	1,03
(Externe Abhängigkeit A) x (Variationsvielfalt: ,Veränderbarkeit/Nicht-Veränderbarkeit')	0,5793	3,83****	0,4471	2,47**	0,3597	2,08**	1,01
R^2	0,3248		0,2149		0,2532		
R^2 adj.	0,2634		0,1436		0,1853		
F-Wert	5,292***		3,011**		3,729**		
ΔR^2	0,305		0,106		0,096		
F ($\Delta R^{2)}$)	14,68****		6,087**		4,318**		

* $p < 0,1$ ** $p < 0,05$ ***$p < 0,01$ ****$p < 0,001$

Der Frage, ob der als negativ vermutete, jedoch als positiv festgestellte Zusammenhang zwischen der aufgabenbezogenen Gruppenabhängigkeit von der Unternehmensverwaltung (B) und dem Gruppenerfolg ebenfalls durch kulturelle Vielfalt moderiert wird, soll im Folgenden nachgegangen werden. Aus Tabelle 9-9 wird ersichtlich, dass die Zusammenhänge zwischen der externen Abhängigkeit (B) und dem sozialen Gruppenerfolg durch kulturelle Vielfalt in der Aktivitäts- und in der relationalen Orientierung moderiert werden. Die Tabellen A16-A19 im Anhang 3 dieser Schrift enthalten die Ergebnisse.

Um nun genauer zu überprüfen, welche der in den kulturellen Variationen der beiden kulturellen Werteorientierungen liegenden Vielfaltsarten für die Moderation der Zusammenhänge zwischen der externen Gruppenabhängigkeit von der Unternehmensverwaltung und dem Gruppenerfolg konkret verantwortlich waren, wurden im nächsten Schritt multiple Regressionen der Gruppenerfolgsmaße auf die externe Abhängigkeit (B) als Prädiktor, Vielfalt in den Variationen ,Sein', ,Denken' und ,Handeln' der Aktivitätsorientierung und Vielfalt in den Variationen ,Individualismus', ,Kollektivismus' und ,Hierarchie' der relationalen Orientierung als jeweilige Moderatoren und den entsprechenden Interaktionen gerechnet. Es stellte sich dabei heraus, dass die Vielfalt in der kulturellen Variation ,Denken' der Aktivitätsorientierung und Vielfalt in den kulturellen Variationen ,Kollektivismus' und ,Hierarchie' für die Moderationswirkungen verantwortlich waren. Die wesentliche Moderationsrichtung veränderte sich dabei jedoch nicht, alle Variationsvielfaltsarten verstärken den positiven und unerwarteten Zusammenhang zwischen der Gruppenabhängigkeit von der Unternehmensverwaltung und dem sozialen Gruppenerfolg. Die folgenden Tabellen zeigen die konkreten Werte.

326   Ergebnisse der Untersuchung

Tabelle 9-22: Regressionen der Gruppenbindung und Gruppenzuversicht auf die Interaktionen von externer Abhängigkeit (B) und Vielfalt in der kulturellen Variation ‚Denken'

	Gruppenbindung		Gruppenzuversicht		
	β	t	β	t	VIF
Externe Abhängigkeit (B)	-0,3062	-3,30***	-0,396	-4,57****	1,14
Variationsvielfalt ‚Denken'.	-0,1119	-0,84	-0,0414	-0,34	1,23
(Externe Abhängigkeit B) x (Variationsvielfalt: ‚Denken')	-0,4098	-2,69**	-0,3987	-2,91***	1,23
R²	0,3891		0,4861		
R² adj.	0,3335		0,4393		
F-Wert	7,006****		10,405****		
ΔR²	0,134		0,132		
F (ΔR²)	7,226**		8,471***		

* p < 0,1   ** p < 0,05   ***p < 0,01   ****p < 0,001

Sowohl hinsichtlich der Gruppenbindung als auch in Hinblick auf die Gruppenzuversicht verstärkt eine in der Gruppenzusammensetzung auftretende Vielfalt in den jeweiligen Informationsverarbeitungs- und Problemlösemodi der Gruppenmitglieder den positiven Einfluss der Gruppenabhängigkeit von der Unternehmensverwaltung. Beide Interaktionsterme sind signifikant und tragen bedeutsam, jeweils mit 13%, zur erklärten Gesamtvarianz in den Erfolgsmaßen bei.

Die Vielfalt in den Variationen ‚Kollektivismus' und ‚Hierarchie' der relationalen Orientierung moderieren darüber hinaus vor allem den Zusammenhang zwischen Gruppenabhängigkeit von der Unternehmensverwaltung und der Erfolgszuversicht der Arbeitsgruppen, die Vielfalt verstärkt diesen Zusammenhang noch. Tabelle 9-23 enthält die Werte.

Auch anhand dieser Werte wird deutlich, dass die Interaktionen von Gruppenabhängigkeit von der Verwaltung und den Variationen der relationalen Orientierung signifikant zur Erklärung der Gruppenbindung beitragen, wobei Vielfalt in der kulturellen Variation ‚Hierarchie' den stärkeren Moderationseffekt darstellt. Insgesamt lässt sich also festhalten, dass, wenn eine Arbeitsgruppe in ihrer Aufgabenerledigung auf Input von der Unternehmensverwaltung angewiesen ist, die Gruppenmitglieder dann eine größere Zuversichtlichkeit entwickeln, auch zukünftig erfolgreich in der Gruppe zusammenarbeiten zu können, wenn sie sich sowohl in Hinblick auf ihre grundlegenden Werteannahmen über die Macht- und Verantwortungsstrukturen menschlicher Beziehungen, als auch hinsichtlich ihres Empfindens gegenseitiger gruppenbezogener Verpflichtungen und Bindungen voneinander unterscheiden.

Überprüfung der Hypothesen 327

Tabelle 9-23: Regression der Gruppenbindung auf die Interaktion von externer Abhängigkeit (B) und Vielfalt in den kulturellen Variationen ‚Kollektivismus' und ‚Hierarchie' der relationalen Orientierung

	Gruppenbindung						9.2.2
	β	t	VIF		β	t	VIF
Externe Abhängigkeit (B)	-0,3815	- 4,48****	1,04	Externe Abhängigkeit (B)	-0,2783	-3,5***	1,10
Variationsvielfalt ‚Kollektivismus'	0,2468	1,27	1,07	Variationsvielfalt ‚Hierarchie'	0,0098	0,09	1,03
(Externe Abhängigkeit B) x (Variationsvielfalt ‚Kollektivismus')	-0,9594	-2,21**	1,10	(Externe Abhängigkeit B) x (Variationsvielfalt ‚Hierarchie')	-0,5656	-3,67****	1,08
R^2		0,4117		R^2		0,5144	
R^2 adj.		0,3582		R^2 adj.		0,4703	
F-Wert		7,698****		F-Wert		11,652****	
ΔR^2		0,087		ΔR^2		0,198	
F ($\Delta R^{2)}$		4,879**		F ($\Delta R^{2)}$		13,441****	

* $p < 0,1$ ** $p < 0,05$ ***$p < 0,01$ ****$p < 0,001$

Mit diesen Berechnungen ist die Überprüfung der Hypothesen des zweiten Hypothesenkomplexes der vorliegenden Untersuchung abgeschlossen. Da jedoch neben der kulturellen Vielfalt in der Zusammensetzung von Arbeitsgruppen auch noch andere Gruppenstrukturmerkmale, besonders die anderen Vielfaltsarten, entscheidende Moderationseffekte auf die Kontext-Erfolgs-Zusammenhänge aufweisen können, soll diesen Fragen im Folgenden nachgegangen werden.

9.2.2.2 Moderation der Kontext-Erfolgs-Zusammenhänge durch die anderen Merkmale der Gruppenstruktur

Um die potenziellen Moderationen der anderen Vielfaltsarten und der relativen Gruppengröße auf die Kontext-Erfolgs-Zusammenhänge zu überprüfen, wurden ebenfalls multiple Regressionen der Gruppenerfolgsmaße auf die Kontextmerkmale als Prädiktoren, die jeweiligen Strukturvariablen als Moderatoren und die entsprechenden Interaktionen gerechnet. Die folgende Tabelle gibt einen ersten Überblick über die festgestellten Moderationen.

Tabelle 9-24: Überblick über die Moderationswirkungen der anderen Strukturmerkmale hinsichtlich der Kontext-Erfolgszusammenhänge

	Gruppenerfolgsmaße						
Kontextmerkmale	Effektivität der Aufgabenstrategien	Effektivität der Gruppenkommunikation	Gesamtleistung (Gruppenmitglieder)	Gesamtleistung (Führungskräfte)	Gruppenbindung	Gruppenzuversicht	Gruppenzufriedenheit
Aufgabenunsicherheit				Vielfalt in Unternehmenszugehörigkeitsdauer (−)			
Partizipationsmöglichkeiten		Vielfalt in Gruppenzugehörigkeitsdauer (+)				Vielfalt in Unternehmenszugehörigkeitsdauer (+)	
Aufgabeninterdependenz				Vielfalt in Unternehmenszugehörigkeitsdauer (−) / Relative Gruppengröße (+)			
Zielinterdependenz							
Ergebnisinterdependenz		Vielfalt in Unternehmenszugehörigkeitsdauer (+)				Vielfalt in Unternehmenszugehörigkeitsdauer (+)	
Externe Abhängigkeit (A)				Vielfalt im Bildungshintergrund (+)			
Externe Abhängigkeit (B)		Vielfalt in Gruppenzugehörigkeitsdauer (−)				Vielfalt in Unternehmenszugehörigkeitsdauer (−)	Vielfalt in Gruppenzugehörigkeitsdauer (−)
Externe Abhängigkeit (C)							

Überprüfung der Hypothesen 329

Aus dieser Tabelle wird deutlich, dass bis auf die Zusammenhänge zwischen sowohl der Zielinterdependenz als auch der Gruppenabhängigkeit von anderen Unternehmen und den Erfolgsmaßen jeder andere Einfluss der Kontextmerkmale auf die Erfolgsvariablen durch die weiteren Gruppenstrukturmerkmale moderiert wird. Vor allem die Vielfalt in der Unternehmens- und der Gruppenzugehörigkeitsdauer weisen die häufigsten moderierenden Einflüsse auf.

Der Zusammenhang zwischen **Aufgabenunsicherheit** und der durch die Führungskräfte eingeschätzten Gesamtgruppenleistung wird ausschließlich durch *Vielfalt in der Unternehmenszugehörigkeitsdauer* moderiert. Sowohl die Aufgabenunsicherheit (t-Wert = -2,48, p < 0,02) als auch die Interaktion von Aufgabenunsicherheit und Vielfalt in der Unternehmenszugehörigkeitsdauer (t-Wert = -2,72, p < 0,02) sind signifikante Prädiktoren der durch die Führungskräfte eingeschätzten Gesamtgruppenleistung (F-Wert = 3,96, p = 0,016; R^2 = 0,265; R^2 adj. = 0,1981; ΔR^2 = 0,165; F–Wert von ΔR^2 = 7,39; p = 0,0104; alle drei VIFs < 1,16), wobei der Interaktionsterm ein negatives Vorzeichen aufweist und allein 16,5% der Gesamtvarianz in dem Erfolgsmaß erklärt. Dies bedeutet, dass die Gesamtleistung, wenn eine Arbeitsgruppe eine schwierige und/oder variable Gruppenaufgabe zu erledigen hat, von den Führungskräften umso geringer eingeschätzt wird, je mehr sich die Gruppenmitglieder in der Dauer ihrer Unternehmenszugehörigkeit voneinander unterscheiden.

Anders verhält es sich, wenn die Moderationswirkungen der Strukturvariablen auf die positiven Zusammenhänge zwischen den Partizipationsmöglichkeiten einer Arbeitsgruppe und den Erfolgsmaßen betrachtet werden. Der positive Zusammenhang zwischen **Partizipationsmöglichkeiten** und der wahrgenommenen Kommunikationseffektivität in einer Arbeitsgruppe wird durch *Vielfalt in der Dauer der Gruppenzugehörigkeit* noch verstärkt. Auch hier sind sowohl die Partizipationsmöglichkeiten (t-Wert = 3,02, p < 0,005) als auch die Interaktion der Partizipationsmöglichkeiten mit der Vielfalt in der Gruppenzugehörigkeitsdauer (t-Wert = 2,26; p < 0,04) signifikante Prädiktoren der wahrgenommenen Effektivität der Gruppenkommunikation (F-Wert = 7,131, p = 0,0008; R^2 = 0,393; R^2 adj. = 0,338; ΔR^2 = 0,094; F-Wert von ΔR^2 = 5,10; p = 0,0306; alle drei VIFs < 1,14), wobei der Interaktionsterm ein positives Vorzeichen aufweist und allein 9,4% der Gesamtvarianz in der Kommunikationseffektivität erklärt. Im Gegensatz zur Umkehrung des positiven Zusammenhanges zwischen Partizipationsmöglichkeiten und wahrgenommener Effektivität der Gruppenkommunikation durch kulturelle Vielfalt verstärkt Vielfalt in der Gruppenzugehörigkeitsdauer diesen Zusammenhang. Je mehr also Arbeitsgruppen Möglichkeiten zur Entscheidungspartizipation an für sie relevanten Entscheidungen haben, desto freier und offener kommunizieren sie miteinander, wenn sie sich außerdem noch in der Dauer der Gruppenzugehörigkeit voneinander unterscheiden. Eine ähnlich verstärkende Wirkung des Zusammenhanges von Partizipationsmöglichkeiten und der Gruppenzuversicht geht von der *Vielfalt in der Unternehmenszugehörigkeitsdauer* aus. Sowohl die Partizipationsmöglichkeiten (t-Wert = 3,54; p < 0,002) als auch die Interaktion zwischen Partizipationsmöglichkeiten und Vielfalt in der Unternehmenszugehörigkeitsdauer (t-Wert = 2,82; p < 0,01) sind signifikante Prädiktoren der Gruppenzuversicht (F-Wert = 9,93, p < 0,0001; R^2 = 0,474; R^2 adj. = 0,427; ΔR^2 = 0,127; F-Wert von ΔR^2 = 7,95; p = 0,008, alle drei VIFs < 1,07), wobei auch hier der Interaktionsterm ein positives Vorzeichen aufweist und sogar 12,7% der Gesamtvarianz in der Gruppenzuversicht erklärt. Ebenfalls im Gegensatz zur Umkehrung des positiven Zusammenhanges zwischen Partizipationsmöglichkeiten und Gruppenzuversicht durch kulturelle Vielfalt verstärkt Vielfalt in der Dauer der Unternehmenszugehörigkeit diesen Zusammenhang. Je mehr Möglichkeiten Arbeitsgruppen haben, an für sie relevanten Entscheidungen zu partizipieren, desto erfolgszuversichtlicher werden die Gruppenmitglieder sein, wenn sie sich zudem in der Dauer der Unternehmenszugehörigkeitsdauer voneinander unterscheiden.

Vielfalt in der Unternehmenszugehörigkeitsdauer hat ebenfalls eine verstärkende Wirkung in Hinblick auf den negativen Zusammenhang zwischen **Aufgabeninterdependenz** und die durch die Führungskräfte eingeschätzte Gesamtgruppenleistung. Sowohl die Aufgabeninterdependenz (t-Wert = -2,75; p < 0,01) als auch die Interaktion der Aufgabeninterdependenz mit der Vielfalt in der Unternehmenszugehörigkeitsdauer (t-Wert = -2,29; p < 0,03) sind signifikante, jedoch negative Prädiktoren der durch die Führungskräfte eingeschätzten Gruppenleistung (F-Wert = 4,832, p = 0,0068; R^2 = 0,305; R^2 adj. = 0,242; ΔR^2 = 0,111; F-Wert von ΔR^2 = 5,27; p = 0,028; alle drei VIFs < 1,05). Durch die Interaktion werden also 11,1% der Gesamtvarianz an der durch die Führungskräfte eingeschätzten Gruppenleistung erklärt. Je mehr also die Gruppenmitglieder in ihrer Aufgabenerledigung wechselseitig voneinander abhängen, desto geringer schätzen die Führungskräfte die Gruppenleistung ein, wenn sich die Gruppenmitglieder in der Dauer der Unternehmenszugehörigkeit voneinander unterscheiden. Umgekehrt verhält es sich hinsichtlich der Moderationswirkung der *relativen Gruppengröße* auf den negativen Zusammenhang zwischen Aufgabeninterdependenz und der durch die Führungskräfte eingeschätzten Gesamtgruppenleistung. In dieser Gleichung erweist sich nur die Interaktion zwischen der relativen Gruppengröße und der durch die Führungskräfte eingeschätzten Gruppenleistung (t-Wert = 2,78; p < 0,01) als signifikanter, hier jedoch positiver Prädiktor der durch die Führungskräfte eingeschätzten Gruppenleistung (F-Wert = 5,679, p = 0,003; R^2 = 0,341; R^2 adj. = 0,281; ΔR^2 = 0,155; F-Wert von ΔR^2 = 7,74; p = 0,009; alle drei VIFs < 1,39), der für sich genommen 15,5% der Varianz in dem Erfolgsmaß erklärt. Sind also die Gruppenmitglieder in ihrer Aufgabenerledigung wechselseitig voneinander abhängig, so wird die Führungskraft die Gruppenleistung dann höher einschätzen, wenn die Gruppenmitglieder ihre Gruppengröße zur Bearbeitung der Aufgaben als ausreichend groß wahrnehmen.

Der positive Zusammenhang zwischen der **Ergebnisinterdependenz** und der Gruppenzuversicht wird ebenfalls von der *Vielfalt in der Unternehmenszugehörigkeitsdauer* verstärkt. Sowohl die Ergebnisinterdependenz (t-Wert = 5,05: p < 0,0001) als auch die Interaktion zwischen der Ergebnisinterdependenz und der Vielfalt in der Unternehmenszugehörigkeitsdauer (t-Wert = 4,07; p < 0,0005) erweisen sich als signifikante und positive Prädiktoren der Gruppenzuversicht (F-Wert = 13,83, p < 0,0001; R^2 = 0,557; R^2 adj. = 0,517; ΔR^2 = 0,222; F-Wert von ΔR^2 = 16,56; p = 0,0003; alle drei VIFs < 1,12), wobei der Interaktionsterm alleine 22,2% der Varianz in der Gruppenzuversicht erklärt. Sind also die individuellen Leistungsfeedbacks und -entlohnungen durch die Gesamtgruppenleistung bestimmt, dann werden die Gruppenmitglieder erfolgszuversichtlicher sein, wenn sie sich zudem in der Dauer der Unternehmenszugehörigkeit voneinander unterscheiden. Interessant hierbei ist, dass die Vielfalt in der Dauer der Unternehmenszugehörigkeit den ursprünglich nicht signifikanten, aber positiven Zusammenhang zwischen der Ergebnisinterdependenz und der wahrgenommenen Effek-

Überprüfung der Hypothesen 331

tivität der Gruppenkommunikation ebenfalls so weit verstärkt, dass er signifikant wird. Wird die Vielfalt in der Dauer der Unternehmenszugehörigkeit als Moderator in die Gleichung mit aufgenommen, werden sowohl die Ergebnisinterdependenz (t-Wert = 3,05; p < 0,005) als auch die Interaktion zwischen Ergebnisinterdependenz und der Vielfalt in der Unternehmenszugehörigkeitsdauer (t-Wert = 2,58; p < 0,05) zu signifikanten Prädiktoren der wahrgenommenen Kommunikationseffektivität (F-Wert = 4,21, p = 0,013; R^2 = 0,277; R^2 adj. = 0,211; Δ R^2 = 0,146; F-Wert von Δ R^2 = 6,64; p = 0,015/alle drei VIFs < 1,12). Sind also die individuellen Leistungsfeedbacks und -entlohnungen durch die Gesamtleistung bestimmt, dann werden die Gruppenmitglieder die Effektivität ihrer Gruppenkommunikation höher einschätzen, wenn sie sich in der Unternehmenszugehörigkeitsdauer voneinander unterscheiden.

Auch hinsichtlich des negativen, aber ursprünglich nicht signifikanten Zusammenhangs zwischen der **Abhängigkeit einer Arbeitsgruppe von anderen Personen im selben Geschäftsbereich** und der durch die Führungskräfte eingeschätzten Gruppenleistung konnte ein verstärkender Moderationseffekt, hier aber durch *Vielfalt im Bildungshintergrund* der Gruppenmitglieder, festgestellt werden. Allerdings erweist sich in dieser Gleichung nur die Interaktion zwischen der Abhängigkeit einer Arbeitsgruppe von anderen Personen im selben Geschäftsbereich und der Bildungsvielfalt (t-Wert = 3,27; p < 0,003) als signifikanter Prädiktor der durch die Führungskräfte eingeschätzten Gesamtgruppenleistung (F-Wert = 6,33; p = 0,0016; R^2 = 0,365; R^2 adj. = 0,308; Δ R^2 = 0,159; F-Wert von Δ R^2 = 10,71; p = 0,0025/alle drei VIFs < 1,34), wobei dieser jedoch 15,9% der Gesamtvarianz erklärt. Je mehr also eine Arbeitsgruppe in ihrer Aufgabenerledigung von gruppenexternen Personen im selben Geschäftsbereich abhängig ist, desto geringer wird die Führungskraft die Gesamtleistung der Gruppe einschätzen, wenn sich die Gruppenmitglieder außerdem hinsichtlich der Dauer ihrer formalen Bildung voneinander unterscheiden.

Hinsichtlich der zwar unerwartet positiven, aber signifikanten Zusammenhänge zwischen der **Abhängigkeit einer Arbeitsgruppe von der Unternehmensverwaltung** und dem Gruppenerfolg konnten ebenfalls ausschließlich Verstärkungseffekte durch Vielfalt in der Dauer der Gruppenzugehörigkeit und Vielfalt in der Dauer der Unternehmenszugehörigkeit festgestellt werden. Sowohl die Gruppenabhängigkeit von der Verwaltung (t-Wert = -2,15; p < 0,04) als auch die Interaktion zwischen der Gruppenabhängigkeit von der Verwaltung und *Vielfalt in der Dauer der Gruppenzugehörigkeit* (t-Wert = -2,54; p < 0,02) erweisen sich als signifikante Prädiktoren der wahrgenommenen Effektivität der Gruppenkommunikation (F-Wert = 4,34, p = 0,011; R^2 = 0,283; R^2 adj. = 0,217; Δ R^2 = 0,14; F-Wert von Δ R^2 = 6,44; p = 0,016/alle drei VIFs < 1,05). Die Interaktion erklärt allein 14% der Varianz in der wahrgenommenen Kommunikationseffektivität, so dass folgender Schluss gezogen werden kann: Je stärker eine Arbeitsgruppe in ihrer Aufgabenerledigung von der Unternehmensverwaltung abhängig ist, desto freier und offener werden die Gruppenmitglieder miteinander kommunizieren, wenn sie sich zudem in der Dauer der Gruppenzugehörigkeit voneinander unterscheiden. Derselbe Moderationseffekt tritt dabei in Hinblick auf die Gruppenzufriedenheit auf, allerdings erweist sich hier nur die Interaktion zwischen der Gruppenabhängigkeit von der Verwaltung und der Vielfalt in der Gruppenzugehörigkeitsdauer als signifikanter Prädiktor (t-Wert = -2,97; p < 0,006) der Gruppenzufriedenheit (F-Wert = 4,56, p = 0,009; R^2 = 0,293; R^2 adj. = 0,228; Δ R^2 = 0,188; F-Wert von Δ R^2 = 8,79; p = 0,0056/alle drei VIFs <

1,05), der jedoch alleine schon 18,8% der Varianz in der Gruppenzufriedenheit zu erklären vermag. Auch hier kann also gefolgert werden, dass je mehr eine Arbeitsgruppe in ihrer Aufgabenerledigung von der Unternehmensverwaltung abhängig ist, desto zufriedener die Gruppenmitglieder mit ihrer Gruppenarbeit sein werden, wenn sie sich zudem in der Dauer der Gruppenzugehörigkeit voneinander unterscheiden. Ein gleichgerichteter Moderationseffekt des Zusammenhangs zwischen Gruppenabhängigkeit von der Unternehmensverwaltung und der Gruppenzuversicht konnte außerdem für die *Vielfalt in der Unternehmenszugehörigkeitsdauer* festgestellt werden. Sowohl die Gruppenabhängigkeit von der Verwaltung (t-Wert = -3,01; p < 0,005) als auch die Interaktion der Gruppenabhängigkeit von der Verwaltung mit der Vielfalt in der Unternehmenszugehörigkeitsdauer (t-Wert = -2,27; p< 0,05) erweisen sich als signifikante Prädiktoren der Gruppenzuversicht (F-Wert = 8,31, p = 0,0003; R^2 = 0,4303; R^2 adj. = 0,379; ΔR^2 = 0,089; F-Wert von ΔR^2 = 5,134; p = 0,03/alle drei VIFs < 1,21). Also ist auch hier der Schluss zulässig, dass je mehr eine Arbeitsgruppe in ihrer Aufgabenerledigung von der Unternehmensverwaltung abhängt, desto zuversichtlicher werden die Gruppenmitglieder sein, auch in Zukunft erfolgreich zusammenarbeiten zu können, wenn sie sich in der Dauer der Unternehmenszugehörigkeit voneinander unterscheiden.

9.2.2.3 Zusammenfassung der Ergebnisse zum Hypothesenkomplex 2

Die Überprüfung der im zweiten Hypothesenkomplex formulierten Hypothesen setzte den Schwerpunkt auf die Wechselwirkungen zwischen der kulturellen Vielfalt in der Zusammensetzung von Arbeitsgruppen und ihren unmittelbaren Kontext in Hinblick auf den Gruppenerfolg. Die Hypothesen wurden vor dem Hintergrund der „Supplies-Values-Fit-Perspektive" des Kontingenzansatzes und den Implikationen aus der Kultur- und Vielfaltsforschung von der generellen Annahme geleitet, dass Mitglieder organisationaler Arbeitsgruppen aufgrund ihrer verschiedenartigen Hintergründe auf die jeweiligen Ausgestaltungen ihres Kontextes, also der konkreten Gruppenarbeitsbedingungen, unterschiedlich reagieren. Die gesamte Überprüfung gliederte sich dabei in zwei Teile, wobei der erste und umfangreichere die Überprüfung potenzieller Moderationswirkungen der Vielfalt in den kulturellen Werteorientierungen hinsichtlich der Kontext-Erfolgszusammenhänge enthielt und sich damit auf die in Hypothesenkomplex 2 formulierten Hypothesen konzentrierte. Der zweite Teil dagegen enthielt die explorative Überprüfung potenzieller Moderationswirkungen der anderen erhobenen Arten von Vielfalt und der Gruppengröße hinsichtlich der Kontext-Erfolgszusammenhänge und gewährleistet damit den Anschluss an die bestehende Forschung.

Hinsichtlich der Überprüfung der Wechselwirkungen von kultureller Vielfalt und den Kontextmerkmalen in Bezug auf den Gruppenerfolg können auf einer übergeordneten Ebene drei Dinge festgehalten werden. Zum einen wurde festgestellt, dass vor allem Vielfalt in den kulturellen Variationen der Aktivitätsorientierung (,Denken'), der Menschlichen-Natur-Orientierung (,Gut/Böse' und ,Veränderbarkeit/Nicht-Veränderbarkeit') und der relationalen Orientierung (,Hierarchie') die Kontext-Erfolgszusammenhänge beeinflussen. Zum zweiten wurde ermittelt, dass bis auf die Abhängigkeit einer Arbeitsgruppe von anderen Unternehmen oder Organisationen die Konsequenzen aller erhobenen Kontextmerkmale, jedoch in jeweils

Überprüfung der Hypothesen 333

unterschiedlicher Weise, durch die kulturelle Vielfalt in der Zusammensetzung von Arbeitsgruppen beeinflusst wurden. Und zum dritten konnte festgestellt werden, dass sowohl Maße des ökonomischen Gruppenerfolges, vorrangig die wahrgenommene Effektivität der gewählten Aufgabenstrategien und die wahrgenommene Effektivität der Gruppenkommunikation, als auch Maße des sozialen Gruppenerfolges, nämlich vorrangig die Gruppenbindung und die Gruppenzuversicht, von den Interaktionen der kulturellen Vielfalt mit den Kontextmerkmalen betroffen waren.

Im Hypothesenkomplex 2 wurde konkret angenommen, dass der negative Zusammenhang zwischen Aufgabenunsicherheit und Gruppenerfolg durch kulturelle Vielfalt abgeschwächt oder sogar umgekehrt wird (Hypothese 2-I), dass der positive Zusammenhang zwischen Partizipationsmöglichkeiten und Gruppenerfolg abgeschwächt oder sogar umgekehrt wird (Hypothese 2-II), dass der positive Zusammenhang zwischen Aufgabeninterdependenz und Gruppenerfolg durch kulturelle Vielfalt abgeschwächt oder sogar umgekehrt wird (Hypothese 2-IIIa), wobei hier ebenfalls eine Contra-Hypothese formuliert wurde, die besagte, dass der positive Zusammenhang zwischen Aufgabeninterdependenz und Gruppenerfolg durch kulturelle Vielfalt verstärkt wird (Contra-Hypothese 2-IIIa). Außerdem wurde angenommen, dass der positive Zusammenhang zwischen Zielinterdependenz und Gruppenerfolg durch kulturelle Vielfalt abgeschwächt oder sogar umgekehrt wird (Hypothese 2-IIIb) und schließlich, dass der positive Zusammenhang zwischen Ergebnisinterdependenz und Gruppenerfolg ebenfalls durch kulturelle Vielfalt abgeschwächt oder sogar umgekehrt wird (Hypothese 2-IIIc). Hinsichtlich der vermuteten negativen Zusammenhänge zwischen den externen Abhängigkeiten und dem Gruppenerfolg wurde ebenfalls eine Moderation durch kulturelle Vielfalt angenommen, je-doch keine spezielle Richtung formuliert. Als Kernergebnisse der Hypothesenüberprüfung können für die vorliegende Stichprobe festgehalten werden:

⇨ Die ursprünglich negativen, jedoch nicht signifikanten Zusammenhänge zwischen Aufgabenunsicherheit und Gruppenerfolg werden durch Vielfalt in der kulturellen Variation ‚Denken' der Aktivitätsorientierung dergestalt verstärkt und ins Positive umgekehrt, dass, wenn eine Arbeitsgruppe unsichere Aufgaben zu erledigen hat, die Gruppenmitglieder ihre gewählten Aufgabenstrategien als effektiv wahrnehmen, ihre Gesamtgruppenleistung hoch einschätzen, sich an ihre Gruppe emotional gebunden fühlen und mit ihrer Gruppenarbeit zufrieden sind, wenn sie sich hinsichtlich ihrer Informationsverarbeitungs- und Problemlösungsmodi voneinander unterscheiden (Hypothese 2-I bestätigt).

⇨ Die festgestellten, hoch signifikant positiven Zusammenhänge zwischen Partizipationsmöglichkeiten und Gruppenerfolg werden durch Vielfalt in der kulturellen Variation ‚Gut/Böse' der Menschlichen-Natur-Orientierung, in den kulturellen Variationen ‚Beherrschung' und ‚Harmonie' der Mensch-Umwelt-Orientierung und den kulturellen Variationen ‚Denken' und ‚Handeln' der Aktivitätsorientierung ins Negative umgekehrt. Hat eine Arbeitsgruppe Partizipationsmöglichkeiten an für sie relevanten Entscheidungen, dann nehmen die Gruppenmitglieder die Effektivität ihrer gewählten Aufgabenstrategien und die Effektivität ihrer Gruppenkommunikation als geringer wahr und sind weniger erfolgszuversichtlich, wenn sie sich hinsichtlich ihrer grundlegenden Auffassungen bezüglich des Wesens der Menschlichen Natur voneinander unterscheiden. Außerdem nehmen sie bei gegebenen Partizipationsmöglichkeiten die Effektivität ihrer Gruppenkom-

334 Ergebnisse der Untersuchung

munikation weiterhin dann als gering wahr, wenn sie sich zusätzlich noch in ihren Grundauffassungen hinsichtlich der generellen Kontrollier- und Gestaltbarkeit der sie umgebenden Umwelt und ihrer eigenen Position darin und in ihren generellen Informationsverarbeitungsmodi voneinander unterscheiden. Weisen Arbeitsgruppen darüber hinaus zusätzlich zu den Partizipationsmöglichkeiten auch kulturelle Unterschiede zwischen den Gruppenmitgliedern in ihren unmittelbaren Handlungsimpulsen auf, dann sind sie insgesamt weniger zufrieden mit ihrer Gruppenarbeit (Hypothese 2-II bestätigt).

⇨ Die festgestellten Zusammenhänge zwischen Aufgabeninterdependenz und Gruppenerfolg wurden durch Vielfalt in den kulturellen Variationen ‚Zukunft' und ‚Vergangenheit' der Zeitorientierung moderiert. Der gegen Erwartungsrichtung festgestellte negative Zusammenhang zwischen Aufgabeninterdependenz und der durch die Führungskräfte eingeschätzten Gesamtgruppenleistung wurde durch Vielfalt in der kulturellen Variation ‚Zukunft' ins Positive umgekehrt, so dass, wenn die Gruppenmitglieder in ihrer Aufgabenerledigung wechselseitig voneinander abhängen, die Führungskräfte die Gruppenleistung dann hoch einschätzten, wenn zwischen den Gruppenmitgliedern Unterschiede hinsichtlich ihrer Wertschätzung von Veränderungen und Ansichten über zukünftige Gewinne und Möglichkeiten bestehen. Der positive Zusammenhang zwischen Aufgabeninterdependenz und Gruppenzufriedenheit wird dagegen durch Vielfalt in der kulturellen Variation ‚Vergangenheit' noch verstärkt, d.h. je mehr Gruppenmitglieder in ihrer Aufgabenerledigung voneinander abhängen, desto zufriedener werden sie mit ihrer Gruppenarbeit sein, wenn sie sich in ihren grundlegenden Wertschätzungen und Achtungen von Traditionen und Historien voneinander unterscheiden (Contra-Hypothese 2-IIIa bestätigt).

⇨ Die positiven Zusammenhänge zwischen Zielinterdependenz und Gruppenerfolg wurden durch Vielfalt in den kulturellen Variationen ‚Gut/Böse' und ‚Veränderbarkeit/Nicht-Veränderbarkeit' der Menschlichen-Natur-Orientierung ins Negative umgekehrt. Je mehr die individuellen Ziele der Gruppenmitglieder mit den Gesamtgruppenzielen verknüpft sind, desto weniger nehmen sie ihre gewählten Aufgabenstrategien als effektiv wahr und desto geringer schätzen sie ihre Gesamtgruppenleistung ein, wenn sie sich in ihren grundlegenden Auffassung von der Güte oder Schlechtigkeit der menschlichen Natur und in ihren Ansichten über die prinzipielle Veränderbarkeit des Wesens der menschlichen Natur unterscheiden (Hypothese 2-IIIb teilweise bestätigt).

⇨ Die positiven Zusammenhänge zwischen Ergebnisinterdependenz und Gruppenerfolg werden durch Vielfalt in den kulturellen Variationen ‚Denken' der Aktivitätsorientierung, ‚Hierarchie' der relationalen Orientierung und ‚Veränderbarkeit/Nicht-Veränderbarkeit' der Menschlichen-Natur-Orientierung verschieden moderiert. Während Vielfalt in den kulturellen Variationen ‚Denken' und ‚Hierarchie' den positiven Zusammenhang zwischen Ergebnisinterdependenz und Gruppenbindung verstärkt, und Vielfalt in der kulturellen Variation ‚Hierarchie' darüber hinaus noch die positiven Zusammenhänge zwischen Ergebnisinterdependenz und wahrgenommener Strategieeffektivität, wahrgenommener Kommunikationseffektivität und Gruppenzuversicht verstärkt, kehrt Vielfalt in der kulturellen Variation ‚Veränderbarkeit/Nicht-Veränderbarkeit' der Menschlichen-Natur-Orientierung die positiven Zusammenhänge zwischen Ergebnisinterdependenz und wahrgenommener Strategieeffektivität, wahrgenommener Kommunikationseffektivität und Gruppen-

Überprüfung der Hypothesen 335

zuversicht ins Negative um. Sind also die individuellen Leistungsfeedbacks und -entlohnungen mit der Gesamtgruppenleistung verknüpft, dann ist eine Arbeitsgruppe dann ökonomisch und sozial erfolgreicher, wenn sie sich in ihren Problemlösungsmodi und in ihren Auffassungen von Macht- und Verantwortungsstrukturen zwischenmenschlicher Beziehungen voneinander unterscheiden. Unterscheiden sie sich jedoch darüber hinaus auch in ihren Auffassungen von der Veränderbarkeit des Wesens der menschlichen Natur, dann wird eine Arbeitsgruppe bei gegebener Verknüpftheit der individuellen Leistungsfeedbacks und -entlohnungen mit der Gesamtgruppenleistung ökonomisch und sozial weniger erfolgreich sein (Hypothese 2-IIIc teilweise bestätigt, erstere Befunde im Gegensatz zur Hypothese).

⇨ Die explorative Überprüfung möglicher Moderationswirkungen auf die Zusammenhänge zwischen der externen Gruppenabhängigkeit von Personen im selben Geschäftsbereich und dem Gruppenerfolg ergab, dass Vielfalt in den kulturellen Variationen ‚Hierarchie' der relationalen Orientierung, ‚Denken' der Aktivitätsorientierung und ‚Veränderbarkeit/Nicht-Veränderbarkeit' der Menschlichen-Natur-Orientierung diese Zusammenhänge verschieden moderierte. Während Vielfalt in den kulturellen Variationen ‚Hierarchie' und ‚Denken' den erwartungstreu festgestellten negativen Zusammenhang zwischen der aufgabenbezogenen Abhängigkeit einer Arbeitsgruppe von anderen Personen im selben Geschäftsbereich und dem ökonomischen und sozialen Gruppenerfolg noch verstärkte, kehrte Vielfalt in der kulturellen Variation ‚Veränderbarkeit/Nicht-Veränderbarkeit' diese negativen Zusammenhänge in positive um. Hängt also eine Arbeitsgruppe in ihrer Aufgabenerledigung von gruppenexternen Personen desselben Geschäftsbereichs ab, wird sie dann ökonomisch und sozial erfolgreicher sein, wenn sich die Gruppenmitglieder in ihren Problemlösungsmodi und in ihren Auffassungen von Macht- und Verantwortungsstrukturen zwischenmenschlicher Beziehungen voneinander unterscheiden. Dagegen wird eine extern abhängige Arbeitsgruppe dann weniger ökonomisch und sozial erfolgreich sein, wenn sich ihre Mitglieder zusätzlich auch in ihren Auffassungen von der Veränderbarkeit des Wesens der menschlichen Natur unterscheiden. Der erste Befund ist plausibel, während der zweite Befund überrascht und der Intuition widerspricht.

⇨ Die entgegen der Erwartungsrichtung festgestellten positiven Zusammenhänge zwischen der aufgabenbezogenen Abhängigkeit einer Arbeitsgruppe von der Unternehmensverwaltung und dem sozialen Gruppenerfolg werden dagegen alle von Vielfalt in den kulturellen Variationen ‚Denken' der Aktivitätsorientierung, und von ‚Kollektivismus' und ‚Hierarchie' der relationalen Orientierung noch verstärkt. Hängt also eine Arbeitsgruppe in ihrer Aufgabenerledigung von der Unternehmensverwaltung ab, dann werden sich die Gruppenmitglieder dann emotional an ihre Gruppe gebunden fühlen und mit ihrer Gruppenarbeit zufrieden sein, wenn sie sich sowohl in ihren individuellen Informationsverarbeitungsmodi und in ihren grundlegenden Auffassungen von Macht- und Verantwortungsstrukturen zwischenmenschlicher Beziehungen, als auch hinsichtlich ihres Empfindens gegenseitiger, gruppenbezogener Verpflichtungen und Bindungen voneinander unterscheiden. Obwohl der positive Zusammenhang zwischen der Gruppenabhängigkeit von der Verwaltung und dem sozialen Gruppenerfolg auf den ersten Blick überrascht, scheint er dennoch nicht unplausibel.

336 Ergebnisse der Untersuchung

Der zweite Teil der in diesem Abschnitt überprüften Wechselwirkungen zwischen den Gruppenstrukturmerkmalen und dem Gruppenkontext in Hinblick auf den Erfolg wurde explorativ vorgenommen, wobei als generelles Fazit gelten kann, dass vor allem die Vielfalt in der Gruppen- und in der Unternehmenszugehörigkeitsdauer Moderationswirkungen auf die Kontext-Erfolgszusammenhänge aufweisen und darüber hinaus bis auf einen einzigen, sämtliche Zusammenhänge durch die Gruppenstrukturmerkmale verstärkt werden.

⇨ Je schwieriger und/oder variabler, also unsicherer, die Aufgabe ist, die eine Arbeitsgruppe zu erledigen hat, desto geringer wird die Führungskraft die Gesamtgruppenleistung einschätzen, wenn sich die Gruppenmitglieder in der Dauer ihrer Unternehmenszugehörigkeit voneinander unterscheiden.

⇨ Je mehr Partizipationsmöglichkeiten eine Arbeitsgruppe an für sie relevanten Entscheidungen hat, desto höher wird sie die Effekktivität ihrer Kommunikation einschätzen und desto erfolgszuversichtlicher wird sie sein, wenn sich die Gruppenmitglieder in der Dauer ihrer Unternehmenszugehörigkeit und in der Dauer ihrer Gruppenzugehörigkeit voneinander unterscheiden.

⇨ Je mehr die Gruppenmitglieder in ihrer Aufgabenerledigung wechselseitig voneinander abhängen, desto geringer wird die Führungskraft die Gesamtgruppenleistung einschätzen, wenn sich die Gruppenmitglieder in der Dauer ihrer Unternehmenszugehörigkeit voneinander unterscheiden. Dagegen wird die Führungskraft bei gegebener Aufgabeninterdependenz der Gruppenmitglieder dann die Gesamtgruppenleistung hoch einschätzen, wenn die Gruppenmitglieder ihre Gruppengröße für die Aufgabenerledigung als ausreichend groß wahrnehmen.

⇨ Je mehr in einer Arbeitsgruppe die jeweiligen individuellen Leistungsfeedbacks- und -entlohnungen mit der Gesamtgruppenleistung verknüpft sind, desto höher werden die Gruppenmitglieder die Effektivität ihrer Kommunikation einschätzen und desto erfolgszuversichtlicher werden sie sein, wenn sie sich in der Dauer ihrer Unternehmenszugehörigkeit voneinander unterscheiden.

⇨ Der ursprünglich negative, aber nicht signifikante Zusammenhang zwischen der Gruppenabhängigkeit von anderen Personen desselben Geschäftsbereichs und der durch die Führungskraft eingeschätzten Gesamtgruppenleistung wird von der Vielfalt im Bildungshintergrund der Gruppenmitglieder signifikant verstärkt, so dass bei gegebener Abhängigkeit der Gruppe von anderen Personen im Geschäftsbereich die Führungskraft die Gesamtgruppenleistung dann gering einschätzt, wenn sich die Gruppenmitglieder in der Dauer ihrer genossenen, formalen Bildung voneinander unterscheiden.

⇨ Je mehr eine Arbeitsgruppe in ihrer Aufgabenerledigung von der Unternehmensverwaltung abhängt, desto mehr werden die Gruppenmitglieder ihre Gruppenkommunikation als effektiv einschätzen und mit ihrer Gruppenarbeit zufrieden sein, wenn sie sich in der Dauer ihrer Gruppenzugehörigkeit voneinander unterscheiden. Darüber hinaus werden sie bei gegebener Verwaltungsabhängigkeit erfolgszuversichtlich sein, wenn sie sich zudem in der Dauer ihrer Unternehmenszugehörigkeit voneinander unterscheiden.

Überprüfung der Hypothesen

9.2.3 Zum Hypothesenkomplex 3: Kontext-Prozess-Zusammenhänge

Die Hypothesen des dritten Hypothesenkomplexes basieren auf der generellen Annahme, dass die Ausgestaltung des Kontextes neben den direkten Effekten auf den Erfolg von Arbeitsgruppen ebenfalls indirekte Wirkungen, und zwar über eine Beeinflussung der Prozesse, ausübt[895]. Die Hypothesenentwicklung stützte sich dabei auf Implikationen aus der allgemeinen Gruppenforschung, wobei hier jedoch der Schwerpunkt darauf gesetzt wird, herauszufinden, ob die generellen Annahmen zur Gruppenarbeit auch für Arbeitsgruppen Geltung besitzen, deren Mitglieder sich in ihren kulturellen Werten unterscheiden.

Zur Überprüfung des Hypothesenkomplexes 3 wurden analog zur Überprüfung der Hypothesen des ersten Komplexes bivariate und multiple Regressionsanalysen durchgeführt. Die Gruppenprozessvariablen wurden nach ihrem inhaltlichen Bezug in aufgaben- bzw. kognitionsbezogene Prozesse und in soziale- bzw. affektbezogene Prozesse unterteilt, wobei zu den ersteren die aufgabenbezogenen Gruppenprozesse, die Aufgabenkonflikte und die aufgabenbezogene externe Kommunikation gehören und zu den zweiten die beziehungsbezogenen Prozesse, die Beziehungskonflikte und die Informalität der Kommunikation. Generell wurde nicht davon ausgegangen, dass alle Kontextmerkmale mit allen Gruppenprozessen in einer spezifizierten Form zusammenhängen, wobei dies besonders in Hinblick auf die Konfliktlösung als weiteren untersuchten Gruppenprozess, der sowohl die Sach- als auch die Beziehungsebene betrifft, gilt. Nichtsdestotrotz wurden die Vermutungen über Nicht-Zusammenhänge ebenfalls geprüft, um die Zulässigkeit zu bestätigen bzw. zu widerlegen.

9.2.3.1 Aufgabenunsicherheit und Gruppenprozesse

Hinsichtlich der potenziellen Zusammenhänge zwischen Aufgabenunsicherheit in Arbeitsgruppen und Gruppenprozessen wurde vermutet, dass eine hohe Aufgabenunsicherheit sowohl die aufgabenbezogenen als auch die beziehungsbezogenen Gruppenprozesse negativ (Hypothese 3-Ia) und entsprechend Aufgaben- und Beziehungskonflikte positiv vorhersagt (Hypothese 3-Ic). Darüber hinaus wurde davon ausgegangen, dass Aufgabenunsicherheit in einem positiven Zusammenhang mit der aufgabenbezogenen externen Kommunikation steht (Hypothese 3-Ib). Zwischen Aufgabenunsicherheit und der Konfliktlösung sowie der Kommunikationsinformalität wurde nicht von Zusammenhängen ausgegangen. Tabellen 9-25 und 9-26 enthalten die bivariaten Regressionen der aufgaben- und beziehungsbezogenen Gruppenprozesse auf die Aufgabenunsicherheit in multikulturellen Arbeitsgruppen.

---

[895] Zur Konzeptualisierung dieses Hypothesenkomplexes siehe auch Abschnitt 7.2.3, S. 206 ff. der vorliegenden Schrift.

338   Ergebnisse der Untersuchung

Tabelle 9-25: Regressionen der kognitionsbezogenen Prozesse auf die Aufgabenunsicherheit

	Kognitionsbezogene Gruppenprozesse								
	Aufgaben-bezogene Gruppen-prozesse		Aufgaben-konflikte		Externe Kommunikation (A)		Externe Kommunikation (B)		Externe Kommunikation (C)	
	β	t	β	t	β	t	β	t	β	t
Aufgabenun-sicherheit	-0,2455	-1,19	0,4117	2,15**	1,4077	3,58***	0,4698	1,22	0,3837	1,02
R^2	0,0386		0,1168		0,2685		0,0407		0,0287	
R^2 adj.	0,0112		0,0915		0,2476		0,0133		0,0009	
F-Wert	1,406		4,627**		12,846***		1,484		1,0342	

* $p < 0,1$ ** $p < 0,05$ ***$p < 0,01$ ****$p < 0,001$

Tabelle 9-26: Regressionen der sozialen Prozesse auf die Aufgabenunsicherheit

	Soziale Gruppenprozesse								
	Beziehungsbezogene Gruppenprozesse		Beziehungskonflikte		Kommunikations-informalität		Konfliktlösung	
	β	t	β	t	β	t	β	t
Aufgabenun-sicherheit	-0,0019	-0,01	0,7013	2,05**	-0,2467	-1,27	-0,317	-1,36
R^2	0,0000		0,1073		0,0438		0,050	
R^2 adj.	-0,0286		0,0818		0,0164		0,023	
F-Wert	0,0001		4,207**		1,602		1,845	

* $p < 0,1$ ** $p < 0,05$ ***$p < 0,01$ ****$p < 0,001$

Obwohl die Aufgabenunsicherheit mit den Prozessvariablen bis auf die externe Kommunikation unkorreliert ist, wird anhand der Werte deutlich, dass Aufgabenunsicherheit in Arbeitsgruppen sowohl Aufgabenkonflikte als auch aufgabenbezogene Kommunikation mit anderen Personen desselben Geschäftsbereichs positiv und signifikant vorhersagt, d.h., mit zunehmender Schwierigkeit und/oder Variabilität der Gruppenaufgaben nehmen die Aufgabenkonflikte zu und ebenfalls die Kommunikation mit Personen aus demselben Geschäftsbereich.

Hinsichtlich der sozialen Gruppenprozesse sagt die Aufgabenunsicherheit nur die Beziehungskonflikte positiv und signifikant vorher, d.h., mit steigender Aufgabenunsicherheit nimmt auch das Ausmaß an Beziehungskonflikten in einer Arbeitsgruppe zu. Insgesamt lässt sich damit festhalten, dass Aufgabenunsicherheit weder mit den aufgaben- noch mit den beziehungsbezogenen Gruppenprozessen zusammenhängt und damit Hypothese 3-Ia nicht bestätigt werden konnte. Dagegen sagt Aufgabenunsicherheit die aufgabenbezogene externe

Überprüfung der Hypothesen   339

Kommunikation mit anderen Personen desselben Geschäftsbereichs positiv vorher, womit Hypothese 3-Ib als bestätigt angesehen werden kann. Dasselbe gilt in Bezug auf die Aufgaben- und Beziehungskonflikte, beide werden durch die Aufgabenunsicherheit signifikant positiv vorhergesagt. Hypothese 3-Ic kann damit als bestätigt gelten. Darüber hinaus wurde davon ausgegangen, dass Aufgabenunsicherheit weder die Konfliktlösung noch die Kommunikationsinformalität vorhersagen könnte, was die Regressionen ebenfalls bestätigen.

9.2.3.2 Partizipationsmöglichkeiten und Gruppenprozesse

Hinsichtlich der potenzielle Zusammenhänge zwischen den Partizipationsmöglichkeiten von Arbeitsgruppen an für sie relevanten Entscheidungen und den Gruppenprozessen wurde vermutet, dass Partizipationsmöglichkeiten sowohl die aufgabenbezogenen als auch die beziehungsbezogenen Gruppenprozesse positiv vorhersagen (Hypothese 3-IIa), wobei weiterhin davon ausgegangen wurde, dass Partizipationsmöglichkeiten vor allem das Ausmaß an Beziehungskonflikten in Arbeitsgruppen senken (Hypothese 3-IIb). Darüber hinaus wurde vermutet, dass Partizipationsmöglichkeiten in einem positiven Zusammenhang mit der Kommunikationsinformalität in einer Arbeitsgruppe stehen (Hypothese 3-IIc). Zwischen Partizipationsmöglichkeiten und dem Auftreten von Aufgabenkonflikten, der Konfliktlösung und der externen Kommunikation wurde nicht von Zusammenhängen ausgegangen. Die folgenden Tabellen enthalten die bivariaten Regressionen der aufgaben- und beziehungsbezogenen Gruppenprozesse auf die Partizipationsmöglichkeiten in multikulturellen Arbeitsgruppen.

Tabelle 9-27: Regressionen der kognitionsbezogenen Prozesse auf die Partizipationsmöglichkeiten

	Kognitionsbezogene Gruppenprozesse								
	Aufgaben-bezogene Gruppenprozesse		Aufgaben-konflikte		Externe Kommunikation (A)		Externe Kommunikation (B)		Externe Kommunikation (C)	
	β	t	β	t	β	t	β	t	β	t
Partizipation	0,3647	4,73****	-0,139	-1,50	-0,0515	-0,24	0,2190	1,21	-0,1111	-0,62
R^2	0,3897		0,0607		0,0016		0,0404		0,0111	
R^2 adj.	0,3723		0,0339		-0,0268		0,0130		-0,0172	
F-Wert	22,352****		2,264		0,0576		1,475		0,389	

* $p < 0,1$ ** $p < 0,05$ ***$p < 0,01$ ****$p < 0,001$

340 Ergebnisse der Untersuchung

Tabelle 9-28: Regressionen der sozialen Prozesse auf die Partizipationsmöglichkeiten

	Soziale Gruppenprozesse							
	Beziehungsbezogene Gruppenprozesse		Beziehungskonflikte		Kommunikations-informalität		Konfliktlösung	
	β	t	β	t	β	t	β	t
Partizipation	0,2633	2,51**	-0,4654	-3,11***	0,2222	2,61**	0,3223	3,30
R²	0,1525		0,2161		0,1625		0,2368	
R² adj.	0,1283		0,1938		0,1385		0,2150	
F-Wert	6,300**		9,651***		6,79**		10,862***	

* p < 0,1   ** p < 0,05   ***p < 0,01   ****p < 0,001

Wie anhand der Werte zu sehen ist, sagen die Partizipationsmöglichkeiten in Arbeitsgruppen sowohl die aufgabenbezogenen als auch die beziehungsbezogenen Prozesse signifikant positiv vorher, wobei jedoch die aufgabenbezogenen Prozesse in einem erheblich größeren Ausmaß (37% Varianzaufklärung bei den aufgabenbezogenen Prozessen im Gegensatz zu 13% bei den beziehungsbezogenen Prozessen) durch die Partizipationsmöglichkeiten erklärt werden. Die Hypothese 3-IIa kann damit als bestätigt angesehen werden. Dasselbe gilt hinsichtlich der Beziehungskonflikte und der Kommunikationsinformalität. Hat eine Arbeitsgruppe die Möglichkeit institutionalisiert, an für sie relevanten Entscheidungen zu partizipieren, dann treten in der Gruppe weniger Beziehungskonflikte auf und die Gruppenmitglieder kommunizieren darüber hinaus mehr informell miteinander. Auch die Hypothesen 3-IIb und 3-IIc können damit als bestätigt angesehen werden. Des Weiteren sind wie vermutet keine Zusammenhänge zwischen den Partizipationsmöglichkeiten einer Arbeitsgruppe und den Aufgabenkonflikten sowie der externen Kommunikation festzustellen, unerwartet jedoch ist der Befund, dass sich Partizipationsmöglichkeiten in der vorliegenden Stichprobe als ein hoch signifikanter Prädiktor der Konfliktlösung erweisen. Dies bedeutet, dass je mehr eine Arbeitsgruppe die Möglichkeiten hat, an gruppenrelevanten Entscheidungen zu partizipieren, desto eher wird sie auftretende Konflikte auch lösen.

9.2.3.3 Interne Interdependenzen und Gruppenprozesse

Die Argumentation hinsichtlich der internen Interdependenzen, denen eine Arbeitsgruppe unterliegt, unterschied zwischen der potenziellen Wirkungsweise der Aufgabeninterdependenz einerseits und den potenziellen Auswirkungen der Ziel- und Ergebnisinterdependenz andererseits. Während davon ausgegangen wurde, dass Aufgabeninterdependenz zwischen Gruppenmitgliedern die aufgabenbezogenen Gruppenprozesse beeinträchtigt (Hypothese 3-IIIaa), sollte der umgekehrte Fall bei Ziel- und Ergebnisinterdependenz auftreten (Hypothese 3-IIIba). Und obwohl alle drei Interdependenzarten die Prozesse des Kooperierens und gegenseitigen Unterstützens fördern sollten (Hypothese 3-IIIaa & ba), wird davon ausgegangen, dass Aufgabeninterdependenz sowohl zu vermehrten Aufgaben-, als auch zu vermehrten Beziehungskonflikten führt (Hypothese 3-IIIab), wohingegen Ziel- und Ergebnisinterdependenz

Überprüfung der Hypothesen

das Auftreten sowohl der Aufgaben- als auch der Beziehungskonflikte verringert (Hypothese 3-IIIbb). Von Zusammenhängen zwischen den Interdependenzen und der Kommunikationsinformalität, der externen Kommunikation und der Konfliktlösung wurde nicht ausgegangen.

Zur Überprüfung der Hypothesen wurden multiple Regressionen gerechnet, mit allen drei Interdependenzarten als Prädiktoren und den aufgaben- und beziehungsbezogenen Gruppenprozessen als Kriteriumsvariablen. Die folgenden Tabellen enthalten die Ergebnisse.

Tabelle 9-29: Regressionen der kognitionsbezogenen Prozesse auf die internen Interdependenzen

	Kognitionsbezogene Gruppenprozesse									
	Aufgabenbezogene Gruppenprozesse		Aufgabenkonflikte		Externe Kommunikation (A)		Externe Kommunikation (B)		Externe Kommunikation (C)	
	β	t	β	t	β	t	β	t	β	t	VIF
Aufgabeninterdependenz	-2,465	-1,37	0,3419	2,09**	0,741	1,99*	0,531	1,71*	0,722	2,33**	1,36
Zielinterdependenz	0,0363	0,22	-0,199	-1,30	0,169	0,48	0,054	0,19	-0,212	-0,73	1,49
Ergebnisinterdependenz	0,2203	1,45	-0,208	-1,51	0,038	0,12	0,298	1,14	0,107	0,41	1,66
R^2	0,0934		0,1945		0,1809		0,2291		0,1819		
R^2 adj.	0,0111		0,1212		0,1065		0,1590		0,1076		
F-Wert	1,134		2,655*		2,431*		3,269**		2,447*		

* $p < 0,1$ ** $p < 0,05$ ***$p < 0,01$ ****$p < 0,001$

Tabelle 9-30: Regressionen der sozialen Prozesse auf die internen Interdependenzen

	Soziale Gruppenprozesse								
	Beziehungsbezogene Gruppenprozesse		Beziehungskonflikte		Kommunikationsinformalität		Konfliktlösung		
	β	t	β	t	β	t	β	t	VIF
Aufgabeninterdependenz	-0,1209	-0,58	0,2810	0,96	0,0599	0,34	-0,0813	-0,40	1,36
Zielinterdependenz	0,2062	1,06	-0,4033	-1,47	0,1067	0,64	-0,0033	-0,02	1,49
Ergebnisinterdependenz	0,1404	0,80	-0,3326	-1,35	-0,1073	-0,72	0,2749	1,60	1,66
R^2	0,0911		0,1852		0,0211		0,0955		
R^2 adj.	0,0085		0,1111		-0,0678		0,0132		
F-Wert	1,103		2,500*		0,237		1,161		

* $p < 0,1$ ** $p < 0,05$ ***$p < 0,01$ ****$p < 0,001$

342   Ergebnisse der Untersuchung

Die Werte aus den Regressionsanalysen machen deutlich, dass die internen Interdependenzen, denen eine Arbeitsgruppe unterliegt, eher weniger Einfluss auf die Gruppenprozesse haben. Die Aufgabeninterdependenz sollte in einem negativen Zusammenhang mit den aufgabenbezogenen Gruppenprozessen und in positiven Zusammenhängen mit den beziehungsbezogenen Gruppenprozessen und den Konfliktarten stehen, die Ziel- und Ergebnisinterdependenz im positiven Zusammenhang mit den aufgaben- und beziehungsbezogenen Prozessen und in negativem Zusammenhang mit den Konfliktarten. Keine der Interdependenzen sollte jedoch in einem Zusammenhang mit der externen Kommunikation stehen.

Die Ergebnisse weisen aber auf etwas anderes hin. Die aufgabenbezogenen Gruppenprozesse werden durch die Interdependenzen in keiner Weise vorhergesagt, ebenso wenig die beziehungsbezogenen Gruppenprozesse. Damit müssen die Hypothesen 3-IIIaa & ba verworfen werden. Die Aufgabenkonflikte werden durch die Interdependenzen marginal vorhergesagt (F-Wert: 2,65; p = 0,064), wobei sich jedoch hier die Aufgabeninterdependenz als signifikanter und positiver Prädiktor erweist (t-Wert: 2,09; p = 0,044). Die Ziel- und Ergebnisinterdependenz weisen als Prädiktoren zwar die erwarteten negativen Vorzeichen auf, leisten jedoch keinen bedeutsamen Anteil an der Varianzerklärung in den Aufgabenkonflikten. Die Beziehungskonflikte werden dagegen zwar auch marginal durch die internen Interdependenzarten erklärt (F-Wert: 2,50; p = 0,076), und alle drei weisen auch die erwarteten Vorzeichen auf, jedoch erreicht keine der Interdependenzen bedeutsame Prädiktorstärke. Hier sieht es so aus, als sei der generelle Verflechtungsgrad zwischen den Gruppenmitgliedern einer Arbeitsgruppe für das Auftreten von Beziehungskonflikten verantwortlich, ohne dass eine konkrete Interdependenzart dabei einen herausragenden Erklärungsanteil leisten würde. Also lässt sich festhalten, dass Hypothese 3-IIIab nur teilweise und Hypothese 3-IIIbb nicht bestätigt wurde.

Wie erwartet, erwiesen sich die Interdependenzarten als nicht mit der Konfliktlösung und der Kommunikationsinformalität zusammenhängend, allerdings wurde überraschenderweise festgestellt, dass die Interdependenzen die aufgabenbezogene, externe Kommunikation einer Arbeitsgruppe vorhersagen können, am stärksten dabei die Kommunikation mit der Unternehmensverwaltung (F-Wert: 3,27; p = 0,033). Sowohl hinsichtlich der Kommunikation mit anderen Personen desselben Geschäftsbereichs (A), mit Personen aus der Verwaltung (B) als auch mit Personen aus anderen Unternehmen oder Organisationen (C) erweist sich die Aufgabeninterdependenz als (marginal) signifikanter Prädiktor mit positivem Vorzeichen, was bedeutet, je mehr die Gruppenmitglieder einer Arbeitsgruppe in der Aufgabenerledigung wechselseitig voneinander abhängen, desto mehr kommunizieren sie mit gruppenexternen Personen. Dieser Befund ist unerwartet.

9.2.3.4 Externe Abhängigkeiten und Gruppenprozesse

Es wurde angenommen, dass die aufgabenbezogenen Abhängigkeiten einer Arbeitsgruppe von anderen Personen desselben Geschäftsbereichs, von der Unternehmensverwaltung und von anderen Unternehmen oder Organisationen vor allem eine aufgabenbezogene Kommunikation mit diesen bedingen. Die externen Abhängigkeiten sollten die externe Kommunikation positiv vorhersagen (Hypothese 3-IIIc). In Hinblick auf die anderen Gruppenprozesse wurden

Überprüfung der Hypothesen 343

keine Zusammenhänge mit den externen Abhängigkeiten einer Arbeitsgruppe vermutet. Die Ergebnisse der multiplen Regressionen sind in der folgenden Tabelle enthalten.

Hypothese 3-IIIc kann als voll bestätigt angesehen werden. Die jeweiligen aufgabenbezogenen Abhängigkeiten einer Arbeitsgruppe erklären große Varianzanteile in den entsprechenden Kommunikationen. Es kann also festgehalten werden, dass, wenn eine Arbeitsgruppe in ihrer Aufgabenerledigung von anderen Personen im selben Geschäftsbereich abhängt, sie mit diesen auch häufig kommunizieren wird; wenn sie von Personen aus der Unternehmensverwaltung abhängt, dann wird mit den Personen aus der Verwaltung häufig kommuniziert und wenn die Arbeitsgruppe in ihrer Aufgabenerledigung von Personen in anderen Unternehmen oder Organisationen abhängt, dann wird auch mit diesen häufig kommuniziert. Außerdem konnten wie vermutet keine Zusammenhänge mit den anderen Gruppenprozessen festgestellt werden. Daher wird an dieser Stelle auf die zweite Tabelle aus Platzgründen verzichtet.

Tabelle 9-31: Regressionen der kognitionsbezogenen Prozesse auf die externen Abhängigkeiten

| | Kognitionsbezogene Gruppenprozesse | | | | | | | | | |
| | Aufgaben-bezogene Gruppen-prozesse | | Aufgaben-konflikte | | Externe Kommunikation (A) | | Externe Kommunikation (B) | | Externe Kommunikation (C) | |
	β	t	β	t	β	t	β	t	β	t	VIF
Externe Abhängigkeit (A)	0,1773	2,21	0,0814	1,00	-0,496	-3,21 ***	-0,050	-0,42	0,2337	1,89*	1,24
Externe Abhängigkeit (B)	-0,154	-1,73	0,0364	0,40	-0,166	-0,97	-0,608	-4,54 ****	-0,112	-0,81	1,23
Externe Abhängigkeit (C)	-0,028	-0,33	-0,050	-0,6	0,127	0,78	0,165	1,30	-0,555	-4,26 ****	1,05
R^2	0,1492		0,0533		0,3319		0,4471		0,385		
R^2 adj.	0,0719		-0,033		0,2712		0,3968		0,329		
F-Wert	1,929		0,619		5,466***		8,894****		6,886****		

* $p < 0,1$ ** $p < 0,05$ *** $p < 0,01$ **** $p < 0,001$

9.2.3.5 Zusammenfassung der Ergebnisse zum Hypothesenkomplex 3

Die in Hypothesenkomplex 3 spezifizierten Hypothesen basierten auf der generellen Annahme, dass die Ausgestaltung des Kontextes neben den direkten Effekten auf den Erfolg von Arbeitsgruppen ebenfalls indirekte Wirkungen, und zwar über eine Beeinflussung der Gruppenprozesse, ausübt. Konkreter wurde angenommen, dass Aufgabenunsicherheit in einem negativen Zusammenhang mit den aufgabenbezogenen Gruppenprozessen und in positiven Zusammenhängen mit den beziehungsbezogenen Gruppenprozessen, den Aufgaben- und Beziehungskonflikten und der externen Kommunikation steht (Hypothesen 3-Ia-c); dass Partizipationsmöglichkeiten in positiven Zusammenhängen mit den aufgaben- und beziehungsbezogenen Prozessen und der Kommunikationsinformalität und in einem negativen Zusammenhang mit den Beziehungskonflikten stehen (Hypothesen 3-IIa-c); dass die Aufgaben-interdependenz in einem negativen Zusammenhang mit den aufgabenbezogenen Gruppen-prozessen und in positiven Zusammenhängen mit den beziehungsbezogenen Prozessen, den Aufgaben- und den Beziehungskonflikten steht (Hypothesen 3-IIIaa-ab); dass die Ziel- und Ergebnisinterdependenz in positiven Zusammenhängen mit den aufgaben- und beziehungs-bezogenen Prozessen und in negativen Zusammenhängen mit den Aufgaben- und Be-ziehungskonflikten steht (Hypothesen 3-IIIba-bb) und schließlich, dass die externen Ab-hängigkeiten einer Arbeitsgruppe in positiven Zusammenhängen mit der externen Kom-munikation von Arbeitsgruppen stehen (Hypothese 3-IIIc). Als Kernergebnisse der Hypo-thesenüberprüfung können für die vorliegende Stichprobe festgehalten werden:

⇨ Aufgabenunsicherheit sagt weder die aufgaben- noch die beziehungsbezogenen Gruppen-prozesse vorher (Hypothese 3-Ia nicht bestätigt). Dagegen sagt Aufgabenunsicherheit die aufgabenbezogene externe Kommunikation mit anderen Personen desselben Geschäftsbe-reichs positiv vorher (Hypothese 3-Ib bestätigt). Dasselbe gilt in Bezug auf die Aufgaben- und Beziehungskonflikte, beide werden durch die Aufgabenunsicherheit signifikant posi-tiv vorhergesagt (Hypothese 3-Ic bestätigt). Darüber hinaus wurde angenommen, dass Aufgabenunsicherheit weder die Konfliktlösung noch die Kommunikationsinformalität vorhersagen könnte, was ebenfalls bestätigt wurde.

⇨ Die Partizipationsmöglichkeiten in Arbeitsgruppen sagen sowohl die aufgabenbezogenen als auch die beziehungsbezogenen Prozesse signifikant positiv vorher (Hypothese 3-IIa bestätigt). Dasselbe gilt hinsichtlich der Beziehungskonflikte und der Kommunikationsin-formalität, beide werden signifikant und in Erwartungsrichtung durch die Partizipations-möglichkeiten vorhergesagt (Hypothesen 3-IIb und 3-IIc bestätigt). Des Weiteren wurden wie vermutet keine Zusammenhänge zwischen den Partizipationsmöglichkeiten und den Aufgabenkonflikten sowie der externen Kommunikation festgestellt, jedoch sagten die Partizipationsmöglichkeiten entgegen der Erwartung Konfliktlösung signifikant positiv vorher. Dieser Befund ist unerwartet.

⇨ Die internen Interdependenzen sagen weder die aufgaben- noch die beziehungsbezogenen Gruppenprozesse vorher (Hypothesen 3-IIIaa und 3-IIIba nicht bestätigt). Die Aufgaben-konflikte werden durch die Interdependenzen marginal vorhergesagt, wobei sich hier die Aufgabeninterdependenz als signifikanter und positiver Prädiktor erwies, wohingegen die Ziel- und Ergebnisinterdependenz als Prädiktoren zwar die erwarteten negativen Vorzei-chen aufwiesen, jedoch keinen bedeutsamen Anteil an der Varianzerklärung in den Auf-gabenkonflikten leisteten. Die Beziehungskonflikte werden zwar auch marginal durch die internen Interdependenzarten erklärt, und alle drei wiesen die erwarteten Vorzeichen auf, jedoch erreicht keine der Interdependenzen bedeutsame Prädiktorstärke (Hypothese 3-IIIab nur teilweise und Hypothese 3-IIIbb nicht bestätigt). Es traten wie erwartet keine Zu-sammenhänge zwischen den Interdependenzarten, der Konfliktlösung und der Kom-munikationsinformalität auf, allerdings wurde ein signifikanter Zusammenhang der Interdependenzen mit der externen Kommunikation, vor allem mit der Kommunikation mit der Unternehmensverwaltung, festgestellt. Hier erwies sich die Aufgabeninterde-pendenz als (marginal) signifikant positiver Prädiktor. Dieser Befund ist unerwartet.

Überprüfung der Hypothesen

⇨ Die aufgabenbezogenen externen Abhängigkeiten sagen die entsprechenden externen Kommunikationen signifikant positiv vorher (Hypothese 3-IIIc bestätigt). Darüber hinaus wurden keine weiteren Zusammenhänge zwischen den externen Abhängigkeiten und den anderen Gruppenprozessen angenommen, was ebenfalls bestätigt werden konnte.

9.2.4 Zum Hypothesenkomplex 4: Gruppenstruktur-Prozess-Zusammenhänge

Die Hypothesen des vierten Hypothesenkomplexes setzen einen weiteren Schwerpunkt der vorgestellten Untersuchung und basieren auf der generellen Annahme, dass die kulturell vielfältige Zusammensetzung einer Arbeitsgruppe die Gruppenprozesse ganz erheblich mitgestalten und darüber über den Erfolg oder Misserfolg solcher Arbeitsgruppen mitbestimmen. Es wird ja prinzipiell davon ausgegangen, dass die kulturelle Wertevielfalt eine Plattform benötigt, um Effekte zu zeigen und nur in der Interaktion von Gruppenmitgliedern die Unterschiede zwischen ihnen auch ihre Wirkungen entfalten können[896]. Konkret wurde angenommen, dass die kulturelle Vielfalt sowohl die aufgabenbezogenen als auch die beziehungsbezogenen Gruppenprozesse beeinträchtigt (Hypothesen 4-Ia und 4-IIa), die Informalität der Gruppenkommunikation senkt (Hypothese 4-IIc) und sowohl Aufgaben- als auch Beziehungskonflikte in der Arbeitsgruppe fördert (Hypothesen 4-Ib und 4-IIb).

Der folgende Abschnitt gliedert sich ebenfalls in zwei Teile. Während der erste und umfangreichere die Überprüfung der potenziellen Zusammenhänge zwischen der Vielfalt in den kulturellen Werteorientierungen und den Gruppenprozessen enthält und sich damit auf die in Hypothesenkomplex 4 formulierten Hypothesen konzentriert, enthält der zweite Teil die explorative Überprüfung der potenziellen Zusammenhänge zwischen den anderen erhobenen Gruppenstrukturmerkmalen und den Gruppenprozessen und gewährleistet damit ebenfalls Anschluss an die bestehende Forschung.

9.2.4.1 Kulturelle Wertevielfalt in Arbeitsgruppen und Gruppenprozesse

Zur Überprüfung des Hypothesenkomplexes 4 wurden multiple Regressionsanalysen durchgeführt, wobei die jeweiligen Variationen einer kulturellen Werteorientierung als Prädiktoren und die einzelnen Prozesse als Kriteriumsvariablen in die Gleichungen aufgenommen werden. Auf diese Weise lässt sich ein differenzierteres Bild von der Wirkungsweise kultureller Vielfalt auf die Gruppenprozesse erhalten. Die Gruppenprozessvariablen wurden nach ihrem inhaltlichen Bezug in aufgaben- bzw. kognitionsbezogene Prozesse und in soziale bzw. affektbezogene Prozesse unterteilt, wobei zu den ersteren die aufgabenbezogenen Gruppenprozesse, die Aufgabenkonflikte und die aufgabenbezogene externe Kommunikation gehören und zu den zweiten die beziehungsbezogenen Prozesse, die Beziehungskonflikte und die Informalität der Kommunikation. Von Zusammenhängen zwischen der kulturellen Wertevielfalt in der Zusammensetzung einer Arbeitsgruppe und dem Ausmaß an Konfliktlösung sowie externer, aufgabenbezogener Kommunikation wurde nicht ausgegangen, wobei diese Vermu-

---

[896] Zur Konzeptualisierung dieses Hypothesenkomplexes siehe auch Abschnitt 7.2.4, S. 214 ff. der vorliegenden Schrift.

346 Ergebnisse der Untersuchung

tungen des Nicht-Zusammenhanges ebenfalls geprüft wurden, um deren Zulässigkeit zu bestätigen bzw. zu widerlegen.

9.2.4.1.1 Kulturelle Wertevielfalt und kognitionsbezogene Gruppenprozesse

Hinsichtlich des Einflusses von kultureller Wertevielfalt auf kognitionsbezogene Gruppen-prozesse wurde angenommen, dass die kulturelle Wertevielfalt in Arbeitsgruppen zu einer Beeinträchtigung der aufgabenbezogenen Gruppenprozesse führt, da aufgrund kulturell ge-prägter, unterschiedlicher Arbeits- und Handlungsweisen der Gruppenmitglieder eine weit-gehend reibungslose Aufgabenbearbeitung nur schwer zu erreichen ist (Hypothese 4-Ia). In Übereinstimmung hiermit wurde des Weiteren angenommen, dass diese unterschiedlichen Arbeits- und Handlungsweisen der Gruppenmitglieder ebenfalls dazu führen, dass sich in einer Arbeitsgruppe auch mehr Konflikte hinsichtlich der Aufgabenbearbeitung einstellen (Hypothese 4-Ib). Die Ergebnisse der multiplen Regressionsanalysen werden im Folgenden dargestellt.

Zwischen der Vielfalt in den kulturellen Variationen der Aktivitätsorientierung, der Zeit-orientierung, der Mensch-Umwelt-Orientierung und den kognitionsbezogenen Gruppen-prozessen wurden keine Zusammenhänge festgestellt (für die genauen Werte der multiple Regression siehe Tabelle A20-A22 im Anhang 3 dieser Schrift).

Offensichtlich kann die Vielfalt in den kulturellen Variationen der Aktivitätsorientierung in keiner Weise die kognitionsbezogenen Gruppenprozesse in Arbeitsgruppen erklären. Dies ist überraschend, da vor allem von der Vielfalt in der Aktivitätsorientierung davon ausgegangen wurde, dass diese einen Einfluss auf die aufgabenbezogenen Gruppenprozesse ausübt. Auch kulturelle Vielfalt in der Zeitorientierung kann keinen der kognitionsbezogenen Gruppen-prozesse erklären, obwohl hier ebenfalls davon ausgegangen wurde, dass Vielfalt in der Zeitorientierung einen Einfluss auf die Gruppenprozesse ausübt. Und obwohl ebenfalls von einem Zusammenhang zwischen der kulturellen Vielfalt in der Mensch-Umwelt-Orientierung und den kognitionsbezogenen Gruppenprozessen ausgegangen wurde, konnte auch dieser nicht festgestellt werden. Allerdings erklärt die Vielfalt in der Mensch-Umwelt-Orientierung zwar nur marginal, immerhin jedoch zu 10,4% die Varianz in der aufgabenbezogenen Kommunikation der Arbeitsgruppen mit Personen aus anderen Unternehmen oder Organi-sationen. Hierbei hat sich die Vielfalt in der kulturellen Variation ‚Unterwerfung' als signifi-kanter und negativer Prädiktor der externen Kommunikation erwiesen. Konkret bedeutet dies in der Tendenz, dass, wenn sich die Mitglieder einer Arbeitsgruppe in ihrer Schicksalser-gebenheit und ihrer Akzeptanz der Vorherbestimmtheit von Lebensereignissen unterscheiden, die Gruppe weniger mit Personen aus anderen Unternehmen oder Organisationen kommu-niziert. Dies ist ein unerwarteter Befund.

In der Tabelle 9-32 sind die Ergebnisse der multiplen Regressionen der kognitionsbe-zogenen Gruppenprozesse auf Vielfalt in den kulturellen Variationen der relationalen Orien-tierung dargestellt.

Überprüfung der Hypothesen   347

Tabelle 9-32: **Regressionen der kognitionsbezogenen Prozesse auf die kulturelle Vielfalt in der relationalen Orientierung**

	Kognitionsbezogene Gruppenprozesse									
	Aufgaben- bezogene Gruppen- prozesse		Aufgaben- konflikte		Externe Kom- munikation (A)		Externe Kom- munikation (B)		Externe Kom- munikation (C)	
	β	t	β	t	β	t	β	t	β	t	VIF
Variations- vielfalt: ,Kollektivismus'	0,078	0,41	-0,005	-0,03	0,194	0,41	-0,025	-0,06	-0,391	-1,01	1,22
Variations- vielfalt: ,Hierarchie'	0,184	1,48	0,196	1,48	-0,126	-0,41	0,137	0,52	0,153	0,60	1,24
Variations- vielfalt: ,Individualismus'	0,337	2,82 ***	-0,002	-0,01	-0,141	-0,48	-0,004	-0,01	0,007	0,03	1,02
R^2	0,2371		0,0756		0,0131		0,0092		0,0309		
R^2 adj.	0,168		-0,0084		-0,0766		-0,0808		-0,0571		
F-Wert	3,418**		0,900		0,146		0,1022		0,351		

* p < 0,1   ** p < 0,05   ***p < 0,01   ****p < 0,001

Es zeigt sich, dass Vielfalt in der kulturellen Variation ,Individualismus' der relationalen Orientierung (t-Wert = 2,82, p = 0,0081) als einzige Vielfaltsart einen signifikanten Anteil in der Varianz der aufgabenbezogenen Gruppenprozesse (16,8%) vorhersagen kann (F-Wert: 3,418; p = 0,028). Die festgestellte hoch signifikante Korrelation zwischen Vielfalt in der relationalen Orientierung und den aufgabenbezogenen Gruppenprozessen spiegelt sich auch in der Regression wider. Unterschiede zwischen Gruppenmitgliedern in ihren grundlegenden Werthaltungen hinsichtlich der individuellen Autonomie, Differenzierung und einzigartigen Qualitäten von Personen in zwischenmenschlichen Beziehungen können die aufgaben- bezogenen Gruppenprozesse der Zielentwicklung und -definition, der Prioritätensetzung von Arbeitshandlungen und der Entwicklung durchführbarer Pläne positiv erklären, d.h. je unter- schiedlicher die Gruppenmitglieder das individualistische Prinzip in zwischenmenschlichen Beziehungen wertschätzen, desto besser werden die aufgabenbezogenen Gruppenprozesse gelingen. Obwohl dieser Befund unerwartet ist, scheint er nicht unplausibel.

Obwohl hinsichtlich der Vielfalt in der Menschlichen-Natur-Orientierung und den auf- gabenbezogenen Gruppenprozessen keine Korrelation festzustellen war, sagt die Vielfalt in den Variationen dieser Werteorientierung die aufgabenbezogenen Gruppenprozesse signifi- kant und verschieden gerichtet vorher (R^2adj. = 0,164; F-Wert: 4,522; p = 0,018). Während Unterschiede zwischen Gruppenmitgliedern in ihren Auffassungen über das Wesen, also die Güte oder Schlechtigkeit, der menschlichen Natur (t-Wert = -2,65; p = 0,012) das Gelingen der aufgabenbezogenen Gruppenprozesse beeinträchtigt, fördern Unterschiede zwischen den Gruppenmitgliedern in ihren Auffassungen von der Veränderbarkeit des Wesens der mensch- lichen Natur (t-Wert = 1,81; p = 0,078) das Gelingen der aufgabenbezogenen Gruppenprozesse. Allerdings ist dieser Einfluss nur in der Tendenz vorhanden, was bei einer Interpretation der Ergebnisse berücksichtigt werden sollte. Insgesamt ist auch dieser Befund einer Vorhersage der aufgabenbezogenen Gruppenprozesse durch Vielfalt in den kulturellen Variationen der Menschlichen-Natur-Orientierung zwar unerwartet, aber nicht unplausibel.

Tabelle 9-33: Regressionen der kognitionsbezogenen Prozesse auf die kulturelle Vielfalt in der Menschlichen-Natur-Orientierung

	Kognitionsbezogene Gruppenprozesse									
	Aufgabenbezogene Gruppenprozesse		Aufgabenkonflikte		Externe Kommunikation (A)		Externe Kommunikation (B)		Externe Kommunikation (C)	
	β	t	β	t	β	t	β	t	β	t	VIF
Variationsvielfalt: ‚Gut/Böse'	-0,287	-2,65 **	0,001	0,01	0,329	1,30	0,185	0,82	-0,104	-0,49	1,02
Variationsvielfalt: ‚Veränderbar/Nicht-Veränderbar'	0,130	1,81*	0,061	0,78	0,171	1,01	-0,006	-0,04	-0,206	-1,46	1,02
R^2	0,2101		0,0182		0,0858		0,0198		0,0722		
R^2 adj.	0,1636		-0,0395		0,0320		-0,0378		0,0176		
F-Wert	4,522**		0,315		1,595		0,344		1,322		

* $p < 0,1$ ** $p < 0,05$ ***$p < 0,01$ ****$p < 0,001$

Zusammenfassend lässt sich festhalten, dass die Auswirkungen kultureller Wertevielfalt in Arbeitsgruppen auf die Gruppenprozesse weder in der Art, noch in der Richtung in der vorliegenden Stichprobe so aufgetreten sind, wie es vermutet wurde. Die aufgabenbezogenen Gruppenprozesse werden unerwarteter Weise durch die Vielfalt in der kulturellen Variation ‚Individualismus' der relationalen Orientierung positiv und durch Vielfalt in der kulturellen Variation ‚Gut/Böse' der Menschlichen-Natur-Orientierung negativ vorhergesagt. Obwohl dieser zweite Befund in der Richtung erwartungskonform ist, wurde im Vorfeld jedoch eher vermutet, dass vorrangig Vielfalt in der Aktivitäts-, der Zeit- und der Mensch-Umwelt-Orientierung für die kognitionsbezogenen Gruppenprozesse bedeutsam ist, während Vielfalt in den anderen beiden kulturellen Werteorientierungen eine weniger wichtige Rolle spielt. Offenbar ist das jedoch nicht der Fall. Hypothese 4-Ia kann damit also nur für die Vielfalt in der Menschlichen-Natur-Orientierung als bestätigt angesehen werden. Darüber hinaus konnten, entgegen der Erwartung, Zusammenhänge zwischen der kulturellen Wertevielfalt in Arbeitsgruppen und dem Auftreten von Aufgabenkonflikten nicht festgestellt werden. Die Hypothese 4-Ib hat damit keine Bestätigung erfahren.

Überprüfung der Hypothesen 349

9.2.4.1.2 Kulturelle Wertevielfalt und affektbezogene Gruppenprozesse

Hinsichtlich des Einflusses von kultureller Wertevielfalt auf die sozialen Gruppenprozesse wurde angenommen, dass die kulturelle Wertevielfalt in Arbeitsgruppen ebenfalls zu einer Beeinträchtigung der beziehungsbezogenen Gruppenprozesse führt, da aufgrund unterschiedlich kulturell geprägtem, zwischenmenschlichen Beziehungsverhalten der Gruppenmitglieder die Prozesse des Kooperierens und der gegenseitigen Unterstützung nicht von allen gleichermaßen geschätzt und ausgeübt werden (Hypothese 4-IIa). In Übereinstimmung hiermit wurde des Weiteren angenommen, dass diese unterschiedlichen Beziehungsverhalten der Gruppenmitglieder ebenfalls dazu führen, dass sich in einer Arbeitsgruppe auch mehr Beziehungskonflikte einstellen (Hypothese 4-IIb). Darüber hinaus wurde angenommen, dass Vielfalt in den kulturellen Werteorientierungen die Gruppenmitglieder eher zur formalen Kommunikation veranlasst, da eine formale Kommunikation zumindest eine gewisse Grundverlässlichkeit und Sicherheit im Informationsaustausch gewährleistet (Hypothese 4-IIc). Die folgenden Tabellen enthalten die Ergebnisse der multiplen Regressionen zur Überprüfung der Hypothesen.

Tabelle 9-34: Regressionen der sozialen Prozesse auf die kulturelle Vielfalt in der Aktivitätsorientierung

Soziale Gruppenprozesse								
Beziehungsbezogene Gruppenprozesse		Beziehungskonflikte		Kommunikations- informalität		Konfliktlösung		
β	t	β	t	β	t	β	t	VIF
Variationsvielfalt: ‚Sein'	0,2642	1,46	-0,539	-2,10**	0,1465	0,90	0,220	1,16	1,01
Variationsvielfalt: ‚Handeln'	0,073	0,70	-0,341	-2,32**	0,0711	0,76	-0,022	-0,20	1,09
Variationsvielfalt: ‚Denken'	-0,324	-2,52**	0,372	2,04**	-0,0187	-0,16	-0,178	-1,31	1,09
R^2	0,2175		0,2842		0,0431		0,0988		
R^2 adj.	0,1464		0,2191		-0,0438		0,0169		
F-Wert	3,058**		4,367**		0,496		1,207		

* $p < 0,1$ ** $p < 0,05$ *** $p < 0,01$ **** $p < 0,001$

Offenbar beeinflusst Vielfalt in den kulturellen Variationen der Aktivitätsorientierung sowohl die beziehungsbezogenen Gruppenprozesse als auch die Beziehungskonflikte. Während die Prozesse des Kooperierens und der gegenseitigen Unterstützung durch Unterschiede zwischen den Gruppenmitgliedern in ihren jeweiligen Problemlösungsmodi signifikant und, wie erwartet, negativ vorhergesagt werden, ergibt sich hinsichtlich der Beziehungskonflikte ein differenzierteres Bild. Vielfalt in der Aktivitätsorientierung erklärt einen signifikanten Anteil der Varianz in den Beziehungskonflikten (F-Wert: 4,367; p = 0,011); während jedoch Unterschiede zwischen den Gruppenmitgliedern in der Spontaneität des Ausdrucks ihrer Persönlichkeiten und hinsichtlich der Wertschätzung von sicht- und beurteilbaren Handlungen

350   Ergebnisse der Untersuchung

Beziehungskonflikte vermindern, fördern Unterschiede in den Informationsverarbeitungsmodi der Gruppenmitglieder das Auftreten von Beziehungskonflikten.

Tabelle 9-35: Regressionen der sozialen Prozesse auf die kulturelle Vielfalt in der Zeitorientierung

	Soziale Gruppenprozesse								
	Beziehungsbezogene Gruppenprozesse		Beziehungskonflikte		Kommunikations-informalität		Konfliktlösung		
	β	t	β	t	β	t	β	t	VIF
Variations-vielfalt: ‚Gegenwart'	0,395	1,93*	-0,247	-0,78	0,207	1,33	0,254	1,32	1,03
Variationsviel-falt: ‚Zukunft'	0,0682	0,44	-0,210	-0,88	0,353	2,99***	0,253	1,74*	1,23
Variations-vielfalt: ‚Vergangenheit'	-0,111	-0,63	0,0563	0,21	-0,1565	-1,16	0,146	0,87	1,20
R^2	0,1068		0,0361		0,2278		0,1801		
R^2 adj.	0,0257		-0,0516		0,1576		0,1055		
F-Wert	1,316		0,411		3,245**		2,416*		

* p < 0,1   ** p < 0,05   ***p < 0,01   ****p < 0,001

Tabelle 9-36: Regressionen der sozialen Prozesse auf kulturelle Vielfalt in der relationalen Orientierung

	Soziale Gruppenprozesse								
	Beziehungsbezogene Gruppenprozesse		Beziehungskonflikte		Kommunikations-informalität		Konfliktlösung		
	β	t	β	t	β	t	β	t	VIF
Variations-vielfalt: ‚Kollektivismus'	0,0632	0,27	-0,5085	-1,47	0,4231	2,31**	0,380	1,70*	1,22
Variationsviel-falt: ‚Hierarchie'	-0,296	-1,91*	0,4519	1,99*	0,0585	0,49	-0,375	-2,56**	1,24
Variations-vielfalt: ‚Individualismus'	-0,003	-0,02	-0,1120	-0,51	0,0790	0,68	-0,016	-0,12	1,02
R^2	0,1103		0,1305		0,1987		0,1755		
R^2 adj.	0,0295		0,0514		0,1258		0,1005		
F-Wert	1,364		1,651		2,728*		2,342*		

* p < 0,1   ** p < 0,05   ***p < 0,01   ****p < 0,001

Überprüfung der Hypothesen 351

Interessant an diesen Ergebnissen der Regressionsanalysen ist, dass sowohl Vielfalt in der Zeitorientierung als auch Vielfalt in der relationalen Orientierung einen Einfluss auf die Kommunikationsinformalität und die Konfliktlösung haben, nicht jedoch auf die beziehungsbezogenen Gruppenprozesse und die Beziehungskonflikte. Die hohen Korrelationen zwischen der Vielfalt in der Zeitorientierung und der Konfliktlösung, als auch zwischen der Vielfalt in der relationalen Orientierung und Kommunikationsinformalität haben hierauf schon hingewiesen. Je mehr sich Gruppenmitglieder hinsichtlich ihrer Wertschätzung von Veränderungen und Ansichten über zukünftige Gewinne und Möglichkeiten unterscheiden, desto informeller wird die Gruppenkommunikation ausfallen und desto eher wird eine Arbeitsgruppe ihre Konflikte tendenziell lösen.

Dasselbe gilt für Unterschiede zwischen den Gruppenmitgliedern in ihren Empfindungen gegenseitiger, gruppenbezogener Verpflichtungen und Bindungen. Je mehr sich Gruppenmitglieder in ihren kollektivistischen Werthaltungen voneinander unterscheiden, desto eher wird die Arbeitsgruppe auf informellem Wege miteinander kommunizieren. Allerdings beeinträchtigen hier Unterschiede hinsichtlich der Auffassungen von Macht- und Verantwortungsstrukturen in zwischenmenschlichen Beziehungen die Fähigkeit der Arbeitsgruppen, auftretende Konflikte auch lösen zu können. Die Befunde hinsichtlich der Kommunikationsinformalität entsprechen nicht der Erwartungsrichtung.

Tabelle 9-37: Regressionen der sozialen Prozesse auf die kulturelle Vielfalt in der Mensch-Umwelt-Orientierung

	Soziale Gruppenprozesse							
	Beziehungsbezogene Gruppenprozesse		Beziehungskonflikte		Kommunikations- informalität		Konfliktlösung		
	β	t	β	t	β	t	β	t	VIF
Variationsvielfalt: ‚Harmonie'	-0,1274	-1,18	0,2841	1,74*	0,1174	1,21	-0,092	0,81	1,04
Variationsvielfalt: ‚Beherrschung'	0,5171	2,53**	-0,4055	-1,31	-0,1258	-0,69	0,3319	1,53	1,00
Variationsvielfalt: ‚Unterwerfung'	0,1173	1,42	-0,2567	-2,05**	-0,0435	-0,59	0,0568	0,65	1,04
R^2	0,2152		0,1883		0,0569		0,0873		
R^2 adj.	0,1439		0,1146		-0,0288		0,0042		
F-Wert	3,018**		2,553*		0,664		1,052		

* $p < 0,1$ ** $p < 0,05$ *** $p < 0,01$ **** $p < 0,001$

Die Vielfalt in den kulturellen Variationen der Mensch-Umwelt-Orientierung können die beziehungsbezogenen Gruppenprozesse signifikant und die Beziehungskonflikte marginal signifikant vorhersagen. Vor allem die Unterschiede zwischen den Gruppenmitgliedern hinsichtlich ihrer Annahmen über die grundsätzliche Kontrollier- und Gestaltbarkeit der sie umgebenden Umwelt können die Gruppenprozesse des Kooperierens und Teilens der Arbeitsbelastung erklären, jedoch sagen sie diese entgegen der angenommenen Richtung vorher. Ein

352   Ergebnisse der Untersuchung

differenzierteres Bild ergibt sich bei der Betrachtung der Beziehungskonflikte. Während das Auftreten von Beziehungskonflikten generell nur in der Tendenz durch Vielfalt in den kulturellen Variationen der Mensch-Umwelt-Orientierung vorhergesagt wird, so erweisen sich zwar Unterschiede zwischen Gruppenmitgliedern hinsichtlich ihrer Annahmen über ihre Position und ihre Verbundenheit mit dem sie umgebenden Gesamtsystem wie erwartet als beziehungskonfliktfördernd, der stärkere und dazu negative Prädiktor der Beziehungskonflikte ist jedoch Vielfalt in der kulturellen Variation ‚Unterwerfung'. Unterschiede zwischen Gruppenmitgliedern in ihrer Schicksalsergebenheit und ihrer Akzeptanz der Vorherbestimmtheit von Lebensereignissen senken das Auftreten von Beziehungskonflikten in der Arbeitsgruppe, ein Befund, der zwar unerwartet ist, aber nicht unplausibel erscheint.

Obwohl erwartet wurde, dass gerade die Vielfalt in der Menschlichen-Natur-Orientierung einen erheblichen Einfluss auf die sozialen Gruppenprozesse ausüben würde, kann für die vorliegende Stichprobe kein einziger bedeutsamer Zusammenhang festgestellt werden (für die genauen Werte der Regressionsanalysen siehe Tabelle A23 im Anhang 3 der vorliegenden Schrift). Dies ist erstaunlich.

Insgesamt lässt sich also auch in Bezug auf die sozialen Gruppenprozesse festhalten, dass diese zwar durch kulturelle Wertevielfalt in Arbeitsgruppen beeinflusst werden, diese Zusammenhänge jedoch nicht immer der erwarteten Richtung entsprachen.

Es wurde vermutet, dass die beziehungsbezogenen Prozesse durch kulturelle Wertevielfalt in der Arbeitsgruppe beeinträchtigt werden, wobei davon ausgegangen wurde, dass für einen solchen negativen Einfluss vorrangig Vielfalt in der relationalen und der Menschlichen-Natur-Orientierung verantwortlich sein sollten. Nun werden die beziehungsbezogenen Gruppenprozesse zwar durch kulturelle Wertevielfalt beeinflusst, aber gerade nicht von Vielfalt in den angenommenen Werteorientierungen. Unterschiede zwischen den Gruppenmitgliedern in der kulturellen Variation ‚Denken' der Aktivitätsorientierung, also verschiedene Informationsverarbeitungsmodi, beeinträchtigen die beziehungsbezogenen Gruppenprozesse, während Unterschiede zwischen den Gruppenmitgliedern in der kulturellen Variation ‚Beherrschung', also verschiedene Ansichten über die generelle Kontrollier- und Beherrschbarkeit der Umwelt, die beziehungsbezogenen Gruppenprozesse sogar fördern. Das heißt, Hypothese 4-IIa kann im besten Falle nur für die Vielfalt in der Aktivitätsorientierung bestätigt werden.

Ebenfalls wurde vermutet, dass kulturelle Wertevielfalt in Arbeitsgruppen generell das Auftreten von Beziehungskonflikten fördert, wobei dies vor allem für Unterschiede in den kulturellen Werten der Menschlichen-Natur-, der Aktivitäts- und der relationalen Orientierung gelten sollte. Auch hier hat von Vielfalt in drei Werteorientierungen nur die Vielfalt in der Aktivitätsorientierung einen Einfluss auf das Auftreten von Beziehungskonflikten. Während jedoch Unterschiede zwischen Gruppenmitgliedern in den kulturellen Variationen ‚Sein' und ‚Handeln' der Aktivitätsorientierung, also Unterschiede in Bezug auf die Spontaneität des Ausdrucks ihrer Persönlichkeiten und hinsichtlich ihrer Wertschätzung von sicht- und beurteilbaren Handlungen Beziehungskonflikte sogar vermindern, fördern Unterschiede in der kulturellen Variation ‚Denken' der Aktivitätsorientierung, also den Informationsverarbeitungsmodi der Gruppenmitglieder, wie erwartet das Auftreten von Beziehungskonflikten. Darüber hinaus weist noch die Vielfalt in der Mensch-Umwelt-Orientierung auf einen tendenziellen Einfluss auf das Auftreten von Beziehungskonflikten hin, wobei sich hier ebenfalls die

Effekte der Vielfaltsarten innerhalb der Werteorientierung voneinander unterscheiden. Während Unterschiede zwischen Gruppenmitgliedern in ihrer Harmonieorientierung zwar tendenziell Beziehungskonflikte fördern, senken Unterschiede in der Unterwerfungsorientierung deren Auftreten. Die Hypothese 4-IIb kann daher weder als bestätigt noch als nicht bestätigt angesehen werden, da kulturelle Wertevielfalt offenbar nicht per se das Auftreten von Beziehungskonflikten bewirkt, sondern einen differenzierteren Einfluss hierauf nimmt.

Hinsichtlich der Informalität der Gruppenkommunikation wurde angenommen, dass mit zunehmender kultureller Wertevielfalt in einer Arbeitsgruppe der Formalisierungsgrad der Kommunikation ebenfalls zunehmen sollte. Offenbar ist zumindest für die vorliegende Stichprobe das genaue Gegenteil der Fall. Sowohl Unterschiede zwischen den Gruppenmitgliedern in der kulturellen Variation ‚Zukunft' der Zeitorientierung, also unterschiedliche Wertschätzungen von Veränderungen und Ansichten über zukünftige Gewinne und Möglichkeiten, als auch Unterschiede in der kulturellen Variation ‚Kollektivismus', also verschiedene Haltungen gegenüber dem Ausmaß gegenseitiger, gruppenbezogener Verpflichtungen und Bindungen, fördern den informellen Charakter der Gruppenkommunikation. Hypothese 4-IIc konnte demnach nicht nur nicht bestätigt werden, sondern es wurde darüber hinaus der genau gegensätzliche Befund festgestellt.

Hinsichtlich der Konfliktlösung und der externen Kommunikation wurde nicht von einer Beeinflussung durch kulturelle Wertevielfalt ausgegangen, wobei dennoch die Konfliktlösung positiv durch Vielfalt in der Zeitorientierung und negativ durch Vielfalt in der relationalen Orientierung beeinflusst wurde und die externe Kommunikation negativ durch Vielfalt in der Mensch-Umwelt-Orientierung. Da jedoch alle drei Modelle nur marginal signifikant wurden, d.h. lediglich auf eine Tendenz hinwiesen, sollen diese Befunde hier nicht weiter berücksichtigt werden.

9.2.4.2 Andere Gruppenstrukturmerkmale und Gruppenprozesse

Um die potenziellen Auswirkungen der anderen Vielfaltsarten und der relativen Gruppengröße auf die Gruppenprozesse zu überprüfen, wurden ebenfalls multiple Regressionsanalysen der Gruppenprozesse auf die Strukturvariablen durchgeführt. Dabei wurden jeweils die Altersvielfalt, die Vielfalt in der Dauer der Unternehmens- und Gruppenzugehörigkeit, die Bildungsvielfalt und die relative Gruppengröße als Prädiktoren in die Gleichung mit aufgenommen. Um herauszufinden, wie groß der Einfluss der kulturellen Wertevielfalt neben den anderen Strukturmerkmalen auf die Gruppenprozesse tatsächlich ist, wurde ebenfalls das Ausmaß an genereller kultureller Vielfalt als Prädiktor in die Gleichung mit aufgenommen. Dieses stellt den mittleren Wert über alle Variationsvielfaltwerte pro Arbeitsgruppe dar. Da sich hier sechs Prädiktoren bei einer Stichprobe von 37 Arbeitsgruppen in der Regression befinden, ist die zulässige Höchstanzahl von möglichen Prädiktoren erreicht. Bei der Interpretation der Befunde muss dies also berücksichtigt und die Ergebnisse entsprechend vorsichtig interpretiert werden. Insgesamt soll die Überprüfung der potenziellen Zusammenhänge zwischen den (anderen erhobenen) Gruppenstrukturmerkmalen und den Gruppenprozessen Anschluss an die bestehende Forschung leisten.

354 Ergebnisse der Untersuchung

9.2.4.2.1 Gruppenstrukturmerkmale und kognitionsbezogene Gruppenprozesse

In Tabelle 9-38 sind die Ergebnisse der multiplen Regressionsanalysen der kognitionsbezogenen Gruppenprozesse auf die Gruppenstrukturmerkmale enthalten. Diese Ergebnisse machen insgesamt recht deutlich, dass der Einfluss der Gruppenstrukturmerkmale auf die kognitionsbezogenen Gruppenprozesse nicht so stark ausfällt, wie aufgrund der Forschung vermutet werden könnte. Interessant ist, dass die aufgabenbezogenen Gruppenprozesse zwar insgesamt nur marginal, dafür aber hauptsächlich und hoch signifikant positiv von der kulturellen Wertevielfalt bestimmt werden. Dies steht zwar ebenfalls im Widerspruch zur vermuteten Einflussrichtung der kulturellen Vielfalt auf die aufgabenbezogenen Gruppenprozesse, korrespondiert jedoch mit den bereits erwähnten Ergebnissen für diese Stichprobe.

Tabelle 9-38: Regressionen der kognitionsbezogenen Prozesse auf die Gruppenstruktur

	Kognitionsbezogene Gruppenprozesse									
	Aufgabenbezogene Gruppenprozesse		Aufgabenkonflikte		Externe Kommunikation (A)		Externe Kommunikation (B)		Externe Kommunikation (C)	
	β	t	β	t	β	t	β	t	β	t	VIF
Kulturelle Wertevielfalt	0,819	2,77 ***	-0,117	-0,38	0,819	1,31	0,341	0,68	0,047	0,08	1,37
Altersvielfalt	0,929	1,61	-0,933	-1,55	0,924	0,76	0,203	0,977	1,628	1,41	1,58
Vielfalt in Dauer: Unternehmenszugehörigkeit	0,380	1,95*	0,045	0,22	-0,304	-0,74	-0,235	-0,71	0,048	0,13	1,73
Vielfalt in Dauer: Gruppenzugehörigkeit	0,121	0,73	-0,244	-1,42	-0,711	-2,05 **	-0,187	-0,67	-0,055	-0,17	1,04
Bildungsvielfalt	-0,694	-1,20	-0,064	-0,11	0,209	0,17	1,237	1,26	-0,937	-0,81	1,27
Relative Gruppegröße	0,104	1,33	-0,047	-0,58	-0,459	-2,78 ***	-0,504	-3,79 ****	-0,169	-1,08	1,27
R^2	0,2947		0,1705		0,3375		0,4163		0,1418		
R^2 adj.	0,1536		0,005		0,2051		0,2995		-0,029		
F-Wert	2,089*		1,029		2,548**		3,566***		0,826		

* $p < 0,1$ ** $p < 0,05$ ***$p < 0,01$ ****$p < 0,001$

Die Aufgabenkonflikte werden durch keines der Strukturmerkmale erklärt, ein Befund, der auch schon hinsichtlich des potenziellen Einflusses der kulturellen Variationsvielfalt festgestellt werden konnte. Die aufgabenbezogene Kommunikation von Arbeitsgruppen mit gruppenexternen Personen desselben Geschäftsbereichs und aus der Unternehmensverwaltung wird dagegen hoch signifikant durch die Gruppenstrukturmerkmale vorhergesagt. Sowohl die Vielfalt in der Dauer der Gruppenzugehörigkeit als auch die relative Gruppengröße sind für die signifikante Varianzerklärung der externen Gruppenkommunikation mit anderen Personen

Überprüfung der Hypothesen 355

im selben Geschäftsbereich verantwortlich. Unterscheiden sich also die Gruppenmitglieder in der Dauer ihres Mitgliederdaseins der Arbeitsgruppe und nehmen sie die Anzahl der Gruppenmitglieder für die zu erledigenden Aufgaben als ausreichend groß wahr, dann kommunizieren sie weniger mit gruppenexternen Personen desselben Geschäftsbereichs. Wenn sie darüber hinaus ihre Gruppengröße für ihre Aufgaben als ausreichend groß empfinden, dann kommunizieren sie erst recht nur sehr wenig mit Personen aus der Unternehmensverwaltung. Die Gruppenkommunikation dagegen mit Personen aus anderen Unternehmen oder Organisationen scheint von der Gruppenstruktur unbeeinflusst zu sein.

9.2.4.2.2 Gruppenstrukturmerkmale und affektbezogene Gruppenprozesse

In Tabelle 9-39 sind die Ergebnisse der multiplen Regressionen der sozialen Gruppenprozesse auf die Gruppenstrukturmerkmale enthalten. Es wird offensichtlich, dass auch hinsichtlich der affektbezogenen Gruppenprozesse wohl andere Faktoren als die Gruppenstruktur eine Rolle spielen. Entgegen des Tenors aus der Vielfaltsforschung wird in der vorliegenden Stichprobe lediglich die Konfliktlösung, und diese auch nur in der Tendenz durch die Gruppenstruktur beeinflusst. Vor allem Alters- und Bildungsvielfalt scheinen einen positiven Einfluss darauf zu haben, ob eine Arbeitsgruppe die in ihr auftretenden Konflikte auch lösen kann.

Tabelle 9-39: Regressionen der sozialen Prozesse auf die Gruppenstruktur

Soziale Gruppenprozesse								
Beziehungs-bezogene Gruppenprozesse		Beziehungs-konflikte		Kommunikations-informalität		Konfliktlösung		
β	t	β	t	β	t	β	t	VIF
Kulturelle Wertevielfalt	0,0627	0,17	-0,877	-1,67	0,7389	2,52**	0,2871	0,86	1,37
Altersvielfalt	0,909	1,28	-0,767	-0,75	0,9807	1,72*	1,1283	1,74*	1,58
Vielfalt in Dauer: Unternehmens-zugehörigkeit	-0,352	-0,15	-0,483	-1,40	0,2082	1,08	-0,0677	-0,31	1,73
Vielfalt in Dauer: Gruppenzu-gehörigkeit	-0,027	-0,14	-0,462	-1,58	-0,1224	-0,75	0,2359	1,27	1,04
Bildungsvielfalt	0,8925	1,25	-0,624	-0,61	-0,2565	-0,45	1,2801	1,96*	1,27
Relative Gruppengröße	0,1831	0,89*	-0,195	-1,41	0,0707	0,91	0,0664	0,75	1,27
R²	0,1918		0,2450		0,2267		0,3014		
R² adj.	0,0301		0,0941		0,0721		0,1616		
F-Wert	1,186		1,623		1,466		2,157*		

* p < 0,1   ** p < 0,05   ***p < 0,01   ****p < 0,001

Interessant ist, dass sowohl die generelle kulturelle Vielfalt und die Altersvielfalt in der Zusammensetzung der Arbeitsgruppen positiv signifikante Prädiktoren der Kommunikationsinformalität sind. Dieser Befund ist kontraintuitiv, korrespondiert aber mit dem Befund eines positiven Einflusses der kulturellen Variationsvielfalt auf die Informalität der Gruppenkommunikation. Allerdings wird der bevorzugte Kommunikationsmodus insgesamt durch die Gruppenstrukturmerkmale nicht erklärt, so dass auch hier eher andere Faktoren eine Rolle spielen. Ebenfalls auffällig ist, dass obwohl weder Gesamtmodell noch einzelne Prädiktoren tatsächlich Varianz erklären können und damit die Regressionswerte prinzipiell nicht zu interpretieren sind, sämtliche Strukturmerkmale zur Erklärung der Beziehungskonflikte negative Vorzeichen aufweisen. Dies sollte nach der Theorie eigentlich nur für die relative Gruppengröße so sein, Vielfalt jedoch sollte Beziehungskonflikte fördern.

Insgesamt lässt sich als Fazit festhalten, dass die Gruppenstrukturmerkmale bis auf Konfliktlösung in keiner Weise mit den affektbezogenen Gruppenprozessen zusammenhängen.

9.2.4.3 Zusammenfassung der Ergebnisse zum Hypothesenkomplex 4

Die Überprüfung der im vierten Hypothesenkomplex formulierten Hypothesen setzte den Schwerpunkt auf die Auswirkungen der kulturellen Wertevielfalt in der Zusammensetzung von Arbeitsgruppen und den Gruppenprozessen, wobei die Hypothesen auf der generellen Annahme basierten, dass die kulturell vielfältige Zusammensetzung einer Arbeitsgruppe die Gruppenprozesse erheblich mitgestaltet und darüber über den Erfolg oder Misserfolg solcher Arbeitsgruppen mitbestimmt. Die Hypothesenüberprüfung gliederte sich dabei in zwei Teile, wobei der erste die Überprüfung der potenziellen Zusammenhänge zwischen der Vielfalt in den kulturellen Werteorientierungen und den Gruppenprozessen enthält und sich damit auf die in Hypothesenkomplex 4 formulierten Hypothesen konzentriert, während der zweite Teil dagegen die explorative Überprüfung der potenziellen Zusammenhänge zwischen den anderen erhobenen Gruppenstrukturmerkmalen und den Gruppenprozessen enthält und damit Anschluss an die bestehende Forschung gewährleistet.

Im Hypothesenkomplex 4 wurde konkret angenommen, dass die kulturelle Vielfalt sowohl die aufgabenbezogenen als auch die beziehungsbezogenen Gruppenprozesse beeinträchtig (Hypothesen 4-Ia und 4-IIa), die Informalität der Gruppenkommunikation senkt (Hypothese 4-IIc) und sowohl Aufgaben- als auch Beziehungskonflikte in der Arbeitsgruppe fördert (Hypothesen 4-Ib und 4-IIb). Als Kernergebnisse der Hypothesenüberprüfung können für die vorliegende Stichprobe festgehalten werden:

⇨ Die aufgabenbezogenen Gruppenprozesse werden unerwarteter Weise durch die Vielfalt in der kulturellen Variation ‚Individualismus' der relationalen Orientierung positiv und durch Vielfalt in der kulturellen Variation ‚Gut/Böse' der Menschlichen-Natur-Orientierung negativ vorhergesagt (Bestätigung der Hypothese 4-Ia nur für die Vielfalt in der Menschlichen-Natur-Orientierung; erster Befund im Gegensatz zur Hypothese).

⇨ Zwischen der kulturellen Wertevielfalt in Arbeitsgruppen und dem Auftreten von Aufgabenkonflikten konnten keine Zusammenhänge festgestellt werden (Hypothese 4-Ib nicht ansatzweise bestätigt).

Überprüfung der Hypothesen 357

⇨ Die beziehungsbezogenen Gruppenprozesse werden durch Unterschiede zwischen den Gruppenmitgliedern in der kulturellen Variation ‚Denken' der Aktivitätsorientierung negativ und durch Unterschiede zwischen den Gruppenmitgliedern in der kulturellen Variation ‚Beherrschung' der Mensch-Umwelt-Orientierung positiv vorhergesagt (Bestätigung der Hypothese 4-IIa nur für Vielfalt in der Aktivitätsorientierung; zweiter Befund im Gegensatz zur Hypothese).

⇨ Das Auftreten von Beziehungskonflikten in Arbeitsgruppen wird durch Vielfalt in den kulturellen Variationen ‚Sein' und ‚Handeln' der Aktivitätsorientierung negativ und durch Vielfalt in der kulturellen Variation ‚Denken' der Aktivitätsorientierung dagegen positiv vorhergesagt. Darüber hinaus wird das Auftreten von Beziehungskonflikten tendenziell positiv von Vielfalt in der kulturellen Variation ‚Harmonie' und negativ von Vielfalt in der kulturellen Variation ‚Unterwerfung' der Mensch-Umwelt-Orientierung vorhergesagt (Hypothese 4-IIb weder bestätigt noch nicht bestätigt).

⇨ Die Informalität der Gruppenkommunikation wird sowohl von Vielfalt in der kulturellen Variation ‚Zukunft' der Zeitorientierung als von Vielfalt in der kulturellen Variation ‚Kollektivismus' positiv vorhergesagt (Hypothese 4-IIc nicht bestätigt; Befunde im Gegensatz zur Hypothese).

Der zweite Teil der in diesem Abschnitt überprüften potenziellen Zusammenhänge zwischen den Gruppenstrukturmerkmalen und den Gruppenprozessen wurde explorativ vorgenommen, wobei sich folgende Resultate ergaben:

⇨ Die aufgabenbezogenen Gruppenprozesse werden zwar insgesamt nur marginal, dafür aber hauptsächlich und signifikant positiv von der kulturellen Wertevielfalt bestimmt.

⇨ Die Aufgabenkonflikte werden durch keines der Strukturmerkmale erklärt.

⇨ Die aufgabenbezogene Kommunikation von Arbeitsgruppen mit gruppenexternen Personen desselben Geschäftsbereichs (A) und aus der Unternehmensverwaltung (B) werden signifikant negativ durch die Vielfalt in der Dauer der Gruppenzugehörigkeit und durch die relative Gruppengröße vorhergesagt.

⇨ Weder zwischen den beziehungsbezogenen Gruppenprozessen und den Gruppenstrukturmerkmalen, den Beziehungskonflikten und den Gruppenstrukturmerkmalen, noch zwischen der Kommunikationsinformalität und den Gruppenstrukturmerkmalen bestehen bedeutsame Zusammenhänge.

⇨ Die Konfliktlösung in einer Arbeitsgruppe wird marginal signifikant durch die Alters- und Bildungsvielfalt vorhergesagt.

9.2.5 Zum Hypothesenkomplex 5: Gruppenmanagement-Prozess-Zusammenhänge

Die Hypothesen des fünften Hypothesenkomplexes setzen den Schwerpunkt auf die möglichen Einflüsse der Führung, Planung und Organisation multikultureller Gruppenarbeit auf die in den Gruppen stattfindenden Prozesse, welche ja ihrerseits als sehr wichtige Deter-

358 Ergebnisse der Untersuchung

minanten der Gruppenleistung angesehen werden.[897] Für die Hypothesenentwicklung wurden analog zu den Annahmen hinsichtlich des Einflusses der Gruppenstrukturmerkmale auf die Gruppenprozesse diese in Hinblick auf den Einfluss des Gruppenmanagements ebenfalls in kognitions-aufgabenbezogene und affektiv-soziale Prozesse unterteilt, da sowohl die Führung und Planung multikultureller Gruppenarbeit als auch die Organisation derselben ihren vorrangigen Wirkungsraum auf den verschiedenen inhaltlichen Ebenen finden.

Konkret wurde im Hypothesenkomplex 5 angenommen, dass aufgabenorientierte Führung die aufgabenbezogenen Gruppenprozesse (Hypothese 5-Ia) und das Auftreten von Aufgabenkonflikten senkt (Hypothese 5-Ib), die Konfliktlösungsfähigkeit dagegen fördert (Hypothese 5-Ic) und in keinem Zusammenhang mit der aufgabenbezogenen externen Kommunikation steht.

Weiterhin wurde angenommen, dass personen- oder mitarbeiterorientierte Führung die beziehungsbezogenen Gruppenprozesse unterstützt (Hypothese 5-IIa), das Auftreten von Beziehungskonflikten senkt (Hypothese 5-IIb) und sowohl die Konfliktlösungsfähigkeit (Hypothese 5-IIc) als auch die Kommunikationsinformalität fördert (Hypothese 5-IId).

In Hinblick auf den Einfluss externer Führung wurde von einer eher indirekten Wirkungsweise ausgegangen, hinsichtlich konkreter nachweisbarer Effekte auf die Gruppenprozesse wurde nur angenommen, dass, wenn externe Führung einen Einfluss auf die Gruppenprozesse hat, dann sollte dieser in Hinblick auf die beziehungsbezogenen Gruppenprozesse bemerkbar sein und positiv ausfallen (Hypothese 5-IIIc).

In Hinblick auf die Planung multikultureller Gruppenarbeit wurde davon ausgegangen, dass der Einsatz von Planungstechniken die aufgabenbezogenen Gruppenprozesse erleichtert (Hypothese 5-IVa), das Auftreten von Aufgabenkonflikten senkt (Hypothese 5-IVb), die Konfliktlösungsfähigkeit (Hypothese 5-IVc) der Arbeitsgruppe fördert und in keinem Zusammenhang mit der aufgabenbezogenen externen Kommunikation steht.

Die Fragen nach potenziellen Zusammenhängen zwischen den organisationsbezogenen Merkmalen und den Gruppenprozessen sollen explorativ überprüft werden, da prinzipiell nur von einem eher indirekten Einfluss auf die Gruppenprozesse ausgegangen wird.

Der folgende Abschnitt gliedert sich also in drei Teile, wobei im ersten und zweiten die Hypothesen zum potenziellen Einfluss der Führung und der Planung auf die Gruppenprozesse anhand multipler und bivariater Regressionen überprüft werden und im dritten dann die explorative Überprüfung möglicher Zusammenhänge zwischen Organisationsmerkmalen und den Gruppenprozessen anhand bivariater Regressionen und einfaktorieller Varianzanalysen bzw. t-Tests erfolgt.

9.2.5.1 Führung und Gruppenprozesse

In der vorliegenden Untersuchung wurden unter Zuhilfenahme des Fragebogens zur Vorgesetzten-Verhaltens-Beschreibung (FVVB) sowohl die Führungskräfte als auch die Gruppenmitglieder darum gebeten, das eigene bzw. das wahrgenommene Führungsverhalten

---

[897] Zur Konzeptualisierung dieses Hypothesenkomplexes siehe auch Abschnitt 7.2.5, S. 221 ff. der vorliegenden Schrift.

Überprüfung der Hypothesen 359

der jeweiligen Führungskraft zu beschreiben. Obwohl beide Einschätzungen sich grundsätzlich nicht sehr voneinander unterscheiden sollten, ist dennoch für eine Analyse der Einwirkung von Führung auf die Gruppenarbeit eher das Führungsverhalten von Bedeutung, das die Gruppenmitglieder wahrnehmen und erleben. Schätzt eine Führungskraft ihren Führungsstil als sehr personenorientiert ein, aber die Gruppenmitglieder nehmen den Führungsstil nicht als personenorientiert wahr, wirkt sich diese Wahrnehmung eines nicht-personenorientierten Führungsstils auf ihre Gruppenarbeit aus und nicht der vermeintliche Führungsstil, den die Führungskraft anzuwenden glaubt. Nichtsdestotrotz wurde für die vorliegende Stichprobe in einem ersten Schritt geprüft, ob sich die Führungsverhaltenswahrnehmungen der Gruppenmitglieder und ihrer Führungskräfte voneinander unterscheiden und ob zwischen den jeweiligen Führungsverhalten untereinander und in Hinblick auf die Gruppenprozesse Zusammenhänge bestehen, wobei diese Überprüfung interessante Ergebnisse ergab. Wie bereits in Tabelle A1 zu sehen ist, bestehen zwischen den Einschätzungen der Führungsverhaltensweisen der Gruppenmitglieder und der Selbsteinschätzungen der Führung durch die Führungskräfte keine Zusammenhänge. Die Korrelation der Einschätzung der aufgabenorientierten Führung durch die Führungskräfte mit der durch die Gruppenmitglieder wahrgenommenen aufgabenorientierten Führung liegt bei r = -0,0082 mit p = 0,962. Die Korrelation der Einschätzung der mitarbeiterorientierten Führung durch die Führungskräfte mit der durch die Gruppenmitglieder wahrgenommenen mitarbeiterorientierten Führung liegt bei r = -0,19 mit p = 0,267 und die Korrelation der Einschätzung der externen Führung durch die Führungskräfte mit der durch die Gruppenmitglieder wahrgenommenen externen Führung liegt bei r = -0,1101 mit p = 0,5228. Als Folge davon konnten auch die durch die Führungskräfte selbst eingeschätzten Führungsverhalten die Führungsverhaltenswahrnehmungen der Gruppenmitglieder in keiner Weise vorhersagen. Offenbar besteht hier eine erhebliche Wahrnehmungsdiskrepanz. Um schließlich zu prüfen, ob die durch die Führungskräfte selbst eingeschätzten Führungsverhalten mit den Gruppenprozessen in einem Zusammenhang stehen, wurden aufgrund der hohen Multikollinearität zwischen den von den Führungskräften eingeschätzten, eigenen Führungsverhalten (VIFs > 5) bivariate Regressionen der Gruppenprozesse auf die jeweiligen Führungsverhalten gerechnet, aber auch hier konnte kein einziger Zusammenhang festgestellt werden. Darauf wiesen ebenfalls die mangelnden Korrelationen hin. Für die vorliegende Stichprobe kann also festgehalten werden, dass die Einschätzung des eigenen Führungsverhaltens der Führungskräfte nichts mit dem Verhalten zu tun hat, das die Gruppenmitglieder an ihren Führungskräften wahrnehmen, das diese interpretieren und mit dem sie umgehen sollen. Dieser Befund ist zwar unerwartet, jedoch nicht unplausibel. Um trotzdem überhaupt einen Einfluss von Führung auf die Gruppenprozesse feststellen zu können, müssen also die von den Gruppenmitgliedern wahrgenommenen Führungsverhalten betrachtet werden. Daher wurden zur Hypothesenprüfung ausschließlich die von den Gruppenmitgliedern wahrgenommenen Führungsverhalten ihrer Führungskräfte verwendet.

Da auch die Wahrnehmungen der Führungsverhalten durch die Gruppenmitgliedern hoch miteinander korrelieren (aufgabenorientierte und mitarbeiterorientierte Führung: r = 0,498 mit p = 0,002; aufgabenorientierte und externe Führung: r = 0,7102 mit p kleiner 0,00001; mitarbeiterorientierte und externe Führung: r = 0,446 mit p = 0,0064), so dass das Problem

360   Ergebnisse der Untersuchung

der Multikollinearität gegeben ist, wurde zur Hypothesenprüfung in zwei Schritten vorgegangen. Im ersten Schritt wurden bivariate Regressionen der Gruppenprozesse auf die jeweiligen Führungsstile gerechnet, um den singulären Einfluss jeden Führungsstils auf die Prozesse zu identifizieren. Im zweiten Schritt wurden dann multiple Regressionen gerechnet, die alle drei Führungsstile gemeinsam als Prädiktoren der Prozesse enthielten. Da sich jedoch in der Richtung der Zusammenhänge keine und in der Stärke der Zusammenhänge nur geringe graduelle Unterschiede zeigten, sollen im Folgenden nur die Gesamtmodelle berichtet und zur Hypothesenprüfung herangezogen werden. Außerdem sind im Gesamtmodell die Varianz-Inflations-Faktoren (VIF) kleiner als 2,3 und überschreiten damit den Schwellenwert von 3 nicht, so dass die zwischen den Prädiktoren vorliegende Multikollinearität als unproblematisch angesehen werden kann.

In den beiden folgenden Tabellen finden sich die Ergebnisse der multiplen Regressionen der Gruppenprozesse auf die Führungsverhalten.

Tabelle 9-40: Regressionen der kognitionsbezogenen Gruppenprozesse auf die Führung

	Kognitionsbezogene Gruppenprozesse									
	Aufgaben- bezogene Gruppen- prozesse		Aufgaben- konflikte		Externe Kom- munikation (A)		Externe Kom- munikation (B)		Externe Kom- munikation (C)	
	β	t	β	t	β	t	β	t	β	t	VIF
Aufgabenorien- tierte Führung	0,461	1,50	-0,45	-1,93*	-0,24	-0,35	0,84	1,47	0,31	0,54	2,20
Mitarbeiter- orientierte Führung	0,135	0,75	-0,35	-2,58 **	-0,01	-0,01	-0,13	-0,40	-0,16	-0,46	1,36
Externe Führung	-0,15	-0,69	-0,33	1,94*	0,54	1,07	0,11	0,28	0,07	0,16	2,06
R^2	0,1288		0,3162		0,0441		0,1391		0,0218		
R^2 adj.	0,0472		0,2521		-0,045		0,0584		-0,0699		
F-Wert	1,578		4,932***		0,492		1,723		0,237		

* $p < 0,1$ ** $p < 0,05$ ***$p < 0,01$ ****$p < 0,001$

Die Fähigkeit einer Arbeitsgruppe, ihre auftretenden Konflikte auch zu lösen, wird durch die Führung hoch signifikant und positiv vorhergesagt, wobei zwar auch hier die mitarbeiterorientierte Führung den stärkeren Effekt aufweist, die aufgabenorientierte Führung aber einen ebenfalls hoch signifikanten positiven Einfluss auf die Konfliktlösung nimmt. Je mehr eine Arbeitsgruppe also aufgaben- und mitarbeiterorientiert geführt wird, desto eher wird sie auftretende Konflikte auch lösen. Damit können die Hypothesen 5-Ic und 5-IIc als bestätigt angesehen werden.

Entgegen der Erwartung wurden keine Zusammenhänge zwischen den Führungsverhalten und den aufgabenbezogenen Gruppenprozessen festgestellt. Die Hypothese 5-Ia, dass aufgabenorientierte Führung in einem negativen Zusammenhang mit den aufgabenbezogenen Gruppenprozessen steht, konnte also nicht bestätigt werden.

Überprüfung der Hypothesen

Dagegen wird das Auftreten von Aufgabenkonflikten in Arbeitsgruppen durch die Führung erklärt. Sowohl die aufgabenorientierte, die externe als auch die mitarbeiterorientierte Führung sagen Aufgabenkonflikte signifikant negativ vorher, wobei jedoch der stärkere Effekt von der mitarbeiterorientierten Führung ausgeht. Dies wurde zwar nicht vermutet, scheint aber aufgrund der Tatsache der Verknüpfung von Aufgaben- und Beziehungskonflikten nicht unplausibel. Hypothese 5-IIa, dass aufgabenorientierte Führung mit einem geringeren Ausmaß an Aufgabenkonflikten im Zusammenhang steht, kann daher trotzdem, wenn auch nur marginal, als bestätigt angesehen werden. Es wurde von keinen Zusammenhängen zwischen der aufgabenorientierten Führung und der externen Gruppenkommunikation ausgegangen, was durch die Regressionsanalysen bestätigt werden konnte.

Tabelle 9-41: Regressionen der sozialen Prozesse auf die Führung

Soziale Gruppenprozesse								
	Beziehungsbezogene Gruppenprozesse		Beziehungskonflikte		Kommunikationsinformalität		Konfliktlösung	
	β	t	β	t	β	t	β	t	VIF
Aufgabenorientierte Führung	0,3482	1,14	-0,1664	-0,40	0,3053	1,06	0,6184	2,42**	2,20
Mitarbeiterorientierte Führung	0,3527	1,99**	-0,6823	-2,8***	0,1636	0,98	0,4296	2,90***	1,36
Externe Führung	0,1221	0,55	-0,272	-0,90	-0,0106	-0,05	-0,0547	-0,30	2,06
R^2	0,3382		0,3789		0,1428		0,5091		
R^2 adj.	0,2762		0,3206		0,0624		0,4631		
F-Wert	5,453***		6,507***		1,777		11,064****		

* p < 0,1   ** p < 0,05   ***p < 0,01   ****p < 0,001

Die beziehungsbezogenen Gruppenprozesse des Kooperierens und der gegenseitigen Unterstützung werden durch Führung hoch signifikant und positiv vorhergesagt, wobei sich die mitarbeiterorientierte Führung als einziger, signifikanter und positiver Prädiktor erweist. Je mehr also eine Arbeitsgruppe mitarbeiterorientiert geführt wird, desto eher werden die Gruppenmitglieder sich gegenseitig unterstützen und miteinander kooperieren. Hypothese 5-IIa kann damit als bestätigt angesehen werden. Die Vermutung, dass, wenn externe Führung einen Einfluss auf die beziehungsbezogenen Gruppenprozesse hat, dieser dann positiv ausfallen sollte (Hypothese 5-III), konnte insgesamt jedoch durch die Regressionsanalyse nicht erhärtet werden. Das Ausmaß externer Führung steht zumindest in der vorliegenden Stichprobe nur mit dem Auftreten von Aufgabenkonflikten zwar in einem negativen, aber nur schwachen Zusammenhang, so dass die Befunde doch eher in die vermutete Richtung eines indirekten Effektes der externen Führung auf die gruppeninterne Zusammenarbeit hinweisen.

Das Auftreten von Beziehungskonflikten in Arbeitsgruppen wird ebenfalls durch Führung hoch signifikant und negativ vorhergesagt, wobei sich auch hier die mitarbeiterorientierte

362 Ergebnisse der Untersuchung

Führung wie vermutet als einziger und hoch signifikanter Prädiktor erweist. Je mehr also eine Arbeitsgruppe mitarbeiterorientiert geführt wird, desto seltener treten zwischen den Mitgliedern Beziehungskonflikte auf. Hypothese 5-IIb kann damit als bestätigt angesehen werden.

Lediglich der bevorzugte Gruppenkommunikationsmodus wird durch die Führung in keiner Weise erklärt. Entgegen der Erwartung steht die mitarbeiterorientierte Führung in keinem Zusammenhang mit der Kommunikationsinformalität, so dass die Hypothese 5-IId für die vorliegende Stichprobe nicht bestätigt wurde.

9.2.5.2 Planung und Gruppenprozesse

In Hinblick auf die Planung multikultureller Gruppenarbeit wurde nur von Zusammenhängen mit den kognitionsbezogenen Gruppenprozessen und der Konfliktlösung ausgegangen. Die Hypothesen wurden mittels bivariater Regressionsanalysen geprüft und die Ergebnisse sind in Tabelle 9-42 aufgeführt.

Es wird offensichtlich, dass der Einsatz von Planungstechniken nur mit den aufgabenbezogenen Gruppenprozessen in einem Zusammenhang steht. Diese werden zu 10% durch die Planung signifikant und positiv vorhergesagt, woraus sich also folgern lässt, dass je mehr Planungstechniken in einer Arbeitsgruppe eingesetzt werden, die Arbeitsgruppe leichter ihre Aufgabenziele festlegen, Arbeitspläne entwickeln und Tätigkeitsprioritäten setzen. Hypothese 5-IVa kann damit als bestätigt angesehen werden. Die weiteren Vermutungen jedoch, dass der Einsatz von Planungstechniken das Auftreten von Aufgabenkonflikten senkt und die Konfliktlösung fördert, lassen sich anhand der Daten nicht nachweisen. Der Einsatz von Planungstechniken steht weder mit den Aufgabenkonflikten noch mit der Konfliktlösung in einem Zusammenhang. Die Hypothesen 5-IVb & c konnten also für die vorliegende Stichprobe nicht bestätigt werden. Lediglich die Vermutungen, dass Planung weder mit der aufgabenbezogenen externen Gruppenkommunikation noch mit den sozialen Gruppenprozessen zusammenhängt, wurden durch die Regressionsanalysen erhärtet.

Tabelle 9-42: Regressionen der kognitionsbezogenen Prozesse auf die Planung

	Kognitionsbezogene Gruppenprozesse					
	Aufgaben-bezogene Gruppen-prozesse	Aufgaben-konflikte	Externe Kom-munikation (A)	Externe Kom-munikation (B)	Externe Kom-munikation (C)	Konflikt-lösung
	β t	β t	β t	β t	β t	β t
Planungs-techniken	0,135 2,3**	0,025 0,23	-0,096 -0,71	-0,167 -1,47	0,123 1,09	-0,027 -0,38
R^2	0,1307	0,0015	0,0141	0,0581	0,0328	0,0042
R^2 adj.	0,1058	-0,027	-0,0141	0,0311	0,0052	-0,0243
F-Wert	5,263**	0,0533	0,499	2,159	1,19	0,148

* $p < 0,1$ ** $p < 0,05$ ***$p < 0,01$ ****$p < 0,001$

Überprüfung der Hypothesen 363

9.2.5.3 Organisationsmerkmale und Gruppenprozesse

In Hinblick auf die potenziellen Zusammenhänge zwischen den Merkmalen der Organisation, des unternehmerischen Kontexts und den Gruppenprozessen wurden keine spezifischen Hypothesen formuliert, da davon ausgegangen wird, dass der Einfluss dieser Merkmale nur indirekt auf die Gruppenprozesse erfolgt. Die organisatorischen Merkmale stellen eher den Rahmen dar, innerhalb dessen die konkreten Gruppenprozesse ablaufen und üben damit nur einen mittelbaren Einfluss auf die zu erledigen Gruppenaufgaben und die internen Prozesse aus. Die möglichen Zusammenhänge werden daher explorativ überprüft, wobei vorrangig bivariate Regressionen und einfaktorielle Varianzanalysen bzw. t-Tests zur Anwendung kommen. Im Übrigen stammen die Auskünfte über die Merkmale der Organisation und des unternehmerischen Gruppenkontexts, bis auf die Frage nach der Verfügbarkeit von Gruppentrainings, sämtlich von den Führungskräften.

Das erste erhobene Merkmal des unternehmerischen Gruppenkontexts betrifft die **Verfügbarkeit von Gruppentrainings**. Und zwar wurde danach gefragt, ob das jeweilige Unternehmen in ausreichendem Maße Gruppentrainings anbieten würde. Mittels bivariater Regressionsanalysen konnte festgestellt werden, dass die Verfügbarkeit von Trainings die aufgabenbezogenen Gruppenprozesse signifikant positiv vorhersagte (F-Wert: 5,0115; p = 0,032; R^2adj. = 0,10). Je größer die Verfügbarkeit von Gruppentrainings also ist, desto besser gelingen die aufgabenbezogenen Gruppenprozesse. Weitere Zusammenhänge zwischen der Trainingsverfügbarkeit und den Gruppenprozessen konnten nicht nachgewiesen werden.

Das nächste erhobene Merkmal des unternehmerischen Kontexts betrifft die **Leistungserstellung** im Unternehmen. Die Führungskräfte wurden gefragt, wie die Leistungserstellung im Unternehmen insgesamt erbracht wird, wobei sie anhand eines fünfstufigen Antwortformats von 1 = „vollständig in klassischer Einzelarbeit" bis 5 = „vollständig in Teamarbeit" ihre Einschätzung abgeben sollten. Mittels bivariater Regressionsanalysen konnte festgestellt werden, dass die Art der Leistungserstellung im marginal signifikant positiven Zusammenhang mit der Kommunikationsinformalität der Arbeitsgruppenkommunikation (F-Wert: 3,323; p = 0,078; R^2adj. = 0,068) und im marginal signifikant negativen Zusammenhang mit der externen Gruppenkommunikation mit anderen Personen im selben Geschäftsbereich (F-Wert: 3,235; p = 0,082; R^2adj. = 0,065) steht. Dies bedeutet, dass je mehr die Leistungen im Unternehmen durch Gruppenarbeit erbracht werden, desto eher kommunizieren die Gruppenmitglieder informell miteinander und desto weniger kommunizieren sie mit gruppenexternen Personen desselben Geschäftsbereichs. Beide Befunde sind nicht unplausibel.

Als weiteres Merkmal des unternehmerischen Gruppenkontexts wurde nach dem Eindruck der Führungskräfte in Hinblick auf die **Erwünschtheit und Förderung von Gruppenarbeit** im Unternehmen gefragt, wobei sie anhand eines fünfstufigen Antwortformats von 1 = „gar nicht" bis 5 = „völlig" um ihre Einschätzung gebeten wurden. Jedoch ergaben die Regressionen, dass eine unternehmensbezogene Erwünschtheit von Gruppenarbeit zumindest in der vorliegenden Stichprobe in keinem Zusammenhang mit den konkreten gruppeninternen Prozessen steht.

Ebenso wurden die Führungskräfte anhand desselben Antwortformats gefragt, ob sie als Gruppenleiter **Einfluss** darauf haben, **welche Mitarbeiter** aus dem Unternehmen **Mitglied in**

ihrer Arbeitsgruppe werden. Hier ergaben die Regressionsanalysen, dass die Möglichkeit der Führungskräfte, ihre Gruppenmitglieder selbst auszuwählen, sowohl das Auftreten von Aufgabenkonflikten (F-Wert: 4,851; p = 0,035; R^2adj. = 0,102) als auch das Auftreten von Beziehungskonflikten (F-Wert: 4,438; p = 0,043; R^2adj. = 0,092) signifikant negativ und die beziehungsbezogenen Gruppenprozesse (F-Wert: 3,012; p = 0,092; R^2adj. = 0,056) marginal signifikant positiv vorhersagte. Dies bedeutet, dass je mehr eine Führungskraft die Möglichkeit hat, ihre Gruppenmitglieder selbst auszuwählen, desto weniger treten in den Arbeitsgruppen Aufgaben- und Beziehungskonflikte auf und desto informeller kommunizieren die Gruppenmitglieder miteinander.

Das nächste interessierende Merkmal des unternehmerischen Gruppenkontexts betraf die **Lohnstrukturen.** Die Führungskräfte wurden gebeten anzugeben, wie in ihrem Unternehmen die Entlohnung für Arbeitsgruppen bzw. Mitglieder von Arbeitsgruppen gestaltet ist: als Individualentlohnung, als Gruppenentlohnung oder als ein Mischtyp, bei dem ein Teil der Entlohnung gruppenbasiert ist. Von den 37 befragten Führungskräften gaben 32 die Individualentlohnung und drei den Mischtyp als vorherrschende Lohnstruktur an, die verbliebenen zwei Führungskräfte machten hierzu keine Angabe. Ob die generelle Gestaltung der Lohnstrukturen in einem Zusammenhang mit den internen Prozessen der betrachteten multikulturellen Arbeitsgruppen steht, wurde anhand von t-Tests geprüft, wobei jedoch keine Zusammenhänge festgestellt werden konnten. Offenbar beeinflussen die vorherrschenden Lohnstrukturen in einem Unternehmen die internen Gruppenprozesse in keiner Weise.

Um einen Einblick in die informations- und kommunikationstechnologische Ausstattung des Unternehmens in Hinblick auf Gruppenarbeit zu erhalten, wurden die Führungskräfte danach gefragt, ob die Mitglieder ihrer Arbeitsgruppe alle über einen stationären **persönlichen Rechner (PC) oder ein Notebook** verfügen. Auf diese Frage konnten sie mit Ja/Nein antworten, wobei 32 mit Ja und drei mit Nein antworteten. Die verbliebenen zwei Führungskräfte machten hierzu keine Angabe. In Hinblick auf die Gruppenprozesse ergaben die t-Tests, dass die Verfügbarkeit eines PCs oder Notebooks in einem marginal signifikant negativem Zusammenhang mit dem Auftreten von Aufgabenkonflikten (t = -1,86; p = 0,072; F-Wert: 3,46; R^2adj. = 0,07) und Beziehungskonflikten (t = -1,705; p = 0,09; F-Wert: 2,91; R^2adj. = 0,05), und darüber hinaus in einem signifikant positivem Zusammenhang sowohl mit der Konfliktlösung (t = 2,06; p = 0,047; F-Wert: 4,25; R^2adj. = 0,09), als auch mit der Gruppenkommunikation mit gruppenexternen Personen desselben Geschäftsbereichs (t = 4,81; p < 0,0001; F-Wert: 23,17; R^2adj. = 0,395) und aus der Unternehmensverwaltung (t = 3,18; p = 0,003; F-Wert: 10,11; R^2adj. = 0,211) steht. Konkret bedeutet dies, wenn alle Mitglieder einer Arbeitsgruppe über einen PC oder ein Notebook verfügen, dann treten in der Gruppe weniger Aufgaben- und Beziehungskonflikte auf und die Gruppenmitglieder kommunizieren erheblich mehr mit gruppenexternen Personen aus dem selben Geschäftsbereich und aus der Verwaltung, als wenn nicht alle Mitglieder über einen Rechner verfügen.

Die zweite Frage hinsichtlich der informations- und kommunikationstechnologischen Ausstattung des Unternehmens in Hinblick auf Gruppenarbeit betraf die **Vernetzung der Rechner** der Gruppenmitglieder bzw. ob ein **Intranet** vorliegt, zu dem alle Gruppenmitglieder freien Zugang haben. Auch auf diese Frage konnte mit Ja/Nein geantwortet werden, wobei 34 der Führungskräfte mit Ja antworteten und eine mit Nein. Die verbliebenen zwei

Überprüfung der Hypothesen 365

Führungskräfte machten keine Angabe. Die t-Tests in Hinblick auf die Gruppenprozesse ergaben jedoch keine Resultate. Es scheint, als blieben die Gruppenprozesse von einer Vernetzung der Rechner der Gruppenmitglieder oder einem freien Zugang zum Intranet unbeeinflusst. Dieser Befund ist, vor allem vor dem Hintergrund des gerade Genannten, erstaunlich.

Die letzten drei Fragen bezüglich organisationaler Merkmale von Gruppenarbeit betrafen die generellen Einschätzungen der Arbeitssituation der Gruppenmitglieder. Hierzu wurde als erstes danach gefragt, ob die Gruppenmitglieder räumlich konzentriert sind bzw. ob **räumliche Nähe** zwischen ihnen besteht. Auch hier wurden die Führungskräfte gebeten, mit Ja/Nein zu antworten, wobei 26 mit Ja und neun mit Nein antworteten. Wieder machten zwei der Führungskräfte keine Angabe hierzu. Obwohl es gut denkbar ist, dass eine räumliche Konzentration von Gruppenmitgliedern einen Einfluss auf die Gruppenprozesse ausübt, ergaben die t-Tests keine Resultate. So muss für die vorliegende Stichprobe an Arbeitsgruppen festgehalten werden, dass es in Hinblick auf ihre Gruppenprozesse keinen Unterschied macht, ob ihre Mitglieder räumlich konzentriert sind oder nicht.

Die zweite Frage zur generellen Arbeitssituation von Arbeitsgruppen in den Unternehmen betraf die **Institutionalisiertheit von Möglichkeiten zur direkten Kommunikation** zwischen den Gruppenmitgliedern. Die Führungskräfte wurden entsprechend gefragt, ob die Möglichkeiten zur direkten Kommunikation zwischen den Gruppenmitgliedern in ihrem Unternehmen in irgendeiner Art und Weise, zum Beispiel in Form von Teeküchen oder Sozialräumen, institutionalisiert seien, wobei sie auch hier nur mit Ja/Nein antworten konnten. 23 der Führungskräfte bejahten diese Frage, während 12 sie verneinten. Aber auch hier ergaben die t-Tests keine nennenswerten Resultate. Offenbar spielt es für die Gruppenprozesse der vorliegenden Stichprobe an Arbeitsgruppen keine Rolle, ob die Möglichkeiten zur direkten Kommunikation in irgendeiner Form institutionalisiert sind.

Die letzte Frage zur unternehmensbezogenen Arbeitssituation der Arbeitsgruppen betraf den **Formalisierungsgrad der Gruppenkommunikationsmöglichkeiten**. Die Führungskräfte wurden nach dem Ausmaß gefragt, bis zu dem die Gruppenkommunikation formalisiert ist, wobei sie anhand eines fünfstufigen Antwortformats von 1 = „überhaupt nicht" bis 5 = „vollständig" den jeweiligen Sachverhalt angeben konnten. Bivariate Regressionsanalysen der Gruppenprozesse auf den Formalisierungsgrad der Gruppenkommunikation ergaben, das ein Auftreten von Aufgabenkonflikten in den Arbeitsgruppen durch formalisierte Kommunikation marginal signifikant positiv (F-Wert: 3,982; p = 0,054; R^2adj. = 0,081) und Konfliktslösung marginal signifikant negativ (F-Wert: 3,283; p = 0,079; R^2adj. = 0,063) vorhergesagt wurden. Je mehr also die Kommunikation in einer Arbeitsgruppe formalisiert ist, desto mehr Aufgabenkonflikte treten auf und desto weniger können die auftretenden Konflikte gelöst werden.

9.2.5.4 Zusammenfassung der Ergebnisse zum Hypothesenkomplex 5

Die Überprüfung der im fünften Hypothesenkomplex formulierten Hypothesen setzte den Schwerpunkt auf die möglichen Einflüsse der Führung, Planung und Organisation multikultureller Gruppenarbeit auf die in den Gruppen stattfindenden Prozesse, entsprechend gliederte sich der Abschnitt in drei Teile, wobei im ersten und zweiten die Hypothesen zum poten-

366 | Ergebnisse der Untersuchung

ziellen Einfluss der Führung und der Planung auf die Gruppenprozesse geprüft und im dritten Teil mögliche Zusammenhänge zwischen Organisationsmerkmalen und den Gruppenprozessen explorativ untersucht wurden. Als Kernergebnisse der Überprüfungen können für die vorliegende Stichprobe festgehalten werden:

Führung:

⇨ Zwischen aufgabenorientierter Führung und den aufgabenorientierten Gruppenprozessen konnte kein Zusammenhang festgestellt werden (Hypothese 5-Ia nicht bestätigt).

⇨ Sowohl die aufgabenorientierte, die externe als auch die mitarbeiterorientierte Führung sagen Aufgabenkonflikte signifikant negativ vorher, wobei jedoch der stärkste Effekt von der mitarbeiterorientierten Führung ausgeht (Hypothese 5-IIa marginal bestätigt).

⇨ Die Konfliktlösung in einer Arbeitsgruppe wird durch die Führung hoch signifikant und positiv vorhergesagt, wobei zwar auch hier die mitarbeiterorientierte Führung den stärkeren Effekt aufweist, die aufgabenorientierte Führung aber einen ebenfalls hoch signifikanten positiven Einfluss hat (Hypothesen 5-Ic und 5-IIc bestätigt).

⇨ Die beziehungsbezogenen Gruppenprozesse werden durch Führung hoch signifikant und positiv vorhergesagt, wobei sich die mitarbeiterorientierte Führung als einziger, signifikanter und positiver Prädiktor erweist (Hypothese 5-IIa bestätigt).

⇨ Das Auftreten von Beziehungskonflikten in Arbeitsgruppen wird ebenfalls durch Führung hoch signifikant und negativ vorhergesagt, wobei sich auch hier die mitarbeiterorientierte Führung als einziger und hoch signifikanter negativer Prädiktor erweist (Hypothese 5-IIb bestätigt).

⇨ Die Informalität der Gruppenkommunikation steht mit Führung in keinem Zusammenhang (Hypothese 5-IId nicht bestätigt).

⇨ Das Ausmaß an externer Führung steht nur mit dem Auftreten von Aufgabenkonflikten zwar in einem negativen, aber nur schwachen Zusammenhang und ansonsten kann sie keine Gruppenprozesse erklären (Hypothese 5-III nicht bestätigt).

Planung:

⇨ Die aufgabenbezogenen Gruppenprozesse werden signifikant und positiv durch den Einsatz von Planungstechniken vorhergesagt (Hypothese 5-IVa bestätigt).

⇨ Der Einsatz von Planungstechniken steht in keinem Zusammenhang mit dem Auftreten von Aufgabenkonflikten und der Konfliktlösung (Hypothesen 5-IVb und c nicht bestätigt).

Organisation:

⇨ Die Verfügbarkeit von Trainings sagt die aufgabenbezogenen Gruppenprozesse signifikant positiv vorher.

⇨ Die Art der Leistungserstellung steht im marginal signifikant positiven Zusammenhang mit der Kommunikationsinformalität in Arbeitsgruppen und im marginal signifikant negativen Zusammenhang mit der externen Gruppenkommunikation mit anderen Personen im selben Geschäftsbereich.

Überprüfung der Hypothesen 367

⇨ Die Möglichkeit der Führungskräfte, ihre Gruppenmitglieder selbst auszuwählen, sagte sowohl das Auftreten von Aufgabenkonflikten als auch das Auftreten von Beziehungs-konflikten signifikant negativ und die beziehungsbezogenen Gruppenprozesse marginal signifikant positiv vorher.

⇨ Die Verfügbarkeit eines PCs oder Notebooks steht in einem marginal signifikant negati-ven Zusammenhang mit dem Auftreten von Aufgaben- und Beziehungskonflikten und darüber hinaus in einem signifikant positiven Zusammenhang sowohl mit der Konflikt-lösung als auch mit der Gruppenkommunikation mit gruppenexternen Personen desselben Geschäftsbereichs und aus der Unternehmensverwaltung.

⇨ Der Formalisierungsgrad der Gruppenkommunikation sagt das Auftreten von Aufgaben-konflikten marginal signifikant positiv und Konfliktlösung marginal signifikant negativ vorher.

⇨ Weder die Gruppenerwünschtheit im Unternehmen, die Gestaltung der Lohnstrukturen, eine Vernetzung von Rechnern bzw. Zugang zu einem Intranet, räumliche Nähe noch Institutionalisiertheit von direkten Kommunikationsmöglichkeiten stehen in einem Zu-sammenhang mit den Gruppenprozessen.

9.2.6 Zum Hypothesenkomplex 6: Moderation der Gruppenstruktur-Prozess-Zusammenhänge durch das Gruppenmanagement

Die Überprüfung der im Hypothesenkomplex 6 formulierten Hypothesen bildet den zweiten zentralen Schwerpunkt der vorliegenden Untersuchung. Es galt, explizit der Frage nachzu-gehen, welchen Einfluss die Gruppenmanagementvariablen auf die Zusammenhänge zwi-schen der kulturellen Vielfalt in der Zusammensetzung einer Arbeitsgruppe und ihren Gruppenprozessen ausüben.[898] Da davon ausgegangen wird, dass sich das Potenzial multi-kultureller Arbeitsgruppen vorrangig in ihren Gruppenprozessen äußert, müssen also die Wechselwirkungen der kulturellen Vielfalt mit den Gruppenmanagementvariablen auf die Gruppenprozesse näher betrachtet werden, da schließlich Gestaltungsmöglichkeiten für das Gruppenmanagement bestimmt werden sollen, welche die Möglichkeiten zur Ausschöpfung des Potenzials multikultureller Arbeitsgruppen weiter unterstützen. Auf eine explizite Hypo-thesenformulierung hinsichtlich der Moderationswirkungen der Gruppenmanagementvaria-blen auf die Zusammenhänge zwischen den anderen erhobenen Vielfaltarten inklusive relativer Gruppengröße und den Gruppenprozessen wurde zwar verzichtet, nichtsdestotrotz werden diese dennoch geprüft, um Anschluss an die bestehende Forschung zu gewährleisten.

Da der Hypothesenkomplex 6 ausschließlich Hypothesen zur Moderation der Gruppen-struktur-Prozess-Zusammenhänge enthält, wurden also zu ihrer Überprüfung multiple Regres-sionen gerechnet, in denen die Gruppenstrukturmerkmale die Prädiktoren, die Gruppen-managementvariablen die Moderatoren und die jeweiligen Produkte aus beiden die Inter-aktionen darstellen. Die Überprüfung der potenziellen Moderationswirkungen der Gruppen-managementvariablen erfolgte jeweils in zwei Schritten:

---

[898] Zur Konzeptualisierung dieses Hypothesenkomplexes siehe auch Abschnitt 7.2.6, S. 229 ff. der vorlie-genden Schrift.

1. Im ersten Schritt wurden multiple Regressionen der Gruppenprozesse auf die Vielfaltswerte auf der *Ebene der kulturellen Werteorientierungen* als Prädiktoren, die Gruppenmanagementvariablen als Moderatoren und ihren jeweiligen Interaktionen gerechnet. Dies dient zum einen als Überblick und zum zweiten zur Identifikation derjenigen Vielfalt-Prozess-Zusammenhänge, die überhaupt durch die Gruppenmanagementvariablen beeinflusst werden.

2. Wenn durch die Gruppenmanagementvariablen eine Moderationswirkung der Vielfalt-Prozess-Zusammenhänge festgestellt werden konnte, folgt im zweiten Schritt eine tiefer gehende Analyse, bei der geprüft werden sollte, mit welcher Vielfalt in den konkreten *kulturellen Variationen* die Gruppenmanagementvariabeln in Hinblick auf die Gruppenprozesse interagierten, um herauszufinden, welche Variationsvielfalt in der Zusammensetzung der Arbeitsgruppen in Hinblick auf welche Prozesse besonders durch das Gruppenmanagement beeinflusst wird.

Der folgende Abschnitt gliedert sich dabei in zwei mal drei Teile. Der erste und zentrale Teil enthält die Überprüfung potenzieller Moderationswirkungen der Gruppenmanagementvariablen Führung, Planung und Organisation multikultureller Gruppenarbeit auf die Zusammenhänge zwischen der Vielfalt in den kulturellen Werteorientierungen in den Arbeitsgruppen und ihren Prozessen und konzentriert sich damit auf die in Hypothesenkomplex 6 formulierten Hypothesen. Der zweite Teil enthält die Überprüfung potenzieller Moderationswirkungen der Gruppenmanagementvariablen auf die Zusammenhänge zwischen den anderen erhobenen Gruppenstrukturmerkmalen und den Gruppenprozessen und gewährleistet damit den Anschluss an die bestehende Forschung.

9.2.6.1 Moderation der Zusammenhänge zwischen der kulturellen Vielfalt und den Gruppenprozessen durch das Gruppenmanagement

Die folgenden Tabellen 9-43 und 9-44 geben den Überblick über die festgestellten Moderationswirkungen des Gruppenmanagements auf die Zusammenhänge zwischen der kulturellen Vielfalt auf *Werteorientierungsebene* und den Gruppenprozessen.

Überprüfung der Hypothesen 369

Tabelle 9-43: Überblick über die Moderationswirkungen des Gruppenmanagements im Hinblick auf die Zusammenhänge zwischen der kulturellen Vielfalt und den kognitionsbezogenen Gruppenprozessen

		Kognitionsbezogene Gruppenprozesse				
		Aufgaben-bezogene Gruppen-prozesse	Aufgaben-konflikte	Externe Kom-munikation (A)	Externe Kom-munikation (B)	Externe Kom-munikation (C)
Vielfalt in den kulturellen Werteorientierungen	Aktivitäts-orientierung	Planung (+)		Aufgaben-orientierte Führung (+)	Aufgaben-orientierte Führung (+)	
					Externe Führung (+)	Formalisierung der Kommuni-kation (–)
	Zeitorientierung			Planung (+)	Planung (+)	
				Mitarbeiter-orientierte Führung (–)		
	Relationale Orientierung	PC-Verfügbar-keit (–)				
	Menschliche-Natur-Orientierung			Mitarbeiter-orientierte Führung (–)		
	Mensch-Umwelt-Orientierung	PC-Verfügbar-keit (+/–)	Aufgaben-orientierte Führung (+)			
			Formalisierung der Kommuni-kation (+)			

370   Ergebnisse der Untersuchung

Tabelle 9-44: Überblick über die Moderationswirkungen des Gruppenmanagements im Hinblick auf die Zusammenhänge zwischen der kulturellen Vielfalt und den sozialen Gruppenprozessen

		Soziale Gruppenprozesse			
		Beziehungs-bezogene Gruppenprozesse	Beziehungs-konflikte	Kommunikations-informalität	Konfliktlösung
Vielfalt in den kulturellen Werteorientierungen	Aktivitäts-orientierung			Trainings (−)	
	Zeitorientierung			Mitarbeiterorientierte Führung (+)	
				Leistungserstellung	
	Relationale Orientierung	PC-Verfügbarkeit (−)	Mitarbeiterorientierte Führung (−)		
	Menschliche-Natur-Orientierung	Aufgabenorientierte Führung (−)			Aufgabenorientierte Führung (−)
		Mitarbeiterorientierte Führung (−)		Trainings (−)	
		PC-Verfügbarkeit (−)			
	Mensch-Umwelt-Orientierung		Lohnstrukturen (−)		Aufgabenorientierte Führung (−)
			Institutionalisiertheit der Kommunikation (+)		Trainings (−)
		Formalisierung der Kommunikation (−)			Formalisierung der Kommunikation (−)

Anhand der Tabellen wird bereits deutlich, dass sämtliche kulturelle Wertevielfalt-Gruppenprozess-Zusammenhänge durch die Gruppenmanagementvariablen moderiert werden und die Forderungen aus der Forschung, sowohl die Führung und Planung (multikultureller) Gruppenarbeit, als auch und vor allem organisationale Merkmale und den unternehmerischen Kontext bei der Untersuchung heterogen zusammengesetzter Arbeitsgruppen mit einzubeziehen, scheinen angesichts dieser Befunde nicht nur als absolut berechtigt, sondern sie werden hiermit sogar noch untermauert.

Bei Betrachtung der Moderationswirkungen des Gruppenmanagements in Hinblick auf die Zusammenhänge zwischen der kulturellen Vielfalt und den kognitionsbezogenen Gruppenprozessen in Tabelle 9-43 fällt auf, dass vor allem das Auftreten von Aufgabenkonflikten in und das Ausmaß der aufgabenbezogenen externen Kommunikation von multikulturellen Arbeitsgruppen durch das Gruppenmanagement beeinflusst werden, wobei hier insgesamt vor

Überprüfung der Hypothesen 371

allem von der aufgabenorientierten Führung und der Planung multikultureller Gruppenarbeit die stärksten Moderationswirkungen ausgehen.

Analog fällt bei Betrachtung der Moderationswirkungen des Gruppenmanagements in Hinblick auf die Zusammenhänge zwischen der kulturellen Vielfalt und den sozialen Gruppenprozessen in Tabelle 9-44 auf, dass vor allem die beziehungsbezogenen Gruppenprozesse und der bevorzugte Gruppenkommunikationsmodus durch das Gruppenmanagement beeinflusst werden, wobei hier jedoch insgesamt sowohl die aufgaben- als auch die mitarbeiterorientierte Führung am häufigsten mit der kulturellen Wertevielfalt interagieren.

Weiterhin ist bemerkenswert, dass die Zusammenhänge zwischen der Arbeitsgruppenvielfalt in der Mensch-Umwelt-Orientierung und den Gruppenprozessen vor allem durch die Organisationsmerkmale moderiert werden, ein zwar in dem Ausmaß unerwarteter, jedoch nicht unplausibler Befund. Schließlich stellen diese und der unternehmerische Kontext der Arbeitsgruppen ihre generelle Arbeitsumwelt dar, so dass besonders hier die jeweiligen Werte der Gruppenmitglieder hinsichtlich ihrer Beziehungen zur sie umgebenden Umwelt und ihrem Rollenverständnis in Bezug auf diese Umwelt natürlicher Weise angesprochen werden.

Außerdem muss auffallen, dass die Gruppenmanagementvariablen mit der kulturellen Vielfalt insgesamt eher in Bezug auf die sozialen Gruppenprozesse als hinsichtlich der aufgabenbezogenen Gruppenprozesse miteinander interagieren, was in Anbetracht der negativen Konsequenzen von Vielfalt für Arbeitsgruppen, die meist auf der affektiven Ebene liegen, erfreulich ist. Denn offenbar besteht hier Gestaltungspotenzial, das, wenn es richtig genutzt wird, kulturell vielfältig zusammengesetzten Arbeitsgruppen dabei helfen kann, die negativen affektiven Konsequenzen der Vielfalt zu vermeiden oder abzuschwächen.

Die beiden Tabellen 9-43 und 9-44 sollten jedoch nur einen Überblick über die potenziellen Moderationswirkungen des Gruppenmanagements hinsichtlich der kulturellen Vielfalt-Prozess-Zusammenhänge liefern, die konkreten Resultate der Hypothesentests und explorativer Überprüfungen werden im Folgenden aufgeführt.

9.2.6.1.1 Moderation der Zusammenhänge zwischen der kulturellen Vielfalt und den Gruppenprozessen durch Führung

In den Hypothesen zur Moderationswirkung der Führung hinsichtlich der Zusammenhänge zwischen der kulturellen Vielfalt in der Zusammensetzung von Arbeitsgruppen und ihren Gruppenprozessen wurde erstens hinsichtlich der Zusammenhänge zwischen der kulturellen Wertevielfalt und den kognitionsbezogenen Gruppenprozessen angenommen, dass hier ausschließlich die aufgabenorientierte Führung eine potenzielle Moderationswirkung, zweitens hinsichtlich der Zusammenhänge zwischen der kulturellen Wertevielfalt und den affektivsozialen Gruppenprozessen ausschließlich die personenorientierte Führung eine potenzielle Moderationswirkung und drittens die externe Führung prinzipiell keine moderierende Wirkung auf die Vielfalt-Prozess-Zusammenhänge zeigt. Ob und wie sich diese Vermutungen behaupteten, soll im Folgenden detailliert aufgezeigt werden.

372 Ergebnisse der Untersuchung

9.2.6.1.1.1 Moderation der Zusammenhänge zwischen der kulturellen Vielfalt und den Gruppenprozessen durch aufgabenorientierte Führung

Hier wurde konkret davon ausgegangen, dass der vermutete negative Zusammenhang zwischen der kulturellen Wertevielfalt und den aufgabenbezogenen Gruppenprozessen durch aufgabenorientierte Führung noch verstärkt (Hypothese 6-Ia), der vermutete positive Zusammenhang zwischen kultureller Wertevielfalt und dem Auftreten von Aufgabenkonflikten jedoch durch die aufgabenorientierte Führung umgehrt wird (Hypothese 6-Ib). In Bezug auf Zusammenhänge zwischen der kulturellen Vielfalt und der externen Gruppenkommunikation sowie zwischen der kulturellen Vielfalt und der Konfliktlösung (von Aufgabenkonflikten) wurde von keiner Moderation durch die aufgabenorientierte Führung ausgegangen, da hier schon im Vorfeld keine Vielfalt-Prozess-Zusammenhänge vermutet wurden. Jedoch ergeben die Resultate der Überprüfungen ein etwas anderes Bild.

Wie bereits dargestellt, werden die aufgabenbezogenen Gruppenprozesse auf unterschiedliche Weise von der Vielfalt in den kulturellen Werteorientierungen der Gruppenmitglieder beeinflusst. Während Vielfalt in der kulturellen Variation ,Individualismus' der relationalen Orientierung positiv mit den aufgabenbezogenen Gruppenprozessen zusammenhängt, zeigte die Vielfalt in der kulturellen Variation ,Gut/Böse' der Menschlichen-Natur-Orientierung den erwarteten negativen Zusammenhang mit den aufgabenbezogenen Gruppenprozessen. Dagegen konnte entgegen der Erwartung kein Zusammenhang zwischen der aufgabenorientierten Führung und den aufgabenbezogenen Gruppenprozessen festgestellt werden. Wie auch in Tabelle 9-43 zu sehen ist, hat die aufgabenorientierte Führung ebenfalls in keiner Weise eine moderierende Wirkung auf die Zusammenhänge zwischen der kulturellen Vielfalt und die aufgabenbezogenen Gruppenprozesse. Aus Platzgründen soll zwar an dieser Stelle auf eine Darstellung der konkreten Werte aus den Regressionsanalysen verzichtet werden, es bleibt dennoch festzuhalten, dass die vermutete Moderationswirkung aufgabenorientierter Führung auf die Zusammenhänge zwischen kultureller Vielfalt und den aufgabenbezogenen Gruppenprozessen nicht nachzuweisen war. Die Hypothese 6-Ia kann also nicht bestätigt werden.

Als nächstes wurde festgestellt, dass die Aufgabenkonflikte, die in multikulturellen Arbeitsgruppen auftreten, zwar in keinem Zusammenhang mit der kulturellen Vielfalt in den Gruppen stehen, das Ausmaß ihres Auftretens jedoch von der aufgabenorientierten Führung wie erwartet verringert wird. Und obwohl zwischen den Aufgabenkonflikten und der kulturellen Vielfalt keine bedeutsamen Beziehungen bestehen, ist es dennoch möglich, dass die aufgabenorientierte Führung solchermaßen die zumindest potenziell möglichen Zusammenhänge zwischen diesen moderiert, dass sich die Stärke und/oder Richtung der bislang nicht signifikant vorliegenden Beziehungen verändert. Wie in Tabelle 9-43 bereits zu sehen, ist genau dies für den Zusammenhang der kulturellen Vielfalt in der Mensch-Umwelt-Orientierung und den Aufgabenkonflikten der Fall. Tabelle 9-45 enthält die konkreten Werte.

Überprüfung der Hypothesen 373

Tabelle 9-45: Regression der Aufgabenkonflikte auf die Interaktion von Vielfalt in der Mensch-Umwelt-Orientierung und der aufgabenorientierten Führung

	Aufgabenkonflikte		
	β	t	VIF
Vielfalt in Mensch-Umwelt-Orientierung	-0,0924	-0,74	1,01
Aufgabenorientierte Führung	-0,4114	-2,50**	1,02
(Vielfalt in Mensch-Umwelt-Orientierung) x (Aufgabenorientierte Führung)	0,7847	2,14**	1,03
R^2	0,2527		
R^2 adj.	0,1827		
F-Wert	3,607**		
ΔR^2	0,107		
$F (\Delta R^{2)}$	4,6**		

* $p < 0,1$ ** $p < 0,05$ *** $p < 0,01$ **** $p < 0,001$

Die Werte verdeutlichen noch einmal den mildernden Einfluss der aufgabenorientierten Führung auf das Auftreten von Aufgabenkonflikten und den nicht bedeutsamen Zusammenhang zwischen der kulturellen Vielfalt und den Aufgabenkonflikten, wobei die kulturelle Vielfalt in der Mensch-Umwelt-Orientierung als Prädiktor hier ein negatives Vorzeichen aufweist, das nicht erwartet ist. Das positive Vorzeichen des signifikanten Interaktionsterms weist jedoch darauf hin, dass sich die singulären Einflüsse sowohl der Vielfalt in der Mensch-Umwelt-Orientierung als auch der aufgabenorientierten Führung in der Interaktion umkehren. Der gewonnene Zuwachs an erklärter Varianz in den Aufgabenkonflikten beträgt signifikante 10,7%, so dass der folgende Schluss gezogen werden kann: Herrscht in einer Arbeitsgruppe kulturelle Vielfalt in der Mensch-Umwelt-Orientierung vor, dann wird die Häufigkeit von Aufgabenkonflikten in ihr steigen, wenn sie zudem aufgabenorientiert geführt wird.

Die tiefer gehende Analyse, welche Variationsvielfalt in der Mensch-Umwelt-Orientierung hinsichtlich der Aufgabenkonflikte besonders durch die aufgabenorientierte Führung beeinflusst wurde, ergab, dass es vor allem die Unterschiede zwischen den Gruppenmitgliedern in der kulturellen Variation ,Unterwerfung' der Mensch-Umwelt-Orientierung sind, die von der aufgabenorientierten Führung so beeinflusst werden, dass in der Gruppe mehr Aufgabenkonflikte auftreten. Folgende Tabelle enthält die konkreten Werte.

374 Ergebnisse der Untersuchung

Tabelle 9-46: Regression der Aufgabenkonflikte auf die Interaktion von aufgabenorientierter Führung und Vielfalt in der kulturellen Variation ‚Unterwerfung' der Mensch-Umwelt-Orientierung

	Aufgabenkonflikte		
	β	t	VIF
Aufgabenorientierte Führung	-0,374	-2,31**	1,00
Variationsvielfalt: ‚Unterwerfung' der Mensch-Umwelt-Orientierung	-0,092	-1,47	1,14
(Aufgabenorientierte Führung) x (Variationsvielfalt: ‚Unterwerfung' der Mensch-Umwelt-Orientierung)	0,513	2,42**	1,14
R^2	0,2657		
R^2 adj.	0,1969		
F-Wert	3,861**		
ΔR^2	0,1339		
F (ΔR^2)	5,839**		

* $p < 0,1$ ** $p < 0,05$ ***$p < 0,01$ ****$p < 0,001$

Sowohl die aufgabenorientierte Führung als auch die Interaktion der Vielfalt in der kulturellen Variation ‚Unterwerfung' der Mensch-Umwelt-Orientierung mit der aufgabenorientierten Führung sind signifikante Prädiktoren für das Auftreten von Aufgabenkonflikten in den Arbeitsgruppen, wobei der Interaktionsterm auch hier ein positives Vorzeichen aufweist und allein 13,4% der Gesamtvarianz in den Aufgabenkonflikten erklärt. Konkret bedeutet dies, dass, wenn sich die Gruppenmitglieder vor allem hinsichtlich ihrer generellen Schicksalsergebenheit und Akzeptanz der Vorherbestimmtheit von Lebensereignissen voneinander unterscheiden, dann treten in der Arbeitsgruppe vermehrt Aufgabenkonflikte auf, wenn die Gruppe aufgabenorientiert geführt wird. Dieser Befund steht im genauen Gegensatz zur Hypothese 6-1b, die also nicht bestätigt werden kann.

Obwohl, wie erwartet, weder in Hinblick auf die aufgabenorientierte Führung noch hinsichtlich der kulturellen Wertevielfalt Zusammenhänge mit der aufgabenbezogenen, externen Gruppenkommunikation festgestellt wurden, ist in Tabelle 9-43 zu sehen, dass die Interaktion von kultureller Wertevielfalt in der Aktivitätsorientierung und aufgabenorientierter Führung von Arbeitsgruppen mit der externen Gruppenkommunikation zusammenhängt. Dieser Befund ist unerwartet. Die Tabellen A24 und A25 im Anhang 3 dieser Schrift enthalten die genauen Werte.

Anhand dieser Werte wird deutlich, dass beinahe der gesamte Anteil an erklärter Varianz in der aufgabenbezogenen Kommunikation der Gruppenmitglieder mit gruppenexternen Personen aus demselben Geschäftsbereich durch die Interaktion der Vielfalt in der Aktivitätsorientierung und der aufgabenorientierten Führung getragen wird. Hinsichtlich der Kommunikation mit der Unternehmensverwaltung ist dieser Effekt weniger stark, nichtsdestotrotz ebenfalls signifikant. In beiden Fällen wird der ursprünglich nicht bedeutsame Zusammenhang zwischen der Vielfalt in der Aktivitätsorientierung und der externen Kommunikation

Überprüfung der Hypothesen 375

durch aufgabenorientierte Führung so stark beeinflusst, dass schließlich festgehalten werden kann: Wenn sich die Gruppenmitglieder voneinander dahingehend unterscheiden, wie sie ihren Persönlichkeiten prinzipiell Ausdruck verleihen, dann kommunizieren sie verstärkt mit gruppenexternen Personen sowohl aus demselben Geschäftsbereich als auch aus der Unternehmensverwaltung, wenn sie als Arbeitsgruppe aufgabenorientiert geführt werden.

Die tiefer gehende Analyse zur Feststellung, dass Variationsvielfalt in der Aktivitätsorientierung hinsichtlich der externen Kommunikation genau durch die aufgabenorientierte Führung beeinflusst wurde, ergab, dass es ausschließlich Unterschiede zwischen den Gruppenmitgliedern in ihren Informationsverarbeitungsmodi sind, die durch die aufgabenorientierte Führung so beeinflusst werden, dass die Gruppenmitglieder insgesamt mehr mit gruppenexternen Personen im Unternehmen aufgabenbezogen kommunizieren (für die genauen Werte siehe Tabellen A26 und A27 im Anhang 3 dieser Schrift). Insgesamt lässt sich demnach festhalten, dass, wenn sich die Gruppenmitglieder in ihren individuellen Informationsverarbeitungsmodi voneinander unterscheiden, sie dann verstärkt extern aufgabenbezogen kommunizieren, wenn die Gruppe aufgabenorientiert geführt wird. Dies ist ein interessanter Befund.

Ein weiterer, unerwarteter Befund betrifft die moderierende Wirkung der aufgabenorientierten Führung der ursprünglich nicht als bedeutsam festgestellten Zusammenhänge zwischen der kulturellen Vielfalt in Arbeitsgruppen und ihrer Fähigkeit, auftretende Konflikte auch zu lösen. Während, wie erwartet, die kulturelle Vielfalt in keinem nennenswerten Zusammenhang mit der Konfliktlösung in den Arbeitsgruppen steht, ist die aufgabenorientierte Führung ein signifikanter Prädiktor derselben. Wie in Tabelle 9-44 zu sehen ist, interagiert aufgabenorientierte Führung aber sowohl mit der Vielfalt in der Menschlichen-Natur-Orientierung als auch mit der Vielfalt in der Mensch-Umwelt-Orientierung hinsichtlich der Konfliktlösung. Tabelle A28 und A31 im Anhang 3 dieser Schrift enthalten die genauen Werte.

In beiden Fällen werden die ursprünglich nicht bedeutsamen Zusammenhänge zwischen der kulturellen Vielfalt und der Konfliktlösung durch die aufgabenorientierte Führung so stark beeinflusst, dass generell festgehalten werden kann: Wenn sich die Gruppenmitglieder sowohl in ihren Auffassungen von der Natur des Menschen als auch in ihren Annahmen über die Kontrollier- und Gestaltbarkeit der Umwelt, also hinsichtlich ihrer Beziehungen zu der sie umgebenden Umwelt und in ihrem diesbezüglichen Rollenverständnis, voneinander unterscheiden, dann kann die Arbeitsgruppe die auftretenden Konflikte weniger lösen, wenn sie zudem aufgabenorientiert geführt wird. Dieser Befund ist überraschend, aber nicht unplausibel.

Die tiefer gehende Analyse, welche Variationsvielfaltsarten in der Menschlichen-Natur- und der Mensch-Umwelt-Orientierung hinsichtlich der Konfliktlösung besonders durch die aufgabenorientierte Führung beeinflusst wurden, ergab, dass es in der Menschlichen-Natur-Orientierung Unterschiede in beiden kulturellen Variationen, einmal in der Variation ‚Gut/Böse‘ und einmal in der Variation ‚Veränderbarkeit/Nichtveränderbarkeit‘ sind, die von der aufgabenorientierten Führung so beeinflusst werden, dass die Gruppe ihre Konflikte nicht mehr so gut lösen kann (für die Werte siehe Tabellen A29 und A30 im Anhang 3 dieser Schrift). Auch in der Mensch-Umwelt-Orientierung sind es Unterschiede zwischen den Gruppenmitgliedern in zwei der drei Variationen, nämlich der Variation ‚Harmonie‘ und der Variation ‚Unterwerfung‘, die von der aufgabenorientierten Führung beeinflusst werden, so dass die Konfliktlösung in der Gruppe weniger gut gelingt (für die Werte siehe Tabellen A32

376 Ergebnisse der Untersuchung

und A33 im Anhang 3 dieser Schrift). Insgesamt lässt sich also festhalten, dass, wenn sich Gruppenmitglieder sowohl hinsichtlich ihrer Annahmen über die Güte der menschlichen Natur als auch in ihren Annahmen bezüglich der Veränderbarkeit des Wesens der menschlichen Natur voneinander unterscheiden, die Gruppe dann ihre Konflikte weniger gut lösen kann, wenn sie außerdem aufgabenorientiert geführt wird. Weiterhin kann die Schlussfolgerung gezogen werden, dass, wenn sich die Mitglieder in einer Arbeitsgruppe sowohl hinsichtlich ihrer Annahmen über ihre Position und ihre Verbundenheit mit dem sie umgebenden Gesamtsystem als auch in Hinblick auf ihre Schicksalsergebenheit und Akzeptanz der Vorherbestimmtheit von Lebensereignissen voneinander unterscheiden, dann kann die Gruppe auftretende Konflikte weniger gut lösen, wenn sie zudem noch aufgabenorientiert geführt wird.

Wie abschließend in Tabelle 9-44 zu sehen ist, betrifft der letzte, ebenfalls unerwartete und auch nicht vermutete Befund die moderierende Wirkung der aufgabenorientierten Führung des ursprünglich nicht bedeutsamen Zusammenhangs zwischen Vielfalt in der Menschlichen-Natur-Orientierung und den beziehungsbezogenen Gruppenprozessen des Kooperierens und gegenseitigen Unterstützens in einer multikulturell zusammengesetzten Arbeitsgruppe. Während weder, wie erwartet, die aufgabenorientierte Führung, noch die kulturelle Vielfalt in der Menschlichen-Natur-Orientierung in einem Zusammenhang mit den beziehungsbezogenen Gruppenprozessen steht, ist offenbar die Kombination aus beiden in Bezug auf die beziehungsbezogenen Gruppenprozesse wirksam. In Tabelle A34 im Anhang 3 dieser Schrift sind die genauen Werte der Regressionsanalyse dargestellt.

Die tiefer gehende Analyse, welche Variationsvielfaltsarten in der Menschlichen-Natur-Orientierung besonders durch die aufgabenorientierte Führung beeinflusst wurden, ergab, dass es ausschließlich die Vielfalt in der kulturellen Variation 'Gut/Böse' der Menschlichen-Natur-Orientierung ist, die von der aufgabenorientierten Führung so beeinflusst wird, dass die Prozesse des Kooperierens und sich gegenseitigen Unterstützens in den Arbeitsgruppen weniger ausgeführt werden (siehe Tabelle A35 im Anhang 3 dieser Schrift). Unterscheiden sich also die Gruppenmitglieder in einer Arbeitsgruppe hinsichtlich ihrer Annahmen über die Güte bzw. Schlechtigkeit der menschlichen Natur, dann werden sie weniger miteinander kooperieren und sich gegenseitig weniger sozial unterstützen, wenn die Gruppe aufgabenorientiert geführt wird. Jedoch ist auch dieser unerwartete Befund nicht unplausibel.

9.2.6.1.1.2 Moderation der Zusammenhänge zwischen der kulturellen Vielfalt und den Gruppenprozessen durch mitarbeiterorientierte Führung

Von der mitarbeiterorientierten Führung wurden ausschließlich Moderationswirkungen auf Zusammenhänge zwischen der kulturellen Wertevielfalt und den affektiv-sozialen Gruppenprozessen angenommen, was, wie die Tabelle 9-44 zeigt, auch tatsächlich der Fall ist.

Konkret wurde davon ausgegangen, dass sowohl der vermutete negative Zusammenhang zwischen der kulturellen Wertevielfalt und den beziehungsbezogenen Gruppenprozessen als auch der vermutete negative Zusammenhang zwischen der kulturellen Wertevielfalt und der Kommunikationsinformalität durch die mitarbeiterorientierte Führung umgekehrt (Hypothese 6-IIIa und 6-IIIc) und dass der vermutete positive Zusammenhang zwischen der kulturellen Wertevielfalt und dem Auftreten von Beziehungskonflikten ebenfalls durch die personenorientierte Führung umgekehrt (Hypothese 6-IIIb) wird. In Bezug auf Zusammenhänge

Überprüfung der Hypothesen 377

zwischen der kulturellen Wertevielfalt und der Konfliktlösung (von Beziehungskonflikten) wurde von keiner Moderation durch die personenorientierte Führung ausgegangen, da hier schon im Vorfeld keine Vielfalts-Prozess-Zusammenhänge vermutet wurden. Tabelle 9-44 zeigt bereits, dass diese Vermutung bestätigt werden konnte.

Wie bereits dargestellt, wurde erwartungstreu ein positiver Zusammenhang zwischen der personenorientierten Führung mit den beziehungsbezogenen Prozessen festgestellt, während die beziehungsbezogenen Gruppenprozesse auf unterschiedliche Weise von der Vielfalt in den kulturellen Werteorientierungen der Gruppenmitglieder beeinflusst wurden. Während Vielfalt in der kulturellen Variation ‚Denken' der Aktivitätsorientierung erwartungstreu negativ mit den beziehungsbezogenen Gruppenprozessen zusammenhängt, zeigte die Vielfalt in der kulturellen Variation ‚Beherrschung' der Mensch-Umwelt-Orientierung einen unerwarteten, positiven Zusammenhang mit den beziehungsbezogenen Gruppenprozessen. Allerdings zeigt Tabelle 9-44, dass genau diese Zusammenhänge zwischen der kulturellen Wertevielfalt in der Aktivitäts- und Mensch-Umwelt-Orientierung und den beziehungsbezogenen Gruppenprozessen nicht durch die personenorientierte Führung berührt werden, sondern statt dessen ein ursprünglich nicht nennenswerter Zusammenhang zwischen kultureller Vielfalt in der Menschlichen-Natur-Orientierung und den beziehungsbezogenen Gruppenprozessen durch die personenorientierte Führung moderiert wird. Tabelle 9-47 enthält die genauen Angaben.

Tabelle 9-47: Regression der Beziehungsprozesse auf die Interaktion von Vielfalt in der Menschlichen-Natur-Orientierung und der mitarbeiterorientierten Führung

	Beziehungsprozesse		
	β	t	VIF
Vielfalt in der Menschlichen-Natur-Orientierung	-0,1123	-0,93	1,11
Mitarbeiterorientierte Führung	0,4679	2,95***	1,03
(Vielfalt in der Menschlichen-Natur-Orientierung) x (Mitarbeiterorientierte Führung)	-0,4839	-1,99*	1,09
R^2	0,3494		
R^2 adj.	0,2884		
F-Wert	5,729***		
ΔR^2	0,081		
F ($\Delta R^{2)}$)	3,972*		

* p < 0,1   ** p < 0,05   ***p < 0,01   ****p < 0,001

Diese Werte verdeutlichen, dass mitarbeiterorientierte Führung alleine zwar ein signifikanter und positiver Prädiktor der beziehungsbezogenen Gruppenprozesse ist, die Interaktion mit der Vielfalt in der Menschlichen-Natur-Orientierung zwar nur marginal signifikant ist, jedoch ein negatives Vorzeichen aufweist und selbst bei relativ geringer Prädiktorstärke noch 8,1% der Varianz in den beziehungsbezogenen Prozessen erklären kann.

Die tiefer gehende Analyse, welche Variationsvielfaltsarten in der Menschlichen-Natur-Orientierung besonders durch die mitarbeiterorientierte Führung beeinflusst wurden, ergab,

378   Ergebnisse der Untersuchung

dass es ausschließlich die Vielfalt in der kulturellen Variation ‚Gut/Böse' der Menschlichen-Natur-Orientierung ist, die von der mitarbeiterorientierten Führung so beeinflusst wird, dass die Prozesse des Kooperierens und sich gegenseitigen Unterstützens in den Arbeitsgruppen weniger ausgeführt werden. Tabelle 9-48 zeigt die konkreten Werte.

Tabelle 9-48: Regression der Beziehungsprozesse auf die Interaktion von mitarbeiterorientierter Führung und Vielfalt in der kulturellen Variation ‚Gut/Böse' der Menschlichen-Natur-Orientierung

	Beziehungsprozesse		
	β	t	VIF
Mitarbeiterorientierte Führung	0,248	1,30	1,66
Variationsvielfalt: ‚Gut/Böse' der Menschlichen-Natur-Orientierung	0,023	0,20	1,03
(Mitarbeiterorientierte Führung) x (Variationsvielfalt: ‚Gut/Böse' der Menschlichen-Natur-Orientierung)	-0,777	-2,43**	1,62
R^2	0,3722		
R^2 adj.	0,3133		
F-Wert	6,323***		
ΔR^2	0,116		
F $(\Delta R^{2)}$	5,91**		

* $p < 0,1$ ** $p < 0,05$ *** $p < 0,01$ **** $p < 0,001$

Nur die Interaktion von Vielfalt in der kulturellen Variation ‚Gut/Böse' der Menschlichen-Natur-Orientierung mit der mitarbeiterorientierten Führung erweist sich als signifikanter Prädiktor der beziehungsbezogenen Prozesse, wobei der Interaktionsterm ein negatives Vorzeichen aufweist und allein bereits signifikante 11,6% der Gesamtvarianz in den beziehungsbezogenen Gruppenprozessen erklärt. Unterscheiden sich also die Gruppenmitglieder in einer Arbeitsgruppe hinsichtlich ihrer Annahmen über die Güte bzw. Schlechtigkeit der menschlichen Natur, dann werden sie weniger miteinander kooperieren und sich gegenseitig weniger sozial unterstützen, wenn die Gruppe mitarbeiterorientiert geführt wird. Dieser Befund steht im genauen Gegensatz zur Hypothese 6-IIIa, die also damit nicht bestätigt wurde, ist aber beinahe deckungsgleich mit dem Befund der Moderation dieses Zusammenhangs durch die aufgabenorientierte Führung.

Wie ebenfalls bereits dargestellt, wurde erwartungstreu ein negativer Zusammenhang zwischen der personenorientierten Führung und dem Auftreten von Beziehungskonflikten in multikulturellen Arbeitsgruppen festgestellt. Die Beziehungskonflikte wurden jedoch auf unterschiedliche Weise von der Vielfalt in den kulturellen Werteorientierungen der Gruppenmitglieder beeinflusst wurden. Während Vielfalt in den kulturellen Variationen ‚Sein' und ‚Handeln' der Aktivitätsorientierung entgegen der Erwartung negativ mit den Beziehungskonflikten zusammenhängen, zeigte dagegen die Vielfalt in der kulturellen Variation ‚Denken' der Aktivitätsorientierung den erwarteten positiven Zusammenhang mit den Beziehungskon-

Überprüfung der Hypothesen 379

flikten. Allerdings zeigt Tabelle 9-44 auch hier, dass genau diese Zusammenhänge zwischen der kulturellen Wertevielfalt in der Aktivitätsorientierung und den Beziehungskonflikten nicht durch die personenorientierte Führung berührt werden, sondern statt dessen ein ursprünglich nicht nennenswerter Zusammenhang zwischen kultureller Vielfalt in der relationalen Orientierung und den Beziehungskonflikten durch die personenorientierte Führung moderiert wird. In der folgenden Tabelle sind die genauen Werte der Regressionsanalysen aufgeführt.

Tabelle 9-49: Regression der Beziehungskonflikte auf die Interaktion von Vielfalt in der relationalen Orientierung und der mitarbeiterorientierten Führung

	Beziehungskonflikte		
	β	t	VIF
Vielfalt in der relationalen Orientierung	-0,2987	-0,94	1,13
Mitarbeiterorientierte Führung	-0,7692	-3,60***	1,12
(Vielfalt in der relationalen Orientierung) x (Mitarbeiterorientierte Führung)	-1,6676	-2,13**	1,17
R^2	0,4196		
R^2 adj.	0,3652		
F-Wert	7,713****		
ΔR^2	0,083		
F ($\Delta R^{2)}$	4,557**		

* p < 0,1   ** p < 0,05   ***p < 0,01   ****p < 0,001

Es wird deutlich, dass sowohl die mitarbeiterorientierte Führung als auch die Interaktion der kulturellen Vielfalt in der relationalen Orientierung und der mitarbeiterorientierten Führung signifikante und negative Prädiktoren der Beziehungskonflikte sind, wobei durch die Interaktion bereits 8,3% der Gesamtvarianz hierin erklärt werden. Es ist also der Schluss zulässig, dass bei Unterschieden zwischen Gruppenmitgliedern in ihrem Verständnis von und ihren Erwartungen an zwischenmenschliche(n) Beziehungen weniger beziehungsbezogene oder emotionale Konflikte in der Arbeitsgruppe auftreten, wenn sie mitarbeiterorientiert geführt wird. Dieser Befund weist auf eine Bestätigung der Hypothese 6-IIIb hin.

Um festzustellen, welche Variationsvielfalt in der relationalen Orientierung hinsichtlich der Beziehungskonflikte genau durch die mitarbeiterorientierte Führung beeinflusst wurde, wurden im nächsten Schritt multiple Regressionen der Beziehungskonflikte mit der Vielfalt in den Variationen ‚Individualismus', ‚Kollektivismus' und ‚Hierarchie' der relationalen Orientierung als Prädiktoren, mitarbeiterorientierte Führung als Moderator und den jeweiligen Interaktionen gerechnet. Diese Analyse ergab, dass es sowohl die Vielfalt in der kulturellen Variation ‚Kollektivismus' als auch die Vielfalt in der Variation ‚Hierarchie' ist, die von der mitarbeiterorientierten Führung besonders beeinflusst werden. Die folgenden Tabellen enthalten die genauen Werte.

380 Ergebnisse der Untersuchung

Tabelle 9-50: Regression der Beziehungskonflikte auf die Interaktion von mitarbeiter-orientierter Führung und Vielfalt in der kulturellen Variation ‚Kollektivismus' der relationalen Orientierung

	Beziehungskonflikte		
	β	t	VIF
Mitarbeiterorientierte Führung	-0,799	-3,90****	1,02
Variationsvielfalt: ‚Kollektivismus' der relationalen Orientierung	-0,231	-0,93	1,00
(Mitarbeiterorientierte Führung) x (Variationsvielfalt: ‚Kollektivismus' der relationalen Orientierung)	-1,308	-1,91*	1,02
R^2	0,4139		
R^2 adj.	0,3589		
F-Wert	7,5334****		
ΔR^2	0,067		
$F(\Delta R^2)$	3,63*		

* $p < 0,1$ ** $p < 0,05$ ***$p < 0,01$ ****$p < 0,001$

Sowohl die mitarbeiterorientierte Führung als auch die Interaktion der Vielfalt in der kulturellen Variation ‚Kollektivismus' mit der mitarbeiterorientierten Führung erweisen sich als signifikante Prädiktoren der Beziehungskonflikte, wobei der Interaktionsterm ein negatives Vorzeichen aufweist und, obwohl nur marginal signifikant, dennoch in der Lage ist, immerhin 6,7% der Varianz in den Beziehungskonflikten zu erklären. Dasselbe gilt für die moderierende Wirkung der mitarbeiterorientierten Führung des Zusammenhanges zwischen der Vielfalt in der kulturellen Variation ‚Hierarchie' und den Beziehungskonflikten (siehe Tabelle 9-51).

Auch hier erweisen sich sowohl die mitarbeiterorientierte Führung als auch die Interaktion der Vielfalt in der kulturellen Variation ‚Hierarchie' mit der mitarbeiterorientierten Führung als signifikante Prädiktoren der Beziehungskonflikte, wobei der Interaktionsterm ein negatives Vorzeichen aufweist und, obwohl ebenfalls nur marginal signifikant, trotzdem noch 7,3% der Varianz in den Beziehungskonflikten zu erklären vermag. Insgesamt lässt sich also festhalten: Wenn sich die Mitglieder von Arbeitsgruppen in ihren Empfindungen gegenseitiger, gruppenbezogener Verpflichtungen und Bindungen und in ihrem Verständnis von Macht- und Verantwortungsstrukturen in zwischenmenschlichen Beziehungen voneinander unterscheiden, dann treten in der Gruppe weniger Beziehungskonflikte auf, wenn sie mitarbeiterorientiert geführt wird.

Überprüfung der Hypothesen 381

Tabelle 9-51: Regression der Beziehungskonflikte auf die Interaktion von mitarbeiterorientierter Führung und Vielfalt in der kulturellen Variation ‚Hierarchie' der relationalen Orientierung

	Beziehungskonflikte		
	β	t	VIF
Mitarbeiterorientierte Führung	-0,628	-2,71**	1,32
Variationsvielfalt: ‚Hierarchie' der relationalen Orientierung	0,111	0,65	1,14
(Mitarbeiterorientierte Führung) x (Variationsvielfalt: ‚Hierarchie' der relationalen Orientierung)	-0,765	-2,01*	1,22
R^2	0,4185		
R^2 adj.	0,3641		
F-Wert	7,679****		
ΔR^2	0,073		
$F(\Delta R^{2)}$	4,022*		

* p < 0,1   ** p < 0,05   ***p < 0,01   ****p < 0,001

Die Hypothese 6-IIIb, dass mitarbeiterorientierte Führung bei kultureller Wertevielfalt in einer Arbeitsgruppe das Auftreten von Beziehungskonflikten senkt, kann damit zumindest für die Vielfalt in der relationalen Orientierung bestätigt werden.

Wie bereits dargestellt, wurde entgegen der Erwartung sowohl zwischen der Vielfalt in der kulturellen Variation ‚Zukunft' und der Kommunikationsinformalität und zwischen der Vielfalt in der kulturellen Variation ‚Kollektivismus' und der Kommunikationsinformalität ein positiver Zusammenhang festgestellt, während sich der vermutete positive Zusammenhang zwischen der mitarbeiterorientierten Führung und Kommunikationsinformalität nicht nachweisen ließ. Wie jedoch in Tabelle 9-44 zu sehen ist, wird zumindest der Zusammenhang zwischen der kulturellen Vielfalt in der Zeitorientierung und der Kommunikationsinformalität durch die mitarbeiterorientierte Führung beeinflusst. Offenbar ist hier die Kombination entscheidend, wobei die Werte darauf hinweisen, dass der ohnehin schon positive Zusammenhang zwischen der kulturellen Vielfalt in der Zeitorientierung und der Kommunikationsinformalität durch mitarbeiterorientierte Führung noch verstärkt wird. Tabelle 9-52 enthält die genauen Werte der Regressionsanalyse.

Alle drei Terme weisen ein positives Vorzeichen auf, wobei der Interaktionsterm allein signifikante Prädiktorstärke erreicht. Die Interaktion von mitarbeiterorientierter Führung mit der kulturellen Vielfalt in der Zeitorientierung erklärt bereits 12,3% der Gesamtvarianz in der Kommunikationsinformalität, so dass der Schluss gezogen werden kann: Wenn sich die Gruppenmitglieder hinsichtlich der möglichen Zeithorizonte, die sie zur Bewertung und zur Bestimmung von Konsequenzen gegenwärtigen Handelns anlegen, voneinander unterscheiden, dann werden sie innerhalb der Gruppe noch verstärkt die informellen Kommunikationskanäle zum Informationsaustausch nutzen, wenn sie außerdem mitarbeiterorientiert geführt werden.

382 Ergebnisse der Untersuchung

Tabelle 9-52: Regression der Kommunikationsinformalität auf die Interaktion von Vielfalt in der Zeitorientierung und der mitarbeiterorientierten Führung

	Kommunikationsinformalität		
	β	t	VIF
Vielfalt in der Zeitorientierung	0,3937	1,94*	1,11
Mitarbeiterorientierte Führung	0,2645	1,90*	1,14
(Vielfalt in der Zeitorientierung) x (Mitarbeiterorientierte Führung)	0,9382	2,32**	1,10
R^2	0,2692		
R^2 adj.	0,201		
F-Wert	3,929**		
ΔR^2	0,123		
F ($\Delta R^{2)}$	5,402**		

* p < 0,1   ** p < 0,05   ***p < 0,01   ****p < 0,001

Die tiefer gehende Analyse, welche Variationsvielfaltsarten in der Zeitorientierung besonders durch die mitarbeiterorientierte Führung beeinflusst wurden, ergab, dass es ausschließlich die Vielfalt in der kulturellen Variation ,Zukunft' der Zeitorientierung ist, die von der mitarbeiterorientierten Führung so beeinflusst wird, dass die Arbeitsgruppe verstärkt die informellen Kommunikationsmöglichkeiten nutzt, um Informationen auszutauschen. Folgende Tabelle zeigt die Werte.

Tabelle 9-53: Regression der Kommunikationsinformalität auf die Interaktion von mitarbeiterorientierter Führung und Vielfalt in der kulturellen Variation ,Zukunft' der Zeitorientierung

	Kommunikationsinformalität		
	β	t	VIF
Mitarbeiterorientierte Führung	0,2604	1,79*	1,21
Variationsvielfalt: ,Zukunft' der Zeitorientierung	0,1407	1,15	1,35
(Mitarbeiterorientierte Führung) x (Variationsvielfalt: ,Zukunft' der Zeitorientierung)	0,4816	1,77*	1,26
R^2	0,2705		
R^2 adj.	0,202		
F-Wert	3,955**		
ΔR^2	0,0715		
F ($\Delta R^{2)}$	3,136*		

* p < 0,1   ** p < 0,05   ***p < 0,01   ****p < 0,001

Sowohl die mitarbeiterorientierte Führung als auch die Interaktion der mitarbeiterorientierten Führung mit der Vielfalt in der kulturellen Variation ,Zukunft' der Zeitorientierung

Überprüfung der Hypothesen   383

weisen positive Vorzeichen auf, erreichen aber nur marginale Prädiktorstärke in Hinblick auf
die Kommunikationsinformalität, obwohl diese hoch signifikant durch das Modell vorhergesagt wird. Insgesamt lässt sich also trotzdem sagen, dass Unterschiede zwischen den
Gruppenmitgliedern hinsichtlich ihrer Wertschätzung von Veränderungen und Ansichten über
zukünftige Gewinne und Möglichkeiten verstärkt zu einer Nutzung von informellen Kommunikationskanälen führt, wenn die Arbeitsgruppe außerdem mitarbeiterorientiert geführt
wird. Die Hypothese 6-IIIc, dass mitarbeiterorientierte Führung bei kultureller Vielfalt zu
einer informelleren Gruppenkommunikation führt, kann damit zumindest für die kulturelle
Vielfalt in der Zeitorientierung als bestätigt angesehen werden.

Obwohl nicht vermutet, konnte weiterhin eine Moderation von Zusammenhängen
zwischen der kulturellen Wertevielfalt und der externen Gruppenkommunikation mit anderen
Personen aus demselben Geschäftsbereich durch die mitarbeiterorientierte Führung nachgewiesen werden. Tabelle 9-43 zeigt, dass sowohl ein Zusammenhang zwischen Vielfalt in
der Zeitorientierung und der externen Gruppenkommunikation (A) als auch ein Zusammenhang zwischen der Vielfalt in der Menschlichen-Natur-Orientierung und der externen
Gruppenkommunikation (A) durch die mitarbeiterorientierte Führung moderiert wird. Die
Tabellen A36 und A38 im Anhang 3 dieser Schrift enthalten die genauen Werte.

Es sieht so aus, als würden Unterschiede zwischen Gruppenmitgliedern in ihren Zeitauffas-
sungen und ihren Ansichten über die Natur des Menschen sie dazu bringen, weniger aufgabenbezogen mit anderen Personen desselben Geschäftsbereichs zu kommunizieren, wenn sie
außerdem mitarbeiterorientiert geführt werden.

Die tiefer gehende Analyse, welche Variationsvielfaltsarten in der Zeitorientierung und der
Menschlichen-Natur-Orientierung besonders durch die mitarbeiterorientierte Führung beeinflusst wurden, ergab, dass es in der Zeitorientierung ausschließlich die Vielfalt in der kulturellen Variation ‚Zukunft' (für die genauen Werte siehe Tabelle A37 im Anhang 3 dieser
Schrift) und in der Menschlichen-Natur-Orientierung ausschließlich die Vielfalt in der kulturellen Variation ‚Gut/Böse' ist (für die genauen Werte siehe Tabelle A39 im Anhang 3 dieser
Schrift), die von der mitarbeiterorientierten Führung so beeinflusst werden, dass die Gruppe
weniger aufgabenbezogen mit externen Personen im selben Geschäftsbereich kommuniziert.

Insgesamt lässt sich also festhalten, dass, wenn sich die Mitglieder einer Arbeitsgruppe
sowohl in ihren grundlegenden Ansichten über die Güte oder Schlechtigkeit der menschlichen
Natur als auch in ihren Wertschätzungen von Veränderungen und Ansichten über mögliche
zukünftige Gewinne unterscheiden, dann kommunizieren sie aufgabenbezogen weniger mit
gruppenexternen Personen ausdem selben Geschäftsbereich, wenn sie zudem mitarbeiterorientiert geführt werden. Dieser Befund ist unerwartet.

9.2.6.1.1.3 Moderation der Zusammenhänge zwischen der kulturellen Vielfalt und den Gruppenprozessen durch externe Führung

Da davon ausgegangen wurde, dass die externe Führung, wenn überhaupt, nur einen
indirekten Einfluss auf die Gruppenprozesse hat und daher auch eine potenzielle Moderation
von Vielfalt-Prozess-Zusammenhängen durch die externe Führung nicht schlüssig herzuleiten
war, wurde prinzipiell angenommen, dass hier keine moderierende Wirkung der externen
Führung auf die Vielfalt-Prozess-Zusammenhänge auftreten sollte. Wie jedoch in Tabelle 9-

384 Ergebnisse der Untersuchung

43 zu sehen ist, interagiert die externe Führung doch mit der kulturellen Wertevielfalt. Der Zusammenhang zwischen der Vielfalt in der Aktivitätsorientierung und der externen Gruppenkommunikation mit der Unternehmensverwaltung wird durch die externe Führung moderiert. Tabelle A40 im Anhang 3 dieser Schrift zeigt die genauen Werte.

Hier verstärken sich ebenfalls ursprünglich nicht nennenswerte Zusammenhänge zwischen der Vielfalt in der Aktivitätsorientierung und der externen Gruppenkommunikation mit der Verwaltung und zwischen der externen Führung und der externen Kommunikation. Offenbar bewirkt eine Kombination aus beiden, dass ein vorher nicht bemerkenswerter Zusammenhang jetzt bedeutsame Ausmaße erreicht. Der Interaktionsterm weist ein positives Vorzeichen auf und erklärt signifikante 12,9% der Varianz in der Kommunikation mit der Unternehmensverwaltung. Der Befund weist also darauf hin, dass bei Unterschieden zwischen Gruppenmitgliedern in der Aktivitätsorientierung die Arbeitsgruppe insgesamt mehr mit der Unternehmensverwaltung kommuniziert, wenn sie extern geführt wird. Die tiefer gehende Analyse ergab, dass ausschließlich Vielfalt in der kulturellen Variation ‚Denken' der Aktivitätsorientierung durch die externe Führung beeinflusst wurde (für die genauen Werte der Regression siehe Tabelle A41 im Anhang 3 dieser Schrift). Je mehr sich also die Gruppenmitglieder in ihren jeweiligen Informationsverarbeitungsmodi voneinander unterscheiden, desto mehr kommunizieren sie aufgabenbezogen mit Personen aus der Unternehmensverwaltung, wenn ihre Gruppe zudem von Druck von außen abgeschirmt, nach außen hin vertreten und insgesamt gut mit Ressourcen für die Arbeit durch ihre Führungskraft ausgestattet wird. Dieser Befund wurde zwar nicht erwartet, erscheint dennoch nicht unplausibel.

9.2.6.1.2 Moderation der Zusammenhänge zwischen der kulturellen Vielfalt und den Gruppenprozessen durch Planung

In den Hypothesen zur Moderationswirkung der Planung multikultureller Gruppenarbeit hinsichtlich der Zusammenhänge zwischen der kulturellen Vielfalt in der Zusammensetzung von Arbeitsgruppen und ihren Gruppenprozessen wurde davon ausgegangen, dass ausschließlich der vermutete negative Zusammenhang zwischen Vielfalt in den kulturellen Werteorientierungen und den aufgabenbezogenen Gruppenprozessen von der Planung der Gruppenarbeit moderiert wird. Und zwar wurde in der Hypothese 6-II konkret angenommen, dass Planung den negativen Einfluss der kulturellen Wertevielfalt auf die aufgabenbezogenen Gruppenprozesse ins Positive kehrt.

Wie bereits in Tabelle 9-43 zu sehen ist, moderiert die Planung multikultureller Gruppenarbeit den Zusammenhang zwischen der Vielfalt in der Aktivitätsorientierung und den aufgabenbezogenen Gruppenprozessen. Obwohl zwischen der Vielfalt in der Aktivitätsorientierung und den aufgabenbezogenen Gruppenprozessen ursprünglich kein nennenswerter Zusammenhang festgestellt werden konnte, sich dafür die Planung jedoch als hoch signifikanter Prädiktor der aufgabenbezogenen Gruppenprozesse erwies, moderiert die Planung diesen unbedeutsamen Zusammenhang so, dass sich schließlich Konsequenzen hinsichtlich der aufgabenbezogenen Gruppenprozesse zeigen. Die folgende Tabelle enthält die genauen Werte.

Überprüfung der Hypothesen

Tabelle 9-54: **Regression der aufgabenbezogenen Gruppenprozesse auf die Interaktion von Vielfalt in der Aktivitätsorientierung und der Planung multikultureller Gruppenarbeit**

	Aufgabenprozesse		
	β	t	VIF
Vielfalt in der Aktivitätsorientierung	0,1139	0,67	1,04
Planung	0,1184	2,05**	1,08
(Vielfalt in der Aktivitätsorientierung) x (Planung)	0,5529	1,78*	1,11
R^2	0,2359		
R^2 adj.	0,1665		
F-Wert	3,396**		
ΔR^2	0,0731		
$F (\Delta R^{2)}$	3,159*		

* $p < 0,1$ ** $p < 0,05$ ***$p < 0,01$ ****$p < 0,001$

Auch hier erhält sich die Planung ihre signifikante Prädiktorstärke, allerdings ist der Interaktionsterm ebenfalls signifikant, wenn auch nur marginal. Er weist jedoch ein positives Vorzeichen auf, das darauf hinweist, dass hier eine Verstärkung des ursprünglichen Zusammenhangs vorliegt. Um festzustellen, welche Variationsvielfalt in der Aktivitätsorientierung genau durch die Planung beeinflusst wurde, wurden im nächsten Schritt multiple Regressionen der aufgabenbezogenen Gruppenprozesse auf die Vielfalt in den kulturellen Variationen ‚Sein', ‚Denken' und ‚Handeln' der Aktivitätsorientierung als Prädiktoren, die Planung als Moderator und den jeweiligen Interaktionen gerechnet, wobei sich herausstellte, dass ausschließlich Vielfalt in der kulturellen Variation ‚Handeln' von der Planung besonders betroffen war. Tabelle 9-55 enthält die Ergebnisse.

In der Regression der aufgabenbezogenen Gruppenprozesse auf die Vielfalt in der kulturellen Variation ‚Handeln' der Aktivitätsorientierung als Prädiktor, der Planung als Moderator und der Interaktion von beiden zeigt, dass sowohl Planung als auch die Interaktion der Planung mit der kulturellen Variationsvielfalt ‚Handeln' signifikante und positive Prädiktoren sind, wobei der Interaktionsterm alleine bereits 11,4% der Gesamtvarianz in den aufgabenbezogenen Gruppenprozessen zu erklären vermag.

Je mehr sich also die Gruppenmitglieder in ihren jeweiligen Neigungen, ihren Persönlichkeiten durch konkrete Handlungen Ausdruck zu verleihen und auch in ihren jeweiligen Wertschätzungen sicht- und beurteilbarer Handlungen voneinander unterscheiden, desto besser gelingt es der Gruppe, Aufgabenziele zu definieren, durchführbare Arbeitspläne zu entwickeln und Tätigkeitsprioritäten zu setzen, wenn zudem in der Gruppenarbeit Planungstechniken zum Einsatz kommen. Die Hypothese 6-II, dass die Planung multikultureller Gruppenarbeit im Zusammenhang mit kultureller Vielfalt in Arbeitsgruppen die aufgabenbezogenen Gruppenprozesse fördert, kann damit zumindest für die kulturelle Vielfalt in der Aktivitätsorientierung bestätigt werden.

386   Ergebnisse der Untersuchung

Tabelle 9-55: Regression der aufgabenbezogenen Gruppenprozesse auf die Interaktion von Planung und Vielfalt in der kulturellen Variation ‚Handeln' der Aktivitätsorientierung

	Aufgabenprozesse		
	β	t	VIF
Planung	0,136	2,47**	1,00
Variationsvielfalt: ‚Handeln' der Aktivitätsorientierung	0,167	1,97*	1,07
(Planung) x (Variationsvielfalt: ‚Handeln' der Aktivitätsorientierung)	0,188	2,30**	1,07
R^2		0,288	
R^2 adj.		0,223	
F-Wert		4,46***	
ΔR^2		0,114	
$F(\Delta R^{2)}$		5,299**	

* $p < 0,1$ ** $p < 0,05$ ***$p < 0,01$ ****$p < 0,001$

Wie jedoch der Tabelle 9-43 zu entnehmen ist, moderiert der Einsatz von Planungstechniken unerwarteter Weise außerdem die ebenfalls ursprünglich nicht nennenswerten Zusammenhänge zwischen der Vielfalt in der Zeitorientierung und der externen Gruppenkommunikation. Tabellen A42 und A44 im Anhang 3 dieser Schrift enthalten die genauen Ergebnisse.

Wie schon bei der aufgabenorientierten Führung beobachtet werden konnte, verstärkt der Einsatz von Planungstechniken den positiven Zusammenhang zwischen kultureller Vielfalt in der Zeitorientierung und der externen Gruppenkommunikation sowohl mit anderen Personen im Geschäftsbereich als auch mit Personen aus der Unternehmensverwaltung.

Die tiefer gehende Analyse, welche Variationsvielfalt in der Zeitorientierung hinsichtlich der externen Kommunikation genau durch den Einsatz von Planungstechniken beeinflusst wurde, ergab, dass es in Hinblick auf die externe Gruppenkommunikation mit Personen aus demselben Geschäftsbereich (A) ausschließlich Unterschiede zwischen den Gruppenmitgliedern in ihrem Zukunftsfokus (siehe Tabelle A43 im Anhang 3 dieser Schrift) und in Hinblick auf die externe Gruppenkommunikation mit Personen aus der Unternehmensverwaltung (B) ausschließlich Unterschiede zwischen den Gruppenmitgliedern in ihrer Vergangenheitsorientierung sind (siehe Tabelle A45 im Anhang 3 dieser Schrift), die durch den Einsatz von Planungstechniken zur Gruppenarbeit so beeinflusst werden, dass die Gruppenmitglieder insgesamt mehr aufgabenbezogen mit gruppenexternen Personen im Unternehmen kommunizieren.

Überprüfung der Hypothesen

9.2.6.1.3 Moderation der Zusammenhänge zwischen der kulturellen Vielfalt und den Gruppenprozessen durch die Organisationsmerkmale

Ob die Merkmale der Organisation bzw. des unternehmerischen Kontextes der multikulturellen Arbeitsgruppen einen moderierenden Einfluss auf die Zusammenhänge zwischen der kulturellen Wertevielfalt in den Gruppen und ihren Gruppenprozessen ausüben, konnte im Vorfeld nicht spezifisch hypothetisiert werden. Es soll jedoch an dieser Stelle eine explorative Überprüfung möglicher Moderationen erfolgen.

Verfügbarkeit von Gruppentrainings

Wie bereits in Tabellen 9-43 und 9-44 zu sehen ist, interagiert die Verfügbarkeit von Gruppentrainings mit der kulturellen Wertevielfalt in der Aktivitätsorientierung, in der Menschlichen-Natur-Orientierung und in der Mensch-Umwelt-Orientierung, wobei sich die hauptsächlichen Moderationswirkungen jedoch nur in Hinblick auf die Zusammenhänge zwischen der kulturellen Wertevielfalt, der Kommunikationsinformalität und der Konfliktlösung bemerkbar machen. Die Tabelle 9-56 enthält die genauen Werte der Regressionsanalysen.

Während sich ursprünglich weder zwischen der Verfügbarkeit von Trainings und der Kommunikationsinformalität noch zwischen der Vielfalt in den beiden kulturellen Werteorientierungen und der Kommunikationsinformalität nennenswerte Zusammenhänge ergaben, zeigt die Analyse hier, dass die jeweiligen Kombinationen wohl einen Einfluss auf die Kommunikationsinformalität haben, dies jedoch auf unterschiedliche Weise. Während sich die Interaktion der Verfügbarkeit von Gruppentrainings mit der Vielfalt in der Aktivitätsorientierung als ein signifikanter und vor allem positiver Prädiktor der Kommunikationsinformalität erweist, trifft genau der umgekehrte Fall für die Interaktion der Verfügbarkeit von Gruppentrainings mit der Vielfalt in der Menschlichen-Natur-Orientierung zu.

Tabelle 9-56: Regression der Kommunikationsinformalität auf die Interaktionen von Vielfalt in der Aktivitätsorientierung und Vielfalt in der Menschlichen-Natur-Orientierung mit der Verfügbarkeit von Gruppentrainings

	β	t	VIF		β	t	VIF
		Kommunikationsinformalität					
Vielfalt in der Aktivitätsorientierung	-0,0345	-0,20	1,25	Vielfalt: Menschliche-Natur-Orientierung	0,1004	0,94	1,01
Gruppentrainings	0,2028	2,10**	1,19	Gruppentrainings	0,0917	1,07	1,01
(Vielfalt in der Aktivitätsorientierung) x (Gruppentrainings)	0,7387	2,41**	1,40	(Vielfalt: Menschliche-Natur-Orientierung) x (Gruppentrainings)	-0,5972	-2,71**	1,02
R^2	0,1947			R^2	0,2213		
R^2 adj.	0,1215			R^2 adj.	0,1505		
F-Wert	2,66*			F-Wert	3,126**		
ΔR^2	0,142			ΔR^2	0,174		
F (ΔR^2)	5,807**			F (ΔR^2)	7,354**		

* $p < 0,1$ ** $p < 0,05$ ***$p < 0,01$ ****$p < 0,001$

388 Ergebnisse der Untersuchung

Die weiterführende Analyse ergab, dass von den möglichen Variationsvielfaltsarten der Aktivitätsorientierung ausschließlich die Vielfalt in der kulturellen Variation ‚Handeln' durch die Verfügbarkeit von Trainings beeinflusst und dass von den möglichen Variationsvielfaltsarten der Menschlichen-Natur-Orientierung ausschließlich die Vielfalt in der Variation ‚Veränderbarkeit/Nicht-Veränderbarkeit' von der Trainingsverfügbarkeit betroffen wurde. Die Tabellen A46 und A47 im Anhang 3 dieser Schrift enthalten die genauen Werte.

Je mehr sich also die Gruppenmitglieder in ihren jeweiligen Neigungen, ihren Persönlichkeiten durch konkrete Handlungen Ausdruck zu verleihen und auch in ihren jeweiligen Wertschätzungen beurteilbarer Handlungen voneinander unterscheiden, desto informeller kommunizieren sie in der Gruppe miteinander, wenn sie zudem über ausreichende Möglichkeiten für Gruppentrainings verfügen. Unterscheiden sie sich dagegen in ihren Annahmen über die Veränderbarkeit des Wesens der menschlichen Natur, dann kommunizieren sie weniger informell miteinander, wenn sie außerdem über ausreichende Gruppentrainingsmöglichkeiten verfügen.

Derselbe abschwächende Effekt der Trainingsverfügbarkeit macht sich auch in der Interaktion mit der Vielfalt in der Mensch-Umwelt-Orientierung auf die Konfliktlösung bemerkbar. Die folgende Tabelle enthält die genauen Werte.

Tabelle 9-57: Regression der Konfliktlösung auf die Interaktion in der Mensch-Umwelt-Orientierung und der Verfügbarkeit von Gruppentrainings

	Konfliktlösung		
	β	t	VIF
Vielfalt in der Mensch-Umwelt-Orientierung	0,0239	0,14	1,00
Gruppentrainings	0,0134	0,13	1,02
(Vielfalt in der Mensch-Umwelt-Orientierung) x (Gruppentrainings)	-0,8679	-2,60**	1,02
R^2	0,1757		
R^2 adj.	0,1007		
F-Wert	2,345*		
ΔR^2	0,1694		
F (ΔR^2)	6,781**		

* $p < 0,1$ ** $p < 0,05$ ***$p < 0,01$ ****$p < 0,001$

Der Interaktionsterm ist hoch signifikant und negativ, was darauf hindeutet, dass, wenn sich die Gruppenmitglieder in ihrem jeweiligen Verständnis von und ihrer Beziehung zur sie umgebenden Umwelt voneinander unterscheiden, sie die in ihrer Arbeitsgruppe auftretenden Konflikte nicht mehr so gut lösen können, wenn sie zudem über ausreichende Möglichkeiten für Gruppentrainings verfügen. Auf den ersten Blick ist dieser Befund kontraintuitiv. Die tiefer gehende Analyse ergab jedoch, dass hinsichtlich der Konfliktlösung ausschließlich die Vielfalt in der kulturellen Variation ‚Unterwerfung' der Mensch-Umwelt-Orientierung mit der Trainingsverfügbarkeit hoch signifikant und negativ interagiert (für die genauen Werte siehe Tabelle A48 im Anhang 3 dieser Schrift). Es lässt sich also genauer festhalten: Unterscheiden sich Gruppenmitglieder in ihrer Schicksalsergebenheit und ihrer Akzeptanz der

Überprüfung der Hypothesen   389

Vorherbestimmtheit von Lebensereignissen voneinander, dann können sie die in ihrer Arbeitsgruppe auftretenden Konflikte weniger lösen, wenn sie über ausreichende Trainingsmöglichkeiten verfügen. Personen mit einer ausgeprägten Unterwerfungsorientierung nutzen nämlich die Trainingsmöglichkeiten nicht oder sehen sich durch Konflikte nicht zu Lösungshandlungen veranlasst, da sie der generellen Auffassung sind, nichts verändern zu können. Vor diesem Hintergrund scheint der Befund nicht mehr kontraintuitiv.

Leistungserstellung im Unternehmen

Wie bereits in Tabelle 9-44 zu sehen ist, interagiert die Art der Leistungserstellung in den Unternehmen mit der kulturellen Wertevielfalt in der Zeitorientierung ebenfalls in Hinblick auf die Informalität der Gruppenkommunikation. Allerdings ist auch hier ein abschwächender Effekt durch die Art der Leistungserstellung in Hinblick auf die Informalität der Gruppenkommunikation zu beobachten. Tabelle 9-58 enthält die Ergebnisse.

Tabelle 9-58: Regression der Kommunikationsinformalität auf die Interaktion von Vielfalt in der Zeitorientierung und der Art der Leistungserstellung

	Kommunikationsinformalität		
	β	t	VIF
Vielfalt in der Zeitorientierung	0,8106	3,46****	1,55
Leistungserstellung	0,2675	3,75***	1,41
(Vielfalt in der Zeitorientierung) x (Leistungserstellung)	-0,3931	-1,85*	1,24
R²	0,3709		
R² adj.	0,3058		
F-Wert	5,699***		
ΔR²	0,0742		
F (ΔR²)	3,419*		

* $p < 0,1$ ** $p < 0,05$ *** $p < 0,01$ **** $p < 0,001$

Wie bereits dargestellt, hängt sowohl die Art der Leistungserstellung als auch die kulturelle Vielfalt in der Zeitorientierung positiv mit der Kommunikationsinformalität zusammen. Die Werte der Regressionsanalyse spiegeln diese Befunde wider und zeigen, dass sowohl die Vielfalt in der Zeitorientierung als auch die Leistungserstellung für sich genommen starke und positive Prädiktoren der Kommunikationsinformalität sind, die Kombination der beiden diesen positiven Zusammenhang jedoch umkehrt, so dass bei Unterschieden zwischen den Gruppenmitglieder in ihren Auffassungen von der Zeit sie weniger informell miteinander kommunizieren werden, wenn die Leistungserstellung im Unternehmen insgesamt generell auf Gruppenarbeit basiert. Dies ist überraschend.

Die tiefer gehende Analyse, welche Variationsvielfalt in der Zeitorientierung hinsichtlich der Kommunikationsinformalität genau durch die Art der Leistungserstellung beeinflusst wird, ergab, dass es in Hinblick auf die Kommunikationsinformalität ausschließlich Unterschiede zwischen den Gruppenmitgliedern in ihrem Zukunftsfokus sind, die durch die Art der

390 Ergebnisse der Untersuchung

gesamten unternehmerischen Leistungserstellung so beeinflusst werden, dass die Gruppenmitglieder insgesamt weniger informell miteinander kommunizieren (für die genauen Werte
dieser Regression siehe Tabelle A49 im Anhang 3 dieser Schrift). Es kann der folgende
Schluss gezogen werden: Wenn sich die Gruppenmitglieder in ihren Wertschätzungen von
Veränderungen und in ihren Ansichten über zukünftige Gewinne und Möglichkeiten aus dem
gegenwärtigen Handeln voneinander unterscheiden, dann werden sie in der Gruppe auf
formalerem Wege miteinander kommunizieren, wenn die generellen Leistungen im Unternehmen insgesamt eher durch Gruppenarbeit erbracht werden. Der Befund überrascht.

Wie ebenfalls in den Tabellen 9-43 und 9-44 zu sehen ist, interagiert weder die allgemeine
Erwünschtheit und Förderung von Arbeitsgruppen im Unternehmen, noch die Möglichkeit der
Führungskräfte, die Gruppenmitglieder für ihre Arbeitsgruppen selbst auszuwählen, mit der
Vielfalt in den kulturellen Werteorientierungen in Hinblick auf die Gruppenprozesse.

Vorherrschende Lohnstrukturen im Unternehmen

Wie bereits in Tabelle 9-44 zu sehen ist, interagiert die vorherrschende Lohnstruktur im Unternehmen mit der kulturellen Wertevielfalt in der Mensch-Umwelt-Orientierung in Hinblick
auf das Auftreten von Beziehungskonflikten in Arbeitsgruppen. Hier ist erfreulicher Weise
ebenfalls ein abschwächender Effekt auf die Beziehungskonflikte durch die vorherrschende
Lohnstruktur zu beobachten. Tabelle 9-59 enthält die Ergebnisse.

**Tabelle 9-59: Regression der Beziehungskonflikte auf die Interaktionen von Vielfalt in
der Mensch-Umwelt-Orientierung und der herrschenden Lohnstruktur**

	Beziehungskonflikte		
	β	t	VIF
Vielfalt in der Mensch-Umwelt-Orientierung	0,4728	1,04	1,04
Individualentlohnung	-0,0633	-0,30	1,04
(Vielfalt in der Mensch-Umwelt-Orientierung) x (Individualentlohnung)	-0,9523	-2,09**	1,28
R ^{2}	0,1791		
R ^{2} adj.	0,0997		
F-Wert	2,355*		
ΔR^2	0,1152		
F (ΔR$^{2)}$	4,351**		

* p < 0,1   ** p < 0,05   ***p < 0,01   ****p < 0,001

Zur Erinnerung: von den 37 Führungskräften gaben 32 an, dass in ihrem Unternehmen die
Individualentlohnung die vorherrschende Entlohnungsstruktur darstellt, während nur drei
Führungskräfte den Mischtyp aus Individual- und gruppenbasierter Entlohnung angaben. Die
Regressionen wurden daher mit der Individualentlohnung als Moderator gerechnet.

Interessant an diesem Befund ist, dass, während die vorherrschenden Lohnstrukturen für
sich genommen keine Zusammenhänge mit den Gruppenprozessen aufwiesen, in der Mensch-
Umwelt-Orientierung Vielfalt in der Variation ‚Harmonie' das Auftreten von Beziehungskon-

Überprüfung der Hypothesen 391

flikten förderte, Vielfalt in der Variation ‚Unterwerfung' jedoch das Auftreten von Beziehungskonflikten senkte. Auf den ersten Blick scheint es, als würde die im Unternehmen vorherrschende Individualentlohnung entweder den ersten Befund umkehren und/oder den zweiten Zusammenhang noch verstärken. Die tiefer gehende Analyse ergab dabei, dass die zweite Möglichkeit zutraf (Tabelle A50 im Anhang 3 enthält die Ergebnisse). Wenn sich Gruppenmitglieder in ihrer Schicksalsergebenheit und ihrer Akzeptanz der Vorherbestimmtheit von Lebensereignissen voneinander unterscheiden, dann werden in der Arbeitsgruppe weniger Beziehungskonflikte auftreten, wenn die Gruppenmitglieder individuell und nicht gruppenbasiert entlohnt werden.

Verfügbarkeit von PCs oder Notebooks

Wie in den Tabellen 9-43 und 9-44 bereits zu sehen ist, erweist sich die informationstechnologische Ausstattung von Arbeitsgruppen in Unternehmen in der Form von Verfügbarkeit von PCs oder Notebooks für die Gruppenmitglieder als starker Moderator der Vielfalts-Prozess-Zusammenhänge. Es sind vorrangig die Zusammenhänge zwischen der kulturellen Wertevielfalt, den aufgabenbezogenen und den beziehungsbezogenen Prozessen von einer Moderation durch die PC-Verfügbarkeit betroffen. Moderiert werden zum einen die Zusammenhänge zwischen der kulturellen Vielfalt in der relationalen und der Mensch-Umwelt-Orientierung und den aufgabenbezogenen Gruppenprozessen sowie zum anderen die Zusammenhänge zwischen der kulturellen Vielfalt in der relationalen, der Menschlichen-Natur-Orientierung und den beziehungsbezogenen Gruppenprozessen. Die genauen Werte der Regressionsanalysen sind nachfolgend dargestellt.

Tabelle 9-60: Regression der aufgabenbezogenen Gruppenprozesse auf die Interaktionen von Vielfalt in der relationalen und der Mensch-Umwelt-Orientierung mit der PC-Verfügbarkeit

Aufgabenbezogene Gruppenprozesse							
	β	t	VIF		β	t	VIF
Vielfalt in der relationalen Orientierung	1,9894	3,76****	1,08	Vielfalt in der Mensch-Umwelt-Orientierung	0,6921	2,11**	1,05
PC-Verfügbarkeit	0,4736	3,13***	1,08	PC-Verfügbarkeit	-0,0751	-0,61	1,37
(Vielfalt in der relationalen Orientierung) x (PC-Verfügbarkeit)	-1,3186	-2,49**	2,89	(Vielfalt in der Mensch-Umwelt-Orientierung) x (PC-Verfügbarkeit)	-0,8183	-2,50**	1,37
R^2	0,4199			R^2	0,1802		
R^2 adj.	0,3638			R^2 adj.	0,1009		
F-Wert	7,483****			F-Wert	2,272*		
ΔR^2	0,1159			ΔR^2	0,165		
F ($\Delta R^{2)}$	6,197**			F ($\Delta R^{2)}$	6,245**		

* $p < 0,1$ ** $p < 0,05$ *** $p < 0,01$ **** $p < 0,001$

Zur Erinnerung: Von den 37 Führungskräften gaben 32 an, dass in ihren Arbeitsgruppen alle Gruppenmitglieder über einen PC oder ein Notebook verfügen, während drei die Frage

392 Ergebnisse der Untersuchung

danach verneinten. Die Regressionen wurden also nur für die Arbeitsgruppen gerechnet, die nach Auskunft ihrer Führungskräfte mit PCs oder Notebooks ausgestattet sind. Weiterhin ist zu bemerken, dass ursprünglich die PC-Verfügbarkeit nicht mit den aufgaben- und beziehungsbezogenen Gruppenprozessen zusammenhängt und auch nur zwischen der Vielfalt in der kulturellen Variation ‚Individualismus' und den aufgabenbezogenen Prozessen ein positiver Zusammenhang besteht. Offenbar interagiert jedoch die PC-Verfügbarkeit mit der Vielfalt, so dass ursprünglich nicht nennenswerte Zusammenhänge Bedeutsamkeit erlangen.

Die Werte verdeutlichen, dass, obwohl die Vielfalt in den beiden kulturellen Werteorientierungen und die PC-Verfügbarkeit alleine positive Prädiktoren der aufgabenbezogenen Gruppenprozesse darstellen, die jeweiligen Interaktionen signifikant sind und ein negatives Vorzeichen aufweisen. Offenbar werden die aufgabenbezogenen Gruppenprozesse in den Arbeitsgruppen beeinträchtigt, wenn sich die Gruppenmitglieder in ihren Auffassungen von zwischenmenschlichen Beziehungen und in ihren Annahmen über ihre Positionen und Rollen bezüglich der sie umgebenden Umwelt voneinander unterscheiden und sie gleichzeitig für ihre Gruppenarbeit alle über einen PC oder ein Notebook verfügen. Dieser Befund scheint kontraintuitiv.

Die tiefer gehende Analyse, welche Variationsvielfaltarten in der relationalen und in der Mensch-Umwelt-Orientierung hinsichtlich der aufgabenbezogenen Gruppenprozesse genau durch die PC-Verfügbarkeit beeinflusst werden, ergab, dass innerhalb der relationalen Orientierung die PC-Verfügbarkeit sowohl mit der Vielfalt in der kulturellen Variation ‚Kollektivismus' als auch mit der Vielfalt in der kulturellen Variation ‚Hierarchie' signifikant in Hinblick auf die aufgabenbezogenen Gruppenprozesse interagierte. Die genauen Werte dieser Analysen finden sich in Tabelle A51 und A52 im Anhang 3 dieser Schrift. Es lässt sich der überraschende Schluss ziehen: Unterscheiden sich die Gruppenmitglieder einer Arbeitsgruppe in ihren Empfindungen gegenseitiger, gruppenbezogener Verpflichtungen und Bindungen und in ihrem Verständnis von Macht- und Verantwortungsstrukturen in zwischenmenschlichen Beziehungen, dann können sie ihre aufgabenbezogenen Prozesse der Aufgabenzielklärung, der Entwicklung von Arbeitsplänen und des Setzens von Tätigkeitsprioritäten weniger gut ausführen, wenn sie alle mit einem PC ausgestattet sind.

Innerhalb der Mensch-Umwelt-Orientierung interagierte die PC-Verfügbarkeit sowohl mit der Vielfalt in der kulturellen Variation ‚Beherrschung' als auch mit der Vielfalt in der kulturellen Variation ‚Unterwerfung' signifikant in Hinblick auf die aufgabenbezogenen Prozesse. Die genauen Werte dieser Analysen finden sich in Tabelle A53 und A54 im Anhang 3 dieser Schrift. Insgesamt lässt sich hier festhalten, dass die aufgabenbezogenen Prozesse in Arbeitsgruppen dann durch eine PC-Verfügbarkeit für jedes Gruppenmitglied beeinträchtigt werden, wenn sie sich in ihren Auffassungen von Macht- und Verantwortungsstrukturen in zwischenmenschlichen Beziehungen voneinander unterscheiden; andererseits die aufgabebezogenen Gruppenprozesse durch eine PC-Verfügbarkeit jedoch dann noch gefördert werden, wenn sich die Mitglieder in ihrer Schicksalsergebenheit und in ihrer Akzeptanz der Vorherbestimmtheit von Lebensereignissen voneinander unterscheiden. Auch dies sind unerwartete Befunde.

Wie in Tabelle 9-44 zu sehen ist, interagiert hinsichtlich der beziehungsbezogenen Gruppenprozesse des Kooperierens und der gegenseitigen Unterstützung die PC-Verfügbarkeit

Überprüfung der Hypothesen 393

ebenfalls mit der kulturellen Vielfalt in der relationalen und der Menschlichen-Natur-Orientierung. Tabelle 9-61 enthält die genauen Werte der Regressionsanalysen.

Wie schon hinsichtlich der aufgabenbezogenen Gruppenprozesse beobachtet werden konnte, verdeutlichen die Werte auch hier, dass, obwohl die Vielfalt in den beiden kulturellen Werteorientierungen und die PC-Verfügbarkeit alleine signifikante und positive Prädiktoren der aufgabenbezogenen Gruppenprozesse darstellen, die jeweiligen Interaktionen signifikant sind und ein negatives Vorzeichen aufweisen. Offenbar werden die beziehungsbezogenen Gruppenprozesse in den Arbeitsgruppen beeinträchtigt, wenn sich die Gruppenmitglieder in ihren Auffassungen von zwischenmenschlichen Beziehungen und in ihren Annahmen über das Wesen der menschlichen Natur voneinander unterscheiden und sie gleichzeitig für ihre Gruppenarbeit alle über einen PC oder ein Notebook verfügen. Auch dies sind auf den ersten Blick überraschende Befunde.

Tabelle 9-61: Regression der Beziehungsprozesse auf die Interaktionen von Vielfalt in der relationalen und der Menschlichen-Natur-Orientierung mit der PC-Verfügbarkeit

Beziehungsbezogene Gruppenprozesse							
	β	t	VIF		β	t	VIF
Vielfalt: relationale Orientierung	1,3574	1,89*	1,08	Vielfalt:Menschliche-Natur-Orientierung	0,8313	2,35**	1,11
PC-Verfügbarkeit	0,5560	2,71**	1,08	PC-Verfügbarkeit	-0,2419	-1,14	1,11
(Vielfalt: relationale Orientierung) x (PC-Verfügbarkeit)	-1,6542	-2,31**	2,89	(Vielfalt: Menschliche-Natur-Orientierung) x (PC-Verfügbarkeit)	-0,9483	-2,68**	2,20
R^2	0,2193			R^2	0,2485		
R^2 adj.	0,1437			R^2 adj.	0,1758		
F-Wert	2,902**			F-Wert	3,418**		
ΔR^2	0,134			ΔR^2	0,174		
$F (\Delta R^{2)}$	5,323**			$F (\Delta R^{2)}$	7,168**		

* p < 0,1   ** p < 0,05   ***p < 0,01   ****p < 0,001

Die tiefer gehende Analyse, welche Variationsvielfaltarten in der relationalen und in der Menschlichen-Natur-Orientierung hinsichtlich der beziehungsbezogenen Gruppenprozesse genau durch die PC-Verfügbarkeit beeinflusst werden, ergab, dass innerhalb der relationalen Orientierung die PC-Verfügbarkeit sowohl mit der Vielfalt in der kulturellen Variation 'Kollektivismus' als auch mit der Vielfalt in der kulturellen Variation 'Hierarchie' signifikant in Hinblick auf die beziehungsbezogenen Gruppenprozesse interagieren. Für die genauen Werte siehe Tabellen A55 und A56 im Anhang 3 dieser Schrift. Aus den Analysen lässt sich der folgende Schluss ziehen: Unterscheiden sich die Gruppenmitglieder einer Arbeitsgruppe in ihren Empfindungen gegenseitiger, gruppenbezogener Verpflichtungen und Bindungen und in ihrem Verständnis von Macht- und Verantwortungsstrukturen in zwischenmenschlichen Be-

394   Ergebnisse der Untersuchung

ziehungen, dann kooperieren und unterstützen sie sich gegenseitig in der Gruppe weniger, wenn sie alle mit einem PC oder Notebook ausgestattet sind.

Innerhalb der Menschlichen-Natur-Orientierung interagierte die PC-Verfügbarkeit ausschließlich mit der Vielfalt in der kulturellen Variation ‚Veränderbarkeit/Nicht-Veränderbarkeit' signifikant in Hinblick auf die beziehungsbezogenen Gruppenprozesse (siehe Tabelle A57 im Anhang 3 dieser Schrift). Auch hier muss ein negativer Schluss gezogen werden: Unterscheiden sich demnach die Gruppenmitglieder in ihren Auffassungen von der prinzipiellen Veränderbarkeit des Wesens der menschlichen Natur, dann kooperieren und unterstützen sie sich gegenseitig weniger, wenn sie zudem alle über einen PC oder ein Notebook verfügen.

Obwohl die Ausstattung von Arbeitsgruppen mit PCs oder Notebooks für jedes Gruppenmitglied eigentlich als wünschenswert und positiv angesehen werden könnte, scheint es im Falle multikulturell zusammengesetzter Arbeitsgruppen zumindest für die vorliegende Stichprobe nicht so günstig zu sein, wenn die Gruppenmitglieder alle über einen Rechner verfügen. Dies ist ein völlig unerwartetes Ergebnis, das in der die vorliegende Arbeit abschließenden Diskussion noch detaillierter behandelt werden soll.

Wie weiterhin in den Tabellen 9-43 und 9-44 zu sehen ist, interagiert weder die informationstechnologische Vernetztheit der Gruppenmitglieder bzw. ein für alle Gruppenmitglieder freier Zugang zum Intranet im Unternehmen noch räumliche Nähe mit der Vielfalt in den kulturellen Werteorientierungen in Hinblick auf die Gruppenprozesse.

Institutionalisiertheit der direkten Kommunikationsmöglichkeiten in Arbeitsgruppen

Wie in Tabelle 9-44 zu sehen ist, interagiert die Institutionalisiertheit von direkten Kommunikationsmöglichkeiten zwischen Gruppenmitgliedern, zum Beispiel in Form von Teeküchen oder Sozialräumen, mit der kulturellen Vielfalt in der Mensch-Umwelt-Orientierung in Hinblick auf das Auftreten von Beziehungskonflikten. Während die Institutionalisiertheit von direkten Kommunikationsmöglichkeiten in keinem nennenswerten Zusammenhang mit dem Auftreten von Beziehungskonflikten in Arbeitsgruppen steht, hat die kulturelle Wertevielfalt in der Mensch-Umwelt-Orientierung zwar nur schwache, jedoch differenzielle Effekte auf das Auftreten von Beziehungskonflikten. Wie bereits dargestellt, fördert Vielfalt in der kulturellen Variation ‚Harmonie' das Auftreten dieser, während Vielfalt in der kulturellen Variation ‚Unterwerfung' das Auftreten von Beziehungskonflikten senkt. Die Regressionsanalyse des Auftretens von Beziehungskonflikten auf die Interaktion von kultureller Vielfalt in der Mensch-Umwelt-Orientierung mit der Institutionalisiertheit von Kommunikationsmöglichkeiten ergab jedoch, dass die Institutionalisiertheit von Kommunikationsmöglichkeiten den positiven Zusammenhang zwischen der kulturellen Vielfalt in der Mensch-Umwelt-Orientierung und den Beziehungskonflikten eher noch verstärkt. Es sei jedoch vorweg wiederholt, dass von den 37 Führungskräften 23 der Führungskräfte die Frage nach der Institutionalisiertheit der direkten Kommunikationsmöglichkeiten für ihre Gruppenmitglieder bejahten, während 12 sie verneinten. Die Regressionen wurden also nur für die Arbeitsgruppen gerechnet, die nach Auskunft ihrer Führungskräfte über institutionalisierte Kommunikationsmöglichkeiten verfügen. Die folgende Tabelle enthält die genauen Ergebnisse.

Überprüfung der Hypothesen 395

Tabelle 9-62: Regression der Beziehungskonflikte auf die Interaktion von Vielfalt in der Mensch-Umwelt-Orientierung und der Institutionalisiertheit von direkten Kommunikationsmöglichkeiten

	Beziehungskonflikte		
	β	t	VIF
Vielfalt in der Mensch-Umwelt-Orientierung	-0,1092	-0,40	1,07
Institutionalisiertheit der direkten Kommunikationsmöglichkeiten	-0,0692	-0,63	1,10
(Vielfalt in der Mensch-Umwelt-Orientierung) x (Institutionalisiertheit)	0,8379	3,07***	1,04
R²	0,2506		
R² adj.	0,178		
F-Wert	3,455**		
ΔR²	0,227		
F (ΔR²⁾	9,404***		

* p < 0,1   ** p < 0,05   ***p < 0,01   ****p < 0,001

Die Werte verdeutlichen, dass die Vielfalt in der Mensch-Umwelt-Orientierung und die Institutionalisiertheit der direkten Kommunikationsmöglichkeiten sich offenbar gegenseitig so stark beeinflussen, dass ihre Interaktion beinahe die gesamte Varianz in den Beziehungskonflikten alleine erklärt. Liegt also zwischen den Gruppenmitgliedern Vielfalt in der Mensch-Umwelt-Orientierung vor, dann treten zwischen ihnen mehr Beziehungskonflikte auf, wenn ihre direkten Kommunikationsmöglichkeiten in irgendeiner Form institutionalisiert sind. Die tiefer gehende Analyse dieses Effektes ergab, dass, wie schon bei der Betrachtung der singulären Zusammenhänge zwischen den Vielfaltsvariationen der Mensch-Umwelt-Orientierung in Hinblick auf die Beziehungskonflikte, ausschließlich die Vielfalt in der kulturellen Variation ‚Harmonie' mit der Institutionalisiertheit der Kommunikation so interagierte, dass in Arbeitsgruppen mehr Beziehungskonflikte zwischen den Gruppenmitgliedern auftraten. Auch hier ergab die Regression der Beziehungskonflikte auf die Interaktion der Institutionalisiertheit der Kommunikationsmöglichkeiten mit der Vielfalt in der kulturellen Variation ‚Harmonie', dass ausschließlich die Interaktion beider eine hohe und positive Prädiktorstärke erreicht und allein mit 22,8% Varianzerklärung ebenfalls fast die gesamte Varianz in den Beziehungskonflikten erklärt (siehe Tabelle A58 im Anhang 3 dieser Schrift). Dieses Ergebnis lässt also den Schluss zu, dass, wenn sich die Gruppenmitglieder hinsichtlich ihrer Annahmen über ihre Position und ihrer Verbundenheit mit dem sie umgebenden Gesamtsystem voneinander unterscheiden, dann treten zwischen ihnen mehr Beziehungs- oder emotionale Konflikte auf, wenn zudem ihre Möglichkeiten zur direkten Kommunikation miteinander in irgendeiner Form institutionalisiert sind. Dieser Befund ist zwar unerwartet, jedoch nicht unplausibel.

396 Ergebnisse der Untersuchung

Formalisierungsgrad der Gruppenkommunikationsmöglichkeiten

Wie in den Tabellen 9-43 und 9-44 zu sehen ist, interagiert der Formalisierungsgrad der Gruppenkommunikationsmöglichkeiten als letztes erhobenes Merkmal des unternehmerischen Kontexts sowohl mit der kulturellen Vielfalt in der Aktivitätsorientierung in Hinblick auf die externe Gruppenkommunikation mit anderen Unternehmen, als auch mit der kulturellen Vielfalt in der Mensch-Umwelt-Orientierung in Hinblick auf das Auftreten von Aufgabenkonflikten, die beziehungsbezogenen Gruppenprozesse und die Konfliktlösung.

Obwohl in Bezug auf die aufgabenbezogene, externe Gruppenkommunikation mit anderen Unternehmen oder Organisationen ursprünglich weder mit der kulturellen Vielfalt in der Aktivitätsorientierung noch mit dem Formalisierungsgrad der Gruppenkommunikationsmöglichkeiten nennenswerte Zusammenhänge bestehen, scheinen sich beide soweit gegenseitig zu beeinflussen, dass ihre Kombination bedeutsame Konsequenzen für die externe Gruppenkommunikation aufweist. Folgende Tabelle enthält die konkreten Werte.

Tabelle 9-63: **Regression der externen Kommunikation (C) auf die Interaktion von Vielfalt in der Aktivitätsorientierung und dem Formalisierungsgrad der Gruppenkommunikation**

	Externe Kommunikation (C)		
	β	t	VIF
Vielfalt in der Aktivitätsorientierung	0,7614	1,88*	1,10
Formalisierungsgrad der Gruppenkommunikation	-0,1822	-1,73*	1,78
(Vielfalt in der Aktivitätsorientierung) x (Formalisierungsgrad)	-1,1073	-2,95***	1,67
R^2	0,2488		
R^2 adj.	0,1761		
F-Wert	3,423**		
ΔR^2	0,211		
F (ΔR^2)	8,692***		

* $p < 0,1$ ** $p < 0,05$ ***$p < 0,01$ ****$p < 0,001$

Interessant ist die negative Vorhersage der externen Kommunikation durch den Formalisierungsgrad der Kommunikation. Diese wirkt so auf die Vielfalt in der Aktivitätsorientierung, dass der hier zu sehende, zwar ebenfalls nur marginal signifikante, aber positive Zusammenhang zwischen der Vielfalt in der Aktivitätsorientierung und der externen Gruppenkommunikation umgekehrt wird. Die tiefer gehende Analyse dieses Effekts ergab, dass ausschließlich die Vielfalt in der kulturellen Variation 'Denken' mit dem Formalisierungsgrad der Gruppenkommunikation so interagierte, dass die Arbeitsgruppen insgesamt weniger mit gruppenexternen Personen aus anderen Unternehmen oder Organisationen aufgabenbezogen kommunizierten (die genauen Werte sind in Tabelle A59 im Anhang 3 dieser Schrift enthalten). Es lässt sich folgern, dass, wenn sich die Gruppenmitglieder in ihren jeweiligen Informationsverarbeitungsmodi voneinander unterscheiden, die Gruppe weniger aufgabenbezogen mit Per-

Überprüfung der Hypothesen 397

sonen aus anderen Unternehmen oder Organisationen kommunizieren wird, wenn zudem ihre Kommunikationsmöglichkeiten hochgradig formalisiert sind.

Der Formalisierungsgrad der Gruppenkommunikationsmöglichkeiten moderiert ebenfalls die Zusammenhänge zwischen der kulturellen Vielfalt in der Mensch-Umwelt-Orientierung und den Aufgabenkonflikten, den beziehungsbezogenen Gruppenprozessen und der Konfliktlösung. Tabelle 9-64 zeigt die Werte.

Tabelle 9-64: Regressionen der Gruppenprozesse auf die Interaktion von kultureller Vielfalt in der Mensch-Umwelt-Orientierung und dem Formalisierungsgrad der Gruppenkommunikation

	Aufgabenkonflikte		Beziehungsbezogene Gruppenprozesse		Konfliktlösung		
	β	t	β	t	β	t	VIF
Vielfalt in der Mensch-Umwelt-Orientierung	-0,3666	-2,06**	0,5568	2,90***	0,4887	2,39**	1,49
Formalisierungsgrad	-0,1420	2,39**	-0,038	-0,60	-0,1586	-2,32**	1,23
(Vielfalt: Mensch-Umwelt-Orientierung) x (Formalisierungsgrad)	0,3797	2,08**	-0,7607	-3,86****	-0,5312	-2,53**	1,28
R^2		0,2535		0,3533		0,2875	
R^2 adj.		0,1813		0,2907		0,2185	
F-Wert		3,509**		5,646***		4,169**	
ΔR^2		0,104		0,311		0,147	
F ($\Delta R^{2)}$		4,329**		14,89****		6,411**	

* $p < 0,1$ ** $p < 0,05$ *** $p < 0,01$ **** $p < 0,001$

Die tiefer gehende Analyse, welche Variationsvielfalt in der Mensch-Umwelt-Orientierung hinsichtlich der Gruppenprozesse genau durch den Formalisierungsgrad der Gruppenkommunikation beeinflusst werden, ergab, dass in Hinblick auf die Aufgabenkonflikte ausschließlich die Vielfalt in der kulturellen Variation ‚Beherrschung' und in Hinblick auf die beziehungsbezogenen Gruppenprozesse und die Konfliktlösung ausschließlich die Vielfalt in der kulturellen Variation ‚Harmonie' mit dem Formalisierungsgrad interagierte (siehe Tabellen A60-A62 im Anhang 3 dieser Schrift). Die Analysen ergaben, dass erstens, wenn sich die Gruppenmitglieder in ihren jeweiligen Annahmen über die Kontrollier- und Gestaltbarkeit der Umwelt voneinander unterscheiden, sie dann miteinander in mehr Aufgabenkonflikten involviert sind, wenn sich die Gruppenkommunikationsmöglichkeiten zudem durch einen hohen Formalisierungsgrad auszeichnen. Zweitens wurde festgestellt, dass, wenn sich Gruppenmitglieder hinsichtlich ihrer Annahmen über ihre Position und ihrer Verbundenheit mit dem sie umgebenden Gesamtsystem voneinander unterscheiden, sie dann weniger kooperieren und sich gegenseitig unterstützen, wenn zudem die Möglichkeiten der Gruppenkommunikation hochgradig formalisiert sind. Und drittens zeigten die Analysen schließlich, dass, wenn sich die Gruppenmitglieder in ihren Annahmen über ihre Position und ihre Verbundenheit mit dem sie umgebenden Gesamtsystem voneinander unterscheiden, sie die in der Gruppe auftretenden Konflikte weniger gut lösen, wenn sich ihre Kommunikationsmöglichkeiten durch einen hohen Formalisierungsgrad auszeichnen.

Mit diesen Auswertungen ist der erste Abschnitt der Überprüfung potenzieller Moderationswirkungen der Gruppenmanagementvariablen auf die Zusammenhänge zwischen der Vielfalt in den kulturellen Werteorientierungen und den Gruppenprozessen abgeschlossen. Der nun folgende zweite Abschnitt hierzu stellt die Überprüfungen potenzieller Moderationswirkungen der Gruppenmanagementvariablen auf die Zusammenhänge zwischen den anderen erhobenen Gruppenstrukturmerkmalen und den Gruppenprozessen dar und soll damit insgesamt Anschluss an die bestehende Forschung gewährleisten.

9.2.6.2 Moderation der Zusammenhänge zwischen den anderen Gruppenstrukturmerkmalen und den Gruppenprozessen durch das Gruppenmanagement

Um potenzielle Moderatoren der Zusammenhänge zwischen den anderen erhobenen Gruppenstrukturmerkmalen (Altersvielfalt, Vielfalt in der Dauer der Unternehmens- und Gruppenzugehörigkeit, Vielfalt in der relativen Gruppengröße und der Dauer der formalen Bildung) und den Gruppenprozessen zu identifizieren, wurden ebenfalls multiple Regressionen der Gruppenprozesse auf die Gruppenstrukturmerkmale als Prädiktoren, die Gruppenmanagementvariablen als Moderatoren und ihren jeweiligen Interaktionen gerechnet.

Die folgenden zwei Tabellen geben einen Überblick über die festgestellten Moderationswirkungen des Gruppenmanagements auf die Zusammenhänge zwischen den anderen Gruppenstrukturmerkmalen und den Gruppenprozessen.

Tabelle 9-65: **Überblick über die Moderationswirkungen des Gruppenmanagements im Hinblick auf die Zusammenhänge zwischen den Gruppenstrukturmerkmalen und den kognitionsbezogenen Gruppenprozessen**

Gruppenstrukturmerkmale	Kognitionsbezogene Gruppenprozesse				
	Aufgabenbezogene Gruppenprozesse	Aufgabenkonflikte	Externe Kommunikation (A)	Externe Kommunikation (B)	Externe Kommunikation (C)
Altersvielfalt	Mitarbeiterorientierte Führung (+)	Leistungserstellung (–)			
	Trainings (+)				
Vielfalt in der Dauer der Gruppenzugehörigkeit	Aufgabenorientierte Führung (+)	Teamerwünschtheit (–)			
	Mitarbeiterorientierte Führung (+)	Mitgliederauswahl (+)			
	PC-Verfügbarkeit (+)	Räumliche Nähe (+)			
Vielfalt in der Dauer der Unternehmenszugehörigkeit	PC-Verfügbarkeit (+)				
Bildungsvielfalt		Formalisierung der Kommunikation (+)	Trainings (+) Planung (+)	Trainings (+)	
Relative Gruppengröße				Lohnstrukturen (–)	Mitarbeiterorientierte Führung (–)

Anhand dieser Tabellen wird bereits deutlich, dass sämtliche Gruppenstruktur-Prozess-Zusammenhänge durch die Gruppenmanagementvariablen moderiert werden und auch hier die Forderungen aus der Forschung, sowohl die Führung und Planung von Gruppenarbeit, als auch und vor allem Organisationsmerkmale und Merkmale des unternehmerischen Kontexts bei der Untersuchung divers zusammengesetzter Arbeitsgruppen mit einzubeziehen, Unterstützung erfahren.

400   Ergebnisse der Untersuchung

Tabelle 9-66: Überblick über die Moderationswirkungen des Gruppenmanagements im Hinblick auf die Zusammenhänge zwischen der kulturellen Vielfalt und den sozialen Gruppenprozessen

		Soziale Gruppenprozesse			
		Beziehungs- bezogene Gruppenprozesse	**Beziehungs- konflikte**	**Kommunikations- informalität**	**Konfliktlösung**
Gruppenstrukturmerkmale	**Altersvielfalt**	PC-Verfügbarkeit (+)	Mitgliederauswahl (+)	Trainings (+)	Trainings (+)
				Leistungserstellung (+)	
	Vielfalt in der Dauer der Gruppenzu- gehörigkeit	PC-Verfügbarkeit (+)	Mitgliederauswahl (+)	Aufgabenorientierte Führung (+)	Aufgabenorientierte Führung (+)
	Vielfalt in der Dauer der Unternehmens- zugehörigkeit	PC-Verfügbarkeit (+)	Mitgliederauswahl (+)		Trainings (+)
	Bildungsvielfalt		Externe Führung (+)		Externe Führung ( )
			Institutionalisiertheit der Kommunikation (+)		
	Relative Gruppengröße	Planung (+)			

Insgesamt fällt auf, dass es vor allem Zusammenhänge zwischen der Altersvielfalt und der Vielfalt in der Dauer der Gruppenzugehörigkeit sind, die von den Gruppenmanagementvariablen moderiert werden. Als häufigste Moderatoren erweisen sich dabei die Verfügbarkeit von Gruppentrainings, die Verfügbarkeit von PCs oder Notebooks für alle Gruppenmitglieder und die Möglichkeit der Führungskräfte, die Mitglieder ihrer Arbeitsgruppen selbst auszuwählen. Wie genau sämtliche Moderationsbeziehungen jedoch aussehen, soll im Folgenden detailliert dargestellt werden. Analog zur Darstellung der Prüfungen möglicher Moderationswirkungen der Gruppenmanagementvariablen auf die Zusammenhänge zwischen der kulturellen Wertevielfalt und den Gruppenprozessen werden im ersten Teil dieses Abschnitts die Moderationswirkungen der drei Führungsverhaltensweisen und darauf folgend im zweiten Teil die Moderationswirkungen der Planung dargestellt, wobei dieser Abschnitt insgesamt mit der Darstellung der Moderationswirkungen der Merkmale der Organisation und des unternehmerischen Kontextes auf die Struktur-Prozess-Zusammenhänge abschließt.

Überprüfung der Hypothesen 401

9.2.6.2.1 Moderation der Zusammenhänge zwischen den anderen Gruppenstruktur- merkmalen und den Gruppenprozessen durch die Führung

Anhand der Tabellen 9-65 und 9-66 lässt sich sehen, dass die Führung insgesamt nur wenige Gruppenstruktur-Prozess-Zusammenhänge moderiert, wobei die mitarbeiterorientierte Führung mit jeweils verschiedenen Gruppenstrukturmerkmalen interagiert, die aufgabenorientierte Führung jedoch ausschließlich mit der Vielfalt in der Dauer der Gruppenzugehörigkeit und die externe Führung ausschließlich mit der Vielfalt in der Dauer der formalen Bildung der Gruppenmitglieder interagiert.

9.2.6.2.1.1 Moderation der Zusammenhänge zwischen den anderen Gruppenstruktur- merkmalen und den Gruppenprozessen durch die aufgabenorientierte Führung

Wie bereits erwähnt, interagiert die aufgabenorientierte Führung ausschließlich mit der Vielfalt in der Dauer der Gruppenzugehörigkeit der Gruppenmitglieder bedeutsam, und zwar in Hinblick auf die aufgabenbezogenen Gruppenprozesse, die Kommunikationsinformalität und die Konfliktlösung.

Während zwischen keinem der Strukturmerkmale und den Aufgabenprozessen und auch nicht zwischen den Führungsstilen und den Aufgabenprozessen ein nennenswerter Zusammenhang bestand, scheinen sich hier die potenziellen Einflüsse so zu verstärken, dass die Kombination zu bedeutsamen Resultaten führt. Die Regression der aufgabenbezogenen Gruppenprozesse auf die Interaktion der aufgabenorientierten Führung mit der Vielfalt in der Dauer der Gruppenzugehörigkeit (F-Wert =3,062; p = 0,042; R^2 = 0,2230; R^2 adj. = 0,1502; ΔR^2 = 0,1088; F-Wert von ΔR^2 = 4,483; p = 0,042; alle drei VIFs < 1,05) ergab, dass sowohl die aufgabenorientierte Führung (t-Wert = 1,75; p < 0,09) als auch die Interaktion dieser mit der Vielfalt in der Dauer Gruppenzugehörigkeit (t-Wert = 2,12; p < 0,05) signifikant und positiv die aufgabenbezogenen Prozesse vorhersagen können, wobei der Interaktionsterm insgesamt den stärkeren Effekt aufweist und einen Zuwachs von 10,9% an erklärter Varianz in den aufgabenbezogenen Gruppenprozessen der Arbeitsgruppen leistet. Hieraus lässt sich also folgern, dass, wenn sich die Gruppenmitglieder in der Dauer ihrer Gruppenzugehörigkeit voneinander unterscheiden, sie ihre aufgabenbezogenen Gruppenprozesse besser ausführen können, wenn sie zudem aufgabenorientiert geführt werden.

In Hinblick auf die Kommunikationsinformalität scheint derselbe gegenseitige Verstärkungseffekt der Führung und der Gruppenstruktur aufzutreten. Die Regression der Kommunikationsinformalität auf die Interaktion der aufgabenorientierten Führung mit der Vielfalt in der Dauer der Gruppenzugehörigkeit (F-Wert = 3,137; p = 0,039; R^2 = 0,2272; R^2 adj. = 0,1548; ΔR^2 = 0,095; F-Wert von ΔR^2 = 3,918; p = 0,056; alle drei VIFs < 1,05) ergab, dass sowohl die aufgabenorientierte Führung (t-Wert = 2,10; p < 0,043) als auch die Interaktion dieser mit der Vielfalt in der Dauer Gruppenzugehörigkeit (t-Wert = 1,98; p < 0,06) signifikant und positiv die Kommunikationsinformalität vorhersagen können, wobei der Interaktionsterm insgesamt jedoch den schwächeren Effekt aufweist, nichtsdestotrotz aber immer noch einen Zuwachs von 9,5% an erklärter Varianz in der Kommunikationsinformalität in den Arbeitsgruppen leistet. Hieraus lässt sich also folgern, dass, wenn sich die Gruppenmitglieder

402 Ergebnisse der Untersuchung

in der Dauer ihrer Gruppenzugehörigkeit voneinander unterscheiden, kommunizieren sie eher auf informellem Wege miteinander, wenn sie zudem aufgabenorientiert geführt werden.

In Hinblick auf die Konfliktlösung konnte zwar ein bedeutsamer und positiver Zusammenhang mit der aufgabenorientierten Führung festgestellt werden, ein Zusammenhang zwischen der Vielfalt in der Dauer der Gruppenzugehörigkeit und der Konfliktlösung dagegen nicht. Offenbar verstärkt die aufgabenorientierte Führung den ehemals nicht nennenswerten Zusammenhang so, dass die Regression der Konfliktlösung auf die Interaktion der aufgabenorientierten Führung mit der Vielfalt in der Dauer der Gruppenzugehörigkeit (F-Wert = 10,014; p < 0,0001; R^2 = 0,4842; R^2 adj. = 0,4358; ΔR^2 = 0,087; F-Wert von ΔR^2 = 5,37; p = 0,027; alle drei VIFs < 1,05) ergab, dass sowohl die aufgabenorientierte Führung (t-Wert = 4,41; p = 0,0001) als auch die Interaktion dieser mit der Vielfalt in der Dauer Gruppenzugehörigkeit (t-Wert = 2,32; p < 0,03) signifikant und positiv die Konfliktlösung vorhersagen können. Der Interaktionsterm weist zwar insgesamt den schwächeren Effekt auf, der jedoch nichtsdestotrotz immer noch signifikant ist und einen Zuwachs von 8,7% an erklärter Varianz in der Konfliktlösung in den Arbeitsgruppen leistet. Hieraus lässt sich also ebenfalls folgern, dass, wenn sich die Gruppenmitglieder in der Dauer ihrer Gruppenzugehörigkeit voneinander unterscheiden, sie die in der Arbeitsgruppe auftretenden Konflikte auch lösen können, wenn sie zudem aufgabenorientiert geführt werden.

9.2.6.2.1.2 Moderation der Zusammenhänge zwischen den anderen Gruppenstrukturmerkmalen und den Gruppenprozessen durch die mitarbeiterorientierte Führung

Wie bereits in Tabelle 9-65 zu sehen ist, interagiert die mitarbeiterorientierte Führung mit der Altersvielfalt, der Vielfalt in der Dauer der Gruppenzugehörigkeit und der relativen Gruppengröße interessanterweise ausschließlich in Hinblick auf die kognitionsbezogenen Gruppenprozesse, nämlich die aufgabenbezogenen Gruppenprozesse und die externe Gruppenkommunikation mit anderen Unternehmen oder Organisationen.

Im Zusammenhang mit den aufgabenbezogenen Gruppenprozessen scheint derselbe Verstärkungseffekt durch die Kombination von mitarbeiterorientierter Führung und Altersvielfalt aufzutreten, wie es schon bei der aufgabenorientierten Führung und diesen Prozessen der Fall war. Die Regression der aufgabenbezogenen Gruppenprozesse auf die Interaktion der mitarbeiterorientierten Führung mit der Altersvielfalt (F-Wert = 2,76; p = 0,058; R^2 = 0,2056; R^2 adj. = 0,1311; ΔR^2 = 0,1083; F-Wert von ΔR^2 = 4,36; p = 0,045; alle drei VIFs < 1,09) ergab, dass sowohl die mitarbeiterorientierte Führung (t-Wert = 1,83; p < 0,08) als auch die Interaktion dieser mit der Altersvielfalt (t-Wert = 2,09; p < 0,05) signifikant und positiv die aufgabenbezogenen Prozesse vorhersagen können, wobei der Interaktionsterm insgesamt den stärkeren Effekt aufweist und mit einem Zuwachs von 10,8% an erklärter Varianz in den aufgabenbezogenen Gruppenprozessen beinahe die Hälfte der Gesamtvarianz erklärt. Es lässt sich also der Schluss ziehen, dass, wenn sich die Gruppenmitglieder in ihrem jeweiligen Alter voneinander unterscheiden, sie ihre Aufgabenprozesse besser ausführen können, wenn sie zudem mitarbeiterorientiert geführt werden.

Die aufgabenbezogenen Gruppenprozesse werden ebenfalls von der Interaktion der mitarbeiterorientierten Führung und der Vielfalt in der Dauer der Gruppenzugehörigkeit bedeutsam erklärt. Die Regression der aufgabenbezogenen Gruppenprozesse auf die Interaktion der

Überprüfung der Hypothesen   403

mitarbeiterorientierten Führung mit der Altersvielfalt (F-Wert = 3,055; p = 0,043; R^2 = 0,2227; R^2 adj. = 0,1497; ΔR^2 = 0,1415; F-Wert von ΔR^2 = 5,826; p = 0,022; alle drei VIFs < 1,14) ergab, dass ausschließlich die Interaktion beider (t-Wert = 2,41; p < 0,03) eine signifikante und positive Vorhersage der aufgabenbezogenen Gruppenprozesse ermöglicht und alleine einen Zuwachs von 14,15% Varianz in den aufgabenbezogenen Gruppenprozessen leistet. Es lässt sich also auch hier der Schluss ziehen, dass, wenn sich die Gruppenmitglieder in der Dauer ihrer jeweiligen Gruppenzugehörigkeit voneinander unterscheiden, sie dann ihre aufgabenbezogenen Gruppenprozesse besser ausführen können, wenn sie außerdem mitarbeiterorientiert geführt werden.

Während zwischen keinem der Strukturmerkmale und der externen Gruppenkommunikation mit Personen aus anderen Unternehmen und auch nicht zwischen den Führungsstilen und der externen Gruppenkommunikation ein nennenswerter Zusammenhang bestand, scheinen sich hier die potenziellen Einflüsse so zu verstärken, dass die Kombination zu bedeutsamen Resultaten führt. Die Regression der externen Gruppenkommunikation mit Personen aus anderen Unternehmen oder Organisationen auf die Interaktion der mitarbeiterorientierten Führung mit der relativen Gruppengröße (F-Wert = 2,738; p = 0,059; R^2 = 0,2042; R^2 adj. = 0,1296; ΔR^2 = 0,1443; F-Wert von ΔR^2 = 5,8; p = 0,022; alle drei VIFs < 1,28) ergab, dass ausschließlich die Interaktion beider (t-Wert = -2,41; p < 0,03) eine signifikante, jedoch negative Vorhersage der externen Gruppenkommunikation mit Personen aus anderen Unternehmen ermöglicht und alleine einen Zuwachs von 14,43% Varianz in der externen Gruppenkommunikation leistet. Hieraus lässt sich folgern, dass, wenn die Gruppenmitglieder die Anzahl der Personen in ihrer Arbeitsgruppe für ihre Aufgaben als ausreichend groß wahrnehmen, sie dann weniger aufgabenbezogen mit Personen aus anderen Unternehmen oder Organisationen kommunizieren, wenn sie zudem mitarbeiterorientiert geführt werden.

9.2.6.2.1.3 Moderation der Zusammenhänge zwischen den anderen Gruppenstrukturmerkmalen und den Gruppenprozessen durch die externe Führung

Wie bereits erwähnt und in Tabelle 9-66 zu sehen, interagiert die externe Führung interessanterweise ausschließlich mit der Vielfalt in der formalen Bildung der Gruppenmitglieder bedeutsam in Hinblick auf die affektiv-sozialen Gruppenprozesse, nämlich die Beziehungskonflikte und die Konfliktlösung. Während zwischen der externen Führung und diesen Gruppenprozessen jedoch ursprünglich kein nennenswerter Zusammenhang zu beobachten war, weist die Bildungsvielfalt einen zwar nur schwachen, aber positiven Zusammenhang mit der Konfliktlösung auf. Wie gleich zu zeigen sein wird, kehrt sich dieser positive Zusammenhang durch eine Moderation der externen Führung um. Vorerst soll jedoch von der Interaktion der externen Führung mit der Bildungsvielfalt in Hinblick auf das Auftreten von Beziehungskonflikten in den Arbeitsgruppen berichtet werden.

Die Regression der Beziehungskonflikte auf die Interaktion der externen Führung mit der Bildungsvielfalt (F-Wert = 5,35; p = 0,0042; R^2 = 0,334; R^2 adj. = 0,2716; ΔR^2 = 0,1239; F-Wert von ΔR^2 = 5,956; p = 0,0204; alle drei VIFs < 1,19) ergab, dass sowohl die externe Führung (t-Wert = -3,05; p < 0,005) als auch die Interaktion dieser mit der Bildungsvielfalt (t-Wert = 2,44; p < 0,03) signifikant die Beziehungskonflikte vorhersagen können, wobei der Interaktionsterm jedoch ein positives Vorzeichen aufweist und alleine bereits 12,4% der

404 Ergebnisse der Untersuchung

Gesamtvarianz in den Beziehungskonflikten zu erklären imstande ist. Unterscheiden sich also die Gruppenmitglieder in der Dauer ihrer formalen Bildungen voneinander, dann treten in der Gruppe mehr Beziehungs- oder emotionale Konflikte auf, wenn die Arbeitsgruppe extern geführt wird. Dieser Befund ist zwar unerwartet, scheint jedoch nicht unplausibel.

Einen ähnlichen Moderationseffekt weist die externe Führung in Hinblick auf den positiven Zusammenhang zwischen der Bildungsvielfalt und der Konfliktlösung auf. Die Regression der Konfliktlösung auf die Interaktion der externen Führung mit der Bildungsvielfalt (F-Wert = 7,676; p = 0,0005; R^2 = 0,4185; R^2 adj. = 0,3639; ΔR^2 = 0,1202; F-Wert von ΔR^2 = 6,616; p = 0,015; alle drei VIFs < 1,19) ergab, dass hier alle drei Terme, sowohl die externe Führung (t-Wert = 2,97; p < 0,006), die Bildungsvielfalt (t-Wert = 2,99; p < 0,006) als auch die Interaktion beider (t-Wert = -2,57; p < 0,02) signifikant die Konfliktlösung vorhersagen können, wobei der Interaktionsterm jedoch ein negatives Vorzeichen aufweist, was die Umkehrung des positiven Zusammenhangs zwischen der Bildungsvielfalt und der Konfliktlösung verdeutlicht und alleine bereits signifikante 12,02% der Gesamtvarianz in der Konfliktlösung erklärt. Unterscheiden sich also die Gruppenmitglieder in der Dauer ihrer formalen Bildungen voneinander, dann kann die Arbeitsgruppe in ihr auftretende Konflikte weniger lösen, wenn sie extern geführt wird. Dieser Befund geht Hand in Hand mit dem gerade erwähnten.

9.2.6.2.2 Moderation der Zusammenhänge zwischen den anderen Gruppenstrukturmerkmalen und den Gruppenprozessen durch die Planung

Die Tabellen 9-65 und 9-66 zeigen, dass der Einsatz von Planungstechniken zum einen den ursprünglich nicht nennenswerten Zusammenhang zwischen der Vielfalt in der Dauer der formalen Bildung der Gruppenmitglieder und der externen Gruppenkommunikation mit anderen Personen aus demselben Geschäftsbereich und zum anderen den ebenfalls ursprünglich nicht bedeutsamen Zusammenhang zwischen der relativen Gruppengröße und den beziehungsbezogenen Gruppenprozessen moderiert. Der Einsatz von Planungstechniken selbst steht für sich genommen ebenfalls mit keinem der beiden Prozesse im Zusammenhang. Offenbar treten auch hier durch die Kombinationen aus Gruppenstruktur und Planung Verstärkungseffekte auf, die in bedeutsamen Ergebnissen resultieren.

Die Regression der externen Gruppenkommunikation mit anderen Personen aus demselben Geschäftsbereich auf die Interaktion der Planung mit der Vielfalt in der Dauer der formalen Bildung der Gruppenmitglieder (F-Wert = 3,334; p = 0,031; R^2 = 0,2326; R^2 adj. = 0,1628; ΔR^2 = 0,1267; F-Wert von ΔR^2 = 5,45; p = 0,026; alle drei VIFs < 1,77) ergab, dass sowohl die Bildungsvielfalt (t-Wert = -2,21; p < 0,035) als auch die Interaktion der Bildungsvielfalt mit dem Einsatz von Planungstechniken (t-Wert = 2,33; p < 0,03) signifikante Prädiktoren der externen Gruppenkommunikation mit anderen Personen im selben Geschäftsbereich sind. Der Interaktionsterm weist ein positives Vorzeichen auf und leistet einen Zuwachs von signifikanten 12,7% in der Gesamtvarianz. Es kann also der Schluss gezogen werden, dass, wenn sich die Gruppenmitglieder einer Arbeitsgruppe in der Dauer ihrer formalen Bildungen voneinander unterscheiden, sie dann mehr aufgabenbezogen mit gruppenexternen Personen aus demselben Geschäftsbereich kommunizieren, wenn in ihrer Arbeit außerdem Planungstechniken zum Einsatz kommen.

Überprüfung der Hypothesen 405

Ein ganz ähnliches Bild ergibt sich bei der Betrachtung der Moderation durch die Planung in Hinblick auf den Zusammenhang zwischen der relativen Gruppengröße und den beziehungsbezogenen Gruppenprozessen. Die Regression der beziehungsbezogenen Gruppenprozesse auf die Interaktion der Planung mit der relativen Gruppengröße (F-Wert = 2,609; p = 0,068; R^2 = 0,1917; R^2 adj. = 0,1182; ΔR^2 = 0,1041; F-Wert von ΔR^2 = 4,252; p = 0,047; alle drei VIFs < 1,52) ergab, dass sowohl die relative Gruppengröße (t-Wert = -2,05; p < 0,05) als auch die Interaktion der relativen Gruppengröße mit dem Einsatz von Planungstechniken (t-Wert = 2,06; p < 0,05) signifikante Prädiktoren der beziehungsbezogenen Gruppenprozesse sind. Der Interaktionsterm weist ein positives Vorzeichen auf und leistet einen Zuwachs von signifikanten 10,4% in der erklärten Gesamtvarianz der beziehungsbezogenen Gruppenprozesse. Es kann also auch hier der Schluss gezogen werden, dass, wenn die Gruppenmitglieder die Anzahl der Personen in ihrer Arbeitsgruppe für ihre Aufgaben als ausreichend groß wahrnehmen, sie dann mehr miteinander kooperieren und sich gegenseitig unterstützen, wenn in der Gruppe außerdem Planungstechniken zum Einsatz kommen.

9.2.6.2.3 Moderation der Zusammenhänge zwischen den anderen Gruppenstruktur-merkmalen und den Gruppenprozessen durch die Organisationsmerkmale

Wie bereits erwähnt ist von den Gruppenmanagementvariablen im Allgemeinen und den Merkmalen des organisationalen Kontextes im Besonderen die Verfügbarkeit von Gruppentrainings der am häufigsten auftretende Moderator der Struktur-Prozess-Beziehungen. Im Folgenden sollen jedoch alle Moderationen der Struktur-Prozess-Zusammenhänge durch die Organisationsmerkmale chronologisch dargestellt werden.

Verfügbarkeit von Gruppentrainings

Wie in Tabelle 9-65 und 9-66 zu sehen, moderiert die Verfügbarkeit von Gruppentrainings in Unternehmen die Zusammenhänge zwischen der Altersvielfalt und den aufgabenbezogenen Gruppenprozessen, der Kommunikationsinformalität und der Konfliktlösung. Außerdem kann eine Moderation des Zusammenhangs der Vielfalt in der Dauer der Unternehmenszugehörigkeit und der Konfliktlösung durch die Verfügbarkeit von Trainings nachgewiesen werden sowie eine Moderation zwischen der Bildungsvielfalt und der externen Gruppenkommunikation sowohl mit gruppenexternen Personen aus demselben Geschäftsbereich als auch mit Personen aus der Unternehmensverwaltung. Ein auch ursprünglich nennenswerter Zusammenhang ist jedoch nur zwischen der Trainingsverfügbarkeit und den Aufgabenprozessen aufgetreten, so dass auch hier wieder beobachtet werden konnte, dass sich die Kombinationen von Struktur und Organisation gegenseitig in Bezug auf die Gruppenprozesse verstärken.

Die Regression aufgabenbezogener Gruppenprozesse auf die Interaktion der Trainingsverfügbarkeit mit der Altersvielfalt (F-Wert = 3,022; p = 0,0435; R^2 = 0,2155; R^2 adj. = 0,1442; ΔR^2 = 0,084; F-Wert von ΔR^2 = 3,527; p = 0,07; alle drei VIFs < 1,64) ergab, dass sowohl die Trainingsverfügbarkeit (t-Wert = 2,27; p < 0,03) als auch die Interaktion der Altersvielfalt mit der Trainingsverfügbarkeit (t-Wert = 1,88; p < 0,07) signifikante Prädiktoren der aufgabenbezogenen Gruppenprozesse sind. Der Interaktionsterm weist ein positives Vorzeichen auf und leistet einen Zuwachs von 8,4% in der erklärten Gesamtvarianz der aufgabenbezogenen Gruppenprozesse. Es lässt sich also festhalten: Unterscheiden sich die Gruppen-

406 Ergebnisse der Untersuchung

mitglieder in ihrem jeweiligen Alter voneinander, dann können sie ihre Aufgabenprozesse besser ausführen, wenn im Unternehmen ausreichend Gruppentrainings angeboten werden.

Ein ganz ähnliches Bild ergibt sich in Hinblick auf die Moderation des Zusammenhanges zwischen der Altersvielfalt und der Kommunikationsinformalität. Hier ergab die Regression der Kommunikationsinformalität auf die Interaktion der Trainingsverfügbarkeit mit der Altersvielfalt (F-Wert = 2,596; p = 0,07; R^2 = 0,191; R^2 adj. = 0,1174; ΔR^2 = 0,141; F-Wert von ΔR^2 = 5,745; p = 0,022; alle drei VIFs < 1,64), dass ausschließlich die Interaktion der Altersvielfalt mit der Trainingsverfügbarkeit (t-Wert = 2,40; p < 0,03) die Kommunikations-informalität signifikant vorhersagen kann, wobei die Interaktion mit 14,1% erklärter Varianz mehr als die Hälfte der Gesamtvarianz in der Kommunikationsinformalität erklärt. Auch hier lässt sich der Schluss ziehen: Unterscheiden sich die Gruppenmitglieder in ihrem jeweiligen Alter voneinander, dann kommunizieren sie in der Gruppe informeller miteinander, wenn zudem im Unternehmen ausreichend Gruppentrainings angeboten werden.

Und schließlich ergab auch die Regression der Konfliktlösung auf die Interaktion der Trainingsverfügbarkeit mit der Altersvielfalt (F-Wert = 2,987; p = 0,046; R^2 = 0,2136; R^2 adj. = 0,1421; ΔR^2 = 0,084; F-Wert von ΔR^2 = 3,523; p = 0,07; alle drei VIFs < 1,64), dass aus-schließlich die Interaktion der Altersvielfalt mit der Trainingsverfügbarkeit (t-Wert = 1,88; p < 0,07) die Konfliktlösung vorhersagen kann, wobei die Interaktion einen Zuwachs von 8,4% an erklärter Gesamtvarianz leistet. Unterscheiden sich also die Gruppenmitglieder in ihrem je-weiligen Alter voneinander, dann können sie die in der Arbeitsgruppe auftretenden Konflikte eher lösen, wenn zudem im Unternehmen ausreichend Gruppentrainings angeboten werden.

Hinsichtlich des Zusammenhangs zwischen der Vielfalt in der Dauer der Unternehmenszu-gehörigkeit und der Konfliktlösung tritt derselbe Moderationseffekt der Trainingsverfüg-barkeit auf. Hier ergab die Regression der Konfliktlösung auf die Interaktion von Vielfalt in der Dauer der Unternehmenszugehörigkeit und der Trainingsverfügbarkeit (F-Wert = 2,866; p = 0,05; R^2 = 0,2067; R^2 adj. = 0,1346; ΔR^2 = 0,1974; F-Wert von ΔR^2 = 8,21; p = 0,0072; alle drei VIFs < 1,09) ebenfalls, dass ausschließlich die Interaktion der Vielfalt in der Dauer der Unternehmenszugehörigkeit mit der Trainingsverfügbarkeit (t-Wert = 2,87; p < 0,008) die Konfliktlösung vorhersagen kann, wobei die Interaktion mit der Erklärung von 19,74% Varianz in der Konfliktlösung beinahe die gesamte Varianz alleine erklärt. Auch hier gilt: Unterscheiden sich die Gruppenmitglieder in der Dauer ihrer jeweiligen Unternehmenszuge-hörigkeit voneinander, dann können sie die in der Arbeitsgruppe auftretenden Konflikte eher lösen, wenn zudem im Unternehmen ausreichend Gruppentrainings angeboten werden.

Interessant sind die Befunde der Moderationen der Zusammenhänge zwischen der Bil-dungsvielfalt in einer Arbeitsgruppe und den externen Gruppenkommunikationen mit anderen Personen desselben Geschäftsbereichs und aus der Unternehmensverwaltung durch die Verfügbarkeit von Gruppentrainings. Die Regression der externen Gruppenkommunikation mit anderen Personen desselben Geschäftsbereichs auf die Interaktion von der Bildungs-vielfalt und der Trainingsverfügbarkeit (F-Wert = 2,702; p = 0,062; R^2 = 0,1972; R^2 adj. = 0,1242; ΔR^2 = 0,1719; F-Wert von ΔR^2 = 7,07; p = 0,012; alle drei VIFs < 1,02) ergab, dass ausschließlich die Interaktion der Bildungsvielfalt mit der Trainingsverfügbarkeit (t-Wert = 2,09; p < 0,044) positive und signifikante Prädiktorstärke erreicht, wobei die Interaktion mit der Erklärung von 17,19% Varianz in der externen Gruppenkommunikation mit anderen Per-

Überprüfung der Hypothesen   407

sonen desselben Geschäftsbereichs beinahe die gesamte Varianz alleine erklärt. In Bezug auf
die externe Gruppenkommunikation mit Personen aus der Unternehmensverwaltung ergab die
Regression (F-Wert = 3,0; p = 0,045; R^2 = 0,2143; R^2 adj. = 0,1428; ΔR^2 = 0,104; F-Wert von
ΔR^2 = 4,368; p = ; alle drei VIFs < 1,02) ein sehr ähnliches Bild. Allerdings sind hier sowohl
die Bildungsvielfalt (t-Wert = 2,35; p < 0,03) als auch die Interaktion von Bildungsvielfalt
und Trainingsverfügbarkeit (t-Wert = 2,09; p < 0,05) signifikante Prädiktoren der externen
Kommunikation, wobei auch hier die Interaktion ein positives Vorzeichen aufweist und durch
diese ein Zuwachs von 10,4% an erklärter Varianz generiert werden kann. Insgesamt lässt
sich also festhalten, dass, wenn sich die Mitglieder von Arbeitsgruppen in der Dauer ihrer jeweiligen formalen Bildungen voneinander unterscheiden, sie dann mehr aufgabenbezogen mit
gruppenexternen Personen sowohl aus demselben Geschäftsbereich als auch aus der Unternehmensverwaltung kommunizieren, wenn zudem im Unternehmen ausreichend Gruppentrainings angeboten werden.

Art der Leistungserstellung im Unternehmen

Wie in den Tabellen 9-65 und 9-66 zu sehen ist, moderiert die Art der Leistungserstellung in
Unternehmen die Zusammenhänge zwischen der Altersvielfalt und sowohl den Aufgabenkonflikten als auch der Kommunikationsinformalität. Ein ursprünglich zwar nur schwacher, dennoch positiver Zusammenhang zwischen der Art der Leistungserstellung und der Kommunikationsinformalität konnte bereits festgestellt werden, wobei die folgenden Auswertungen darauf hinweisen, dass diese positive Wirkung der Leistungserstellungsart auf die Kommunikationsinformalität auch bei zunehmender Altersvielfalt in Arbeitsgruppen erhalten bleibt.

Die Regression der Kommunikationsinformalität auf die Interaktion der Art der Leistungserstellung im Unternehmen mit der Altersvielfalt (F-Wert = 2,939; p = 0,05; R^2 = 0,2331; R^2
adj. = 0,1538; ΔR^2 – 0,109; F-Wert von ΔR^2 = 4,11; p = 0,052; alle drei VIFs < 1,32) ergab,
dass ausschließlich die Interaktion der Altersvielfalt mit der Art der Leistungserstellung (t-
Wert = 2,03; p < 0,06) die Kommunikationsinformalität zwar nur schwach signifikant aber
positiv vorhersagen kann, wobei die Interaktion jedoch mit 10,9% erklärter Varianz beinahe
die Hälfte der Gesamtvarianz in der Kommunikationsinformalität erklärt. Es ist also der
Schluss zulässig, dass, wenn sich die Mitglieder einer Arbeitsgruppe in ihrem jeweiligen Alter
voneinander unterscheiden, sie dann auf informellerem Wege miteinander kommunizieren,
wenn die Leistungen im Unternehmen vorrangig durch Gruppenarbeit erstellt werden.

Eine ebensolche Moderation durch die Leistungserstellungsart konnte in Bezug auf den ursprünglich nicht nennenswerten Zusammenhang zwischen der Altersvielfalt und dem Auftreten von Aufgabenkonflikten in Arbeitsgruppen festgestellt werden. Hier ergab die Regression der Aufgabenkonflikte auf die Interaktion der Art der Leistungserstellung im Unternehmen mit der Altersvielfalt (F-Wert = 2,836; p = 0,055; R^2 = 0,2268; R^2 adj. = 0,1468; ΔR^2
= 0,097; F-Wert von ΔR^2 = 3,654; p = 0,07; alle drei VIFs < 1,32), dass ebenfalls ausschließlich die Interaktion der Altersvielfalt mit der Art der Leistungserstellung (t-Wert = -1,91; p <
0,07) das Auftreten von Aufgabenkonflikten in Arbeitsgruppen zwar nur schwach signifikant,
dafür negativ vorhersagen kann, wobei auch hier der Interaktionsterm mit einem Zuwachs
von 9,7% an erklärter Varianz fast die Hälfte der Gesamtvarianz in den Aufgabenkonflikten
erklären kann. Es kann also gefolgert werden, dass, wenn sich die Gruppenmitglieder in ihrem

408 Ergebnisse der Untersuchung

Alter voneinander unterscheiden, weniger Aufgabenkonflikte in der Gruppe auftreten, wenn die Leistungen im Unternehmen generell vorrangig durch Gruppenarbeit erstellt werden.

Erwünschtheit von Arbeitsgruppen in Unternehmen

Ein interessanter Befund konnte hinsichtlich der Interaktion der Arbeitsgruppenerwünschtheit in Unternehmen mit der Vielfalt in der Dauer der Gruppenzugehörigkeit auf das Auftreten von Aufgabenkonflikten in Arbeitsgruppen generiert werden. Hier waren im Vorfeld keine singulären Zusammenhänge weder zwischen der Vielfalt in der Dauer der Gruppenzugehörigkeit und den Aufgabenkonflikten, noch zwischen der Arbeitsgruppenerwünschtheit im Unternehmen und den Aufgabenkonflikten zu beobachten. Aber auch hier scheint es wieder so zu sein, dass sich die Kombinationen von Struktur- und Organisationsmerkmalen gegenseitig in Bezug auf die Gruppenprozesse verstärken. Die Regression der Aufgabenkonflikte auf die Interaktion der Arbeitsgruppenerwünschtheit mit der Vielfalt in der Dauer der Gruppenzugehörigkeit (F-Wert = 2,57; p = 0,077; R^2 = 0,2073; R^2 adj. = 0,1252; ΔR^2 = 0,1216; F-Wert von ΔR^2 = 4,45; p = 0,044; alle drei VIFs < 1,24) ergab, dass ausschließlich die Interaktion der Vielfalt in der Dauer der Gruppenzugehörigkeit mit der Arbeitsgruppenerwünschtheit im Unternehmen (t-Wert = -2,11; p < 0,05) das Auftreten von Aufgabenkonflikten in Arbeitsgruppen signifikant und negativ vorhersagen kann, wobei der Interaktionsterm mit einem Zuwachs von 12,16% an erklärter Varianz fast den gesamten Effekt alleine trägt. Unterscheiden sich also die Mitglieder in der Dauer ihrer jeweiligen Gruppenzugehörigkeit voneinander, dann treten in der Arbeitsgruppe weniger Aufgabenkonflikte auf, wenn im Unternehmen Gruppenarbeit generell erwünscht ist und gefördert wird.

Möglichkeit der Gruppenmitgliederauswahl durch die Führungskräfte

Wie in den Tabellen 9-65 und 9-66 zu sehen ist, moderierte Einflussmöglichkeit der Führungskräfte auf die Auswahl von geeigneten Gruppenmitgliedern die Zusammenhänge zwischen der Altersvielfalt, der Vielfalt in der Dauer der Gruppenzugehörigkeit und der Vielfalt in der Dauer der Unternehmenszugehörigkeit der Gruppenmitglieder und dem Auftreten von Beziehungskonflikten in den Gruppen sowie den Zusammenhang zwischen der Vielfalt in der Dauer der Gruppenzugehörigkeit und dem Auftreten von Aufgabenkonflikten. Ursprünglich konnte dabei festgestellt werden, dass der Führungskräfteeinfluss auf die Gruppenmitgliederauswahl in einem negativen Zusammenhang sowohl mit den Aufgabenkonflikten als auch mit den Beziehungskonflikten steht. Die Auswertungen machen jedoch deutlich, dass sich diese Zusammenhänge in Kombination mit der Gruppenstruktur verändern.

Die Regression der Aufgabenkonflikte auf die Interaktion der Mitgliederauswahlmöglichkeit der Führungskräfte mit der Vielfalt in der Dauer der Gruppenzugehörigkeit (F-Wert = 4,505; p = 0,009; R^2 = 0,3036; R^2 adj. = 0,2362; ΔR^2 = 0,1398; F-Wert von ΔR^2 = 6,225; p = 0,018; alle drei VIFs < 1,12) ergab, dass ausschließlich die Interaktion der Vielfalt in der Dauer der Unternehmenszugehörigkeit mit der Mitgliederauswahlmöglichkeit der Führungskräfte (t-Wert = 2,49; p < 0,02) das Auftreten von Aufgabenkonflikten in den Arbeitsgruppen signifikant und positiv vorhersagt, wobei die Interaktion einen Zuwachs von 14% der erklärten Gesamtvarianz in den Aufgabenkonflikten leistet. Es muss also folgender Schluss gezogen werden: Unterscheiden sich die Mitglieder einer Arbeitsgruppe in der Dauer ihrer jeweiligen Unternehmenszugehörigkeit voneinander, dann treten in der Gruppe mehr Aufga-

Überprüfung der Hypothesen

benkonflikte auf, wenn die Führungskraft Einfluss auf die Auswahl geeigneter Gruppenmitglieder hat(te). Und obwohl dies ein erfreulicher Befund ist, moderiert die Mitgliederauswahlmöglichkeit der Führungskräfte die Zusammenhänge zwischen den anderen Vielfaltsarten und den Beziehungskonflikten auf dieselbe Weise.

Die Regression der Beziehungskonflikte auf die Interaktion der Mitgliederauswahlmöglichkeit der Führungskräfte mit der Altersvielfalt in den Arbeitsgruppen (F-Wert = 3,764; p = 0,0206; R^2 = 0,267; R^2 adj. = 0,196; ΔR^2 = 0,1232; F-Wert von ΔR^2 = 5,211; p = 0,029; alle drei VIFs < 1,57) ergab, dass hier alle drei Terme, die Mitgliederauswahlmöglichkeit (t-Wert = -2,45; p < 0,025), die Altersvielfalt (t-Wert = -2,20; p < 0,036) und die Interaktion beider (t-Wert = 2,28; p < 0,03) das Auftreten von Aufgabenkonflikten in den Arbeitsgruppen signifikant vorhersagen, wobei der Interaktionsterm ein positives Vorzeichen aufweist und einen Zuwachs von 12,3% der erklärten Gesamtvarianz in den Beziehungskonflikten leistet. Es muss also auch hier folgender Schluss gezogen werden: Unterscheiden sich die Mitglieder einer Arbeitsgruppe in ihrem jeweiligen Alter voneinander, dann treten in der Gruppe mehr Beziehungskonflikte auf, wenn die Führungskraft Einfluss auf die Auswahl geeigneter Mitglieder hat(te).

Auch die Regression der Beziehungskonflikte auf die Interaktion der Mitgliederauswahlmöglichkeit der Führungskräfte mit der Vielfalt in der Dauer der Unternehmenszugehörigkeit der Gruppenmitglieder (F-Wert = 3,125; p = 0,04; R^2 = 0,2322; R^2 adj. = 0,1579; ΔR^2 = 0,09; F-Wert von ΔR^2 = 3,61; p = 0,068; alle drei VIFs < 1,18) ergab, dass hier sowohl die Mitgliederauswahlmöglichkeit (t-Wert = -2,00; p < 0,054), als auch die Interaktion der Vielfalt in der Dauer der Unternehmenszugehörigkeit und der Mitgliederauswahlmöglichkeit (t-Wert = 1,90; p < 0,07) das Auftreten von Beziehungskonflikten in den Arbeitsgruppen vorhersagen, wobei auch der Interaktionsterm ein positives Vorzeichen aufweist und einen Zuwachs von 8,9% der erklärten Gesamtvarianz in den Beziehungskonflikten leistet. Wenn die Effekte auch nur schwach sind, so kann in der Tendenz dennoch Folgendes festgehalten werden. Unterscheiden sich die Gruppenmitglieder in der Dauer ihrer jeweiligen Unternehmenszugehörigkeit voneinander, dann treten in der Gruppe mehr Beziehungskonflikte auf, wenn die Führungskräfte zudem Einfluss auf die Auswahl geeigneter Gruppenmitglieder haben.

Und der dritte gleichgerichtete Befund betrifft die Moderation des Zusammenhangs zwischen der Vielfalt in der Gruppenzugehörigkeitsdauer und den Beziehungskonflikten durch die Einflussmöglichkeiten der Führungskräfte auf die Auswahl von Gruppenmitgliedern. Hier ergab die Regression der Beziehungskonflikte auf die Interaktion der Mitgliederauswahlmöglichkeit der Führungskräfte mit der Vielfalt in der Dauer der Gruppenzugehörigkeit der Gruppenmitglieder (F-Wert = 3,11; p = 0,04; R^2 = 0,2317; R^2 adj. = 0,1573; ΔR^2 = 0,08; F-Wert von ΔR^2 = 3,22; p = 0,082; alle drei VIFs < 1,12), dass ausschließlich die Interaktion der Vielfalt in der Dauer der Gruppenzugehörigkeit und der Mitgliederauswahlmöglichkeit (t-Wert = 1,79; p < 0,09) wenn auch nur schwach signifikant, die Beziehungskonflikte dennoch positiv vorhersagt, so dass auch hier tendenziell gefolgert werden kann, wenn sich die Gruppenmitglieder in der Dauer ihrer jeweiligen Gruppenzugehörigkeit voneinander unterscheiden, in der Gruppe dann mehr Beziehungskonflikte auftreten, wenn die Führungskräfte zudem Einfluss auf die Auswahl geeigneter Gruppenmitglieder haben. Diese Befunde sind unerwartet.

410   Ergebnisse der Untersuchung

Lohnstrukturen im Unternehmen

Obwohl hier ursprünglich keine nennenswerten Zusammenhänge zu beobachten waren, ist in Tabelle 9-65 zu sehen, dass der Zusammenhang zwischen der relativen Gruppengröße und der externen Gruppenkommunikation mit Personen aus der Unternehmensverwaltung von den vorherrschenden Lohnstrukturen im Unternehmen moderiert wird.

Die Regression der externen Gruppenkommunikation mit Personen aus der Unternehmensverwaltung auf die Interaktion der relativen Gruppengröße mit den vorherrschenden Lohnstrukturen ergab (F-Wert = 6,079; p = 0,0022; R^2 = 0,3704; R^2 adj. = 0,3095; ΔR^2 = 0,1134; F-Wert von ΔR^2 = 5,58; p = 0,024; alle drei VIFs < 2,01), dass ausschließlich die Interaktion der relativen Gruppengröße mit den Lohnstrukturen (t-Wert = -2,36; p < 0,03) die gruppenexterne Kommunikation mit der Unternehmensverwaltung signifikant vorhersagt, wobei der Interaktionsterm ein negatives Vorzeichen aufweist, an der Gesamtvarianz jedoch einen Anteil von 11,34% zu erklären vermag. Dies bedeutet, dass, wenn die Gruppenmitglieder die Anzahl der Personen in ihrer Arbeitsgruppe für die zu erledigenden Gruppenaufgaben als ausreichend groß ansehen, sie dann weniger aufgabenbezogen mit Personen aus der Unternehmensverwaltung kommunizieren, wenn zudem die Individualentlohnung im Unternehmen die vorherrschende Lohnstruktur darstellt.

Verfügbarkeit von PCs oder Notebooks

Wie auch schon in Bezug auf die Zusammenhänge zwischen der kulturellen Vielfalt in Arbeitsgruppen und den Gruppenprozessen festgestellt werden konnte, erweist sich die PC-Verfügbarkeit als Merkmal der informationstechnologischen Gruppenausstattung durch die Unternehmen auch hinsichtlich der Zusammenhänge zwischen den anderen Gruppenstrukturmerkmalen und den Gruppenprozessen als starker Moderator. Wie in den Tabellen 9-65 und 9-66 zu sehen ist, moderiert die PC-Verfügbarkeit sowohl die Zusammenhänge zwischen der Vielfalt in der Dauer der Unternehmens- und Gruppenzugehörigkeit und den aufgabenbezogenen Gruppenprozessen, als auch die Zusammenhänge zwischen der Altersvielfalt, der Vielfalt in der Dauer der Unternehmenszugehörigkeit und der Vielfalt in der Dauer der Gruppenzugehörigkeit und den beziehungsbezogenen Gruppenprozessen. Während weder diese Strukturmerkmale, noch die PC-Verfügbarkeit singulär in keinem Zusammenhang mit den aufgaben- und beziehungsbezogenen Gruppenprozessen stehen, scheinen sich auch hier wieder Struktur- und Organisationsmerkmale gegenseitig so zu beeinflussen, dass in Hinblick auf die Gruppenprozesse bedeutsame Konsequenzen auftreten.

Die Regression der aufgabenbezogenen Gruppenprozesse auf die Interaktion der Vielfalt in der Dauer der Gruppenzugehörigkeit mit der PC-Verfügbarkeit der Gruppenmitglieder (F-Wert = 3,681; p = 0,023; R^2 = 0,2627; R^2 adj. = 0,1913; ΔR^2 = 0,2365; F-Wert von ΔR^2 = 9,946; p = 0,0036; alle drei VIFs < 1,05) ergab, dass sowohl die Vielfalt in der Dauer der Gruppenzugehörigkeit (t-Wert = -2,28; p < 0,03) als auch die Interaktion der Vielfalt in der Dauer der Gruppenzugehörigkeit mit der PC-Verfügbarkeit (t-Wert = 3,15; p < 0,004) die aufgabenbezogenen Gruppenprozesse signifikant vorhersagen, wobei jedoch der Interaktionsterm den deutlich stärkeren und positiven Effekt aufweist. Die Interaktion erklärt mit 23,66% beinahe die gesamte Varianz in den aufgabenbezogenen Gruppenprozessen, so dass der folgende Schluss gezogen werden kann: Unterscheiden sich die Gruppenmitglieder in der Dauer

Überprüfung der Hypothesen 411

ihrer jeweiligen Gruppenzugehörigkeit voneinander, können sie ihre aufgabenbezogenen Gruppenprozesse dann besser ausführen, wenn sie außerdem jeder mit einem persönlichen Rechner oder Notebook ausgestattet sind.

Dieselbe Moderationswirkung der PC-Verfügbarkeit konnte für den Zusammenhang zwischen der Vielfalt in der Dauer der Unternehmenszugehörigkeit und den aufgabenbezogenen Gruppenprozessen festgestellt werden. Die Regression der aufgabenbezogenen Gruppenprozesse auf die Interaktion der Vielfalt in der Dauer der Unternehmenszugehörigkeit mit der PC-Verfügbarkeit der Gruppenmitglieder (F-Wert = 3,831; p = 0,019; R^2 = 0,2705; R^2 adj. = 0,1999; ΔR^2 = 0,1764; F-Wert von ΔR^2 = 7,497; p = 0,0101; alle drei VIFs < 2,22) ergab, dass sowohl die Vielfalt in der Dauer der Unternehmenszugehörigkeit (t-Wert = -2,33; p < 0,03) als auch die Interaktion der Vielfalt in der Dauer der Unternehmenszugehörigkeit mit der PC-Verfügbarkeit (t-Wert = 2,74; p < 0,015) die aufgabenbezogenen Gruppenprozesse signifikant vorhersagen, wobei jedoch der Interaktionsterm den stärkeren und positiven Effekt aufweist. Die Interaktion erklärt mit 17,64% einen großen Teil der gesamten Varianz in den aufgabenbezogenen Gruppenprozessen, so dass auch hier der folgende Schluss gezogen werden kann: Unterscheiden sich die Gruppenmitglieder in der Dauer ihrer jeweiligen Unternehmenszugehörigkeit voneinander, dann können sie ihre aufgabenbezogenen Gruppenprozesse dann besser ausführen, wenn sie außerdem jeder mit einem persönlichen Rechner oder Notebook ausgestattet sind.

Von der positiven Moderationswirkung der PC-Verfügbarkeit sind jedoch nicht nur die aufgabenbezogenen Gruppenprozesse betroffen. Die Regression der beziehungsbezogenen Gruppenprozesse auf die Interaktion der Altersvielfalt mit der PC-Verfügbarkeit der Gruppenmitglieder (F-Wert = 2,912; p = 0,05; R^2 = 0,2199; R^2 adj. = 0,1444; ΔR^2 = 0,1045; F-Wert von ΔR^2 = 4,151; p = 0,05; alle drei VIFs < 1,51) ergab, dass hier alle drei Terme, die Altersvielfalt (t-Wert = -1,84; p < 0,08), die PC-Verfügbarkeit (t-Wert = 2,51; p < 0,02) als auch die Interaktion der Altersvielfalt mit der PC-Verfügbarkeit (t-Wert = 2,04; p < 0,06) die beziehungsbezogenen Gruppenprozesse vorhersagen und obwohl der Interaktionsterm nur schwache, aber positive Prädiktorstärke aufweist, mit 10,45% Varianzerklärung ein großer Teil der gesamten Varianz in den beziehungsbezogenen Gruppenprozessen erklärt wird. Unterscheiden sich also die Gruppenmitglieder in ihrem jeweiligen Alter voneinander, dann kooperieren und unterstützen sie sich gegenseitig mehr, wenn sie alle über einen persönlichen Rechner oder ein Notebook verfügen.

Eine gleichgerichtete, aber stärkere Moderationswirkung der PC-Verfügbarkeit ist für den Zusammenhang zwischen der Vielfalt in der Dauer der Gruppenzugehörigkeit und den beziehungsbezogenen Gruppenprozessen zu beobachten. Hier ergab die Regression (F-Wert = 3,19; p = 0,037; R^2 = 0,2359; R^2 adj. = 0,162; ΔR^2 = 0,1521; F-Wert von ΔR^2 = 6,1733; p = 0,018; alle drei VIFs < 1,05), dass ausschließlich die Interaktion der Vielfalt in der Dauer der Gruppenzugehörigkeit mit der PC-Verfügbarkeit (t-Wert = 2,48; p < 0,02) die beziehungsbezogene Gruppenprozesse signifikant und positiv vorhersagt und mit einem Zuwachs an erklärter Varianz von 15,22% in der Gesamtvarianz einen großen Anteil an den beziehungsbezogenen Gruppenprozessen erklärt. Es kann also der Schluss gezogen werden: Unterscheiden sich die Gruppenmitglieder in der Dauer ihrer jeweiligen Gruppenzugehörigkeit voneinander,

412　　　　　　　　　　　　　　　　　　　　　　　　　　　　　　Ergebnisse der Untersuchung

dann kooperieren und unterstützen sie sich gegenseitig mehr, wenn sie zudem alle mit einem PC oder Notebook ausgestattet sind.

Dasselbe Ergebnis gilt für den Zusammenhang zwischen der Vielfalt in der Dauer der Unternehmenszugehörigkeit und den beziehungsbezogenen Gruppenprozessen. Hier ergab die Regression (F-Wert = 3,456; p = 0,0282; R^2 = 0,2506; R^2 adj. = 0,1781; ΔR^2 = 0,1776; F-Wert von ΔR^2 = 7,347; p = 0,0108; alle drei VIFs < 1,05), dass sowohl die Vielfalt in der Unternehmenszugehörigkeit (t-Wert = -2,67; p < 0,012) als auch die Interaktion der Vielfalt in der Dauer der Unternehmenszugehörigkeit mit der PC-Verfügbarkeit (t-Wert = 2,71; p < 0,015) die beziehungsbezogenen Gruppenprozesse hoch signifikant vorhersagt. Und obwohl hier die Vielfalt in der Unternehmenszugehörigkeit singulär ein negativer Prädiktor der beziehungsbezogenen Gruppenprozesse ist, kehrt die PC-Verfügbarkeit diesen negativen Zusammenhang ins Positive um und erklärt selbst bereits 17,76% der Varianz in den Prozessen. Insgesamt kann also der Schluss gezogen werden: Unterscheiden sich die Gruppenmitglieder in der Dauer ihrer jeweiligen Unternehmenszugehörigkeit voneinander, dann kooperieren und unterstützen sie sich gegenseitig mehr, wenn sie zudem alle über einen persönlichen Rechner oder ein Notebook verfügen.

Räumliche Nähe oder räumliche Konzentriertheit der Gruppenmitglieder

Wie in Tabelle 9-65 zu sehen ist, moderiert die räumliche Nähe von Gruppenmitgliedern den Zusammenhang zwischen der Vielfalt in der Dauer der Unternehmenszugehörigkeit und dem Auftreten von Aufgabenkonflikten in den Arbeitsgruppen. Obwohl weder zwischen der Vielfalt in der Dauer der Gruppenzugehörigkeit und den Aufgabenkonflikten noch zwischen der räumlichen Nähe von Gruppenmitgliedern und Aufgabenkonflikten nennenswerte Zusammenhänge aufgetreten sind, scheinen sich auch hier wieder beide Merkmale so zu beeinflussen, dass sie zumindest für das Auftreten von Aufgabenkonflikten in Arbeitsgruppen Konsequenzen haben.

Die Regression der Aufgabenkonflikte auf die Interaktion von Vielfalt in der Dauer der Gruppenzugehörigkeit und der räumlichen Nähe der Gruppenmitglieder (F-Wert = 2,969; p = 0,047; R^2 = 0,2231; R^2 adj. = 0,148; ΔR^2 = 0,1282; F-Wert von ΔR^2 = 5,117; p = 0,031; alle drei VIFs < 1,80) ergab, dass sowohl die Vielfalt in der Dauer der Gruppenzugehörigkeit (t-Wert = -2,90; p < 0,007) als auch die Interaktion der räumlichen Nähe der Gruppenmitglieder mit der Vielfalt in der Dauer der Unternehmenszugehörigkeit (t-Wert = 2,26; p < 0,031) die Aufgabenkonflikte signifikant vorhersagen. Die Interaktion erklärt alleine signifikante 12,8% der Varianz in den Aufgabenkonflikten, allerdings weist der Interaktionsterm ein positives Vorzeichen auf. Dies bedeutet, dass je mehr sich die Gruppenmitglieder in der Dauer ihrer jeweiligen Gruppenzugehörigkeit voneinander unterscheiden, dann mehr Aufgabenkonflikte in der Arbeitsgruppe auftreten, wenn die Gruppenmitglieder außerdem räumlich konzentriert sind. Dies ist ein überraschender, jedoch nicht unplausibler Befund.

Institutionalisiertheit der direkten Gruppenkommunikationsmöglichkeiten

Wie in Tabelle 9-66 zu sehen ist, moderiert die Institutionalisiertheit von direkten Gruppenkommunikationsmöglichkeiten den Zusammenhang zwischen der Vielfalt in der Dauer der formalen Bildung der Gruppenmitglieder und dem Auftreten von Beziehungskonflikten in Arbeitsgruppen. Obwohl auch hier weder zwischen der Institutionalisiertheit der

Überprüfung der Hypothesen   413

Kommunikationsmöglichkeiten und den Beziehungskonflikten, noch zwischen der Bildungsvielfalt und den Beziehungskonflikten ursprünglich nennenswerte Zusammenhänge aufgetreten sind, resultiert die Kombination aus beiden Merkmalen in bedeutsamen Konsequenzen
für das Auftreten von Beziehungskonflikten.

Die Regression der Beziehungskonflikte auf die Interaktion von Bildungsvielfalt und
Institutionalisiertheit direkter Gruppenkommunikationsmöglichkeiten (F-Wert = 2,355; p =
0,09; R^2 = 0,1856; R^2 adj. = 0,1068; ΔR^2 = 0,1145; F-Wert von ΔR^2 = 4,36; p = 0,045; alle
drei VIFs < 1,49) ergab, dass sowohl die Bildungsvielfalt (t-Wert = -2,43; p < 0,025), als auch
die Interaktion der Bildungsvielfalt mit der Institutionalisiertheit direkter Gruppenkommunikationsmöglichkeiten (t-Wert = 2,09; p < 0,05) die Beziehungskonflikte insgesamt zwar nur
schwach, dennoch bedeutsam vorhersagen, wobei der Interaktionsterm ein positives Vorzeichen aufweist und mit einer Erklärung von 11,5% an der Gesamtvarianz beinahe den gesamten Effekt alleine trägt. Je mehr sich also die Gruppenmitglieder hinsichtlich der Dauer
ihrer formalen Bildungen voneinander unterscheiden, desto mehr treten Beziehungs- oder
emotionale Konflikte in der Gruppe auf, wenn die direkten Gruppenkommunikationsmöglichkeiten in Form von Teeküchen, Sozialräumen oder ähnlichem institutionalisiert sind.
Auch dies ist ein überraschender, jedoch nicht unplausibler Befund.

Formalisierungsgrad der Gruppenkommunikation

Der letzte Befund zu den Moderationswirkungen der Organisationsmerkmale auf die Struktur-
Prozess-Zusammenhänge betrifft noch einmal die Moderation des Zusammenhanges zwischen der Bildungsvielfalt und dem Auftreten von Aufgabenkonflikten, hier jedoch durch den
Formalisierungsgrad der Gruppenkommunikation. Es konnte bereits nachgewiesen werden,
dass, wenn auch nur schwach, eine formalisierte Gruppenkommunikation in einem positiven
Zusammenhang mit dem Auftreten von Aufgabenkonflikten in Arbeitsgruppen steht. Offenbar hat dieser positive Zusammenhang verstärkende Wirkung.

Die Regression der Aufgabenkonflikte auf die Interaktion der Bildungsvielfalt mit dem
Formalisierungsgrad der Gruppenkommunikation (F-Wert = 6,1932; p = 0,002; R^2 = 0,3747;
R^2 adj. = 0,3142; ΔR^2 = 0,2125; F-Wert von ΔR^2 = 10,54; p = 0,0028; alle drei VIFs < 1,11)
ergab, dass alle drei Terme, die Bildungsvielfalt (t-Wert = -2,35; p < 0,03), der Formalisierungsgrad der Gruppenkommunikation (t-Wert = 2,28; p < 0,03) und die Interaktion beider
(t-Wert = 3,25; p < 0,003) das Auftreten von Aufgabenkonflikten hoch signifikant vorhersagen. Allerdings trägt die Interaktion mit einem Anteil von 21,25% an der Varianzerklärung
mehr als die Hälfte zur Erklärung der Aufgabenkonflikte bei und weist ein positives Vorzeichen auf. Dies bedeutet: Unterscheiden sich die Gruppenmitglieder in der Dauer ihrer
jeweiligen formalen Bildung voneinander, treten dann mehr Aufgabenkonflikte in der Gruppe
auf, wenn die Gruppenkommunikationsmöglichkeiten zudem hochgradig formalisiert sind.

9.2.6.3 Zusammenfassung der Ergebnisse zum Hypothesenkomplex 6

Die Überprüfung der im sechsten Hypothesenkomplex formulierten Hypothesen setzte den
Schwerpunkt auf die Identifikation von möglichen Gestaltungsfeldern für das Management
multikultureller Arbeitsgruppen. Diese Überprüfung diente dem zweiten zentralen Anliegen
der vorliegenden Untersuchung, potenzielle Gruppenmanagementstrategien oder -techniken

zu ermitteln, anhand derer das durch die kulturelle Wertevielfalt gegebene Potenzial der Arbeitsgruppen realisiert werden kann. Die gesamte Auswertung gliederte sich dabei in zwei mal drei Teile, wobei der erste und zentrale die Überprüfung potenzieller Moderationswirkungen der Gruppenmanagementvariablen Führung, Planung und Organisation multikultureller Gruppenarbeit auf die Zusammenhänge zwischen der Vielfalt in den kulturellen Werteorientierungen in den Arbeitsgruppen und ihren Prozessen enthält und sich damit auf die in Hypothesenkomplex 6 formulierten Hypothesen konzentriert. Der zweite Teil enthält dagegen die Überprüfung potenzieller Moderationswirkungen der Gruppenmanagementvariablen auf die Zusammenhänge zwischen den anderen erhobenen Gruppenstrukturmerkmalen und den Gruppenprozessen und gewährleistet damit Anschluss an die bestehende Forschung.

In Bezug auf die Überprüfung potenzieller Moderationswirkungen des Gruppenmanagements hinsichtlich der Zusammenhänge zwischen der kulturellen Vielfalt in der Zusammensetzung von Arbeitsgruppen und ihren Gruppenprozessen können auf einer übergeordneten Ebene vier Dinge festgehalten werden. Zum einen wurde festgestellt, dass sämtliche kulturelle Wertevielfalt-Gruppenprozess-Zusammenhänge durch die Gruppenmanagementvariablen moderiert werden. Zum zweiten wurde festgestellt, dass hinsichtlich der Zusammenhänge zwischen der kulturellen Wertevielfalt und den kognitionsbezogenen Gruppenprozessen vor allem das Auftreten von Aufgabenkonflikten und das Ausmaß der aufgabenbezogenen externen Gruppenkommunikation durch das Gruppenmanagement beeinflusst werden, wobei hier vorrangig von der aufgabenorientierten Führung und der Planung multikultureller Gruppenarbeit die stärksten Moderationswirkungen ausgehen. Und in Hinblick auf die Zusammenhänge zwischen der kulturellen Vielfalt und den affektiv-sozialen Gruppenprozessen konnte festgestellt werden, dass hier vor allem die beziehungsbezogenen Gruppenprozesse und der bevorzugte Gruppenkommunikationsmodus durch das Gruppenmanagement beeinflusst werden, wobei vor allem auf diese Zusammenhänge die aufgaben- und die mitarbeiterorientierte Führung am häufigsten moderierend einwirken. Drittens ist auffällig, dass die Zusammenhänge zwischen der kulturellen Wertevielfalt in der Mensch-Umwelt-Orientierung vor allem durch die Organisationsmerkmale moderiert werden. Und zum vierten konnte insgesamt festgestellt werden, dass die Gruppenmanagementvariablen mit der kulturellen Wertevielfalt eher in Bezug auf die affektiv-sozialen Gruppenprozesse miteinander interagieren.

Im Hypothesenkomplex 6 wurde konkret angenommen, dass der vermutete negative Zusammenhang zwischen kultureller Wertevielfalt in Arbeitsgruppen und den aufgabenbezogenen Gruppenprozessen durch die aufgabenorientierte Führung noch verstärkt (Hypothese 6-Ia) und dass der vermutete positive Zusammenhang zwischen kultureller Wertevielfalt und dem Ausmaß an Aufgabenkonflikten in der Gruppe durch aufgabenorientierte Führung abgeschwächt oder sogar umgekehrt wird (Hypothese 6-Ib). Von einer Moderation der Zusammenhänge zwischen kultureller Wertevielfalt und der externen Gruppenkommunikation durch die aufgabenorientierte Führung wurde nicht ausgegangen, da hier schon im Vorfeld keine Zusammenhänge vermutet wurden.

Außerdem wurde angenommen, dass der negative Zusammenhang zwischen der kulturellen Wertevielfalt in einer Arbeitsgruppe und den beziehungsbezogenen Gruppenpro-

Überprüfung der Hypothesen 415

zessen durch mitarbeiterorientierte Führung abgeschwächt oder sogar umgekehrt wird (Hypothese 6-IIIa), dass der positive Zusammenhang zwischen kultureller Wertevielfalt und dem Auftreten von Beziehungskonflikten in einer Arbeitsgruppe durch mitarbeiterorientierte Führung ebenfalls abgeschwächt oder sogar umgekehrt (Hypothese 6-IIIb) und drittens, dass der negative Zusammenhang zwischen der kulturellen Wertevielfalt in einer Arbeitsgruppe und der Informalität der Gruppenkommunikation durch mitarbeiterorientierte Führung ebenfalls abgeschwächt oder sogar umgekehrt wird (Hypothese 6-IIIc).

Weiterhin wurde nicht von einer Moderation der Zusammenhänge zwischen der kulturellen Vielfalt in einer Arbeitsgruppe und ihren Gruppenprozessen durch die externe Führung ausgegangen, da auch hier schon im Vorfeld keine Zusammenhänge vermutet wurden. Und insgesamt wurde ebenfalls nicht davon ausgegangen, dass die Führung generell mit der kulturellen Vielfalt in Hinblick auf die Konfliktlösung interagiert, da angenommen wurde, dass die Konfliktlösung selbst nicht durch die kulturelle Vielfalt beeinflusst wird.

In Bezug auf die Planung wurde davon ausgegangen, dass der Einsatz von Planungstechniken in der multikulturellen Gruppenarbeit ausschließlich den vermuteten negativen Zusammenhang zwischen der kulturellen Wertevielfalt in Arbeitsgruppen und ihren aufgabenbezogenen Gruppenprozessen abschwächt oder sogar umkehrt (Hypothese 6-II), jedoch keine Moderationswirkung auf die Zusammenhänge zwischen kultureller Vielfalt und den anderen Gruppenprozessen aufgabenbezogenen Inhalts zeigt. Auch hier wurde schon im Vorfeld nicht von Zusammenhängen zwischen der Planung und diesen Prozessen ausgegangen.

Eine explizite Formulierung von Hypothesen zur Moderation der Zusammenhänge zwischen der kulturellen Wertevielfalt in einer Arbeitsgruppe und den Gruppenprozessen durch die Organisationsmerkmale erfolgte zwar nicht, die Überprüfung möglicher Moderationswirkungen sollte jedoch explorativ vorgenommen werden.

Als Kernergebnisse für die Überprüfungen der Hypothesen und explorativen Fragen können für die vorliegende Stichprobe festgehalten werden:

Moderation der Vielfalt-Prozess-Zusammenhänge durch die Führung

⇨ Die vermutete Moderationswirkung der **aufgabenorientierten Führung** auf die Zusammenhänge zwischen der kulturellen Vielfalt und den aufgabenbezogenen Gruppenprozessen konnte nicht nachgewiesen werden (Hypothese 6-Ia nicht bestätigt).

⇨ Der ursprünglich nicht festgestellte Zusammenhang zwischen kultureller Wertevielfalt und dem Auftreten von Aufgabenkonflikten wird im Zusammenhang mit der Vielfalt in der kulturellen Variation ,Unterwerfung' der Mensch-Umwelt-Orientierung von der aufgabenorientierten Führung so beeinflusst, dass, wenn sich die Gruppenmitglieder vor allem hinsichtlich ihrer generellen Schicksalsergebenheit und Akzeptanz der Vorherbestimmtheit von Lebensereignissen voneinander unterscheiden, in der Arbeitsgruppe dann vermehrt Aufgabenkonflikte auftreten, wenn sie aufgabenorientiert geführt wird (Hypothese 6-Ib nicht bestätigt; Befund im Gegensatz zur Hypothese).

⇨ Obwohl, wie vermutet, ursprünglich keine nennenswerten Zusammenhänge festgestellt wurden, interagiert aufgabenorientierte Führung mit der Vielfalt in der kulturellen Variation ,Denken' der Aktivitätsorientierung in Hinblick auf die externe Gruppenkommunikation mit anderen Personen aus demselben Geschäftsbereich und aus der Unternehmensverwaltung. Unterscheiden sich die Gruppenmitglieder in ihren individuellen Informations-verarbeitungsmodi voneinander, kommunizieren sie aufgabenbezogen extern dann verstärkt, wenn die Gruppe insgesamt aufgabenorientiert geführt wird (unerwarteter Befund).

⇨ Die aufgabenorientierte Führung moderiert außerdem die ursprünglich nicht als bedeutsam festgestellten Zusammenhänge zwischen der kulturellen Vielfalt in den Variationen ,Gut/Böse' und ,Veränderbarkeit/Nichtveränderbarkeit' der Menschlichen-Natur-Orientierung und in den Variationen ,Harmonie' und ,Unterwerfung' der Mensch-Umwelt-Orientierung und der Gruppenfähigkeit, auftretende Konflikte zu lösen. Unterscheiden sich Gruppenmitglieder sowohl hinsichtlich ihrer Annahmen über die Güte der menschlichen Natur als auch in ihren Annahmen bezüglich der Veränderbarkeit des Wesens der menschlichen Natur voneinander und unterscheiden sie sich ebenfalls sowohl hinsichtlich ihrer Annahmen über ihre Position und ihre Verbundenheit mit dem sie umgebenden Gesamtsystem als auch in Hinblick auf ihre Schicksalsergebenheit und Akzeptanz der Vorherbestimmtheit von Lebensereignissen, dann kann die Arbeitsgruppe ihre Konflikte weniger gut lösen, wenn sie aufgabenorientiert geführt wird (unerwarteter Befund).

⇨ Weiterhin moderiert die aufgabenorientierte Führung den ursprünglich nicht bedeutsamen Zusammenhang zwischen der Vielfalt in der Variation ,Gut/Böse' der Menschlichen-Natur-Orientierung und den beziehungsbezogenen Gruppenprozessen des Kooperierens und gegenseitigen Unterstützens in einer multikulturell zusammengesetzten Arbeitsgruppe. Unterscheiden sich die Gruppenmitglieder in einer Arbeitsgruppe hinsichtlich ihrer Annahmen über die Güte bzw. Schlechtigkeit der menschlichen Natur, dann werden sie weniger miteinander kooperieren und sich gegenseitig weniger sozial unterstützen, wenn die Gruppe aufgabenorientiert geführt wird (unerwarteter Befund).

⇨ Die **personenorientierte Führung** moderiert einen ursprünglich nicht nennenswerten Zusammenhang zwischen kultureller Vielfalt in der Variation ,Gut/Böse' der Menschlichen-Natur-Orientierung und den beziehungsbezogenen Gruppenprozessen. Unterscheiden sich die Gruppenmitglieder in einer Arbeitsgruppe hinsichtlich ihrer Annahmen über die Güte bzw. Schlechtigkeit der menschlichen Natur, dann werden sie weniger miteinander kooperieren und sich gegenseitig weniger sozial unterstützen, wenn die Gruppe mitarbeiterorientiert geführt wird (Hypothese 6-IIIa nicht bestätigt; Befund im Gegensatz zur Hypothese).

⇨ Die personenorientierte Führung moderiert einen ursprünglich nicht nennenswerten Zusammenhang zwischen kultureller Vielfalt in den Variationen ,Kollektivismus' und ,Hierarchie' der relationalen Orientierung und den Beziehungskonflikten. Wenn sich die Mitglieder von Arbeitsgruppen in ihren Empfindungen gegenseitiger, gruppenbezogener Verpflichtungen und Bindungen und in ihrem Verständnis von Macht- und Verantwortungsstrukturen in zwischenmenschlichen Beziehungen voneinander unterscheiden, dann treten in der Gruppe weniger Beziehungskonflikte auf, wenn sie mitarbeiterorientiert geführt wird (Hypothese 6-IIIb für Vielfalt in der relationalen Orientierung bestätigt).

⇨ Die personenorientierte Führung moderiert den Zusammenhang zwischen der kulturellen Vielfalt in der Variation ,Zukunft' der Zeitorientierung und der Kommunikationsinformalität. Unterscheiden sich Gruppenmitglieder hinsichtlich ihrer Wertschätzung von Verän-

Überprüfung der Hypothesen 417

derungen und Ansichten über zukünftige Gewinne und Möglichkeiten, kommunizieren sie dann auf informellerem Wege miteinander, wenn die Arbeitsgruppe außerdem personenorientiert geführt wird (Hypothese 6-IIIc für Vielfalt in der Zeitorientierung bestätigt).

⇨ Weiterhin konnte eine Moderation von Zusammenhängen zwischen der Vielfalt in den kulturellen Variationen ‚Zukunft' der Zeitorientierung und ‚Gut/Böse' der Menschlichen-Natur-Orientierung und der externen Gruppenkommunikation mit anderen Personen aus demselben Geschäftsbereich durch die mitarbeiterorientierte Führung nachgewiesen werden. Wenn sich die Mitglieder einer Arbeitsgruppe sowohl in ihren grundlegenden Ansichten über die Güte oder Schlechtigkeit der menschlichen Natur als auch in ihren Wertschätzungen von Veränderungen und Ansichten über mögliche zukünftige Gewinne unterscheiden, dann kommunizieren sie aufgabenbezogen weniger mit gruppenexternen Personen aus demselben Geschäftsbereich, wenn sie zudem mitarbeiterorientiert geführt werden (unerwarteter Befund).

⇨ Unerwarteter Weise wird der Zusammenhang zwischen der Vielfalt in der kulturellen Variation ‚Denken' der Aktivitätsorientierung und der externen Gruppenkommunikation mit der Unternehmensverwaltung durch die **externe Führung** moderiert. Je mehr sich die Gruppenmitglieder in ihren jeweiligen Informationsverarbeitungsmodi voneinander unterscheiden, desto mehr kommunizieren sie aufgabenbezogen mit Personen aus der Unternehmensverwaltung, wenn ihre Gruppe zudem von Druck von außen abgeschirmt, nach außen hin vertreten und insgesamt gut mit Ressourcen für die Arbeit durch ihre Führungskraft ausgestattet wird (unerwarteter Befund).

Moderation der Vielfalt-Prozess-Zusammenhänge durch die Planung

⇨ Die **Planung** multikultureller Gruppenarbeit moderiert den Zusammenhang zwischen der Vielfalt in der kulturellen Variation ‚Handeln' der Aktivitätsorientierung und den aufgabenbezogenen Gruppenprozessen. Je mehr sich die Gruppenmitglieder in ihren jeweiligen Neigungen, ihren Persönlichkeiten durch konkrete Handlungen Ausdruck zu verleihen und auch in ihren jeweiligen Wertschätzungen sicht- und beurteilbarer Handlungen voneinander unterscheiden, desto besser gelingt es der Gruppe, Aufgabenziele zu definieren, durchführbare Arbeitspläne zu entwickeln und Tätigkeitsprioritäten zu setzen, wenn zudem in der Gruppenarbeit Planungstechniken zum Einsatz kommen (Bestätigung der Hypothese 6-II für die kulturelle Vielfalt in der Aktivitätsorientierung).

⇨ Der Einsatz von Planungstechniken moderiert unerwarteter Weise den ursprünglich nicht nennenswerten Zusammenhang zwischen der Vielfalt in den kulturellen Variationen ‚Zukunft' der Zeitorientierung und der aufgabenbezogenen externen Gruppenkommunikation mit anderen Personen aus demselben Geschäftsbereich und den ursprünglich nicht nennenswerten Zusammenhang zwischen der Vielfalt in den kulturellen Variationen ‚Vergangenheit' und der aufgabenbezogenen externen Gruppenkommunikation mit Personen aus der Unternehmensverwaltung. Je mehr sich die Gruppenmitglieder hinsichtlich ihrer Wertschätzungen von Veränderungen und in ihren Ansichten über zukünftige potenzielle Gewinne gegenwärtigen Handelns voneinander unterscheiden, desto mehr kommunizieren sie aufgabenbezogen mit gruppenexternen Personen im selben Geschäftsbereich, wenn in ihrer Arbeitsgruppe Planungstechniken zum Einsatz kommen. Und je mehr sich die Gruppenmitglieder hinsichtlich ihrer vorrangigen Orientierungen an vergangenen Traditionen oder Regeln voneinander unterscheiden, desto mehr kommunizieren sie aufgabenbezogen mit Personen in der Unternehmensverwaltung, wenn in ihrer Arbeitsgruppe Planungstechniken zum Einsatz kommen (unerwartete Befunde).

Moderation der Vielfalt-Prozess-Zusammenhänge durch die Organisationsmerkmale

⇨ Die **Verfügbarkeit von Gruppentrainings** interagiert mit der Vielfalt in der kulturellen Variation ‚Handeln' der Aktivitätsorientierung positiv und mit der Vielfalt in der kulturellen Variation ‚Veränderbarkeit/Nicht-Veränderbarkeit' der Menschlichen-Natur-Orientierung negativ in Hinblick auf die Kommunikationsinformalität in den Arbeitsgruppen. Je mehr sich die Gruppenmitglieder in ihren jeweiligen Neigungen, ihren Persönlichkeiten durch konkrete Handlungen Ausdruck zu verleihen und auch in ihren jeweiligen Wertschätzungen sicht- und beurteilbarer Handlungen voneinander unterscheiden, desto informeller kommunizieren sie in der Gruppe miteinander, wenn sie über ausreichende Möglichkeiten für Gruppentrainings verfügen. Unterscheiden sie sich dagegen in ihren Annahmen über die Veränderbarkeit des Wesens der menschlichen Natur, dann kommunizieren sie weniger informell miteinander, wenn sie über ausreichende Gruppentrainingsmöglichkeiten verfügen.

⇨ Die Verfügbarkeit von Gruppentrainings interagiert mit der Vielfalt in der kulturellen Variation ‚Unterwerfung' der Mensch-Umwelt-Orientierung negativ in Hinblick auf die Konfliktlösung in Arbeitsgruppen. Unterscheiden sich Gruppenmitglieder in ihrer Schicksalsergebenheit und ihrer Akzeptanz der Vorherbestimmtheit von Lebensereignissen voneinander, dann können sie die in ihrer Arbeitsgruppe auftretenden Konflikte weniger lösen, wenn sie über ausreichende Trainingsmöglichkeiten verfügen.

⇨ Die **Art der Leistungserstellung** in Unternehmen interagiert mit der Vielfalt in der kulturellen Variation ‚Zukunft' der Zeitorientierung ebenfalls negativ in Hinblick auf die Informalität der Gruppenkommunikation. Wenn sich die Gruppenmitglieder in ihren Wertschätzungen von Veränderungen und in ihren Ansichten über zukünftige Gewinne und Möglichkeiten aus dem gegenwärtigen Handeln voneinander unterscheiden, dann kommunizieren sie in der Gruppe auf formalerem Wege miteinander, wenn die generellen Leistungen im Unternehmen insgesamt eher durch Gruppenarbeit erbracht werden.

⇨ Die **vorherrschende Lohnstruktur** im Unternehmen interagiert mit der Vielfalt in der kulturellen Variation ‚Unterwerfung' der Mensch-Umwelt-Orientierung negativ in Hinblick auf das Auftreten von Beziehungskonflikten in Arbeitsgruppen. Je mehr sich die Gruppenmitglieder in ihrer Schicksalsergebenheit und ihrer Akzeptanz der Vorherbestimmtheit von Lebensereignissen voneinander unterscheiden, desto weniger Beziehungskonflikte werden in der Arbeitsgruppe auftreten, wenn die Gruppenmitglieder individuell und nicht gruppenbasiert entlohnt werden.

⇨ Die **PC-Verfügbarkeit** für Gruppenmitglieder moderiert die Zusammenhänge zwischen der Vielfalt in den kulturellen Variationen ‚Kollektivismus' und ‚Hierarchie' der relationalen Orientierung und den aufgabenbezogenen Gruppenprozessen negativ sowie die Zusammenhänge zwischen der Vielfalt in den kulturellen Variationen ‚Beherrschung' und ‚Unterwerfung' der Mensch-Umwelt-Orientierung und den aufgabenbezogenen Gruppen-

Überprüfung der Hypothesen 419

prozessen, hier jedoch sowohl negativ als auch positiv. Unterscheiden sich die Gruppenmitglieder einer Arbeitsgruppe in ihren Empfindungen gegenseitiger, gruppenbezogener Verpflichtungen und Bindungen und in ihrem Verständnis von Macht- und Verantwortungsstrukturen in zwischenmenschlichen Beziehungen, dann können sie ihre aufgabenbezogenen Gruppenprozesse der Aufgabenzielklärung, der Entwicklung von Arbeitsplänen und des Setzens von Tätigkeitsprioritäten nicht mehr so gut ausführen, wenn sie alle mit einem PC oder Notebook ausgestattet sind. Weiterhin werden die aufgabenbezogenen Gruppenprozesse in Arbeitsgruppen dann durch eine PC-Verfügbarkeit für jedes Gruppenmitglied beeinträchtigt, wenn sie sich in ihren Auffassungen von Macht- und Verantwortungsstrukturen in zwischenmenschlichen Beziehungen voneinander unterscheiden. Andererseits werden die aufgabebezogenen Gruppenprozesse durch eine PC-Verfügbarkeit jedoch dann noch gefördert, wenn sich die Gruppenmitglieder in ihrer Schicksalsergebenheit und in ihrer Akzeptanz der Vorherbestimmtheit von Lebensereignissen voneinander unterscheiden.

⇨ Die PC-Verfügbarkeit für Gruppenmitglieder moderiert ebenfalls die Zusammenhänge zwischen der Vielfalt in den kulturellen Variationen ‚Kollektivismus' und ‚Hierarchie' der relationalen und den beziehungsbezogenen Gruppenprozessen negativ und die Zusammenhänge zwischen der Vielfalt in der kulturellen Variation ‚Veränderbarkeit/Nicht-Veränderbarkeit' der Menschlichen-Natur-Orientierung und den beziehungsbezogenen Gruppenprozessen ebenfalls negativ. Unterscheiden sich die Gruppenmitglieder einer Arbeitsgruppe in ihren Empfindungen gegenseitiger, gruppenbezogener Verpflichtungen und Bindungen und in ihrem Verständnis von Macht- und Verantwortungsstrukturen in zwischenmenschlichen Beziehungen, dann kooperieren und unterstützen sie sich gegenseitig in der Gruppe weniger, wenn sie alle mit einem PC oder Notebook ausgestattet sind. Und unterscheiden sich die Gruppenmitglieder in ihren Auffassungen von der prinzipiellen Veränderbarkeit des Wesens der menschlichen Natur, dann kooperieren und unterstützen sie sich gegenseitig ebenfalls weniger, wenn sie zudem alle über einen PC oder ein Notebook verfügen.

⇨ Die **Institutionalisiertheit von direkten Kommunikationsmöglichkeiten** zwischen Gruppenmitgliedern interagiert mit der Vielfalt in der kulturellen Variation ‚Harmonie' der Mensch-Umwelt-Orientierung positiv in Hinblick auf das Auftreten von Beziehungskonflikten. Wenn sich die Gruppenmitglieder hinsichtlich ihrer Annahmen über ihre Position und ihrer Verbundenheit mit dem sie umgebenden Gesamtsystem voneinander unterscheiden, dann treten zwischen ihnen mehr Beziehungs- oder emotionale Konflikte auf, wenn ihre Möglichkeiten zur direkten Kommunikation miteinander in irgendeiner Form institutionalisiert sind.

⇨ Der **Formalisierungsgrad der Gruppenkommunikationsmöglichkeiten** interagiert mit der Vielfalt in der kulturellen Variation ‚Denken' der Aktivitätsorientierung in Hinblick auf die externe Gruppenkommunikation mit anderen Unternehmen: Wenn sich die Gruppenmitglieder in ihren jeweiligen Informationsverarbeitungsmodi voneinander unterscheiden, kommuniziert die Arbeitsgruppe weniger aufgabenbezogen mit Personen aus anderen Unternehmen, wenn ihre Kommunikationsmöglichkeiten hochgradig formalisiert sind.

⇨ Der Formalisierungsgrad der Gruppenkommunikationsmöglichkeiten interagiert mit der Vielfalt in der kulturellen Variation ‚Beherrschung' der Mensch-Umwelt-Orientierung in Hinblick auf das Auftreten von Aufgabenkonflikten in Arbeitsgruppen. Wenn sich die Gruppenmitglieder in ihren jeweiligen Annahmen über die Kontrollier- und Gestaltbarkeit der Umwelt voneinander unterscheiden, sind sie dann miteinander in mehr Aufgabenkonflikten involviert, wenn sich die Gruppenkommunikationsmöglichkeiten durch einen hohen Formalisierungsgrad auszeichnen.

⇨ Der Formalisierungsgrad der Gruppenkommunikationsmöglichkeiten interagiert mit der Vielfalt in der kulturellen Variation ‚Harmonie' der Mensch-Umwelt-Orientierung in Hinblick auf die beziehungsbezogenen Gruppenprozesse negativ. Wenn sich die Gruppenmitglieder hinsichtlich ihrer Annahmen über ihre Position und ihrer Verbundenheit mit dem sie umgebenden Gesamtsystem voneinander unterscheiden, dann kooperieren und unterstützen sie sich gegenseitig weniger, wenn zudem die Möglichkeiten der Gruppenkommunikation hochgradig formalisiert sind.

⇨ Der Formalisierungsgrad der Gruppenkommunikationsmöglichkeiten interagiert mit der Vielfalt in der kulturellen Variation ‚Harmonie' der Mensch-Umwelt-Orientierung in Hinblick auf die Konfliktlösung in Arbeitsgruppen negativ. Wenn sich die Gruppenmitglieder in ihren Annahmen über ihre Position und ihrer Verbundenheit mit dem sie umgebenden Gesamtsystem voneinander unterscheiden, lösen sie die in der Gruppe auftretenden Konflikte weniger gut, wenn sich ihre Kommunikationsmöglichkeiten durch einen hohen Formalisierungsgrad auszeichnen.

Der zweite Teil der in diesem Abschnitt überprüften möglichen Moderationswirkungen der anderen Gruppenstrukturmerkmal-Prozess-Zusammenhänge durch das Gruppenmanagement wurde explorativ und replikativ vorgenommen, wobei auch hier auf einer übergeordneten Ebene vier Erkenntnisse zusammengefasst werden können. Als erstes konnte festgestellt werden, dass sämtliche Gruppenstruktur-Prozess-Zusammenhänge durch die Gruppenmanagementvariablen moderiert werden. Zum zweiten ist aufgefallen, dass es vor allem die Zusammenhänge zwischen der Altersvielfalt und den Prozessen und der Vielfalt in der Dauer der Gruppenzugehörigkeit und den Prozessen sind, die besonders durch das Gruppenmanagement beeinflusst werden. Zum dritten haben sich vor allem die Verfügbarkeit von Gruppentrainings, die PC-Verfügbarkeit für die Gruppenmitglieder und die Einflussmöglichkeit der Führungskräfte auf die Auswahl von Mitgliedern für ihre Arbeitsgruppe als häufigste Moderatoren der Struktur-Prozess-Zusammenhänge erwiesen. Und zum vierten fiel auf, dass sehr häufig erst die Kombination von Gruppenstruktur- und Organisationsmerkmalen zu bedeutsamen Konsequenzen für die Gruppenprozesse führte, die bei singulärer Betrachtung der bivariaten Zusammenhänge vorher nicht zu beobachten waren. Konkret konnten die folgenden Befunde generiert werden:

Moderation der Gruppenstruktur-Prozess-Zusammenhänge durch die Führung

⇨ Die **aufgabenorientierte Führung** interagiert mit der Vielfalt in der Dauer der Gruppenzugehörigkeit in Hinblick auf die aufgabenbezogenen Gruppenprozesse positiv. Wenn sich die Gruppenmitglieder in der Dauer ihrer Gruppenzugehörigkeit voneinander unterscheiden, können sie ihre aufgabenbezogenen Gruppenprozesse besser ausführen, wenn sie aufgabenorientiert geführt werden.

⇨ Die aufgabenorientierte Führung interagiert mit der Vielfalt in der Dauer der Gruppenzugehörigkeit in Hinblick auf die Kommunikationsinformalität positiv. Wenn sich die Gruppenmitglieder in der Dauer ihrer Gruppenzugehörigkeit voneinander unterscheiden, kommunizieren sie auf eher informellem Wege miteinander, wenn sie aufgabenorientiert geführt werden.

⇨ Die aufgabenorientierte Führung interagiert mit der Vielfalt in der Dauer der Gruppenzugehörigkeit in Hinblick auf die Konfliktlösung positiv. Wenn sich die Gruppenmitglieder in der Dauer ihrer Gruppenzugehörigkeit voneinander unterscheiden, können sie die in der Gruppe auftretenden Konflikte lösen, wenn sie zudem aufgabenorientiert geführt werden.

⇨ Die **mitarbeiterorientierte Führung** interagiert mit der Altersvielfalt in Hinblick auf die aufgabenbezogenen Gruppenprozesse positiv. Wenn sich die Gruppenmitglieder in ihrem jeweiligen Alter voneinander unterscheiden, können sie ihre aufgabenbezogenen Gruppenprozesse besser ausführen, wenn sie zudem mitarbeiterorientiert geführt werden.

⇨ Die mitarbeiterorientierte Führung interagiert mit der Vielfalt in der Dauer der Gruppenzugehörigkeit in Hinblick auf die aufgabenbezogenen Gruppenprozesse positiv. Wenn sich die Gruppenmitglieder in der Dauer ihrer Gruppenzugehörigkeit voneinander unterscheiden, können sie ihre aufgabenbezogenen Gruppenprozesse besser ausführen, wenn sie mitarbeiterorientiert geführt werden.

⇨ Die mitarbeiterorientierte Führung interagiert mit der relativen Gruppengröße in Hinblick auf die externe Gruppenkommunikation mit Personen aus anderen Unternehmen negativ. Wenn die Gruppenmitglieder die Anzahl der Personen in ihrer Arbeitsgruppe für ihre Aufgaben als ausreichend groß wahrnehmen, werden sie dann weniger aufgabenbezogen mit Personen aus anderen Unternehmen oder Organisationen kommunizieren, wenn sie zudem mitarbeiterorientiert geführt werden.

⇨ Die **externe Führung** interagiert mit der Bildungsvielfalt in Hinblick auf die Beziehungskonflikte positiv. Unterscheiden sich die Gruppenmitglieder in der Dauer ihrer formalen Bildungen voneinander, dann treten in der Gruppe mehr Beziehungs- oder emotionale Konflikte auf, wenn die Arbeitsgruppe extern geführt wird.

⇨ Die externe Führung interagiert mit der Bildungsvielfalt in Hinblick auf die Konfliktlösung negativ. Unterscheiden sich die Gruppenmitglieder in der Dauer ihrer formalen Bildungen voneinander, dann kann die Arbeitsgruppe in ihr auftretende Konflikte weniger lösen, wenn sie extern geführt wird.

Moderation der Gruppenstruktur-Prozess-Zusammenhänge durch die Planung

⇨ Der Einsatz von Planungstechniken in Arbeitsgruppen interagiert mit der Bildungsvielfalt in Hinblick auf die aufgabenbezogene externe Gruppenkommunikation mit anderen Personen aus demselben Geschäftsbereich positiv. Wenn sich also die Gruppenmitglieder einer Arbeitsgruppe in der Dauer ihrer formalen Bildungen voneinander unterscheiden, kommunizieren sie dann mehr aufgabenbezogen mit gruppenexternen Personen aus demselben Geschäftsbereich, wenn in ihrer Arbeit Planungstechniken zum Einsatz kommen.

422   Ergebnisse der Untersuchung

⇨ Der Einsatz von Planungstechniken in Arbeitsgruppen interagiert mit der relativen Gruppengröße in Hinblick auf die beziehungsbezogenen Gruppenprozesse positiv. Wenn die Gruppenmitglieder die Anzahl der Personen in ihrer Arbeitsgruppe für ihre Aufgaben als ausreichend groß wahrnehmen, kooperieren sie miteinander und unterstützen sich gegenseitig dann mehr, wenn in der Gruppe Planungstechniken zum Einsatz kommen.

Moderation der Struktur-Prozess-Zusammenhänge durch die Organisation

⇨ Die **Verfügbarkeit von Gruppentrainings** im Unternehmen interagiert mit der Altersvielfalt in Hinblick auf die aufgabenbezogenen Gruppenprozesse positiv. Unterscheiden sich die Gruppenmitglieder in ihrem jeweiligen Alter voneinander, dann können sie ihre aufgabenbezogenen Gruppenprozesse besser ausführen, wenn im Unternehmen ausreichend Gruppentrainings angeboten werden.

⇨ Die Verfügbarkeit von Gruppentrainings im Unternehmen interagiert mit der Altersvielfalt in Hinblick auf die Kommunikationsinformalität positiv. Unterscheiden sich die Gruppenmitglieder in ihrem jeweiligen Alter voneinander, dann kommunizieren sie in der Gruppe informeller miteinander, wenn zudem im Unternehmen ausreichend Gruppentrainings angeboten werden.

⇨ Die Verfügbarkeit von Gruppentrainings im Unternehmen interagiert mit der Altersvielfalt und mit der Vielfalt in der Dauer der Unternehmenszugehörigkeit in Hinblick auf die Konfliktlösung positiv. Unterscheiden sich also die Gruppenmitglieder in ihrem jeweiligen Alter und in der Dauer ihrer jeweiligen Unternehmenszugehörigkeit voneinander, dann können sie die in der Arbeitsgruppe auftretenden Konflikte eher lösen, wenn zudem im Unternehmen ausreichend Gruppentrainings angeboten werden.

⇨ Die Verfügbarkeit von Gruppentrainings im Unternehmen interagiert mit der Bildungsvielfalt in Hinblick auf die externe Gruppenkommunikation mit anderen Personen desselben Geschäftsbereichs als auch mit Personen aus der Unternehmensverwaltung positiv. Wenn sich also die Mitglieder von Arbeitsgruppen in der Dauer ihrer jeweiligen formalen Bildungen voneinander unterscheiden, kommunizieren sie dann mehr aufgabenbezogen mit gruppenexternen Personen sowohl aus demselben Geschäftsbereich als auch aus der Unternehmensverwaltung, wenn zudem im Unternehmen ausreichend Gruppentrainings angeboten werden.

⇨ Die **Art der Leistungserstellung** im Unternehmen interagiert mit der Altersvielfalt positiv in Hinblick auf die Kommunikationsinformalität in Gruppen. Wenn sich die Mitglieder einer Arbeitsgruppe in ihrem jeweiligen Alter voneinander unterscheiden, kommunizieren sie dann auf informellerem Wege miteinander, wenn die Leistungen im Unternehmen vorrangig durch Gruppenarbeit erstellt werden.

⇨ Die Art der Leistungserstellung im Unternehmen interagiert mit der Altersvielfalt negativ in Hinblick auf das Auftreten von Aufgabenkonflikten in Gruppen. Wenn sich die Gruppenmitglieder in ihrem Alter voneinander unterscheiden, treten weniger Aufgabenkonflikte in der Arbeitsgruppe auf, wenn die Leistungen im Unternehmen generell vorrangig durch Gruppenarbeit erstellt werden.

⇨ Die generelle **Erwünschtheit von Gruppenarbeit** im Unternehmen interagiert mit der Vielfalt in der Dauer der Gruppenzugehörigkeit negativ in Hinblick auf das Auftreten von

Aufgabenkonflikten in Gruppen. Unterscheiden sich die Gruppenmitglieder in der Dauer ihrer jeweiligen Gruppenzugehörigkeit voneinander, dann treten in der Arbeitsgruppe weniger Aufgabenkonflikte auf, wenn im Unternehmen Gruppenarbeit generell erwünscht ist und gefördert wird.

⇨ Die Möglichkeit der Führungskräfte, auf die **Auswahlentscheidungen** von geeigneten Gruppenmitgliedern für ihre Arbeitsgruppe Einfluss zu nehmen, interagiert positiv mit der Vielfalt in der Dauer der Unternehmenszugehörigkeit der Gruppenmitglieder in Hinblick auf das Auftreten von Aufgabenkonflikten. Unterscheiden sich die Mitglieder einer Arbeitsgruppe in der Dauer ihrer jeweiligen Unternehmenszugehörigkeit voneinander, dann treten in der Gruppe mehr Aufgabenkonflikte auf, wenn die Führungskraft Einfluss auf die Auswahl geeigneter Gruppenmitglieder hat(te).

⇨ Die Möglichkeit der Führungskräfte, auf die Auswahlentscheidungen von geeigneten Gruppenmitgliedern für ihre Arbeitsgruppe Einfluss zu nehmen, interagiert positiv mit der Altersvielfalt, der Vielfalt in der Dauer der Unternehmenszugehörigkeit und der Vielfalt in der Dauer der Gruppenzugehörigkeit der Gruppenmitglieder in Hinblick auf das Auftreten von Beziehungskonflikten. Unterscheiden sich die Mitglieder einer Arbeitsgruppe in ihrem jeweiligen Alter, in der Dauer der jeweiligen Unternehmenszugehörigkeit und in der Dauer der jeweiligen Gruppenzugehörigkeit voneinander, dann treten in der Gruppe mehr Beziehungskonflikte auf, wenn die Führungskraft Einfluss auf die Auswahl geeigneter Gruppenmitglieder hat(te).

⇨ Die **vorherrschende Lohnstruktur** im Unternehmen interagiert negativ mit der relativen Gruppengröße in Hinblick auf die gruppenexterne Kommunikation mit Personen aus der Unternehmensverwaltung. Wenn die Gruppenmitglieder die Anzahl der Personen in ihrer Arbeitsgruppe für die zu erledigenden Gruppenaufgaben als ausreichend groß ansehen, kommunizieren sie dann weniger aufgabenbezogenen mit Personen aus der Unternehmensverwaltung, wenn die Individualentlohnung im Unternehmen die vorherrschende Lohnstruktur darstellt.

⇨ Die **PC-Verfügbarkeit** für alle Gruppenmitglieder interagiert sowohl mit der Vielfalt in der Dauer der Unternehmens- als auch mit der Vielfalt in der Dauer der Gruppenzugehörigkeit positiv in Hinblick auf die aufgabenbezogenen Gruppenprozesse. Unterscheiden sich die Gruppenmitglieder in der Dauer ihrer jeweiligen Unternehmenszugehörigkeit und in der Dauer ihrer jeweiligen Gruppenzugehörigkeit voneinander, dann können sie ihre aufgabenbezogenen Gruppenprozesse dann besser ausführen, wenn sie außerdem jeder mit einem persönlichen Rechner oder Notebook ausgestattet sind.

⇨ Die PC-Verfügbarkeit für alle Gruppenmitglieder interagiert sowohl mit der Altersvielfalt, mit der Vielfalt in der Dauer der Unternehmens- und der Gruppenzugehörigkeit positiv in Hinblick auf die beziehungsbezogenen Gruppenprozesse. Unterscheiden sich also die Gruppenmitglieder in ihrem jeweiligen Alter, in der Dauer ihrer jeweiligen Gruppenzugehörigkeit und in der Dauer ihrer jeweiligen Unternehmenszugehörigkeit voneinander, dann kooperieren und unterstützen sie sich gegenseitig mehr, wenn sie alle über einen persönlichen Rechner oder ein Notebook verfügen.

424   Ergebnisse der Untersuchung

⇨ Die **räumliche Nähe** von Gruppenmitgliedern moderiert den Zusammenhang zwischen der Vielfalt in der Dauer der Unternehmenszugehörigkeit und dem Auftreten von Aufgabenkonflikten in den Arbeitsgruppen. Je mehr sich die Gruppenmitglieder in der Dauer ihrer jeweiligen Gruppenzugehörigkeit voneinander unterscheiden, desto mehr treten Aufgabenkonflikte in der Arbeitsgruppe auf, wenn die Gruppenmitglieder außerdem räumlich konzentriert sind.

⇨ Die **Institutionalisiertheit von direkten Gruppenkommunikationsmöglichkeiten** moderiert den Zusammenhang zwischen der Vielfalt in der Dauer der formalen Bildung der Gruppenmitglieder und dem Auftreten von Beziehungskonflikten in Arbeitsgruppen. Je mehr sich die Gruppenmitglieder hinsichtlich der Dauer ihrer formalen Bildungen voneinander unterscheiden, desto mehr treten Beziehungs- oder emotionale Konflikte in der Gruppe auf, wenn die direkten Gruppenkommunikationsmöglichkeiten in Form von Teeküchen, Sozialräumen oder ähnlichem institutionalisiert sind.

⇨ Der **Formalisierungsgrad der Gruppenkommunikation** moderiert den Zusammenhang zwischen der Bildungsvielfalt und dem Auftreten von Aufgabenkonflikten in Arbeitsgruppen. Unterscheiden sich die Gruppenmitglieder in der Dauer ihrer jeweiligen formalen Bildung voneinander, treten dann mehr Aufgabenkonflikte in der Gruppe auf, wenn die Gruppenkommunikationsmöglichkeiten zudem hochgradig formalisiert sind.

9.2.7 Zum Hypothesenkomplex 7: Prozess-Erfolgs-Zusammenhänge

Die Überprüfung der im siebten und letzten Hypothesenkomplex der vorliegenden Untersuchung formulierten Hypothesen setzt den Schwerpunkt auf die Zusammenhänge zwischen den Gruppenprozessen und dem Gruppenerfolg. Da der Erfolg oder Misserfolg von multikulturellen Arbeitsgruppen zum großen Teil von dem kollektiven Bemühen der Gruppenmitglieder bestimmt wird, die individuellen Beiträge so zu koordinieren und zu synchronisieren, dass die Arbeitsgruppe sowohl die von ihrem Unternehmen geforderten Standards der Qualität und der Quantität erfüllt, als auch die Fähigkeit erhält und verbessert, in zukünftigen Aufgaben erfolgreich miteinander zu arbeiten, stellen die Gruppenprozesse demnach eine der wichtigsten Determinanten des Gruppengelingens dar. Bei der folgenden Prüfung, welche Zusammenhänge wie zwischen den Gruppenprozessen und dem Gruppenerfolg bestehen, soll sowohl die vorgenommene Unterteilung in kognitionsbezogene und affektivsoziale Gruppenprozesse, als auch die Unterscheidung von ökonomischem und sozialem Gruppenerfolg zur größeren Klarheit beibehalten werden.[899]

9.2.7.1 Kognitionsbezogene Gruppenprozesse und Gruppenerfolg

Konkret wurde im Hypothesenkomplex 7 in Bezug auf die kognitionsbezogenen Gruppenprozesse angenommen, dass die aufgabenbezogenen Gruppenprozesse mit sämtlichen Erfolgsmaßen in einem positiven Zusammenhang stehen (Hypothesen 7-Iaa bis 7-Iaf), dass die Auf-

---

[899]   Zur Konzeptualisierung dieses Hypothesenkomplexes siehe auch Abschnitt 7.2.7, S. 239 ff. der vorliegenden Schrift.

Überprüfung der Hypothesen

gabenkonflikte in einem positiven Zusammenhang mit der wahrgenommenen Effektivität der gewählten Aufgabenstrategien (Hypothese 7-Iba) und mit der wahrgenommenen Effektivität der Gruppenkommunikation stehen (Hypothese 7-Ibb), dass die aufgabenbezogene externe Gruppenkommunikation in einem positiven Zusammenhang mit der wahrgenommenen Effektivität der gewählten Aufgabenstrategien (Hypothese 7-Ica) und mit der Einschätzung der Gesamtgruppenleistung steht (Hypothese 7-Icb).

Die Prüfung der Hypothesen erfolgte zweigeteilt. Im ersten Teil wurden die Regressionen des ökonomischen Erfolgs und im zweiten die Regressionen des sozialen Gruppenerfolgs auf die kognitionsbezogenen Gruppenprozesse gerechnet. Die genauen Ergebnisse zeigen die folgenden Tabellen.

Tabelle 9-67: Regressionen des ökonomischen Gruppenerfolgs auf die kognitionsbezogenen Gruppenprozesse

	Ökonomischer Gruppenerfolg							
	Effektivität der Aufgabenstrategien		Effektivität der Kommunikation		Gesamtgruppenleistung (Mitglieder)		Gesamtgruppenleistung (Führungskräfte)	
	β	t	β	t	β	t	β	t	VIF
Aufgabenbezogene Prozesse	0,627	4,10****	0,716	2,99***	0,564	3,66****	1,506	2,23**	1,13
Aufgabenkonflikte	-0,385	-2,39**	-0,521	-2,06**	-0,027	-0,16	0,042	0,06	1,16
Externe Kommunikation (A)	0,085	0,97	0,128	0,94	-0,015	-0,18	0,002	0,00	1,72
Externe Kommunikation (B)	0,076	0,76	0,077	0,49	0,146	1,44	-0,548	-1,23	1,71
Externe Kommunikation (C)	-0,100	-1,18	-0,193	-1,45	-0,08	-0,94	0,059	0,16	1,14
R^2	0,5144		0,4006		0,3749		0,1994		
R^2 adj.	0,4361		0,3039		0,2741		0,0703		
F-Wert	6,567****		4,144***		3,719***		1,544		

* $p < 0,1$ ** $p < 0,05$ *** $p < 0,01$ **** $p < 0,001$

Natürlicherweise spiegeln sich die bereits festgestellten Korrelationen zwischen den Prozessen und dem Erfolg in den Regressionen wider. Anhand der Werte aus beiden Tabellen wird sehr deutlich, dass sowohl der ökonomische als auch der soziale Erfolg bis auf die durch die Führungskräfte eingeschätzte Gesamtgruppenleistung hoch signifikant durch die kognitionsbezogenen Gruppenprozesse vorhergesagt wird. Dabei erweisen sich die aufgabenbezogenen Gruppenprozesse als der stärkste positive Prädiktor, gefolgt von dem Ausmaß an Aufgabenkonflikten als stärkster negativer Prädiktor.

426 Ergebnisse der Untersuchung

Tabelle 9-68: **Regressionen des sozialen Gruppenerfolgs auf die kognitionsbezogenen Gruppenprozesse**

	Sozialer Gruppenerfolg					
	Gruppenbindung		Gruppenzuversicht		Gruppenzufriedenheit	
	β	t	β	t	β	t	VIF
Aufgabenbezogene Prozesse	0,559	2,91***	0,205	1,13	0,804	5,40****	1,13
Aufgabenkonflikte	-0,183	-0,91	-4,05	-2,12**	-0,205	-1,31	1,16
Externe Kommunikation (A)	0,195	1,79*	0,177	1,71*	-0,027	-0,32	1,72
Externe Kommunikation (B)	0,105	0,93	0,197	1,65	0,175	1,78*	1,71
Externe Kommunikation (C)	-0,126	-1,18	0,107	1,06	0,030	0,37	1,14
R^2	0,3821		0,4226		0,5926		
R^2 adj.	0,2824		0,3295		0,5268		
F-Wert	3,834***		4,538***		9,019****		

* $p < 0,1$ ** $p < 0,05$ ***$p < 0,01$ ****$p < 0,001$

Je besser eine multikulturelle Arbeitsgruppe ihre Aufgabenziele definieren und klären, Tätigkeitsprioritäten setzen und durchführbare Arbeitspläne entwickeln kann, desto eher wird sie ihre gewählten Aufgabenstrategien und ihre Gruppenkommunikation als effektiv einschätzen; desto höher wird sie ihre Gesamtgruppenleistung einschätzen, desto mehr werden sich die Gruppenmitglieder emotional an ihre Arbeitsgruppe gebunden fühlen und desto zufriedener werden die Gruppenmitglieder mit ihrer Gruppenarbeit sein. Damit können die Hypothesen 7-Iaa bis 7-Iaf bis auf die Hypothese 7-Iae (Gruppenzuversicht) als bestätigt angesehen werden.

Je mehr die Mitglieder einer multikulturellen Arbeitsgruppe die Empfindung haben, dass sie sich in ihren Sichtweisen und Beurteilungen der speziellen Aufgabenziele, Kernentscheidungsfelder und/oder auch Vorgehensweisen zur Aufgabenerledigung voneinander unterscheiden, desto weniger effektiv werden sie ihre gewählten Aufgabenstrategien und ihre Gruppenkommunikation einschätzen. Damit ist das genaue Gegenteil der in den Hypothesen 7-Iba und 7-Ibb vermuteten Zusammenhänge eingetreten, die also nicht bestätigt werden können. Außerdem sinkt durch ein Auftreten von Aufgabenkonflikten in der Gruppe die Zuversicht der Gruppenmitglieder, auch in zukünftigen Aufgaben erfolgreich miteinander arbeiten zu können. Diese Befunde sind zwar nicht unplausibel, aber unerwartet und schade.

Das Ausmaß der aufgabenbezogenen, externen Gruppenkommunikation mit anderen Personen im selben Geschäftsbereich steht nur mit der Gruppenbindung und der Gruppenzuversicht in einem schwach signifikanten, positiven Zusammenhang und die externe Kommunikation mit Personen aus der Unternehmensverwaltung steht ausschließlich mit der Gruppenzufriedenheit in einem schwach signifikanten, positiven Zusammenhang. Diese Be-

Überprüfung der Hypothesen 427

funde sind unerwartet. Allerdings kann die externe Gruppenkommunikation in keiner Weise die von den Gruppenmitgliedern wahrgenommene Effektivität der Aufgabenstrategien und auch nicht die Einschätzung der Gesamtgruppenleistung vorhersagen, so dass die Hypothesen 7-Ica und 7-Icb nicht bestätigt werden konnten.

9.2.7.2 Affektiv-Soziale Gruppenprozesse und Gruppenerfolg

Hinsichtlich der affektiv sozialen Gruppenprozesse wurde angenommen, dass die beziehungs-bezogenen Gruppenprozesse mit sämtlichen Gruppenerfolgsmaßen in einem positiven Zusammenhang stehen (Hypothesen 7-IIaa bis 7-IIaf), dass die Beziehungskonflikte mit sämtlichen Gruppenerfolgsmaßen in einem negativen Zusammenhang stehen (Hypothesen 7-IIba bis 7-IIbf), dass eine informelle Gruppenkommunikation mit sämtlichen Gruppenerfolgsmaßen in einem positiven Zusammenhang steht (Hypothesen 7-IIca bis 7-IIcf) und schließlich, dass das Ausmaß der Konfliktlösung ebenfalls mit sämtlichen Gruppenerfolgsmaßen in einem positiven Zusammenhang steht (Hypothesen 7-IIca bis 7-IIcf).

Die Prüfung dieser Hypothesen erfolgte ebenfalls zweigeteilt. Im ersten wurden die Regressionen des ökonomischen Gruppenerfolgs und im zweiten die Regressionen des sozialen Gruppenerfolgs auf die affektiv-sozialen Gruppenprozesse gerechnet. Die genauen Ergebnisse zeigen die folgenden Tabellen.

Auch anhand der Werte in diesen Tabellen lässt sich sehen, dass sich die bereits festgestellten, zum Teil hohen Korrelationen zwischen den Prozessen und dem Erfolg in den Regressionen widerspiegeln. Allerdings ist das in diesem Fall ein Problem.

Tabelle 9-69: Regressionen des ökonomischen Gruppenerfolgs auf die affektiv-sozialen Gruppenprozesse

	Ökonomischer Gruppenerfolg							
	Effektivität der Aufgaben-strategien		Effektivität der Kommunikation		Gesamtgruppen-leistung (Mitglieder)		Gesamtgruppen-leistung (Führungskräfte)	
	β	t	β	t	β	t	β	t	VIF
Beziehungsbe-zogene Prozesse	0,230	1,46	0,491	2,24**	0,131	0,66	-0,559	-0,66	2,12
Kommunika-tionsinformalität	0,291	2,03*	0,356	1,79*	0,227	1,26	0,875	1,13	1,17
Beziehungs-konflikte	-0,142	-1,41	-0,245	-1,75*	-0,037	-0,29	-0,194	-0,36	1,91
Konfliktlösung	0,358	2,05**	0,328	1,35	0,214	0,97	-0,177	-0,19	2,51
R^2	0,6232		0,6352		0,2418		0,0681		
R^2 adj.	0,5761		0,5896		0,1469		-0,0484		
F-Wert	13,234****		13,933****		2,551		0,585		

* $p < 0,1$ ** $p < 0,05$ *** $p < 0,01$ **** $p < 0,001$

428   Ergebnisse der Untersuchung

Die VIFs, vor allem der beziehungsbezogenen Prozesse, der Beziehungskonflikte und der Konfliktlösung sind recht hoch und weisen auf das Problem der Multikollinearität zwischen ihnen hin. Tatsächlich besteht, wie in Tabelle A1 zu sehen ist, zwischen den Beziehungsprozessen und der Konfliktlösung eine Korrelation von $r = 0,67$, zwischen den Beziehungsprozessen und den Beziehungskonflikten eine Korrelation von $r = -0,57$ und zwischen der Konfliktlösung und den Beziehungskonflikten eine Korrelation von $r = -0,63$. Aufgrund dieser hohen Interkorrelationen sind die Regressionskoeffizienten dieser Prädiktoren nicht mehr so sinnvoll interpretierbar, obwohl die Bezüge der Gesamtmodelle (R^2) wahr sind und bestehen bleiben. Aufgrund der Multikollinearität zwischen diesen drei Prädiktoren können nur noch die Werte der Kommunikationsinformalität sinnvoll interpretiert werden. Um dennoch den Einfluss der Beziehungsprozesse, -konflikte und der Konfliktlösung auf den Gruppenerfolg feststellen zu können, wurden als Gegenprüfung jeweils bivariate Regressionen der Gruppenerfolgsmaße auf die drei Prozesse gerechnet, wobei die genauen Werte im Folgenden immer mit berichtet werden sollen.

Tabelle 9-70: Regressionen des sozialen Gruppenerfolgs auf die affektiv-sozialen Gruppenprozesse

	Sozialer Gruppenerfolg					
	Gruppenbindung		Gruppenzuversicht		Gruppenzufriedenheit	
	β	t	β	t	β	t	VIF
Beziehungsbezogene Prozesse	0,415	1,78*	-0,077	-0,33	0,401	1,88*	2,12
Kommunikations-informalität	0,329	1,56	-0,066	-0,31	0,339	1,76*	1,17
Beziehungskonflikte	-0,115	-0,77	-0,061	-0,41	0,028	0,21	1,91
Konfliktlösung	0,022	0,08	0,606	2,33**	0,245	1,04	2,51
R²	0,3321		0,2970		0,3914		
R² adj.	0,2485		0,2091		0,3153		
F-Wert	3,977***		3,379**		5,145***		

* $p < 0,1$ ** $p < 0,05$ ***$p < 0,01$ ****$p < 0,001$

Es wurde vermutet, dass die Prozesse des Kooperierens und gegenseitigen Unterstützens in einer multikulturellen Arbeitsgruppe sowohl mit dem ökonomischen als auch mit dem sozialen Erfolg positiv zusammenhängt. Die bivariaten Regressionen ergaben, dass die beziehungsbezogenen Gruppenprozesse die Effektivität der gewählten Aufgabenstrategien ($R^2 = 0,366$; Beta = 0,603; t-Wert = 4,5; F-Wert = 20,201; $p < 0,001$) hoch signifikant und positiv, die Effektivität der Gruppenkommunikation ($R^2 = 0,443$; Beta = 0,937; t-Wert = 5,28; F-Wert = 27,837; $p < 0,0001$) ebenfalls hoch signifikant und positiv, die Einschätzung der Gesamtgruppenleistung durch die Gruppenmitglieder ($R^2 = 0,126$; Beta = 0,314; t-Wert = 2,24; F-Wert = 5,029; p = 0,03) signifikant und positiv, die Einschätzung der Gesamtgruppenleistung durch die Führungskräfte jedoch nicht vorhersagen konnten. Außerdem sagen die beziehungsbezogenen Gruppenprozesse die Gruppenbindung ($R^2 = 0,238$; Beta = 0,0,541; t-Wert = 3,31;

Überprüfung der Hypothesen 429

F-Wert = 10,93; p = 0,0022) hoch signifikant und positiv; die Gruppenzuversicht (R^2 = 0,121; Beta = 0,378; t-Wert = 2,20; F-Wert = 4,83; p = 0,034) signifikant und positiv und schließlich die Gruppenzufriedenheit (R^2 = 0,271; Beta = 0,552; t-Wert = 3,61; F-Wert = 13,002; p = 0,001) ebenfalls hoch signifikant und positiv vorher. Insgesamt bedeutet dies, wenn sich die Gruppenmitglieder in ihrer Aufgabenerledigung gegenseitig sozial unterstützen und miteinander kooperieren, dann werden sie ihre gewählten Aufgabenstrategien und ihre Gruppenkommunikation als effektiv einschätzen, ihre Gesamtgruppenleistung hoch einschätzen, außerdem werden sich dann die Gruppenmitglieder emotional stärker an ihre Arbeitsgruppe gebunden fühlen, eine größere Erfolgszuversicht aufweisen und umso zufriedener mit ihrer Gruppenarbeit sein. Die Hypothesen 7-IIaa bis 7-IIaf können als bestätigt angesehen werden.

In Hinblick auf die Kommunikationsinformalität wurde ebenfalls davon ausgegangen, dass sie mit sämtlichen Gruppenerfolgsmaßen in einem positiven Zusammenhang steht. Wie in den Tabellen 9-83 und 9-84 zu sehen ist, trifft dies nur für die wahrgenommene Effektivität der Gruppenkommunikation und die Gruppenzufriedenheit zu. Offenbar schätzen die Gruppenmitglieder ihre Gruppenkommunikation als effektiver ein und sind zufriedener mit ihrer Gruppenarbeit, wenn die Gruppenmitglieder insgesamt eher auf informellem Wege miteinander kommunizieren. Die Hypothesen 7-IIcb und cd können als bestätigt angesehen werden.

Hinsichtlich der Beziehungskonflikte wurde dagegen davon ausgegangen, dass diese mit sämtlichen Gruppenprozessen in einem negativen Zusammenhang stehen. Die bivariaten Regressionen ergaben, dass die Beziehungskonflikte die Effektivität der gewählten Aufgabenstrategien (R^2 = 0,401; Beta = -0,425; t-Wert = -4,84; F-Wert = 23,47; p < 0,001) hoch signifikant und negativ, die Effektivität der Gruppenkommunikation (R^2 = 0,4379; Beta = -0,627; t-Wert = -5,22; F-Wert = 27,27; p < 0,0001) ebenfalls hoch signifikant und negativ, die Einschätzung der Gesamtgruppenleistung durch die Gruppenmitglieder (R^2 = 0,124; Beta = -0,210; t-Wert = -2,23; F-Wert = 4,973; p = 0,0323) signifikant und negativ, die Einschätzung der Gesamtgruppenleistung durch die Führungskräfte jedoch nicht vorhersagen konnten. Außerdem sagen die Beziehungskonflikte die Gruppenbindung (R^2 = 0,195; Beta = -0,330; t-Wert = -2,92; F-Wert = 8,499; p = 0,0062) hoch signifikant und negativ; die Gruppenzuversicht (R^2 = 0,152; Beta = -0,285; t-Wert = -2,51; F-Wert = 6,29; p = 0,017) signifikant und negativ und schließlich die Gruppenzufriedenheit (R^2 = 0,154; Beta = -0,28; t-Wert = -2,52; F-Wert = 6,37; p = 0,0163) ebenfalls signifikant und negativ vorher. Insgesamt lässt sich aus diesen Ergebnissen schlussfolgern, dass, wenn in einer Arbeitsgruppe Beziehungs- oder emotionale Konflikte auftreten, die Gruppenmitglieder dann ihre gewählten Aufgabenstrategien und ihre Gruppenkommunikation als weniger effektiv und ihre Gesamtgruppenleistung gering einschätzen werden. Außerdem werden sich die Gruppenmitglieder außerdem weniger emotional an ihre Arbeitsgruppe gebunden fühlen, weniger Erfolgszuversicht zeigen und umso unzufriedener mit ihrer Gruppenarbeit sein, wenn in der Arbeitsgruppe Beziehungskonflikte auftreten. Die Hypothesen 7-IIba bis 7-IIbf können als bestätigt angesehen werden.

Und schließlich wurde vermutet, dass die Fähigkeit einer Arbeitsgruppe, die in ihr auftretenden Konflikte auch lösen zu können, ebenfalls in einem positiven Zusammenhang mit den Gruppenerfolgsmaßen steht. Die bivariaten Regressionen ergaben, dass die Konfliktlösung die Effektivität der gewählten Aufgabenstrategien (R^2 = 0,518; Beta = 0,73; t-Wert = 6,13; F-Wert = 37,586; p < 0,0001) hoch signifikant und positiv, die Effektivität der Gruppenkommunikation ($R^2 = 0,487$; Beta = 0,999; t-Wert = 5,76; F-Wert = 33,20; p < 0,0001) ebenfalls hoch signifikant und positiv, die Einschätzung der Gesamtgruppenleistung durch die Gruppenmitglieder ($R^2 = 0,194$; Beta = 0,397; t-Wert = 2,90; F-Wert = 8,43; p = 0,0063) hoch signifikant und positiv, die Einschätzung der Gesamtgruppenleistung durch die Führungskräfte jedoch nicht vorhersagen konnte. Außerdem sagt die Konfliktlösung die Gruppenbindung ($R^2 = 0,199$; Beta = 0,504; t-Wert = 2,95; F-Wert = 8,732; p = 0,0056) hoch signifikant und positiv, die Gruppenzuversicht ($R^2 = 0,291$; Beta = 0,596; t-Wert = 3,79; F-Wert = 14,376; p = 0,0006) hoch signifikant und positiv und schließlich die Gruppenzufriedenheit ($R^2 = 0,271$; Beta = 0,552; t-Wert = 3,61; F-Wert = 13,002; p = 0,001) ebenfalls hoch signifikant und positiv vorher. Wenn also eine Arbeitsgruppe in der Lage ist, die in ihr auftretenden Konflikte auch zu lösen, dann werden sie auch ihre gewählten Aufgabenstrategien und ihre Gruppenkommunikation als effektiv sowie ihre Gesamtgruppenleistung als hoch einschätzen. Weiterhin werden sich die Gruppenmitglieder außerdem emotional stärker an ihre Arbeitsgruppe gebunden fühlen, eine größere Erfolgszuversicht aufweisen und umso zufriedener mit ihrer Gruppenarbeit sein, wenn die Gruppe zur Konfliktlösung in der Lage ist. Damit können auch die Hypothesen 7-IIda bis 7-IIdf als bestätigt angesehen werden.

9.2.7.3 Zusammenfassung der Ergebnisse zum Hypothesenkomplex 7

Die Überprüfung der im siebten Hypothesenkomplex formulierten Hypothesen setzte den Schwerpunkt auf die Zusammenhänge zwischen den Gruppenprozessen und dem Gruppenerfolg, wobei Hypothesen auf der grundlegenden Annahme basierten, dass der Erfolg oder Misserfolg von multikulturellen Arbeitsgruppen zum großen Teil von dem kollektiven Bemühen der Gruppenmitglieder bestimmt wird, die individuellen Beiträge so zu koordinieren und zu synchronisieren, dass die Arbeitsgruppe sowohl die von ihrem Unternehmen geforderten Standards der Qualität und der Quantität erfüllt, als auch die Fähigkeit erhält und verbessert, in zukünftigen Aufgaben erfolgreich miteinander zu arbeiten, und somit die Gruppenprozesse eine der wichtigsten Determinanten des Gruppengelingens darstellen.

Konkret wurde im Hypothesenkomplex 7 in Bezug auf die kognitionsbezogenen Gruppenprozesse angenommen, dass die aufgabenbezogenen Gruppenprozesse mit sämtlichen Erfolgsmaßen in einem positiven Zusammenhang stehen (Hypothesen 7-Iaa bis 7-Iaf), dass die Aufgabenkonflikte in einem positiven Zusammenhang mit der wahrgenommenen Effektivität der gewählten Aufgabenstrategien (Hypothese 7-Iba) und mit der wahrgenommenen Effektivität der Gruppenkommunikation stehen (Hypothese 7-Ibb), dass die aufgabenbezogene externe Gruppenkommunikation in einem positiven Zusammenhang mit der wahrgenommenen Effektivität der gewählten Aufgabenstrategien (Hypothese 7-Ica) und mit der Einschätzung der Gesamtgruppenleistung steht (Hypothese 7-Icb). Als Kernergebnisse der Hypothesenüberprüfung können für die vorliegende Stichprobe festgehalten werden:

⇨ Je besser eine multikulturelle Arbeitsgruppe ihre Aufgabenziele definieren und klären, Tätigkeitsprioritäten setzen und durchführbare Arbeitspläne entwickeln kann, desto eher wird sie ihre gewählten Aufgabenstrategien als effektiv einschätzen, desto eher wird sie ihre Gruppenkommunikation als effektiv einschätzen, desto höher wird sie ihre Gesamtgruppenleistung einschätzen, desto mehr werden sich die Gruppenmitglieder emotional an

Überprüfung der Hypothesen

ihre Arbeitsgruppe gebunden fühlen und desto zufriedener werden die Gruppenmitglieder mit ihrer Gruppenarbeit sein (Bestätigung der Hypothesen 7-Iaa bis 7-Iaf bis auf die Hypothese 7-Iae hinsichtlich der Gruppenzuversicht).

⇨ Das Auftreten von Aufgabenkonflikten in einer multikulturellen Arbeitsgruppe steht in einem negativen Zusammenhang mit der wahrgenommenen Effektivität der gewählten Aufgabenstrategien und mit der wahrgenommenen Effektivität der Gruppenkommunikation (Befunde im Gegensatz zu den Hypothesen 7-Iba und 7-Ibb.). Aufgabenkonflikte stehen überdies in einem negativen Zusammenhang mit der Gruppenzuversicht.

⇨ Das Ausmaß der aufgabenbezogenen, externen Gruppenkommunikation mit anderen Personen im selben Geschäftsbereich steht nur mit der Gruppenbindung und der Gruppenzuversicht in einem schwach signifikanten, positiven Zusammenhang und die externe Kommunikation mit Personen aus der Unternehmensverwaltung steht ausschließlich mit der Gruppenzufriedenheit in einem schwach signifikanten, positiven Zusammenhang. Die externe Gruppenkommunikation steht nicht in einem Zusammenhang mit der wahrgenommenen Effektivität der Aufgabenstrategien und nicht mit der Einschätzung der Gruppenleistung durch die Gruppenmitglieder (Hypothesen 7-Ica und 7-Icb nicht bestätigt).

Hinsichtlich der affektiv sozialen Gruppenprozesse wurde angenommen, dass die beziehungsbezogenen Gruppenprozesse mit sämtlichen Gruppenerfolgsmaßen in einem positiven Zusammenhang stehen (Hypothesen 7-IIaa bis 7-IIaf), dass die Beziehungskonflikte mit sämtlichen Gruppenerfolgsmaßen in einem negativen Zusammenhang stehen (Hypothesen 7-IIba bis 7-IIbf), dass eine informelle Gruppenkommunikation mit sämtlichen Gruppenerfolgsmaßen in einem positiven Zusammenhang steht (Hypothesen 7-IIca bis 7-IIcf) und schließlich, dass das Ausmaß der Konfliktlösung ebenfalls mit sämtlichen Gruppenerfolgsmaßen in einem positiven Zusammenhang steht (Hypothesen 7-IIca bis 7-IIcf). Als Kernergebnisse der Prüfungen dieser Hypothesen können für die vorliegende Stichprobe festgehalten werden:

⇨ Unterstützen sich die Gruppenmitglieder in ihrer Aufgabenerledigung gegenseitig und kooperieren sie miteinander, dann werden sie ihre gewählten Aufgabenstrategien und ihre Gruppenkommunikation als effektiv einschätzen, sowie ihre Gesamtgruppenleistung hoch einschätzen. Bei hoher gegenseitiger Unterstützung und Kooperation werden sich die Gruppenmitglieder außerdem emotional stärker an ihre Arbeitsgruppe gebunden fühlen, eine größere Erfolgszuversicht aufweisen und umso zufriedener mit ihrer Gruppenarbeit sein (Bestätigung der Hypothesen 7-IIaa bis 7-IIaf).

⇨ Die Kommunikationsinformalität in Arbeitsgruppen steht in einem positiven Zusammenhang mit der wahrgenommenen Effektivität der Gruppenkommunikation und mit der Gruppenzufriedenheit (nur Bestätigung der Hypothesen 7-IIcb und 7-IIcd).

⇨ Das Ausmaß an Beziehungskonflikten in einer multikulturellen Arbeitsgruppe steht im negativen Zusammenhang mit der wahrgenommenen Effektivität der gewählten Aufgabenstrategien, mit der wahrgenommenen Effektivität der Gruppenkommunikation und mit der durch die Gruppenmitglieder selbst eingeschätzten Gesamtgruppenleistung. Außerdem werden sich die Gruppenmitglieder weniger emotional an ihre Arbeitsgruppe gebunden fühlen, weniger Erfolgszuversicht zeigen und umso unzufriedener mit ihrer Gruppenarbeit

432 Ergebnisse der Untersuchung

sein, wenn in der Arbeitsgruppe Beziehungskonflikte auftreten (Bestätigung der Hypothesen 7-IIba bis 7-IIbf).

⇨ Die Fähigkeit zur Konfliktlösung in multikulturellen Arbeitsgruppen steht in einem positiven Zusammenhang mit der wahrgenommenen Effektivität der gewählten Aufgabenstrategien, mit der wahrgenommenen Effektivität der Gruppenkommunikation und mit der durch die Gruppenmitglieder selbst eingeschätzten Gesamtgruppenleistung. Weiterhin werden sich die Gruppenmitglieder außerdem emotional stärker an ihre Arbeitsgruppe gebunden fühlen, eine größere Erfolgszuversicht aufweisen und umso zufriedener mit ihrer Gruppenarbeit sein, wenn die Gruppe zur Konfliktlösung in der Lage ist (Bestätigung der Hypothesen 7-IIda bis 7-IIdf).

Die Überprüfung der in den Hypothesenkomplexen 1-7 formulierten Hypothesen ist damit abgeschlossen.

10 Diskussion der Ergebnisse und Implikationen der Untersuchung

> *We shall not cease from exploration*
> *And the end of all our exploring*
> *Will be to arrive where we started*
> *And know the place for the first time.*
> - T.S. Eliot (1942)[900]

Es war das Ziel der vorliegenden Untersuchung, die multikulturelle Dynamik in multikulturellen Arbeitsgruppen systematisch zu analysieren und empirisch zu evaluieren. Konkret sollten diejenigen Dimensionen multikultureller Gruppenarbeit identifiziert werden, die bedeutsam zum Erfolg der Arbeitsgruppen beitragen und es sollte aufgezeigt werden, welche Möglichkeiten sich für das Gruppenmanagement ergeben, die Leistungsfähigkeit der multikulturellen Arbeitsgruppen zu fördern und zu optimieren.

Um diesen Fragen nachzugehen, wurden im ersten Schritt die Erkenntnisse aus den für diese Arbeit zentralen großen Forschungsgebieten aufgearbeitet und darauf basierend in ein Untersuchungsmodell integriert, welches die Hypothesen der vorliegenden Untersuchung enthielt. Im zweiten Schritt wurden die Hypothesen empirisch geprüft, wobei die gewonnenen Erkenntnisse an dieser Stelle mit den theoretischen Überlegungen integriert und diskutiert werden sollen.[901] Damit liegt der Schwerpunkt der Diskussion auf einer übergeordneten Reflexion der zentralen Untersuchungsergebnisse, wobei in Anbindung an die erhaltenen Befunde mögliche Erklärungen elaboriert und weiterführende Gedanken entwickelt werden sollen.

Der folgende Abschnitt gliedert sich in fünf Teile, wobei im ersten die Erklärungsgrößen und im zweiten die Gestaltungsformen erfolgreicher multikultureller Arbeitsgruppen diskutiert werden. Im dritten Teil wird geprüft, ob sich das theoretische Konzept der lose gekoppelten Systeme auf multikulturelle Arbeitsgruppen anwenden lässt und ob es tatsächlich in der Lage ist, die widersprüchlichen Befunde aus vergangenen Forschungsbemühungen zu erklären. In diesem Teil wird diskutiert, ob und wie die Leithypothesen der vorliegenden Untersuchung durch die Realität Bestätigung erfahren haben. Im vierten Teil wird schließlich die vorliegende Arbeit einer kritischen Betrachtung unterzogen, woraufhin im fünften und letzten Teil dieses Abschnitts Implikationen und Empfehlungen für die Forschung und die Praxis abgeleitet werden.

---

[900] T. S. Eliot (1942) aus „Four Quartets 4: Little Gidding".

[901] Es sei an dieser Stelle nochmals darauf verwiesen, dass der zentrale Fokus der vorliegenden Untersuchung auf der Prüfung von Hypothesen lag und nicht auf der Generierung derselben. Explorative Verfahren wie beispielsweise Faktoren- oder Clusteranalysen wurden deshalb nicht herangezogen, da erstens die Ergebnisse häufig nur schwer zu interpretieren sind und sich zum zweiten aufgrund der ohnehin schon kritischen empirischen Fasslichkeit des Konstruktes ‚Kultur' nicht noch mehr Unschärfe und Deutungsspielräume ergeben sollten, die das Untersuchungsvorhaben weiter erheblich erschwert hätten.

434 Diskussion und Implikationen

10.1 Erklärungsgrößen multikultureller Arbeitsgruppen

Die erste zentrale Forschungsfrage, die mit der vorliegenden Untersuchung beantwortet werden sollte, betraf die hauptsächlichen Erklärungsdimensionen multikultureller Gruppenarbeit. Worin genau besteht das Potenzial solcher Gruppen? Und wie wirkt es sich auf den Erfolg oder Misserfolg von Arbeitsgruppen aus, wenn sich die Mitglieder in ihren kulturellen Hintergründen voneinander unterscheiden?

10.1.1 Zum Potenzial multikultureller Arbeitsgruppen

Das Potenzial von Arbeitsgruppen gründet sich auf dem „Vier-Augen-" und „Vier-Hände-Prinzip". Vier Augen sehen mehr als zwei, vier Hände arbeiten mehr als zwei. Die Menge an Perspektiven und Handlungsalternativen erhöht sich. In Bezug auf das „Vier-Augen-"/„Vier-Hände-Prinzip" bedeuten unterschiedliche kulturelle Werteorientierungen zwischen den Gruppenmitgliedern, dass zusätzlich zur größeren Menge an wahrgenommenen Ereignissen und entsprechenden Handlungsalternativen diese auch eine qualitative Erweiterung erfahren. In einer Arbeitsgruppe, die sich aus Personen mit unterschiedlichen Werteorientierungen zusammensetzt, wird also nicht nur mehr gesehen und kann mehr geleistet werden, sondern zusätzlich ist das, was gesehen und geleistet wird, inhaltlich um die kulturellen Dimensionen erweitert. Die kulturelle Vielfalt bewirkt, dass sich zum „Mehr" des arbeitsteiligen Gruppenhandelns auch noch ein „anders" hinzugesellt und sich hiermit eine *Potenzierung* der für eine Arbeitsgruppe verfügbaren Wahrnehmungen, Interpretationen, Lösungen und Handlungsoptionen ergibt. Multikulturell zusammengesetzte Arbeitsgruppen enthalten also das Potenzial sowohl für qualitativ hochwertigere Lösungen globaler Geschäftsprobleme aufgrund einer größeren Anzahl qualitativ-inhaltlich divergierender Perspektiven, als auch für innovativere Implementierungen der entwickelten Problemlösungen durch eine ebenfalls größere Anzahl qualitativ-inhaltlich verschiedener Operations- und Handlungsmodi.

In der vorliegenden Untersuchung wurden beide oben genannten Teilfragen zum Potenzial multikultureller Arbeitsgruppen behandelt. Zum einen wurde Kultur und entsprechend kulturelle Vielfalt anhand der individuellen kulturellen Werteorientierungen und -variationen[902] der Gruppenmitglieder analysiert. Und zum zweiten wurde die Frage nach der Realisierbarkeit des Potenzials kultureller Vielfalt durch eine Überprüfung der Wechselwirkungen zwischen der kulturellen Vielfalt und dem unmittelbaren Kontext der Arbeitsgruppen behandelt.

10.1.2 Zentrale Erkenntnisse zum Potenzial multikultureller Arbeitsgruppen

Es wurde angenommen, dass der unmittelbare Kontext einer multikulturellen Arbeitsgruppe bestimmt, ob eine Arbeitsgruppe überhaupt die Möglichkeit bekommt, ihr inhärentes Potenzial auch auszunutzen. Und es wurde die Frage gestellt, bei genau welcher Kontextausprägung die kulturelle Vielfalt in einer Arbeitsgruppe ihr Potenzial entfaltet und damit der Gruppe zum Erfolg verhelfen kann.

---

[902] Zur genauen Beschreibung der kulturellen Werteorientierungen und ihren Variationen siehe auch Abschnitt 3.2.1 der vorliegenden Untersuchung.

Erklärungsgrößen multikultureller Arbeitsgruppen 435

Bei der Überprüfung dieser Frage haben sich als erstes Unterschiede zwischen den Gruppenmitgliedern in drei der kulturellen Werteorientierungen als wesentlich herausgestellt. Dies betrifft zum einen die *Vielfalt in der Aktivitätsorientierung*, wobei hier vor allem Unterschiede zwischen den Gruppenmitgliedern in ihren jeweiligen Informationsverarbeitungs- oder Problemlösungsmodi (kulturelle Variation ‚Denken’) die zentrale Rolle spielten. Die Wahrnehmung, Interpretation und Reaktion auf den Kontext durch Gruppenmitglieder, die sich darin unterschieden, ob sie ihrer Persönlichkeit Ausdruck verleihen, indem sie prinzipiell immer alle Seiten eines Problems erschöpfend durchdenken, nach allen verfügbaren Informationen suchen und gründlich alle möglichen Alternativen abwägen, bevor sie handeln, hatte in der vorliegenden Untersuchung entscheidende Konsequenzen für den Gruppenerfolg.

Die zweite kulturelle Werteorientierung, innerhalb derer Unterschiede zwischen den Gruppenmitgliedern in Reaktion auf die konkreten Arbeitssituationen wesentliche Konsequenzen für den Gruppenerfolg zeigten, betraf die *Vielfalt in der Menschlichen-Natur-Orientierung*. Allerdings spielten hier Unterschiede in beiden kulturellen Variationen eine große Rolle. Die Wahrnehmung, Interpretation und Reaktion auf den Kontext durch Gruppenmitglieder, die sich darin unterschieden, ob sie die Natur des Menschen als grundsätzlich gut oder böse ansehen und ob sie davon ausgehen, dass die Natur des Menschen prinzipiell veränderbar oder nicht veränderbar ist, hatte in der vorliegenden Untersuchung ebenfalls entscheidende Konsequenzen für den Gruppenerfolg.

Und die dritte kulturelle Werteorientierung, innerhalb derer Unterschiede zwischen den Gruppenmitgliedern wesentliche Erfolgskonsequenzen zeigten, betrifft die *relationale Orientierung*, wobei sich hier vor allem Unterschiede zwischen den Gruppenmitgliedern in ihren Auffassungen von den Macht- und Verantwortungsstrukturen zwischenmenschlicher Beziehungen (kulturelle Variation ‚Hierarchie’) als zentral für den Gruppenerfolg erwiesen. Die Wahrnehmung, Interpretation und Reaktion auf den Kontext durch Gruppenmitglieder, die sich darin unterschieden, ob sie eine geordnete positionale Abfolge zwischen den Gruppenmitgliedern zur Gewährleistung der Kontinuität der Gruppe wünschen und damit natürlicherweise von einer ungleichen Machtverteilung innerhalb der Gruppe ausgehen und diese mit den damit verbundenen Konsequenzen akzeptieren, hatte in der vorliegenden Untersuchung ebenfalls erfolgsentscheidende Konsequenzen für die Arbeitsgruppen.

Es spricht vieles dafür, dass diese drei Werteorientierungen besonders im arbeitsbezogenen Grup-penkontext eine entscheidendere Rolle als die beiden anderen kulturellen Werteorientierungen (Mensch-Umwelt- und Zeitorientierung) spielen. Während sich zwischen Vielfalt in der Denken-Variation der Aktivitätsorientierung und dem ökonomischen Gruppenerfolg ein Bezug herstellen lässt, wobei auch begründet vermutet werden könnte, dass diese Orientierung generell Auswirkungen auf die Sach- oder Produktionsfunktion von Arbeitsgruppen hat, so lässt sich ebenfalls zwischen der Hierarchie-Variation der relationalen Orientierung und dem sozialen Gruppenerfolg ein konzeptioneller Zusammenhang konstruieren (zu den Effektivitätskriterien der Gruppenarbeit bzw. den Gruppenfunktionen siehe auch Abschnitt 4.2.5 der vorliegenden Untersuchung). Eine ausgeprägte Hierarchie-Orientierung erfüllt den Zweck des Gruppenerhalts, wobei Vielfalt in dieser Orientierung nachvollziehbar den sozialen Gruppenerfolg herausfordert. Und schließlich lässt sich die Menschliche-Natur-Orientierung mit beiden Variationen mit dem individuellen oder persönlichen Kriterium des

436 Diskussion und Implikationen

Gruppenerfolgs in Verbindung setzen. Obwohl in der vorliegenden Studie nicht explizit untersucht, so scheint es doch gut möglich, dass sowohl Ausprägungen in dieser kulturellen Werteorientierung an sich als auch Vielfalt darin Auswirkungen darauf hat, ob die Gruppenarbeit persönliche Bedürfnisse erfüllen kann. Die Menschliche-Natur-Orientierung mit ihrem implizierten Zusammenhang zum Vertrauen bzw. zur Kontrolle weist damit einen klaren Bezug zur Mitgliederunterstützungsfunktion auf. Im Lichte dieser Überlegungen erscheint der Befund des moderierenden Einflusses von Vielfalt in den genannten drei kulturellen Werteorientierungen in Hinblick auf den Gruppenerfolg also sehr nachvollziehbar und könnte somit einen weiteren Beleg für die Validität der Daten und Ergebnisse liefern.

Hinsichtlich der Überprüfung der Frage, wie die Mitglieder einer multikulturell zusammengesetzten Arbeitsgruppe ihre Arbeitssituation wahrnehmen, interpretieren und als Gruppe darauf reagieren, sind folgende zentrale Ergebnisse zu nennen:

⇨ *Eine Arbeitsgruppe, deren Mitglieder sich vor allem in ihren jeweiligen Informationsverarbeitungs- und Problemlösungsmodi voneinander unterscheiden, ist dann ökonomisch und sozial erfolgreich, wenn sie eine komplexe, unstrukturierte Gruppenaufgabe zu erledigen hat.*

Dieses Ergebnis entspricht der Erwartung und bestätigt gleichzeitig die zweite Leithypothese der vorliegenden Untersuchung. Eine komplexe, unstrukturierte Gruppenaufgabe stellt für eine Arbeitsgruppe das zentrale Entscheidungsfeld dar, das mit seinem Maß an Komplexität von der Arbeitsgruppe selektive Tätigkeiten erfordert und den Umfang ihres möglichen Entscheidungs- und Handlungsspektrums bestimmt. Ist also die Gruppenaufgabe sowohl schwierig und bedarf erheblicher kognitiver Ressourcen, als auch variabel, wenig vorhersehbar und bedarf einer erheblichen kognitiven und affektiven Flexibilität, dann ist sie komplex und erfordert nicht nur eine ebenfalls komplexe Wahrnehmung, sondern auch die Ausschöpfung eines umfangreichen Handlungsspektrums. Das genannte Ergebnis verdeutlicht somit, dass den Erfordernissen einer unsicheren Gruppenaufgabe durch kulturelle Vielfalt in Arbeitsgruppen begegnet werden kann, denn es wird genau das Potenzial verlangt, das in den kulturellen Werteunterschieden zwischen den Gruppenmitgliedern implizit vorhanden ist. Wenn in der Erledigung einer Gruppenaufgabe immer wieder neue Probleme auftauchen, die gelöst werden müssen, bevor mit dem nächsten Schritt in der Aufgabenerledigung begonnen werden kann, und wenn darüber hinaus die Aufgabe sich ständig ändernde Bearbeitungsverfahren erfordert, dann nehmen die Gruppenmitglieder aufgrund ihrer verschiedenen Informationsverarbeitungsstrategien unterschiedliche Problemausschnitte wahr, ziehen unterschiedliche Informationsquellen und Entscheidungshilfen zu Rate und entwickeln verschiedene Handlungsalternativen. Eine komplexe Gruppenaufgabe bindet also die Aufmerksamkeit und Konzentration der Gruppenmitglieder und bewirkt somit, dass die Gruppenmitglieder verstärkt auf der Sachebene und weniger auf der sozialen Ebene miteinander interagieren, was wiederum bedeutet, dass die positiven Konsequenzen von Vielfalt verstärkt und die negativen Effekte verringert werden können.

⇨ *Eine Arbeitsgruppe, deren Mitglieder sich vor allem in ihren Auffassungen vom Wesen der menschlichen Natur, in ihrem Verständnis der eigenen Position und Rolle in Bezug auf ihre weitere Umwelt und in ihren Neigungen zu sicht- und beurteilbaren Handlungen*

Erklärungsgrößen multikultureller Arbeitsgruppen 437

voneinander unterscheiden, wird dann ökonomisch und sozial scheitern, wenn sie die Möglichkeit zur Entscheidungspartizipation an gruppenrelevanten Entscheidungen hat.

Obwohl dieses Ergebnis erwartet wurde, stimmt es doch recht nachdenklich. So sehr Partizipationsmöglichkeiten an Entscheidungen in westlichen Kulturen geschätzt werden, wobei in diesem kulturellen Kontext auch die Erfolgswirksamkeit von Entscheidungspartizipation bereits festgestellt wurde, so wenig scheinen Partizipationsmöglichkeiten einer Arbeitsgruppe, die sich aus kulturell verschiedenen Mitgliedern zusammensetzt, die gleichfalls erhoffte positive Wirkung zu zeigen. Offenbar werden Mitbestimmungsrechte an Belangen, die die Arbeitsgruppe betreffen, nicht in allen Kulturen gleichermaßen geschätzt und als wünschenswert erachtet.[903] Partizipationsmöglichkeiten implizieren Vertrauen, das einer Arbeitsgruppe entgegengebracht wird, ohne dass sie sich als vertrauenswürdig erwiesen hat. Gerade Unterschiede zwischen Gruppenmitgliedern in jener kulturellen Werteorientierung, die explizit die Vertrauens- bzw. Kontrollneigung von Personen, Gruppen und ganzen Gesellschaften ausdrückt, müssen dabei fast zwangsläufig in Differenzen münden. Partizipationsmöglichkeiten schaffen in einer multikulturellen Arbeitsgruppe wohl eher Konfliktpotenzial, anstatt die Gruppe positiv zu unterstützen. Zumindest ist dies in der vorliegenden Stichprobe der Fall, was vielleicht schade und für manche unverständlich, jedoch prinzipiell nicht überraschend sein dürfte. Ähnliches kann für die Unterschiede zwischen den Gruppenmitgliedern in der Mensch-Umwelt-Orientierung angenommen werden. Partizipationsmöglichkeiten implizieren Freiheitsgrade in der Gestaltung, ja sie fordern geradezu zu aktiver Gestaltungsbeteiligung auf. Unterschiede in der Mensch-Umwelt-Orientierung beziehen sich jedoch auf das ‚Ob' und das ‚Wie' des Eingreifens in die Umgebung, so dass auch hierüber Konflikte und damit assoziierte negative Affekte wie Sorge, Angst oder Wut mit für die Gruppe insgesamt negativen Konsequenzen ausgelöst werden könnten, was für die vorliegende Stichprobe der Fall zu sein scheint.

Neben diesen Tatsachen macht das Ergebnis aber auch die kulturelle Relativität von (nicht nur) Arbeitsgestaltungsvarianten deutlich und demonstriert, dass – auch wenn es gerne so angenommen werden wollte – bestimmte Lebens- oder Handlungsprinzipien einfach nicht universell gültig sind. An diesem Befund werden die Unbewusstheit kultureller Werte und die Stärke kultureller Wertesozialisation sichtbar. Während in unseren (westlichen) Kulturkreisen Mitbestimmung, aktive Teilnahme und auch beispielsweise Demokratie mittlerweile als hohe Güter und Errungenschaften angesehen werden, die doch vermeintlich jeder Mensch auf dieser Welt als genauso gut, richtig und erstrebenswert ansehen müsste, zeigt dieser Befund deutlich, dass dies wohl vorerst nur für uns gilt, aus unserer Geschichte und unseren Erfahrungen und Entwicklungen heraus. Hier setzt Kultur dem interkulturellen Verständnis Grenzen, über die hinaus nur noch schlicht gegenseitige Akzeptanz als beste Form des Miteinanders gelten kann.

⇨ *Eine Arbeitsgruppe, deren Mitglieder sich vor allem in ihrem jeweiligen zeitlichen Fokus voneinander unterscheiden, wird dann ökonomisch und sozial erfolgreich sein, wenn die Gruppenmitglieder in der Aufgabenbearbeitung wechselseitig voneinander abhängig sind.*

---

[903] Vgl. Den Hartog et al. (1999), S. 228; Jago et al. (2004), S. 1237.

Wenn die Gruppenmitglieder einer Arbeitsgruppe Materialien, Informationen und Expertisen miteinander teilen müssen, um ihre Gruppenaufgabe zu bewältigen und wenn sie in der Bearbeitung der jeweiligen Teilaufgaben voneinander abhängig sind, dann profitieren sie von der kulturellen Vielfalt in der Zeitorientierung. Vor allem wird die Gruppenleistung dann von der Führungskraft als positiv eingeschätzt und die Gruppenmitglieder sind zufriedener mit ihrer Gruppenarbeit. Ein Gruppenmitglied, das sich in seinen Vorstellungen und Handlungen eher auf die Zukunft bezieht, Veränderungen sehr schätzt und fest davon ausgeht, dass die Zukunft besser und schöner sein wird als das Heute, wird, wenn es die Aufgabe verlangt, all seine Ressourcen mit den anderen Gruppenmitgliedern teilen und sich ebenfalls in der Teilaufgabenerledigung anstrengen, damit die in der Zukunft liegenden Ziele schneller erreicht werden können. Auf der anderen Seite ist zu vermuten, dass diejenigen Gruppenmitglieder, die sich in ihren Vorstellungen und Handlungen eher auf die Vergangenheit beziehen, positive Erfah-rungen mit interdependentem Arbeiten gemacht haben oder es gibt tradierte Erfolgsgeschichten, die sie dazu motivieren, ebenfalls aufgabeninterdependent zu arbeiten. Für die vorliegende Stichprobe jedenfalls konnte festgestellt werden, dass das Potenzial der kulturellen Vielfalt, vor allem in der Zeitorientierung, durch eine interdependente Aufgabenerledigung zum Tragen kommt.

⇨ *Eine Arbeitsgruppe, deren Mitglieder sich vor allem in den Auffassungen vom Wesen der menschlichen Natur unterscheiden, wird dann ökonomisch scheitern, wenn die individuellen Ziele der Gruppenmitglieder an das Erreichen der Gruppenziele geknüpft sind.*

Auch hier trat der zwar erwartete, aber für multikulturelle Arbeitsgruppen ungünstige Fall auf, dass bei gegebener Zielinterdependenz kulturelle Vielfalt in der Menschlichen-Natur-Orientierung zu einem kontraproduktiven Effekt führte. Das Spannungsfeld zwischen Vertrauen und Kontrolle, ausgedrückt durch Vielfalt in der Menschlichen-Natur-Orientierung, macht sich durch die Bedingung enger Zusammenarbeit zwischen Personen, die hier unterschiedliche Annahmen und Überzeugungen aufweisen, an dieser Stelle wieder besonders deutlich. Die Bedingung, die Gruppenziele und damit die individuellen Ziele nur erreichen zu können, wenn mit anderen Gruppenmitgliedern zusammengearbeitet wird, die möglicherweise eine konträre Auffassung haben und sich damit auch anders verhalten, kann weiterhin dazu führen, dass diese Gruppenmitglieder eher die Tendenz entwickeln, einander zu überwachen und zu kontrollieren. All dies jedoch beeinträchtigt nicht nur das soziale Funktionieren der Arbeitsgruppe, sondern darüber hinaus auch ihre Aufgabenerledigung und damit den ökonomischen Erfolg. Offenbar haben Unterschiede in der Menschlichen-Natur-Orientierung generell gravierende Konsequenzen.

⇨ *Eine Arbeitsgruppe, deren Mitglieder sich vor allem in ihren jeweiligen Informationsverarbeitungsmodi und in ihrem Verständnis von Macht- und Verantwortungsstrukturen zwischenmenschlicher Beziehungen voneinander unterscheiden, wird dann ökonomisch und sozial erfolgreich sein, wenn die individuellen Feedbacks und Belohnungen der Gruppenmitglieder von der Gesamtgruppenleistung bestimmt werden. Dies gilt allerdings nicht, wenn sich die Gruppenmitglieder zusätzlich in ihren Auffassungen von der Veränderbarkeit des Wesens der menschlichen Natur voneinander unterscheiden.*

Der erste Befund ist überraschend. Wenn sich Gruppenmitglieder darin unterscheiden, wie viele Informationen sie mit welcher Gründlichkeit verarbeiten und wenn sie sich weiterhin darin unterscheiden, ob sie eine Hierarchie mit einer entsprechenden ungleichen Machtverteilung in der Gruppe als wichtige Ordnungsform wünschen oder nicht, dann führt eine Abhängigkeit der individuellen Feedbacks und Belohnungen von der Gruppenleistung als Ganzes zu einem größeren Gruppenerfolg. Vielleicht tritt hier in Bezug auf die Vielfalt in der Aktivitätsorientierung eine Art sozialen Faulenzens (siehe Abschnitt 4.2.3.1 der vorliegenden Untersuchung) auf. Die Gruppenmitglieder, welche die Tendenz haben, viele Informationen zu sammeln und alle Probleme möglichst gründlich zu durchdenken, fördern damit das qualitative Ergebnis der Gruppenarbeit. Ein Feedback zur Gesamtgruppenleistung sollte sie befriedigen, da sie selbst ja zum großen Teil daran teilhaben. Die Personen, die weniger intensiv über die auftauchenden Probleme nach- und sie auch weniger durchdenken, sind vielleicht ebenfalls mit einem Feedback und Belohnungen für die Gesamtgruppenleistung zufrieden, da hiermit ihr eigener Anteil oder auch Nicht-Anteil weniger auffällig ist. Auf diese Art und Weise harmonieren die verschiedenen kulturellen Werte und führen bei gegebener Ergebnisinterdependenz zu einem größeren Gruppenerfolg. Für die Unterschiede zwischen den Mitgliedern in der Hierarchieorientierung könnte dasselbe gelten. Die Personen, die davon ausgehen, dass zwischenmenschliche Beziehungen hierarchisch geordnet sein sollten, verhalten sich entsprechend. Unabhängig davon, ob eine Person sich selbst als in der Hierarchie niedriger oder weiter oben stehend ansieht, wird sie entweder die von ihr erwarteten Handlungen ausführen oder sie wird sich um die anderen Gruppenmitglieder kümmern und die Verantwortung für sie übernehmen. Das heißt, unabhängig von dem eigenen Status werden hierarchieorientierte Gruppenmitglieder ihren Beitrag zur Gruppenarbeit leisten. Personen dagegen, die nicht hierarchieorientiert sind, könnten wiederum ebenfalls nach dem Social-Loafing-Phänomen von diesem Leistungsbeitrag der hierarchieorientierten Personen profitieren und gruppenbasierte Feedbacks und Belohnungen gegenüber individuellen Feedbacks und Belohnungen begrüßen. Allerdings sind die geäußerten Vermutungen nur spekulativer Natur; zukünftige Forschung könnte diesem Phänomen weiter auf die Spur gehen.

⇨ *Eine Arbeitsgruppe, deren Mitglieder sich ebenfalls vor allem in ihren jeweiligen Informationsverarbeitungsmodi und in ihrem Verständnis von Macht- und Verantwortungsstrukturen zwischenmenschlicher Beziehungen voneinander unterscheiden, wird dann ökonomisch und sozial erfolgreich sein, wenn die Arbeitsgruppe in ihrer Aufgabenerledigung von gruppenexternen Personen aus demselben Geschäftsbereich und aus der Unternehmensverwaltung abhängig ist. Dies gilt allerdings nicht, wenn sich die Gruppenmitglieder zusätzlich in ihren Auffassungen von der Veränderbarkeit des Wesens der menschlichen Natur voneinander unterscheiden.*

Auch hier ist der erste Befund überraschend. Es ist denkbar, dass den Gruppenmitgliedern, die den gründlichen und umfassenden Informationsverarbeitungsmodus bevorzugen, eine arbeitsbezogene Abhängigkeit von anderen Personen aus demselben Geschäftsbereich oder aus der Unternehmensverwaltung entgegenkommt, da sie auf diese Art mehr Informationen, Materialien oder sonstige Ressourcen erhalten und austauschen und die Qualität ihrer eigenen Arbeit immer gegenprüfen können. Vielleicht überwiegt diese positive Einstellung der denken-orientierten Gruppenmitglieder, so dass auch diejenigen, die nicht denken-orientiert

440 Diskussion und Implikationen

sind, von der externen Abhängigkeit einen positiven Eindruck haben. In Bezug auf unterschiedliche Hierarchieorientiertheit zwischen den Gruppenmitgliedern sollte bedacht werden, dass diese auch ein gruppenbezogenes Prinzip ist. In Hierarchien sind die niedriger angesiedelten Personen auf die Fürsorge und das Wohlwollen der höher angesiedelten Personen angewiesen, sie leisten ihren Forderungen daher Folge. Die in Hierarchien höher angesiedelten Personen sind auf die Leistungen der niedriger angesiedelten Personen angewiesen und bieten ihnen daher Fürsorge und Verantwortung. Abhängigkeit in beiden Richtungen ist ein normaler Zustand. Vielleicht überwiegt auch hier die von den hierarchieorientierten Personen als selbstverständlich und natürlich angesehene aufgabenbezogene Abhängigkeit der Arbeitsgruppe von externen Personen, so dass ebenfalls ein positiver Verstärkungseffekt in Hinblick auf den Gruppenerfolg auftritt. Aber auch diese Vermutungen sind höchst spekulativ, so dass zukünftige Forschung diesen Zusammenhängen weitere Aufmerksamkeit widmen könnte.

Bei einer Gesamtbetrachtung dieser Befunde kann also der Schluss gezogen werden, dass in multikulturell zusammengesetzten Arbeitsgruppen auf jeden Fall ein Potenzial vorhanden ist, das jedoch vom unmittelbaren Kontext der Arbeitsgruppen auf unterschiedliche Art und Weise aktiviert wird. Auf einer übergeordneten Ebene können drei Dinge festgehalten werden. Erstens haben sich bei einer multikulturellen Zusammensetzung von Arbeitsgruppen eine hohe Aufgabenkomplexität, interdependente Aufgabenarbeit, Verknüpfung von Feedback und Belohnungen mit der Gesamtgruppenleistung und die arbeitsbezogene Gruppenabhängigkeit von anderen Personen derselben Hierarchieebene und aus der Verwaltung als Bedingungen erwiesen, die das Potenzial der kulturellen Wertevielfalt in den Arbeitsgruppen auslösen und aktivieren. Im Gegenteil dazu haben sich zweitens klassische, im monokulturellen und vor allem westlich geprägten kulturellen Zusammenhang als hoch erfolgswirksam eingestufte Arbeitsgestaltungsprinzipien, nämlich Möglichkeiten zur Entscheidungspartizipation und die Verknüpfung individueller Ziele mit den Gruppenzielen, für multikulturell zusammengesetzte Arbeitsgruppen als unangebracht erwiesen, da diese das ansonsten vorhandene Potenzial der Arbeitsgruppen eher unterdrücken. Und drittens, eng mit dem zweiten Befund verbunden, ist hierfür vor allem die Unterschiedlichkeit in der Menschlichen-Natur-Orientierung zwischen den Gruppenmitgliedern verantwortlich. Obwohl man meinen könnte, dass die Auffassungen von der Güte oder Schlechtigkeit der Natur des Menschen an sich und der prinzipiellen Veränderbarkeit derselben ja keinen Arbeitsbezug haben und auch insgesamt so unbewusst und tief liegend sind, dass sie nie wirklich auffallen, so haben sie sich doch, zumindest in der vorliegenden Untersuchung, als extrem mächtige, die gesamte Gruppenarbeit und vermutlich darüber hinaus alle Interaktionen zwischenmenschlicher Art leitende Kraft erwiesen. Wenn also vor allem in Unternehmen über ein Homogenitäts- bzw. Heterogenitätsmanagement in der Gestaltung von Arbeitsgruppen nachgedacht wird, dann sollte die Zusammensetzung solcher Arbeitsgruppen hinsichtlich dieser kulturellen Wertedimension homogenisiert werden. Für die kontinuierliche, enge und interdependente Zusammenarbeit, wie sie vor allem in Arbeitsgruppen nicht nur vorkommt, sondern sogar notwendig ist, sollten die Gruppenmitglieder unbedingt ihre grundlegenden Annahmen über das Wesen der menschlichen Natur teilen. Vielfalt in dieser Dimension schadet!

Um Anschluss an die bestehende Forschung zu gewährleisten, wurden in der vorliegenden Untersuchung außer der kulturellen Wertevielfalt ebenfalls noch die Altersvielfalt, die Vielfalt

Erklärungsgrößen multikultureller Arbeitsgruppen 441

in der Dauer der Gruppen- und Organisationszugehörigkeit und die Vielfalt in der Dauer der formalen Bildung als weitere Merkmale in der Zusammensetzung von Arbeitsgruppen betrachtet, um einerseits Erkenntnisse aus der Forschung zu bestätigen oder zu widerlegen und andererseits die Auswirkungen dieser mit denen der kulturellen Wertevielfalt zu kontrastieren. Insgesamt konnte festgestellt werden, dass für sich genommen die anderen Gruppenstrukturmerkmale keinen nennenswerten Zusammenhang weder mit den Gruppenprozessen noch mit dem Gruppenerfolg aufwiesen, ein Befund, der zwar unerwartet ist, aber in Einklang mit den Ergebnissen der Metaanalyse von Webber und Donahue zu den Effekten von diesen Vielfaltsarten in Hinblick auf Gruppenarbeit steht.[904] Im Zusammenhang mit der Frage, ob der unmittelbare Kontext möglicherweise das vermutete Potenzial aus diesen Vielfaltsarten aktiviert oder unterdrückt, konnten zusammenfassend folgende Befunde generiert werden.

Insgesamt haben sich vor allem Unterschiede zwischen den Gruppenmitgliedern in der Dauer ihrer jeweiligen Unternehmens- und Gruppenzugehörigkeit als gruppenerfolgsentscheidend erwiesen, wobei im Gegensatz zu den Erkenntnissen aus der Forschung[905] positive Erfolgskonsequenzen dieser Arten von Vielfalt, zumindest aus Sicht der Gruppenmitglieder, beobachtet werden konnten. Offenbar bestimmt hier der Kontext, ob das in diesen Vielfaltsarten vorhandene Potenzial aktiviert und positiv umgesetzt werden kann. So sind beispielsweise im Gegensatz zu den Befunden hinsichtlich der kulturellen Wertevielfalt Partizipationsmöglichkeiten der Arbeitsgruppen an für sie relevanten Entscheidungen eine sehr gute Gestaltungsoption, die unterschiedlichen Erlebnisse und Erfahrungen von Gruppenmitgliedern, die aufgrund unterschiedlicher Zugehörigkeitsdauern zum Unternehmen und zur Gruppe vorhanden sind, zu Tage zu fördern. Hiervon profitiert sowohl die Effektivität der Gruppenkommunikation als auch die Zuversicht der Gruppenmitglieder, ebenfalls zukünftig erfolgreich miteinander zusammenarbeiten zu können. Dasselbe gilt für die arbeitsbezogene Abhängigkeit der Arbeitsgruppe von der Unternehmensverwaltung. Je mehr sich die Gruppenmitglieder in der Dauer ihrer Gruppen- und Unternehmenszugehörigkeit voneinander unterscheiden, desto eher bewirkt die Abhängigkeit von und die Kommunikation mit der Unternehmensverwaltung, dass die Gruppenmitglieder freier und offener miteinander kommunizieren, ihre Leistung positiver einschätzen und erfolgszuversichtlicher sind.

Allerdings konnte hier eine interessante Feststellung gemacht werden. Während die Gruppenmitglieder insgesamt aufgrund ihres konkreten Kontextes ihre Unterschiede in der Dauer der Unternehmens- und Gruppenzugehörigkeit als auch ihre verschiedenen Bildungshintergründe eher mit positiven Erfolgskonsequenzen assoziierten, erhielten genau diese Kombinationen eine geringe Gruppenleistungsbeurteilung durch die Führungskraft. Hier besteht offenbar eine Wahrnehmungsdiskrepanz. Möglich ist, und das hat die Forschung ja auch schon gezeigt, dass die Führungskräfte automatisch und unbewusst, d.h. unabsichtlich, mit jenen Gruppenmitgliedern sympathisieren, die derselben Gruppen- und Unternehmenskohorte angehören oder einen ähnlichen Bildungshintergrund haben und daher bei gegebenem Kontext und großer Vielfalt in der Gruppe ihre negativen Leistungsattributionen hinsichtlich

---

[904] Vgl. Webber & Donahue (2001), S. 157 f.
[905] Vgl. Pfeffer & O'Reilly (1987), S. 169; O'Reilly, Caldwell & Barnett (1989), S. 33; Zenger & Lawrence (1989), S. 368 f.; O'Reilly, Snyder & Boothe (1993), S. 170; Wiersema & Bird (1993), S. 1016; Pelled, Eisenhardt & Xin (1999), S. 20 f.; Goll, Sambharya & Tucci (2001), S. 125.

442 Diskussion und Implikationen

derer vornehmen, die ihnen nicht ähneln.[906] Dies wäre allerdings ein Problem, dass sich nicht so einfach beheben ließe. Jedoch könnte in dieser Hinsicht eine Problembewusstheit bei den Führungskräften durch Schulungen oder Weiterbildungen geschaffen werden, die solchen automatischen Fehlattributionen entgegenwirkt. Die zukünftige Forschung könnte hier wietere Erkenntnisse generieren.

10.2 Gestaltungsformen multikultureller Arbeitsgruppen

Aufgrund der faktischen Gegebenheit und der Unvermeidbarkeit von organisationalen, multikulturell zusammengesetzten Arbeitsgruppen einerseits und dem häufigen, mit hohen Kosten verbundenen Scheitern solcher Arbeitsgruppe andererseits galt die zweite zentrale mit dieser Untersuchung zu beantwortende Forschungsfrage den möglichen Gestaltungsfeldern multikultureller Gruppenarbeit. Wie müssen multikulturelle Arbeitsgruppen ge-führt, geplant und organisiert werden, damit sie einerseits die an sie gestellten Anforderungen erfüllen können, andererseits aber nicht an ihrer internen Komplexität scheitern?

10.2.1 Die Gruppenprozesse als Bühne der Transformation

Als Gruppenprozesse gelten alle Interaktionen zwischen den Gruppenmitgliedern, also alle Verhaltensweisen, die den Gruppeninput verarbeiten und in Output transformieren. Es wurde davon ausgegangen, dass die kulturell vielfältige Zusammensetzung einer Arbeitsgruppe quasi als Input die Gruppenprozesse erheblich mitbestimmt und darüber über den Erfolg oder Misserfolg solcher Arbeitsgruppen entscheiden kann.[907] Die kulturelle Vielfalt benötigt eine Plattform, um Effekte zu zeigen. Nur in der Interaktion der Gruppenmitglieder werden vor allem die nicht-sichtbaren, größtenteils unbewussten kulturellen Werteunterschiede wirksam. Die Gruppenprozesse stellen also gleichsam die Bühne dar, auf der sich die Gruppenmitglieder mit ihren kulturell verschiedenen Hintergründen begegnen und deren Gestaltung darüber bestimmt, ob das gespielte Stück ein Hit oder ein Flop sein wird.

Um zu konkreten Hinweisen zu gelangen, wie die Gruppenprozesse in multikulturellen Arbeitsgruppen gestaltet werden sollten, damit die Arbeitsgruppen ihre Stücke gut spielen können, sind zwei Schritte notwendig. Als erstes muss festgestellt werden, welche Erfolgskonsequenzen genau die jeweiligen Gruppenprozesse aufweisen. Und als zweites müssen daraufhin die Wechselwirkungen zwischen dem Gruppenmanagement und der vielfältigen Zusammensetzung von Arbeitsgruppen in Hinblick auf die Gruppenprozesse betrachtet werden, da nur dann gesehen werden kann, welche Art von Gruppenmanagement bei welcher Art von Vielfalt diejenigen Gruppenprozesse fördert, die eine Arbeitsgruppe zum Erfolg führen.

---

[906] Vgl. Tsui & O'Reilly (1989), S. 416 f.
[907] Vgl. Campion, Medsker & Higgs (1993), S. 829; Stewart & Barrick (2000), S. 136; Marks, Mathieu & Zaccaro (2001), S. 357.

Gestaltungsformen multikultureller Arbeitsgruppen 443

In der vorliegenden Untersuchung wurden beide Teilfragen zur Gestaltung multikultureller Arbeitsgruppen behandelt. Zum einen wurden sowohl aufgabenbezogene als auch beziehungsbezogene Gruppenprozesse, Kommunikationsprozesse sowie das Auftreten und der Umgang mit Konflikten einer genauen erfolgsbezogenen Analyse unterzogen. Hierbei konnte festgestellt werden, dass – erfreulicherweise und in Einklang mit der bisherigen Forschung stehend[908] – die meisten Prozesse in einem erwartungskonformen Zusammenhang mit dem ökonomischen und sozialen Erfolg der Arbeitsgruppen standen. Während sowohl die aufgabenbezogenen Prozesse des Definierens und Klärens von Subzielen, des Setzens von Prioritäten und des Entwickelns von durchführbaren Arbeitsplänen, die beziehungsbezogenen Prozesse der Kooperation und des gegenseitigen Unterstützens, als auch die Fähigkeit der Arbeitsgruppen zur Konfliktlösung einen starken positiven Einfluss auf den Gruppenerfolg aufwiesen, zeigten auftretende Konflikte, vor allem Beziehungskonflikte, einen starken negativen Zusammenhang mit dem Gruppenerfolg. Und dort, wo ein Einfluss auf den Gruppenerfolg von der internen und externen Gruppenkommunikation nachgewiesen werden konnte, war auch dieser positiv. Zusammenfassend lässt sich also festhalten, dass die Gruppenprozesse tatsächlich wesentliche Determinanten des Gruppenerfolgs darstellen und dass daher der gestalterische Einfluss des Gruppenmanagements eben genau an den Prozessen ansetzen sollte.

Allerdings muss darauf hingewiesen werden, dass kein einziger Zusammenhang zwischen den Gruppenprozessen und der von den Führungskräften eingeschätzten Gesamtgruppenleistung nachgewiesen werden konnte. Denkbar ist, dass die Gruppenmitglieder in die eigene Einschätzung ihrer Leistung all die Schwierigkeiten, die sie meistern mussten, aber auch alle Zwischenerfolge, die sie erlebten, automatisch in ihre Bewertung haben mit einfließen lassen, während die Führungskräfte in den konkreten Arbeitsprozess nicht involviert waren und daher eine prozessunabhängige Einschätzung lieferten. Dennoch ist dieser Befund problematisch, denn wie auch schon im Hinblick auf die Führungsstile festgestellt, besteht offenbar eine erhebliche Wahrnehmungsdiskrepanz zwischen Gruppenmitgliedern und ihren Führungskräften. Man könnte fragen, warum die Führungskräfte die Gruppenleistung so anders beurteilen als die Gruppenmitglieder selbst und vor allem, was dies konkret für die Zusammenarbeit in Arbeitsgruppen bedeutet: Wer hat Recht? Einer? Keiner? Beide? Gibt es zwei verschiedene Realitäten? Müssen Arbeitsgruppen überhaupt geführt werden? Haben die Führungskräfte keinen Anteil an der Gruppenrealität oder verschätzen sich die Gruppenmitglieder in ihren Bewertungen? Hier spannt sich ein großes und noch relativ unbekanntes Forschungsterrain auf, auf dem zukünftige Untersuchungen noch viele Erkenntnisse beitragen könnten.

Unabhängig von diesen Fragen wird dennoch davon ausgegangen, dass das Gruppenmanagement einen erheblichen gestalterischen Einfluss gerade auf die Gruppenprozesse nehmen kann und sollte, um die Arbeitsgruppen in ihren Bemühungen um Erfolg zu unterstützen. In der vorliegenden Untersuchung wurden daher im Zusammenhang mit dem Management von Arbeitsgruppen Führungsverhalten, Planungstechniken und organisationale Merkmale in genau dieser Hinsicht untersucht, wobei der Schwerpunkt auf der Frage lag, welchen Einfluss das Management auf die durch kulturelle Werteunterschiede geprägten

---

[908] Vgl. McGrath & Kravitz (1982), S. 201 f.; O'Reilly, Caldwell & Barnett (1989), S. 22; McGrath (1991), S. 152 f.; Campion, Medsker & Higgs (1993), S. 830; Smith et al. (1994), S. 414; Högl (1998), S. 154 ff.; Stewart & Barrick (2000), S. 137; Gemünden & Högl (2001), S. 56; Högl & Proserpio (2004), S. A1 ff.

444   Diskussion und Implikationen

Gruppenprozesse nimmt. Denn auch wenn die Wahrnehmungen der Gruppenmitglieder und ihrer Führungskräfte offenbar auseinander gehen, konnte trotzdem festgestellt werden, dass der Einfluss von kulturellen Werteunterschieden zwischen Gruppenmitgliedern auf die Gruppenprozesse zum großen Teil erst durch das Gruppenmanagement soweit verstärkt wurde, dass sichtbare Zusammenhänge festgestellt werden konnten. Es galt demnach herauszufinden, wie die Gruppenprozesse in multikulturellenn Arbeitsgruppen durch das Gruppenmanagement gesteuert werden und entsprechend gesteuert werden sollten, damit die erfolgsfördernden Prozesse unterstützt und die erfolgsabschwächenden Prozesse minimiert oder verändert werden können.

10.2.2 Zentrale Erkenntnisse zur Gestaltung erfolgreicher multikultureller Arbeitsgruppen

Bei der Überprüfung dieser zweiten zentralen Forschungsfrage hat sich als erstes herausgestellt, dass die durch Vielfalt in vorrangig drei kulturellen Werteorientierungen geprägten Gruppenprozesse durch das Gruppenmanagement beeinflusst werden: Das Gruppenmanagement nimmt dann vor allem Einfluss auf die Gruppenprozesse, wenn sich die Gruppenmitglieder hinsichtlich der *relationalen Orientierung*, der *Menschlichen-Natur-Orientierung* und der *Mensch-Umwelt-Orientierung* voneinander unterscheiden. Zweitens haben sich in vorherigen Analysen vor allem die aufgaben- und beziehungsbezogenen Gruppenprozesse, Konflikte und der Umgang mit Konflikten als die Prozesse herausgestellt, die für den Gruppenerfolg am erfolgsentscheidensten sind. Und drittens sind die aufgaben- und mitarbeiterorientierte Führung, der Einsatz von Planungstechniken, die Verfügbarkeit von persönlichen Computern und die Formalisierung der Gruppenkommunikation die entscheidenden prozessbeeinflussenden Managementvariablen, die eine multikulturell zusammengesetzte Arbeitsgruppe in ihren Prozessen unterstützen oder behindern. (Für einen Gesamtüberblick über die Befunde siehe auch die Tabellen 9-57 und 9-58 in Abschnitt 9.2.6.1 der vorliegenden Untersuchung.) Im Hinblick auf die oben gestellte Frage sind folgende zentrale Ergebnisse zu nennen:

⇨ *Arbeitsgruppen, deren Mitglieder sich in ihrem Verständnis von der eigenen Position und Rolle in Bezug auf ihre weitere Umwelt und in ihren Annahmen bezüglich der Güte der menschlichen Natur voneinander unterscheiden, werden dann vermehrt Aufgabenkonflikte erfahren, eine geringere Fähigkeit zur Konfliktlösung und eine geringere gegenseitige Kooperations- und Unterstützungstendenz aufweisen, wenn sie aufgabenorientiert geführt werden.*

Wenn eine Führungskraft ihre Arbeitsgruppe aufgabenorientiert führt, dann strukturiert sie die Gruppenarbeit, klärt die Ziele und instruiert die Gruppenmitglieder dahingehend, wie sie diese Ziele umsetzen sollen. Außerdem kontrolliert bzw. beaufsichtigt sie den Aufgabenerledi-gungsprozess.[909] Unerwarteter Weise zeigt aufgabenorientierte Führung einen gruppenprozessbehindernden Einfluss. Offenbar steht aufgabenorientiertes Führungsverhalten in

---

[909] Vgl. Wunderer & Grunwald (1980), S. 242; Neuberger (1995), S. 122; Richter (1999), S. 109; Gluesing & Gibson (2004), S. 199.

Gestaltungsformen multikultureller Arbeitsgruppen 445

einem Gegensatz zu der Rolle und der Funktion, in der sich Mitglieder einer Arbeitsgruppe hinsichtlich ihrer Umwelt sehen. Aufgabenorientierte Führung, die sachorientiert ist und den Aufgabenerledigungsprozess lenkt, kann der Beherrschungsvariation der Mensch-Umwelt-Orientierung zugeordnet und daher von einigen Gruppenmitgliedern als unzulässigen Eingriff in den Lauf der Dinge angesehen werden. Andere Gruppenmitglieder, die das gestalterische Potenzial des Menschen grundsätzlich anerkennen, haben vermutlich keine Probleme mit der sachorientierten Einflussnahme ihrer Führungskraft. Hierüber könnten in einer Arbeitsgruppe Konflikte entstehen, da der Fokus der Führung ja gerade die Gruppenaufgaben bzw. die Erledigung derselben darstellt. Die Gruppenmitglieder nehmen aufgrund ihrer kulturellen Prägung auch die Aufgabeninstruktionen ihrer Führungskraft verschieden wahr und beurteilen Wesen und Wichtigkeit der Aufgabenziele, Entscheidungsfelder und Vorgehensweisen zur Aufgabenerledigung unterschiedlich, wobei die Führungskraft hier offensichtlich nicht klärend wirkt, sondern zusätzlich Unsicherheit und Verwirrung stiftet. Während einige Gruppenmitglieder eine aufgabenorientierte Führung schätzen und sich davon anleiten lassen, wirkt bei den anderen diese äußere Einflussnahme störend oder besorgniserregend.

Kommen zu diesen kulturellen Unterschieden in Arbeitsgruppen noch verschiedene Annahmen über das Wesen der menschlichen Natur hinzu, d.h. haben Gruppenmitglieder außerdem verschiedene Ansichten über das notwendige Maß von Vertrauen und Kontrolle in ihrer Gruppenarbeit, dann bewirkt eine aufgabenorientierte Führung außerdem, dass auf der Handlungsebene die Gruppenmitglieder ihre Konflikte schlechter lösen können und sich auch gegenseitig in ihrer Aufgabenerledigung weniger helfen und unterstützen. Strukturierung, Klärung und Beaufsichtigung der Gruppenarbeit wird vermutlich nur von jenen Gruppenmitgliedern als sachdienlich und positiv angesehen, die sowohl von der Gestaltungsfähigkeit des Menschen als auch davon ausgehen, dass der Mensch grundsätzlich gut sei und in positiven Absichten handelt. Die Gruppenmitglieder jedoch, die annehmen, dass der Mensch grundsätzlich böse und tendenziell destruktiv sei, fühlen sich durch eine aufgabenorientierte Führung vermutlich in die Enge getrieben, da ihr Vertrauen in die Absichten der Führungskraft kulturell bedingt gering ist und sie durch eine solche Führung dazu gebracht werden, gegen ihre eigenen Annahmen und Werte zu handeln. Aufgabenorientierte Führung scheint bei kultureller Vielfalt in einer Arbeitsgruppe genau das Gegenteil von dem zu bewirken, was damit erreicht werden soll.

Auch an diesem Befund wird wieder die kulturelle Relativität von grundlegenden Annahmen und Verhaltensprinzipien sehr deutlich. Während in unseren Kulturkreisen die aufgabenorientierte Führung als traditioneller Führungsstil anerkannt ist, die bisher in der Lage war, unsere Art von Führungsaufgaben zu erfüllen, hat dieser Führungsstil offenbar eine andere oder keine Tradition in anderen Kulturkreisen und harmoniert entsprechend nicht mit den dortigen Führungsannahmen und erwartetem Führungsverhalten. Eine Lektion, die die Befunde der vorliegenden Untersuchung daher schon an dieser Stelle erteilen können, betrifft die Unmöglichkeit, ein für alle multikulturellen Arbeitsgruppen universelles Patentrezept zu ihrem Gelingen entwickeln zu können. Jede Gruppe weist vermutlich eine etwas andere kulturelle Zusammensetzung auf und damit wird jede Gruppe stets zumindest in einigen wesentlichen Belangen einen eigenen Modus finden müssen, der die jeweiligen kulturell geprägten Annahmen und Verhalten integriert und harmonisiert. Seien es nun Führung,

446 Diskussion und Implikationen

Interaktionen oder die Gestaltung der Zusammenarbeit, immer dort, wo kulturelle Unterschiede auftreten und Reibungen entstehen können, gibt es nur wenig verlässliche Möglichkeiten, die potenziellen Beeinträchtigungen abzumildern oder umzukehren. Die Arbeitsgruppen sich selbst in vielerlei Hinsicht neu erfinden, konfigurieren und den für sie richtigen Modus finden, um ihre Aufgaben erfolgreich zu erledigen.

⇨ *In einer Arbeitsgruppe, deren Mitglieder sich in ihren Empfindungen gegenseitiger, gruppenbezogener Verpflichtungen und Bindungen und in ihrem Verständnis von Macht- und Verantwortungsstrukturen in zwischenmenschlichen Beziehungen voneinander unterscheiden, treten weniger Beziehungskonflikte auf, wenn die Gruppe mitarbeiterorientiert geführt wird. Unterscheiden sich die Gruppenmitglieder allerdings in ihren Annahmen bezüglich der Güte bzw. Schlechtigkeit der menschlichen Natur, unterstützen sich und kooperieren sie weniger miteinander, wenn ihre Arbeitsgruppe mitarbeiterorientiert geführt wird.*

Der Einfluss mitarbeiterorientierter Führung auf Prozesse in multikulturellen Arbeitsgruppen entspricht dagegen eher der positiven Erwartung, die an eine starke Personenorientierung in der Führung geknüpft ist. Allerdings kann auch dieser Befund nicht als grundsätzliche Tatsache behandelt werden, da sich ebenfalls differenzielle Effekte der mitarbeiterorientierten Führung in Bezug auf den Einfluss kultureller Wertevielfalt auf die Gruppenprozesse zeigen.

Obwohl Vielfalt in der relationalen Orientierung keinen direkten Zusammenhang mit kooperativer und unterstützender Zusammenarbeit in den Arbeitsgruppen aufwies, scheint es, als würden Verhaltensweisen der Führungskraft, die eine Wertschätzung der einzelnen Gruppenmitglieder zum Ausdruck bringen und Offenheit, Zugänglichkeit und Kommunikationsbereitschaft signalisieren, einer sozialen, kulturell synergistischen Funktion dienen.[910] Wenn sich die Gruppenmitglieder in ihren Annahmen über das hierarchische Gefüge und die soziale Struktur der Gruppe mit den jeweils entsprechenden Handlungskonsequenzen unterscheiden, dann bewirkt eine auf die individuellen Bedürfnisse der Gruppenmitglieder eingehende Führung, dass jedes Gruppenmitglied die Wertschätzung erfährt, die sie oder er braucht und es wird außerdem deutlich, dass der Beitrag jedes anderen Gruppenmitglieds ebensolche Anerkennung erfährt. Eine personenorientierte Führung kann den Druck der empfundenen permanenten Beurteilungssituation der Gruppenmitglieder mildern, da diese das Gefühl haben, ihre Führungskraft kennt sie, weiß um ihre Beiträge und Bemühungen und kann entsprechend ihre Leistungen richtiger einschätzen und daher fairer beurteilen. Dies wiederum kann insgesamt zu einer entspannteren Sichtweise der Gruppenmitglieder auf das Miteinander führen und Ärger, Frustrationen oder andere Formen negativen Affekts senken oder gar nicht erst aufkommen lassen. Die Führungskraft fungiert bei ausgeprägter Personenorientierung zum einen als Vertrauensperson und zum anderen als Rollenvorbild für Offenheit in der Kommunikation, Fairness, kulturelle Toleranz und Verständnis, was offenbar dazu führt, dass selbst beim Auftreten von Meinungsverschiedenheiten, die nicht aufgabenbezogen sind, die Gruppenmitglieder diese nicht so persönlich oder empfundene zwischenmenschliche In-

---

[910] Vgl. Wunderer & Grunwald (1980), S. 242; Neuberger (1995), S. 122; Richter (1999), S. 109; Gluesing & Gibson (2004), S. 199.

Gestaltungsformen multikultureller Arbeitsgruppen

kompatibilität als nicht so konfliktreich und schwerwiegend wahrnehmen. Dieser Befund entsprach der Erwartung und zeugt von dem günstigen Einfluss mitarbeiterorientierter Führung auf Gruppenarbeit. Möglicherweise steckt hinter der Personenorientierung in der Führung etwas Universelleres, das alle Menschen und Kulturen teilen: gegenseitige Anteilnahme, die Sorge und das Sich-Kümmern um seine Mitmenschen.

Anders sieht es jedoch leider aus, wenn sich die Gruppenmitglieder in ihren Annahmen über das Wesen der menschlichen Natur unterscheiden. Auch eine mitarbeiterorientierte Führung kann offenbar das tief verwurzelte Misstrauen, das einige Gruppenmitglieder gegenüber dem Menschen an sich und damit allen Personen in ihrer Umwelt empfinden, nicht nehmen oder senken. Unterscheiden sich Gruppenmitglieder in ihren Annahmen bezüglich der menschlichen Natur, kooperieren sie auch trotz mitarbeiterorientierter Führung weniger miteinander, helfen sich gegenseitig weniger und halten die gegenseitige Unterstützung so gering wie möglich. Unterschiede in dieser kulturellen Werteorientierung scheinen das Miteinander so gravierend zu beeinflussen, dass reibungslose oder gar unterstützende Interaktionen nicht möglich sind.

Hinsichtlich des Gestaltungspotenzials von multikultureller Gruppenarbeit durch Führung lässt sich also zusammenfassend festhalten, dass dieses eher als negativ eingeschätzt werden muss. Wie bereits dargestellt, sind offenbar viele Voraussetzungen für eine erfolgreiche Führung im Sinne intendierter Verhaltensbeeinflussung nicht erfüllt, wenn sich die zu führenden Gruppenmitglieder in ihren kulturellen Werten voneinander unterscheiden.[911] Diese Unterschiede erschweren eine führungsbezogene Einflussnahme auf das Verhalten der Gruppenmitglieder aufgrund unterschiedlicher Rollenerwartungen und Unsicherheit über die zu erwartenden Reaktionen. Kompensations- und Motivationsmaßnahmen der Führungskraft, die sich an den Mehrheitsbedürfnissen orientieren und solche der Minderheiten vernachlässigen oder gar ignorieren, können die beabsichtigten Wirkungen nicht voll entfalten, gar nicht erzielen oder wie im Falle der vorliegenden Untersuchungen teilweise sogar das Gegenteil provozieren.[912] Im interkulturellen Kontext weisen bestimmte Führungsverhaltensweisen zum Teil andere Wirksamkeit auf, da die Auffassungen der Gruppenmitglieder bezüglich gutem oder nötigem Führungsverhalten stark in Abhängigkeit der jeweiligen kulturellen Prägung variieren.[913] Als Schlussfolgerung kann also festgehalten werden, dass die gestaltungsbezogene Einflussnahme auf multikulturelle Gruppenarbeit durch Führung als direkte Intervention lieber so gering wie möglich gehalten werden sollte, da hierdurch eher gruppenerfolgssenkende Interaktionsdynamiken in diesen Arbeitsgruppen angestoßen werden.

⇨ *Unterscheiden sich die Mitglieder einer Arbeitsgruppe in ihren jeweiligen Neigungen, ihren Persönlichkeiten durch konkrete Handlungen Ausdruck zu verleihen und in ihrer Wertschätzung sicht- und beurteilbarer Handlungen, desto besser gelingen dieser Arbeitsgruppe ihre aufgabenbezogenen Gruppenprozesse, d.h. Aufgabenziele zu definieren, Arbeitspläne zu entwickeln und Tätigkeitsprioritäten zu setzen, wenn in der Gruppenarbeit Planungstechniken zum Einsatz kommen.*

---

[911] Vgl. Meier (2004), S. 220; Weber (2004), S. 105.
[912] Vgl. Hentze & Kammel (1994), S. 268; Blom & Meier (2002); Weber (2004), S. 109.
[913] Vgl. Den Hartog et al. (1999), S. 225; Jung & Avolio (1999), S. 208 ff.; Jago et al. (2004), S. 1226.

448 Diskussion und Implikationen

Dieser Befund entspricht vollständig der Erwartung und zeigt erfreulicher Weise, dass, wenn schon nicht mit Führung, so doch durch arbeitsbezogene Steuerung über den Einsatz von Planungstechniken die erfolgsbestimmenden Aufgabenprozesse in multikulturellen Arbeitsgruppen gefördert werden können.[914] Unterscheiden sich Gruppenmitglieder vor allem in ihrer Handlungsorientierung voneinander, dann gibt es solche, für die Aufgaben und arbeitsbezogene Aktivitäten besonders wichtig und Teil der Selbstidentität darstellen und die sich sofort auf mögliche Interventionen und Aktivitäten stürzen, sobald ein Problem oder eine Frage auftaucht. Gruppenmitglieder, die nicht so stark handlungsorientiert sind, gehen eher ruhiger, überlegter und kritischer an Aufgaben heran oder lassen gar die Aufgaben und Probleme auf sich zukommen und handeln dann spontan. Generell hat sich gezeigt, dass der Einsatz von Planungstechniken die Aufgabenbearbeitung vorstrukturiert und vereinheitlicht und es den Gruppenmitgliedern damit einfacher macht, ihre Subziele zu definieren, ihre verschiedenen Einzeltätigkeiten zu prioretisieren und konkrete Arbeitspläne zu entwickeln. Der Einsatz von Planungstechniken scheint dabei besonders für den Umgang mit kultureller Vielfalt in der Aktivitätsorientierung nützlich zu sein, da die unterschiedlichen Herangehensweisen der Gruppenmitglieder quasi synchronisiert, auf einen Rhythmus festgelegt und zielführend gebündelt werden. Es lässt sich demnach festhalten, dass Planung von multikultureller Gruppenarbeit wie erwartet als erfolgsfördernde Gestaltungsmaßnahme betrachtet werden kann.

⇨ *Arbeitsgruppen, deren Mitglieder sich in ihrer Auffassung bezüglich der Gestaltbarkeit der Umwelt, in ihren Empfindungen gegenseitiger, gruppenbezogener Verpflichtungen und Bindungen, in ihrem Verständnis von Macht- und Verantwortungsstrukturen in zwischenmenschlichen Beziehungen und in ihren Annahmen bezüglich der prinzipiellen Veränderbarkeit des Wesens der menschlichen Natur voneinander unterscheiden, werden dann ihre aufgabenbezogenen Gruppenprozesse weniger gut ausführen können und sich dann gegenseitig weniger unterstützen und miteinander kooperieren, wenn alle Mitglieder mit einem persönlichen Rechner oder einem Notebook ausgestattet sind.*

Dies ist ein sehr überraschender Befund. Die informations- und kommunikationstechnologische Ausstattung einer multikulturellen Arbeitsgruppe in Form von persönlichen Rechnern für jedes Gruppenmitglied scheint offenbar sowohl die aufgabenbezogenen Gruppenprozesse als auch das Verhalten der gegenseitigen Kooperation und Unterstützung zu beeinträchtigen. Dies könnte zweierlei Ursachen haben. Zum einen ist es denkbar, dass für kollektivistisch orientierte Gruppenmitglieder, die ihre eigene Identität über die Zugehörigkeit zu einer Gruppe definieren, aus diesem Grunde eigene Wünsche und Bedürfnisse hinter die der Gruppe und die eigenen Fähigkeiten und Handlungen in den Dienst der Gruppe stellen, individuell verfügbare PCs oder Notebooks, welche ja eine gewisse Gruppenunabhängigkeit gewähren und Eigenständigkeit voraussetzen, als destruktiv für den Zusammenhalt der Gruppe und auch als identitätsbedrohend wahrgenommen werden. Die Möglichkeit zur autonomen Arbeit am eigenen PC isoliert die Gruppenmitglieder bis zu einem gewissen Grad voneinander, was für individualistisch orientierte Gruppenmitglieder vermutlich kein Problem darstellt, für kollektivistisch orientierte Gruppenmitglieder hingegen schon. Ein eigener

---

[914] Vgl. Vgl. Lechler (1997a), S. 107 ff.; Lechler (1997b), S. 231; Lechler & Gemünden (1998), S. 439; Shenhar et al. (2002), S. 113 f.

Gestaltungsformen multikultureller Arbeitsgruppen 449

Rechner könnte bewirken, dass diese sich von der Gruppe abgeschnitten fühlen und daher ihr gewohntes und als normal und selbstverständlich angesehenes Verhalten als obsolet und unnötig empfinden. Dies wiederum kann insgesamt dazu beitragen, dass sie eine generelle Unsicherheit bezüglich des Umgangs miteinander in der Gruppe erleben und aufgrund fehlender Handlungsskripte unter dieser Bedingung einfach nicht mehr genau wissen, wie sie sowohl aufgabenbezogen als auch beziehungsbezogen mit ihren anderen Gruppenmitgliedern umgehen sollen. Hierdurch können die gesamten Gruppenprozesse beeinträchtigt werden. Und zum anderen kann Ähnliches für Unterschiede in der Hierarchieorientierung der Gruppenmitglieder angenommen werden. Wenn jedes Gruppenmitglied über einen eigenen Rechner verfügt und sie gleichzeitig ganz verschiedene Auffassungen über Macht- und Verantwortungsstrukturen in Gruppen haben, dann stellt für die wenig hierarchieorientierten Gruppenmitglieder die Ausstattung mit einem eigenen PC vermutlich keine Verletzung der Hierarchie dar. Die Gruppenmitglieder jedoch, die es als natürlich und gewünscht ansehen, dass Macht- und Verantwortungsunterschiede entlang einer bestimmten Hierarchie existieren und diese Unterschiede der Gruppenerhaltungsfunktion dienen, könnten die individuelle PC-Verfügbarkeit als empfindliche Störung des Gleichgewichts und des Gruppenerhalts betrachten. Nach ihrem Verständnis sollten vielleicht nur jene Gruppenmitglieder, die aus ihrer Sicht übergeordnet sind, über einen eigenen Rechner verfügen, um so ebenfalls ihre hierarchische Stellung zu untermauern. Wenn jedes Mitglied jedoch über einen Rechner verfügt, ist die Hierarchie aufgebrochen, die Macht- und Verantwortungsstrukturen sind nicht mehr so eindeutig und verlieren ihre Ordnungs- und Stabilitätsfunktion. Auch dies könnte zu einer erheblichen Unsicherheit hinsichtlich des Umgangs miteinander führen und auf diese Weise sowohl die aufgaben- als auch die beziehungsbezogenen Gruppenprozesse empfindlich stören.

Obwohl dieser Befund in keiner Weise erwartet wurde, so macht er doch deutlich, dass die Verwendung von Technologie zur Arbeitserleichterung, also im instrumentellen Sinne, vielleicht nur in bestimmten Kulturen funktioniert. Man könnte in diesen Befund hineinlesen, dass in anderen Kulturen Technologie und deren Verfügbarkeit mit bestimmten Werten, Symbolen, einem bestimmten Status und/oder ähnlichem belegt wird, die in einer rein instrumentellen oder funktionalen Auffassung von Technologie nicht enthalten sind. Auch wenn dies für uns heute als merkwürdig erscheinen mag, so müssen wir nicht so weit in unserer Geschichte zurück blicken, um ähnliche Werte- und Statuszuschreibungen zu heute als ganz funktional betrachteten Gegenständen, wie beispielsweise Autos, zu finden. Allerdings sind Porsche, Jaguar oder S-Klasse Mercedes auch heute noch mit Werten behaftet, die weit über den Verwendungszweck hinausgehen. Die Ausstattung einer multikulturellen Arbeitsgruppe mit PCs oder Notebooks für jedes einzelne Mitglied ist also vielleicht nur bedingt als Gestaltungsinstrument geeignet und sollte vor einer Verwendung gegen dessen kulturelle Bedeutsamkeit geprüft werden. Zukünftige Forschung sollte sich daher diesem Phänomen unbedingt verstärkt zuwenden.

⇨ *Arbeitsgruppen, deren Mitglieder sich in ihrem Verständnis von der eigenen Position und Rolle in Bezug auf ihre weitere Umwelt voneinander unterscheiden, werden dann vermehrt Aufgabenkonflikte erfahren, eine geringere Fähigkeit zur Konfliktlösung und eine geringere gegenseitige Kooperations- und Unterstützungstendenz aufweisen, wenn die*

450 Diskussion und Implikationen

Gruppenkommunikation einen hohen Formalisierungsgrad der Gruppenkommunikation aufweist.

Dieser Befund ähnelt den Befunden zum Einfluss der aufgabenorientierten Führung auf die multikulturelle Gruppenarbeit. Aufgabenkonflikte treten dann auf, wenn die Gruppenmitglieder bemerken, dass sie aufgabenbezogene Thematiken wie Wichtigkeit der Ziele, Entscheidungsfelder oder Vorgehensweisen zur Aufgabenerledigung unterschiedlich betrachten und beurteilen.[915] Wenn in einer Arbeitsgruppe die Mitglieder schon von vornherein unterschiedliche Auffassungen von der prinzipiellen Gestaltungs- und Einflussmöglichkeit des Menschen auf seine Umwelt haben, können also ohne weiteres ebenfalls unterschiedliche Auffassungen bezüglich der aufgabenbezogenen Zusammenarbeit vorherrschen. Dies allein zeigte sich jedoch in der vorliegenden Untersuchung noch nicht als konflikterzeugend. Offenbar bewirkt aber eine hochgradig formalisierte Gruppenkommunikation, dass nicht alle und zum Verständnis der Gruppenarbeit notwendigen Informationen kommuniziert werden, da die Vorgabe der Kommunikationsform wie eine Art Schablone fungiert, die bestimmte Informationen oder bestimmte Arten der Kommunikation ausschließt. Dies wiederum scheint die aufgabenbezogene Kommunikation so zu beeinträchtigen, dass die Gruppenmitglieder, die sich in ihren Annahmen ihrer potenziellen Gestaltungsfähigkeit der Umwelt sowieso schon voneinander unterscheiden, sich gegenseitig noch weniger verstehen und hierdurch die Wahrnehmung erzeugt wird, dass sie sich auch in ihren Auffassungen in Bezug auf die Modi der Aufgabenerledigung sehr voneinander unterscheiden. Aufgabenkonflikte sind die Folge.

Außerdem konnte gezeigt werden, dass ein hoher Formalisierungsgrad der Gruppenkommunikation dann kooperative und unterstützende Verhaltensweisen der Gruppenmitglieder mindert und auch die Fähigkeit der Arbeitsgruppen senkt, ihre Konflikte zu lösen, wenn sich diese in ihren Auffassungen über ihre jeweilige Position und ihrer Verbundenheit mit der sie umgebenden Umwelt voneinander unterscheiden. Harmonieorientierte Gruppenmitglieder streben in ihrem Handeln nach einer Balance zwischen den verschiedenen Kräften, nach Ausgeglichenheit und Harmonie. Für sie könnte eine formalisierte Gruppenkommunikation den Ausschluss oder die Nichtbeachtung wesentlicher, vor allem beziehungsrelevanter Aspekte bedeuten, was einer Missachtung der Balance gleichkommt und für sie mit erheblichem Unwohlsein assoziiert wird. Für nicht harmonieorientierte Gruppenmitglieder mag dies kein so großes Problem darstellen, aber wenn eine hochgradig formalisierte Gruppenkommunikation nicht zulässt, dass die harmonieorientierten Gruppenmitglieder die für sie wichtigen ausgleichenden Informationen mit den anderen Gruppenmitgliedern teilen, dann können offenbar Konflikte nicht gelöst und nötige gegenseitige Unterstützung nicht in dem Maße gewährt werden, wie es notwendig wäre, um erfolgreich zusammen zu arbeiten.

Zusammenfassend lässt sich also festhalten, dass auch eine Formalisierung der Gruppenkommunikation nicht als gruppenprozessunterstützendes Gestaltungsinstrument angesehen werden kann. Es scheint günstiger zu sein, die Kommunikation in multikulturellen Arbeitsgruppen nur gering oder gar nicht zu formalisieren, damit ihnen alle Möglichkeiten zur Kommunikation und zum Informationsaustausch offen stehen. Dieses scheint gerade in multikulturell zusammengesetzten Arbeitsgruppen sehr wichtig zu sein, da die Facetten inter-

---

[915] Vgl. Pelled (1996), S. 620; Amason (1996), S. 127; Jehn (1995), S. 259; Jehn (1997), S. 531.

Gestaltungsformen multikultureller Arbeitsgruppen 451

kultureller Kommunikation vielschichtig, relativ einzigartig und damit wenig vorherseh- und beeinflussbar sind. Die Arbeitsgruppen müssen ihre eigenen Interaktionsmodi finden, mit denen sie am besten zurechtkommen.

Insgesamt scheint es, als würden die eben genannte Schlussfolgerungen für beinah das gesamte Gruppenmanagement von multikulturellen Arbeitsgruppen gelten. Bis auf die Planung zeigten in der vorliegenden Stichprobe sämtliche Gestaltungsmaßnahmen – aufgaben- und personenorientierte Führung und Merkmale der Gruppenarbeitsorganisation – einen eher prozessbeeinträchtigenden Einfluss auf die Gruppenarbeit, wenn diese sich aus Mitgliedern mit verschiedenen kulturellen Werteorientierungen zusammensetzen. Dies ist eine entmutigende Feststellung. Vielleicht jedoch bedürfen gerade multikulturelle Arbeitsgruppen eher einer nicht intervenierenden Art von Führung, wie beispielsweise der visionären Führung[916], und ansonsten generell weniger direkter Interventionsmaßnahmen. Vielleicht finden solche Arbeitsgruppen ihre jeweils eigene Organisation, die einzigartig und nicht standardisierbar ist. Eine Betrachtung und Analyse von multikulturellen Arbeitsgruppen aus der Perspektive der Selbstorganisationstheorie – als ein Zweig der Systemtheorie[917] – und unter anderen Führungsbedingungen könnte für die zukünftige Forschung von Bedeutung sein. Insgesamt gesehen ist möglicherweise die Realität kultureller Vielfalt in Arbeitsgruppen und Unternehmen noch zu jung, als dass sich bereits organisationale Mechanismen zum erfolgreichen Umgang mit Vielfalt etabliert hätten. Die erst seit ein paar Jahren geführte und noch von einem abschließenden Konsens weit entfernte Debatte um das Diversity Management scheint hierauf hinzuweisen.[918] Auch wenn die Ergebnisse der vorliegenden Untersuchung mehr Fragen aufwerfen, als sie beantworten, liefern sie jedoch einige konkrete Anhaltspunkte, die für eine an die Situation kultureller Wertevielfalt besser angepasste, organisationale Gestaltung multikultureller Arbeitsgruppen dienlich sein können.

Im Gegensatz zu dem eher negativen Einfluss der Gruppenmanagementvariablen auf die Gruppenzusammenarbeit unter der Bedingung kultureller Wertevielfalt konnte in der vorliegenden Untersuchung allerdings ebenfalls gezeigt werden, dass das Management von den seit Jahrzehnten erforschten und auch in der Unternehmenspraxis mittlerweile anerkannten Formen von Vielfalt in Gruppenzusammensetzungen die erfolgsfördernde Wirkung aufweist, die in gleicher Weise für die kulturelle Vielfalt erwartet wurde. Der Einfluss des Gruppenmanagements auf die durch andere Arten von Vielfalt, wie beispielsweise der Alters- oder Bildungsvielfalt geprägten Gruppenprozesse weisen in den Analysen beinahe vollständig positive Konsequenzen auf.

Die den Gruppenprozess beeinflussenden Gruppenmanagementvariablen bei Betrachtung anderer Arten von Vielfalt sind zum Teil von denen verschieden, die den Einfluss der kulturellen Wertevielfalt veränderten. Obwohl ebenfalls aufgaben- und mitarbeiterorientierte Führung und die Ausstattung mit persönlichen Rechnern auf die durch Vielfalt geprägten Prozesse wirken, sind es hier noch die externe Führung, die Verfügbarkeit von Gruppentrainings und die Möglichkeit der Führungskraft, ihre Gruppenmitglieder selbst auszuwählen, bei denen ein Einfluss gezeigt werden konnte. Der Einsatz von Planungstechniken und der

---

[916] Vgl. Den Hartog et al. (1999), S. 223; House et al. (1999); Den Hartog (2004), S. 188.
[917] Vgl. Zur genaueren Erläuterung der Selbstorganisationstheorie vgl. auch Wolf (2005), S. 313 ff.
[918] Vgl. Macharzina & Wolf (2005), S. 787 ff.

452   Diskussion und Implikationen

Formalisierungsgrad der Gruppenkommunikation wiesen dagegen keinen moderierenden Einfluss auf. Zu den Vielfaltsarten, deren Einfluss auf die entscheidenden Gruppenprozesse am stärksten von den Merkmalen des Gruppenmanagements moderiert wurde, gehören die Altersvielfalt, Vielfalt im Bildungshintergrund und Vielfalt in der Gruppenzugehörigkeitsdauer. (Für einen Gesamtüberblick über diese Befunde siehe auch Tabellen 9-79 und 9-80 in Abschnitt 9.2.6.2 der vorliegenden Untersuchung.) Im Hinblick auf die explorativen und den Anschluss an die bestehende Forschung gewährleistenden Untersuchungen sind folgende zentrale Ergebnisse zu nennen:

⇨ *Unterscheiden sich die Mitglieder einer Arbeitsgruppe in der Dauer der Gruppenzugehörigkeit voneinander, werden sie dann ihre aufgabenbezogenen Gruppenprozesse des Definierens von Subzielen, des Setzens von Tätigkeitsprioritäten und des Entwickelns von durchführbaren Arbeitsplänen besser durchführen können und sie werden eher in der Lage sein, auftretende Konflikte zu lösen, wenn die Arbeitsgruppe aufgabenorientiert geführt wird.*

⇨ *Unterscheiden sich die Mitglieder einer Arbeitsgruppe in ihrem Alter und in der Dauer ihrer Gruppenzugehörigkeit voneinander, werden sie dann ihre aufgabenbezogenen Gruppenprozesse besser ausführen können, wenn die Arbeitsgruppe mitarbeiterorientiert geführt wird.*

In Anbetracht der Forschungsergebnisse zu den Konsequenzen von Vielfalt in der Dauer der Unternehmens- und Gruppenzugehörigkeit und von Altersvielfalt auf Gruppenprozesse und Gruppenergebnisse, die ja in der Mehrzahl eher negativ ausfallen (siehe auch Abbildung 5-2 in Abschnitt 5.3), sind die in der vorliegenden Untersuchung gewonnenen Ergebnisse sehr erfreulich. Der Einbezug von Kontingenzfaktoren wie zum Beispiel der Führung ist in der Vielfaltsforschung immer wieder angemahnt worden und wie sich zeigt, sehr zu Recht.[919] Offenbar bewirkt aufgaben- und mitarbeiterorientierte Führung, dass die durch Unterschiede in schnell erkennbaren Vielfaltsattributen beeinträchtigten Gruppenprozesse durch sowohl Klärung, Strukturierung und Beaufsichtigung der Aufgabenarbeit als auch durch praktische Besorgtheit und Anteilnahme der Führungskraft so entzerrt, abgemildert und geglättet werden, dass die Prozesse nicht nur reibungsloser verlaufen, sondern im Gegenteil, sich sogar verbessern. Offenbar herrschen in der Unternehmensrealität in Bezug auf die Konsequenzen der nun hinreichend bekannten Arten von Vielfalt Lerneffekte vor, so dass die Führungskräfte von heterogenen Arbeitsgruppen bereits wissen, wie hiermit umgegangen werden kann, um einerseits ein Scheitern der Gruppen abzuwenden und noch viel wichtiger, das auch in diesen Arten der Vielfalt liegende Potenzial auszulösen.

⇨ *Unterscheiden sich die Mitglieder einer Arbeitsgruppe in ihrem Bildungshintergrund voneinander, werden sie dann mehr Beziehungskonflikte erleben und eine geringere Fähigkeit zur Konfliktlösung aufweisen, wenn die Arbeitsgruppe extern geführt wird.*

---

[919] Vgl. Pelled (1996), S. 619; Pelled, Eisenhardt & Xin (1999), S. 2; Hambrick et al. (1998), S. 201; Jehn, Northcraft & Neale (1999), S. 742; Gibson (1999), S. 140; Richard (2000), S. 171; Gibson & Zellmer-Bruhn (2001), S. 298; Schippers et al. (2003), S. 799; Richard et al. (2004), S. 263.

Gestaltungsformen multikultureller Arbeitsgruppen 453

Dieser Befund ist ganz und gar überraschend. Wird eine Arbeitsgruppe extern geführt, dann vertritt die Führungskraft die Gruppe nach außen, vor allem im Hinblick auf die Unternehmensspitze, sie prüft kontinuierlich die Gruppenumwelt, kommuniziert verstärkt extern, beschafft Ressourcen für die Arbeitsgruppe, fungiert als Puffer gegen unnötige, äußere Zwänge und schirmt die Gruppe von unternehmenspolitischen Machtauseinandersetzungen ab.[920] Es wurde vermutet, dass der Einfluss externer Führung auf die Gruppenprozesse ein indirekter sein müsste, der nur dann auffällt, wenn eine Arbeitsgruppe nicht extern geführt wird. In der Situation jedoch sollten negative Effekte auftreten. Offenbar stimmt diese Vermutung nicht. In der Vielfaltsforschung konnte bereits gezeigt werden, dass Bildungsvielfalt in Arbeitsgruppen negative affektive Konsequenzen im Hinblick auf die Gruppenprozesse hat.[921] Es sieht so aus, als blieben diese bei externer Führung bestehen, da die Führungskraft ihre Anstrengungen nach außen fokussiert und die Gruppe sich selbst überlässt. Beziehungskonflikte und eine geringere Konfliktlösungsfähigkeit sind die Folge, wenn nicht durch nach innen gerichtete Führung für die Auseinandersetzungen in der Gruppe, die durch Bildungsvielfalt ausgelöst werden, kompensiert wird.

⇨ *Unterscheiden sich die Mitglieder einer Arbeitsgruppe in ihrem Alter voneinander, werden sie ihre aufgabenbezogenen Gruppenprozesse dann besser ausführen können und eine größere Konfliktlösungsfähigkeit aufweisen, wenn das Unternehmen Gruppentrainings anbietet und diese von den Mitgliedern angenommen werden.*

Auch dieser Befund ist sehr positiv in Anbetracht der Tatsache, dass die Vielfaltsforschung in Bezug auf Altersvielfalt eher negative Prozesskonsequenzen konstatiert hat.[922] Offenbar greifen die Gruppentrainings Thematiken auf, die besonders bei Altersvielfalt in Gruppen relevant sind und bilden bei den Gruppenmitgliedern Interaktionskompetenzen auf, die ihnen ermöglichen, ihre durch unterschiedliche Lebenserfahrungen und -erkenntnisse gewonnenen Perspektiven und Ideen nicht nur in die Aufgabenbearbeitung gewinnbringend einzusetzen, sondern auch mit Konflikten, die hierdurch entstehen könnten, besser umzugehen.

⇨ *Unterscheiden sich die Mitglieder einer Arbeitsgruppe in der Dauer ihrer Gruppenzugehörigkeit voneinander, werden sie dann ihre aufgabenbezogenen Gruppenprozesse besser ausführen können, wenn die Mitglieder alle mit einem eigenen Rechner oder Notebook ausgestattet sind. Unterscheiden sie sich zudem in ihrem Alter voneinander, werden sie sich bei individueller Verfügbarkeit von PCs auch gegenseitig mehr unterstützen und mehr miteinander kooperieren.*

Dieser Befund steht im krassen Widerspruch zu den oben genannten Befunden hinsichtlich der moderierenden Wirkung der PC-Ausstattung auf die Gruppenprozesse in multikulturell

---

[920] Vgl. Ancona (1990), S. 345 f.; Ancona & Caldwell (1992a), S. 641; Katzenbach & Smith (1993), S. 142 f.; Mohrman, Cohen & Mohrman (1995), S. 163 ff.; Lau & Murnighan (1998), S. 334 f.; Zaccaro, Rittman & Marks (2001), S. 454; Hauschildt (2004), S. 199.

[921] Vgl. Tsui & O'Reilly (1989), S. 419; Wiersema & Bantel (1992), S. 114; Smith et al. (1994), S. 433; Hambrick, Cho & Chen (1996), S. 680; Knight et al. (1999), S. 459; Simons, Pelled & Smith (1999), S. 670; Goll, Sambharya & Tucci (2001), S. 125.

[922] Vgl. O'Reilly, Caldwell & Barnett (1989), S. 33; Zenger & Lawrence (1989), S. 365 f.; Knight et al. (1999), S. 459; Pelled, Eisenhardt & Xin (1999), S. 21; Kilduff, Angelmar & Mehra (2000), S. 32; Harrison et al. (2002), S. 1036.

454 Diskussion und Implikationen

zusammengesetzten Arbeitsgruppen. Während die individuelle Verfügbarkeit von PCs kulturell bedingt in einem sehr unterschiedlichen Maße geschätzt wird und entsprechend die Gruppenprozesse beeinflusst, scheint bei unterschiedlicher Zusammensetzung der Arbeitsgruppen in Bezug auf die Dauer der Gruppenzugehörigkeit und des Alters eine gleiche technische Ausstattung jeden Gruppenmitglieds die gewünschten positiven Effekte auf die Gruppenprozesse aufzuweisen. Mit einem eigenen Rechner werden vielleicht alters- und gruppenzugehörigkeitsbedingte Unterschiede im Mitgliederstatus abgemildert; die Gruppenmitglieder fühlen sich trotz der Unterschiede gleich und gleichermaßen fair behandelt, was ihrerseits dazu führt, dass sie sowohl in der aufgabenbezogenen als auch in der beziehungsbezogenen Dimension entspannter und unbefangener miteinander umgehen.

⇨ *Unterscheiden sich die Mitglieder einer Arbeitsgruppe in der Dauer ihrer Gruppenzugehörigkeit und in ihrem Alter voneinander, werden in den Arbeitsgruppen dann mehr Aufgaben- und Beziehungskonflikte auftreten, wenn ihre Führungskraft entscheidenden Einfluss auf die Auswahl der Gruppenmitglieder hatte.*

Das ist ein relativ brisanter Befund. Vor dem Hintergrund des Ähnlichkeits-Attraktions-Paradigmas ist es denkbar, dass die Führungskräfte bei der Auswahl von potenziellen Gruppenmitgliedern solche bevorzugen, die ihnen im Alter und in der Dauer der Zugehörigkeit zu dieser Arbeitsgruppe ähnlich sind. Weiterhin könnten die Führungskräfte, wie in der Vielfaltsforschung bereits demonstriert, auch in ihrem Umgang mit den Gruppenmitgliedern, die sie aufgrund von vielleicht unbewusster Ähnlichkeitswahrnehmung ausgewählt haben, mehr Sympathie entgegenbringen und sie besser beurteilen als die ihnen unähnlicheren anderen Gruppenmitglieder.[923] Dies wiederum kann zu Spannungen und empfundener Ungleichbehandlung unter den Gruppenmitgliedern dergestalt führen, dass diejenigen Gruppenmitglieder, die nicht von der Führungskraft sympathisiert werden, Ressentiments gegenüber den anderen Gruppenmitgliedern und gegenüber ihrer Führungskraft empfinden. Daraus könnten die gefundenen Konflikte sowohl in der aufgabenbezogenen als auch der beziehungsbezogenen Dimension resultieren. Leider kann hierzu nur spekuliert werden, da nicht bekannt ist, nach welchen Kriterien die Führungskraft die Gruppenmitglieder auswählte und ob zwischen diesen und den Führungskräften demographische Ähnlichkeiten bestehen. Nichtsdestotrotz weist dieser Befund auf eine erhebliche Beeinflussung der Gruppenprozesse durch die Auswahlmöglichkeit von Gruppenmitgliedern durch die Führungskraft hin, die in der zukünftigen Forschung genauer beleuchtet werden sollte. Wenn nämlich diese Einflussmöglichkeit der Führungskraft wiederholt und tatsächlich zu einer höheren Konfliktbelastung von Arbeitsgruppen führt, sollten die Gruppenmitglieder vielleicht eher im Rahmen der von den Personalabteilungen der jeweiligen Unternehmen nach objektiven Kriterien durchgeführten Auswahlprozesse für heterogen zusammengesetzte Arbeitsgruppen ausgewählt werden.

Hinsichtlich der gestaltungsbezogenen Einflussgrößen auf vielfältig zusammengesetzte Arbeitsgruppen lässt sich dennoch abschließend festhalten, dass offenbar die mittlerweile anerkannten Arten von Vielfalt in Arbeitsgruppen von den Unternehmen managementbezogen gut beherrscht werden. Die singulär gefundenen negativen Konsequenzen von Vielfalt im Alter, der Dauer der Gruppenzugehörigkeit oder im Bildungshintergrund können durch

---

[923] Vgl. Tsui & O'Reilly (1989), S. 416.

Gestaltungsformen multikultureller Arbeitsgruppen 455

aufgaben- und mitarbeiterorientierte Führung, durch Gruppentrainings und durch eine gute informations- und kommunikationstechnologische Ausstattung der Arbeitsgruppen nicht nur abgemildert, sondern sogar ins Positive verändert werden. Es scheint, als hätten die Unternehmen über die Zeit gelernt, mit diesen Arten der Vielfalt umzugehen und diese Vielfalt so zu nutzen, dass ihnen Vorteile daraus erwachsen. Die „Value-in-Diversity-Hypothese"[924] kann also unter den Bedingungen eines auf die bekannten Arten der Vielfalt abgestimmten Managements als bestätigt angesehen werden.

Allerdings scheint Vielfalt in kulturellen Werteorientierungen ein noch relativ neues und bisher noch nicht so gut verstandenes Phänomen zu sein, da Gruppenmanagementformen – die für bekannte Arten von Vielfalt bereits erfolgsfördernd eingesetzt werden – im Hinblick auf kulturelle Wertevielfalt in Arbeitsgruppen nicht den erwarteten, gleichfalls positiven Effekt aufweisen. Weder die klassische aufgabenorientierte und mitarbeiterorientierte Führung, noch organisationale Mechanismen wie die technologische Ausstattung oder ein hoher Formalisierungsgrad der Kommunikation unterstützen multikulturell zusammengesetzte Arbeitsgruppen so, dass diese das in der kulturellen Vielfalt inhärente Potenzial ausnutzen können und dabei nicht an dieser Vielfalt scheitern. Hier herrscht noch erheblicher Forschungsbedarf sowohl konzeptioneller als auch empirischer Art[925], um herauszufinden, wie genau multikulturelle Arbeitsgruppen gemanagt werden sollten, damit sie die von ihnen erhoffte Wertschöpfung auch tatsächlich realisieren.

10.3 Multikulturelle Arbeitsgruppen aus der Perspektive lose gekoppelter Systeme

Um das Dilemma multikultureller Arbeitsgruppen zu lösen und neue oder andere Gestaltungshinweise als die bereits genannten zu generieren, die zur Auflösung des Dilemmas genutzt werden können, wurde in der vorliegenden Untersuchung das Konzept der lose gekoppelten Systeme zu Grunde gelegt. Das Dilemma solcher Arbeitsgruppen tritt ja immer dann auf, wenn diese mit schwierigen Aufgaben oder kritischen Entscheidungen konfrontiert sind und daher Mitglieder benötigen, die sowohl eine Vielzahl an Fähigkeiten, Fertigkeiten, Perspektiven und Ideen in die Gruppe einbringen, aber als Arbeitsgruppe andererseits auch in der Lage sein müssen, gleichzeitig gemeinsame Lösungen zu entwickeln und gemeinsame Handlungspläne auszuführen.[926] Die Zugrundelegung des Konzeptes der lose gekoppelten Systeme empfahl sich unter anderem deshalb, da das Dilemma multikultureller Arbeitsgruppen bereits exakt die Definition von lose gekoppelten Systemen erfüllt. Ein System ist dann lose gekoppelt, wenn seine Elemente einzigartig, klar voneinander unterscheidbar und mit einer eigenen Identität ausgestattet sind, das System jedoch als Ganzes reaktionsfähig ist.[927]

---

[924] Vgl. Cox, Lobel & McLeod (1991), S. 827; Watson, Kumar & Michaelsen (1993), S. 591; Ely & Thomas (2001), S. 232; Polzer, Milton & Swann (2002), S. 296.
[925] Vgl. Leung et al. (2005), S. 369 ff.
[926] Vgl. Argote & McGrath (1993), S. 334.
[927] Vgl. Weick (1976), S. 3; Orton & Weick (1990), S. 205.

456 Diskussion und Implikationen

In der vorliegenden Untersuchung wurde nun angenommen, dass multikulturelle Arbeitsgruppen gleichzeitig in der strukturellen Domäne untereinander enge und in der institutionellen Domäne untereinander lose Kopplungen aufweisen sollten, um einerseits das in ihrer Vielfalt inhärente Potenzial ausschöpfen zu können und andererseits nicht an dieser Vielfalt zu scheitern und ihre Gruppenaufgaben trotzdem erfolgreich zu erledigen. Es wurde argumentiert, dass der Einsatz struktureller Kopplungsmechanismen, die sich auf die strukturelle, aufgabenbezogene Domäne beziehen, die Arbeitsgruppen in der Entwicklung geteilter mentaler Modelle bezüglich der gemeinsamen Aufgabenarbeit unterstützen und hiermit sicherstellen, dass die Arbeitsgruppen ihre Aufgaben erfolgreich erledigen können. Auf der anderen Seite wurde argumentiert, dass der simultane Einsatz institutioneller Kopplungsmechanismen, die sich auf die subjektive, soziale und institutionelle Domäne beziehen, so erfolgen sollte, dass die durch kulturelle Werteunterschiede bedingten Wahrnehmungen, Interpretationen und Handlungen in ihrer Vielfalt aufrechterhalten bleiben und das hierin liegende Potenzial somit genutzt werden kann.

Als Mechanismen zur aufgabenbezogenen, strukturellen Kopplung wurden in der vorliegenden Untersuchung zum einen die Aufgabeninterdependenz und zum zweiten der Einsatz von Planungstechniken verstanden. Deren Umsetzung sollte zu einer engen aufgabenbezogenen Kopplung zwischen kulturell verschieden orientierten Gruppenmitgliedern führen und über diese enge Kopplung einerseits verhindern, dass die Gruppe aufgrund kultureller Inkompatibilität auseinander bricht und andererseits sicherstellen, dass sich der Aufgabenerfolg mit einer gewissen Erwartungssicherheit einstellt.

Im Zusammenhang mit einer multikulturellen Zusammensetzung von Arbeitsgruppen konnte für beide strukturellen Kopplungsmechanismen die Leithypothese 1a bestätigt werden. Unterscheiden sich Gruppenmitglieder in ihrem Zeitfokus und in ihren Neigungen, ihrer Persönlichkeit durch Handeln Ausdruck zu verleihen, voneinander – beides kulturelle Werteorientierungen mit erheblichen strukturellen und aufgabenbezogenen Komponenten – können sie ihre Aufgabenprozesse besser durchführen, werden mit ihrer Gruppenarbeit zufriedener sein und eine höhere Gesamtleistung erbringen, wenn sie strukturell eng aneinander gekoppelt sind. Offenbar unterstützen die strukturellen Kopplungsmechanismen der interdependenten Aufgabengestaltung und der Planung die Entwicklung eines geteilten mentalen Modells bezüglich der Aufgabenarbeit, was wiederum zu größerer Stabilität, zu aufgabenbezogenem Konsens, größerer Effektivität und einem größeren Gruppenzusammenhalt führt.

Allerdings werden mit der strukturellen engen Kopplung vor allem die Stabilität und ein gewisses Maß an Aufgabenerfolgssicherheit gewährt. Damit multikulturell zusammengesetzte Arbeitsgruppen jedoch außerdem das in ihrer Vielfalt schlummernde Potenzial realisieren können, sollten sie parallel in der institutionellen, sozialen Domäne lose aneinander gekoppelt sein. Hier wurde argumentiert, dass sich die Mitglieder einer multikulturellen Arbeitsgruppe ihre kulturell bedingte Einzigartigkeit und ihre eigenen kulturellen Identitäten für ihre Wahrnehmungs- und Verhaltenssensibilität unbedingt erhalten sollten. Da die individuellen kulturellen Werteorientierungen individuelle Wahrnehmungen und Verhalten maßgeblich prägen, bedeutet diese kulturelle Vielfalt, dass die Gruppenmitglieder ihre jeweiligen Umwelten relativ unabhängig voneinander durch die jeweils eigenen kulturellen Linsen wahrnehmen und individuell darauf reagieren. Sie generieren unter der Bedingung der Aufrechterhaltung

Multikulturelle Arbeitsgruppen aus der Perspektive lose gekoppelter Systeme 457

der kulturellen Vielfalt idiosynkratische soziale Realitäten und finden jeweils verschiedene Problemlösungen. Der Erhalt der Einzigartigkeit der kulturellen Identitäten der Gruppenmitglieder impliziert jedoch eher unterscheidbare, nicht überlappende mentale Modelle im Hinblick auf die nicht aufgabenbezogene, soziale oder institutionelle Domäne der Gruppenzusammenarbeit. Um also die kulturell bedingte Wahrnehmungs- und Verhaltensvielfalt mit entsprechend nicht geteilten mentalen sozialen Modellen zu erhalten, sollten die Gruppenmitglieder in der institutionellen Domäne nur lose aneinander gekoppelt sein.

Als Mechanismen der sozialen, institutionellen Kopplung wurden in der vorliegenden Untersuchung die Ergebnisinterdependenz (die prinzipiell einen strukturellen Kopplungsmechanismus darstellt, der jedoch in der institutionellen Domäne koppelt), die mitarbeiterorientierte Führung und – wenn auch nicht explizit formuliert – die Institutionalisiertheit von Möglichkeiten zur direkten Gruppenkommunikation verstanden. Hierbei ist jedoch darauf zu achten, wie sie umgesetzt werden, da ja innerhalb der sozialen, institutionellen Domäne lose und nicht enge Kopplungen etabliert werden sollen.

Im Zusammenhang mit einer multikulturell zusammengesetzten Arbeitsgruppe müssen die Ergebnisse im Hinblick auf die institutionellen Kopplungsmechanismen vorsichtig interpretiert werden.

Wie bereits erwähnt, stellt Ergebnisinterdependenz – definiert als Grad, bis zu dem individuelle Entlohnung und Feedback von der Leistung der anderen Gruppenmitglieder abhängt[928] – einen strukturellen Kopplungsmechanismus dar, der allerdings im Kontext multikultureller Arbeitsgruppen in der institutionellen Domäne koppelt. Konkret wurde nun angenommen, dass bei hoher Ergebnisinterdependenz die Gruppenmitglieder Feedback und Entlohnungen erhalten, die von der Gesamtgruppenleistung bestimmt werden. Individuelle Feedbacks und Entlohnungen sind auf diese Weise nicht mehr voneinander unterscheidbar, die Informationen, die die Gruppenmitglieder erhalten, sind homogen. In der Konsequenz bedeutet eine hohe Ergebnisinterdependenz also, dass die Gruppenmitglieder ihre Gruppensituation nur wie durch eine Schablone wahrnehmen, die für individuelle Wahrnehmungen und Strategien keinen Raum mehr lassen. Im Prozess des Zusammenarbeitens werden die kulturell geprägten, verschiedenen Umweltdeutungen und sozialen Realitäten durch eine hohe Ergebnisinterdependenz homogenisiert, mit der Folge, dass sich die kollektiven Beobachtungen von den individuellen Beobachtungen immer weniger unterscheiden und die Arbeitsgruppe schließlich, wenn überhaupt, nur noch geringfügig mehr bezüglich einer bestimmten Situation weiß, als die einzelnen Mitglieder ohnehin schon wissen. Wenn also lose Kopplungen in der institutionellen Domäne bedeuten, dass die durch kulturelle Vielfalt vorhandenen unterschiedlichen Wahrnehmungen und Umweltdeutungen erhalten bleiben, bedeutet eine hohe Ergebnisinterdependenz eine enge Kopplung in dieser Domäne.

In der vorliegenden Untersuchung konnte gezeigt werden, dass Ergebnisinterdependenz im Zusammenhang mit einer multikulturellen Zusammensetzung in Arbeitsgruppen sowohl positive als auch negative Konsequenzen für den Gruppenerfolg aufweist. Unterscheiden sich die Gruppenmitglieder in ihren Neigungen, ihren Persönlichkeiten durch gründliches Nachdenken

---

[928] Vgl. Campion, Medsker & Higgs (1993), S. 827; Saavedra, Earley & Van Dyne (1993), S. 63; Van Vijfeijken et al. (2002), S. 367 f.; Shaw, Duffy & Stark (2000), S. 261 f.

und Abwägen Ausdruck zu verleihen, und unterscheiden sie sich in ihren Auffassungen bezüglich der Macht- und Verantwortungsstrukturen in Gruppen, dann führt eine hohe Ergebnisinterdependenz zu positiven ökonomischen und sozialen Erfolgskonsequenzen. Dieser Befund steht also im Gegensatz zu der Leithypothese 1b. Allerdings konnte ebenfalls ein umgekehrter Zusammenhang festgestellt werden, wenn sich die Gruppenmitglieder in ihren Auffassungen bezüglich der menschlichen Natur voneinander unterschieden. Wie lassen sich nun diese Befunde im Licht der eben formulierten Argumente erklären?

Während sowohl die Denken-Orientierung der Aktivitätsdimension als auch die Hierarchie-Orientierung der Beziehungsdimension aufgabenbezogene bzw. strukturelle Elemente enthalten, ist die Menschliche-Natur-Orientierung eher auf die institutionelle, soziale Seite in der Gruppenzusammenarbeit gerichtet. Eine hohe Ergebnisinterdependenz koppelt die Gruppenmitglieder offenbar eng aneinander, wobei eine vorsichtige Interpretation auf die Strukturbezogenheit der beiden erstgenannten Kulturdimensionen deuten und somit hier eine strukturelle enge Kopplung herausgelesen werden könnte. Dies wäre eine weitere Bestätigung für die Leithypothese 1a. Auf der anderen Seite kann für den eher sozialen, institutionellen Bezug der Menschlichen-Natur-Orientierung angenommen werden, dass hier die Ergebnisinterdependenz zwar ebenso eng koppelt, dass dies aber gemäß den oben entwickelten Argumenten für multikulturell zusammengesetzte Arbeitsgruppen bedeutet, dass ihr in der kulturellen Vielfalt liegendes Potenzial reduziert wird. Offenbar kann die Leithypothese 1b vorerst zumindest nur für die Gruppenvielfalt in der Menschlichen-Natur-Orientierung als bestätigt angesehen werden. Hier hat Ergebnisinterdependenz die vermuteten negativen Konsequenzen sowohl für den sozialen als auch für den ökonomischen Erfolg der Arbeitsgruppe, die aus einer engen institutionellen Kopplung resultieren.

Für die generelle These, dass multikulturelle Arbeitsgruppen in der institutionellen Ebene lose gekoppelt sein sollten, um ihr Potenzial zu realisieren, sprechen dagegen die Befunde zur mitarbeiterorientierten Führung als Instrument der institutionellen Kopplung. Es wurde argumentiert, dass mitarbeiter- oder personenorientierte Führung der Beibehaltung der kulturellen Vielfalt Vorschub leisten könne, indem die Führungskraft ein Arbeitsklima des gegenseitigen Vertrauens und Respekts etabliert und die Gruppenmitglieder von der Notwendigkeit entlastet, sich gegenseitig immer verstehen zu müssen und sich aneinander anzupassen. Indem eine Führungskraft weiterhin die soziale Kommunikation der Gruppenmitglieder vorrangig über sich selbst laufen lässt und damit die Gruppenmitglieder sozial nur indirekt miteinander verbindet, verhindert sie zum einen eine Homogenisierung in den Wahrnehmungen und Umweltdeutungen der Gruppenmitglieder und zum anderen gleichzeitig aber auch, dass die Gruppe an ihrer Vielfalt in der sozialen Ebene scheitert. Für die mitarbeiterorientierte Führung von multikulturell zusammengesetzten Arbeitsgruppen konnte in der vorliegenden Untersuchung die Leithypothese 1b bestätigt werden. Unterscheiden sich die Gruppenmitglieder in ihren Auffassungen von der Güte bzw. Bosheit der menschlichen Natur, in ihren Empfindungen gegenseitiger, gruppenbezogener Verpflichtungen und Bindungen und in ihrem Verständnis von Macht- und Verantwortungsstrukturen in zwischenmenschlichen Beziehungen voneinander, interagieren sie in der sozialen Ebene weniger miteinander und sind in weniger Beziehungskonflikte involviert, wenn die Gruppe mitarbeiterorientiert geführt wird. Hier sieht es so aus, als könnte die Führungskraft durch ihre auf die Bedürfnisse und

Einzigartigkeit der Gruppenmitglieder eingehende Führung quasi eine Versachlichung der sozialen Interaktionen zwischen den Gruppenmitgliedern bewirken. Die für alle Gruppenmitglieder bleibenden Gemeinsamkeiten, die entsprechend die Grundlage für weitere Interaktionen bilden, liegen in der Gruppenzugehörigkeit und der gemeinsamen Gruppenaufgabe. Hier ist die Folge, dass die Gruppenmitglieder verstärkt aufgabenbezogen miteinander interagieren, was ja gewollt ist und durch strukturelle enge Kopplung unterstützt wird.

In dieselbe Richtung weist der Befund über den Zusammenhang zwischen kultureller Wertevielfalt und Institutionalisiertheit der Gruppenkommunikation. In der vorliegenden Untersuchung wurde danach gefragt, ob für die betreffenden Arbeitsgruppen Möglichkeiten zur direkten Kommunikation in Form von Sofa-Ecken, Sozialräumen, Teeküchen oder ähnlichem institutionalisiert sind. Eine Institutionalisierung der direkten Kommunikationsmöglichkeiten in der genannten Form enthält starke soziale Elemente, da extra für die soziale Interaktion der Gruppenmitglieder Einrichtungen geschaffen sind, die prinzipiell nichts mit der Aufgabenerledigung zu tun haben. Der Kopplungsmechanismus der Institutionalisierung von Gruppenkommunikationsmöglichkeiten operiert also in der institutionellen Domäne, die durch informelle, nicht aufgabenbezogene Aktivitäten charakterisiert ist. Eine Institutionalisiertheit der Gruppenkommunikation bedeutet demnach eine enge Kopplung, da hierüber die Gruppenmitglieder direkt und unmittelbar miteinander verbunden sind.

In der vorliegenden Untersuchung hat sich gezeigt, dass bei Institutionalisiertheit der Gruppenkommunikationsmöglichkeiten in der oben genannten Form in den Arbeitsgruppen mehr Beziehungskonflikte auftreten, wenn sich die Gruppenmitglieder in ihren Auffassungen von ihrer Rolle und ihrer Position im sie umgebenden Gesamtsystem voneinander unterscheiden. Dies deutet darauf hin, dass eine enge institutionelle Kopplung zu Spannungen und Reibungen in der sozialen Ebene führt, wenn Arbeitsgruppen multikulturell zusammengesetzt sind. Auch dieser Befund liefert der Leithypothese 1b eine Bestätigung dergestalt, dass bei gegebener kultureller Vielfalt eine Arbeitsgruppe in der institutionellen Ebene lose gekoppelt sein sollte.

Eine institutionelle lose Kopplung scheint die kulturelle Einzigartigkeit und Verschiedenheit der Gruppenmitglieder aufrecht zu erhalten und zu unterstützen, was im Kontext solcher Arbeitsgruppen zu einer reichhaltigeren und akkurateren Wahrnehmung der Umwelt und größerer Flexibilität und Kreativität führt.

> *"Diversity becomes most valuable when the need for the team to reach agreement (cohesion) remains low relative to the need to invent creative solutions."* (Adler, 2002, S. 148)

Während also enges strukturelles Koppeln in multikulturellen Arbeitsgruppen die Gruppenmitglieder mit strukturellem Wissen bezüglich der Aufgabenerledigung ausstattet und es ihnen erlaubt, ein geteiltes mentales Strukturmodell ihrer Aufgabendomäne zu entwickeln, ermöglicht ihnen loses institutionelles Koppeln kognitive, affektive und Verhaltensdiskretion und damit gleichzeitig ein Gefühl der Einzigartigkeit und Wertschätzung. Lose institutionelle Kopplungen und enge strukturelle Kopplungen können sich gegenseitig verstärken und so die multikulturellen Arbeitsgruppen dazu befähigen, nicht nur ihre Aufgaben effektiv und effi-

460 Diskussion und Implikationen

zient zu erledigen, sondern ebenfalls ihr durch die kulturelle Vielfalt gegebenes Potenzial zur innovativen und speziellen Lösung komplexer Problemstellungen zu nutzen.

Zusammenfassend lässt sich demnach festhalten, dass eine Lösung des Dilemmas multikultureller Arbeitsgruppen bei simultaner enger struktureller und loser institutioneller Kopplung möglich wird. Auch wenn an dieser Stelle noch viel genauer erforscht werden muss, welche strukturellen und institutionellen Kopplungsmechanismen bei welchen Arten von Vielfalt in Arbeitsgruppen dazu führen, dass diese einerseits das in der Vielfalt liegende Potenzial tatsächlich ausschöpfen, andererseits jedoch nicht an der durch diese Vielfalt verursachten Reibung scheitern, liefert die vorliegende Untersuchung dennoch einige Hinweise darauf, dass die Betrachtung multikultureller Arbeitsgruppen aus der Perspektive lose gekoppelter Systeme sehr viel versprechend erscheint. Enges strukturelles Koppeln in der aufgabenbezogenen Domäne und loses institutionelles Koppeln in der sozialen oder kulturellen Domäne könnten schließlich zu einer effektiven Gruppenarbeit und zu einer Realisierung des Vielfaltspotenzials führen.

10.4 Kritische Anmerkungen und Überlegungen zum methodischen Vorgehen

Um die Ergebnisse der Untersuchung in den richtigen Interpretationsrahmen zu setzen, dürfen einige kritische Anmerkungen nicht fehlen. Hervorzuheben ist, dass in der vorliegenden Untersuchung kulturelle Wertevielfalt auf der individuellen Ebene von Gruppenmitgliedern in 37 Arbeitsgruppen aus 21 großen, international tätigen Unternehmen auf ihre Auswirkungen auf die Gruppenarbeit hin analysiert wurde. Nach dem gegenwärtigen Kenntnisstand der Verfasserin existieren bisher so gut wie keine vergleichbaren Untersuchungen. Dieser Umstand der relativen Neuheit bedeutet jedoch ebenfalls, dass einige Probleme auftraten, die zum Teil zu verringern versucht wurden, zum Teil aber auch wissentlich in Kauf genommen werden mussten.

Dies betrifft zum ersten die Verwendung eines standardisierten Fragebogens zur Erfassung von kulturellen Werteorientierungen auf der individuellen Ebene. Wie bereits im Abschnitt 8.3.4 der vorliegenden Untersuchung dargelegt, ist der *Cultural Perspectives Questionnaire* (CPQ:4) das bisher einzig verfügbare Instrument, das kulturelle Werte auf der individuellen Ebene zu messen imstande ist. Trotz kontinuierlicher Revision des Fragebogens durch die Entwickler und einer großen Menge von Items zur Erfassung der Ausprägungen in den verschiedenen kulturellen Werteorientierungen und -variationen misst dieses Instrument zum Teil noch nicht zufrieden stellend genau. Dies kann damit der Grund dafür sein, dass zwischen den Unterschieden in den individuellen Ausprägungen in den Werdedimensionen und anderen erhobenen Gruppenarbeitsvariablen entgegen der in der Literatur allerorts postulierten Zusammenhänge in dieser Untersuchung wenig explizite Zusammenhänge zu finden waren. Wieder muss die Frage aufgeworfen werden, ob Kultur oder kulturelle Werte tatsächlich mittels eines standardisierten Erhebungsinstruments überhaupt zu erfassen sind.

Kritische Anmerkungen und Überlegungen zum methodischen Vorgehen 461

Der zweite hiermit zusammenhängende und kritisch zu betrachtende Punkt betrifft die Verwendung von Kultur bzw. kultureller Vielfalt als eine Art „externes" analytisches Konstrukt, das in der vorliegenden Untersuchung wie ein weiteres, äußerliches Merkmal behandelt wurde. Die kulturelle Vielfalt in der Zusammensetzung der Arbeitsgruppen ist ja inhärent gegeben, dennoch wurde sie beispielsweise in den Betrachtungen der Zusammenhänge zwischen Gruppenkontext und Gruppenergebnissen ausgeklammert. Alle Angaben der Gruppenmitglieder sind von vornherein durch die jeweiligen kulturellen Perspektiven geprägt, jedoch wurde zu Analysezwecken und der Einfachheit halber die kulturelle Vielfalt so gehandhabt, als wäre sie etwas, das an- oder abgestellt werden könnte. Dieses Problem ist nur sehr schwer zu lösen und muss deshalb bei der Interpretation der Befunde unbedingt bedacht werden.

Ein weiterer, ebenfalls schon angesprochener Punkt betrifft das der Untersuchung zu Grunde gelegte Forschungsdesign und die verwendeten Datenquellen. Die vorliegende Untersuchung beruht auf einem Querschnittsdesign und basiert auf Selbstberichten der Teilnehmer. Zum einen bedeutet dies, dass die Daten zu einem Zeitpunkt erhoben wurden und damit keinen Aufschluss über zeitliche Verläufe geben können. Mit Hilfe der multiplen Regressionsanalysen ließ sich lediglich feststellen, zu welchen Teilen die verschiedenen Merkmale die Varianz in den unabhängigen Variablen erklären konnten und wann ein Merkmal Prädiktorstärke erreicht, so dass es mit einer geringen Irrtumswahrscheinlichkeit mit der unabhängigen Variable zusammenfällt. Kausale Zusammenhänge sind mit Regressionsanalysen nicht nachzuweisen. Zum anderen bedeutet die Basis der Selbstberichte der Teilnehmer, dass das Problem der gemeinsamen Methodenvarianz gegeben ist. Generell ist eine Erhebung, die nur auf selbst berichteten Daten beruht, mit größeren Fehlern behaftet, die aufgrund der Subjektivität und damit immer auftretenden Verzerrungstendenzen gegeben sind. Mit verschiedenartigen Methoden, zusätzlicher Erhebung objektiver Daten, die allerdings im vorliegenden Falle kaum gegeben sind, oder Verwendung verschiedener Datenquellen könnten präzisere Aussagen getroffen werden. Außerdem könnten mit der Verwendung von Strukturgleichungsmodellen und der Dekomposition der Varianzanteile in Kriteriums-, Fehler- und Methodenvarianz die Anteile an der erklärten Varianz identifiziert werden, die aufgrund derselben Methode zustande gekommen sind und damit nicht tatsächlich erklärte Kriteriumsvarianz darstellen.

Ein weiterer, kritisch zu betrachtender Punkt ist die Größe der herangezogenen Stichprobe. Diese ist vergleichsweise klein. Obwohl die Gewinnung von teilnehmenden, multikulturell zusammengesetzten Arbeitsgruppen in Unternehmen relativ schwierig ist und in Anbetracht dessen die Größe der vorliegenden Stichprobe als gut angesehen werden muss, ist die absolute und damit geringe Stichprobengröße eine der größten Schwächen der vorliegenden Untersuchung. Sowohl die Frage nach der Repräsentativität und damit der Generalisierbarkeit der Befunde als auch die Ergebnisse der statistischen Analysen müssen kritisch beleuchtet werden. Erschwerend kommt hinzu, dass die Stichprobe nicht nach dem Zufallsprinzip gezogen werden konnte und damit zusätzlich das Problem der Selbstselektivität gegeben ist. Allerdings verteilen sich die Arbeitsgruppen, die an der Untersuchung teilnahmen, über 21 verschiedene Großunternehmen in unterschiedlichen Bereichen, so dass zumindest eine vorsichtige Generalisierbarkeit der Befunde möglich erscheint. Dennoch sollte in zukünftigen

462   Diskussion und Implikationen

Untersuchungen mehr Augenmerk auf eine größere Stichprobe und eine größere Streuung der Variablen gelegt werden, um eine größere Zuverlässigkeit der Befunde zu erzeugen.

Ein letzter kritischer Punkt betrifft die Länge des verwendeten Fragebogens. Mit ca. 220 Items ist dieser aus einer praktischen Perspektive heraus gesehen schlicht und einfach zu lang. Ein Fragebogen dieser Länge hat nicht nur den Nachteil, dass eine Gewinnung von teilnehmenden Arbeitsgruppen um ein vielfaches schwieriger wird und sich damit sowohl der Rücklauf als auch die Datenqualität verringern, sondern bewirkt ebenfalls eine Verminderung der Bereitschaft der Unternehmen, mit der Wissenschaft zu kooperieren. Das jedoch sollte auf keinen Fall geschehen. Kompromisse und beidseitiges Entgegenkommen müssen gewährleistet bleiben, so dass im Falle einer zukünftigen, ähnlich angelegten Untersuchung wie der vorliegenden die interessierenden Zusammenhänge noch sorgfältiger ausgewählt werden und die Menge an Items ein bestimmtes Höchstmaß nicht überschreitet.

10.5 Implikationen

Es war das übergeordnete Ziel der vorliegenden Untersuchung, durch eine systematische Integration und Weiterentwicklung vergangener Forschungsbemühungen und die empirische Überprüfung der aufgestellten Hypothesen dazu beizutragen, ein verbessertes Verständnis der Implikationen kulturell vielfältig zusammengesetzter Arbeitsgruppen in Unternehmen zu erlangen. Dabei war das Ziel zweigeteilt, denn es galt sowohl, bedeutsam zur multikulturellen Arbeitsgruppenforschung beizutragen als auch, Handlungsempfehlungen zum Management multikultureller Arbeitsgruppen in der organisationalen Praxis abzuleiten. Aus der vorliegenden Untersuchung ergeben sich daher sowohl Implikationen für die Forschung als auch Implikationen für die Praxis.

10.5.1 Implikationen für die Forschung

Die Forschung zur kulturellen Vielfalt in Arbeitsgruppen weist immer noch erhebliche mangelnde theoretische und empirische Fundierung auf; weder existiert eine einheitliche und integrierende Theorie, noch gibt es ausreichende empirische Arbeiten, deren Befunde die Konsequenzen kultureller Vielfalt in der Zusammensetzung von Arbeitsgruppen bestätigen und untermauern könnten.

Die vorliegende Untersuchung hat gezeigt, dass der Vielschichtigkeit und Differenziertheit des Phänomens ‚Kultur' durch eine umfassende Betrachtung von kulturellen Wertedimensionen bzw. -orientierungen, den dazugehörigen Variationen und entsprechend der Vielfalt in diesen in Untersuchungen zur kulturellen Vielfalt immer Rechnung getragen werden sollte, um eindeutigere Befunde generieren zu können. Eine differenzierte Betrachtung von Kultur und den Konsequenzen kultureller Vielfalt liefert mehr Substanz, fördert das Verständnis kulturell geprägten Verhaltens und kann genaueren Aufschluss darüber geben, warum in manchen Fällen kulturelle Vielfalt positive und manchmal negative Auswirkungen zeigt.

Implikationen 463

Eine weitergehende Analyse in diesem Zusammenhang betrifft die Überprüfung möglicher nichtlinearer Zusammenhänge zwischen dem Ausmaß an kultureller Wertevielfalt und spezifischen Gruppenprozessen und -ergebnissen. Denkbar ist, dass von jeder Art der kulturellen Wertevielfalt ein bestimmtes Maß an Vielfalt günstige bzw. ungünstige Konsequenzen und Wechselwirkungen erzeugt, so dass in zukünftigen Untersuchungen verstärkt Augenmerk darauf gerichtet werden könnte, bei welchem Ausmaß an Vielfalt in welcher Werteorientierung und -variation die kritische Menge erreicht ist, ab dem die in der Forschung häufig demonstrierten positiven und negativen Effekte auftreten. Hier könnten noch eine ganze Menge interessanter und nützlicher Erkenntnisse gewonnen werden.

Weiterhin hat die vorliegende Untersuchung die Wichtigkeit der Beachtung des Kontexts multikultureller Gruppenarbeit unterstrichen. Das Plädoyer der Forschung, den unmittelbaren und mittelbaren Arbeitskontext der Gruppenarbeit sowohl zur Erklärung von Gruppenverhalten als auch zur Gestaltung von Arbeitsgruppen zu berücksichtigen, kann direkt bestätigt und unterstützt werden, da sich gerade hier interessante und überraschende Befunde gezeigt haben. Nur wenn multikulturelle Arbeitsgruppen in ihrem Gesamtzusammenhang betrachtet werden, können Maßnahmen und Interventionen entwickelt werden, die mögliche Probleme an der Wurzel packen und die Arbeitsgruppen in ihren Aufgaben und ihren Bemühungen nach erfolgreicher Gruppenarbeit unterstützen.

Im Zusammenhang mit den gerade genannten Implikationen ergibt sich beinahe zwangsläufig eine dritte. Und zwar sollte in zukünftigen Untersuchungen viel mehr Augenmerk auf das Zusammenwirken von Kontext und Kultur im Sinne der Kontingenztheorie gelegt werden. In der vorliegenden Untersuchung konnte ja schon gezeigt werden, dass zwischen Kontextmerkmalen, dem Gruppenmanagement und der kulturellen Vielfalt in den Arbeitsgruppen differenzierte Wechselwirkungen bestehen, deren Zusammenspiel in Hinblick auf erwünschte Gruppenprozesse und -ergebnisse noch viel genauer beleuchtet werden könnte, um zu präzisen Aussagen zu gelangen. Außerdem könnten weitere Kontingenzfaktoren, wie beispielsweise der Inhalt der Gruppenaufgaben, andere Führungsformen wie das Management by Objectives, die demographische und kulturelle Zusammensetzung der Gesamtunternehmensbelegschaft oder auch die jeweilige Unternehmenskultur in Untersuchungen mit einbezogen und mögliche Moderations- und Mediationsbeziehungen konzeptuell und empirisch geprüft werden. Hiermit könnten weitere widersprüchliche Befunde eventuell aufgelöst und neue Erkenntnisse bezüglich erfolgreicher multikultureller Gruppenarbeit generiert werden.

Einen anderen wichtigen Aspekt, der in der vorliegenden Untersuchung nicht berücksichtigt wurde, stellt der zeitliche Verlauf multikultureller Gruppenarbeit dar. Denkbar ist, dass in den verschiedenen Phasen der Gruppenarbeit die betreffenden Interaktionsbeziehungen zwischen Kontext, Gruppenmanagement und kultureller Vielfalt unterschiedliche Auswirkungen zeigen und damit je nach Phase unterschiedliche Geltung und Wichtigkeit aufweisen. Vielleicht sollten multikulturelle Arbeitsgruppen gerade zu Beginn ihrer Zusammenarbeit mehr direkt geführt werden, während in späteren Phasen direkte Führung nicht mehr notwendig ist und einer eher indirekten weichen kann. Denkbar ist aber auch der umgekehrte Fall, dass gerade zu Beginn multikulturelle Arbeitsgruppen ihre eigene Organisation und Verfahren finden müssen und erst später, nachdem die Gruppen ihre Arbeits- und Interaktionsmodi gefunden haben, äußere führungsbezogene Einflüsse wünschen und annehmen.

464   Diskussion und Implikationen

Durch Vergleiche von multikulturellen Arbeitsgruppen, die sich in den verschiedenen Phasen oder Stadien der Gruppenarbeit befinden, oder aber durch Längsschnittstudien, in denen sich Veränderungen nachvollziehen lassen, könnten solche Zusammenhänge ermittelt werden. Da in der vorliegenden Untersuchung gezeigt werden konnte, dass bezüglich der Wahrnehmung von Führungsverhalten aber auch von Ergebnissen der Gruppenarbeit zwischen Gruppenmitgliedern und ihren Führungskräften erhebliche Diskrepanzen bestanden, sollte in zukünftigen Untersuchungen verstärkt auf objektive (Erfolgs-)Maße zurückgegriffen werden. Auch wenn hiermit einige Schwierigkeiten, wie beispielsweise die geringe Messbarkeit von kreativen Problemlösungen oder der Qualität von Entscheidungen, verbunden sind, scheint doch eine Ergänzung subjektiver Maße durch objektive sinnvoll und notwendig. Nur wenn zweifelsfrei festgestellt werden kann, dass auf bestimmte Einflüsse objektive Gruppenergebnisse folgen, lassen sich korrekte Rückschlüsse ziehen und es können tatsächlich wirksame Gestaltungs- und Interventionsmaßnahmen identifiziert werden.

Ein weiteres Plädoyer für die Forschung zur multikulturellen Gruppenarbeit betrifft die Analyse von kultureller Gruppenvielfalt in real existierenden organisationalen Arbeitsgruppen. Wie bereits an anderer Stelle beschrieben, ist eine solche Feldforschung mühsam, aufwendig und mit geringeren Erfolgsaussichten behaftet, als wenn vergleichbare Untersuchungen im Labor durchgeführt würden. Allerdings verleiht die Analyse multikultureller Gruppenarbeit in Unternehmen hier generierten Befunden zusätzliche externe Validität und wenn es gilt, Empfehlungen für den Umgang mit kultureller Wertevielfalt in der Praxis abzuleiten, ist empirische Feldforschung der richtige und notwendige Weg.

Weiterhin sollte das Augenmerk zukünftiger Forschungen zu multikultureller Gruppenarbeit ebenfalls auf Untersuchungen von Gruppenarbeitsmodellen in ihrem Gesamtzusammenhang gerichtet sein. In der vorliegenden Untersuchung wurden stets einzelne Zusammenhänge sequenziell getestet, niemals aber alle gleichzeitig. Mit der Verwendung von Verfahren wie beispielsweise der Partial-Least-Squares-Analyse (PLS) könnte ein Gesamtmodell, wie das hier entwickelte, überprüft werden, um festzustellen, wie sich die einzelnen Merkmale simultan gegenseitig beeinflussen, welches tatsächliche Gewicht die verschiedenen Einflussfaktoren im Gesamtzusammenhang zeigen und worauf entsprechend bei der Gestaltung multikultureller Arbeitsgruppen besonders zu achten ist. Es könnte ja sein, dass beispielsweise die Führungsformen neben den Kontextmerkmalen in ihrer Wichtigkeit zurückstehen und daher eher auf diese Merkmale geachtet werden sollte als auf die richtige Führung. Viele Fälle sind denkbar, die bis jetzt noch unklar sind. Zukünftige Forschung könnte an dieser Stelle ansetzen und mit Sicherheit weitere interessante und nützliche Erkenntnisse generieren. Ein weiterer Vorteil der Verwendung von Verfahren wie der PLS-Analyse liegt darin, dass hiermit kausale Zusammenhänge geprüft werden können. Damit würden noch präzisere Aussagen über die einzelnen Wirkrichtungen möglich und es könnte der Forschung mit noch substanzielleren Erkenntnissen gedient werden.

Zusammenfassend lässt sich festhalten, dass in Hinblick auf die Erklärungsgrößen und mögliche Gestaltungsformen multikultureller Arbeitsgruppen noch einiges an Forschung notwendig und nützlich erscheint. Außerdem gibt es weiterhin eine Reihe von zusätzlichen und verwandten Themen, die ebenfalls überprüfenswert sind. Beispielsweise könnten Rollen und Gewichtung verschiedener Vielfaltsarten im Kontext der Gruppenarbeit genauer untersucht

Implikationen 465

werden, ebenso wie Fragen nach der Gestaltung multikultureller Gruppenarbeit vor dem Hintergrund des Konzepts der lose gekoppelten Systeme. Insgesamt stellt die Erforschung multikultureller Gruppenarbeit in Unternehmen gerade in der heutigen Zeit einen weiterhin gültigen Imperativ dar.

10.5.2 Implikationen für die Praxis

Mit der vorliegenden Untersuchung wurde versucht, Gestaltungsfelder aufzuzeigen und zu überprüfen, die einen wichtigen Einfluss auf das Gelingen multikultureller Gruppenarbeit in Unternehmen haben könnten. Für die organisationale Praxis lassen sich dabei Handlungsempfehlungen erstens für die Zusammensetzung multikultureller Arbeitsgruppen, zweitens für die Gestaltung des unmittelbaren Kontexts und drittens für das Management multikultureller Gruppenarbeit ableiten.

1. Zusammensetzung multikultureller Arbeitsgruppen

⇨ *Bei der Zusammensetzung multikultureller Arbeitsgruppen sollte besonders darauf geachtet werden, dass die Gruppenmitglieder sich nicht in ihren Annahmen bezüglich des Wesens der menschlichen Natur voneinander unterscheiden.*

Von allen untersuchten Vielfaltsarten zeigte kulturelle Vielfalt in der Menschlichen-Natur-Orientierung konsistent eine stark gruppenprozess- und gruppenerfolgsbeeinträchtigende Wirkung. Während alle anderen Vielfaltsarten singulär und interaktionsbezogen differenzielle Effekte zeigten, galt dies gerade nicht für die Vielfalt in der Menschlichen-Natur-Orientierung. Dieser Befund impliziert, dass vor jeder Aufstellung von multikulturellen Arbeitsgruppen eine Kulturdiagnose potenzieller Gruppenmitglieder durchgeführt werden sollte, um zum einen eine in Hinblick auf die Menschliche-Natur-Orientierung homogene Arbeitsgruppe einzusetzen und zum zweiten, um Kontext und Management auf die verbleibende Vielfalt abgestimmt gestalten zu können. Kulturelle Vielfalt in den anderen Werteorientierungen birgt nachgewiesenermaßen verschiedene Leistungspotenziale, so dass eine Diagnose der kulturellen Hintergründe potenzieller Gruppenmitglieder nicht nur aufgrund der dysfunktionalen Wirkung von Vielfalt in der Menschlichen-Natur-Orientierung, sondern auch aufgrund der leistungsfördernden Gestaltungs- und Interventionsmaßnahmen zur Realisierung des Vielfaltspotenzials eine notwendige Aufgabe vor Personalauswahlentscheidungen darstellt.

2. Gestaltung des unmittelbaren Kontexts multikultureller Arbeitsgruppen

⇨ *Multikulturelle Arbeitsgruppen sollten nur zur Bearbeitung komplexer, unstrukturierter Aufgaben eingesetzt werden.*

Wenn die Gruppenaufgabe sowohl schwierig, wenig vorhersehbar und variabel ist als auch erheblicher kognitiver und affektiver Ressourcen und Flexibilität bedarf, dann wird genau das Potenzial verlangt, das in den kulturellen Werteunterschieden zwischen Gruppenmitgliedern vorhanden ist. Die kulturelle Wertevielfalt in Arbeitsgruppen führt dazu, dass die Gruppenmitglieder relativ unabhängig voneinander ihre Aufgabenumwelt durch ihre jeweiligen kulturellen Brillen wahrnehmen und damit insgesamt mehr Umweltinformationen aufgenommen, mehr und vielfältigere Handlungsoptionen und Strategien generiert und verfügbar werden, die zur Lösung komplexer und unstrukturierter Aufgaben notwendig sind. Das in der Vielfalt versteckte Potenzial kann aber nur ausgeschöpft werden, wenn die Gruppenaufgabe auch nach dieser Vielfalt verlangt und die Energie der Gruppenmitglieder ganz in die Erledigung einer Aufgabe gesteckt werden kann. Hat eine multikulturelle Arbeitsgruppe dagegen eher Routineaufgaben zu erfüllen, ist die Wahrscheinlichkeit sehr groß, dass sich das nicht genutzte Potenzial der kulturellen Vielfalt in den Prozessen der Zusammenarbeit negativ niederschlägt und durch zu geringe Aufmerksamkeit auf die Möglichkeiten der Unterschiede zwischen den Gruppenmitgliedern zu persönlichen Konflikten und Missverständnissen führt, welche wiederum die größten Gefahren für den Erfolg multikultureller Gruppenarbeit darstellen.

⇨ *Die Mitglieder multikultureller Arbeitsgruppen sollten in ihrer Aufgabenerledigung wechselseitig voneinander abhängig und ihre individuellen Feedbacks und Belohnungen sollten von der Gesamtgruppenleistung bestimmt sein.*

Aufgabeninterdependenz bedeutet, dass die Bearbeitung der Teilaufgaben von der Bearbeitung anderer Teilaufgaben abhängig ist und die Gruppenmitglieder daher Materialien, Informationen und Expertisen miteinander teilen müssen, um die Gruppenaufgabe erfolgreich zu erledigen. Ergebnisinterdependenz bezeichnet dagegen den Grad, bis zu dem individuelles Leistungsfeedback und individuelle Leistungsanreize auf der kollektiven Leistung basieren. Beides bewirkt einen hohen Verflechtungsgrad der individuellen Arbeit mit der Gruppenleistung und scheint gerade in multikulturellen Arbeitsgruppen das kollektive Bemühen um Gruppenerfolg zu stärken. Daher sollten multikulturelle Arbeitsgruppen in ihren Aufgaben und in den Ergebnissen hoch interdependent gestaltet werden.

⇨ *Es ist darauf zu achten, dass multikulturell zusammengesetzte Arbeitsgruppen nur in geringem Maße Möglichkeiten zur Partizipation an gruppenrelevanten Entscheidungen erhalten.*

Auch wenn gerade in westlichen Kulturkreisen die Möglichkeit zur Entscheidungspartizipation als wichtiges Instrument zur Förderung von Leistungsmotivation, Verantwortung und Bindung an die gemeinsame Aufgabenarbeit geschätzt und eingesetzt wird, so sollte jedoch in solchen Arbeitsgruppen, in denen sich die Mitglieder in ihren kulturellen Werteorientierungen voneinander unterscheiden, weitgehend darauf verzichtet werden. Partizipationsmöglichkeiten sind nicht in allen Kulturen gleichermaßen erwünscht und akzeptiert und können daher in kulturell vielfältig zusammengesetzten Arbeitsgruppen die erfolgreiche Zusammenarbeit erheblich gefährden.

3. Management multikultureller Arbeitsgruppen

⇨ *Multikulturelle Arbeitsgruppen sollten eher mitarbeiterorientiert und nicht aufgabenorientiert geführt werden.*

Während aufgabenorientierte Führung als intendierte Verhaltensbeeinflussung durch die Führungskraft eine Strukturierung der Gruppenarbeit, Klärung der Ziele, Instruktion der Auf-

Implikationen 467

gabenerledigung und Kontrolle des Arbeitsprozesses beinhaltet, stehen bei mitarbeiterorientierter Führung Verhaltensweisen, die eine Wertschätzung und Achtung der einzelnen Gruppenmitglieder zum Ausdruck bringen und Offenheit, Zugänglichkeit und Kommunikationsbereitschaft signalisieren, im Vordergrund. In der vorliegenden Untersuchung konnte gezeigt werden, dass eine multikulturell zusammengesetzte Arbeitsgruppe ihren eigenen Weg zur Aufgabenerledigung finden muss, da sowohl die individuellen Bedürfnisse nach Anleitung und aufgabenbezogener Führung als auch die Erwünschtheit und Annahme einer solchen in ganz unterschiedlichem Maße ausgeprägt sind. Praktische Besorgtheit der Führungskraft dagegen, die sich am individuellen Wohlbefinden der Gruppenmitglieder orientiert und jedem die Wertschätzung und Achtung entgegenbringt, die sie oder er braucht, scheint in multikulturellen Arbeitsgruppen eher angebracht. Die Herausforderung für Führungskräfte multikultureller Arbeitsgruppen liegt also darin, den Spagat zu schaffen, die Gruppenmitglieder nach ihren jeweiligen Bedürfnissen zu führen und trotzdem die Arbeitsgruppe als Ganzes anzuleiten und ihre Erfolgsbemühungen zu unterstützen.

⇨ *In multikulturellen Arbeitsgruppen sollten Planungstechniken als Steuerungsinstrument für erfolgreiche Aufgabenprozesse eingesetzt werden.*

Generell hat sich gezeigt, dass der Einsatz von Planungstechniken, wie beispielsweise die Zerlegung der Gruppenaufgabe in überschaubare Arbeitspakte, das Aufstellen von verbindlichen Arbeitsrichtlinien, konkreten Kosten- und Zeitplänen oder die Zuweisung von Budgets und Verantwortlichkeiten die Aufgabenbearbeitung in der Arbeitsgruppe vorstrukturiert und vereinheitlicht. Die aufgabenbezogenen Prozesse können hiermit von den Gruppenmitgliedern besser antizipiert und schon im Voraus von den sich abzeichnenden Schwierigkeiten bereinigt werden. Außerdem macht es der Einsatz von Planungstechniken den Gruppenmitgliedern einfacher, ihre Subziele zu definieren, ihre verschiedenen Einzeltätigkeiten zu prioretisieren und konkrete Arbeitspläne zu entwickeln. Insgesamt wird eine multikulturelle Arbeitsgruppe durch den Einsatz von Planungstechniken ihre Aufgaben erfolgreicher erledigen können, als wenn ihre Arbeit nicht vorausgeplant würde.

⇨ *Die Mitglieder einer multikulturellen Arbeitsgruppe, die sich vor allem hinsichtlich ihres Hierarchie- und Gruppenverständnisses voneinander unterscheiden, sollten eher nicht jeder mit einem persönlichen Rechner oder Notebook ausgestattet sein und darüber hinaus sollte die Gruppenkommunikation einer multikulturellen Arbeitsgruppe nicht formalisiert werden.*

Unterscheiden sich Gruppenmitglieder in ihren kulturellen Werteorientierungen, dann haben sie verschiedene Auffassungen über die Notwendigkeit der Ausstattung mit technischen Hilfsmitteln, den hiermit verbundenen Status- und Machbarkeitszuschreibungen und über die Konsequenzen einer solchen technischen Ausstattung für den Zusammenhalt und die Identität der Arbeitsgruppe. Die Ergebnisse der vorliegenden Untersuchung weisen auf den möglichen dysfunktionalen Charakter der Ausstattung aller Gruppenmitglieder mit einem eigenen Rechner hin, sofern diese sich kulturell voneinander unterscheiden. Die verschiedenen Auffassungen und Zuschreibungen harmonieren nicht, daher sollte eher darauf verzichtet werden, jedem Gruppenmitglied einen eigenen Rechner zur Verfügung zu stellen. Es müssten andere Wege in der technischen Ausstattung gefunden werden, die der kulturellen Vielfalt angepasster sind. Auch was die Gruppenkommunikation betrifft, muss wieder darauf hingewiesen werden, dass multikulturelle Arbeitsgruppen ihre eigenen Kommunikationsmodi finden müssen. Eine formalisierte und damit eingeschränkte Gruppenkommunikation erwies sich als ebenso dysfunktional, da offenbar Personen aus verschiedenen Kulturen unterschiedliche Zwecke und Wege mit der Kommunikation als solcher verbinden und diese Auffassungen nicht in ein vorgepresstes Schema passen.

Zusammenfassend lässt sich festhalten, dass multikulturelle Arbeitsgruppen in Unternehmen besonderer Beachtung und Behandlung bedürfen, damit sie die ihnen gestellten Aufgaben erfolgreich bewältigen können. Die vorliegende Untersuchung weist dabei darauf hin, dass ein Management solcher Arbeitsgruppen ein hohes Maß an interkultureller Kompetenz und Sensibilität bedarf, Fertigkeiten, die gerade aufgrund der faktischen Gegebenheit multikultureller Arbeitsgruppen und der aufgrund der Globalisierung und des demographischen Wandels noch zunehmenden Menge an solchen verstärkt gebraucht werden.

Multikulturelle Arbeitsgruppen haben das Potenzial zu großem Erfolg, gleichwohl der Weg dorthin noch sehr steinig ist. Der in dieser Untersuchung gezeigte, bereits sehr erfolgreiche Umgang mit den nunmehr bekannten Arten von Vielfalt in der Unternehmensbelegschaft lässt jedoch darauf hoffen, dass auch mit kultureller Vielfalt eines Tages so souverän und richtig umgegangen wird, wie mit den anderen Vielfaltsarten. Alles was es dazu bedarf, sind Toleranz, Beharrlichkeit, Lernbereitschaft und noch viele weitere Untersuchungen wie die vorliegende.

Vorerst jedoch ist und bleibt der Umgang mit kultureller Vielfalt die Herausforderung unserer heutigen Zeit.

Literaturverzeichnis

Adler, N. J. (1983), A typology of management studies involving culture, *International Journal of Business Studies, Fall 1983*, 29-47.

Adler, N. J. (2002), *International dimensions of organizational behavior*, 4. Aufl., Cincinnati, OH 2002.

Aiken, L. S. & West, S. G. (1991), *Multiple regression. Testing and interpreting interactions*, Newbury Park, CA 1991.

Albers, S. & Skiera, B. (1999), Regressionsanalyse, in: A. Herrmann & C. Homburg (Hrsg.), *Marktforschung. Grundlagen – Methoden – Anwendungen*, Wiesbaden 1999, S. 205-236.

Alderfer, C. P. (1987), An intergroup perspective on group dynamics, in: J. W. Lorsch (Hrsg.), *Handbook of Organizational Behavior*. Englewood Cliffs, NJ 1987, S. 190-222.

Allison, P. D. (1978), Measures of Inequality, *American Sociological Review, 43*, 865-880.

Amason, A. C. (1996), Distinguishing the effects of functional and dysfunctional conflict on strategic decision making. Resolving a paradox for top management teams, *Academy of Management Journal, 39*, 123-148.

Ancona, D. G. (1990), Outward bound. Strategies for team survival in an organization, *Academy of Management Journal, 33*, 334-365.

Ancona, D. G. & Caldwell, D. F. (1992a), Bridging the boundary. External activity and performance in organizational teams, *Administrative Science Quarterly, 37*, 634-665.

Ancona, D. G. & Caldwell, D. F. (1992b), Demography and design. Predictors of new product team performance, *Organization Science, 3*, 321-341.

Annavarjula, M. (2000), Multinationality-performance relationship. A review and reconceptualization, *International Journal of Organizational Analysis, 8*, 48-68.

Antoni, C. H. (1995a), Gruppenarbeit in Deutschland. Eine Bestandsaufnahme, in: K. J. Zink (Hrsg.), *Erfolgreiche Konzepte der Gruppenarbeit*, Neuwied 1995, S. 23-37.

Antoni, C. H. (2004), Gruppen und Gruppenarbeit, in: G. Schreyögg & A. v. Werder (Hrsg.), *Handwörterbuch Unternehmensführung und Organisation*, Stuttgart 2004, Sp. 380-388.

Antoni, C. H., Hofmann, K. & Bungard, W. (1996), Gruppenarbeit, in: H.-J. Bullinger & H.-J. Warnecke (Hrsg.), *Neue Organisationsformen in Unternehmen. Ein Handbuch für das moderne Management*, Berlin 1996, S. 489-498.

Argote, L. & McGrath, J. E. (1993), Group process in organizations. Continuity and change, in: C. L. Cooper & I. T. Robertson (Hrsg.), *International Review of Industrial and Organizational Psychology*, New York, NY 1993, S. 333-389.

Arrow, H. & McGrath, J. E. (1995), Membership dynamics in groups at work. A theoretical framework, *Research in Organizational Behavior, 17*, 373-411.

Ashby, W. R. (1956), *An introduction to cybernetics*, New York, NY 1956.

Ashby, W. R. (1960), *Design for a brain*, New York, NY 1960.

Ashkanasy, N. M., Härtel, C. J. & Daus, C. S. (2002), Diversity and emotion. The new frontiers in organizational behavior research, *Journal of Management, 28*, 307-338.

Austin, J. R. (1997), A cognitive framework for understanding demographic influences in groups, *The International Journal of Organizational Analysis, 5*, 342-359.

470 Literaturverzeichnis

Ayoko, O. B., Härtel, C. J. & Callan, V. (2001), Disentangling the complexity of productive and destructive conflict in culturally heterogeneous workgroups. A communication accommodation theory approach, *Academy of Management Proceedings, 2001*, A1-A6.

Backhaus, K., Erichson, B., Plinke, W. & Weiber, R. (2003), *Multivariate Analysemethoden. Eine anwendungsorientierte Einführung*, 10. Aufl., Berlin, Heidelberg, New York, NY 2003.

Bantel, K. & Jackson, S. (1989), Top management and innovations in banking. Does the composition of the team make a difference?, *Strategic Management Journal, 10*, 107-124.

Baron, R. M. & Kenny, D. A. (1986), The moderator-mediator variable distinction in social psychological research. Conceptual, strategic, and statistical considerations, *Journal of Personality and Social Psychology, 51*, 1173-1182.

Barsade, S. G., Ward, A. J., Turner, J. D. F. & Sonnenfeld, J. A. (2000), To your heart's content. A model of affective diversity in top management teams, *Administrative Science Quarterly, 45*, 802-836.

Bartlett, C. A. & Ghoshal, S. (1989), *Managing across borders. The transnational solution*, Boston, MA 1989.

Bauer, E. (1989), Übersetzungsprobleme und Übersetzungsmethoden bei einer multinationalen Marketingforschung, *Jahrbuch der Absatz- und Verbrauchsforschung, 2*, 174-205.

Beekun, R. I. & Glick, W. H. (2001a), Organization structure from a loose coupling perspective. A multidimensional approach, *Decision Sciences, 32*, 227-250.

Beekun, R. I. & Glick, W. H. (2001b), Development and test of a contingency framework of coupling. Assessing the covariation between structure and culture, *The Journal of Applied Behavioral Science, 37*, 385-407.

Berthel, J. (2000), *Personal-Management*, 6. Aufl., Stuttgart 2000.

Betancourt, H. & López, S. R. (1993), The study of culture, ethnicity and race in American psychology, *American Psychologist, 48*, 629-637.

Bettenhausen, K. L. (1991), Five years of group research. What we have learned and what needs to be addressed, *Journal of Management, 17*, 345-381.

Bettenhausen, K. & Murnighan, J. K. (1985), The emergence of norms in competitive decision-making groups, *Administrative Science Quarterly, 30*, 350-372.

Bettenhausen, K. & Murnighan, J. K. (1991), The development of an intragroup norm and the effects of interpersonal and structural challenges, *Administrative Science Quarterly, 36*, 20-35.

Bishop, J. W., Scott, K. D. & Burroughs, S. M. (2000), Support, commitment, and employee outcomes in a team environment, *Journal of Management, 26*, 1113-1132.

Bittner, A. & Reisch, B. (1994), *Interkulturelles Personalmanagement. Internationale Personalentwicklung, Auslandsentsendungen, interkulturelles Training*, Wiesbaden 1994.

Blau, P. M. (1977), *Inequality and heterogeneity*, New York, NY 1977.

Bochner, S. & Hesketh, B. (1994), Power distance, individualism/collectivism and job related attitudes in a culturally diverse work group, *Journal of Cross-Cultural Psychology, 25*, 233-257.

Bortz, J. (1999), *Statistik für Sozialwissenschaftler*, 5. Aufl., Berlin, Heidelberg, New York, NY 1999.

Bouncken, R. B. (2004), Cultural diversity in entrepreneurial teams. Findings of new ventures in Germany, *Creativity and Innovation Management, 13*, 240-253.

Bowers, C. A., Pharmer, J. A. & Salas, E. (2000), When member homogeneity is needed in work teams. A meta-analysis, *Small Group Research, 31*, 305-327.

Boyacigiller, N. A. & Adler, N. J. (1991), The parochial dinosaur. Organizational science in a global context, *Academy of Management Review, 16*, 262-290.

Literaturverzeichnis

Brannick, M. T., Prince, A., Prince, C. & Salas, E. (1995), The measurement of team process, *Human Factors, 37*, 641-651.

Brewer, M. B. & Kramer, R. M. (1985), The psychology of intergroup attitudes and behavior, *Annual Review of Psychology, 36*, 219-243.

Brislin, R. W. (1980), Translation and content analysis or oral and written materials, in: H. C. Triandis & J. W. Berry (Hrsg.), *Handbook of Cross-Cultural Psychology*, Boston, MA 1980, S. 398-444.

Brislin, R. W. (1986), The wording and translation of research instruments, in: W. J. Lonner & J. W. Berry (Hrsg.), *Field Methods in Cross-Cultural Research*, Beverly Hills, CA 1986, S. 137-164.

Brockhoff, K. & Hauschildt, J. (1993), Schnittstellen-Management – Koordination ohne Hierarchie, *Zeitschrift Führung + Organisation, 62*, 396-403.

Brosius, F. (2002), *SPSS 11*, Bonn 2002.

Brown, M. A. (1976), Values. A necessary but neglected ingredient of motivation on the job, *Academy of Management Review, 1*, 15-23.

Brown, S. L. & Eisenhardt, K. M. (1995), Product development. Past research, present findings, and future directions, *Academy of Management Review, 20*, 343-378.

Bühner, R. & Pharao, I. (1993), Erfolgsfaktoren integrierter Gruppenarbeit. Schnelle Umsetzung erfordert systematische Restrukturierung, *Zeitschrift für integrierte Produktionstechnik, 1*, 46-57.

Bunderson, J. S. & Sutcliffe, K. M. (2002), Comparing alternative conceptualizations of functional diversity in management teams. Process and performance effects, *Academy of Management Journal, 45*, 875-893.

Bungard, W. & Antoni, C. H. (1995), Gruppenorientierte Interventionstechniken, in: H. Schuler (Hrsg.), *Lehrbuch Organisationspsychologie*, 2. Aufl., Göttingen 1995, S. 377-404.

Byrne, D. (1971), *The attraction paradigm*, New York, NY 1971.

Caldwell, D. F. & Ancona, D. G. (1991), Performance strategies for interdependent organizational teams, *Academy of Management Proceedings, 1991*, 163-167.

Campbell, D. J. (1988), Task complexity. A review and analysis, *Academy of Management Review, 13*, 40-52.

Campion, M. A., Medsker, G. J. & Higgs, A. C. (1993), Relations between work group characteristics and effectiveness. Implications for designing effective work groups, *Personnel Psychology, 46*, 823-850.

Cannon-Bowers, J. A., Oser, R. & Flanagan, D. L. (1992), Work teams in industry. A selected review and proposed framework, in: R. W. Swezey & E. Salas (Hrsg.), *Teams. Their training and performance*, Norwood, NJ 1992, S. 355-377.

Cartwright, C. & Zander, A. (1968), *Group dynamics. Research and theory*, New York, NY 1968.

Chatman, J. A. & Flynn, F. J. (2001), The influence of demographic heterogeneity on the emergence and consequences of cooperative norms in work teams, *Academy of Management Journal, 44*, 956-974.

Chatman, J. A. & O'Reilly, C. A. (2004), Asymmetric reactions to work group sex diversity among men and women, *Academy of Management Journal, 47*, 193-208.

Chatman, J. A., Polzer, J. T., Barsade, S. G. & Neale, M. A. (1998), Being different yet feeling similar. The influence of demographic composition and organizational culture on work processes and outcomes, *Administrative Science Quarterly, 43*, 749-780.

Cohen, S. G. & Bailey, D. E. (1997), What makes teams work. Group effectiveness research from the shop floor to the executive suite, *Journal of Management, 23*, 239-290.

Cohen, S. G. & Ledford, Jr., G. E. (1994), The effectiveness of self-managing teams. A quasi-experiment, *Human Relations, 47*, 13-43.

472　　　　　　　　　　　　　　　　　　　　　　　　　　　　　　　　Literaturverzeichnis

Connor, P. E. & Becker, B. W. (1975), Values and the organization. Suggestions for research, *Academy of Management Journal, 18*, 550-561.

Cordery, J. L., Mueller, W. S. & Smith, L. M. (1991), Attitudinal and behavioral effects of autonomous group working. A longitudinal field study, *Academy of Management Journal, 34*, 464-476.

Costa, P. T. ,Jr. & McCrae, R. R. (1992), *Revised NEO personality inventory (NEO PI-R) and NEO five factor inventory (NEO-FFI) professional manual*, Odessa, FL 1992.

Cox, T. H. (1991), The multicultural organization, *Academy of Management Executive, 5*, 34-47.

Cox, T. H. (1993), *Cultural diversity in organizations. Theory, research and practice*, San Francisco, CA 1993.

Cox, T. H., Lobel, S. A. & McLeod, P. L. (1991), Effects of ethnic group cultural differences on cooperative and competitive behavior on a group task, *Academy of Management Journal, 34*, 827-847.

Daft, R. L. & Weick, K. E. (1984), Toward a model of organizations as interpretation systems, *Academy of Management Review, 9*, 284-295.

Den Hartog, D. N. (2004), Leading in a global context. Vision in complexity, in: H. W. Lane, M. L. Maznevski, M. E. Mendenhall & J. McNett (Hrsg.), *The Blackwell Handbook of Global Management. A guide to manage complexity*, Oxford, Malden, MA 2004, S. 175-198.

Den Hartog, D. N., House, R. J., Hanges, P. J., Ruiz-Quintanilla, S. A. et al. (1999), Culture specific and cross-culturally generalizable implicit leadership theories. Are attributes of charismatic/transformational leadership universally endorsed?, *Leadership Quarterly, 10*, 219-256.

Devine, D. J., Clayton, L. D., Philips, J. L., Dunford, B. B. & Melner, S. B. (1999), Teams in organizations. Prevalence, characteristics, and effectiveness, *Small Group Research, 30*, 678-711.

Dillman, D. A. (1978), *Mail and telephone surveys*, New York, NY 1978.

DiStefano, J. J. & Maznevski, M. L. (2000), Creating value with diverse teams in global management, *Organizational Dynamics, 29*, 45-63.

DiStefano, J. J. & Maznevski, M. L. (2003), Culture in international management. Mapping the impact, *IMD-Perspectives for Managers, 104*, 4S.

Dose, J. J. & Klimoski, R. J. (1999), The diversity of diversity. Work values effects on formative team processes, *Human Resource Management Review, 9*, 83-108.

Drazin, R. & Van de Ven, A. H. (1985), Alternative forms of fit in contingency theory, *Administrative Science Quarterly, 30*, 514-539.

Duden (2003), *Das große Fremdwörterbuch: Herkunft und Bedeutung der Fremdwörter*. Mannheim et al. 2003.

Earley, P. C. (1989), Social loafing and collectivism. A comparison of the United States with the People's Republic of China, *Administrative Science Quarterly, 34*, 565-581.

Earley, P. C. (1993), East meets west meets mideast. Further explorations of collectivistic and individualistic work groups, *Academy of Management Journal, 36*, 319-348.

Earley, P. C. (1994), Self or group? Cultural effects of training on self-efficacy and performance, *Administrative Science Quarterly, 39*, 89-117.

Earley, P. C. & Gibson, C. B. (2002), *Multinational work teams. A new perspective*, Mahwah, NJ 2002.

Earley, P. C. & Mosakowski, E. (2000), Creating hybrid team cultures. An empirical test of transnational team functioning, *Academy of Management Journal, 43*, 26-49.

Literaturverzeichnis

473

Earley, P. C. & Peterson, R. S. (2004), The elusive cultural chameleon. Cultural intelligence as a new approach to intercultural training for the global manager, *Academy of Management Learning and Education, 3,* 100-115.

Earley, P. C. & Singh, H. (1995), International and intercultural management research. What's next?, *Academy of Management Journal, 38,* 327-340.

Edwards, J. R. (1996), An examination of competing versions of the person-environment fit approach to stress, *Academy of Management Journal, 39,* 292-339.

Eisenhardt, K. M., Kahwajy, J. L. & Bourgeois, L. J. (1997), Conflict and strategic choice. How top management teams disagree, *California Management Review, 39,* 42-62.

Elron, E. (1997), Top management teams within multinational corporations. Effects of cultural heterogeneity, *Leadership Quarterly, 8,* 393-412.

Elsass, P. M. & Graves, L. M. (1997), Demographic diversity in decision-making groups. The experiences of women and people of color, *Academy of Management Review, 22,* 946-973.

Ely, R. J. (1994), The effects of organizational demographics and social identity on relationships among professional women, *Administrative Science Quarterly, 39,* 203-238.

Ely, R. J. & Thomas, D. A. (2001), Cultural diversity at work. The effects of diversity perspectives on work group processes and outcomes, *Administrative Science Quarterly, 46,* 229-273.

Erez, M. & Somech, A. (1996), Is group productivity loss the rule or the exception? Effects of culture and group-based motivation, *Academy of Management Journal, 39,* 1513-1537.

Fine, M. G. (1996), Cultural diversity in the workplace. The state of the field, *The Journal of Business Communication, 33,* 485-502.

Fine, M. G., Johnson, F. L. & Ryan, M. S. (1990), Cultural diversity in the workplace, *Public Personnel Management, 19,* 305-319.

Fisch, R. & Wolf, M. F. (1990), Die Handhabung von Komplexität beim Problemlösen und Entscheiden, in: R. Fisch & M. Boos (Hrsg.), *Vom Umgang mit Komplexität in Organisationen. Konzepte - Fallbeispiele - Strategien,* Konstanz 1990, S. 11-39.

Fisseni, H.-J. (1997), *Lehrbuch der psychologischen Diagnostik. Mit Hinweisen zur Intervention,* 2. Aufl., Göttingen et al. 1997.

Fittkau, B. & Fittkau-Garthe, H. (1971), *Fragebogen zur Vorgesetzten-Verhaltens-Beschreibung (FVVB),* Handanweisung, Göttingen 1971.

Fleishman, E. A. & Harris, E. F. (1962), Patterns of leadership behavior related to employee grievance and turnover, *Personnel Psychology, 15,* 43-56.

Fleishman, E. A. & Peters, D. R. (1962), Interpersonal values, leadership attitudes, and managerial „success", *Personnel Psychology, 15,* 127-143.

Florin, P., Giamartino, G. A., Kenny, D. A. & Wandersman, A. (1990), Levels of analysis and effects. Clarifying group influence and climate by separating individual and group effects, *Journal of Applied Social Psychology, 20,* 881-900.

Galbraith, J. R. (1977), *Organizational design,* Reading, MA 1977.

Gamoran, A. & Dreeben, R. (1986), Coupling and control in educational organizations, *Administrative Science Quarterly, 31,* 612-632.

Garcia-Prieto, P., Bellard, E. & Schneider, S. C. (2003), Experiencing diversity, conflict, and emotions in teams, *Applied Psychology: An International Review, 52,* 413-440.

Gebert, D. (2004), Durch diversity zu mehr Teaminnovativität? Ein vorläufiges Resümee der empirischen Forschung sowie Konsequenzen für das Diversity Management, *Die Betriebswirtschaft, 64,* 412-430.

Gemünden, H. G. (1990), Erfolgsfaktoren des Projektmanagements. Eine kritische Bestandsaufnahme der empirischen Untersuchungen, *Projekt Management, 90,* 4-15.

474 Literaturverzeichnis

Gemünden, H. G. & Högl, M. (2001), Teamarbeit in innovativen Projekten. Eine kritische Bestandsaufnahme der empirischen Forschung, in: H. G. Gemünden & M. Högl (Hrsg.), *Management von Teams. Theoretische Konzepte und empirische Befunde*, 2. Aufl., Wiesbaden 2001, S. 1-26.

George, J. M. (1990), Personality, affect and behavior in groups, *Journal of Applied Psychology, 75*, 107-116.

George, J. M. & Bettenhausen, K. (1990), Understanding prosocial behavior, sales performance, and turnover. A group-level analysis in a service context, *Journal of Applied Psychology, 75*, 698-709.

Ghoshal, S. (1987), Global strategy. An organizing framework, *Strategic Management Journal, 8*, 425-440.

Ghoshal, S., Korine, H. & Szulanski, G. (1994), Interunit communication in multinational corporations, *Management Science, 40*, 96-110.

Gibson, C. B. (1999), Do they do what they believe they can? Group efficacy and effectiveness across tasks and cultures, *Academy of Management Journal, 42*, 138-152.

Gibson, C. B. & Zellmer-Bruhn, M. E. (2001), Metaphors and meaning. An intercultural analysis of the concept of teamwork, *Administrative Science Quarterly, 46*, 274-303.

Gibson, C. B., Zellmer-Bruhn, M. E. & Schwab, D. P. (2003), Team effectiveness in multinational organizations. Evaluation across contexts, *Group & Organization Management, 28*, 444-474.

Girndt, T. (1997), An intervention strategy to managing diversity. Discerning conventions, *European Journal of Work and Organizational Psychology, 6*, 227-240.

Gist, M. E., Locke, E. A. & Taylor, M. S. (1987), Organizational behaviour. Group structure, process and effectiveness, *Journal of Management, 13*, 237-257.

Gladstein, D. L. (1984), Groups in context. A model of task group effectiveness, *Administrative Science Quarterly, 29*, 499-517.

Glassman, R. B. (1973), Persistence and loose coupling in living systems, *Behavioral Science, 18*, 83-98.

Gluesing, J. C. & Gibson, C. B. (2004), Designing and forming global teams, in: H. W. Lane, M. L. Maznevski, M. E. Mendenhall und J. McNett (Hrsg.), *The Blackwell Handbook of Global Management. A guide to managing complexity*, Oxford, Malden, MA 2004, S. 199-226.

Goll, I., Sambharya, R. B. & Tucci, L. A. (2001), Top management team composition, corporate ideology, and firm performance, *Management International Review, 41*, 109-129.

Goodman, P. S., Ravlin, E. & Schminke, M. (1987), Understanding groups in organizations, in: B. M. Staw & L. L. Cummings (Hrsg.), *Research in Organizational Behavior*, Greenwich, CT 1987, S. 121-173.

Gordon, J. (1992), Work teams. How far have they come?, *Training, October 1992*, 59-65.

Govindarajan, V. & Gupta, A. K. (2001), Building an effective global business team, *MIT Sloan Management Review, 42*, 63-72.

Gresov, C. (1989), Exploring fit and misfit with multiple contingencies, *Administrative Science Quarterly, 34*, 431-453.

Gresov, C., Drazin, R. & Van de Ven, A. H. (1989), Work-unit task uncertainty, design and morale, *Organization Studies, 10*, 45-62.

Gruenfeld, D. H., Mannix, E. A., Williams, K. Y. & Neale, M. A. (1996), Group composition and decision making. How member familiarity and information distribution affect process and performance, *Organizational Behavior and Human Decision Processes, 67*, 1-15.

Guetzkow, H. & Gyr, J. (1954), An analysis of conflict in decision-making groups, *Human Relations, 7*, 367-381.

Literaturverzeichnis 475

Guzzo, R. A. (1996), Fundamental considerations about workgroups, in: M. West (Hrsg.), *Handbook of Work Group Psychology*, Chichester, UK 1996, S. 3-24.

Guzzo, R. A. & Dickson, M. W. (1996), Teams in organizations. Recent research on performance and effectiveness, *Annual Review of Psychology, 47*, 307-338.

Guzzo, R. A. & Shea, G. P. (1992), Group performance and intergroup relations in organizations, in: M. D. Dunnette & L. M. Hough (Hrsg.), *Handbook of Industrial and Organizational Psychology*, Palo Alto, CA 1992, S. 269-313.

Hackman, J. R. (1987), The design of work teams, in: J.W. Lorsch (Hrsg.), *Handbook of Organizational Behavior*, Englewood Cliffs, NJ 1987, S. 315-342.

Hackman, J. R. & Oldham, G. R. (1976), Motivation through the design of work. Test of a theory, *Organizational Behavior and Human Performance, 16*, 250-279.

Hackman, J. R. & Oldham, G. R. (1980), *Work redesign*, Reading, MA 1980.

Hall, E. T. & Reed Hall, M. (1990), *Understandig cultural differences*, Yarmouth, ME 1990.

Hambrick, D.C. (1994), Top management groups. A conceptual integration and reconsideration of the 'team' label, in: B. M. Staw & L. L. Cummings (Hrsg.), *Research in Organizational Behavior*, Bd. 16, Greenwich, CT 1994, S. 171-213.

Hambrick, D. C. & Mason, P. A. (1984), Upper Echelons. The organization as a reflection of its top managers, *Academy of Management Review, 9*, 193-206.

Hambrick, D. C., Cho, T. S. & Chen, M-J. (1996), The influence of top management team heterogeneity on firms' competitive moves, *Administrative Science Quarterly, 41*, 659-684.

Hambrick, D. C., Canney Davison, S., Snell, S. A. & Snow, C. C. (1998), When groups consist of multiple nationalities. Towards a new understanding of the implications, *Organization Studies, 19*, 181-205.

Harkins, S. G. & Petty, R. E. (1982), Effects of task difficulty and task uniqueness on social loafing, *Journal of Personality and Social Psychology, 43*, 1214-1229.

Harrison, D. A., Price, K. H. & Bell, M. P. (1998), Beyond relational demography. Time and the effects of surface- and deep-level diversity on work group cohesion, *Academy of Management Journal, 41*, 96-107.

Harrison, D. A., Price, K. H., Gavin, J. H. & Florey, A. T. (2002), Time, teams and task performance. Changing effects of surface- and deep-level diversity on group functioning, *Academy of Management Journal, 45*, 1029-1045.

Hauschildt, J. (1986), Goals and problem-solving in innovative decisions, in: E. Witte & H.-J. Zimmermann (Hrsg.), *Empirical research on organizational decision-making*, Amsterdam et al. 1986, S. 3-19.

Hauschildt, J. (1990), Komplexität, Zielbildung und Effizienz von Entscheidungen in Organisationen, in: R. Fisch & M. Boos (Hrsg.), *Vom Umgang mit Komplexität in Organisationen. Konzepte – Fallbeispiele – Strategien*, Konstanz 1990, S. 131-147.

Hauschildt, J. (2004), *Innovationsmanagement*, 3. Aufl., München 2004.

Hauschildt, J. & Gemünden, H. G. (Hrsg.)(1998), *Promotoren*, Wiesbaden 1998.

Hauschildt, J. & Kirchmann, E. (2001), Teamwork for innovation. The ‚troika' of promotors, *R&D Management, 31*, 41-49.

Harzing, A. W. & Hofstede, G. (1996), Planned change in organizations. The influence of national culture, in: P. A. Bamberger, M. Erez & S. B. Bararach (Hrsg.), *Research in the Sociology of Organizations. Cross-cultural Analysis of Organizations*, 14, Greenwich 1996, S. 297-340.

Helfert, G. & Gemünden, H. G. (2001), Relation Marketing Teams, in: H.G. Gemünden & M. Högl (Hrsg.), *Management von Teams. Theoretische Konzepte und empirische Befunde*, 2. Aufl., Wiesbaden 2001, S. 129-156.

476 Literaturverzeichnis

Henderson, J. C. & Lee, S. (1992), Managing I/S design teams. A control theories perspective, *Management Science, 38*, 757-774.

Higgs, M. (1996), Overcoming the problems of cultural differences to establish success for international management teams, *Team Performance Management, 2*, 36-43.

Hoffmann, F. (1973), *Entwicklung der Organisationsforschung*, Wiesbaden 1973.

Hofstede, G. (1980a), *Culture's consequences. International differences in work related values*, London, Beverly Hills, CA 1980.

Hofstede, G. (1980b), Motivation, leadership, and organization. Do American theories apply abroad?, *Organizational Dynamics, 9*, 42-63.

Hofstede, G. (1991), *Cultures and organizations. Software of the mind*, London 1991.

Hofstede, G. (1993), *Interkulturelle Zusammenarbeit. Kulturen - Organisationen – Management*, Wiesbaden 1993.

Hofstede, G. (2001a), *Culture's consequences. Comparing values, behaviors, institutions, and organizations across nations*, 2. Aufl., Thousand Oaks, CA, London 2001.

Hofstede, G. (2001b), *Lokales Denken, Globales Handeln. Interkulturelle Zusammenarbeit und globales Management*, 2. Aufl., München 2001.

Hofstede, G. (2002), Dimensions do not exist. A reply to Brendan McSweeney, *Human Relations, 55*, 1355-1361.

Hofstede, G. & Bond, M. (1984), Hofstede's culture dimensions. An independent validation using Rokeach's Value Survey, *Journal of Cross-Cultural Psychology, 15*, 417-433.

Högl, M. (1998), *Teamarbeit in innovativen Projekten. Einflussgrößen und Wirkungen*, Wiesbaden 1998.

Högl, M. & Gemünden, H. G. (2001), Determinanten und Wirkungen der Teamarbeit in innovativen Projekten. Eine theoretische und empirische Analyse, in: H. G. Gemünden & M. Högl (Hrsg.), *Management von Teams. Theoretische Konzepte und empirische Befunde*, 2. Aufl., Wiesbaden 2001, S. 33-66.

Högl, M. & Proserpio, L. (2004), Team member proximity and teamwork in innovative projects, *Academy of Management Best Conference Paper 2004 ODC*, A1-A6.

Högl, M., Weinkauf, K. & Gemünden, H. G. (2004), Interteam coordination, project commitment, and teamwork in multiteam R&D projects. A longitudinal study, *Organization Science, 15*, 38-55.

Holland, S., Gaston, K. & Gomes, J. (2000), Critical success factors for cross-functional teamwork in new product development, *International Journal of Management Reviews, 2*, 231-259.

Hollenbeck, J. R., Moon, H., Ellis, A. P. J., West, B. J., Ilgen, D. R., Sheppard, L., Porter, C. O. L. H. & Wagner III., J. A. (2002), Structural contingency theory and individual differences. Examination of external and internal person-team fit, *Journal of Applied Psychology, 87*, 599-606.

Homans, G. C. (1960), *Theorie der sozialen Gruppe*, Köln 1960.

Hopkins, W. E. & Hopkins, S. A. (2002), Effects of cultural recomposition on group interaction processes, *Academy of Management Review, 27*, 541-553.

Hui, C. H. & Yee, C. (1999), The impact of psychological collectivism and workgroup atmosphere on Chinese employees' job satisfaction, *Applied Psychology: An International Review, 48*, 175-185.

Hyatt, D. E. & Ruddy, T. M. (1997), An examination of the relationship between work group characteristics and performance. Once more into the breech, *Personnel Psychology, 50*, 553-585.

Iles, P. & Hayers P. K. (1996), Managing diversity in transnational project teams. A tentative model and case study, *Journal of Managerial Psychology, 12*, 95-117.

Literaturverzeichnis 477

Ilgen, D. R. (1999), Teams embedded in organizations. Some implications, *American Psychologist*, *54*, 129-139.

Ilgen, D. R., LePine, J. A. & Hollenbeck, J. R. (1997), Effective decision making in multinational teams, in P. C. Earley & M. Erez (Hrsg.), *New Perspectives on International Industrial/Organizational Psychology*, San Francisco, CA 1997, S. 377-409.

Ilgen, D. R., Major, D. A., Hollenbeck, J. R. & Sego, D. J. (1995), Raising an individual decision-making model to the team level. A new research model and paradigm, in: R. A. Guzzo et al. (Hrsg.), *Team Effectiveness and Decision-making in Organizations*, San Francisco, CA 1995, S. 113-148.

Jaccard, J., Turrisi, R. & Wan, C. K. (1990), Interaction effects in multiple regression, *Sage University Paper Series on Quantitative Applications in the Social Sciences, 72*, Newbury Park, CA 1990.

Jaccard, J., Wan, C. K. & Turrisi, R. (1990), The detection and interpretation of interaction effects between continuous variables in multiple regression, *Multivariate Behavioral Research, 25*, 467-478.

Jackson, S. E. (1992), Consequences of group composition for the interpersonal dynamics of strategic issue processing, in: P. Shrivastava, A. Huff & J. Dutton (Hrsg.), *Advances in Strategic Management*, Bd. 8, Greenwich, CN 1992, S. 345-382.

Jackson, S. E. (1996), The consequences of diversity in multidisciplinary work teams, in: M. A. West (Hrsg.), *Handbook of Work Group Psychology*, New York, NY 1996, S. 53-75.

Jackson, S. E., Joshi, A. & Erhardt, N. L. (2003), Recent research on team and organizational diversity. SWOT analysis and implications, *Journal of Management, 29*, 801-830.

Jackson, S. E., May, K. E. & Whitney, K. (1995), Understanding the dynamics of diversity in decision-making teams, in: R. Guzzo et al. (Hrsg.), *Team Effectiveness and Decision-making in Organizations*, San Francisco, CA 1995, S. 204-261.

Jago, A., Reber, G., Böhnisch, W., Maczynski, J., Zavrel, J. & Dudorkin, J. (2004), Interkulturelle Unterschiede im Führungsverhalten, in: A. Kieser, G. Reber, & R. Wunderer (Hrsg.), *Handwörterbuch der Führung*, 2. Aufl., Stuttgart 2004, Sp. 1226-1239.

James, L. R., Demaree, R. G. & Wolf, G. (1984), Estimating within-group interrater reliability with and without response bias, *Journal of Applied Psychology, 69*, 85-98.

James, L. R., Demaree, R. G. & Wolf, G. (1993), r_{wg}. An assessment of within-group interrater agreement, *Journal of Applied Psychology, 78*, 306-309.

Janis, I. L. (1972), *Victims of groupthink. A psychological study of foreign policy decisions and fiascos*, Boston, MA 1972.

Janis, I. L. (1982), Counteracting the adverse effects of concurrence-seeking in policy planning groups. Theory and research perspectives, in: H. Brandstätter, J. H. Davis & G. Stocker-Kreichgauer (Hrsg.), *Group Decision-making*, London 1982, S. 477-501.

Janis, I. L. & Mann, L. (1977), *Decision making. A psychological analysis of conflict, choice and commitment*, New York, NY 1977.

Janssens, M. & Brett, J. M. (1997), Meaningful participation in transnational teams, *European Journal of Work and Organizational Psychology, 6*, 153-168.

Janz, B. D., Colquitt, J. A. & Noe, R. A. (1997), Knowledge worker team effectiveness. The role of autonomy, interdependence, team development, and contextual support variables, *Personnel Psychology, 50*, 877-904.

Jarvenpaa, S. L. & Leidner, D. E. (1999), Communication and trust in global virtual teams, *Organization Science, 10*, 791-815.

Jehn, K. A. (1995), A multimethod examination of the benefits and detriments of intragroup conflict, *Administrative Science Quarterly, 40*, 256-282.

478 Literaturverzeichnis

Jehn, K. A. (1997), A qualitative analysis of conflict types and dimensions in organizational groups, *Administrative Science Quarterly, 42*, 530-557.

Jehn, K. A. & Bezrukova, K. (2004), A field study of group diversity, workgroup context, and performance, *Journal of Organizational Behavior, 25*, 703-729.

Jehn, K. A. & Mannix, E. A. (2001), The dynamic nature of conflict. A longitudinal study of intragroup conflict and group performance, *Academy of Management Journal, 44*, 238-251.

Jehn, K. A., Northcraft, G. B. & Neale, M. A. (1999), Why differences make a difference. A field study of diversity, conflict, and performance in workgroups, *Administrative Science Quarterly, 44*, 741-763.

JMP 4.0, Copyright © 1989-2000, SAS Institute Inc.

Johnson, D. W. & Johnson, R. T. (1989), *Cooperation and competition. Theory and research,* Edina, MN 1989.

Jones, J. M. (1991), Psychological models of race. What have they been and what should they be?, in: J. D. Goodchilds (Hrsg.), *Psychological Perspectives on Human Diversity in America,* Washington, DC 1991, S. 3-46.

Judd, C. M., Smith, E. R. & Kidder, L. H. (1991), *Research methods in social relations,* Fort Worth, TX, San Diego, CA, New York, NY 1991.

Jung, D. I. & Avolio, B. J. (1999), Effects of leadership style and followers' cultural orientation on performance in group and individual task conditions, *Acadamy of Management Journal, 42*, 208-218.

Kanter, R. A. (1977a), Some effects of proportions on group life. Skewed sex ratios and responses to token women, *American Journal of Sociology, 82*, 965-990.

Kanter, R. A. (1977b), *Men and women of the corporation,* New York, NY 1977.

Karau, S. J. & Williams, K. D. (1993), Social loafing. A meta-analytic review and theoretical integration, *Journal of Personality and Social Psychology, 65*, 681-706.

Katz, N., Lazer, D., Arrow, H. & Contractor, N. (2004), Network theory and small groups, *Small Group Research, 35*, 307-332.

Katzenbach, J. R. & Smith, D. K. (1993), *The wisdom of teams. Creating the high-performance organization,* Boston, MA 1993.

Kauffeld, S. (2001), *Team Diagnose,* Göttingen 2001.

Kayworth, T. R. & Leidner, D. E. (2002), Leadership effectiveness in global virtual teams, *Journal of Management Information Systems, 18*, 7-40.

Keller, R. T. (1994), Technology-information processing fit and the performance of R&D project groups. A test of contingency theory, *Academy of Management Journal, 37*, 167-179.

Keller, R. T. (2001), Cross-functional project groups in research and new product development. Diversity, communications, job stress and outcomes, *Academy of Management Journal, 44*, 547-555.

Kendall, M. & Stuart, A. (1977), *The advanced theory of statistics,* Bd. 1, 4. Aufl., New York, NY 1977.

Kieser, A. & Walgenbach, P. (2003), *Organisation,* 4. Aufl. Stuttgart 2003.

Kilduff, M., Angelmar, R. & Mehra, A. (2000), Top management team diversity and firm performance. Examining the role of cognitions, *Organization Science, 11*, 21-34.

Kim, P. S. (1999), Globalization of human resource management. A cross-cultural perspective for the public sector, *Public Personnel Management, 28*, 227-243.

Kirchmeyer, C. & Cohen, A. (1992), Multicultural groups. Their performance and reactions with constructive conflict, *Group & Organization Management, 17*, 153-170.

Literaturverzeichnis 479

Kirkman, B. L. & Shapiro, D. L. (1997), The impact of cultural values on employee resistance to teams. Toward a model of globalized self-managing work team effectiveness, *Academy of Management Review, 22*, 730-757.

Kirkman, B. L. & Shapiro, D. L. (2001), The impact of cultural values on job satisfaction and organizational commitment in self-managing work teams. The mediating role of employee resistance, *Academy of Management Journal, 44*, 557-569.

Kirkman, B. L. & Rosen, B. (1999), Beyond self-management. Antecedents and conesquences of team empowerment, *Academy of Management Journal, 42*, 58-74.

Kirkman, B. L., Tesluk, P. E. & Rosen, B. (2001), Assessing the incremental validity of team consensus ratings over aggregation of individual level data in predicting team effectiveness, *Personnel Psychology, 54*, 645-667.

Klimoski, R. & Mohammed, S. (1994), Team mental model. Construct or metaphor?, *Journal of Management, 20*, 403-437.

Kline, T. J. B., Sulsky, L. M. & Rever-Moriyama, S. D. (2000), Common method variance and specification errors. A practical approach to detection, *The Journal of Psychology, 134*, 401-421.

Kluckhohn, C. (1951), Values and value orientations in the theory of action. An exploration in definition and classification, in: T. Parsons & E. A. Shils (Hrsg.), *Towards a General Theory of Action*, Cambridge, MA 1951, S. 388-433.

Kluckhohn, C. (1953), Universal categories of culture, in: A. L. Kroeber (Hrsg.), *Anthropology today*, Chicago, MI 1953, S. 507-524.

Kluckhohn, F. R. & Strodtbeck, F. L. (1961), *Variations in value orientations*, Westport, WI 1961.

Kluckhohn, F. R. (1950), Dominant and substitute profiles of cultural orientations. Their significance for the analysis of social stratification, *Social Forces, 28*, 376-394.

Knight, D., Pearce, C. L., Smith, K. G., Olian, J. D., Sims, H. P., Smith, K. A. & Flood, P. (1999), Top management team diversity, group process, and strategic consensus, *Strategic Management Journal, 20*, 445-465.

Kogut, B. & Singh, H. (1988), The effect of national culture on the choice of entry mode, *Journal of International Business Studies, 19*, 411-432.

Koutsoyannis, A. (1977), *Theory of econometrics. An introductory exposition of econometric methods*, 2. Aufl., London 1977.

Kravitz, D. A. & Martin, B. (1986), Ringelmann rediscovered. The original article, *Journal of Personality and Social Psychology, 50*, 936-941.

Krentzel, G. A. (2001), *Multinationale Arbeitsgruppen. Implikationen für die Führung*, Wiesbaden 2001.

Kroeber, A. L. & Kluckhohn, F. (1952), *Culture. A critical review of concepts and definitions*, New York, NY 1952.

Kuo, C.-C. (2004), Research on impacts of team leadership on team effectiveness, *The Journal of the American Academy of Business, 5*, 266-277.

Kutschker, M. & Schmid, S. (2002), *Internationales Management*, München, Wien 2002.

Lane, H. W., DiStefano, J. J. & Maznevski, M. L. (2000), *International management behavior, Text, Readings, Cases*, 4. Aufl., Oxford, Malden, MA 2000.

Lane, H. W., Maznevski, M. L. & Mendenhall, M. E. (2004), Globalization. Hercules meets Buddha, in: H. W. Lane, M. L. Maznevski, M. E. Mendenhall & J. McNett (Hrsg.), *The Blackwell Handbook of Global Management: A guide to managing complexity*, Oxford, Malden, MA 2004, S. 3-25.

480 Literaturverzeichnis

Larkey, L. K. (1996), Toward a theory of communicative interactions in culturally diverse workgroups, *Academy of Management Review, 21*, 463-491.

Latané, B., Williams, K. & Harkins, S. (1979), Many hands make light the work. The causes and consequences of social loafing, *Journal of Personality and Social Psychology, 37*, 822-832.

Lau, D. C. & Murnighan, J. K. (1998), Demographic diversity and faultlines. The compositional dynamics of organizational groups, *Academy of Management Review, 23*, 325-340.

Lawler III, E. E., Mohrman, S. A. & Ledford, G. E., Jr. (1995), *Creating high performance organizations. Practices and results of employee involvement and total quality management in Fortune 1000 companies*, San Francisco, CA 1995.

Lawrence, B. S. (1997), The black box of organizational demography, *Organization Science, 8*, 1-22.

Lawrence, P. R. & Lorsch, J. W. (1967a), Differentiation and integration in complex organizations, *Administrative Science Quarterly, 12*, 1-47.

Lawrence, P. R. & Lorsch, J. W. (1967b), *Organization and environment. Managing differentiation and integration*, Homewood, IL 1967.

Lechler, T. (1997a), *Erfolgsfaktoren des Projektmanagements*, Frankfurt am Main 1997.

Lechler, T. (1997b), Die Bedeutung der Personen für den Projekterfolg. Erkenntnisse aus 448 Projekten, *Marktforschung & Management, 6*, 228-233.

Lechler, T. & Gemünden, H. G. (1998), Kausalanalyse der Wirkungsstruktur der Erfolgsfaktoren des Projektmanagements, *Die Betriebswirtschaft, 4*, 435-450.

Leung, K., Bhagat, R. S., Buchan, N. R., Erez, M. & Gibson, C. B. (2005), Culture and international business. Recent advances and their implications for future research, *Journal of International Business Studies, 36*, 357-378.

Lindell, M. K. & Whitney, D. J. (2001), Accounting for common method variance in cross-sectional research designs, *Journal of Applied Psychology, 86*, 114-122.

Locke, E. & Henne, D. (1986), Work motivation theories, in C. L. Cooper & I. T. Robertson (Hrsg.), *International Review of Industrial and Organizational Psychology*, Chichester, UK 1986, S. 1-35.

Louis, M. R. & Sutton, R. I. (1991), Switching cognitive gears. From habits of mind to active thinking, *Human Relations, 44*, 55-76.

Lovelace, K., Shapiro, D. L. & Weingart, L. R. (2001), Maximizing cross-functional new product teams' innovativeness and constraint adherence. A conflict communication perspective, *Academy of Management Journal, 44*, 779-793.

Luhmann, N. (1985), *Soziale Systeme. Grundriß einer allgemeinen Theorie*, 2. Auflage, Frankfurt am Main 1985.

Luhmann, N. (1990), *Organisation und Entscheidung*, Wiesbaden 2000.

Macharzina, K. (1984), Strategische Fehlentscheidungen in der internationalen Unternehmung als Folge von Informationspathologien, in: K. Macharzina (Hrsg.), *Diskontinuitätenmanagement*, Berlin 1984, S. 77-140.

Macharzina, K. & Fisch, J. H. (2004), Globalisierung, in: G. Schreyögg & A. v. Werder (Hrsg.), *Handwörterbuch Unternehmensführung und Organisation*, Stuttgart 2004, Sp. 360-369.

Macharzina, K. & Wolf, J. (1994a), Wertetypen in den neuen Bundesländern. Ausprägungen, Kontextbezogenheit, ökonomische Relevanz, *Zeitschrift für Betriebswirtschaft, 64*, 1241-1260.

Macharzina, K. & Wolf, J. (1994b), Materialismus und Postmaterialismus in den neuen Bundesländern, *Zeitschrift für Arbeits- und Organisationspsychologie, 38*, 13-21.

Macharzina, K. & Wolf, J. (2005), *Unternehmensführung. Das internationale Managementwissen. Konzepte – Methoden – Praxis*, 5. Aufl., Wiesbaden 2005.

Literaturverzeichnis 481

Macharzina, K., Oesterle, M.-J. & Wolf, J. (1998), Europäische Managementstile. Eine kulturorientierte Analyse, in: R. Berger und U. Steger (Hrsg.), *Auf dem Weg zur Europäischen Unternehmensführung. Ein Lesebuch für Manager und Europäer*, München 1998, S. 137-164.

Mankin, D., Cohen, S. & Bikson, T. K. (1996), *Teams and technology. Fulfilling the promise of the new organization*, Boston, MA 1996.

March, J. & Simon, H. (1958), *Organizations*, New York, NY 1958.

Marks, M. A., Mathieu, J. E. & Zaccaro, S. J. (2001), A temporally based framework and taxonomy of team processes, *Academy of Management Review, 26*, 356-376.

Marks, M. A., Zaccaro, S. J. & Mathieu, J. E. (2000), Performance implications of leader briefings and team-interaction training for team adaptation to novel environments, *Journal of Applied Psychology, 85*, 971-986.

Marschak, J. (1954), Towards an economic theory of organization and information, in: R.M. Thrall, C. H. Coombs & R. L. Davis (Hrsg.), *Decision Processes*, New York, NY 1954, S. 187-220.

Marschak, J. (1955), Elements for a theory of teams, *Management Science, 1*, 127-137.

Martins, L. L., Milliken, F. J., Wiesenfeld, B. M. & Salgado, S. R. (2003), Racioethnic diversity and group members' experiences. The role of the racioetnic diversity of the organizational context, *Group & Organization Management, 28*, 75-106.

Maznevski, M. L. (1994), Understanding our differences. Performance in decision-making groups with diverse members, *Human Relations, 47*, 531-551.

Maznevski, M. L. & Chudoba, K. M. (2000), Bridging space over time. Global virtual team dynamics and effectiveness, *Organization Science, 11*, 473-493.

Maznevski, M. L. & Peterson, M. F. (1997), Societal values, social interpretation and multinational executive teams, in: C. S. Granrose & S. Oskamp (Hrsg.), *Cross-Cultural Work Groups*, Thousand Oaks, CA 1997, S. 61-89.

Maznevski, M. L., DiStefano, J. J., Gomez, C. B., Noorderhaven, N. G. & Wu, P. C. (2002), Cultural dimensions at the individual level of analysis. The cultural orientations framework, *International Journal of Cross-Cultural Management, 2*, 275-295.

Maznevski, M. L., Gibson, C. B. & Kirkman, B. L. (1998), *When does culture matter?*, Arbeitspapier präsentiert auf dem Academy of Management Annual Meeting in San Diego, CA 1998.

McCain, B. E., O'Reilly, C. A., & Pfeffer, J. (1983), The effects of departmental demography on turnover. The case of a university, *Academy of Management Journal, 26*, 626-641.

McGrath, J. E. (1964), *Social psychology. A brief introduction*, New York, NY 1964.

McGrath, J. E. (1984), *Groups. Interaction and performance*, Englewood Cliffs, NJ 1984.

McGrath, J. E. (1991), Time, interaction, and performance (TIP). A theory of groups, *Small Group Research, 22*, 147-174.

McGrath, J. E. & Kravitz, D. A. (1982), Group research, *Annual Review of Psychology, 33*, 195-230.

McGrath, J. E., Arrow, H., Gruenfeld, D. H., Hollingshead, A. B. & O'Connor, K. M. (1993), Groups, tasks, and technology. The effects of experience and change, *Small Group Research, 24*, 406-420.

McLeod, P. L., Lobel, S. A. & Cox, T. H. (1996), Ethnic diversity and creativity in small groups, *Small Group Research, 27*, 248-264.

Mead, R. (1994), *International management. Cross-cultural dimensions*, Blackwell, Cambridge, Oxford, UK 1994.

Meier, H. (2004), Internationales Personalmanagement, in: H. Meier & S. Roehr (Hrsg.), *Einführung in das Internationale Management. Internationalisierung und Globalisierung, Internationale Unternehmensführung, Interkulturelle Kommunikation*, Berlin 2004, S. 201-230.

482 Literaturverzeichnis

Meyer, J. W. & Rowan, B. (1977), Institutionalized organizations. Formal structure as myth and ceremony, *American Journal of Sociology, 83*, 340-363.

Meyer, J. W. & Rowan, B. (1983), The structure of educational organizations, in: J. W. Meyer & R. Scott (Hrsg.), *Organizational Environments. Ritual and Rationality, Beverly Hills, CA 1983*, S. 71-97.

Mezias, S. J., Chen, Y. R. & Murphy, P. (1999),"Toto, I don't think we're in Kansas anymore." Some footnotes to cross-cultural research, *Journal of Management Inquiry, 8*, 323-333.

Michel, J. G. & Hambrick, D. C. (1992), Diversification posture and top management team characteristics, *Academy of Management Journal, 35*, 9-37.

Miller, D. M., Fields, R, Ashish, K. & Ortiz, R. (2000), Leadership and organizational vision in managing a multiethnic and multicultural project team, *Journal of Management in Engineering, 16*, 18-22.

Milliken, F. J. & Martins, L. L. (1996), Searching for common threads. Understanding the multiple effects of diversity in organizational groups, *Academy of Management Review, 21*, 402-433.

Mitchell, T. R. & Beach, L. R. (1990), "Do I love thee? Let me count." Toward an understanding of intuitive and automatic decision making, *Organizational Behavior and Human Decision Processes, 47*, 1-20.

Möde, W. (1927), Die Richtlinien der Leistungs-Psychologie, *Industrielle Psychotechnik, 4*, 193-207.

Mohammed, S. & Angell, L. C. (2003), Personality heterogeneity in teams. Which differences make a difference for team performance?, *Small Group Research, 34*, 651-677.

Mohrman, S., Cohen, S. & Mohrman, A. (1995), *Designing team-based organizations. New forms for knowledge work*, San Francisco, CA 1995.

Moreland, R. (1985), Social categorization and the assimilation of "new" group members, *Journal of Personality and Social Psychology, 48*, 1173-1190.

Morgan, G. (1986), *Images of organization*, Beverly Hills, CA 1986.

Müller, S. & Gelbrich, K. (2004), *Interkulturelles Marketing*, München 2004.

Murray, A. I. (1989), Top management group heterogeneity and firm performance, *Strategic Management Journal, 10*, 125-141.

Negandhi, A. R. (1983), Cross-cultural management research. Trend and future directions, *Journal of International Business Studies, Fall 1983*, 17-28.

Nemetz, P. L. & Christensen, S. L. (1996), The challenge of cultural diversity. Harnessing a diversity of views to understand multiculturalism, *Academy of Management Review, 21*, 434-462.

Neuberger, O. (1995), *Führen und geführt werden*, 5. Aufl., Stuttgart 1995.

Ng, D. (2004), The social dynamics of diverse and closed networks, *Human Systems Management, 23*, 111-122.

Nunnally, J. C. & Bernstein, I. H. (1994), *Psychometric theory*, 3. Aufl., New York, NY 1994.

Nyambegera, S., Daniels, K. & Sparrow, P. R. (2001), Why fit doesn't always matter. The impact of HRM and cultural fit on job involvement of Kenyan Employees, *Applied Psychology: An International Review, 50*, 109-140.

O'Leary-Kelly, A., Martocchio, J. J. & Frink, D. D. (1994), A review of the influence of group goals on group performance, *Academy of Management Journal, 37*, 1285-1301.

O'Reilly, C. A., Chatman, J. & Caldwell, D. F. (1991), People and organizational culture. A profile comparison approach to assessing person-organization fit, *Academy of Management Journal, 34*, 487-516.

Literaturverzeichnis 483

O'Reilly, C. A., Snyder, R. & Boothe, J. (1993), Effects of executive team demography on organizational change, in G. Huber & W. Glick (Hrsg.), *Organizational Change and Redesign*, New York, NY 1993, S. 147-175.

O'Reilly, C. A., Caldwell, D. F. & Barnett, W. P. (1989), Work group demography, social integration and turnover, *Administrative Science Quarterly, 34*, 21-37.

Oetzel, J. G. (2001), Self-construals, communication processes and group outcomes in homogeneous and heterogeneous groups, *Small Group Research, 32*, 19-54.

Ohly, S. (2004), *Multikulturelle Gruppenarbeit. Bestandsaufnahme einer neuen Form der Arbeitsorganisation*, Unveröffentlichte Diplomarbeit am Institut für BWL, Christian-Albrechts-Universität zu Kiel 2004.

Orton, J. D. & Weick, K. E. (1990), Loosely coupled systems. A reconceptualization, *Academy of Management Review, 15*, 203-223.

Parsons, T. (1951). *The social system*. New York: Free Press.

Parsons, T. & Shils, E. A. (1951), *Towards a general theory of action*, Cambridge, MA 1951.

Pearce, C. L. & Herbik, P. A. (2004), Citizenship behavior at the team level of analysis. The effects of team leadership, team commitment, perceived team support, and team size, *The Journal of Social Psychology, 144*, 293-310.

Pelled, L. H. (1996), Demographic diversity, conflict, and work group outcomes. An intervening process theory, *Organization Science, 7*, 615-631.

Pelled, L. H., Eisenhardt, K. M. & Xin, K. R. (1999), Exploring the black box. An analysis of work group diversity, conflict and performance, *Administrative Science Quarterly, 44*, 1-28.

Pennings, J. M. (1987), Structural contingency theory. A multivariate test, *Organization Studies, 8*, 223-240.

Perrow, C. (1967), A framework for comparative organizational analysis, *American Sociological Review, 16*, 444-459.

Perrow, C. (1986), *Complex organizations. A critical essay*, 3. Aufl., New York, NY, Paris, Tokyo 1986.

Perry, M. L., Pearce, C. L. & Sims, H. P. (1999), Empowered selling teams. How shared leadership can contribute to selling team outcomes, *Journal of Personal Selling & Sales Management, 14*, 35-51.

Pfeffer, J. (1983), Organizational demography, in: B. Staw & L. Cummings (Hrsg.), *Research in Organizational Behavior*, Bd. 5, Greenwich, CT 1983, S. 299-357.

Pfeffer, J. & O'Reilly, C. A. (1987), Hospital demography and turnover among nurses, *Industrial Relations, 26*, 158-173.

Pietruschka, S. (2003), *Führung selbstregulierter Arbeitsgruppen*, München 2003.

Pike, K. L. (1954), *Language in relation to a unified theory of the structure of human behavior*, Den Haag 1954.

Pike, K. L. (1962), *With heart and mind. A personal synthesis of scholarship and devotion*. Grand Rapids, MI 1962.

Pinto, M. B. & Pinto, J. K. (1990), Project team communication and cross-functional cooperation in new program development, *Journal of Product Innovation Management, 7*, 200-212.

Podsiadlowski, A. (2002), *Multikulturelle Arbeitsgruppen in Unternehmen. Bedingungen für eine erfolgreiche Zusammenarbeit am Beispiel deutscher Unternehmen in Südostasien*, Münchener Beiträge zur Interkulturellen Kommunikation, Bd. 12., New York, München, Berlin 2002.

Polzer, J. T., Milton, L. P. & Swann, Jr., W. B. (2002), Capitalizing on diversity. Interpersonal congruence in small work groups, *Administrative Science Quarterly, 47*, 296-324.

484 Literaturverzeichnis

Punnett, B. J. & Clemens, J. (1999), Cross-national diversity. Implications for international expansion decisions, *Journal of World Business, 34*, 128-138.

Randel, A. (2003), The salience of culture in multinational teams and its relation to team citizenship behavior, *International Journal of Cross Cultural Management, 3*, 27-44.

Reagans, R. & Zuckerman, E. W. (2001), Networks, diversity, and productivity. The social capital of corporate R&D Teams, *Organization Science, 12*, 502-517.

Redfield, R. (1953), *The primitive world and its transformations*, Ithaca, NY 1953.

Rhinesmith, S. H. (1993), *A manager's guide to globalization. Six keys to success in a changing world*, Homewood, IL 1993.

Richard, O. C. (2000), Racial diversity, business strategy, and firm performance. A resource-based view, *Academy of Management Journal, 43*, 164-177.

Richard, O. C., Barnett, T., Dwyer, S. & Chadwick, K. (2004), Cultural diversity in management, firm performance, and the moderating role of entrepreneurial orientation dimensions, *Academy of Management Journal, 47*, 255-266.

Richter, M. (1999), *Personalführung. Grundlagen und betriebliche Praxis*, 4. Aufl., Stuttgart 1999.

Rijamampianina, R. & Carmichael, T. (2005), A pragmatic and holistic approach to managing diversity, *Problems and Perspectives in Management, 1*, 109-117.

Riordan, C. M. (2000), Relational demography within groups. Past developments, contradictions, and new directions, in: G. R. Ferris (Hrsg.), *Research in Personnel and Human Resource Management*, Bd. 19, Greenwich, CT 2000, S. 131-173.

Riordan, C. M. & McFarlane Shore, L. (1997), Demographic diversity and employee attitudes. An empirical examination of relational demography with work units, *Journal of Applied Psychology, 82*, 342-358.

Rokeach, M. (1973), *The nature of human values*, New York, NY 1973.

Rosenstiel, L. v. (1995), Kommunikation und Führung in Arbeitsgruppen, in: H. Schuler, (Hrsg.), *Lehrbuch Organisationspsychologie*. 2. Aufl., Göttingen 1995, S. 321-351.

Ruigrok, W. & Wagner, H. (2001), *Matching managers to strategies. Do multinational companies need multicultural top management teams?*, Arbeitspapier präsentiert auf dem Academy of Management Annual Meeting in Washington, DC 2001.

Ryder, N. B. (1965), The cohort as a concept in the study of social change, *American Sociological Review, 30*, 843-861.

Saavedra, R., Earley, P. C. & Van Dyne, L. (1993), Complex interdependence in task performing groups, *Journal of Applied Psychology, 78*, 61-72.

Sackmann, S., Bissels, S. & Bissels, T. (2002), Kulturelle Vielfalt in Organisationen. Ansätze zum Umgang mit einem vernachlässigten Thema der Organisationswissenschaften, *Die Betriebswirtschaft, 62*, 43-58.

Sale, K. (1980), *Human scale*, New York, NY 1980.

Salk, J. E. & Brannen, M.Y. (2000), National culture, networks, and individual influence in a multinational management team, *Academy of Management Journal, 43*, 191-202.

Sanchez-Burks, J., Nisbett, R. E. & Ybarra, O. (2000), Cultural styles, relational schemas, and prejudice against out-groups, *Journal of Personality and Social Psychology, 79*, 174-189.

Scase, R. (1997), The transforming international business and transnational teams, *European Journal of Work and Organizational Psychology, 6*, 169-174.

Schaubroeck, J., Lam, S. S. K. & Xie, J. L. (2000), Collective efficacy versus self-efficacy in coping responses to stressors and control. A cross-cultural study, *Journal of Applied Psychology, 85*, 512-525.

Scheid-Cook, T. L. (1990), Ritual conformity and organizational control. Loose coupling or professionalization?, *The Journal of Applied Behavioral Science, 26*, 183-199.

Schippers, M. C., Den Hartog, D., Koopman, P. L. & Wienk, J. A. (2003), Diversity and team outcomes. The moderating effects of outcome interdependence and group longevity and the mediating effect of reflexivity, *Journal of Organizational Behavior, 24*, 779-802.

Schmid, S. (1996), *Multikulturalität in der internationalen Unternehmung. Konzepte – Reflexionen – Implikationen*, Wiesbaden 1996.

Schmidt, K. (1994), The organization of cooperative work. Beyond the "Leviathan" conception of the organization of cooperative work, *Proceedings of the 1994 ACM Conference on Computer Supported Cooperative Work*, Boston, MA 1994, S. 101-112.

Schneider, B. & Bowen, D. E. (1985), Employee and customer perceptions of service in banks. Replication and extension, *Journal of Applied Psychology, 70*, 423-433.

Schneider, B., Goldsmith, H. W. & Smith, D. B. (1995), The ASA Framework. An update, *Personnel Psychology, 48*, 747-773.

Schneider, S. C. & Barsoux, J. L. (2003), *Managing across cultures*, 2. Aufl., Harlow, UK 2003.

Schoonhoven, C. B. (1981), Problems with contingency theory. Testing assumptions hidden within the language of contingency theory, *Administrative Science Quarterly, 26*, 349-377.

Schruijer, S. G. L. & Vansina, L. (1997), An introduction to group diversity, *European Journal of Work and Organizational Psychology, 6*, 129-138.

Schwartz, S. H. (1992), Universals in the content and structure of values. Theoretical advances and empirical tests in 20 countries, in M. Zanna (Hrsg.), *Advances in Experimental Social Psychology*, Bd. 25, New York, NY 1992, S. 1-65.

Schwartz, S. H. (1994), Beyond individualism/collectivism. New cultural dimensions of values, in: C. Kagitcibasi, C. Triandis, U. H. Kim, S.-C. Choi & G. Yoon (Hrsg.), *Individualism and Collectivism. Theory, Method, and Applications*, Thousand Oaks, CA 1994, S. 85-119.

Schwartz, S. H. (1999), A theory of cultural values and some implications for work, *Applied Psychology: An International Review, 48*, 23-47.

Scott, W. R. & Meyer, J. W. (1991), The organization of societal sectors. Propositions and early evidence, in: W. W. Powell, & P. J. DiMaggio (Hrsg.), *The New Institutionalism in Organizational Analysis*, Chicago, IL 1991, S. 108-140.

Seashore, S. E. (1987), Surveys in organizations, in: J. W. Lorsch (Hrsg.), *Handbook of Organizational Behavior*, Englewood Cliffs, NJ 1987, S. 140-154.

Sessa, V. I. & Jackson, S. E. (1995), Diversity in decision-making teams. All differences are not created equal, in: M. M. Chemers, S. Oskamp & M. A. Costanzo (Hrsg.), *Diversity in Organizations. New Perspectives for a Changing Workplace*, Thousand Oaks, CA 1995, S. 133-156.

Shapiro, D. L., Furst, S. A., Spreitzer, G. M. & von Glinow, M. A. (2002), Transnational teams in the electronic age. Are team identity and high performance at risk?, *Journal of Organizational Behavior, 23*, 455-467.

Shaw, J. B. & Barrett-Power, E. (1998), The effects of diversity on small work group processes and performance, *Human Relations, 51*, 1307-1325.

Shaw, J. D., Duffy, M. K. & Stark, E. M. (2000), Interdependence and preference for group work. Main and congruence effects on the satisfaction and performance of group members, *Journal of Management, 26*, 259-279.

Shaw, M. E. (1981), Group dynamics. The psychology of small group behavior, 3. Aufl., New York, NY 1981.

486 Literaturverzeichnis

Shenhar, A. J., Tishler, A., Dvir, D., Lipovetsky, S. & Lechler, T. (2002), Refining the search for project success factors. A multivariate, typological approach, *R&D Management, 32*, 111-126.

Simon, H. A. (1956), *Administrative behavior*, New York, NY 1956.

Simons, T. L. & Peterson, R. S. (2000), Task conflict and relationship conflict in top management teams. The pivotal role of intragroup trust, *Journal of Applied Psychology, 85*, 102-111.

Simons, T. L. (1995), Top management team consensus, heterogeneity, and debate as contingent predictors of company performance. The complimentarity of group structure and process, *Academy of Management Best Paper Proceedings*, 62-66.

Simons,T., Pelled, L. H. & Smith, K. A. (1999), Making use of difference. Diversity, debate, and decision comprehensiveness in top management teams, *Academy of Management Journal, 42*, 662-673.

Sinaiko, H. W. & Brislin, R. W. (1973), Evaluating language translations. Experiments on three assessment methods, *Journal of Applied Psychology, 57*, 328-334.

Sivakumar, K. & Nakata, C. (2003), Designing global new product teams. Optimizing the effects of national culture on new product development, *International Marketing Review, 20*, 397-445.

Smith, K. G., Smith, K. A., Olian, J. D., Sims, Jr., H. P., O'Bannon, D. P. & Scully, J. A. (1994), Top management team demography and process. The role of social integration and communication, *Administrative Science Quarterly, 39*, 412-438.

Smith, P. B. (1999), Predicting process difficulties in multicultural teams, *Psychologische Beiträge, 41*, 356-367.

Smith, P. B., Dugan, S. & Trompenaars, F. (1996), National culture and the values of organizational employees. A dimensional analysis across 43 nations, *Journal of Cross-Cultural Psychology, 27*, 231-264.

Smith, P. G. & Blanck, E. L. (2002), From experience. Leading dispersed teams, *The Journal of Product Innovation Management, 19*, 294-304.

Snow, C. C., Canney Davison, S., Snell, S. A. & Hambrick, D. C. (1996), Use transnational teams to globalize your company, *Organizational Dynamics, 24*, 50-67.

Sondergaard, M. (1994), Hofstede's consequences. A study of reviews, citations and replications, *Organization Studies, 15*, 447-456.

Spector, P. E. & Brannick, M. T. (1995), The nature and effects of method variance in organizational research, in: C. L. Cooper & I. T. Robertson (Hrsg.), *International Review of Industrial and Organizational Psychology*, Bd. 10, Chichester, UK 1995, S. 249-274.

Spender, J.-C. & Grinyer, P. H. (1995), Organizational Renewal. Top management's role in a loosely coupled system, *Human Relations, 48*, 909-926.

Staehle, W. (1999), *Management. Eine verhaltenswissenschaftliche Perspektive*, 8. Aufl., München 1999.

Steiner, I. D. (1966), Models for inferring relationships between group size and potential group productivity, *Behavioral Science, 11*, 273-283.

Steiner, I. D. (1972), *Group process and productivity*, New York, NY 1972.

Steinmann, H. & Schreyögg, G. (1991), *Management. Grundlagen der Unternehmensführung. Konzepte, Funktionen und Praxisfälle*, Wiesbaden 1991.

Stewart, G. L. & Barrick, M. R. (2000), Team structure and performance. Assessing the mediating role of intratream process and the moderating role of task type, *Academy of Management Journal, 43*, 135-148.

Stock, R. (2004), Drivers of team performance. What do we know and what have we still to learn?, *Schmalenbach Business Review, 56*, 274-306.

Literaturverzeichnis 487

Stock, R. (2005), Kann Teamführung zu intensive sein? Theoretische Überlegungen und empirische Untersuchung nicht-linearer Wirkungsbeziehungen, *Zeitschrift für betriebswirtschaftliche Forschung, 57*, 33-52.

Sully de Luque, M. F. & Sommer S. M. (2000), The impact of culture on feedback-seeking behavior. An integrated model and propositions, *Academy of Management Review, 25*, 829-849.

Tajfel, H. (1978), Social categorization, social identity and social comparison, in: H. Tajfel (Hrsg.), *Differentiation between Social Groups. Studies in the Social Psychology of Intergroup Relations,* London, New York, NY, San Francisco, CA 1987, S. 61-76.

Tajfel, H. & Turner, J. C. (1986), The social identity theory of intergroup behavior, in: S. Worchel & W. G. Austin (Hrsg.), *Psychology of Intergroup Relations,* Chicago, IL 1986, S. 7-24.

Teachman, J. D. (1980), Analysis of population diversity. Measures of qualitative variation, *Sociological Methods & Research, 8,* 341-362.

Tesluk, P. E. & Mathieu, J. E. (1999), Overcoming roadblocks to effectiveness. Incorporating management of performance barriers into models of work group effectiveness, *Journal of Applied Psychology, 84,* 200-217.

Thomas, A. (1993), Psychologie interkulturellen Lernens und Handelns, in A. Thomas (Hrsg.), *Kulturvergleichende Psychologie,* Göttingen 1993, S. 377-424.

Thomas, A. (1996), *Psychologie interkulturellen Handelns,* Göttingen 1996.

Thomas, A. (1999), Gruppeneffektivität. Balance zwischen Heterogenität und Homogenität, *Gruppendynamik, 30,* 117-129.

Thomas, D. C. (1999), Cultural diversity and work group effectiveness. An experimental study, *Journal of Cross-Cultural Psychology, 30,* 242-263.

Thompson, J. D. (1967), *Organizations in action. Social science bases of administration theory,* New York, NY 1967.

Ting-Toomey. S. (1999), *Communicating across cultures,* New York, NY 1999.

Tjosvold, D. (1991), *Team organization. An enduring competitive advantage,* Chichester, UK 1991.

Tjosvold, D. & Field, R. H. G. (1985), Effect of concurrence, controversy, and consensus on group decision making, *The Journal of Social Psychology, 125,* 355-363.

Townsend, A. M., de Marie, S. M. & Hendrickson, A. R. (1998), Virtual teams and the workplace of the future, *Academy of Management Executive, 12,* 17-29.

Triandis, H. C. (1988), Collectivism vs. individualism. A reconceptualization of a basic concept in cross-cultural psychology, In: C. Bagley & K. G. Verma (Hrsg.), *Personality, Cognition and Values. Cross-cultural Perspectives on Childhood and Adolescence,* London 1988, S. 60-95.

Triandis, H. C. (1990), Cross-cultural studies of individualism and collectivism, in: J. Berman (Hrsg.), *Nebraska Symposium on motivation,* Lincoln, NE 1990.

Triandis, H. C. (1995), *Individualism and collectivism,* Boulder, CO 1995.

Triandis, H. C. (1996), Tightness-looseness revisited. Some preliminary analyses in Japan and the United States, *International Journal of Psychology, 31,* 1-12.

Triandis, H. C. (2000), Culture and conflict, *International Journal of Psychology, 35,* 145-152.

Triandis, H., Kurowski, L. & Gelfand, M. (1994), Workplace diversity, in: H. Triandis, M. Dunnette & L. Hough (Hrsg.), *Handbook of Industrial and Organizational Psychology,* Bd. 4, Palo Alto, CA 1994, S. 769-827.

Trompenaars, F. (1993), *Riding the waves of culture. Understanding cultural diversity in business,* London 1993.

Trompenaars, F. & Hampden-Turner, C. (1997), *Riding the waves of culture. Understanding cultural diversity in business,* London 1997.

Tschan, F., Semmer, N. K., Nägele, C. & Gurtner, A. (2000), Task adaptive behavior and performance in groups, *Group Process & Intergroup Relations, 3*, 367-386.

Tsui, A. S. & Ashford, S. J. (1991), Reactions to demographic diversity. Similarity-attraction or self-regulation?, *Academy of Management Proceedings, 1991*, 240-244.

Tsui, A. S. & O'Reilly, C. A. (1989), Beyond simple demographic effects. The importance of relational demography in superior-subordinate dyads, *Academy of Management Journal, 32*, 402-423.

Tsui, A., Egan, T. & O'Reilly, C. A. (1992), Being different. Relational demography and organizational attachment, *Administrative Science Quarterly, 37*, 549-579.

Turner, J. (1978), Social comparison, similarity and ingroup favouritism, in: H. Tajfel (Hrsg.), *Differentiation between Social Groups. Studies in the Social Psychology of Intergroup Relations*, London, New York, NY, San Francisco, CA 1978, S. 234-250.

Turner, J. (1987), *Rediscovering the social group. A social categorization theory*, Oxford, UK 1987.

Turner, J. & Brown, R. (1978), Social status, cognitive alternatives and intergroup relations, in: H. Tajfel (Hrsg.), *Differentiation between Social Groups. Studies in the Social Psychology of Intergroup Relations*, London, New York, NY, San Francisco, CA 1978, S. 201-234.

Tushman, M. L. & Nadler, D. A. (1979), Information processing as an integrating concept in organizational design, in: D. A. Nadler & M. L. Tushman (Hrsg.), *Managerial Behavior*, 4. Aufl., New York, NY 1979, S. 157-190.

Tushman, M. L. & O'Reilly, C. A. (1996), Ambidextrous organizations. Managing evolutionary and revolutionary change, *California Management Review, 38*, 8-30.

Ulich, E. (1998), *Arbeitspsychologie*, 4. Aufl., Zürich, Stuttgart 1998.

UNCTAD (Hrsg.) (2004), *World investment report 2004: The shift towards services*, New York, NY, Genf 2004.

Van de Ven, A. & Delbecq, A. (1974), A task contingent model of work-unit structure, *Administrative Science Quarterly, 19*, 183-197.

Van der Vegt, B., Emans, B. & Van de Vliert, E. (1999), Effects of interdependencies in project teams, *The Journal of Social Psychology, 139*, 202-214.

Van der Vegt, G., Emans, B. & Van de Vliert, E. (2000), Team member's affective responses to patterns of intragroup interdependence and job complexity, *Journal of Management, 26*, 633-655.

Van der Vegt, G., Emans, B. & Van de Vliert, E. (2001), Patterns of interdependence in work teams. A two-level investigation of the relations with job and team satisfaction, *Personnel Psychology, 54*, 51-69.

Van der Vegt, G. & Janssen, O. (2003), Joint impact of interdependence and group diversity on innovation, *Journal of Management, 29*, 729-751.

Van Oudenhoven, J. P., Mechelse, L. & De Dreu, C. K. W. (1998), Managerial conflict management in five European countries. The importance of power distance, uncertainty avoidance, and masculinity, *Applied Psychology: an International Review, 47*, 439-455.

Van Vijfeijken, H., Kleingeld, A., van Tuijl, H., Algera, J. A. & Thierry, H. (2002), Task complexity and task, goal, and reward interdependence in group performance management. A prescriptive model, *European Journal of Work and Organizational Psychology, 11*, 363-383.

Von Glinow, M. A., Shapiro, D. L. & Brett, J. M. (2004), Can we talk and should we? Managing emotional conflict in multicultural teams, *Academy of Management Review, 29*, 578-592.

Wageman, R. (1995), Interdependence and group effectiveness, *Administrative Science Quarterly, 40*, 145-180.

Wagner, W. G., Pfeffer, J. & O'Reilly, C. A. (1984), Organizational demography and turnover in top-management groups, *Administrative Science Quarterly, 29*, 74-92.

Literaturverzeichnis 489

Watson, W. E. & Kumar, K. (1992), Differences in decision making regarding risk taking. A comparison of culturally diverse and culturally homogeneous task groups, *International Journal of Intercultural Relations, 16,* 53-65.

Watson, W. E., Kumar, K. & Michaelsen, L. K. (1993), Cultural diversity's impact on interaction process and performance. Comparing homogeneous and diverse task groups, *Academy of Management Journal, 36,* 590-602.

Webber, S. S. & Donahue, L. M. (2001), Impact of highly and less job-related diversity on work group cohesion and performance. A meta-analysis, *Journal of Management, 27,* 141-162.

Weber, T. J. & Dean Jr., J. W. (2003), *Performance oriented cross-cultural research,* Arbeitspapier präsentiert auf dem Annual Meeting der Academy of Management, Seattle, WA 2003.

Weber, W. (2004), Führung von ausländischen Mitarbeitern, in: A. Kieser, G. Reber & R. Wunderer (Hrsg.), *Handwörterbuch der Führung,* 2. Aufl., Stuttgart 2004, Sp. 103-103.

Weick, K. E. (1976), Educational organizations as loosely coupled systems, *Administrative Science Quarterly, 21,* 1-19.

Weick, K. E. (1982), Management of organizational change among loosely coupled elements, in: P. Goodman (Hrsg.), *Change in Organizations,* San Francisco, CA 1982, S. 375-408.

Weick, K. E. (1985), *Der Prozess des Organisierens,* Frankfurt am Main 1985.

Weick, K. E. (1987a), Perspectives on action in organizations, in: J. W. Lorsch (Hrsg.), *Handbook of Organizational Behavior,* Englewood Cliffs, NJ 1987, S. 10-28.

Weick, K. E. (1987b), Organizational culture as a source of high reliability, *California Management Review, 29,* 112-127.

Weick, K. E. (1995), *Sensemaking in organizations,* Thousand Oaks, CA, London, New Delhi 1995.

Weick, K. E. & Roberts, K. H. (1993), Collective mind in organizations. Heedful interrelating on flight decks, *Administrative Science Quarterly, 38,* 357-381.

Weick, K. E. & Van Orden, P. W. (1990), Organizing on a global scale. A research and teaching agenda, *Human Resource Management, 29,* 49-61.

Weinkauf, K. & Woywode, M. (2004), Erfolgsfaktoren von virtuellen Teams. Ergebnisse einer aktuellen Studie, *Zeitschrift für betriebswirtschaftliche Forschung, 56,* 393-412.

Weinkauf, K., Högl, M. & Gemünden, H. G. (2004), Zusammenarbeit in innovativen Multi-Team-Projekten. Eine theoretische und empirische Untersuchung, *Zeitschrift für betriebswirtschaftliche Forschung, 56,* 419-435.

Welge, M. K. (2004), Internationale Strategien, in: G. Schreyögg & A. v. Werder (Hrsg.), *Handwörterbuch Unternehmensführung und Organisation,* Stuttgart 2004, Sp. 531-541.

Werner, J. M. (1995), Managing a multicultural team, *Business & Economics Review, 41,* 15-18.

West, M. A. (2002), Sparkling fountains or stagnant ponds. An integrative model of creativity and innovation implementation in work groups, *Applied Psychology: An International Review, 51,* 355-424.

Whitey, M., Daft, R. L. & Cooper, W. H. (1983), Measures of Perrow's work unit technology. An empirical assessment and a new scale, *Academy of Management Journal, 26,* 45-63.

Wiendieck, G. (1992), Teamarbeit, in: E. Frese (Hrsg.), *Handwörterbuch der Organisation.* Stuttgart 1992.

Wiendieck, G. (2004), Gruppenverhalten und Gruppendenken. in: G. Schreyögg & A. v. Werder (Hrsg.), *Handwörterbuch Unternehmensführung und Organisation,* Stuttgart 2004, Sp. 388-398.

Wiersema, M. F. & Bantel, K. A. (1992), Top management team demography and corporate strategic change, *Academy of Management Journal, 35,* 91-121.

Wiersema, M. F. & Bird, A. (1993), Organizational demography in Japanese firms. Group heterogeneity, individual dissimilarity, and top management team turnover, *Academy of Management Journal, 36*, 996-1025.

Williams, K. Y. & O'Reilly, C. A. (1998), Demography and diversity in organizations. A review of 40 years of research, *Research in Organizational Behavior, 20*, 77-140.

Willke, H. (2000), *Systemtheorie I. Grundlagen. Eine Einführung in die Grundprobleme der Theorie sozialer Systeme*, 6. Aufl., Stuttgart 2000.

Wilpert, B. (1995), Organisation und Umwelt, in: H. Schuler (Hrsg.), *Lehrbuch Organisationspsychologie*, 2. Aufl., Göttingen 1995, S. 495-511.

Witte, E. (1973), *Organisation für Innovationsentscheidungen. Das Promotorenmodell*, Göttingen 1973.

Wolf, J. (1997a), Wertorientierte Kultursegmente und ihre Relevanz als Prädiktoren arbeitsplatzbezogener Bedürfnisse. Erkenntnisse aus dem zentraleuropäischen Einzugsbereich, in: J. Engelhard (Hrsg.), *Interkulturelles Management. Theoretische Fundierung und funktionsbereichsspezifische Konzepte*, Wiesbaden 1997, S. 153-181.

Wolf, J. (1997b), Selbstorganisationstheorie. Denkstruktur, Varianten und Erklärungswert bei betriebswirtschaftlichen Fragestellungen, *Zeitschrift für Wirtschafts- und Sozialwissenschaften, 117*, 623-662.

Wolf, J. (2005), *Organisation, Management, Unternehmensführung. Theorien und Kritik*, 2. Aufl., Wiesbaden 2005.

Wolf, J. & Haberstroh, M. (2002), Wertorientierte Komposition und Entwicklung der Unternehmensführung, in: U. Hommel & T. C. Knecht (Hrsg.), *Wertorientiertes Start-Up-Management. Grundlage – Konzepte – Strategien*, München 2002, S. 127-149.

Wolf, J. & Rohn, A. (2005), Internationale Unternehmen als lose gekoppelte Systeme, in: M.-J. Oesterle & J. Wolf (Hrsg.), *Internationalisierung und Institution*, Wiesbaden 2005, S. 221-249.

Wood, R. E. (1986), Task complexity. Definition of the construct, *Organizational Behavior and Human Decision Processes, 37*, 60-82.

Wunderer, R. & Grunwald, W. (1980), *Führungslehre. Bd. 1. Grundlagen der Führung*, Berlin, New York, NY 1980.

Wurst, K. (2001), *Zusammenarbeit in innovativen Multi-Team-Projekten*, Wiesbaden 2001.

Wurst, K. & Högl, M. (2001), Führungsaktivitäten in Teams. Ein theoretischer Ansatz zur Konzeptualisierung, in: H. G. Gemünden & M. Högl (Hrsg.), *Management von Teams. Theoretische Konzepte und empirische Befunde*, 2. Aufl., Wiesbaden 2001, S. 157-185.

Ybema, S. (1996), A duck-billed playtypus in the theory and analysis of organizations. Combinations of consensus and dissensus, in: W. Koot, I. Sabelis & S. Ybema (Hrsg.), *Contradictions in Context. Puzzling over Paradoxes in Contemporary Organizations*, Amsterdam 1996, S. 39-61.

Yukl, G. (1998), *Leadership in teams and self-managed groups*, New York, NY 1998.

Zaccaro, S. J., Rittman, A. L. & Marks, M. A. (2001), Team leadership, *Leadership Quarterly, 12*, 451-483.

Zajonc, R. B. (1966), *Social psychology. An experimental approach*, Belmont, CA 1966.

Zenger, T. & Lawrence, B. (1989), Organizational demography. The differential effects of age and tenure distributions on technical communications, *Academy of Management Journal, 32*, 353-376.

Zeutschel, U. (1999), Interkulturelle Synergie auf dem Weg. Erkenntnisse aus deutsch/U.S.-amerikanischen Problemlösegruppen, *Gruppendynamik, 2*, 131-149.

Zigurs, I. & Buckland, B. K. (1998), A theory of task/technology fit and group support systems effectiveness, *Management Information Systems (MIS) Quarterly, September 1998*, 313-334.

Anhang

Der Anhang der vorliegenden Schrift ist folgendermaßen gegliedert. Im ersten Abschnitt sind die Erläuterungen zu den in den Fragebögen aufgeführten Items, das Anschreiben und die verwendeten Fragebögen selbst dargestellt. Im zweiten Abschnitt wird die Interkorrelationstabelle zur deskriptiven Statistik aufgeführt. Der dritte und größte Abschnitt enthält schließlich Ergänzungen und zusätzliche Tabellen mit den Werten von Regressionsanalysen, die im Text selbst aufgrund von Platzgründen nicht dargelegt werden konnten.

Anhang 1: Untersuchungsfragebögen

Die folgende Übersichtstabelle gibt einen Überblick über die im Gruppenmitgliederfragebogen verwendeten Skalen und Itemkürzel.

Übersicht 1: Im Gruppenmitgliederfragebogen verwendete Skalen und Itemkürzel

Abschnitt im Fragebogen	Konstrukt/Skala	Itemkürzel	Gegen Konzeptrichtung gepolte Items
Arbeitssituation	Aufgabenunsicherheit	TU 1-8	1, 2, 5, 8
Teamarbeit	Gruppenautonomie	SM1-3	
	Partizipationsmöglichkeiten	PP1-3	
	Aufgabenidentität	TAI1-3	
	Aufgabenbezogene Gruppenprozesse	GP1-3	
Wechselseitige Abhängigkeiten in der Arbeit	Aufgabeninterdependenz	TID1-5	
	Zielinterdependenz	GID1-3	
	Ergebnisinterdependenz	OID1-3	
	Externe Gruppenabhängigkeit	WUD1a-c - WUD3a-c	
Organisationale Faktoren	Trainingsverfügbarkeit	OT1-3	
Führungsverhalten	Aufgabenorientierte Führung	AOF1-12	1, 2, 10
	Mitarbeiterorientierte Führung	MOF1-16	4, 7, 9, 11, 13, 14
Vertretung des Teams nach außen	Externe Führung	XFA1-10	
Teamstruktur	Relative Gruppengröße	GS1	1
Die Zusammenarbeit im Team	Soziale Unterstützung	SS1-3	
	Teilen der Arbeitsbelastung	WS1-3	

Abschnitt im Fragebogen	Konstrukt/Skala	Itemkürzel	Gegen Konzeptrichtung gepolte Items
Die Zusammenarbeit im Team	Kommunikationsinformalität	CI1-4	1, 3
	Konfliktlösung	CoR1-4	
	Aufgabenkonflikte	TaC1-4	
	Beziehungskonflikte	ReC1-4	
Teamkommunikation	Externe Kommunikation	Co1a-c - Co3a-c	
Teamleistung	Wahrgenommene Effektivität der Aufgabenstrategien	PSE1-8	2, 5
	Wahrgenommene Kommunikationseffektivität	ITC1-2	2
	Gruppenzuversicht	GS1-3	
	Gruppenbindung	TCo1-4	
	Gruppenzufriedenheit mit der Leistung	TSP1-2	
	Gesamtleistungsbeurteilung	TTP1-6	
Kulturelle Perspektiven Teil A: Was Menschen tun und wie sie es tun	Aktivitätsorientierung ‚Sein'	AB1-10	
	Aktivitätsorientierung ‚Handeln'	AD1-7	
	Aktivitätsorientierung ‚Denken'	AT1-8	
	Zeitorientierung ‚Vergangenheit'	TPa1-6	
	Zeitorientierung ‚Gegenwart'	TPr1-8	
	Zeitorientierung ‚Zukunft'	TF1-6	
Kulturelle Perspektiven Teil B: Wie Menschen zueinander in Beziehung stehen	Relationale Orientierung ‚Individualismus'	RI1-8	
	Relationale Orientierung ‚Kollektivismus'	RC1-10	
	Relationale Orientierung ‚Hierarchie'	RHi1-7	
	Menschliche-Natur-Orientierung ‚Gut/Böse'	NG1-5	3, 4
	Menschliche-Natur-Orientierung ‚Veränderbarkeit/Nicht-Veränderbarkeit'	NCh1-3	
Kulturelle Perspektiven Teil C: Wie die Menschen über die Umwelt denken, in der sie handeln	Mensch-Umwelt-Orientierung ‚Beherrschung'	RM1-9	
	Mensch-Umwelt-Orientierung ‚Harmonie'	RHa1-5	
	Mensch-Umwelt-Orientierung ‚Unterwerfung'	RS1-5	
Kulturelle Perspektiven Teil D: Ihre eigene Kultur	Demographische Merkmale	D1-14	

Untersuchungsfragebögen

493

Übersicht 2: Ergänzungen der im Gruppenleiterfragebogen verwendeten Skalen und Itemkürzel

Abschnitt im Fragebogen	Konstrukt/Skala	Itemkürzel	Gegen Konzeptrichtung gepolte Items
Organisationale Faktoren	Merkmale der Organisation und des unternehmerischen Kontexts	OK1-11	
Organisation der Teamarbeit	Planungstechniken	TT1-9	

Die im Gruppenleiterfragebogen verwendeten Items zur Führung stellen Adaptionen der im Gruppenmitgliederfragebogen verwendeten Items dar.

Die folgenden Seiten enthalten die deutsche Version des Anschreibens und des Fragebogens, die den Gruppenmitgliedern zugesandt wurden. Da der Führungskräftefragebogen prinzipiell dasselbe Layout mit demselben Anschreiben enthielt, sollen im Anschluss ausschließlich die zusätzlich verwendeten Fragen ebenfalls der deutschen Version aufgeführt werden.

CHRISTIAN-ALBRECHTS-UNIVERSITÄT ZU KIEL	Westring 425
INSTITUT FÜR BETRIEBSWIRTSCHAFTSLEHRE	D-24098 Kiel
	Tel.: (04 31) 880 1498
Lehrstuhl für Organisation	Fax: (04 31) 880 3963
Direktor: Professor Dr. Joachim Wolf	E-Mail: wolf@bwl.uni-kiel.de

Sehr geehrte Dame, sehr geehrter Herr,

vielen Dank, dass Sie an der Untersuchung zu multikulturellen Teams in der Unternehmenspraxis teilnehmen. Im Rahmen dieser Untersuchung soll herausgefunden werden, welche Potenziale multikulturelle Zusammensetzung eines Teams in sich birgt, welche Probleme die kulturelle Vielfalt mit sich bringen kann und welche Möglichkeiten es gibt, die Zusammenarbeit in einem multikulturellen Team für alle Seiten befriedigend zu gestalten.

Der Fragebogen ist so gegliedert, dass in den ersten zwei Dritteln die einzelnen Abschnitte zunächst Aspekte von Teamarbeit im Allgemeinen abfragen. Es wird zum Beispiel nach den Arbeitsmerkmalen, nach der Führung oder nach der Kommunikation im Team gefragt. Das letzte Drittel des Fragebogens behandelt die Kultur und die damit zusammenhängenden Wertevorstellungen einer einzelnen Person. Ziel der Befragung ist es nun herauszufinden, auf welche Weise die Teamarbeit und das Verständnis von Teamarbeit durch die unterschiedlichen Kulturen der einzelnen Teammitglieder beeinflusst ist und ob bzw. welche Zusammenhänge zwischen der Multikulturalität und dem Erfolg von Teamarbeit bestehen.

Um den Facettenreichtum multikultureller Teamarbeit möglichst vollständig zu erfassen, war es notwendig, den Fragebogen so detailliert zu gestalten, dass er sehr lang geworden ist. Ich bitte Sie hierfür um Verständnis. Die einzelnen Fragen jedoch sind einfach und schnell zu beantworten und erfordern nur wenig Nachdenken.

Selbstverständlich werden Ihre Angaben anonym und vertraulich behandelt. Sie brauchen an keiner Stelle Ihren Namen anzugeben. Für die Auswertung müssen wir lediglich feststellen können, welche Fragebögen von den Mitgliedern des gleichen Teams stammen. Deshalb ist es erforderlich, dass Sie im Fragebogen den Namen Ihres Unternehmens sowie die Bezeichnung Ihres Teams angeben.

Wir sind vollständig auf Ihre Antworten angewiesen und bedanken uns daher aufrichtig für Ihre Bemühungen und Ihre Kooperation.

Bitte schicken Sie den ausgefüllten Fragebogen bis zum xxxx an uns zurück. Falls Sie Fragen oder Anmerkungen zu diesem Fragebogen haben, dann wenden Sie sich bitte direkt an Frau Rohn. Sie wird Ihnen gerne zur Verfügung stehen.

Noch einmal herzlichen Dank schon im Voraus für Ihre Mitarbeit.

Mit freundlichen Grüßen

Prof. Dr. Joachim Wolf

CHRISTIAN-ALBRECHTS-UNIVERSITÄT ZU KIEL	Westring 425
INSTITUT FÜR BETRIEBSWIRTSCHAFTSLEHRE	D-24098 Kiel
	Tel.: (04 31) 880 1498
Lehrstuhl für Organisation	Fax: (04 31) 880 3963
Direktor: Professor Dr. Joachim Wolf	E-Mail: wolf@bwl.uni-kiel.de

Untersuchung: Multikulturelle Teams in der Unternehmenspraxis

Fragebogen für ein Mitglied des multikulturellen Teams

Kontaktadresse:

Dipl.-Psych. Anne Susann Rohn
Christian-Albrechts-Universität zu Kiel
Institut für Betriebswirtschaftslehre
Lehrstuhl für Organisation
Westring 425

24118 Kiel

Fon: +49 431 880-1556
Fax: +49 431 880-3963
E-mail: rohn@bwl.uni-kiel.de

496 Anhang

Liebe Teilnehmerin, lieber Teilnehmer,

vielen herzlichen Dank, dass Sie an der Untersuchung zu multikulturellen Teams in der Unternehmenspraxis teilnehmen.

Wir benötigen Ihre Angaben, um herauszufinden, welche Potenziale die multikulturelle Zusammensetzung eines Teams in sich birgt, welche Probleme die kulturelle Vielfalt mit sich bringen kann und welche Möglichkeiten es gibt, die Zusammenarbeit in einem multikulturellen Team für alle Seiten befriedigend zu gestalten.

Bitte nehmen Sie sich ein wenig Zeit und lesen Sie die Instruktionen und Fragen aufmerksam durch. Für die Untersuchung ist es wichtig, dass Sie spontan und ehrlich antworten.

Bitte kreuzen Sie daher bei jeder Frage immer diejenige Antwort an, die aus Ihrer Sicht den jeweiligen Sachverhalt am ehesten beschreibt. Bitte beachten Sie beim Ausfüllen auch die Rückseiten der Blätter.

Selbstverständlich werden Ihre Daten vollkommen anonym und vertraulich behandelt.

Um die Antworten aller Teammitglieder zu den jeweiligen Teams zuordnen zu können, bedarf es lediglich der Angabe des Unternehmens, in dem Sie arbeiten und der genauen Teambezeichnung, sofern eine solche vorhanden ist. Sollte dies nicht der Fall sein, geben Sie bitte den Namen Ihres Teamleiters an. An dieser Stelle seien Sie noch einmal versichert, dass Ihre Angaben vollkommen anonym und vertraulich behandelt werden! Ihre Angaben werden nicht individuell, sondern ausschließlich auf der Ebene der gesamten Befragungsdaten ausgewertet.

Name Ihres Unternehmens: _____

Bezeichnung Ihres Teams: _____

Name Ihres Teamleiters: _____

Vielen herzlichen Dank für Ihre Mitarbeit!

Untersuchungsfragebögen 497

Arbeitssituation

Im Folgenden wird eine Reihe von Fragen über Ihre Arbeit gestellt. Dabei geht es um die Arbeitsbedingungen und nicht darum, wie gut oder schlecht Sie persönlich die Arbeit verrichten. Bitte beachten Sie, dass Sie jeweils fünf Antwortmöglichkeiten haben.

TU1	In welchem Maße gibt es für die *Hauptaufgaben, die Sie* in Ihrer Arbeit normalerweise verrichten, ein klar bekanntes Vorgehen?	- überhaupt nicht - in geringem Maße - in mittlerem Maße - in hohem Maße - in sehr hohem Maße	( ) 1 ( ) 2 ( ) 3 ( ) 4 ( ) 5
TU2	Wie einfach ist es für Sie zu erkennen, ob Sie Ihre Arbeit richtig machen?	- sehr schwierig - ziemlich schwierig - weder / noch - ziemlich einfach - sehr einfach	( ) 1 ( ) 2 ( ) 3 ( ) 4 ( ) 5
TU3	Wie oft sind in den vergangenen drei Monaten im Rahmen Ihrer Arbeit schwierige Probleme aufgetreten, für die es keine sofortigen oder offensichtlichen Lösungen gab?	- nie - selten - hin und wieder - oft - sehr oft	( ) 1 ( ) 2 ( ) 3 ( ) 4 ( ) 5
TU4	Wie viel Zeit haben Sie ungefähr damit verbracht, diese schwierigen Arbeitsprobleme zu lösen?	- so gut wie keine - ein wenig - mittelmäßig viel - viel - sehr viel	( ) 1 ( ) 2 ( ) 3 ( ) 4 ( ) 5
TU5	In welchem Maße gleichen sich die täglichen Handlungssituationen und Probleme, die Sie im Rahmen Ihrer Arbeitsaufgaben zu bewältigen haben?	- überhaupt nicht - in geringem Maße - in mittlerem Maße - in hohem Maße - in sehr hohem Maße	( ) 1 ( ) 2 ( ) 3 ( ) 4 ( ) 5
TU6	Wie viele dieser Aufgaben gleichen sich von Tag zu Tag?	- alle - die meisten - einige - wenige - keine	( ) 1 ( ) 2 ( ) 3 ( ) 4 ( ) 5
TU7	Wie häufig ergeben sich während einer normalen Woche Ausnahmefälle in ihrer Arbeit, die grundlegend andere Arbeitsmethoden oder – verfahren erfordern, als es sonst der Fall ist?	- nie - selten - manchmal - häufig - sehr häufig	( ) 1 ( ) 2 ( ) 3 ( ) 4 ( ) 5
TU8	Wie oft greifen Sie bei der Erledigung Ihrer Hauptaufgaben im täglichen Arbeitsprozess auf gleichartige Arbeitsmethoden oder –schritte zurück?	- nie - selten - manchmal - oft - sehr oft	( ) 1 ( ) 2 ( ) 3 ( ) 4 ( ) 5

Teamarbeit

Im Folgenden finden Sie eine Reihe von Aussagen, die bestimmte, auf Teamarbeit bezogene Verhaltensweisen und Arbeitsbedingungen beschreiben. Bitte geben Sie an, inwieweit Sie den jeweiligen Aussagen in Bezug auf Ihr Team zustimmen. Bitte beachten Sie, dass Sie auch hier jeweils fünf Antwortmöglichkeiten haben.

		stimme überhaupt nicht zu	stimme kaum zu	weder / noch	stimme weitgehend zu	stimme vollkommen zu
SM1	Die Mitglieder meines Teams sind für die Bestimmung der Methoden, Verfahren und Zeitpläne, mittels derer die Arbeit verrichtet wird, selbst verantwortlich.	1	2	3	4	5
PP1	Als Mitglied meines Teams habe ich echtes Mitspracherecht darüber, wie das Team seine Arbeit erledigt.	1	2	3	4	5
GP1	Mein Team ist in der Lage, seine Ziele selbst zu definieren.	1	2	3	4	5
SM2	Mein Team entscheidet eher, welche Aufgaben wer innerhalb des Teams übernimmt als mein Teamleiter.	1	2	3	4	5
TAI1	Das Teamkonzept erlaubt, dass die gesamte Arbeit zu einem bestimmten Produkt oder einer bestimmten Dienstleistung von der gleichen Zusammenstellung von Personen erledigt wird.	1	2	3	4	5
PP2	Die meisten Mitglieder meines Teams erhalten die Chance, sich an Entscheidungsfindungen zu beteiligen.	1	2	3	4	5
TAI2	Mein Team ist für die in seinen Bereich fallenden Aspekte von Produkten bzw. Dienstleistungen selbst verantwortlich.					
GP2	Mein Team entwickelt durchführbare Pläne.	1	2	3	4	5
SM3	Die meisten arbeitsbezogenen Entscheidungen werden eher von den Mitgliedern meines Teams getroffen als von meinem Teamleiter.	1	2	3	4	5
PP3	Mein Team ist so konzipiert, dass sich jeder an Entscheidungsfindungen beteiligen kann.	1	2	3	4	5
GP3	Mein Team setzt Prioritäten innerhalb der zu erledigenden Arbeiten.	1	2	3	4	5
TAI3	Mein Team ist für seinen eigenen besonderen Geschäfts- oder Tätigkeitsbereich verantwortlich.	1	2	3	4	5

Untersuchungsfragebögen

499

Wechselseitige Abhängigkeiten in der Arbeit

Im Folgenden finden Sie eine Reihe von weiteren Aussagen, die bestimmte Beziehungen und Bedingungen beschreiben, welche sich auf strukturelle Merkmale von Teamarbeit beziehen. Bitte geben Sie an, inwieweit Sie den jeweiligen Aussagen in Bezug auf Ihr Team zustimmen. Bitte beachten Sie, dass Sie hier fünf Antwortmöglichkeiten haben.

		stimme über- haupt nicht zu	stimme kaum zu	weder / noch	stimme weitge- hend zu	stimme voll- kommen zu
TID1	Meine eigene Leistung hängt davon ab, ob ich Informationen und Ratschläge von meinen Kollegen bekomme.	1	2	3	4	5
TID2	Für Materialien und / oder andere Dinge, die ich benötige, um meine Arbeit zu erledigen, bin ich auf die Arbeit meiner Kollegen angewiesen.	1	2	3	4	5
GID2	An jedem gegebenen Tag sind meine Arbeitsaktivitäten durch die Ziele meines Teams für diesen Tag bestimmt.	1	2	3	4	5
OID2	Die Beurteilung meiner Leistung ist stark dadurch beeinflusst, wie gut mein gesamtes Team arbeitet.	1	2	3	4	5
TID4	Ich bin auf meine Kollegen angewiesen, um meine Arbeit gut zu machen.	1	2	3	4	5
GID1	Meine Arbeitsziele leiten sich direkt aus den Zielen meines Teams ab.	1	2	3	4	5
TID3	Für Hilfe und Unterstützung, die ich brauche, um meine Arbeit zu erledigen, bin ich auf die Arbeit meiner Kollegen angewiesen.	1	2	3	4	5
GID3	Bei meiner Arbeit tue ich nur sehr wenige Dinge, die nicht mit den Zielen meines Teams in Verbindung stehen.	1	2	3	4	5
OID1	Rückmeldung darüber, wie gut ich meine Arbeit erledige, stammt hauptsächlich von Informationen darüber, wie gut das gesamte Team seinen Job erledigt.	1	2	3	4	5
TID5	Meine Arbeitsleistung ist stark durch die Leistung meiner Kollegen beeinflusst.	1	2	3	4	5
OID3	Viele Belohnungen meiner Arbeit (z.B. Bezahlung, Beförderung etc.) sind zum großen Teil durch meine Beiträge als Teammitglied bestimmt.	1	2	3	4	5

	sehr stark	stark	weder / noch	ein wenig	gar nicht
WUD1 Wie stark sind Sie von jeder der folgenden Personengruppen abhängig, um Materialien, Kunden oder Informationen zu bekommen, die Sie brauchen, um Ihre Arbeit zu erledigen?					
a) Personen in anderen Einheiten Ihres Geschäftsbereichs?	1	2	3	4	5
b) Personen im Verwaltungsbereich?	1	2	3	4	5
c) Personen in anderen Unternehmen außerhalb dieses?	1	2	3	4	5
WUD2 Wie stark sind Sie, nachdem Sie Ihren Teil der Arbeit erledigt haben, auf jede der folgenden Personengruppen angewiesen, um die nächsten Schritte im Prozess anzugehen, bevor die gesamte Aufgabe oder Dienstleistung ausgeführt ist?					
a) Personen in anderen Einheiten Ihres Geschäftsbereichs?	1	2	3	4	5
b) Personen im Verwaltungsbereich?	1	2	3	4	5
c) Personen in anderen Unternehmen oder Organisationen?	1	2	3	4	5

	sehr oft	oft	manch- mal	selten	nie
WUD3 Wie oft müssen Sie sich zur Erledigung der Hauptaufgaben Ihrer Arbeit mit den nachfolgenden Personen kurzschließen?					
a) Personen in anderen Einheiten Ihres Geschäftsbereichs?	1	2	3	4	5
b) Personen im Verwaltungsbereich?	1	2	3	4	5
c) Personen in anderen Unternehmen oder Organisationen?	1	2	3	4	5

Organisationale Faktoren

Im Folgenden finden Sie eine Reihe von Aussagen, die generell beschreiben, wie Teamarbeit in ein Unternehmen eingebettet sein kann. Bitte geben Sie an, inwieweit Sie den jeweiligen Aussagen in Bezug auf die Arbeit Ihres Teams zustimmen. Bitte beachten Sie, dass Sie hier fünf Antwortmöglichkeiten haben.

	stimme über- haupt nicht zu	stimme kaum zu	weder / noch	stimme weitge- hend zu	stimme voll- kommen zu
OT1 Unser Unternehmen bietet meinem Team in ausreichendem Maße technische Trainings an.	1	2	3	4	5
OT2 Unser Unternehmen bietet meinem Team in ausreichendem Maße Qualitäts- und Kundenservicetrainings an.	1	2	3	4	5
OT3 Unser Unternehmen bietet meinem Team in ausreichendem Maße Teamfertigkeitstrainings (z.B. Kommunikation, Organisation, etc.) an.	1	2	3	4	5

Untersuchungsfragebögen 501

Führungsverhalten

Im Folgenden finden Sie eine Reihe von Aussagen, die beschreiben, wie sich Ihr Teamleiter Ihnen und Ihren Teamkollegen gegenüber verhalten kann. Bitte geben Sie an, inwieweit die Aussagen für Ihren Teamleiter zutreffen. Bitte beachten Sie, dass Sie hier fünf Antwortmöglichkeiten haben.

		fast immer	häufig	manch mal	sel- ten	fast nie
MOF2	Unser Teamleiter weist Änderungsvorschläge zurück.	1	2	3	4	5
AOF2	Unser Teamleiter weist seinen Mitarbeitern spezifische Arbeitsaufgaben zu.	1	2	3	4	5
MOF4	Unser Teamleiter behandelt seine Mitarbeiter als gleichberechtigte Partner.	1	2	3	4	5
AOF3	Unser Teamleiter überlässt seine Mitarbeiter sich selbst, ohne sich nach dem Stand ihrer Arbeit zu erkundigen.	1	2	3	4	5
MOF5	Unser Teamleiter „schikaniert" den Mitarbeiter, der einen Fehler macht.	1	2	3	4	5
MOF7	In Gesprächen mit seinen Mitarbeitern schafft unser Teamleiter eine gelöste Stimmung, so dass sie sich frei und entspannt fühlen.	1	2	3	4	5
AOF5	Unser Teamleiter gibt seinen Mitarbeitern Aufgaben, ohne ihnen zu sagen, wie sie diese ausführen sollen.	1	2	3	4	5
MOF9	Unser Teamleiter ist freundlich und man hat leicht Zugang zu ihm.	1	2	3	4	5
MOF11	Bei wichtigen Entscheidungen holt unser Teamleiter erst die Zustimmung seiner Mitarbeiter ein.	1	2	3	4	5
MOF13	Auch wenn er Fehler entdeckt, bleibt unser Teamleiter freundlich.	1	2	3	4	5
AOF10	Unser Teamleiter passt die Arbeitsgebiete genau den Fähigkeiten und Leistungsmöglichkeiten seiner Mitarbeiter an.	1	2	3	4	5
AOF9	Unser Teamleiter wartet, bis seine Mitarbeiter neue Ideen vorantreiben, bevor er es tut.	1	2	3	4	5

		oft	relativ häufig	hin und wieder	sel- ten	sehr selten
MOF1	Unser Teamleiter kritisiert seine Mitarbeiter in Gegenwart anderer.	1	2	3	4	5
AOF1	Unser Teamleiter bemüht sich, langsam arbeitende Mitarbeiter zu größeren Leistungen zu ermuntern.	1	2	3	4	5
MOF3	Unser Teamleiter ändert Arbeitsgebiete und Aufgaben seiner Mitarbeiter, ohne es mit ihnen vorher besprochen zu haben.	1	2	3	4	5
MOF6	Unser Teamleiter entscheidet und handelt, ohne es vorher mit seinen Mitarbeitern abzusprechen.	1	2	3	4	5

		oft	relativ häufig	hin und wieder	sel- ten	sehr selten
MOF8	Treffen seine Mitarbeiter selbständig Entscheidungen, so fühlt er sich übergangen und ist verärgert.	1	2	3	4	5
MOF10	Unser Teamleiter gibt seine Anweisungen in Befehlsform.	1	2	3	4	5
MOF12	Persönlichen Ärger oder Ärger mit der Geschäftsleitung lässt unser Teamleiter an seinen Mitarbeitern aus.	1	2	3	4	5
MOF15	Der Umgangston unseres Teamleiters mit seinen Mitarbeitern verstößt gegen Takt und Höflichkeit.	1	2	3	4	5
MOF16	Nach Auseinandersetzungen mit seinen Mitarbeitern ist unser Teamleiter nachtragend.	1	2	3	4	5

		über- haupt nicht	kaum	etwas	stark	sehr stark
AOF4	Unser Teamleiter legt Wert darauf, dass Termine genau eingehalten werden.	1	2	3	4	5
AOF7	Unser Teamleiter reißt durch seine Aktivität seine Mitarbeiter mit.	1	2	3	4	5
AOF6	Unser Teamleiter achtet auf Pünktlichkeit und die Einhaltung von Pausenzeiten.	1	2	3	4	5
AOF8	Unser Teamleiter freut sich besonders über fleißige und ehrgeizige Mitarbeiter.	1	2	3	4	5
MOF14	Unser Teamleiter versucht, seinen Mitarbeitern das Gefühl zu geben, dass er der „Chef" ist und sie unter ihm stehen.	1	2	3	4	5
AOF11	Unser Teamleiter regt seine Mitarbeiter zur Selbständigkeit an.	1	2	3	4	5
AOF12	In „Geschäftsflauten" zeigt unser Teamleiter eine optimistische Haltung und regt zu größerer Aktivität an.	1	2	3	4	5

Untersuchungsfragebögen 503

Vertretung des Teams nach außen

Im Folgenden finden Sie eine Reihe von Aussagen, welche abschirmende und repräsentative Tätigkeiten beschreiben, die ein Teamleiter ausführen kann. Bitte geben Sie an, inwieweit aus Ihrer Sicht Ihr Teamleiter diese Tätigkeiten ausführt. Bitte beachten Sie, dass Sie hier fünf Antwortmöglichkeiten haben.

		trifft überhaupt nicht zu	trifft kaum zu	trifft mittelmäßig zu	trifft weitgehend zu	trifft vollständig zu
XFA1	Unser Teamleiter schirmt das Team gegen Druck von außen ab, so dass es störungsfrei arbeiten kann.	1	2	3	4	5
XFA2	Unser Teamleiter schützt das Team vor Einmischung von außen.	1	2	3	4	5
XFA3	Unser Teamleiter verhindert, dass Außenstehende das Team mit zu vielen Informationen oder zu vielen Anfragen überladen.	1	2	3	4	5
XFA4	Unser Teamleiter überzeugt andere Personen, dass die Teamtätigkeiten wichtig sind.	1	2	3	4	5
XFA5	Unser Teamleiter scannt die Umgebung innerhalb unseres Unternehmens nach Bedrohungen für das Team.	1	2	3	4	5
XFA6	Unser Teamleiter "preist" das Team bei Außenstehenden "an".	1	2	3	4	5
XFA7	Unser Teamleiter überzeugt andere, die Teamentscheidungen zu unterstützen.	1	2	3	4	5
XFA8	Unser Teamleiter beschafft Ressourcen (z.B. Geld, neue Mitglieder, Ausstattung) für das Team.	1	2	3	4	5
XFA9	Unser Teamleiter berichtet den Fortschritt des Teams an höhere Unternehmensebenen.	1	2	3	4	5
XFA10	Unser Teamleiter findet heraus, ob andere im Unternehmen die Teamtätigkeiten unterstützen oder opponieren.	1	2	3	4	5
XFA11	Unser Teamleiter bringt Informationen zur Strategie oder zur Politik unseres Unternehmens in Erfahrung, welche die (Team-) Projekte beeinflussen könnten.	1	2	3	4	5
XFA12	Unser Teamleiter hält andere Gruppen im Unternehmen über unsere Teamaktivitäten auf dem Laufenden.	1	2	3	4	5

Teamstruktur

Im Folgenden finden Sie eine Aussage in Bezug auf die Größe Ihres Teams. Bitte geben Sie an, inwieweit Sie der Aussage in Bezug auf Ihr Team zustimmen. Bitte beachten Sie, dass Sie hier fünf Antwortmöglichkeiten haben.

		stimme über- haupt nicht zu	stimme kaum zu	weder / noch	stimme weitge- hend zu	stimme voll- kommen zu
GS1	Die Anzahl der Personen in meinem Team ist für die zu erledigende Arbeit zu gering.	1	2	3	4	5

Die Zusammenarbeit im Team

Im Folgenden finden Sie eine Reihe von Aussagen, die zwischenmenschliche Aspekte der Zusammenarbeit in einem Team beschreiben. Bitte geben Sie an, inwieweit Sie den jeweiligen Aussagen in Bezug auf Ihr Team zustimmen. Bitte beachten Sie, dass Sie hier fünf Antwortmöglichkeiten haben.

		stimme über- haupt nicht zu	stimme kaum zu	weder / noch	stimme weitge- hend zu	stimme voll- kommen zu
SS3	Wenn es notwendig ist, helfen sich die Mitglieder meines Teams bei der Arbeit gegenseitig aus.	1	2	3	4	5
CI1	Tendenziell sind Teammeetings von Natur aus sehr formal.	1	2	3	4	5
WS1	In meinem Team leistet jeder seinen gerechten Anteil an der Arbeit.	1	2	3	4	5
SS1	Mitglied dieses Teams zu sein, gibt mir die Möglichkeit, in einem Team zu arbeiten und anderen Teammitgliedern Unterstützung zu bieten.	1	2	3	4	5
WS3	Beinahe alle Mitglieder meines Teams tragen gleichermaßen zu der Arbeit bei.	1	2	3	4	5
CI2	Die Meetings zwischen den Mitgliedern meines Teams sind sehr informell.	1	2	3	4	5
CoR2	In meinem Team werden emotionale Konflikte üblicherweise gelöst.	1	2	3	4	5
CoR1	Streitigkeiten über die spezifischen zu erledigenden Arbeiten werden in meinem Team üblicherweise beigelegt.	1	2	3	4	5
CI3	Kommunikation zwischen den Mitgliedern meines Teams findet immer schriftlich statt.	1	2	3	4	5
CoR3	Meinungsverschiedenheiten darüber, wer was tun sollte, werden in meinem Team üblicherweise gelöst.	1	2	3	4	5
SS2	Mein Team erhöht meine Chancen für positive soziale Interaktionen.	1	2	3	4	5

Untersuchungsfragebögen 505

		stimme überhaupt nicht zu	stimme kaum zu	weder / noch	stimme weitgehend zu	stimme vollkommen zu
WS2	Niemand in meinem Team ist davon abhängig, dass die anderen Teammitglieder die eigene Arbeit erledigen.	1	2	3	4	5
CI4	Mein Team verwendet eher informelle als formelle Kommunikationskanäle.	1	2	3	4	5

TaC1	Wie oft herrschen in Ihrem Team Meinungsverschiedenheiten bezüglich der zu erledigenden Arbeit?	- nie - selten - hin und wieder - oft - sehr oft	( ) 1 ( ) 2 ( ) 3 ( ) 4 ( ) 5
TaC2	Wie häufig gibt es in Ihrem Team Ideenkonflikte?	- nie - selten - manchmal - häufig - sehr häufig	( ) 1 ( ) 2 ( ) 3 ( ) 4 ( ) 5
TaC3	Wie viel Konflikt herrscht in Ihrem Team über die Arbeit, die sie gemeinsam erledigen?	- kein - ein wenig - weder viel noch wenig - viel - sehr viel	( ) 1 ( ) 2 ( ) 3 ( ) 4 ( ) 5
TaC4	In welchem Maße gibt es in Ihrem Team generell Meinungsverschiedenheiten?	- überhaupt nicht - in geringem Maße - in mittlerem Maße - in hohem Maße - in sehr hohem Maße	( ) 1 ( ) 2 ( ) 3 ( ) 4 ( ) 5
ReC1	Wie viel Reibung besteht zwischen den Mitgliedern in Ihrem Team?	- keine - ein wenig - weder viel noch wenig - viel - sehr viel	( ) 1 ( ) 2 ( ) 3 ( ) 4 ( ) 5
ReC2	Wie sehr sind Persönlichkeitskonflikte in Ihrem Team offensichtlich?	- gar nicht - ein wenig - weder / noch - stark - sehr stark	( ) 1 ( ) 2 ( ) 3 ( ) 4 ( ) 5
ReC3	Wie viel Spannung herrscht zwischen den Mitgliedern Ihres Teams?	- keine - ein wenig - weder viel noch wenig - viel - sehr viel	( ) 1 ( ) 2 ( ) 3 ( ) 4 ( ) 5
ReC4	Wie viel emotionalen Konflikt gibt es zwischen den Mitgliedern Ihres Teams?	- keinen - ein wenig - weder viel noch wenig - viel - sehr viel	( ) 1 ( ) 2 ( ) 3 ( ) 4 ( ) 5

506   Anhang

Teamkommunikation

Die folgenden Fragen betreffen das Ausmaß der Kommunikation Ihres Teams. Bitte geben Sie an, wie oft sie die beschriebenen Tätigkeiten ausführen. Bitte beachten Sie, dass Sie hier fünf Antwortmöglichkeiten haben.

		nie	selten	manch mal	oft	sehr oft
Co1	Wie oft haben Sie in den vergangenen drei Monaten schriftliche Berichte oder Memos von oder an folgende(n) Personen erhalten oder versendet, um die Arbeit Ihres Teams zu koordinieren?					
	a) Personen in anderen Einheiten dieses Geschäftsbereichs?	1	2	3	4	5
	b) Personen im Verwaltungsbereich?	1	2	3	4	5
	c) Personen in anderen Unternehmen außerhalb dieses?	1	2	3	4	5
Co2	Wie oft haben Sie in den vergangenen drei Monaten auf einer vertraulichen Ebene mit den folgenden Personen arbeitsbezogene Diskussionen (persönlich oder telefonisch) geführt?					
	a) Personen in anderen Einheiten dieses Geschäftsbereich?	1	2	3	4	5
	b) Personen im Verwaltungsbereich?	1	2	3	4	5
	c) Personen in anderen Unternehmen außerhalb dieses?	1	2	3	4	5
Co3	Wie oft waren Sie in den vergangenen drei Monaten mit den folgenden Personen in arbeitsbezogene Problemlösemeetings involviert?					
	a) Personen in anderen Einheiten dieses Geschäftsbereichs?	1	2	3	4	5
	b) Personen im Verwaltungsbereich?	1	2	3	4	5
	c) Personen in anderen Unternehmen außerhalb dieses?	1	2	3	4	5

Team Leistung

Im Folgenden finden Sie eine Reihe von Aussagen, welche Leistungs- und Zufriedenheitsaspekte der Zusammenarbeit in einem Team beschreiben. Bitte geben Sie an, inwieweit Sie den jeweiligen Aussagen in Bezug auf Ihr Team zustimmen. Bitte beachten Sie, dass Sie hier fünf Antwortmöglichkeiten haben.

		stimme über- haupt nicht zu	stimme kaum zu	weder / noch	stimme weitge- hend zu	stimme voll- kommen zu
PSE1	Unser Team ist sehr einfallsreich, wenn es darum geht, neue oder bessere Wege zu finden, wie wir unsere Aufgabe erfüllen können.	1	2	3	4	5
ITC1	Die Leute in unserem Team reden frei und offen miteinander.	1	2	3	4	5
PSE4	Die Art und Weise, wie wir bei unserer Arbeit vorgehen, ist den Aufgaben, die wir zu erledigen haben, vollkommen angemessen.	1	2	3	4	5

Untersuchungsfragebögen

		stimme überhaupt nicht zu	stimme kaum zu	weder / noch	stimme weitgehend zu	stimme vollkommen zu
PSE6	In meinem Team planen wir unsere Arbeit effektiv.	1	2	3	4	5
PSE8	Mein Team entwickelt eine gute Strategie, um die Aufgaben zu erledigen.	1	2	3	4	5
GS1	Die Mitglieder meines Teams sind sehr zuversichtlich, dass das Team effektiv arbeiten kann.	1	2	3	4	5
TCo3	Ich fühle mich diesem Team sehr zugeneigt und verpflichtet.	1	2	3	4	5
ITC2	Wir verstehen scheinbar nicht, was einander während unseren Diskussionen gesagt wird.	1	2	3	4	5
PSE3	Wenn eine Nicht-Routine Angelegenheit in meinem Team auftritt, sind wir recht geschickt darin, neue Wege zu finden, wie wir mit der Situation umgehen können.	1	2	3	4	5
GS2	Mein Team kann beinahe jede Aufgabe annehmen und sie erledigen.	1	2	3	4	5
TCo2	Ich bin froh, dass ich zu diesem Team gehöre und nicht zu einem anderen.	1	2	3	4	5
PSE5	Manchmal scheint es, als würde mein Team in die falsche Richtung gehen – das bedeutet, unsere Herangehensweise an die Aufgabe ist nicht ganz die, die erforderlich wäre.	1	2	3	4	5
TCo1	Ich bin stolz darauf, zu diesem Team zu gehören.	1	2	3	4	5
PSE2	Mein Team experimentiert fast nie mit alternativen Wegen, wie wir unsere Aufgabe erledigen könnten.	1	2	3	4	5
TCo4	Ich bin bereit, extra Anstrengungen zu unternehmen, um diesem Team zu helfen, erfolgreich zu sein.	1	2	3	4	5
GS3	Mein Team hat eine Menge Teamgeist.	1	2	3	4	5
PSE7	Die Methoden und Vorgehensweisen, die wir zur Zusammenarbeit verwenden, sind genau richtig für die Aufgaben, die wir zu erledigen haben.	1	2	3	4	5

		überhaupt nicht zufrieden/ glücklich	wenig zufrieden/ glücklich	weder/ noch	ziemlich zufrieden/ glücklich	sehr zufrieden/ glücklich
TSP1	Wie zufrieden sind Sie mit der Leistung Ihres Teams?	1	2	3	4	5
TSP2	Wie glücklich fühlen Sie sich mit der Leistung Ihres Teams?	1	2	3	4	5

Bitte schätzen Sie die Leistung Ihres Teams hinsichtlich der folgenden Dimensionen ein. Bitte beachten Sie, dass Sie hier fünf Antwortmöglichkeiten haben.

	Wie beurteilen Sie die Leistung Ihres Teams hinsichtlich:	ungenügend	mangelhaft	befriedigend	gut	sehr gut
TTP1	Effizienz (Verhältnis Aufwand zum Ertrag)	1	2	3	4	5
TTP2	Qualität	1	2	3	4	5
TTP3	(technische) Innovationen	1	2	3	4	5
TTP4	Terminsicherheit	1	2	3	4	5
TTP5	Budgetsicherheit	1	2	3	4	5
TTP6	Arbeitsexzellenz	1	2	3	4	5

Kulturelle Perspektiven

Verschiedene Menschen haben verschiedene Ansichten darüber, wie wir mit anderen Menschen und der Welt um uns herum in Beziehung stehen. Alle diese Perspektiven sind wertvoll. Unterschiede in den Perspektiven bergen das Potenzial, neue und bessere Lösungen für organisationale Probleme zu finden.

Im folgenden Fragebogenabschnitt finden Sie eine Reihe von Aussagen. Bitte geben Sie an, inwiefern Sie den einzelnen Aussagen zustimmen. Bitte beachten Sie, dass Sie hier sieben Antwortmöglichkeiten haben.

Es gibt keine falschen Reaktionen zu den einzelnen Aussagen. Und es ist von äußerster Wichtigkeit, dass Sie Ihre eigene Ansicht zu jeder Aussage angeben. Es hat sich gezeigt, dass bei jeder dieser Aussagen manche Menschen glauben, dass sie immer zutreffen und andere Menschen glauben, dass sie niemals stimmen. Wieder andere Menschen fallen zwischen beide Extreme. Aber alle Perspektiven leisten dem organisationalen Entscheidungsfinden wichtige und wertvolle Hilfestellung und ein Unternehmen kann seine Leistungsfähigkeit steigern, indem es diese Perspektiven genauer zu verstehen weiß.

Untersuchungsfragebögen

Teil A: Was Menschen tun und wie sie es tun.

		stimme überhaupt nicht zu	stimme größten teils nicht zu	stimme wenig zu	weder / noch	stimme etwas zu	stimme größtenteils zu	stimme vollständig zu
AB1	Die erfolgreichsten Menschen sind diejenigen, die das tun, was ihnen am meisten gefällt.	1	2	3	4	5	6	7
AT1	Es ist immer besser innezuhalten und zu planen, anstatt schnell zu handeln.	1	2	3	4	5	6	7
AD1	Um wichtige Dinge zu erreichen, sollten die Menschen das Vergnügen opfern und hart arbeiten.	1	2	3	4	5	6	7
AT2	Entscheidungen sollten aus jedem möglichen Winkel analysiert werden, bevor sie implementiert werden.	1	2	3	4	5	6	7
AB2	Es ist wichtig, sich außerhalb der Arbeit auszuleben, anstatt die Arbeit selbst zu genießen.	1	2	3	4	5	6	7
Tx	Für organisationale Planungen ist der realistischste Zeithorizont...							
Pr1	a) ein Jahresquartal	1	2	3	4	5	6	7
Pr2	b) ein Jahr	1	2	3	4	5	6	7
F1	c) fünf Jahre	1	2	3	4	5	6	7
F2	d) zehn Jahre oder mehr	1	2	3	4	5	6	7
AT3	Entscheidungen sollten auf Analysen basieren und nicht auf Intuition oder emotionalen Regungen.	1	2	3	4	5	6	7
AD2	Die Besten sind jene, die immer am härtesten arbeiten.	1	2	3	4	5	6	7
AD3	Die Zeit außerhalb der Arbeit sollte dazu genutzt werden, etwas Wichtiges zu erreichen.	1	2	3	4	5	6	7
AB3	Es ist wichtig, wenn man andere genau wissen lässt, wie man sich fühlt.	1	2	3	4	5	6	7
AB4	Man sollte immer für den Moment leben.	1	2	3	4	5	6	7
AB5	Entscheidungen sollten eher darauf basieren, wie sich davon betroffene Personen fühlen werden, als auf unmittelbaren praktischen Bedenken.	1	2	3	4	5	6	7
AB6	Menschen brauchen Arbeiten, die ihnen wichtig und bedeutsam sind.	1	2	3	4	5	6	7
AT4	Ungeachtet der Situation ist es die extra Zeit immer wert, die es bedarf, um einen umfassenden Plan zu entwickeln.	1	2	3	4	5	6	7

		stimme über- haupt nicht zu	stimme größten teils nicht zu	stimme wenig zu	weder / noch	stimme etwas zu	stimme größ- tenteils zu	stimme voll- ständig zu
AD4	Schnelles Handeln ist besser, als Zeit damit zu verbringen, die Dinge zu durchdenken.	1	2	3	4	5	6	7
AT5	Man sollte das Leben immer besonnen angehen.	1	2	3	4	5	6	7
AD5	Handeln ist wichtiger, als sich darüber zu sorgen, wie die Leute sich bezüglich einer Entscheidung fühlen.	1	2	3	4	5	6	7
AB7	Man sollte nur arbeiten, wenn einem danach ist.	1	2	3	4	5	6	7
AT6	Die beste Entscheidung ist die logischste.	1	2	3	4	5	6	7
Tx	Bei Entscheidungen über die Verteilung von Ressourcen in einem Unternehmen ist es am wichtigsten, diese auf ... zu basieren.							
Pa1	a) vergangenen Erfahrungen und Trends	1	2	3	4	5	6	7
Pr3	b) gegenwärtigen und kurzfristigen Bedarfen	1	2	3	4	5	6	7
F3	c) langfristigen und zukünftigen Bedarfen	1	2	3	4	5	6	7
AT7	Die erfolgreichsten Menschen sind jene, die immer sorgfältig die Bedeutung ihrer Handlungen durchdenken.	1	2	3	4	5	6	7
AB8	Pläne sollten geändert werden, wenn sich interessantere Möglichkeiten ergeben.	1	2	3	4	5	6	7
AD6	Harte Arbeit ist in sich selbst belohnend.	1	2	3	4	5	6	7
AB9	Die emotionalen Aspekte von Problemen sind wichtiger als deren logische Dimensionen.	1	2	3	4	5	6	7
AD7	Ziele sollten erreicht werden, bevor man sich vergnügt.	1	2	3	4	5	6	7
AT8	Man sollte immer sorgfältig nachdenken, bevor man handelt.	1	2	3	4	5	6	7
AB10	Man sollte seinen Emotionen freien Lauf lassen.	1	2	3	4	5	6	7

Untersuchungsfragebögen

Teil B: Wie Menschen zueinander in Beziehung stehen

		stimme überhaupt nicht zu	stimme größten teils nicht zu	stimme wenig zu	weder / noch	stimme etwas zu	stimme größtenteils zu	stimme vollständig zu
RC1	Man sollte sich eher um andere kümmern als um sich selbst.	1	2	3	4	5	6	7
RHi1	Personen auf den höheren Ebenen sollten wichtige Entscheidungen für die Personen unter ihnen fällen.	1	2	3	4	5	6	7
NG1	Man kann darauf vertrauen, dass die Menschen das Richtige tun.	1	2	3	4	5	6	7
RC2	Jedermanns Verantwortung für Familienmitglieder sollte über Eltern und Kinder hinausgehen.	1	2	3	4	5	6	7
RI1	Die Menschen, die sich auf sich selbst verlassen, werden erfolgreich sein.	1	2	3	4	5	6	7
NCh1	Die Menschen sind von Natur aus weder gut noch schlecht.	1	2	3	4	5	6	7
RC3	Die Menschen sollten sich gegenüber Cousins und Cousinen auf dieselbe Art verhalten, wie ihren Brüdern und Schwestern gegenüber.	1	2	3	4	5	6	7
RI2	Man sollte von anderen nicht erwarten, dass sie die Interessen von einem selbst im Blick haben.	1	2	3	4	5	6	7
RC4	Alle Mitglieder einer Gruppe sollten gegenseitig füreinander verantwortlich sein.	1	2	3	4	5	6	7
RHi2	Personen auf den unteren Ebenen in einer Gruppe oder Organisation sollten die Entscheidungen umsetzen, die von Personen der höheren Ebenen gefällt wurden.	1	2	3	4	5	6	7
NCh2	Es ist unmöglich vorherzusagen, ob Menschen das Richtige oder das Falsche tun werden.	1	2	3	4	5	6	7
RC5	Die Interessen der Gruppe haben gegenüber den Interessen des Einzelnen innerhalb der Gruppe Priorität.	1	2	3	4	5	6	7
RHi3	Personen auf den höheren Ebenen einer Organisation müssen für jene sorgen, die unter ihnen stehen.	1	2	3	4	5	6	7
NG2	Im Wesentlichen sind die Menschen gut.	1	2	3	4	5	6	7
RI3	Jeder sollte sich um sich selbst kümmern.	1	2	3	4	5	6	7
RC6	Die Interessen der Familie als Ganzes sind wichtiger als die Interessen des Einzelnen innerhalb der Familie.	1	2	3	4	5	6	7

		stimme über- haupt nicht zu	stimme größ- tenteils nicht zu	stimme wenig zu	weder / noch	stimme etwas zu	stimme größ- tenteils zu	stimme voll- ständig zu
R14	Jungen Leuten sollte beigebracht werden, unabhängig zu sein.	1	2	3	4	5	6	7
NG3	Man kann von anderen Menschen nicht erwarten, dass sie gut sind.	1	2	3	4	5	6	7
RHi5	Personen auf den unteren Ebenen in einer Organisation sollten nicht erwarten, viel Macht zu besitzen.	1	2	3	4	5	6	7
RHi6	In einer Gesellschaft sollte die Hierarchie von Gruppen über die Zeit hinweg stabil bleiben.	1	2	3	4	5	6	7
RC7	Es ist die Verantwortung eines jeden, das zu tun, was am besten für die Gesellschaft als Ganzes ist.	1	2	3	4	5	6	7
NCh3	Ob Menschen gut oder schlecht sind, hängt von ihrer Umwelt und ihren Erfahrungen ab.	1	2	3	4	5	6	7
RI5	Von den Menschen wird erwartet, dass sie ihre eigenen Bedürfnisse wichtiger nehmen als diejenigen anderer Menschen.	1	2	3	4	5	6	7
RC8	Die Gesellschaft als Ganzes sollte dafür verantwortlich sein, jedem zu helfen, der Hilfe braucht.	1	2	3	4	5	6	7
RI6	Bevor man über die Bedürfnisse anderer nachdenkt, sollte man seine eigenen Bedürfnisse befriedigen.	1	2	3	4	5	6	7
NG4	Es ist für die Menschen schwierig, gut zu sein.	1	2	3	4	5	6	7
RI7	Zuallererst ist jeder für sich selbst verantwortlich und nicht für andere.	1	2	3	4	5	6	7
RI8	Es ist wichtig, nicht von anderen Personen abhängig zu sein.	1	2	3	4	5	6	7
NG5	Die Menschen tun nur dann schlechte Dinge, wenn sie keine andere Wahl haben.	1	2	3	4	5	6	7
RC9	Die Menschen brauchen eine Gruppe, mit der sie sich identifizieren können.	1	2	3	4	5	6	7
RHi7	Personen auf höhergestellten Ebenen sollten erwarten, mehr Privilegien zu haben als jene auf den niedrigeren Ebenen.	1	2	3	4	5	6	7
RC10	Die hauptsächliche Verantwortung eines jeden sollte der Familie, dem weiteren Familienkreis und den engen Freunden gelten.	1	2	3	4	5	6	7

Untersuchungsfragebögen

513

Tx	Bis auf wie viele Generationen zurück kennen Sie die Namen Ihrer Familienmitglieder?	keine	einige	ungefähr die Hälfte	die meisten	alle
Pr4	a) Eltern	1	2	3	4	5
Pr5	b) Großeltern	1	2	3	4	5
Pa2	c) Urgroßeltern	1	2	3	4	5
Pa3	d) Ur-urgroßeltern	1	2	3	4	5
Pa4	e) Weitere Generationen mindestens zur Hälfte (ungefähr wie viele Generationen? ____)	1	2	3	4	5

Teil C: Wie die Menschen über die Umwelt denken, in der sie handeln.

		stimme über- haupt nicht zu	stimme größ- tenteils nicht zu	stimme wenig zu	weder / noch	stimme etwas zu	stimme größ- tenteils zu	stimme voll- ständig zu
RHa1	Gute Leistung stammt von der perfekten Übereinstimmung zwischen einem Unternehmen und seiner Umwelt.	1	2	3	4	5	6	7
RM1	Die Menschen können fast alles schaffen, wenn sie genug Zeit und Ressourcen dafür haben.	1	2	3	4	5	6	7
TF4	Die Menschen sollten sich immer auf das Morgen vorbereiten.	1	2	3	4	5	6	7
RHa2	In sozialen Situationen ist es entscheidend, die Harmonie zu wahren.	1	2	3	4	5	6	7
RM2	Die erfolgreichsten Unternehmen kontrollieren ihre eigene Umwelt.	1	2	3	4	5	6	7
TPr6	Der einzige Weg, um wahrhaft glücklich zu sein, ist für den Moment zu leben.	1	2	3	4	5	6	7
RS1	Die Menschen sollten die ihnen zugewiesene Rolle erfüllen, anstatt zu versuchen, ihr eigenes Schicksal zu bestimmen.	1	2	3	4	5	6	7
RM3	Die Menschen können beinahe jedes Problem, dem sie begegnen, lösen, wenn sie die richtigen Methoden anwenden.	1	2	3	4	5	6	7
TPr7	Die Menschen sollten den Fokus auf das Heute gerichtet lassen, anstatt sich über die ferne Zukunft zu sorgen.	1	2	3	4	5	6	7
RHa3	Es ist unmöglich, Verbesserungen durch Veränderungen einzelner Teile eines Unternehmens zu erreichen, ohne konsistente Veränderungen über die ganze Organisation hinweg durchzuführen.	1	2	3	4	5	6	7
RS2	Der Unternehmenserfolg ist zum großen Teil durch natürliche oder übernatürliche Kräfte bestimmt.	1	2	3	4	5	6	7

		stimme über- haupt nicht zu	stimme größ- tenteils nicht zu	stimme wenig zu	weder / noch	stimme etwas zu	stimme größ- tenteils zu	stimme voll- ständig zu
TF5	Am meisten zählt, was die Zukunft bereithält.	1	2	3	4	5	6	7
RS3	Die Menschen sollten begreifen, dass sie über die Ereignisse in ihrem Leben keine Kontrolle haben.	1	2	3	4	5	6	7
RM4	Die erfolgreichsten Unternehmen verändern sich ständig, selbst wenn ihre Leistung schon zufriedenstellend ist.	1	2	3	4	5	6	7
TPa5	Wenn die Menschen Entscheidungen über die Zukunft treffen, sollten sie immer die Vergangenheit berücksichtigen.	1	2	3	4	5	6	7
TPr8	Das Heute ist wichtiger als das Gestern und das Morgen.	1	2	3	4	5	6	7
RHa4	Wenn die Dinge gut laufen, sollten die Menschen die Harmonie nicht stören.	1	2	3	4	5	6	7
RM5	Gute Leistung stammt aus einer strengen Kontrolle von Geschäftsprozessen.	1	2	3	4	5	6	7
RHa5	Die Menschen sollten mit der Natur in Harmonie leben.	1	2	3	4	5	6	7
TF6	Die Menschen sollten immer nach vorne schauen, anstatt sich über das Heute oder das Gestern zu sorgen.	1	2	3	4	5	6	7
RS4	Es spielt keine Rolle, wie sehr sich die Leute anstrengen, um Ziele zu erreichen. Sie erreichen diese nur, wenn es ihr Schicksal ist.	1	2	3	4	5	6	7
RM6	Gute Manager übernehmen aktiv die Kontrolle von Problemsituationen und lösen diese schnell.	1	2	3	4	5	6	7
RM7	Die erfolgreichsten Unternehmen sind jene, die in harmonischem Einklang mit ihrer Umwelt arbeiten.	1	2	3	4	5	6	7
TPa6	Es ist wichtig, Traditionen zu achten.	1	2	3	4	5	6	7
RS5	Die Ergebnisse der meisten Ereignisse sind vorherbestimmt.	1	2	3	4	5	6	7
RM8	Unternehmen, die sich nicht genug verändern, werden mit niedrigerer Leistung enden.	1	2	3	4	5	6	7
RM9	Es ist für die Menschen wichtig, Kontrolle über die Ereignisse um sie herum zu haben.	1	2	3	4	5	6	7
TPa7	Es ist nur möglich, sich vorwärts zu bewegen, wenn wir die Vergangenheit verstanden haben.	1	2	3	4	5	6	7

Untersuchungsfragebögen 515

Teil D: Ihre eigene Kultur

D1	In welchem Land wurden Sie geboren?	Land: _____

D2	Haben Sie immer in dem Land gelebt, in dem Sie geboren wurden?	Ja ( ) Bitte gehen Sie zur Frage D3 Nein ( ) Bitte beantworten Sie die Fragen D2a-d

    a) In wie vielen anderen Ländern haben Sie für vier Monate oder länger gelebt? _____

    b) In welchen Ländern haben Sie für ein Jahr oder länger gelebt?

    c) In welchem Land haben Sie am längsten gelebt?

    d) In welchem Land leben Sie zur Zeit?

D3 Mit dieser Frage würden wir gerne eine genauere Beschreibung dessen erhalten, was Sie als Ihre "Kultur" ansehen.

Das Land, in dem eine Person geboren wird, ist der gebräuchlichste Indikator für Kultur. Dieser stimmt jedoch nicht für jeden. Manche Länder haben mehr als eine unterscheidbare Kultur. Manche Menschen sind nicht in dem Land aufgewachsen, in dem sie geboren wurden. Andere sind in einem ihren Eltern sehr neuen Land geboren und wurden in der elterlichen Kultur des ursprünglichen Landes erzogen. Noch andere Menschen wachsen in starken Kulturen auf – manchmal einhergehend mit Religionen – die besser durch andere Beziehungen als durch Landesgrenzen definiert werden können.

Identifizieren Sie sich als Mitglied einer anderen Kultur als der des Landes, in dem Sie geboren wurden?

Nein ( ) Bitte gehen Sie zur Frage D4

Ja ( ) Was ist die Kultur? _____

Im Folgenden werden Sie gebeten, noch einige Angaben zu Ihrer Person zu machen, welche oft im Zusammenhang mit Kultur stehen.

D4	Alter	.........Jahre

D5	Geschlecht	weiblich ( ) 1 männlich ( ) 2

D6	Beginnend beim ersten Jahr der formalen Bildung, die Sie erhielten, als Sie ein Kind waren, wie viele Jahre formaler Bildung haben Sie ungefähr gehabt?	.........Jahre

D7	Bitte beschreiben Sie Ihren funktionellen Hintergrund; welchen Beruf haben Sie erlernt?	_____

D8	Welche Funktion bzw. Position bekleiden Sie in Ihrem Unternehmen?	

| D9 | Sprechen Sie noch andere Sprachen außer Ihrer Muttersprache? | nein ( ) 1 |
| | | ja ( ) 2 Welche ? |

D10	Wie viele Jahre haben Sie bisher Vollzeit gearbeitet?	.........Jahre

| D11 | Wie viele Jahre arbeiten Sie schon für die Organisation oder das Unternehmen, in dem Sie jetzt tätig sind? | ....Jahre |

| D12 | Wie lange arbeiten Sie schon in dem Team, in dem Sie jetzt tätig sind? | ....Monate |

| D13 | Wie viele Mitglieder hat Ihr Team? | |

D14	Gab es für Ihre Mitarbeit in diesem Team eine Art Training oder Vorbereitung darauf?	nein ( ) 1
		ja ( ) 2 Welcher Art ?
	Wenn ja, glauben Sie, dass diese Vorbereitung(en) hilfreich für die Arbeit in einem Team waren?	

Vielen herzlichen Dank für Ihre Mitarbeit!

Untersuchungsfragebögen

517

Die folgenden Items stammen aus dem Führungskräftefragebogen und stellen die den Gruppenführungskräften zusätzlich gestellten Fragen dar.

Organisationale Faktoren

Im Folgenden finden Sie eine Reihe von Aussagen, die generell beschreiben, wie Teamarbeit in ein Unternehmen eingebettet sein kann. Bitte geben Sie an, inwieweit Sie den jeweiligen Aussagen in Bezug auf die Arbeit Ihres Teams zustimmen. Bitte beachten Sie, dass Sie hier fünf Antwortmöglichkeiten haben.

| OK1 | Wie wird die Leistungserstellung in Ihrem Unternehmen insgesamt erbracht? | - vollständig in klassischer Einzelarbeit ( ) 1
 - eher in klassischer Einzelarbeit ( ) 2
 - in gemischter Form ( ) 3
 - eher in Teamarbeit ( ) 4
 - vollständig in Teamarbeit ( ) 5 |

| OK2 | Wie viele Hierarchieebenen hat Ihr Unternehmen? | _____ |

| OK3 | Auf welcher Hierarchieebene befindet sich Ihr Team? | auf der _____ Ebene |

		gar nicht	eher wenig	mittel-mäßig	eher ja	völlig
OK4	Haben Sie den Eindruck, dass in Ihrem Unternehmen Teams und Teamarbeit gewünscht und gefördert werden?	1	2	3	4	5
OK5	Haben Sie selbst als Teamleiter Einfluss darauf, welche Mitarbeiter Mitglied Ihres Teams werden? (Auswahl geeigneter Kandidaten)	1	2	3	4	5

| OK6 | Soweit Sie Einblick in die Lohnstrukturen haben: Wie ist die Entlohnung für Teams bzw. Teammitglieder in Ihrem Unternehmen gestaltet? | - Individualentlohnung ( ) 1
 - Teamentlohnung ( ) 2
 - Mischtyp (ein Teil der Entlohnung ist teambasiert) ( ) 3 |

	Im Folgenden geht es um die informations- und kommunikationstechnologische Ausstattung Ihres Unternehmens im Hinblick auf Teamarbeit:	ja	nein
OK7	Haben alle Teammitglieder Ihres Teams einen PC oder ein Notebook?	☐	☐
OK8	Sind die Computer der Teammitglieder miteinander vernetzt bzw. gibt es ein Intranet, zu dem alle Zugang haben?	☐	☐

	Wenn Sie generell die Teams in Ihrem Unternehmen betrachten, wie schätzen Sie deren Arbeitssituation ein?	ja	nein
OK9	Sind die Mitarbeiter von Teams räumlich konzentriert, d.h. besteht räumliche Nähe zwischen den Mitarbeitern?	☐	☐
OK10	Sind die Möglichkeiten zur direkten Kommunikation zwischen den Teammitgliedern in irgendeiner Weise institutionalisiert (z.B. in Form von Teeküchen, Sozialräumen etc.)?	☐	☐

OK11	In welchem Ausmaß sind die Kommunikations-möglichkeiten Ihres Teams formalisiert?	- überhaupt nicht	( ) 1
		- in geringem Maße	( ) 2
		- in mittlerem Maße	( ) 3
		- in hohem Maße	( ) 4
		- vollständig	( ) 5

Organisation der Teamarbeit

Im Folgenden finden Sie eine Reihe von Fragen, die sich auf die Arbeitsplanung und –steuerung in Ihrem Team beziehen. Bitte geben Sie an, inwieweit in Ihrem Team die folgenden Sachverhalte vorkommen. Bitte beachten Sie, dass Sie hier fünf Antwortmöglichkeiten haben.

		über- haupt nicht	in ge- ringem Maße	in mitt- lerem Maße	in hohem Maße	in sehr hohem Maße
TT1	In welchem Maße formuliert Ihr Team für die zu bewältigenden Aufgaben klare und verständliche Ziele?	1	2	3	4	5
TT2	In welchem Maße ist es in Ihrem Team üblich, dass die zu erledigenden Aufgaben in überschaubare Arbeitspakete zerlegt werden?	1	2	3	4	5
TT3	In welchem Maße erstellt Ihr Team für die zu erledigenden Aufgaben explizite Kosten- und Zeitpläne?	1	2	3	4	5
TT4	In welchem Maße gibt es in Ihrem Team verbindliche, grundsätzlich einzuhaltende Richtlinien der Aufgabenerledigung?	1	2	3	4	5
TT5	In welchem Maße setzt Ihr Team während seines Arbeitsprozesses Verfahren, Methoden und Tools zur Aufgabenerledigung ein?	1	2	3	4	5
TT6	In welchem Maße wird in Ihrem Team der Fortschritt bei der Aufgabenerledigung dokumentiert?	1	2	3	4	5
TT7	In welchem Maße erstellt Ihr Team Eventualpläne, die bei Kosten- und Zeitüberschreitungen eingesetzt werden können?	1	2	3	4	5

		nie	relativ selten	hin und wieder	relativ oft	sehr oft
TT8	Sind Ihrem Team zur Erledigung seiner Aufgaben Budgets zugewiesen?	1	2	3	4	5
TT9	Wie häufig werden in Ihrem Team Planungsbesprechungen durchgeführt?	1	2	3	4	5

Anhang 2: Deskriptive Statistik – Interkorrelationsmatrix

Auf den folgenden Seiten ist die Tabelle mit den Interkorrelationen sämtlicher verwendeter Variablen auf der Gruppenebene aufgeführt.

520 Anhang

Tabelle A1: Interkorrelationen der verwendeten Variablen auf Gruppenebene

	Mittelwerte	Standard-Abweichungen	Aufgaben-unsicher-heit	Partizipations-möglichkeiten
Aufgabenunsicherheit	2,84	0,30	1,000	
Partizipationsmöglichkeiten	3,73	0,64	-0,166	1,000
Aufgabeninterdependenz	3,46	0,40	0,385	0,185
Zielinterdependenz	3,39	0,45	0,033	0,227
Ergebnisinterdependenz	3,06	0,53	0,059	0,362
Externe Abhängigkeit A	2,56	0,84	-0,481	-0,015
Externe Abhängigkeit B	3,54	0,75	0,003	-0,425
Externe Abhängigkeit C	3,34	0,73	-0,131	-0,124
Trainings	3,42	0,64	-0,125	0,144
Mitarbeiterorientierte Führung	4,21	0,41	-0,020	0,625
Aufgabenorientierte Führung	3,58	0,30	-0,133	0,553
Externe Führung	3,85	0,41	-0,088	0,490
Aufgabenbezogene Prozesse	3,83	0,38	-0,202	0,640
Kommunikationsinformalität	3,81	0,36	-0,242	0,401
Beziehungsbezogene Prozesse	4,01	0,43	0,061	0,435
Konfliktlösung	3,79	0,43	-0,159	0,553
Aufgabenkonflikte	2,57	0,36	0,215	-0,387
Beziehungskonflikte	1,95	0,64	0,238	-0,572
Externe Kommunikation A	3,12	0,81	0,514	-0,063
Externe Kommunikation B	2,11	0,70	0,205	0,200
Externe Kommunikation C	2,29	0,68	0,108	-0,148
Effektivität der Aufgabenstrategien	3,64	0,43	-0,087	0,802
Effektivität der Kommunikation	3,98	0,61	-0,109	0,651
Gruppenzuversicht	3,33	0,47	0,226	0,536
Gruppenbindung	4,03	0,48	0,152	0,712
Gruppenzufriedenheit	3,79	0,46	-0,094	0,718
Gruppenleistung	3,74	0,38	-0,133	0,587
Planungstechniken	3,45	1,01	-0,108	-0,036
Mitarbeiterorientierte Führung (FK)	4,06	1,06	-0,255	-0,164
Aufgabenorientierte Führung (FK)	3,57	0,95	-0,201	-0,007
Externe Führung (FK)	3,66	1,05	-0,247	-0,034
Gruppenleistung (FK)	5,01	1,49	-0,258	0,038
Relative Gruppengröße	3,43	0,83	-0,262	-0,012
Vielfalt: Aktivitätsorientierung	0,81	0,35	-0,219	0,087
Vielfalt: Zeitorientierung	0,63	0,28	-0,048	0,202
Vielfalt: relationale Orientierung	0,74	0,27	0,014	0,185
Vielfalt: Menschenbild	1,00	0,52	0,411	0,150
Vielfalt: Mensch-Umwelt-Orientierung	0,88	0,40	0,214	-0,062
Vielfalt: Alter	0,16	0,13	-0,036	0,066
Vielfalt: Unternehmenszugehörigkeit	0,63	0,39	-0,113	0,112
Vielfalt: Gruppenzugehörigkeit	0,61	0,36	-0,215	0,115
Vielfalt: Bildung	0,14	0,11	-0,060	0,299

Interkorrelation sämtlicher Gruppenvariablen bei n = 37
bei r </= 0,314 p </= 0,05 und bei r<= 0,405 p </= 0,01 (zweiseitig)

Deskriptive Statistik – Interkorrelationsmatrix

Tabelle A1 (fortgesetzt)

	Aufga-beninter-dependenz	Zielinter-depen-denz	Ergebnis-interde-pendenz	Externe Abhän-gigkeit A	Externe Abhän-gigkeit B
Aufgabeninterdependenz	1,000				
Zielinterdependenz	0,399	1,000			
Ergebnisinterdependenz	0,498	0,527	1,000		
Externe Abhängigkeit A	-0,092	0,096	-0,003	1,000	
Externe Abhängigkeit B	-0,246	-0,144	-0,343	0,424	1,000
Externe Abhängigkeit C	-0,230	-0,071	-0,051	0,199	0,171
Trainings	0,079	0,123	0,352	0,305	0,137
Mitarbeiterorientierte Führung	0,248	0,304	0,191	-0,251	-0,425
Aufgabenorientierte Führung	0,165	0,396	0,416	-0,182	-0,521
Externe Führung	0,428	0,485	0,452	0,040	-0,241
Aufgabenbezogene Prozesse	-0,096	0,109	0,208	0,254	-0,154
Kommunikationsinformalität	0,047	0,088	-0,038	0,062	-0,318
Beziehungsbezogene Prozesse	0,050	0,237	0,198	-0,234	-0,156
Konfliktlösung	0,079	0,109	0,251	-0,186	-0,374
Aufgabenkonflikte	0,177	-0,184	-0,136	0,228	0,193
Beziehungskonflikte	-0,057	-0,313	-0,271	0,180	0,249
Externe Kommunikation A	0,423	0,289	0,306	-0,555	-0,342
Externe Kommunikation B	0,431	0,297	0,422	-0,303	-0,646
Externe Kommunikation C	0,431	0,129	0,293	0,125	-0,100
Effektivität der Aufgabenstrategien	0,190	0,362	0,225	-0,135	-0,470
Effektivität der Kommunikation	0,030	0,214	0,295	-0,188	-0,406
Gruppenzuversicht	0,509	0,242	0,521	-0,395	-0,570
Gruppenbindung	0,365	0,463	0,448	-0,260	-0,436
Gruppenzufriedenheit	0,148	0,313	0,333	0,115	-0,314
Gruppenleistung	0,121	0,420	0,376	0,200	-0,182
Planungstechniken	-0,288	-0,010	0,001	0,234	0,297
Mitarbeiterorientierte Führung (FK)	-0,368	-0,031	-0,090	0,204	0,252
Aufgabenorientierte Führung (FK)	-0,346	-0,014	-0,029	0,131	0,198
Externe Führung (FK)	-0,351	-0,034	-0,094	0,233	0,146
Gruppenleistung (FK)	-0,434	-0,018	-0,162	0,191	0,234
Relative Gruppengröße	-0,475	-0,050	-0,342	0,245	0,428
Vielfalt: Aktivitätsorientierung	-0,092	0,065	0,114	0,149	0,082
Vielfalt: Zeitorientierung	-0,036	0,110	0,012	-0,202	-0,089
Vielfalt: relationale Orientierung	-0,024	-0,106	0,164	0,241	0,090
Vielfalt: Menschenbild	-0,085	0,044	0,088	-0,211	0,025
Vielfalt: Mensch-Umwelt-Orientierung	-0,272	-0,129	0,026	-0,360	0,090
Vielfalt: Alter	0,147	0,135	0,138	0,009	-0,263
Vielfalt: Unternehmenszugehörigkeit	0,163	-0,042	0,129	0,102	-0,338
Vielfalt: Gruppenzugehörigkeit	-0,086	-0,200	-0,046	0,037	0,132
Vielfalt: Bildung	0,144	-0,243	0,173	-0,260	-0,532

bei r </= 0,314 p </= 0,05 und bei r<= 0,405 p </= 0,01

Tabelle A1 (fortgesetzt)

	Externe Abhängigkeit C	Trainings	Mitarbeiterorien. Führung	Aufgabenorien. Führung	Externe Führung
Externe Abhängigkeit C	1,000				
Trainings	0,099	1,000			
Mitarbeiterorientierte Führung	-0,384	-0,139	1,000		
Aufgabenorientierte Führung	-0,179	0,127	0,498	1,000	
Externe Führung	-0,025	0,114	0,446	0,710	1,000
Aufgabenbezogene Prozesse	-0,046	0,354	0,255	0,323	0,162
Kommunikationsinformalität	-0,092	0,192	0,310	0,342	0,254
Beziehungsbezogene Prozesse	-0,346	0,089	0,506	0,491	0,436
Konfliktlösung	-0,388	0,017	0,617	0,616	0,450
Aufgabenkonflikte	0,114	-0,102	-0,466	-0,349	-0,086
Beziehungskonflikte	0,170	-0,008	-0,577	-0,437	-0,442
Externe Kommunikation A	0,026	-0,046	0,071	0,098	0,200
Externe Kommunikation B	0,052	-0,052	0,130	0,365	0,285
Externe Kommunikation C	-0,538	0,100	-0,006	0,123	0,099
Effektivität der Aufgabenstrategien	-0,184	0,045	0,733	0,645	0,562
Effektivität der Kommunikation	-0,121	0,016	0,639	0,597	0,515
Gruppenzuversicht	-0,307	0,098	0,548	0,423	0,405
Gruppenbindung	-0,072	0,143	0,508	0,620	0,617
Gruppenzufriedenheit	-0,171	0,260	0,545	0,533	0,431
Gruppenleistung	0,045	0,243	0,356	0,634	0,583
Planungstechniken	-0,014	0,289	-0,222	-0,095	-0,146
Mitarbeiterorientierte Führung (FK)	0,120	0,134	-0,190	-0,156	-0,277
Aufgabenorientierte Führung (FK)	-0,087	0,107	-0,047	-0,008	-0,188
Externe Führung (FK)	0,114	0,039	-0,109	-0,073	-0,110
Gruppenleistung (FK)	0,072	0,190	-0,127	-0,085	-0,257
Relative Gruppengröße	0,026	-0,110	-0,140	-0,013	-0,039
Vielfalt: Aktivitätsorientierung	0,105	0,076	-0,023	0,070	0,077
Vielfalt: Zeitorientierung	-0,218	-0,123	0,278	0,130	0,072
Vielfalt: relationale Orientierung	0,340	0,260	-0,226	-0,039	0,099
Vielfalt: Menschenbild	0,099	-0,079	0,155	-0,112	-0,011
Vielfalt: Mensch-Umwelt-Orientierung	0,076	-0,054	-0,038	-0,041	-0,213
Vielfalt: Alter	0,000	0,335	0,056	0,377	0,263
Vielfalt: Unternehmenszugehörigkeit	-0,050	0,260	0,110	0,089	0,211
Vielfalt: Gruppenzugehörigkeit	-0,082	0,094	0,080	0,148	-0,026
Vielfalt: Bildung	-0,033	0,029	0,142	0,298	0,254

bei r </= 0,314 p </= 0,05 und bei r<= 0,405 p </= 0,01

Deskriptive Statistik – Interkorrelationsmatrix

Tabelle A1 (fortgesetzt)

	Aufgaben-bezogene Prozesse	Kommuni-kations-Infor-malität	Beziehungs-bezogene Prozesse	Kon-flikt-lösung	Aufga-ben-konflikte
Aufgabenbezogene Prozesse	1,000				
Kommunikationsinformalität	0,407	1,000			
Beziehungsbezogene Prozesse	0,312	0,051	1,000		
Konfliktlösung	0,357	0,317	0,669	1,000	
Aufgabenkonflikte	-0,242	-0,070	-0,479	-0,483	1,000
Beziehungskonflikte	-0,275	-0,260	-0,574	-0,634	0,676
Externe Kommunikation A	-0,093	-0,101	0,105	0,021	0,152
Externe Kommunikation B	0,055	0,076	-0,132	0,021	0,112
Externe Kommunikation C	0,156	0,031	0,068	0,173	0,161
Effektivität der Aufgabenstrategien	0,587	0,412	0,596	0,714	-0,427
Effektivität der Kommunikation	0,485	0,384	0,655	0,677	-0,319
Gruppenzuversicht	0,243	0,133	0,341	0,538	-0,212
Gruppenbindung	0,419	0,309	0,477	0,433	-0,159
Gruppenzufriedenheit	0,719	0,340	0,520	0,540	-0,290
Gruppenleistung	0,570	0,327	0,325	0,404	-0,032
Planungstechniken	0,363	0,083	-0,070	-0,058	0,000
Mitarbeiterorientierte Führung (FK)	0,222	0,112	-0,273	-0,125	-0,032
Aufgabenorientierte Führung (FK)	0,265	0,090	-0,114	0,080	-0,214
Externe Führung (FK)	0,265	0,188	-0,210	-0,039	0,046
Gruppenleistung (FK)	0,384	0,215	-0,126	-0,007	-0,136
Relative Gruppengröße	0,117	0,068	0,246	0,019	-0,075
Vielfalt: Aktivitätsorientierung	0,164	0,151	-0,123	-0,142	-0,096
Vielfalt: Zeitorientierung	0,217	0,301	0,106	0,459	0,005
Vielfalt: relationale Orientierung	0,434	0,373	-0,236	-0,159	0,251
Vielfalt: Menschenbild	-0,021	0,089	-0,032	-0,030	0,094
Vielfalt: Mensch-Umwelt-Orientierung	0,054	0,018	0,205	0,112	-0,140
Vielfalt: Alter	0,194	0,178	0,221	0,343	-0,300
Vielfalt: Unternehmenszugehörigkeit	0,173	0,122	-0,010	0,070	0,029
Vielfalt: Gruppenzugehörigkeit	0,147	-0,073	0,008	0,223	-0,239
Vielfalt: Bildung	-0,025	0,065	0,221	0,413	-0,121

bei r </= 0,314 p </= 0,05 und bei r<= 0,405 p </= 0,01

524 Anhang

Tabelle A1 (fortgesetzt)

	Beziehungs-konflikte	Externe Kommuni-kation A	Externe Kommuni-kation B	Externe Kommuni-kation C
Beziehungskonflikte	1,000			
Externe Kommunikation A	-0,034	1,000		
Externe Kommunikation B	0,066	0,629	1,000	
Externe Kommunikation C	0,158	0,147	0,201	1,000
Effektivität der Aufgabenstrategien	-0,630	0,117	0,192	-0,076
Effektivität der Kommunikation	-0,621	0,136	0,159	-0,121
Gruppenzuversicht	-0,389	0,456	0,495	0,237
Gruppenbindung	-0,428	0,351	0,340	-0,036
Gruppenzufriedenheit	-0,401	0,039	0,264	0,163
Gruppenleistung	-0,286	0,089	0,262	0,041
Planungstechniken	0,028	-0,124	-0,242	0,178
Mitarbeiterorientierte Führung (FK)	0,030	-0,182	-0,179	0,118
Aufgabenorientierte Führung (FK)	-0,109	-0,196	-0,229	0,169
Externe Führung (FK)	0,000	-0,154	-0,133	0,109
Gruppenleistung (FK)	-0,045	-0,205	-0,251	0,022
Relative Gruppengröße	-0,116	-0,427	-0,590	-0,242
Vielfalt: Aktivitätsorientierung	-0,162	-0,084	0,089	-0,023
Vielfalt: Zeitorientierung	-0,195	0,286	0,203	0,068
Vielfalt: relationale Orientierung	0,072	-0,041	0,065	-0,027
Vielfalt: Menschenbild	-0,094	0,276	0,083	-0,283
Vielfalt: Mensch-Umwelt-Orientierung	-0,201	0,113	-0,144	-0,216
Vielfalt: Alter	-0,171	0,041	0,103	0,317
Vielfalt: Unternehmenszugehörigkeit	-0,130	0,073	0,182	0,238
Vielfalt: Gruppenzugehörigkeit	-0,229	-0,302	-0,117	0,046
Vielfalt: Bildung	-0,230	0,144	0,326	-0,007

bei r </= 0,314 p </= 0,05 und bei r<= 0,405 p </= 0,01

Deskriptive Statistik – Interkorrelationsmatrix

Tabelle A1 (fortgesetzt)

	Effektivität der Aufgabenstrategien	Effektivität der Kommunikation	Gruppenzuversicht	Gruppenbindung
Effektivität der Aufgabenstrategien	1,000			
Effektivität der Kommunikation	0,799	1,000		
Gruppenzuversicht	0,578	0,464	1,000	
Gruppenbindung	0,718	0,563	0,656	1,000
Gruppenzufriedenheit	0,789	0,695	0,450	0,589
Gruppenleistung	0,669	0,563	0,301	0,659
Planungstechniken	0,016	-0,044	-0,160	0,006
Mitarbeiterorientierte Führung (FK)	-0,112	-0,140	-0,263	-0,149
Aufgabenorientierte Führung (FK)	0,029	-0,021	-0,063	-0,016
Externe Führung (FK)	0,036	0,007	-0,164	-0,023
Gruppenleistung (FK)	0,098	-0,010	-0,107	0,031
Relative Gruppengröße	-0,028	-0,004	-0,664	-0,122
Vielfalt: Aktivitätsorientierung	-0,081	0,095	-0,297	-0,173
Vielfalt: Zeitorientierung	0,267	0,328	0,298	0,171
Vielfalt: relationale Orientierung	0,036	0,128	-0,022	0,106
Vielfalt: Menschenbild	0,032	0,148	0,103	0,255
Vielfalt: Mensch-Umwelt-Orientierung	-0,058	0,309	-0,123	-0,065
Vielfalt: Alter	0,218	0,102	0,254	0,119
Vielfalt: Unternehmenszugehörigkeit	0,121	0,027	0,332	0,156
Vielfalt: Gruppenzugehörigkeit	0,054	-0,002	0,094	-0,103
Vielfalt: Bildung	0,203	0,290	0,350	0,171

bei r $\leq$ 0,314 p $\leq$ 0,05 und bei r $\leq$ 0,405 p $\leq$ 0,01

526 Anhang

Tabelle A1 (fortgesetzt)

	Gruppen-zufriedenheit	Gruppen-leistung	Planungs-techniken	Mitarbeiter-orientiere Führung (FK)
Gruppenzufriedenheit	1,000			
Gruppenleistung	0,737	1,000		
Planungstechniken	0,113	0,274	1,000	
Mitarbeiterorientierte Führung (FK)	-0,011	0,158	0,833	1,000
Aufgabenorientierte Führung (FK)	0,060	0,166	0,835	0,888
Externe Führung (FK)	0,110	0,266	0,844	0,916
Gruppenleistung (FK)	0,167	0,274	0,825	0,831
Relative Gruppengröße	-0,029	0,152	0,327	0,307
Vielfalt: Aktivitätsorientierung	0,060	0,090	-0,035	0,019
Vielfalt: Zeitorientierung	0,133	0,235	0,096	0,081
Vielfalt: relationale Orientierung	0,084	0,323	0,345	0,256
Vielfalt: Menschenbild	-0,016	0,135	0,277	0,209
Vielfalt: Mensch-Umwelt-Orientierung	-0,089	-0,117	0,078	0,021
Vielfalt: Alter	0,177	0,025	-0,045	0,037
Vielfalt: Unternehmenszugehörigkeit	0,184	-0,011	-0,248	-0,154
Vielfalt: Gruppenzugehörigkeit	0,042	0,028	0,147	0,182
Vielfalt: Bildung	0,120	0,005	-0,495	-0,434

bei r $\leq$ 0,314 p $\leq$ 0,05 und bei r $\leq$ 0,405 p $\leq$ 0,01

Deskriptive Statistik – Interkorrelationsmatrix

527

Tabelle A1 (fortgesetzt)

	Aufgaben-orientierte Führung (FK)	Externe Führung (FK)	Gruppen-leistung (FK)	Relative Gruppen-größe
Aufgabenorientierte Führung (FK)	1,000			
Externe Führung (FK)	0,866	1,000		
Gruppenleistung (FK)	0,847	0,837	1,000	
Relative Gruppengröße	0,252	0,287	0,269	1,000
Vielfalt: Aktivitätsorientierung	-0,079	0,000	-0,042	0,174
Vielfalt: Zeitorientierung	0,129	0,130	0,178	-0,028
Vielfalt: relationale Orientierung	0,167	0,306	0,252	0,022
Vielfalt: Menschenbild	0,228	0,274	0,228	0,045
Vielfalt: Mensch-Umwelt-Orientierung	0,001	0,011	0,044	0,171
Vielfalt: Alter	0,107	-0,007	0,014	-0,219
Vielfalt: Unternehmenszugehörigkeit	-0,179	-0,136	-0,197	-0,445
Vielfalt: Gruppenzugehörigkeit	0,272	0,079	0,240	0,050
Vielfalt: Bildung	-0,359	-0,345	-0,405	-0,271

bei r $\leq$ 0,314 p $\leq$ 0,05 und bei r $\leq$ 0,405 p $\leq$ 0,01

Tabelle A1 (fortgesetzt)

	Vielfalt: Aktivitätsorien.	Vielfalt: Zeitorientierung	Vielfalt: relationale Orientierung	Vielfalt: Menschenbild	Vielfalt: Mensch-Umwelt-Orien.
Vielfalt: Aktivitätsorientierung	1,000				
Vielfalt: Zeitorientierung	0,144	1,000			
Vielfalt: relationale Orientierung	0,402	0,112	1,000		
Vielfalt: Menschenbild	0,070	0,332	0,239	1,000	
Vielfalt: Mensch-Umwelt-Orientierung	0,406	0,383	0,155	0,404	1,000
Vielfalt: Alter	-0,355	-0,210	-0,175	-0,349	-0,259
Vielfalt: Unternehmenszugehörigkeit	-0,138	-0,301	-0,016	-0,310	-0,427
Vielfalt: Gruppenzugehörigkeit	-0,030	0,137	-0,067	-0,118	0,014
Vielfalt: Bildung	0,071	0,054	-0,060	-0,107	0,067

bei $r <\!/= 0,314$ p $<\!/= 0,05$ und bei $r <\!= 0,405$ p $<\!/= 0,01$

Deskriptive Statistik – Interkorrelationsmatrix

Tabelle A1 (fortgesetzt)

	Vielfalt: Alter	Vielfalt: Unternehmens- zugehörigkeit	Vielfalt: Gruppen- zugehörig-keit	Vielfalt: Bildungs- hintergrund
Vielfalt: Alter	1,000			
Vielfalt: Unternehmenszugehörigkeit	0,485	1,000		
Vielfalt: Gruppenzugehörigkeit	0,153	-0,050	1,000	
Vielfalt: Bildung	0,316	0,360	0,021	1,000

bei r </= 0,314 p </= 0,05 und bei r<= 0,405 p </= 0,01

530 Anhang

Anhang 3: Ergänzungen zu den Ergebnissen der Hypothesenprüfungen

Ergänzungen zum Hypothesenkomplex 2

Tabelle A2: Regression der Gruppenbindung auf die Interaktion von Aufgabenunsicherheit und kultureller Vielfalt in der Aktivitätsorientierung

	Gruppenbindung		
	β	t	VIF
Aufgabenunsicherheit	-0,0589	-0,22	1,12
Vielfalt: Aktivitätsorientierung	-0,1688	-0,76	1,06
(Aufgabenunsicherheit) x (Vielfalt: Aktivitäts- orientierung)	1,8779	2,61**	1,07
R²	0,1944		
R² adj.	0,1212		
F-Wert	2,6545*		
ΔR²	0,166		
F (ΔR²)	6,791**		

* p < 0,1   ** p < 0,05   ***p < 0,01   ****p < 0,001

Tabelle A3: Regression der Kommunikationseffektivität auf die Interaktion von Partizipationsmöglichkeiten und kultureller Vielfalt in der Menschlichen-Natur-Orientierung

	Wahrgenommene Effektivität der Gruppenkommunikation		
	β	t	VIF
Partizipation	0,4045	3,05***	1,13
Vielfalt: Menschenbild	0,0419	0,28	1,03
(Partizipation) x (Vielfalt: Menschenbild)	-0,6937	-2,74***	1,10
R²	0,4295		
R² adj.	0,3776		
F-Wert	8,282****		
ΔR²	0,129		
F (ΔR²)	7,484***		

* p < 0,1   ** p < 0,05   ***p < 0,01   ****p < 0,001

Ergebnisergänzungen 531

Tabelle A4: Regression der Kommunikationseffektivität auf die Interaktion von Partizipationsmöglichkeiten und kultureller Vielfalt in der Mensch-Umwelt-Orientierung

	Wahrgenommene Effektivität der Gruppenkommunikation		
	β	t	VIF
Partizipation	0,4987	4,00****	1,01
Vielfalt: Mensch-Umwelt-Orientierung	0,3226	1,57	1,04
(Partizipation) x (Vielfalt: Mensch-Umwelt-Orient.)	-0,6933	-2,05**	1,05
R^2	0,4395		
R^2 adj.	0,3885		
F-Wert	8,626****		
ΔR^2	0,072		
$F(\Delta R^2)$	4,215**		

* p < 0,1   ** p < 0,05   ***p < 0,01   ****p < 0,001

Tabelle A5: Regression der Gruppenbindung auf die Interaktion von Partizipationsmöglichkeiten und kultureller Vielfalt in der Aktivitätsorientierung

	Gruppenbindung		
	β	t	VIF
Partizipation	0,5334	6,07****	1,02
Vielfalt: Aktivitätsorientierung	-0,3168	-1,95*	1,01
(Partizipation) x (Vielfalt: Aktivitätsorientierung)	0,7501	2,14**	1,02
R^2	0,5519		
R^2 adj.	0,5112		
F-Wert	13,55****		
ΔR^2	0,062		
$F(\Delta R^2)$	4,57**		

* p < 0,1   ** p < 0,05   ***p < 0,01   ****p < 0,001

Tabelle A6: Regression der Gesamtleistung (Führungskräfte) auf die Interaktion von Aufgabeninterdependenz und kultureller Vielfalt in der Zeitorientierung

	Gesamtgruppenleistung (Führungskräfte)		
	β	t	VIF
Aufgabeninterdependenz	-1,5068	-2,72**	1,01
Vielfalt: Zeitorientierung	0,9508	1,19	1,04
(Aufgabeninterdependenz) x (Vielfalt: Zeitorientierung)	2,9321	1,70*	1,04
R^2	0,2649		
R^2 adj.	0,1981		
F-Wert	3,965**		
ΔR^2	0,064		
$F(\Delta R^2)$	2,887*		

* p < 0,1   ** p < 0,05   ***p < 0,01   ****p < 0,001

532 Anhang

Tabelle A7: Regression der Gruppenzuversicht auf die Interaktion von Zielinterdependenz und Vielfalt in der Menschlichen-Natur-Orientierung

	Gruppenzuversicht		
	β	t	VIF
Zielinterdependenz	0,2436	1,50	1,00
Vielfalt Menschliche Natur	0,1871	1,26	1,10
(Zielinterdependenz) x (Vielf.: Menschliche Natur)	-0,7362	-2,33**	1,10
R^2	0,2034		
R^2 adj.	0,1309		
F-Wert	2,809*		
ΔR^2	0,132		
F ($\Delta R^{2)}$	5,445**		

* $p < 0,1$ ** $p < 0,05$ ***$p < 0,01$ ****$p < 0,001$

Tabelle A8: Regression der Aufgabenstrategieeffektivität auf die Interaktion von Zielinterdependenz und Vielfalt in der Menschlichen-Natur-Orientierung

	Effektivität der Aufgabenstrategien		
	β	t	VIF
Zielinterdependenz	0,3490	2,42**	1,00
Vielfalt Menschliche Natur	0,0985	0,75	1,10
(Zielinterdependenz) x (Vielfalt: Menschliche Natur)	-0,6214	-2,22**	1,10
R^2	0,2558		
R^2 adj.	0,1882		
F-Wert	3,781**		
ΔR^2	0,111		
F ($\Delta R^{2)}$	4,925**		

* $p < 0,1$ ** $p < 0,05$ ***$p < 0,01$ ****$p < 0,001$

Tabelle A9: Regression der Gruppenbindung auf die Interaktion von Ergebnisinterdependenz und kultureller Vielfalt in der Aktivitätsorientierung

	Gruppenbindung		
	β	t	VIF
Ergebnisinterdependenz	0,4711	3,64****	1,03
Vielfalt in Aktivitätsorientierung	-0,1465	-0,69	1,19
(Ergebnisinterdependenz) x (Vielfalt in Aktivitäts-orientierung)	0,9659	2,11**	1,18
R^2	0,3511		
R^2 adj.	0,2921		
F-Wert	5,951***		
ΔR^2	0,087		
F ($\Delta R^{2)}$	4,440**		

* $p < 0,1$ ** $p < 0,05$ ***$p < 0,01$ ****$p < 0,001$

Ergebnisergänzungen

Tabelle A10: Regression der Gruppenbindung auf die Interaktion von Ergebnisinterdependenz und kultureller Vielfalt in der relationalen Orientierung

	Gruppenbindung		
	β	t	VIF
Ergebnisinterdependenz	0,389	3,01***	1,04
Vielfalt in relationaler Orientierung	-0,0722	-0,28	1,07
(Partizipation) x (Vielfalt in relationaler Orientierung)	1,7259	2,69**	1,05
R^2	0,3561		
R^2 adj.	0,2975		
F-Wert	6,083***		
ΔR^2	0,1417		
F $(\Delta R^{2)}$	7,262**		

* p < 0,1   ** p < 0,05   ***p < 0,01   ****p < 0,001

Tabelle A11: Regressionen des Gruppenerfolgs auf die Interaktion von Ergebnisinterdependenz und Vielfalt in der Menschlichen-Natur-Orientierung

	Effektivität der Aufgabenstrategien		Effektivität der Gruppen- kommunikation		Gruppenzuversicht		
	β	t	β	t	β	t	VIF
Ergebnisinterdependenz	0,2344	1,85*	0,4522	2,70**	0,4871	4,12****	1,01
Vielfalt: Menschliche Natur	0,0383	0,29	0,1629	0,95	0,0952	0,78	1,01
(Ergebnisitd.) x (Vielfalt: Menschliche Natur)	-0,6490	-2,54**	-0,9804	-2,91***	-0,7044	-2,95***	1,02
R^2	0,2177		0,3156		0,4245		
R^2 adj.	0,1466		0,2534		0,3721		
F-Wert	3,061**		5,072***		8,112****		
ΔR^2	0,153		0,175		0,152		
F $(\Delta R^{2)}$	6,458**		8,452***		8,718***		

* p < 0,1   ** p < 0,05   ***p < 0,01   ****p < 0,001

534 Anhang

Tabelle A12: Regression der Gesamtleistung (Gruppenmitglieder) auf die Interaktion von externer Abhängigkeit (A) und Vielfalt in der relationalen Orientierung

	Gesamtgruppenleistung (Gruppenmitglieder)		
	β	t	VIF
Externe Abhängigkeit (A)	0,1050	1,38	1,17
Vielfalt in relationaler Orientierung	0,2702	1,16	1,16
(Externe Abhängigkeit A) x (V: relationale Orient.)	-0,4930	-2,12**	1,16
R ^{2}	0,2244		
R ^{2} adj.	0,1539		
F-Wert	3,183**		
ΔR^2	0,105		
F (ΔR$^{2)}$	4,474**		

* p < 0,1   ** p < 0,05   ***p < 0,01   ****p < 0,001

Tabelle A13: Regression der Gruppenbindung auf die Interaktion von externer Abhängigkeit (A) und Vielfalt in der relationalen Orientierung

	Gruppenbindung		
	β	t	VIF
Externe Abhängigkeit (A)	-0,1038	-1,10	1,17
Vielfalt in relationaler Orientierung	0,1175	0,41	1,16
(Externe Abhängigkeit A) x (V: relationale Orient.)	-0,7007	-2,42**	1,16
R ^{2}	0,2345		
R ^{2} adj.	0,1649		
F-Wert	3,369**		
ΔR^2	0,136		
F (ΔR$^{2)}$	5,85**		

* p < 0,1   ** p < 0,05   ***p < 0,01   ****p < 0,001

Tabelle A14: Regressionen der Gruppenbindung und -zuversicht auf die Interaktion von externer Abhängigkeit (A) und kultureller Vielfalt in der Aktivitätsorientierung

	Gruppenbindung		
	β	t	VIF
Externe Abhängigkeit (A)	-0,0854	-0,92	1,08
Vielfalt in Aktivitätsorientierung	-0,2979	-1,34	1,09
(Externe Abhängigkeit A) x (Vielfalt in Aktivitätsorientierung)	-0,6599	-2,35**	1,11
R ^{2}	0,2126		
R ^{2} adj.	0,1410		
F-Wert	2,97**		
ΔR^2	0,131		
F (ΔR$^{2)}$	5,50**		

* p < 0,1   ** p < 0,05   ***p < 0,01   ****p < 0,001

Ergebnisergänzungen 535

Tabelle A15: Regressionen der Gruppenbindung und -zuversicht auf die Interaktion von externer Abhängigkeit (A) und kultureller Vielfalt in der Menschlichen-Natur-Orientierung

	Gruppenzuversicht		
	β	t	VIF
Externe Abhängigkeit (A)	-0,1581	-1,80*	1,14
Vielfalt in Menschliche-Natur-Orientierung	0,0834	0,60	1,09
(Externe Abhängigkeit A) x (V: Men.-Nat. Orient.)	0,4523	2,50**	1,11
R²	0,2902		
R² adj.	0,2256		
F-Wert	4,496***		
ΔR²	0,135		
F (ΔR²⁾	6,255**		

* p < 0,1   ** p < 0,05   ***p < 0,01   ****p < 0,001

Tabelle A16: Regression der Gruppenbindung auf die Interaktion von externer Abhängigkeit (B) und Vielfalt in der Aktivitätsorientierung

	Gruppenbindung		
	β	t	VIF
Externe Abhängigkeit (B)	-0,3379	-3,51***	1,11
Vielfalt in der Aktivitätsorientierung	0,1180	0,52	1,33
(Externe Abhängigkeit B) x (V: Aktivitätsorient.)	-0,9079	-2,56**	1,39
R²	0,3266		
R² adj.	0,2654		
F-Wert	5,336		
ΔR²	0,133		
F (ΔR²⁾	6,537**		

* p < 0,1   ** p < 0,05   ***p < 0,01   ****p < 0,001

Tabelle A17: Regression der Gruppenbindung auf die Interaktion von externer Abhängigkeit (B) und Vielfalt in der Aktivitätsorientierung

	Gruppenzuversicht		
	β	t	VIF
Externe Abhängigkeit (B)	-0,3985	-4,73****	1,11
Vielfalt in der Aktivitätsorientierung	-0,0909	-0,46	1,33
(Externe Abhängigkeit B) x (V: Aktivitätsorient.)	-0,7358	-2,37**	1,39
R²	0,4622		
R² adj.	0,4133		
F-Wert	9,454****		
ΔR²	0,091		
F (ΔR²⁾	5,60**		

* p < 0,1   ** p < 0,05   ***p < 0,01   ****p < 0,001

536 Anhang

Tabelle A18: Regression der Gruppenbindung auf die Interaktion von externer Abhängigkeit (B) und Vielfalt in der relationalen Orientierung

	Gruppenbindung		
	β	t	VIF
Externe Abhängigkeit (B)	-0,2694	-2,86***	1,01
Vielfalt in der relationalen Orientierung	0,3328	1,270	1,02
(Externe Abhängigkeit B) x (Vielfalt in der relationalen Orientierung)	-0,8540	-2,07**	1,02
R^2	0,2934		
R^2 adj.	0,2291		
F-Wert	4,568***		
ΔR^2	0,092		
$F(\Delta R^{2)}$	4,283**		

* $p < 0,1$ ** $p < 0,05$ ***$p < 0,01$ ****$p < 0,001$

Tabelle A19: Regression der Gruppenzuversicht auf die Interaktion von externer Abhängigkeit (B) und Vielfalt in der relationalen Orientierung

	Gruppenzuversicht		
	β	t	VIF
Externe Abhängigkeit (B)	-0,3418	-4,18****	1,01
Vielfalt in der relationalen Orientierung	0,1343	0,590	1,02
(Externe Abhängigkeit B) x (Vielfalt in der relationalen Orientierung)	-0,9915	-2,77***	1,02
R^2	0,4447		
R^2 adj.	0,3942		
F-Wert	8,087****		
ΔR^2	0,129		
$F(\Delta R^{2)}$	7,654***		

* $p < 0,1$ ** $p < 0,05$ ***$p < 0,01$ ****$p < 0,001$

Ergebnisergänzungen 537

Ergänzungen zum Hypothesenkomplex 4

Tabelle A20: Regressionen der kognitionsbezogenen Prozesse auf die kulturelle Vielfalt in der Aktivitätsorientierung

	Kognitionsbezogene Gruppenprozesse									
	Aufgaben-bezogene Gruppen-prozesse		Aufgaben-konflikte		Externe Kom-munikation (A)		Externe Kom-munikation (B)		Externe Kom-munikation (C)	
	β	t	β	t	β	t	β	t	β	t	VIF
Variationsviel-falt: ‚Sein'	-0,090	-0,53	-0,136	-0,83	0,353	0,94	0,173	0,53	-0,452	-1,51	1,01
Variationsviel-falt: ‚Handeln'	0,121	1,24	-0,122	-1,30	-0,154	-0,72	-0,008	-0,05	-0,150	-0,88	1,09
Variationsviel-falt: ‚Denken'	0,021	0,17	0,097	0,84	-0,109	-0,41	0,114	0,49	0,305	1,44	1,09
R^2	0,0585		0,0798		0,0515		0,0147		0,1333		
R^2 adj.	-0,027		-0,0039		-0,0347		-0,0748		0,0546		
F-Wert	0,684		0,954		0,597		0,165		1,693		

Tabelle A21: Regressionen der kognitionsbezogenen Prozesse auf die kulturelle Vielfalt in der Zeitorientierung

	Kognitionsbezogene Gruppenprozesse									
	Aufgaben-bezogene Gruppen-prozesse		Aufgaben-konflikte		Externe Kom-munikation (A)		Externe Kom-munikation (B)		Externe Kom-munikation (C)	
	β	t	β	t	β	t	β	t	β	t	VIF
Variat. vielfalt: ‚Gegenwart'	0,172	0,95	0,027	0,16	0,530	1,37	0,247	0,72	0,077	0,23	1,03
Variat. vielfalt: ‚Zukunft'	0,158	1,15	0,184	1,39	0,294	1,00	0,128	0,50	0,049	0,19	1,23
Variat. vielfalt: ‚Vergangenheit'	-0,005	-0,03	-0,156	-1,03	0,187	0,56	0,186	0,63	0,096	0,33	1,20
R^2	0,0618		0,0621		0,1008		0,0444		0,0083		
R^2 adj.	-0,023		-0,0232		0,0191		-0,0424		-0,0818		
F-Wert	0,725		0,728		0,313		0,512		0,093		

538   Anhang

Tabelle A22: Regressionen der kognitionsbezogenen Prozesse auf die kulturelle Vielfalt in der Mensch-Umwelt-Orientierung

| | Kognitionsbezogene Gruppenprozesse | | | | | | | | | |
| | Aufgaben-bezogene Gruppen-prozesse | | Aufgaben-konflikte | | Externe Kom-munikation (A) | | Externe Kom-munikation (B) | | Externe Kom-munikation (C) | |
	β	t	β	t	β	t	β	t	β	t	VIF
Variat. vielfalt: ‚Harmonie'	0,075	0,71	0,078	0,80	-0,015	-0,07	-0,085	-0,43	0,158	0,91	1,04
Variat. vielfalt: ‚Beherrschung'	-0,031	-0,15	-0,118	-0,62	0,440	1,03	-0,076	-0,21	0,269	0,82	1,00
Variat. vielfalt: ‚Unterwerfung'	-0,02	-0,19	-0,063	-0,83	0,098	0,57	-0,081	-0,54	-0,333	-2,51 **	1,04
R^2	0,0157		0,0427		0,0410		0,0194		0,1786		
R^2 adj.	-0,0738		-0,044		-0,0462		-0,0698		0,1039		
F-Wert	0,175		0,491		0,471		0,217		2,392*		

* $p < 0,1$ ** $p < 0,05$ *** $p < 0,01$ **** $p < 0,001$

Tabelle A23: Regressionen der sozialen Prozesse auf die kulturelle Vielfalt in der Menschlichen-Natur-Orientierung

| | Soziale Gruppenprozesse | | | | | | | | |
| | Beziehungsbezogene Gruppenprozesse | | Beziehungskonflikte | | Kommunikations-informalität | | Konfliktlösung | | |
	β	t	β	t	β	t	β	t	VIF
Variationsvielfalt: ‚Gut/Böse'	0,0651	0,47	-0,0381	-0,18	-0,1497	-1,38	-0,118	-0,87	1,02
Variationsvielfalt: ‚Veränderbar/Nicht Veränderbar''	-0,0595	-0,64	-0,0405	-0,29	0,1215	1,68	0,031	0,34	1,02
R^2	0,0159		0,0041		0,1076		0,0227		
R^2 adj.	-0,0419		-0,0545		0,0551		-0,0347		
F-Wert	0,275		0,069		2,051		0,396		

* $p < 0,1$ ** $p < 0,05$ *** $p < 0,01$ **** $p < 0,001$

Ergebnisergänzungen 539

Ergänzungen zum Hypothesenkomplex 6

Tabelle A24:   Regressionen der externen Kommunikation (A) auf die Interaktion von aufgabenorientierter Führung und kultureller Vielfalt in der Aktivitätsorientierung

	Externe Kommunikation (A)		
	β	t	VIF
Aufgabenorientierte Führung	-0,2453	-0,68	1,01
Vielfalt: Aktivitätsorientierung	0,1896	0,45	1,01
(Aufgabenorientierte Führung) x (V: Akt.-Orient.)	4,6804	3,06***	1,01
R^2	0,2401		
R^2 adj.	0,1688		
F-Wert	3,369**		
ΔR^2	0,222		
F ($\Delta R^{2)}$	9,363***		

* p < 0,1   ** p < 0,05   ***p < 0,01   ****p < 0,001

Tabelle A25:   Regressionen der externen Kommunikation (B) auf die Interaktion von aufgabenorientierter Führung und kultureller Vielfalt in der Aktivitätsorientierung

	Externe Kommunikation (B)		
	β	t	VIF
Aufgabenorientierte Führung	0,1070	0,35	1,01
Vielfalt: Aktivitätsorientierung	0,7835	2,21**	1,01
(Aufgabenorientierte Führung) x (V: Akt.-Orient.)	3,1792	2,47**	1,01
R^2	0,2754		
R^2 adj.	0,2074		
F-Wert	4,054**		
ΔR^2	0,138		
F ($\Delta R^{2)}$	6,088**		

* p < 0,1   ** p < 0,05   ***p < 0,01   ****p < 0,001

Tabelle A26:   Regression der Externen Kommunikation (A) auf die Interaktion von aufgabenorientierter Führung und Vielfalt in der kulturellen Variation ‚Denken' der Aktivitätsorientierung

	Externe Kommunikation (A)		
	β	t	VIF
Aufgabenorientierte Führung	-0,093	-0,21	1,08
Variationsvielfalt: ‚Denken' der Akt.-Orient.	0,014	0,06	1,07
(Aufgabenorientierte Führung) x (Var.V: ‚Denken')	2,033	2,90***	1,14
R^2	0,224		
R^2 adj.	0,151		
F-Wert	3,07**		
ΔR^2	0,204		
F ($\Delta R^{2)}$	8,41***		

* p < 0,1   ** p < 0,05   ***p < 0,01   ****p < 0,001

540   Anhang

Tabelle A27:   Regression der Externen Kommunikation (B) auf die Interaktion von aufgabenorient. Führung und Vielfalt in der kulturellen Variation ‚Denken' der Aktivitätsorientierung

	Externe Kommunikation (B)		
	β	t	VIF
Aufgabenorientierte Führung	0,646	1,80*	1,08
Variationsvielfalt: ‚Denken' der Aktivitätsorientierung	0,289	1,47	1,07
(Aufgabenorient. Führung) x (Var.V.: Denken)	1,536	2,96**	1,14
R^2	0,306		
R^2 adj.	0,241		
F-Wert	4,703***		
ΔR^2	0,156		
F ($\Delta R^{2)}$	7,214**		

* $p < 0,1$ ** $p < 0,05$ *** $p < 0,01$ **** $p < 0,001$

Tabelle A28:   Regression der Konfliktlösung auf die Interaktion von aufgabenorientierter Führung und Vielfalt der Menschlichen-Natur-Orientierung

	Konfliktlösung		
	β	t	VIF
Aufgabenorientierte Führung	-0,0344	-0,33	1,03
Vielfalt: Menschliche-Natur-Orientierung	0,8064	4,61****	1,07
(Aufgabenorient. Führung) x (V: Men.-Nat.-Orien.)	-0,7527	-2,82***	1,06
R^2	0,5047		
R^2 adj.	0,4583		
F-Wert	10,869****		
ΔR^2	0,1232		
F ($\Delta R^{2)}$	7,962***		

* $p < 0,1$ ** $p < 0,05$ *** $p < 0,01$ **** $p < 0,001$

Tabelle A29:   Regression der Konfliktlösung auf die Interaktion von aufgabenorientierter Führung und Vielfalt in der kulturellen Variation ‚Gut/Böse' der Menschl.-Nat.-Orientierung

	Konfliktlösung		
	β	t	VIF
Aufgabenorientierte Führung	0,702	3,68****	1,14
Variationsvielfalt: ‚Gut/Böse' der Menschlichen-Natur-Orientierung	-0,080	-0,80	1,00
(Aufgabenorient. Führung) x (Var.V.: Gut/Böse)	-0,714	-2,25**	1,14
R^2	0,472		
R^2 adj.	0,423		
F-Wert	9,547****		
ΔR^2	0,083		
F ($\Delta R^{2)}$	5,041**		

* $p < 0,1$ ** $p < 0,05$ *** $p < 0,01$ **** $p < 0,001$

Ergebnisergänzungen

Tabelle A30: Regression der Konfliktlösung auf die Interaktion von aufgabenorientierter Führung und Vielfalt in der kulturellen Variation ‚Veränderbarkeit/Nicht-Veränderbarkeit' der Menschlichen-Natur-Orientierung

	Konfliktlösung		
	β	t	VIF
Aufgabenorientierte Führung	0,893	4,91****	1,02
Variationsvielfalt: ‚Veränderbarkeit/Nicht-Veränderbarkeit' der Menschl.-Nat.-Orientierung	0,007	0,10	1,17
(Aufgabenorient. Führung) x (Var.V.: ‚Veränderbarkeit/Nicht-Veränderbarkeit)	-0,358	-2,00*	0,16
R^2	0,461		
R^2 adj.	0,410		
F-Wert	9,11****		
ΔR^2	0,068		
F ($\Delta R^{2)}$	4,00*		

* $p < 0,1$ ** $p < 0,05$ *** $p < 0,01$ **** $p < 0,001$

Tabelle A31: Regression der Konfliktlösung auf die Interaktion von aufgabenorientierter Führung und Vielfalt in der Mensch-Umwelt-Orientierung

	Konfliktlösung		
	β	t	VIF
Aufgabenorientierte Führung	0,0872	0,72	1,01
Vielfalt: Mensch-Umwelt-Orientierung	0,9195	5,81****	1,02
(Aufgabenorient. Führung) x (V: Mensch-Umwelt-Orientierung)	-1,3578	-3,85****	1,03
R^2	0,5892		
R^2 adj.	0,5506		
F-Wert	15,299****		
ΔR^2	0,1905		
F ($\Delta R^{2)}$	14,841****		

* $p < 0,1$ ** $p < 0,05$ *** $p < 0,01$ **** $p < 0,001$

542 Anhang

Tabelle A32: Regression der Konfliktlösung auf die Interaktion von aufgabenorientierter Führung und Vielfalt in der kulturellen Variation ‚Harmonie' der Mensch-Umwelt-Orientierung

	Konfliktlösung		
	β	t	VIF
Aufgabenorientierte Führung	0,919	5,02****	1,04
Variationsvielfalt: ‚Harmonie' der Mensch-Umwelt-Orientierung	-0,097	-0,93	1,40
(Aufgabenorient. Führung) x (Var.V: ‚Harmonie)	-0,602	-2,22**	1,43
R^2	0,464		
R^2 adj.	0,414		
F-Wert	9,23****		
ΔR^2	0,083		
F ($\Delta R^{2)}$	4,93**		

* p < 0,1   ** p < 0,05   ***p < 0,01   ****p < 0,001

Tabelle A33: Regression der Konfliktlösung auf die Interaktion von aufgabenorientierter Führung und Vielfalt in der kulturellen Variation ‚Unterwerfung' der Mensch-Umwelt-Orient.

	Konfliktlösung		
	β	t	VIF
Aufgabenorientierte Führung	0,858	5,50****	1,00
Variationsvielfalt: ‚Unterwerfung' der Mensch-Umwelt-Orientierung	0,123	2,04**	1,14
(Aufgabenorient. Führung) x (Var.V.: Unterwerf.)	-0,837	-4,09****	1,14
R^2	0,596		
R^2 adj.	0,559		
F-Wert	15,757****		
ΔR^2	0,211		
F ($\Delta R^{2)}$	16,737****		

* p < 0,1   ** p < 0,05   ***p < 0,01   ****p < 0,001

Tabelle A34: Regression der Beziehungsprozesse auf die Interaktion von aufgabenorientierter Führung und Vielfalt in der Menschlichen-Natur-Orientierung

	Beziehungsprozesse		
	β	t	VIF
Aufgabenorientierte Führung	-0,0378	-0,30	1,03
Vielfalt: Menschliche-Natur-Orientierung	0,6585	3,13***	1,07
(Aufgabenorientierte Führung) x (Vielfalt: Menschliche-Natur-Orientierung)	-0,6455	-2,01*	1,06
R^2	0,3268		
R^2 adj.	0,2637		
F-Wert	5,179***		
ΔR^2	0,0853		
F ($\Delta R^{2)}$	4,056*		

* p < 0,1   ** p < 0,05   ***p < 0,01   ****p < 0,001

Ergebnisergänzungen

Tabelle A35: Regression der Beziehungsprozesse auf die Interaktion von aufgabenorientierter Führung und Vielfalt in der kulturellen Variation ‚Gut/Böse' der Menschl.-Nat.-Orient.

	Beziehungsprozesse		
	β	t	VIF
Aufgabenorientierte Führung	0,490	2,37**	1,14
Variationsvielfalt: ‚Gut/Böse' der Menschl.-Nat.-Orientierung	0,074	0,68	1,00
(Aufgabenorient. Führung) x (Var.V.: Gut/Böse)	-1,029	-2,98***	1,14
R²	0,414		
R² adj.	0,359		
F-Wert	7,53****		
ΔR²	0,163		
F (ΔR²)	8,88***		

* p < 0,1   ** p < 0,05   ***p < 0,01   ****p < 0,001

Tabelle A36: Regression der externen Kommunikation (A) auf die Interaktion von mitarbeiterorientierter Führung und Vielfalt in der Zeitorientierung

	Externe Kommunikation (A)		
	β	t	VIF
Mitarbeiterorientierte Führung	0,6087	1,25	1,11
Vielfalt: Zeitorientierung	-0,1306	-0,39	1,14
(Mitarbeiterorient. Führung) x (V: Zeitorient.)	-2,1057	-2,18**	1,10
R²	0,2004		
R² adj.	0,1255		
F-Wert	2,674*		
ΔR²	0,118		
F (ΔR²)	4,736**		

* p < 0,1   ** p < 0,05   ***p < 0,01   ****p < 0,001

Tabelle A37: Regression der externen Kommunikation (A) auf die Interaktion von mitarbeiterorientierter Führung und Vielfalt in der kulturellen Variation ‚Zukunft' der Zeitorientierung

	Externe Kommunikation (A)		
	β	t	VIF
Mitarbeiterorientierte Führung	-0,254	-0,74	1,21
Variationsvielfalt: ‚Zukunft' der Zeitorientierung	0,637	2,21**	1,35
(Mitarbeiterorientierte Führung) x (Variationsvielfalt: ‚Zukunft' der Zeitorientierung)	-1,777	-2,76***	1,26
R²	0,222		
R² adj.	0,149		
F-Wert	3,036**		
ΔR²	0,185		
F (ΔR²)	7,627***		

* p < 0,1   ** p < 0,05   ***p < 0,01   ****p < 0,001

544 Anhang

Tabelle A38: Regression der externen Kommunikation (A) auf die Interaktion von mitarbeiterorientierter Führung und Vielfalt in der Menschlichen-Natur-Orientierung

	Externe Kommunikation (A)		
	β	t	VIF
Mitarbeiterorientierte Führung	0,3893	1,52	1,11
Vielfalt: Menschliche-Natur-Orientierung	-0,1253	-0,37	1,03
(Mitarbeiterorientierte Führung) x (Vielfalt: Menschliche-Natur-Orientierung)	-1,0402	-2,01*	1,09
R^2	0,1805		
R^2 adj.	0,1037		
F-Wert	2,35*		
ΔR^2	0,1034		
F ($\Delta R^{2)}$	4,04*		

* $p < 0,1$ ** $p < 0,05$ ***$p < 0,01$ ****$p < 0,001$

Tabelle A39: Regression der externen Kommunikation (A) auf die Interaktion von mitarbeiterorient. Führung und Vielfalt in der kulturellen Variation ‚Gut/Böse' der Menschl.-Nat.-Orient.

	Externe Kommunikation (A)		
	β	t	VIF
Mitarbeiterorientierte Führung	-0,516	-1,26	1,66
Variationsvielfalt: ‚Gut/Böse' der Menschlichen-Natur-Orientierung	0,380	1,54	1,03
(Mitarbeiterorient. Führung) x (Var.V.: Gut/Böse)	-1,600	-2,32**	1,61
R^2	0,191		
R^2 adj.	0,115		
F-Wert	2,516*		
ΔR^2	0,136		
F ($\Delta R^{2)}$	5,395**		

* $p < 0,1$ ** $p < 0,05$ ***$p < 0,01$ ****$p < 0,001$

Tabelle A40: Regression der externen Kommunikation (B) auf die Interaktion von externer Führung und Vielfalt in der Aktivitätsorientierung

	Externe Kommunikation (B)		
	β	t	VIF
Externe Führung	0,2000	0,63	1,01
Vielfalt: Aktivitätsorientierung	0,5143	1,87*	1,01
(Externe Führung) x (V: Aktivitätsorientierung)	2,8313	2,29**	1,01
R^2	0,2146		
R^2 adj.	0,1409		
F-Wert	2,914**		
ΔR^2	0,129		
F ($\Delta R^{2)}$	5,255**		

* $p < 0,1$ ** $p < 0,05$ ***$p < 0,01$ ****$p < 0,001$

Ergebnisergänzungen 545

Tabelle A41: Regression der externen Kommunikation (B) auf die Interaktion von externer Führung und Vielfalt in der kulturellen Variation ‚Denken' der Aktivitätsorientierung

	Externe Kommunikation (B)		
	β	t	VIF
Externe Führung	0,593	2,27**	1,03
Variationsvielfalt: ‚Denken' der Aktivitätsorientierung	0,428	2,05**	1,22
(Externe Führung) x (Var.V.: ‚Denken')	1,748	3,14***	1,18
R²	0,3104		
R² adj.	0,246		
F-Wert	4,80***		
ΔR²	0,212		
F (ΔR²)	9,838***		

* p < 0,1   ** p < 0,05   ***p < 0,01   ****p < 0,001

Tabelle A42: Regression der externen Kommunikation (A) auf die Interaktion von Planung und Vielfalt der Zeitorientierung

	Externe Kommunikation (A)		
	β	t	VIF
Planung	0,5879	1,37	1,20
Vielfalt: Zeitorientierung	0,0391	0,31	1,06
(Planung) x (Vielfalt: Zeitorientierung)	1,6321	3,19***	1,22
R²	0,3192		
R² adj.	0,2573		
F-Wert	5,158***		
ΔR²	0,21		
F (ΔR²)	10,164***		

* p < 0,1   ** p < 0,05   ***p < 0,01   ****p < 0,001

Tabelle A43: Regression der externen Kommunikation (A) auf die Interaktion von Planung und Vielfalt in der kulturellen Variation ‚Zukunft' der Zeitorientierung

	Externe Kommunikation (A)		
	β	t	VIF
Planung	0,167	1,00	1,84
Variationsvielfalt: ‚Zukunft' der Zeitorientierung	0,481	1,91*	1,07
(Planung) x (Variationsvielfalt: ‚Zukunft' der Zeitorientierung)	0,991	2,76***	1,88
R²	0,239		
R² adj.	0,170		
F-Wert	3,46**		
ΔR²	0,175		
F (ΔR²)	7,60***		

* p < 0,1   ** p < 0,05   ***p < 0,01   ****p < 0,001

546 Anhang

Tabelle A44: Regression der externen Kommunikation (B) auf die Interaktion von Planung und Vielfalt der Zeitorientierung

	Externe Kommunikation (B)		
	β	t	VIF
Planung	0,3602	0,93	1,20
Vielfalt: Zeitorientierung	-0,0737	-0,64	1,06
(Planung) x (Vielfalt: Zeitorientierung)	1,1182	2,42**	1,22
R^2	0,2448		
R^2 adj.	0,1761		
F-Wert	3,565**		
ΔR^2	0,134		
$F(\Delta R^2)$	5,851**		

* $p < 0,1$ ** $p < 0,05$ ***$p < 0,01$ ****$p < 0,001$

Tabelle A45: Regression der externen Kommunikation (B) auf die Interaktion von Planung und Vielfalt in der kulturellen Variation ‚Vergangenheit' der Zeitorientierung

	Externe Kommunikation (B)		
	β	t	VIF
Planung	-0,077	-0,66	1,18
Variationsvielfalt: ‚Vergangenheit' der Zeitorient.	0,150	0,59	1,05
(Planung) x (Var.V.: Vergangenheit)	0,699	2,09**	1,22
R^2	0,193		
R^2 adj.	0,119		
F-Wert	2,63*		
ΔR^2	0,107		
$F(\Delta R^2)$	4,355**		

* $p < 0,1$ ** $p < 0,05$ ***$p < 0,01$ ****$p < 0,001$

Tabelle A46: Regression der Kommunikationsinformalität auf die Interaktion von Trainingsverfügbarkeit und Vielfalt in der kulturellen Variation ‚Handeln' der Aktivitätsorientierung

	Kommunikationsinformalität		
	β	t	VIF
Trainings	0,229	2,25**	1,41
Variationsvielfalt ‚Handeln' der Aktivitätsorientierung	-0,075	-0,77	1,40
(Trainings) x (Var.V.: ‚Handeln')	0,4305	2,61**	1,57
R^2	0,2094		
R^2 adj.	0,1375		
F-Wert	2,913**		
ΔR^2	0,1637		
$F(\Delta R^2)$	6,836**		

* $p < 0,1$ ** $p < 0,05$ ***$p < 0,01$ ****$p < 0,001$

Ergebnisergänzungen 547

Tabelle A47: Regression der Kommunikationsinformalität auf die Interaktion von Trainingsverfügbarkeit und Vielfalt in der kulturellen Variation ‚Veränderbarkeit/Nicht-
Veränderbarkeit' der Menschlichen-Natur-Orientierung

	Kommunikationsinformalität		
	β	t	VIF
Trainings	0,136	1,59	1,02
Variationsvielfalt ‚Veränderbarkeit/Nicht-Veränderbarkeit' der Menschlichen-Natur-Orientierung	0,106	1,55	1,01
(Trainings) x (Variationsvielfalt ‚Veränderbarkeit/Nicht-Veränderbarkeit' der Menschlichen-Natur-Orientierung)	-0,253	-2,24**	1,01
R^2	0,222		
R^2 adj.	0,151		
F-Wert	3,132**		
ΔR^2	0,118		
F ($\Delta R^{2)}$	5,012**		

* p < 0,1   ** p < 0,05   ***p < 0,01   ****p < 0,001

Tabelle A48: Regression der Konfliktlösung auf die Interaktion von Trainingsverfügbarkeit und
Vielfalt in der kulturellen Variation ‚Unterwerfung' der Mensch-Umwelt-Orientierung

	Konfliktlösung		
	β	t	VIF
Trainings	-0,030	-0,29	1,07
Variationsvielfalt ‚Unterwerfung' der Mensch-Umwelt-Orientierung	-0,036	-0,43	1,15
(Trainings) x (Variationsvielfalt ‚Unterwerfung' der Mensch-Umwelt-Orientierung)	-0,517	-3,21***	1,12
R^2	0,245		
R^2 adj.	0,176		
F-Wert	3,563**		
ΔR^2	0,235		
F ($\Delta R^{2)}$	10,285***		

* p < 0,1   ** p < 0,05   ***p < 0,01   ****p < 0,001

548   Anhang

Tabelle A49: Regression der Kommunikationsinformalität auf die Interaktion von Leistungserstellung und Vielfalt in der kulturellen Variation ‚Zukunft' der Zeitorientierung

	Kommunikationsinformalität		
	β	t	VIF
Leistungserstellung	0,211	3,44***	1,19
Variationsvielfalt ‚Zukunft' der Zeitorientierung	0,373	3,27***	1,09
(Leistungserstellung) x (Var.V.: Zukunft)	-0,322	-2,11**	1,09
R^2	0,393		
R^2 adj.	0,329		
F-Wert	6,248***		
ΔR^2	0,093		
F ($\Delta R^{2)}$	4,436**		

* $p < 0,1$ ** $p < 0,05$ ***$p < 0,01$ ****$p < 0,001$

Tabelle A50: Regression der Beziehungskonflikte auf die Interaktion von Lohnstruktur und Vielfalt in der kulturellen Variation ‚Unterwerfung' der Mensch-Umwelt-Orientierung

	Beziehungskonflikte		
	β	t	VIF
Lohnstruktur	-0,088	-0,43	1,23
Variationsvielfalt ‚Unterwerfung' der Mensch-Umwelt-Orientierung	0,327	1,01	2,75
(Lohnstruktur) x (Var.V.: Unterwerfung)	-0,659	-2,03*	2,72
R^2	0,235		
R^2 adj.	0,161		
F-Wert	3,182**		
ΔR^2	0,1018		
F ($\Delta R^{2)}$	4,126*		

* $p < 0,1$ ** $p < 0,05$ ***$p < 0,01$ ****$p < 0,001$

Tabelle A51: Regression der Aufgabenprozesse auf die Interaktion von PC-Verfügbarkeit und Vielfalt in der kulturellen Variation ‚Kollektivismus' der relationalen Orientierung

	Aufgabenprozesse		
	β	t	VIF
PC-Verfügbarkeit	0,022	0,21	1,04
Variationsvielfalt ‚Kollektivismus' der relationalen Orientierung	3,418	2,84***	1,95
(PC-Verfügbarkeit) x (Var.V.: Kollektivismus)	-3,248	-2,70**	1,95
R^2	0,230		
R^2 adj.	0,156		
F-Wert	3,088**		
ΔR^2	0,181		
F ($\Delta R^{2)}$	7,28**		

* $p < 0,1$ ** $p < 0,05$ ***$p < 0,01$ ****$p < 0,001$

Ergebnisergänzungen 549

Tabelle A52: Regression der Aufgabenprozesse auf die Interaktion von PC-Verfügbarkeit und Vielfalt in der kulturellen Variation ‚Hierarchie' der relationalen Orientierung

	Aufgabenprozesse		
	β	t	VIF
PC-Verfügbarkeit	0,407	2,54**	2,50
Variationsvielfalt ‚Hierarchie' der relat. Orient.	0,700	2,98***	2,26
(PC-Verfügbarkeit) x (Var.V.: Hierarchie)	-0,485	-2,06**	2,11
R^2	0,250		
R^2 adj.	0,177		
F-Wert	3,449**		
ΔR^2	0,103		
F ($\Delta R^{2)}$	4,253**		

* p < 0,1   ** p < 0,05   ***p < 0,01   ****p < 0,001

Tabelle A53: Regression der Aufgabenprozesse auf die Interaktion von PC-Verfügbarkeit und Vielfalt in der kulturellen Variation ‚Beherrschung' der Mensch-Umwelt-Orientierung

	Aufgabenprozesse		
	β	t	VIF
PC-Verfügbarkeit	-0,112	-0,90	1,46
Variationsvielfalt ‚Beherrschung' der Mensch-Umwelt-Orientierung	1,089	2,47**	2,43
(PC-Verfügbarkeit) x (Var.V.: Beherrschung)	-1,252	-2,84***	2,38
R^2	0,219		
R^2 adj.	0,144		
F-Wert	2,90*		
ΔR^2	0,202		
F ($\Delta R^{2)}$	8,04***		

* p < 0,1   ** p < 0,05   ***p < 0,01   ****p < 0,001

Tabelle A54: Regression der Aufgabenprozesse auf die Interaktion von PC-Verfügbarkeit und Vielfalt in der kulturellen Variation ‚Unterwerfung' der Mensch-Umwelt-Orientierung

	Aufgabenprozesse		
	β	t	VIF
PC-Verfügbarkeit	0,696	2,80***	1,71
Variationsvielfalt ‚Unterwerfung' der Mensch-Umwelt-Orientierung	-1,684	-2,76***	2,98
(PC-Verfügbarkeit) x (Var.V.: Unterwerfung)	1,649	2,71**	2,54
R^2	0,211		
R^2 adj.	0,134		
F-Wert	2,75*		
ΔR^2	0,187		
F ($\Delta R^{2)}$	7,329**		

* p < 0,1   ** p < 0,05   ***p < 0,01   ****p < 0,001

550 Anhang

Tabelle A55: Regression der Beziehungsprozesse auf die Interaktion von PC-Verfügbarkeit und Vielfalt in der kulturellen Variation ,Kollektivismus' der relationalen Orientierung

	Beziehungsprozesse		
	β	t	VIF
PC-Verfügbarkeit	0,154	1,25	1,04
Variationsvielfalt ,Kollektivismus' der relat. Orient.	3,035	2,14**	2,95
(PC-Verfügbarkeit) x (Var.V.: Kollektivismus)	-3,214	-2,27**	2,94
R²	0,217		
R² adj.	0,141		
F-Wert	2,856*		
ΔR²	0,130		
F (ΔR²⁾	5,146**		

* p < 0,1   ** p < 0,05   ***p < 0,01   ****p < 0,001

Tabelle A56: Regression der Beziehungsprozesse auf die Interaktion von PC-Verfügbarkeit und Vielfalt in der kulturellen Variation ,Hierarchie' der relationalen Orientierung

	Beziehungsprozesse		
	β	t	VIF
PC-Verfügbarkeit	0,448	2,40**	2,50
Variationsvielfalt ,Hierarchie' der relat. Orient.	0,307	1,12	2,26
(PC-Verfügbarkeit) x (Var.V.: Hierarchie)	-0,611	-2,22**	2,10
R²	0,249		
R² adj.	0,176		
F-Wert	3,433**		
ΔR²	0,119		
F (ΔR²⁾	4,944**		

* p < 0,1   ** p < 0,05   ***p < 0,01   ****p < 0,001

Tabelle A57: Regression der Beziehungsprozesse auf die Interaktion von PC-Verfügbarkeit und Vielfalt in der kulturellen Variation ,Veränderbarkeit' der Menschl.-Nat.-Orientierung

	Beziehungsprozesse		
	β	t	VIF
PC-Verfügbarkeit	-0,172	-0,79	2,21
Variationsvielfalt ,Veränderbarkeit/Nicht-Veränderbarkeit' der Menschl. –Nat.-Orient.	0,552	1,93*	2,98
(PC-Verfügbarkeit) x (Var.V.: Veränderbarkeit/Nicht-Veränderbarkeit)	-0,641	-2,23**	2,77
R²	0,210		
R² adj.	0,134		
F-Wert	2,751*		
ΔR²	0,127		
F (ΔR²⁾	4,986**		

* p < 0,1   ** p < 0,05   ***p < 0,01   ****p < 0,001

Ergebnisergänzungen   551

Tabelle A58: Regression der Beziehungskonflikte auf die Interaktion von der Institutionalisiertheit der direkten Kommunikationsmöglichkeiten und Vielfalt in der kulturellen Variation ‚Harmonie' der Mensch-Umwelt-Orientierung

	Beziehungskonflikte		
	β	t	VIF
Institutionalisiertheit der direkten Kommunikation	-0,053	-0,48	1,08
Var.V: ‚Harmonie' der Mensch-Umwelt-Orient.	0,017	0,10	1,22
(Institutionalisiertheit der direkten Kommunikation) x (Var.V.: Harmonie)	0,553	3,12***	1,16
R^2	0,273		
R^2 adj.	0,203		
F-Wert	3,879**		
ΔR^2	0,228		
F ($\Delta R^{2)}$	9,727***		

* $p < 0,1$ ** $p < 0,05$ *** $p < 0,01$ **** $p < 0,001$

Tabelle A59: Regression der externen Kommunikation (C) auf die Interaktion vom Formalisierungsgrad der Gruppenkommunikation und Vielfalt in der kulturellen Variation ‚Denken' der Aktivitätsorientierung

	Externe Kommunikation (C)		
	β	t	VIF
Formalisierungsgrad der Gruppenkommunikation	-0,146	-1,46	1,01
Variationsvielfalt ‚Denken' der Aktivitätsorient.	0,331	1,72*	1,02
(Formalisierungsgrad der Gruppenkommunikation) x (Var.V.: Denken)	-0,595	-2,76***	1,00
R^2	0,274		
R^2 adj.	0,204		
F-Wert	3,91**		
ΔR^2	0,178		
F ($\Delta R^{2)}$	7,60***		

* $p < 0,1$ ** $p < 0,05$ *** $p < 0,01$ **** $p < 0,001$

552 Anhang

Tabelle A60: Regression der Aufgabenkonflikte auf die Interaktion vom Formalisierungsgrad der Gruppenkommunikation und Vielfalt in der kulturellen Variation ‚Beherrschung' der Mensch-Umwelt-Orientierung

	Aufgabenkonflikte		
	β	t	VIF
Formalisierungsgrad der Gruppenkommunikation	0,067	1,22	1,11
Var.V.: ‚Beherrschung' Mensch-Umwelt-Orient.	0,026	0,15	1,05
(Formalisierungsgrad der Gruppenkommunikation) x (Var.V.: Beherrschung)	0,503	2,74**	1,14
R^2	0,284		
R^2 adj.	0,215		
F-Wert	4,097**		
ΔR^2	0,174		
F ($\Delta R^{2)}$	7,524**		

* p < 0,1   ** p < 0,05   ***p < 0,01   ****p < 0,001

Tabelle A61: Regression der Beziehungsprozesse auf die Interaktion vom Formalisierungsgrad der Gruppenkommunikation und Vielfalt in der kulturellen Variation ‚Harmonie' der Mensch-Umwelt-Orientierung

	Beziehungsprozesse		
	β	t	VIF
Formalisierungsgrad der Gruppenkommunikation	0,029	0,45	1,22
Variationsvielfalt ‚Harmonie' der Mensch-Umwelt-Orientierung	0,235	1,75*	1,74
(Formalisierungsgrad der Gruppenkommunikation) x (Variationsvielfalt ‚Harmonie' der Mensch-Umwelt-Orientierung)	-0,443	-3,73****	1,63
R^2	0,312		
R^2 adj.	0,246		
F-Wert	4,696***		
ΔR^2	0,308		
F ($\Delta R^{2)}$	13,91****		

* p < 0,1   ** p < 0,05   ***p < 0,01   ****p < 0,001

Ergebnisergänzungen 553

Tabelle A62: Regression der Konfliktlösung auf die Interaktion vom Formalisierungsgrad der Gruppenkommunikation und Vielfalt in der kulturellen Variation ‚Harmonie' der Mensch-Umwelt-Orientierung

	Konfliktlösung		
	β	t	VIF
Formalisierungsgrad der Gruppenkommunikation	-0,114	-1,58	1,22
Variationsvielfalt ‚Harmonie' der Mensch-Umwelt-Orientierung	0,187	1,26	1,74
(Formalisierungsgrad der Gruppenkommunikation) x (Variationsvielfalt ‚Harmonie' der Mensch-Umwelt-Orientierung)	-0,247	-1,89*	1,63
R^2	0,185		
R^2 adj.	0,107		
F-Wert	2,355*		
ΔR^2	0,093		
F ($\Delta R^{2)}$	3,555*		

* $p < 0,1$ ** $p < 0,05$ ***$p < 0,01$ ****$p < 0,001$

Printed and bound by PG in the USA